列维-斯特劳斯传
我们都是野蛮人（上卷）

［法］伊曼纽艾尔·卢瓦耶（Emmanuelle Loyer） 著

俞俊 马莎 译

上海社会科学院出版社

献给我的女儿们，她们的父亲和继父

目 录
TABLE

缩写表 / III

致　谢 / V

引　言 / XI

第 1 部分　缘起（1935 年以前）

1　姓氏的传承 / 3

2　启示（1908—1924） / 34

3　革命（1924—1931）：政治与哲学的对决 / 60

4　救赎：民族学（1931—1935） / 95

5　世界的迷雾 / 132

第 2 部分　新大陆（1935—1947）

6　圣保罗的法国印记 / 147

7　深入巴西 / 184

8　"马斯默·列维"与南比克瓦拉人 / 216

9　危机（1939—1941） / 268

10　纽约市的法国人：流亡生活中的伟大创造（1941—1944） / 302

11　结构主义在美国 / 353

第 3 部分　旧世界（1947—1971）

12　马塞尔·莫斯的幽魂们　/　397

13　成熟时期　/　452

14　克洛德·列维-斯特劳斯的忏悔录　/　495

15　结构主义的结晶（1958—1962）　/　538

16　科学工厂　/　592

17　学术生活　/　659

18　审慎之心　/　733

第 4 部分　新世界（1971—2009）

19　不朽之人　/　769

20　变形　/　832

21　克洛德·列维-斯特劳斯，我们的同代人　/　902

列维-斯特劳斯法语作品列表　/　967

档案资料　/　971

缩写表[1]
ABRÉVIATIONS

AS　　《结构人类学》

CC　　《神话学（第一卷）：生食与熟食》

DPDL　《亦近，亦远》

EP　　《亲属关系的基本结构》

FdL　　《月亮的另一面》

HdL　　《猞猁的故事》

HN　　《神话学（第四卷）：裸人》

PJ　　《嫉妒的制陶女》

Pléiade　《列维－斯特劳斯集》

PS　　《野性的思维》

RE　　《遥远的目光》

REL　　《看、听、读》

RH　　《种族与历史》

TT　　《忧郁的热带》

VdM　　《面具之道》

---

[1] 以下作品的版本信息，请参见本书"列维－斯特劳斯法语作品列表"。——编者注

致 谢
REMERCIEMENTS

现在，我把过去几年看作一次漫长的对话，一次没有被打断的对话。我必须感谢莫尼克·列维-斯特劳斯（Monique Lévi-Strauss）。用客套话说，没有莫尼克·列维-斯特劳斯，这本书就不会面世。我在她身上发现了完全属于人类学家的品质。她能够让自己的轨迹独立于丈夫的轨迹，把这些轨迹当成知识对象（objet de savoir）。她不仅用亲切的态度（和美食）迎接我，还给了我自由提问和自由解释的空间。只有她知道我欠下了多少恩情。

马修·列维-斯特劳斯（Matthieu Lévi-Strauss）一开始带着困惑观察我的研究，后来，他产生了兴致。他还向我传授了一些摄影技巧和有关勃艮第动物的知识，我很感激他的教导。洛朗·列维-斯特劳斯（Laurent Lévi-Strauss）虽然没有直接参与，但友善地向我表示，他对我有信心。至于卡特琳娜·列维-斯特劳斯（Catherine Lévi-Strauss），我慢慢发现，她不仅是一个可以说话的对象，还是一位细心的读者。

为了完成这项研究，我常常访问法国国家图书馆手稿收藏部和社会人类学研究所。法国国家图书馆手稿收藏部保管着列维-斯特劳斯的档案，而社会人类学研究所保存着这家机构自己的档案和一些研究人员的档案。卡特琳娜·法伊福尔·达尔西尔

（Catherine Faivre d'Arcier）教我如何使用由法国国家图书馆手稿收藏部保管的档案，玛丽昂·阿贝莱（Marion Abelès）和索菲·阿萨尔（Sophie Assal）先后教我如何查阅由社会人类学研究所保管的档案。我要由衷地向三人表示感谢。我还要感谢雅克·杜塞图书馆（Jacques Doucet）的格里高利·辛加尔（Grégory Cingal）和"社会主义学术研究办事处"（Office interuniversitaire de recherche socialiste）的弗雷德里克·西派德（Frédéric Cépède）。

我查阅了保管于巴黎的档案，但这还不够。我又沿着列维－斯特劳斯地理轨迹中的几条路线，寻找文献、信息以及见证人。我必须向巴西的许多人致谢。他们友善地帮助我，快速地回应我的需求（他们通常用无可挑剔的法语与我对话……）。他们是费尔南达·佩肖托（Fernanda Peixoto）、阿夫拉尼奥－罗尔·加西亚（Afranio-Raul Garcia）、赫洛伊莎（Heloïsa）……玛丽亚·贝托尔·多明格斯（Maria Bertol Domingues）、路易斯·多尼塞特·本齐·格鲁皮奥尼（Luis Donisete Benzi Grupioni）、玛努拉·卡内罗·达库尼亚（Manuela Carneiro da Cunha）、爱德华多·威维洛思·德·卡斯特罗（Eduardo Viveiros de Castro）、安东尼奥·坎迪多·梅罗埃苏扎（Antonio Candido Mello e Souza）、玛丽扎·克雷亚（Mariza Corrêa）、海伦娜·蒙泰罗·威尔佩（Helena Monteiro Welper）和安东尼奥·卡洛斯·德·苏扎·利马（Antonio Carlos da Souza Lima）。我要特别感谢路易莎·瓦伦蒂尼（Luisa Valentini）和伊曼纽埃尔·迪亚特金（Emmanuel Diatkine），他们为我"翻译"了圣保罗市，让我爱上了它。我的法国朋友们虽然人在巴黎，但积极地为我牵线搭桥，因此，谈论巴西的那些章节有他们很大的功劳。他们是奥利维耶·贡巴尼翁（Olivier Compagnon）、阿纳伊斯·弗雷歇（Anaïs Fléchet）、贝诺瓦·德·莱斯图瓦勒（Benoît de l'Estoile）。

至于纽约的那些章节，我要再次向皮埃尔－伊夫·索尼尔

（Pierre-Yves Saunier）和洛克菲勒基金会档案中心的档案管理员表示感谢。我要特别感谢档案管理员米歇尔·希尔兹克（Michele Hiltzik），她的效率高极了。

位于日本的米凯尔·费立叶（Michaël Ferrier）和索伊兹克·莫贝克（Soizic Maubec）收留了迷失于翻译之中的我这位法国女人。Yasu Watanabe、川田顺造（Jinzo Kawada）、吉田敦彦（Atsuhico Yoshida）[1]则向我描述了日本人眼里的列维-斯特劳斯。

虽然这个探索记忆的游戏偶尔让人有一些伤感，但在巴黎，有许多人都想要参与到游戏中来。列维-斯特劳斯在社会人类学研究所或者别处的旧同事回忆起了他们熟悉的列维-斯特劳斯。这些人包括乔治·巴朗迪耶（Georges Balandier）、妮可·贝尔蒙（Nicole Belmont）、卡门·贝尔南（Carmen Bernand）、菲利普·德斯科拉（Philippe Descola）、莫里斯·戈德里耶（Maurice Godelier）、弗朗索瓦丝·埃里捷（Françoise Héritier）、让·雅曼（Jean Jamin）、玛丽·莫泽（Marie Mauzé）、让·莫诺（Jean Monod）、米歇尔·佩林（Michel Perrin）、安娜-克利斯提那·泰勒（Anne-Christine Taylor）、伊曼纽埃尔·特瑞（Emmanuel Terray）、纳唐·华德（Nathan Wachtel）、弗朗索瓦兹·佐纳邦（Françoise Zonabend）。还有一些是我的同辈、朋友或熟人，他们通过某个机构或在某个场合下出现在列维-斯特劳斯身边，然后与他相识：阿尼塔·阿尔贝斯（Anita Albus）、卡特琳娜·克莱蒙（Catherine Clément）、西尔维·德雷福斯-阿瑟欧（Sylvie Dreyfus-Asséo）、皮埃尔·诺拉（Pierre Nora）、伊丽莎白·卢迪内斯库（Élisabeth Roudinesco）、热尔曼·维亚特（Germain Viatte）、阿兰·巴迪欧（Alain Badiou）（有关迪娜·德雷福斯

---

[1] 日语里，对于罗马拼音无法与汉字一一对应的人名，译者仅保留了罗马拼音；对于能够对应的人名，译者做了翻译处理。另外，此处川田顺造的罗马拼音疑为"Junzô Kawada"。——译者注

的事）和伊内斯·德·拉·法桑琪（Inès de La Fressange）。我与阿兰·巴迪欧、伊内斯·德·拉·法桑琪是通过电子邮件联系的。让－雅克·勒贝尔（Jean-Jacques Lebel）同意把他在纽约拍摄的一张照片借给我看，弗雷德里克·朱德（Frédéric Jude）则将他拍摄的社会人类学研究所的"蒙太奇照片"借给了我，这张"蒙太奇照片"上有社会人类学研究所全体成员的脸。

在撰写本书的过程中，我很少参与学术讨论。许多同事和朋友向我传达了他们的学术观点，我受益良多，心中十分感激。他们是让－弗朗索瓦·贝尔（Jean-François Bert）、安妮·克利诺（Anne Collinot）、爱丽丝·康克林（Alice Conklin）、让－马尔·德雷福斯（Jean-Marc Dreyfus）、克利斯提那·罗利埃尔（Christine Laurière）、帕特里斯·马尼格里耶（Patrice Maniglier）、让－克洛德·莫诺（Jean-Claude Monod）、维克多·斯托维斯基（Wiktor Stoczkowski）、让－克洛德·永（Jean-Claude Yon）。虽然手稿逐渐变厚，但仍有人愿意阅读。有时，他们读完完整的书稿；有时，他们只读书稿的一个部分。我与这些人之间的友谊也变得更加深厚：安托万·德·巴克（Antoine de Baecque）、文森·德巴恩（Vincent Debaene）、丹尼尔·法布尔（Daniel Fabre）、托马·赫尔斯（Thomas Hirsch）、莫里斯·欧朗德尔（Maurice Olender）、杨·伯丁（Yann Potin）、保罗－安德烈·罗森塔尔（Paul-André Rosental）、让－路易·迪西尔（Jean-Louis Tissier）。他们付出了时间和精力，应该得到我最诚挚的感谢。同样，我要感谢我的母亲丹尼斯·卢瓦耶（Denise Loyer）和我的父亲让－克洛德·卢瓦耶（Jean-Claude Loyer）。除此之外，我要向巴黎政治学院历史研究中心（Centre d'histoire）的几位后勤人员、向历史研究中心举办的讨论会致谢。当然，我也要向巴黎政治学院致敬。2013年秋，我迫切需要时间，巴黎政治学院准许我休一个学期的科研工作假，让我有机会完成本书的写作。最后，我将感谢的话送到意大利巴勒莫，因为朱丽叶·布拉蒙特（Juliette Blamont）与克里斯蒂娜·法塔·德尔博斯科（Cristina Fatta del Bosco）一丝不苟地完成了校对，并且进行了思考。但列维－斯特劳斯从未去过西西里岛。

人的作用很重要，地方的贡献也很重要。我冒昧地希望，在对国家图书馆"黎塞留分馆"空旷的期刊室表达谢意之际，结束我的致谢。那间期刊室又被称为"椭圆阅览室"。在那里，我远离了外界的喧嚣，一心写作，度过了愉快的日子。圆形大厅的马赛克地面上刻有城市的名字，让我幻想起伦敦、巴比伦、维也纳、底比斯、罗马、迦太基、耶路撒冷、巴黎、拜占庭、华盛顿、佛罗伦萨、雅典、尼尼微、柏林和亚历山大的光辉历史。我在图书馆付出了时间，用时间来交换一个比我们自己更加宏大的故事。但是，日夜的交替让我心醉神迷，我甚至没有发现时间流逝……

引 言
INTRODUCTION

克洛德·列维-斯特劳斯的旅程

> 我多么希望能够好好地与动物说说话，一次就好。当然，这是可望而不可即的。我几近痛苦地认识到，我永远也找不到构成宇宙的物质，看不透宇宙的结构。我指的是，"能与鸟类对话"。一条不可逾越的鸿沟就摆在我的面前。如果能够跨越这条鸿沟，我一定高兴极了。如果您能为我找来一位心地善良的仙子，让她满足我一个心愿，那么我希望她能让这个梦想变为现实。
>
> 克洛德·列维-斯特劳斯与弗里茨·拉达茨的对话[1]

环游世界

在很长一段时间里，克洛德·列维-斯特劳斯（Claude Lévi-Strauss）在他的书房度过午后时光。书房位于巴黎十六区栗树街2号五楼的家中。这间小巧且秩序井然的工作室凭其百科全书式的海量藏书、精选的摆件、种类丰富的矿石、"奇妙"的古玩以及精心收藏的艺术品重塑了世界。

让我们怀着敬意走进这座神殿：房间四四方方，倒也宽敞；有弧度的墙面上开了一扇窗。墙上，书籍、装订整齐的期刊、百科全书和字典摆满了搁物架。书桌被安放在房间尽头，它置办于

---

[1] 《在马克思与卢梭之间》（« Entre Marx et Rousseau »），《时代周报》（*Die Zeit*）1983年9月2日。

纽约，是由深色木头制造而成的西班牙家具。列维－斯特劳斯在这儿写作，或者稳坐于安有滑轮的扶手椅之上，静静地阅读，并一读再读。这把扶手椅让他得以转向塞满文具的圆弧形活动面盖写字台，或者"镇守"于钢铸独脚小圆桌上的打字机（德语键盘）。打开收音机，欣赏古典音乐的旋律，这也是必不可少的。列维－斯特劳斯在书房中坐定后，有时会将双脚往桌上一搁，身体往后倾斜，这样一来，他就面朝一幅偌大的多罗菩萨画像。画像采购自1950年代的德鲁奥[1]。这位绿色皮肤的神祇源自尼泊尔，没有性别之分，它的画像寄寓着庄严与安详。一条泰国鳄鱼、一尊庞大的中国树根雕塑、一些日本木版画和日本刀镡增添了几丝远东气息。几件稀有的民族志物件，比如，海达人用来"打"鱼的雪松木狼牙棒，把异乡的风景带回了他的寓所。狼牙棒还影响了作者创作《野性的思维》时美学思考的方向。书桌上摆着几颗石子，其中有青金石一块，匕首一把。不见植物的踪影。这间书房介于古玩陈列室与艺术工作坊之间，其视听环境是对美的赞歌。当我们沉浸于美的事物时，所有东西都能在下午沉闷的寂静中产生回响，所有事物都能参与到对图书馆这个渺小、封闭处所的乌托邦想象中来。事实上，列维－斯特劳斯不迈出书房一步便可以环游世界：左面墙上是非洲、大洋洲、亚洲；正面是期刊与文献索引卡；右面是南美洲；背面的角落是北美洲；余下的墙面留给了各种百科全书和辞典，因此，有了滑轮扶手椅的帮助，这些工具书触手可及。萨米耶·德·梅斯特（Xavier de Maistre）在其《在自己房间里的旅行》（*Voyage autour de ma chambre*）一书中也展开了想象，他认为，这座纸张堆砌而成的庙宇就该是这样的。"我的藏书堪比景观。"[2] 他后来这样回忆道。事实上，

---

1 Drouot，音译为德鲁奥，位于巴黎九区的拍卖中心。——译者注
2 克洛德·列维－斯特劳斯著，多米尼克－安托万·格里索尼（Dominique-Antoine Grisoni）收集整理：《列维－斯特劳斯的33个关键词》（«Lévi-Strauss en 33 mots»），《文学杂志》（*Le Magazine littéraire*）第233期，1985年10月，第26页。

全世界都呈现在墙上，而每本书按其涉及的民族，像分布于地图上一般整齐地占据相应的位置。列维－斯特劳斯按地理分布整理书籍（按大陆板块），细致至极，造成了地图与书房藏书之间比例上的失真。但这两种表达方式十分相似，它们都展示了世界的完整性和丰富性。

尽管这个森罗万象的"图书馆"得到了精心整理，但是它的重要特点并未消失：除了1.2万册书籍，它还收录了一些国际期刊的完整期号，比如《人》（*Man*）和《美国人类学家》（*American Anthropologist*），以及数千本论文的单行本。这些收藏给学院式的研究提供了必需的素材。一旦失去传递这些"数据"的管道，就没有知识可言。列维－斯特劳斯像他的同辈人一样，大量分析这些定期从"数据"归档的文献索引卡。要知道，这样的文献索引卡从20世纪初开始就已经成为所有比较研究的必需工具。他有一件存放档案的办公家具，其中收录了战争年代里他在纽约公共图书馆中写下的读书笔记，数量多达几千份。"在某个时期，大约是1940—1950年，我几乎通读了民族学领域的所有出版物。"[1]列维－斯特劳斯的图书馆环游世界，拥抱知识海洋，是求知的档案馆。它对知识无止境的追求精神至今仍未过时。1960年代初，几只鹦鹉自由翱翔在这片学识的"洞穴"里，那时，它们不过刚从亚马孙流域来到这儿。多亏了法兰西公学院社会人类学研究所副主任伊萨克·希瓦（Isac Chiva）多次建言献策，它们才勉强避开了法律的阻碍。希瓦知道他的同事兼好友热爱动物，知道他曾与几只从巴西运来的猴子相伴生活，更知道如果他坚持把猫猫狗狗带在身边，那么所有动物都会在他的书房安家，继而把这间工作室变成动物园。哎呀，可这些就是实际发生的事：鹦鹉们常常偷走他的眼镜，弄脏这里或那里。列维－斯特劳斯必须从这样的

---

[1] 克洛德·列维－斯特劳斯：《我有时是画家，有时是修补匠》（« Il y a en moi un peintre et un bricoleur qui se relaient »），《世界报》（*Le Monde*）1974年6月21日。

生活中解脱出来，同样他必须得从人类与动物共同生活的梦想中清醒过来。但那些美洲印第安人神话再次创造了动物与人类共同生活的世界，当陷入这个容许幻想的世界后，他又燃起了追梦的情怀。

列维－斯特劳斯之谜

克洛德·列维－斯特劳斯的书房是一个"文艺复兴的工作室"[1]，它不仅发蒙启滞，也让人目瞪口呆：它与结构主义开创者前卫的形象风马牛不相及。人们常常将达到了相当高度的结构主义理论与1950—1960年的现代主义思潮联系到一起。因为它借用比较这一新方法，致力于重新建立实践符号思维（la pensée symbolique）的条件。事实上，他并不希望追寻和研究社会的各种变体，这是人们对他的误解，他希望依靠不同社会间传递差异的联系来探索被我们理解为变体的社会差异。结构主义从语言学发迹并逐渐扩散到人类学以及其他不同的知识领域（文学批评、精神分析、历史等）。科学的成功和人类学的成功似乎都有它的功劳。20世纪后半叶，列维－斯特劳斯在法国推广人类学，最后将它带入了社会科学的神殿。这就是结构主义的经典冒险故事。要知道，在这个概括为结构主义的故事里，有许多重要桥段都在这间书房里相继展开，而它的主人是"文艺复兴"的推动者……

所以，谁是克洛德·列维－斯特劳斯？他是世纪之子，生于1908年的布鲁塞尔，殁于百年后的2009年的巴黎。他成长在一个犹太人家族，这个家族从阿尔萨斯迁至巴黎，在法国的社会地位一路攀升，书写着犹太人家庭的老故事。在这个深深扎根于19世纪的资产阶级家庭里，克洛德以独子的身份茁壮成长。家族渐渐没落，将全部希望寄托在他身上，令他备受宠爱。他的父亲是

---

[1] 意大利工作坊（Studiolo italien）诞生于文艺复兴时期，多为收藏、出售古董的商店。——译者注

一名画家，叔伯中也有两名画家。当一人不醉心艺术时便另谋出路：他也是如此。这是一个热闹、团结的大家庭，家族成员们褪去犹太教外衣，戴上了爱国主义的桂冠。年轻的他在这样的家庭中度过童年。他学习优秀，入读了孔多塞高中的文科预科班，却拒绝准备高等师范学校的入学考试，于是成就了他人生中的第一个转折。他从未揭露转折背后的故事，让自己成了一个谜。此后，他自学法律和哲学两门学科，最后参加了1931年的教师资格会考。在此期间，他还是积极的社会主义活动分子。在马克思思想和工人国际法国支部（SFIO）的领导下，他渴望改变世界。但列维-斯特劳斯与许多同道朋友（譬如，他表亲的丈夫保罗·尼赞）都不同，他始终未能成为共产主义者。既然不能改变世界，他于1935年离开了他的"世界"。一个去巴西教书的机会得以让他到那儿研究印第安人，因为当时巴黎人认为印第安人聚居在圣保罗近郊……他抛弃了哲学这门传统学科，投入年轻的民族学的怀抱。显而易见，这是他生活轨迹和思想轨迹的岔路口，它决定性地开启了他在新大陆的第二个人生阶段：首先是去巴西，然后是在第二次世界大战（简称"二战"）期间远赴美国。

　　这样的生平使列维-斯特劳斯在20世纪的人生轨迹独树一帜。我们怎样评价他前半生的双重割裂？第一层割裂指的是，他与具有家族渊源的犹太教信仰保持了距离。在社会科学史上，列维-斯特劳斯绝非第一位与犹太教断绝往来的知识分子。然而，他是怎样把重建犹太人出身而非犹太人的身份与他阐述的那些崭新的问题、理论衔接起来的呢？[1] 第二层割裂是，他远

---

[1] 参见维克多·卡拉第（Viktor Karady）关于这一问题的思考：《犹太裔知识分子与社会科学：一个问题的简单阐述》（« Les intellectuels juifs et les sciences sociales. Esquisse d'une problématique »），载约昂·海尔布朗（Johan Heilbron）、雷米·勒诺瓦（Remi Lenoir）、吉塞勒·萨皮罗（Gisèle Sapiro）主编：《社会科学史：向皮埃尔·布迪厄致敬》（Pour une histoire des sciences sociales. Hommage à Pierre Bourdieu），巴黎：法亚尔出版社（Fayard），2004年，第166页；皮埃尔·伯恩鲍姆（Pierre Birnbaum）：《希望的地理学：流亡、启示和去同化》（Géographie de l'espoir. L'Exil, les Lumières, la désassimilation），巴黎：伽利玛出版社（Gallimard），《新法兰西评论》（NRF）2004年。

XV

离了欧洲这块"旧大陆",将"新大陆"旗帜下的巴西和北美对应"旧大陆"而划入欧洲—南美—北美的三角关系中。这个三角关系是他结构主义思想诞生的真正契机。当这位法国范十足的知识分子离世时,人们祭奠他,敬他为国家英雄;而在伟大的知识分子诞生前,他长期在海外漂泊:在自愿或被迫的情况下,列维-斯特劳斯在1935—1947年几乎从未踏足故土;1935—1939年,他的足迹遍布塞尔陶(Sertão)的荆棘丛;此后,在1941—1947年,他流亡纽约,先是作为社会科学家(social scientist)开展活动,之后成为二战胜利后法国第一任驻美文化参赞。这般程度的社会化不曾见于法国其他学者。与他同期的学者被传统的世界中心论束缚而自困于国门之内。毋庸置疑的是,新旧世界、法国传统哲学教育、巴西民族学经验与受到德国传统渗透的美国人类学的融合,这些因素共同作用,创造了一位个性十分鲜明的伟大人物。[1]

1947年他重返"旧大陆",着手专著的创作。正是他跨越大西洋的人生经历成就了这些作品。之后的十几年内,列维-斯特劳斯潜心于密集的工作,然而,直至1959年就职法兰西公学院前仍屡屡受挫。在就职法兰西公学院的前几年,也就是1955年,他凭着满腔的写作热情,在几周内奋力创作了400多页,他眼中的巴西版《奥德赛》跃然纸上。这本《忧郁的热带》成为20世纪思想著作中的经典之作,更使作者一跃成名于世。正是在1960年代,已经成为法国知识界公众人物的克洛德·列维-斯特劳斯将结构人类学推入学术与政治舆论的中心,把它定位成修订马克思主义与去殖民化之外的第三方案。在神秘与沉寂的个性光环下,这位严肃的学者养成了绅士的气质,将他结构主义思想

---

[1] 参见贝诺瓦·德·莱斯图瓦勒(Benoît de l'Estoile):《一位"法国知识分子"的诞生》(«Genèse d'un "intellectuel français"»),载 https://www.slate.fr/story/12687/genese-dun-intellectuel-francais,2009年11月6日。

的结晶传承给年轻的一代又一代，让他们能够在他的思想中找到各自的美洲大陆。与列维－斯特劳斯为伴，罗兰·巴特（Roland Barthes）、米歇尔·福柯（Michel Foucault）、路易·阿尔都塞（Louis Althusser）以及雅克·拉康（Jacques Lacan）集结于一场"结构主义的盛宴"[1]。人文科学与社会科学的名声因此登上顶峰。在《野性的思维》结尾几页精辟的论断中，列维－斯特劳斯还试图将哲学带往结构主义之路，不过以让－保罗·萨特（Jean-Paul Sartre）为代名词的哲学并没有对这些试图改变它发展方向的新知识唯命是从。他具有论战的热情，这与他渐渐被人们接受的学者形象形成落差：作为学者，他深沉、优雅，唾弃政治对各个领域的过多干涉，醉心于培养各种"批判"情绪。虽然他的政治立场难以归类，1968年后他仍被左派的学生们视作不可救药的反动派。1973年，列维－斯特劳斯当选法兰西学院（l'Académie française）院士，他们才重拾理性。

65岁高龄的他还将迎接35年多的生活，但长寿带来了变数：人们对他作品的接受发生了翻天覆地的变化。几十年间，结构主义陷入了灭顶之灾，好在列维－斯特劳斯躲过了这场"人才陨落"的危机。1980年代，他成为法国学界的某种"禅宗"僧侣，哀悼这些纷纷离场的伟大角色：雷蒙·阿隆（Raymond Aron）、罗兰·巴特、让－保罗·萨特、米歇尔·福柯相继于1980—1985年辞世。一步步地，这位老人，他们当中最年长的老人，成为法国举国的骄傲。他出生于有些遥远的时代，却一步步地远离了他的20世纪。然而奇怪的是，他与20世纪保持的距离反而让他能以一种最锐利、最颠覆的眼神反观我们即将褪去的"现代性"（modernité）。他的年纪长了，他离当下近了。

---

[1] 这是莫里斯·亨利（Maurice Henry）的一幅讽刺画的说明文字。参见1967年6月1日出版的《文学半月谈》（*La Quinzaine littéraire*）。画中，克洛德·列维－斯特劳斯、米歇尔·福柯、罗兰·巴特和雅克·拉康化身为"野蛮人"。

项链上的珍珠

显然，这本传记的写作计划与克洛德·列维-斯特劳斯个人档案的开放密不可分。国家图书馆手稿收藏部里 261 大箱手稿是一大笔财富，也是本书核心的参考资料。尽管如此，我也参考了许多其他档案：法兰西公学院社会人类学研究所的资料、收藏于巴西的资料——他在圣保罗大学的大量痕迹与他在马托格罗索州的民族志考察报告——以及收藏于纽约和华盛顿的全部资料，这些是他留下的二战中美国法裔移民的研究资料。这些新资料多数是首次开放查阅。以如此分量的文献资料为基础，传记写作的重任以《忧郁的热带》中的自传为线索启航，并把它融入我们的故事中。这个新故事会改变自传叙事脉络的定位、含义与影响。长久以来，传记体裁在诸多方面需要获得人们的谅解。皮埃尔·布迪厄（Pierre Bourdieu）最直接地针对"传记的理性"（raison biographique）进行了批评：传记理性追求虚幻的"一致性"，试图理性地书写人生经历、追忆"人生志向"和构思人生意义，它将把任何一本书都变成一部成长小说（Bildungsroman）。[1] 这些"暗礁"真实存在。然而，如果我们从新兴的自我材料（ego-ducument），例如书函、记事本、文档、日程本、备课本、手稿、画册、摄影作品等这些能够塑造人物生活方方面面的材料出发，传记文学仍是广义思想史中一种有效的知识形式，甚至以这种方式被人们广泛接受。

我们没法想象年轻时的列维-斯特劳斯：人们说大师少年老成，因他年长、沉稳的形象已深入人心。很早开始，他就以一位老者的形象出现。如今，只有在他与父母的书信中，我们才能在脑海里浮现出一名在蒙德马桑（Mont-de-Marsan）女校里教授哲学、初涉职场的年轻老师的形象。这是因为，见证了列维-斯

---

1 皮埃尔·布迪厄：《传记的幻想》（«L'illusion biographique»），《社会科学研究论文集》（Actes de la recherche en sciences sociales）第 62 卷，第 62—63 期，1986 年，第 69—72 页。

特劳斯前半生的人们都已离我们而去,唯独巴西的安东尼奥·坎迪多·德·梅罗埃苏扎(Antonio Candido de Mello e Souza)先生依然在世。这位当今巴西知识界举足轻重的人物仍能回忆起1935 年年轻的列维-斯特劳斯蓄着胡子,与妻子来到圣保罗教授社会学的情景。21 世纪头十年初,我因当时的研究需要访问了列维-斯特劳斯,向他了解流亡纽约时期的经历。那时他对我说,他见证了战争年代法国人流亡美国的惊人场面,但他可能是这件大事的最后一名目击者了。[1] 就像他遇到的那些印第安人,作为一个消失了的世界的最后见证者,他珍藏着这个世界全部的记忆,列维-斯特劳斯以他自己的方式成为 1940 年前那个时代的最后一人。所幸,与他一同参与了 1960 年起法国人类学发展的许多人物仍旧健在。我尽可能多地与他们会晤。我不是人类学家,所以当我出现在他们面前时,我卸下了我的职业意识。作为回应,民族学家们以友好的姿态接受了我的来访,他们亲切和蔼的态度与教堂里的那种气氛有着云泥之别!借着这些会晤,我领略到建立在列维-斯特劳斯这个名字之上的浓郁的学术气息,但这还不足以印证他知识分子的盛名。经过抽丝剥茧,我的对话者们顺着记忆走向曾经的奇人,走向他洒落在整个人类学学科上那片让人窒息的影子。

可是,这本传记的主角克洛德·列维-斯特劳斯很少谈及他的"个人身份",更少谈及他对西方现代社会中"个体"(Individu)的见解。这位人类学家和一部分同代人,比如米歇尔·福柯,都认为,个体虽是哲学关注的对象和期望之所在,但最终将化为尘土并退出历史舞台。"走开,没什么好看的!"此刻,每个个体不再是独立的实体,而是以微历史

---

[1] 伊曼纽艾尔·卢瓦耶:《从巴黎到纽约:法国知识分子与艺术家的美国流亡经历(1940—1947)》(*Paris à New York. Intellectuels et artistes français en exil aux États-Unis, 1940-1947*),巴黎:格拉塞出版社(Grasset),2005 年。

(microhistorique)的视角观察事物的场所,也不再是既定的基础,而是观察的标尺。在安东尼奥尼的电影《放大》里,摄影师在放大一系列底片时发现了另一个故事的开端;同样地,放大对列维-斯特劳斯的聚焦范围,我想从另一种角度进行探索,来观察20世纪时人类学家在学术界和艺术领域的另一种面貌。[1]在这方面,我希望尊重历史。所以我想写成的是一种"日本式传记",我要参考的是这种列维-斯特劳斯认为源自日本的"向心"哲学(philosophie centripète):"……好像日本人是从外部开始建立自我(moi)。因此,日本这个'我'(moi)不是作为原始的数据,而是作为那个我们不知是否能够抵达的结果。"[2]这本传记摸索着列维-斯特劳斯家族与人类学学科的来龙去脉,唯独不愿止步于为学科宗师建造一座庙宇。总而言之,他有一部作品受到大众认可。列维-斯特劳斯是书中的主角,他活跃地穿梭于20世纪的历史洪流之中,在不同的背景下成长,最后,累积了无数旅行历练与阅读经验。要知道,在一个人人自危的年代,证实这位大人物在多大程度上被历史事件所践踏,又如何从政治使命中"脱离"出来,这样的过程并不会让人觉得赏心悦目。特别是二战期间反犹太主义的维希政府执掌法国时,他也像其他人一样被迫走上了流亡之路。

为维护和鼓励人类学领域的传记写作,列维-斯特劳斯从别处带来了他的那块奠基石。1940年代起,美洲大陆出版了大量土著人的传记,多数是由民族学家与其精心挑选的情报提供者(常

---

[1] 如果调整视角,从微观角度进行分析,我们可以获得许多新发现。有关这方面的文献数量丰富,我们可以主要参考雅克·勒韦(Jacques Revel)的两篇文章:《序》,载雅克·勒韦主编:《视觉游戏:微分析的实践经验》(*Jeux d'échelle. La microanalyse à l'expérience*),巴黎:伽利玛出版社/瑟伊出版社,1996年;与雅克·勒韦的访谈,《如何迷失方向:"放大"》(« Un exercice de désorientation : *Blow up* »),载安托万·德·巴克(Antoine de Baecque)、克里斯蒂安·德拉热(Christian Delage)主编:《从历史到电影》(*De l'histoire au cinéma*),巴黎:孔普莱克斯出版社(Complexe),1998年,从第103页起。
[2] 克洛德·列维-斯特劳斯:《人类学与现代社会中的问题》(*L'Anthropologie face aux problèmes du monde moderne*),"21世纪文库",巴黎:瑟伊出版社(Seuil),2011年,第38页。

常是一位被部分同化的印第安人）共同书写的。其中，民族学家利奥·西蒙斯（Leo Simmons）在研究了印第安霍皮人堂·塔拉耶丝瓦（Don Talayesva）后撰写了他的生平事迹：他的生活徘徊于两个世界之间，被撕得粉碎；随后一场精神危机更是颠覆了他的生活：在这场危机的驱使下，他回到出生的村落，"以挑剔的眼光守护那里的各种古代习俗和仪式"。[1] 列维-斯特劳斯同意为本书作序，他带着几分兴奋的情绪庆祝"标尺"发生的改变："一夜之间，塔拉耶丝瓦的故事凭天赐的福气便顺利地达成了民族学家一生梦寐以求却从未完全实现的事：根据'内心生活'重塑文化，这种孩童与成人都会经历的文化。这种探索有些类似于我们以'当下'（présent）的考古学家姿态找寻一条项链所散落的珍珠，霎然间，我们注意到珍珠以它们原始的方式串成项链，温驯地环绕在年轻人的脖子上，点缀它们命中注定的主人。"[2] 珍珠项链的隐喻表达了列维-斯特劳斯这位学究对"学术梦想"的承诺而引发的几乎情色的冲动[3]：协调对一个社会体系的描述与这个社会体系反映在每个成员内心的方式，并以不偏袒任何一方为前提，吸收采纳知识分子的客观角度，将之融入土著人的主观表达里。因此，传记应当以纤细的纹理见证约束与自由之间的关系，社会条件与重要角色定位之间的联结，"天才"思想的诞生与它所处的公共环境之间的因果。这样紧密的纹理好似来自列维-斯特劳斯钟意的印第安篮子。他在探险记录册里随手勾画了篮子的图案。

---

[1] 克洛德·列维-斯特劳斯：《序》，载董·C.塔拉耶斯瓦（Don. C. Talayesva）著，雷欧·W.西蒙（Léo W. Simmons）编撰：《阳光霍皮族：一位霍皮族印第安人的自传》（*Soleil hopi. L'Autobiographie d'un Indien Hopi*），"人类观察丛书"，巴黎：普隆出版社（Plon），1959年，第9页。
[2] 同上书，第10页。
[3] 参见《传记中的游戏与民族志问题》（«Jeu et enjeu ethnographiques de la biographie»），载《人类学期刊》（*L'Homme*）第195—196期，2010年7—12月，第7—8页。

民族志知识与民族学学科：以"他者"为对象

列维-斯特劳斯的传记是一个人的"历史"，也是一门野心勃勃的科学学科的历史，因为这部传记尝试囊括这位人物的方方面面。在不同的国家传统中，这个学科的名字五花八门：列维-斯特劳斯在法国推广"人类学"这个名字，但"民族学"仍被沿用至今。

20世纪的民族学与人类学继承了自文艺复兴以来不同地域中普遍存在的民族志传统：它涉及对异国他乡的空间探索，一国内"他国"元素的社会探索，或者基督教教旨下为转化异教徒而进行的宗教活动。这些探险旅行成为可能后，各式各样民族志写作的冲动敦促人们投身到以"他者"为目标的求知事业中去。我们笼统地认为19世纪后半叶亨利·摩根（Henry Morgan）和爱德华·泰勒（Edward Tylor）的研究引领了英国民族学的建设，涂尔干（Durkheim）和莫斯（Mauss）引领了法国民族学的建设，民族学在很长时间内正是与受好奇心驱使而诞生的知识体系相濡以沫的。这样的知识体系非常规且激进，动摇了固有认知，对后者提出了疑问。[1] 正因为这样，那些著名的古玩商店才能在古典时代激起整个欧洲大陆的求知欲。

把克洛德·列维-斯特劳斯的书房比喻成一间古玩店，其实是因为我意识到，在他心中或以他为代表人物的民族学中同时存在着几个不同的时间制式：除了好奇心之外，还有对"准确度"的要求，尺度的等级，以民族志形式对"事件"的收集，

---

[1] 参见克里斯蒂安·利科普（Christian Licoppe）：《科研工作的教学：法国和英国的经验之谈（1630—1820）》（*La Formation de la pratique scientifique. Le discours de l'expérience en France et en Angleterre [1630-1820]*），巴黎：探索出版社（La Découverte），1996年。近些年的文献则包括：西蒙·谢弗（Simon Schaffer）：《现代科学的温室》（*La Fabrique des sciences modernes*），巴黎：瑟伊出版社，2014年；斯蒂芳·凡·达姆（Stéphane Van Damme）对笛卡尔的研究：《论17—20世纪的文化史：伟大的哲学传统》（*Essai d'histoire culturelle d'une grandeur philosophique, XVII-XXe siècle*），巴黎：巴黎政治学院出版社（Presses de Sciences Po），2002年；《揭开真实的面纱：重新审视启蒙时代哲学》（*À toutes voiles vers la vérité. Une autre histoire de la philosophie au temps des Lumières*），巴黎：瑟伊出版社，2014年。

地区性民族学概述，以及作为最终阶段的归纳：归纳为亲属关系（parenté）的规则或者神话的规则，而这些规则与牛顿物理法则颇有共通之处。这就是列维－斯特劳斯借用英语术语命名为"人类学"的学科。[1]

我认为，我们必须把列维－斯特劳斯理解为多重拉锯战，甚而是多种科学实践之间矛盾关系的载体，并从他这位人类学最典型代表人物的传记中发掘出这门学科里的一种露天"考古学"分支。因为，一方面，列维－斯特劳斯深得希罗多德发明的调查法的精髓，从外部远距离观察其他一切事物，他还展示了结构人类学是如何以对比性描述与区别性差异的研究为基础而建立起来的。另一方面，他的人类学承载了情感、梦想与噩梦因素，他被带往另一个求知领域。丹尼尔·法布尔（Daniel Fabre）把后者称为"幸存者的范式"[2]。这个他游历巴西时常常出现的想法（幻想？）指的是，民族学家面对的是最后一代印第安人，他们是他们世界潜在的情报提供者，也是一个世界末日故事里的终极产物。《忧郁的热带》表达了这个故事的悲剧性，也在某种意义上承担了这个悲剧的责任。

一方面，列维－斯特劳斯主持的研究室——他于1960年在法兰西公学院成立了社会学研究室——是民族学领域科学研究的新地标。另一方面，在他的工作室，这位人文主义思想家的"洞

---

[1] 参见2014—2015学年，达尼埃尔·法布尔（Daniel Fabre）、克里斯提娜·罗里埃尔（Christine Laurière）和安德烈·玛利（André Mary）开设的研讨课"民族志：考察、探险和殖民帝国"（«Entreprises ethnographiques: missions, explorations et empires coloniaux»），法国社会科学高等研究院（EHESS）。特别是达尼埃尔·法布尔主持的第一堂课，其主题为"民族学调查的形式和民族志研究的范式"（«Formes de l'enquête et paradigmes de la curiosité ethnographique»）

[2] 达尼埃尔·法布尔：《论浪漫主义民族学》（«D'une ethnologie romantique»），载达尼埃尔·法布尔、让－玛丽·普里瓦（Jean-Marie Privat）主编：《浪漫的学问：民族学的诞生》（Savoirs romantiques. Une naissance de l'ethnologie），"民族学批评丛书"，南锡：南锡大学出版社（Presses universitaires de Nancy），2010年。2008—2011年，达尼埃尔·法布尔曾在法国社会科学高等研究院开设了一门相关主题的研讨课："幸存者作为一种范式"（«Le Paradigme des derniers»）。

穴"中，人类学家跨越时代与孟德斯鸠（Montesquieu）、卢梭（Rousseau）、夏多布里昂（Chateaubriand），与启蒙时代的人类学对话，甚至继续往回退，与探险者让·德·雷瑞（Jean de Léry）对话，实现了跨越两个世纪的探索。让·德·雷瑞作为巴西海岸最初的发现者之一，目光之犀利唯独伴列维-斯特劳斯余生数十载的蒙田能及。我们曾过分着眼于列维-斯特劳斯学者生涯中实在的"现代性"，以至于忽略了他对"旧大陆"的传承。而他是新与旧的综合体，在他身上西方传统与现代社会不同层面的知识相互碰撞、相互摩擦。

一个人物的结构和一部作品的结构

列维-斯特劳斯与语言学家罗曼·雅各布森（Roman Jakobson）建立了一生的友谊。1982 年 10 月，人类学家在语言学家去世的第二天写下了这段话："我们口中的'伟人'到底指的是什么？他不仅仅是一位史无前例、魅力无限的人物，这当然是对的，更多的是一部著作的作者：一部无法与创作者再联系起来的作品。但让熟悉雅各布森的人首先惊讶不已的是他与他的作品间看似突兀的'血缘'关系。"[1] 列维-斯特劳斯继续指出，"在语言学家和他的作品中闪耀着熊熊的生命力、源源不绝的豪迈之情、强大的说服力以及才华横溢的创造力"。人与作品间"看似突兀的'血缘'关系"也表现在列维-斯特劳斯身上。这层血缘关系追溯到作品本身的对象，回到作为他民族学研究基础的美洲印第安人身上，因此衍生出双重血缘关系。作为源头的美洲印第安人戴着唇饰品（labret），以和气、穷困的形象被民族学家写入 20 世纪的传说之中：他们是时代的叹息、最后的希望。列维-斯特劳斯在《神话学》书尾将他研究的神秘性物质（matière mythique）的源头以及他一生重要的线索描述为一种"二元论"。

---

[1] 罗曼·雅各布森去世后，克洛德·列维-斯特劳斯写下了这一篇悼念文。

而这场"二元论"实为一场无休止的平衡游戏，两方各居一端。印第安人输了游戏，世界已被倾覆。

这种不平衡的"两党制"也是他求知的动力和他内心的渴望：他关注细节，认真体验生活，爱好观察植物，但也热爱理论研究，沉醉于归纳总结，会提出大胆的假设；他不仅吸收佛教智慧，超脱于世，顿悟自然并且解放自我，也踏遍世界，并早就成了社会主义者，完成了成立研究室的理想，履行着各种工作职务；他渴望"同类相聚"（entre-soi），也拒绝"同类相聚"；他坚决地开展抽象活动，也拥有极其敏感的触觉；他渴望寻找意义的规则，但又从直觉上认同"无意义"（non-sens）之说；他追求普遍性，也认可差异的合理性；他追求科学，也拥抱艺术。人们常常非议最后一组对立关系，当列维-斯特劳斯凭借学术著作入选法兰西学院时，人们在他的作品中发现了他的文学天赋，然而，这是好是坏还没有公论。帕特里克·威肯（Patrick Wilcken）在近期的一篇文章中首次提出将列维-斯特劳斯看作一名"被耽误的艺术家"（原文中以法语 artiste manqué 表示），认为他会给学术圈寻回一丝艺术感性。他拥有的艺术感性来自他青少年时期接受的艺术教育，尽管他因天资不足而被迫中断学习。[1] 这就是说，我们无须理会这失衡的二元关系里蠢蠢欲动的力量，也别把列维-斯特劳斯狭隘地理解为是有意继承美文（belles-lettres）传统才希望将知识优越性与艺术美学合二为一。难道布封（Buffon）不是因为"风格论"而入选法兰西学院的吗？[2]

---

[1] 参见帕特里克·威肯（Patrick Wilcken）：《克洛德·列维-斯特劳斯：研究室里的诗人》（Claude Lévi-Strauss. Poet in the Laboratory），伦敦/纽约：布鲁姆斯伯里出版社（Bloomsbury），2010年。
[2] 参见伍尔夫·勒佩尼斯（Wolf Lepenies）：《三种文化：科学、文学以及位于两者之间的社会学》（Les Trois Cultures. Entre science et littérature, l'avènement de la sociologie），巴黎：人文科学研究院出版社，1990年，第1—3页。

与鸟类对话

个人情感与家族血脉扎根 19 世纪,他却沉迷于 16 世纪的旅行日志,显得与 20 世纪格格不入。最让人称赞的是,这股"文艺复兴"的清风愿意接受原始社会的洗礼;同时,他跟随时代发展的脚步,为科学进步贡献力量,热情洋溢地与之一同前行。尽管如此,他并不耻于展示他的"复古"之旅,并偷偷地宣扬"重返新石器时代"!克洛德·列维-斯特劳斯科学实践的方式、他曲折离奇的一生、他的"历史哲学"(如果这种哲学存在),以及他的政治立场和意识形态使他用一种类似朋友安德烈·布勒东(André Breton)眼中"超现实"的"超现代性"与一种否定在多个方面与现代断裂(断裂常常表现为理性反对蒙昧主义,科学反对神话思维,进化论反对循环的时间,进步反对一成不变等)的"古风"建立了绝无仅有的研究领域。他的人生经历随着这本传记叙事的时间在一段时间内向前推进,但以一种螺旋的方式不停地拾起过去的碎片。为此,他说,"我们的生活几乎不是线性的"[1],因为非常遥远的过去却看似比上一个瞬间更加真切。他的作品也是如此,它"一边回顾了以作品本身为代名词的人类学的历程,一边迈向他设想的未来"[2]。

这位人类学的改革家似乎想让我们在这个疯狂、聒噪的 21 世纪继续反思这些他未能掌握的科技进步。他是世界之子(homme-monde),他的前半生忙于流浪;他是时间之子(homme-temps),他漫长的一生在被他戏称为"堂吉诃德主义"的强烈欲望下——也就是"寻找隐藏在'当下'里'往日'痕迹的欲望"下[3]——特征鲜明。他身上的丰富的时间经验与他

---

[1] 克洛德·列维-斯特劳斯引用了马塞尔·普鲁斯特的话。参见《看、听、读》,第 1495 页。
[2] 爱德华多·维未洛斯·德·卡斯特罗(Eduardo Viveiros de Castro):《食人族的形而上学:迈向后结构人类学》(*Métaphysiques cannibales. Lignes d'anthropologie post-structurale*),"形而上学丛书",巴黎:法国大学出版社,2009 年,第 10 页。
[3] 克洛德·列维-斯特劳斯:《亦近,亦远》(*De près et de loin*),第 134 页。

踏足的广袤土地一样，代表了他独特的哲学去中心化和存在去中心化。他是史上深刻"重温历史"的第一人。他并不向我们传授任何方法，不制订任何计划，他只是激励我们关注并保存文化、自然和社会的多样性，把后者作为一种代表了世界偶然性的珍贵价值。1976年后，他施展了非凡的政治想象力，以接受非人类（non-humain）的异域社会为参照，试图提出用"生物权利"来定义和代替此前的"人权"[1]：人作为"活的"生物而不是"道德"生物，不与动物、植物、矿石、物体区分开来。列维-斯特劳斯的思想展现了一种根据"人类纪"修订的全新的人文主义精神。

与鸟类谈话吧：我们常常狭隘地意识到这位思想家将自然与文化严格对立，忽略了他的观点在"探险"过程中不断发展。最后，他还在美洲印第安人神话里学会了对他个人生活和他写作都至关重要的一课。容我提醒大家，对这位民族学家和印第安人本身而言，这些神话描述的是一个人与动物相互理解的时代。

---

[1] 克洛德·列维-斯特劳斯：《对自由的思考》（« Réflexions sur la liberté »），载《遥远的目光》（*Le Regard éloigné*），第371—382页。

第 1 部分

缘起（1935 年以前）

1 姓氏的传承

> 但是，高贵的姓氏只要还未没落，拥有之人便能沐浴它的光辉。毫无疑问，就某方面而言，这正是这些家族声名显赫带来的好处：即便在今天，我们依然能够顺着这些家族的足迹，追溯以往，甚至回到14世纪以前，我们还能拜读德·夏吕斯、阿格里让特亲王或帕尔马公主的子孙们的回忆录和书简。它们也许曾是平民家庭，它们的过去被一帘黑幕隐藏了起来，任谁也看不清，如果在姓氏的光辉下追根溯源，我们就能发现盖尔芒特家族的人之所以神经兮兮、品行不端和放浪形骸，这是有顽固的历史根源的。
>
> 马塞尔·普鲁斯特，《盖尔芒特家那边》[1]

他的"往事"（arrière-monde），包括了所有经历、回忆、图像、气味、幻想、厌恶、不安、他的身体状态和精神状态，以及从呱呱坠地那刻起伴随名字延续下来的存在方式与思考方式。这是一个昏暗又光明的世界、一片丰饶又沉重的土地。它们诞生于家族传说，可家族传说穿梭于社会记忆与国家历史，变得斑斑驳驳。我们可以依附于这些传说，因为社会记忆、国家历史已经成为他个人的一部分，但这是后话了。

克洛德·列维-斯特劳斯出生于1908年11月28日的布鲁塞尔，但这不是他人生故事的起点。他坦承自己怀念那些未知的过往，因为他与我们所有人一样，背负着一段触不可及的历史。他的故事从一个由社会背景和个人因缘共同构成的复合姓氏开始：一个扎根阿尔萨斯的犹太人家族因一位家族成员的成功而声名大噪。他是伊萨克·斯特劳斯（Isaac Strauss），克洛德·列维-斯特劳斯的外曾祖父。而克洛德的父亲选择将"斯特劳斯"加入

---

[1] "七星文库"，巴黎：伽利玛出版社，第542页。（译按：译者以许渊冲先生的译本为基础进行了重译。）

姓氏，添于"列维"之后，创造了这个披着神秘面纱的姓氏。这是一个犹太人的姓氏，确切地说，以色列人的姓氏，它本身便是对一个家族艺术使命的肯定；同时，这是一个持续变化的姓氏，很晚才得以"呱呱坠地"。而这种姓氏意义上的"漂泊"恰好说明了近代法国犹太教的沉浮。不管从字面还是从修辞意义来说，这个姓氏"列维－斯特劳斯"必须"重新收复"。几次历史的曲折（生活的跌宕起伏、文字作品的成功与失败）可以反复证明这个姓氏所代表的牢不可破的必然性。

姓氏的光环

"凭您这样的姓！"

让我们回到 1940 年 9 月：法国战败，他在蒙彼利埃复员。已经退居法国南部的克洛德·列维－斯特劳斯来到维希。1940 学年开始，他被任命为巴黎亨利四世中学的哲学教师，他希望能够获得许可，返回首都任职。"教育部设在一所市立小学内，其中一间教室用作中学教育处的办公室。负责的官员错愕地看着我：'凭您这样的姓，去巴黎？'他对我说，'您就没思量过？'直到那时我才开始意识到问题所在。"[1] 理解事物的一瞬间经常突然发生在列维－斯特劳斯身上。这是意识停滞、天翻地覆的一刻：人生经历中天翻地覆的一刻（这对成千上万犹太裔法国人而言均是如此），也是对事物认识发生天翻地覆变化的一刻。而后者源于一种对历史的无知：他对自己的姓氏已经背负上的历史烙印缺乏认识。在法国土地被侵占的新环境下，这是一个危险的姓氏，一个与其他所有姓氏一样能够分类、存储信息，同时能在警察排查身份时出卖主人的姓氏。讽刺的是，通过公职人员的惊恐反应，

---

[1] 克洛德·列维－斯特劳斯著，卡特琳娜·克莱蒙、多米尼克－安托万·格里索尼收集整理：《自画像》（«Autoportrait»），《文学杂志》（Le Magazine littéraire）第 223 期，1985 年 10 月，第 20 页。

列维-斯特劳斯在维希这个城市对他的姓氏有了全新的认识。维希，对家族而言，是昔日的荣耀之城：1861年，他的外曾祖父伊萨克·斯特劳斯曾在斯特劳斯别墅亲自接待了拿破仑三世；后来，别墅被改造成政府机关分支，一个维希市政府拿来堆放文件的地方。

距此不满一年，克洛德·列维-斯特劳斯自我流放。他离开了法国，来到了美国。纽约一所学校接收了他，此后数年他在这里担任教职。可被迫之下，他却不得不以克洛德·L. 斯特劳斯（Claude L. Strauss）[1]之名示人。这是什么缘故？"学生们可能会觉得逗"[2]，他这样回答。原来那些蓝色牛仔裤才是罪魁祸首！[3] 于是，姓氏招来的不幸继续上演，它们是历史长河与个人人生历练留下的视觉痕迹，一些脆弱的视觉痕迹。这些冒险事件或惨绝人寰，或令人捧腹，但一定会告诉我们：你的姓氏、姓氏的谐音以及可能的同音异义词或许会将你推向集中营，带你回到战时的欧洲，或者稍稍走运一些，让一个未来的知识分子的自我意识遭受某些缘于误解的残酷拷问："列维-斯特劳斯，裤子还是书？"这是他在二战后的美国生活时反复遭受的质疑。[4]

我们有理由认为，这些等同于耻辱的经历以及人们对他姓氏施加的"暴力"使克洛德·列维-斯特劳斯对某个问题特别敏感。确切地说，一个他姓氏上的难题。在《野性的思维》第四章，他研究了赋予专有名词这个行为带来的最后一个层次的个体差异（individuation）。一些人类学家认为专有名词是无意义的，是人们的认知活动留下来的微不足道的痕迹（résidu d'intelligibilité）。而列维-斯特劳斯提出的理论则不以为然，

---

[1] 他将姓氏列维-斯特劳斯（Lévi-Strauss）中的 Lévi 缩写为 L.，主动避免了误会的发生。——译者注
[2] 参见《亦近，亦远》，第47页。
[3] 列维-斯特劳斯的拼写与牛仔裤品牌 Levi Strauss 几乎无异。——译者注
[4] 参见《亦近，亦远》，第48页。

他认为专有名词是有意义的。姓氏带有能够清楚辨识身份的标识，使人们足以确立个人与某个社会团体、某个氏族、某个种姓的归属关系，姓氏也可以由命名者自由创造。不论哪一种情况，命名都意味着分类（他人或者自己）和表达意义。[1] 他以为自己的狗择名为例："我认为我可以按我的喜好随性地为我的狗选名字。但如果我选择了梅多尔（Médor）[2]，那么我会把它归类为平平庸庸；如果我选择了先生（Monsieur）或者吕西安（Lucien），我会认为这个名字别出心裁或者独树一帜；如果我选择了佩利亚斯（Pelleas），那么我是为了追求审美情趣。"[3] 在当今的民族学领域，列维-斯特劳斯构筑的理论把分类活动的应用延伸至最基础的层面：每个个体作为最底层，其名字专属其所有。

"被称为列维-斯特劳斯的克洛德·列维"

名字的人类学意义不外乎在分类生物时分配席次。它的这种用处使人可以拥有另一个名字，比如通过修改名字。法国大革命之后的国民政府提供了这种可能，但只是最低程度地保障了这种可能性。在法国，"正式改名对一个法国国民来说不是一件容易的事"。[4] 它的前提是耐心等待、理由充分。1803 年 4 月 1 日颁布的法案（loi du 11 germinal an XI）撼动了姓名的终身制，为更名改姓打开了方便之门。尽管如此，这个成果只是一种"法律层面的'恩赐'，掌权者仍然可以自由拒绝更改的请求"[5]。改名所需的程序历时漫长，因为一个成年人申请改名首先必须向《政府公报》（Journal official）提供一份改名申请的通知书（自费），

---

1 关于这一点，请参考"七星文库"第 1790—1791 页的说明。针对这个问题，弗雷德里克·凯克（Frédéric Keck）为《野性的思维》部分添加了清晰的注解。
2 在法国，梅多尔是狗的常用名。——译者注
3 参见《野性的思维》，第 751 页。
4 妮科尔·拉皮埃尔（Nicole Lapierre）：《改名换姓》（Changer de nom），巴黎：斯托克出版社（Stock），1995 年，第 95 页。
5 妮科尔·拉皮埃尔在《改名换姓》中引用了热内·沃尔姆斯（René Worms）的话。

然后向司法部部长提交申请书，其中必须详细记载舍弃原名的原因和另择他名的原因，最后进行公证——长辈们的出生公证、身份证明和国籍证明文件复印件的公证。他的个人档案向我们证实，列维－斯特劳斯选择向这个冗长的过程屈服。

事情的发展百折千回，可了解这段历史的寥寥无几。[1]在1960年代，法国政府部门拒绝为克洛德·列维－斯特劳斯"正名"，尽管这个经他父亲雷蒙之手由"列维"和"斯特劳斯"组合而成的"非官方"姓氏已经融入了他的日常生活。姓氏的"散漫之风"不再合乎规矩，即使是所谓的"笔名"也不再被接受。这便是他在行政程序的问题上遭遇诸多非难的原因。而让这种困境雪上加霜的是，1957年，他的次子降生。因此，在妻子莫尼克（Monique）的要求下，在律师苏珊·布鲁姆（Suzanne Blum）的帮助下，被称为列维－斯特劳斯的他——古斯塔夫·克洛德·列维（Gustave Claude Lévi）——于1960年10月24日正式向司法部请求将斯特劳斯（Strauss）加入姓氏。这个请求将会影响他自己和他的孩子们：1947年3月16日出生于纽约的洛朗·雅克明（Laurent Jacquemin）（他在领事馆登记的姓氏为列维－斯特劳斯）、1957年8月25日出生于巴黎的马修·雷蒙（Matthieu Raymond）（登记为列维）。

他提出了三个理由。首先，父亲雷蒙（出生于1881年的巴黎）常常以"列维－斯特劳斯"作为身份的记号。雷蒙在为特里斯坦·贝尔纳（Tristan Bernard）、维克多·玛格丽特（Victor Marguerite）、路易·茹韦（Louis Jouvet）等人完成的肖像画上留下了亲手签署的大名"列维－斯特劳斯"。不仅如此，他加入一些专业社会团体（比如艺术家联盟）时留下的正式的入会文件也都成了证据。其次，"我的父亲之所以改姓氏为列维－斯特

---

[1]《改名换姓》：法国国家图书馆馆藏克洛德·列维－斯特劳斯档案库，编号NAF 28150，档案盒编号210。

劳斯，是为了将他外祖父伊萨克·斯特劳斯的姓氏永远刻入家族历史之中——我的外曾祖父于 1806 年 6 月 2 日出生于斯特拉斯堡"，他除了是一位小提琴家，也是乐队指挥，还是著名的圆舞曲作曲家。最后，身为法兰西公学院教授的他解释道，他所有的行政工作和研究工作都是以列维-斯特劳斯之名完成的。他强调，这些事实也能说理："我所有的文学作品以及学术专著，也就是 5 本书——其中包括被译成 9 种语言的《忧郁的热带》一书——和 150 篇文章都是以'列维-斯特劳斯'之名发表的，所以我想我可以说，'列维-斯特劳斯'并没有在法兰西科学和思想界的国际名声上留下污点，这恐怕没有太多悬念……最后一点，因为我的研究成果借某个姓氏之壳面世，某些理论、某些发现便从此烙上了它的印记，所以当我的研究成果得到了思想界的厚遇，这个人名也得以脱离它的主人变为一个独立的、公共的存在。'列维-斯特劳斯'之名从此化身为人类学这个我奉献了一生的学科紧密的一部分，甚至我可能一辈子都摆脱不了它，后一种说法当然是危言耸听。"他了解中央行政法院的法律立场，知道其不会同意复合姓氏的存在，也接受不了听上去具有异国风情的姓氏，因为预见了中央行政法院对后者的否定，他用一小段话为他的信件收尾："斯特劳斯所带的'异国味'可能会成为否定我的请求的第二个理由。我希望你们注意到一点，斯特劳斯是自我的外高祖父罗布·伊斯拉埃尔（Leob Israël）传承下来的姓氏。他出生于 1754 年 1 月 22 日的斯特拉斯堡，在 18 世纪末之前更名为雷昂·斯特劳斯（Léon Strauss），随后将斯特劳斯之姓传承于 1801 年出生的莫里斯（Maurice）和 1806 年出生的伊萨克（Isaac）。我想，一个正统的阿尔萨斯家庭使用了将近两个世纪的姓氏应该属于国家承认的专有名词，属于国家遗产。"[1] 事件在 1960 年有了进展，中央行政法院的裁决同意了他的申请，这一结果写入了 1961 年 8

---

[1] 这几段引用的话出自 1960 年 10 月 24 日写给司法部部长（garde des Sceaux）的书信。

月 24 日的《政府公报》。此后所有的官方文件都得到了修正。

行政单位的欺凌行径原本可看作一出笑话，可它偏偏发生在二战结束后，少不了与法国境内犹太人家庭的历史因素扯上关系。此后 10 年间，借助有利的法律环境，一些人便行使了这项法律赋予的改姓的权利。而需要注意的是，变更了姓名的大部分犹太人原本居住于中欧与东欧，他们在两次世界大战之间的间隔期在法国生根，他们格格不入的外族人姓名以及对摆脱战争阴影的渴望让他们迈出了这一步——他们不过是想远离那些不堪回首的日子，唯恐战争卷土重来罢了。却鲜有以色列犹太人家庭尝试改名。而列维-斯特劳斯，他并没有援引什么冠冕堂皇的理由，当然，微不足道的动机也能反映出一些问题（官僚体系对他们无处不在、没完没了的羞辱）。而他的例子见证了官方如何禁止其使用一个与他辅牙相倚的姓氏，如何让他因此历经重重阻挠。进一步说，他的例子告诉了我们家族背景发挥的决定性作用，特别提醒我们不能忽视伊萨克·斯特劳斯在克洛德·列维——我们口中的"列维-斯特劳斯"——身份塑造过程中留下的历史身影。显然，列维-斯特劳斯既不是为了隐藏自己的犹太血统，也不是为了凸显自己的犹太血统，而是选择把自己归入犹太裔法国人一脉享有盛名的身份血统之中。别忘了，时任法兰西公学院教授的他已年过半百。他在最后几行展现出坚决的神情、潇洒的姿态以及对完成这部作品的骄傲，这些更加能够说明，申请程序更像是一种对国籍的否定程序（他还被要求提供国籍证明）。

在这场耐人寻味的改名风波中，由于克洛德·列维-斯特劳斯已经"确定了姓名"，一个映射出外曾祖父伊萨克·斯特劳斯耀眼光环的姓名，个人身份和亲子关系反倒不能顺利得到确认。他称斯特劳斯这个姓氏不再属于他，然而这个姓氏却将他载入阿尔萨斯犹太人的百年历史之中——19 世纪，他们获得了解放，又经过文化同化，成为法国公民的典范。

血脉相承

克洛德·列维-斯特劳斯保存的家族档案——出生证明、婚姻缔结书、来往信函、家谱、继承证明、护照、文书——建立起一个 18 世纪末阿尔萨斯的繁荣世界。犹太人被排挤于城市之外，于是，选择在下莱茵省（Bas-Rhin）的布吕马特（Brumath）、安格维莱（Ingwiller）、比谢姆（Bischeim）或者上莱茵省（Haut-Rhin）的里克塞姆（Rixheim）、迪默纳克（Dürmenach）定居。我们能看到拉比、各种各样的批发商、流动商贩、二手服装商贩的身影，以及几乎全为犹太人的谷物与家畜商人。伊萨克·斯特劳斯的母亲闺名朱迪斯·赫希曼（Judith Hirschman），是"拉比"拉毕·拉法埃尔（Rabbi Raphaël）的女儿，拉毕·拉法埃尔的大名曾响彻 18 世纪的整个阿尔萨斯地区。这个阿尔萨斯的犹太人小天地（1784 年时约有两万人口）按照犹太历生活起居，通用意第绪语，他们一直遵循拉比犹太教教义的训诫，直至法国大革命爆发。理论上，他们被禁止拥有田产，但他们有时也能因为还款未兑现的土地抵押贷款而获得抵债的田产。所以艾丽·莫西（Élie Moch），母亲一脉的祖辈（或者也可以称为父亲一脉的祖辈）——也就是克洛德·列维-斯特劳斯母亲的外曾祖父——才会在一本账簿中留下田地租佃的收租记录。对犹太人而言具有解放性质的变革发生于 1791 年。从此以后，这个族群进入了加速转变期。在这个转变期内，此地犹太人的角色"从德裔犹太人（阿什肯纳兹犹太人）中最西方的一支转变为现代犹太人并且成为遵循国家模式的犹太人"[1]。

经过一代或者两代之后，大量阿尔萨斯的犹太人先是在斯特拉斯堡落脚，最后迁往了巴黎。在斯特拉斯堡，他们以资产阶级市民的生活模式融入城市生活，却也保留了一部分代表民族根

---

[1] 宝拉·E.海曼（Paula E. Hyman）：《阿尔萨斯犹太人的解放：19 世纪的文化涵化和传统的延续》（*The Emancipation of the Jews of Alsace. Acculturation and Tradition in the 19th Century*），纽黑文：耶鲁大学出版社，1991 年，第 7 页。我要特别感谢让-马尔·德雷福斯（Jean-Marc Dreyfus）就阿尔萨斯犹太人的问题带给我的启发。

性的生活样貌。克洛德·列维-斯特劳斯的家族也沿着这条变化之中的社会轨迹北上。这条路线意味着生活水平天翻地覆，精神面貌焕然一新。列维-斯特劳斯家族的家谱树展示了法国以色列犹太人历史的一部分：发生了迁移（从阿尔萨斯到巴约讷，最后到巴黎）、经历了历史事件（犹太解放运动、法兰西第一帝国时期古犹太法庭的成立、1870年普法战争）、取得了经济成果和社会成就、实现了各种不可能的突破以及提升了在这个因"解放运动"而受犹太人热爱的国家里犹太人身份的梯度等级。与莫西（Moch）、雷维（Levy）、列维（Levi）、豪瑟（Hauser）这些名字相比，外曾祖父伊萨克·斯特劳斯的名字在年轻的列维-斯特劳斯以及所有家庭成员的记忆中具有特殊的光环。尽管今日，他的光环被人遗忘，他的名字却因子孙列维-斯特劳斯之名再度鲜活地被人怀念。当克洛德·列维-斯特劳斯开始在1980年代的访谈中回忆伊萨克·斯特劳斯，他回忆起的是外曾祖父闪闪发光的整个童年时光，一个完全符合19世纪资产阶级风格的音乐和消遣的乐园。年岁长了之后，他把这些往事当成了完全属于自己的童年回忆，尽管他从未见过自己的外曾祖父。

伊萨克·斯特劳斯："巴黎的斯特劳斯"

谁是那位被称作"舞曲界贝朗热"[1]的人？伊萨克·斯特劳斯（Issac Strauss）出生于1806年的斯特拉斯堡。他的父亲罗布·伊斯拉埃尔（Loeb Israël）将自己的名字音译为"雷昂"（Léon），将儿子的名字分别定为莫里斯（Maurice，源于Moshe）和伊萨克（Isaac，源于Isaïe）。这是在1808年7月20日帝国法令执行前夕，法令要求犹太人向自己所在市政民事登记部门报告正式的姓和名。法令禁止犹太人沿用旧约姓氏，也不允许他们随心所欲。所以，

---

[1] 这一段是基于法国国家图书馆原始档案"家谱资料：伊萨克·斯特劳斯"整理而来的。该文献位于克洛德·列维-斯特劳斯档案库，编号NAF 28150，档案盒编号207。

伊萨耶（Isaïe）成了伊萨克（Isaac），罗布（Loeb）成了雷昂（Léon），拉萨尔（Lazare）成了古斯塔夫（Gustave），莫西（Moshe）成了莫里斯（Maurice），诸如此类。伊萨克的部分童年生活在比斯谢姆（Bisscheim）度过，而在1828年，他幼年时便展现的小提琴演奏才华将他带到了巴黎就读皇家音乐学院，让他进入了皮埃尔·巴约（Pierre Baillot）的班级。后来，他通过了选拔，被由罗西尼（Rossini）指挥的意大利戏剧院管弦乐团（orchestre du Théâtre-Italien）聘为首席小提琴家。"我的祖母（伊萨克·斯特劳斯之女）喜欢讲述她在7岁的时候——我记得是这样——罗西尼在她额头上亲吻了一下，她发誓不进行洗漱，因为她想把神圣之唇的唇印保留下来。"[1] 此后，伊萨克·斯特劳斯的晋升之路蒸蒸日上，势不可当，其中两个因素为他奠定了基础：一是因为舞曲的出现，主要是因为华尔兹登上了历史舞台；二是因为1830年代开始，上流社会和艺术界人士向依水而建的城市蜂拥并且聚居，形成了风潮。事实上，在法国大革命和法兰西第一帝国那段动荡的时期之后，源于法国旧君主专制制度的舞蹈已经过时。在路易十八世和查理十世的统治下，几乎无人跳舞。是路易·菲利普一世这位资产阶级国王恢复了王室宴会的传统。伊萨克·斯特劳斯顺应天时，参与了华尔兹的发明。除了华尔兹之外，波尔卡舞曲、玛祖卡舞曲、沙蒂希、进行曲、四对舞、雷多瓦、加洛普，这些舞蹈不仅席卷了欧洲皇室，也风靡于巴黎的资产阶级沙龙。还有那些依水而建的城市里的贵族客人，假意表示遵从医嘱，却是为了在社交生活中寻找放浪形骸的娱乐消遣。伊萨克·斯特劳斯因此得以取悦在普隆比埃尔（Plombières）和亚琛（Aix-la-Chapelle）疗养的颓靡的病人们。而成为他事业跳板的城市是维希（Vichy）。当他于1843年抵达

---

[1] 这是克洛德·列－斯特劳斯的原话，后被亨丽埃特·尼赞引用。参见亨丽埃特·尼赞：《纵情回忆录》（Libres Mémoires），巴黎：罗贝尔·拉封出版社（Robert Laffont），1989年，第8页。

维希火车站时，这座温泉小镇显露出些许荒废之气。几年过后，它又成了一片乐土（place to be）。这不仅是音乐的奇迹，也是有序经营的成果，负责管理的伊萨克·斯特劳斯敢于实践又热情满满。1847年12月，应路易·菲利普本人的请求，他从有名的菲利普·穆萨尔（Philipe Musard，1792—1859）手中接过指挥宫廷舞会乐团的大任，但"他不得让皇室成员跳舞。乐团的回响曾在革命的咆哮声中消失殆尽"[1]。政权的相继更替没有改变路易·菲利普做出的决定。而共和国的总统，未来的拿破仑三世可能会因为这个肯定的决定而欢欣鼓舞。此后的20年间，伊萨克·斯特劳斯让首都的少男少女、帝国和欧洲上流社会的旧贵族和新贵族们在华尔兹舞曲中悠然起舞。

当时的他几乎是帝国舞会之神。尽管跻身喧闹的巴黎人之中，身处热烈的节日氛围之中，他却是温文尔雅的象征。他为众人所

伊萨克·斯特劳斯的讽刺画，歌剧院舞会指挥：保罗·阿多（Paul Hadol，1835—1875）的石版画，发表于贝尔陶茨（Bertauts）出版社（约1854年？）

---

[1] 在《法国荣誉军团勋章的先贤祠》（« Panthéon de la Légion d'honneur »）一文中（详见第7页），阿梅蒂·布丹（Amédée Boudin）表达了对伊萨克·斯特劳斯的赞美。这一文献属于克洛德·列维 – 斯特劳斯档案库中"伊萨克·斯特劳斯"相关资料的一部分，档案盒编号207。

知，为众人所敬，受众人奉承，他是一位体面的人物，德鲁奥的忠诚客户，一位同辈人口中完美的城里人，不与任何人为敌。"他个子矮小，但灵动的眼睛闪耀着光芒，光芒越过夹鼻眼镜，塌塌的鼻子下面长着一张幽默的嘴"[1]，但阿尔萨斯的口音一直追随着他。伊萨克·斯特劳斯深得本地小报记者的青睐，也受讽刺画画家比如加瓦尔尼（Gavarni）、卡姆（Cham）"追捧"。他的白色领带被专栏记者描述为时代的符号，就像"伏尔泰的手杖、巴尔扎克的夹鼻眼镜、吉拉尔丹的发绺、梯也尔的眼镜。此外，人们用《比若爸爸的鸭舌帽》（Casquette au père Bugeaud）耳熟能详的曲调唱起了祖父领带之歌：你看到了吗？／那条领带／那条领带／你看到了吗？／爸爸斯特劳斯的领带"[2]。

伊萨克·斯特劳斯被敬为创作了 400 多首曲子的作曲家，其中包括奥芬巴赫那首有名的四对舞曲《地狱中的奥菲欧》（Orphée aux Enfers），柏辽兹（Berlioz）在他的《回忆录》里怀念他创造的"不少变幻莫测、动人心弦的华尔兹舞曲，称赞他的创作不仅旋律新颖，而且独具一格又不拘一格"[3]。然而，他也是一名改编者，他将流行的主旋律根据时下的审美重新处理。他的名声将他引上乐团指挥的"造星"之路，助他完成了"造星"的过程。他，或者路易·安托万·朱利安（Louis Antoine Jullien），或者穆萨尔，他们的演出可以说是一场视觉与听觉盛宴。他们激烈地挥舞指挥棒（斯特劳斯在每场音乐会至少折断两根），这种疯狂的指挥方式就像是酒神节的狂欢，而在封斋期，歌剧院舞会有时也会营造这样的热烈氛围；遮住女士脸庞的半截面具考验着人们的勇气……延续至第三共和国的歌剧院舞会是法国旧君主专制制度下

---

1 《伊萨克·斯特劳斯，指挥家和作曲家》（« Isaac Strauss, chef d'orchestre et compositeur »），载于《维希报》（Journal de Vichy），1952 年 6 月 19 日。
2 参见《纵情回忆录》，第 8 页；悼念文《时间》（Le Temps），1888 年 8 月 16 日。
3 埃克托尔·柏辽兹（Hector Berlioz）：《回忆录》（Mémoires，巴黎：西美特丽出版社（éd. Symétrie），2014 年，第 313 页。

成立的机构，作为它的一把手，伊萨克·斯特劳斯拥有极大的权力，有能力使流行曲目让人耳熟能详。而1866年相关法律的出台使作者权利能够延续至其死后50年，所以由休格尔（Heugel）出版的许多钢琴乐谱为斯特劳斯和他的子孙们提供了重要的权利保障。伊萨克·斯特劳斯摆脱了家庭成员走上大艺术家之路的家庭传奇，在音乐界取得了傲人的成绩。音乐界为他提供的经济保障和"时效权利"远远地把艺术家道路的必要性甩在后头。[1]

他收入颇丰，这要感谢他的音乐才华、洞察力、经营头脑以及他与皇室的联结。而后者要归功于他为皇室创作的一些曲子：《欧也妮波尔卡舞曲》（Eugénie Polka）（献给皇后）、《皇家进行曲》（Marche imperial）等。似乎他的整个人生与皇室的兴衰联系在一起，但他的外曾孙女亨丽埃特·尼赞（Henriette Nizan）却告诉我们，他是共济会成员，引路人正是他的老师巴约。他宣扬人权以及忍耐、友好、平等的哲学理念，并借助帝国政策的荫蔽，在创作的曲目中表达自己的主要信仰。亨丽埃特·尼赞保存了他作为共济会成员的"工作罩衫"，罩衫与"他留下的华丽的舞会礼服相邻"[2]显得有些奇怪，却像是组成了一部昭示斯特劳斯命运的神秘二部曲，与轻歌剧一样具有双重意义的二部曲。研究轻歌剧的民族学家西格弗里德·克拉考尔（Siegfried Kracauer）表示，轻歌剧既是局外人（outsider）对正统歌剧形式的社会性复仇，也是掩盖了帝国独裁统治下死寂氛围的喧哗之声。轻量级的轻歌剧让人们摘下面具，它"混合了乐趣与讽刺之意，想要破坏颠覆的念头与对过去的缅怀"[3]。最后，伊萨克·斯特劳斯于1870年1月被授予荣誉军团骑士勋章。此时，他却辞去了宫廷舞会的领导职位。

---

[1] 参见让-克洛德·永（Jean-Claude Yon）：《奥芬巴赫》（Offenbach），巴黎：伽利玛出版社，2000年，以及2011年3月21日让-克洛德·永的访谈。
[2] 《纵情回忆录》，第9页。
[3] 西格弗里德·克拉考尔（Siegfried Kracauer）：《雅克·奥芬巴赫，第二帝国的神秘往事》（Jacques Offenbach ou le Secret du Second Empire），巴黎：散步者出版社（Le Promeneur），1994年，第367页。此书首次出版于1937年。

沐浴在"音乐王权"的荣光下,他主动退出了舞台,那时距离帝国土崩瓦解还有 6 个月。他的人生已经圆满了,退出恰逢其时。

1888 年 8 月他离世之时,上流社会的报纸专栏里刊登了 20 多篇文章,它们只以短评的形式纪念他:我们无法对一位大艺术家的辞世表示致敬。在殡仪馆里,拉比"向我们的慈善家致敬——他是阿尔萨斯-洛林地区社区的奠基人,也是好几个慈善组织的奠基人"[1]。他的个人经历以及艺术生涯中与帝国千丝万缕的联系似乎也随着他离开了这个世界。法兰西第三共和国并不青睐醉意浓浓的舞蹈,也不接受轻歌剧那种街头式的尖刻讽刺,反而使我们有机会看到他以艺术收藏家的身份开启了人生的后一个阶段(我们可以用"钟爱小玩意"来概括他的收藏品)。他退休后子孙满堂,在他所拥有的绍塞-昂坦路(rue de la Chaussée-d'Antin)44 号的家宅里,五个女儿和众多家庭成员绕膝承欢。1895 年,这幢建筑物因打通列奥米尔路(rue Réaumur)的需求而被拆除了。

他被众人遗忘,主要的原因是他与维也纳的"斯特劳斯"同名,后者在欧洲的声名吞没了他的成就,所以他只能在家庭范围内受人怀念。而家族的纪念传统源于他长寿的几个女儿,主要是蕾雅(Léa),列维-斯特劳斯的祖母。蕾雅死于 1933 年[2],她收拾出一个过道来展示家族遗产,而这份遗产的光芒,包括物质形式的光芒和象征意义的光芒,只有在以"片段""碎片"及纪念物这样的形式出现时才能更加耀眼夺目。"我收藏了零星一些东西,还有拿破仑三世为了感谢曾祖母在维希市斯特劳斯别墅的热情款待而赠予她的手镯。这座拿破仑三世下榻过的斯特劳斯别墅一直保留了下来。它变成了一个酒馆还是一家餐厅,我不清楚,但它保留了原来的名字。"[3] 拿破仑三世在维希市斯特劳斯家曾经

---

[1]《时间》,1888 年 8 月 16 日。
[2] 后文称蕾雅死于 1932 年。此处可能为作者笔误。——译者注
[3]《亦近,亦远》,第 10 页。

明信片：庆祝拿破仑三世在维希市斯特劳斯别墅逗留的日子（1861 年）

居住过的故事便载入了家史。这是家族与皇室亲密关系的顶峰，而手镯正是其见证。手镯配有松紧带和一枚钻石胸针，"特别引人注目"，斯特劳斯家女主人在 1861 年 7 月 30 日的信件中如此描述。保存下来的物件寥寥无几，另一件东西也消失了踪影，它是西班牙伊莎贝拉女王送给伊萨克·斯特劳斯的一枚戒指，是 1846 年马德里女王结婚典礼上华尔兹舞曲《双重婚礼》（*Double mariage*）的谢礼。伊萨克·斯特劳斯的外曾孙女亨丽埃特·尼赞回忆道："这是一枚镶有钻石的红宝石戒指。这枚戒指的故事完全就是一个符号：百年之后，我，家族里第二个亨丽埃特（伊萨克的妻子也叫亨丽埃特），可能失手把它丢进了旅馆的火炉而把它熔化了，当时我正在躲避德国人的追捕。"[1]

家族回忆录

让我们接着看克洛德·列维-斯特劳斯的家谱树，把目光停留在祖辈、外祖辈那一行[2]。母亲这一边，萨拉·莫西（Sarah

---

[1]《纵情回忆录》，第 10 页。
[2] 此段是由克洛德·列维-斯特劳斯档案库中的家庭档案整理而来的，编号 NAF 28150，档案盒编号 208。

Moch）与雷维（Lévy）结为夫妻。埃米尔·雷维（Émile Lévy）是一位拉比，1871年，他与众多同教教友一样选择来到法国生活。他们在凡尔登（Verdun）居住，在那里孕育了5个女儿——伊莲娜（Hélène）、艾琳（Aline）、露西（Lucie）、路易斯（Louise）以及后来成为克洛德母亲的爱玛（Emma）。1870年的那场战争对热爱国家的犹太人而言是一个危急关头。这在萨拉的《朋友手册》（Album Amicorum）中可见端倪，这里面还记载着诗歌和所见所闻。这种非常符合德国传统的个人书写方式以萨拉的一首诗作为结束的标志。诗里回忆了1870年战败的情形以及她的个人世界："四面八方的炮声传入耳朵／太阳升起来干活的时刻／跑动的军队映入眼帘／只有血、烟和火／向居民叫喊，可能拯救他们／彻底的战败。"

从父亲这一支看，显赫的斯特劳斯家族从女儿蕾雅（1842—1932）——克洛德的祖母——与古斯塔夫·列维（Gustave Lévi，1836—1890）的结合开始登上舞台。古斯塔夫·列维是弗洛尔·莫西（Flore Moch）与伊萨克·列维（Isaac Lévi）结合所生的五子之中的一人。而弗洛尔·莫西和伊萨克·列维从安格维莱的阿尔萨斯（他们的儿子古斯塔夫仍出生于阿尔萨斯）出发一路奋斗，社会地位的提升可以从克洛德曾祖母弗洛尔1892年死后的财产清单中得到印证。这份财产清单证实家中采用经典资产阶级的装饰风格，但受19世纪最后30年间流行的日本风潮影响而留下了几个小瑕疵：胡桃木的写字台、白玉摆钟、蓝白相间的日本瓷器、桃花心木工作台、拉杆灯、铜铸枝形烛台、软垫扶手椅、床顶华盖、银餐具。他们成为资产阶级这一点也在古斯塔夫持有的塞纳河国民自卫军（Garde national de la Seine）的卡片上表现了出来（古斯塔夫是克洛德的祖父）。卡片没有注明日期，只是指出地址和职业：胜利路10号（rue de la Victoire），证券交易经纪人。护照上注明了国外旅行的经历。他们融入了当地的政治生活，而证券交易所为祖父母带来了崭新的巴黎生活：这是一个由雇员、经纪人、成衣批发商人组成的世界。在这个世界里，家庭成员之间的互助对寻找工作、借钱、社会应酬而言至关重要。同族通婚也是一项经济上的决定。古斯塔夫·列维在证券交易所的业务萧条，而他的早早离世也导致雷雅的社会地位在某种程度上开始走下坡路。变为寡妇的她需要抚养5个孩子——安德烈（André，1866—1928）、皮埃尔（Pierre，1873—1912）、让（Jean，1877—1933）、伊莲娜（Hélène，1867—?），以及被称作本雅明、日后成为克洛德父亲的雷蒙（Raymond，1881—1953）。

事实上，"准确地说，这是一个家庭而非两个"[1]。首先，克洛德的父母是两代以内的表亲，他们有几个共同的长辈，也就是艾丽·莫西（Élie Moch）与艾斯特·德雷福斯（Esther Dreyfus）。但更主要的是，从阿尔萨斯迁入巴黎，并聚居在有限地理范围的犹太人家庭组成了一个小圈子，而它内部的凝聚力是非常强大的。除去巴黎二区（主要是工作、休闲的地点，因为这里有剧院和咖啡馆），他们集中安家于巴黎十六区。因此，克洛德·列维－斯特劳斯的外祖母萨拉·莫西－雷维（Sarah Moche-Lévy）与她女儿爱玛的住所不过相隔几百米：前者家住纳尔西斯－迪亚路（rue Narcisse-Diaz），后者（克洛德的母亲）婚后（1907年）定居于普桑路（rue Poussin），一个相邻的街区。克洛德·列维－斯特劳斯的近亲里，父母辈的长辈人数众多。他有数不清的叔伯姑姨，数不清的堂兄弟、表姐妹，还有姑婆姨婆（她们活得更久，所以比舅公叔公多一些）。家庭成员紧密地生活在一起，因宗教仪式和生活习惯而凝聚成一个互助的集体，这个集体里偶尔也有代理父母的现象发生。

---

[1] 让－约瑟·马尔尚（Jean-José Marchand）的访谈，法国广播电视局（ORTF），1973年；后收录于艾米丽·朱莉亚（Émilie Joulia）：《作品背后的克洛德·列维－斯特劳斯》（*Claude Lévi-Strauss. L'Homme derrière l'œuvre*），巴黎：拉特斯出版社（J.-Cl. Lattès），2008年，第167页。

克洛德·列维-斯特劳斯的家谱树

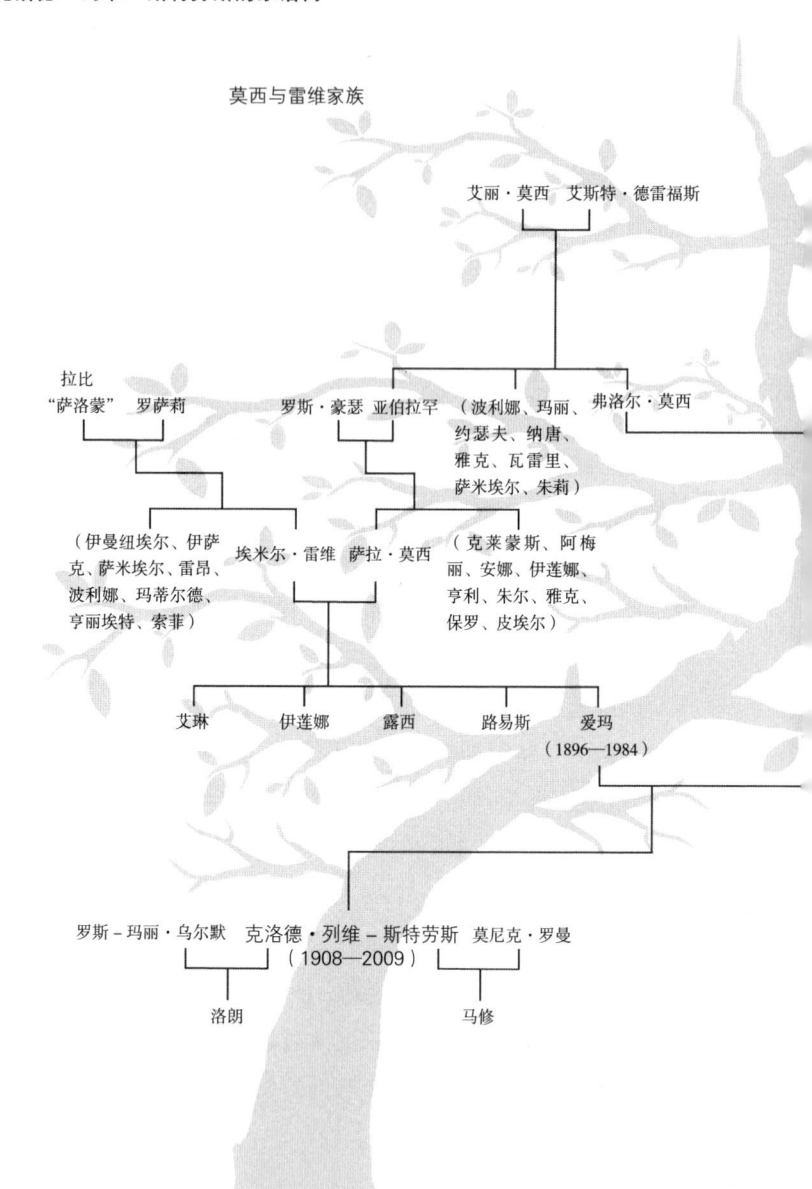

莫西与雷维家族

艾丽·莫西　艾斯特·德雷福斯

拉比"萨洛蒙"　罗萨莉　　罗斯·豪瑟　亚伯拉罕　（波利娜、玛丽、约瑟夫、纳唐、雅克、瓦雷里、萨米埃尔、朱莉）　弗洛尔·莫西

（伊曼纽埃尔、伊萨克、萨米埃尔、雷昂、波利娜、玛蒂尔德、亨丽埃特、索菲）　埃米尔·雷维　萨拉·莫西　（克莱蒙斯、阿梅丽、安娜、伊莲娜、亨利、朱尔、雅克、保罗、皮埃尔）

艾琳　伊莲娜　露西　路易斯　爱玛（1896—1984）

罗斯-玛丽·乌尔默　克洛德·列维-斯特劳斯（1908—2009）　莫尼克·罗曼

洛朗　　马修

家谱树："准确地说，这是一个家庭而非两个。"
母亲一支与父亲一支的亲戚之中有共同的长辈，他们是18世纪末阿尔萨斯的犹太人。

1 姓氏的传承

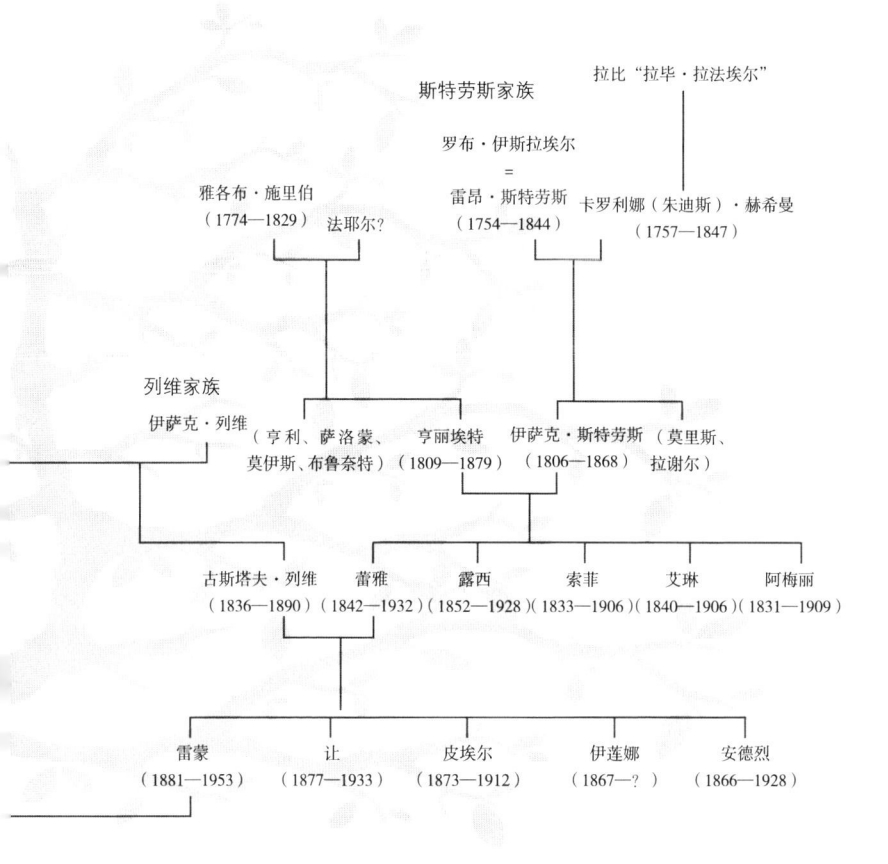

斯特劳斯家族

拉比"拉毕·拉法埃尔"

罗布·伊斯拉埃尔
=
雷昂·斯特劳斯　　卡罗利娜（朱迪斯）·赫希曼
（1754—1844）　　（1757—1847）

雅各布·施里伯
（1774—1829）　法耶尔?

列维家族

伊萨克·列维

（亨利、萨洛蒙、莫伊斯、布鲁奈特）　亨丽埃特（1809—1879）　伊萨克·斯特劳斯（1806—1868）　（莫里斯、拉谢尔）

古斯塔夫·列维　蕾雅　露西　索菲　艾琳　阿梅丽
（1836—1890）（1842—1932）（1852—1928）（1833—1906）（1840—1906）（1831—1909）

雷蒙　　　让　　　皮埃尔　　伊莲娜　　安德烈
（1881—1953）（1877—1933）（1873—1912）（1867—?）（1866—1928）

我们应当要读亨丽埃特·尼赞的《纵情回忆录》(Libres Mémoires)以及列维－斯特劳斯家族的档案。我们需要尝试了解这个家族的价值观,因为我们将会在列维－斯特劳斯的研究中发现它所造成的回响。我们很惊奇地发现,阿尔弗雷德·列维(Alfred Lévi)在与帕尔米尔(Palmyre)(两人分别是古斯塔夫的兄弟和姐妹)于书信中谈论帕尔米尔独生子热内·卡恩(René Kahn)(一个三心二意、"离经叛道"的年轻人)时,展示出舅舅的姿态。一个世纪后,戴安娜王妃去世,身为弟弟的斯宾塞伯爵发表演说。列维－斯特劳斯在《共和国报》(La Repubblica)上发文,将斯宾塞伯爵一模一样的态度刻画了下来。[1] 他从中发现一个旧机制重新浮出水面,一个在父母与子女发生冲突时起调停作用的机制:这是一种代理父权,以一种不彰显威权、"以母代父"的方式展现的父权。这正是阿尔弗雷德的观点。由于父亲的缺失,他建议自己代理这个角色,但他认为应该推行"温和的谏言",坚持"劝说的力量",而不是运用"激烈的方式"[2]。同样,我们可以大胆假设克洛德·列维－斯特劳斯对如何组织亲缘关系这个疑难问题的思考,他把家族记忆作为思考的部分材料。他通过家族记忆,深刻了解了这种相当成熟的模式:他的祖先(他父母两方的祖辈均为18世纪末阿尔萨斯郊区的犹太人)在"远房兄弟姐妹"之间实行通婚,而这种结合模式能够让每个个体顺利融入圈子的社交生活。首先他的双亲是表兄妹,他后来发现他的第三任妻子莫尼克·罗曼(Monique Roman)(母亲来自古根海姆的一脉)的双亲也遵循这种模式而结合,但并不感到吃惊。[3] 我们这才知道,

---

[1] 克洛德·列维－斯特劳斯:《舅父返乡》(« Le retour de l'oncle maternel »),《共和国报》(La Repubblica) 1997年12月24日。该文后被收录于《克洛德·列维－斯特劳斯》,"埃尔纳手册丛书",巴黎:埃尔纳出版社(L'Herne),2004年,第32—35页。
[2] 这封信没有明确标注时间,但推测写于1890年左右。它被保存于克洛德·列维－斯特劳斯档案库(编号 NAF 28150),属于"家书"(Correspondance familiale),是"弗洛尔·列维书信集"(Lettres de Flore Lévi)主题档案的一部分。档案盒编号206。
[3] 莫尼克·列维－斯特劳斯的访谈,2011年2月25日。

1 姓氏的传承

人们研究的异域原始社会的组织方式在 19 世纪的欧洲乡村社会中也留下了痕迹，并以它独有的方式繁衍生息。我们有理由这样判断：他们传承血统的方式烙印于家族记忆之中，在无意中为他们繁衍子孙的过程提供了更加肥沃的土壤。

家族记忆的延续主要依靠女士们，她们的寿命很长，使记忆代代相传而不中断。父母留在了斯特拉斯堡，而儿子们搬去了巴黎，家里的女性维持书信往来，建立起家庭成员之间的纽带。曾祖母弗洛尔·列维给她的儿子阿尔弗雷德（Alfred）无数建议和恳求，不停地给予他精神生活的指导，并提出其他琐碎的要求（填得满满的一封信！）。家书里寄予的各种款款深情，也在克洛德·列维－斯特劳斯与其父母的通信中展现无遗。克洛德的祖母和外祖母去世时接近百岁——蕾雅·斯特劳斯死于 1932 年，萨拉·莫西死于 1955 年；他的母亲爱玛死于 1984 年，几乎迈入期颐之年。唯一能够胜过她的是她的儿子，列维－斯特劳斯活了将近 101 岁，是这个男性常常比女性短命 30 多年的家族里唯一一个长寿的男子。蕾雅·斯特劳斯作为家族历史的捍卫者，收集了悼念家庭成员的文章，把它们用皮革封面装订成册。册子里有各种信息（包括对出生日期、死亡日期的详细记录，记录人生经历的各种文章），而克洛德·列维－斯特劳斯又将信息补充得更加完整，他用精美的文笔补了家谱树的信息，将自己和孩子们（洛朗和马修）的信息加入其中。他们好像是登山运动员。这种多人加工的资料在纪念祖先和整理家谱时是很常见的，身为研究家族血统的人类学家，我们的主人公运用这种方式自然得心应手。小册子真实地收藏了家族回忆，19 世纪法国资产阶级社会中存在很多这样的回忆录。它们超越了死亡，将人们对死者的回忆收集并永恒地保留了下来，这样构成的家族回忆保存了前人的痕迹，与毁灭和遗忘作战。[1]

---

[1] 参见杨·伯丁（Yann Potin）编：《弗朗索瓦兹·多尔多：私密档案》（*Françoise Dolto. Archives de l'intime*），巴黎：伽利玛出版社，2008 年。

法国犹太教的"狂热分子"

列维－斯特劳斯家族以"过来人的角度"描绘了法兰西土地上的解放进程,这个并不成熟的解放运动形成了一种促成融合的普遍主义,把犹太人流放至基于对本土宗教虔诚信仰而诞生的私密领域之中。在第三共和国中,犹太人变身为犹太教信徒以及共和国公民,好像他们注定要融入这个新生的非宗教社会。最后,共和国和犹太教教务会议对犹太人日后应当具有的形态达成一致意见:文化上和经济上同化,宗教生活保持低调,并且秉持爱国之心[1]。但皮埃尔·伯恩鲍姆(Pierre Birnbaum)指出这样的发展过于重视目的,他的见解不无道理。这般形成的法国犹太教是一个很复杂的现实存在,它常常被拿来当作讽刺画的攻击对象,但总而言之,它是一个被简单化处理的问题。"犹太文化并不会从那些历经解放运动和启蒙运动的社会中彻底根除,这与我们对法国犹太教或者对教育(Bildung)的一般分析结果不同。"[2] 在这样多元的身份中,我们会发现千千万万隐秘的符号,它们代表了不同的社会形态,比如家庭结构、组织网络。

在多个访谈中,列维－斯特劳斯只提到父母和兄弟姐妹没有宗教信仰,正如他们对外宣称的那样。但教外生活可以很好地满足维持双重身份的艰难任务。这种双重身份在1860年代弗洛尔·列维写给儿子们的一封封信件中得到了生动展现。[3] 这些信件前几页几乎都是母亲用法语书写的内容,后一部分则由父亲接棒,他用意第绪语或希伯来语文字进行书写。两种话语、两种语言、两种书写方式的区分恰好说明了他们穿梭于两个世界之间。节日、死

---

[1] 宝拉·E.海曼:《阿尔萨斯犹太人的解放:19世纪的文化涵化和传统的延续》,第138页。
[2] 皮埃尔·伯恩鲍姆:《走在钢丝上:犹太人的流亡生活和公民身份》(*Sur la corde raide, parcours juifs entre exil et citoyenneté*),巴黎:弗拉马利翁出版社(Flammarion),2002年,第51页;皮埃尔·伯恩鲍姆编:《法国犹太人的政治史:普遍主义和特殊主义》(*Histoire politique des Juifs de France. Entre universalisme et particularisme*),巴黎:巴黎政治学院出版社,1990年。
[3] "家书":克洛德·列维－斯特劳斯档案库,编号NAF 28150,档案盒编号206。

亡和出生纪念日，所有常规家庭活动均按照基督教历法上记录的日子进行组织，但他们也会庆祝希伯来历中相应的日子：这是他们与时间的双重关系。此外，列维－斯特劳斯的父母虽不是宗教徒，却在犹太教堂举行了宗教婚礼，之后又按照民事程序进行了注册。在这一点上我们发现，这些犹太人家庭虽然很大程度地被同化，他们仍然举行犹太教婚礼。爱玛的父亲身为拉比，宗教婚礼更是势在必行。此外，伊萨克·斯特劳斯身上展现了犹太人的行善之心，这是那些被严重同化的犹太人保存民族身份的一种经典方式。

正是在这样的背景下，列维－斯特劳斯的外祖父埃米尔·雷维（Émile Lévy，1848—1933）作为一名拉比，对共和国体制下诞生的崭新的犹太教表示困惑。而德雷福斯事件则更加凸显和激化了他的反犹太教情绪。他是萨洛蒙·雷维（Salomon Lévy）之子，父亲是布吕马特（Brumath）的拉比，因此，他也曾在下莱茵省这个所谓"拉比乐园"的地方生活过。结束了斯特拉斯堡的中学学业后，1866年，他进入巴黎的犹太教书院，最后以一篇研究古代犹太人君主制的论文毕业。1871年，他入了法国国籍。1876年，他在凡尔登获得了拉比身份，成为一名受犹太人圈子尊敬和喜爱的人物。直到1892年，他一直居住在凡尔登。经过几次失败的申请经历后，1892年，他终于被任命为巴约讷（Bayonne）的拉比。巴约讷是法国另一个犹太教中心。1908年，他从凡尔赛文化协会的拉比一职上退了下来，结束了拉比的职业生涯，而得益于政教分离法律的颁布，他获得了1500法郎的抚恤金。1930年，他成为法国拉比犹太教协会的副会长，并且获得了荣誉军团勋章。另外，他是犹太童子军的发起人之一，还参与了法国拉比犹太教版

《圣经》的改写，但他希望删去一些不适合孩子的内容。[1] 外祖父的履历说明他是一位地方犹太教教务会议的"显贵"。与他的同事一样，他也陷入犹太人身份认同的窘境，因为他身处一个非宗教的社会，一个赋予犹太人公民平等地位的社会。担任巴约讷圣职的他在布道时常常抨击两大困境——宗教活动的消亡以及法国的世俗化。两者使身份认同变得模模糊糊、岌岌可危。"一方面，漠视宗教使我们在安逸中沉睡！我们慷慨的祖国赐予我们的自由使我们遗忘了我们祖先受过的苦难，遗忘了他们为何经受苦难。另一方面，我们的敌人用一种得意的眼神扫视这种冷漠，我认为，这种冷漠不完全停留在表面，我们日日能够听闻我们的血统被打压、我们的权利被忽视、我们布道的行为被抗议。" 19 世纪末，反犹太主义反而激起了法国犹太人的爱国主义情绪，加强了他们对共和国的认同，就像这种认同是命运的安排。这是一种维系犹太人身份的可行方案，救世主信仰转变为对共和国的爱，这也意味着面对反犹太主义的非议，他们应当把这种身份主张表现为公民国家广为接受的信仰。这条"登山道"也可以平息法国犹太人政治正统主义的强烈主张。

然而，两种身份的艰难结合使平衡总是难以维持完美的状态。当克洛德·列维-斯特劳斯被问及如何协调脱离宗教的家庭生活与保留下来的犹太人传统时，他说这种情况下不会"没有风浪"[2]。他回忆起自己在父亲一方的亲戚身上目睹了"戏剧般的疯狂"。他"有时表现得像悲剧人物，有时表现得像喜剧人物。我父亲的这一位兄弟着迷于《圣经》的解经，但他意志不够坚定，最后自杀身亡。那时我三岁。在我出生以前，我父亲的另一位兄弟被授

---

1 参见让-菲利普·修蒙（Jean-Philippe Chaumont）、莫尼克·雷维（Monique Lévy）编：《拉比与犹太教其他神职人员词典》（*Dictionnaire biographique des rabbins et autres ministres du culte israélite*），巴黎：伯格国际出版社（Berg international），2008 年，第 458—459 页。其出版说明给出了这几点信息。
2 《亦近，亦远》，第 13 页。

予天主教神父之职，目的只是向他的父母复仇，而起因是一场争执。在某段时间里，家里人说他心里住着一位列维神父……"[1]列维－斯特劳斯的个人档案保留着这位决定自尽的长辈悲剧人生的生活痕迹：1912年潦草写下的糊涂话里，他向上帝祈求、向家人喊话（主要是他的母亲，一位"了不起的女性"），并且希望清醒地死去。[2]当年他便了结了生命。克洛德·列维－斯特劳斯并未继续探索在"戏剧般的疯狂"前方还会发生什么故事，但通过这两个例子（《圣经》解经和天主教教士之职），显而易见的是，生存的矛盾来源于"国家归属感与虔诚的宗教信仰之间的拉扯"[3]，而矛盾带来太多苦难，唯有死亡才能结束苦难。用小写字母表达的"戏剧般的疯狂"告诉我们，在历史洪流中，法国犹太人理想的融合之路为什么会发生偏差：首先是因为德雷福斯事件，其次是因为维希。

艺术遗产

伊萨克的爱好：从宗教到收藏

阅读克洛德·列维－斯特劳斯的个人档案之后，我们发现他似乎高估了犹太人身份在家族中消亡的程度，也低估了所谓同化的法国犹太人在混合身份下心理与信仰承受的压力。可能这便是他没有深入了解伊萨克·斯特劳斯人生中一大特点——爱好收藏——的原因之一。他把伊萨克介绍成"爱好古董、做古董生意的邦斯舅舅"[4]，还指出他有很多重要的犹太教古董藏品。事实上，列维－斯特劳斯所说的犹太教古董指的是犹太人宗教仪式的

---

[1]《亦近，亦远》，第13页。
[2]"家谱"（Généalogie familiale）：克洛德·列维－斯特劳斯档案库，编号NAF 28150，档案盒编号208。
[3] 德尼·贝多莱（Denis Bertholet）已经敏锐地指出了这一点。参见德尼·贝多莱：《克洛德·列维－斯特劳斯》，巴黎：法亚尔出版社，2003年，第13页。
[4]《亦近，亦远》，第10页。

物品，它们在1878年的世博会上得以展出，被陈列在崭新的特罗卡德罗宫（palais du Trocadéro）的展厅里。巧合的是，这里也是举办新建的民族志博物馆落成仪式的地方。伊萨克去世后，由于经济拮据，它收藏的古董被拿去拍卖。罗特希尔德男爵夫人买下了这些藏品，后来把它们出让给克吕尼博物馆。我们可以听到爱德华·德鲁蒙（Édouard Drumont）为此发出的尖叫。[1]年轻的列维-斯特劳斯记得小时候被带到外曾祖父的收藏室，这个收藏室门贴着他的姓氏。所谓"斯特劳斯-罗特希尔德"藏品系列里的物品都与宗教、宗教节日（安息日、光明节、普珥节等）、割礼和婚姻仪式有关：祈祷书、托书架、银制香料盒、吉都什酒杯、蜡烛碟、铜制的三角灯、光明节需要的灯、结婚戒指、18世纪的婚书（Ketoubah）。[2]从稀有的16世纪收藏品中，我们发现了中世纪的欧洲对犹太人的迫害政策。

  伊萨克·斯特劳斯的收藏癖在其他条件优越的犹太人家庭中甚是常见，像罗特希尔德家族和埃夫勒西（Éphrussi）更是不必说。为什么会出现这样的收藏之风？埃德蒙·德·瓦尔（Edmund de Waal）解释到，他们要填满奢华府邸的空间，这些府邸一部分坐落在巴黎蒙索公园（parc Monceau）附近，另一部分在维也纳的环城大道（Ringstrasse）。他是埃夫勒西家族的远房亲戚和后人，也是一位家谱学者，他对祖先夏尔·埃夫勒西（Charles Éphrussi）名为"netsuke"的收藏品系列兴趣满满。收藏之风是附庸风雅的结果，而收藏品变为艺术资本之后也带来了经济硕果：这种财富上的巨大变化就像是出身贫寒的暴发户的发迹。[3]1870年代，当退休后的伊萨克·斯特劳斯开始收藏并完成他的收藏品

---

[1]《言论自由报》（La Libre Parole）的大老板作为反犹太主义的狂热分子，摆出一贯的强硬态度，反对法国国家级别的博物馆收藏犹太人的物件。
[2] 1980年2月出版的《艺术知识》期刊上有一篇文章对这些收藏品进行了一番描述。
[3] 参见埃德蒙·德·瓦尔（Edmund de Waal）：《重现的记忆》（La Mémoire retrouvée），巴黎：阿尔班·米歇尔出版社（Albin Michel），2011年。《重现的记忆》翻译自2010年出版的《琥珀眼睛的兔子》（The Hare with Amber Eyes）。

系列时，犹太人中的精英分子们或将兴趣转移至意大利文艺复兴——由银行家和商人带领的运动——的重要作品上，或将眼光投向明治时期异常受人追捧的日本艺术。虽然伊萨克·斯特劳斯也收藏了一些符合时代口味的艺术作品，例如，乔治·德·拉·图尔（Georges de La Tour）、凡卢（Van Loo）以及布歇（Boucher）的画作，他藏品的核心或者精髓毫无疑问就是犹太教的物件。这使他的收藏独一无二。

达尼埃尔·法布尔（Daniel Fabre）完整并清晰地说明了伊萨克·斯特劳斯收藏爱好的意义和影响："简而言之，他发明了犹太艺术。因为犹太教教条拒绝在图像中呈现出雅威创造的个体，犹太人的迁徙又加深了犹太人对这一禁忌的认识，所以人们偏执地认为犹太人没有艺术。而他打破了这一偏见。同时，他也向犹太人祖先提出抗议，因为他们从未想要掌握一门艺术，一门现代意义上的艺术。"[1] 他将他的收藏取名为"希伯来宗教艺术物品"——这也是它们在1878年世博会展品目录上的名字，之后他"决定将它们变为艺术品，而他用来重命名的字眼打破了原来的秩序，为它们进行了重新归类"，因此也"彻底改变了它们的价值和意义"[2]：做礼拜用的宗教物品成为艺术品。而对天主教物品形象的颠覆也在探索的脚步中实现。回顾历史，20世纪的所有"战场"都推广了这样的做法。[3] 但与他人相比，伊萨克·斯特劳斯是历史第一人：他将对神的膜拜转变为对"美"和艺术的欣赏，并利用这一转变来重新塑造犹太人的身份。达尼埃尔·法布尔指出，他的创举无疑说明了他既"忧虑传统宗

---

[1] 达尼埃尔·法布尔：《从伊萨克·斯特劳斯到克洛德·列维 – 斯特劳斯：犹太教这种文化》（« D'Isaac Strauss à Claude Lévi-Strauss : le judaïsme comme culture »），载菲利普·德斯科拉（Philippe Descola）编：《列维 – 斯特劳斯：世纪之旅》（*Lévi-Strauss, un parcours dans le siècle*），巴黎：奥迪尔·雅各布出版社（Odile Jacob），2012年，第271页。
[2] 同上书，第272页。
[3] 参见纳塔莉·海因里希（Nathalie Heinich）、罗贝尔塔·夏皮罗（Roberta Schapiro）编：《论艺术的诞生》（*De l'artification*），巴黎：法国社会科学高等研究院出版社，2010年。

教生活将会瓦解而试图减慢瓦解的速度",也担心保留一种独特的身份形式非常困难,因为宗教生活或者表面上继续存在的宗教仪式无法满足这样的需求。1984 年,克洛德·列维-斯特劳斯在与维克多·马尔卡(Victor Malka)造成轰动的对话中正是这样表示的。采访人以一种挑衅的口吻向他转述了高中同窗的话——"列维-斯特劳斯清楚他应感谢自己身为犹太人",列维-斯特劳斯如此回应:"对,我非常清楚地知道。因为我的父母完全脱离宗教生活,他们反而需要面对我认为所有犹太人家庭都会面对的问题:选择信仰宗教或者选择信仰文化。人们把犹太民族当作热爱读书的民族,确实,我成长在一个书香门第。我在年纪特别小的时候就被要求读书,被要求提高修养,因此培养了我对很多领域的兴趣。非常笃定地说,文化的价值在我的世界里是非常重要的。它才是神圣的。"[1]

其实,转而信仰"美"也是 19 世纪末维也纳一段重要的历史,是维也纳拥有神秘而强大的创造力的原因。在犹太人身份被不同的归属选择撕裂之时,大批犹太艺术家和知识分子支持这个新的理念。他们来自奥匈帝国(这一族也生活于奥匈帝国之外的德国);说德语的犹太裔维也纳人被德国知识分子和艺术家统治,他们是奥匈帝国之中的少数民族;他们还受到维也纳卡尔·鲁格(Karl Lüger)市长以及基督运动分子狂热的反犹主义的为难。他们既不是德国人,也不是奥地利人,更不是什泰特勒(shtetl)的犹太人。他们同化得并不完全,所以在身份认同的问题上仍有矛盾。迈可·波拉克(Michaël Pollak)认为,选择追求艺术成就、支持对艺术事业的投资使他们能为自己拼凑出一种更加轻松的生存方式,一种"卡卡尼帝国"艺术家的爱国情怀,而这种情怀光

---

[1] 因《今天,身为犹太人》(Aujourd'hui être juif)一书的出版,1984 年,维克托·马尔卡(Victor Malka)接受了访谈。《今天,身为犹太人》,巴黎:赛尔福出版社(Éditions du Cerf)。书中的部分内容后被引用于《犹太人资讯报,犹太人之报》(Information juive, le journal des communautés)第 281 期,2008 年 7—8 月,第 15 页。作者注。

芒万丈,影响了 1900 年代。[1]

在巴黎,伊萨克·斯特劳斯的尝试引领了变换身份的浪潮。而我们最早是在他的子孙中发现了这一行为的后果。

姓氏是一种证据

不仅伊萨克·斯特劳斯的收藏品在他死后流落四方,斯特劳斯的姓氏也可能走入坟墓,因为他的 5 个孩子都是女孩:阿梅丽(Amélie)(亨丽埃特·尼赞的祖母)、索菲(Sophie)、艾琳、蕾雅(列维-斯特劳斯的祖母)以及露西。她们分别与卡昂(Cahen)、里昂(Lyon)、史莱辛格(Schlesinger)、列维以及哈昂堡(Hachenbourg)家族联姻。

然而,一个有趣的现象发生了。亨丽埃特·尼赞敏锐地发觉:子孙辈里两个男性成员决定在自己原来的姓氏上加上先辈的姓氏斯特劳斯(Strauss),他们认为这样的姓氏在直观上可以给人高雅的印象。[2] 贵族姓氏已经无人使用,联合两个姓氏在法兰西共和国是一种常见的做法,目的在于凸显身份。但他们绝不是出于这种考量。将这种姓氏的拼接付诸实践的分别是斯特劳斯家两个女儿的女婿和儿子:身为亨丽埃特·尼赞父亲的罗贝尔·阿尔芬-斯特劳斯(Robert Alphen-Strauss)(阿梅丽的女婿)以及雷蒙·列维-斯特劳斯(蕾雅的儿子),他们两人都是家里的艺术家。一位是音乐家,一位是画家。根据列维-斯特劳斯为申请改姓而提交的材料,两人添加姓氏不仅是为了纪念先辈,也是为了致敬外祖父并走上与他一样的艺术之路:"伊萨克在这个家族成员从事各行各业的大家族里是第一位艺术家,他作为一个标志性的人物,

---

[1] 迈可·波拉克(Michaël Pollak):《维也纳 1900》(*Vienne 1900*),巴黎:伽利玛出版社/朱莉亚出版社,1984 年。
[2] 参见《纵情回忆录》,第 56 页。

具有深远的影响。"¹ 对罗贝尔·阿尔芬 – 斯特劳斯而言，新姓氏只是一个"艺名"，而雷蒙·列维 – 斯特劳斯则将把这个复合姓氏传给妻子和独生子克洛德。

几个不起眼的注释使我们确定，在克洛德·列维 – 斯特劳斯晚年，他认可了这种新的归属方式，还有序地在家庭档案中添加了一些手写的信息，而这些信息都表达了同样的意思。除了一些闲言碎语——阿梅丽应当是鲁埃（Rouher）国务大臣的情人，"有人认为家族里的艾琳是鲁埃的女儿"，这些信息将陷入这片家族疑云的艺术家们推入大众视野：艾琳·斯特劳斯嫁给了莫里斯·史莱辛格（Maurice Schlesinger），一个法兰克福的音乐出版商。她的外甥孙疑惑地问道："就像福楼拜的情人爱丽莎·史莱辛格（Élisa Schlesinger）（《情感教育》里的阿尔努太太）一样吗？"此外，下面这些话也被仔细地记录了下来："1974 年 9 月，我从母亲那里得知，亨利·卡洛 – 德尔维耶（Henry Caro-Delvaille）（克洛德的舅舅，他是一位画家）是伊莎多拉·邓肯（Isadora Duncan）的情人。"他还往复杂的家谱树上，在莫西这边添加了几笔：他给两个没有署名的子孙添加了"歌剧院舞者""莎拉·伯恩哈特（Sarah Bernhardt）团队里的演员，死于美国巡演"这样的标注，以及"爱德华·乔纳斯（Édouard Jonas），索菲·斯特劳斯（Sophie Strauss）的孙子，旺多姆广场（place Vendôme）的大古董商"²。

随着时间的推移，伊萨克·斯特劳斯的光芒被维也纳另一个斯特劳斯家族更加持久的光芒、被前任宫廷舞会指挥穆萨尔的光芒、被歌剧集体共同创作的性质（这使音乐著作权的取得变得有

---

1 达尼埃尔·法布尔：《从伊萨克·斯特劳斯到克洛德·列维 – 斯特劳斯：犹太教这种文化》，第 276 页。同一时间，雷蒙·列维 – 斯特劳斯的姐夫（爱玛姐姐艾琳的丈夫）也在追求艺术事业。他叫亨利·卡洛 – 德尔维耶，原名亨利·德拉维耶，是一名画家。
2 这是"家书"中摘录的一部分。"家书"位于克洛德·列维 – 斯特劳斯档案库，编号 NAF 28150，档案盒编号 206。

些微妙：奥芬巴赫几首轻歌剧的曲子其实是伊萨克的创作）所掩盖。伊萨克·斯特劳斯的才华能够守护子孙，它的重要性在五十多年后有所体现：克洛德的父亲雷蒙对其外祖父的追忆之情被一个以帝国舞会为主题的电台节目侵犯。在写给节目创作人的信中，他在客套话之后这样写道："我在你们之前某期节目中听到了《伦敦加洛普舞曲》（*London Galop*）、《歌剧院大加洛普舞曲》（*Grand Galop de l'opéra*）和《新版仙女》（*Nouvelle Sylphide*），除了斯特劳斯的子嗣，谁还能辨识出这些没有署名的加洛普舞曲和波尔卡—玛祖卡舞曲呢？当从《蓝胡子》（*Barbe Bleue*）和《福蒂尼欧》（*Fortunio*）中截取的四对舞曲被当作穆萨尔的作品时，我们又应当如何自处呢？"1953 年 7 月 2 日，他给另一期以斯特劳斯和维希为主题的节目写了一封感谢信，这封信带着一种溢于言表的感动以及感动之后冷静的情绪，驱散了第一封信里的不快："感谢您，我长久以来一直梦想能在维希唤醒人们对我的外祖父斯特劳斯的回忆，如今，梦想成真了。"[1]

直到 20 世纪，这位"外祖父"斯特劳斯一直是家族图腾般的人物。此后，他的外曾孙克洛德清理了第二帝国的波尔卡舞曲，为家族姓氏冠上了新的荣耀，但两者的类型十分不同。

---

[1] "家书"：克洛德·列维－斯特劳斯档案库，编号 NAF 28150，档案盒编号 206。

2　启示（1908—1924）

> 您早早地就被这个丰富多彩的世界征服。
> 罗杰·凯卢瓦（Roger Caillois）
> 法兰西学院克洛德·列维-斯特劳斯就任仪式上的演讲[1]

寻回童年的点点滴滴并不容易。尽管如此，一篇文字记叙已经摆在我们眼前，而故事大部分是由克洛德·列维-斯特劳斯自己组织起来的。他在1980年代的一系列访谈之后整理出一些隐秘、不为人知的私事[2]；另外，远房表姐亨丽埃特·尼赞的《纵情回忆录》、几幅画以及几个附有档案介绍的物品能帮助我们填补这段童年往事的空白。童年时，他着迷于艺术，满心欢喜地探索世界。

对孩子而言，他的世界就是公寓、街区以及城市——巴黎。每走一圈，他都收拾好自己发现的新鲜玩意，等夜幕降临，再把这些别人塞进他口袋的宝贝掏出来，当作白天的战利品尽情显摆。多么美好的一天。各种各样的探索成果，包括绘画、音乐、文学、稀有物品、城市风景、自然景观，它们转变为对孩子的启蒙。宗教词汇的用法也相应地发生了变化，一项由伊萨克·斯特劳斯掀起的改变：这才是神圣的！

面对家族文化的光芒，学校文化反而显得苍白无力：既没有优秀的老师，也缺少精神导师，总之，在高考结束前，他还未遇到。一个年轻的灵魂和一具年轻的身体浸润在独立的精神中，一直渴望进行自主学习。在童年和青少年阶段至关重要的时光里，

---

[1] 巴黎，法兰西学会（Institut de France），1974年6月27日。
[2] 达尼埃尔·法布尔：《从伊萨克·斯特劳斯到克洛德·列维-斯特劳斯：犹太教这种文化》，第268页。

他接受了资产阶级的教育,一种相当随意的教育,而社会地位的下跌和真正意义上的经济困境给了这位少年初尝社会滋味的绝妙机会。他的长脸颊显得严肃,但又常常绽露出孩子般的笑容。

上流社会的童年景象

奥芬巴赫、马泽尔·库格尔、绘画

故事要从他的出生讲起:1908年11月28日,身为巴黎人的他出生在布鲁塞尔凡·坎彭豪特路(rue Campenhout)。一张有他笔迹的明信片给了我们这样的印象:三楼转角处,"画室、柠檬树、厨房、卧室"[1]。马路上,一家啤酒店、一个卡宾龙骑兵营。它们位于布鲁塞尔东北方的街区,与玛格丽特广场相对。克洛德·列维-斯特劳斯还保存着他父亲的一幅素描画,画里描绘了从他出生的房间窗户望出去的城市风景。这样的图像被他称作"纪念物"(objet-mémoire)[2]。列维-斯特劳斯是比利时人吗?并非如此。作为画家的父亲因布鲁塞尔好友们的订单而来到此处,所以他出生在比利时是一个意外。在几个月中,这对年轻的父母和他们的孩子在返回巴黎之前一直待在布鲁塞尔。他在比利时这段异地出生的经历在他心里留下了某种"比利时情怀"(canal belge)。之后,我们就会看到这种情怀对列维-斯特劳斯人生所留下的重要意义,尤其是对他政治道路造成的巨大影响。他的第三任妻子莫尼克虽出生在巴黎,却是一名比利时人。这种对比利时的倾心用讽刺、调侃的口吻回应骄傲且自视过高的巴黎人。这是文化归属上的一个小瑕疵,第一次叛逆之举。

"古斯塔夫·克洛德·列维-斯特劳斯",这正是他出生通知书上写的名字。他不久后便回到了法国首都并在那里接触人与

---

[1] "童年"(Enfance):克洛德·列维-斯特劳斯档案库,编号NAF 28150,档案盒编号210。
[2] 《自画像》,第18页。

事。依照习惯,他保留了祖父古斯塔夫·列维(Gustave Lévi)的名字,祖父去世于 1890 年,在克洛德出生之前。他的父母居住在十六区普桑路 26 号,靠近奥特伊门(porte d'auteuil)。这个街区西邻布洛涅森林,右接塞纳河,风景优美。这里有艺术家的画室、小型旧货店,还有田园气氛。列维 – 斯特劳斯记得在普桑路和拉封丹路的路口有一家农场![1] 在城市的轮廓尚不清晰的那个年代,这几条马路贯穿了小男孩的童年时光,为他提供了无数素材,让他可以尽情完成城市幻想并且体验自然风光,人们也在这里发现新事物。此外,这个街区大胆地融合了资产阶级和社会底层人民不同的生活方式,包容地穿梭于两者之间。

列维–斯特劳斯的童年一直与那套公寓房为伴,直到 1931 年,他才回到巴黎的宅子居住。这套公寓房位于一栋新建筑的五楼。房子建于 19 世纪末,所以样子还算说得过去。它有新哥特式的

明信片:布鲁塞尔,凡·坎彭豪特路
克洛德·列维–斯特劳斯亲笔标注了他出生的那套公寓房。

---

[1]《亦近,亦远》,第 9 页。

风格，楼下还有一扇玻璃铁门。但如果我们走进这套公寓房，氛围完全变了样：我们要把它想象成一套用作画室的房子，这里到处可见他父亲工作的痕迹，比如颜料、画布、画架；四室的房子里塞满了书本和年代久远的家具，还装进了一间摄影冲洗室，这些几乎把房子撑坏了，而雷蒙在冲洗室里尝试冲洗底片。他是一名肖像画家，而摄影术慢慢地变成了他的强劲对手。父子之间许多尝试、讨论（有时也会进行激烈的讨论）和实验都是围绕摄影展开的。两人都深深着迷于这项对他们而言的"新"技术。突然有一天，年幼的克洛德接触到与艺术有关的事物和工具。"我成长于画室之中……完全没有受到学术熏陶。当我开始学习读书和写字的时候，我的手里握着画笔和颜料。"[1]我们可以把他的童年描绘成一段传奇的经历，这段经历围绕艺术家父亲的各种工具[2]和母亲的手艺而展开。至于母亲的手艺，保留下来的一些菜谱让我们发现了端倪："姜汁布丁、南瓜番茄汤、蘑菇塔、梨肉库格尔（Birnen Kugel）、蛋糕布丁、阿尔萨斯风味库格尔（Kugel alsacien）、犹太传统风味甜鲤鱼、萝卜排骨、阿尔萨斯辣根菜酱汁、无酵库格尔（Matze Kugel）、萨夫鸡肉（poulet scharff）、苹果奶油布丁、牛舌、蘑菇嫩牛肉片。"[3]

他的母亲爱玛出生于1886年，身材娇小。她很漂亮，有一双乌黑的大眼睛。成为母亲时，她年纪尚轻（她诞下克洛德时才22岁），充满活力。她为她的儿子感到骄傲，庆幸能用自己所有的厨艺来养育这个孩子。作为五个姐妹中的老幺，她没有读书，而姐姐艾琳是塞夫勒女子高等师范学校学生并且获得了哲学教师资格。但她拥有绝对音感，能唱所有曲子，特别是那些家里人都

---

[1] 皮埃尔-安德烈·布当（Pierre-André Boutang）、阿妮·舍瓦莱（Annie Chevallay）：《克洛德·列维-斯特劳斯谈克洛德·列维-斯特劳斯》（《Claude Lévi-Strauss par lui-même》），DVD光盘（一张），法德公共电视出品（Arte Éditions），2008年。
[2] 《克洛德·列维-斯特劳斯：研究室里的诗人》，第23页。
[3] "家谱"：克洛德·列维-斯特劳斯档案库，编号NAF 28150，档案盒编号208。

熟记于心的奥芬巴赫的曲子。[1]家里人有着阿尔萨斯的生活背景，而爱玛·列维-斯特劳斯长于巴约讷，因此，她与两座美食之城渊源深厚。爱玛·列维-斯特劳斯将她的故事融入她制作的菜肴之中，而她的烹饪方式带着犹太与阿尔萨斯混合的强烈风格。这位出色的厨师并没有遵循传统资产阶级的烹饪方式，她早早地就让她的儿子了解这个奢侈的宫廷之乐，她用尽浑身解数指导儿子，用美食家的严谨态度教导他。

父亲为年轻的克洛德·列维-斯特劳斯画了很多画，画里的克洛德或是准备爬上摇马，或是摆出一副若有所思的小男孩的样子——他一头卷发，面容清秀，显出些许女孩子气，因为那个时代的小男孩都留着一头长发。透过另一幅画，也就是另一幅"纪念物"，一幅由姨父亨利·卡洛-德尔维耶（Henry Caro-Delvaille, 1876—1926）创作的题为"我的妻子和她的姐妹"的画（1904年国家买下了这幅画并将它保存在卢森堡博物馆中），我们看到了雷维家的五个姐妹。画家笔下的她们身处资产阶级装潢风格的室内，其中一位正给孩子喂奶，其他人正下着国际象棋。亨利·卡洛-德尔维耶是巴约讷人，他娶了姐妹中的老大艾琳。爱玛正是在两人的家中遇到了卡洛-德尔维耶圈内好友雷蒙·列维-斯特劳斯。[2]而另一位画家加布里尔·罗比（Gabriel Roby）与老三结为连理。两位姨夫中自然是亨利·卡洛-德尔维耶名声更胜一筹，他"灵活的画笔下塑造的女性人物形象为他夺得了不菲的名声"[3]。第一次世界大战（简称"一战"）后，他前往美国追求事业，可是事与愿违。有关加布里尔·罗比的回忆甚少。他健康不佳，以致英年早逝，"他的生活比我父亲更加艰难"[4]，他

---

1 《亦近，亦远》，第10页。
2 2015年3月9日，马修·列维-斯特劳斯接受了作者的访谈。据说，当雷蒙求婚时，他这样问爱玛："您愿意将您的字母y改成我的字母i吗？"
3 让-保罗·莫瑞尔（Jean-Paul Morel）：《普桑路26号》（《 26, rue Poussin »），《文学杂志》（Le Magazine littéraire）第311期，1993年6月，第33页。
4 《亦近，亦远》，第11页。

2 启示（1908—1924）

的外甥回忆道。至于克洛德的父亲雷蒙·列维-斯特劳斯，我们从其他记录中知道，他在 1905—1921 年带着"风俗画和肖像画"[1] 参与了巴黎沙龙展。如同他自己常常提到的那样，年轻的列维-斯特劳斯在画家的环境中长大。这些画家既不是"颓废落寞"的画家，也不是先锋派画家，既非名声显赫也非默默无闻。卡洛-德尔维耶是莱昂·博纳（Léon Bonnat）的徒弟，他的师傅是服务于第三共和国的肖像画家。卡洛-德尔维耶与他的连襟致力于学院艺术，而他的成就稍胜一筹。尽管在没有政府订单的状态下他们不得不参与买卖——当时的市场不再以沙龙为中心而是以画廊的形式展开，但这三个男人仍然坚持学院派的价值标准：创作的责任心、漂亮的工作成果、技术、熟练、努力以及时间。而先锋派的伦理观追求一时的灵感，主张对某一个时刻、一个瞬间或者对一时灵感的自由捕捉。他们的才能开始在市场上受到新艺术的冲击，由于现代艺术占了上风，他们艰难地记录下即将消失的浪花（还需要几年），这些浪花属于上个世代的艺术。即便列维-斯特劳斯的父亲与丹尼尔·卡恩韦勒（Daniel Kahnweiler）交好，这位未来的现代艺术品商人、毕加索好友、抽象画推崇者、曾经证券交易所的同事，他仍然偏爱莫里斯·昆汀·德·拉图尔（Maurice Quentin de La Tour）。克洛德说："父亲与时代脱轨。"[2]

如果还是孩子的克洛德不在普桑路的家中，也不在附近探索或者没有被带到某一个画家朋友的画室去，他便被频繁的家庭活动所扰：定期走访和散步、每周去祖母蕾雅·列维（闺名蕾雅·斯特劳斯）在维尼翁路（rue Vignon）的家中聚餐。这种礼仪活动说明伊萨克留下来的资产雄厚，能够维持资产阶级的生活。蕾雅的烹饪手法比爱玛更加传统，此外还有专人在周日家人一同进餐

---

[1]《亦近，亦远》，第 11 页。
[2] 让-克洛德·布林吉尔（Jean-Claude Bringuier）的访谈：《克洛德·列维-斯特劳斯的方法》（«Une approche de Claude Lévi-Strauss»），载《列维-斯特劳斯的世纪》（Le Siècle de Lévi-Strauss），巴黎：蒙帕纳斯出版社（Éditions Montparnasse），1974 年，DVD 光盘（两张）。

时提供服务。年少的克洛德对此感到厌烦。他拿起一册拉比什（Labiche）的作品，躲在角落"一个人笑出声"[1]。在这个众多领域建树颇丰的家族里，克洛德·列维－斯特劳斯是一个好苗子，与别人相比显得独一无二。作为独生子（因为他母亲身体羸弱，没有办法冒险孕育第二个孩子），一个被人疼爱的孩子，一个孤僻却又同时被众人包围的孩子，他培养了适合自己的优点：勤于阅读。他尤其喜爱阅读《堂吉诃德》的一个缩减本，并熟谙于心。他能很自然地将它背诵出来，让画廊里的人吃惊不已。[2] 这个"神童"（Wunderkind）也是一个敏感的孩子，他喜欢讲故事，更喜欢将它们写在纸上。因此，在8岁半的时候，他创作了《煤与火柴》。故事描述了一袋煤与火柴的对话，对话中，被丢在厨房中的它们分别讲述自己是如何被带入厨房的。矿工们把木炭从"比利时富饶的土地"采了出来，木柴棍是由上好的杉树制成的，它们随后被浸入硫黄和磷之中。煤与火柴安乐地死去，煤死后化为灰烬，与拿破仑一世一样；而火柴被丢进垃圾盒中。反面写着："如果你想要更多故事，你只需要问我就行。"[3] 除了表达对比利时的钟爱，他用词准确，形成了有点类似蓬热风格的诗歌；他为喜爱的物品和植物赋予生命，展示了"对物质的想象"；最后，悲剧性的结尾干脆利落。这些风格或内容都让人着迷。

列维－斯特劳斯童年的资产阶级生活里，礼节性的互访、折了角的名片仍很常见。可当克洛德晚年回忆童年往事时却几乎想不起这些事物：这段埋藏在19世纪的经历并没有躲过一战的战火，所以人们有时为这些过往的幽灵披上美好的外衣，把悠长人生的起点装扮得炫目耀眼。

---

1 《亦近，亦远》，第133页。
2 《亦近，亦远》，第134页："为了取悦来客，他们要求每一位访客随机打开一页，然后，读一句话；我毫不犹豫地上前，因为我对缩减版的内容了若指掌。我还能回忆起它略带光泽的玫红色封面。"
3 文献收藏于"童年"这一主题档案之下：克洛德·列维－斯特劳斯档案库，编号NAF 28150，档案盒编号210。

2 启示（1908—1924）

凡尔赛战争：爱国精神和犹太人身份

战争的爆发突然结束了他童年安稳的日子。父亲身体不济，当了急救车司机。害怕巴黎被攻陷，爱玛带着儿子，与雷维家的四个姐妹以及她们的孩子在凡尔赛同雷维家那位拉比会合。克洛德·列维-斯特劳斯在他外祖父家度过了战乱的四年，从六岁长成十岁的少年，几乎只与一屋子女性亲人为伴。其间，他在欧希高中（lycée Hoche）就读。战争期间，家庭分离，尤其是与父亲长期分居两地，这样的经历十分常见。

战争靠爱国情绪才得以维持下去，而犹太裔法国人的爱国情绪强烈得多。他们把爱国当作一种救赎的方式，一种犹太人解放运动的"血债"。他们对人、对经济、对意识形态的执着在他们看来是一种证明忠诚的方式，而几年以前的德雷福斯事件就曾让人们重新检视他们的忠诚。这种投入确保他们想要的融合能够实现，也能保证他们的目标完满达成。我们在列维-斯特劳斯家族中发现了这种毫无破绽的爱国主义精神的痕迹，除此之外，这一家族还心怀阿尔萨斯犹太人的高昂情绪，因为他们来自"被占领的省份"（provinces perdues）。正是出于这样的原因，1916年，克洛德的祖母蕾雅·列维为了保卫国家而签署了第二份借据，转出了2000法郎。1915年12月16日，她已经给了1500法郎。[1]

4万犹太裔法国人集结于国旗之下（1914年犹太人总数约为19万），而7500人死于战场上。这些数字告诉我们犹太人在全国战场上的贡献不小。[2] 列维-斯特劳斯家族并没有失去太多亲人，尤其是近亲之中并没有损失，除了"一位比我年长许多并且血缘上非常亲近的表兄弟，一位非常出色的师范生"。带着一丝

---

1 "家谱"：克洛德·列维-斯特劳斯档案库，编号 NAF 28150，档案盒编号 208。
2 菲利普·兰斗（Philippe Landau）：《陷入困境的祖国：战火连连》（« La patrie en danger. D'une guerre à l'autre »），载皮埃尔·伯恩鲍姆编：《法国犹太人的政治史：普遍主义和特殊主义》，第 77 页。

自豪之情，列维－斯特劳斯这样说，"在《法国的精神家族们》（*Les Diverses Familles spirituelles de la France*）中，莫里斯·巴莱斯（Maurice Barrès）引述并评论了他战时的书信"[1]。对于这类事件，人们的感受是一致的，它并不是无关痛痒的：痛失兄弟姐妹中以及一个家庭中杰出的长子或长女，成功的期望和担子落到了弟妹们身上，空缺的出现让他们肩负上更加沉重的负担。

因为孩子们用他们自己的方式忙忙碌碌并度过战争时期。研究战争文化的历史学家从很早之前就开始向我们普及这些知识。[2] 学校、家庭、分离、丧礼、爱国情绪都向他们传达了战争的信息。他们可以说是这场正在进行的文明之争的对象和赌注，因为这是他们未来将要承担的重任。他们为此做好准备，这个过程中，他们要么悠闲度假，要么情绪焦虑，在两者之间变来变去，以这种方式度过了没有父亲陪伴的童年生活，"在乡下，大胖子贝尔塔（Bertha）的大嗓门振聋发聩，督促着我们"[3]。克洛德·列维－斯特劳斯是1914年那场战争背景下的孩子："我自己也被这种热情引领，因此我献出了我自己所有的几个小金币——一个八岁孩子的储蓄成果——来维持法国军队的军费。无数海报号召我们团结互助，而与我们家庭的情况一样，大家都非常爱国……因为我们是阿尔萨斯人。之后，停战协议被签署，人们欢庆停战，终于松了一口气。激动的心情延续了几个日夜。"[4] 列维－斯特劳斯还记得欢庆胜利的游行队伍，那时，他从巴黎歌剧院大街的某幢建筑物内观看游行，把它当作"年轻时代的

---

[1]《亦近，亦远》，第15页。
[2] 参见斯特芳·欧都安－鲁佐（Stéphane Audoin-Rouzeau）：《战火中的孩子（1914—1918）》（*La Guerre des enfants, 1914-1818*），巴黎：阿尔芒·科兰出版社（Armand Colin），1993年；马农·皮尼奥（Manon Pignot）：《祖国的"热血青年"：战争时期的一代》（*Allons enfants de la patrie. Génération Grande Guerre*），巴黎：瑟伊出版社，2012年。
[3]《自画像》，第18页。
[4] 同上。

重大事件"[1]。他留下来的几首诗说明了这一代人的情感归属，其中一首献给祖母的诗的下方画着一位戴着帽子的士兵，帽子上写着"荣耀和国家"[2]。

暂居凡尔赛的那几年唤醒了克洛德·列维－斯特劳斯身体里的犹太人血液，这在他身上是非常少见的，而这个时间节点距离1980年代的访谈还早得很。他对童年的回忆被记录在1955年发表的《忧郁的热带》一书中。书中对这段回忆的呈现让人觉得出乎意料。克洛德分析了博罗罗印第安人（Indicn Bororo）对生与死的关系的理解。而博罗罗印第安人心里生与死的关系深深地扎根于宗教信仰之中，使所有的社交生活都以一种混合了日常生活和宗教活动的奇怪模式展开，而这让克洛德联想到"佛寺里的善行"[3]。童年，他之所以意识到自己犹太人的身份，只是因为他对它有所抗拒："这种对超自然事物的放纵让我感到不解，尤其当我与宗教只有一次接触时——小时候为了躲避第一次世界大战，我住在外祖父家中，而他是凡尔赛的拉比。外祖父家与犹太教堂离得很近，教堂与家之间由一条长长的内部过道相连，一条让人胆战心惊的过道。而对克洛德而言，这条过道是俗世与那个世界之间不可逾越的障碍。那个世界缺少人的温度，而他认为人的温度才是事物神圣的原因。宗教活动的时间之外，教堂空无一人，他短暂、冷静地占有这座教堂，可他能占有它的时间非常有限。他在这里理所当然地独自待着，直到祭礼的程序粗鲁地打扰了他的清静。而家里的宗教仪式也遭到同样的冷漠对待。除了外祖父在餐前的默声祷告，没有任何事物可以让孩子们认识到他们的生存必须感谢一个高高在上的神灵。当然还有一张挂在餐厅墙上的

---

[1] 1983年11月8日，克洛德·列维－斯特劳斯给斯特芳·克鲁埃（Stéphane Clouet）写信。参见斯特芳·克鲁埃：《"建设性革命"，1930年代的一群社会主义知识分子》（«Révolution constructive», un groupe d'intellectuels socialistes des années 1930»），当代史博士论文，南锡第二大学，1989年2月3日，第21页。

[2] "童年"：克洛德·列维－斯特劳斯档案库，编号NAF 28150，档案盒编号210。

[3] 《忧郁的热带》，第222页。

横幅标语，打印的字迹告诉我们：'细嚼食物才能消化得好'。"[1]

与博罗罗印第安人对宗教的热情相比，犹太教受到了冷漠和无情的对待。克洛德·列维－斯特劳斯称，所有的一神教都遭遇了相同的境况。宗教皈依的普遍发生让一些平和的宗教遭遇了困境。神圣的事物是超验的，也让人心生恐惧，这与神灵亲切、能够抚慰人心的形象完全不同。[2] 克洛德的所有描述，包括对细嚼慢咽这一细节的交代，向我们展示了家里人与宗教维持的肤浅关系，而宗教被简化成没有意义的活动、仪式，举行这些活动和仪式不过是碍于犹太人的身份。克洛德·列维－斯特劳斯也经历了割礼和犹太人的成人礼（bar-mitsvah）。然而，他仍喜欢回想这段时光："当我们为了躲避战乱而暂居凡尔赛时，妈妈们为我们制作火腿三明治，我们跑去公园狼吞虎咽。怕惹外公生气，我们只好躲在公园的雕塑后面。"[3] 所以我们也很难把这些描述总结为"空洞的归属"[4]。因为，即便缺少宗教实质，他们的身份形象也在校园暴力下丰满了起来："在市镇小学，同学们把我们当作肮脏的犹太人。到了高中也是这样。——那么你怎么回应呢？——拳头。"[5] 此外，一种雏形阶段的"犹太人复国情绪"为这个并不完全"干瘦"的犹太人身份提供护盾："高中的时候，我与一些犹太裔同学觉得我们有责任出钱在以色列种一棵树，一棵属于我们的树。"[6]

那时，德雷福斯事件还没有过去太久。从法律上说，它到1906年才彻底结束，最后无罪者沉冤昭雪。在孩子的想象中，德雷福斯事件有不同的发展，而有教育意义、剧情美好并且结局圆

---

[1]《忧郁的热带》，第 222—223 页。
[2] 参见安德烈·玛利（André Mary）：《纪念列维－斯特劳斯（1908—2009）》（« In Memoriam Lévi-Strauss [1908-2009] »），载《宗教社会科学档案》（Archives de sciences sociales des religions），2009 年 10—12 月，从第 5 页起，http://assr.revues.org/index21483.html。
[3]《自画像》，第 19 页。
[4] 德尼·贝多莱：《克洛德·列维－斯特劳斯》，第 13 页。
[5]《自画像》，第 19 页。
[6] 同上。

满的故事最受欢迎。战时共同度过的某个漫长的夏天，比克洛德大两岁的表姐亨丽埃特·尼赞在诺曼底的海边展开了一场戏剧冒险："我分配角色，当导演，我也制作配饰。这个帅气军人的故事，我们不知厌倦地表演了一遍又一遍……像童话故事里那样，最后一个画面是圆满的：在一个授奖仪式上，被一群毕恭毕敬的士兵围住的德雷福斯咧着嘴笑，共和国为他戴上了一顶法国军帽。"[1] 战争时期的童年里，亨丽埃特热情满满地带他玩耍，她的一切事物都成为戏剧材料。她与克洛德相对亲近，她夸他"可爱"。"他继承了母亲的美貌"，像"小猫咪一样"。他们骑着棍子，嘴里唱着："我们是波兰枪骑兵！我们是波兰枪骑兵！我们是……"，这样持续几个小时。除了历史故事，爱情故事也有一席之地。他们演起了《卡门》。"克洛德是埃斯卡米罗，我扮演卡门。至于服装，我们去掉了母亲们女式衬衫的饰带。所以克洛德穿成'斗牛士'的样子，而这套服装仅仅是由十几条红色小带子缠起来的，至少我们把它当成斗牛士的服装。"[2]

世界的丰腴

"在我童年的所有经历中，没有任何事件比我与皮埃尔·德雷福斯（Pierre Dreyfus）第一次相遇给我留下更加深刻的印象。1918 年秋，我是詹森·德萨伊高中（lycée Janson-de-Sailly）六年级的学生。在拜访班主任（professeur principal）时（这是当时的传统），由于担心我过于孤僻，我的父母与他推心置腹。某天课后，一位我仅能凭外貌辨识的同学向我走近。他一头棕色的头发，身材瘦弱，个子较为矮小。他对我说了句话，让我惊讶不已：'老师让我跟你玩。'我似乎有一些生气：竟然有人敢侵犯我的独立性……然而，从这天起的十几年间，皮埃尔

---

[1] 《纵情回忆录》，第 51 页。
[2] 同上书，第 55—56 页。

和我形影不离。"[1]

10岁的克洛德·列维-斯特劳斯是一个孤僻的男孩，外表傲慢又自大，为自己的独立而感到自豪。他择友甚严，既有固定的爱好又兴趣广泛，他的广袤世界位于高中大门之外。与阴暗的高中生活不同，家庭教育自由又有乐趣。尽管家里要求他去上学，去接受好的教育，作为交换，家里仍做出了其他承诺。他的父亲基于兴趣和职业原因成为他的启蒙者。

艺术教育

外曾祖父是作曲家和乐团指挥，父亲和两个姨夫是画家，这使列维-斯特劳斯的经历常常与他对艺术的兴趣联系在一起："我整个幼年和青少年时期与音乐和绘画亲密接触，一直被它们的热情包围。"[2]

绘画是父亲的职业。"父亲留给我的印象就是修养高、充满好奇心，而他的兴趣也不只是绘画。他还醉心于音乐和文学。"[3] 雷蒙·列维-斯特劳斯个性温和，他不是一位专横的父亲，虽然克洛德记得有几次他犯错（在学校作弊）惹怒了父亲，为此受到了严厉的惩罚。他慷慨地教导克洛德，对自己的教导信心满满，而且他品德高尚。总之，他生活于第三共和国，每个周末，如果克洛德的成绩不错，他就会奖励儿子，带他到卢浮宫去。我们可以想象父亲和儿子漫步于这个西方绘画的博物馆时，父亲磨砺儿子欣赏美的眼睛，让这双眼睛看透绘画中的真实，并让他观察那些技术层面的东西。绘画技术是父亲的看家本领，是他学习艺

---

[1] 克洛德·列维-斯特劳斯：《童年和青少年时期的回忆》（« Souvenirs d'enfance et d'adolescence »），载《皮埃尔·德雷福斯：1907—1994》（*Pierre Dreyfus, 1907-1994*），巴黎：伽利玛出版社，1995年，第83页。
[2] 《克洛德·列维-斯特劳斯"遥远的目光"》（« Le "regard éloigné" de Claude Lévi-Strauss »），《解放报》（*Libération*）1983年6月2日。这是迪迪埃·埃里蓬（Didier Éribon）与列维-斯特劳斯访谈的内容。
[3] 《自画像》，第18页。

的成果。这些对克洛德的艺术教育并非只是让他学习艺术史,相反,这是让他切身接触艺术创作。每一次认真接触新领域的同时,年少的列维-斯特劳斯尝试着手创作。他先学习复制物体、身体的形状,希望创造出忠于原物的作品,此后,他爱上了毕加索,因此创作出一些受立体派影响的素描作品。这个孩子似乎觉醒了过来,他摸了摸鼻子,摇了摇倔强的脑袋。其中一幅素描作品保留了下来,它就像是传统画室学艺的历史记录。他对动物运动的解剖精准又鲜活,惊讶了众人。人们实在不知道是否该认为这位穿着短裤的画家是拥有才能的。"他进行了一些训练"[1],罗杰·凯卢瓦这样说。后来,旅行记录册、速写图、卡杜维奥人(Caduveo)面部和身体的图纹、唇饰(labret)、阳具套、石棒、刀以及《忧郁的热带》里标志性的羽毛王冠,都证实了他的绘画才能是不容否认的。这些图画都出自列维-斯特劳斯之手。民族学家需要什么都会。

而音乐可以说在列维-斯特劳斯的生活以及作品中扮演了更加重要的角色。每个星期,他的父亲都会带他去听帕德鲁(Pasdeloup)的音乐会。这是一个社团性质的乐团,也是货真价实的音乐机构,它让并不阔绰的人们能够欣赏音乐,因而听众数量庞大。他们也常常去夏特勒剧院(théâtre du Châtelet)听克隆尼(Colonne)乐团的表演。列维-斯特劳斯记得他去剧院的时候年纪还很小。"我们坐在第五回廊,现在已经找不到踪影了。当时我们什么也看不见,所幸我们能够听见音乐!我在这里接触了瓦格纳所有的曲子。"[2] 我们可以注意到这位父亲的心思:虽然收入有限,他还是决定让孩子欣赏美妙的音乐以及歌剧,特别是歌剧。瓦格纳是除了奥芬巴赫之外这个家族的另一个"情人",

---

[1] 罗杰·凯卢瓦:《法兰西学院克洛德·列维-斯特劳斯就任仪式上的演讲》(« Discours prononcé pour la réception de Claude Lévi-Strauss à l'Académie française »),巴黎:法兰西学院,1974 年。
[2]《自画像》,第 18 页。

他们对瓦格纳的热情丝毫不输给奥芬巴赫。忽略一些"不忠"的行为,克洛德热爱音乐,几乎一生都与之相伴。"在我接受教育、对神话产生兴趣的过程中,瓦格纳发挥了巨大的作用,尽管我在童年之后才意识到这一点。[……]可以说,几十年内我与瓦格纳相知相伴。"[1] 很快,他的心里诞生了取得成就的欲望,年轻的男孩梦想成为作曲家。他模仿乐团指挥灵活又霸气的动作,他还向歌剧院一位中提琴手学习小提琴。他特别喜爱歌剧,因为歌剧包容了所有艺术。歌剧是整体艺术(art total)的范本,在这个热血奔涌、跃跃欲试的孩子自由的想象里,瓦格纳是坚定主张整体艺术,是一位代表人物。

其实,音乐和绘画在他青少年阶段的生活中并不是唯一选择,他接触了众多事物:他写剧本、创作歌剧剧本的初稿、拍摄照片。年轻的摄影师发现这种新媒体能够记录往日浮影,他拍摄的一张照片恰能说明他的艺术倾向:照片里呈现了一个舞台场景,而纸糊的面具、圆顶硬礼帽和灯架让人联想到一种后象征派风格的死神舞。[2]

"珍奇古玩"[3]

童年之后,所有学习和艺术活动都让这个想在各个领域跃跃欲试的男孩可以大展拳脚:写作、作曲、绘画、摄影以及重返他视野的戏剧。"一位同学的父母住在谢弗别墅(Villa Scheffer)。这座房子的几间接客室被我们当作一个小剧院。我们在那里演了几出剧,父母们以及朋友们是我们的观众。[……]我们演了拉比什(Labiche)、库特林(Courteline)、缪塞(Musset)的剧目。

---

[1] 《亦近,亦远》,第242—243页。
[2] 照片被收藏于"童年"这一主题档案之下:克洛德·列维-斯特劳斯档案库,编号 NAF 28150,档案盒编号 210。
[3] 罗杰·凯卢瓦:《法兰西学院克洛德·列维-斯特劳斯就任仪式上的演讲》,巴黎:法兰西学院,1974 年。

我们胆子很大，还排练了维克多·雨果的《他们会吃饭吗？》（Mangeront-ils？），但那时候皮埃尔的父亲去世了。我的伙伴让·贝尔纳（Jean Bernard）是我们成员的一分子，他还记得这些细节。丧事结束了我们的排练。我们也完全不再碰喜剧。"[1]

传统资产阶级教育便围绕这些活动展开，而使他的童年与传统资产阶级教育不同的应当是他的热情、他广泛的兴趣和密集的活动。兴趣引导着他这个狂热分子，让他既严肃以待又热情满怀。他也对珍奇物品、"异域古玩"着迷："我与它们有着极其亲密的关系。我从十分年幼的时候就开始收藏这些玩意。我收到的第一件是父亲给我的，这也是我后来一直保存着的一件收藏品：一幅日本木版画。我记得将它放入了一个盒子里，拿它装饰盒子底。在我七、八和九岁的时候，每次得到奖赏，我便到小场路（rue des Petits-Champs）上一家名为'宝塔'（la Pagode）的商店里去，置办一些家具模型，日式的或者其他风格的，用它们在盒子里建一幢日式房子。我从未放弃过这个收藏的习惯。"[2] 他有收藏的爱好，有对物的追求，体会捡拾的乐趣——海滩上的鹅卵石、散步路上的小石子、一枚旧钱币："偶然"在他对世界的探索过程中占据一席之地，在世界各个角落等候着他。

首都巴黎见证了列维-斯特劳斯人生的起步阶段。它像是一个珠宝匣，恰好能够满足这个聪敏又好奇的孩子。年幼的他走遍了巴黎每寸土地。他与好友皮埃尔·德雷福斯一起在河边读书或者四处奔走，徒步或者借助公共汽车穿越这座城市。这就好像用长镜头的方式把他看见的事物装入一只万花筒："高中时期，因为那时的公共汽车车尾都有一个露天的平台，我喜欢在墙角，先是右前方的墙角，然后是左前方的墙角，我观察马路的一侧以及

---

1 克洛德·列维-斯特劳斯：《见证与回忆》（《Témoignages et souvenirs »），载《皮埃尔·德雷福斯：1904—1994》，第 85 页。
2 《列维-斯特劳斯的 33 个关键词》，第 27 页。

它反射在玻璃窗上的样子。当公共汽车靠近斑马线的时候，一条正常的马路变成了小巷，它的两侧似乎要撞到一起，让人害怕。当两侧再次分开，虽然马路仍是同一条马路，但它似乎变成了一条林荫大道，宽阔得让人觉得不可思议。像这样，我展开对城市的幻想，一次又一次地编织想象，将它变成真实的事物。"[1] 与此同时，在 1920 年代初，另一个少年，一个敏感的灵魂，他用尽自己所有的能量——他的敏感和智慧——探索这座城市的美丽风景，同时进行着与克洛德一样的视觉实验。年轻的弗拉基米尔·纳博科夫（Vladimir Nabokov）到柏林避难，雨水在柏油马路上留下的变幻的彩虹颜色让他欣喜不已，他与列维－斯特劳斯都产生了对城市文化的喜爱之情。正是城市文化赋予了城市独一无二的美景，让城市成为一座可以探险的宝库、一个需要揭开的谜团，而城市文化带给我们的这些幻象，它们在掩盖现实的同时也最能深刻地反映现实。[2]

经历的增长让他把眼睛扫向其他领域。自然的鬼斧神工让少年迫不及待地想要展开"探险"，能进行这样的探险是今天的孩子们羡慕不已的。他并不需要去往很远的地方，郊区与城里并不相同，巴黎近郊已经完全是另一幅景象："我与两个同学决定一同做伴。利用几天的假期，我们决定顺着塞纳河从鲁昂流向阿弗尔的方向前行，身上背着用作帐篷的沉重的遮雨布。我们转的第一个弯几乎把我们带回了起点，这是我们第一次醒悟。我们感到气馁，所以放弃了探险。我们还进行了其他旅行，但都选择以脚踏车的方式出行，也获得了更大的成功：卢瓦尔城堡、比利时阿登山地（les Ardennes belges）、卢森堡、从诺曼底海岸经过布赖

---

[1] 《〈快报〉带你走近克洛德·列维－斯特劳斯》（« L'Express va plus loin avec Claude Lévi-Strauss »），《快报》1971 年 3 月，第 139—140 页。
[2] 参见弗拉基米尔·纳博科夫：《落日详情》（« Détails d'un coucher de soleil »，1924），载《短篇小说全集》（Nouvelles complètes），"四开本丛书"，巴黎：伽利玛出版社，2010 年，第 175—182 页。

地区（pays de Bray）到弗约穆兰（Vieux-Moulin）（接近贡比涅）。"[1]
初次体验风景、考察地理（绕弯的教训）之后，他进行了更多的体验和考察，其中也包括一些不幸的遭遇。而这些遭遇也暴露了年轻的列维－斯特劳斯在这些大胆的探险中"懒惰"的一面。"差不多14岁的时候，我发现了科尔梅耶－昂帕里西斯（Cormeille-en-Parisis）的采石场。我掉进一个石膏水洞中，人们发现我的时候，脖子以下已经动弹不得了。"[2]

没有财产的继承人

我们可以夸张地将这段美好童年描述成伊甸园。事实上，列维－斯特劳斯从未掩饰那些物质生活中遭遇的困难以及经济危机，这些问题使普森路上空常常阴云密布。

家道中落但学业出众

1918年之后，一切似乎与往常一样，然而没有任何事物是一成不变的。他们还住在同一幢楼、同一套公寓房里，只不过门房那里安上了一部电话（飞一般地跑下五楼，接完电话后回到家中，一副若有所思或者兴高采烈的神情：这成了日常生活的一部分）。[3]这个现代科技带来的装备闯入了旧世界，是时代交替的象征。而另一个象征则更加沉重：一战后通货膨胀严重。战争遗留的公共债务造成了货币的"堆积"，使在整个欧洲，尤其在法国（但法国比德国情况好一些），一战前的经济秩序和社会地位被完全颠覆。富人们一夜间变得清清白白，而年轻人一夜暴富。正如斯蒂

---

[1] 克洛德·列维－斯特劳斯：《见证与回忆》，载《皮埃尔·德雷福斯：1904—1994》，第84页。
[2] 《失败者？我们都是》（《 Des ratés ? Nous le sommes tous plus ou moins 》），《巴黎日报》（ Le Quotidien de Paris ）1984年5月6日。这是克洛德·列维－斯特劳斯与马丁·佩尔蒂耶（Martin Peltier）的访谈。
[3] 参见德尼·贝多莱：《克洛德·列维－斯特劳斯》，第15页。

芬·茨威格在《昨日的世界：一个欧洲人的回忆》[1]里描述的那样，稳定的世界被一朝吞没，不变的社会现实和19世纪漫长的历史也随之而去。而"贬值"也同样发生在审美层面。"美好年代"（Belle Époque）来临，在现代潮流下，雷蒙·列维-斯特劳斯的艺术品位过时，他的作品也被贬为旧东西。

对这一家人而言，家庭境遇的恶化才发生不久，物质生活却已经发生了问题。雷蒙·列维-斯特劳斯坚持自己的职业道路，放弃了证券交易所的工作。这几乎等同于一场政变，足以在家族史上留下一笔记录。这一决定也使他的经济状况更加令人担忧。1918年之后的变化加深了他们在经济层面对他人的依赖，而这种依赖由来已久：列维-斯特劳斯夫妇依靠伊萨克的著作权获得收入，他们也同时获得雷蒙一位富有的兄弟——担任证券交易经纪人的让伯伯（oncle Jean）——的资助。直到自己在1929年的危机中破产之前，让为家里人提供经济上的帮助。[2] 一战后，雷蒙肖像画的订单大量减少，几乎消失为零。所以，克洛德的童年环境是复杂的：给予他的文化背景属于资产阶级，特殊的生活方式也属于资产阶级（资产阶级家庭会计划去巴黎之外的地方度假），而过去惬意的日子一去不复返，空剩下对它们的幻想；月末的经济问题成为需要常常经历的生死之关。就是因为列维-斯特劳斯一家人经济状况糟糕，我们才更要计较他们的收入。能否付得起租金，这种底层百姓常常遇到的焦虑情绪也笼罩在这个十六区的孩子心头。是否有"家政工"是界定社会地位的另一种方式。普森路从未有过家政工。克洛德提到他母亲的时候，总把她描述成"一位忙于家务的女性，在很长的时间里，她用勇气和无私忘我的精神承担了家里所有的家务活"[3]，原因就在于此。1920年代初，

---

[1] 斯蒂芬·茨威格（Stefan Zweig）:《昨日的世界：一个欧洲人的回忆》（*Le Monde d'hier. Souvenirs d'un Européen*），巴黎：贝尔丰出版社（Belfond），1982年。
[2] 2011年1月14日，与莫尼克·列维-斯特劳斯（Monique Lévi-Strauss）的访谈。
[3]《自画像》，第18页。

2 启示（1908—1924）

在买下塞文山脉（les Cévennes）的一家养蚕场之前，克洛德一家人在让伯伯的资助下与比利时的朋友们以及卡昂（Cahen）一家人一同度假，持续了很多年。而度假的别墅是由比利时的朋友们和卡昂一家人租下的。相应地，爱玛·列维 – 斯特劳斯负责三餐和照料家事。[1] 我们可以想象到这样一段真实的故事将带来怎样的结果。它的剧情十分典型：客观条件（负责安排三餐）与资产阶级主观意识（做东）格格不入，形成了一种源于历史环境、价值观和友情的紧张关系。

父亲事业上的失败造成了更大的痛苦，因为这是他选择的结果。德尼·贝多莱（Denis Bertholet）说雷蒙是一个"伊萨克·斯特劳斯的反抗者、没落的代表"[2]，他的说法却也中肯。我们注意到，家族里另一位艺术家——小提琴家和乐团指挥——罗贝尔·阿尔芬 – 斯特劳斯（Robert Alphen-Strauss）（即亨丽埃特·尼赞的父亲）从战场归来，他的几根手指被手榴弹夺走，因此，无法继续他的音乐生涯。他接着从商，这是他的老本行。他中规中矩地经营业务，直至退休。他的姓氏给了他一段艺术人生，而战争结束了这段艺术人生。

诞生于没落的资产阶级家庭，孩子是否容易出类拔萃、更能发现新一代的才能？想要摆脱父亲颓废印象的欲望能否让他全身心投入并取得不俗的成果？事实上，我们在 20 世纪两大知识分子身上看到了类似的故事。他们两人都是列维 – 斯特劳斯的同学，一人与他没有什么交集，另一人则与他有更多交往。其中一人是雷蒙·阿隆（Raymond Aron）。列维 – 斯特劳斯自己也表示"两人之间存在很多相同经历：凡尔赛、欧希高中（lycée Hoche）、孔多塞高中（Condorcet）以及'那些家庭不幸'"[3]。他们的家

---

1 2011 年 2 月 25 日，与莫尼克·列维 – 斯特劳斯的访谈。
2 德尼·贝多莱：《克洛德·列维 – 斯特劳斯》，第 16 页。
3 1983 年 9 月 11 日，克洛德·列维 – 斯特劳斯给雷蒙·阿隆写的信，现属于阿隆文献资料库的一部分。特此感谢多米尼克·施纳佩尔（Dominique Schnapper）同意我参阅这份文献。

族之间没有交情，但他们都是被同化的犹太人，非常爱国，此外他们经济都相对宽裕。在这两个家庭里，父亲们都不愿意从商，他们分别选择了一条知识分子的道路（阿隆的父亲成了法学家，在大学任职）、一条艺术家的道路（雷蒙·列维－斯特劳斯）：这是犹太人传统价值观的反映。在两个家庭中，这个选择都以失败告终。阿隆的儿子立誓恢复往日的社会地位，一雪父亲的耻辱，他写道："我要用我的成功来抵消他带来的失意。"[1]1929年，家族财产在证券交易所一朝散尽，在凡尔赛以磨石粗砂岩（pierre meulière）建造的房子也卖了出去。这种背景下，儿子才被允许进入工薪阶层的就业市场，因为积淀下来的家族财产已经不复存在，儿子要学会依靠自己生存下去。阿隆童年是惬意的，他并不那么看重钱财；列维－斯特劳斯因情势所迫，从未漠视钱财。波伏瓦家族的社会变迁发生在相同的历史背景之下：1914—1918年的战火以及1929年的危机使他们的经济状况急转直下。经济状况的变化是翻天覆地的，尽管失势给父亲带来的心理冲击和痛苦情绪在孩子们——两个女孩——的陪伴下日渐消散。"他喜欢有思想的女子，但他不能接受女才子。当他对女儿们说，'我的女儿啊，你们不要嫁人，你们要工作'，他的声音里透露着无奈。我原以为他是同情我们，然而并不是；后来我们成为劳动力，他也发觉了自己心里的失落。他抱怨命运不公，女儿们也要面对这样的落魄现实。"[2]最后，不管家庭状况如何（不管经济状况和社会背景如何），社会正义在三段励志故事中都得到了实现：在一代人手上（在列维－斯特劳斯的例子中是两代人）蒸发的财富转变为精神财富（其中有一部分来自家庭传承），而精神财富主要表现为学业上的成绩。

---

[1] 雷蒙·阿隆：《回忆录：五十年的政治反思》（*Mémoires. Cinquante ans de réflexion politique*），巴黎：口袋书出版社（Presses Pocket），1990年（初版时间为1983年），第16页。
[2] 西蒙娜·德·波伏瓦：《回忆平静的少女时代》（*Mémoires d'une jeune fille rangée*），"Folio文集"，巴黎：伽利玛出版社，2011年（初版时间为1958年），第231—232页。

事实上，在列维-斯特劳斯家里，分数不能拿来开玩笑："为了我的成绩，一种悲剧气氛蔓延在家里，让我承受了巨大的压力。"[1] 知识分子的社会背景、犹太人家庭对学业的重视（这是犹太人迁徙的最重要的因素之一）在列维-斯特劳斯家得到了充分的展现。经济上的窘迫也使他们在精英教育上特别投入。[2] 这些没有财产的下一代——或者说"虽然没有继承财产但至少继承了血脉"[3] 的下一代——非常轻松地成了好学生。克洛德·列维-斯特劳斯并没有花费太多力气便成了一名好学生，但他并不喜欢这所1920年代传统高中里军事化的氛围。它恢复了犹太初中的传统，隔绝了外界的喧嚣。回想起凡尔赛的霍希高中时，雷蒙·阿隆这样说："风格上保留了拿破仑时代的痕迹。放学时，学生们有序地向操场走去。课堂上，学生们必须几个小时连续听讲并且一动不动。我记得一位德国老师在某一天给了全班所有同学好分数，因为在他走进教室的一刻我们所有人表现得无可挑剔——双臂交叉放在桌面上。"[4] 詹森·德萨伊高中的氛围也是一模一样的。1918年，列维-斯特劳斯进入詹森·德萨伊高中读六年级，他在这所学校一直待到1925年。他通过高考后才离开这所学校，当时16岁半。他的好奇心翻越了学校围墙：他总是对校园之外的事物兴致勃勃，直到哲学课激起了他对哲学这门学科浓浓的兴趣。他学习优秀，而学习对他来说并不困难，所以这也成为他重新取得社会地位的一条有效途径。他还可以选择其他方式，其他更能发挥他们父子才华、符合他们兴趣或者能够调动他们灵活的双手的方式。修修补补的手工活在他们这里得到了特殊的礼遇，对列维-斯特劳斯而言，这样的家庭手工活更具诱惑力，它一直是他生活中的一部分。

---

1 《自画像》，第18页。
2 维克多·卡拉尼：《犹太裔知识分子与社会科学：一个问题的简单阐述》，第167页。
3 雷蒙·阿隆：《回忆录：五十年的政治反思》，第18页。
4 同上书，第38页。

家庭手工活：一种世界观

他认为，手工活也是一种社会经验。1988年，迪迪埃·埃里蓬（Didier Éribon）访问了80岁的老人，询问他的童年是否与其他巴黎资本主义家庭的孩子相同。列维-斯特劳斯从两个角度进行了回答：精神生活非常丰富，但经济危机令人焦虑。而手工活恰好成为疏导家人焦虑的发泄点和阀门，手工活的加入也使他的童年不能被简单地归类到传统资产阶级的生活中去。"我记得，没有订单的时候，焦虑的情绪会时不时地冒上心头。之后，父亲创办了各种各样的家庭职业，因为他很擅长这样的手工活。有时，我们在家里做起了染布的活。我们在亚麻油毡的布料裁片上刻下图案，然后在绒面上撒满不同颜色的金属粉末，并用胶水将它们固定起来。[……]有时，父亲用人造漆制造中国式样的小桌子。他也用便宜的日本木版画来制作灯具，将木版画贴在玻璃之上。这些东西能够宽解月末的紧张情绪。"[1]

虽然手工活是一种生存策略，而克洛德则从中发现了创造的乐趣：他制作了自己的模型，如果手工活与布料有关，他就扮演大裁缝，他还帮助父亲给桌子上漆。整个屋子里都塞满了这些奇特的潮流玩意，而我们期望能用它们换得一些现款。这便是他童年的生活环境：因生活所需（而非因为兴趣），原本属于资产阶级的家庭里多了一丝不拘。

做手工活以及手工活中完成的小玩意儿很早就进入了列维-斯特劳斯的生活。它们就像是一个图腾，陪伴了列维-斯特劳斯一生，也与结构主义的发展过程密不可分，最后成为一个指代当代思想诸多领域的隐喻。但我们先别想入非非。不如回到人造漆和绒布中来，谈论手工活的有趣之处和制作手段，或者聊聊材料、质地、工具、技术这些专业知识。年轻的克洛德在家里学会了手

---

[1]《亦近，亦远》，第12页。

工活,他一方面感到高兴(他可以用零散的材料制作新的东西),而另一方面又被不安的情绪所扰(生活拮据)。对他而言,这种混合的情绪可能正为思想提供了存在的空间:"父亲很擅长手工活,我也是。[……]喜欢做手工活并不仅仅是为了打发时间,与安格尔(Ingres)的小提琴或者其他事物不一样,通过手工制作,我意识到,我可以碰触到创造活动中最根本的东西。做手工意味着着手解决一个问题,意味着活用这些偶然的、与问题无关的元素。然后,我试图进行思考:我怎样才能用这些从他处获得的元素来解决摆在我面前的具体问题?我认为这个过程在人类的思考机制中是至关重要的。"[1]

克洛德的现代爱好

伴随着高中生活和家庭生活,男孩一边为明日担忧,一边体验创造的奇妙之处,这样慢慢长大。1920年代,当他结束学业的时候,全球的先锋派艺术家集结于法国首都,他们带来了现代艺术的热浪,令克洛德着迷。1923年6月,他正值15岁。去欢乐剧院(théâtre de la Gaîté)欣赏了斯特拉文斯基(Stravinsky)《婚礼》(*Les Noces*)的首演后,他被深深震撼,第二天又去听了一次。据他回忆,这个晚上颠覆了他对音乐的所有信仰。[2] 他还看了德彪西(Debussy)的代表性歌剧《佩利亚斯与梅丽桑德》(*Pelléas et Mélisande*),这是另一出新鲜的音乐表演。这部1902年的歌剧是一种新的内心戏剧,有着谜一般的散文体,而乐团的运用相当简单。"当佩利亚斯与梅丽桑德互相坦承爱恋之情[……]完全没有伴奏,乐团用一连串轻快的逐步升高的属七和弦来营造一种附

---

[1]《克洛德·列维-斯特劳斯:法国思想界的又一位伟人》(« Claude Lévi-Strauss, le dernier géant de la pensée française »),《费加罗报》(*Le Figaro*)1993年7月26日,第9页。
[2]《忧郁的热带》,第404页:"我是在瓦格纳的音乐文化中长大的,直到近期才发现德彪西的存在,时间上甚至晚于斯特拉文斯基。《婚礼》的第二次或第三次演出中,我的耳朵发现,斯特拉文斯基向我展示了一个比巴西中部草原更真实、更确定的世界,我以前的音乐观被彻底颠覆。"

和观众的情绪,从德彪西神奇的管弦乐法来看,这项学校教授的技术就像是艺术创作的黎明。"[1]童年,他将瓦格纳当作偶像,当少年迈入成熟时期时,德彪西和斯特拉文斯基是他的追逐目标,他像"崇拜神一样崇拜他们"[2]。列维-斯特劳斯记得他曾受热血驱使,"为一位同学布置房间,而那些装饰物完全受到了斯特拉文斯基《婚礼》一曲的启发"[3]。他回忆起这段往事的时候,总是手舞足蹈。但他也用家庭留声机听黑人音乐。1931年,他读了哈莱姆文艺复兴(Harlem Renaissance)的男高音歌手克洛德·麦凯(Claude McKay)出版的一本书,提到"黑人的声音",称"这些灵魂乐者最早发行的唱片在十年前为我们带来了启发"[4]。至于绘画方面,他每周都去看毕加索的画:"我16岁或者17岁的时候,毕加索就是我的神,我像喜爱斯特拉文斯基一样喜爱他。每个礼拜我都要去大型画廊为他的画捧场。当我在玻璃窗看到毕加索的新作品时,我就像受到了一种纯粹精神上的启发。"[5]就在那个时代,艺术评论家路易·沃克塞尔(Louis Vauxcelles)——父亲的好友——受邀撰写了有关立体派的文章。这是讨论立体派的第一篇文章,文章指出,"立体主义的影响力渗透到日常生活",人们都忽略了资助者们是多么喜爱它。

　　年轻人坦言对这些事物非常喜爱,从他的言语中我们发现了一个宗教隐喻。这个隐喻自发、直接地传递着美学情感的力量:被高中制服裹挟、表情严肃的少年渴望颠覆,也渴望放肆地展现智慧与表达情感。从这个角度而言,他赶上了时代:瓦尔特·本

---

1 亚历克斯·罗斯(Alex Ross):《余下只有噪音:20世纪音乐的现代性》(*The Rest is Noise. À l'écoute du XXe siècle. La Modernité en musique*),阿尔勒:南方文献出版社(Actes Sud),2010年(初版时间为2007年),第76页。
2《克洛德·列维-斯特劳斯"遥远的目光":这是迪迪埃·埃里蓬与列维-斯特劳斯的访谈。
3 克洛德·列维-斯特劳斯接受了让-约瑟·马尔尚(Jean-José Marchand)的访问,法国广播电视局,1972年。文字稿参见艾米丽·朱莉亚,《作品背后的克洛德·列维-斯特劳斯》,第175页。
4 克洛德·列维-斯特劳斯:《评克洛德·麦凯〈班卓琴〉》,《社会主义大学生》(*L'Étudiant socialiste*)第2期,1931年11月,第14—15页。
5 同上书,第29页。

雅明所指的"新艺术"是现代文化的"地震仪",它追求感官刺激,告别了脉脉温情。[1]然而,让儿子激动不已的当代艺术风潮也让父亲濒于破产。在1920年代,1914年之前兴起的先锋派运动被人们接受,父亲的绘画生涯随之完全落幕。从战场归来的父亲去一些画廊转了一圈,他感到慌张和空虚。德彪西、斯特拉文斯基、毕加索以及后来的超现实主义运动(克洛德·列维-斯特劳斯也热衷于此),这些人和事物已经超出了雷蒙的想象。所以,虽然年纪不大(他才40岁),他已经意识到,自己的艺术职业宣告死亡了。

儿子把艺术和书本奉上神坛,所以他与父亲的分歧年复一年地扩大。他远离了父亲的圈子,但反抗得并不激烈。[2]他拥有无穷无尽的好奇心,为探索世界而奉献了自己,尽管这个满目疮痍、早已四分五裂的世界早让列维-斯特劳斯这一代人伤痕累累。

---

[1] 瓦尔特·本雅明:《机械复制时代的艺术作品》(L'Œuvre d'art à l'heure de sa reproductibilité technique),由弗雷德里克·约利(Frédéric Joly)翻译,由安托万·德·巴克(Antoine de Baecque)作序,"袖珍丛书",巴黎:帕约出版社(Payot),2013年(初版时间为1935年)。
[2] 克洛德·列维-斯特劳斯接受了让-约瑟·马尔尚的访问,法国广播电视局,1972年。文字稿参见艾米丽·朱莉亚,《作品背后的克洛德·列维-斯特劳斯》,第173页:"我刚才已经提到了,我生长在一个所谓的艺术世家,但这个艺术世家的氛围与我接触到的新鲜事物相比,简直过于保守。青少年时期,我探索外面的世界,以此作为反抗。虽然我从未采取过激烈的反抗,但发现新鲜事物是我排斥艺术世家传统的方式。"

3 革命（1924—1931）：政治与哲学的对决

> 革命者热切地倚靠船头，突然，他在每条河流的弯道处发现了全新的视角，而每一个独特的视角又与上一个视角完全不同。他的发现以新鲜事物的姿态完整地呈现在他的眼前，新鲜、完整得就像是神秘的事物或者教条。
>
> 克洛德·列维-斯特劳斯，《社会主义大学生》（1930）[1]

之前，他只痴迷于美的享受，之后，知识分子的身份和政治意识在他身上觉醒。经历了"不落俗套"的幼年，列维-斯特劳斯与同龄人一样进入反叛的青年时期，而他与他的同龄人是躲过1914年血腥杀戮的一代，是经历过耻辱与动乱的一代。

1924—1931年，他仍是一名学生。但他怀抱着政治活动分子的热忱，与他身边的保守主义者分道扬镳。我们很难想象这样一位伟大的人类学家以社会主义运动者的身份向聚集在巴黎小餐馆的学生们发表演讲……尽管他参与社会主义运动的历史也记录在册，克洛德·列维-斯特劳斯总是刻意低调，他索性隐藏这个身份或者干脆隐瞒得密不透风。他活跃在社会运动与知识探索两个领域，前者被认为是一种"年轻人犯的过错"。然而，种种迹象显示，革命给他带来了许多启示。

一份文件总结了他这些年的经历：一张白纸的正面留下了年轻的哲学系学生的笔记，而我们从反面观察到白纸的抬头写着法国国民议会（Assemblée nationale）——列维-斯特劳斯曾担任过众议员乔治·莫奈（Georges Monnet）的助手[2]。17—23岁，他的

---

[1] 《社会主义大学生》第2期，1930年11月，第14页。
[2] "上学时期，哲学课笔记"（Notes de philosophie, années de formation）：克洛德·列维-斯特劳斯档案库，编号 NAF 28150，档案盒编号 211。

生活似乎被哲学系的课程和政治活动一分为二：哲学系的课程密集又不够深入，而哲学系的书生气与政治活动形成了鲜明对比，就像政治活动的气氛与大学恰好相反。一方面，政治和哲学交织于列维-斯特劳斯的大学生涯，它们督促列维-斯特劳斯进行阅读；另一方面，两者的区别也十分明显：政治活动进行得热火朝天，而哲学课让人从情绪中冷却下来。如何让两者和解？思考政治。年轻的他取得了高中哲学教师资格，他受到了马克思和康德的熏陶，回想这些伟人走过的路……我们有理由这样幻想：多年之后，他说不定能成为人民阵线（Front populaire）执政下教育部部长的办公室主任，当然，他也可以担任其他职位。这是最有可能发生的事。然而，他却成了社会主义左翼思想家。

"皈依"左翼、接触哲学

1924年，克洛德·列维-斯特劳斯进入哲学班，这是高中的最后一年。而哲学班是为文学方向的学生准备的，好让他们之中最优秀的学生可以在高考之后进入预科班。根据雷蒙·阿隆的回忆，哲学班里批评氛围浓厚，不论老师的政治倾向如何，"通常都有左派氛围"，据他所说，哲学班会"让人皈依左派"[1]。而这个词语之所以适用于克洛德·列维-斯特劳斯，原因是它常常被人使用，并且，在多数情况下，它表达的是宗教意义上的皈依。

马克思、比利时、哲学班（1924—1925）

列维-斯特劳斯经常谈到他与阿瑟·沃特斯（Arthur Wauters，1890—1960）的相遇。阿瑟·沃特斯是卡昂家的朋友，卡昂一家人是比利时人，列维-斯特劳斯的父母常常与卡昂一家

---

[1] 雷蒙·阿隆：《回忆录：五十年的政治反思》，第27页。

人共度夏休。在1924—1925年的夏天，面对一些事件时，列维－斯特劳斯对自己所处时代的态度发生了变化。列维－斯特劳斯与昨日的生活诀别，态度的变化突然、快速又完整。这是真正意义上的"转变"。

阿瑟·沃特斯是政治运动人士，他比列维－斯特劳斯年长一些。他成为克洛德的"兄长"，将比利时正在流行的社会主义风潮介绍给克洛德。他们相识时，阿瑟·沃特斯已经是比利时工人党一颗冉冉升起的新星；后来，他成为比利时自由大学政治经济学教授，也实现了他的政治生涯：他是哥哥约瑟夫·沃特斯（Joseph Wauters）——劳动与社会保障部部长——的部长办公室主任；他也在1929—1937年担任了《人民报》这份社会主义报纸的政治部主任，而在这个阶段，他自己成了以保罗·范泽兰（Paul van Zeeland）为首的社会党政府的公共卫生部部长。1940年，尽管他仍在职，但他并不了解社会民主派其他代表人物的作为，这是因为他加入了伦敦的流亡政府，他的政治生涯最终以比利时驻莫斯科大使的职位结束。我们可以轻松地想象出这个场景：在慵懒的夏日，一段激情洋溢的对话在两人之间展开，一位是活力充沛、急于理解这个世界的男孩，另一位则是"崇拜理论家"的年轻人；而在年轻人面前的听众与他的水平相符。"我16岁或者17岁，我记得这是我就读哲学班的那年[……]。我请这位政治运动人士向我解释他从事的活动[……]，他立马就投入了对我的教育之中，向我进行了无数次授课，他特别要求我读一读马克思、饶勒斯（Jaurès）以及其他很多人的作品。"[1] 很快，意识形态的教育在实践教育的加持下加速展开：他"请我以比利时工人党（POB）受邀人的身份来到比利时，在两个礼拜内，一位十分年长的活动分子领着我在'人民之家合作社'（Maison du peuple en

---

1 《自画像》，第18—19页。

coopératives)观摩学习"[1]。在别处,列维-斯特劳斯称自己成了"比利时工人党收养的孤儿"[2]。而这个称呼更加深了克洛德与这个国家、这个社会模型的联系:在这里,无数经济和工会组织加入了工人党,将社会主义的理想付诸实践。

事实上,融入一个新的家庭后他才学习了社会主义思想,他自己的家庭几乎远离政治。他回忆道,他家是"一个优秀的、曾经辉煌过的资产阶级家庭,它在政治上持保守态度。可能唯一的例外是父亲和他的兄弟们在德雷福斯事件上做出的反应。他们说,他们去参加过一个主张重审德雷福斯案的示威活动,饶勒斯还在活动中发表演说。他们在演说结束时向饶勒斯走去,向他表示感谢,而饶勒斯给了他们一个暧昧不清的回应:'我希望,他说,你们会记得。'他想说的是,'你们加入了我们的队伍,但你们也会很快离我们而去。'这便是真相"[3]。一改父辈被动的态度和正统主义的主张,克洛德充满热情。这种热情与知识分子的求知欲结合之后产生了更大的能量。

1924 年 10 月,克洛德·列维-斯特劳斯进入了这个特别设置的哲学班:这个哲学班被认为是高中学业的加冕仪式,能赋予学生批评精神,而学生家长以及共和国的教学理念都认为批评精神是极有必要的。作为法国教育的特色,在高中阶段教授哲学既满足了知识分子的殷切期待,也满足了现实的强烈需求。它既是荣耀,也是启示,还包括与老师惺惺相惜的情感……尽管他们的哲学班的授课老师并没有特别的才能,吸引着年轻阿隆的是,"思考"这项工作(甚至是苦工)带来的广袤的空间。这就是说,要提出有意义的问题,而不是找到问题的答案。让人意外的是,列维-斯特劳斯完全不是这样。从学业上看,尽

---

[1] 1983 年 11 月 8 日,克洛德·列维-斯特劳斯给斯特芳·克鲁埃写信。原文参见斯特芳·克鲁埃:《"建设性革命",1930 年代的一群社会主义知识分子》,第 39 页。
[2] 《亦近,亦远》,第 16 页。
[3] 同上书,第 17 页。

管他名列荣誉榜，他的成绩不错却也不是万里挑一："进步明显、思想严谨、方向正确。"[1]他的哲学老师古斯塔夫·罗德里格（Gustave Rodrigues）是工人国际法国支部（SFIO）的运动分子（以及后来的人权联盟的主席），具有哲学与政治双重性格，让人憧憬。学生列维-斯特劳斯在30年后对他的描述却十分残酷："在哲学方面，他信仰柏格森主义和新康德主义，这让我非常失望。他追求呆板的教条，他的热情表现为课堂上活泼的动作。我从未见过谁拥有这般单纯的信仰与贫瘠的思想。"他又突然补充道："他在1940年德国进攻巴黎时自杀了。"[2]我们看到了一位陷入绝望深渊的列维-斯特劳斯，此时，轻蔑的语气完全消失不见。

如果政治与哲学从此以后密不可分，那是因为，哲学老师向他传授了并不成熟的柏格森式社会主义，而后者正是受到政治活动与理论文章的指引而产生的。因为在向社会主义靠拢的过程中，列维-斯特劳斯阅读了很多理论文章，它们让他回归哲学思考。在他所有访谈中，他都特别强调了马克思的影响，但他指出他也读了"很多其他"哲学家的书。当阿瑟·沃特斯遇到克洛德·列维-斯特劳斯的时候，他刚刚发表了《马克思之后的马克思主义进化史》（1924）。我们可以想一想，在列维-斯特劳斯学习马克思思想的过程中，马克思的作品与这些作品的评论文或者马克思理论的修订本相比，是否充当了更加重要的媒介角色。与法国的社会主义相比，比利时的社会主义更多地受到了后者的熏陶，也不那么呆板。总之，我们认为列维-斯特劳斯读马克思而不是读柏格森。读马克思的时候，在他面前展现的是整个哲学传统。就像马克思与这么伟大的作品同时出现，而这些伟大作品有它们自己的内容，也保留了它们之前的所有传统的痕迹："阅读马克思之

---

[1] "童年"：克洛德·列维-斯特劳斯档案库，编号NAF 28150，档案盒编号210。
[2] 《忧郁的热带》，第38—39页。

后，我被带去了更远的地方，尤其当我把马克思当作敲门砖之后。从康德到黑格尔的哲学传统，整个世界向我敞开。"[1]

预备班学生、非师范生（1925—1926）

1925年秋天，马克思－康德主义的追随者克洛德·列维－斯特劳斯进入了孔多塞高级中学的文科预备班。作为一所塞纳河右岸规模较大的高中，孔多塞高级中学挑战了路易大帝高级中学（Louis-le-Grand）和亨利四世高级中学（Henri-IV）师范生"制造机"的地位。巴黎左岸的预备班已经有了一年级和二年级之分，而在孔多塞高中只有一个班级，里面既有预备班一年级（hypokhâgne），也有预备班二年级（khâgne）的学生。二年级学生让人印象深刻。阿隆承认刚进入这个班级时有着"来巴黎求学的外省人的腼腆和野心"[2]。社会学家皮埃尔·布迪厄也曾是预备班二年级学生，他认为预备班二年级"为法国知识分子提供了成长的环境，尤其提供了哲学的氛围"[3]。身处这个为了乌尔姆路巴黎高等师范学校入学考试——一个超级精英主义的入学考试——而创造的学习环境中，克洛德·列维－斯特劳斯感受如何呢？

沉着、严肃、幽默以及不寻常的才华让他预备班的同窗对他印象深刻，其中包括让·莫格（Jean Maugüe）。后来与列维－斯特劳斯在巴西重逢的让·莫格称，"他瘦长的身影好像是从埃及浅浮雕里走出来的，让我们觉得非常无趣，但他严肃、睿智的面容之下有时也会突然展露出孩童般的微笑。他常常在黑板上用粉笔画图，这为他在预备班树立了威望，而在他的画中，我们看到了德国电影里的奇怪城市，譬如《卡里加里博士的小屋》

---

[1]《忧郁的热带》，第46页。
[2] 雷蒙·阿隆：《回忆录：五十年的政治反思》，第34页。
[3] 皮埃尔·布迪厄：《自我分析纲要》，巴黎：行动理由出版社（Raisons d'agir），2004年，第17页。

(*Le Cabinet du Docteur Caligari*)里的城市"[1]。斯特芳·克鲁埃（Stéphane Clouet）找出了列维-斯特劳斯的成绩单，上面记载了克洛德漂亮的成绩以及一些不影响大局的小瑕疵。[2]老师安德雷·克勒松（André Cresson）对他哲学科目的评语是"敏锐的眼光"，而特拉弗斯（M. Travers）说他的英语成绩"不断进步"。"尽管他的成绩优秀，我们也发现法语老师帕里戈（M. Parigot）和拉丁语老师佩圣（M. Pécher）的评语分别为'不够努力''还需要努力以及有点粗心'。"历史老师卡昂（M. Cahen）的评语让人眼前一亮，他似乎用神修导师的洞察力发现了少年列维-斯特劳斯的才气："才华逐渐展露；懂很多；机灵又聪慧。但这些品质常常被几乎接近宗教信徒的严肃态度、坚定且不容置喙的主张所掩盖。而有时他的思想细节不足、缺乏重点，所以趋于平庸。"这位历史教师对克洛德——未来《忧郁的热带》的作者——的严厉评价是针对列维-斯特劳斯发表的第一篇文章。这篇关于格拉古·巴贝夫（Gracchus Babeuf）的论文在1926年由爱格朗提出版社（L'Églantine）以小册子的形式出版，爱格朗提出版社是一家由他新结交的社会主义活动分子创办的比利时出版社。文章围绕共产主义历史中先锋人物和英雄事件的主题，研究了巴贝夫丰富的作品："无疑，标志着社会主义首次登上历史舞台的是巴贝夫的作品。"[3]列维-斯特劳斯这样写道。巴贝夫曾经保守地追随罗伯斯庇尔主义之后，是一个代表性的人物。年轻的社会主义者列维-斯特劳斯则充满热情地研究巴贝夫，他指出土地法和完整的共产主义（communisme intégral）只是追捧教条，是不符合现实的乌托邦幻想。尽管列维-斯特劳斯已经把心思放在政治活动上，

---

[1] 让·莫格：《牙齿不适》，巴黎：布歇-夏斯特尔出版社（Buchet-Chastel），1982年，第81页。
[2] 关于这一段中的内容，请参见斯特芳·克鲁埃的博士论文：《"建设性革命"，1930年代的一群社会主义知识分子》，第38—39页。
[3] 特此感谢莫里斯·厄伦德（Maurice Olender）替我买了《格拉古·巴贝夫与共产主义》（«Gracchus Babeuf et le communisme»），《玫瑰花》（*L'Églantine*）第6期，1926年，第23页。

3 革命（1924—1931）：政治与哲学的对决

他所受的教育也很少能让他感到快乐，但他作为预备班二年级学生，从整体上来说，表现优异。

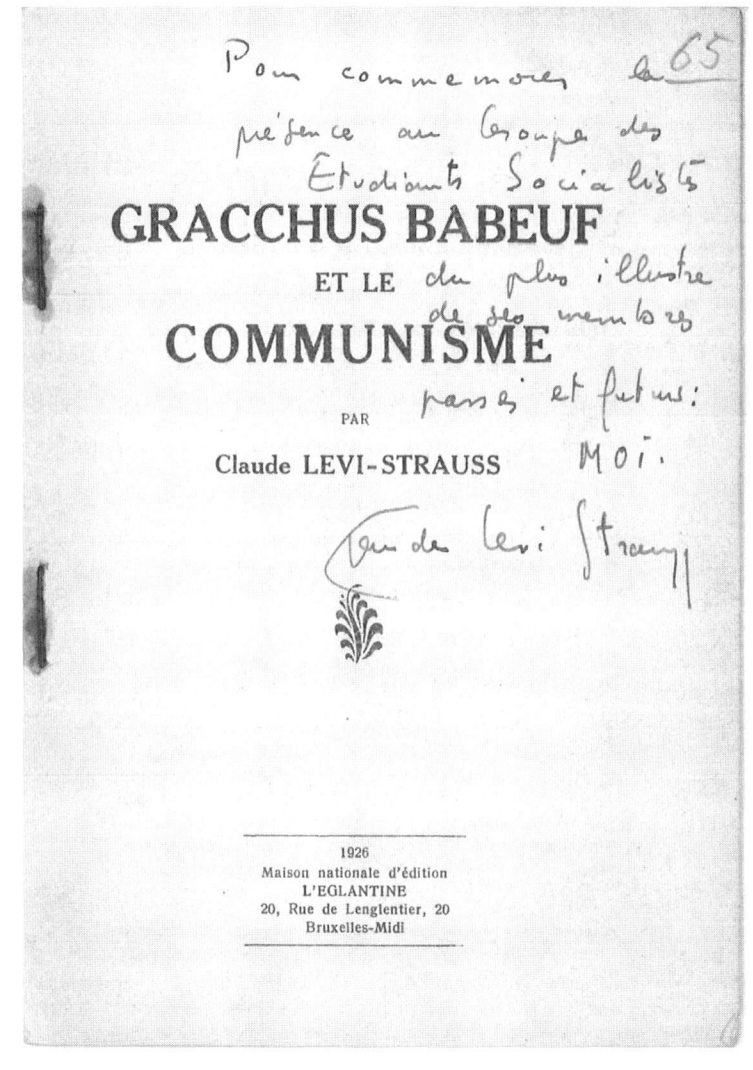

GRACCHUS BABEUF ET LE COMMUNISME

PAR

Claude LEVI-STRAUSS

手写题词：
Pour commémorer la 65 présence au groupe des Étudiants Socialistes du plus illustre de ses membres passés et futurs : Moi.

（署名）Claude Lévi-Strauss

1926
Maison nationale d'édition
L'EGLANTINE
20, Rue de Lenglentier, 20
Bruxelles-Midi

这是书的封面，出版社是爱格朗提出版社。
封面上，列维－斯特劳斯用当时预备班学生中流行的讽刺语气给莫里斯·戴克松（Maurice Deixonne）题词。（莫里斯·戴克松是社会主义学生组织的一位好友）

那么，他为什么要放弃参加入学考试这条康庄大道呢？他甚至未曾尝试过一次。他放弃考试的决定很难让人理解，因为克洛德父亲的经济状况理应督促他考入师范学校：师范生能获得公务员的薪水。在两次世界大战之间的和平年代，师范生并非来自法国的大资产阶级[1]。在这些校园里的精英分子中，也有部分人是在物质条件的激励下而成为师范生的。克洛德·列维－斯特劳斯称自己的数学成绩糟糕（他说自己完全不懂数学），也不擅长古希腊语。他似乎对预备班这个法国特色并不感冒，也拒绝以哲学为尊。他涉猎甚广，并且几乎远离了书本知识，这使他并不认同准师范生的世界观。他的哲学老师意识到这一点，他给克洛德提了建议："他跟我说时我刚决定放弃预备班一年级的学习：'你不是为哲学而生的，你应该为别的事物而活。'他建议我读法律。事实上，我是为民族学而生的，但他已经很有眼光了。"[2]如果用社会学家阿尔伯特·赫希曼（Albert Hirschman）的话来解释[3]，这个决定意味着"变节"（defection）：我们放弃并离开，我们不再回去了。当然，心理和精神方面的因素也是造成这个决定的原因之一：突然感到受骗的情绪与"能力不足"[4]的情绪混合在一起；贬低自己（表面上的骄傲并不能排除它的发生）；拒绝参与这场游戏；面对竞赛感到不适。如果竞赛激励了年轻的阿隆，它也可能让列维－斯特劳斯望而却步。这个背叛的决定对他而言

---

[1] 让－弗朗索瓦·西里奈利（Jean-François Sirinelli）：《一代知识分子：和平年代的文科预备班学生和师范生》（*Génération intellectuelle. Khâgneux et normaliens dans l'entre-deux-guerres*），巴黎：法国大学出版社，1995年；克里斯蒂安·保德罗（Christian Baudelot）和弗雷德里克·马通蒂（Frédérique Matonti）：《师范生的社会求职之路（1914—1992）》（« Le recrutement social des normaliens, 1914-1992 »），载让－弗朗索瓦·西里奈利编：《法国高等师范学校：建校百年》（*École normale supérieure. Le Livre du centenaire*），巴黎：法国大学出版社，1994年。
[2] 《亦近，亦远》，第18页。
[3] 阿尔伯特·奥图·赫希曼（Albert Otto Hirschman）：《退出、呼吁与忠诚》（*Défection et prise de parole*），巴黎：法亚尔出版社，1995年（初版时间为1970年）。作者认为"退出"是一家企业或一个组织应对危机的解决方案之一，他还将这个方案上升到理论高度。由他建立的这套理论还被应用到其他诸多领域，成为社会科学研究的一个经典工具。
[4] 《亦近，亦远》，第19页。当被问及与尼赞的关系，克洛德·列维－斯特劳斯这样回答："我感觉，不论与他还是与其他人，我都没有建立真正密切的关系。"

并不陌生，一生中，他还有过同样的经历。背叛是一种解决问题的方式，是一种逃避困难、逃避选择的方式。

然而，这个决定产生了重要的影响：年轻的克洛德下个学年注册成为巴黎大学的学生，他选择哲学与法律双修。此时的他也有时间参与不被预备班允许的政治活动。但是，他失去了拥有师范生薪水的机会，所以不得不打一些零工。打工增长了他的社会经验，也帮助他缓解了经济困境造成的、一直伴随他的焦虑情绪。列维 斯特劳斯远离了乌尔姆路，也远离了法国知识界的"神童们"——萨特、阿隆、尼赞、梅洛-庞蒂等。在他们那一代，师范学校的经历是人生的必修课。属于他们后辈的皮埃尔·布迪厄临近人生尾声之时，回忆了在师范学校就读的那些年。他模糊地描述了法国的教学模式为法国知识界带来的成就与造成的问题：以隐修模式进行学术"禁闭"（乌尔姆路上的"隐修院"）、无条件地相信知识的力量、认为它绝对权威、推崇团队精神、完全忽略社交活动（而这种忽略容易造成思想上轻率的激进主义）。这些都与克洛德·列维-斯特劳斯完全沾不上边。他与师范生之间的不同观念便是未来双方发生争吵的原因。其中，他与萨特的争执尤其引起我们的注意。萨特非常乐意以知识分子的身份投入政治活动，而异常敏感的列维-斯特劳斯则无法认同。然而，他们之间也并非完全对立：虽然克洛德·列维-斯特劳斯不是师范生，但他将获得高中哲学教师资格。此外，他也不是完全隔绝于师范学校之外：他担任了一个社会主义学生组织的秘书，而这个组织里的成员们来自不同的师范学校。他成了"隐形的师范生"！

哲学学徒、社会主义活动分子

幽灵学生[1]

在《忧郁的热带》中，克洛德毅然发出了与哲学对抗的重要一击，如今我们仍旧记忆犹新：他把修辞学写作分解成命题（thèse）、反命题（antithèse）、合题（synthèse），而分解本身是这本书论证的基础，也是克洛德哲学思考的支柱，他批评把"论证"简化为"文字游戏的艺术""思辨的戏剧活动"的做法。这场思想的体操表演被认为是虚假、肤浅、刻板、无用、无意义，甚至危险的，因为它篡改了思考的意义："我立志要在十分钟内完成理应持续一个小时的讲座，我要建立牢固的哲学框架，用公共汽车和有轨电车的速度完成这个任务。"[2] 克洛德·列维－斯特劳斯嘲笑言语的伎俩，也批评一门学科像"密闭的罐子"一样"干涸"或者以"出汗"的方式"枯竭"，他还记得自己身为哲学系学生的时候感到与之格格不入，他对这门学科感到陌生，因而拘束得喘不过气。这种激烈的抨击是他切身经历造成的结果还是作为人类学"第一公民"的他在 1950—1960 年代向法国教育的"帝王学科""桂冠学科"[3] 发起进攻的武器？自然，两者都有。

克洛德·列维－斯特劳斯是不是他口中声称的"幽灵学生"？1926—1930 年，他轻松地结束了几个不同的学习阶段，获得了相关的证书（学士学位证书、毕业证书）。但他学业上没有瑕疵并不代表他用好学生的外皮、以欺诈的形式来使自己符合大学里获得好成绩的条件，也并不代表他两耳不闻窗外事。相反，在 1971 年的一次访谈中，他承认他曾经也是一名热血的斯宾诺莎学说的

---

1 《亦近，亦远》，第 19 页："我有点像僵尸一样结束了索邦的学习。"
2 《忧郁的热带》，第 39 页。这一段的其余内容是根据这一页整理而来。
3 让－路易·法比亚尼（Jean-Louis Fabiani）：《共和国的哲学家们》（Les Philosophes de la République），巴黎：午夜出版社（Les Éditions de Minuit），1988 年。

追随者，并且"坚持认为哲学是必要和重要的"[1]。列维-斯特劳斯在改变口味之前曾经非常投入地研究一个哲学项目，而他的一生都与这项研究维持了暧昧的关系。

事实上，他们这一代学生都认为学院派哲学有些空洞，感到其中缺少了些什么东西。最有创新精神的学生总结出一些经验，但各有侧重。阿隆在他的《回忆录》里指出，哲学课就像是没有内容的思想机器，纯洁得像是害怕政治世界、社交活动的处女。是保罗·尼赞在《看门狗》（Les Chiens de garde，1932）中正式提出控诉。克洛德·列维-斯特劳斯赞同尼赞对问题的诊断与分析——这是一种从马克思主义出发对大学哲学教育的批评，但他对这种抨击的狂热情绪不以为然。他知道他不该错过这个表达的机会："我尊重他集中火力攻击的这些大师。因为我们的老师也有同样的问题，只不过时间上差了几年。我尊重布伦什维格（Brunschvicg）、拉波特（Laporte）、罗斑（Robin）……"[2]

那时的索邦有几位学术大家：希腊哲学方面，最出名的是布伦什维格以及阿尔贝·里沃（Albert Rivaud）、让·拉波特（Jean Laporte）、路易·布雷伊耶（Louis Bréhier）、莱昂·罗斑（Léon Robin）；社会学方面，身为涂尔干弟子的保罗·弗高内（Paul Fauconnet）和谢列斯泰·布格雷（Célestin Bouglé）位列其中；科技史则有阿贝尔·雷伊（Abel Rey）。所有这些学者都曾是克洛德·列维-斯特劳斯的老师：布伦什维格在1929年秋天开设了一门课讲解康德的《实践理性批判》，里沃教授笛卡尔的《哲

---

1 克洛德·列维-斯特劳斯：《人文学科的终极目标是促进思考》（« Le problème ultime des sciences de l'homme consistera un jour à ramener la pensée à la vie »），《文学杂志》第58期，1971年11月，第23页。
2 《亦近，亦远》，第28页。

学原理》，他还介绍了曼恩·德·比朗（Maine de Biran）[1]。在大师们的指导下，学生们为了获得逻辑学、心理学（这门学科非常重要，但并不强调经验研究）、伦理学、社会学、哲学（常常教授哲学史，但哲学史不是哲学发展史）的文凭而努力。社会学家让－路易·法比亚尼（Jean-Louis Fabiani）解释称，哲学曾经是也仍然是一门列入"学校课程"[2]的标志性学科：高中最后一年开设哲学课，中学与大学之间在哲学课程上联系紧密。这也是法国高考中常常涉及哲学问题的原因。然而，高考政策受到了保守主义的影响：1880—1914年，高考几乎没有变动，"它的稳定性使同一种形式的考试不断重复，而人文科学的传播也被迫推迟"[3]。在当时的哲学界，哲学的研究方向只有三个，列维－斯特劳斯准确地总结如下："研究抽象概念的哲学、研究"我"以及内在经验的哲学、企图思考人类经验但最终失败的第三类哲学。"[4]换言之，一种基于唯灵论传统——比如布伦什维格的新康德主义——的形而上学；柏格森在法兰西公学院讲授的、风行一时的柏格森主义（这位著名的哲学家跨越了几个学术领域，针对这一点，未来，列维－斯特劳斯将会向他致敬）；由涂尔干的弟子们讲授的涂尔干社会学（但列维－斯特劳斯认为涂尔干社会学过分受限于宗教教条与范畴本身以至于与现实世界脱节）。所以克洛德对此感到不满。在某个场合，人们寻得了一种方法，它能带人逃离新康德主义稀薄的空气。这指的是乔治·杜马（Georges Dumas）每周在圣安妮病院开设的精神病理学课程。许多哲学系的学生去听这门课，就像是去观察疯狂的行为。尼赞、萨特和阿隆经常去听课。

---

1 在列维－斯特劳斯的课堂笔记中，他特别标记出曼恩·德·比朗（Maine de Biran）的话："不努力就没有知识！"参见"上学时期，哲学课笔记"：克洛德·列维－斯特劳斯档案库，编号 NAF 28150，档案盒编号 211。
2 让－路易·法比亚尼：《共和国的哲学家们》，第15页。
3 同上。
4 克洛德·列维－斯特劳斯：《哲学家的视角》（« Le regard du philosophe »），《文学杂志》1985年10月，第59页。

几年之后，列维-斯特劳斯也加入了他们的队伍。尽管克洛德嘴上讽刺着医生故弄玄虚的样子和异常听话的病人，但病人与他们之间的反差仍然深深触动了他的心弦："与野蛮的印第安人的接触也没有像这个上午那样让我觉得害怕，一位穿着羊毛衫的上了年纪的女士就像是一堆冰块中间腐烂的鲱鱼，它的表面完美无瑕，但只要保护罩融化之后就会分崩离析。"[1] 疯狂是哲学之外的领域，是一种不同于以往的外部空间：一种"异国现象"。精神层面的异国现象对上了文明的相异性（altérité）。

至于列维-斯特劳斯在大学里同步学习的另一门学科——法律，它的问题也不少。法律的教学并不强制要求学生到课堂里听课，老手们只要机械地借助备忘录在一年的两个星期内不眠不休，就能轻松地通过考试。这是效率最高的方式，也是浪费才华的方式，对列维-斯特劳斯而言，这甚至是有些狼狈的应对办法。他在《忧郁的热带》中写道，三年间（1926—1929），他对法律与哲学的双专业课程进行了"精神分析"，结果显示，他几乎呈现出一种精神分裂症的病状。法律号召他成为继承者，作为一个聒噪、告别童年的年轻人，他准备在社会中谋求一个工作机会；文科和理科吸引了那些最内向、准备在学习中避世的年轻人："选择了这些的学生没有与童年彻底告别，反而对童年恋恋不舍。"从事文学工作和学术事业"要不就是为了避世，要不就是受使命感驱使"[2]。

1929年，克洛德最终选择了哲学。在此之前，为了缓解两者之间的矛盾，克洛德·列维-斯特劳斯加入了第三个选择：政治。身处一座无法遁世的城市里，政治是一种拥抱社会的方式，他在学习与阅读哲学作品的过程中累积的知识和思想成为了解政治的工具。

---

[1]《忧郁的热带》，第6页。
[2]《忧郁的热带》，第42页。

政治：即时教育

18—22 岁，哲学学徒克洛德的生活常常被短暂而忙碌的备考期打断，而备考是他对大学的敬意。剩余的时间他都留给了各种各样的社会主义政治运动：宣传、组织和实践。这才是真的生活！生活将因此天翻地覆。

法国共产党（严格来讲，共产国际法国分支）创建于 1920 年 12 月的图尔代表大会。事实上，它的诞生吸引了许多热血的青年革命分子来到这个有些历史的社会主义阵营。这也是马塞尔·戴亚（Marcel Déat）在不久后成为社会文献中心秘书的原因。马塞尔·戴亚是乌尔姆路师范学校图书馆的工作人员，他也是师范生。社会文献中心的负责人是谢列斯泰·布格雷，为了鼓励学生的社会主义运动，他在 1924 年创建了这个文献中心。创立过程中，他还得到了乔治·勒弗朗（Georges Lefranc）与让·勒·百伊（Jean Le Bail）的帮助，两人都是师范生，但比布格雷年轻。一个由多所高中的文科预备班二年级学生组成的社会主义团体在一年后成为联合五所高等师范学校的社会主义学生运动团体。那时，还在预备班的列维－斯特劳斯刚刚成为社会主义运动中的一员，他受到了勒弗朗的征召，也积极地参与其中。他们做了哪些事？讲座、讨论、总结。这些都是学生参与政治运动常用的工具。他们一方面积极响应社会主义运动，另一方面热烈地对抗工人国际法国支部僵化的教条。他们发表非正统的言论，为了使一战后动荡的社会重建理性，努力探索新模式。他们期待在新模式下能够发出更大的光芒，盖过苏联的曙光。他们是革命者，不是布尔什维克人。所有年轻的社会主义活动分子都坚持这一立场。很快，列维－斯特劳斯融入了这个团体并活跃于其中。他向团体成员介绍比利时社会主义运动的情况，他自己就是在比利时第一次接触社会主义的。1926 年 4 月 22 日，他开设了一个介绍比利时工人

3　革命（1924—1931）：政治与哲学的对决

党的讲座。比利时工人党是一个经济政党，它包括了合作社、工会、完全融入社会主义的互助会，这与《亚眠宪章》（charte d'Amiens）确定下来的法国模式完全不同。[1]

除了社会主义学生运动团体（GES），这个社会主义青年的第二轮攻势是刊物上的文章。1926年，期刊《社会主义大学生》（L'Étudiant socialiste）成立，他也是刊物的成员之一。这份得到亨利·德·曼（Henri de Man，1885—1953）和比利时工人党支持的比利时的学生期刊反而接收了很多法国的来稿，它们来自社会主义学生运动团体、乔治·勒弗朗、艾米丽·勒弗朗（Émilie Lefranc）、让·勒·百伊、莫里斯·戴克松（Maurice Deixonne）、皮埃尔·布万瓦（Pierre Boivin）与克洛德·雷维（Claude Lévy）。需要注意的是，克洛德·雷维不是克洛德·列维－斯特劳斯。1928—1933年，克洛德·列维－斯特劳斯发表了17篇署名评论。这些出生于1905—1910年的青年"正直、严肃，但在他们的年纪可能有些过分严肃了"[2]。青年们的第三轮出击是法国社会主义学生运动联盟（FNES）。创建于1927年的法国社会主义学生联盟联合了外省的学生运动团体，让这个社会党里始终存在知识分子的身影，使这个社会党与法国布尔什维克主义"工人阶级至上"的坏印象区别开来。1927年，联盟在巴黎有八十位成员，同时，克洛德·列维－斯特劳斯成为社会主义学生运动团体的秘书。1928年，他成为法国社会主义学生联盟的总秘书。1928年夏天，他家的地址——普森路26号成为法国社会主义学生联盟的官方地址。他的政治活动全面展开。

我们可以想象一个感染了政治病毒的他，坐在巴黎左岸小

1　参见亚历山大·帕勇（Alexandre Pajon）：《政治人物列维－斯特劳斯：从工人国际法国支部到联合国教科文组织》（Lévi-Strauss politique. De la SFIO à l'Unesco），巴黎：普利瓦出版社（Privat），2011年，第32页。列维－斯特劳斯的演讲由乔治·勒弗朗（Georges Lefranc）整理成简短的文字。
2　斯特芳·克鲁埃：《"建设性革命"，1930年代的一群社会主义知识分子》，当代史博士论文，第84页。

酒馆的烟雾腾腾的后厅。他们常常在克洛德－贝尔纳路（rue Claude-Bernard）上的"正常酒吧"（Normal Bar）或者圣马塞尔大道（boulevard Saint-Marcel）上的"模范酒馆"（brasserie Modèle）聚会。聚会上，他们热烈地聊天，话题不仅包括当时的政治策略（学生中的社会主义者与工人国际法国支部的负责人们或者与共产主义者维持的关系），也包括一些理论（马克思主义和对马克思主义必要的修正）、左翼联盟（Cartel des Gauches，旧译左翼卡特尔）之后的政治问题（参与政治权力斗争还是反对参与斗争）、对一战后世界秩序的激烈反抗（这些反抗表现为一种狂热的和平主义以及对救世主之说的依赖）。聚会的气氛常常在"右派式的沉默""左派式的叫嚣"和"数量众多的师范生的长篇大论"[1]之间变来变去。"脏话"也满天飞："米勒兰主义的改革者""染指政治权力的野心者"等。在某个角落，一些人认为应该在下一次联盟的代表大会上达成战略上的意见一致，而其他人正准备在拉丁区分发政治传单和报纸，拉丁区再次成为右派学生（法律系学生）的必争之地。1920年代，斗争的氛围又回来了，那时保皇派运动分子（Camelots du Roi）在圣米歇尔大道上发号施令。从阿加通（Agathon）到1968年的学生运动，在政治上，能否掌控拉丁区关乎学生运动的成败。而这正是列维－斯特劳斯谈到的"例行暴力"（violences rituelles）的原因：在不同团体的挑衅和共产主义分子人墙的面前，肉体的力量成为运动分子信仰的试金石，因此，打斗不断。

与运动分子的日常任务和签署请愿书相比，克洛德·列维－斯特劳斯更喜欢用拳头说话。1927年2月，他加入了工人国际法国支部，成为塞纳河联盟十六区的成员。这是根据家庭住址安排

---

[1]《社会主义大学生》第5期，1934年2月，第12页。亚历山大·帕勇引用了相关内容，参见亚历山大·帕勇：《政治人物列维－斯特劳斯：从工人国际法国支部到联合国教科文组织》，第38页。

3 革命（1924—1931）：政治与哲学的对决

的。缴纳会费的收据证明，他一直在这个组织中待到1935年。[1]他还记得，在1927年，他被要求在支持萨科（Sacco）和万泽迪（Vanzetti）的声明中签字，他认为这两人是"新版德雷福斯事件"的受害者。1927年3月7日，应对战争的武装动员法出台，他对此感到不满，在1927年8月的抗议书上加上了他的名字。他懂得灵活运用他的组织与领导才能，也懂得调动干劲。1929年，在巴黎举办的法国社会主义学生运动联盟（FNES）第三届代表大会上，他的才能表现得十分突出。"列维－斯特劳斯的眼光敏锐，他明智的判断让他在代表中脱颖而出，不知不觉中便征服了全场与会代表。"[2]这不禁让人大吃一惊：他居然在短短几年内累积这么多社会运动的才干。列维－斯特劳斯是个政治好手，21岁的年纪，就已经熟练了解社会风俗与习惯并且能说会道，他明白物质条件的重要性而政治经验也丰富了他的个人履历。他是一个早熟的知识分子，也是一个早熟的活动分子。

在一篇观点新颖的文章里，维克多·斯托维斯基（Wiktor Stoczkowski）用批评的视角检视了列维－斯特劳斯在理论学习过程中对马克思主义一再推崇的理由，他向我们解释这个社会主义圈子——这个列维－斯特劳斯和其他伙伴们一同成长的圈子——如何被亨利·德·曼的思想和计划经济运动深深影响。而《社会主义大学生》正是向法国介绍亨利·德·曼和计划经济运动的窗口。亨利·德·曼是一名比利时的知识分子，即便今天被人遗忘，但他曾是完善马克思主义最著名的比利时思想家之一。他提出一个理性思考经济、理性规划的计划，其中也初步设想了联邦制。欧洲意识、培养新一代精英的想法、对西方文化的精神危机的重视、对阶级斗争信条的质疑都让他成为

---

[1] "政治活动"：克洛德·列维－斯特劳斯档案库，编号NAF 28150，档案盒编号210。
[2] 皮埃尔·阿农（Pierre Hanon）：《社会主义大学生》（L'Étudiant socialiste），1929年5月。亚历山大·帕勇：《政治人物列维－斯特劳斯：从工人国际法国支部到联合国教科文组织》，第47页。

当时对正统马克思主义最严厉的批评家,让共产主义倾向的报纸《人道报》(*L'Humanité*)在1928年2月5日给了他实至名归的"荣耀":"德·曼,杀死卡尔·马克思的刽子手!"[1] 一些社会主义党派在法国以及其他欧洲国家成立起来,它们主张马克思主义,而年轻的活动分子拥护以德·曼为代表的修正主义。很明显,这是一条代际的分水岭。克洛德·列维-斯特劳斯也是那些年轻活动分子中的一员,他抨击"老掉牙的教条",认为社会主义不需要那些谈论战后斗争的理论原则。所以,当德·曼于1928年1月来到巴黎时,作为法国社会主义学生运动联盟总秘书的列维-斯特劳斯邀请他向参与社会主义运动的学生们介绍他的观点。在1月23日他的讲座上,工人国际法国支部的拥护者们全部缺席,布鲁姆还为此辩解圆场。针对法国社会主义内部的较劲,克洛德·列维-斯特劳斯向他的前辈写了一封信表达感谢和赞赏:"多亏有您,社会主义的教条才终于从沉睡中觉醒过来。"当克洛德谈到他1927年发表的作品《超越马克思主义》(*Au-delà du marxisme*)对自己的意义时,他说它给自己带来了真正的启示,这时他说话的语气更像是个人的娓娓道来。他还补充道,此书"帮助他从死胡同里走了出来,他一直以为这条死胡同不存在出路"[2]。

从此,克洛德·列维-斯特劳斯渐渐遗忘了这段政治运动的往事,他常常低估遗忘的严重程度。我们可以从亨利·德·曼在二战期间的痛苦经历看出端倪。与沃特斯不同,德·曼没有经历过流亡。他萌生了合作的想法,一种接近贝当主张的合作

---

[1] 维克多·斯托维斯基(Wiktor Stoczkowski):《人类学研究作为救赎:列维-斯特劳斯的世界观》(*Anthropologies rédemptrices. Le monde selon Lévi-Strauss*),巴黎:赫尔曼出版社(Hermann),2008年,第123页。
[2] 10月17日,克洛德·列维-斯特劳斯致亨利·德·曼(Henri De Man)的信。现在,这封信被阿姆斯特丹国际社会史研究所(IIvSG)收藏,是亨利·德·曼文献的一部分,文件夹编号253。维克多·斯托维斯基引用了这封信的内容,参见维克多·斯托维斯基:《人类学研究作为救赎:列维-斯特劳斯的世界观》,第127页。

主义。他没有等到战争结束就认识到自己的错误，1941年11月至1944年，他离开了比利时而隐居于萨瓦，落脚在拉克吕萨山里的小木屋中。后来，他自我流放至瑞士，直到1953年死神带走了他的生命，他一直留在了瑞士。二战后，他缺席审判，比利时的军事法庭判他入狱20年。罪人的记忆慢慢吞噬了他年轻时候的记忆：1920—1930年代，他是社会主义运动的导师，在理论领域颇有建树。我们知道，列维－斯特劳斯很难再从这个暴躁分子身上获得启发。[1]更糟糕的是，1983年，以色列历史学家兹弗·斯坦海尔（Zeev Sternhell）把德·曼的计划经济论看成合作主义中的一部分并把它看作法兰西土地上法西斯知识分子的制造工厂。[2]另外，斯坦海尔还认为，1940年亨利·德·曼的政治态度与他接受的政治文化一脉相承。这一观点非常值得研究，也确实得到一些历史学家的热烈讨论。但这个观点动摇了克洛德·列维－斯特劳斯，克洛德友人马塞尔·戴亚的态度发生了转变，进一步坚定了列维－斯特劳斯"叛变"的决心。但我们必须重申一点：在斯坦海尔的著作发表后的20多年，我们承认，它让一些知识分子的运动在我们记忆中获得重生，它还揭露了法国反启蒙运动企图制造法国法西斯主义，但一些历史学家对它做出的错误解释不以为然：他从意识形态、社会运动的结局出发建立了以目的论为基础的历史。按照他的说法，所有1930年代的非正统社会主义分子都是1940年的附敌分子。他对法西斯主义概念的扩大以及对思想史的高估也是遭到别人批评的原因，而这些遭到批评的观点与斯坦海尔想要表达的本意也有些出入。1980年代，当时的怀旧气氛围绕着黑人展开，人们很难再与德·曼为伍。而关于这个问题列维－斯特劳斯保

---

[1] 维克多·斯托维斯基：《人类学研究作为救赎：列维－斯特劳斯的世界观》，从第129页起。
[2] 这是兹弗·斯坦海尔（Zeev Sternhell）主张的观点之一。参见《既非右派也非左派：法国的法西斯意识形态》（*Ni droite ni gauche. L'idéologie fasciste en France*），巴黎：瑟伊出版社，1983年。

持谨慎，而我们也很能理解原因是什么："我完全弄错了……"[1]这恐怕不是没有意义的重复。

与这种后知后觉的醒悟不同，在这些参与社会主义运动的年轻学生看来，尤其在列维－斯特劳斯看来，政治运动在他们求学期间（1930年代）就像是一所"平行大学"[2]，这所大学令人振奋但要求颇严，它与政治、经济和社会紧密相关。他们在其中深吸一口气，便能发现扎根于社会现实的观点。经过政治运动的历练，他们反对华丽的修辞，他们学会了辛辣、简练、"不空洞"[3]的语言。总之，这是一所生活大学，里面充满了世俗的养分，而学术知识与世俗的教育有着遥远的距离。

勤工俭学的学生

对政治活动的热衷并没有成就一个真正的活动分子。克洛德·列维－斯特劳斯因为一些经济原因而被迫打些零工，尽管他的双重生活已经让他不堪重负。这些经历扩展了他的实践和社交领域，提升了他的能力，并且证明了年轻人拥有不容置疑的社交才华。

得益于对政治活动的了解，他曾负责通过埃菲尔铁塔电台（Radio Tour Eiffel）播报国际劳工局（Bureau international du travail）的每日公报，办公地点位于大皇宫的地下。这项工作持续了几个月。这是他第一次（但不是他最后一次）担任播音员的工作，而童年时期的他就对无线电广播技术兴趣浓厚。1931年，和平主义倾向的《人道国家》（La Patrie humaine）一书出版，他不得不向100多位巴黎的大人物送上新书，并且为他们写上献词，借此机会，他成为维克多·玛格丽特（Victor Margueritte）的新

---

[1] 2011年2月25日，与莫尼克·列维－斯特劳斯的访谈。
[2] 斯特芳·克鲁埃引用了乔治·勒弗朗的话。参见斯特芳·克鲁埃：《"建设性革命"，1930年代的一群社会主义知识分子》，第97页。
[3] 同上。

闻专员。《忧郁的热带》里有一段文字就是受到玛格丽特等文学贵族的影响,事实上,巴尔扎克、龚古尔兄弟、左拉、雨果等文学巨匠留下来的文学传统都让列维-斯特劳斯痴迷不已,让他自如地走向 19 世纪,感到一切都十分熟悉。[1]

虽然沉迷于 19 世纪,克洛德仍亲身参与了 20 世纪正在发生的政治活动:这位年轻的社会主义活动分子在 1928—1930 年担任了乔治·莫奈议员的助手。乔治·莫奈出生于 1898 年,1928 年,他成为苏瓦松的社会党议员。乔治·莫奈是农业开发商,也是农业问题领域的记者,他捍卫农民的权利。所以,他是社会主义的"门外汉"。他的经历独特:他是借着工人国际法国支部的旗帜进入国会殿堂的,所以他的主张也独树一帜。列维-斯特劳斯当时还是年轻的政治活动分子,他被安排到乔治·莫奈身边一个"暧昧"的岗位上,是"党的眼睛"(他之后这么称呼自己)。这是因为莫奈像他一样远离了教条的束缚。也许是这个原因让年纪相差 10 岁的两人惺惺相惜。克洛德·列维-斯特劳斯还参与了几次乔治·莫奈的家庭节庆聚会。我们可以发现,乔治·莫奈的侄子是 1927 年出生的弗朗索瓦·傅勒(François Furet)。此后,列维-斯特劳斯短暂地离开了烟雾缭绕的小酒馆而加入了众议院。他很快掌握了众议院的礼仪、规矩、厅室布局以及所需的话术。克洛德在议会大厦的一间办公室办公,这位年轻的助手与自己崇拜的小说家安德烈·尚松(André Chamson)[2] 相邻,小说家是激进派的秘书;克洛德还与马塞尔·戴亚熟络了起来,马塞尔·戴亚是社会主义团体的秘书,他成为克洛德的好友与导师。莫奈关心农村问题,维护人权原则,也关心文化政策,他让克洛德·列维-斯特劳斯为他准备几乎所有的文件。在这项工作上,克洛德也

---

[1] 《忧郁的热带》,第 38 页。
[2] 参见列维-斯特劳斯对安德烈·尚松(André Chamson)小说《遗产》(*Héritages*)的书评,载《社会主义大学生》第 9 期,1932 年 6—7 月。在书评里,他表达了对这部小说的喜爱。

十分高效："设立小麦署（Office du blé）提案的理由陈述完全都是我写的，而提案是以莫奈的名义提交的。虽然这样说会显得我不够谦虚，但我记得雷蒙·庞加莱（Poincaré）表扬了莫奈，夸他理由陈述做得非常好。"[1] 提案将小麦署设计为一个负责小麦买卖，并能奠定国家垄断地位的机关，设立小麦署是饶勒斯在1894年提出的设想。克洛德是德·曼的追随者，这个根据计划经济模式的项目应该深获克洛德的喜爱，因此才能激发出他法学家那般严谨、明晰的做事风格。最后，虽然这个项目在众议院被驳回，人民阵线（Front populaire）重新检视了这个计划，并在1936年8月15日成功创立了一个新机构。

除了"政客"以及政治活动分子的经历，克洛德·列维－斯特劳斯用哲学理性进行政治思考。他一边担任国会助手一边完成哲学系本科学生的学习任务，他选择用一个研究马克思的课题即"历史唯物主义理论的基本原理"[2]而获得高等教育文凭。这是一种调和两种不同经历的方式。这个研究课题在学术哲学领域是一个非正统的选择，几乎不被德国哲学接受。谢列斯泰·布格雷接受了这个课题，但他在口试的时候向克洛德提出了一个有关圣西蒙主义的问题。这个问题显然符合他和同事们的口味。谢列斯泰·布格雷是涂尔干的学生，他是一位循循善诱的知识普及者，而不是像马塞尔·莫斯（Marcel Mauss）那样的创新者。与莫斯一样，布格雷也有社会主义倾向，他是两次世界大战之间社会主义研究领域的中流砥柱：他主编了蒲鲁东（Proudhon）的《全集》，也是《圣西蒙文选》的编者。1933年，他还出版了一本短篇概论《法国社会主义：从"乌托邦社会主义"到工业民主》（Socialismes

---

1 1985年12月11日，克洛德·列维－斯特劳斯接受了斯特芳·克鲁埃的访谈。参见斯特芳·克鲁埃：《"建设性革命"，1930年代的一群社会主义知识分子》，第138页；亚历山大·帕勇：《政治人物列维－斯特劳斯：从工人国际法国支部到联合国教科文组织》，第49页。
2 该论文是克洛德·列维－斯特劳斯个人档案的一部分，保存于法国国家图书馆克洛德·列维－斯特劳斯档案库，编号NAF 28150，档案盒编号1。

français. Du « socialisme utopique » à la Démocratie industrielle ）[1]。布格雷作为社会文献中心的主任，是一位重要的人物。他后来成为巴黎高等师范学校的校长，是所有社会学系年轻学生和师范生的庇护伞。尽管克洛德·列维－斯特劳斯不是社会学系的学生，也不是师范生，但这位年轻的哲学系学生有着敏锐的政治嗅觉，也有丰富的校外实践经验，所以，布格雷仍然接受指导他的论文。他"不走寻常路"[2]，因为他不是通过哲学，而是通过社会运动才走向马克思和社会主义的。列维－斯特劳斯的经历足以吸引和蔼可亲的谢列斯泰·布格雷的注意，几年后，布格雷向乔治·杜马推荐了克洛德。当时，乔治·杜马正在召集愿意远赴巴西的年轻大学生。

社会党的思想家

教师资格考试：一场格斗赛

那些年的激情与动荡结束了，1930—1931年是忙碌的高中哲学教师资格考试备考期。最后，哲学将他领向了法律，而法律"扼杀了哲学"[3]。克洛德·列维－斯特劳斯冷落了政治并走进了"修道院"，可以这么说，这场考试理应耗尽人的所有精力才能应对。当列维－斯特劳斯谈及他备考的感受时，他所用的并不是宗教的隐喻，而是一个运动隐喻。对他与其他所有成功的考生而言，这段经历都成为美好的回忆——"马拉松式的备考过程让我们体验了一项浩瀚的工程"。相比于师范学校的入学考试，这场考试对

---

1 参见克洛德·拉弗莱（Claude Ravelet）编：《涂尔干学派的三位大师：谢列斯泰·布格雷、乔治·戴维、保罗·弗高内》（ Trois Figures de l'école durkheimienne. Célestin Bouglé, Georges Davy, Paul Fauconnet ），《既往史》（ Anamnèse ）第3期，巴黎：阿尔玛丹出版社/法国当代出版纪念馆（L'Harmattan/Imec）。
2 克洛德·列维－斯特劳斯致斯特芳·克鲁埃的信。参见斯特芳·克鲁埃：《"建设性革命"，1930年代的一群社会主义知识分子》，第73页。
3 《亦近，亦远》，第18页。

他而言并不是遥不可及的:"它就像一场大型的体育表演。一开始,我出于兴趣而参与其中,完全不认为这项活动超越了人类极限。这是一项大型的运动项目,但它的氛围让人感到愉悦,它也对健康有益。"[1] 这几乎是一种精神健康,而他还有持久的体力、结实的身体,因此,轻松地将两者合二为一。他令人咋舌的体能也表现在了其他领域(主要是民族志研究)。克洛德·列维-斯特劳斯身材瘦长,成年之后,身高已有 1.79 米,此外,他知性的面孔和知识分子的气质让他朝气蓬勃。曾经,政治这所学校也让他神经紧绷。

当时,考生们需要在通过教师资格考试之前完成一次实操。因此,克洛德·列维-斯特劳斯与西蒙娜·德·波伏瓦、莫里斯·梅洛-庞蒂[2] 才能在古斯塔夫·罗德里格的课上重逢,而去詹森·德萨伊高中之前,克洛德连续几年常常去古斯塔夫·罗德里格的课堂学习。每个人都要轮流讲课。克洛德是波伏瓦真正的同一代人(两人都生于 1908 年),西蒙娜·德·波伏瓦在她的《回忆录》里记录了这个片段,并留下了一段有关克洛德的描写:"他的沉着冷静让我害怕,他机灵地应对,但我觉得,他用没有表情的声音语调和了无生气的表情向听众介绍自己的爱好时非常好笑……"列维-斯特劳斯"仍记得西蒙娜·德·波伏瓦当年的样子:她很年轻,精神饱满,一脸农民的肤色。她有些像是红皮小苹果"[3]。在未来的唇枪舌剑之前,这是动听的序曲。

重要的一天来临了。克洛德·列维-斯特劳斯的个人档案里留下了他的人生轨迹,它像草稿一样模糊地描绘出克洛德的精神状态,让我们看不清主角的样子。[4] 不论怎样,论文的提纲具有

---

1 《克洛德·列维-斯特劳斯》,载艾米丽·朱莉亚:《作品背后的克洛德·列维-斯特劳斯》,第 177 页。
2 后两人都通过了 1930 年的高中教师资格考试。
3 这两条引文出自《亦近,亦远》,第 21 页。
4 "上学时期,哲学课笔记":克洛德·列维-斯特劳斯档案库,编号 NAF 28150,档案盒编号 211。

3 革命（1924—1931）：政治与哲学的对决

很强的说服力：尽管这位年轻的学生对哲学思考中肤浅的"话术"持批评态度，而事实上，他完美地掌握了这种"话术"。导言的写作一气呵成，没有任何删改。论文的结构非常严谨：它延续了康德的传统，被分为行为、意图、特征三个部分。他也用上了辩证法："从外部出发，我们到达了内部，而我们在内部发现了他律"，因为性格是由社会决定的，社会"造就了现在的我们"。基于这个严谨的思考以及对形式的抛弃，克洛德是一个创新者。为了获得学位，他在论文中加入了其他学科的材料，其中主要是法律资料，但也有历史资料（基督教与宗教改革），还有社会学的材料。他非常冒险地将观点搬上了他教师资格考试的卷子上。这是他在一篇向阿尔芒·库维利埃（Armand Cuvillier）《哲学手册》（*Manuel de philosophie*）致敬的文章里倡导过的观点："展示这些新学科，把它们当作一切思考过程的起点、一切解决办法的基本思路，在这些新学科里，经验与思想协作，让意识获得了更大程度的解放。我指的是心理学与社会学。"[1] 考卷上，文章的结尾是鲜明且符合克洛德个人特色的，它也体现了克洛德很高的精神要求："有道德指的是不满于自我。要改变自己，而改变的目的不仅是证明理想的可行性，更是在自己身上实现理想。我们需要怀抱一颗殉道的心。"

他在口头上提到了一个应用心理学的课题。他虽然对这个课题很感兴趣，但仍没有将它作为最终选择。他像一位失去活力的运动员和瘾君子："一位家里人熟识的医生送了我一个安瓿的吗啡或者可卡因，他认为这些东西可以让我在课前调整状态。为了要准备这场终极考试，我们需要在索邦图书馆里被关上七个小时。我急忙用一杯水吞下安瓿里的东西，然而此后我觉得浑身难受，不得不在备考的这几个小时里躺在两张椅子上休息。我受了七个小时的罪！[……] 我虽然当时在场，可实质上没能准备任何

---

[1] 克洛德·列维-斯特劳斯：《社会主义大学生》第9期，1931年6—7月，第19页。

东西。我临时起意准备复习一点东西，别人夸我做得不错，而我记得我只谈到了斯宾诺莎。最后，药物终于发挥了作用……"结果，他以第三名的成绩通过了考试。当时他22岁，是所有通过考试的学生里最年轻的一位，而这场考试的桂冠被费迪南·阿尔基耶（Ferdinand Alquié）夺得。克洛德用体育隐喻和调侃的语气描述了这段考试的经历，让它变得不那么严肃。在成绩公布的那天，他买了本讲述占星术的书，摆出一副傲视一切的表情，坚决地将哲学理性抛之脑后。现实在别处等着他，这些等待着他的惊喜远远超过了文章里的三段式结构。当刚刚获得教师资格的毕业生克洛德向他的父母宣布这个好消息时，他见到了家族的支柱让伯伯。让伯伯向他们传递了一个坏消息：他破产了。那是1931年，世界危机让法国的经济和财政结构开始经历持续两年的滑铁卢。让我们关注一下这位教师资格获得者的精神状态："一方面，我有了工作；另一方面，父母的经济状况开始让我无法放心。我几乎是同时得知这两件事的。"[1]

建设性革命："改变人类，让人类值得获得解放"

在某次莫里斯·戴克松与伙伴克洛德·列维-斯特劳斯的讨论中，"戴克松说：'社会主义的目标就是解放人类'，列维-斯特劳斯如此回应：'它的目的也在于改变人类，让人类值得获得解放'。"[2] 这是年轻哲学教师的激昂之语？没错。但这些话也是社会主义政治运动对他们提出的要求——改变自我。

因为修正后的社会主义的理论包括了这个精神层次的内容——这种源于马克思传统之外的精神上的特异性。德·曼在《超越马克思主义》中提到，追求平等是基督教理想的变形。而列维-

---

[1]《亦近，亦远》，第22页。
[2] 乔治·勒弗朗：《回顾》，第17页。斯特芳·克鲁埃引用了乔治·勒弗朗的话，参见斯特芳·克鲁埃：《"建设性革命"，1930年代的一群社会主义知识分子》，第176页。

3 革命（1924—1931）：政治与哲学的对决

斯特劳斯作为这本书的忠实读者，也注意到基督教改革和社会主义之间存在某种延续关系，他还在信仰新教的伙伴——安德烈·菲利普（André Philip）——的作品里发现了同一个结论。他从中发现，"经济利益的动机越来越不能让无产阶级信仰社会主义"[1]，人们需要更加深层次的理由。于是，我们可以理解为什么维克多·斯托维斯基会那么严肃地讨论"社会主义末世论"[2]。而这种末世论者将希望寄予千禧年，他们痛苦地意识到西方文化的没落，因此，这些热血的年轻人转而求助于宗教性质的言论。曾经的基督教已经走入了墓穴，新世界需要新的瓦砾、新的人文主义、新人类。此外，克洛德·列维－斯特劳斯总是在《社会主义大学生》上谈到一份友刊《世界的希望》（L'Espoir du monde），这是基督教社会主义的喉舌。尽管他自己完全是无神论者或者至少是不可知论者，但他这样说："今天的任务是预言者和殉道者的任务，即在自己身上实现一种新的秩序，所谓实现，指的是在生命中实现而非停留于思想。"[3]

在社会主义学生运动团体（GES）和法国社会主义学生运动联盟（FNES）之后，作为政治运动分子的主力，学生们（后来，他们常常成为老师）决定成立一个工人国际法国支部的内部团体，而这个团体将参照英国工党内的费边社。发起者勒弗朗夫妇计划出版一本书，并把这本书作为"警笛声、对紧迫的政治问题的陈情"[4]。书本的写作将由众人共同完成。1931年3月1日，"建设性革命"团体正式成立，它模糊了代际之别，既有左派也有右

---

1 克洛德·列维－斯特劳斯将安德烈·菲利普（André Philip）的讲座《社会主义和基督教》（«Socialisme et christianisme»）进行了总结，参见《社会主义大学生》第2期，1930年11月，第14页。
2 维克多·斯托维斯基：《人类学研究作为救赎：列维－斯特劳斯的世界观》，第7章。
3 克洛德·列维－斯特劳斯将让·格诺（Jean Guéhenno）的手册《谈文化和革命：致一位工人同胞》（«Lettre à un ouvrier sur la culture et la révolution»）进行了总结，参见《社会主义大学生》第6期，1931年3月，第15页。维克多·斯托维斯基引用了相关内容，参见维克多·斯托维斯基：《人类学研究作为救赎：列维－斯特劳斯的世界观》，第167页。
4 斯特芳·克鲁埃：《"建设性革命"，1930年代的一群社会主义知识分子》，第162页。

派参与其中。这个文明社会腐朽、价值观缺失，这些年轻的政治运动分子看到了混乱、竞争、剥削、危机和道德败坏……所以，这个团体的目的是展开一场道德革命。而一位历史学家将这些年轻人称为"1930年代拒绝墨守成规的人"，因为他们与年轻的列维－斯特劳斯一样，都坚持要进行一场内心的革新。[1] 在这个新计划中，克洛德·列维－斯特劳斯扮演的角色既是重要的，也是趋于边缘化的。这是因为，虽然他在知识界已经树立了威望而这对革命是有益的，但他开始慢慢远离这些政治活动。当成员们分配任务的时候，他自告奋勇地在书的创作中担任重要的角色。他负责"论为革命服务的形而上学"一章[2]，内容只多不少。我们可以想象，以此为题的那一章虽然从未付诸写作，但它希望讲述主张变革的社会主义是如何发展演变的，因此，它综合地反映了他作为知识分子的抱负以及"对革命事业的美好设想"[3]。可惜的是，这位设计师半途而废。

"其他革命者……"

1931年，22岁的克洛德·列维－斯特劳斯刚通过教师资格考试，是当时年轻的革命分子和知识分子。但在他身上的并非是完整的革命信念（doxa），而是不同的东西。

首先，他虽是一名社会主义者，但他不接受党内的模糊空间。传统马克思主义的革命论调与国会改革的具体实践之间存在落差。他和建设性革命（建制派）的伙伴们都是经历了1914年那场战争的孩子，他们是彻底的和平主义者，拒绝搅动历史洪流的暴力行为。他们非常在意实践以及"重建"，期待一场没有"伤

---

1 让－路易·路贝·戴尔·巴耶尔（Jean-Louis Loubet del Bayle）：《1930年代的非传统主义者》（*Les Non-Conformistes des années 1930*），巴黎：瑟伊出版社，1969年。
2 维克多·斯托维斯基：《人类学研究作为救赎：列维－斯特劳斯的世界观》，第165页。
3 同上书，第166页。

痛""没有眼泪的革命"[1]。这场革命将建立于合作社之上，而这些合作社成立于资本主义社会内部。"如果一日复一日，我们致力于建设社会主义性质的组织，它们将凭借自己的优越性逐渐壮大，就像资本主义里的蛹慢慢成长，而资本主义作为茧，最终不过是一个没有用处的壳子。"[2] 这个借助自然史的隐喻在那时已被用来表达他们与资本主义决裂的决心。他们更亲近昆虫学家让-亨利·法布尔（Jean-Henri Fabre）……

我们发现，这些年轻人关心道德问题，他们认为这是迫切需要面对的问题，而对列维-斯特劳斯而言，道德问题是一个根本问题。这与其他变革派的社会主义运动分子所表现出来的高高在上、轻描淡写的态度形成了鲜明的对比，后者的轻浮态度也是不符合信仰和伦理要求的。1930—1931年，一场有关妓院合法性的重要辩论荡起了波澜。那是一场在莫里斯·戴克松和克洛德·列维-斯特劳斯之间展开的辩论，莫里斯刚刚在《社会主义大学生》上发表了名为《妓院》（«Bordels»）的文章，他主张只要能够制定管理政策确保妓女的卫生条件以及保护她们的人生安全，妓院就可以持续经营下去。而克洛德对他这位同志实用主义的倾向感到震惊："让我感到尤其不解的是，你对风尘业管理上的立场不太明确，所以，你对得到良好管理之后的风尘业又是持什么态度？我还有另一个类似的问题，就是你对国防的态度，它也不清不楚：抽象的解决办法与具体、现实的条件之间存在着绝对的矛盾，而两者之间也存在着不能调解的对立关系，束手无策的我们只能完全排斥、否定次要的那一方。难道你不认为，对社会主义运动分子和投入社会主义运动的学生而言，这样的问题只是一个心理学上的问题吗？所以，问题不在于是否认为卖淫是一种显而易见的

---

[1] 1986年2月5日，克洛德·列维-斯特劳斯给斯特芳·克鲁埃写信。参见斯特芳·克鲁埃：《"建设性革命"，1930年代的一群社会主义知识分子》，第528页。
[2] 《亦近，亦远》，第254页。

恶，而在于我们每个人是否愿意接受它。然而，这就是一个实际的道德问题。我认为这个问题只有一个答案，而我确信我们对这个答案的根本性质拥有相同的认识。"[1] 这是一个基于康德思想框架的答案，它遵守了严格的逻辑，还表达出列维－斯特劳斯心中的愤慨。他的愤慨因绝不妥协的态度而显露无遗。在一篇评论文里，列维－斯特劳斯如此总结道："我们中的另一些革命分子缺乏一个道德价值体系。"[2] 在他看来，这是社会主义事业中的一大憾事。无疑，这是他能够有所发挥的众多思想领域的其中之一，他在这里建造了新事物。作为一名彻底的非宗教人士，宗教救人于水火的价值却激励着他前行。列维－斯特劳斯特立独行的作风和个人主张在其他领域更加突出。例如，自然的美学与对自然的感悟。

他毫不犹豫地在社会主义倾向的媒体中发声维护发表于1933年的《茫茫黑夜漫游》，称它表达了"无政府主义与革命的思想"[3]。作者路易－费迪南·塞利纳当时还默默无闻，但已经受到了政治对手雷昂·都德（Léon Daudet）的致敬。克洛德已有喜爱的作家，他们是康拉德（Conrad）和皮埃尔·麦克·奥兰（Pierre Mac Orlan），尽管如此，他仍果断地给出了评价，夸它是"十年内出版的最重要的作品"。年轻的批评家列维－斯特劳斯并不愿意顺应历史的潮流。他坚持法国传统美学，反对教条式、没有内容的马克思主义美学。尽管克洛德·列维－斯特劳斯后来也对传统艺术产生了热爱之情，当时，他并不欣赏传统艺术，反而全面地投入先锋派的怀抱，钟意他们的价值观，并且毫不掩饰他的喜

---

1 克洛德·列维－斯特劳斯致莫里斯·戴克松（Maurice Deixonne）的信（未写明日期），现在是"社会主义研究学术办公室"（Office universitaire de recherche socialiste）收藏的文献资料，属于戴克松档案库的一部分。
2 克洛德·列维－斯特劳斯针对雅克·维奥（Jacques Viot）的《白色的瓦解》（*Déposition de blanc*）写了一篇书评。参见《社会主义大学生》第7期，1933年4月，第14—15页。
3 克洛德·列维－斯特劳斯：《社会主义大学生》第4期，1933年1月，第13页。

爱：他喜爱"几个世纪以来的最让人惊讶的戏剧天才"[1]梅耶荷德（Meyerhold），他读"俄国革命的颂扬者"[2]弗拉基米尔·马雅可夫斯基（Vladimir Maïakovski），也看超现实主义者的作品，后者主要是阿拉贡的《巴黎农民》。在塞利纳、尼赞、保罗·莫朗、D. H. 劳伦斯的作品中，他特别关注新的创作形式，关注文学的现状。这便是为什么他拥有革命胸怀，但仍禁不住喜爱先锋派，能够将两者兼容并蓄。相反，他总结了20世纪的乌托邦幻想——政治革命与艺术革命的亲密关系，他还提到了两者之间的互补性："社会革命以及艺术革命都是革命，仅此而已。"[3]可以想象，在同一时间，共产主义者在社会主义者发起的"现实主义运动"面前目瞪口呆。这场运动是由日丹诺夫（Jdanov）发起的，它的审美标准对后续艺术思想的影响一直延续到1950年代。即便社会党内部也有一些出名的文人雅士，比如，雷昂·布鲁姆（Léon Blum），他曾是一名批评家，但并不是所有人都能由衷地接受这一艺术形式带来的精神上的新鲜空气。列维-斯特劳斯则是这种艺术运动的推崇者："完整的社会主义既要在人的精神层面有所影响，也要在政治经济领域发挥作用……一种崭新、丰富的艺术形式也应该充满工会诉求那样革命性的内容。"[4]在俄国大革命的开始阶段，列维-斯特劳斯认为，真正的艺术家具有革命者的特性，进行着社会主义抗争。因此，他认为必须尽快看清艺术的地位、意义、功能，让它成为展开革命的另一种方式。我们在一些文字材料里发现，他试图绘制一幅社会主义美学的宏伟蓝图，尽管文字材料显示，他的设想仅仅停留在初步阶段。

更加让人意想不到的是，在列维-斯特劳斯的内心，"对

---

[1] 克洛德·列维-斯特劳斯：《社会主义大学生》第2期，1930年11月，第13页。
[2] 同上。
[3] 克洛德·列维-斯特劳斯对"无产阶级文学"（littérature prolétarienne）一说发表了意见。文章发表于《社会主义大学生》，1928年7—8月。这是他在《社会主义大学生》上发表的第一篇文章。
[4] 《社会主义大学生》，1928年11月，第31—32页。

自然的情感与革命精神"之间建立了联系。我们在多处找到了蛛丝马迹,但保罗·尼赞最清晰地阐述了两者之间的联系。他在《阿拉伯亚丁》(Aden Arabie)里批判地研究了这片被社会主义理论抛弃的土地。他用学究、幻想的方式探索一个比人类更加宏观的宇宙,获得了一种与美的感受、与为了美好世界而奋斗的精神等价的体验,这样的体验可以让人解脱,是它们独一无二的补充。《阿拉伯亚丁》发表于1931年,它立即对文学界造成了冲击,成为这代人表明态度的发言。列维-斯特劳斯并不是尼赞的家庭成员之一,但因为远房表姐亨丽埃特·阿尔芬(Henriette Alphen)与尼赞结为夫妻,所以他也与尼赞相识。他理解尼赞为什么会对这个没有风骨的社会感到不满,他与尼赞一样都对这个社会感到灰心丧气,但他仍对这个有名的文本提出了两点不同意见:第一点,他讽刺了尼赞"大费周章地绕弯子",他称这是一种非常"师范生"范的作风,最后才发现"资本主义是罪魁祸首"。然而,很多人,其中包括那些被尼赞挖苦的社会主义活动分子也"更加轻松地发现了这个事实。当他带着厌世病穿梭于异国城市某些特定街区的时候,社会主义活动分子们为实现革命而利用晚上的时间从事着卑微的任务:扩充成员、一捆捆报纸、无数为了集合边缘人士的信件……"[1]尼赞被他人甩在了身后,他若要为自己辩护则必须放低自己师范生的身段。而第二点则与他对自然的感受相关。尼赞非常严厉地批判"寄情山水",此后萨特也加入他的行列。对萨特而言,只有人类的存在本身是一种景观。而克洛德早已将"人类的哲学不能完整地解释世界的哲学"[2]这一观点了然于心,因此与他们所持的观点有着天壤之别。他还补充道,"要想被拯

---

[1] 克洛德·列维-斯特劳斯:《保罗·尼赞〈阿拉伯亚丁〉评论》,《社会主义大学生》第8期,1931年5月,第9页。
[2] 克洛德·列维-斯特劳斯:《评马塞尔·戴亚对奥布省小学老师们的讲话》,《社会主义大学生》第2期,1930年11月,第14页。

救"[1]"以革命的方式进行斗争还远远不够"[2]:"人与自然的接触是人类唯一永恒的经历,是我们唯一能够确定真实存在的经历。它也是目前我们手上唯一的绝对价值,但它可以让我们获得通向未来的钥匙,确保未来的那些绝对价值能够存在。"[3]这是一种非常"列维-斯特劳斯式"的发言,而我们在年轻的哲学家、社会主义活动分子身上已经看到了他未来的样子。

1931年秋天,克洛德·列维-斯特劳斯还没完全从备考的压力中缓过来,他在哲学、法学和社会学之间徘徊。他无精打采地制订了几个方案,好让他能融入法学院的学生团体之中。他向好友莫里斯·戴克松(克洛德在建设性革命团体里的伙伴,同时也是哲学教师资格获得者)表示,他想对罗杰·皮卡尔(Roger Picard)的建议做出回应。罗杰·皮卡尔希望他加入一个"没有政治色彩"的右翼期刊的团队。"撰稿人和审稿人都是一些专家:法律系教授、经济学家等。有些'枯燥'。因为我日后可能会选择法律哲学,与他们打些许交道并不会让我感到恼火,但我也只想维持最低程度的往来。"[4]法律哲学或许可以让他很快进入大学课堂,成为一名参与政治活动的大学老师。而这样的身份在校园里并不少见,它有激进的一面,也有社会主义者的一面。

当时,克洛德·列维-斯特劳斯并不希望在大学里担任闲职。建设性革命的成员们不仅希望参与政治,更希望思考政治。列维-斯特劳斯的亲戚皮埃尔·布万瓦(Pierre Boivin)于1936年进入教育部部长让·扎伊(Jean Zay)的办公室(并于1937年突然去世):皮埃尔是师范生、哲学教师资格获得者,他有着清醒的头脑以及厉害的一张嘴。此外,他在谢列斯泰·布格

---

[1] 克洛德·列维-斯特劳斯:《保罗·尼赞〈阿拉伯亚丁〉评论》,第9页。
[2] 同上。
[3] 同上。
[4] 克洛德·列维-斯特劳斯致莫里斯·戴克松的信(1931年9月3日),现在是"社会主义研究学术办公室"收藏的文献资料,属于戴克松档案库的一部分。

雷的指导下获得了大学毕业证书,他主张社会主义价值,自己也是一名社会主义活动分子。他的经历无疑代表了列维-斯特劳斯期待走上的某一条道路。而这条路则更代表着一条理论之路。我们提到过一本书的写作计划,他曾积极地参与,目标在于"论为革命服务的形而上学"。他毫不吝啬地绘制了一幅宏伟蓝图,在这蓝图里对"自我"提出了要求,所以,他向莫里斯·戴克松写信表示,这本书的目的是创建"一种方法,一种能够让我们日后充实新文明的实质内容的方法"[1]。这种创造的趋势给了克洛德两种可选的模式:德·曼代表的比利时工人党的模式,或者马塞尔·戴亚代表的工人国际法国支部的模式。那时,克洛德被看作"社会党的哲学家"。日后,他与这条道路越来越远,但年老的克洛德回忆起这段往事时还能感受到血液中的偾张之力:"那时,社会党非常活跃,我们参与其中,因此,能够亲身体会那种热烈的氛围。将哲学传统——我指的是笛卡尔、莱布尼茨、康德——与马克思代表的政治思想联系起来,这样的想法让很多人无法抗拒。直至今日,我觉得,有过那样的梦想是一件幸事。"[2] 成为社会主义理论的革新者,这意味着将两种不同面貌、互相矛盾的期望结合在一起。而不同的期望来自两个不同的模式:他善于思考且重视行动;他不惧思想革命且摒弃了无用的幻想;他踏足意识形态的广泛领域且主张从实践中汲取经验;他对革命路线拥有大局观但又能在每个弯道发现全新的视角。[3]

---

[1] 克洛德·列维-斯特劳斯致莫里斯·戴克松的信(1931年9月3日),现在是"社会主义研究学术办公室"收藏的文献资料,属于戴克松档案库的一部分。
[2] 《亦近,亦远》,第26页。
[3] 克洛德·列维-斯特劳斯:《评马塞尔·戴亚对奥布省小学老师们的讲话》,《社会主义大学生》,第14页;《马塞尔·戴亚〈社会主义视野〉评论》(« Compte rendu du livre de Marcel Déat, Perspectives socialistes »),《社会主义大学生》,1931年2—3月。

4 救赎：民族学（1931—1935）

> 谁或什么摧毁了我正常的生活轨迹？一个诡计还是一段弯路？可它们的目的只是让我的技能有所成长，好让我重返职业生涯。或是因为，我的决定与我所处的社会群体产生了根本矛盾，无论发生什么事情，我注定要越来越孤立地生活于其中？
> 克洛德·列维-斯特劳斯，《忧郁的热带》[1]

1931—1935年初，克洛德·列维-斯特劳斯迅速成长。他是军人，是年轻的老师，也是丈夫。这些年，他迅速地迈入成年，这个过程就像一部成长小说。他经历了各种生活：部队、小城市、年轻夫妇的家。像巴尔扎克小说里一般的不同地点描绘了一个相当法兰西风格的童年以及一段迅速并成功迈入社会与职场的成长经历。

突然，谢列斯泰·布格雷的一通电话为他开启了新的生活。这是1934年秋，一个人生的分岔路口。谢列斯泰·布格雷向这位年轻的哲学老师提供了一个去巴西参加民族志研究的课程，并给他提供了在圣保罗一所刚刚成立的大学里任教的机会。他接受了这个邀请。

在数学上，分岔理论建立了一个模型：一个物理参数的小变动都将为整个系统带来剧变。克洛德·列维-斯特劳斯向"民族学"跨越的举动便让他踏上了这样的"分岔路"，或者是发生了一次"人生中的意外"，比如，生病或者皈依某个宗教。这样的变动是社会科学无法解决的，我们最好顺其自然，因为它也改变了20世纪知识分子成长的格局。他的出行是突然、不可预料的，而前方还有更多未知的事物在等待着他。那么我们应该怎样定义这次

---
[1]《忧郁的热带》，第403页。

远行呢？在《忧郁的热带》一书中，列维－斯特劳斯使用了两个意象来形容 1935 年这个突然的决定：他将民族学看作"出口大门"和"漂浮木"。民族学既是变节也是救赎，不论它是克洛德期望的结果还是天命所归，它的出现并不意味着克洛德将与过往的人生一刀两断。民族学超越了克洛德这一代杰出青年们所经历的一切破裂的关系、一切倾注了心血的行为。民族学是一种调和生命与写作、学术成果与冒险、情感世界与理性世界的另一个选项。它也是一种自我放逐：放逐到一个让我们能够很快头顶荣光归来的希望之城。本地的青少年们离开他们的部落去接受考验，而如果他们通过了考验，他们将能光耀门楣。

成　长

1931 年，年轻的哲学教师资格获得者以普通士兵的身份加入了斯特拉斯堡的一个兵营。1932 年，他成了家，并在蒙德马桑（Mont-de-Marsan）开始了第一份工作。后一年，他被任命为拉昂高中的老师，而他的妻子也获得了哲学教师资格，在亚眠教书。征兵、结婚、迈入职场以及获得经济独立：克洛德的这三步让他跨出了迟迟没有结束的青少年时期，带他走入了社会，让他开始经历成年人的生活。而这三步只发生在短短几个月。但是，突然进入成年阶段并不意味着要切断克洛德与父母兄弟的联系。家庭成员之间的联系表现在频繁的书信往来，书信使我们今日可以鲜活地看到身为士兵、年轻老师和模范丈夫的克洛德。[1]

---

[1] 这一段和接下来的几段主要参考了克洛德·列维－斯特劳斯与父母的家书。莫尼克·列维－斯特劳斯完成书信的分类整理后，允许我上门阅览，在此，向她表示感谢。这些书信的复本则被收藏于法国国家图书馆克洛德·列维－斯特劳斯档案库，档案盒编号 178。它们横跨 1931—1933 年，数量超过 200 封，但很少记录具体日期。一般情况下，这些家书以"星期"进行时间记录。所有引文都来自这些家书，参见已经出版的书信集：克洛德·列维－斯特劳斯：《"亲爱的爸妈"：致父母的书信集（1931—1942）》（« Chers tous deux ». Lettres à ses parents [1931-1942]），"21 世纪文库"，巴黎：瑟伊出版社，2015 年。书信集根据家书寄出的城市对它们进行了分类：S 代表"斯特拉斯堡，部队服役期间"，M 代表"蒙德马桑"，P 代表"巴黎"。括号中的数字是对字母的排序。

军队生活的场景:"大兵列维,158 号步兵团,装备与通信,斯蒂恩兵营,斯特拉斯堡"

将在未来对原始社会仪式和神话展开探索的列维－斯特劳斯体验了欧洲民主社会的一项重要的仪式:服兵役。这也是一个足以奠定法兰西共和国国家基础的神话:一年内,不同社会背景、不同地域出生的法国人一同接受公民教育和军事训练。服兵役就像是国家的蒸馏器。1931 年 10 月,年轻的士兵来到斯特拉斯堡的斯蒂恩兵营报到。他是 158 号步兵团里负责装备与通信(无线电、电报、电话、光信号)的一员。经历了几个月兵营生活之后,在他政治圈朋友的帮助下,他成功地得到了一个"好差事",这个差事让他在 1932 年春天回到了巴黎。他成为战争部新闻处的工作人员。

身处兵营的这段时间,他带着十足的干劲和好奇心履行他的工作义务。军队生活里的丑陋与不便给他造成了影响,但他总是洒脱地一笑置之。这种洒脱的态度让他能够带着愉悦的心情向父母亲描述其中的点点滴滴。刚抵达兵营,他就被要求进行一次听写或者说一次写作("描述你的生活,等等"),以及四个行动。这些活动"非常困难,我勉强才能过关"。因为厕所是大家共用的,所以拥挤混乱,而他依着地图和指示标志找到了唯一稍显空闲的厕所。他非常在乎食物,他注意到三餐的质量不高,所幸他与几位阿尔萨斯的亲戚久别重逢,这让他勉强能够忍受毫无变化的午餐,只求维持体力。队长为我们讲授性病(用上了投影!),可他"偷偷摸摸的语气让我什么也听不到"。除此之外,我们还看了表演和下午的电影(有关坦克的纪录片),进行了摩斯电码的学习。在不知不觉间,时间飞快过去。不久后,他有了注册号 9835。在他身边,"没有十六区的居民,也没有与我有共同社会背景的人",但也都是一些好相处的家伙：三个神学院学生、一个从俄国过来的犹太人、派拉蒙的声音工程师（克洛德常常与他就技术问题大谈特谈），还有另一位犹太人，"他对政治有着正确但天真的想法，所以我便开始教育他！"（S12）列维－斯特劳斯在这些好伙伴的陪伴下进步，尽管他们有着不同的社会背景和教育背景。他用策略和口才向队长传达他们的声音，来为所有人争取最大的权益。所以克洛德很受大家欢迎，而他也欣然接受，同时保持谦虚谨慎。事实上，他在城里的夏尔－阿佩尔路（rue Charles-Appell）买下了一个房间，所以，如果周日能够获得几个小时的休假，他便在房间里享受一人世界，但这是非常难得的。

他非常勤奋地读报。布鲁姆（Blum）的《通俗》（Le Populaire）"对他而言就像是上帝"（S36）。他也读侦探小说。他还去电影院看了德国版的《三文钱的歌剧》（L' Opéra de quat' sous），这部电影比法国版内容更加丰富，让他热血澎湃。他温习了热内·克莱尔（René Clair）的《百万法郎》（Le Million），也认识了《马里乌斯》（Marius）里的演员雷姆（Raimu）和弗雷奈（Fresnay）。他在舒适的派拉蒙厅里如痴如醉。这个斯特拉斯堡的派拉蒙电影厅让他回到了巴黎的林荫大道。除了经典的美国电影，他也喜欢看苏联的影片，但作为一个有经验的社会主义者，他也清楚地认识到法国人所能接受的审美标准，因为"我们必须自己认识到，当我们欣赏那些电影里好看的图像、美妙的拍摄方式时，我们的做法事实上完全不合逻辑。这些电影绝不是艺术电影，而是一些用来感化和吸收不识字的农民的教学片"（S51）。如果电影对列维大兵而言是一项很重要的消遣，而在多年之前，以克洛德与父亲的谈话为契机，摄影成为他研究技术问题与进行理论思考的一片园地。摄影是传递时间的介质，也显示着现代的进步，它还代表了父亲的没落，以及艺术复兴的可能性。但前提是我们要听懂这段话："真正让人厌恶的是，所有镜头都准备就绪。在德国的摄影作品里，美妙的是只有一个镜头准备就绪，最多四分之一毫米。是这种方式给了作品焦点，让拍摄对象的其他部位不被过分处理。这与绘画是一个道理。准备得过于充分只能拍出一部糟糕的纪录片。"（S27）"我觉得，照片应当表现人眼无法捕捉的那些细节。曼·雷（Man Ray）的摄影作品的秘密就在于此。"（S32）克洛德也进行了创作。他的父亲给他寄了一些花朵摄影作品的底片，而儿子有时不留情面地批评这些相片。他们谈到摄影技术时滔滔不绝，他们会比较型号"Korette f/4.5"与"SOM Berthiot f/4.5"各有什么优点。列维-斯特劳斯想要一台相机甚至一台摄影机，因为"军队生活非常适合进行拍摄，尤其是行军的时候"。

尽管装备、军帽和短枪沉重，在阿尔萨斯田野上行军并没有给他造成困扰。在体力遭受挑战的时候，行军中的士兵们还能在田野风景中捕捉到让人心动的一个个瞬间："我们绕了一圈，风景非常动人。我们从东边出发，经过了森林，然后回到了莱茵河，莱茵河在逆光的天空下显得特别漂亮。最后，我们穿过斯特拉斯堡的桥，桥下五颜六色的大驳船就像是大型客轮，让我们精神一振。"（S18）但行军并不是军队生活的全部。时间被分配给各种不同的事务，例如，接受检查、安装天线，以及"高中教育一般的日常：电话是否运作正常、不同模型的示意图、通信惯用的记号，等等。是的，就像是高中。但我这一辈子还没有经历过那么闹腾的日子"（S36）。训练如何辨声、如何操作无线电、如何与飞机保持联络："飞行器通过无线电与我们联系，而我们用几米长的庞大的信号牌向他们做出回应，解读我们模糊不清的信号需要经过学习。我们的日常工作就与这样一种语言为伴。"（S36）显然，解密与加密，这些语言上的技术活是有实际意义的。而随着时间流逝，克洛德感到这一切不过是徒劳，便表露出讽刺的态度。列维-斯特劳斯开始失去耐心，并对"缝纽扣"的工作感到厌烦。军队生活中有趣的经历一旦日复一日地重复进行，也变得索然无味。事实上，他更难忍受的是这种无所事事又忙碌不堪的生活："我们几乎希望能爆发一场战争来证明我们的存在！"虽然他们的军队生活也有游戏，战场上的练习就如同游戏一般，但克洛德已经失去了刚开始的新鲜感。他觉得这些练习非常儿戏，因为他对作战行动的效率感到怀疑。在一场为了军官授勋而进行的地面与空军的联合演习中，克洛德·列维－斯特劳斯与他的同伴们负责解密飞行员传递过来的信息。作战顺利完成，竟然有些感人。所有这些活动都像是"孩子的打打闹闹"。下级军官的话开门见山："没有人会认为这些好笑又幼稚的家伙可以在真正的战场上调兵遣将！"（S50）筹备战争的名义反而玷污了克洛德的兵营生活，他是反凡尔赛军队、主张和平主义的政治运动分子。一段时间后，他厌烦了这种小打小闹的戏码，尤其因为他完全脱离了知识分子的环境，这种厌烦的情绪便更加浓烈。他不想再参与其中，也不想再见到这些："这是法国和平主义的嘴脸：克隆恩堡（Cronenbourg）的练习场距离斯特拉斯堡2千米，那里布满了铁皮和木头建造的临时营房，我们把它们用作工具收容所。今天，其中一座营房的门敞开着，我们惊讶地发现里面放着一门上了弹的155大炮，水泥弹药桶，还有轨道之类的东西，这些全新的装备马上可以投入使用。"（S27）这门大炮让他大吃一惊，对克洛德而言，它既可以把他拖回现实，也可以暗示未来。

服兵役这段经历是放大镜，它让我们看到了怎样一个年轻人呢？少年修长的身影背后，我们看到了经过锻炼的结实身体，一个聪明的头脑。他用烟斗，不吸卷烟。他说，"烟斗的斗特别大"，所以要"和我的鼻子打架"。他是一个习惯孤独、喜爱孤独，同时也热爱户外生活的领导人，他却谦虚地接受了士兵的身份，并且从未尝试主动退役。他非常渴望体验军队生活，把服兵役看作另一种社会经历，把军队当成一个类似阿尔萨斯乡下的社区。然而，一段时间过去之后，他觉得无趣，这种感受非常强烈。"无趣"是列维－斯特劳斯生活中很重要的动力，但无趣不利于培养好奇心。军中的无趣带给他不可思议的遭遇，而丰富的精神生活能够解决这些问题。年轻的士兵第一次离开父母的身边，他与父母维持了一种特别的关系，而这种情感上的关系颠覆了传统：我们发现他给父亲提了一些业余活动的建议，他建议父亲定期去电影院，这种父亲式的关怀也常常让他的父母感到安慰。当然，他也不时反对家里人过于频繁的信件（和关心）。然而，他只要几天没有写信，焦虑的情绪就爬上心头。他几乎每天都向父母推荐书本、电影，向他们聊一聊自己的思考所得和文字作品。他与父母保持了持续不断的沟通，而这个沟通管道也是他表达意见和关心的方式。他是这个过程的主导者，但整个过程缺不了双方的默契。

迪娜，1932 年夏，《婚姻的生理学》

1932 年夏天，他的妻子突然出现。他在与家人的信件中对此事只字未提。列维－斯特劳斯突然就成了家，他先斩后奏，当克洛德告知父母时，他们才后知后觉。迪娜·德雷福斯以一种"不正当"的方式进入了列维－斯特劳斯的生命："显圣"。克洛德在她周围布置了一道道迷障，我们对她了解甚少。他在哪里与迪娜相遇的呢？列维－斯特劳斯并未公布他那些心动的瞬间。我们只能依靠猜测：他们可能是在索邦相遇的，当时女孩坐在长椅上学习哲学；或者他们是在政治运动中相识的；他们可能相识于 1932 年春天，那时年轻的士兵已经回到了巴黎，他们也可能相识于之后。他们对社会主义有着相同的热忱。迪娜·德雷福斯出身于一个犹太裔意大利家庭，她在罗马见证了法西斯力量的诞生。1922 年，她居住在庇亚门（Porta Pia）附近，楼下有一个共产党值班室。还是孩子的她目睹了一个"黑衬衫"组织洗劫这个社会主义基地的过程。这个发生在罗马、她目睹的事件给还是孩子的她留下了创伤，继而成为她从事政治运动的起点，她后来这样说道。[1] 我们可以这么认为：她的父母是流亡到意大利，最后到巴黎避难的犹太人，他们有着左翼的倾向。

我们认识她是靠巴西拍摄的黑白相片。她身处营地，像是一位头发卷曲的牧羊人和冒险者，年轻人嘴角总是上扬，看起来有些男孩子的样子。事实上，他的妻子，不论年少或是成熟，都散发着令人疯狂的魅力，而她雅致的穿衣风格、一头威尼斯人的金发和迷人的香水味增加了她的魅力。她清澈的眼睛，带着意大利口音的声音，符合斯塔尔夫人口中"白璧无瑕"（le tact des circonstances）[2] 的最高标准。她似乎给所有她接触过的人都留下了深刻的印象，尤其是她的学生。她是法国哲学教育的一位大人物，她的学生见证了她在 1950—1960 年的生活状态[3]，是唯一的见证人。尽管她闭口不提，她曾是克洛德·列维-斯特劳斯的妻子，他们正式注册于 1932 年 9 月中旬，那时她才 20 岁。注册后的隔天，他们就出发去往蒙德马桑，那里有克洛德的第一份工作，而这次旅途也是两人的蜜月。

事实上，1932 年夏天并不只是被结婚的筹备工作占据，因为结婚再简单不过了。夏天，他们忙着出谋划策："蒙德马桑可以接受，但我们需要一辆车 [……]，如果有职位空缺的话，我可以去阿莱斯（Alès）。盖雷（Guéret）太偏僻了，与外界往来不便。但还能接受。圣奥梅尔（Saint-Omer）在加来（Calais）附近，但

---

[1] 贝特朗·圣舍宁（Bertrand Saint-Sernin）：《迪娜·德雷福斯：教书育人》（«Dina Dreyfus ou la Raison enseignante»），《现代》（Les Temps modernes）第 516 期，1989 年，第 152 页。
[2] 同上书，第 148 页。
[3] 还包括弗朗索瓦丝·埃里捷（Françoise Héritier）、卡特琳娜·克莱蒙、西尔维·德雷福斯-阿瑟欧（Sylvie Dreyfus-Asséo）对列维-斯特劳斯的观察。列维-斯特劳斯就读芬乃伦高中文科预科班期间，他们担任哲学老师或总督学。阿兰·巴迪欧（Alain Badiou）也是见证人之一。巴迪欧与迪娜·德雷福斯十分亲近，1960 年代，迪娜·德雷福斯是教育频道教学节目的主持人，而巴迪欧常常担任节目嘉宾。

天气不好。"他们还列出了其他选项：富瓦（Foix）、罗什福尔（Rochefort）、欧里亚克（Aurillac）……还有拉昂（Laon），但这里的两个职位空缺由他的伙伴卡昂（Kaan）和他的夫人顶上了。他们感到坐立不安，虽然与朋友们作比较（布万瓦被任命到贝济耶），但也互相知会。他们试着在招聘活动没有结束前与总督学取得联系。最后的结果是蒙德马桑："我开始接受蒙德马桑的岗位，因为，除了从头干起我别无选择。"（P10）

朗德省的成果：外省的生活点滴

克洛德去了外省的高中任教。玫瑰色的砖块和石料构成的维克多－杜瑞伊高中（lycée Victor-Duruy）在克洛德眼中是这样的："我的教室面朝公园，它的面积不大，我在木制的小讲台上坐着，讲台与讲台上的黑色桌子大小一致，所以我在那里显得有些好笑。"（M3）这是高中教师资格证获得者的必经之路（完成了兵役之后，他马上进入这一步）。那些年的学习任务异常耗费精力，课程内容十分讲究，结束了之后，新晋的年轻教师们在各个省会、各大城市养精蓄锐，他们在这里培养哲学的灵魂。这段时光就像是他们人生里的"题外话"。一些人能利用自己对世界的好奇将这段时光过得美满，西蒙娜·德·波伏瓦在马赛时便是这样，她在摩尔（Maures）山地的密林里进行马拉松式的郊游。把这些优秀的灵魂派到外省，这样做将会为法国知识分子的命运带来什么影响？

蒙德马桑是朗德省的省会城市，一座漂亮的小城市，米杜兹河穿流而过。克洛德夫妇一抵达蒙德马桑就对它的美景赞叹不已：松树林将它与村镇相隔（还有杨树、栗树、月桂树），牛肝菌散发着香味，每两年举办一次的集会吸引了无数货摊和人流，鸭鹅成列行走，马路上的人们对阿尔卡雄（Arcachon）的贝壳和牡蛎发出尖叫声。在寻找住所的过程中,年轻的新婚夫妻在旅馆暂时落脚,克洛德为迪娜买了"无法描述的棕色的小腿套",让迪娜看上去像"一位波斯公主"(M20)。终于寻觅到一套公寓房之后,克洛德给父母寄了一封明信片,上面也交代了房子的事情。年轻的夫妇开始了他们新的生活,而克洛德这位新晋丈夫常常将两人的消息通过信件传递给父母,"新的女儿"迪娜也会在其中写上几笔。这些信件传递了浓浓的爱意。

在蒙德马桑的这一年对克洛德而言是学习各种事物的一年:上第一节课、管理收入分配、做饭、适应外省的生活与适应二人生活。愉悦的气氛感染了这一年内的所有信件,它们似乎暗示了两人在朗德的生活非常融洽,两人一同发现的新鲜事物也成为他们生活中重要的部分:他们欣赏朗德的天空(它"美丽又个性十足,我很少在其他地方遇到这样精致、柔美又气势磅礴的天空"),或者骑着自行车闲逛(迪娜学着掌握这个工具),或者参与这片乐土为他们提供的美食节。另外,他们为当地的政治感到恼火。

食物常常出现在来往的家书中,几乎"纠缠不休":每周菜单详细的内容、价格和购物开支,他们都一一告知;他们还与母亲交换菜谱,征求建议(比如询问甜点"椰枣梅子鲜奶油"、巧克力松露、犹太风味肉丸怎么样)(M7),并向他们描述他们的美食探险。比如,他们到马尔桑新城(Villeneuve-de-Marsan)去品尝"奶油蘑菇与法国百合、内里鲜嫩的半脂鹅肝,它们简直是人间美味"。列维-斯特劳斯去巴约讷拜访了马修一家人,父母的好友,他将这件事告诉了父母。他觉得马修一家人有些拘束,但他的疑虑很快被餐桌上的热情好客打散(菜式与斯特拉斯堡一样):"它们美味得让我惊讶不已:橄榄鳀鱼、壁炉烤苹果配猪血香肠、烤斑尾林鸽,我这辈子都忘不了它们的味道。沙拉、蛋糕、水果、咖啡、阿马尼亚克烧酒、核桃水、黑加仑酒,还有一种呛喉咙的西班牙红酒。"迪娜这样评价道:"克洛德'喜形于色',他的面色和表情让人看了觉得非常愉悦。他在泰瑞斯(Thérèse)面前表现得非常不错,泰瑞斯从没有看过这样的克洛德,他在日常生活中是多么严肃、认真的一个人。而我现在知道莫斯卡托葡萄酒的魅力了。"(M19)就在这时,列维-斯特劳斯从走私贩那里买了一瓶莫斯卡托葡萄酒,把它小心翼翼地藏在他雨衣的袖子里。

另一个他常常在通信中谈到的内容偏属男人的话题:汽车。在那个时代,汽车这项新技术仍然具有很大的魅力,吸引着人的眼球。除此之外,想要追求速度的人们自然也对它非常渴望。别忘了,他们被派到了一座偏僻的城市,汽车的必要性可想而知,而他们也早已表达了对汽车的渴望。当克洛德投入当地政治活动之中后,他买车的行为就不是一件小事了。父亲传递的一些有关汽车的信息出现在儿子的信里:他们讨论汽化器、发动机、制动器、汽缸、车身。"皮埃尔的表兄非常厌恶雷诺的莫诺西车型(monosix),它的发动机太脆弱了。标致 5 CV 车型不错。"(M45)皮埃尔·德雷福斯在他们买车的过程中扮演了重要的角色,他在 1955 年成为雷诺管理公司的老板……"非常漂亮的 5 CV 敞篷汽车",新出的福特 6 CV 也好得很,可是价格超过他的预算。他的预算只能买一辆更加普通的、被称作三叶草的雪铁龙 5 CV。1933 年 1 月,迪娜和克洛德开车从巴黎一路返回。开车的是其他人,可这也挡不住车主克洛德的激动情绪:"看来压低的汽缸盖效果不错,车子可以开到 75 码!"(M60)这是汽车的青铜时代,买车仍有些冒险……克洛德常常提起这段买车的趣事,而他对汽车的热情也与那一年朗德发生的另一件大事有着联系:他参与了当地社会党的活动。决定参与区里的选举之后,他才买了车,因为他要参与十几场会议。然而,第一天,在皮埃尔·德雷福斯和迪娜的陪伴下,没有驾照的克洛德就把车开进了沟里。他一个小时之内什么也回想不起来，额头留着血，左膝盖关节滑液渗出；皮埃尔·德雷福斯呕出了血，脸部一半没有知觉；迪娜没有受伤。当地的新闻称他们受伤严重，而图卢兹电台称他们徘徊于死亡边缘。这些消息让克洛德在朗德省社会党的朋友们非常着急（M70）。汽车没有投保，汽车偏离马路多半是轮胎充气过足造成的。这场事故意义重大，因为从克洛德后来的文字记载中看，它完全结束了他社会主义运动的生涯。[1]然而，这样的变节并没有让年轻的社会主义者解除武装，他已经开始了冒险："我的参选人资格让我觉得有些好笑，因为我既没有满25岁，也没有在朗德省居住满6个月，所以两个标准没有满足。[……] 我的对手是米利耶斯·拉克鲁瓦（Milhès Lacroix），他是达克斯（Dax）的议员和市长。55岁的他是个反动派。这倒是让人高兴。"（M40）既没有参选资格也不是民选代表，既没有驾驶证也没有汽车！这场事故倒为他赢得了一篇讽刺文章。他将这篇文章收藏了起来，并为它取了名字——《圣马丁的演讲》："您开着车，您，开着国家的车／而您不会控制您的车／哎呀！您把它弄得惨兮兮／您将要发表长篇大论，谈论未来的城市。／您毁了自己的形象／而我们对这场糟糕的事故表示惋惜／但我们怀疑您和您的才能／亲爱的老师，我们必须跟您说／在教导我们之前，学会开车。"[2] 其中可见诸如此类的内容。开车的事故既没有抹去他对汽车的喜爱，更没有熄灭他从政的热情。几个星期之后，他参加了驾驶资格的考试，然而在3月13日，以没有通过的结果告一段落（在他之后，迪娜也没有成功。作为知识分子，他们懂得辩证法却不会操作离合器）。这让他很生气："考官仗着有贵族的姓氏，冷漠得不行。他让我在迷宫一般的小马路之间穿梭，马路之间的拐角弯度很大，而且

---

1 《亦近，亦远》，第24页。
2 《圣马丁的讲话》属于"政治活动"主题档案的一部分：克洛德·列维-斯特劳斯档案库，编号NAF 28150, 档案盒编号210。

还有很多斜坡。我自认为我非常小心谨慎,一直挂着二挡。这并未让他满意。"(M63)这是一场灾难,因为它让克洛德的政治活动步履维艰,然而,克洛德从未放弃。

正是当地的政治生活培养了那时克洛德对汽车和美食的喜爱。受来自蒙福尔-昂沙洛斯(Montfort-en-Chalosse)的朋友布罗卡(Broca)的邀请,克洛德决定全身心地投入朗德的政界,准备为工人国际法国支部建立一个新的分部:"能够开始从事一些政治活动,我很开心,因为我觉得朗德的联盟死气沉沉!而且,有的同志会准备鹅肝!"(M30)列维-斯特劳斯来势汹汹,他要征服这个由佃农和田产组成的国度,让这个国度里的社会主义运动分子提出阶级斗争的话题。阶级斗争是激进党小心掩饰的话题。克洛德不与浑水摸鱼的激进派妥协,他的态度十分坚定;几年之后,在朗德这片土地上出现了一批真正的社会主义者,而人民阵线的活跃更加增强了社会党的存在感。克洛德在20多人面前为新分部的成立发表演讲:"我做了1小时15分钟或者1.5小时的讲话,我谈了社会主义。[……]有一些城市已经20年没有出现从事政治宣传的社会主义活动分子的身影了。"布罗卡带他参观了自己的一家小厂,工厂加工鹅和瓶塞;列维-斯特劳斯感到迷惑,他以为他回到了还存在手工业等行会的那个时代。他心情愉快地在政治和美食领域展开探险,他越是厌倦"蒙德马桑死气沉沉的政治环境"(政治活动分子"被市政府一个要求他们与激进派合作的政策捆绑住手脚,因为他们在这里也只有激进派一位对手……"),他便越能在探险中找到乐趣(M26)。

有妻子做伴的克洛德年纪尚轻,他感到急不可耐。他穿梭于省内,使尽了浑身解数。他对人群(至少是政治活动分子)发表讲话,展开政治宣传活动,还在放学后赶去印刷厂:"我现在代表了联盟,因为我是所有宣传工作的负责人。要发生大事了!"

(M59）这种与政治活动之间既严肃又轻松的关系当然不仅仅发生在列维-斯特劳斯身上。在布尔格-昂布雷斯（Bourg-en-Bresse）的保罗·尼赞以及所有获得哲学教师资格的年轻人都是如此。他们常常成为在外省传播左翼思想的"传教士"，他们各有各的烦恼，反而乐意投身于这项向学生们传播社会主义或者共产主义思想的工作中。两次世界大战之间，这些哲学老师积极投入当地的政治活动，而我们在列维-斯特劳斯身上再次看到了他们身上的活力——克洛德总是积极又热情，用尽一切力量"改变"世界。1933年的危机让公务员薪水面临下调的压力。老师们向维克多-杜瑞伊高中的校长递交了一封请愿书："它是用一种柔和得可怜的语气写的，我参与了起草的过程，我们与公务员工会组织共同发表的互助声明也在我的帮助下获得了一致同意。当时，我支持了一场持续半个小时的罢工，但我并不是发起人，后来，我便没有继续了。"（M60）

他的巧辩与他服过兵役、参加过政治活动的背景让他快速成为朗德省的重要人物。1933年2月，他受邀代表联盟在一所位于圣马丹-德塞尼昂（Saint-Martin-de-Seignanx）的非宗教高中的落成仪式上发表讲话。台下有省长、学区督学、行政区议员（激进派）。"这个场合不能开玩笑。"这是一个阿尔贝·蒂博代（Albert Thibaudet）所描述的"教师共和国"，而列维-斯特劳斯曾不留情面地在《社会主义大学生》上发表文字批评"教师共和国"[1]。本地媒体谈到了"克洛德·列维-斯特劳斯关于非宗教学校的公开讲座"，他指出："这些免费的学校是必要的。"事实上，列维-斯特劳斯的演讲中完全没有插入玩笑话，整个过程，他都在谈论共和国体制下对学校的解放以及由此带来的好处，这使他的讲话

---

[1] 克洛德·列维-斯特劳斯：《阿尔贝·蒂博代〈法国的政治思想〉评论》（« Compte rendu d'Albert Thibaudet, Les Idées politiques de la France »），《社会主义大学生》第4期，1933年1月，第14页。

建立在政教彻底分离带来的空壳之上。按照他的演讲，政教分离造成的后果更像是一种"劳工的人文主义"[1]。有人猜测这位年轻的社会党成员会激烈反抗，所以请他在之后的宴会上讲话。列维－斯特劳斯以"民族志的讲述方式"谈论了法式的左翼政治文化："漂亮的学校，漂亮的玻璃房子，我们可以从空中、从广场上欣赏它的美。市长的发言、小学督学的发言、老师的发言、激进派议员拉萨勒（Lassalle）的发言以及区长的发言，还有孩子们唱的第九交响曲。我为自己没有打扰这个全国联合一致的盛事而感到万分庆幸。在落成仪式之后，我们在市政厅喝了开胃酒，随后，我们入席一个90人的宴会。宴会成员包括各种无产阶级（农民、小公务员、工人）。而宴会厅是一个木头房间，地上铺满了杉树枝。多么美妙的宴会！我们下午1点40分开始，直到6点宴会还没结束！但我从未见过这般能够让人大快朵颐的餐点和酒水。首先，肉汤、各种肉品、一整条1.5米长的冷藏的鲑鱼（我没有夸张）以及装点在鲑鱼四周的蛋黄酱、香菇牛里脊配阿马尼亚克烧酒、法国百合包奶酪、被各种食材填满的火鸡、沙拉、被带子环绕的节庆蛋糕、水果、起泡的葡萄酒、咖啡、阿马尼亚克烧酒。整个宴会厅被圣埃米利永（Saint-Émilion）红色和白色的新鲜花朵装点起来。这一切的安排比大餐厅还要精细和讲究，简直让人无法想象。此外，当我被要求在有些醉意的人们面前讲话时，我有些措手不及。我侃侃而谈，我谈到了社会主义和政教分离，我的讲话不时被掌声打断，虽然这些内容让区长感到不快。看起来，我表现得不错。我讲了大约3刻钟，之后拉萨勒接过了话筒。他说他完全赞同我的观点，可他当时醉醺醺的，甚至不能走出宴会厅。随后，区长也拿起了话筒，他'偷偷地'向我祝贺

---

1 克洛德·列维－斯特劳斯：《社会主义和政教分离：克洛德·列维－斯特劳斯在朗德省圣马丁德塞尼昂一所非教会学校成立仪式上的讲话》（«Socialisme et laïcité. Discours d'inauguration prononcé à Saint-Martin-deSeignanx [Landes] à l'occasion de l'inauguration d'une école laïque»），《社会主义大学生》第7期，1933年4月，第4—5页。

并对迪娜说了一些话。最后,《法国报》(La France)和《快信》(Dépêche)的记者也发表了讲话。人们都处在极度兴奋的状态。拉萨勒使出浑身解数,他想要征服这个让人感到危险的政治活动新星;一位身材健硕、穿着燕尾服和灰色裤子的老先生向我走来,他带着感情对我说,他在很久以前听过一位和我年纪相仿、与我同一党派的演说家的讲话,老先生认为只有这位名为皮埃尔·拉瓦勒(Pierre Laval)的人物能与我相提并论,老先生还说我会在这条路上走得很远,他还不忘提醒我,七八年后就能验证他的话。"(M54)

这些参与当地政治活动的经历虽然只是乡里的谈资,克洛德却有意为其添油加醋,好让父母听了高兴,但不管怎样,这段经历也在很长时间里成为克洛德的一个印记。此后,他向乔治·沙博尼耶(Georges Charbonnier)解释道:"市议会与国会的管理之道不只是程度上的不同,而是本质上的不同。"[1]决策的制定基于执政党的意识形态,但更重要的是,需要互相了解(interconnaissance)。列维-斯特劳斯认为真正的政治应该基于互相了解,因为基于互相了解,人们才可以清楚地认识问题。换言之,在现代社会存在着不同程度的不真实,也存在着没有人能实现的空洞的决策。"真实程度"的概念在地方政治的实践中显露无遗,我们不需要知道这些地方政治活动对列维-斯特劳斯而言有什么意义,只需要知道他常常参与其中,所以对它非常熟悉。他放任自己在虚无的政治活动中玩耍,直到1961年,他卸下了对政治的执着,换上了一套学究的行装:如果这位人类学家是改革者,"他应当主张权力全面下放,以求社会、经济活动能通过这些不同程度的真实而得到实现,而在这种真实环境中,人与人

---

[1] 乔治·沙博尼耶(Georges Charbonnier):《真实的程度》(« Le niveau d'authenticité »),载《与克洛德·列维-斯特劳斯对话》(Entretiens avec Claude Lévi-Strauss [1961]),巴黎:美文出版社(Les Belles Lettres),2010年,第53页。

之间相知相识"[1]。

让我们回到1932—1933年的蒙德马桑。他在那些活动之外如何维持教学活动？学生们喜欢他吗？通过一些蛛丝马迹，我们看到了一位幸福美满的老师形象：他开心地备课和授课。他要为高中的男生们上课，五位男生的哲学课，十位男生的基础数学课；他还要为中学的女生上课。他"从教室的这头走到那头，从不停歇，所以到了晚上就精疲力竭"（M7）；他怀疑他的学生并未理解这门重要学科的价值，但他们"听课的时候兴致盎然。我即时起意讲到波德莱尔，这些天马行空的联系让他们措手不及"。这位年轻的老师不仅要准备哲学也要准备文学课的材料，他在设计课程内容的时候便从自己喜爱的名单中选择一二：波德莱尔与易卜生。他对自己设计的挪威戏剧的授课内容感到自豪，他是这样开场的："1830—1910年欧洲文化运动的概论：绘画有印象派，音乐有瓦格纳，诗歌有象征主义，文学有左拉[……]还有斯堪的纳维亚知识分子运动的总结。"在哲学课上，他声称设计了"有趣的内容来讲授归纳法与习惯"。他认为，学生们应当通过学习掌握正确的文化知识。后来，他希望借助理科这块跳板来提升社会科学的地位，但当下，他并没有拿出办法，他幽默、故作轻松地承认了自己力不能及，这在他的信中可见端倪："我不止一次试图理解爱因斯坦的理论，我要在课上向学生们解释。我希望他们比我更满意我讲课的效果。说实话，我不过是虚张声势……"（M31）

克洛德的学生们还记得这位老师，在1984年他们对克洛德的描述中，我们看到了一位乐观向上的老师形象。当时的克洛德比学生们大了不过几岁："他喜欢在课堂上不停歇地踱步，他以

---

[1] 乔治·沙博尼耶：《真实的程度》，载《与克洛德·列维－斯特劳斯对话》，巴黎：美文出版社，2010年，第54页。

这种方式追求灵感,而他的灵感总是源源不绝。他灵动、黑得发亮的眼睛只需要通过一个眼神就能吞下我们所有人,而自然摇摆的步伐让他能够轻松地原地旋转,矫捷的动作让我们措手不及。他这个大动作不是为了别的,只是为了在他的思绪之前抢占先机,好让他寻觅到那个最恰当的词汇。因为他从不愿意轻易屈服于一个晦涩难懂的术语对他的蛊惑。他的职业意识令人赞叹,我们对此表示感谢:他在备课、认真又充满感情地批改作业时从未遭遇绝境。我记得,他未曾向我们中任何一个人施以任何形式的惩罚,甚至未曾训斥过我们。相反,他喜欢鼓励我们,有时也会表扬我们。"[1] 他设计课程内容时未曾碰壁,他也没有将社会主义信仰带入课堂中,他在授课过程中保持意识形态完全中立。但蒙德马桑当地的资产阶级家庭的孩子们了解老师所从事的那些政治运动,这些活动反而提升了克洛德的威望,给他添加了一丝与众不同的气质……[2]

检查是例行程序,同时,对新任老师意义重大。列维-斯特劳斯等待督学卢斯坦(Roustan)先生来检查,而他准备的"惊喜连连的授课内容"并没有派上用场。最后,卢斯坦先生来了,年轻的克洛德上了一节"非常形而上学"(M82)的课。半个小时之后,年长的督学让克洛德停下来,他在学生们面前表扬了克洛德。之后,克洛德与校长在校长办公室相约讨论一些严肃的问题:下一年度的教职空缺。与兵役的情况一样,克洛德对外省的"异域风情"已经兴趣索然。迪娜·列维-斯特劳斯通过了教师资格考试,备考期间,丈夫克洛德忙完所有事情之后还会提供帮手。21岁那年的7月,迪娜获得了教师资格。几次推诿之后,克洛德被"提拔"到拉昂(Laon),而他的妻子将去亚眠(Amiens)任教。

---

[1] 罗贝尔·罗兰(Robert Lorans),蒙德马桑维克多-杜慧高中往届毕业生特刊《资讯》,1984年圣诞,社会人类学研究所(LAS)档案室,"媒体摘要"。
[2] 同上。

4 救赎：民族学（1931—1935）

拉昂的日子与返程

另一段人生开始了，这是一种往返于两地的生活。今天，异地通勤的老师们靠的是现代的涡轮发动机，昨日的双城记依靠蒸汽机车也能实现。克洛德和迪娜分居两座城市，分别在两所高中授课。每周的前几日，他们一同住在饭店，整理授课内容；周末他们相逢于巴黎，并且回到父母膝前，父母住在普森路的公寓里。从1933年10月到1934年圣诞，克洛德被教育部派到拉昂任教，他在这儿待了一年半。对他而言，这段时光非常重要，因为它见证了自己转向民族学的过程。

他没有抛下政治活动，但他更常在巴黎活动。对于拉昂，"尽管那里的条件艰苦，但这座城市也不是完全没有魅力的。它的大教堂好像稳稳地蹲在地上，显得非常结实，让人印象深刻"[1]。从克洛德的前辈和后人的评价中我们可以看出，拉昂是新任教师们苦苦寻找的地方，它就像是一座驻扎的城市，能够满足他们急于往来于巴黎的心情。路易·法里古勒（Louis Farrigoule），别名朱尔·罗曼（Jules Romains），他在1911—1914年在拉昂教课。他点出了拉昂的优势："人人觊觎拉昂的职缺，因为它离巴黎非常近——搭乘快车只需要1小时44分钟，而拉昂的教学任务也非常轻松（主要负责一个五六人组成的班级，也没有预备班，此外，课时很少又集中），所以我可以住在巴黎，每周只需要来拉昂住两个晚上。"[2] 1936年，列维-斯特劳斯离开一年半之后，让·保罗-萨特接棒在拉昂任教。他也是每周前几天才来拉昂：他周日晚上到，然后乘坐周三下午5点的火车离开。在他与西蒙娜·德·波伏瓦的通信中，他曾几

---

1 《亦近，亦远》，第25页。
2 克里斯蒂安·卡雷特（Christian Carette）引用了朱尔·罗曼（Jules Romains）的话，参见《克洛德·列维-斯特劳斯和拉昂高中（1933—1934）》（«Claude Lévi-Strauss et le lycée de Laon, 1933-1934»），《拉昂人之友》（*L'Ami du Laonnois*）第46期，2010年9月。

次提到"他对拉昂的看法":"那里的生活节奏很慢,有业余活动(过去的外省生活就是这样);必须知道如何打发时间,以及感受时间慢慢流淌的过程。"[1]萨特的同事们暗地里策划让他必须在高中五十周年纪念活动上发表正式的讲话:"布万瓦,曾经在拉昂任教过,他是让·扎伊的办公室主任。他安排部长到拉昂访问,我想他一定计划让我们措手不及",萨特用嘲讽的口吻这样向卡斯特(Castor)[2]解释道。拉昂、布万瓦、萨特、人民阵线:列维-斯特劳斯紧密地与这些圈子(高中哲学老师的圈子、社会党的圈子)打交道,他们很可能构成他未来生活的一部分。而最终,他却缺席了,因为他已经改投他派。

1935年1月,瓦伦丁·费尔德曼(Valentin Ferldman)接替了克洛德的教职。他原是犹太裔的俄国人,后来移民到法国,他是一位伟大的哲学家,可惜命运待他不公。他参加了二战期间法国的抵抗运动,后来被捕,1942年7月27日,在瓦莱利山上被枪决。他是一位非常热情的老师,对待学生就像对待手足一般,这与列维-斯特劳斯的风格迥然不同。克洛德严肃、和蔼又亲切,可他时刻保持理性和中立,一旦走出教室后便不再干预学生的生活。克洛德既不与学生为友,也不是学生的心灵导师;他既不像费尔德曼,也不同于萨特。在哲学老师的教学实践中,一种新的教学模式从20世纪初开始广为传播。它要求老师不再成为他人思想的传播者,而是成为思想的创造者:老师的教学就是他的作品,这个作品需要一个具有威信、常常带有颠覆色彩的声音主持大局,所以,它的主人不仅仅是一位授业者:他是一位良师益友、培训师、听人忏悔的神父。[3]这是经萨特的修正与改良之后阿兰(Alain)的风格。然而,这种风格并不为列维-斯特劳斯接受,因为他的

---

[1] 克里斯蒂安·卡雷特引用了让-保罗·萨特的话。
[2] Castor(河狸),是友人对波伏瓦的昵称。——译者注
[3] 参见让-路易·法比亚尼:《共和国的哲学家们》。

血液与它深深排斥。他参与了很多政治活动，然而，不管政治活动多么频繁（甚至比萨特更加频繁），拉昂的学生们对此毫不知情，而他的这些活动也没有影响他授课的内容。同时，列维-斯特劳斯发现了这个新的教学模式所体现的"使命感"，尽管他也是后来才意识到这一点，他将使命感活用到民族学的研究上，从此与哲学分道扬镳。

改 行

民族学的门外汉

当克洛德·列维-斯特劳斯准备从事民族学研究的时候，法国民族学是怎样一番景象呢？这门学问正在转变为一门学校里的学科：它让人们热血沸腾，让人们对科学，同时也对先锋派的艺术品味产生了不可动摇的兴趣，这是一种对异域风情的迷恋。这门学问成为某种世界潮流，它的所有内容在左翼人道主义者的讲话或者人民阵线殖民地改革派的主张中展现无遗。为了模仿洛特雷阿蒙的风格，我们可以说，这是前超现实主义者乔治·巴塔耶与巴黎文献学院学生阿尔弗雷德·梅特罗（Alfred Métraux）风格的混合，而他们描述的对象是一个哥伦布发现新大陆以前的物件。在诺瓦耶子爵（Noailles）（他是特罗卡德罗民族志博物馆友好协会的主席）的资助下，这件古董得以公开展示。10年后，它被贴上了民族科学研究的标签，被收藏于人类博物馆。

我们常常注意到人类学与先锋派之间"长久的毗邻关系"[1]，这是一种法国特色。我们无法在别处看到这样的联系。在法国，一些超现实主义者（其中的"异端"分子），比如，巴塔耶、莱

---

[1] 詹姆斯·克利福德（James Clifford）：《论超现实主义中的民族志元素》（« Du surréalisme ethnographique »），载《文化中的病态：20世纪的民族志、文学和艺术》（Malaise dans la culture. L'Ethnographie, la littérature et l'art au XXe siècle），巴黎：法国国立高等美术学院，1996年（初版时间为1988年），第129页。

里斯（Leiris）、德斯诺斯（Desnos）、格诺（Queneau）、林布（Limbour），与民族志研究的圈子保持了非常热络的合作关系和友好关系。他们的名字都出现在期刊《文献》（Documents）中。1930—1931年，这份出版了15期的期刊成为分享新的世界观的平台。对詹姆斯·克利福德（James Clifford）而言，双方合作的基础是一种本质上属于"民族学"的态度，一种颠覆传统的态度。1914年的战争给这些人留下了一个破碎不堪的西方文明，以及造成这一结果的范式：现实性（réalité）、常态性（normalité）、优越性（supériorité）。由于这些既有的信仰出现了很大的缺口，我们熟悉的城市里出现了陌生的事物，这是超现实主义运动者追求的事业，而他们也颠覆了传统的认知，他们带来了一些奇奇怪怪的选项，这些选项成为刺激艺术创作和学术研究的灵感。双方共同的世界观表现为对高阶文明与低等文明之间所有等级标准的否定，这种主张也体现在《文献》之中，这份期刊以超现实主义的方式拼贴各种图像与文字，从西方高雅艺术到城市文化的图腾、从地区手工业到摄影、从异国玩意儿到好莱坞电影、从爱斯基摩人的面具到毕加索的画作，所有东西都能成为他们的材料。期刊以"文献"为名，而文献刚好也能刷新艺术的概念，因为"物"登上了艺术舞台，而艺术家们和民族学家们开始主张将"物"视为艺术品。[1] 乔治·巴塔耶与民族志学者阿尔弗雷德·梅特罗维持了一生的友谊；米歇尔·莱里斯在民族学与文学领域均有建树。他们只是其中一小部分人，这些人见证了1930年代法国民族学与其他领域的友好合作、与他们在社会和文化上的紧密联系。

此外，民族学这门学问立志要成为社会科学中一门新的学科。要完成这个目标，教育机构和人的参与都是关键因素。两次世界

---

[1] 参见文森·德巴恩（Vincent Debaene）：《告别旅行：科学与文学之间的法国民族学》（L'Adieu au voyage. L'Ethnologie française entre science et littérature），巴黎：伽利玛出版社，2010年，从53页起。

大战之间的民族学站在四位巨人肩上,他们是马塞尔·莫斯(Marcel Mauss)、保罗·利维(Paul Rivet)、吕西安·列维-布留尔(Lucien Lévy-Bruhl)与乔治·亨利·里维埃(Georges Henri Rivière)。一项大计划——人类博物馆的建造工程——改变了这门学科,也为它找到了一个新的安身之所。人类博物馆替代了之前的特罗卡德罗博物馆,成为一间新的"异国玩意儿旧货铺"[1]。因此,这段民族学的历史完全就是"两座博物馆的故事"[2]。

莫斯是一位学识渊博的研究者、地位不俗的老师、社会主义者、德雷福斯派,他有些放荡不羁,"处于困窘之中"[3](à la confusion inspirée),是出了名的爱保持沉默者。他成为这门学科的奠基人。他在民族学研究所讲课,民族学研究所成立于1925年,是这门新学科的摇篮。他的听众既有学生,也有殖民地出生的学者,后者用自己掌握的信息壮大了民族学。莫斯是涂尔干的侄子。他培养了第一批民族学家,他们去田野考察。但莫斯本人并未进行这样的实践。莫斯向他们提供了理论的基础,培养了他们学者的野心,借此机会,民族学这门年轻的学科进入新兴的社会科学的殿堂,与社会学平起平坐。保罗·利维自己曾是一名军医,他改行学习民族学之后便专门研究哥伦比亚。[4] 利维后来成为有名的美洲专家,他也是一名聪明的政治家:他是社会党成员,也是成立于1934年的反法西斯知识分子警戒委员会(Comité de vigilance des intellectuels antifascistes)的发起人。1930年代,专制政体和法西斯主义开始在欧洲得势,利维贯彻学术人文主义,把它当作自己的使命。利维在学界没有莫斯那样的声望,但他做了一件事,

---

[1] 詹姆斯·克利福德:《论超现实主义中的民族志元素》,载《文化中的病态:20世纪的民族志、文学和艺术》,第138页。
[2] 同上书,第137页。
[3] 参见詹姆斯·克利福德:《论超现实主义中的民族志元素》,第127页。原话出自安德烈·勒罗伊-古汉(André Leroi-Gourhan)。
[4] 克里斯提那·罗利埃尔(Christine Laurière)的专著对他进行了详细的研究。参见《保罗·利维:学术与政治》(Paul Rivet. Le savant et le politique),"档案丛书",巴黎:法国国家自然历史博物馆出版社(Éditions scientifiques du Muséum national d'histoire naturelle),2008年。

为民族学找到了一个安家落户的地方:他从 1928 年起负责特罗卡德罗民族志博物馆的改造工作;1937 年,他成为人类博物馆的馆长。而这座博物馆是法国传播民族学知识的标志性机构。得益于他在政界的朋友们的帮助,利维成功地将民族学列入一个主张人文主义和改革的左翼团体的政治日程。吕西安·列维-布留尔,今天我们常常忽略他的存在,而在那个时代,他曾是一位"明星人物":他是学识渊博的知识分子、法国社会科学界著名的代表人物、享有国际声誉的学者。而他的声誉来自他对"原始思维"浅显易懂、观点强硬的解释。与利维一样,他也是坚定不移的社会主义者,他为民族学创造了一个政治和社会网络,这是其他人办不到的。利维常常从他这里获得信任与支持。[1]

乔治·亨利·里维埃完全是另一类人物。他反复无常,风格多变,但也很迷人,这与信仰专一的军医形成了鲜明对比。为了筹备人类博物馆建设,1928 年,利维把这位能够演奏管风琴、爱好爵士乐的翩翩少年拉拢到自己的阵营,而年轻的乔治·亨利·里维埃是约瑟芬·贝克(Joséphine Baker)——他是民族学博物馆志学者——的合作伙伴,因为这个建设项目也牵涉 1937 年的世界博览会[2]。陈旧的特罗卡德罗宫以及它轮廓分明的风格(继承自 1878 年的世界博览会)被外形朴实、延续 1930 年代功能主义风格的夏洛宫(palais de Chaillot)替代。作为法国自然历史博物馆组成部分的人类博物馆将安置于夏洛宫内。这栋建筑物的建设对列维-斯特劳斯的事业有着巨大影响,这一点我们以后再说。在

---

[1] 托马·赫尔斯(Thomas Hirsch)整理了列维-布留尔的思想,考证了他对当下法国社会科学界的影响。参见托马·赫尔斯:《人类学的"弗拉马利翁"? 列维-布留尔、田野调查和民族学》(« Un " Flammarion " pour l'anthropologie ? Lévy-Bruhl, le terrain, l'ethnologie »),《起源》(Genèses)2013 年 1 月,第 90 页;托马·赫尔斯的博士论文:《法国(1901—1945)的"社会时间":社会学意义上的时间与人文社会科学中的历史》(« Le temps social. Conceptions sociologiques du temps et représentations de l'histoire dans les sciences de l'homme en France, 1901-1945 »),博士导师为弗朗索瓦·阿赫托戈(François Hartog),巴黎:法国社会科学高等研究院,2014 年。
[2] 参见尼娜·戈尔古斯(Nina Gorgus):《橱窗魔术师:博物馆学家乔治·亨利·里维埃》(Le Magicien des vitrines. Le muséologue Georges Henri Rivière),巴黎:人文科学之家出版社,2003 年。

4 救赎：民族学（1931—1935）

这个过程中，具有更强科学性的研究工作逐步展开，民族学学科建立了起来。这与特罗卡德罗博物馆展览和受众中弥漫的一种远离科学、与胭脂水粉为伍的氛围形成了强烈的对比。

一代人逐渐成长起来，其中包括阿尔弗雷德·梅特罗、马塞尔·格里奥尔（Marcel Griaule）、米歇尔·莱里斯、安德烈·舍弗纳（André Schaeffner）、乔迈·狄泰伦（Germaine Dieterlen）、德尼兹·波尔姆（Denise Paulme）、路易·杜蒙（Louis Dumont）、雅克·苏斯戴尔（Jacques Soustelle）。[1] 民族学先是诞生为一门田野研究的学科，与室内研究泾渭分明。神圣的"田野"代表了需要造访异国百姓，而这是严谨治学的保证。因此，这门年轻的学科与当时无数冒险家们的做法区别开来，冒险家们创作故事并将故事广为流传。[2] 这是一门刚刚诞生的学科，地域实践的必要性是它的核心内涵。它的任务不是长期与当地居民住在一起，而是探查、收集信息和物件。[3] 文森·德巴恩（Vincent Debaene）说，因为没有一本正经的课本教导研究的方法论，研究工作就显得非常业余；而英国则不同，他们有着坚实的民族志研究传统，所以也出版了相关书籍。尽管马塞尔·莫斯也印了一些《供旅行家、管理者和传道士使用的描述性民族志手册》（1926）[4]，但法国人几乎都是在实践中学习。在这个背景下诞生了一些著名的考察活动，其中处于第一梯队的是马塞尔·格里奥尔领导的达喀尔-

---

1 唯有莫里斯·林哈德（Maurice Leenhardt）例外。10多年前，他就已经对新喀里多尼亚进行了田野考察。其田野考察的理由（传教）与历史时机（生于1878年，卒于1954年）使他的考察具有重要意义。

2 参见文森·德巴恩：《告别旅行：科学与文学之间的法国民族学》，从第65页起。

3 参见贝诺瓦·德·莱斯图瓦勒（Benoît de l'Estoile）在这一问题上的相关阐述：《收集世界的文化：远征的民族志研究者》（« Collecter les cultures du monde : des ethnographes en expédition »），载《他者的诱惑：从殖民展到原始艺术》（Le Goût des autres. De l'exposition coloniale aux arts premiers）。

4 1947年，德尼兹·波尔姆（Denise Paulme）在一本民族志研究的手册中严格以"研究指导"（« Instructions »）作为其中一章的标题。

吉布提（Dakar-Djibouti）考察团（1931）。[1]这些考察活动成为法国民族学的备忘录，同时，它们也促进了收集工作的开展，收集在民族志研究中至关重要。于是，博物馆和具体的研究地域成为民族学的两大中心，一个是展开实际研究的场所，另一个则是研究机构所在地。在它们的基础上，这门年轻的学科急着与古玩商店和探险者划清界限。但民族学研究总是伴随着一段让我们今天觉得有些沉重的冒险，因为这些冒险需要在殖民地展开。

我们长期打着殖民展与人类博物馆势不两立的虚假旗号，称1931年的殖民展只关心异国风情的物件，而人类博物馆（1938）则代表了学术人文主义和一门民主的学科，以此借口隐藏人类博物馆的内容大多来源于殖民历史的事实。事实上，贝诺瓦·德·莱斯图瓦勒（Benoît de l'Estoile）曾严肃地指出，不论殖民展还是人类博物馆，两者都表达了我们"对他人的兴趣"，尽管他们的表达方式有所不同。在1930年代的法国，两者都从"殖民地改革"的角度肯定了人类多样性的正面价值，而在殖民地改革的主张之下，法国民族学的主要支持者、殖民地的部分管理者以及社会党大部分成员集合在一起。从这个角度看，年轻的列维－斯特劳斯身为社会主义运动分子，与利维的信仰不谋而合。他在1929年的一篇以"社会主义和殖民化"为题的文章里表示接受殖民历史遗留下来的遗产，但他希望能够改变这些遗产的命运："在殖民帝国这个现实面前，社会主义者虽然关心社会组织形式，但不能采取消极的态度。我们不能否定殖民地的价值，我们应该站出来，给予他们我们的信任，同时，要求自己把这样的信任转化为改善殖民地土著人生活条件的动力。"[2]利维并不拒绝海洋部对殖民地

---

[1] 让·雅曼（Jean Jamin）：《失乐园的宝藏（有关达喀尔－吉布提的考察）》（« Objets trouvés des paradis perdus [à propos de la mission Dakar-Djibouti] »），载雅克·艾纳尔（Jacques Hainard）、罗兰·卡尔（Roland Kaer）编：《"热情"展》（*Collections Passion*），纳沙泰尔：民族志博物馆（Musée d'ethnographie），1982年。

[2] 克洛德·列维－斯特劳斯：《社会主义和殖民化》（« Le socialisme et la colonisation »），《社会主义大学生》第1期，1929年10月，第7—8页。

4 救赎：民族学（1931—1935）

的关心，海洋部不仅资助了他建造博物馆的计划，也资助了一些考察团，其中包括了达喀尔－吉布提考察团。针对达喀尔－吉布提考察团，1931年3月，海洋部还投票一致通过了一项法律。海洋部此举的目的是更好地了解帝国以便更好地管理帝国，并且传达人民阵线有关殖民地的学说。利维自在地承认人类博物馆是"一个殖民博物馆"[1]，里面的藏品基本上来自帝国的殖民地。如果民族学与反殖民主义联系在一起（与民族学走得很近的先锋派有反殖民主义的主张，如果从这个角度看的话，民族学与反殖民主义存在联系），"我们不明白为什么民族学的建设还能得到公共资源的帮助"[2]。此外，民族学得到支持不仅仅是为了让它在法国土地上美化帝国的形象，更是为了堵住全世界人们的悠悠众口（尤其是美国和苏联）。利维辞去了反法西斯知识分子警戒委员会里的职务，他用这种方式反对这个他曾参与创立的协会竟明确表达反殖民主义立场。换言之，人们必须认识到，民族学不是一门附属于殖民主义的学科，而是一种伴随改革殖民地的主张而付出的努力，而民族学应当在这个过程中获得自己的科研成果。

我们刚刚描述的这些往事，克洛德·列维－斯特劳斯几乎没有参与，甚至一丁点都没参与。他没有成为莫斯学生中的一员，尽管他在1931年秋天取得教师资格证后联系过莫斯："7月，我刚刚通过了哲学教师资格考试。民族志研究非常吸引我，如果您能给我一些建议，我会感到非常高兴。10月20日左右我就要去服兵役了。如果您能在那之前见一见我，我就感激不尽了。"[3]这对通过了教师资格考试的年轻夫妇与民族志领域有过一些交集（迪娜·德雷福斯曾在民族志博物馆干过一点活，这似乎是她哲

---

[1] 贝诺瓦·德·莱斯图瓦勒：《他者的诱惑：从殖民展到原始艺术》，第73页。1938年5月31日，保罗·利维向达拉迪尔（Daladier）写信。
[2] 同上书，第74页。
[3] 克洛德·列维－斯特劳斯给马塞尔·莫斯的信（1931年10月4日），被收藏于法国当代出版纪念馆（Imec）马塞尔·莫斯档案库。我要感谢爱丽丝·康克林（Alice Conklin）的帮助。

学课程的一部分[1]），但这些我们通过档案偶然了解到的"客串活动"只能证明列维-斯特劳斯——就像他一直挂在嘴上的那样——在这时就是一个民族志领域的门外汉。[2]他与民族学有过两次接触，但每一次都是用别人的名义或者他的假名：1930年，当列维-斯特劳斯还是乔治·莫奈的助手时，他亲笔撰写了一篇有关"毕加索和立体主义"[3]的文章，文章最后发表于《文献》，但署名是众议员乔治·莫奈；1931年，克洛德父亲接到一笔大订单，客人要求他为殖民展的马达加斯加陈列厅准备装饰画。他在民族志博物馆里画了很多背景画，克洛德站在这儿或那儿，在两个马达加斯加妇女（或者殖民地管理者）的中间，帮助父亲完成收尾工作。正是因为殖民背景的活动，克洛德才与这座利维和里维埃正在建造的博物馆初次相遇。这难道不让人惊讶吗？

他把出国的机会当作神的命令，这也合乎逻辑，因为他并不信教。15年后，他已经是一名公认的民族学家，他把这个在他人生中决定性的时刻重新解释为古希腊悲剧中的"解围之神"（Deus ex machina）的降临。下面这段有名的段落是《忧郁的热带》里第二部分第五章的开头："1934年秋，某个周日早上9点，我的事业因一通电话而有了着落。电话那头是谢列斯泰·布格雷，当时高等师范学校的校长。那些年，他待我甚是亲切，但也保持了相当的距离：首先因为我不曾是师范生，其次（更重要的是），就算我是师范生，他也只对自己的学生表达关心，而我并不是他的学生。我猜，他一定是没有更好的人选了，因为他突然这么问我：

---

1 《学生研究报告（1932）》（« Rapport sur le travail fourni par les étudiants en 1932 »），乔治·亨利·里维埃将它交给了马塞尔·莫斯：编号1176，1932年6月3日，法国当代出版纪念馆马塞尔·莫斯档案库。再次向爱丽丝·康克林表示感谢。
2 克洛德·列维-斯特劳斯在《忧郁的热带》也有所提及。参见《忧郁的热带》，第41页："我与民族学完全没有交集，我从未听过一堂民族学的课。我记得在1928年，詹姆斯·乔治·弗雷泽爵士最后一次来索邦，给学生们上了那堂具有纪念意义的讲座，我虽然知道有讲座这一回事，却完全没有想要去听的意思。"
3 乔治·莫奈（Georges Monnet）（作者实为克洛德·列维-斯特劳斯）：《毕加索与立体主义》（« Picasso et le cubisme »），《文献》（Documents）第3期，1930年，第139—140页。

4 救赎：民族学（1931—1935）

'你还想做民族志研究吗？'——是的！——那么，你可以提交成为圣保罗大学社会学系老师的申请。圣保罗有很多印第安人，你周末便有事可做了。但你必须在中午之前把你最终的决定告诉乔治·杜马。"[1]

这通电话有着货真价实的戏剧效果，而这些往事都一一记录在《忧郁的热带》里。这个荒唐的提案、唐突的要求、短暂的决策时间以及谢列斯泰·布格雷的失察（圣保罗的郊区很久以前就没有印第安人了）都造成了一个彻底的、未被预见的断层，就像被刀子砍过一般：离开欧洲，去往巴西！事实上，谢列斯泰·布格雷与列维－斯特劳斯并不亲近，他认识列维－斯特劳斯是因为他曾指导过克洛德第一篇哲学论文。在出发去巴西（从后来看这次旅行才知道它来得多么突然）之前，年轻的夫妇曾向他求助申请洛克菲勒基金会的学习奖学金，他们希望能"去美国接触民族志研究"。布格雷认真地为列维－斯特劳斯夫妇担保，他向洛克菲勒基金会负责欧洲的一位密使崔西·B. 基特里奇（Tracy B. Kittredge）表示，"我在这两位年轻人参加哲学教师资格考试的时候认识了他们，他们通过了考试，他们两人都很聪明，也很勤奋。年轻的克洛德·列维－斯特劳斯交给我有关马克思主义的本科学位论文写得非常不错"[2]。但他们的经历并不符合洛克菲勒基金会的要求，美国人向布格雷解释道："我觉得我们可能不能在短期内考虑他们的要求。他们在民族学领域应该只是刚刚入门。而我们原则上需要更有经验的申请人，要求他们证明他们在自己想要从事的社会科学的特定领域能够进行独立研究。"[3] 第一次与北美

---

1 《忧郁的热带》，第34页。乔治·杜马是活跃于两次世界大战之间和平时期的著名心理学家，因代表法国在南美开展文化业务，他的名字被广为传颂。他还参与成立了一大批高中、大学和科研中心。
2 谢列斯泰·布格雷给崔西·巴雷特·基特里奇的信，时间为1934年10月26日。参见国家档案馆（Archives nationales），编号61 AJ 94。感谢托马·赫尔斯向我提供这份资料。
3 崔西·巴雷特·基特里奇给谢列斯泰·布格雷的信，时间为1934年11月7日。参见乌尔姆路高等师范学校"布格雷档案"。再次感谢托马·赫尔斯的帮助。

的接触以失败告终,这也是他们第一次失败。北美计划落空之后,巴西成为他们的选项。

"使命"驱使还是"另有所图"?他为什么要成为人类学家?

为什么要成为人类学家?或者是"巧合"[1]或者是"另有所图"[2]。克洛德·列维-斯特劳斯把民族学的"使命"当作一个选项,是他被它选中而不是由他做出选择。"与数学或者音乐一样,民族学是一种极为少见的真正的天职。就算没有人教导我们,我们也可以通过自己探索这个领域。"[3]基于这种必要性,他常常提到他的一些动机:童年的爱好(他喜欢海外风情的古董)、这门新学科提供的工作机会("情况不同了"[4])、一些他读过的民族学的书籍带给他的鼓励。1933年,他读了罗伯特·路威(Robert Lowie)的《原始社会》,发现了一种可以同时兼顾职业训练和冒险爱好的选项,这在雅克·苏斯戴尔[5]或者尼赞身上都有所体现,而尼赞曾对他表示自己被民族学深深吸引[6]。除了这些原因,克洛德后来还认为他喜爱认识事物的个性似乎与民族学研究非常契合,并戏称这是他"新石器时代的智慧"[7]。总之,很多事情都能说明他为什么踏上征程,为什么走上民族学的道路。这个重要的决定对列维-斯特劳斯的人生、对人类学学科的命运影响深远。

---

[1] 《亦近,亦远》,第27页。
[2] 克洛德·列维-斯特劳斯:《我是谁(上)》(« Ce que je suis, I »),《新观察者》(Le Nouvel Observateur)1980年6月28日,第16页。
[3] 《忧郁的热带》,第43页。
[4] 《亦近,亦远》,第28页。
[5] 1929年,雅克·苏斯戴尔(Jacques Soustelle, 1912—1990)成为一名师范生,1932年,获得了高中哲学教师资格。他是利维的学生和弟子,一拿到高中教师资格,他就出发去了墨西哥,目的是研究奥托米人。他在墨西哥学习纳瓦特尔语(nahuatl),并开始熟悉多门玛雅语言。1936年,他发表了《墨西哥:印第安人的国度》,1937年,完成了博士论文答辩;1938年起,担任新成立的人类博物馆的副馆长。
[6] 《亦近,亦远》,第27—29页。
[7] 《忧郁的热带》,第41页:"我有一种新石器时代的智慧。它就像是土著人的火耕之术,点燃了这片土地,甚至点燃了其中未被侵略之地。为了在短期内有所收获,它给了土地一时的养料,却留下了一片狼藉。"

而造成这个结果的原因多种多样,其中既有对社会职业的考量,也有对学术研究和人生旅程的规划。这些问题并不是只有列维-斯特劳斯一个人需要面对,他自己可能不会相信。

年轻人漂亮地展开了职业生涯并且融入社会活动之中,他也与家庭保持了密切的联系,尽管这些家庭牵绊也让他变得多愁善感。作为老师,年纪尚轻的他授课时不屑于沉闷的重复。除此之外,他也非常投入政治生活:当时(从1934年春天与人民阵线建立盟约起),社会党正积极地追求权力。我们可能对此感到惊讶,而让我们更加吃惊的是,他竟然创造了一个将他从这些稳定的环境中连根拔起的"危险处境",还最终接受了它。列维-斯特劳斯思考了法国社会的"恶",发现了去往他处研究另一个社会的选项。他自己刚要向民族学跨出一大步,此时,似乎与他周围的世界还没有什么不和谐之处。

去巴西以及选择民族学不完全是因为他想要同时摆脱政治和哲学,这与《忧郁的热带》里描述的要与它们一刀两断的论断并不一致。当然,我们发现年轻的政治运动分子克洛德对他在建设性革命里的政治伙伴不无微词:克洛德觉得他的同志有时过于严厉地批判布鲁姆,他反而相当崇拜布鲁姆;此外,1933年11月,工人国际法国支部在7月发生骚乱的代表大会之后出现了一批"新社会主义者",他们因意识形态的争论以及为了与马塞尔·戴亚、阿德里昂·马尔凯(Adrien Marquet)划清界限而分离了出去。3万运动分子离开了组织,在法国这片土地上成立了一个新的社会党派,加入他们的有众议员、参议员以及六个联合会[1]。尽管列维-斯特劳斯与戴亚非常亲密,他并没有贸然采取行动,但他夹杂在两种信仰之间备感煎熬。这种不稳定的状态让他想要逃避,他希望寻找第三条道路。但是,这并未说明民族学就是一个替代

---

[1] 参见亚历山大·帕勇:《政治人物列维-斯特劳斯:从工人国际法国支部到联合国教科文组织》,第152—153页。

品或者一条新的道路；相反，民族学可以被看作另一种政治和哲学诉求。在发表于《社会主义大学生》的好几篇文章里，克洛德明确地表示，马克思以及其他一切哲学思想都必须"浸透在现实中"。此外，我们必须增长学识，这就需要学习"内容丰富的学科，比如民族志研究，在马克思的时代并不存在的这门学问如今为众多马克思主义者所用"[1]。起初，这位年轻的哲学家和运动分子从一种政治实践的角度看待民族学，在他眼里，社会主义革命派和民族学研究都建立在对西方文明的批判之上。他在《忧郁的热带》里表示，社会科学的选择与他对哲学的"厌恶"息息相关，他因为"厌恶"哲学而走上了民族学道路，而民族学"就像一块漂浮木"[2]。但他在后来一些访谈中表达的观点与这种说法不甚相同："我并不是说要与哲学划清界限。因为从本质上说，我们都是在研究哲学。但这是另一种哲学，它既不需要内省，也不是要我们思考我们身处的这个时代、这个社会的人的状态；它力争以思考作为起点要求我们了解人的各种经历，不管这些经历离我们有多么遥远。"[3] 当克洛德出发去巴西之时，他没有放弃幻想在政界获得一官半职："我去巴西，但可能有意想不到的故事发生。我看见自己在圣保罗积极地通过广播了解选举结果，得知人民阵线政府的成立以及乔治·莫奈被提名为部长的消息。我非常肯定他会需要我，而我也会响应他。那时，我已经万事俱备，马上可以出航了。然而，什么都没有发生。"[4] 这个令人痛心的小故事只会影响那些空等一通电话的可怜人，而它并不能证明列维－斯特劳斯对政治"心灰意冷"才选择了民族学。事实上，尽管他已经全身心投入民族学研究之中，他仍不忘关心政治。一通电话带来

---

[1] 克洛德·列维－斯特劳斯：《马塞尔·戴亚〈社会主义视野〉》。参见维克多·斯托维斯基：《人类学研究作为救赎：列维－斯特劳斯的世界观》，第164页。
[2] 《忧郁的热带》，第40页。
[3] 《克洛德·列维－斯特劳斯"遥远的目光"》，第29页。这是迪迪埃·埃里蓬与列维－斯特劳斯访谈的内容。
[4] 《自画像》，第20页。

的小插曲：1934年10月的一通电话让他获得了远赴巴西的机会；1936年5月的一通他没能等来的电话嘱咐他"安分守己"。

克洛德·列维-斯特劳斯在那些决定远赴巴西的理由之中只反复强调一条——他对职业前景的考虑。而从他的口气中不难听出内疚的情绪。"那些让我成为民族学家的理由，我承认，并'不单纯'：我几乎从未因为通过哲学教师资格考试之后获得的机会而感到高兴，我试图寻找一条出路。尽管，当上老师的第一年，我觉得非常开心，但很快……在那个年代，我们知道对于哲学老师而言，民族学是一条'出路'。我认识保罗·尼赞，因为他是我某位表姐的丈夫，有一天，他跟我聊了这些事。我喜欢露营，喜欢在山间散步，喜欢大自然的生活，所以我便去了巴西。"[1]他常常说他不擅长上课或者开讲座，他把这种"不擅长"解释为先天的缺陷。的确，这项"不擅长"对教师，尤其是中学教师而言，意味着职业生涯中的一大障碍。而民族学则让他避开了中学教师传道授业的日常工作，让他直接进入了大学；而与他同时代的所有高中教师资格获得者至少需要在外省和巴黎的高中待上十几年。我们还记得列维-斯特劳斯不是师范生，所以他想要进入高校任教则更加困难。而这个背景能够帮助我们理解他那些"不单纯"的动机。我们可以笃定地说，选择一门新的社会科学学科意味着可以获取不错的回报，因为这是一个"对手较少"[2]的研究领域。这也是在法国、德国和美国有那么多犹太知识分子成为社会科学奠基人的原因之一。涂尔干、莫斯、列维-布留尔，这些法国社会的新鲜人若是选择了传统学科便要遭遇更大的困境。维克多·卡拉第（Viktor Karady）指出，科研创新可以被理解为"打

---

[1]《我是谁（上）》，第16页。
[2] 维克多·卡拉第关于这一问题的思考：《犹太裔知识分子与社会科学：一个问题的简单阐述》，载约昂·海尔布朗、雷米·勒诺瓦和吉塞勒·萨皮罗主编：《社会科学史：向皮埃尔·布迪厄致敬》，第166页。

工人国际法国支部（十六区分部）的会员证：
1927年，他成为社会党的一员，1935年，他交了最后一次党费。

破常规的成功之道"[1]。1930年代初的克洛德正是这样想的。他也部分认识到自己的想法，后来，他这样表示："19世纪犹太人社会地位的攀升与社会科学成长为独立学科的过程联系在一起。而在社会科学领域有一个'温床'——我指的是生态学意义上的生存环境——还剩下了空余的位子，如果我们这些新鲜人在这里发展，则不需要面对过分激烈的竞争。"[2]

"——基于爱好？——就是因为爱好。"

"出路"（porte de sortie）这个表达方式直到最后仍让人琢磨不透。当然，它指的是摆脱中学教师的身份，这一点一清二楚。但民族学研究要求地理上的隔绝，意味着要远赴他乡展开研究，

---

[1] 维克多·卡拉第关于这一问题的思考：《犹太裔知识分子与社会科学：一个问题的简单阐述》，载约昂·海尔布朗、雷米·勒诺瓦和吉塞勒·萨皮罗主编：《社会科学史：向皮埃尔·布迪厄致敬》，第165页。
[2] 克洛德·列维－斯特劳斯：《我是谁（下）》，《新观察者》1980年7月5日，第18页。

这些民族学的特性为"出口"一词赋予了更加丰富的意义。而这个"出口"还诱惑了与他同一代的其他哲学家。

尼赞离开了乌尔姆路，解缆起航。他想品尝兰波长途旅行的痛苦。从亚丁回来后，他沉醉于共产主义运动中。还有其他人也与列维-斯特劳斯和尼赞一样对哲学老师的工作感到不满。对异国的兴趣、对世界的好奇代表了1930年代这些知识分子共同的焦虑。他们拒绝枯燥乏味的抽象概念，从根本上说，这些年轻的知识分子为这个他们捕捉不到的世界感到伤心难过。最后，他们都向往能够真实地感受事物与生命。萨特、尼赞、列维-斯特劳斯，每个人都在那时选择了一条"出路"：萨特选择了现象学，列维-斯特劳斯选择了民族学，尼赞选择加入政治革命派。这是1930年代年轻知识分子界里的三种烈性毒品，它们加快了三人的生活进程，赋予了他们生活的意义和实质，让他们与事物亲密接触。

民族学是其中一个选项，并不是最糟糕的选项。正在经历重组的民族学处于动荡的变化之中，新的成员、新的机构以及新的视野让人热血沸腾。这门新的学科打破了文人的传统，它给普通的物件赋予了崇高的地位，还把一个野心勃勃的名词收入囊中："民族学以人为研究课题"[1]。此外，它将研究工作的传统分类公之于众：室内的学术大家与收集资料的观察家。从此，民族学家们将展开实地考察并悉心记录下将被用来分析的各种资料。知识分子和探险家之间的对立、不断变化的思想与亲近大自然的生活之间的落差、学术界与感性世界之间的矛盾都得到了解决：民族学跨越了这些从笛卡尔开始便延续下来的西方文化中古板的障碍。在民族学的摇篮之上聚集了一群精灵，他们竞相累积经历、增长学识。做一名行动派的知识分子！一位热情的年轻人不愿被修辞学捆绑住手脚（他对修辞学已经了如指掌），他走向了民族学，

---

[1] 米歇尔·莱里斯称之为"新民族志研究"。参见文森·德巴恩：《告别旅行：科学与文学之间的法国民族学》，第76页。

把民族学当作一个真正可以实现的承诺。民族学是列维－斯特劳斯的"漂浮木",是米歇尔·莱里斯"赎罪的机会"。宗教用语恰好表现了他们对民族学的热切期望。[1]

很多年之后,当克洛德在法兰西学院的穹顶下发表就任院士的讲话时,他向作家蒙特朗(Monterlant)致敬。身为新晋院士的克洛德做了一个令人大吃一惊的比较:"我们这一代里很多人希望从民族学、从蒙特朗那代人中得到的经历,也是战争和体育能给的。"[2] 他在《忧郁的热带》中将我们的注意力带往"他处":每个社会(不论是原始社会还是工业化社会)都存在这样的"他处",好让这些"逃离"的社会成员能够在历经考验之后名正言顺地荣耀归来,而这些荣誉与正统的地位无法通过其他方式得到[3];在我们的社会中,探险、运动成就或者战争经历构成了多余的场景,它们让社会成员们与之发生摩擦,或是在摩擦中超越自我,或是营造出让热血少年想要挑战的艰难处境。克洛德接着写道:蒙特朗认为体育是"介于战争时代的肉体抒情诗与和平时代的官僚作风之间的一种活动〔……〕,战争代表了一种被推向极限的民族志经历——首先把这些经历推向极限的是战争赖以存在的那些特殊的考验;其次,这份推动力来自战争造成的人的混居,因为法国社会比我们想象的要更加多元,而这种人种的混合状态让人感到水土不服,之后,人们便开始寻找水土不服的原因"。每一代人都会创造出属于自己的"他处":蒙特朗的"他处"是战争;至于列维－斯特劳斯,民族学否定了之前那段冒险的暴力成分,同时,从中创造了丰富的想象空间,于是民族学便成为他

---

[1] 这一整段请参考文森·德巴恩:《民族学的声誉》,载《告别旅行:科学与文学之间的法国民族学》,从第 74 页起。
[2] 艾米丽·朱莉亚:《法兰西学院克洛德·列维－斯特劳斯就任仪式上的演讲(1974 年 6 月 24 日,巴黎)》,载《作品背后的克洛德·列维－斯特劳斯》,第 106 页。
[3] "追逐权力":《忧郁的热带》,第 28 页。

新的"他处"[1]。

总之,"选择"民族学符合列维-斯特劳斯自己以及一代人的期望。简单地说,选择一门学科的决定并不只是科学思考的结果。1961年,乔治·沙博尼耶(Georges Charbonnier)向克洛德征求意见,因为他想要转向民族学研究。列维-斯特劳斯向他解释道,自然科学学者选择学科时有很多深层次的理由,"这些理由有时可以追溯到个人很久远之前的经历",而且他们"态度也非常积极"。甚至连数学家也符合这种情况。"——基于爱好?提问者说。——就是因为爱好。"[2]

---

[1] 参见让-弗朗索瓦·贝尔(Jean-François Bert):《马塞尔·莫斯的工作室》(*L'Atelier de Marcel Mauss*),巴黎:法国国家科学研究中心出版社(CNRS éditions),2012年,第126页:"安德烈·乔治·奥德里库尔是莫斯1930年代初的学生,他指出,莫斯曾在一节课上提到,自己唯一的'田野工作'是一战期间长期担任口译员的经历。"

[2] 乔治·沙博尼耶:《与克洛德·列维-斯特劳斯对话(1961)》,《真实的程度》,第18—19页。

5　世界的迷雾

> 就像是一位游荡于山野之间的城里人。
> 克洛德·列维-斯特劳斯,《忧郁的热带》[1]

我们能够简单描述在踏上去往巴西的旅程之时,克洛德的精神状态和世界观吗？我们不需要描绘一整个哲学体系,因为它并不存在,而是根据他童年和青少年时期的经历和发现,从认识论的角度猜测他的情绪如何。

克洛德的世界观是一个待解开的谜团,他很早便迷上了思考,1935年,他已经习惯了思考。他的世界观和思考的习惯是他鲜明个性的基础:他渴求理性,眼里迸发着火花,同时也保留着"内心的疯狂想法",而它们为他天马行空的幻想提供了跳板。十年如一日,从未变化。克洛德就像是一位游荡于山野之间的城里人,陶醉于理解这个世界的混乱秩序,然后恢复这个世界的秩序。这项重要的任务值得献上一生。

认识论

敏锐的眼神（他童年的好奇心磨炼了他的眼神）、收藏的爱好、分类的学问（矿物与动物的分类）、艺术、可以四处漫步的城市、对自然的探索（从布列塔尼、诺曼底的海滩到塞文山脉的石山）：列维-斯特劳斯慢慢地为自己知识分子的身份建立了雏形。童年结束之后,他"随意地画了很多像样和不像样的画"[2],从此,他确信,尽管自己出生在一个艺术之家,他却没有掌控艺

---

[1]《忧郁的热带》,第48页。
[2] 克洛德·列维-斯特劳斯:《失败者？我们都是》。

术创作的才华，他有的是学习艺术的才华。[1] 他既不是画家，也不是音乐家（这让他终生遗憾）。年轻的克洛德猜测，只有在学习中他才能"创造"，他致力于理解造物主的活动和神性，可他在创作过程中也没能找到答案。

创造的神秘性与知识的地位

克洛德常常这样说：知识并无用处，它应当是自我的一个目标。"努力理解事物，是活着的过程中打发时间的唯一方式。它是我们存在的最好的证明，或许是唯一的证明。"[2] 打发时间、证明自己、拯救自己。从此，"认识事物"成为穿过事物表象、发现事理的方式，毋庸置疑的是，人受到启发后能发现真实。这项理性的事业可以给我们带来很多成果：无尽的欢乐、生存价值的证明。而这些成果把"知识"的概念奉为世俗化过程里的重要一环。知识承担着救世主的角色，因为在一个脱离宗教的社会里，它代替宗教找到了"绝对"的事物。

无疑，年轻的列维－斯特劳斯身上有一种"神秘感"[3]，尽管他自己无视宗教，甚至"对宗教的话题不胜其烦"。但他认知的欲望刚好符合"认识"这一行为的期待。所以我们知道为什么他在《忧郁的热带》里自称拥有"新石器时代"的智慧，而这段话也常常得到后人的评论："就像是土著人的火耕之术，点燃了这片土地，甚至点燃了其中未被侵略之地。为了在短期内有所收获，它给了土地一时的养料，却留下了一片狼藉。"[4] 为什么他会这样急不可耐？因为他厌恶重复，我们在拉昂高中二年级的课堂上对

---

1 与让－克洛德·布林吉尔（J.-C. Bringuier）的访谈录《列维－斯特劳斯的世纪》（*Le Siècle de Lévi-Strauss*）："我并不从事创造活动，我只全身心地投入创造活动的研究之中。"
2 《〈快报〉带你走近克洛德·列维－斯特劳斯》，《快报》第 1027 期，1971 年 3 月 15—21 日。
3 《亦近，亦远》，第 14 页："然后，即使我一直对宗教之言充耳不闻，我也越来越有这种感觉：宇宙和人类在宇宙中的位置远远超越了我们的理解，甚至永远不能被我们所参透。有时候，与固执的理性主义者相比，我反而与宗教信徒相处得更加自在。至少信徒们保留了一种神秘感。"
4 《忧郁的热带》，第 41 页。

此已经有所了解，但根本原因在于，他懂得的知识还远远不足，这使他不得不对同一个对象学习两次："当我担任考官时，学识不足让我觉得进退维谷：因为，我随机抽中的问题，甚至连我自己都不知道应当如何作答，而学生还需要给我答案。我的问题已不用多说。好像这些内容在我面前遁去了身形，只是因为我曾一度将心思放在它们身上。"[1]一方面，实在的事物是无穷无尽的，他敏感的神经让他能够轻易地发现它们、轻松地与它们接触；另一方面，实在的事物存在着消失的风险，比如，传统的哲学会将人们认识事物的闪耀瞬间简化为几个抽象的概念。消沉的情绪等待着他，他的世界分崩离析。在这样的背景下，选择民族学意味着他可以体验无穷无尽的事物（所有的文化），带着渴望的心情"建立世界与他之间新的联系"[2]。我们可以想象年轻的克洛德是如何渴望拥抱世界，渴望掌握一切。他不希望世界从他手中溜走，与西拿（Cinna）一样。西拿是他在多年之后创作的话剧里的角色，而话剧的创作不过是他在巴西生活中的一次叛逆之举。"我对自己说，没有人能——即便是柏拉图也不能——看尽这个世界里所有的花花草草，因为它们是无穷无尽的；而我要学会辨认所有的花花草草，我要收集恐惧、寒冷、饥饿、疲倦带给我的感受，而你们待在封闭的房子里，享受着粮仓里丰富的食物，甚至无法想象这些情景。我吃过蜥蜴、蛇以及其他会让你感到揪心的食物，我把自己当作刚刚皈依的信徒，开始体会他们的感受，我确信我将在世界和我之间建立新的联系。"[3]

克洛德用他的五感吞食世界，以此来理解世界。他内心深信知性世界与感性世界是不可分的，而感性世界的价值在他童

---

[1]《忧郁的热带》，第 41 页。
[2] 同上书，第 408 页。
[3] 参见纳唐·华德（Nathan Wachtel）的文章：《西拿的征程，克洛德·列维-斯特劳斯》（« La quête de Cinna, Claude Lévi-Strauss »），《批评》（*Critique*）第 620—621 期，1999 年 1—2 月，第 123—138 页。

年的丰富经历中得到了证实,是他童年的"遗产"之一。他的童年让他的五感得到了真正的解放,这对他的生活而言意义非凡。列维-斯特劳斯在作品中写道:"因为没能理解那些我们无法理解的事物,同时,身陷感性世界和知性世界这两种不同的认知逻辑之中无所适从,我感到十分恼火。从童年起,我就感觉自己需要在人生中进行尝试,我想尝试搭建一座从这一头跨到那一头的桥梁。"[1]

三个情妇以及一个……

克洛德试图解开感性世界与知性世界的对立关系,但他的才能还远不止于建立一座栈桥。知识对他而言意味着跳入虚空之中,是表象(现实的事物,那些我们日常所见的事物)和事实(事实指基石,真相的基石,它比现实的事物更加贴近现实)之间的断裂。这种特殊的才能很早便可见端倪,这种才能与他特别丰富的人生经历脱不了关系:"事实上,我个人经历中未曾变化的是,我一直被那些看似不能被人理解、偶然的事物深深吸引,并尝试着从背后发现它的合理性。"[2] 列维-斯特劳斯后来用哲学语言表达了这种需求,他指出,这是一种"从洛克、笛卡尔的哲学风格转变为人文、社会科学,从次性到初性(次性迷惑人的眼睛,而初性与现实相符)"[3] 的过程。

在《忧郁的热带》中,他给出了他认为能代表认识过程的三个意象,而每一个意象都与他早年见过的风景、接触过的精神分析和马克思主义有关。他的"三位情人",他这样称呼它们,就像是三段认识论的小故事。在故事里,克洛德的学者身份和谐地融入了他的人生,为他自己的世界观建起了框架。从这个框架出

---

[1] 克洛德·列维-斯特劳斯:《失败者?我们都是》。
[2] 同上。
[3] 《〈快报〉带你走近克洛德·列维-斯特劳斯》,第111页。

发，他建立了学者远大的抱负。

首先是精神分析：克洛德·列维-斯特劳斯通过一位同班同学的帮助（他的父亲马塞尔·纳唐 [Marcel Nathan] 是弗洛伊德众多信徒中的一人，欧洲的美好年代来临时，弗洛伊德的信徒们建立了一个不对外开放的绅士俱乐部，但玛丽·波拿巴 [Marie Bonaparte] 与纳唐十分亲近，因此，破例加入了俱乐部）在高中接触了弗洛伊德，而后者的作品出版仅有十几年。在那个时代，因为皮埃尔·让内（Pierre Janet）的心理学深深地渗透到法国医学界，所以精神分析并没有得到礼遇。1920年代，通过艺术与文学的管道，这门研究心灵的新科学才真正为法国民众所知。弗洛伊德的几部作品有了法语译本，对他尖锐的批判也进入了大众视野（主要是夏尔·布罗代尔 [Charles Blondel] 对弗洛伊德的批判），精神分析在这样的背景下创造了一种真正的"潮流"。而我们发现，在无尽的好奇心和"广其学"的求知欲的驱使下，列维-斯特劳斯也没有落于人后。与民族学一样，精神分析与先锋派艺术（主要是超现实主义运动）存在着各种联系。精神分析激发了先锋派的创作灵感，一大批造型艺术作品面世；它也影响了文学以及电影（电影指的是《马布斯博士》）。对于克洛德这名哲学系的学生而言，阅读弗洛伊德的文字让心理学和主体哲学的课程内容黯然失色，也让理性与非理性、知性与感性、逻辑与前逻辑这些重要的二元关系失去了意义。从人最不理性的行为中发掘最具意义的元素，这个精神分析的观点成为他认知的第一个转折点。他自然地接受了这个转变，因为他自己也有同一种感受："真正的现实"从未真正实现。

马克思主义也企图改变现实，以让人充分理解现实："马克思告诉我们，社会科学与物理学不同，社会科学不再建立于事件之上，而是建立于感性认识获得的论据之上：社会科学的目的是建立一个模型，学习这个模型的属性以及它设计实验室的不同方式，最后我们把观察报告用于解释我们的感性认识，而我们的解释可能与预想的结果相差甚远。"[1] 这个建模的过程让我们接触到另一种现实的事物。克洛德认为，科学应当重视实验室，而不要依靠人的认知，因为人的认知借助经验认识世界。

在列维-斯特劳斯心里，知识本身代表了他第三位情人。我们可以从《忧郁的热带》里那些热情的文字中感受到这一点。他眼里最符合范式的"情人"是地质学，这是一门他通过自己的眼睛发现的学科。少年克洛德登上了塞文山脉的"香山"，发现了这门学问。事实上，在 1920 年代末，尽管经济问题严重，他的父母依然买下了一家废弃的养蚕场，家里人在那里过了几年露营生活。养蚕场靠近瓦勒罗盖（Valleraugue），位于一个叫作坎卡布拉（Camcabra）的小村庄。村庄周围一片荒芜，因此，后来他的父母把这儿当作战争避难所。1950 年代至 1968 年前，塞文山脉得到了现代化的改造，公路也建了起来。列维-斯特劳斯觉得，这片土地往日的景象已经不复存在，但在他的精神世界里，人迹罕至、雄伟壮观的大自然景观是这片土地不可磨灭的印记。克洛德带着地图和露营帐篷展开持续很长时间的徒步旅行，他还夜登埃古阿勒峰（mont Aigoual），他的每一任妻子都与他一同参与了这个挑战[2]；他漫步于地质的历史中，感到美梦成真；他还认真地追踪朗格多克地区喀斯高原上两个地层的交际线。对克洛德而言，在杂乱无章的风景中逐渐认识到一段源远流长的历史，这个过程就是"认识"所代表的典型意义。越过塌方、荆棘和断层，他要寻觅"重要的意义"或"庄严的含义"。因为后者突然照亮了感性认识的所谓现实，让我们发现了其中的不完善之处，更让我们在理解事物的那一刻感到欣喜若狂："奇迹发生了，这是偶尔才会发生的事，"克洛德在《忧郁的热带》里这样写道："神

---

[1]《忧郁的热带》，第 46 页。
[2] 与莫尼克·列维-斯特劳斯的访谈，2011 年 10 月 29 日。

秘的裂缝两边竟然同时出现了两株绿色植物,品种不同的它们分别选择了最有利的土壤;在岩石里,我同时发现了两块菊石,它们经历了不同但复杂的退化过程,用各自的方式向我们展示几万年的历史,突然空间与时间融合在一起;某一时刻表现出来的生动的多样性让时代与时代之间发生重叠,也让时代得到了永恒的传承。思想与感性让我们达到了一种新的境界:每一滴汗水、每一次肌肉弯曲、每一次喘息都是符号,它们代表了我的身体在运动过程中创造的历史,而同时,我的思想感受到运动的意义。我感到一切都是可以认知的,交替的世纪和变换的地点之间互相呼应,最终,它们之间的语言障碍也得到了解决。"[1]

为了形容这个认识论形成的时刻,列维-斯特劳斯化身为充满激情、语言丰富的马塞尔·普鲁斯特,就像回到了普鲁斯特不由自主地回忆往事来创作的那个时刻。不论是对列维-斯特劳斯还是普鲁斯特,感性与理性认知都为他们提供了更多的空间,帮助他们实现了更多的成果;他们内心的愉悦来自时空的碰撞,从此,这种感受成为他们存在的基础;因此,主体与客体(在此处是自然风景)的融合成就了一种宗教的领圣体,而所谓"奇迹"不过只是开始而已。两人之间的区别在于,列维-斯特劳斯需要通过肉体劳动获得知识,知识根本上是靠运动得来的(汗水、肌肉收缩、喘气),而普鲁斯特认识事物更多依靠机缘以及某个时间点对事物意义的领会。

山峦无疑是列维-斯特劳斯认知活动最理想的布景。但后来,情况发生了变化。他将对岩层丰富的塞文山脉"矢志不渝"的热爱转移至森林身上。在森林里,他使用相同的手段,但付出的汗水要少得多。如果森林代表了他的成熟时期,那么山峦——尤其是海拔在1400—2200米的"放牛的山地"——则代表了少年时期。海洋的魅力在于广阔,而山峦则不同,它是一片"密集的风景",

---

[1] 《忧郁的热带》,第45页。

上至山口、下至峭壁之间的山谷,它挺拔的身形下凝聚着各种有意义的事物:"我在登山过程中需要耗费太多体力,让我感到心有余而力不足,而耗费体力的过程也让我深深地感受到大山的存在。它既反叛又调皮,它总是对我隐藏它的另一面,但这只不过是为了让我在上山和下山的路上可以领略它的另一种风情罢了。大山的风景在我看来就是一出舞蹈,而我是一位指挥者。我若能成功抓住那些启发了这支舞蹈的伟大真理,我便能够更加自由地进行指挥。"[1]

这个奇迹渴望知识,它着急得直喘气;它与克洛德童年的经历有着千丝万缕的联系,它也拥有着知识那魔法般的魅力。事实上,与超现实主义一样,列维-斯特劳斯认识事物的模式需要幻想的能力:幻想现实(réalité)的不同层面,这些不同层面之间存在联系,但也存在森严的等级关系。因为这里的"现实"(réalité)包括了一切其他实在的东西,它们被赋予意义,是真正意义上的"现实",是完整、至高无上的存在。但超现实主义者想要通过"完全解放"(tout lâcher)的主张来实现的并不是同一种"超理性"(super-rationalité)。不论如何,两种情况下我们都见证了事物被揭露的过程,在这个过程中,我们透过表象发现了一种深层次的、被隐藏的、强大的现实。

在另一段人生经历中,克洛德也经历了发现的过程,正是这段经历培养了他的世界观。在他前往巴西的前夜,我们可以对他的世界观有所了解。克洛德·列维-斯特劳斯常常在书信中提到自己热衷于阅读侦探小说,而相比法国的侦探小说(roman policier),他似乎更喜欢英国侦探小说(detective novel)的风格。他特别喜欢美国作家 S. S. 范·达因(S. S. Van Dine)(也叫威拉德·H. 莱特 [Willard H. Wright])的小说,喜欢小说里的侦探菲洛·万斯(Philo Vance),一个有些玩世不恭的业余的"艺术"

---

[1] 《忧郁的热带》,第 357 页。

调查者。从 1926 年开始，小说一发表他就买来读。他对这些小说的评价非常正面，针对最新出版的小说，他写道："这是颠覆了侦探小说体裁的最棒的小说。"[1]

迷恋侦探小说在他这一代人身上司空见惯。诞生于 19 世纪末的侦探小说是 20 世纪西方文学的一方霸主，它的出现为虚构作品（小说或者电影）的阵营增加了一种新的叙事模式。然而，吕克·博尔坦斯基（Luc Boltanski）在最近揭露了侦探小说、骑士小说和社会科学之间的亲密关系。作为同一个时代的产物，三者都建立于"谜团"之上，解决谜团的首要工具是调查，而它们最基本的运作方式就是揭露事实。侦探小说与社会学一样，它们都质疑表面的"现实"，它们把异常的现象、矛盾、反常的现象、随机的现象作为检视的工具，最终赋予"现实"更深刻的意义："表面上的现实虽然一目了然但无疑是一种幻影，尽管它有着正经的身份，但它与真正的现实是不同的。深刻的现实不为人所观，甚至会给人造成威胁（这里指骑士小说里那些阴谋），它没有正式的身份，但要比表面上的现实更加真实。"[2] 与调查罪犯的方式、破解阴谋（共济会、国际恐怖主义或者各种邪教组织的阴谋）的线索一样，社会科学也有自己的思路：它将社会生活描述为一个完整的、必须按照自己独有的规则运作的整体。

对侦探小说的广泛阅读无疑影响了列维－斯特劳斯对谜团的认知方式，他对谜团的重视是显而易见的。他常常使用侦探小说里的词语阐述他在民族学领域的抱负："一方面，这里有着无穷的谜团和经过加密——所以等待我们解密——的信息；另一方面，我们很难触及真相，一些调查的方式最终带给我们非常荒诞的结

---

[1] 致蒙德马桑德父母的信（没有记录日期）：参见《"亲爱的爸妈"：致父母的书信集（1931—1942）》。
[2] 吕克·博尔坦斯基（Luc Boltanski）：《谜团与阴谋：关于调查的调查》（*Énigmes et complots. Une enquête à propos d'enquêtes*），巴黎：伽利玛出版社，《新法兰西评论》，2012 年，第 15 页。

果。"[1]一些民族学家曾多次向列维-斯特劳斯这种"侦探级别的洞察力"致敬，他们希望借助这种洞察力来梳理神话的各种版本与神话在不同文化空间的传播现象。巴西民族学家玛努拉·卡内罗·达库尼亚（Manuela Carneiro da Cunha）补充道，这种方法"非常符合侦探小说的要求，但列维-斯特劳斯把它用在了他最后两册著作——《神话学》——里"[2]。

时间的介入

认识世界的深切渴望很早就在列维-斯特劳斯心里扎根，并且一直未变，而他与世界的关系则在不断变化之中。要想掌握一个人在某个时间点对时间的所有幻想可能并不容易。然而，我们可以尝试了解时间变换的过程，克洛德的学识与对小说的爱好都是依靠时间培养起来的。

"堂吉诃德式作风"

"我认为，堂吉诃德式作风的本质是一种固执的愿望：在当下重拾过往。如果某一天，一个人意外地忘记了他曾经的样子，我会给他这把钥匙。"[3]这意味着寻找隐藏于当下的过往，或者说，发现"地毯里的图案"[4]。就像是，我们超越了当下对我们的诱惑，揭开了现实的面纱，只不过，这一次我们将回溯过去。列维-斯特劳斯的父亲也曾是一位与现实"脱节"的堂吉诃德，儿子克洛

---

[1] 《〈快报〉带你走近克洛德·列维-斯特劳斯》，第141页。
[2] 玛努拉·卡内罗·达库尼亚（Manuela Carneiro da Cunha）：《能够扩散的结构主义存在吗？》（« Un diffusionnisme structuraliste existe-t-il? »），载菲利普·德斯科拉编：《列维-斯特劳斯：世纪之旅》（Lévi-Strauss, un parcours dans le siècle），巴黎：奥迪尔·雅各布出版社（Odile Jacob），2012年，第29页。
[3] 《亦近，亦远》，第134页。
[4] 亨利·詹姆斯（Henry James）：《地毯上的图案》（Le Motif dans le tapis），艾洛迪·维亚勒冬（Élodie Vialleton）译，阿尔勒：南方文献出版社，1997年。图案就像是埃德加·爱伦·坡《失窃的信》，虽呈现于众人面前，但大隐于市。参见帕斯卡尔·卡萨诺瓦（Pascale Casanova）：《文学世界共和国》（La République mondiale des lettres），巴黎：瑟伊出版社，1999年，从第11页起。

德这样说。整个家族都生活在 19 世纪积累的财富的光芒之下，年复一年地消耗这些财富。如果童年时期的克洛德透过没落的当下，深刻地理解了家族历史，这也是理所当然的。

1935 年，年轻的老师完全融入了他的时代，他通过工作成为时代的一分子，政治占据了他的时间，让他参与到那个时代社会、意识形态以及文化的变迁之中，他反抗不公，拒绝不义，心怀热情。他向往革命，喜爱先锋派艺术家，喜爱弗洛伊德、毕加索、斯特拉文斯基，主张和平主义，还表达了对他处的渴望。之前我们提到，他喜欢塞利纳和尼赞。在这些因素下，我们很难将"对人生悲观"这个他成熟时期的重要标签贴到年轻的克洛德身上，1935 年出航的时候，他年仅 26 岁。他若是生在其他时代，例如，19 世纪，那么他会拥有一个更加惬意的生活。然而，年轻的克洛德喜爱研究技术，他对摄影、电影和汽车着迷，无疑，他属于 20 世纪。巴西改变了这种情况。但从另一个角度看，由于他非常相信人类理解和掌握世界的能力，他可能已经成为 19 世纪的一分子，并且将一直留在上个世纪。如果"伟大的 19 世纪"和 18 世纪的阿尔萨斯是他幻想的对象，它们仍不足以让克洛德怀疑当下的价值，尽管他并不喜欢当下。一切迹象显示，克洛德深深地扎根于当下，即便他以批判的态度面对他的时代。年轻的克洛德·列维－斯特劳斯虽未经历那些过去的岁月，却是历史的承载者。而过去是一个相当丰富的世界，丰富得足以让他把空间上的旅行当作回到过去的旅行，这就有些像他小时候对地质岩层的追踪。他准备好穿越大西洋，去搜集有关巴西和当地居民的资料；同时，他开始阅读让·德·雷瑞在 16 世纪中后期创作的故事，这是他离开欧洲之前在精神上的准备工作，而通过这种方式，他将自己安置于新世界的门口。

5 世界的迷雾

热爱之始：让·德·雷瑞的 16 世纪

1934 年末，克洛德·列维－斯特劳斯同意于第二年 2 月出发去巴西。他在人类博物馆（当时，这座博物馆仍是特罗卡德罗博物馆）的图书室里读了一些书，做了一些研究。他被让·德·雷瑞这个名字吸引，就像中了魔一样。这位日内瓦人"纯真的目光"[1]让时光机器运转了起来。1556 年，雷瑞离开了日内瓦去瓜纳巴拉湾（里约热内卢）支援维盖尼翁上将。维盖尼翁上将被困在他的科里尼堡（Fort-Coligny），被天主教带给他的心灵上的难题折磨。维盖尼翁想要皈依新教，他要求让·卡尔文（Jean Calvin）给他十几个人手帮他度过这个危机。一边是葡萄牙人，他们在北方，时刻准备集结人马登陆巴西海岸；另一边是图皮人，他们已与白人达成了一定程度的默契。科里尼堡的一小队人被围困在两方人马中间，十分焦虑。经过了长年累月，他们中的一些人娶了妻并且过上了土著人的生活。让·德·雷瑞便遭遇了这种情况。为了躲避维盖尼翁一天天更加严重的疯狂行为，他不得不逃往印第安人的部落寻求庇护。他在印第安部落的生活如今成为我们手中的故事。他还为这个故事添油加醋，让它既有宏大的背景也有滑稽的内容。列维－斯特劳斯觉得这个故事非常具有成为小说的潜质："多么精彩的一部电影！"[2]但让克洛德感到陶醉的，是一种"（雷瑞和印第安人）之间的和睦关系"，为此"我们需要这本民族志文学杰作《巴西游记》"[3]。

为什么是杰作？因为它"能忽视或者抛弃成规，让我们透过他们的真实样貌，理解这些人与物"。它"不浪费精力"[4]。不同于他的兄弟和竞争对手安德烈·特维（André Thevet），《南极法国

---

[1]《关于让·德·雷瑞：与克洛德·列维－斯特劳斯的谈话》（« Sur Jean de Léry. Entretien avec Claude Lévi-Strauss »），载多米尼克－安托万·格里索尼将之整理为书的导言，即让·德·雷瑞：《巴西大地上的旅行》（Histoire d'un voyage fait en la terre du Brésil），"经典丛书"，巴黎：口袋书出版社，1994 年，第 7 页。
[2]《忧郁的热带》，第 69 页。
[3] 同上书，第 70 页。
[4]《关于让·德·雷瑞：与克洛德·列维－斯特劳斯的谈话》，第 9 页。

的特点》(Singularités de la France antarctique)的作者，雷瑞具有打破固定思维的才能。五十几年前，欧洲人发现了巴西海岸并对它进行了考察，而仅仅五十几年之后，雷瑞并没有被前人的发现捆绑住手脚。16 世纪要感谢宽厚的列维－斯特劳斯，他迫不及待地要看看16 世纪的那些早期探险活动，他很珍视这些历史：这个世纪，地域之间的接触还没有变得那么频繁，人们的好奇心仍十分强烈；两个世界第一次接触，它们带着天真的好奇心和平等的尊严互相打量、互相端详。这种观察他者、被他者颠覆以及根据与传说非常不同的现实场景——这些西方现代背景下的传说是西方人多次踏足蛮荒之地后创作出来的——做出解释的能力，克洛德在让·德·雷瑞身上见到了蛛丝马迹。但总的来说，克洛德在蒙田和拉伯雷的时代发现了这种能力："在拉伯雷或者蒙田这样的人身上，我们看到了纯真的目光，而这么美妙的眼神之后便再也不得见了。"[1]

克洛德·列维－斯特劳斯带着这部文学作品登上了美洲的海岸。雷瑞的故事是他的枕边故事。它将克洛德带向雷瑞和他的图皮人：玻璃碎片、风景、海边的忧郁故事。就像停留在时间里的某一刻，克洛德还不是民族学家，但幻想着成为民族学家。这位欧洲人既是侦察山峦的孩子，也是沉迷于侦探小说的少年，还是守候在公共汽车上的高中生。他抵达了里约热内卢，口袋里装着让·德·雷瑞的故事。他知道寻觅另一种现实是通向真实（le vrai）的最可靠的道路，而真实对他而言意味着美好的曙光。"读雷瑞帮助我逃离这个世纪，让我与被我称为'超现实'（sur-réalité）的东西重新取得联系。而此'超现实'不是超现实主义者所说的那一个'超现实'，它是一种比我见证的现实更加真实的'现实'。被雷瑞摄入眼中的很多事物并没有什么价值，因为他是第一次看见这些事物，并且，是在四百年前。"[2]

---

[1] 《关于让·德·雷瑞：与克洛德·列维－斯特劳斯的谈话》，第9页。
[2] 同上书，第13页。

第 2 部分

新大陆（1935—1947）

6 圣保罗的法国印记

> 巴西是我们生命中的巅峰时刻。
>
> 1985年5月30日，
> 费尔南·布罗代尔（Fernand Braudel）
> 在法兰西学院就任仪式上的演讲

克洛德·列维-斯特劳斯于1935年2月2日登上了开往巴西的客轮，接着，在巴西待了整整4年。

他的旅行和一部分短暂逗留的经历，克洛德都把它们当作对第一次跨洋之行的重温之旅。其中不仅包括了哥伦布与葡萄牙人卡布拉尔（他从萨尔瓦多登陆）的探险，也包括了以让·德·雷瑞为代表（让·德·雷瑞的口袋本一直放在可及之处）的16世纪其他探险家的旅行。法国对巴西的影响在1930年代仍然非常显著，它为两国建立了一种亲密的关系，圣保罗大学的建立更是加深了这种关系。克洛德来到巴西后，在这所大学里工作、教书。他用法语授课，而法语是受过良好教育的巴西学生的第二外语。

事实上，列维-斯特劳斯是带着一个伟大抱负开始民族志研究的：他立志在欧洲与拉丁美洲之间传递知识。1934年，圣保罗大学成立。考虑到一系列政治、制度和社会的限制（而这些问题也影响了这位年轻人与新晋社会学老师的命运），派法国老师（但也有极少数意大利和德国老师）去这所大学任教的计划虽然令人心潮澎湃，但计划不会顺利落实。

二战后，克洛德只回了巴西一次，那是1985年，他承认自己欠下了"很大一笔债"[1]。不仅是因为这个国家的印第安人给他提供了未来博士论文的研究对象，也是因为新世界景观的整体面貌对他而言就是一个绝佳的观察所。所有的事物以一种前所未有的速度增长，因此，这片土地成为人文科学的实验室。巴西成为法国社会科学的"黄金国"。如果乔治·杜马的"巴西作战"意在将法国的理科与文科介绍给巴西，那么它也将拉丁美洲的视野带入了法国的历史编纂学、地理学和民族学之中。

我们在15年后看到了成果。1949年，吕西安·费弗尔（Lucien Febvre）在《经济、社会与文化年鉴》研究南美洲的一期特刊里邀请年轻的大学老师们去亲眼看一看："去那儿吧。睁开你们的眼睛。[……] 别读太多书。多看看。""那里的人的生活和经历是未知的 [……] 它们不可以被分解成那些容易理解的模式。"[2] 列维－斯特劳斯和圣保罗的一小队人——包括费尔南·布罗代尔、皮埃尔·蒙贝和罗杰·巴斯蒂德——满心欢喜地展开了探索，他们睁大眼睛观察巴西当下的真实情况，后来，列维－斯特劳斯的兴趣转向了土著人居住的那些远离尘嚣的岛屿。[3]

---

[1] 克洛德·列维－斯特劳斯：《远离巴西》（*Loin du Brésil*），与维罗妮可·蒙泰尼（Véronique Mortaigne）的谈话，巴黎：尚丹尼出版社（Chandeigne），2005年，第11页："巴西是我人生中最重要的一段经历。它之所以重要，不仅是因为我远离家乡（éloignement），体验了完全不同的事物，还因为它帮助我找到了我的职业。"

[2] 吕西安·费弗尔（Lucien Febvre）：导言《历史面前的南美》（« L'Amérique du Sud devant l'histoire »），《拉丁美洲研究（论文、评论等共计48篇）》（« Quarante-huit études, essais, comptes rendus et mises au point. À travers les Amériques latines »），《经济、社会与文化年鉴》（*Annales ESC*），1948年10—12月。1949年以特刊形式（《年鉴手册》第4期）再版，第208页。

[3] 我要特别感谢圣保罗大学教授费尔南达·佩肖托（Fernanda Peixoto），感谢她在巴西的热情接待，让我拿到了这些巴西经历的文献。在她和她的学生（尤其是路易莎·瓦伦蒂尼）的帮助下，我的研究才得以顺利展开。后面的注释中，我还将逐一表示感谢。

美洲之行

登上门多萨

在离别欢庆活动结束之后,他们匆忙起航。法国与美洲联合委员会对自己操办的宴会描述得十分冷漠,我们能从中感受到欢庆活动的"沉痛氛围",而在活动最后,"巴西作战"之父乔治·杜马还不忘提出最后几点嘱咐("必须好好着装!"[1])。最后,1935 年 2 月 4 日,克洛德和迪娜·列维 – 斯特劳斯与两位同事让·莫格(Jean Maugüe)、皮埃尔·乌尔卡德(Pierre Hourcade)相伴,乘坐门多萨从马赛港出发。他们在法国南部冬日的愉快氛围中出航,"口渴时来上一杯苏打水,一饮而尽,身心舒畅到了极点"[2]。

"门多萨"既是货船也是客轮,具有双重功能。它是海洋蒸汽运输总公司(Société générale des transports maritimes à vapeur)船队的一分子。克洛德的那些跨洋之旅一直搭乘这艘"门多萨"船。它载上几名旅客,在海上漂浮 19 日,中途在西班牙和非洲海岸停靠,并在停靠的过程中装货、卸货。旅程的第一段,门多萨沿海航行,乘客们能够趁机游览船只停泊的城市。第一座城市是巴塞罗那,门多萨在晚上离开马赛,第二天清晨就抵达了巴塞罗那。列维 – 斯特劳斯乘坐出租车穿梭于城市中,那些宽阔的林荫大道、城市的美景、丰富的绿化(马路两边各是一排橘子树)、高迪的建筑作品(他忘记了它的名字)让他如痴如醉。"但其中最棒的是建筑:简直美疯了"[3],他给父母写信的时候这样说。彩色马赛克的大楼、教堂里做成花的形状的钟楼、"用熟铁建造

---

[1]《忧郁的热带》,第 8 页。
[2] 同上书,第 49 页。
[3] 1935 年 2 月 5 日,克洛德·列维 – 斯特劳斯写给父母的信,现在是莫尼克·列维 – 斯特劳斯个人收藏的一部分。写信时,克洛德正在"门多萨"客轮上。

的、浮夸又适宜居住的神迹一样的"[1]房子。年轻的克洛德因这些从未在法国见到的事物感到又惊又喜："这一切都太不可思议了，它们完全都不像是建筑物。可以说，美好的情绪一次又一次爆发。"[2]乘客们从兰布拉大道走回港口。之后是颜色分明的塔拉戈纳：蓝色的大海、鲜艳的硫黄色、红色的油桶、一堆堆橙子以及黑色的煤——"一幅好画。"少年的热情感染他的语言：船上有九位乘客，而在甲板上，他们感觉只剩下自己。旅程中的伙伴们很好相处，尤其是让·莫格。这位逃离了蒙吕松高中（lycée Montluçon）的年轻的哲学老师聪明、不拘于成规，他后来在自己的回忆录《牙齿不适》（Les Dents agacées）里向我们分享了列维－斯特劳斯在巴西的不凡经历。《牙齿不适》是一本实事求是又饶有趣味的回忆录。在那个时刻，"我们只管享受生活"。列维－斯特劳斯需要承担家庭的担子，他没有忘记自己的父母。出于经济上的考虑，他鼓励父母到巴西与他们相聚，似乎在他的印象中，圣保罗就是黄金国，是家道中落、面临经济困境的欧洲人的一片乐土。

经过达喀尔（Dakar）之后，门多萨穿过公海，十几天后抵达了里约热内卢。从此，他的生活中充满新事物与发现新事物的乐趣，他只好沉醉其中；晚上，发动机的震动反而让他"心平气和并且感到幸福"[3]。奇怪的是，横渡这片没有标记的大西洋打乱了旅行的价值。静止的感觉就好似客船向旅行者们展示着幻灯片，而幻灯片为观众们献上了"世界的转盘"[4]。列维－斯特劳斯"感谢这些恩赐"[5]，他聚精会神地与这些事物对话，没有什么能打扰他的兴致。在莫格的回忆中，他似乎一直"孤身在甲板上漫步，

---

[1] 1935年2月5日，克洛德·列维－斯特劳斯写给父母的信，现在是莫尼克·列维－斯特劳斯个人收藏的一部分。写信时，克洛德正在"门多萨"客轮上。
[2] 同上。
[3]《忧郁的热带》，第49页。
[4] 同上书，第50页。
[5] 同上书，第51页。

他没有闭上眼睛，可整个人封闭在自己的世界，好像害怕刚刚记录下的一切会从他的身边溜走"[1]。

他调动全身的感官究竟在看什么呢？可能是云朵漫无章法的运动，或者是"超自然的灾难"，比如日出日落？克洛德在《忧郁的热带》里曾对后者进行了几页的分析。这些为人所知的内容是他在当时写下的。15年后，他认为把这些文字放在文本的这个位置非常合适。这种普鲁斯特式的拼剪（pastiche）虽然有些俗气，但也有几分作家的风采，这也是在他了解具体的事物、了解它们是如此丰富的过程中，对他的语言、对他捕捉现实和翻译现实的能力的考验。似乎，在即将进入奇妙的新世界（这是他日后将要探索的世界）时，列维-斯特劳斯想要用他的眼睛和笔触揭示它的无与伦比、它丰富的内涵、它不可言喻的美好之处。

中途还有另一段精彩的文字："赤道无风带。"这是《忧郁的热带》第八章的开头。这个风平浪静的区域里，两个半球的风在这里集合和互相抵消，因此带来了一片平静，然而平静之中也潜伏着危机。航海者把这里划作赤道线（他们也害怕平静中隐藏的波浪）。空气暗淡无光。天空比海洋还要灵动，而海洋则比天空更加灰暗。人的感官能够捕捉到的标记互相颠倒，它们好像是邀请克洛德把焦点放在进入新大陆之前最后一道门槛上——代表完全进入美洲的"最后的标志"。在一个"甲板上度过的无眠的夜晚、期待美洲大陆的夜晚"[2]里，他们热情地举杯共饮，这时，他们可以幻想黄金时代的神话，幻想16世纪先驱们的冒险，幻想皇家探险团的遭遇，以及西方世界、西方经验、西方知识与西方信仰面对另一个世界时所承受的"撕心裂肺的考验"[3]。列维-

---

[1] 《牙齿不适》，第81页。
[2] 《忧郁的热带》，第63页。
[3] 罗曼·贝尔特朗（Romain Bertrand）将之放在历史语境进行比较。参见罗曼·贝尔特朗：《历史的另一面：东方与西方相遇（16—17世纪）》（*L'Histoire à parts égales. Récits d'une rencontre Orient-Occident, XVI-XVIIe siècles*），巴黎：瑟伊出版社，2011年。

斯特劳斯还可以幻想他的旅程,好像欧洲和美洲是两个完全独立的星球。

"新大陆"的气味

一些符号的出现说明"新大陆"就在眼前:热带长尾鸟(paille-en-queue)、海燕等鸟类,一队队银色的飞鱼。但"最先出现的是一种气味":它混合了异国的辣椒与发酵过的烟草叶的味道。这是一种属于陆地的味道,一种充满了植物气息的味道。随着时间的推移,它成为对"巴西"这个名词嗅觉上的"强烈认同"。仅次于气味的是景色:巨大的马尔山脉(Serra do Mar)沿着海岸铺展开来,十分显眼。船只从北往南航行,从里约热内卢到圣多斯的过程中,马尔山脉也一路前行。这尊无法测量的庞然大物十分结实,这些特征从今以后便代表了广阔的新大陆,也要求他调整自己的看法。

里约热内卢让他失望。他对比例的认识被一个景点弄糊涂了,因为景点的名声与大小并不匹配:科科瓦多山以及甜面包山在他看来像是"掉落在人间的残齿"[1]。克洛德在这座因美景而出名的城市里漫步,它让他想起了拿破仑三世统治下的尼斯和比亚里茨,因为这里既有一种亲切感,也有一种疏离感。这是从历史角度而言的,并不是地理意义上的亲切与疏离。看穿这一切的他做出了第一个总结:"与其说热带地区具有异国风情,不如说它是老旧的。"[2] 然而,他也发现了一些真正的不同之处:私人空间和公共空间之间的融合要比欧洲的城市更加和谐。在里约,马路扩展了房屋的空间,房屋内外的空间发生了渗透。而他对另一种与欧洲颠倒的情况感到有趣:由于空间有限,里约的社会阶层按照海拔高度分布的规则刚好与欧洲南方城市相反。马赛或者那不

---

[1] 《忧郁的热带》,第66页。
[2] 同上书,第74页。

勒斯的资产阶级喜欢海拔较高的住宅，因为这样的房子空气新鲜又有能望向大海的视野；里约的贫民窟分布在小山上，那里缺水又长期被阳光照射，经济条件优越的市民则搬到了环抱在小山周围的山谷之中，这些山谷"就像是一副窄窄的手套，把手指裹得紧紧的"[1]。

克洛德对这座城市的初步印象为他南下的美妙旅程提供了"反败为胜"的机会。南下指的是，从"梦中的热带"开始沿着巴西海岸线一直到圣多斯的旅程。这条几千千米长的海岸上有一片细沙沙滩，沙滩的上空是海边郁郁葱葱的山脉，此外，小岛和小湾让海岸的轮廓更加突出；与此同时，几个慵懒的小港口偶尔会展现出18世纪宫殿辉煌景象的残留痕迹，那是米纳斯吉拉斯州（Minas Gerais）金子经济带来的成就：乌巴图巴和帕拉蒂曾是运送金子去欧洲的出口港。这段旅行需要空间上的移动，也必定随着时间推移。因此，当他们抵达圣多斯，旅行结束，他们也回到了"当下"。现在，咖啡成为黑色的金子，是巴西这一地区的"黄金"。从19世纪末开始，咖啡这一农产品为圣保罗州带来了繁荣，而圣多斯港成为咖啡主要的出口港。

在圣多斯，一小群法国人受到了朱里欧·德·梅斯奎塔·菲略（Julio de Mesquita Filho）的迎接，他是《圣保罗州报》（*O Estado do S. Paulo*）的所有人，是来自圣保罗的大资本家，也是圣保罗大学创立过程中的关键人物。圣保罗在内陆，距离圣多斯100多千米，连接两地的是一条颠簸的公路，名字叫马尔路（Caminho da Mar）。它首先需要解决的是海洋山脉造成的两地800米的海拔之差。对列维-斯特劳斯而言，他感受到的第一次"热带冲击"来自海岸森林。海岸森林繁衍于原始的斜坡之上，它让克洛德呼吸到茂密植被带来的新鲜空气。但山顶的景象就不同了：西边一片空旷的赭石色景色，那是巴西中部的大高原。高原的高

---

[1]《忧郁的热带》，第74页。

度随着阶梯不断下降，直至与亚马孙盆地保持水平，就像"一张向海边倾斜的桌子、一片被潮湿的丛林和沼泽包围的荒地、一块卷曲的跳板"[1]。我们注意到他对地理特征的生动描述与维达尔·白兰士一模一样，列维－斯特劳斯还在巴西遇到了白兰士的女婿兼弟子伊曼纽埃尔·德·马顿（Emmanuel de Martonne）。这片寸草不生的高原成为列维－斯特劳斯日后所熟悉的巴西风景，他在圣保罗的生活、在马托格罗索州（Mato Grosso）的考察过程都有这片高原的身影。它向列维－斯特劳斯露出了狰狞的面目，例如，裂缝、山脊、沟壑，但同时，"天上下起了布列塔尼那样的蒙蒙细雨"[2]。

逆着山脉走势从圣多斯到圣保罗的风景可以说是"伤痕累累"。被砍得光秃秃的土地上只剩下荒芜的景象，勃勃生机一去不复返，急功近利的开拓者短期的暴力开发之后又将这片土地丢在脑后。这些都是在咖啡经济成长起来、巴西繁荣发展的过程中发生的现象。在巴西加快现代化脚步的过程中，（淘金、制糖、咖啡豆种植、可可种植、橡胶产业的）发展高峰相继出现，而这个现代化的进程与那片被遗忘的风景一样混乱不堪。事实上，列维－斯特劳斯见到的1930年代的巴西突然跳出了它的殖民地时代。巴西摆脱了佩德罗二世的统治，1889年，巴西帝国成为共和国。早在1888年，巴西已经废除了奴隶制。这些往事距离克洛德去巴西的那一年还不足50年。巴西第一个共和国一直延续到1930年，它建立于圣保罗的寡头势力之上。共和国给予每个州很大的自治权，州与州之间是竞争关系但以联盟的方式结合在一起。1880年代咖啡业的兴盛改变了圣保罗州西部的高原，那里建起了庄园，庄园里种起了单作的巨大的植物。仍未摆脱奴性的工人负责种植，为庄园大家族服务的管家负责管理这些工人，因为，庄

---

1 《忧郁的热带》，第80页。
2 同上书，第79页。

园的主人们常常不在。同时，巴西出现了大量的移民人口（300多万人），他们集中于巴西南部的咖啡树种植区，服务于圣保罗的这项新兴产业。除了意大利人，德国移民也成为巴西南部的开拓区里的农业人口，这些开拓区位于巴拉那州、南里奥格兰德州或者圣卡塔琳娜州。此外，从1908年起，日本人开始从圣多斯登陆巴西这片土地，然后进入咖啡庄园里工作。他们最后常常成为生产稻米和蔬菜的农耕者。扎根于巴西的这群移民存在感很强，而他们的团体又很封闭。当列维-斯特劳斯和同事们抵达拉丁美洲的这个国家时，它已经表现出文化多元的潜质：根据圣保罗各个社区之间非常鲜明的城市地貌的区别，我们可以找到像纽约那样的"意大利城"（在贝希加区）或者"东京城"。里约和圣保罗建立了不同的城市特色，里约是快乐之城和政治中心，而圣保罗是一个大型的工业城市；而乡村生活受到殖民背景对精神世界的影响，所以仍旧非常传统。然而，社会、经济、城市的变化让"庄园主共和国"里的寡头势力的秩序面临危机：农民起义、共产主义运动（1927年"普雷斯特斯纵队"的精彩历史）、陆军年轻军官发起的几轮"尉官派"起义。1930年，巴西的新总统热图利奥·瓦加斯（Getúlio Vargas）推出了一项政治条约，借此加强了联邦州政府对城市中产阶层的监管。瓦加斯调停了当地精英分子和"中尉们"之间的矛盾，他主张极端的政治手段，使1930年代政治对抗的氛围非常浓厚。1937年，他废除了原有的国家体制，建立了"新国家"，对这块新的政治版图加强统治。1935年2月末，年轻的法国儿女们来到圣保罗，尽管这个国家在多个方面发生着快速的转变，可他们对这些事情还知之甚少。但他们很快便通过学习掌握了这些信息，因为政治时局和经济时局与他们南美之行密切相关，也对克洛德·列维-斯特劳斯的计划、生活产生了决定性的影响。与同行的伙伴们身上发生的事情相比，这些影响要深远得多。

圣保罗的幻景

抵达圣保罗之后，法国老师们受到了圣保罗州州长阿曼多·沙理士·德·奥利维拉（Armando Sales de Oliveira）的接待。他们在特米纳斯酒店（l'hôtel Terminus）落脚，特米纳斯酒店是一间市里的豪华大酒店。他们的到来也得到了当地新闻界的报道。照片和表示欢迎的文字说明了，他们是贵客（personae gratae）。

狂欢节刚刚开始："当天夜里，我们出门探索这个城市。在一个贫民街区，一座有着绿色窗户的矮房子里传出了响亮的音乐声。我们看到，有人正在房子里跳舞。我们向他们走近。一个看门的黑人告诉我们，进去跳舞可以，但如果只是看看就免了。于是我们便认真地跳舞，但我担心自己舞艺不佳，会给年轻的黑人姑娘们造成不快，而她们却完全忽略了我们的动作，接受了我们的邀请。"[1] 她们服装的羊毛材质与圣保罗夏天的热浪并不合适，她们因此不停地出汗。

第二天，保罗·阿尔布斯－巴斯蒂（Paul Arbousse-Bastide）带着他们在城里转了一圈。保罗·阿尔布斯－巴斯蒂早他们一年来到巴西，已经熟悉了环境，是他们的前辈。他是社会学老师，也是乔治·杜马的远房弟弟。列维－斯特劳斯曾多次提到，这些"走马观花"的环行是有价值的：它向克洛德展示了一座外国城市的风貌，让这位行色匆匆的游客透过无知的双眼记录下城市赐予他的深刻的印象和充满意义的惊喜。这些匆匆一瞥的经历让他们产生了直观的感受，日后长时间的居住与生活让他们难以再次捕捉这些感受。那时，克洛德看到了一个怎样的圣保罗呢？圣保罗很吵闹，有多副面孔。它也给克洛德一种"未完工"的感受，这些感受都有迹可循。克洛德用他的徕卡相机拍摄了照片并把这

---

[1] 克洛德·列维－斯特劳斯：《忧伤的圣保罗》，莫雷拉·萨勒斯学院（Instituto Moreira Salles）：巴西文学出版社（Companhia das Letras），第 5 版，2009 年，第 43 页。我要感谢翻译人员路易莎·瓦伦蒂尼在我访问圣保罗期间给予我的无私帮助。

些照片收录进《忧伤的圣保罗》(Saudades de São Paulo)之中：正在建造的大楼、热闹的市民生活、各种招牌，以及一种乡土气息（车子很少）；一群母牛平静地走在马路上，而马路一侧是人满为患的电车。时空发生了碰撞，这里既像芝加哥，也像巴黎，也有里斯本的味道。一些黑人穿着贴身的白色衣服，而另一些则穿着破烂衣服；"茶树高架桥"(viaduct du Thé)下方有棕榈树；尽管没有城市规划，但沿着地势的起伏，一条条大道建了起来（圣若奥大道正在建设）；圣保罗最初的那片区域曾只是耶稣会的活动地带，它位于多岩石的山嘴，两条河流在那里相聚并流入铁特河(Rio Tietê)。经历了传道活动的高潮之后，这座城市成为新兴的咖啡买卖的商业中心和金融中心，交易地点集中在它的"三角区"，一个现代城市的中心区域。从所谓"第二次奠基期"（这是皮埃尔·蒙贝的叫法）开始，圣保罗快速发展，它的居民从1886年的4.8万人增加到1935年的112万人。[1] 3/4的圣保罗人出生在巴西之外：城里一半是意大利人；还有很多德国人，一些日本人和仅仅几千个法国人。财富持续快速的增长也反映在城市治理之上。这座巴西的城市染上了欧洲色彩：电车、林荫大道、共和国广场（里面建有花园和市戏剧院）。此外，庄园主们通过联姻和频繁的社交在圣保罗建立起自己的聚居区。他们或是住在帕卡埃姆布山丘上，或者住在带有殖民风格、被棕榈树和西吉诺波利斯区的花园点缀起来的官邸里。人和地点创造了美好时代的美好生活。1930年代的圣保罗保留了些许当时的痕迹，而移民者的下一代，他们的财富大多来自制造业而不是来自土地，为了区分于他人，选择居住在圣保罗人大道。这条位于山顶的大道把城市一分为二，调和了这些新权贵从外界带来的不同建筑风格。这些

---

[1] 参见巴托罗梅·贝纳撒尔（Bartolomé Benassar）、理夏尔·马翰（Richard Marin）：《巴西史（1500—2000）》(Histoire du Brésil, 1500-2000)，巴黎：法亚尔出版社，2000年，第299页。

建筑风格无耻地展现着新晋权贵们创造的成就:"马塔拉佐家族差人建造了一座面积很大、罗马风格的房子。房子的几何结构非常简单,建筑材料是白色大理石。有着犹太人血统的雅费家族为房子增添了各种穆斯林艺术装饰品,像是要打造一座清真寺。曾兹家族(Zenz)模仿英国社会的生活,而具有一定写作才华的蒂奥利耶(Thiollier)居住在一座资产阶级风格的漂亮房子里,让自己好像身处吕埃(Rueil)或者维西涅(Vésinet)。"[1]一幢正在建设中的摩天大楼俯视着城市里的一切,它的名字是马蒂内利大厦。马蒂内利大厦淡粉色的身影表明了首都圣保罗的决心:它想要成为热带地区的纽约。因此,克洛德·列维-斯特劳斯人生第一次见到摩天大楼并不是在纽约,而是在圣保罗。探索这块"新大陆"的方式非常错乱和与众不同,因为他不是通过原型,而是通过复制品才展开探索的。

因为圣保罗是属于新大陆的城市,列维-斯特劳斯很快便爱上了它。"圣保罗对我来说从来都不坏。这是一个野性的城市,与所有美洲的城市一样……"[2]"野性"指的是它陷入了工业城市可怕的节奏之中,从"新生快速过渡到衰败,从未留恋过往"[3],因此它只经历了短暂的变化周期。圣保罗人吹嘘说,在1935年,他们只要一个小时就能建一栋房子。尽管克洛德·列维-斯特劳斯在巴西期间从未更换住所,但房子的地址却不断变化:辛西纳托·布拉加路212号或者345号。这便是其中一个原因。

这幢列维-斯特劳斯夫妇居住的房子出现在《忧伤的圣保罗》里的几张照片上,后来,克洛德的父母也搬了进去。房子被树木环绕,有一种殖民建筑的魅力,它面积很大,有一扇熟铁铸造的大门,虽然门上带有一些锈迹。铁门代表了不老旧、舒适的居住

---

1 《牙齿不适》,第87页。
2 《忧郁的热带》,第85页。
3 同上书,第82页。

环境，而铁门前方的福特汽车更为这种舒适生活提供了保障。在巴西买车说明了他的变化。从雪铁龙"三叶草"到福特，这代表了社会地位的上升。年轻的老师们需要这样的变化，可是他们不知道他们事先应当如何幻想："我们都是外省高中里的普通老师，我们想要逃离的想法和我们对研究的热情受到了乔治·杜马的关注。一开始，我们住在非常简陋的房子里，后来我们搬进了带院子的私人大别墅，还雇了佣人伺候我们的夫人（我们家里第一位佣人是一个非常漂亮的黑白混血的姑娘，但我们不得不解雇她，因为她常常趁我们不在穿上我太太的连衣裙去狂欢节的俱乐部里跳舞；之后，有一对不足四十岁、迷人的葡萄牙姐妹，可我们必须两人一起雇佣，因为她们不想分开）[……] 我们的生活并不奢侈。他们其中一人是裁缝，他来家里给我们量尺寸，做图样。食物和服务业价格便宜，这让我们觉得跨越了好几个社会等级。"[1]克洛德在《忧郁的热带》里写道，旅行不仅是地理意义上的移动，也是社交空间的变化：旅行中，人身处的位置变了，人的地位也变了，它会变高或者变低。在巴西的旅行是克洛德最富有的一段经历；而几年之后的纽约之行很快便又让他陷入经济危机。这些社会地位的曲折变化占据了他人生的一部分，他一直期待一种资产阶级安逸的生活，然而，直到1950年代末，这个愿望才真正实现。在此之前，巴西是他的乐园。晚他几个星期抵达巴西的费尔南·布罗代尔租了一辆汽车，意大利司机开着车送他去大学。

那时的生活非常惬意。除了非常优越的物质条件，列维-斯特劳斯还能欣赏这座城市的魅力和各种各样的风景，并用他城市漫步者敏锐的眼睛发现"新鲜的事物"。他的街区在富庶的"稚尔丁保利斯塔区"（Jardim Paulista）边界处，而他大部分同伴都在稚尔丁保利斯塔区选定了住宅，这让他感到高兴。它靠近圣保罗人大道，位于一个向市中心延展的混合街区的高处，混合街

---

[1]《忧伤的圣保罗》，第8页。

区海拔较低、靠近屠宰场的区域住着意大利人和黑人:"辛西纳托·布拉加路与圣保罗人大道平行,比它海拔低一些,但仍然位于高地之上。离辛西纳托·布拉加路不远处,我们可以眺望一整个混乱不堪的街区。我频繁地在这个地区闲逛,被不同的风景深深吸引:现代风格的建筑、仍然带着乡土气息的大道、有着田野风貌的山丘和城市风景中的乡村风貌。"[1] 贝拉维斯塔(Bela Vista;或贝希加区 [Bexiga])的这种城市风景在一张照片和一幅雷蒙·列维-斯特劳斯的画中保留了下来,他高高的个子在照片中显得特别突出。[2] 在城市面前,父子两人敏锐的观察力觉醒了。他们漫步其中,进行打探和收集,两人欣赏城市的习惯相同,甚至最不经意的动作也一模一样。但圣保罗不像巴黎,它不会被人轻易看透,昨天不会,今天也不会;但与所有大城市一样,它也会回收产品和潮流,于是爱逛古玩店的聪明人就能有所收获:"那时候,我们可以在圣保罗游荡。但它不像巴黎或者伦敦有很多古玩店。如果我没记错的话,圣保罗只有一家古玩店,名字好像叫'考尔特·雷奥'(Corte Leal)。店里并没有我们想要的前哥伦布时代的陶瓷制品,也没有土著人的玩意儿,我们只能在橱窗里看到一件被打碎的卡比利亚的瓷器。我为辛西纳托·布拉加路上的房子买了四五件巴西上世纪末的家具,这些实心楹木制成的家具在庄园里还能见到,在城市里已经过时了。的确,除了城市本身,我们不能再向它要求其他可供冥想与沉思的物品。杂乱无章的秩序之中,不同的事物混合在一起,让我们觉得困惑:教堂与殖民时代的公共建筑、破旧的房屋与19世纪的建筑物,以及其他当代的事物……"[3] 列维-斯特劳斯想要在圣保罗的这所年轻大学里全力"解读圣保罗这篇文章",如今,他已经是这儿的社会学老师了。

---

[1] 《忧伤的圣保罗》,第49页。
[2] 这幅画挂在巴黎圣日尔曼大街"拉丁美洲之家"(Maison de l'Amérique latine)的某个接待大厅里。
[3] 《忧伤的圣保罗》,第16页。

巴西的法国科学界

根据法令,圣保罗大学成立于 1934 年 1 月 25 日。它成为巴西学术界的创世神话以及重要的典范。它代表了圣保罗人现代化的决心,也代表了法国与巴西之间神圣友谊的顶峰。从建立初期开始,法国和巴西两方都为圣保罗大学安排了很多计划和"使命",让这所顺应需求而出现的新大学面临着重重考验。总之,它与在欧洲所有追求学术自由的大学都不一样。

为什么是圣保罗大学?

从法国的角度看,在圣保罗建一所大学无疑是一项在国外推广法国作品的政策,用外交部的话说,就是"文化影响力"。当时,法国意识到自己的衰退,计划扩充"软实力"并与法西斯意大利、纳粹德国的政治宣传对抗。[1] 创建于 1920 年 1 月的法国海外事务局(Service des œuvres françaises à l'étranger)负责组织这项类似外交的文化活动,而在 1930 年代,身为法国高等研究实践学院研究员的让·马克思(Jean Marx)一直担任这个部门的负责人。两次世界大战之间,法国的文化外交把重心从它的优势地区——近东——转向美洲和中欧地区。1933 年,300 多名法国老师被派往国外的两百多所高校任教。对外交部而言,这个对巴西进行文化渗透的策略是经过深思熟虑的:法国的文化影响力是传统的(法国经济上的存在感很低,而文化影响力相对较大);由于国内大学职缺较少,所以不乏想要去国外的申请人;而乔治·杜马是法国研究拉丁美洲的大家。

事实上,这位有着炭黑色眼睛的塞文人和新教徒对巴西上流社会(gran fino)一见钟情。他为众人所知、为众人所敬,他在

---

[1] 这些问题请参考雨果·苏博(Hugo Suppo):《法国对巴西的文化政策(1920—1950)》(« La Politique culturelle française au Brésil entre les années 1920-1950 »),巴黎第三大学拉丁美洲高等研究院博士学位论文,1999 年。

1920—1938年远赴巴西的17场旅行中受到了热烈的欢迎，足迹遍布这些新成立的机构：1922年，里约的法巴两国联合高等文化研究所；1923年，圣保罗的法国巴西高中；首批考察团的考察对象是圣保罗大学，后来好几次考察中，他又去了联邦地区大学、里约大学、阿雷格里港大学……乔治·杜马是大学教师、心理学家、师范生，他鼓动激进派的政治人士们采取行动，也激励了处在沉闷环境中的年轻的师范生们（好友谢列斯泰·布格雷也提供了帮助）；同时，他代表政教分离的法国——这是一个由理性主义和孔德派主导法国大革命的法国——与圣保罗当地的资产阶级知识分子建立了良好的关系。当然，重要的是这位在巴西用法国的科学当作武器的"征服者"自己必须是奥古斯特·孔德的专家。[1] 此外，他的学生了解，他有着不同凡响的口才，能诱惑他人，与他的好友让·马克思一道，他能在拉丁美洲呼风唤雨（他也得到了保罗·利维的帮助）。

对巴西而言，圣保罗大学的创立正值寡头制度面临危机的时候。1930年，瓦加斯登上共和国总统之位后，将圣保罗的精英分子从中央权力中排挤出去，这场危机从此爆发。1932年，寡头政治集团尝试推翻瓦加斯的努力以失败告终。成立圣保罗大学是圣保罗当地旧家族的领袖尝试进行的"复兴"活动之一，他们在军事和政治领域受到压制，因此希望在文化界和意识形态领域重拾荣光。他们用上了新的工具，用欧洲年轻人的培养标准看待圣保罗的年轻人，希望他们能够"迎头赶上"[2]。就是在这样的背景下，社会学和政治学学院（它完全受到了美国的影响）、圣保罗市文化处和"哲学、科学和文学学院"（这个学院完全参考法国模型）

---

[1] 乔治·杜马是《两位实证主义圣人的心理研究：圣西蒙与奥古斯特·孔德》（Psychologie des deux messies positivistes : Saint-Simon et Auguste Comte）一书的作者。
[2] 参见塞尔吉奥·米塞利（Sergio Micelli）：《巴西的知识分子和权力》（Les Intellectuels et le pouvoir au Brésil），"巴西丛书"，巴黎：人文科学之家出版社 / 格勒诺布尔大学出版社（Éditions de la MSH/PUG），1981年。

伴随着圣保罗大学的建设计划而建立起来，时间上几乎保持同步。这些机构成立的背后都存在着报复的欲望，这是一种国家层面的报复（圣保罗州对抗联邦政府），而不是社会层面的报复（乡下的大资产阶级对抗支持军队的小资本主义）。尽管原话并非如此，但法国领事 M. 潘戈（M. Pingaud）在报告里指明了圣保罗大学成立的用意，他是这样理解的："圣保罗大学要成为巴西圣保罗文化帝国主义的工具。"[1]

就像是 1870 年战败后的法国人，1932 年之后的圣保罗人读了《文化和精神改革》（La Réforme intellectuelle et morale），认识了雷南（Renan），他们希望能够真正振兴文化。[2] 这个伟大项目的发起人还包括梅斯奎塔家族（famille Mesquita），他们扮演了重要的角色。尤其是朱里欧·德·梅斯奎塔·菲略，他是一名新闻人，也是大报纸《圣保罗州报》的所有人；让·莫格称他是"温驯的狮子"，对他"像冒险家一般灰绿色的眼睛"[3] 和给予法国代表团的帮助大加赞赏："他把法国代表团的任务当作自己的工作"。与州长阿曼多·沙理士·德·奥利维拉成为姻亲后，梅斯奎塔家族成为很多文化事业（期刊、出版社和机构）的资助者；圣保罗大学是他们的文化旗帜，而立宪派是他们的政治臂弯。1937 年，在竞选总统的过程中，圣保罗大学成为选举宣传的论题。这把大学推向了危险的边缘，因为就在 10 月，瓦加斯瓦解了旧政权，建立了"新国家"。人们对圣保罗大学的命运感到担心。所幸的是，它经受住了风雨，并持续存活到今日。

---

1 《法国驻圣保罗领事潘戈向罗比安递交的报告》（« Rapport de M. Pingaud, consul de France à São Paulo, à M. de Robien »），外交部档案（AMAE），法国海外事务局（Service des œuvres），巴西档案，1932—1940 年，第 443 卷。
2 2011 年 8 月 5 日，在圣保罗，安东尼奥·坎迪多·梅罗埃苏扎（Antonio Candido Mello e Souza）讲述了其亲身经历。见证圣保罗大学成立的人物已所剩不多，安东尼奥·坎迪多是其中一人。他是让·莫格的学生，他的妻子是克洛德·列维–斯特劳斯的学生。
3 《牙齿不适》，第 91—92 页。

他们是文化大使还是学科发展的代言人？

于 1935 年抵达巴西的年轻老师们很快发现了问题：现有的信息让他们对社会和文化问题摆出了"错误的姿态"[1]，因为创立一个机构并不一定能实现他们这趟旅行将要展开的远大计划。

此外，这些老师的招募程序出现了巨大的变化。1934 年的第一批代表团是由大学老师组成的，他们满足一定的年龄要求并且工作能力得到认可。此外，他们常常是天主教徒[2]：罗贝尔·加里克（Robert Garric）教授文学，皮埃尔·德方坦（Pierre Deffontaines）教授地理，埃蒂安·伯尔纳（Étinne Borne）教授哲学，埃米尔·科纳尔（Émile Coornaert）教授历史，米歇尔·贝尔韦耶（Michel Berveiller）教授古典文学；最后，资历略浅的保罗·阿尔布斯－巴斯蒂德教授社会学。6 个老师的意识形态不能与圣保罗寡头政治格局里的自由派或者天主教徒发生冲突。此外，他们谨慎地在圣保罗开展除了授课以外的日常活动。1935 年，程序发生了变化，招募代表团成员的外交程序与以往不同。这一次的招募对象不是"成熟的老师"，而是经过精心挑选的年轻的高中教师资格获得者。这些年轻人渴望摆脱高中的教学任务，去巴西这片土地上收集博士论文的资料。有了博士论文，他们回到法国后便能直接向大学提交求职申请，职业、学识、社会关系都将发生变化。

1935 年，克洛德·列维－斯特劳斯与其他人一同前往巴西。费尔南·布罗代尔教授历史，皮埃尔·蒙贝教授地理，让·莫格教授哲学，皮埃尔·乌尔卡德（Pierre Hourcade）教授文学

---

1 《亦近，亦远》，第 33 页。
2 参见让－保罗·勒菲弗（Jean-Paul Lefèvre）：《1930 年代法国高等教育界的巴西公派任务》（« Les missions universitaires françaises au Brésil dans les années 1930 »），《20 世纪：历史期刊》（Vingtième Siècle. Revue d'histoire）第 38 期，1993 年，第 24—33 页；居伊·马蒂尼埃尔（Guy Martinière）：《法巴交流史》（Aspects de la coopération franco-brésilienne），格勒诺布尔：格勒诺布尔大学出版社，1982 年。

（保罗·阿尔布斯 – 巴斯蒂德继续任教）。另一处变化是，理论上，这些新老师任教三年（而不再是一年）。杜马在外省高中物色的这些年轻的教师资格获得者中，布罗代尔的博士论文进展最快，他已经开始动笔了。他带着资料出发，将记录着塞维利亚资料的微缩胶卷塞进行李之中，这些资料都是他论文的养分。他研究的是16世纪的地中海，克洛德对此钦佩不已。为了装下数量庞大的资料，布罗代尔一抵达便额外租下了一间宾馆的房间。至于列维 – 斯特劳斯和蒙贝，他们想要利用自己对拉丁美洲研究的先驱身份成为这个新鲜领域的专家，拉美研究的价值与研究空间都不容小觑；而莫格以讽刺的口吻称自己拥有"令人难以置信的气质"[1]（他自己不那么确定未来会成为大学老师）。将要在1938年接替克洛德的罗杰·巴斯蒂德（Roger Bastide）带着一个有关中世纪神秘主义的博士论文课题出发，但穿越大西洋的经历让他改变了想法。这位未来研究巴西黑人的著名民族学家、巴伊亚州（Bahia）康东布雷教（condomblé）的大行家与阿尔布斯 – 巴斯蒂德同姓，但两人之间并没有血缘或姻亲关系。很快，因为其中一人身材肥胖而另一人身材瘦小，学生们亲切地称呼他们为"大巴斯蒂"（o Bastidão）、"小巴斯蒂"（o Bastidinho）[2]！

从此，年轻的法国儿女们需要面对三方面的烦恼，而这些烦恼让克洛德在巴西生活的那些年阴云密布，尽管在经济上十分富有。

首先，他们以为他们可以教书或干一些他们想做的事，这是他们来巴西的原因，而他们的工作处境完全偏离了原来的轨道。作为法国派驻国外的"大使"，他们获得了当地媒体、圣保罗的学术权威和有身份的女士们接待大使一般的热烈欢迎；他们必须参与几个社交活动，并对大学之外的听众开设几场讲座。克洛

---

[1]《牙齿不适》，第94页。
[2] 2011年8月5日，在圣保罗，安东尼奥·坎迪多·梅罗埃苏扎讲述了其亲身经历。

德·列维-斯特劳斯在 1935 年春天的讲座里谈了《进步的危机》。这篇后来不幸遗失的文章，它的主题大有继续研究的潜质。[1] 然而，列维-斯特劳斯、布罗代尔或者蒙贝并不渴望成为国际关系的半个专家，也并不渴望代表法国讲话，他们反而希望拥有一种国际视野而不是国内视野，投入各个学科的科学研究，教授新的研究方法。[2] 不同的两代人之间，处境也发生了变化：一方是法国文化的大使，另一方想要成为具有全球视野的学者。对克洛德·列维-斯特劳斯而言，远赴巴西的意义在于成为一名具有全球视野的学者，而创办学校的目的却是推广法国文化。这是他们之间的第一个差别，我们还将见到第二个不同之处。

列维-斯特劳斯和他的同事们不想成为代表法国的大使，他们也不愿意被看作圣保罗寡头集团的战士。事实上，他们并不喜欢瓦加斯和他的同伙。列维-斯特劳斯身上社会主义者的直觉让他对梅斯奎塔家族"傲慢"[3]的姿态感到难以忍受，他和同僚们感觉自己成为"罗马帝国的主顾"[4]。年轻的老师们工资翻了三番[5]，成为暴发户：他们住在大别墅里，有佣人和汽车。他们向一屋子谦虚的学生讲课，而学生们对他们充满敬意，把他们看作"统治阶级的仆人"[6]。别人也鼓励他们，叫他们"享受新主人们的那

---

[1] 苏博在博士论文《法国对巴西的文化政策（1920—1950）》中提到这场讲座。皮埃尔·蒙贝（Pierre Monbeig）的博士论文则以"巴西的日本移民"（« L'émigration japonaise au Brésil »）为题。"进步的危机"这一主题已有人进行了研究：1934 年，乔治·弗里德曼（Georges Friedmann）以"进步的危机"为题进行写作。1936 年，该书由伽利玛出版社出版。

[2] 参见克里斯托夫·夏尔勒（Christophe Charle）：《外交大使还是研究人员？》（« Ambassadeurs ou chercheurs? »），《学者共和国（1870—1940）》（La République des universitaires, 1870-1940）第八章，巴黎：瑟伊出版社，1984 年。

[3] 《忧伤的圣保罗》，第 10 页。

[4] 同上。

[5] 克洛德·列维-斯特劳斯、皮埃尔·蒙贝、让·莫格每月可挣 2600 法郎，而费尔南·布罗代尔和皮埃尔·乌尔卡德（Pierre Hourcade）较为年长一些，月薪可达 3500 法郎。他们的工资一半以法郎支付，一半以耳瑞斯（milreis，即巴西的旧货币）支付。有人对让·马克思表示不满，因为耳瑞斯的贬值使他们的收入缩水。参见外交部档案，法国海外事务局，巴西档案，1932—1940 年，第 443 卷，圣保罗大学资料。

[6] 《亦近，亦远》，第 31 页。

种生活——转转汽车俱乐部、赌场和赛马场"[1]。让·莫格投入漫长的感情游戏之中,而克洛德则不同,他几乎不去圣保罗当地的沙龙,偶尔去那里也不过就是用讽刺的口吻对这场"文明游戏"的巴西式规则批判上几句。1950年代末,圣保罗人读了《忧郁的热带》,他们几乎没能理解克洛德用来形容他们的植物的隐喻和植物学研究的笔调:"为了躲避这群冷酷的动物,圣保罗的精英就像他们心爱的兰花一般,成为无精打采的植物,一种比他们想象中更加充满异国风情的植物。"[2] 后面的描述也不痛不痒:这是一场"社会学的小步舞会",里面有社会角色(大资产阶级)、政治角色(改革派、无政府主义者、保守派)、文化角色(先锋派艺术家),而在这个处处受到钳制的社会里,每一种角色都只有一个代表人物。这些法国老师经历的混乱的社会现状更加印证了克洛德对巴西上层社会不留情面的诊断(尽管一些巴西人觉得他说得非常公道,但他们也只能低声耳语)。对他们而言,巴西是一块职业跳板,不论法国和巴西当局的说法是什么,他们为年轻学生们开设的课程便是巴西未来的杠杆,这个杠杆也能用来对付赞助大学的贵族资助者们。他在巴西的经历距离他创作《忧郁的热带》只有20年,这让克洛德能够轻松地带我们回顾这段曲折的故事。

---

1 《忧郁的热带》,第8页。
2 同上书,第87页。

CONFERENCIAS PUBLICAS PROMOVIDAS PELA FACULDADE DE PHILOSOPHIA

O prof. Claude Levi-Strauss realizou hontem a primeira dissertação da série que vae levar a effeito, sobre "A crise do progresso"

Ao alto, o prof. Claude Levi-Strauss, quando proferia a sua conferencia — Em baixo, aspecto da assistencia

Em proseguimento ao cyclo de conferencias promovido pela Universidade de São Paulo e que está a cargo dos professores da Faculdade de Philosophia, Sciencias e Letras, falou hontem, no salão João Mendes Junior, da Faculdade de Direito, o prof. Claude Levi-Strauss, cathedratico de Sociologia daquelle instituto de alta cultura.

Levando a effeito a primeira prelecção, da série, que sobre "A crise do progresso", vae ali realizar, dissertou o conferencista sobre "Progresso e retrocesso".

Inicialmente, diz que o progresso como resultante de trabalhos e realizações do homem, é, por isso mesmo, a essencia do espirito humano.

Salienta, depois, que o bem e o mal, já occorridos, não podem ser considerados desta ou daquella forma, ou seja como um bem ou como um mal. Porque tudo quanto occorreu constitue eta-pas da civilização, phases do progresso.

Rebateu a seguir o conceito segundo o qual a concepção do progresso pode ser comparada á evolução do homem. Este, frisou o conferencista, tem uma trajectoria que pode, mais ou menos, ser predeterminada, pela propria idade.

O progresso, no entanto, tem fluxos e refluxos, retrocessos e avanços, periodos de fastigio e épocas de decadencia, ou melhor — marchas e contramarchas.

Essas contramarchas, no entanto, nunca vão até o ponto de partida. E, sempre, antecedem um avanço maior, que vae alem do ponto em que se verificou o retrocesso.

Depois de se referir ás diversas phases do progresso humano, até a segunda metade do seculo XIX, quando teve inicio o desenvolvimento das industrias e da machina, observou que, com a conflagração européa, entrou a humanidade num periodo de du-vidas e incertezas. Não se pode prognosticar, ao certo, se, doravante, o progresso será maior na Sciencia, ou na Arte.

Não pode haver duvida, comtudo, de que, em virtude desse phenomeno, estamos numa época de retrocesso.

E' evidente a ansiedade que empolgou, totalmente, os povos. Ha incertezas e hesitações, entre a humanidade.

Tudo está a indicar, no entanto, que, passada esta phase de agitações, entrará a humanidade num periodo de progresso ainda maior, que determinará uma evolução que attingirá, por certo, limites hoje imprevisiveis.

A CONFERENCIA DE SEGUNDA-FEIRA

A proxima conferencia será feita pelo prof. Pierre Hourcade, na segunda-feira vindoura, á 21 horas, no mesmo local. O seu thema será: "Baudelaire e Verlaine, precursores do movimento poetico contemporaneo".

最后，除了已经提到的问题，在圣保罗大学教授社会学的列维－斯特劳斯还感受到一种完全属于精神层面的不适，这种不适来源于这个国家对社会学的定义和应用：他们还停留在奥古斯特·孔德的年代。在巴西，实证主义的旗帜——秩序与进步——从 1889 年开始在全国范围里高高飘扬，列维－斯特劳斯表示，由于"受过教育的巴西人从孔德过渡到涂尔干"[1]，实证主义以及之后的涂尔干的社会学成为"温和的自由主义的哲学基础，而这种自由主义成为寡头集团打击个人权利常用的意识形态武器"[2]。然而，抵达巴西的克洛德"公开地反对涂尔干，反对一切将社会学回归形而上学的主张"[3]。他反涂尔干的一时立场也得到了与他同辈的哲学家的支持，而这种反对的情绪来源于一种由上至下的"传承"。因为涂尔干的学说被一步步传递到他的手里。事实上，仍旧"活跃"的涂尔干学说的信徒之间产生了"间隙"[4]。一方是法兰西公学院的莫斯、东方语言学院的葛兰言（Granet）、高等研究实践学院的西米昂（Simiand）（除了这些在研究机构任职的研究人员，还有唯一一名大学老师哈布瓦赫 [Halbwachs]）；另一方是布格雷、弗高内（Fauconnet）、戴维（Davy），他们与激进派和共和党政府走得近，作为巴黎大学的老师，他们教授哲学，但这种哲学里混杂着法律，他们还主张一种狭隘的道德主义。狭隘的道德主义让 1930 年代的年轻学生们感到无法忍受。而列维－斯特劳斯是通过后者的教学活动接触到涂尔干，因此他对涂尔干的态度才会如此"前后不一"[5]。但克洛德认识到涂尔干学说的精

---

1 《亦近，亦远》，第 32 页。
2 《忧郁的热带》，第 48 页。
3 同上。
4 关于这一段，参见约翰·海尔布朗（Johan Heilbron）：《涂尔干学派的演变（1920—1940）》（« Les métamorphoses du durkheimisme, 1920-1940 »），《法国社会学期刊》（*Revue française de sociologie*）第 26 期，第 203—237 页。弗朗索瓦·埃朗（François Héran）进行了总结，参见第 397 页。
5 1958 年，集合了多篇文章的《结构人类学》（上卷）出版。"《结构人类学》出版于 1958 年，涂尔干的百年诞辰之时，一位不忠的弟子向《社会学年鉴》的创刊人涂尔干致敬。"

髓之后便改变了主张。这也解释了为什么克洛德会与涂尔干的侄子以及第一个弟子马塞尔·莫斯持有一些相同的见解。克洛德给他的信中这样说：巴西人认为社会学是"一种附属于市政府或者国会权力机构的工具"[1]。那时他之所以转而投身社会科学，是因为他想利用社会科学打破形而上学与意识形态的壁垒，最终捕捉那复杂、不存在于所有思想体系的现实。这也是他不急于宣传其社会学主张的原因，刚刚抵达巴西的克洛德正积极地了解英国民族学的经验论。他所持的这种观点很快让他与同事保罗·阿尔布斯-巴斯蒂德——另一位社会学老师——就社会学理论和教学的主张发生了摩擦。

法国代表团：鼎盛与没落

当社会学教席人数从一位变成了两位时（而圣保罗人对社会学课程又特别喜欢），身为其中一位的保罗·阿尔布斯-巴斯蒂德写道："至于第二位社会学教席，很抱歉，我并没有可以向您推荐的社会学家人选。我们应当需要一位年轻老师（但不是过于年轻的），他要对社会学研究感兴趣，并且愿意把巴西作为他研究的领域。"[2] 通过谢列斯泰·布格雷和乔治·杜马，我们知道这个机会落到了克洛德·列维-斯特劳斯身上。然而，抵达巴西之后，克洛德完全没有兴趣教授社会学，因为他来此地的目的是民族学。1935年春天开学之后，两人之间围绕社会学这门学科而产生的摩擦愈演愈烈，而两人对教师权力的论战更是火上浇油。列维-斯特劳斯对学术自由的问题不依不饶，他激烈反抗阿尔布斯-巴斯蒂德的权威。后者被授予了一个"代表团负责人"的虚职，所以并没有吹嘘的资本；此外，他是社会学系的主任，这是另一个没

---

[1] 1935年11月10日，克洛德·列维-斯特劳斯给马塞尔·莫斯的信。参见克洛德·列维-斯特劳斯档案库，档案盒编号181。
[2] 参见苏博：《法国对巴西的文化政策（1920—1950）》。

有实权的职位。总之，列维－斯特劳斯生硬地拒绝他授课的内容受到干预，并完成了一个涉及科研和教学的15页左右的反提案。它的题目《文化社会学与教学》[1]展示了克洛德对课程内容设计的想法。在这篇短文里，他控告社会学家仍追求思辨，控告他们把社会学当作"社会科学中的哲学"。因为，他接着指出，"思辨的方法不能为问题寻觅到现实的解决方案，它仍只是一个休养生息的庇护所"。克洛德拒绝赋予社会学科学那样的地位，因为他认为社会学还处在初级阶段；而社会科学中已经取得实效成果的两门学科是考古学和民族学。他保留了涂尔干的传统，但在表述的时候谨慎小心，他还借用了涂尔干的话："民族学常常为社会学的不同分支带来成果最丰硕的革命"，这句话出自《宗教生活的基本形式》。列维－斯特劳斯敢于反抗，他要求设立一个独立于社会学系的文化人类学的教席，但巴西当局和法国外交部没有响应他的要求，而法国外交部更是为这个状况感到难堪。乔治·杜马勃然大怒："我要死在圣保罗大学里了[……]列维－斯特劳斯希望申请设立一个民族学教席，然后在他的课上讲民族学。阿尔布斯－巴斯蒂德希望克洛德应当教社会学，因为他就是为了教授社会学而来这里的。于是，矛盾[……]我的意见是，列维－斯特劳斯野心勃勃并且表现得有些过于激烈了，我们当然可以免去他的职务，但你们也许还记得，我们除了他没有别的人选了。"[2]

1936年7月，"列维－斯特劳斯问题"甚至被搬到了圣保罗大学校长安东尼奥·德·阿尔梅依达·普拉多（Antonio de Almeida Prado）、两个中学校长和1936年刚到巴西的弗朗索瓦·佩鲁（François Perroux）面前，未来，弗朗索瓦·佩鲁将负责讲授

---

[1] 完整的文献参见外交部档案，法国海外事务局，巴西档案，1932—1940年，第443卷。
[2] 1936年12月1日乔治·杜马给让·马克思的信。参见外交部档案，法国海外事务局，巴西档案，1932—1940年，第443卷，圣保罗大学资料。

政治经济学。[1] 矛盾差一点就成为对错的问题。代表团分为两派，一派支持阿尔布斯－巴斯蒂德，另一派支持列维－斯特劳斯，问题则变得更加棘手。莫格、蒙贝以及布罗代尔——尤其是布罗代尔——支持列维－斯特劳斯，50多年后的院士授职仪式上，布罗代尔也提到了这些细节。他们之间的联盟绝不是偶然的：这些年轻的老师都认为科学应当建立于田野研究之上，而这种研究应当尽可能从教条（实证主义、涂尔干的思想、形而上学）中解放出来，关心研究的方法而不是内容，并且主动忽视作为雇主的巴西精英分子提出的与当地有关的要求。这些纠纷的起因在于新兴的社会科学领域中本身存在的模糊语义，列维－斯特劳斯就陷入了这个困境之中（民族志研究、文化社会学、原始社会学、民族学、人类学）。当人民阵线获得政权时，克洛德·列维－斯特劳斯感到兴奋，而这让圣保罗寡头集团感到忧虑，不和的气氛更加恶化。人人都知道克洛德心系左派，这在他与保罗·利维和人类博物馆的联系中也可以得到证明。因此，在一个越来越动荡的政治环境中，他成为一场小规模"猎巫行动"的受害者。不论如何，1937年，事态继续恶化，并在1937年12月以不续约的结果落幕，当时他的三年合约刚满。

他们就像建起了一个高卢村庄，尤其是当他们与其他外国教师在一起的时候。年轻的哲学、科学和文学学院为它的成员们感到骄傲：七位法国人、六位意大利人（其中包括了诗人翁加雷蒂 [Ungaretti]、数学家路易吉·范塔皮埃 [Luigi Fantappié] 和一位反法西斯的物理学家欧卡里尼 [Occalini]）、三名逃离纳粹迫害的犹太裔德国人以及一名英国人。就像列维－斯特劳斯日后多次造访的位于纽约的社会研究新学院（New School for Social

---

1 争议围绕保罗·阿尔布斯－巴斯蒂德（Paul Arbousse-Bastide）递交给让·马克思的两份报告展开。一份报告没有记录日期，名为"关于列维－斯特劳斯先生和夫人的情况记录"（« Note sur le cas de M. Lévi-Strauss et Mme Lévi-Strauss »）；另一份报告的时间为1936年7月30日。参见外交部档案，法国海外事务局，巴西档案，1932—1940年，第443卷，圣保罗大学资料。

Research），圣保罗大学也是一所具有国际格局的学校。然而，每个代表团，尤其是法国代表团，似乎都歪曲了这项国家行为的意图。好几位法国老师指出，他们之间存在着竞争。他们要争取优异的表现，要争取听众，每个人都认真地观察听课学生的人数变化。"我们每个人都感觉，巴西的成败将决定我们事业的成败。每一人都试着让自己被手下的朝臣们环绕起来，而自己手下的数量应当压过邻居的手下。这就是法国，这就是法国的大学，只不过在热带的场景下，它们显得有些好笑，也不那么合理。"[1] 朝臣奉承着阶梯教室讲台上的女歌唱家："我们离开阶梯教室时就像是离开音乐厅的演奏大师。"[2] 让·莫格似乎用他的才华和不拘陈规的风格让听众目瞪口呆。[3]

3—11月，一周6节课，每节课55分钟：这是圣保罗大学老师的日程表。而他们授课的对象中有一半是来自全球各地的女性（尤其是第一年），另一半是学生。从第二年开始，新大学的成立颠覆性地改变了社会地位晋升的机制，因此它吸引了"那些想要利用我们颁发的文凭去寻找工作的年轻人；而律师、工程师、成熟的政治家则担心今后大学文凭的含金量，所以想要'以身犯险'"。[4] 1936年，209位学生注册入学，其中33位学生是就读社会科学的大一新生，但二年级的学生只有两名。

露天的实验室：社会学之乐

法国人经常去奥德翁电影院看迦本（Gabin）和茹韦（Jouvet）的电影[5]，培养一些非常法国风情的爱好，他们敏感的天线则热切地伸向巴西，想去探索那里的真实情况。蒙贝、列维 – 斯特劳斯

---

1 《亦近，亦远》，第37页。
2 《牙齿不适》，第97页。
3 2011年8月5日，在圣保罗，安东尼奥·坎迪多·梅罗埃苏扎讲述了其亲身经历。
4 《忧郁的热带》，第90页。
5 参见《牙齿不适》，第102页。

和布罗代尔马上发现了"新大陆为他们提供的这片独一无二的实验场"[1]。他们刚刚迈入职业生涯，有着不同学科背景和不同的视野；他们渴望在一片充满活力的土地上创立或者重新创立人文科学，让这些人文科学也充满朝气。作为哲学家，列维－斯特劳斯被巴西的现状、城市发展的形态、大格局的设计以及快速的变化深深吸引。他带着强烈的好奇心观察巴西，观察突然出现与消失的事物。他与皮埃尔·蒙贝的友谊让我们看见，在课堂上以及在个人发展变化的过程中，他对巴西这块土地念念不忘。这是他的巴西经历造成的。

户外教学

尽管遭遇了很多阻碍，身为圣保罗大学社会学老师的克洛德·列维－斯特劳斯展开了严谨的教学和科研工作，看重教学内容和教学方法的统一。他完全投入了对现实事物的观察之中，他将经验看得格外重要，反对一切思辨活动。因此，他激烈反抗正统的涂尔干实证主义。我们知道阿尔布斯－巴斯蒂德感到十分愤怒。

他不认同被他称为"形而上学"式的社会学，他认为，对原始人的认识——民族志——是所有好的社会学课程必不可少的一部分。1935 年，他开设了一门以"社会生活的基本形式"[2]为题的课。在他提供的参考文献中，我们发现了四部经典作品：涂尔干的《宗教生活的基本形式》、罗伯特·路威（Robert Lowie）的《原始社会》、冯·甘奈普（Van Gennep）的《图腾问题的现

---

1 《忧郁的热带》，第 49 页。
2 课程分别以下列主题进行分类和命名：家庭社会学（婚姻、乱伦的禁忌、亲属关系、一夫多妻制、图腾氏族的组织形式、母权制）、经济社会学（社会的原始形态、原始共产主义）、政治社会学（原始社会的统治和法律）、宗教社会学（图腾崇拜），以及社会现象的比较研究。

状》、韦斯特马克（Westermarck）的《人类婚姻史》[1]。但他的兴趣不止于此。他开设的课程包罗万象，从"原始社会学到城市人类学，其中也涉及语言学、民族语言学以及体质人类学"[2]，它们在圣保罗大学年鉴里保存下来的课程概述中皆有迹可循。

列维－斯特劳斯反对经院式的闭门造车，他让学生们在城市里展开调查研究："我让他们在他们居住的马路、市场、十字路口展开实践，他们需要亲自观察不同空间里的居住环境的变化、居民的经济特征和社会特征、职业活动等。"[3]圣保罗变化的脚步很快。对这位正在成长过程中的社会科学家而言，这是一个绝妙的机会：他能够亲眼观察这些持续几个世纪的发展过程，想象欧洲漫长的历史。克洛德迷恋圣保罗，他热爱游荡于城市之中，但也不忘对学问的坚持，两种面貌都是克洛德·列维－斯特劳斯。他向布格雷如此解释："圣保罗是我们认为不体面的一座城市，而我却对它特别有好感，我喜欢它的杂乱无章和缺乏条理的风格。这是一种纯粹的'城市现象'，我们可以漫步在各个街区，发现城市显露出来的不同面貌，从黄泥茅屋到北美风格的摩天大楼。从社会学角度看，这是一种美妙的体验；而对城市的研究、对城市成长以及停滞不前的原因的分析、职业和国籍的空间分布，这些都是我教学的基础。"[4]灵感以及城市化的趋势属于法国社会学传统中关注的对象，它们被称作"社会形态学"，即不同人群的社会组织形式。

---

[1] 费尔南达·佩肖托（Fernanda Peixoto）和她的学生们的研究成果十分具有开拓意义：费尔南达·佩肖托：《列维－斯特劳斯在圣保罗：城市与田野工作》（« Lévi-Strauss à São Paulo: la ville et le terrain »），"埃尔纳手册丛书"，载《列维－斯特劳斯》，巴黎：埃尔纳出版社（L'Herne），2004年，第79页；费尔南达·佩肖托和路易莎·瓦伦蒂尼：《列维－斯特劳斯在圣保罗：大学、文化处、民族志与民俗研究学会》（« Lévi-Strauss à São Paulo: l'Université, le département de culture et la Société d'ethnographie et de folklore »），《欧洲》（Europe）第1005—1006期，2013年1—2月，第71—81页。
[2] 《列维－斯特劳斯在圣保罗：城市与田野工作》，第79页。
[3] 《忧伤的圣保罗》，第14页。
[4] 1935年11月20日，克洛德·列维－斯特劳斯给谢列斯泰·布格雷的信，现被收藏于法国国家档案馆，编号61AJ93。

这位年轻老师主张直接观察以及田野调查，他在教学过程中为学生提供文献资料，对现象进行了解析，还指导科研方法。列维－斯特劳斯的一位学生德希奥·德·阿尔梅依达·普拉多（Décio de Almeida Prado）后来成为戏剧批评家，他还记得这种非常具有法国作风的实践教学："他向我们要求的第一个作业是根据他整理出来的历史文献对1820年代的圣保罗市进行社会分析。在有关原始社会中亲属关系规则的课堂上，他没有让学生们展开天马行空的幻想，反而给每人一系列不同的家谱树。他向我们详细解释了族群的社会规则，并向我们提问其中谁与谁结为了夫妻。"[1] 这不是大课的教学方式，讲台上也没有女歌唱家。此外，列维－斯特劳斯作为老师，并不展示自己的才能，而是要求学生进行思考。他不授人以鱼，而是授人以渔，两者之间微妙的区别非常重要。他的学生埃贡·萨登（Egon Schaden）后来成为巴西的人类学家，他提到了这一重要的区别："他讲课并不生动，但他将观点阐释得非常清楚。他的教学方式非常有趣。他通过课堂讲解、研讨课和讨论会让我们学习、让我们读书。他那时并不出名，可来听他课的人却不少。"[2] 阿尔梅依达·普拉多也提到了这一点："在列维－斯特劳斯的心里，话语是一种透明的管道，它给了我们认识到论证过程的机会。如果我们真的学到了什么的话，那便是学会思考。即使在很长的推导过程中，我们也不会离开正题，确保论证的各个部分得到很好的衔接。"我们在克洛德担任教师的很多课堂上听到了这种上课的语调，他始终主张授课应当以促进研究为主，而不应当以展示既有的知识为中心。

克洛德·列维－斯特劳斯始终充满抱负，他为自己的教学

---

[1] 费尔南达·佩肖托和路易莎·瓦伦蒂尼：《列维－斯特劳斯在圣保罗：大学、文化处、民族志与民俗研究学会》，第75页。原话出自阿尔梅依达·普拉多（Almeida Prado）。
[2] 《列维－斯特劳斯在圣保罗：城市与田野工作》，第78页。原话出自埃贡·萨登（Egon Schaden）。

成果感到高兴，为提出设立人类学教席的要求感到自豪，他在1935年10月17日的《圣保罗州报》中提到"建立一所体质人类学与文化人类学研究所"的设想。它的目的是，趁时机未逝，参考国外大型研究所，在圣保罗大学里指导和集中发展巴西的民族志研究，因为克洛德感到发展民族学迫在眉睫；此外，展开对美洲大陆的对比研究，并且培养一批有经验的研究人员。为了达成这个目标，他建议建立一份"美洲人类学大档案"，并且制作一本大型的地图册，"地图册里美洲大陆的地图上标注不同［文化特征］的分布区域以及不同的人口密度"[1]。我们只能被这位青年老师身上源源不绝的精力深深折服：他将研究与认知工具（档案、地图册、调查、研究机构）统一起来。1935年秋，我们在圣保罗看到了草案，25年后，随着社会人类学研究所的成立，学者的梦想将得到部分实现。从一开始，科学实践和研究材料便不可分割。

一片又一片土地

城市并不是列维－斯特劳斯唯一的猎场。这些法国知识分子喜爱在体验的过程中发现事物，这将他们以及他们的另一半带往圣保罗的近郊；而他们就变身为现代的探险家（他们的着装有一些探险家的味道），对这里的一切兴致盎然："这个国家和这个社会里充满着对比，它们刚好是我们强烈好奇心的猎物。在法国代表团里，费尔南·布罗代尔是历史学家，皮埃尔·蒙贝是地理学家，让·莫格是哲学家，我们与我们的夫人（莫格是里面唯一的单身人士）组成了一个紧密合作的小团队。我们不会放弃任何一个发现事物的机会，为此，我们奔跑于圣保罗的郊区；为了满足自己考古学研究的朦胧的愿望，我们一会儿穿梭在沿海地区，

---

[1] 克洛德·列维－斯特劳斯：《建立一所体质人类学和文化人类学研究所》（«Em prol de um Instituto de Antropologia Física e Cultural»）。参见费尔南达·佩肖托：《列维－斯特劳斯在圣保罗：城市与田野工作》，第79页。

小心翼翼地经过沟壑之上的栈桥,一会儿跑到城市北方仍旧种植着咖啡树的地区。"[1] 两张照片见证了我们这段经历。其中一张照片上,迪娜·列维-斯特劳斯在这群人的前方,勇敢地踏上一座藤桥(脆弱的藤桥);在另一张照片上,迪娜用手指为布罗代尔和让·莫格指出几片碎玻璃的所在之处,这些碎玻璃是印第安人在这片咖啡种植地上居住过的痕迹[2]:蒙贝、布罗代尔和列维-斯特劳斯就像是一个移动的小型"高等社会科学研究院"(EHESS),他们在这块土地上留下了痕迹,他们设想可以展开学科交叉融合的田野研究……

除了这些周日的远足,学科交叉融合也表现在克洛德·列维-斯特劳斯与皮埃尔·蒙贝密切的联系之中。地理学家蒙贝致力于探索圣保罗的西部和巴拉那河北部地区,30年之后,他着手研究巴西境内整片亚马孙流域。1935—1948年,蒙贝待在圣保罗,对美洲开展了测量工作,他重新定义了标度、距离、周期性的运动,目的在于完成一项针对"移动景观"——开垦带(franges pionnières)——的大型研究。因为那时还不能进行民族志调研(圣保罗郊区没有印第安人,所以他无法着手展开民族志研究),列维-斯特劳斯以徒步、骑马或者乘坐卡车的方式与他的同事及好友蒙贝一起进入森林开垦区,并深入这些移动的开拓者团体之中。这是一个欧洲多民族聚居区:"经过了一晚上长途跋涉之后,森林真的成为一种风景。森林之中有大型的植被,也有小面积的棉花、大米和玉米种植地。同时,城市的面貌也发生了变化。我们发现了木头房子,它们就好像构成了一座座木板之城。房子很大,显得车站特别小。慢慢地,我们看见了开垦区。这里种满了树木,其中一些仍旧挺立的树干上有着新文明带来的烧焦的痕迹。"[3] 蒙贝常常用战场来形容这片开垦区。列维-斯特劳斯首先把巴西形

---

1 《忧伤的圣保罗》,第18页。
2 同上书,第19页。
3 皮埃尔·蒙贝(Pierre Monbeig):《圣保罗州的开垦者与种植工》(*Pionniers et planteurs de l'État de São Paulo*),巴黎:阿尔芒·科兰出版社(Armand Colin),1952年,第12页。

容为"带有一种烧焦气味"[1]的地方。两人一起前行,"感受、眼观、聆听他们走过的这些土地上的新鲜事物"[2]。

这些沿着铁路线路(隆德里纳 [Londrina]、拉多耶尼 [la doyenne]、坎贝 [Nova-Dantzig]、罗兰迪亚 [Rôlandia]、阿拉蓬加斯 [Arapongas]……)铺展开来的原始城市让列维-斯特劳斯欣喜万分。他见证了一座城市的诞生。城市的四个坐标在无意之中成形,城市功能逐步完善,城市的建设与审美要求互相结合。这是"真正的人类的创造"[3],我们可以从中感受到它最简单、最基本的性质,以及开始一项创造活动的天赐。"在这些森林之中偶然形成的四四方方的城池里,马路笔直,所以从一开始都非常相似:它们的走向缺乏各自的特点,在几何上看起来大同小异。只不过,有一些马路是中心大道,另一些马路则在城市外围;有一些马路与铁路或者公路平行,另一些马路与铁路或者公路垂直;因此,第一类马路与交通方向一致,而第二类则与交通要道相交或者成为交通要道的终点。商店和生意人选择在第一类马路上进行买卖,因为它们能招揽客人;个人住宅和一些公共服务喜欢在第二类马路上落脚,或者被迫迁到此处。两种马路互相交融,市中心与市郊、平行与垂直,这些不同的特点决定了城市生活的四种不同模式。未来的居民中,一部分人能愉快生活,另一部分人则感到不如意;一部分人能取得成功,另一部分人则陷入失败。"[4]这是一位散发地理学家气质的列维-斯特劳斯,他把自己的思想融入不同的空间之中,而他所用的词汇能够很轻松地被翻译为图形。通过列维-斯特劳斯口头上的表达和几个月后另一幅有名的草图(他画下了博罗罗村庄的社会结构),他将对地理学的偏爱表现得一

---

1 《忧郁的热带》,第 35 页。
2 赫莲娜·安格蒂·萨尔吉罗(Heliana Angotti Salgueiro):《蒙贝,"田野"上的地理学家》(« Monbeig, un géographe sur le "vif" »),载《景观之书》(*Pages Paysages*),2002 年第 9 期《代表》,第 47 页。
3 《忧郁的热带》,第 112 页。
4 同上书,第 109—110 页。

清二楚。[1] 这些"开垦带"意味着克洛德从观察土地的表象开始转向观察原始社会，观察是他从小养成的习惯。在这个过程中，地理学这门学科，或者说，维达尔·德·拉·白兰士（Vidal de La Blache）的人文地理学和他的弟子们，成为法国民族学传统的助力，1937年9月，一位人文地理学家伊曼纽埃尔·德·马顿抵达巴西。当时，法国民族学仍处于初级发展阶段。

他的到来成就了一次远足：几名教师带着学生来到位于曼蒂凯拉山脉之上的伊塔蒂亚亚远足。伊塔蒂亚亚是巴西最高峰，它在圣保罗东北方，距离圣保罗约300千米。《忧伤的巴西》里有几张照片记录了这堂值得纪念的"地理教学课"。首先，为了抵达这座海拔2800米、多岩石的山峰，他们费尽了千辛万苦。他们开车经过了一段几乎没有通车的公路，然后改骑马，最后徒步登山。一张没有相框的照片好奇地将伊曼纽埃尔·德·马顿穿着皮靴走向山顶的形象永远保存了下来，就像是向这场徒步展开的地理考察活动致敬。他们在高海拔的环境中接受了教育："马顿临时上起了课，课中，他很好地对一个文本进行了解释，所以这对我来说是一堂文学课。我认识到，一片风景如果经过一位大师的观察和分析可能是一次充满激情的阅读体验，可以创造出拉辛戏剧作品的精神力量。"[2] 我们注意到，对马顿而言，巴西的经历也是一个认识论意义上的重要时刻。在巴西的时候，他重新思考了甜面包山的问题，即气候对腐蚀现象的影响，他想要在他的地理思想中建立一个新的概念——区域性的地理形态学。他只有离开欧洲的那座半岛才有机会获得宽广的想象空间。[3]

---

1 参见埃尔韦·特里（Hervé Théry）：《克洛德·列维-斯特劳斯、皮埃尔·蒙贝与罗杰·布鲁内特》（« Claude Lévi-Strauss, Pierre Monbeig et Roger Brunet »），载《地理之声》（EchoGéo）第7期，2008年（2008年11月24日，数字版上线：http://echogeo.revues.org/9503）。
2 克洛德·列维-斯特劳斯：《忧郁的巴西》（Saudades do Brasil），巴黎：普隆出版社，1994年，第46页。
3 我想要感谢让-路易·迪西尔（Jean-Louis Tissier）又一次帮我梳理了历史知识和对地理问题的认识。

6 圣保罗的法国印记

（1936年夏天）克洛德·列维-斯特劳斯（左）、让·莫格（中）、热内·库坦（右）三人在福特汽车前留影——正是这辆汽车将他们带往圣保罗北部，距离它1500千米的戈亚斯州。

在此之前的两次远足是发现之旅，因为他们与印第安人的现实生活有了亲密的接触。我们先聊聊第二次远足。时间是1936年夏，那时正值大学暑假。克洛德·列维-斯特劳斯向让·莫格和热内·库坦（René Courtin）建议，他希望两人陪他出行。热内·库坦刚来接替弗朗索瓦·佩鲁，是法律和政治经济学教师。克洛德要一路往北穿越巴西高原，直到戈亚斯州（Goyaz）边境。他希望能在阿拉瓜亚河边遇到印第安人，因为阿拉瓜亚河是亚马孙河的一条支流。他们一路上需要经过坎皮纳斯、乌贝兰迪亚、戈亚尼亚（它宣称自己是一座新城市，而那里实际上仍是一片工地）、戈亚斯（这座有着殖民背景的城市曾是砖石之都，而这儿如今非常喧闹）。库坦，未来《世界报》的创办人之一，同意了克洛德的请求，他全新的福特车载着他们到了开车能到的最远的地方。他已经做好了准备，随时将汽车献给冒险的旅程。他觉得"克洛德·列维-斯特劳斯非常有魅力。克洛德猜想土著人遵守的婚姻规则中可能会存在，例如，最精妙的数学，这也让库坦浮想联翩。就像列维－斯特劳斯把他领进了一个现代犹太教神秘哲学的世界。当他对布罗代尔吐露心声时，非常擅长数学的布罗代尔不忘讽刺民族志学者的科研抱负，他说，民族志学者常常不能解代数方程"[1]。于是，三个人结伴出发了。列维－斯特劳斯"将他漂亮的相机斜挂在肩上，他戴着一顶奇怪的帆布帽，它既有点像夏洛克·福尔摩斯的鸭舌帽，也有点像弗里吉亚软帽。库坦好像要去塞文山脉打猎，他穿着法兰绒长裤和羊毛外套，带着一把防身用的步枪"[2]。他们来到1500千米之外的目的地，途中，穿过了无数风景，看见了这个转型中的国家的无数面孔。早上，他们从铺在地上的睡袋中醒来，看见了两个卡拉雅部落印第安人的身影。两人将他们带到了一个村庄，克洛德马上便展开了民族志工作。他向村民提问，试图让他们听懂自己说的话，并进行一些记录。有一个女孩制作了两个小玩偶，而玩偶身上的男性生殖器与玩偶的大小不成比例。针对这些玩偶，列维－斯特劳斯完成了他第一篇民族学文章。离开的气氛是伤感的，但对于文明的渴望也很强烈："在车里，我观察坐在库坦身边的列维－斯特劳斯。他严肃的表情也不能掩盖我们内心的狂喜。我们终于可以回到大城市，回到舒适的生活中，但首先，我们可以洗澡了！"[3]

但是，一年之前，也就是1935年夏天，他已经有了第一次民族志实践经历。他与其他老师一道在巴拉那展开了一次远足，他称他们是"大学教师旅行团"。另一次，他只身一人，但一位印第安人保护工作处（SPI）的公务人员与之同行，两人进入了大森林深处，这是一片海洋山脉潮湿的针叶森林。他骑着马在圣赫罗尼莫保护区（San Jeronimo）展开了十几天的旅行，这片保护

---

[1]《牙齿不适》，第118页。
[2] 同上书，第119页。
[3] 同上书，第121页。

区里居住着坎冈部落印第安人（Kaingang）——一个与格族（Gé）有亲属关系、被图皮－古拉尼部落（Tupi-Gurani）赶到南方的部落。尽管巴西南部茂密的森林给他们提供了庇护，可是德国、波兰和乌克兰移民因开垦的需要又将他们赶了出来。终于，1935年，印第安人保护工作处注意到了这些印第安人口，于是将他们安排到保护区。坎冈印第安人与现代文明有了简单的接触之后，很快又回到了原始的生活模式。克洛德期待能够见到真正的"他者"，而这次相遇让他感到失望："我感到很失望，蒂巴吉的印第安人既不完全是'真正的印第安人'，也没有保持'原始'的生活。"[1] 克洛德·列维－斯特劳斯惊讶地发现了文明碰撞之下产生的一堆超现实主义的破玩意儿：抛光石头制成的捣具旁边是破碎的缝纫机。他们离洛特雷阿蒙不远了。这段《忧郁的热带》里的文字是列维－斯特劳斯第一次将西方描述为破坏者，但这些话可能并不是在考察时写下的。当这位自学成才的民族学家第一次与他的研究对象相遇时，他心中充满了苦涩的滋味，他突然意识到自己来得太晚了。不是因为这个滑稽的混合体不能激起他的兴趣，不能给他民族学知识，而是因为他不能经历让·德·雷瑞曾经历过的事情。德·雷瑞生活的时代里充满了英雄故事，而他与印第安人的第一次接触好像是一出"悲伤的喜剧"[2]。然而，这段文字以一个美丽又感伤的瞬间结尾，他与印第安人的接触似乎最终被没有国界的美食拯救。这是一种圆滚滚、苍白色的虫子"科罗"（koro），"它白色的脂肪流了出来，我咬下去的时候有过犹豫：它有黄油浓厚和顺滑的口感，尝起来有椰奶的味道"[3]。

---

[1]《忧郁的热带》，第143页。
[2]《克洛德·列维－斯特劳斯：研究室里的诗人》，第59页。
[3]《忧郁的热带》，第149页。

7 深入巴西

> 我感觉,我又一次经历了16世纪第一批航海家经历过的那些冒险。
>
> 克洛德·列维-斯特劳斯,
> 《亦近,亦远》(De près et de loin)[1]

列维-斯特劳斯夫妇初到圣保罗时,自然与法国来的老师们走得非常近,但也常常与圣保罗当地的大家族们来往,朱里欧·梅斯奎塔和《圣保罗州报》则是这些大家族之首。这些人最终成为夫妇二人的雇主。两人不是在圣若奥大道《圣保罗州报》的办公所在地,就是在圣保罗大学医学院,医学院成为文学、科学和哲学学院的所在地。由此可见,他们在圣保罗的社交方式仍然具有欧洲人的特点。但是,渐渐地,1935—1936年(尤其是1936年),这对夫妇开始与这两方交往对象保持距离,反而去亲近更加拥有当地生活气息的巴西人。

这个转变基本上是因为迪娜·列维-斯特劳斯。由于一些职业和工作单位的原因,她开始接触马里奥·德·安德拉德(Mário de Andrade,1893—1945)。马里奥·德·安德拉德对他们圣保罗那些年的工作与生活影响很大。但这位带有光环的名人十分友善(这也为他们之间建立友谊奠定了基础),他的出现让列维-斯特劳斯夫妇深入了解巴西。首先是巴西的民俗风情,然后是巴西人和巴西音乐。

马里奥·德·安德拉德与他现代主义运动的好友们聚集在全新的圣保罗市文化处。他不仅是理想的领路人,也是帮助他们展

---

[1]《亦近,亦远》,第34页。

开第一次考察的贵人。1935年11月—1936年3月,列维－斯特劳斯夫妇认识了他的热情,以及他孔拉德式的口吻。这种口吻一直伴随着克洛德和他民族志研究的冒险。在考察期间,克洛德终于见到了真正的印第安人,而现实给了他冲击,因为他们既不是欧洲人想象中的"高贵的野蛮人",也没有美国人想象中的"红皮肤"。几个星期里,克洛德·列维－斯特劳斯都生活在"精神高度兴奋的状态"[1]之中。第一次实地考察不仅给我们留下了苦涩的反思(这些成果当然出现在考察之后,记载于《忧郁的热带》里),也给我们留下了大量文献资料,它们是有关巴西的第一手文献资料。1936年3月,他们回到了圣保罗。卡杜维奥人生动的带饰和博罗罗壮观的丧葬仪式似乎完全决定了克洛德的民族学研究生涯。

迪娜、马里奥、圣保罗(1935—1938)

"文化大事"

安东尼奥·坎迪多称,圣保罗大学(1934)和圣保罗市文化处(1935)几乎同时成立,这是一件"文化大事"[2];同时,列维－斯特劳斯夫妇也刚刚抵达巴西。两个机构成为他们两人的伙伴,如果第一个机构是他们来巴西的理由,那么第二个则成为让他们留在巴西的理由。

这个文化处的宗旨是"进行文化领域公共政策相关研究与保护圣保罗市历史、艺术遗产"[3]。随着城市发展的步伐,它在历史文献收集、教育、图书馆、文学艺术传播领域开展了工作,这些工作是为了整合文化事业。通过流动图书馆、度假营地等活动,

---

[1]《忧郁的热带》。
[2] 安东尼奥·坎迪多·梅罗埃苏扎与作者的谈话,圣保罗,2011年8月5日。
[3] 费尔南达·佩肖托和路易莎·瓦伦蒂尼:《列维－斯特劳斯在圣保罗:大学、文化处、民族志与民俗研究学会》,第76页。

这个文化处让人联想到人民阵线的政策，先锋派艺术家与国家文化建设的计划不谋而合，因此，圣保罗离巴黎并不遥远。在巴黎，国家由左翼主政，民族志学者和诗人想要把艺术和大众传统当作一个熔炉。巴黎的政治环境与圣保罗不同。为了证明自己是"一个沉睡的国家前行的翅膀"[1]并且重新获得政治地位，圣保罗的寡头势力扶植了一些学术机构和文化机构。在这些机构中，文化处是正被边缘化的圣保罗自由主义精英分子与1920年代现代主义艺术运动共同造就的产物，尽管两者之间存在矛盾。现代主义艺术运动发源于巴西寻根运动，后来成为1930年代文化繁荣的原因。

事实上，现代主义诞生于1922年，圣保罗市剧院举办的现代艺术周是它诞生的象征。1928年奥斯瓦尔德·德·安德拉德（Oswald de Andrade）《食人宣言》（Manifesto Antrópofago）[2]的发表让这场运动能够继续展开。这个文本基于先锋派的激进论调，否定西方文明的理性主张，宣扬一种"自由的原始主义"。它尤其主张将巴西文化看作吸收所有不同文化的过程，而这些不同的文化都是继承自巴西的历史。[3]对多元性和种族混合的赞扬带有超现实主义中非常浓烈的原始主义色彩，它与当时很多不同的尝试——探索、辨认和创造有深刻含义的巴西现实——相呼应。1933年，吉尔贝托·弗雷尔（Gilberto Freyre）的《卡萨格兰德和奴隶区》（Casa-Grande e senzala）出版。此书在1952年被罗杰·巴斯蒂德翻译为《主人与奴隶》（吕西安·费弗尔为之作序）：吉尔贝托·弗雷尔是累西腓的贵族，他在纽约哥伦比亚大学接受了博士导师弗朗兹·博厄斯（Franz Boas）的指导。他的同性恋倾

---

[1] 参见《亦近，亦远》，第31页："圣保罗的人自以为，在这个沉睡的殖民地国家中，他们是向前飞翔的翅膀。"
[2] 奥斯瓦尔德·德·安德拉德的文章，米歇尔·里奥戴尔（Michel Riaudel）：《论文集》第60期，2008年9月，国际哲学公学院（Collège international de philosophie），数字资源。
[3] 参见《克洛德·列维－斯特劳斯：研究室里的诗人》，第54页。

向让他在读博士学位时选择研究巴西社会是如何形成的。在博士论文里，他以种植园里白人主教与奴隶之间存在性关系为出发点，指出这样的性关系带来了多方面的影响。[1] 性是此书的核心问题，他进行了大胆的分析，而它的另一个核心是对抗巴西人因为混血身份而产生的羞耻感。这本书成为一个重要转折点，因为"将混血看作国家特色与1870年以来巴西作家笔下长期表达的观点——混血是一种人的退化的表现——形成了鲜明对比"[2]，阿弗拉尼奥·加西亚（Afrânio Garcia）这样写道。若热·亚马多（Jorge Amado）描写巴伊亚州（Bahia）的小说、塔西娜·都·亚玛瑞（Tarsila do Amaral）的绘画作品、海托尔·维拉－罗伯斯（Heitor Villa-Lobos）的乐曲以及他作品中的地方主义色彩：在这个聚焦巴西文化的时刻，所有人都以满腔热情投身创作，为自己的国家感到骄傲。但在1930年代后半段，文化民族主义成为一种火药，这种火药本身充满了不同矛盾。因为瓦格斯的"新国家"从1937年开始广泛地推广桑巴舞，并为了自己独裁统治的需求而宣扬民族混合的意识形态。

文化处成立之时，马里奥·德·安德拉德被要求担任主任一职，但没人对此感到奇怪。当他还活跃的时候[3]，圣保罗的人们称呼他为"马里奥"。他是现代主义运动的领袖之一。他也是小说家、诗人、文学批评家、音乐史学家和音乐学院的教师。他的小说《马库纳伊玛》（Macunaíma，1928）为他赢得了名声但还够不上"名望"二字。他既不是食利者，也不是圣保罗寡头集团的一分子。他从未离开巴西，不像家族里的表兄堂弟，他们都会去欧洲接受更好的教育。马里奥·德·安德拉德是一个贫穷的亲

---

[1] 参见玛丽亚·露西娅·帕拉蕾丝－伯克（Maria Lucia Pallares-Burke）：《吉尔贝托·弗雷尔：热带的维多利亚时代之人》（Gilberto Freyre, um Vitoriano nos tropicos），圣保罗：圣保罗州立大学出版社（Editora UNESP），2005年。阿夫拉尼奥·加西亚（Afranio Garcia）的书评，参见《历史与社会科学年鉴》（Annales HSS）第2期，2006年3—4月，第476—479页。
[2] 阿夫拉尼奥·加西亚，第476—479页。
[3] 例如，市级图书馆被命名为"马里奥·德·安德拉德图书馆"。

戚，他自学成才，没有结婚，与母亲和妹妹为伴。他没有公开自己同性恋的性取向，成日里有女性围绕在身旁。他魅力超凡，但他外形可憎。他肤色很深，性格古怪。[1] 他以文化处作为桥梁，牵头组织艺术家和有创作才能的知识分子与赏识他们才华、准备向他们提供资金的资助人见面。这是一种将土著人原始文化重新纳为己有，并把它当作新"巴西人身份"培养基的现象。身为文化处主任，他一心多用。他也是调查民族音乐的先锋。他通过建立声音档案集（主要是巴西东北方区域的声音档案）在文化处里建立起民族音乐调研的传统。同一时期的美国，约翰·洛马克斯（John Lomax）也将奴隶和黑人囚犯最后的歌声，以及有奴役黑人历史的美国南部的一部分音乐记忆保存了下来。这位不同寻常的人物被一群圣保罗知识分子包围，他们中间主要是塞尔吉奥·米列（Sérgio Milliet）和保罗·杜阿尔特（Paulo Duarte）。当列维-斯特劳斯慢慢远离法国圈子，他们迅速地成为列维-斯特劳斯在巴西建立的第一个圈子。迪娜是这两个圈子之间的调解者，因此，在这段历史中扮演了举足轻重的角色。

民族志和民俗研究学会

"在《圣保罗州报》那个傲慢的圈子里——他们与政治权力有着密切的联系（如果我没记错，朱里欧·德·梅斯奎塔·菲略是州长阿曼多·德·沙利斯·奥利维拉的连襟），我与我的同事们只是他们的主顾，我说的是古罗马背景下的主顾。与其他人一样，在市文化处，我觉得更加自在。一群受过良好教育的年轻人、历史学家、学究、散文家围绕在马里奥·德·安德拉德这位有独特见解、对民俗和大众传统充满兴趣的大诗人身边，他们是塞尔吉奥·米列、鲁本斯·博尔巴·德·莫赖斯（Rubens

---

[1] 参见塞尔吉奥·米塞利（Sergio Micelli）：《巴西的知识分子和权力》（*Les Intellectuels et le pouvoir au Brésil*），第 33 页起。

Borba de Moraes）以及保罗·杜阿尔特。尤其是保罗·杜阿尔特，我与他之间培养了兄弟一般的友情，一段延续至纽约和巴黎的友情。"[1] 列维－斯特劳斯珍视这份友情，而他自己后来朋友不多。1940年代末，他回到欧洲之后与他接触的那些人都算不上真正的朋友。[2] 几十年之后，当他谈到马里奥·德·安德拉德或者保罗·杜阿尔特时，他的眼睛里闪现着光芒。[3] 没有人怀疑他们之间热烈的友情，这些不期而遇的友人就像他的兄长（他们当时三十几岁，比列维－斯特劳斯大几岁）。他们骨子里流着巴西人的血，所以也非常欧洲化："我与马里奥和奥斯瓦尔德·德·安德拉德关系非常亲密。每次他们来家里，我们都一起出门活动。因为我了解法国的知识分子运动和文学运动，我很自在地与这些巴西的现代主义者展开对话，我们的交流建立于平等的关系之上。"[4] 他们之间非常深厚的友谊建立于这些事物之上：民族志研究过程中散发的艺术家气质、对先锋派艺术家作品的浓厚兴趣（当时克洛德仍很痴迷这些作品）以及对大众文化和巴西现实问题的关注。

在文化处存在的三年（1935—1938）里，列维－斯特劳斯夫妇经常与马里奥·德·安德拉德来往，因为他是教导两人巴西民俗知识的导师。他们频繁地走动，互相欣赏；由于想要了解传统节日中丰富的民俗风情，他们一同去圣保罗近郊的村庄考察；他们阅读对方的作品，并以书信互相往来。因此，当克洛德·列维－斯特劳斯拿到一本马里奥·德·安德拉德民族音乐学的作品时[5]，带着一脸神魂颠倒的神情（这种情绪慢慢地消

---

[1] 《忧伤的圣保罗》，第10—11页。
[2] 2012年4月18日，弗朗索瓦丝·埃里捷（Françoise Héritier）接受了作者的访谈，叙述了自己的所见所闻。
[3] 1985年，玛努拉·卡内罗·达库尼亚（Manuela Carneiro da Cunha）接受了访谈。访谈视频保存于圣保罗大学人类学图像与音像实验室（Laboratório de Imagem e Som em Antropologia）。他在访谈中这样评价马里奥·德·安德拉德："他特别活跃、热情，有领导力。"
[4] 参见《列维－斯特劳斯在圣保罗：城市与田野工作》，第80页。
[5] 这应该是指1933年出版的《音乐，甜美的音乐》（*Música, doce música*）。

失,因为当时他不怎么会读葡萄牙语的书)向后者写信,"您收集的东西太棒了。我花了一整个晚上赏析这个一根琴弦临时做成的乐器演奏的乐曲,这些乐曲旋律丰富,有自己的味道,像是一种奇妙的诗歌。您让我从一种新的角度观察巴西,我对您可谓感激涕零"[1]。

列维-斯特劳斯夫妇加入了文化处的圈子,他们参与了"民族志和民俗研究学会"的建立,这些活动证明了他们与马里奥·德·安德拉德在野外建立起来的深厚友情。学会终于在 1937 年成立。一方面,这所马里奥·德·安德拉德主持的机构致力于研究城市——它的发展过程、社会与文化变迁、城市变化——以及培养一些熟练掌握民族志调查方法的专业人士。另一方面,列维-斯特劳斯对民族学的兴趣来自两个互不相干的原因(但它们造成了这个共同的结果)。出发前往巴西的时候,乔治·杜马似乎默认迪娜·列维-斯特劳斯可以至少在圣保罗法国巴西高中获得一个教职,或者在圣保罗大学获得一个教职。然而抵达巴西之后,迪娜并没有获得任何工作,因此,失去了所有个人经济来源。所幸他的丈夫经济尚属宽裕,暂且解决了她的燃眉之急。但这对现代夫妻拥有一样的教育水平,他们对这个状况并不满意。克洛德向让·马克思和地方当局表达了多次对他夫人事业的担忧,因为他的夫人与他一样,也获得了哲学教师资格。迪娜除了履行妻子的义务之外也想要做些别的事情,她对家务活十分抗拒(1935 年,克洛德的母亲来与他们做伴,她扛起了家务的重任)。于是,迪娜有了空余的时间。而克洛德在大学里的工作困难重重,他与保罗·阿尔布斯-巴斯蒂德的对抗使他要在圣保罗大学里建立人类学研究所的计划受到了阻碍。而他从文化处的活动中得到了慰

---

[1] 1936 年 10 月 25 日,克洛德·列维-斯特劳斯给马里奥·德·安德拉德的信,现被收藏于圣保罗大学巴西研究所(archives IEB),属于"马里奥·德·安德拉德档案"的一部分。参见《现代》(第 628 期)刊登的四封信,2004 年 8、9 和 10 月,第 259 页。这封信也是其中之一。

藉，同时文化处也为一个具有多个未知数的方程找到了答案：马里奥从克洛德人类学研究所的设想中看到了文化处进行民族志研究的使命；迪娜在文化处里找到了工作，而克洛德也在其中展开研究活动。资助两人1935年11月第一次考察活动的正是文化处。渐渐地，市政府及其文化处成为知识分子聚集之处，克洛德夫妇，尤其是迪娜，在文化处组织起了活动。

从1936年4月起，迪娜在文化处开设了一门教授民族志研究的课，一周两节。50多名听众中既有学生，也有市政府的公务员。听众的数量让她不得不增加课时。她用"实践"二字向让·马克思解释课程的性质，因为这门课教授的是进行田野考察的方法。[1]她与几名稍有经验的学生共同展开了一次体质人类学的调查研究，他们的调查对象是"圣保罗市的蒙古斑"[2]。这个研究课题中，他们使用上了法国人类学当代的研究方式——问卷调查。第二年，文化处有了一个功能完备的人体测量仪，迪娜·列维-斯特劳斯撰写了一本为学生提供指导的使用手册（它的内容主要涉及体质人类学）。[3]我们发现，体质人类学在迪娜的研究和教学中具有重要的意义，当然，它对克洛德而言也非常重要。两人曾经尝试在考察过程中开展人体测

---

[1] 1936年12月10日，迪娜·列维-斯特劳斯给让·马克思的信，现被收藏于外交部档案，法国海外事务局，1932—1940年，巴西档案。
[2] 蒙古斑呈深色，大小不一，出现于新生儿的背部或臀部。常见于皮肤黝黑的孩子（尤其是亚洲儿童）身上，因此得名。
[3] 迪娜·列维-斯特劳斯作为（旧）巴黎大学的老师，编写了《体质人类学与文化人类学研究实践指南》(*Instruçoes praticas para pesquisas de Antropologia fisica e cultural*)，圣保罗：圣保罗市文化处藏书，1936年。

量的工作，然而重重阻碍之下他们无功而返[1]，克洛德对此事几乎缄口不提。然而，体质人类学在1930年代深深地影响了列维－斯特劳斯，因为种族这个概念在当时非常受重视，而体质人类学也异常受人欢迎。

迪娜开设的课程获得了很大成功，这为民族志和民俗研究学会的成立提供了助力。她的学生们通过圣保罗当地的报纸向列维－斯特劳斯女士"致敬"，于是，人们得知了这个学会成立的消息。这篇充满激情的文章中配有一张照片，照片中央的迪娜容光焕发，学生们围绕在摆满了食物的桌子周围，其中包括玛丽亚·斯特拉·基马拉斯（Maria Stella Guimares）、马里奥·瓦格纳·维埃拉·达库尼亚（Mario Wagner Viera da Cunha）、塞西莉亚·德·卡斯特罗埃西尔瓦（Cecilia de Castro e Silva）、拉法埃尔·格里西（Raphaël Grisi）、安妮塔·卡斯特洛（Annita Castello）、马尔孔德斯·卡布拉尔（Marcondes Cabral）、塞拉菲卡·马尔孔德斯·佩雷拉（Serafica Marcondes Pereira）等人。克洛德·列维－斯特劳斯只是他们的陪衬[2]。图说写道："由马里奥·德·安德拉德发起的民族志学者俱乐部：巴西第一个民族志领域的研究团体。"这个"俱乐部"成为一个学术"学会"，但迪娜后悔使用了俱乐部这个时髦的字眼。它的章程（法律实习生克洛德·列维－斯特劳斯对章程进行了校阅和修改）[3]在1937年确定了下来：马里奥

---

1 "我们只对男性印第安人进行了几次人体测量，因为女性印第安人十分怕羞。无论是卡杜维奥人还是博罗罗人，我们都没有拿到骨架和骨头的数据。[……]因为印第安人的排斥，采集血液进行分类也没有成功。他们不愿接受拍照，也反对被采血样，原因是，他们害怕会因此殒命或被施加巫蛊之术。"这些话经巴西当地媒体的整理，后被路易斯·多尼塞特·本齐·格鲁皮奥尼（Luis Donisete Benzi Grupioni）引用。参见《美洲印第安人部落中的克洛德·列维－斯特劳斯：两次巴西内陆地区的民族志考察》（《Claude Lévi-Strauss parmi les Amérindiens. Deux expéditions ethnographiques dans l'intérieur du Brésil》），载《巴西印第安人：巴西美洲印第安人的艺术》（Brésil indien. Les Arts des Amérindiens du Brésil），巴黎：国家博物馆联合出版社（RMN），2005年，第315—316页。
2 1936年11月4日的《晚间日记》（Diário da Noite），参见"巴西媒体（1935—1937）"主题档案，克洛德·列维－斯特劳斯档案库，编号NAF28150，档案盒编号232。
3 1937年4月29日，克洛德·列维－斯特劳斯给马里奥·德·安德拉德的信，现被收藏于圣保罗大学巴西研究所，属于"马里奥·德·安德拉德档案"的一部分。

是主席，迪娜是首席秘书，而马里奥·瓦格纳（Mario Wagner）是财务主管。

作为学会成员的历史学家路易莎·瓦伦蒂尼（Luisa Valentini）[1]指出，民族志和民俗研究学会是以美洲文化研究者学会、皇家人类学学会为蓝本而建立起来的。它的目的是将研究工作职业化、推广信息收集的流程、建立文献库、整合资源。迪娜参加了学会的很多日常组织工作：她以既严肃又幽默的方式定义了教学与研究。她参与的这些工作正好反映了她与马里奥·德·安德拉德建立的友谊。

虽然民族志和民俗研究学会没能长期延续下去，但它曾是圣保罗重要的知识分子的聚集地。学会比大学更加自由、更加具有活力。学会的成员通过实践进行思考，高声畅谈民俗、民族志、科学与艺术；他们举起鸡尾酒，向创始团队的远大抱负致敬。学会举办了一些讲座。1937 年 5 月，迪娜思忖："什么是民俗？"她的丈夫展示了几项新的研究成果：《卡杜维奥印第安人的物质文明》以及《卡拉雅人的玩偶》。学会创办了一份简报，而克洛德这篇研究卡拉雅人玩偶的报告便发表于简报之上。《市政档案杂志》（Revista do Arquivo municipal）是另一条出路，它发表了好几篇克洛德的文章。比如，克洛德题为"立体主义与日常生活"（O Cubisme e vida cotidana）的文章，它诞生于巴黎，那时他还年轻，克洛德从他同辈人的角度谈了谈立体主义的影响。又如他第一篇真正属于民族学家的文章《博

---

[1] 这是费尔南达·佩肖托指导的一名硕士研究生。其学位论文为《一间人类学实验室：马里奥·德·安德拉德、迪娜·德雷福斯与克洛德·列维-斯特劳斯的相遇（1935—1938）》（《 Um l laboratório de antropologia: o encontro entre Mário de Andrade, Dina Dreyfus et Claude Lévi-Strauss [1935-1938] »），圣保罗大学，2010 年。该论文现已发表，参见《一间人类学实验室：马里奥·德·安德拉德、迪娜·德雷福斯与克洛德·列维-斯特劳斯的相遇（1935—1938）》，圣保罗：阿拉梅达出版社（Alameda），2013 年。

罗罗人社会结构研究》[1]，而这篇文章也被收录进《美洲文化研究学会会报》里。[2] 学会推崇科学的研究方法、丰富的教学材料，并且紧密依靠影音技术。所以，当迪娜与马里奥·德·安德拉德做伴到圣保罗郊区一座不大的殖民城市时，她背着一部摄像机，因为她想要见证"圣灵之节"。圣灵节是巴西天主教徒的伟大时刻。而天主教与其他传统共同生于巴西这片土地。例如，被基督教"驯化"的穿着白色衣服的黑人国王、马上的"卡瓦哈达之舞"（Cavalhada）以及被称作"孔加达"（Congada）的"冠冕"仪式。迪娜曾拍摄了以此为主题的影片，而她的影像作品被收入圣保罗电影资料馆之中。[3] 她对圣保罗民俗风情的兴趣让她现身国际民俗大会，她代表圣保罗民族志和民俗研究学会参与了 1937 年巴黎的这场盛事。

圣保罗所有人都能感受到迪娜的热情，而她也受到马里奥·德·安德拉德与所有学生的爱戴。与列维-斯特劳斯夫妇走得近的马里奥·瓦格纳说两人形成了鲜明的对比。妻子热情、喜形于色、待人亲近；丈夫则稳重、严肃，有时有些傲慢："马里奥和我们大家一样都非常喜欢迪娜，因为她是个漂亮的姑娘，年纪与我们相仿。列维-斯特劳斯甚至有些嫉妒她，但这不是没有缘故的。我常常去两人在辛西纳托·布拉加路的家中做客，因为他们常常在家里举办学会成员的聚会。我们可以与迪娜侃侃而谈，忘记时间。列维-斯特劳斯则频繁地从一旁经过，打探我们正在做什么，但他却始终不迈进我们谈话的那个房间一步。他在房间之外不停地踱步，好像要告诉我们：'我就在这儿，我希望你们

---

1 《博罗罗印第安人社会组织形式研究系列》（« Contributions pour l'étude de l'organisation sociale des Indiens Bororo »），《美洲研究学会杂志》（Journal de la Société des américanistes）第 28（2）期，1936 年，第 269—304 页。
2 《市政档案杂志》（Revista do Arquivo municipal）第 3（27）期，第 8—79 页。
3 《圣灵节：摩基达斯克鲁易斯市（1936 年 5 月 30 日）》（Festa do Divino Espirito Santo. Mogy das Cruzes. 30 mai 1936），由迪娜·列维-斯特劳斯一人拍摄下来。现收藏于圣保罗州文化处。

别再继续聊天了！'。"[1] 马里奥·德·安德拉德和迪娜·列维-斯特劳斯之间的亲密关系不仅体现在民族志和民俗研究学会的诞生过程中，也体现在迪娜参与的活动、她在学会内部担任的职务之中。这些联系解释了为什么文化处会接收两人在当地民族志考察活动中获得的一部分收藏品。今天，巴西历史重新审视了迪娜的功绩，当然，这未必不是对她的过誉。总之，我们认识的迪娜积极融入圣保罗的生活中，她与市政府和政府员工之间建立了紧密的联系。是她让这些考察活动的设想得以实现。[2]

民族志研究的洗礼（1935年11月—1936年3月）

出行的计划与条件

1935年11月10日是列维-斯特劳斯出行的前夜。他向马塞尔·莫斯表达了自己的担忧：这不是到马托格罗索考察的理想时机，因为马托格罗索正值雨季。但大学的全职教学工作让他忙得不可开交，这个时间段是他唯一的空当。这也是他选择"到这个相对便利的地区"[3]对那里的印第安人进行考察的原因。首先，他计划到卡杜维奥人居住的潘塔纳尔沼泽（Pantanal）进行考察，"这里十分荒芜，但我们仍然发现了一个非常漂亮的陶瓷制品，我们希望能在矿床里找到一些古老的样本，国家博物馆帮助我们展开了探索与研究"[4]；其次，他计划考察韦尔梅洛河（Rio Vermelho）以北的博罗罗人。考古视角对他重建史前美洲的工作非常重要，而这个重建的过程便是他这次考察活动的

---

1 《克洛德·列维-斯特劳斯：研究室里的诗人》，第55页。文中提到了马里奥·瓦格纳（Mario Wagner），但没有写明文献来源。
2 参见路易斯·多尼塞特·本齐·格鲁皮奥尼：《美洲印第安人部落中的克洛德·列维-斯特劳斯：两次巴西内陆地区的民族志考察》，第316页。
3 1935年11月10日，克洛德·列维-斯特劳斯给马塞尔·莫斯的信，现收藏于克洛德·列维-斯特劳斯档案库，编号NAF28150，档案盒编号181，属于"书信"主题档案的一部分。
4 同上。

认识论框架。

巴西报纸对它的报道让它累积了一些知名度；而大西洋另一侧，保罗·利维在《美洲文化研究学会会报》上提到了这个"派往巴西的代表团"，从此法国学术界也了解了这个由法国教育部共同资助的代表团的存在。然而，路易斯·多尼塞特·本齐·格鲁皮奥尼（Luis Donisete Benzi Grupioni）指出："列维-斯特劳斯在巴西中部地区的第一场考察活动与这个时代的其他民族学考察并无不同。它们都是基于假设，而这些假设是当时理论思考的成果；考察的主要目的是收集材料。"[1] 这些假设的内容是什么呢？在《巴西报》（O Jornal）对他进行的采访中，他做出了解释：他关注到一篇发表于《美洲文化研究学会会报》的旧文章。文章称卡杜维奥人身体上的绘画与圣塔伦（Santarém）和马拉若（Marajó）盆地的陶瓷制品上装饰性的图案存在关联，但考古学家对这些陶瓷制品已十分熟悉。"卡杜维奥人（圭库鲁人最后的子孙）与这些工业化的部落（亚马孙盆地漂亮的陶瓷品便出自他们之手）之间曾经存在怎样有趣的联系呢？"对于将人口与文明作为研究对象的地理学者而言，这个问题也是有待于解决的"基本"问题之一。问题的核心在于美洲人口的流动，准确地说，在于亚马孙盆地范围里的人口流动。因为亚马孙盆地的研究资料比大陆西部少一些，西部安第斯山脉巨大的文明成就获得了学者们的青睐。出发之时，年轻的民族志学者对莫斯说了这番话："确实，我们会更喜欢安第斯高原，甚至想要一直研究下去。"列维-斯特劳斯却从未再对安第斯地区表现出这样的热情，他将要经历的一切改变了他的想法。莫斯鼓励列维-斯特劳斯要坚信自己的理论主张，也不要放弃对这个地域的偏爱："不要过分执着于安第斯地区，但这确实是一个值得研究的地区。因为我从巴西这片

---

[1] 路易斯·多尼塞特·本齐·格鲁皮奥尼：《美洲印第安人部落中的克洛德·列维-斯特劳斯：两次巴西内陆地区的民族志考察》，第 315 页。

土地上展开的史前考古中认识到这里存在着伟大的文明,所谓史前考古,主要是指亚马孙下游的史前考古。这儿有非常先进的陶瓦制作工艺,这种工艺与中美洲有着更加紧密的联系,而不是源于秘鲁文明。"[1] 所以,他要通过卡杜维奥人,在中美洲延续至美洲盆地这片区域中寻找那个古老又伟大的文明的地理版图。这个工作既需要考古学的手段,也需要人体测量学的介入。

莫斯在信尾中这样说,"当然,这封信是写给你们两人的。在我心里,她与你是一体的"[2]。虽然这段附言有多种不同的解读方式,但它告诉我们,在这片土地成为两人必然的选项时,"两人合作"成为民族志研究中一种工作和认识事物的方式。这在其他学科中是前所未有的。当时,民族学还没有深入校园,因此,这个领域里出现了众多女性角色。1930年代,德尼兹·波尔姆(Denise Paulme)、热梅娜·蒂丽翁(Germaine Tillion)、德博拉·利夫奇茨(Deborah Lifschitz)崭露头角。而有时她们也与另一半一起从事研究:这是解决双方不能共同生活这一家庭问题的一种方式。这对从事民族志研究的夫妇也进行了有效的分工,因为女性研究者更容易接触土著妇女。婚姻能经受住实地考察工作造成的矛盾吗?婚姻会得到巩固还是陷入困境?在踏上征程的时候,这些问题似乎没有占据他们的心房,但多年之后,它们将卷土重来。

---

1 1936年2月20日,马塞尔·莫斯给克洛德·列维–斯特劳斯的信,现收藏于克洛德·列维–斯特劳斯档案库,编号NAF28150,档案盒编号181。
2 同上。

《圣保罗公报》（*D Diaro de São Paulo*）1936 年 3 月 14 日刊，介绍了克洛德和迪娜在马托格罗索的考察活动（1935 年 11 月—1936 年 1 月）。

卡杜维奥人身上的花纹

一个三人小组轻装上阵（几个旅行箱和一个帐篷）。他们在1935年11月底离开了圣保罗。克洛德夫妇与热内·西尔兹（René Silz）做伴，而热内在这个有名的团队中是一个默默无闻的成员。他是法国的农业工程师，是克洛德的高中同学。他们对这次考察所做的记录不幸遗失。所幸我们还能从列维－斯特劳斯在《忧郁的热带》里的描述与迪娜保留下来的一些笔记中了解些许内容。[1]

他们乘坐火车直达埃斯佩兰萨港（Porto Esperança），西北铁路线（Noroeste）的最后一站。经过巴拉那河（Rio Paraná）和特雷斯－拉各斯（Três-Lagoas）之后，火车又跑了三天，最后将他们送抵马托格罗索。马托格罗索单调的风景让人觉得乏味不堪，而这些风景成为他们深入巴西、开展研究的过程中必不可少的"透景画"："平坦或者说没有起伏的高原、遥远的地平线与灌木；偶尔出现的瘤牛群被经过的火车驱散。"[2] 从埃斯佩兰萨港起出现了一些火车支线，它们像脆弱的栈桥一样穿过了潘塔纳尔沼泽。作为世界上最大的沼泽，这片沼泽占据了巴西南部的中央区域，并且一直延伸至巴西与玻利维亚和巴拉圭的边境线。卡杜维奥人生活在这片梦幻般的景色中，在博多克纳山脉的山丘上安家。这是巴西政府在20世纪初分给他们的保护区："瘤牛群躲了起来，它们躲在山丘顶上，就像是躲在漂浮不定的拱桥之上；而沼泽之上体形巨大的鸟群形成了小巧的岛屿，岛屿有白色的，也有粉红色的，它们是火烈鸟、白鹭和苍鹭。"[3] 作为民族志领域的新手们，他们在法国人拥有的"庄园"里建立起自己的"街区"。这是在埃斯佩兰萨港南部，并且距离埃斯佩兰萨港100多千米的"法国

---

1 《迪娜·列维－斯特劳斯旅行纪事：圣保罗、波尔图、埃斯佩兰萨》（«Récit de voyage São Paulo-Porto-Esperança par Dina Lévi-Strauss»），第11页。参见克洛德·列维－斯特劳斯档案库，编号NAF28150，档案盒编号11，属于"文件"主题档案的一部分。
2 《忧郁的热带》，第150页。
3 同上书，第151页。

庄园"。迪娜在这里与他们重逢,此前,她因为生病不得不原路返回。这次考察活动几乎完全自给自足,被列维-斯特劳斯形容为一次"游手好闲"的考察活动。而他们也有一些不变的惯例,比如,每天用芦管饮用两次巴西茶(chimarrao maté),一次是早上 11 点,一次是晚上 7 点。这是"一种社会习俗和个人陋习"[1]。从这儿开始,他们需要骑马才能抵达卡杜维奥人的居住地,整个过程耗时三天。他们的目的地居住着大约 200 个印第安人,而他们的定居点有三个。"那厘克"(Nalike)是他们主要的营地,五间可怜的茅屋整齐排列在那儿。12 月底,被热带强烈的暴风雨困住的游客们在这里落脚。

突然,他们发现了两者之间的对比,受到了冲击:"落魄"的印第安人生活艰苦,就像是贫穷的农民;而"卡杜维奥人凭借顽强的个性将他们过去的一些痕迹保留了下来"[2],因此,他们还享有高度的物质文明。在列维-斯特劳斯看来,卡杜维奥人通过熟练的日常活动,例如,织造、编篓、造绳以及翻线戏,与贵族部落和战争部落建立了直接和密切的联系。这些 19 世纪的贵族部落和战争部落以骑士骄傲的姿态参与了巴拉圭的武装冲突(1864—1870)。而我们在列维-斯特劳斯的话中再次发现,他心里住着一位"堂吉诃德"。所以他在当下的土地上"淘金",去寻找过去光辉的影子。但在这片土地上,他首先发现的是这美妙的手工艺,于是急不可耐地收集手工艺品。他对收集物件表现出浓厚的兴趣,这恰恰证明了他对民族志研究的一腔热忱。当他离开时,他提着自己的小手提箱,还带着木雕像(它们的用途至今仍是一个谜)、珠宝、扇子、吊床以及有着精妙图案的陶瓷制品。而他在另一次考察活动中详细记录的翻线戏是当时美洲文化研究者的研究课题之一。

---

[1]《忧郁的热带》,第 156 页。
[2] 同上书,第 167 页。

卡杜维奥人的文化有一个突出特点，它让列维-斯特劳斯"为之倾倒"：年轻以及年老女性拥有身体彩绘，这是她们用美洲格尼帕果（jenipapo）汁作为颜料一口气完成的[1]；从列维-斯特劳斯拍摄的照片上看，她们的身体和脸庞蒙着一层饰有不对称花纹的薄纱，这让他想到了西班牙巴洛克时代熟铁上的图案。在卡杜维奥人部落里停留的15天，列维-斯特劳斯对这些涡线花纹着迷。他试图复制这些图案，所以他让卡杜维奥妇女在叶子上画下这些图案，后来，他将这些叶子一并带走。这里有大约400张画，它们既不是扭曲对称，也不是经过翻转而来的，这让他困惑了许久。在克洛德和迪娜拍摄并且保存下来的两部影片中，我们看到了女人们沉醉于这种装饰艺术时表现得风情万种。尽管面部轮廓那般复杂多变，她们的笔都能坚定地画下这些充满智慧的线条，这让人惊叹不已。[2] 突然，列维-斯特劳斯身上的画家细胞恋上了这种奇迹一般保留下来的美妙艺术。我们还注意到，影响列维-斯特劳斯、让他选择卡杜维奥人作为第一次田野考察对象的因素中，异常重要的是一位意大利业余画家圭多·博贾尼（Guido Boggiani）。这名画家在19世纪末"留下了指示以诱使和暗示"[3] 我们关注卡杜维奥人。列维-斯特劳斯一生都在思考这些抽象的构图、复杂又系统的线条，就像是在思考一个亟待解开的谜团，所以，他试图以不同的方式进行解释，却使这些解释变得与谜团本身一样复杂。在这些卡杜维奥部落花纹的启发下，他拓展了其他理论领域。在《忧郁的热带》里，他思考这些绘画的二元性、它们的不对称性以及土著人艺术的社会意义。但这些思考活动并

---

[1] 一种热带树的果实，它名字的意思是"留下渍迹的水果"。
[2] 《那厘克村》（Aldeia de Nalike），博多克纳山脉（Serra Bodoquena），马托格罗索州，1935年12月至1936年1月（圣保罗文化处的光碟资料共包括两部影片，这是其中一部）。参见伊曼纽埃尔·莱克勒克（Emmanuel Leclercq）：《原始生活的四个片段：巴西的电影导演克洛德·列维-斯特劳斯》（« Quelques fragments de vie primitive: Claude Lévi-Strauss, cinéaste au Brésil »），《现代》第628期，2004年8—9月，第329—332页。
[3] 《与玛努拉·卡内罗·达库尼亚的访谈》，拍摄时间为1985年。影片拷贝保存于圣保罗大学人类学图像与音像实验室。

未发生在 1936 年。列维－斯特劳斯需要一些时间来解释这些神秘的图画，这成为他一生的动力。尽管这些画是结构主义诞生的原因之一，它们也不能掩饰一个事实：1936 年的列维－斯特劳斯还不是结构主义者。

1936 年 1 月 15 日，他们的征程临近尾声。克洛德向马里奥·德·安德拉德讲诉那厘克村的故事："那里的女人总是用她们精湛的画技在自己的脸上画画；她们做的陶瓷品好看又朴实，我带回了不少样本。此外，我们还能听当地人说有趣的传说，向他们了解以前的社会情况。显然，他们的物质条件十分艰苦：在潘塔纳尔沼泽，温度出奇地高，然而，那厘克的某几个晚上让我们冷得发抖！蚊子也与想象中一样嗜血无情。但这里有那么多有趣的事物，其他问题都显得不再重要了。我们没有停下脚步，而是继续向圣洛伦索河（São Lourenço）以及博罗罗人居住的地区行进。"[1]

左图所示的图案是克洛德·列维－斯特劳斯在本子上记录下来的卡杜维奥人复杂的花纹。这些卡杜维奥妇女在身体和面颊上画下的花纹里存在着看似对称的图案。

---

[1] 1936 年 1 月 15 日，克洛德·列维－斯特劳斯给马里奥·德·安德拉德的信，现保存于圣保罗大学巴西研究所，属于"马里奥·德·安德拉德档案"的一部分。

博罗罗歌剧

卡杜维奥人的图像艺术深深震撼了他们，与博罗罗人的接触也让他们收获了一种绝妙的美学体验。只是这里又是另一番景象：如果卡杜维奥人是画家，那么博罗罗人喜爱在脆弱的物体上下功夫，例如，羽毛、花朵，而花环则是各种仪式上的装饰物。所有这些在博罗罗人身上的见闻都在列维-斯特劳斯预料之中，因为博罗罗人与卡杜维奥人不同，他们从19世纪开始就频繁地接受外来访客，所以他们常常出现在南美洲民族学的档案之中。对民族学家们而言，他们就是"万里挑一"[1]（morceau de roi）的，因为博罗罗人的社会关系非常复杂。此外，他们还有值得称颂的美学创作水平、多元的宗教文化以及新奇的宗教仪式。博罗罗人的每一天都是节日，而访客来到此处也会陶醉于这些无穷无尽的仪式。博罗罗人是民族学家梦寐以求的研究对象，列维-斯特劳斯也是这般翘足企首。在这次小规模的考察活动中，他们搭着卡车完成了第一段路程，随后登上独木舟。他们从科伦巴出发，顺着巴拉圭河，最后抵达圣洛伦索河和它的支流韦尔梅洛河。人们告诫他们要小心，因为当时正在暴发黄热病。他们的焦虑情绪却因河岸上的身影得到了缓解：列维-斯特劳斯夫妇在河岸上发现了"两个赤身裸体的身影在陡峭的河岸上手舞足蹈，这是他们见到的第一批博罗罗人"[2]。

尽管博罗罗人与慈幼会传教士长期保持联系，他们留给列维-斯特劳斯的第一印象却是远离尘嚣，他们似乎纯洁得没有沾染半分俗气。事实上，慈幼会的神父并未让博罗罗人皈依慈幼会，与之相反，他们是经博罗罗人的"传教"而成为慈幼会神父的。他们还在多年之后整理出了《博罗罗人百科全书》，一本内容丰富的百科全书。所以，在三位欧洲人眼中，这些印第安人几乎没有

---

[1]《与玛努拉·卡内罗·达库尼亚的访谈》，1985年。
[2]《忧郁的热带》，第205页。

受到文化同化，而这样的认知恰好与西方哲学中描绘的野蛮人形象保持一致：魁梧又漂亮的身体上未着衣物，深入骨髓的宗教信仰让他们以骄傲的姿态纵声欢笑并且跳起了舞蹈。这些活动便占据了他们大部分的时间。这些骄傲的男子戴着羽毛的装饰物，变成了一群小鸡！[1] 列维－斯特劳斯"沉迷在博罗罗人丰富的文化内涵之中，被它的奇妙之处深深吸引"。[2]这让人想起童年时的他：那时的克洛德喜爱去歌剧院听瓦格纳的音乐，为这种整体艺术所折服，因为这种艺术给了他"丰富多彩的内容"[3]。

从第一晚开始，博罗罗人的歌声便在列维－斯特劳斯的耳边久久徘徊，就算他曾接受过那么多高等艺术的熏陶，也不免为之心动。"听到这些歌声是一种美妙的享受：他们的声音时不时突然中断；而他们乐器的响声——加长的渐强、渐弱——填补了歌声的空缺；他们通过歌声的停顿与响声指挥舞蹈的节奏，而响声的长短、强度和质感变化多端，就算是我们那些大型音乐会的乐团指挥也不见得能够了解它们代表的意义。"[4] 这场音乐会歌声雄

---

[1] 让－皮埃尔·博勒诺（Jean-Pierre Beaurenaut）、豪尔赫·博丹斯基（Jorge Bodansky）和帕特里克·孟格（Patrick Menget）：《谈〈忧郁的热带〉》（*À propos de Tristes Tropiques*），1991年，法德公共电视，46分钟。
[2] 克洛德·列维－斯特劳斯接受了让－克洛德·布林吉尔（Jean-Claude Bringuier）、皮埃尔·杜马耶（Pierre Dumayet）、让－约瑟·马尔尚（Jean-José Marchand）、贝尔纳·皮沃（Bernard Pivot）和米歇尔·特雷盖（Michel Treguer）的访问。参见《克洛德·列维－斯特劳斯谈克洛德·列维－斯特劳斯》，法德公共电视，2008年，1小时33分钟。
[3] 《忧郁的热带》，第206页。
[4] 同上书，第210页。

壮,因为只有男歌手参与其中。在那儿居住的三个礼拜,克洛德每晚都与这样的歌声为伴。事实上,这些涂了朱红色颜料的战士骄傲得就像黑秃鹫,他们忙碌于各种不同的宗教仪式;其中一种仪式是马力朵之舞(Marid'do),这是一种葬礼仪式,克洛德与迪娜将它拍摄了下来。我们能看到马力朵舞的整个筹备过程,一个直径为1.5米的藤条编织起来的圆饼(舞者头顶着它跳舞)是它的道具,我们能看到舞蹈分为预热、祈祷、祭品献祭三个部分,还能欣赏他们的舞姿。这些工作也是由男人们完成的,女人们只能坐在一边看着。[1]迪娜在她的课上常常使用这段影片。

仪式(主要是葬礼)、宇宙观、婚姻规则、神话:这些民族学传统的研究对象也是列维-斯特劳斯耗费一生精力研究的对象,它们在这次短期的考察之旅中得到了充分的调查研究。被称为"博罗罗社会学老师"[2]的翻译人员是他们主要的信息来源,多亏了他的帮助,克洛德成功收集了珍贵的资料。翻译人员的参与对民族学家而言显然十分关键,因为博罗罗人并不会葡萄牙语。但是,基于实地考察的日常活动,不同的经验带来了理论上的启发,但他的理论论述还未成形。凯亚拉(Kejara)的博罗罗村落约有140人,克洛德从这个村落里茅屋的地理布局中发现了规律。这是一个环形的村庄,而与水流平行的分际线将村落的空间一分为二,村民也因此分为两组人马:策拉(Cera)和图加雷(Tugaré)。村庄中心是男士居住的房子,单身男子住在这儿,而这儿也是白天男人们的活动场所。村里的茅屋分段排列,绕成一个圈子。在此基础上,一个复杂、精妙的几何形状出现了,这个与卡杜维奥人花纹同样精妙的图形凌驾于姻亲关系和人口流动的变化之上,它始终存在:一个个

---

[1]《"马力朵"之舞》(*Dança do Marid'do*),凯亚拉(Kejara),1936年2月。参见圣保罗文化处电影资料馆。
[2]《忧郁的热带》,第208页。他大约35岁,在慈幼会神父的教诲下,学会了基础的葡萄牙语。

体永远属于他母亲所在的那一半村落，而他只能与村落另一半的成员缔结婚姻关系。"在结婚时，男性成员穿越林中空地，走过那条将村落一分为二的理想的分界线，在村庄的另一侧定居。"[1] 世袭的"亚群"以及职业分工的初始过程让这种社会生活中的地理因素变得更加复杂。就像身处开垦区的新兴城市一样，列维-斯特劳斯在露天的环境下观察社会形态和文化形态的空间分布。他还认为在社会等级（博罗罗人之间存在社会不平等）和互惠关系之间存在一种不稳定的平衡关系，他通过这个模型来理解"村庄两边共同生活、休戚与共的紧张关系"。1936 年的这场考察活动并没有提供足够多的资料，研究工作仍然停留在经验层面，但它为后几年的假设提供了空间，博罗罗人村落一分为二的结构也成为文献中的素材。在那时，列维-斯特劳斯明智地将研究对象缩小至"格"（Gé）这一族群的辐射范围。由于柯特·尼姆衍达朱已经开展了相关的研究，这个课题成为研究美洲文化的民族学家的田野考察的目标之一，也是研究热点之一。后来，列维-斯特劳斯称博罗罗人有一套自己的理论。他说，博罗罗人是"伟大的结构主义理论家"。而博罗罗人的理论可能与他自己尚未成形的结构主义思想[2] "不谋而合"，因为两者都冠上了"结构主义"之名。我们可以幻想他如何一步步成为结构主义大师，但从结果来看，我们便能发现，凯亚拉的土著人在克洛德·列维-斯特劳斯"自我"形成过程中扮演了特殊的角色。

---

1 《忧郁的热带》，第 213 页。
2 《谈〈忧郁的热带〉》中，克洛德·列维-斯特劳斯称，自己始终有"一种结构主义者的使命感，幼时也是如此"。

归 途

有限的考察

2005年，克洛德·列维－斯特劳斯意外地于70年之后再次见到那些物件，"当他考察回来，为了便于巴西和法国之间的交流活动，他将这些东西交由圣保罗市文化处保管"[1]。在法国举办的巴西年活动中，一场展览奇妙地将这些1935—1936年的收藏品聚集到一起，一方面是为了向公众展示，另一方面是为了纪念年迈的人类学家。

这些充满巴西记忆的收藏品是他第一次民族志考察活动的战利品。它们一开始被保存于圣保罗，然而，50年间从一个机构被辗转搬迁到另一个机构，以致所剩无几。后来，负责展览的专员——同时也是研究民族志考察史的史学家——路易斯·多尼塞特·本齐·格鲁皮奥尼让它们重见天日。为什么会有这样的特殊的交流规则（因为其他地区的考察并不存在这样的规则）？在1933年，仅仅在第一次巴西考察的两年前，22698号法令设立了巴西"艺术和科研考察活动监督委员会"[2]。直到1968年的30多年间，这个委员会监督并管制在巴西展开考察的外国人以及巴西本国人，他们特别重视文化与艺术财产、植物、矿物和动物的保护，防止学者将它们携带出境。路易斯·多尼塞特称这个委员会"是多个历史因素共同作用的结果，因为国家形象需要民族主义观点的表达，需要确定国家版图并对国家进行统一的管理。而对国家进行统一管理的过程要求将土著工艺作为巴西一国历史和文化遗产的组成部分"[3]。也许它也是几年前引起议论纷纷的马尔罗

---

1 克洛德·列维－斯特劳斯：《序》，载路易斯·多尼塞特·本齐·格鲁皮奥尼：《巴西印第安人：巴西美洲印第安人的艺术》，第17页。
2 艺术和科研考察活动监督委员会（Conselho de Fiscalizaçao das Expediçoes artisticas e scientificas no Brasil）的档案保管于里约热内卢的天文与科学技术博物馆（MAST）。
3 路易斯·多尼塞特·本齐·格鲁皮奥尼：《美洲印第安人部落中的克洛德·列维－斯特劳斯：两次巴西内陆地区的民族志考察》，第318页。

（Malraux）事件的一个"缩影"：这位年轻、爱冒险的作家从吴哥窟（Angkor Vat）盗取了高棉人（khmer）的几尊小型塑像。监督委员会摆出一套官僚作风，让办事过程异常烦琐，列维－斯特劳斯在第二次巴西考察活动时竭力与之周旋。但它的本意在于杜绝殖民者的掠夺，为此，监督委员会还设立了法国与巴西的合作条款。这是真正意义上的合作。从这个意义上说，监督委员会确保了藏品的合法性和稳定性，针对这些从别处（比如非洲）来的展览品，取得它们的合法性将受到质疑。[1]此外，尽管官僚作风对克洛德而言是枷锁，但对历史学家而言却提供了巨大的便利。官僚作风导致文本和资料的数量增加，而这些材料至今仍保存在里约天文与科学技术博物馆（MAST）之中。

对卡杜维奥人和博罗罗人开展的第一趟考察活动是在监督委员会的许可下进行的，克洛德一行轻松地拿到了委员会颁发的许可证。这张许可证允许夫妇两人在巴西全国自由组织考察活动。里约国家博物馆对他们这项研究的经费赞助为他们提供了"便利"。考察结束后，"列维－斯特劳斯考察团交由巴西保管的民族志物件清单"（1936年11月）中，有161件来自博罗罗人，164件来自卡杜维奥人，2件来自特雷纳人（terena），1件来自坎刚人。这328件藏品留在了巴西，交由文化处保管，而不是由事先设想的国家博物馆保管，因为迪娜和马里奥·德·安德拉德决定通过文化处设立一个民族志博物馆。正如列维－斯特劳斯对国家博物馆馆长赫洛伊莎·阿尔贝托·托雷斯（Heloisa Alberto Torres）表示的那样，圣保罗和里约之间藏品的分配基于"巴西式的主次关系"。他并没有介入分配的过程，但他竭力向这位女士表示，这些留在圣保罗的藏品——包括他非常喜欢的陶瓷——

---

[1]《他者的诱惑：从殖民展到原始艺术》。

完全不能与国家博物馆里约分馆的藏品相提并论。[1]

在《忧郁的热带》中,列维-斯特劳斯讽刺了当时不被信任的气氛:"我心怀'鬼胎',试图带着一车车超过法国配额的弓、箭、羽毛帽子逃出巴西。"[2] 事实也正是如此:法方交予人类博物馆的物件共计 602 件(341 件来自博罗罗人,230 件来自卡杜维奥人,31 件来自瓜拉尼人或者坎刚人),超过了半数。另外,除了这些民族志意义上的藏品,列维-斯特劳斯夫妇将用 8 毫米胶片拍摄的影片留给了巴西人。这是一种试图平衡双方利益的举动。

民族志学者的头衔

民族学家们在 1936—1937 年初的冬天回到巴黎。1937 年 2 月 3 日,那些带回法国的收藏品在位于圣奥诺雷市郊路(rue du Faubourg-Saint-Honoré)与波艾蒂路(rue La Boétie)交叉路口的威登斯坦美术馆(galerie Wildenstein)展出,两人也出席了活动。展览的主题是"马托格罗索的印第安人"(克洛德与迪娜·列维-斯特劳斯考察团)。人类博物馆学术单位的性质最后呈现为保罗·利维在展览收藏品目录里介绍性的一段话,理论上,首次展览应在这座新的博物馆里进行。但夏洛宫修建工程的滞后让这个计划成为泡影。最后,举办这个展览的标志性意义被赋予另一个重要场所,即美术馆:一方面,民族志研究中审美的情趣扮演着重要角色;另一方面,艺术界对当时的民族学研究也有非常重要的作用,人类博物馆的建立就是为了

---

1 1936 年 11 月 5 日,克洛德·列维-斯特劳斯给赫洛伊莎·阿尔贝托·托雷斯(Heloisa Alberto Torres)的信:"但是,我向您坦承,我不认为您会对我从博罗罗部落带回来的东西感兴趣。您看过比它们有趣千百倍的东西……";"卡杜维奥部落的瓷器不会像国家博物馆那两件那么珍贵,您不用担心……"我要感谢天文与科学技术博物馆馆长赫洛伊莎·多明格斯(Heloisa Domingues)女士允许我参阅克洛德·列维-斯特劳斯与赫洛伊莎·阿尔贝托·托雷斯之间的书信。参见下一章。
2 《忧郁的热带》,第 18 页。

形成这种格局。

在这个转折点，列维-斯特劳斯积极地主张这些收藏品具有美学价值。"这是一套不错的民族学收藏品，我可以这么说，因为我们可以进行对比。我们在卡杜维奥人那里收获了这些有花纹的陶瓷品以及皮肤上独特的图案，这些东西在美洲其他地方是找不到的。从博罗罗人那里我们收集了动物羽毛、动物牙齿和动物指甲的装饰物，因为他们甚至要为自己狩猎的武器和工具配上这些装饰物。有些东西真的非常漂亮。"[1]他们的考察活动与这次展览的第一个以及主要的成果是，他们在艺术、物质和科研领域都获得了成功。这是一种混合了不同内容的民族学研究，它试图挖掘原始社会之美。博罗罗人的羽毛装饰非常"值得一看"，它们甚至可以与多贡地区那些漂亮的面具媲美。

这套藏品系列（超过 600 件收藏品）是为了弥补人类博物馆史前美洲藏品的不足，收集这些藏品也是当时展开考察的主要目的之一：收集国外那些可能就要灭失的物件。列维-斯特劳斯陷入必须在灾难发生之前拯救它们的情绪之中，他的同行们也认同这种观点。他们发表的一些见解使民族学研究成为一项紧迫的工作。于是，在展览收藏品目录中，列维-斯特劳斯这样表示："我们所剩时间不多了，我们必须尽快完成'非濒危'物件和'濒危'物件的收集工作。"这项任务之所以紧迫，是因为印第安人居住的土地正逐渐获得开发，印第安人开始融入国家生活（在橡胶以及其他原材料的价格发生全球性危机时，这两个现象得到了缓解），同时，印第安人有效的生育控制使他们的人口骤减。这种保存（物件、仪式和神话）的职责显示了他们的人文主义思想，但其中也不乏其他考量。米歇尔·莱

---

[1]《亦近，亦远》，第 35 页。

里斯在达喀尔-吉布提考察团[1]时的反应与列维-斯特劳斯不同。米歇尔·莱里斯描述了考察团如何借助殖民统治的便利进行强取豪夺。然而,列维-斯特劳斯非常严肃地表示:"我对这些人感到羞愧,因为他们除了这些东西一无所有,这些东西对他们而言是无可替代的。"[2] 而这种以科学研究为目的的收集行为也会在交换过程中遇到阻碍。所以,缺乏耐心的列维-斯特劳斯只能忍受,并耐心地展开斡旋:"这位印第安妇女想要卖掉这个罐子吗?当然,她非常愿意。但不幸的是,这个罐子不属于她。那么它属于谁呢?她沉默不语。属于她的丈夫吗?不对。属于她的兄弟?也不对。属于她的儿子?更不对。这个罐子属于她的小女儿。她的小女儿是我们想要的全部东西的所有人。她三四岁,蹲在火堆边,双眼被我刚刚戴在她手指上的戒指所吸引。我们与这位小姑娘僵持了很久,而她的父母完全没有参与整个谈判的过程。一个戒指和五百个雷亚尔(reis)让她动摇。一个胸针和四百个雷亚尔拿下了她。"[3]

学术成绩单是考察活动的第二项成果。随着展览的举办,列维-斯特劳斯在巴黎举办了几场讲座,开设了几堂研讨课。这些活动让我们年轻的民族志学者融入了巴黎的社会学界。1月9日,在自然历史博物馆的大阶梯教室里,他借助投影设备开设了一场关于马托格罗索印第安人的专题讲座。此外,他受布格雷邀请于1月11日与一群特定的听众进行交流,他"与我们的年轻人谈论自己民族学的研究课题。这四五个年轻的哲学系学生希望在索邦的课程之外接触一些社会学的内容",他们会面的地点在布格雷负责的社会文献中心。此前,布格雷还邀请

---

[1] 参见让·雅曼:《失乐园的宝藏(有关达喀尔-吉布提的考察)》,载《"热情"展》,纳沙泰尔民族志博物馆,1982年。
[2] 《忧郁的热带》,第147页。
[3] 同上。

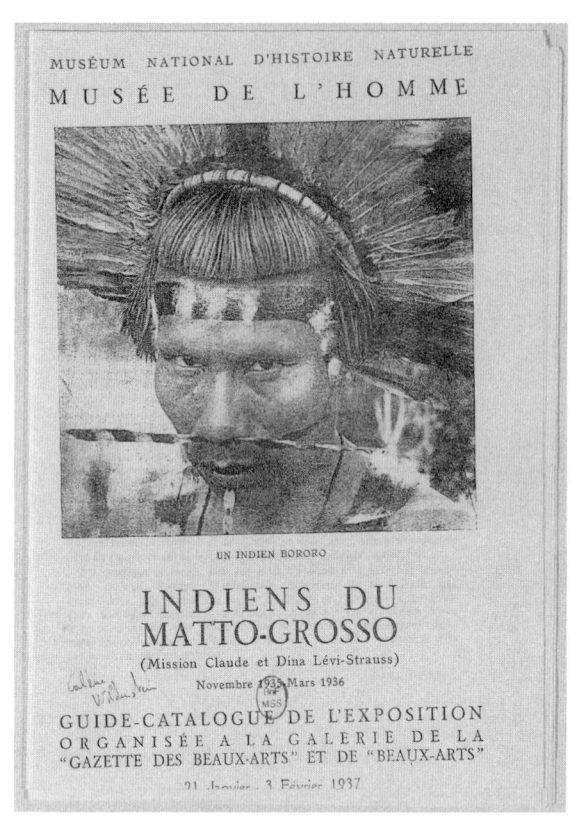

《展览品目录手册》的封面。1937 年 1 月 21 日—2 月 3 日，这场展览由威登斯坦美术馆主办。封面人物是一位博罗罗印第安人，被他称作"博罗罗社会学教师"的当地翻译。展览获得了巨大成功，也为列维-斯特劳斯夫妇建立了名声。

他"与一些社会学同僚喝茶聊天"[1]。布格雷将他带入学者的交际圈，而莫斯则是列维-斯特劳斯报告考察结果的对象。列维-斯特劳斯向这位"上司"传达了几条可以确定的结论："在经济和宗教方面，部落与部落之间互相帮助，就像是沿袭印第安人交换礼物的宗教仪式传统。部落按阶级由各个子部落组成，至少从分级的大致逻辑上看，这个系统与澳大利亚部落非常相

---

[1] 1937 年 1 月 4 日，谢列斯泰·布格雷给克洛德·列维-斯特劳斯的信，现保存于法国国家档案馆，编号 61 AJ 93。我要感谢托马·赫尔斯向我提供这份文献。

似。另外，除了阶级等级之外，经济秩序也等级森严。"[1]从这寥寥数语中我们可以发现，这位年轻的学者紧紧追随着莫斯的脚步：他参与了交换礼物这一仪式的地图的绘制工作，而这项工作的发起人正是莫斯。田野考察的目的之一正是验证这位大师提出的假设，为此，列维-斯特劳斯还提出了几个非常具有政治意涵的问题（土著社会中的等级制度和互惠行为，权力关系和统治体系），而他之后也将继续研究这些问题。

更重要的是，克洛德·列维-斯特劳斯于几个月后在《美洲文化研究学会会报》[2]上发表了第一篇学术论文《博罗罗印第安人的社会结构研究》（《美洲文化研究学会会报》是这个领域的核心期刊）。文章得到了法国民族学界的一致称赞。他严谨的治学之道以及与社会学同事们的亲密关系让他成为这个圈子中的一员。当时最出名的民族学家列维-布留尔（Lévy-Bruhl）对列维-斯特劳斯表示钦佩，他对列维-斯特劳斯的决断力与他在实地考察中表现出来的工作效率大加赞赏："这是您第一次田野调查，您是天生的民族学学者，您在学术领域有着不可估量的前途。"[3]更让克洛德吃惊的是德国大民族学家柯特·温克尔（Curt Unckel）对他的看法。温克尔独自一人在巴西中部地区待了好多年，他有一个印第安名字，这是1906年圣保罗的瓜拉尼人送他的名字——尼姆衍达朱（Nimuendaju）。这个名字对人类学这门学科而言，代表了一种学者身份、一种独立的研究风格、百科全书式渊博的学识以及与研究对象和谐共处的能力。1936年，尼姆衍达朱（1945年，他在一个印第安人村落逝世）是一个人类学神话，他懂得好几门土著语言，是研究巴西土著人最优秀的学

---

[1] 1936年3月14日，克洛德·列维-斯特劳斯给马塞尔·莫斯的信。
[2] 《1936年》，第28卷，第28/2期，第269—304页。
[3] 1937年4月24日，吕西安·列维-布留尔给克洛德·列维-斯特劳斯的信。现收藏于克洛德·列维-斯特劳斯档案库，编号 NAF 28150，档案盒编号195，属于"致克洛德的信"（Correspondance reçue）主题档案的一部分。

者。所以，列维－斯特劳斯非常合理地将他的文章递给尼姆衍达朱，请他指教，因为我们年轻的民族学家对尼姆衍达朱既钦佩又景仰。然而，1936年11月10日，尼姆衍达朱给他回了信，信中表达了对列维－斯特劳斯的感谢，并直接围绕村落之间通婚的话题展开了讨论。他与年轻的列维－斯特劳斯对话的态度就像朋友或者同事。尼姆衍达朱鼓励列维－斯特劳斯有机会应当进行更加长期的田野调查。第二天，尼姆衍达朱向他圣保罗的同事——也是圣保罗大学的教师——赫伯特·巴尔杜斯（Herbert Baldus）表达了这篇文章给他的感受，当时作者列维－斯特劳斯还默默无闻："克洛德·列维－斯特劳斯是谁？[……] 我读过他发表在《圣保罗州报》的一篇文章《在文明的野蛮人之中》（Entre os selvagens civilizados）。文章里面对土著人研究的着眼点让我觉得非常有趣。他之后在《美洲文化研究学会会报》发表了《博罗罗印第安人的社会结构研究》，这篇文章的内容具有非常重大的意义，好像它就是为我量身定制的……我们应该怎样期待他未来的潜力呢？"[1] 1937年1月17日，几个月之后，他坚持认为："值得称赞的是，列维－斯特劳斯才接触民族学不久，却在短期内深入学习并能够准确地把握博罗罗人的社会情况。我想起我是花了6年时间才完成卡内拉（Canela）的社会学研究，而他的介绍形式简短，非常具有吸引力。"[2] 尼姆衍达朱也不忘向他的美国同事罗伯特·路威介绍这颗新星的诞生。认识路威对列维－斯特劳斯而言意味着打开了通向整个美国人类学学术网络的大门；然而，他们之间的联系还不能成为列维－斯特劳斯成功之路的敲门砖，

---

[1] 1936年11月11日，柯特·尼姆衍达朱给克洛德·列维－斯特劳斯的信。参见埃琳娜·维勒普尔（Elena Welper）：《柯特·温克尔·尼姆衍达朱：打破巴西民族志研究传统的德国人》（Curt Unkel Nimuendaju: Um Capitulo Alemao na Tradiçao Etnografica Brasileira），里约热内卢，社会人类学研究生项目，国家博物馆，里约热内卢联邦大学（UFRJ）硕士学位论文。我要感谢埃琳娜·蒙泰罗·维勒普尔（Elena Monteiro Welper）准许我参阅这份文献，同时，感谢路易莎·瓦伦蒂尼翻译这些用葡语写作的书信。

[2] 同上。

但几年后，列维-斯特劳斯与路威的关系起到了非常关键的作用。踏上流亡之路时，列维-斯特劳斯之名在美国民族学界声名大噪，美国的大门向他敞开。

我们可以无限想象尼姆衍达朱在书信中表现出来的期许之情。即使与列维-斯特劳斯从未谋面，尼姆衍达朱迅速掌握了情况，用琐碎的材料构建人物模型，于是，很快了解了列维-斯特劳斯治学的方式。除了对他学识的观察，尼姆衍达朱也没有忽视列维-斯特劳斯这个完整的个体。他欣赏后辈犀利的眼光和对经验的把握，称赞他能够抓住短暂的瞬间，而不依赖时间的眷顾。克洛德·列维-斯特劳斯"前途无量"……

8 "马斯默·列维"与南比克瓦拉人

> 我们在列奥米尔－塞瓦斯托波尔站（Réaumur-Sébastopol）的路口筹备巴西中部的民族志考察活动。
>
> 克洛德·列维－斯特劳斯：《忧郁的热带》[1]

如果把列维－斯特劳斯1937年即将踏上的考察之旅比喻为戏剧舞台，那么幕布打开之后将会呈现十分跌宕起伏的剧情。去巴西中部最偏僻的地区考察当地不同的印第安人族群，这是一项复杂的工作：在克洛德以作战的姿态不顾一切、积极地进行为期一年的准备工作时，资金问题、行政手续办理上的困难以及政策面的阻碍却接踵而来。总之，克洛德心无旁骛且心如磐石。而出发之际，为这个项目提供支持的机构因为马里奥·德·安德拉德不受新任当权者喜爱而变得有心无力。考察活动就像是一个孤儿，而里约热内卢国家博物馆的馆长赫洛伊莎·阿尔贝托·托雷斯女士就像是它过于多情，甚至有些溺爱的母亲。最后，1938年5月初出行的克洛德在1939年1月12日返回法国。

克洛德对南比克瓦拉人（Nambikwara）的考察之行声名远扬。《忧郁的热带》出版于1955年，大约在考察活动20年之后，克洛德在其中重新审视了在巴西这片土地上展开的考察活动。得益于它的发表，我们获得了新的材料和不同的观点，可以从中感受那段岁月里的英雄故事。这个文本揭露了巴西那些年的风风雨雨，也多少隐藏了外人不能体会的艰难困苦。在1994年和1996年发表的两册《忧伤的圣保罗》中，列维－斯特劳斯的口吻中带着更多苦涩，而年轻的民族学家牢牢戴着一顶探险家的帽子，背着考

---

[1]《忧郁的热带》，第243页。

察活动的记录册及徕卡相机，他所见到的美妙的事物以身体、精神上的折磨作为代价。巴西民族学家路易斯·德·卡斯特罗·法利亚（Luiz de Castro Faria）以及生物学家热昂·阿尔贝·维拉尔（Jehan Albert Vellard）也参与了这次考察，他们对"北方山脉考察团"（Mission Serra do Norte）的这次考察活动也有自己的看法。

对克洛德·列维-斯特劳斯而言，再一次踏上巴西这片土地并且进行考察也是一次重新审视考察经历的机会，因为考察经历并不完全是清清楚楚的。而重新验证考察经历对克洛德的学术生涯、对他的作品而言都十分关键，因为考察经历是学术和写作最坚实的基础。这次考察活动本身就存在着矛盾，同时，针对此次考察活动，社会反响不一（不管是昨天还是今天，人们对这次考察活动都存在着不同的观点）。诚如爱德华多·威维洛思·德·卡斯特罗（Eduardo Viveiros de Castro）中肯之言，它是列维-斯特劳斯和巴西之间"错过的约会"[1]。

北方山脉考察团及考察活动的档案

前期工作

1937年3月，列维-斯特劳斯回到巴西展开了第三次教学工作，这也是他在巴西的最后一次教学工作，他的教学活动一直持续到11月。他知道自己的合同结束之后不会续签。与保罗·阿尔布斯-巴斯蒂德的矛盾和1937年末新的政治环境对他十分不利。一年内气氛不断恶化：在里约，整合运动者（Integralistes）标榜自己是纳粹（他们炫耀纳粹党的党徽），排斥犹太人的政治宣传越来越多，而左翼的共产主义运动者从1935年开始发起一轮轮罢工和游行。列维-斯特劳斯在1937年9月25日写给马塞

---

[1] 爱德华多·威维洛思·德·卡斯特罗（Eduardo Viveiros de Castro）：序言《错过的约会》（« Les rendez-vous manqués »），巴版《远离巴西》，圣保罗：圣保罗州立大学出版社，2011年。法语翻译参见《克洛德·列维-斯特劳斯》，《欧洲》第105—106期，第83—90页。

尔·莫斯的信中真诚地表示:"总统选举在即,巴西时局十分动荡。我们不知道会不会有什么政权的变动让它变得一团糟。哲学学院险些陷入麻烦。巴西的未来就指望这场斗争的结果了,这是毫无疑问的。"[1] 两个月后,斗争于11月10日结束,政变者建立了"新国家",一个独裁的政体。一直到1945年,热图利奥·瓦加斯都是这个国家的统治者。圣保罗大学是在他的政治对手的支持下建立起来的,所以直接成为新政权将要肃清的对象。克洛德·列维－斯特劳斯是法国人,也是犹太人,还是社会主义运动者,他身在圣保罗,似乎与圣保罗大学的寡头势力格格不入。据1938年接替他岗位的罗杰·巴斯蒂德称,决定不要与克洛德续签合同的正是朱里欧·德·梅斯奎塔·菲略:"克洛德·列维－斯特劳斯远离教学活动是因为梅斯奎塔·菲略认为他'太危险',确定他参与的法国人民阵线是一个'共产主义'团体,于是梅斯奎塔·菲略直接决定了他的去留。"[2] 之后,克洛德·列维－斯特劳斯回忆起,朱里欧·德·梅斯奎塔·菲略曾在他入选法兰西公学院之后抱着"一种向克洛德认错的态度"[3] 赶来祝贺:一种他擅长的手腕。

陷于这种复杂的政治和教学环境中,列维－斯特劳斯认为必须离开圣保罗大学,并全身心为第二次考察活动做准备。因为他对第二次考察活动的野心要远远大于第一次。展览"马托格罗索的印第安人"在巴黎大获成功,此外,同事们对他也十分认可,这两个因素激励他继续努力。他想要为博士学位储备研究的素材。他对莫斯说,他尝试"尽可能利用当地图书馆的资源来让他为博士论文而准备的参考文献更加充实。他已经有

---

[1] 1937年9月25日,克洛德·列维－斯特劳斯给马塞尔·莫斯的信。克洛德·列维－斯特劳斯档案库,档案盒编号181。
[2] 罗杰·巴斯蒂德(Roger Bastide)与伊雷内·卡多佐(Irene Cardoso)的谈话。参见路易斯·多尼塞特·本齐·格鲁皮奥尼:《受到监管的收藏品和考察活动:巴西艺术和科研考察活动监督委员会里的民族学家》(*Coleções e Expedições Vigiadas: Os Etnólogos n o Conselho de Fiscalização das Expedições Artísticas e Científicas no Brasil*),圣保罗:Hucitec/Anpocs出版社,1998年,第139页。
[3] 同上。

了大致框架。剩下的工作交由田野考察"[1]。在为博士论文开展准备工作的过程中，列维-斯特劳斯非常具有计划性，推进了几个方面的工作，其中包括模型的确立、问卷的设计或者说他研究活动的框架的架设，他还希望组织一支比上一次更加精锐的队伍来展开调查，因此，进行了预调研。他接受了利维和梅特罗的建议，向维拉尔医生（Dr Vellard）抛出了橄榄枝。维拉尔医生既是医生，也是伯南布哥生物研究所（Institut biologique de Pernambouc）的所长。他也希望柯特·尼姆衍达朱可以加入团队，而尼姆衍达朱拒绝了他的提议，称自己要忙于东部高原上格族人（Gé）的社会问题研究，历时很长，所以在一年以内都抽不出时间。事实上，尼姆衍达朱只是不喜欢维拉尔，此外，他也习惯了一个人工作，所以排斥一切需要合作完成的考察活动，譬如，列维-斯特劳斯正在筹备的这场考察活动。这是1937年11月，当时列维-斯特劳斯已经回到法国。

《忧郁的热带》将这一段巴黎的插曲一带而过。克洛德只花了几页的篇幅加以描述，所以这段插曲丝毫不能影响我们继续跟随他的脚步深入巴西并且深入了解人类。然而，以南比克瓦拉人为主线的第九章的头几页让我们觉得非常困惑，因为它是这样开头的："我们在列奥米尔-塞瓦斯托波尔站的路口筹备巴西中部的民族志考察活动。"[2] 列维-斯特劳斯提到了考察团另一个具有战略意义的筹备活动：他们买了玻璃彩珠来与印第安人以物换物。克洛德表示很难把握印第安人的喜好："我来到巴黎的一个陌生的街区，这里陌生得就像是另一个亚马孙。在捷克斯洛伐克进口商的眼皮子底下，我试着进行挑选。我不知该如何从他们的商品中进行挑选，我也不知道该如何描述我

---

[1] 1937年9月25日，给马塞尔·莫斯的信。参见克洛德·列维-斯特劳斯档案库，档案盒编号181。
[2] 《忧郁的热带》，第243页。

的需求。我只能一心想着土著人的标准。我尽可能在绣花珠（它们是所谓洛可可式的珍珠，而将它们串起来的丝线重量不轻，并且装满了盒子）中挑选个头最小的。我试着用嘴咬，看看它们是否坚固，并且将它们含在口中，看看它们是否经过批量染色，以确保它们不会在第一次过河的时候就褪色；我让他们觉得这批货对自己而言十分重要，我用印第安人的眼光挑选颜色：首先是同样受欢迎的白色和黑色，然后是红色；其次是不太受欢迎的黄色；最后，为了安全起见，我也挑了几个蓝色和绿色的珠子，但蓝色和绿色可能会被丢在一边。"[1] 想象一下，当这些店主（其中许多是在附近的桑提尔服装商店区工作的中欧犹太人）看到这位身材高大的绅士正一脸严肃地对他们的珠子又是吮吸又是嘴咬时，脸上是何等困惑！文森·德巴恩（Vincent Debaene）说，这次买卖经历就像民族志活动中角色的颠倒："民族志学者在巴黎的捷克商人面前成为印第安人。"[2] 他远离了熟悉的巴黎西面的街区，身处一个平民街区，这让他觉得从原本的世界中跳了出来，并以土著人挑剔的眼光挑选货物。

在巴黎的这几个月，他明确了研究机构能够给他怎样的后勤支援，也向法国国家教育部门确定了他的职业身份。从1937年6月5日起，一项由让·扎伊（Jean Zay）签署的教育部的决定让克洛德·列维－斯特劳斯成为一个科研考察团的负责人，教育部还将提供一切可能的协助。考察团的名字是"帕雷西考察队"（Serra des Paressi）（这个名字调整了很多次）。他接受了教育部的派遣，而法国海外事务局持续给他发放法国方提供的工资（3000法郎），他的妻子也拿到了1500法郎的月工资（这个数额与她在圣保罗市工作所得一致）。在圣保罗大学任教合同结束之后，列维－斯

---

[1]《忧郁的热带》，第243—244页。
[2] 参见文森·德巴恩：《"巴黎的亚马孙：一个未知街区"——超现实主义和民族志叙述》（«Un quartier de Paris aussi inconnu que l'Amazone». Surréalisme et récit ethnographique»），《现代》第628期，2004年8、9和10月，第135页。

特劳斯夫妇虽然经历了一些曲折，但总算拿到了与巴西那些年收入数额相近的工资。而研究机构也有进展，现代的人类博物馆已经在夏洛山岗上建设完工，保罗·利维作为它的馆长，成为克洛德的主要后盾和完美的保障。保罗·利维愿意以人类博物馆的名义支持列维-斯特劳斯的这次考察活动，并且持续主动跟踪巴西考察活动的各种进展，他对考察活动非常重视。他向外交部指出，"这些纯粹科学研究的考察团虽然不被寄予厚望，但却能够深入地与南美洲人展开交流。考察团活动展现了法国对他们国家的兴趣，是收服这些认为自己被欧洲大国忽视或者轻视的南美洲人民民心的最好方法。38年的经验告诉我，这是最好的政治宣传，因为它激起当地人强烈、敏感的爱国主义情绪"[1]。

最后，继让·马克思和保罗·利维之后（好几年之后），对列维-斯特劳斯意义重大或者最重要的人物是亨利·洛吉耶（Henri Laugier）：他是一位名声响亮的生理学家，也是一位艺术爱好者。他通过女友玛丽·库托利（Marie Cutoli）的关系网和财力认识了最负盛名的法国先锋派艺术家。他与利维一样，也是左翼成员，所以对一门能够解放人类又谙民主的学科自然而然地产生了好感。1936年，他是新成立的"科研处"（Service de la recherche scientifique）的负责人，1939年，秉持同样理念的法国国家科学研究中心（CNRS）成立，他便成为新机构的一把手。在洛吉耶和人民阵线关系网的帮助下，克洛德·列维-斯特劳斯的考察活动也得到了法国国家科学研究中心的资助。

---

[1] 外交部档案，美洲，1918—1940年，普通档案（Dossiers Généraux），第206期，《给德布雷西的通知》(« Note pour M. de Bressy »)。参见雨果·苏博的博士论文：《法国对巴西的文化政策（1920—1950）》，第585页。

印第安人保护工作处、民族学、民族、探险

与第一次考察一样,考察地点和部落的选择是长期考量的结果。克洛德基于不同的因素做出决定,物质是一方面,学术是另一方面。他从一张较为全面的问卷出发,有时他的假设会非常疯狂。当时的美洲文化研究因为缺乏文献资料所以非常贫瘠,而这个现状要求学者在这个领域内逐渐累积成果:"理解美洲",指的是通过认识历史——我们猜想美洲的历史相对较短,只有几千年[1]——了解这里的人口密度、人口分布、人口移动以及部落之间的联系。它也指对南北美洲在内的整个美洲世界进行统一的设想,暂时放下安第斯山脉与列维-斯特劳斯即将深入考察的巴西高原西部边界之间在文化上的区别。

渐渐地,他希望为他的考察活动制定路线,当时的考察活动也都会规划路线。他们穿过马托格罗索州西部(这是马托格罗索州最偏僻的地区),沿着西北方向从库亚巴(Cuiabá)走到玻利

"皮卡迪亚小径":巴西荒地"塞尔陶"(sertão)的一条小径,它是700千米范围内的唯一路标,俗称龙东电报线。

---

[1]《忧郁的热带》,第247—254页。

8　"马斯默·列维"与南比克瓦拉人

维亚边界，抵达马德拉河盆地（bassin du Rio Madeira）。这个巴西地理意义上以及民族志意义上的"大穿越"[1]不是为了与一群人见面，只是为了了解格语（gé）、图皮语、阿拉瓦克语，接触不同的社会和不同的颜色，让他可以完成巴西地图的绘制。[2]正如他自己所言，他"渴望认识美洲，而不是为了以美洲作为例子来理解人类"[3]，为此，他才踏上征程。他很快便会与南比克瓦拉人相遇。

因为南比克瓦拉人很少为外界所知，所以克洛德·列维-斯特劳斯更加希望了解他们。16世纪的探险者早已认识了图皮-瓜拉尼人（Tupi-Guarani），当时，图皮-瓜拉尼人刚刚抵达巴西沿海地区不久，在离河岸不远处定居了下来。图皮人居住地的西北方向有加勒比人（Carib）以及阿拉瓦克人（Arawak），他们是加勒比海域岛民的祖先，辗转经过中美洲和北美洲成为加勒比海域的岛民；居住在西边土地上的格族人不为外界所了解，尼姆衍达朱研究过他们，而列维-斯特劳斯有了与博罗罗人接触的经验后，认为他们"源于一种同质化的文化，说同一语族下的不同方言，过着水平较低的物质生活，没有复杂的社会结构和宗教思想。难道他们不是巴西第一批住民吗[……]？"[4]列维-斯特劳斯以他敏锐的嗅觉展开调查工作。为了找到"最接近西方人的格族人"，他还试图寻找一个"失落的世界"。"失落的世界"是柯南道尔小说的名字和《忧郁的热带》第24章的标题。他从这样的"原始文化"（Ur-Kultur）中获得了启发，也发现了原始之美：其精髓在于回到事物的根源。

---

1 《忧郁的热带》，第245页。
2 同上书，注释6，第1758页。
3 同上书，第245页。
4 同上书，第246页。

旱季，巴西荒地（位于马托格罗索）上一片荒凉的灌木区。

列维－斯特劳斯做出这个选择基于两个理由。一是现存资料非常有限，但这也为研究提供了理想的角度；二是这些1910年代的资料与"龙东元帅"（maréchal Rondon）有关，而龙东元帅是19世纪巴西的重要人物。列维－斯特劳斯在巴西居住期间，龙东元帅仍然在世。这些材料指的是龙东委员会的档案、西奥多·罗斯福（Theodore Roosevelt）的回忆录《穿越巴西丛林》（Through the Brazilian Wilderness，1917）——回忆录描述了1914年对龙东展开的为期四个月的康拉德式的考察——以及民族学家埃德加·罗凯特－平托（Edgar Roquette-Pinto）的著作《朗多尼亚州》（Rondônia）。1912年，罗凯特－平托与龙东一道对这片区域进行了考察，后来，这位学者成为里约热内卢国家博物馆分馆的馆长。[1]

坎迪多·龙东（Cândido Rondon，1865—1957）是一位军事工程师，他是彻头彻尾的实证主义者，而巴西共和国培养了

---

[1] 参见文森·德巴恩：《说明》（« Notice »），载《忧郁的热带》，"七星文库"，巴黎：伽利玛出版社，第1685页。

不少实证主义者。[1] 他于 1910 年成立了印第安人保护工作处，他希望通过和平的方式以及通过技术上的改善——为他们建立定居点——让印第安人融入巴西社会。这项有关土著人利益的政策虽然与那些迫害殖民人口的行为相比非常慷慨，但也仍然改变不了它管控这个地区、"征服巴西西部"的目的。龙东对边境线甚为关心，对靠近玻利维亚的土著人群体尤其关心，例如，南比克瓦拉人。龙东希望让印第安人安定下来，这样一来，他们能为新巴西工作，成为郊区的劳动者。受印第安人保护工作处启发，这些实证主义派军人认为必须让印第安人走上文明之路，因此，向他们施加了一种被历史学家安东尼奥·卡洛斯·德·苏扎·利马（Antonio Carlos de Souza Lima）称为"监护权"的东西：他们给印第安人分配公共土地，但印第安人只有使用权；1917 年颁布、1928 年修改的民法给了印第安人矿工的身份，而他们与巴西"同胞"或者海外民族学家的交流活动必须通过印第安人保护工作处展开。在印第安人保护工作处失去大权之前（它失去了经济支持，不讨政府欢心），它在成立之后的十年间，因为龙东元帅的大作为而活跃在历史舞台。拥有远大抱负的龙东竭尽心力建造了一条连接库亚巴和玻利维亚边境、长达 700 千米的电报线，建设工程困难重重。1914—1922 年，在龙东的监督下，土著人穿越一条条河流，在灌木林或者丛林中建起几千根杆子。凭借工程师的才能，龙东就这样完成了他一生最伟大的事业。他还发现了一片新的区域，从此以后，这片土地就冠以他的名字："朗多尼亚州"。

讽刺的是，这条由被迫远离荒野生活的印第安人千辛万苦建

---

1 关于龙东与印第安人保护工作处，参见安东尼奥·卡洛斯·德·苏扎·利马：《和平包围战：监管权、印第安人和巴西国家的形成》（*Um grande cerco de paz. Poder tutelar, indianidade e formação do Estado no Brasil*），彼得罗波利斯：沃兹出版社（Vozes），1995 年；贝诺瓦·德·莱斯图布瓦勒的评论，《综合期刊》（*Revue de synthèse*）第 3—4 期，2000 年 7—12 月，第 489—492 页；帕特里克·威肯：《克洛德·列维 – 斯特劳斯：研究室里的诗人》，第 77—79 页。

立起来的电报线很快便因为 1920 年代初短波无线电技术的面世而被废弃。这段由实证主义者书写的故事带来了一条长长的"伤疤"（picada）。这条落后的小道穿越了这片荒地（sertão），曾是通往这个在 1930 年代仍旧非常偏远的地区的唯一方式。而沿路规则分布的电报站成为旅客的休息处：它们就像是可以为一个人或者一个家庭遮风挡雨的小茅屋。这个小型工作队由敞篷车和帕雷西印第安人（Pareci）组成，他们向定居在附近的部落传达重要信息。这是列维－斯特劳斯选择沿着龙东电报线对巴西中部展开考察的第二个原因。这条线路已经反映了克洛德这次考察的矛盾之处：这条线路让印第安人融入了现代生活，征服了这些蛮荒之地，统一了不同民族以及整合了巴西国土，但对列维－斯特劳斯而言，它是通往一片危险地域的道路，他期待在道路的那头找到未经开发、未被破坏、仍旧远离尘嚣的世界。

巴西严密的监视："多娜·赫洛伊莎"[1]与国家博物馆

第一次考察活动中，成立于 1933 年的监督委员会轻松下发了一张允许这些"新人"在巴西自由通行的许可证。由于克洛德·列维－斯特劳斯符合管理要求，因此，当他为第二个研究计划再次向这个监督委员会申请许可证时，丝毫没有担心："这个考察团将要探索茹鲁埃纳河（Rio Juruena）以及吉－帕拉纳地区（Gy-Paraná）的源头，并在那里与土著人一起生活，进行为期一年左右的活动。其间，除了观察记录，考察团也会收集民族志和以自然科学研究为目的的样本。"[2] 考察团里计划有 5 名学者：一名人类学家（迪娜·列维－斯特劳斯）、一名民族志学者（列维－

---

[1] 多娜是对女性的称呼。因此，音译的"多娜·赫洛伊莎"就是指"赫洛伊莎女士"。——译者注
[2] 这封日期为 1937 年 4 月 6 日的信被保管于里约天文与科学技术博物馆，是艺术和科研考察活动监管委员会"列维－斯特劳斯档案"的一部分。参见路易斯·多尼塞特·本齐·格鲁皮奥尼：《美洲印第安人部落中的克洛德·列维－斯特劳斯：两次巴西内陆地区的民族志考察》，第 327—329 页。作者追溯了与官僚主义斗争的确切时间脉络，并点明了事情的来龙去脉。

斯特劳斯先生)、一名博物学家兼医生(伯南布哥生物研究所的维拉尔医生)、一名语言学家(指的是柯特·尼姆衍达朱,1937年4月10日,列维-斯特劳斯仍然希望尼姆衍达朱能够加入他的考察团)以及一名"制图师、资料处理大师"热内·西尔兹(他是农业工程师,也是克洛德第一次考察活动的伙伴)。

申请被递给了身为顾问的赫洛伊莎·阿尔贝托·托雷斯,她是国家博物馆派到监督委员会的代表。1937年5月28日,有了基本正面的回复,但前提是必须满足三个条件:巴西国家博物馆需派代表参与考察活动;他们必须将收集的物件从里约热内卢港带出巴西;此外,他们还需得到印第安人保护工作处的同意。1937年6月11日的回信中,克洛德·列维-斯特劳斯认真记录需要满足的条件,确保这些条件都一一满足。[1] 申请有序地进行,他们似乎马上就能等到结果。然而,印第安人保护工作处的负责人维恩森特·特谢拉·瓦斯康塞洛斯上校(colonel Viencente Teixera Vasconcellos)在1937年9月24日的来信中拒绝了他们的请求,理由如下:考察团可能会危及和平的状态,破坏这个地区与印第安人尚不稳定的和谐关系,而印第安人保护工作处为了维系这段和谐关系付出了很大努力。随信附了备忘录,这10页纸记录了印第安人保护工作处的规章和使命。而他们的使命是使印第安人免受"文明"行为的迫害,所谓"文明"行为,指的是科研和传教活动。整篇回信洋溢着热情,充斥着近乎家长的说话语气。1937年秋,列维-斯特劳斯回到法国时,似乎还未马上掌握这些在巴西政权更替下而变得更加复杂的交涉程序。他们需要跨过的三座大山分别是:监督委员会、国家博物馆、印第安人保护工作处。这三个机构因历史沿革和人员调动而紧密合作,在这段关系中最重要的人物便是赫洛伊莎·阿尔贝托·托雷斯。

照片上,她与即将踏上征程的年轻的民族学家们聚首在与

---

[1] 这两处引文以及本段其他引文都出自第一封信。

国家博物馆里约分馆相邻的花园中。我们透过这位成熟资产阶级女性的外形观察到她作为监护人所表达的善意,她盘着发髻,戴着珍珠项链,眼神坚定地望着谈话对象。个性分明的"多娜·赫洛伊莎"(Dona Heloisa,女强人赫洛伊莎)手握实权。[1] 她在1938—1955年担任博物馆馆长,她的父亲是法学家阿尔贝托·托雷斯(Alberto Torres),一位巴西共和国举足轻重的人物,在非常年轻的时候便成为"卡里奥卡"(carioca)[2]的政治精英和顶尖知识分子。他的女儿是人类学专业出身,曾在前任博物馆馆长罗凯特-平托身边工作,受到了实证主义的影响(龙东、罗凯特-平托)——实证主义者们认为科学是思考社会的一种方式。她是管理这座博物馆的第一位女性,她主持大局的时候正值瓦加斯开始实施独裁统治,所幸,她的政治嗅觉和社交能力让她懂得如何巧妙地与之周旋。"多娜·赫洛伊莎"从未结婚,她是国家博物馆的"女王",是巴西民族学的祖师。20多年间,她毫无疑问是"人类学领域的导演,而非演员"[3]。她与前往田野考察的众多民族学家保持书信往来。她让这些常常独自作业、有时甚至遭遇心理危机的民族学家重新振作精神,让他们以她的书信作为媒介与世界接轨。她从科学和巴西国家利益的角度收集、发布、挑选和整理信息。每一位外国民族学者都要与"多娜·赫洛伊莎"打交道,不管他们愿意与否。列维-斯特劳斯也不能例外。而他们之间的

---

[1] 赫洛伊莎·多明格斯和玛丽扎·克雷亚(Mariza Corrêa)为这一段的写作提供了素材,两人为此献出了宝贵的时间。赫洛伊莎·多明格斯是天文与科学技术博物馆档案处的负责人,而玛丽扎·克雷亚为学者,发表了多项研究成果:《人类学家和人类学》(*Antropologas e Antropologia*),贝洛奥里藏特:米纳斯吉拉斯联邦大学出版社(Editora da UFMG),2003年;《一位淑女的来信》(« Lettres d'une femme rangée »),《当代巴西副刊》(*Cahiers du Brésil contemporain*)第47—48期,2002年,第181—197页;电子书《致赫洛伊莎:赫洛伊莎·阿尔贝托·托雷斯的田野地图》(*Querida Heloisa/Dear Heloisa. Cartas de campo para Heloisa Alberto Torres*),玛丽扎·克雷亚和亚努拉·梅洛(Januara Mello)主编,性别研究中心(Núcleo de Estudos de Gênero),"探索丛书",坎皮纳斯州立大学,2008年。
[2] 指代里约热内卢这座城市。——译者注
[3] 玛丽扎·克雷亚:《致赫洛伊莎:给赫洛伊莎·阿尔贝托·托雷斯的田野地图》一书的导言。《致赫洛伊莎:赫洛伊莎·阿尔贝托·托雷斯的田野地图》包括了多位民族学家有关巴西田野工作的书信以及赫洛伊莎·阿尔贝托·托雷斯的书信。

关系并不简单，因为在当时的巴西，反犹太主义情绪泛滥，赫洛伊莎·阿尔贝托·托雷斯也不例外。

作为博物馆的馆长，她是监督委员会的一分子，也与印第安人保护工作处关系非常密切。巴西国家建设艰难推进时，这两个机构积极参与了管理工作。成立于1818年、致力于研究自然历史的这座博物馆是巴西第一家研究机构，它在巴西共和国的政权下成为思考人类学的领地，共和党精英们常常通过博物馆发表对当时巴西重大问题的观点。重大问题指的是，将巴西多元的混血人口统一起来（印第安土著人、获得解放的黑人、欧洲移民）。这不只是一个单纯进行科学研究的地方，也是一个为国家政策服务的知识工厂。而印第安人保护工作处负责的是土著人的管理。[1]

巴西当局对考察活动并不友善，但克洛德·列维-斯特劳斯知情吗？1938年2月12日，他从巴黎给赫洛伊莎·阿尔贝托·托雷斯写信，向她建议调整考察活动的性质，同时，他也可以借机摆脱派驻到考察团里的代表："我刚刚接到电话，得知圣保罗市同意了我在几个月前代表法方提出的方案，我建议考察团从单一的法国行动（您曾经通过税收委员会批准了那次法国考察活动，您还记得吗？）改成法国与巴西联合行动。[……]我不知道这样的合作会带来什么样的实际影响，但我认为这样的合作机会非常珍贵。您认为必须首先落实合作细节。我认为，既然考察活动是法国与巴西共同合作完成，那么分别代表圣保罗市、国家博物馆、印第安人保护工作处的巴西成员也是这个团队的重要组成部分，他们可以在考察活动中执行他们的监督任务。您怎么看？"[2] 她怎么看？白纸上留下了潦草的黑色字迹，她将答案写入信中，一封

---

1 安东尼奥·卡洛斯·德·苏扎·利马：《巴西土著主义：人口移动与管理知识的调整》（《L'indigénisme au Brésil. Migration et réappropriations d'un savoir administratif》），《综合期刊》第3—4期，2000年7—12月，第381—410页。
2 1938年2月12日，给赫洛伊莎·阿尔贝托·托雷斯的信。参见天文与科学技术博物馆档案室，"列维-斯特劳斯档案"。

由他人交到她手上的信:"博物馆主张派专人负责科研工作。因为考察活动与科研有些不同,所以它与现行的法律并不冲突。博物馆只能接受他的建议,将代表召回。从斯特劳斯先生之前的信来看,他清楚博物馆并不只是想进行监督。"[1]事实上,"多娜·赫洛伊莎"期望基于这样的合作在田野考察中为巴西培养一些民族学领域的新面孔。因此,博物馆召回了它的代表,同时考察团也失去了博物馆对印第安人保护工作处的影响力,陷入了双重困境。赫洛伊莎比克洛德·列维-斯特劳斯更加了解行政机构的混乱情况。克洛德显然并不完全了解官僚体系的那套作风,也不会料到这套官僚体系会给他的项目带来多少阻碍。总之,他意识到下错了棋,但为时已晚,在圣保罗当地朋友(主要是马里奥·德·安德拉德)的帮助下,克洛德一行迅速启动了备用方案。马里奥·德·安德拉德再一次拯救了列维-斯特劳斯。1938年3月22日,马里奥·德·安德拉德通知监督委员会(以及赫洛伊莎),列维-斯特劳斯带领的考察活动将"完全"由文化处接手。他请求下发许可证,并委派一名成员对考察活动进行监督。事情终于在4月得到了解决。直到考察活动前夕,质疑的声音卷土重来。列维-斯特劳斯对此感到担忧,1938年3月底在里约准备登船返回法国之际,他向马里奥·德·安德拉德传递了一个口信。口信中充满着惶恐之情:"先生,我从蒙贝那里得知您曾在这儿,不幸的是,我与您错过了。弗罗里达号4点起航,我还有机会见见您吗?蒙贝向我提到考察活动遭遇了非常巨大的麻烦,而我完全不了解这是怎么回事。此致敬礼。"[2]在此刻,马里奥·德·安德拉德和保罗·杜阿尔特因为

---

[1] 1938年2月12日,给赫洛伊莎·阿尔贝托·托雷斯的信。参见天文与科学技术博物馆档案室,"列维-斯特劳斯档案"。法语翻译参见路易斯·多尼塞特·本齐·格鲁皮奥尼:《美洲印第安人部落中的克洛德·列维-斯特劳斯:两次巴西内陆地区的民族志考察》,第328页。
[2] 给马里奥·德·安德拉德的信(未记录时间),参见圣保罗大学巴西研究所保管的"马里奥·德·安德拉德档案"。

瓦加斯的"新国家"政权而在政治界中失了势,这最后的求救也面临着危机。文化处存活了下来。

这场行政程序上的斗争的第一个后果是,经过两国联合考察团的可行性讨论后,这个法国考察团最终变身为一个巴西考察团。列维-斯特劳斯希望增加巴西的参与比重,但他没有意料到国家博物馆与圣保罗当地的行政机构居然成为"敌人"。"剥夺国籍"后又"给予国籍",我们可以敏锐地发现巴西时局给人类学研究提出了艰巨的政治挑战。另一个后果是:科研队伍的人员组成发生了变化,与最初的设想不同。列维-斯特劳斯和维拉尔医生始终都在科研队伍之中,尼姆衍达朱因为先前提到的那些原因拒绝了列维-斯特劳斯的邀请。此外,热内·西尔兹消失了。博物馆年轻的研究人员路易斯·德·卡斯特罗·法利亚被任命为"监督人",而他的职责是:"领导考察团,密切监督团员的研究方式、团员与土著人的关系,让研究人员按规则采取行动,必要时立即遣返考察团。"[1] 与此同时,卡斯特罗·法利亚还需要定期与赫洛伊莎和博物馆通报考察活动的进展。尽管列维-斯特劳斯是法方研究处的资助对象,也是圣保罗市一笔60康多[2](等于6000万巴西雷亚尔)金援的领受人,因此,是学术和财务"领导",但是卡斯特罗·法利亚是执行主管,只要他认为有必要,就有权利(和义务)终止考察活动,改变考察路线。我们可以认为是这些原因让克洛德·列维-斯特劳斯在动身时表现出迟疑。他希望自己是队伍里唯一的民族学家,所有在读的博士生很快就能理解他的理由:他希望为博士论文收集素材,归自己一人所有和使用。1937年4月10日,他向赫洛伊莎·阿尔贝托·托雷斯清楚地表达了他的想法:"我的夫人对我说,您希望我对参与考察活动的巴西学者的研究

---

[1] 路易斯·多尼塞特·本齐·格鲁皮奥尼:《美洲印第安人部落中的克洛德·列维-斯特劳斯:两次巴西内陆地区的民族志考察》,第328页。
[2] 康多:conto(复数为contos),巴西曾经的货币单位。——译者注

方向提供建议。您自然是最合适的决断者。我猜想，一位民族学家不会有太多机会进行个人研究，因为这个考察团的研究结果是我博士论文的素材。"[1] 克洛德建议这位巴西学者从事的是生物属型学的研究！事实上，不论是列维-斯特劳斯还是卡斯特罗·法利亚都没有将这些在考察活动中收集的资料用在他们的博士论文中。列维-斯特劳斯的博士论文内容更加丰富，巴西田野考察的内容要在15年后才会完整地展现于《忧郁的热带》中，而此书的出版也引起了一些波澜。1938年，卡斯特罗·法利亚既是一个潜在的竞争对手，也是"里约之眼"[2]，列维-斯特劳斯带着讽刺的语气这样称呼他。他在这个脆弱的小团体中是一个高度敏感的角色。1938年5月，这个团体终于迎来了解散的结局。

戈亚斯州科伦巴（Corumbá）的港口：他们乘坐蒸汽船沿着巴拉圭河，向目的地库亚巴出发。

[1] 1937年4月10日，给赫洛伊莎·阿尔贝托·托雷斯的信。参见赫洛伊莎·阿尔贝托·托雷斯档案。
[2] 参见《〈忧郁的热带〉任务》（«Mission Tristes Tropiques»），《解放报》1988年9月1日。克洛德·列维-斯特劳斯这样回应马修·蓝东（Mathieu Lindon）："我们一度十分艰难地开展田野考察工作。它是代表巴西掌权者的'财务检查人员'，但他十分害怕，浑身颤抖，被身上的重担彻底压垮。它一直试图叫停，阻碍我开展工作。我们必须是伙伴，因为我们身处同一条船，都很艰辛。"

龙东电报线

库亚巴

圣保罗当地媒体记录下了这次任务繁重的考察团出发前的最后准备。收音机、配备德国键盘的打字机、摄影机、猎枪（他们得到了携带武器的许可）、弹药、玩具、玻璃彩珠……路易斯·德·卡斯特罗·法利亚带着重达1470公斤的行李从圣保罗出发。他乘坐火车抵达科伦巴，然后登上蒸汽船，沿着巴拉圭河逆流而上，最终来到库亚巴。列维－斯特劳斯曾经沿着这条线路寻找博罗罗人的踪迹。考察团的其他成员包括列维－斯特劳斯夫妇乘坐飞机直接降落在库亚巴，巴西中部地区民族志研究的中转站。所有人在1938年5月9日同时抵达目的地，除了维拉尔，他于5月23日与他们会合。他的迟到引起了一些不满的情绪。城市的高处有一座18世纪巴洛克风格的教堂，这座城市还留有殖民时期专区政府所在地的痕迹。人们正在庆祝奴隶制废除50周年，但对考察团而言，这时候需要为考察活动进行周密的筹备，筹备期延续了漫长的一个月。他们走访当地政要，收集有关印第安人的信息，挑选作为交通工具的骡子，采购牛肉作为物资和食材。所以他们需要雇用赶骡子的人和牧牛人。牧牛人首领富尔亨西奥（Fulgencio）雇用的手下做事稳当，在他的帮助下，一切很快准备就绪。最后展现在他们面前的是，15匹骡子、30多头精心挑选的牛、10多名劳动力。这些劳动力将学术研究团队变成了杂乱无章的商队。要知道，这些"访问者"的数量往往超过受访的印第安人。如果道路条件允许的话，他们将乘坐一辆卡车通往乌提利提站（Utiarity）。

库亚巴：马托格罗索州的首府，北方山脉考察任务的起点（1938年6月）。

白天，迪娜·列维-斯特劳斯在她的记录册上写下令她疲倦的旅行经历。这些被收入迪娜前夫个人档案中的一本本册子上记录了她一直到1938年7月底的那些考察经历[1]："无线电试验成功，我们还讨论如何增加箱子的防水性，并且翻遍整座城市寻找愿意尽快承担这项工作的木匠……昨天的食物订单还没定下来……除了整理东西和针线活，我们进行了讨论与对话。特别是与维拉尔取得必要的联系。选择牲口，看看骡子是否可行。最琐碎的小事也会招来数不尽的麻烦事。"忙成一团的这伙人不停地记账，管理资金的进出，并给牛套上鞍辔。他们希望做

---

[1] 克洛德·列维-斯特劳斯档案库，编号 NAF 28150，档案盒编号 126：《迪娜的笔记本：圣保罗，1938年5月，乌提利提，1938年7月》。后面多条引文也是出自迪娜的笔记本。

到巨细靡遗:"扁担、皮包、泳裤、火柴盒、3000公斤的食物(米饭、大豆、糖、盐、咖啡、巴拉圭茶、玉米粉、木薯粉、淀粉、饼干、胡椒等调味品、油、面条),以及来自圣保罗的物资箱里的肥皂、卫生纸、军需品以及喂食那些牲畜所需的玉米。"他们还准备了吊床以及堆积成山的药品,虽然这些东西在关键时候都没有派上用场……

说《忧郁的热带》完全没有提到这次考察活动的内情是失之偏颇的。[1]有关这次考察的细节就藏于字里行间,体现在讽刺的语气上,他的语气甚至像是荒诞地调侃这些必要的出行条件(描写牛的片段),将这些必不可少的物资描述成可有可无的东西。列维-斯特劳斯考察团非常繁重的前期准备工作、他们主要的资金保障(但他们还需要向保罗·利维请求更多资助,因为库亚巴的开支成本似乎比以前有所提高)、物质基础和人力资源(总共二十几人)最终让这个科研项目顺利成行。这让我们联想到19世纪的伟大探险,比如,波拿巴远征埃及或者洪堡的科学探险。这些游走在民族志研究、生物学研究与自然研究边缘的探险活动集了不同领域的专家,为的是完成用以建立博物馆馆藏的各种文件。这种进行广泛调查的模式让探险者在短期内深入了解他们的研究对象,让他们深刻地投入这个认知过程,完成一种"密集"的地域研究。在1930年代的法国,这种19世纪的探险模式仍是主流。由马塞尔·格里奥尔(Marcel Griaule)带领的达喀尔-吉布提考察团也是参照这种模式展开活动的。从公权力获得资助的他们像是一支学术特遣队,从西向东穿越了非洲,到处收集珍稀的花朵以备回到博物馆后可以对它们进行分析。而英国人类学则

---

[1] 克利福德·格尔茨对此进行了分析,参见《文本中的世界:怎样阅读〈忧郁的热带〉?》(«Le Monde dans un texte. Comment lire Tristes Tropiques?»),载《这里和那里:人类学家作为作者》(Ici et là-bas. L'Anthropologue comme auteur),巴黎:梅塔耶出版社(Métailié),1996年(初版时间为1988年)。格尔茨认为,列维-斯特劳斯消除了人类学实践中的一般规则,突出展示了一个"英雄模式",对此表示批评。关于这一点,参见文森·德巴恩:《说明》,载于《忧郁的热带》,第1686页。

基于完全不同的地域研究规则，所以布罗尼斯拉夫·马林诺夫斯基（Bronislaw Malinowski）才会花费几年时间独自一人在美拉尼西亚的特罗布里恩德岛（Trobriand）进行研究，最后完成了《西太平洋上的航海者》（1922）。

有趣的是，在同一时间，我们在一个年轻的美国人类学家比尔·奎因（Buell Quain）身上看到了马林诺夫斯基式的投入，路易斯·德·卡斯特罗·法利亚在巴拉圭河上遇到了这个年轻人。比尔·奎因在库亚巴的时候，克洛德·列维－斯特劳斯也在这儿，两人缔结了短暂的友谊。从纽约而来的比尔·奎因是哥伦比亚大学的学生，鲁思·本尼迪克特（Ruth Benedict）将他交给赫洛伊莎·阿尔贝托·托雷斯，让他在特鲁玛伊人居住的欣古地区（Xingu）独自进行几个月的研究工作。当时还有一些美国民族学家也在巴西进行实地考察：弗朗兹·博厄斯的学生查尔斯·韦格利（Charles Wagley）在塔皮拉佩人的聚居地，威廉·利普金德（William Lipkind）在阿拉瓜亚河卡拉雅人（Karaja）的聚居地。1937 年夏天，列维－斯特劳斯也曾在卡拉雅人的居住地停留考察。迪娜·列维－斯特劳斯认为比尔·奎因的样子有些"奇怪"，他自认为感染了梅毒，只因为他曾在里约与一位女士有染，所以便进入了一种"歇斯底里的苦修状态"。之后他将迎来悲剧命运：几年后，他在里约自杀身亡。1938 年 5 月的库亚巴气温很高，孤云转瞬即逝，孤云下除了研究任务还有因学术研究而荡漾开来的波澜，可惜的是这些研究不能在盎格鲁－撒克逊民族学界大放光彩。[1]

列维－斯特劳斯的考察团想要了解当地的情况以及印第安人的处境，因为这些情况也会给他们带来诸多变数。他们向龙东线

---

[1] 近年，比尔·奎因自杀身亡的神秘色彩启发了一位巴西作家贝尔纳多·德·卡瓦略（Bernardo de Carvalho）。他吸收了这个故事的灵感，创作完成了《九个夜晚》（*Neuf Nuits*），巴黎：梅塔耶出版社，2005 年。

8 "马斯默·列维"与南比克瓦拉人

上电报站(帕雷西斯、朋特佩德拉、卡帕内马、乌提利提、茹鲁埃纳、南比克瓦拉、维列纳)的工作人员发送了一张问卷,向他们调查下列问题:(1)有印第安人居住在附近吗?他们是哪个部落的印第安人?(2)他们对人友善还是充满敌意?(3)他们会拿一些东西来以物换物吗?他们会主动要礼物吗?(4)他们常常来吗?(5)他们会说葡萄牙语吗?(6)他们穿得像经过开化的人一样吗?(7)他们的村庄在哪里?(8)他们会邀请文明世界的人访问他们的村庄吗?[1]这些问题的答案让他们士气大振,当有人发现印第安人出现,电报线上的通信员便警惕防范可能出现的危险情况,他们成为列维-斯特劳斯考察团成行与否关键的接头人。对所有人而言,上一轮屠杀和报复行为好像历历在目。这指的是1930年发生于茹鲁埃纳对新教传教士的谋杀。源源不断的不确定性让紧张的关系升温。在这场探险中,他们面对的是这片充满未知的土地,因此,他们面临着现实存在的危险。这便是冒险真实的一面。迪娜·列维-斯特劳斯对此感到担忧:"冒险所需承担的风险越来越大。我们的'南比克瓦拉人'绝对恶名昭彰。他们非常暴戾,有恶劣的大屠杀史。我不想冒生命危险,我想退出这场冒险。否则,这就不只是一场冒险那么简单了。"[2]他们对印第安人的存在持有巨大的疑问,还对印第安人的性格抱有否定的态度,此外,旅程也不是一一规划好的,因为,路上的重重阻碍可能让旅程随时终止:"目前已经进入旱季。听说9月之后又将是雨季,10月,降雨量将会很大。可能我们还来不及步入回程就被大雨困住。然后,我们不得不一直待到明年。但针对这种突发情况,我们无法提前准备,我们既不可能准备食物,也

---

1 有关这份调查问卷,参见路易斯·德·卡斯特罗·法利亚:《另一个视角:北方山脉考察活动的日记》(*Another Look. A Diary of the Serra do Norte Expedition*),2001年,第50页。英语版仍由葡语版出版社(Ouro Sobre Azul)出版。这里引用的是英语版。
2 克洛德·列维-斯特劳斯档案库,编号NAF 28150,档案盒编号126:《迪娜的笔记本:圣保罗,1938年5月,乌提利提,1938年7月》。

无法准备药物,更别说其他东西了。这场旅行中不确定的因素太多了,天气的问题反而不那么困扰我了。"[1]

这是一种意志消沉的状态,随着库亚巴的电报站点无限延续,这种状态便困扰着迪娜。红色斑点布满了她的身体。她似乎看到了一只巨大的眼睛,眼睛周围是闪烁的红光。这是真正意义上的"路西法之眼",我们常常将带有化脓症状的眼部炎症比喻为"路西法之眼"。几个星期后,迪娜染上了眼部炎症,不得不从冒险中退出。她不仅对未来忧心忡忡,还对往事念念不忘。她在去巴西之前已表现出极其强烈的忧伤,她将这种情感上的危机以小说的形式表达了出来。她称自己为印妮丝(Ines),"失去了内心的平静",并以伊曼纽埃尔(Emmanuel)指代马里奥·德·安德拉德:"他是一名男同性恋者,也是一名年轻的宗教信徒,还是一名革命者。他付出不懈努力,在诗歌、文学、音乐方面有所建树。他会成为著名作家、伟大的先驱还是默默无闻?"[2]迪娜对圣保罗发生的一切都十分在意:"在11号的报纸上,我发现文化处换了新部长。我不认识这位新部长。马里奥会去哪儿?文化处该怎么办?"[3]人生在虚构作品与货真价实的报纸之间发生转换,这清楚说明,这代年轻的知识分子需要文学,确切地说,需要小说这种表达形式,以尝试将他们与现实世界的关系变得模糊,尤其是当他们与现实世界的关系出现问题时。最后,一切都得到圆满解决:"我只有一个愿望:出发、求胜、凯旋。我没有任何遗憾。没有这次冒险,我不知道远离圣保罗与巴黎后,我的生活是什么样子。只是,我需要至少五年。[……]我准备好全身心投入,我只期待得到一个符号,我还不知道这个符号是什么,它可能是旅程的起点,考察工作或者一段新奇、动荡但并不至于令人多愁

---

[1] 克洛德·列维–斯特劳斯档案库,编号 NAF 28150,档案盒编号 126:《迪娜的笔记本:圣保罗,1938年5月,乌提利提,1938年7月》。
[2] 同上。
[3] 同上。

善感的经历。"[1]

相约乌提利提，踏上民族志研究之路

6月6日黎明，列维－斯特劳斯夫妇在卡斯特罗·法利亚的陪同下，乘坐卡车出发。事实上，此时，探险团已经失去了文化处的支持。文化处是他们主要仰仗的巴西政府机关，也是这次活动的资助方。因此，早晨，探险团沿着罗萨里奥公路向北动身的那一刻，它就几乎成为孤儿。

车队的搬运工和大部分人员提前一个多星期便已出发，卡车在距离库亚巴仅50千米的地方与他们会合。列维－斯特劳斯满腔怒火："这是我第一次生气，但这也不会是我最后一次发怒。在我深入探索的这个世界里，时间这个概念不值一提，我不得不从一次又一次的失望中明白这一点。"[2] 他们抵达的第一站是西罗萨里奥（Rosario Oeste）。这是一个千余人的小村落，"其中大部分是矮小且甲状腺肥大的黑人"[3]。唐巴多山脉（Serra Tombador）开始映入眼帘。路况十分糟糕，到处坑洼不平。在山顶一个叫作"开沙弗拉达"（Caixa Furada）的地方，控制杆的连接处发生断裂。卡车在荒野中停留了几日。其间，司机们向下一个村庄告知故障，并从里约获得了所需的零件。列维－斯特劳斯以一种豁达的心态接受"塞尔陶的天浴"，他是这样向马里奥·德·安德拉德解释的："我们猜到塞尔陶会给我们来一场'天浴'，我们也因此获得狩猎的机会，并尝到再也无法被超越的美妙食物——南美鹦鹉汤、铠鼠炖菜、烤鹿肉和烤领西猫（一种介于野猪和刺猬之间的动物）——和可供畅饮的布里蒂果酒，这一

---

[1] 克洛德·列维－斯特劳斯档案库，编号NAF 28150，档案盒编号126：《迪娜的笔记本：圣保罗，1938年5月，乌提利提，1938年7月》。
[2] 《忧郁的热带》，第261页。
[3] 同上书，第263页。

切难道不是为冒险者俱乐部准备的餐宴吗？"[1] 卡斯特罗·法利亚拍了几张照片，记录了这段简短的插曲。司机们侃侃而谈，向他们讲述夜晚的故事。这是一些"《马库纳伊玛》（马里奥·德·安德拉德的小说）里关于狩猎、复仇和冲突的故事"[2]，让这段插曲变得温馨。卡车瘫痪之后，旅行的脚步停了下来。迪娜记了些笔记。头戴木盔（casque colonial）的克洛德则看着迪娜，心不在焉。6月14日，他们抵达帕雷西斯（Parecis）。此后，景色转变为沙土与高原，高原上布满矮灌木，而水流将高原分裂成几个部分。水向北流，汇入亚马孙盆地的塔帕若斯河（Rio Tapajoz）或者马德拉河（Rio Madeira）的支流。整个地区被称作帕雷西斯山脉（Serra de Parecis）或者北方山脉（Serra do Norte）。森林就像画布，装点着河流所在的这片土地，卡车则艰难地蹚过河水。它必须卸下重物后才能将之再次载上。当水下出现大片异常坚硬的砂岩，壮观的瀑布群也如约而至，其中包括萨克里河（Rio Sacre）的瀑布以及位于帕帕盖欧河（Rio Papagaio）沿岸乌提利提的大瀑布。经历了500千米左右的旅行后，6月16日，他们来到帕帕盖欧河。"我们瞧见河对岸有两具赤裸的身体，他们的主人是南比克瓦拉人。"[3]

三位民族学家在经历过眼花缭乱的一刻之后（卡斯特罗·法利亚也感受到并将之记录了下来），开始投入工作。二十几位隶属于南比克瓦拉部落的印第安人闻声赶来，他们被白人和礼物的气息所吸引。他们与乌提利提当地电报设备的护卫和茹鲁埃纳的耶稣会教士接触频繁。当探险团首次与南比克瓦拉人碰面时，其中一位传教士也在场，他鞍前马后，向探险团提供信息，在他力

---

[1] 1938年6月17日，给马里奥·德·安德拉德的信。参见圣保罗大学巴西研究所保管的"马里奥·德·安德拉德档案"。
[2] 克洛德·列维-斯特劳斯档案库，编号NAF 28150，档案盒编号126：《迪娜的笔记本：圣保罗，1938年5月，乌提利提，1938年7月》。
[3] 《忧郁的热带》，第267页。

所能及的范围内教授他们南比克瓦拉语言的基本知识。因为，很快，第一个问题出现了。不同于此前接触过的任何一个部落，这群土著人中没有一人懂得葡萄牙语，也没有一人可以胜任情报提供的工作，任何形式的沟通管道都不存在。这让探险团心生恐惧，他们甚至萌生了打退堂鼓的念头："不幸的是，研究工作的开展难如登天。我们不可能找到一位翻译，他们又完全不懂葡萄牙语，眼下，他们这门语言的语音系统又让我觉得如同天书。"抵达的第二天，列维—斯特劳斯给马里奥·德·安德拉德写信，从自己的笔记中寻找最乐观的表达方式来描述南比克瓦拉人语言的旋律："它的文字系统与欧洲人相近，它的旋律十分明确，遵循四四拍和五四拍。这让人联想到近代人记录下来的民间歌曲。"[1]另一边，迪娜观察女性南比克瓦拉人的身体，女性与男性一样，都赤身裸体，"乳房不大，但十分前倾，它们过早下垂，像是'山羊乳房'"；迪娜观察木薯饼的烹调过程，以及纺织和耳环制作的技艺："每天，我一吃完早饭就坐到印第安人中间去，为了观察他们，这样待上几乎一整天。既然没有翻译，不能规规矩矩地开展研究，这是唯一还能完成的事。"几天后，"我们努力工作，但毫无成果，因为，首先，我们不懂他们的语言，无法向他们提问，更不能了解他们向我们回答了什么。"卡斯特罗·法利亚观察印第安人张开弓箭的动作，拍摄了大量的照片；6月19日，他们打开留声机，让印第安人听着十分高兴，他们还给印第安人画纸，但南比克瓦拉人在纸上什么也没有留下……同一日，维拉尔乘坐第二辆卡车与他们会合，而牛肉与骡子则于7月9日才抵达，晚了足足15天。此后，卡车则被骡子所取代，变得一无是处。维拉尔以医生的敏锐眼光发现了一种眼部疾病，它与一种微型的蜜蜂（Melipona ducki）有关。这种被称为"夺目蜂"（eye-licker）

---

[1] 1938年6月17日，给马里奥·德·安德拉德的信。参见圣保罗大学巴西研究所保管的马里奥·德·安德拉德档案。

的毒蜂寄生于眼睛之中,并传播疾病[1];夜里,南比克瓦拉人赤裸着躺在地上睡觉,以灰为被。维拉尔观察到的各种各样的皮肤病都是这样来的吗?作为当地草药的大专家,他克服挫折,成功提取箭毒,证明了自己的能力。箭毒是南比克瓦拉人的工具,他们善于用毒,并因此声名远播。6月30日,一只狗被维拉尔用来测试他提取的箭毒,最终窒息而死。"手术"成功了……

出行初始阶段就出现的普普通通的眼部感染在几周后恶化为具有传染性的化脓性眼部炎症。印第安人首先受害,然后,一些赶骡人也中了招,最后,迪娜·列维–斯特劳斯也受到感染。感染初期,迪娜还企图就地取材进行治疗,7月22日,她不得不从探险团中退出。她的丈夫陪她回到库亚巴,此后,她被独自送回圣保罗,最后送返巴黎。她的病情要求她接受持续治疗。她永远离开了马托格罗索州,与巴西、民族学和她的丈夫永别。但这是另一段故事。这期间,卡斯特罗·法利亚与乌提利提的南比克瓦拉人赶到茹鲁埃纳。8月1日,从库亚巴折回的列维–斯特劳斯和维拉尔也来到此处,与之碰头。在这里,探险团观察土著人如何开展"贸易"。其间,卡斯特罗·法利亚却成为眼炎的下一位受害者,维拉尔则承担起治疗的责任。克洛德·列维–斯特劳斯,这片灾难之地唯一的"幸存者"撤离到坎普斯诺武斯,孤独地度过十五天左右,与他做伴的是两队南比克瓦拉人。起初,南比克瓦拉人几乎不为列维–斯特劳斯所动,但在南比克瓦拉人与之相伴的日子里,他还是收获了全新的观察结果。最后,他在维列纳(Vilhena)又待了10余日(9月4—18日),与另几对南比克瓦拉人为伴。接近3个月的田野考察之后,南比克瓦拉部落探险环节在此时迎来尾声。

---

[1] 1939年4月2日,《马托格罗索州考察报告(由维拉尔医生撰写)》(« Rapport du Docteur Vellard sur la mission de Mato Grosso »),报告的对象是让·马克思。参见外交部档案,法国海外事务局,巴西档案,1932—1940年,第440卷,共56页。

一开始，克洛德·列维-斯特劳斯为他所看到的贫穷景象深深撼动。南比克瓦拉文化缺乏美学的诱惑，这似乎是可悲又可叹的。他的第一印象"眼见非实"，他向马塞尔·莫斯解释道："这些人组成小团队，穿梭于沙地上的灌木区，猎捕蛇类、蜥蜴和蝙蝠，这让人很容易联想到澳大利亚。他们又好像告诉我们，除了不成形的村庄，他们还拥有精心照看的花园。同时，他们的物质文化十分贫瘠，这一点在南美洲独一无二；他们的集体生活十分惬意，个人生活则有诸多条条框框，拘谨得多。"[1] 刚开始，他没有发现任何趣味，既没有美学上，也没有宗教仪式上，更没有社会学意义上的趣味，这是他给我们的印象：没有漂亮的陶器，也没有惊艳的手工艺；没有阳具套，也没有令人啧啧称赞的羽毛帽；没有复杂的仪式，也没有社会规范或者复杂的亲属规则。与卡杜维奥人和博罗罗人不同的是，南比克瓦拉人带着这位民族学家认识贫穷，即南比克瓦拉人的贫困现状。尽管如此，列维-斯特劳斯仍然"兴致盎然"，他在给莫斯的信中如此总结道。他开始工作，记事本里满是与语言有关的笔记和词汇总结。这些笔记说明，他希望最大限度地掌握这门构成交流障碍的语言。生活在南比克瓦拉部落的男男女女中间，渐渐地，他被征服了。这是一个渐生好感的过程，难以建立于几个步骤之上，但或许，透过三个强大的框架，我们可以发现它的端倪。在整个人生漫漫长路上，人类的萌芽阶段、奇妙的相遇、"人类的柔情"作为三个标签，不断传递着南比克瓦拉部落考察带给列维-斯特劳斯的冲击。

博罗罗部落和卡杜维奥部落被定义为"文明社会"（societe savante），而"南比克瓦拉人让这位考察者自觉地、错误地将南

---

[1] 1938年7月7日，从乌提利提给马塞尔·莫斯写信。参见克洛德·列维-斯特劳斯档案库，档案盒编号181。

比克瓦拉部落标记为人类的萌芽阶段"[1]。克洛德·列维－斯特劳斯变负为正：物质文化和社会被分解为最简单的表达形式，他以此为出发点，寻找最基础的形式以及社会生活的本质。这是他一生都在使用的科学研究方法。他始终抛开那些有关文明社会的问题，因为文明社会过于复杂，无法帮助我们理解这些社会形态。基础社会构成了模型，而南比克瓦拉部落就是一个样本。基础社会从缺陷所形成的异域风情中获取启蒙的力量。列维－斯特劳斯认为，美洲盆地研究的优点之一在于，它不同于非洲研究等地域研究："我和我的同僚们在南美发现的素材与非洲研究学者发现的东西有着本质上的区别。换句话说，相对较大规模、具有复杂的组织形态的社会形成了国家，拥有司法工具和警察力量。而我们在南美发现的社会人口较少，它们带给我们一种完全不同的社会学体验。首先，我们必须赶赴非常偏远的地方才可能找到他们的踪迹，并且跨越语言的障碍。我们有些像是天文学家，探索着与我们遥遥相望的星体，而我们仅仅得知它的几个最基本的属性。在这些规模极小的社会里，某些机制［……］联姻、婚姻的规则以及其他类似规则显得尤其重要。"[2]

南比克瓦拉人引导列维－斯特劳斯寻找最基础的社会形式，他们彻底满足了列维－斯特劳斯对第一次人类学考察的幻想。每当列维－斯特劳斯读起对他个人而言具有启蒙意义的让·德·雷瑞，他的幻想便不断鲜活起来。南比克瓦拉人极少接触到白人访客，这点与博罗罗人不同。纪录片制作人马塞洛·弗达勒萨·弗洛勒斯（Marcelo Fortaleza Flores）在1938年乌提利提一带发现了一位年方10多岁的孩子，名为迪托（Tito），克洛德·列维－斯特劳斯还被其称为"马斯默·列维"（Massimo Lévi）。据他证实，

---

[1]《忧郁的热带》，第271页。
[2] 克洛德·列维－斯特劳斯与玛努拉·卡内罗·达库尼亚的访谈，拍摄时间为1985年。影片拷贝保存于圣保罗大学人类学图像与音像实验室。

列维 – 斯特劳斯是他父母见到的第二位白人男性，20 年前，他们见到的首位白人男性是龙东元帅。[1] 在列维 – 斯特劳斯的科学幻想中，见"文明人"所未见之事物、体验文艺复兴先驱者之处境是常有的事。在后来与蒙蝶人（Mundé）的接触中，这个强烈的求知欲继续驱使着他。蒙蝶人"从未被任何文献提及"[2]，这使列维 – 斯特劳斯的眼里充满纯真的渴望，渴望让他产生幻想。但他也没有忘记横亘在眼前的"天堑"（cercle infranchissable）[3]：缺少沟通渠道意味着他无法听懂他们的语言，但这已经说明这个部落有些保守。"我原想不断探索，直到认识蛮荒世界的所有细枝末节。在我之前，从没有人见过这些可爱的土著人，在我之后，也许也不会再有人见到他们，我身处他们中间，感到万分满足。一段令人欢欣鼓舞的水上之行结束时，我发现了我的野人们。可惜的是，他们真的过于'不谙世事'。[……] 他们如此靠近我，就像是镜中的影像，我虽然能够触摸，却无法真正理解。"[4]

最后，与南比克瓦拉人一同经历日日夜夜之后，列维 – 斯特劳斯似乎被和蔼可亲、安闲自得、豁达大度的南比克瓦拉人以及他们的合作意愿征服。而人们却曾告诉他，南比克瓦拉人凶狠又嗜血。作为优秀的民族学家和莫斯的弟子，他关注南比克瓦拉人生活中四溢的情色氛围，捕捉公开挑逗的大胆行为与孩子们洗澡的场景，聚焦年轻妇女们的童真、南比克瓦拉人对动物的博爱、父母对孩子的慈爱（孩子们从不会受到惩罚）以及幸福美满的集体生活。在列维 – 斯特劳斯那时的笔记中，有一段话以午夜对话的口吻强调了南比克瓦拉人集体生活的幸福指数。《忧郁的热带》将之原原本本地收录其中："在黑暗的

---

1 马塞洛·弗达勒萨·弗洛勒斯（Marcelo Fortaleza Flores），纪录片《走进亚马孙流域：跟随克洛德·列维 – 斯特劳斯的脚步》（Auprès de l'Amazonie: le parcours de Claude Lévi-Strauss），2008 年，52 分钟。
2 《忧郁的热带》，第 348 页。
3 同上书，第 32 页。
4 同上书，第 349 页。

草原上，营地火光闪烁。火源是对抗阵阵凉意的唯一武器，在火源周围，棕榈叶和树枝组成的迷你屏风仓促就位，替我们挡风遮雨；背篓里装满了破旧的玩意儿，它们是土地的财富；他们席地而睡，与这片土地周围其他同样好战和懦弱的部落为邻，夫妻之间紧紧相拥，相濡以沫，为了对付日常难题和忧伤情绪，互为唯一的慰藉。忧伤时不时占据南比克瓦拉人的灵魂。这位来访者与印第安人一同在灌木区'露营'，完成了他的初次体验。面对南比克瓦拉人，他陷入焦虑之中，并对他们产生了怜悯之心。这些人一无所有，在这片险恶的土地上遭受着天灾的摧残，似乎已经透不过气来，他们浑身赤裸，在摇曳的火苗旁直打哆嗦。他小心翼翼地来回穿梭于灌木丛中，害怕弄伤了手掌、手臂或是身体，火堆的微光照在他的身上，给他染上了温暖的颜色。然而，这些苦难在低声交谈和阵阵笑声中变得暗淡无色。夫妻拥抱在一起，像是陷入对天生的另一半的怀念之中；他们互相爱抚，即使陌生人经过也不中断。似乎，他们都无比慈爱，并远离忧愁，像动物般容易且乐于满足，他们充斥着这些不同的情感，以最动人、最真实的方式表达着人类的柔情。"[1]

埋头苦干的民族学家

田野调查留下的笔记本让我们能够深入了解探险旅途中这段由南比克瓦拉人带来的民族志经历。这些笔记本小巧，其中一部分得到了良好的保存，另一部分分散成页，它们是研究工作留下来的脆弱的痕迹。从严格意义上说，它们是民族学家的档案，是供后期解读的黑匣子，也是一段奇妙同居生活的记忆。[2]

列维－斯特劳斯时常坦承，他的笔记"过分缺乏条理"[3]，

---

[1] 《忧郁的热带》，第 292—293 页。
[2] 克洛德·列维－斯特劳斯巴西考察的笔记，现被保管于克洛德·列维－斯特劳斯个人资料库，编号 NAF 28150，档案盒编号 120-125。下面的引文也出自他的考察笔记。
[3] 参见文森·德巴恩：《说明》，载《忧郁的热带》，第 1687 页。

它轻率地融合了水手日记和各种信息。10余页词汇表、多张语言学习卡（有时散落一旁）、发音方式的记录与乐谱的记录（乐谱的存在十分重要，它们说明列维-斯特劳斯对民族音乐兴趣浓厚，同时，也证实了他的音乐素养）、大量素描与图表（村庄地图、以翻花绳游戏中手掌和身体为主题的素描、以各种猴类为主题的素描，其中包括佐格佐格、楚西乌、瓜里巴、巴里古多）、植物、屋顶的角度、带有文身痕迹的面庞、竹子捆绑工具的编织图、参考文献、阅读笔记（他正在读罗凯特-平托于1935年出版的《朗多尼亚州》）、数量不菲的亲缘关系图、一些行列对查表以及几项人体测量数据也一并存在于他的笔记本之中。书写性质迥然不同的文字同时存在："妇女保持蹲姿，双手握着一根木头的一端，木头垂直而立，她以此方式进行分娩。滚烫的木炭将脐带从根部烧断，再敷以对付炭火的药膏"，这是一种民族志的描述方式；"解手（tarnikititta）是这样进行的：他们用手在沙地上挖出一个洞，并蹲在洞的上方，此时需要一段竹子，他们试着握着竹子的一端，将它对准肛门，让竹子往下往后延伸"；他以社会学的角度描述采集橡胶树汁的工人"赛林盖格"（seringueros）、他们的工作时间表、汁液的存储量、被砍伐的橡胶树的数量与橡胶每公斤浮动的售价；对人口的记录则显示，印第安人的消亡不可避免；身临其境，他写下俳句："库亚巴-罗萨里奥（Cuiabá-Rosario）：一头栗色奶牛以及从其嘴角向容器奔流而去的浅绿色液体/草原被点燃后刺鼻的味道/布罗塔斯之后的火山岩"；天气千变万化，"雷声响起，天暗了下来，我们发现，雨柱垂直而下，将一半的景色遮了起来。雨快来了吗？""伴随着日出，一天开始了。阳光一缕，浮云几片；外出、归来、犯错、弥补。一切都是为了最终让白天过得充实"。我们还在他的本子里发现了"为一部未动笔创作的小说而留下的笔记"，根据笔记，名为普拉东（Platon）的男子与名为奥迪尔（Odile）的女子生活于1920年代动荡的巴黎，他们互相依靠，挣扎着在南美洲生存下去。故事里融合了康拉德与《阴谋》作者尼赞的影子，让他获得几分解脱。最近几年的复杂经历（政治、社会主义、法西斯主义）、正在进行的历险、时代背景下的恐慌（战争）、政治活动（政治阴谋与军火走私）以及列维－斯特劳斯在寂寞时分大胆幻想过的声色犬马与放浪形骸，千丝万缕，共同织成了这个故事。他的笔记本中，亲缘关系图、语言笔记与图像是最为重要的内容。不仅如此，这些本子具有多重价值。本子的外观之美是一个方面，它们不仅颜色丰富，还沿袭了巴洛克风格，绘画练习册与学术记录卡片则体现了克洛德·列维－斯特劳斯的研究能力。一个投入田野考察的民族志学者的形象跃然纸上。

这些本子还说明，本次探险属于真正的民族志之旅，而非哲学漫步。在此之前，曾有人宣称，民族学家的工作应当更多依靠推测而非仰仗经验，他们认为前者与后者无法并存。尽管记录一切是不可能的，我们仍然被列维－斯特劳斯敏锐的观察力、他对外形等术语深入细致的注释、投射于现实世界一草一木的强大注意力折服：物质的外观、符号体系、环境、人的理想都被他以昆虫学家一般的嗅觉捕获。他创作了大量图像，并与路易斯·德·卡斯特罗·法利亚（使用 Contaflex 相机）同步拍摄照片（克洛德·列维－斯特劳斯使用的是徕卡相机与型号为 6×6 Voigtlander Superb 的相机），以保存田野工作的成果。两人拍摄的照片集却存在令人诧异的区别，以至于这些不同之处常常被后人提起。一方（克洛德·列维－斯特劳斯拍摄的照片集）艺术性极高，主角是印第安人，他们单纯的存在便足以成为相片的焦点，存在于世界之中就是美的，尽管不乏痛苦，他们的存在还被永远记录于《忧郁的热带》一书中；另一方（卡斯特罗·法利亚拍摄的照片）则记录了考察工作背后的细枝末节、印第安人与研究人员之间的互动、全体考察团成员的身影以及各种交通方式。从某种意义上说，卡斯特罗·法利亚的作品建立了更加深刻的联系，因为它们以"民族志"的方式记录了这些民族志考察工作的过程。照片里有什么呢？"我们发现，例如，《忧郁的热带》收录的照片可能让读者以为，拍摄地是一片广袤的草原，而事实上，这些拍摄场景与电报站所处的方位仅一步之遥。"[1] 十分明确的是，在这类移动的考察团中，中间人的作用举足轻重。在此例中，传教士、电报线的从业者以及开化的印第安人担任译介。考察的前一个阶段因为他们的加入而取得了一定的成果。后一个阶段，失去了这些译介的探险团惨遭失败，至少，他们碰上不少钉子。例如，在蒙蝶部落时，列维-斯特劳斯为语言不通的难题所扰，又如之后，在图皮-卡瓦希伯部落（Tupi-Kawahib）时，他的行程被一个意外事件打断而提前结束。事实上，克洛德·列维-斯特劳斯对巴西的民族志研究只发生于印第安人部落与他们有幸遇到的"其他部落"的相交地带，这些相交地带的地理面积十分有限。贝诺瓦·德·莱斯图瓦勒指出，与同时期对非洲的考察相比，对马托格罗索州的考察脱离了法国殖民政府的保护，更糟的是，考察团不得不面对巴西政府打着保卫国家财产的口号而采取的吹毛求疵、疾言厉色的态度。总之，条件极度不利于考察。

"田野"里的生活水深火热。这样的生活不仅是年轻力壮的民族志学者们渴望的启程仪式，也是他们为了舍弃原来的世界所必须支付的代价。而四项巨大的考验让他们雪上加霜：疾病、抑郁、疲倦与危险。抵达乌提利提时，迪娜发现，克洛德·列维-斯特劳斯的"腹股沟部位出现渗出性湿疹"。疾病，作为众多足以证明实地考察艰难程度的指标之一，在这种情况下，拥有战争一般的破坏力：化脓性眼部炎症具有传染性，除了列维-斯特劳斯，

---

[1] 《他者的诱惑：从殖民展到原始艺术》，第170页。关于卡斯特罗·法利亚拍摄的照片，参见米歇尔·佩兰（Michel Perrin）：《交叉的视角》（«Regards croisés»），《人类》第165期，2003年1—3月，访问时间为2012年11月（2008年3月27日起，数字版可供访问：http://lhomme.revues.org/index15782.html）。

考察团的所有成员先后受到感染。也许是列维－斯特劳斯佩戴的眼镜让他躲过一劫。这是一场大灾难。迪娜感染了严重的炎症，离开这片战场时，已是半盲状态。身体治疗与食物一样都是必需品。然而，尽管精心筹备，有时，粮食仍供不应求，因此，像维拉尔说的，是考察活动无法摆脱的基本条件之一。食物不足与睡眠不足折磨着他们。但更坏的是，这片土地会突然瘫痪考察活动，让考察日程延期，让他们步履维艰或停滞不前。这些挑战使他们与时间的关系发生了变化。克洛德·列维－斯特劳斯多次露出不耐烦的表情，缺乏耐心不只是一种心理状态，还体现了冒险游戏获得荣誉之前苦涩的那一面。时间就这样流逝！这位民族志学者不断叹气。无事可做时做些什么呢？"我们等啊等，原地顿足，来回打转；我们重阅旧笔记，抄写下来并给出解释；或者，我们荒谬地履行职业责任，命令自己完成一项内容丰富却毫无意义的任务，例如，测量房屋之间的距离、逐一清点树堆的数量——树堆曾被用来建造简陋的屋子，而屋子已经闲置许久。我们进行反思：我们来此做什么？怀揣着怎样的希望？目的是什么？民族志调查究竟所指为何？"[1] 1938年8月15—30日，列维－斯特劳斯一人留在坎普斯诺武斯（Campos Novos），其间，低落的情绪席卷而来，让他深陷其中。被迫虚度年华让这段记忆特别鲜明，而攀比的心态持续造成不悦："我离开法国快五年了，我放弃了大学教师的职业生涯；在此期间，比我资质高的同伴们获得了更高的职级；像我曾经那样投身政治的朋友们今天已经成为众议员，不久后将位居部长。而我呢，穿梭于荒漠之中，追踪人类的破烂玩意儿。"[2] 比较的结果令人不悦，而事实上，比较的对象有误。因为，据我们所知，列维－斯特劳斯从未"终结"他的大学教学生涯。巴西的经历反而给了他直接登上大学讲台的机会。田野调

---

[1]《忧郁的热带》，第403页。
[2] 同上。

查是他博士论文的敲门砖，而博士论文允许他在法国高等教育系统中快速寻得教职。当他进入大学任教，他的同辈还在外省的高中任教，碌碌无为。然而此刻，他感到孤独无依，这种情绪十分强烈，占据了他的心灵。戏剧作品《奥古斯都的神化》(*L'Apothéose d'Auguste*）也是在这期间创作完成的。列维-斯特劳斯在愤怒与沮丧中写下这个剧本，以此反映他当下的经历。[1] 但这个无所事事的阶段并不是完全没有益处的。他得以纵观整段民族志研究经历，回顾走过的路。从这个意义上说，这也是一个揭露真相的危险时刻。一些人，例如，比尔·奎因等人，未能摆脱噩梦。这份职业造成了不少自杀事件。

无法掩饰的防备心理与野外一触即发的真实危险两者共存，孤独让前者更加有形。与南比克瓦拉人一道时，列维-斯特劳斯也陷入这种困境之中，尽管这些土著人表面上态度友好。他曾讲述一段故事，故事意在说明，这种随时可能逆转的友好氛围会以迅雷不及掩耳之势消失殆尽，让人始料不及，取而代之的是厄运，因为一旦沦为他们眼中的侵略者，生命将在顷刻间结束。在圣保罗时，列维-斯特劳斯一行曾以一些大型的彩色热气球作为庆祝圣约翰节的道具，而后它们成为列维-斯特劳斯个人行李的一部分，同他一起旅行。某天晚上，他突发奇想，想要在印第安人面前进行热气球表演："第一个热气球在地面上着了起来，引发开怀大笑，观众们似乎丝毫察觉不到它本该呈现什么效果。第二个热气球则获得巨大成功：它快速升起并飘入高空，直至距离让它的火焰有了星星的模样，它在我们上方飘来又飘去，许久之后消失不见。起初显露的喜悦却为其他情绪所替代。"[2] 婴孩般的欣喜之情转变为男性公开的敌意和女性的惊恐反应。这场意外完全

---

[1] 原文被收录进"七星文库"：《〈忧郁的热带〉之外》(《 En marge de *Tristes Tropiques* »），巴黎：伽利玛出版社，第 1632—1651 页。
[2] 《忧郁的热带》，第 291 页。

可能以悲剧收场。我们知道，田野作业不只是收集数据，还包括实践、实验以及场景演练。我们期望从场景演练中获得启发，为此，我们无须精心计算可能发生的副作用。乌提利提一带的酋长（chef de la bande d'Utiarity）为克洛德·列维－斯特劳斯召集了南比克瓦拉的不同部落。这些部落以传统集会的形式聚在一起，列维－斯特劳斯则是这次集会的受益者。他希望透过集会观察在一个更大规模的社会中，交流与协商是如何开展的。正是出于这个目的，他从茹鲁埃纳出发，两天后，来到75名左右的南比克瓦拉人面前。[1] 在此之前，他注意到，如果给南比克瓦拉印第安人纸和铅笔，他们会模仿书写的手势，写下曲折的线条。集会夜晚，趁着赠送礼物的时机，酋长从他的背篓里掏出一张纸。纸上是一些"纠缠的曲线"，他的亲笔创作。他激情洋溢地朗读起来，结束后，将礼物送到每一位主人手上。在这个出乎意料的剧情面前，民族学家错愕失色。这让他深刻反思文字的政治功能。他意识到，文字首先是一种统治工具，其次才是一种人造的记忆或者一种学习工具。于是，他得出一个反传统的结论："我们必须承认，文字表达的首要功能是方便奴役。"[2]

整理田野工作的难点与工具是一门必修课，是民族学家为自己设下的考验。为了完成对两者的总结，让我们转而观察工作氛围的变化。一种更加轻松的氛围出现了。这不仅给他带来了不小的难题，甚至是一种必须避免的职业禁忌。列维－斯特劳斯提到，南比克瓦拉社会里弥漫着情色的味道，因为，男性与女性成员都赤身裸体，毫无掩饰；他将南比克瓦拉人的情爱游戏描写了下来，在他看来，这些情爱游戏"更多出于娱乐和情感需要，而不是出于肉体需求"，因为他从未发现男性发生勃起，他从民族学家的

---

[1] 75名南比克瓦拉人、17个家庭和13间简陋的屋子；参见《忧郁的热带》第28章《写作课》。《写作课》描述了写作的诞生以及写作行为本身的政治功能，后来，雅克·德里达在《论文字学》里对之进行了批评。

[2]《忧郁的热带》，第300页。

角度思考不同社会中羞耻尺度的相对性以及眼前这些社会中"规范"的全新含义。尽管如此，他仍清楚表达了自己烦恼之事："因此，想要对一两位在沙地中摆弄身姿的漂亮姑娘保持无动于衷是十分困难的。她们像蠕虫一样光溜溜的，也同样在我的脚下扭动身体，发出阵阵痴笑。每当去河里洗澡，我常常被她们的撩拨弄得不知所措。她们有六七人，既有妙龄女子也有半老徐娘。她们一心想要从我手中夺走肥皂，她们对肥皂喜爱得不得了。"[1] 因此，除了疾病、饥饿与饥渴，民族学家的身体还受到另一件麻烦事的折磨。直到何时他才可能开窍呢？民族学家与土著人之间发生性关系是不被容许的吗？柯特·尼姆衍达朱与一位印第安人女性育有多子。这仅是个例。在《幽灵非洲》（*L'Afrique fantôme*）里，米歇尔·莱里斯说道，在埃塞俄比亚时，他曾迷上名为"爱玛维伊诗"（Emawayisch）的女子，虽然女子被恶魔附身的母亲是自己的考察对象。[2] 在列维－斯特劳斯看来，《忧郁的热带》记载的只言片语只是为了对那些烦恼表达看法，他可不想去解决问题。身为民族学家，他反而落入南比克瓦拉年轻女孩们的手中，成为她们的玩伴。这让民族志研究中的主客关系颠倒过来。亲密的距离、对等关系，这些规则颠覆了他的情欲观和道德观，让身为欧洲人的他感到不可思议。尽管与列维－斯特劳斯表现得不同，维拉尔也因这些日常的挑弄而惊惶失措。这一点却似乎燃起了列维－斯特劳斯心中的怒火。他向日记倾诉，指责天主教的教育害人不浅。他在同伴身上发现，天主教的教育阻碍两性关系中肉欲的释放与和谐关系的建立。[3] 在倾诉的过程中，他注意到"情爱"和"自由精神"的存在，以自己的方式与其疑似新教的表象彻底切割，表现得十分敏锐。

---

1 《忧郁的热带》，第 284 页。
2 参见乔治·德韦鲁（Georges Devereux）：《焦虑与行为科学的研究方法》（*De l'angoisse à la méthode dans les sciences du comportement*），巴黎：弗拉马翁出版社，1980 年。
3 《笔记（已装订、无封面）：考察活动的最后阶段》："巴西"主题档案，克洛德·列维－斯特劳斯档案库，编号 NAF 28150，档案盒编号 125。考察笔记共计三本。

旅途告一段落，下一站是亚马孙流域深处

维列纳的旅程告一段落。取而代之的是考察活动的第二阶段。这一阶段的不确定因素又多了一些，例如，行程安排没有完全确定下来。雨季又增加了考察活动的危险系数。雨季开始后，选择回头路已经变得不现实了。从皮门塔布埃努（Pimenta Bueno）起，考察团只剩下三名学者：列维-斯特劳斯、卡斯特罗·法利亚以及维拉尔。同时，列维-斯特劳斯被南比克瓦拉族的礼物卢辛达（Lucinda）缠上了，小猴子卢辛达紧咬着他的靴子不放。考察团一行主要借助水路前进。驴和牛组成的车队部分存活了下来，并踏上了回程路，它们在富尔亨西奥的驱赶下，回到了乌提利提。景色徐徐变化，当主角们向北移动，亚马孙流域的样貌日渐清晰。特蕾斯·布里提斯（Tres Buritis）的棚屋便已建于木桩之上。相比高原，人们更容易获得粮食补给（大米、菠萝、玉米和木薯）；由于动植物种类的变化，河流沿岸十分适合捕猎，其中包括野猪、鹿、貘、南美大鹦鹉以及其他种类的鹦鹉等。[1]9月的部分日子里，他们忙于赶路。10月1日，他们抵达皮门塔布埃努。列维-斯特劳斯想要接触印第安人，"（他想）往这个方向前进，确定南比克瓦拉部落领土的范围，如有可能，研究一下图皮杜吉（Tupi du Gy）一族。我们没有一点办法知道这一族人是否仍然存在"。[2]

六位为电报线服务的图皮族印第安人（Tupi）使这些想法有了实现的可能。在考察活动的末期，列维-斯特劳斯发现了两个不同的部落。然而，他的希望——落空。一行人顺着皮门塔布埃努河（Rio Pimenta Bueno）启程，五天后，发现了第一个部落。短桨发出的声音为旅程伴奏，而他们需要注意的是，划桨的动作不能碰上河岸的树枝，否则，将会遭受蚂蚁叮咬。10月9—15日

---

1 《马托格罗索州考察报告（由维拉尔医生撰写）》，第28页。
2 同上。

的六日间，他们在蒙蝶部落稍作停留，蒙蝶人还从未与白人打过交道。这些印第安人没有保留任何毛发，他们在保持卧姿的时候，借助木柴烧去了头发。他们还对自己的身体特别留心。他们的语言不为外人所知，因此，在没有翻译的情况下，尤其在如此短暂的驻足期间，对话几乎不可能实现。这等于建造巴别塔。于是，他们折回皮门塔布埃努。维拉尔身染疟疾，所以提前赶往乌鲁帕（Urupa）。列维-斯特劳斯和卡斯特罗·法利亚则在五人的陪伴下，顺着马沙杜河（Rio Machado）而下，10月27日，抵达图皮族的领地。他们受到了十分亲切的对待：图皮族人正准备离开村庄，民族学家一行的友善来访迫使他们中途折返。第二天，同行其中一人擦枪走火，痛失多根手指。他是艾米迪奥（Emydio）。卡斯特罗·法利亚陪他赶往乌鲁帕，维拉尔可以为其提供治疗。列维-斯特劳斯留了下来，与图皮族人共度了几日时光。村落里人不多，刚刚超过二十，他们生活于多配偶制下，遵守着十分复杂的宗教信仰，组成了一个神秘的社会。列维-斯特劳斯想要一探其中的奥秘。他发现，这些印第安人讨厌烟草，与南比克瓦拉族正好相反。结束逗留前，村落酋长还表演了"鬼上身"（possession）的轻歌剧《贾皮姆的闹剧》（*La farce de Japim*），剧情要求他一人分饰多个角色，演出持续了两个晚上。而列维-斯特劳斯将这些内容一字不落地记载于笔记本上。"在第二段尾声，塔普拉西（Taperahi）（酋长）从他的吊床上突然起身，开始毫无规律地走来走去，讨要'卡乌安'（cahouin）[1]，嘴里吟唱持续不断；他是被'附身'了；突然，他抓起一把刀，冲向他的'大房太太'坤阿兹因（Kunhatsin），后者几乎无处可逃，不得不往森林寻找掩护，此时，其他男性族人将其控制起来，强迫他回归吊床；一躺下，他便进入了梦乡。"[2] 列维-斯特劳斯的民族志考察就在一种悲喜剧的氛围中结束了。随着杀人的最后一幕落幕，考察团也实质上迎来尾声。[3]

---

[1] 一种印第安人用玉米制作的发酵酒。
[2]《忧郁的热带》，第379页。《忧郁的巴西》里出现的主角的照片，第193—197页。
[3] 参见《克洛德·列维-斯特劳斯：研究室里的诗人》，第105页。

艾米迪奥发生意外后，克洛德·列维-斯特劳斯完成了此画。他在《忧郁的热带》里写道："早餐时间，我们注视着维拉尔如何从艾米迪奥的手里取出碎骨片，然后慢慢将它们拼接回去。这一幕既让人觉得恶心又让人深深着迷，在我的脑海里，这一幕就像是森林，充满各种生命形态和数不尽的威胁。我开始以自己的左手为模型作画，我画的是各种各样的手，它们从扭曲的身体里探出来，像藤蔓一样纠缠不清……"

所有人在乌鲁帕重逢。马沙杜河边，一艘机动船正在驶来的路上（他们没有记录这艘船抵达的日期）。15天里，他们苦苦等待，除了钓鱼，还对四周探索了一番，因此，得空看清了一批又一批橡胶汁采集工的悲惨生活。在橡胶汁全球流通不畅的情况下，赛林盖格们的生活水深火热。疲惫是所有人的共同感受，而疟疾也十分猖狂。维拉尔与卡斯特罗·法利亚发生了口角，几个月共同生活累积下来的所有不满引发对峙，两人上演了终场的唇枪舌剑。当11月27日船只抵岸时，唇枪舌剑也就谢幕了。[1] 他们顺流而下。旱季开始后，饮用水储备不足是他们需要面对的唯一问题。一路上，风景美不胜收，一座座小岛数不胜数，引人注目。整个考察活动期间，卡斯特罗·法利亚坚持称呼列维-斯特劳斯为"列维老师"，此刻，他终于鼓起勇气唤其为"克洛德"。[2] 时不时地，他们还能看见印第安人受人雇用，三五成群下地农耕的场景。这次考察之行的每个阶段，列维-斯特劳斯无不触目伤怀，他眼里，印第安人所剩无几，20年前人丁兴旺的景象已是一去不复返。他的同伴们也与他想法一致。他们认为，这是印第安部落的幸存者，为此，当考察结束时，情绪十分低落。最后的印第安人，或者说，夕阳西下的亚马孙流域的幸存者。取代英雄和开拓者的是一群"可怜人"[3]，他们"偏离常规的行事风格与看不见希望的人生"[4] 让人体会到其中的苦难。这种苦难让人敬而远之。

马沙杜河在卡拉马（Calama）与马德拉河汇聚。他们抛下了原来的小船，乘上一艘小型蒸汽船。取代卡娜玛丽（Cannamary）的是瓦提冈（Vatican），后者舒适得多。几天后，也就是12月7日，他们抵达韦柳港（Porto Velho）。这儿有近四千人居住，还有一种"英式风格"。英国人建造铁路之后，将这座亚马孙流域的港口变为了自己的自治领（dominion），同时，英式村屋和下午茶成为这里的一道风景。12月11日，维拉尔和列维-斯特劳斯向当地的运输公司借了一艘船，登船来到巴西边境，随后，飞回了库亚巴。卡斯特罗·法利亚借助水路回到里约，在亚马孙流域绕了一圈，途经玛瑙斯（Manaus）和贝蓝姆（Belém）两地。自第一次抵达库亚巴后，列维-斯特劳斯历经9个月再次回到这

---

1 路易斯·德·卡斯特罗·法利亚：《另一个视角：北方山脉考察活动的日记》，第185页："在整个旅行过程中，他坚持自己的作风，使自己与众不同。而由于我们的领导者完全没有威严，也没有热情，所以我不知道我们如何摆脱这种局面。"
2 同上书，第192页。
3 《忧郁的热带》，第383页。
4 同上。

里。他到南比克瓦拉村落找回了卡车。卡车载着民族志研究的一系列藏品,以圣保罗为目的地。它们将成为法国与巴西双边交流的成果。1938 年 5 月,列维-斯特劳斯离开圣保罗,1939 年 1 月 12 日,他重新回到这里。

他是"印第安部落的哲学家"?

巴西之"旅"刚刚收场,却还有下文。考察活动在结束之后常常被当作抨击的对象。主人公急于标榜自己是"学院派",这也是引起负面评价的原因之一。2001 年,路易斯·德·卡斯特罗·法利亚出版了他在第二次考察期间的日记《另一种视角》(Um Outro Olhar),又掀起了一阵血雨腥风。这场舆论风波以及其他种种迹象都表明,巴西人对列维-斯特劳斯的田野研究褒贬不一。

卡斯特罗·法利亚的"另一种视角"

1988 年,克洛德·列维-斯特劳斯 80 岁寿辰之际,卡斯特罗·法利亚已向《解放报》公开了考察活动的细节,马修·蓝东(Mathieu Lindon)负责与之对话。《解放报》希望重新审视这次巴西考察:"这次考察是克洛德·列维-斯特劳斯成为大民族学家所付出的汗水。但我们说,他并没有'该有的那种样子'。他语言不通,远离文明与自己的舒适生活还让他感到厌倦。他不与外人袒露心事,并且沉默寡言。他既没有与维拉尔,也没有与我建立深厚的友谊。我们完全秉持个人主义作风,自己写好自己的笔记。维拉尔一点儿也不清楚列维-斯特劳斯笔记的内容,反过来也是一样。对一名巴西人来说,这种经历则有不同的意味。其实,考察的目的更多的是出游而不是田野研究:连月的奔波准备就为了与土著人交际片刻[……]。列维-斯特劳斯难以接受这么令人不适的生活条件。一路上疲于奔命，他受够了这一切。他是货真价实的'印第安部落的哲学家'。"[1] "如果迪娜还没离开的话，结果会大不同，"卡斯特罗·法利亚补充道。他暗示"迪娜有人类学家的潜质，而她的丈夫则对田野工作水土不服"[2]。说到田野工作对列维-斯特劳斯的意义，会有巴西人不约而同地贬低克洛德、赞扬迪娜，这种现象今天依旧存在。迪娜似乎给卡斯特罗·法利亚留下了深刻的印象。她待卡斯特罗·法利亚热情、友好，克洛德则冷如冰霜。待迪娜·列维-斯特劳斯踏上归程、与丈夫分道扬镳后，她对民族学的热情烟消云散。在一段视频采访中，她表示从未将之作为一项事业，她只是追随另一半而已。[3] 她还记得考察过程的物质条件十分艰苦，她根本无力承受，第二次考察开始不久后就败下阵来。她后续的职业生涯也是证明。迪娜已经重新变为迪娜·德雷福斯，1945年后，她先是担任文科预备班的老师，而后成为哲学课总督学（inspectrice generale de philosophie），全身心地投入教学活动的一线。其中包括了1960年代教育电视台的一档电视节目，节目期间，哲学大家们（整个哲学界都是座上宾，其中不仅包括乔治·康吉莱姆 [Georges Canguilhem]、雷蒙·阿隆 [Raymond Aron]、米歇尔·福柯 [Michel Foucault]、让·伊波利特 [Jean Hyppolite]、保罗·利科 [Paul Ricoeur]，还有皮埃尔·布迪厄 [Pierre Bourdieu]、让-克洛德·帕斯隆 [Jean-Claude Passeron]、让-皮埃尔·韦尔南 [Jean-Pierre Vernant]、米歇尔·塞尔 [Michel Serres]）参与多人对话或者圆桌讨论环节，青年阿兰·巴迪欧（Alain Badiou）则常常担任采访者。那些年，迪娜·德雷福斯成为哲学教育的标志性人物。这并不是因为她学术成果显著，而是因为她

---

1 马修·蓝东：《〈忧郁的热带〉任务》。
2 同上。
3 安娜-玛丽·佩西（Anne-Marie Pessis）为"人类学发展史（巴西篇）研究计划"（坎皮纳斯州立大学，1988年）而拍摄的访谈。她自己还是导演。"我并没有使命感。我随丈夫而来，仅此而已。另外，面对陌生、新奇的事物，我们也无法保持冷漠。我完成了能力范围以内的工作。"

不仅对教学工作热情满满,还"竭力投身哲学事业,表现出巧妙但又接近极限的力度"[1]。

2001 年,卡斯特罗·法利亚坚持这样写道:"北方山脉的考察之行一败涂地。"[2] 事实上,他对外发表的日记中包含了大量资料,这包括他向赫洛伊莎·阿尔贝托·托雷斯发送的电报和珍贵的照片。充实的文献使此书变为历史的见证,能够见证历史比一句单一、存在争议的论断要鲜活得多。他罗列了考察活动的详细日程与行进路线,描述了其后勤组织方式,重新关注考察团里的主要人物,得益于此,尽管盘根错节,一段有血有肉的情节再度上演。我们主要看到,两位男士各怀鬼胎,却能相安无事:一边,列维-斯特劳斯与印第安部落接触,让·德·雷瑞是他的榜样;另一边,卡斯特罗·法利亚关心的是自己国家的民族志研究之道,他阅读罗凯特-平托和大文豪欧克里德斯·达·库尼亚(Euclides da Cunha),想要重新探索巴西塞尔陶的未知事物,借此构建一个现代的巴西。与这种将人类学应用于国家发展和历史进程的做法不同,列维-斯特劳斯此行的目的是拯救濒临灭绝的原始社会,他想将其中一部分语言保护起来,将一部分物件保存下来。[3]

夺回失地

部分法国与巴西民族学家采取了与上述重磅作品不同的态度,他们试图重新思考列维-斯特劳斯的田野研究。他只停留了六个月(1938 年 7—12 月),因此,时间不长;田野考察也没有如愿给列维-斯特劳斯的博士论文提供丰富的文献材料(而只给他博士辅助论文提供了足够多的文献)。尽管如此,从众多角度看,

---

[1] 阿兰·巴迪欧,2012 年 2 月 9 日的电子邮件。
[2] 路易斯·德·卡斯特罗·法利亚:《另一个视角:北方山脉考察活动的日记》,第 4 页:"北方山脉的考察完全失败了。"
[3] 参见瓦西里·里弗隆(Vassili Rivron):《土著人的视角?"列维-斯特劳斯考察活动"的档案》(« Un point de vue indigène? Archives de l'"expédition Lévi-Strauss" »),《人类》第 165 期,2003 年,第 306 页。

巴西的田野考察都具有决定性的影响力。只是，直到1955年《忧郁的热带》出版前，这段经历似乎慢慢淡出了人们的视线。

事实上，列维-斯特劳斯比自己所说的更加适合田野工作。他表现出明显的经验派特征，对细节和宏观层面的把握能力出色，对周围的事物十分敏锐，并且向往"现实"。他在巴西的所有经历都是他向往的"现实"。经验派的代表性人物尼姆衍达朱这样判断。[1]但他是根据当时的标准，当然，也是根据自己的喜好来判断的。开展田野考察的方式包括牛、驴以及勘探用的照相术，这种治学手段声势浩大，是那个时代的产物。但考察活动才刚刚开始，它将马上成为一种过时的研究方式，取代它的是马林诺夫斯基的"沉浸论"。人们对列维-斯特劳斯的一大误解只是张冠李戴：人们斥责列维-斯特劳斯未与印第安人单独相处几个月，批评他只待了仅仅几周，甚至短短几日。事后，列维-斯特劳斯解释称，他极其喜欢这种有些复古的"19世纪科学"，尽管我们再也无法想象他一人跋山涉水，但更加自由自在的样子。对卡斯特罗·法利亚而言，列维-斯特劳斯是"印第安部落的哲学家"，常常陷入沉思，事实上，巴西考察的那些年，他并没有表现出对理论的痴狂。他提出的问题十分规矩，没有跳脱于那个年代的问题清单。这些问题涉及的是（南美）大陆上人类居住的形态与发展阶段，它们都源自让他兴致勃勃的不解之谜。例如，他观察到博罗罗人与卡杜维奥人之间的显著差异，一种是基本的物质文化，另一种是复杂的社会组织与宗教组织，后者是尼姆衍达朱同样感兴趣的"格族的奇怪之处"（anomalie gé）。他于1936年完成的文章"不寄希望于大胆推测，到了1950年代，大胆推测成为列维-

---

[1] 参见列维-斯特劳斯和尼姆衍达朱之间的书信往来，埃琳娜·蒙泰罗·维勒普尔：《柯特·温克尔·尼姆衍达朱：打破巴西民族志研究传统的德国人》，硕士论文。

斯特劳斯研究巴西中部部落时的显著特点"[1]。其间，结构主义颠覆了他对所有问题的看法。同时，从莫斯处延续下来的研究方法和"物件的神秘论"并没有受到年轻民族学家的质疑，他忙于收集物件，忽视了非物质现象的研究。卡斯特罗·法利亚还隐晦地对此表示批评。事实上，列维－斯特劳斯仍然停留在人类博物馆设定的认识论框架之中："当我为巴西考察之行的主要任务做准备时，人类博物馆还在建设中，而莫斯向它灌输了一种物件的神秘主义气氛。他并不是毫无道理地这样做。他认为，就算最小的物件，如果被正确解读，也可以完整地反映一个社会的物质结构与道德结构。田野工作中，我被这些条条框框束缚住，我花时间收集物件、研究和描述物件与它们的制造工艺，现在，我后悔没有将时间利用在研究信仰与制度上。"[2]

因此，我们没有必要学爱德华多·威维洛思·德·卡斯特罗嘲讽的语气，认为亲近印第安人、主张经验论的尼姆衍达朱（或卡斯特罗·法利亚）是对的，而主张理论治学、从具体经验中抽离出来、田野工作能力欠佳并且一直放不下学术名望的列维－斯特劳斯便是错的。[3]

每一段相遇虽然时间短暂，他却得以接触更多不同的部落。这种田野工作的另一项乐趣便在于此。在南比克瓦拉部落，"田野研究走向不利的一端。我必须尝试无米之炊"[4]，事后他这样说道。这与博罗罗部落里民族学素材丰富的情况大相径庭。这也是为什么不仅土著居民的生活模式"包罗万象"[5]，连民族学研究的

---

1 马塞拉·科尔贺·德·苏扎（Marcela Coelho de Souza）、卡洛斯·福斯托（Carlos Fausto）：《重夺失地：列维－斯特劳斯在美洲印第安人身上的发现》（«Reconquistando o campo perdito : o que Levi-Strauss deve aos amerindos»），《人类学杂志》（Revista de Antropologia），第47卷，第1期，圣保罗，2004年。我要感谢卡洛斯·福斯托给了我文章的法语版，因为法语翻译并未对外发表。
2 克洛德·列维－斯特劳斯：《〈快报〉带你走近克洛德·列维－斯特劳斯》。
3 爱德华多·威维洛思·德·卡斯特罗：《错过的约会》，第86页。
4 克洛德·列维－斯特劳斯：《日落：与鲍里斯·魏斯曼的访谈》（«Le coucher de soleil. Entretien avec Boris Wiseman»），《现代》第628期，2004年8、9和10月，第6页。
5 同上。

模式、规则和范式也是如此。民族学研究"不得不常常根据它遭遇的现实（特定且不可替代的现实）调整研究视角，修改提出的问题"[1]。他获得了认识论上的优势，因为他能更好地理解其他学者"田野工作"的逻辑。[2]

最后，虽然列维-斯特劳斯田野工作形成的专业知识未能通过区域研究能力的建设给他的博士论文提供完整的素材，但这种"美洲低地的民族学"以一种更加婉转、更加彻底的方式影响了列维-斯特劳斯学术水平的发展。安娜-克利斯提那·泰勒（Anne-Christine Taylor）认为，列维-斯特劳斯研究印第安人部落后发现了他们的特征，这些田野经验将其"科学幻想贴近印第安实情"[3]，给了即将到来的结构主义坚实的学术基础和感性基础：向他者敞开心扉、重视关系胜过物质、维护亲缘关系的价值等。换言之，就算列维-斯特劳斯在巴西时还不是结构主义者，但若缺了巴西的印第安人，他则不可能成为结构主义者。如果他去了非洲，他的田野经验也不足以让他于多年后提出那些理论假设。这是另一种审视在克洛德·列维-斯特劳斯人生和研究成果中田野工作重要性的方式。

1939年春，"时间的深渊"[4]

回到"文明社会"，对列维-斯特劳斯而言意味着回到现实时刻，先是圣保罗，后是欧洲。1939年春天的现实是战争即将爆发，黑暗的岁月就在眼前。宣告黑暗来临的是几件警察执法事件。他在此时痛苦离去，与众人分离，满是忧愁。他重回圣保罗，只

---

[1] 与玛努拉·卡内罗·达库尼亚的访谈：参见访谈录像，1985年。
[2] 《日落：与鲍里斯·魏斯曼的访谈》，第5页："问：做人类学研究必须至少完成一次田野调查吗？答：当然是。问：为什么？答：为了能更好地利用其他人的研究成果。"
[3] 安娜-克利斯提那·泰勒（Anne-Christine Taylor）：《美洲的堂吉诃德：克洛德·列维-斯特劳斯与美洲人类学研究》（«Don Quichotte en Amérique. Claude Lévi-Strauss et l'anthropologie américaniste»），载《克洛德·列维-斯特劳斯》，"埃尔纳手册丛书"，巴黎：埃尔纳出版社，2004年，第82页。
[4] 《忧郁的热带》，第391页："旅行临近尾声时，我才开始对此次旅行的期限有了真实的感受。"

身入住滨海酒店（hôtel Esplanade），3月8日才退房启程。克洛德·列维－斯特劳斯或曾幻想过将这次漫长且特别的朝圣之行当作一段悠长的人生插曲，因为他将再度融入一个脱轨的世界。他渴望这一切吗？不，汽车后备箱与搜集而来的民族志研究材料证明，确实有事发生了。

"三车、六箱加一个布包裹"

民族学家须再一次走收藏品的分享流程，过程中除了误解、失望，还有程序上的拖延。[1]抵达首都圣保罗两天后，7月14日，他给赫洛伊莎·阿尔贝托·托雷斯写信，向她致谢。赫洛伊莎·阿尔贝托·托雷斯根据卡斯特罗·法利亚发送的电报，常常给他的妻子报信。他因不能随身携带博物馆的录音设备而感到可惜。有了"博物馆的录音设备，几个小时内，文件就可以整齐地汇总完成……"但，因为带回了"满满的学术资料"，整体而言，他对此行"十分满意"。他急于将这些资料的详细清单发送给赫洛伊莎·阿尔贝托·托雷斯。[2]尽管对接方的态度和善，被人怀疑却不可避免，怀疑的眼光主要来自监督委员会。1月23日，监督委员会的负责人还向圣多斯（Santos）的海关审查员传递了一则消息："由于这些物品价值不菲，我希望引起你们的重视，你们也要打起精神，拒绝我方的正当所有物从港口离开国土，它们要成为国家遗产的一部分。"[3]很快，克洛德·列维－斯特劳斯提出了一个平等的方案：760件留在巴西，745件运去法国，巴西多出的15件属于孤品，因此必须留在巴西。1505件物品被记录进一张"登记表"（Registro）里。"登记表"根据物品收藏的地点进行分类，

---

[1] 关于这整一段，请参见路易斯·多尼塞特·本齐·格鲁皮奥尼，《美洲印第安人部落中的克洛德·列维－斯特劳斯：两次巴西内陆地区的民族志考察》，第330—332页。
[2] 1939年1月14日，给赫洛伊莎·阿尔贝托·托雷斯的信。
[3] "列维－斯特劳斯档案"：参见里约天文与科学技术博物馆档案室保管的"巴西艺术和科研考察活动监督委员会档案"，编号CFE.T.2.054。

明确了法国、巴西两栏。¹ 巴西这部分原本应该成为国家博物馆的收藏品，与罗凯特－平托的收藏品系列相邻，但这一计划从未实现。据我们所知，它们将一直留在圣保罗，首先由文化处保管，随后，辗转多家机构，此后50余年则完全消失了踪影。法国这边，出口许可于3月2日签发，但维拉尔的收藏品引发了问题。维拉尔不像列维－斯特劳斯那般谨慎，由于没有提供详细的物品清单，动物身体组织的收藏品被全部没收。列维－斯特劳斯的民族志收藏品将被运往人类博物馆，这些东西共计"二车、六箱加一个布包裹"，1939年3月1日列维－斯特劳斯给赫洛伊莎·阿尔贝托·托雷斯写信，这样总结道。他向她告别，但仍不忘请她"替自己向卡斯特罗·法利亚问好"。最后一处争议围绕收藏品出口口岸，事实上，出口口岸是圣多斯而不是里约热内卢，这也让他们惊出一身"冷汗"。1939年3月8日，他们终于出发。在里约热内卢中转时，列维－斯特劳斯期望能再看一眼马里奥·德·安德拉德。他实际上已被流放至首都"卡里奥卡"，被边缘化，他还渐渐向酒精和抑郁屈服。

"一切都会回归正常状态吗？"

迪娜在巴黎接受眼睛的治疗，逐步好转。她仍紧紧跟踪着巴西的消息。无人依靠，她的生存状态发生了转变。她与巴西好友马里奥常常通信，还试图安慰马里奥，并向他坦白对自己有多么失望："你能轻而易举地想象，我必须放弃我的丈夫和考察行动，经历了多大的绝望。如果这只是一场考验的话，我愿意接受。精神上，我也有点低落，但这肯定也会过去的。一切都会回归正常

---

1 列维－斯特劳斯档案《北方山脉民族志考察活动收集品登记总表》，参见里约天文与科学技术博物馆档案室保管的"巴西艺术和科研考察活动监督委员会档案"，编号 CFE. T. 2. 054；帕雷西斯（乌提利提）；南比克瓦拉部落（茹鲁埃纳）、南比克瓦拉部落（坎普斯诺武斯）；北部的南比克瓦拉部落（坎普斯诺武斯）；南比克瓦拉－昂纳尼（维列纳）；南比克瓦拉－卡巴内（维纳）；南比克瓦拉－卡比西（维列纳）；特雷斯·布里提斯－巴拉欧·德·梅加萨欧－南比克瓦拉；皮门塔布埃努河－卡比西安纳；图皮（马沙杜河）；乌鲁米（马沙杜河）。

状态吗？"1938年10月1日起，她获得了贝桑松女子高中的哲学老师一职。但她的身体情况似乎不允许她上任。此时，她住在巴黎普朗特路（rue des Plantes）26号，过着"散漫、无用的生活"，还找回了"'少年'时期的悲春伤秋"，这些都是她对马里奥说的原话。这一年，她27岁。时间变得模糊了："我离开巴西两个月还是10年了？"她觉得自己老了，"获得了无可奈何的解脱"，"甚至没有注意到情绪的变化"。一封封长信相继送出。它们描绘了一位焦虑的患者形象，她被各种各样的问题困住，但又热烈地希望将生活过得尽可能充实："整个宇宙对我来说就像是钥匙的管理系统。里面有基本匹配的钥匙，也有完美匹配的钥匙；有不匹配的钥匙，也有完全不匹配的钥匙。宗教的启示经过一些修订之后，一定是一把完美匹配的钥匙。合理的政治和社会思想是另一把匹配得不错的钥匙。不幸的是，近期，这把钥匙生了点锈，在锁眼里转不动身子。民族志研究也是一把钥匙，它能够匹配，只是有些轻巧。或者说，它只打得开小巧的锁，而且还得使上吃奶的劲。"她边听唱片边抽烟，她也博览群书，她还经常出门。她乐于把自己打扮得花枝招展，参与社交。奇妙的是，在这个旋涡中，她与西蒙娜·德·波伏瓦之类的存在主义者无异。[1]

列维-斯特劳斯一行未能如约启程，因此，在离开巴西时，气氛僵硬得如同灾难来临。他后来表示，巴西之行是他人生中"决定性的经历"。布罗代尔也认同这种观点。然而，直到最后，他都与这段经历保持着暧昧的关系。出发前一个月，1939年2月，他与阿尔弗雷德·梅特罗见面，后者正准备去往阿根廷。两人第一次见面是在圣多斯，他从船上下来，在岸边等阿尔弗雷德·梅特罗。两人在港口漫步，观察货物装船与卸船的过程，最后来到沿海荒芜的海滩上，这样消耗了一整天。"但这些海滩对我们来

---

[1] 所有引文源自迪娜·列维-斯特劳斯与马里奥·德·安德拉德之间的书信。这些书信现保存于圣保罗大学巴西研究所，属于"马里奥·德·安德拉德档案"的一部分。

说仍然被印第安人的阴影笼罩,那些与让·德·雷瑞和汉斯·史达顿(Hans Staden)一同生活过的印第安人,梅特罗是研究这段历史的重要历史学家"[1]。他们谈了什么内容？梅特罗在他的日记里给出了线索,他描述了自己对这位日后好友的第一印象："列维-斯特劳斯到了。他像是从埃及画中走出来的犹太人：犹太人的鼻子和按照犹太人习惯修剪的胡子。我觉得他冷漠、拘谨,是一个十分典型的法国学者。他领着我沿着沙滩走。[……] 列维-斯特劳斯厌倦了巴西。瓦加斯是一个无情的独裁者,他唯一的目标是继续掌权。他的独裁主要依靠警察。[……] 列维-斯特劳斯看不到南美的希望,他甚至快要在这次失败中发现某种宇宙的诅咒。他打算离开巴西,在巴西,什么工作都无法完成。[……] 在圣多斯的街上漫游。一间咖啡馆里,骨瘦如柴的妓女们露出一口坏牙。二楼舞厅有爵士乐乐队的演奏。在破败的咖啡馆里,收音机播放着动感、轻快的狂欢节曲调。人们坐在房子的门槛上,凝视着黑暗又空旷的街道。"[2]

这个十分忧郁甚至有些黄昏意味的场景、《忧郁的热带》中回忆起来的警察暴力事件(例如,在巴伊亚州,列维-斯特劳斯短暂停留的那个地方,他被要求为衣衫褴褛的街头小子拍照)、瓦加斯邪恶的独裁政权、与梅特罗的会面：这些出发之前的最后记忆成为未来的征兆。例如,西印度版的维希镇压；又如,战争和流亡。

---

[1] 1963年6月17日,为了纪念刚刚离世的梅特罗,克洛德·列维-斯特劳斯发表了这番言论。
[2] 阿尔弗雷德·梅特罗:《旅程(一):旅行笔记与旅行日记》(*Itinéraires I. Carnets de notes et journaux de voyage*),巴黎:帕约出版社,1978年,第42—43页。

9　危机（1939—1941）

> 驱赶不幸的方式就是当它未曾存在过。
>
> 克洛德·列维-斯特劳斯，
> 《费加罗报》，1989年7月22—23日

1939年3月7日[1]，克洛德·列维-斯特劳斯从圣多斯出发，月底到达巴黎。两周前，纳粹入侵波西米亚和摩拉维亚，整整一年前，奥地利被一个德语国家帝国吞并。这个帝国已经成为欧洲内部的威胁。这位仍然年轻的人类学家这年30岁，他经过多年的冒险成熟了许多，终年严肃的面孔如今被"可疑的胡须"[2]环绕。他带着新增的民族志收藏品和他的猴子卢辛达回到巴黎。他认为，是时候将收藏品开箱整理了。只是不会有展览了："我在对藏品进行分类和分析时，战争爆发了。这也是第一任妻子迪娜和我结束夫妻关系的时候。"[3]

从严格意义上来说，从1939年返回家园到1941年开始流亡之间的那两年是一场危机。危机是指疾病突然发展且具有决定性作用的时期：人或康复，或死亡。对列维-斯特劳斯而言，或者对宽广的世界而言，结果是康复。回到了一个濒临崩溃的世界，他大惊失色。动员、斗争、战败、法兰西共和国70年历史的维希政治革命结束、被撤职、被镇压、与迪娜分离以及开始几乎属

---

[1] 1939年3月4日，克洛德·列维-斯特劳斯给马里奥·德·安德拉德写信，告知自己将于3月8日途经里约，并邀请马里奥·德·安德拉德上船共进午餐。他渴望获得解脱："我有太多话想跟你讲。"但两人并没有如期见面，最终，马里奥于1945年离世，克洛德·列维-斯特劳斯再也没能与马里奥见上一面。参见圣保罗大学巴西研究所"马里奥·德·安德拉德档案"。
[2] 克洛德·列维-斯特劳斯在构思小说《忧郁的热带》时，以这种方式形容小说里的角色保罗·塔拉马斯（Paul Thalamas）。"七星文库"里收录的小说的几页草稿，参见第1629页。
[3] 《亦近，亦远》，第39页。

于奇迹的流亡。因为流亡反而为他开辟了新的视野。这个黑暗而动荡的时期甚至对经历过它的人而言也是不可想象的。列维-斯特劳斯像"僵尸"[1]一样经历了这个时期，既不理解它也不期待它。可以说，那两年拥有疯狂的色彩。两年里，时局的转变和生活的轨迹完全不可预测。列维-斯特劳斯将1934年的自愿离开与1941年的被迫离开相提并论。但奇怪的是，第二次离开可能比第一次更加顺利，并且毫无疑问，激励了与第一次等同的创造力。第二个悖论：思想家克洛德·列维-斯特劳斯热忱地希望与"历史事件"（Histoire）保持距离，然而，与其他宣称自己"主动接轨"世界历史洪流的知识分子相比，"历史事件"在他的人生中发挥了更加显著的作用。

重回巴黎，重回现实，重回历史洪流

杂酚油的气味

从行政意义上讲，列维-斯特劳斯在1939学年开始前一直休假。他寄给马塞尔·莫斯的一封信里称，他将开始担任凡尔赛女子高中的代课老师，而他的妻子将被派往特鲁瓦（Troyes）的高中任教。[2]战争当然把所有这些计划都搁置了。但同时，他拥有几个月的时间来完成考察结束后的标准工作内容：对第二次考察任务带回来的650件物品进行拆箱、分类、添加标签。这些物品或许不如第一次考察任务的战利品那么壮观，但它们数量可观，意义也旗鼓相当。尽管少了博罗罗人那样的羽毛王冠，但其中多了更多朴实的人工制品：编织篮、唇饰（labret）、腰带、小件陶瓷品等。

他在人类博物馆度过了一天又一天，全神贯注地整理，将一

---

[1] 他这样描述自己学生时期的状态。参见《亦近，亦远》，第19页。
[2] 1939年8月11日，克洛德·列维-斯特劳斯从瓦勒罗盖（Valleraugue）给马塞尔·莫斯写信。参见克洛德·列维-斯特劳斯档案库，档案盒编号181。

件件物品索引成册，为将来的展览做准备，这是一项浩大又艰巨的工作。展览之后，它们还将成为博物馆的拉丁美洲收藏品，安置于他的老师与博士生导师保罗·利维的收藏品一侧。这项漫长的准备工作被认为是出版其学术作品的前置工作。学术出版物里，他将详细描述田野调查的经过并提出他的假设，这些假设为这位年轻人类学家的区域专业学识和学者身份奠定了基础。如果我们要设计一段反事实的历史：如果战争没有爆发，列维-斯特劳斯将会发表他关于巴西中央高原（该地区还几乎未被外界所知）印第安人的博士研究论文，并成为这个领域最重要的专家。他可以为美洲人类学领域的研究贡献源源不断的力量，甚至可以将拉丁美洲研究带回法国人类学界（出于殖民地的缘故，法国人类学界中，非洲研究更有市场），并创办其思想流派。可惜的是，战争爆发了。战争造成了一个微不足道的后果：列维-斯特劳斯被迫结束了这一项人类学研究工作，未再故地重游，他还远离了自己的收藏品，被迫与莫斯对他这代人灌输的物件的认识论道别。

1939年4—7月，列维-斯特劳斯在这几个月里像是按下了暂停键，花费数小时与他的收藏品亲密接触，日复一日。当他拆开包裹时，杂酚油的气味弥漫在空气中，奇妙地将他带回了巴西冒险之旅。这种油性液体是苯酚和甲酚的混合物，被用作防腐剂，人们将其大量喷涂在笔记本、照片和各种物体上，保护它们免受害虫侵害。它的辛辣气味使它成为回忆过去的有效工具。[1]这种气味在他和他的当下之间起到了缓冲作用，而50年后，列维-斯特劳斯仍然可以在其中嗅到冒险的味道。1939年春天，巴黎进入漫长的"浸渍期"，杂酚油将使巴西的经历得到永恒的记录，

---

1 根据维基百科，"杂酚油"（créosote）一词来自德语"Kreosot"，由两个希腊语单词——kreas和sôzein组合而来：kreas意思是肉体（chair）、肉类食物（viande）；sôzein意思是拯救（sauver）、保护（protéger）。因此，杂酚油的意思是拯救肉体——保护纸张（的肉体）、拯救过去（的肉体）。

而不是使它终结。列维-斯特劳斯在那儿，但又不在那儿。"我在其他地方"[1]，正如他所说。每晚，一个失了魂的生命在结束长时间的编目工作之后，都要离开雄伟壮观的人类博物馆。他从夏洛山丘（Chaillot）高处往低处走，呼吸着沿路的空气。他闻到了什么？

1939年的世界对他而言不太真实。然而，就在他的眼前，由人民阵线赞助的1937年世界博览会上，纳粹馆与苏联馆之间展开了著名的对抗。在"当代人"看来，雄伟且具有侵略性的新古典主义建筑，尤其是两方对建筑高度的较劲以及建筑物的庞大外形，概括了两次世界大战期间意识形态的两极分化与两个强权国家间的疯狂竞争。但是，深入巴西印第安人部落多年后，列维-斯特劳斯发生了变化。他不再是（至少暂时不是）自己那个时代人的同代人，而是成为一个幽灵。1989年7月，1939年夏天的50周年之际，他接受了一次有趣的采访，并明确地谈到了他与"现实"的这种模糊关系："我发现一张旧报纸躺在橡胶采集者小屋的地板上，并从旧报纸上得知慕尼黑协定在亚马孙地区达成。"[2] 前来采访的记者对糊涂、不负责任到这种地步的新闻感到惊讶，列维-斯特劳斯做出回应时明确主张，与"现实"保持联系或者脱离联系可以借助许多不同的方式。我们不都属于同一"现实"的同代人。使他与这段严峻危机保持距离的时间上的鸿沟将从根本上影响这位人类学家此后的人生历程。从那时起，他将领先或者落后于自己的现实时刻，很少与之同步。这与他青年从政时期形成鲜明对比。因此，1939年，他欣然承认，战争和歇斯底里的反犹太运动都没有发生。他还用相当粗糙的马克思主义术语向梅特罗

---

1 《克洛德·列维-斯特劳斯回顾过去：战争前夕，身为犹太人》（« Claude Lévi-Strauss regarde son passé. Être juif à la veille de la guerre »），《费加罗报》1989年7月22—23日："问：战争和希特勒的恐怖世界降临时，您有什么感受？答：我没有觉得有什么问题。我结束了考察。[……] 我完全投入在两件事上，一是分类整理安置于人类博物馆的收藏品，二是重新在巴黎安定下来。而且，我与第一任妻子分开也是在这一个月里。所以……我并不在状态中。"
2 同上。

解释反犹太主义。[1] 他没有期待或者理解任何事物。像许多其他人一样。人类博物馆里一些新人的到来也没有使他感到警惕，他们是流亡之中的德国犹太人和俄罗斯犹太人，例如，鲍里斯·维尔德（Boris Vildé）、阿纳托尔·列维茨基（Anatole Lewitsky）。[2] 毫无疑问，这是一种逃避式的防御机制，但也是一种超脱的方式："我对印第安人的关注比对世界情势的关注要多得多。"[3] 为了说明他缺乏直觉，列维－斯特劳斯经常把缺乏想象力作为解释，声称它是一种遗传缺陷。缺乏历史想象力让他暂时免受即将到来的苦难，却是对从小形成的丰腴现实的残酷践踏。当真实事物全都为最疯狂的猜测提供素材时，我们也就不需要想象力了。

小说的诱惑、浪漫的分手

根据列维－斯特劳斯本人的说法，这种缺乏想象力的表现是心理活动的结果，它不仅体现在历史、文学方面，甚至也反映在其存在方式上。在二战前的一系列事件中，他尝试小说创作，但由于在描述人物和设计人物活动方面缺乏创造力而放弃了创作。然而，这部流产的小说十分有趣。主要因为它采用了《忧郁的热带》这个名字，并将它传给了一本十分不同、在15年后出了名的作品。除了标题和文学倾向之外，其他什么也没有传承下来。从这个角度看，两本《忧郁的热带》都以自己的方式说明了文学与人类学之间的对决。列维－斯特劳斯1954年性质模糊的作品中透露出他对文学的向往，这著名的"第二本书"，正如文森·德巴恩（Vincent

---

[1] 阿尔弗雷德·梅特罗（Alfred Métraux）：《旅程（一）：旅行笔记与旅行日记》（*Itinéraires 1. Carnets de notes et journaux de voyage*），第43页："列维－斯特劳斯认为，德国的反犹太主义是嫉妒的表现。犹太人在通货紧缩的时期大获成功，让德国中产阶级心生怨气。"
[2] 未来，两人将会成为人类博物馆的奠基人，为人类博物馆网络（Réseau du musée de l'Homme）而牺牲。他们是俄国犹太人，1936年归化为法国人，并与保罗·利维同一时期被征召入伍。1930—1932年，鲍里斯·维尔德（Boris Vildé）在德国待了两年，见证了纳粹主义日渐强大。参见朱利安·布朗（Julien Blanc）：《抵抗运动的开始：人类博物馆的抵抗（1940—1941）》（*Au commencement de la Résistance. Du côté du musée de l'Homme, 1940-1941*），"21世纪文库"，巴黎：瑟伊出版社，2010年，第77页。
[3] 参见《克洛德·列维－斯特劳斯回顾过去：战争前夕，身为犹太人》。

Debaene)[1]所描述的那样,表达了学术写作这一客观话语体系中主观的一面。1939年,以小说体裁明确传达的主观性与他日复一日地在人类博物馆从事的科学研究工作形成互补,这可能是逃避学术严肃性的一种方式。作者指出,这一尝试很快就遭到抛弃,但它表明这名年轻学者不仅感到焦虑,也不愿将自己局限于求知这一项事业。可惜的是,此路不通。

当然,小说与年轻的人类学家的新鲜经历没什么差别:"他深吸了一口气。现在一切都已准备就绪。当他即将登上这艘船时,油漆、油毡和食物的过热气味使他肠胃不适,有一个瞬间,他动了动折回维拉斯的脑筋,这种想法已经不是第一次了。空中漫天飞舞的云团像是崭新、悲惨的幻想,其背景是普通的山峦与单调的植被,前方有岩石坡地,以及栗树浓荫下巨大的深色棚屋。棚屋不是水泥房子,它们的墙壁只是石头堆砌起来的,石头则来自附近小溪的河床。"[2]小说像列维-斯特劳斯的生活一样,不仅包括了旧大陆和新大陆,也包括了远离欧洲的旅行和新的经历,还包括大洋洲和上述文字描述的塞文山脉地区。塞文山脉地区是主人公的家,主人公保罗·萨拉玛斯(Paul Thalamas)留着"可疑的胡须",是年轻的新教徒。小说这样开头:他身倚远洋客轮的舷墙,客轮开往南美。它简单参考了一个上了新闻的故事:一名旅行者去了大洋洲,并在留声机的帮助下愚弄当地土著人,让他们误以为自己是神。[3]小说中,开头的情节变成了"旅行者逃离德国占领的领土并试图在太平洋重新创造另一个文明的故事"[4]。旅行者既是骗子,又是乌托邦主义者,他对新人生的幻想都与新世界息息相关。小说里的一切都有迹可循,尽管并未创作完成,小说也说明,崭露头角的人类学家

---

[1] 文森·德巴恩:《告别旅行:科学与文学之间的法国民族学》。
[2]《〈忧郁的热带〉之外》,"七星文库",第1628页。
[3] 有关这一主题,参见《日落:与鲍里斯·魏斯曼的访谈》,第9页。
[4] 同上。

需要通过其他视角来描述他的野外工作经验,并消除他对历史的恐惧。他声称完全没有意识到这种恐惧的存在。在叙述文本中,战争这一种历史灾难被认为是旧大陆的糟粕,并为新大陆创造了机遇。他居然预见了自己的流亡。

哈佛大学就读的纳博科夫一边对蝴蝶分类,另一边创作小说;克洛德·列维-斯特劳斯则对他的收藏品进行分类和记录。但他却很难为他的内心生活找到新的出路。他与妻子迪娜彻底分开后,陷入了痛苦之中。两人分离了9个月,迪娜与马里奥·德·安德拉德的通信告诉我们,这期间她十分痛苦。克洛德回国后,两人的婚姻关系便结束了。迪娜因放弃民族志的考察任务而感到焦虑和内疚,再加上只收到寥寥数条消息,她陷入了精神上的痛苦。她不仅身体状况不佳,部分失明的经历以及永久保持这种状态的可能性更让她无法平静。在这些因素下,她感受到加倍的痛苦。无论是什么原因,事实是他们的团聚不温不火,特别是在他看来。夫妻俩在挽救爱情和继续冷漠的态度之间摇摆不定,最终没能挽救这段关系:"你所说的一切 [……] 以及你向我部分重复的话,即使没有被我完全领悟,也让我意识到我们之间已形同陌路。我不知道你早已不再爱我,甚至难以忍受我的存在,我对你已无任何意义。直到现在,尽管我一天中重复两次,但仍旧难以相信这个事实,我仿佛身处梦中。如果我知道,我会早点离开,因为我不可能重新点燃你的爱意。我不知道你觉得我们的婚姻是个错误,对我感到非常失望。你应该早点告诉我。我也常常问你。否则,我们也不会这样一拍两散……如果你的话给我一丝丝希望,我都会再试一试。我会努力让你没那么难过。但是我不能忍受不被人爱的生活。没有爱,怎么做都注定失败。"[1]

此后发生了戏剧性的事件。这是走投无路时经典的解决方案:

---

[1] 迪娜·列维-斯特劳斯给克洛德·列维-斯特劳斯的信(标注的时间为周一),参见克洛德·列维-斯特劳斯档案库,编号 NAF 28150,档案盒编号 187。

迪娜企图在普朗特街的家中自杀,并在最后一刻被婆婆,即克洛德的母亲,救了下来。婆婆也住在这栋建筑里,她发现了蹊跷,才能救迪娜一命。[1]此事后,夫妻关系迎来了尽头。但在接下来的几个月,他们仍先后在巴黎、塞文山脉碰面,并将正式的结婚关系维系到1945年。因为战争的爆发、动员和流亡排除了离婚的所有可能性。在1940年和1941年的几封信中,列维-斯特劳斯仍在谈论他的"妻子",迪娜也在谈论她的"丈夫"。然而,从1939年春季开始,他们走上了各自的道路,列维-斯特劳斯与罗斯-玛丽·乌尔默(Rose-Marie Ullmo)开始了婚外恋。罗斯-玛丽·乌尔默是他的朋友皮埃尔·德雷福斯的亲戚,二战后成为他的第二任妻子。这种不满情绪的不对等,其深层次的原因,我们只能推测。当走向生命的尽头时,他被问到这个问题。老人只说:"她住在自己的内心世界里。我从来不知道她在想什么。"[2]由于这段爱情经历存在时空上的错位,7年的婚姻被献上人类学的祭坛,成为祭品。

战 争

笑话(静坐战)

像数百万其他法国人一样,克洛德·列维-斯特劳斯也被要求为他的国家服务。他这年31岁。他先在后勤和信号军中服役,后被调入邮政部(PTT)的电报审查部门。几周之内,他应该"把所有他认为可疑的电报都交给上级,而上级会立即想象自己正在处理一桩可以使自己晋升的大案。这也太过可笑"[3]。他的态度十分明确。关于他经历的"静坐战"和真实的战争,我们能作参考

---

[1] 2011年9月24日,作者与莫尼克·列维-斯特劳斯的访谈。
[2] 帕特里克·威肯:《克洛德·列维-斯特劳斯:研究室里的诗人》,第113页。2007年,帕特里克·威肯接受了作者的访谈。
[3] 《克洛德·列维-斯特劳斯回顾过去:战争前夕,身为犹太人》。

的只有几封信和事后的记载，但同辈人的一些证词，尤其是他的同辈人路易·普瓦耶（Louis Poirier）（又名朱利安·格拉克 [Julien Gracq]）最近出版的《战争手稿》，也证实了列维-斯特劳斯的语气满是尖刻和嘲讽。[1]两者都以一种文学体裁记录了他们的印象，同一时间，安德烈·布勒东敏锐地抢占历史时机，将之戏称为"黑色幽默"。[2]

列维-斯特劳斯申请接受英国远征军团联络员的训练。历史学家马克·布洛赫（Marc Bloch）也在这个岗位上："首先，他们把我送进了索姆省某地的联络员训练学校，我接受了一些测试。我的英语只有初级水平，但还是通过了测试。他们把我送到马奇诺防线后的卢森堡边境，英国士兵还没有抵达那里，但可能会出现。如果他们来了，我和三四个联络员在那儿与他们接头。我无事可做，常常在田野上散步，打发时间。"[3]

段落的结尾让人想起了朱利安·格拉克的小说《对岸》：等待盟友，然后等待敌人。一方出现，另一方没有出现。确切地说，当德国发动进攻时，一个苏格兰军团确实到达了，但有自己的联络官。这使列维-斯特劳斯和战友的存在变得多余，甚至适得其反。[4] 马奇诺防线的部署错漏百出。他被选中就是牵强附会（他的英语水平几乎为零），他还被派遣到毫无用处的地方（英国部队没有出现），最后被要求撤退。撤退前，他从未目睹战斗的场景，总是好像置身事外。他与历史擦肩而过：撤退的决定"可能挽救了我们的性命，因为该团在几天后全军覆没"[5]。

他在阿登（Ardenne）待命，度过了几个月。这段经历如何？

---

[1] 朱利安·格拉克（Julien Gracq）：《战争手稿》（*Manuscrits de guerre*），巴黎：约瑟·克尔提出版社（José Corti），2011年。
[2] 安德烈·布勒东：《黑色幽默集》（*Anthologie de l'humour noir*）。1940年由射手出版社（Le Sagittaire）出版的第一版在面世后很快就被维希政府列为禁书。
[3] 《亦近，亦远》，克洛德·列维-斯特劳斯当时是"第二营第164要塞守备步兵团联络员W，邮政编号193"。
[4] 指的是著名的步兵营黑卫士兵团（属于皇家苏格兰军团）。这是1940年5月23日的信。
[5] 《亦近，亦远》，第40页。

9 危机（1939—1941）

"那几乎是在巴西之行后。民族学研究以另一种形式继续存在。我的意思是，我已经习惯了奇妙、奇怪、奇特的情况，而成为士兵后，我发现自己也处于奇妙、奇怪、奇特的情况之中。我完成了平稳的过渡。"[1] 这个类比并不是基于身体上的考验，而是基于普遍的疏远经历（estrangement）。对列维-斯特劳斯而言，巴西的田野考察显然比战争要残酷得多。需要田野工作的民族学就像战争，战争也成为一种民族学实践。

这段时间，他赋闲无事，只能享受等待和让人不解的荒谬之事。接着，一件意义非常的事件降临：蒲公英给了他启示。[2] 在德国进攻之前，战争时期的孤独行者列维-斯特劳斯走遍田野，悠然自得，他像圣彼得岛上的卢梭，进行了博学的遐想。"在法国北部的草原上，蒲公英在风中摇曳。列维-斯特劳斯仔细地观察花朵：如何看穿花朵的奥秘？它的形状可以说是完美的，但这是否使它们更易被理解呢？唯一的解决方法是将蒲公英与其他花朵放在一起进行比较、对比，获得构成植物秩序的一系列相似点和不同点，并在此基础上为蒲公英分配等级。"[3] 我们应该怎样总结这则简短的寓言？结构主义方法诞生的这一历史舞台表明，诗学的灵光一闪带来了强大的力量。如果结构主义可以被看作战争的思想产物，但那也是从另一种意义上讲，我们将稍后再作阐述。但是，从自我超脱的经历中获得自然主义精神的觉醒，这是极有可能的。"静坐战"，甚至是真实的战争本身，尽管矛盾，却成为融入大自然、与大自然共生的机会。朱利安·格拉克笔下，敦刻尔克（Dunkirk）的激烈战斗中，普里耶尔中尉在佛兰德西部的亚麻地上也经历了类似的顿悟，但最终在此处被俘。列维-斯

---

[1] 《克洛德·列维-斯特劳斯回顾过去：战争前夕，身为犹太人》。
[2] 《蒲公英的启示》（«La leçon du pissenlit»），《世界报》1973年5月26日。吉尔·拉普居（Gilles Lapouge）向贝尔纳·潘戈（Bernard Pingaud）讲述了列维-斯特劳斯不为人知的经历。
[3] 同上。

特劳斯没有经历这些,他没有机会登上战场,连滑铁卢的法布里斯也比不上。

幻影(1940 年 5—6 月)

事实上,士兵列维-斯特劳斯几乎一声加农炮都没有听到就从后来的"法国战役"中全身而退。他结束阿登的待命后,迎来了苏格兰人,最后,他经过数次弯路,与自己的部队在萨尔特(Sarthe)地区(埃夫隆附近)的一个村庄会合。他们乘火车从那里出发,前往波尔多。乱象再次盛行。"火车蜿蜒曲折地穿梭于法国土地上",在他的军团军官和整个法国军队拥有的两个选项之间摇摆不定:要么遵守命令,按照 1940 年 6 月 22 日签署的停战协定前往波尔多投降;要么不服从命令,穿越至南部地区复员。最后,后者占了上风,火车停在了贝济耶(Béziers)。士兵将在拉尔扎克高原扎营,然后在蒙彼利埃(Montpellier)稍作休整。在回答"那么,您从未上过战场?"这个问题时,列维-斯特劳斯回答:"是的。除了飞机扫射时打碎了我脑袋上方的瓦片之外,我从未被牵扯进真枪实战。"[1] 最近,有人对法国士兵在法国战役期间的战斗水平进行了重新评估。评估认为,最初的几周,他们逢人杀人、逢鬼杀鬼,此外,一些军团确实展开了真实的战斗。但是,连参与战斗的人也表示战争给人一种"不真实"的感觉。这种"不真实"的色彩也充斥于列维-斯特劳斯的战争经历中:组织混乱,指挥能力时高时低,下达的命令自相矛盾,毫无意义的游击战在法国各地此起彼伏,士兵和平民在逃生的恐慌中混杂在一起,每个人都在寻找自己的亲友。朱利安·格拉克称之为战争的"幻影"[2]。几个月后,在《怪异失败》中,马克·布洛赫对这个令人震惊的结果做出了明确的诊断。但同时,人们迷失了方

---

[1]《亦近,亦远》,第 41 页。
[2] 朱利安·格拉克:《战争手稿》,第 66 页。

向，纷纷采取冷眼旁观的立场。6月2日，列维-斯特劳斯通知莫斯，他已经"跑遍巴黎"，但现在却发现自己无所事事："我们当中有很多人眼下还不知道该怎么应对才好，你猜原因是什么。待命期间，我们忙着完成驻军的常规活动。这些琐事包括行军、巡逻、守卫、点名等，令人不悦。我不知道这种情况会持续多久。"[1] 好像战争还没有开始……后来，列维-斯特劳斯以另一种方式传达了这种对现实的违和感："战争似乎并不真实。我们感觉好像是在拍戏，翻拍的是1914年的故事。但我们心不在焉。"[2] 朱利安·格拉克确实看见子弹在飞，还开了几枪。作家与列维-斯特劳斯使用了完全相同的术语，并自发地用一个隐喻表述他们的错觉："一切都是假的，我们都感受到了。一切都是虚幻的，每个人都'好像'在行动。做出符合'英雄防御'这一传统的适当动作，下达符合'英雄防御'的适当命令。[……]这场战争不会留下任何真实的东西，它能留下的只有模仿1870年法德战争和1914年第一次世界大战每一个细节时可笑至极的样子。人们或许还暗暗希望，它只是神奇的魔术。"[3] 这种不现实的感觉几乎总是伴随着灾难即将来临的预兆，它不但造成了战败后的创伤，也使这疯狂的几周令人难以接受。对1940年的法国人来说，这种残酷的破坏简直是不可想象的。他们在爱国的狂热氛围中长大，认为祖国拥有欧洲最强大的军队，并对马奇诺防线十分放心，因此，人人坚信自己的国家是无敌的。像列维-斯特劳斯一般的社会主义者和和平主义者也是这样认为。在这种观点受到广泛拥护的背景下，全面溃败的现实使所有人瞠目结舌。但这也为维希的政治革命铺平了道路。几天后，1940年7月10日，当人民阵线议会宣布解散并投票通过了建立新政权的四项宪法法案，维希的政治革命开

---

[1] 克洛德·列维-斯特劳斯作为联络员期间的信（CIP，邮政编号14014，日期为1940年6月2日）。参见克洛德·列维-斯特劳斯资料库，档案盒编号181。
[2] 《克洛德·列维-斯特劳斯回顾过去：战争前夕，身为犹太人》。
[3] 朱利安·格拉克：《战争手稿》，第26—127页。

始了。列维－斯特劳斯如何评价其社会主义同胞、激进派前辈（同时也是众议员）的自杀行为？[1]我们无从得知。

马克·布洛赫在"一名战败者的陈述"一章中进一步证实了列维－斯特劳斯和格拉克的观点。他说，失败本质上是思想上的失败，是策略上的失败。法国参谋长重温了1914年的战争，而德国将军发动了以速度决胜的当今战争。"在我们的战场上，这两股对立的力量像是分别属于两个完全不同的人类历史时期。这样描述再贴切不过。"布洛赫用列维－斯特劳斯也无从否认的表述方式做出总结："长期的殖民扩张让我们将战争理解为标枪与步枪的对抗。这是我们熟悉的模式。但这一次，我们扮演的是野蛮人的角色！"[2]

为了结束这场冒险之旅，我们来到1940年7月。此时，列维－斯特劳斯身处蒙彼利埃："我溜出军营，去了学区的教育厅（rectorat）毛遂自荐。如果为了即将开始的高考，他们需要哲学考官，我可以提供服务。这个时机巧得很，我几天前就退了伍。"[3]这只是表明，在法国，一切都可能崩溃，但是高中毕业会考必须继续！

避难

在南方

危机持续了两年，它的第三阶段发生于南方。这是历史和地理意义上的南方，但最重要的是，它也是被分隔线隔绝的南方。直到1942年11月，分隔线将法国一分为二。现在，指南针有了

---

1 只有80名众议员（他们主要是左派，但也有右派人士）拒绝让陆军元帅贝当手握大权。
2 马克·布洛赫（Marc Bloch）：《奇怪的败局：1940年写下的见闻录》（*L'Étrange Défaite. Témoignage écrit en 1940*），"Folio丛书"，巴黎：伽利玛出版社，1990年，第67页。
3 《亦近，亦远》，第41页。另可参见1940年7月22日，克洛德·列维－斯特劳斯从蒙彼利埃给马塞尔·莫斯写的信："一段耗时、麻烦的旅程中，我体验了失败的滋味，其间，我在蒙彼利埃接受了部分训练。我的地址是：大学城殖民馆。等待办理退伍手续期间，为了不让自己无所事事，我只能参加高考，聊以慰藉！"他还提到，妻子迪娜在加尔省他俩朋友的家中借宿。

重要的政治意义：北边是被纳粹直接统治的占领区；南边是维希法国。维希法国确保了临时的安全，提供了一定程度的庇护，塞文山脉的丘陵地带尤其安全。列维-斯特劳斯投靠了父母，他的父母搬到了坎卡布拉的家宅，这儿离勒维冈（Le Vigan）不远，属于塞文山脉的丘陵地带。从这一刻起，他在这个屋子小住了几个月，他的父母则一住就是几年。这栋大约10年前买下的小屋变成了一个安全屋，他们在这里碰头、道别、接收信件、交换消息。塞文山脉是一片以"泥质""片麻质"为特点的地区，其堡垒般的地理条件曾经经受住了路易十四的猛烈袭击。现在，它又派上了用场。它用长年累积的抵御精神帮助陷入流亡的人们，数个世纪前，新教徒也是在这里不屈地抗争。当他与来自瓦勒罗盖（Valleraugue）的邻居安德烈·尚松（André Chamson）[1] 一同展开忘却时间的徒步旅行时，两人一定领悟了那片土地散播的不服从精神以及它的历史。

然而，那时（1940年夏季），新的流亡者们尚未完全了解他们的新处境。正如我们所见，克洛德·列维-斯特劳斯经常提到他在1940年9月的奇怪举动。他获得了巴黎著名的亨利四世高中的教职，担心新学年即将开始："然后，猜猜我做了什么！我去了维希，申请获准返回巴黎履行我的职责！教育部设在一所市立小学内，其中一间教室用作中学教育处的办公室。负责的官员错愕地看着我：'凭您这样的姓，去巴黎？'他对我说，'您就没思量过？'直到那时我才开始意识到问题所在。"[2] 但他仍未理解透彻。回到塞文山脉后，他被告知有了新的任命。他来到了佩皮尼昂中学。在那儿，他得到了更多的暗示：他的新同事们回避了他，并避免了一切与种族法有关的话题。有关这方面的讨论

---

[1] 安德烈·尚松是克洛德·列维-斯特劳斯国民议会期间的同事。他支持人民阵线，既是政治活动人士，也是作家。（参见上文）
[2]《自画像》，第20页。

正开始萌芽。"只有体育老师才愿意向我展示他的同情心，也许他是抵抗运动的未来成员。"[1]1988 年，在对列维－斯特劳斯（Lévi-Strauss）进行有关这一主题的采访时，迪迪埃·埃里蓬（Didier Éribon）很难相信这一事实："人们没有意识到犹太人处境的严重性？"这是一个特别复杂的历史问题，也是一直存在争议的话题：我们了解多少？谁真的了解？

列维－斯特劳斯解释了他的否定态度及其正当性，但今天，这是令人难以置信的："我认为，避免危险或保护自己免受危险的一种方法就是坚持自己的习惯。只要一个人设法像过去那样继续生活，危险就不复存在了。这可能正是我要求返回巴黎的原因。我是一个居家男人。"[2]如今，我们收集了大量书面和口头证词，这表面上荒谬的态度却也可以获得理解了。1940 年，犹太裔的法国公民长大后崇拜法兰西共和国，其中许多人无法想象国家反犹太主义的存在。尽管他们已经看到了外国犹太人受到镇压，一些人成为法国公民后，仍被 1940 年 7 月 22 日颁布的法律剥夺了国籍。但是，他们在社会、思想和经济上都与来自东欧的犹太民族主义者产生了距离。即使在 1940 年 10 月反犹太人法令颁布之后，甚至在必须佩戴黄星这一污名化要求之后，大多数人仍然对法国政府保持足够的信任，接受了向法国警察登记的命令。伊莲娜·贝赫（Hélène Berr）的《日记》强烈传递了这位来自上流阶级的年轻巴黎女性对犹太人身份的粗浅认知，以及当绞索逐渐收紧，她痛苦地意识到了自己的犹太人身份并竭尽全力抗拒。[3]这一举动并不是拒绝了解局势……当真相闪现时，这名年轻女子仍然坚持拒绝离开巴黎。在她对日常生存的零碎描述中，读者能够充分理解"知道"与"了解"之间的区别。《日记》记载的最后

---

1 《亦近，亦远》，第 42 页。
2 《克洛德·列维－斯特劳斯回顾过去：战争前夕，身为犹太人》。
3 伊莲娜·贝赫（Hélène Berr）：《日记》（*Journal*），巴黎：达朗迪耶出版社（Tallandier），2008 年。《日记》是在战争时代创作完成的，但战争结束 60 余年后才正式出版。

几天，她"了解"离开的必要性但并不考虑这样做。她想留在历史事件的中心。对这群上流阶层中爱国的犹太人而言，流亡绝不是他们的选项，流亡不仅是懦夫的行为，也将加深人们对漂泊无依的犹太人的偏见。

列维-斯特劳斯选择伪装成一切如常。离开佩皮尼昂后，他回到蒙彼利埃，给预科班硬科学专业的学生讲授哲学，但这些学生对这门课并不在意。这正是克洛德·列维-斯特劳斯职业生涯里的最后一门哲学课：一位放弃哲学学科的老师伪装成传道授业的样子，而学生们则伪装成认真听讲的样子。荒谬的教学活动成为荒谬的日常生活脆弱不堪的避难所。然而，1940年10月3日，《犹太人地位法案》（Statut des Juifs）出台，解雇信随之而来，避难所将很快消失。列维-斯特劳斯在蒙彼利埃任教的短暂期间，阅读了一本对他意义重大的作品。书籍虽然启发了他对法国人类学的思考，给了他灵感，但并未让他十分满意。书名为《古代中国的婚姻范畴和近亲关系》（1939），作者是马塞尔·葛兰言（Marcel Granet）。它让他开始注意亲属关系的一系列问题。书中的分析使他感到兴奋，他钦佩葛兰言能够分解复杂的亲属关系体系，也欣赏整项研究的学术抱负："我发现了一种适用于社会现象的客观思维方式。同时，我也很生气。葛兰言希望解释这些非常复杂的系统，却提出了更加复杂的解决方案，适得其反。我认为，我们应该将复杂的问题化繁为简。"[1]其学术观点形成于一段特殊的历史背景，但这段历史背景却与之产生了矛盾，并强烈否定了他对精神生活的向往。

从这一刻起，一切都既不简单，也不寻常。列维-斯特劳斯回到了塞文山脉这座堡垒。1940年秋冬季，他不得不解决一个拥

---

[1] 《亦近，亦远》，第139—140页。列维-斯特劳斯受到了葛兰言的启示，尽管这一层关系很晚才被人知晓。有关分析参见第十章《列维-斯特劳斯读葛兰言：隐秘的启示》（«Lévi-Strauss, lecteur de Granet ou la dette refoulée»），载弗朗索瓦·埃朗（François Héran）：《亲属关系研究的重要人物》（Figures de la parenté），巴黎：法国大学出版社，2009年。

有多个未知数的方程。他该怎么办？是留还是走？如果离开，他应该朝哪个方向走？他的面前出现了几种选择，这些选择又将各自发生变化，因此，1940年的流亡者拥有众多的可能性。首先，乔治·杜马的一封来信于12月递到他的手上：那个将他送去巴西的人希望帮助他获得《犹太人地位法案》第8条的豁免，该条款向为法兰西民族做出"卓越贡献"的犹太人提供了豁免的机会，可以解除他们的职业限制。这意味着列维-斯特劳斯必须接受维希政府及其行径，但获得豁免后，他可以继续教书、谋生。20多个杰出的学者在1941—1943年曾获得中央行政法院（Conseil d'État）的肯定，其中包括历史学家马克·布洛赫、医生罗伯特·德布雷（Robert Debré）和物理学家勒内·乌尔姆瑟（René Wurmser）。[1] 显然，年轻的民族学家尚未达到资格。当时，拒绝妥协和流亡于法国国内比离开法国的想法更具说服力和吸引力："我仍然是个坚定的浪漫主义者……我的父母在塞文山脉拥有一栋小屋，他们在战争初期就搬到了那儿。我想过，若有必要，我会躲进那片山脉，我对它十分熟悉，我可以躲在山上，以采摘果实和狩猎动物为生，与我在巴西中部时没什么两样。我用富有诗意的眼光看待事物。"[2] 这是一种拥有抵抗意识的表现，但形式上，更像是塞文山脉的鲁滨孙漂流记，属于天真的冒险。然而，这些幻想的确增加了冒险的诱惑色彩。许多年轻人拒绝服从强制劳役而选择加入游击队，就是因为渴望体验这样的冒险。如果不去塞文山脉避难，他的另一个选项便是流亡。就像17世纪的胡格诺派一样，要么选择小心翼翼地信仰"沙漠"，要么逃离至新教国家。有时，两个选项处于微妙的拉锯战中，两者都会短暂地失去正当性，但一个终将战胜另一个。"平衡木的两侧几乎势均力敌，

---

[1] 参见克洛德·辛格（Claude Singer）：《维希：大学与犹太人》（*Vichy. L'Université et les Juifs*），巴黎：美文出版社，1992年，第145页。
[2] 《自画像》，第20页。

9 危机（1939—1941）

它们将长期保持这种状态"[1]。最终，离开或者留下的决定（前者被法国公民强烈排斥，犹太家庭的排斥情绪更加高涨）取决于一个社会群体的价值认同，而非基于对机会与风险的评估。面对未知的未来，评估也只能依赖于片面的信息、对政治局势的判断和历史想象。

1940年冬，两种撤退方案开始成形。第一个是返回巴西，这更容易实现。即使客观的政治局势不利，但他对这个国家与其政府官员十分熟悉，他还有朋友留在那里。这些都是宝贵的资源。那时，签证已经变得稀有且珍贵，列维-斯特劳斯很有可能已经认可了这个方案。他在《忧郁的热带》中讲述了在维希的巴西大使馆局促的底层空间，这个选项如何突然变得无法实现："大使路易斯·德·苏扎-丹塔斯（Luis de Souza-Dantas）是我的老熟人，他拿起他的印章，准备在护照上盖下去。当然，就算我是一个陌生人，他的应对之道也不会有所改变。就在此时，一名参赞以冰冷但礼貌的态度打断了他，并指出新的规定已经出台，因此，他已经失去了签发签证的权力。他的手臂仍然停在半空中，持续了几秒。大使带着急切，几乎是恳求的眼神，试图说服他的下属睁一只眼闭一只眼，这样一来，他可以盖下印章，我就算不能进入巴西，至少也可以离开法国。但一切都是徒劳。这名参赞继续凝视着他的手，最后，那只手落到了桌子上，停在文件的一旁。我拿不到签证，我的护照被递还给我，他以行动向我表示深深的遗憾。"[2] 巴西大使试图盖下印章的行动最终流产，这生动地说明了在危难形势下，历史会发生剧变。

流亡仍未成定局。它是众多选项中的一种，但其他可能性在变化的过程中逐渐消失。马克·布洛赫即将离境，他已经获得了赴美任教的邀请函以及签证。但在最后一刻，他选择留下，他的

---

[1]《克洛德·列维-斯特劳斯回顾过去：战争前夕，身为犹太人》。
[2]《忧郁的热带》，第10页。

两个孩子因服兵役而不能跟着他离开。[1] 计划输给了其自身的脆弱性和复杂性,尽管只需一个弹指他就能成功逃离。例如,偶然的相遇、仁慈的官员。但同样一个小动作也可以阻止他逃离。列维-斯特劳斯受阻的原因是,巴西大使失去了他的权力。

然而,他终于可以离开了。列维-斯特劳斯描述了维希政府官员因允许他离境而高兴不已,这一结果令人惊讶。的确,维希政府的政策总在变化,但截至1942年,政策鼓励犹太人和其他不受欢迎的人向海外移民,这是政府高层的指示。这一转变为他打开了机会之窗。1940年冬天至1941年5月的几个月里,从西印度群岛通往美国成为可能。而这正是列维-斯特劳斯要做的。同时,维希政府的行政秩序混乱常常让人不能及时获得必要文件,特别是出境签证。维希和华盛顿特区一样,有意和无意的官僚主义并不少见,它们往往造成阻碍。这正是各种签证到期日(离境签证、第三国过境签证、入境签证)令人头疼的原因。

在数周之内,尽管问题重重,但逃亡美国的选择还是占了上风。邀他去社会研究新学院(New School for Social Research)任教的邀请信,大概是1941年1月或2月,由阿尔文·约翰逊(Alvin Johnson)交到他的手上。他还在塞文山脉。邀请信与1934年10月谢列斯泰·布格雷的那通电话功能一样,不仅加速了历史的进程,还打开了通往新大陆的渠道。这封信的上游(克洛德·列维-斯特劳斯的个人档案中没有这些资料)还有一系列故事,其中包括建立对话的过程、学术交流的细节,以及烦琐的官方程序,我们可以通过冰山一角进行追溯。而这些故事都归功于美国社会在纳粹封锁欧洲时对欧洲开展的善意援助行动。

---

[1] 参见《从巴黎到纽约:法国知识分子和艺术家的流亡(1940—1947)》,第34—37页。

美国的救援演算

从1933年开始，洛克菲勒基金会实施了一项计划，其宗旨是拯救那些被纳粹撤职的讲德语的学者。该计划为他们创造了大约250个职位，入选的老师们被派往美国各所大学。作为该计划的参与者，基金会充当了大学和学术机构的赞助商。这些大学和学术机构将会聘用这些处于危险境地的学者，并通过项目资助经费向他们支付前两年的工资。其中一个机构，即社会研究新学院，在此过程中特别活跃。这家不寻常的机构成立于1918年，政治上偏向左翼，是一所位于纽约的"公开大学"。社会研究新学院通过夜校课程提供成人教育，并将其视为标准学术教学的替代选项。从1933年起，大约60位流亡老师进入新学院任教。他们从根本上改变了新学院的课程设置，并把它变成了一个人力资源国际化的大型学术中心，其研究焦点则是新兴的社会科学。1940年夏天，一项新的紧急计划在类似的背景下重新启动，它的目的也十分类似，但救助对象扩大到纳粹控制下的法国和欧洲其他国家。它是"欧洲学者紧急计划"。新学院及其充满热情的主任阿尔文·约翰逊重新担任起与基金会顾问对接的角色，新学院也在这一计划中充当了"分流站"[1]。它一般给身为学者的欧洲新移民留出两年的喘息时间，好让他们在美国就业市场上找到一席之地。

克洛德·列维-斯特劳斯将成为这一计划的受益者。该计划慷慨、务实，同时，十分有利于美国。发起人认为，该计划本质上几乎是植物性的，其目的是将欧洲学术传统中最强壮的分支嫁接到美洲大陆仍然疏落的枝丫上。由于资助名额只有一百余个，甄选过程十分紧张，甄选标准也十分具体。列维-斯特劳斯的职业经历和申请资料正是这些标准的真实反映。

---

[1]《亦近，亦远》，第44页。

甄别申请人学术能力的高低主要基于简历的审查，但交给阿尔文·约翰逊的推荐信被证明更具决定性作用。有 5 封推荐信支持克洛德·列维－斯特劳斯的申请。[1] 第一封信的日期为 1940 年 9 月 20 日，伯克利大学教授罗伯特·路威用几句话解释了列维－斯特劳斯是怎样通过"有关博罗罗印第安人的优秀文章"给他留下了深刻的印象，以及在阿尔弗雷德·梅特罗（Alfred Métraux）的帮助下，他在几年前才读到这篇文章。第二封信是 1940 年 10 月 2 日梅特罗本人在耶鲁完成的亲笔信。信的篇幅更长，论据更充分，因此，也更加符合基金会的标准。耶鲁同侪支持年轻的列维－斯特劳斯的第一个论点是，他对南美洲的了解将有助于南美洲研究成为二战时美国社会科学研究的战略方向。鉴于洛克菲勒基金会在罗斯福政府的"睦邻政策"中所发挥的准外交作用，梅特罗深知洛克菲勒基金会对南美大陆兴趣浓厚。此外，尼尔森·洛克菲勒（Nelson Rockefeller）刚刚被任命为"美洲事务协调员"，而"美洲事务协调员办公室"是当时最活跃的战争机构之一。很明显，这种拉丁美洲的倾向（学术倾向与政治倾向）十分有利于列维－斯特劳斯。下一个主要论点是，申请人是一位年轻且前途无量的学者。梅特罗巧妙地总结为："他正在路上（he is a coming man）。"基金会显然更喜欢这种形象，这似乎比老派的索邦风格更有投资的潜力。年龄因素不是决定性因素，但确实可以排除那些自认为学术能力顶尖的学者。第三个论点是列维－斯特劳斯的英语水平。梅特罗根据这位年轻的法国人熟练掌握美国人类学文献的表象做出了推测。事实上，我们知道，当时，他的英语属于初级的初级。评估中对语言技能的强调表明，美国人热

---

[1] 后面这些引文出自洛克菲勒基金会档案中心"克洛德·列维－斯特劳斯档案"中的书信。参见克洛德·列维－斯特劳斯档案，洛克菲勒基金会档案中心（塔里敦）：R.G.1.1，档案系列编号 200，档案盒编号 52，档案袋编号 609-610。我希望对皮埃尔－伊夫·绍尼耶（Pierre-Yves Saunier）和基金会的档案管理员再次表示感谢。关于选拔的更多细节，参见《从巴黎到纽约：法国知识分子和艺术家的流亡（1940—1947）》第一章：《从避难到流亡：溃败与美国基金会（1940—1941）》（《Du refuge à l'exil : la débâcle et les fondations américaines, 1940-1941》）。

衷于招募能够教书的知识分子。最后，申请人所面临的危险的远近高低有着重要但算不上决定性的作用。它是必要但不充分的条件。梅特罗早已成为列维-斯特劳斯最热情的支持者之一。1937年，这位资深学者收到了有关博罗罗人的文章后，就对列维-斯特劳斯表示，他的研究"令人耳目一新""令人兴趣盎然"[1]。1940年，他赋予这些评语真实、可以决定未来的影响力。

第三封信的日期为1940年10月10日。它的作者是梅特罗的同事约翰·P.吉林（John P. Gillin）教授，两人均任教于耶鲁大学人类关系研究所。它从国家研究战略进行论证，强调了克洛德·列维-斯特劳斯研究的地区属于新兴研究领域："他的知识和技能在南美人类学研究中心自有用武之地，还将深刻影响美国的科学研究。"信里强调了北美人类学界对南美这片土地兴趣正浓，这是因为美国学者中尚未诞生南美研究的专家，它还强调了耶鲁大学正在组建一个以整块美洲大陆为研究对象的学术团队，列维-斯特劳斯的加入可以增强这个团队的研究实力。列维-斯特劳斯自己回顾这段申请经历时，将它描述为天时地利人和。他之所以申请成功，是因为"各种有利的条件——美国人类学家们认为他们已经研究了北美大陆的所有印第安人部落，开始不满于这一现状，并尝试寻找新鲜事物。他们将眼光扫向南方。我的研究成果出现得正是时候"[2]。第四封推荐信来自法裔美国人类学家乔治·德韦鲁（Georges Devereux），他有着犹太血统，出生于罗马尼亚，并曾定居巴黎。在巴黎时，他接受了莫斯和利维的学术指导。1930年代初，他在伯克利大学攻读人类学博士学位，路威

---

[1] 日期为1937年5月12日的信，参见克洛德·列维-斯特劳斯档案库，编号NAF 28150，档案盒编号196："每当我想到您研究博罗罗人的论文时，我总是将两个英语单词脱口而出——'令人耳目一新'（refreshing）、'令人兴趣盎然'（stimulating）。'令人耳目一新'指的是，当南美民族志研究被一些业余人士所主导时，您的论文让我们摆脱了陈词滥调。'令人兴趣盎然'指的是，我希望您的研究会引领我们进入一个新的时代，新时代里，人类学调查的方式将有所改变。"
[2] 《亦近，亦远》，第39页。

和克罗伯（Kroeber）是他的导师。后来，他在莫哈维人（Mohave）的部落中进行了长期的田野调查。因此，他是一位年轻的人类学家（与列维－斯特劳斯一样，出生于1908年），也是后来民族精神病学的创始人。他对列维－斯特劳斯的肯定起到了锦上添花的效果。[1]

除了援引评价标准，他还强调了同事"性格斯文且讨人喜欢"[2]。他在圣保罗结交的朋友们也是这样评价列维－斯特劳斯夫妇的。这句题外话给美国人吃了一颗定心丸。如果列维－斯特劳斯真的入选，美国学术界的社交生活将对他提出比法国更加严格的要求（也更需要他全身心投入）。罗曼·雅各布森（Roman Jakobson）也得到了同一计划的资助，他与列维－斯特劳斯同时抵达纽约。这名语言学家虽被公认为杰出的学者，却差一点因为其倔强、易怒的性格而遭到拒绝，这使人们难以想象"他将如何承担大学的终身教员的职责"。[3] 因此，要想脱颖而出，申请人不仅要聪慧、学术上多产、能说英语、年轻，还要有优秀的伙伴以及足以应对校园生活各项挑战的能力。列维－斯特劳斯并没有完全满足这些条件。尽管他彬彬有礼，但他过于独立，只习惯于过个人生活。和同事们喝茶或听学生抱怨他们的爱情生活，这些似乎都与他无缘……1940年11月6日，朱利安·H. 斯图尔德（Julian H. Steward）发出了最后一封推荐信，进一步阐述了在那个历史阶段招聘南美洲这一领域的人类学家具有多么重要的意义。斯图尔德就职于位于华盛顿特区的民族学局以及史密森学会。并且，列维－斯特劳斯双脚刚刚踏上美国国土，民族学局就与之取得了联系。

---

[1] 在另一个契机下，乔治·德韦鲁从美国出发，穿越大西洋，抵达法国，并申请成为法国高等研究实践学院第六部的研究人员。此时，列维－斯特劳斯也为乔治·德韦鲁提供了帮助。1963年起，乔治·德韦鲁开始在法国高等研究实践学院任职。
[2] 英语原文为"Well bred and most likeable persons"。
[3] 1940年9月24日，密歇根麦迪逊大学（Madison University of Michigan）的迈尔斯·L. 汉利（Miles L. Hanley）给约翰·马歇尔（John Marshall）写信。参见洛克菲勒基金会档案中心，R.G.1.1，档案系列编号200，档案盒编号46，档案袋编号530。

当时，该局正在主持一个重要的团队合作研究项目：《南美印第安人手册》的编撰。该书的编撰工作从1940年一直持续到1947年，其主编正是朱利安·H.斯图尔德。

那时，阿尔文·约翰逊认为他已经掌握了有关列维－斯特劳斯的充足信息。他在1940年11月13日的信中这样总结道："他绝对是一个非常优秀的人，他的研究领域也需要更多人手。"[1]因此，他表示同意邀请年轻的法国民族学家来美。然而，他还需要说服洛克菲勒基金会的顾问，后者显然对列维－斯特劳斯贫瘠的学术成果感到困惑，尤其是因为列维－斯特劳斯没有发表甚至还没有撰写博士论文。时间紧迫，洛克菲勒基金会表示还"缺乏其科研能力的书面证据"[2]，难以做出决定。在这关键的一刻，保罗·杜阿尔特写给崔西·B.基特里奇（Tracy B. Kittredge）的信送达收件人手上，崔西·B.基特里奇是洛克菲勒基金会社会科学部门的负责人。信上记录的日期是1941年1月2日。这份"陈情书"没有提出任何新观点，但显示出举足轻重的政治影响力。如果我们还记得，保罗·杜阿尔特不仅是马里奥·德·安德拉德的朋友，列维－斯特劳斯圣保罗朋友圈的一分子，还是巴西驻欧洲外交使团的前成员。他与列维－斯特劳斯保持着密切的联系。保罗·杜阿尔特提出了有力的论据：法国战败的历史环境妨碍了申请人的学术研究计划，而列维－斯特劳斯本人也迫切希望田野考察的研究成果能够早日出版。作为好友，杜阿尔特竭尽全力，不惜一次次地与阿尔文·约翰逊和基金会的代表们会面。经过一段时间的犹豫，崔西·B.基特里奇终于给出了正面的回复，基金会承诺将在两年内提供5000美元的资助款，其中1000美元为差旅费。每年2000美元的薪水交由社会研究新学院管理，该学校将

---

[1] 英语原文为"He is undoubtedly a very good man and working in a field which requires more personnel"。
[2] 英语原文为"Lack of documentary evidence of his scientific capacity"。

直接为其新进教师提供报酬。实际上，在基金会正式批准其申请之前，阿尔文·约翰逊已经发出了邀请。意识到情况紧迫，而列维-斯特劳斯也从长期定居美国的姨妈艾琳·卡洛-德尔维耶（Aline Caro-Delvaille）处获得了私人资助，因此，阿尔文·约翰逊必须在1941年1月发出邀请函。一时的乱象反映了两个机构的不同节奏：一边，新学院理解列维-斯特劳斯个人的情况，迅速发出了邀请函，邀请函几乎相当于一份雇佣合同；另一边，洛克菲勒基金会以美国学术界为标准，遵守一整套复杂的核查程序，因此，速度上自然慢得多。

钱是问题的症结所在，但除此之外，他仍然需要美国国务院签发的签证。由于极端孤立主义的舆论泛滥，同时，国会不乐意接收来自旧欧洲大陆的难民，美国国务院的签证政策十分保守。罗斯福和战争并未从根本上改变问题。美国国内社会某些阶层的积极态度与领事馆官僚作风造成的拖沓，与某些国务院官员完全公开的仇外倾向形成鲜明对比。因此，结果难以预测。一般来说，对逃难的学者而言，这一过程相对简单，因为他们拿到了在大学任教的邀请函，他们也有资格申请配额外的签证，但烦琐的行政程序能对任何人说不。如果过去的政治倾向太"红"，财务前景太灰暗，签证就将被拒绝。所幸，阿尔文·约翰逊十分警觉，克洛德·列维-斯特劳斯最终顺利地获得了签证。似乎没有人知道他青年时期曾是热血的社会党人。

因此，救援演算包括了洛克菲勒基金会、新学院和国务院之间复杂的协商过程。优秀的科研能力和必要的经济来源是其中重要的一部分。同时，救援演算也要求，申请人需具备一定的社会政治背景，申请人遭受迫害的风险的高低也将得到评估。在法国，这一切都取决于维希政府的政策。被贴上"不受欢迎"的标签后，政府可以为其推翻政策。这是一个有效的过滤系统。维希政府只允许少数人逃离法国南部，他们主要从马赛港离境。马赛港是欧洲各地难民的聚集地，列维-斯特劳斯也是难民中的一员。他有了宣誓书和签证，还需要一艘船。

流 亡

"驱逐罪犯"[1]

1941年2月，他在马赛港码头周围徘徊，发现了一艘本应驶向马提尼克岛的船。这是"海上运输公司"的一艘班轮，他在巴西期间一直是该公司忠实的客户。该公司的一名雇员认出了他，并"仍然将[他]视为法国文化的民间大使"[2]，他借此机会成功买到了保罗-勒梅赫乐船长号（Capitaine Paul-Lemerle）的船票。班轮于1941年3月24日起锚，向西印度群岛驶去。列维-斯特劳斯的"战友们"十分不幸，他则不必向瓦里安·弗莱（Varian Fry）求助，不需要依靠其紧急救援委员会的服务。[3] 紧急救援委员会是流亡程序中起主要作用的机构。美方的邀请函、他与海员的交情让他一再受到特殊待遇，他与海上运输公司多次跨越大西洋的历史交集也是他获得特殊待遇的重要原因。这些特殊待遇十分有用，因为这次航行不是度假。此次航程的气氛也不同于以往任何一次："直到登船那天，我才开始了解情况。迎接我们的是几排头戴头盔的机动警卫队，他们紧握冲锋枪，守在码头这一侧，阻止乘客与前来送别的亲朋好友之间发生一切肢体接触。推搡和口角打断了离别的祝福。这绝不是孤独的冒险，而更像是罪犯被驱离国土。比这种恶劣待遇更让我吃惊的是乘客人数。我立刻发现，我们大约350人，全被压缩进一艘小轮船上，它只有2个船舱，

---

1 《忧郁的热带》，第11页。
2 同上书，第10页。
3 参见洛朗·让皮埃尔（Laurent Jeanpierre）：《瓦里安·弗莱和美国难民援助》（«Varian Fry et le sauvetage des réfugiés aux États-Unis »），载让-玛丽·吉荣编：《瓦里安·弗莱，从避难到流亡》（Varian Fry, du refuge... à l'exil），阿尔勒：南方文献出版社，2000年，共两卷。

保罗 – 勒梅赫乐船长号。1941 年 3 月，克洛德·列维 – 斯特劳斯登上了这艘船。

一共 7 个铺位。"[1] 列维 – 斯特劳斯被安排进保罗 – 勒梅赫乐船长号的其中一个船舱中，得到了一个铺位。这是多大的荣耀！这船不只载人，还偷偷承运了货物，因此在地中海和非洲沿岸停留了许多次。

越是接近热带地区，温度越是往上攀升，下面的货舱越来越不适合人待，船很快变成了漂浮的动物园，所有人类活动都转移到甲板上。洗衣、做饭，以及更重要的"卫生需求"在这两个小屋里都很难完成，因为这两间小屋的松木板已经被尿液浸透，这给精致的灵魂带来了货真价实的煎熬。这艘超载的载人货船穿越大西洋，同时，折射出多段历史：奴隶贸易以及 20 世纪初涌入纽约的经济移民潮。但是在列维 – 斯特劳斯的人生中，这次旅行被比喻为另一次民族志之旅。这次的研究对象是未来的难民，"集中营追捕的羔羊"[2]，几乎濒临灭绝的部落之民。航行是艰苦而非

---

1 《忧郁的热带》，第 11 页。
2 同上。

舒适的，空间是拥挤而非宽敞的。他们需要吃苦而非享乐，而且，他们是被祖国驱逐而非被他国吸引的。无论从哪个角度看，乘坐幽灵船从旧欧洲大陆出发的这段航行都代表了探险史诗的反面，是战争年代大规模流亡的代名词。不仅如此，15年后写《忧郁的热带》时，列维-斯特劳斯回溯1941年，将这段混乱不堪的终极经历当作新时代的起点，他认为，这标志着现代性已经饱和，而他将进入一个没有归属感的敌对世界。

在这艘破旧的载人货船上，也有不少杰出的乘客，其中包括艺术家、知识分子、工会领袖、政治人物、记者、医生、律师。他们都是从事脑力劳动的精英阶层，因为生为犹太人，或是因为政治异见成为被打击的对象，被迫离开希特勒统治下的欧洲。于是，甲板上出现了一群整齐的身影。安娜·西格斯（Anna Seghers）、维克多·塞尔奇（Victor Serge）和安德烈·布勒东只是其中的几位。这些身影的主人声名显赫，身形却因时局之困显得憔悴（更不用说公海上的颠簸了）。维克多·塞尔奇曾是列宁的战友，因此，在眼神关切的前社会主义运动人士看来，是"元老和资深的前辈"[1]，但其刻板的举止与其革命思想并不完全匹配。至于安德烈·布勒东，"他浑身不自在，在甲板上仅剩的几处空间来回走动；由于裹着厚厚的大衣，他看上去就像一只蓝色大熊"[2]。列维-斯特劳斯讲述了他与安德烈·布勒东的第一次会面。在卡萨布兰卡中途停留期间，他听到安德烈·布勒东向护照检查官说出自己的名字后，决定上前自报家门，就像门徒向大师致敬一般。这名32岁的民族学家与这位"名声远扬"[3]的超现实主义者之间的地位高低立判：前者因鼎鼎大名的人物出现而受到了惊吓；后者仪态庄重，"超凡脱俗"[4]。因此，在当前情况

---

1 《忧郁的热带》，第12页。
2 同上。
3 《亦近，亦远》，第45页。
4 同上。

下不合时宜和过时，他却十分欣赏布勒东的这一点。这个年轻的家伙，既震惊又好奇，向"大师"传递了一张便条，开始讨论起艺术品与文献之间的关系，并将它发展为一项长期交流。对超现实主义者和民族学家而言，艺术品与文献之间的关系都是一个重要的问题。1930年代初，《文献》期刊已经对这个问题进行了讨论。[1]也许人们对在茫茫大海上进行艺术性质的过多探讨感到不可思议。他们的行为让人联想到两个男人不可动摇的严肃态度和无法解释的云淡风轻，他们沉迷于对讨论的纯粹热爱之中，就像是沉迷于已无力购买的奢侈品。然而，这种场面既荒谬又合理。同样，列维-斯特劳斯不仅与年轻的德国女难民调情，还大方地承认确有此事，但他通常对此类事情十分保守。举止喜怒无常是历史冲突造成的症状。历史冲突使情感指南针旋转起来，让他们强烈渴望能够活在当下。此时此刻并不适合开始一段恋爱关系。恰恰因为在这种时局下爱情没有规则可言，性爱和（或）精神恋爱反而成为必需品。离开马赛一个月后，船达到马提尼克岛法兰西堡海湾，此时，列维-斯特劳斯正在追求两名年轻的德国妇女。

热带的维希政府

在马提尼克岛，这些难民被当作囚犯，或被软禁于民宅或被拘留在法兰西堡外的营地：巴拉塔（Balata）、普安特鲁日（Pointe-Rouge）和拉扎雷特（Lazaret）的营地。克洛德·列维-斯特劳斯用讽刺的语气描述了抵达法兰西堡的情景。尽管马提尼克岛并没有被卷入战争，当地的官员们对战败表示自责，这让人有些困惑不解。作为贝当（Pétain）的狂热支持者，军官们迎来了这群"乌合之众"，他们是反法者、犹太人、外国人、超现实

---

[1] 《有关艺术作品和文献之间关系的说明》（此文于1941年3月在保罗-勒梅赫乐船长号上创作完成，后交给安德烈·布勒东）》（« Note sur les rapports de l'œuvre d'art et du document écrite et remise à André Breton à bord du *Capitaine Paul-Lemerle* en mars 1941 »）以及他的回应，参见克洛德·列维-斯特劳斯：《看、听、读》，巴黎：普隆出版社，1993年，第139—146页。

主义者和无政府主义者。他们是"可供军官们发泄感情的替罪羊"[1]。安德烈·布勒东还记得着陆后每个人遭受的言语侮辱:"在普安特鲁日(该岛的一个营地)中,他们对一位前往纽约追求学术事业的相当杰出的年轻学者[即克洛德·列维-斯特劳斯]说:'不,您不是法国人,您是犹太人,自称为法国人的犹太人比外国犹太人更糟糕'[……]他们对我说:'一个作家。声称应邀发表演讲并出版艺术书籍。美国人现在可以做很多好事,不是吗!法国人?他可以下船,但要受到秘密监视。'"[2]

我们可以感受到,在《忧郁的热带》和《迷人岛马提尼克》(*Martinique charmeuse de serpents*;这是布勒东的文集,于1947年出版。安德烈·马松为之创作了插画)中,他们的情绪无常,情绪之间产生了冲突。列维-斯特劳斯发现,由于维希革命的力量向热带地区扩张,马提尼克岛上又重新恢复了严格的殖民地秩序。[3] 马提尼克岛和瓜德罗普岛远离了战场,但它们具有重大战略价值,因此,被英美两国的军舰重重包围。当时,它们正处于残酷镇压和大型政治宣传的阵痛之中。布勒东嘲笑"当地人用皮钦语给予'贝当好爸爸'的最新措施可怜的赞誉"[4]。难民们,不论法国人还是其他国家的人,都感受到殖民地秩序毫无缘由的暴力,不得不忍受虐待和屈辱:难民们的国籍被否认了,犹太人被迫承认他们独有的身份。直到这一刻,犹太人都认为可以在某种程度上忘却这种身份。

难民们不仅受到诋毁和侮辱,还被命令不得接触"'有色人种'。他们还是孩子,虽然个头很高。无论你们对他们说什么,

---

1 《忧郁的热带》,第15页。
2 安德烈·布勒东:《乱水》(« Eaux troubles »),《迷人岛马提尼克》(*Martinique, charmeuse de serpents*, 1947),载《全集》,"七星文库",第3册,巴黎:伽利玛出版社,1999年,第387页。
3 参见埃里克·詹宁斯(Éric Jennings):《热带的维希:马达加斯加、瓜德罗普岛以及中南半岛的国民革命(1940—1944)》(Vichy sous les Tropiques. La Révolution nationale à Madagascar, en Guadeloupe, en Indochine, 1940-1944),巴黎:格拉塞出版社,2004年。
4 《乱水》,第393页。

他们都会理解成另一个样子"[1]。法国警察身着短装，表现出夸张的热情。他们营造出权柄在握的假象，不遗漏一个细节，但却没什么作为，最后，他们的声势被蚊子吸个精光。列维-斯特劳斯观察到一种被包围后的紧迫感，并认为这是孤立状态和潘趣酒过量导致的："士兵们遭受集体精神错乱的困扰，这本来可以成为民族学家研究的对象。"[2]这支法国警察队伍让布勒东联想到德国警察的特征。尽管纳粹主义和殖民主义之间的比较（今后将有更加充分的发展）仍处于隐喻阶段，但通过列维-斯特劳斯观察到的大众信仰仍可一窥一二：一些马提尼克岛居民"解释到，希特勒与耶稣没什么两样，因为白人在过去的两千年中没有遵循他的教义，希特勒才回到地球惩罚他们"[3]。然而，列维-斯特劳斯并未对此现象发表评论。

但马提尼克岛不只是一个地狱般的小岛，它还将列维-斯特劳斯（和超现实主义者）与新大陆连接了起来。列维-斯特劳斯可以自由活动（这也是他作为大西洋国际航线老顾客获得的特权），"兴高采烈地发现了自亚马孙之行后就十分熟悉的多种蔬菜"[4]。他忙碌于整理考古收藏品的清单，考古是法兰西堡当地的宗教命令。他还迷失在贝利山（Pelé）的某个地方，享受了"难忘的漫步，足迹遍及整座岛屿。岛屿看上去比南美大陆更具典型的异域风情。它就像是一颗拥有植物纹理的深色玛瑙，镶嵌在有银色斑点的一大片黑沙海滩中。山谷中弥漫着乳白色的雾气，人们只能感受到树蕨的存在，它们的叶片从其活化石般的树干中伸展开来，巨大、柔软、呈现羽毛状。由于滴水声连续不断，耳朵比眼睛更能洞察这些事物"[5]。

---

1 《乱水》，第 390 页。
2 《忧郁的热带》，第 15 页。
3 同上。
4 同上书，第 16 页。
5 同上书，第 21 页。

9 危机（1939—1941）

列维-斯特劳斯从法兰西堡起便申请成为波多黎各圣胡安（San Juan）的移民。《忧郁的热带》描述了在那里与警察发生了另一起事件。此后，西印度群岛的一系列小插曲迎来尾声。作为巴西记忆的一部分，这些小插曲都是为了表现新政府的人治特色，管理上的歇斯底里等同于效率低下。美国警察并没有比法国警察开化：列维-斯特劳斯随身携带的民族志文献——田野调查笔记、书目索引卡（有些是德语！）、印第安土著语言的词汇表——被美国海关人员认为具有重大嫌疑，因此受到了全面检查。海关很快便将它们认定为暗语。于是，列维-斯特劳斯被软禁了起来。雅克·苏斯戴尔（Jacques Soustelle）伸出了援手，这位人类博物馆的前同事现在是自由法国在南美洲的重要特使。此后，一位联邦调查局的专家出面，完全打消了海关的疑虑，列维-斯特劳斯才得以脱身。列维-斯特劳斯离开了美国飞地，而北美洲将给他留下西班牙风情的永恒烙印。他于1941年5月28日抵达纽约。这时，距离离开马赛已近2个月。

这时，迪娜留在塞文山脉的坎卡布拉，住在克洛德父母的家中。在那儿，她给马里奥写了最后一封信。她因犹太人身份而被教育部开除，于是在蒙彼利埃开设私人哲学辅导课，过一日算一日。她描述了定量配给的现状、她讨厌的木底凉鞋和买香烟的长队。她仍然喜欢好看的面料和精美的连衣裙，但依靠丰富的想象力收敛了这方面的欲望。"巴西和轻松的生活离我很遥远！许多其他事情似乎也永远消失了：对生活的欲望（如你所知，从未牢牢地扎根于我的心里）和对人类未来的信念。"[1] 迪娜谈到了无处不在的谎言、别人和自己身上的道德缺陷，仿佛战争给了她残酷的启示："你知道我的丈夫已经离开欧洲。经过65天的旅程，他终于到达了纽约！现在，他已经遥不可及，但如果遇上了麻烦，

---

[1] 1941年6月13日，迪娜·列维-斯特劳斯给马里奥·德·安德拉德的信。参见圣保罗大学巴西研究所保存的"马里奥·德·安德拉德档案"。

他仍可能需要巴西朋友们的帮助。"[1]她的关切表明,克洛德和迪娜·列维-斯特劳斯之间就算不是友好分手,至少也是双方同意一致的结果。但在戏剧化的环境下,他们的分别不仅是婚姻的终结,也变成了一个世界的终结。迪娜为什么不跟随她的丈夫?后者是否曾提议迪娜借助他的邀请函,随他一同离开?所有证据都表明他这样做了。早在1940年5月8日,尽管这对配偶已经分开了几个月,但在一封写给马塞尔·莫斯的信中,列维-斯特劳斯谈到自己可能获得一项美国资助,但他坚持认为他的离开不该中断妻子的职业生涯,并建议像巴西时一样,为妻子安排工作,他建议迪娜可以中断国民教育部的工作,在法国海外事务局谋得一个职位。[2]1941年7月21日,列维-斯特劳斯从纽约给利维医生写信:"我必须通知您,我和妻子自战争爆发以来就已经分开。[……]在我离开法国之前,我们经常会面,因为教育部任命我俩去蒙彼利埃,她正住在蒙彼利埃。她拒绝以我为跳板,因此,不愿随我离开去美国闯荡。"[3]迪娜本人几个月前曾写信给莫斯:"我觉得我无法申请美国的职位。你知道原因。你知道我处于怎样的精神状态。就算我今天同意,我也不确定从现在起一两个月后我能否兑现承诺。做出决定所需付出的精力超出了我目前的承受能力。[……]我可能放弃了一个千载难逢的机会。但我怀疑自己是否还会感到遗憾。[……]拒绝这个邀请意味着,我以目前力所能及的方式履行了一项精神上的义务。"[4]

为什么迪娜·列维-斯特劳斯留了下来,尽管从1940年秋天开始,一切迹象都表明情况只会变得更糟?虽然我们无法证

---

[1] 1941年6月13日,迪娜·列维-斯特劳斯给马里奥·德·安德拉德的信。参见圣保罗大学巴西研究所保存的"马里奥·德·安德拉德档案"。
[2] 1940年5月8日,克洛德·列维-斯特劳斯给马塞尔·莫斯的信:第二营第164要塞守备步兵团联络员W,邮政编号193。参见克洛德·列维-斯特劳斯档案库,档案盒编号181。
[3] 1941年7月21日,克洛德·列维-斯特劳斯给保罗·利维的信。参见自然历史博物馆中心图书馆保罗·利维资料库"列维-斯特劳斯与利维之间的书信"主题档案(2 AP1C)。
[4] 迪娜·列维-斯特劳斯给马塞尔·莫斯的信(没有标注时间),参见法国国家档案馆(2 AP 42 B2)。感谢托马·赫尔斯向我提供了这份文献。

实,但她可能不愿跟随前夫的脚步,因为前夫不再是她真正的丈夫了。这是职业能力出众的独立女性值得拥有的自豪感。留在法国说明,就算没了他,她也可以继续生活,更重要的是,可以生存下来。她写给马里奥·德·安德拉德的多封书信显示,她仍然是一个热情的年轻女子,虽然有时会表现出阴暗的情绪,但渴望生活,并且拥有一个不受其他人支配的独立个性。在潜意识里,她可能还渴望充分体验历史,无论这段历史多么悲惨,她都希望在其中扮演一个角色。她与列维-斯特劳斯的父母还保持着亲密的联系,列维-斯特劳斯的父母先是躲藏在塞文山脉,后移居加尔省,并受到了皮埃尔·德雷福斯(Pierre Dreyfus)一家人的细心关照。

她给马里奥·德·安德拉德的最后一封信的最后一句话是:"我的人格已不再是我身上无形的核心,而我正像我小说中的伊内斯(Inès)一样迅速消散,尽管这部小说可能永远不会面世:'一天,伊内斯消失了。从此,人们再也找不到她了,因为她变成了一条河。'"[1]从许多角度看,有关自我消散的幻想都十分有趣,它们不仅预示着她的隐秘生活即将到来,也预示着自从她从克洛德生命中完全抽离出来,她将从这个故事中彻底消失。列维-斯特劳斯的生活里将再次迎来新的事物。[2]

---

[1] 1941年6月13日,迪娜·列维-斯特劳斯给马里奥·德·安德拉德的信。参见圣保罗大学巴西研究所保存的马里奥·德·安德拉德档案。
[2] 从此,克洛德与迪娜便不再见面。唯一例外的是1980年代,由于克洛德的母亲爱玛·列维-斯特劳斯逝世,两人产生了有限的交集(寄送书本)。两人分开后,迪娜照常拜访爱玛,一直没有中断。

10 纽约市的法国人：流亡生活中的伟大创造（1941—1944）

> 每天早上我在纽约公共图书馆的美洲阅览室工作时，我都觉得自己回到了过去。它的顶上是新古典主义拱廊，四周是用老橡树装饰的墙壁，我坐在一位印第安人身旁。他身着羽毛头饰和串着珠子的鹿皮外套，正用派克笔做着笔记。
>
> 克洛德·列维-斯特劳斯，《1941年的纽约》[1]，1977年

克洛德·列维-斯特劳斯很少在《忧郁的热带》的自我分析中提到1941—1947年他在纽约市度过的6年，却浓墨重彩地记录巴西之行。他赞美纽约市有一种矿物质的美感，在一个段落中隐晦地提到了这段经历。然而，这个段落也只是他对美国城市大篇幅评论中的一小部分。幸运的是，除了后来完成的寥寥几篇文章外，我们还找到了大量其他文献，其中包括意义非常的《1941年的纽约》。流亡的现实感受和深刻经历可能与后来的回忆有所不同，纽约和巴西的情况都是这样。

流亡是一种十分矛盾的经历，这是它的本质决定的。1941年，列维-斯特劳斯和他的战友们逃过了灾难，但代价是他们被迫与原来的世界一刀两断，还被丢进了未知之中。正如超现实主义团体的好友帕特里克·沃尔德伯格（Patrick Waldberg）后来说道："他们的脸上充满了1940年的惊慌和恐惧。"[2]他们惊慌失措，

---

[1] 《巴黎—纽约双城展》（Paris-New York），蓬皮杜国家艺术和文化中心（CNAC Georges-Pompidou）、国家现代艺术博物馆（Musée national d'art moderne，1977），第79—83页。参见《遥远的目光》，巴黎：普隆出版社，1983年，第355页。

[2] 帕特里克·沃尔德伯格（Patrick Waldberg）：《回忆似水》（« Au fil du souvenir »），载让·普永（Jean Pouillon）、皮埃尔·马兰达（Pierre Maranda）编撰《交流与对话：克洛德·列维-斯特劳斯六十周年纪念文集》（Échanges et communications : mélanges offerts à Claude Lévi-Strauss à l'occasion de son 60e anniversaire），拉艾（La Haye）：牧东出版社（Mouton），1970年，第581页。

10 纽约市的法国人：流亡生活中的伟大创造（1941—1944）

迷惑不解，骨瘦如柴，就这样来到了一个令人恐惧的城市。奇怪的是，出于个人和其他原因，列维-斯特劳斯将会在这里找到家的感觉。他总是这么说。这些年始终保持着非常紧张的节奏，它们激发了他对美国人和美国事物的好奇心。他是一位年轻且前途无量的学者，游刃有余地游走在这座城市的各个阶层之间，斡旋于不止一个欧洲流亡团体与美国社会之间。他成功且高效地将他对探索的渴望、对辛勤工作的爱好和轻描淡写的波西米亚式日常生活结合在一起。这是他第一次不需要背负家庭责任过活。列维-斯特劳斯 32 岁，是最年轻的流亡者之一。年轻人从小就承担起沉重的家庭责任，为父母分担家计。[1] 后来，回到欧洲时，他快要 40 岁，但外表比他的年龄要成熟得多。他是老人堆里的年轻人，他总是像兄长一般，虽然外表成熟，但年纪却并不大。由于长寿，他总比别人年长一些。列维-斯特劳斯的生存方式与生活的时间规律背道而驰：10 年后，在纽约，他过着 20 岁的单身汉的生活，在流亡生活的情感旋涡中，他的恋情接踵而至。他钟爱年轻、漂亮，且拥有法国教育经历的俄罗斯女孩。[2]

对传记作者而言，纽约经历的重要性在于，它有利于重新审视结构主义的来龙去脉。结构主义的诞生不光是学术研究的结果，还与社会、政治、机构和历史有着千丝万缕的关系。而结构主义正式诞生的标志是后来出版的《亲属关系的基本结构》。结构主义这一理论框架体系构思于 1940 年代而不是 1960 年代，构思于

---

[1] 事实上，克洛德·列维-斯特劳斯一直为家里分担重担。1940 年 10 月，尽管失去了教职，他还是根据收入情况拿出一部分钱交给家里人，要么给妻子和孩子，要么给父母。因此，他的父母才顺利地渡过战争这一难关。他们拿着假身份证件，要么躲在塞文山脉的家中，要么去德龙的热内·库坦家避难。
[2] 参见《回忆似水》。流亡期间，这个小圈子里，男男女女一边结合为夫妻，一边各奔东西。其中也有一些悲剧，例如：马塔（Matta）与年轻的亚美尼亚裔美国艺术家（阿希尔·戈尔基）的妻子搞在了一起；《VVV》的出版人戴维·黑尔（David Hare）娶了布勒东的前妻雅克琳·兰芭（Jacqueline Lamba）。列维-斯特劳斯向父亲讲述"雷诺瓦"（Renoir）的故事，在他流亡期间的伤感专栏里，"雷诺瓦"不停地结交新的女性朋友。参见帕特里克·沃尔德伯格、伊莎贝尔·沃尔德伯格：《没头没脑的爱情》（Un amour acéphale），巴黎：别样出版社（La Différence），1992 年，从 184 页起。

纽约而不是巴黎。最近，它又成为新的研究对象。这些新的研究挑战了独立科学创造的概念，强调了科学创造背后的物质条件、社会条件、意识形态和认识论。[1] 在科学研究（Sciences Studies）和思想社会学的启发下，一种新的史学方法出现了。这种方法既没有那么唯心主义，又具有更加丰富的学术创造力。[2] 在本章中，结构主义既是一种方法和一种世界观，也是严格意义上的范式，它用其丰富的内涵包容了流亡的经历。因此，结构主义不会局限于下列传统的叙述：列维-斯特劳斯在纽约遇到了语言学家罗曼·雅各布森，因此，在那儿创造了结构主义，他还在美国各大图书馆汲取丰富的知识。它的诞生更为复杂，也更为有趣。让我们从档案开始追溯。

纽约夏天（1941年夏）的闷热与潮湿

克洛德·列维-斯特劳斯于1941年5月28日抵达纽约。那天，这座城市的高温和潮湿带来了迷雾，因此，抵达曼哈顿岛后，他没能欣赏到预期的奇景。在西方的想象中，曼哈顿岛的奇景已经具有标志性的地位，但仍然能够造成精神上的震撼。在迷雾的笼罩下，这位年轻的民族学家只觉得自己"身在雄伟的模型前，但它的真实尺寸难以琢磨"[3]。欢迎的队伍已经就位：他的姨妈艾

---

[1] 参见文森·德巴恩：《告别旅行：科学与文学之间的法国民族学》；洛朗·让皮埃尔（Laurent Jeanpierre）：《游走于多个世界的人物：二战法国知识分子美国流亡生活研究》（« Des hommes entre plusieurs mondes. Étude sur une situation d'exil: des intellectuels français réfugiés aux ÉtatsUnis pendant la Deuxième Guerre mondiale »），法国社会科学高等研究院博士学位论文，2005年；伊曼纽艾尔·卢瓦耶：《从巴黎到纽约：法国知识分子和艺术家的流亡（1940—1947）》。
[2] 参见布鲁诺·拉图尔的研究。30多年来，拉图尔试图以人类学的研究视角重新解释"科学"这项西方现代性中的重要活动。参见布鲁诺·拉图尔、史蒂夫·伍尔加（Steeve Woolgar）：《研究室里的生活：科学成果的制造》（*La Vie de laboratoire. La Production des faits scientifiques*，1979），巴黎：探索出版社，1988年；《有关生存模式的调查：现代人的人类学研究》（*Enquête sur les modes d'existence: une anthropologie des modernes*），巴黎：探索出版社，2012年。
[3] 1941年5月30日的信，参见《"亲爱的爸妈"：致父母的书信集（1931—1942）》。

琳·卡洛－德尔维耶[1]曾竭尽全力让她的外甥踏上美国土地；姨妈的女儿泰瑞斯（Thérèse）是半个美国人；杜阿尔特一家人（保罗和朱安妮塔）和他的表亲丽莱特·尼赞（Rirette Nizan，即亨丽埃特·尼赞）也来迎接他。丽莱特·尼赞带着孩子离开了法国，但失去了丈夫保罗的消息，几年后才正式得知保罗去世的消息。[2]

今天，我们能够掌握这些内幕，多亏了克洛德·列维－斯特劳斯在1941年4月25日至1942年9月13日寄给父母的50多封家书。[3]他每周准确无误地寄出一封信，50多封信构成了列维－斯特劳斯纽约冒险初期的第一手资料，提供了与后来涉及这段时期的几篇文章不同的视角。这些家书的语气带有难以掩盖的新鲜感：这个年轻人很快被这座城市征服，他的内心满是对城市生活的热爱。他很快便认为美国的环境对他是有利的，于是，展现出吃奶的力气来适应这里的环境。所以，这些信件是愉快、轻松，甚至无忧的纪事，即使它们也会传达列维－斯特劳斯对亲朋好友、父母、迪娜、德雷福斯一家人，以及卡昂一家人的担忧。卡昂一家人是父母的比利时友人，为了避难，他们也躲到了坎卡布拉。我们还应该牢记，考虑到审查的问题，他有时会加密他的信息，尤其是那些涉及国际关系和政治话题的信息。此外，他总会留意不忘向父母报告平安，以宽慰他们。因此，他的信"读起来像文字游戏"[4]，并充斥着各种张力：信里既有心花怒放，也有撕心裂肺；既有对新事物的喜爱，也有对过往的怀念；既聊学术，也

---

[1] 艾琳·卡洛－德尔维耶是爱玛·列维－斯特劳斯的姐姐。她是画家卡洛－德尔维耶的妻子，一战结束后，跟随丈夫来到美国。1928年，丈夫逝世，但她留在了美国，积极地从事编辑、翻译和新闻工作。她四处奔波，多方周旋，为外甥来美募集资金。1941年，克洛德·列维－斯特劳斯成功抵美。
[2] 参见《纵情回忆录》。
[3] 这些书信是《"亲爱的爸妈"：致父母的书信集（1931—1942）》的精髓，都有时间记录作为参考。后面相关引文也出自这本书信集。
[4] 这是列维－斯特劳斯的原话。50年后，他重温了这些书信，并为《"亲爱的爸妈"：致父母的书信集（1931—1942）》一书写了序。序言篇幅不长，里面提到了这一描述。

谈政治；还表达了对工作与社交活动的热切向往。简而言之，克洛德·列维-斯特劳斯所处的流亡状态将在接下来的几年中持续下去。

克洛德·L. 斯特劳斯老师，格林威治村，西 11 街 51 号

1941 年 6 月 8 日，列维-斯特劳斯通知他的父母，从此，他们可以将给他的信寄往这个地址："西 11 街 51 号 [……]，收件人是克洛德·L. 斯特劳斯老师。因为列维-斯特劳斯是家喻户晓的雨衣制造商的名字[1]，社会研究新学院将我的名字改成了这样。"他有了新地址、新的职业身份和新名字。与蓝色牛仔裤的大商人（法国民族学家似乎还不知道此人）同名尽管有些麻烦，但却帮助初来乍到的他立即摆脱了许多移民必须跨越的日常障碍：对美国人而言，他们的名字听起来太晦涩。他没有立即发表评论，但后来假意称突然被迫改名换姓也有趣得很。但显然，缩短名字是身份"受损"的象征，同样避难至纽约的西奥多·W. 阿多诺（Theodor W. Adorno）这样形容流亡生活。[2]

180 美元的月薪（他将慢慢开始接一些零星的私活）和一份稳定的工作，两者当然不能让这位年轻的教授变得富有，但他也没有经历过一次财务水平急剧下滑的危机。他完全能够负担生活开支，尤其对廉价的伙食费十分满意（他始终十分在意伙食费的问题）：一美元足够保证一天三餐均衡。像其他人一样，他对餐点的种类和美国人的饮食习惯感到震惊：速食餐厅、熟食店、自由的进餐时间，以及他十分喜爱的自助文化。他的家书一直主题明确，还经常描述他三餐的内容。这自然是为了让

---

1 这是原文献中的错误。——译者注
2 西奥多·W. 阿多诺：《最低限度的道德：对受损的生命之思考》（Minima Moralia. Réflexions sur la vie mutilée）；这是阿多诺流亡纽约期间（1944—1947）写下的一系列短文。其中提到的"损害"并不完全指代流亡，而指的是现代生活的异化。异化的现代生活与流亡的境遇十分相似。

父母放心，让他们感受到美国生活的魅力。他的典型套餐包括"一块厚厚的烤牛肉、烤猪肉或烤羊肉，或者，汉堡牛排（碎肉）配上土豆泥、菠菜或其他一些蔬菜，再来一点黄油，并根据喜好在法式圆面包、黑麦面包或英式面包中自由选择。我很少吃甜点，但如果要点的话，我通常选水果派——蓝莓、苹果或菠萝派，偶尔在上面放一勺冰淇淋"[1]。但过于投入描述这些食物后，他也会表现出懊悔，于是在末尾生硬地补充一句："想到欧洲时，我会感到愤怒和悲伤。"[2]

这是克洛德·列维-斯特劳斯父亲伪造的身份证件，证件上显示的名字是雷蒙·鲁斯-索尼尔（Raymond Luce-Saunier）。战争期间，他的父亲在塞文山脉避难，而克洛德则逃向美国，成了克洛德·L. 斯特劳斯。

---

1 1941 年 7 月 14 日的信，参见《"亲爱的爸妈"：致父母的书信集（1931—1942）》。
2 1941 年 5 月 30 日的信，同上书。

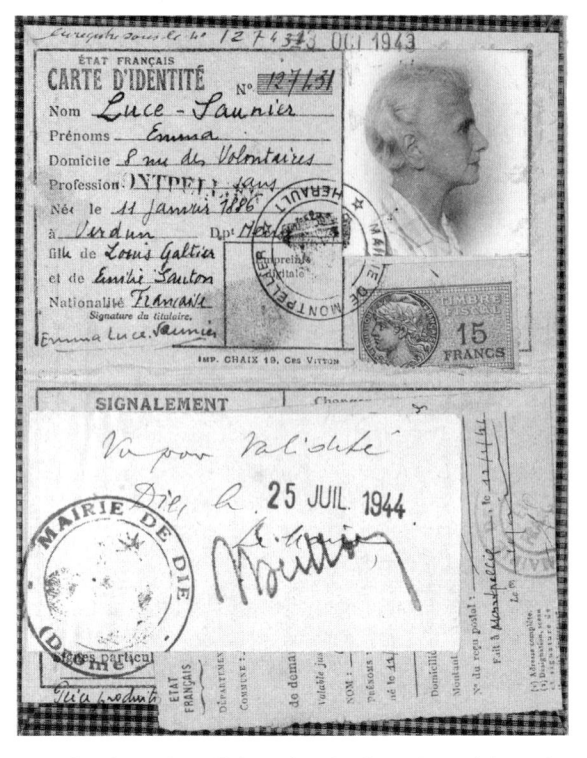

这是克洛德·列维-斯特劳斯母亲伪造的身份证件，证件上显示的名字是爱玛·鲁斯-索尼尔（Emma Luce-Saunier）。两人都保留了姓名中的名与姓氏的首字母，即 Lévi-Strauss 中的 L 和 S。

到纽约后的第一周，他主要忙于寻找住所，很快便有了着落。能在纽约市中心发现这样的避风港让他感到惊喜，使他对这座城市留下了深刻又美好的印象，他甚至将纽约与浪漫主义风格的巴黎进行比较。后来，他写道："法国超现实主义者和朋友们定居在格林威治村，那里距离时代广场只有几站地铁，仍然可以像在巴尔扎克时代的巴黎那样，找到一套只有两三层楼、屋后带一个小花园的房子。在我到达几天后，当我拜访伊夫·唐吉（Yves Tanguy）时，我在他居住的那条街发现了一间单间公寓并立即租了下来，公寓的窗户面向一个荒废的花园。为了到达花园,你需要通过一条长长的地下室走廊,走廊的尽头是被一幢红砖楼藏起来的私人楼梯。"[1]该建筑的构造使人们避开了地下通道另一端来往行人的目光,允许他们平静、秘密地生活,因此,十分适合这位新租户。这个"古怪"的公寓,"位于第五大道和第六大道之间,格林威治村的绝妙地段(相当于哈斯拜耶大道 [boulevard Raspail] 上靠近格拉内勒街 [rue de Grenelle] 和巴克街 [rue du Bac] 的位置)",立即引起了他的注意。更不用说那低廉的房租了。房租只要每月 50 美元。这个价格还包括了一名家政女工的服务——"一位美丽的黑人女性"——以及位于门厅的自动应答电话。电话可以替他记录上午 8 点至晚上 10 点收到的所有留言。

但最令他着迷的是,他的单间公寓实际上是一间艺术工作室,这样的工作室附近还有很多:一间宽敞的单人房里,宽大的窗户与玻璃天窗相连。这还是艺术街区格林威治村的一间艺术工作室。1914 年之前,格林威治村便已经成为纽约文化和夜生活的中心,这里有许多爵士酒吧;格林威治村也是纽约市艺术街区的缩影。因此,列维-斯特劳斯与其他流亡者拿它与遥远的巴黎做比较也有理有据。他们将格林威治村说成是"纽约的蒙帕纳斯(Montparnasse),蒙帕纳斯正处于波因特杜尔(Point du Jour)和奥尔良门(Porte d'Orléans)的当中"。有一阵子,他曾想过搬到曼哈顿西北方向学术氛围更加浓厚的哥伦比亚大学附近,但他散漫自由的生活态度和格林威治村低廉的租金让他放弃了这种想法。让他坚定信念的另一个原因是,新学院正位于 12 号街和第五大道的转角处,与他的住处仅几步之遥。

---

[1] 克洛德·列维-斯特劳斯:《1941 年的纽约》(« New York post- et préfiguratif »),载《遥远的目光》,第 347 页。

第一印象中的纽约

外国人的身份让他观察城市的视线中始终带着批判意识,而这种倾向只会变得越来越显著。在最初的几周中,列维－斯特劳斯踏遍了曼哈顿,进行了"梦幻般的夜行"[1]。与圣保罗时的情况一样,几何规则、合情合理、方方正正的网格与城市的混乱格局形成了对比,他对此感到惊讶万分。纽约是一团"大乱麻"。"尽管我希望一切事物都拥有统一的标准,但我发现纽约比欧洲更具有天马行空的想象空间。"[2] 他看到的一些公寓和一些商店橱窗"异常离奇"[3]。他迅速发现了充满异国情调的小众市场,他若从公共汽车中望出去,必然会在这座文化多元的城市里注意到这些市场:"这些东方风情的市场堆满了棉质织物以及来自印度、墨西哥和印尼的羊毛织物",它们让我们回忆起"我们的摩洛哥市场,但摩洛哥市场比它们更加讲究。你在这里找到的所有东西都可能来自欧洲的古玩店"[4]。

他对摩天大楼或整个洛克菲勒中心的建筑进行了描述,他的姨妈艾琳就在洛克菲勒中心工作。他发现中央车站(Grand Central Station)"令人咋舌",因为这儿根本见不到火车的影子,所有火车站台都位于地下。他被"普通民众的文明礼貌"打动了,"任何场所都不存在社会阶级的隔阂"。这条街本身就是"一处不断更新的奇观"[5]。他跟随超现实主义的几位朋友去了几家小酒吧听黑人音乐,"这里到处都是水手和妓女,像极了马克·奥尔朗(Mac Orlan)的小说",他感到十分兴奋。他在哈林区的大型舞蹈俱乐部"萨沃伊"(Savoy)度过了一个周六夜晚。这个活动现场让他回想起六年前刚刚抵达圣保罗时曾目睹过的相似

---

1 1941 年 8 月 13 日的信,参见《"亲爱的爸妈":致父母的书信集(1931—1942)》。
2 1941 年 6 月 8 日的信,同上书。
3 同上。
4 1941 年 8 月 13 日的信,同上书。
5 1941 年 6 月 15 日的信,同上书。

情节。那里是如火如荼的狂欢节，这里是非裔美国人充满活力的纽约。他通过一个晚上了解了这样的美国："不计其数的黑人在美妙的交响乐音乐中翩翩起舞，丝毫没有巴西狂欢节中非洲人的特征。他们拥有美国风格，但仍然疯狂得像是被脏东西附了身。凌晨两点，舞蹈比赛开始，这个场子变得非同寻常。参赛者们是15—18岁的孩子，哈林区的穷人。女孩们给自己穿上了不可思议的服装，装扮成既有几分像体操运动员又有几分像芭蕾舞演员的样子，跳出了我所见过的最漂亮舞步。男孩们表演了一种随意的杂技式即兴舞蹈：他们抓住女搭档（双方交替进行），将她们扔向空中，完成一千个空翻，同时轻松地保持这种节奏，永不掉拍。"[1] 列维－斯特劳斯欣赏这些舞蹈，也对其他事物表示肯定，与圣保罗相比，纽约更受他的喜爱。这说明，他的心中已然有了明确的比较意识，因此，在美洲大陆内部寻找差异。事实上，从一开始，他在美国的经历就构成了旧大陆和新大陆之外的第三个名词。在这种情况下，他需要进行"三角剖分"[2]，任何直接的比较都失去了意义。

最终，列维－斯特劳斯主动避开了叙述纽约流亡故事时容易产生偏颇的两种方式：一种是将美国与欧洲对立起来进行严格的比较，这通常对东道国有害无利，因为根据法国传统观念中明确的反美主义，美国是非人道、唯物主义和大一统的代表[3]；另一种看上去不太老套的做法是寻找对等物，以便利用已知的事物学习未知的事物。古斯塔夫·科恩（Gustave Cohen）曾是索邦的中世纪文学教授，也将成为列维－斯特劳斯在新学院和高等研究

---

[1] 1941年8月5日的信，参见《"亲爱的爸妈"：致父母的书信集（1931—1942）》。
[2] 参见文森·德巴恩：《如同镜子另一侧的爱丽丝：克洛德·列维－斯特劳斯在纽约》（« Comme Alice de l'autre côté du miroir… Claude Lévi-Strauss à New York »），载《避难与流亡之地》(Land of Refuge, Land of Exile [Terre d'accueil, terre d'exil])，佛罗伦斯·古尔德讲座（The Florence Gould Lectures），第11卷，2009—2010年冬，第59页。
[3] 参见菲利普·罗杰（Philippe Roger）：《美国敌人：法国反美主义的历史演进》（L'Ennemi américain. Généalogie de l'anti-américanisme français），巴黎：瑟伊出版社，2002年。

自由学院（École libre des hautes études）的同事，他将摩天大楼视为"现代大教堂"[1]；瑞士人德尼·德·鲁日蒙极富原创性地认为，纽约是一座"阿尔卑斯山一般"的城市[2]，它拥有壮观的山峰——帝国大厦、克莱斯勒大厦、洛克菲勒中心——以及蜿蜒曲折的深谷，山谷中风声呼啸而过。很少有人懂得欣赏纽约不规则的美，不规则给了这座城市一种特别的美国魅力，为了欣赏这种美，他们需要调整自己的视角。列维-斯特劳斯从一开始就属于这少数几个人。到了纽约后寄出的第一封信中，他很快省略了寒暄，并补充说："这是非常不合比例的。"[3]他发现，要想理解"大苹果"就必须完成视角的切换："那些坚持认为纽约丑陋的人只是被感官误导，形成了错觉而已。他们还没有学会切换视角，而是坚持将纽约作为一个城市，并对大街、公园和地标建筑进行批评。毫无疑问，客观上说，纽约是一座城市，但欧洲人的认知建立于完全不同的标准（欧洲的城市景观）之上。而美国的景观将我们带入了一个更加宽广的体系之中，一个欧洲完全不存在的体系。纽约之美与城市无关，而在于，一旦我们放弃先入之见，城市就转变为一种不受城市规划规则支配的人造景观。纽约之美的重要价值包括丰富柔和的灯光、遥远但依旧清晰的轮廓、摩天大楼和深谷之间令人畏惧的悬崖峭壁，以及一辆辆鲜花般五彩缤纷的汽车。"[4]

纽约的格局超出了城市的规模，后来通过"特大都市"（megalopolis）一词得以概念化。"特大都市"这个概念本身是由流亡至美国的法国地理学家简·戈特曼（Jean Gottmann）创造的，他将职业生涯的一大段时间献给了美国。毫无疑问，

---

[1] 古斯塔夫·科恩（Gustave Cohen）：《致美国人》（*Lettres aux Américains*），渥太华：拉尔布尔出版社（Éditions de l'Arbre），1943年，第36页。
[2] 德尼·德·鲁日蒙（Denis de Rougemont）：《日记（1926—1946）》（*Journal d'une époque, 1926-1946*），巴黎：伽利玛出版社，1968年，第451页。
[3] 1941年5月30日的信，参见《"亲爱的爸妈"：致父母的书信集（1931—1942）》。
[4] 《忧郁的热带》，第65页。

身为外国人，他们必须完成克洛德·列维－斯特劳斯主张的视角转换，并学会欣赏美国东海岸城市组织形态的独特之处。这种对城市的理解既包容了西方城市现代性实现之前的形态（鲁日蒙感觉"身处史前时代"），也预示着西方城市现代性的下一个阶段。因此，地质信息和对曼哈顿的波德莱尔式幻想就像矿物质和水。

民族学家成了纽约艺术家

克洛德·列维－斯特劳斯肆意漫步，在漫步时不忘思考。他开始对纽约的生活有了初步的了解。1941年夏天，他坚定、决绝地发起了三次进攻：创作第一本民族学著作、加紧学习英语、勇闯美国学术界。

在撰写《南比克拉瓦部落的家庭与社会生活》一文时，列维－斯特劳斯打算解决两个紧迫的问题。首先，他认识到自己只有尽快用英语发表学术作品才能在美国学术市场上名声大振。这也是他决定翻译自己的学术成果的原因。做出这一关键决定后，他开始完善参考书目（但英文文献仍然相当有限），语言水平也从初级的初级开始不断精进。其次，这项工作实际上无法按时完成。因此，7月期间，他参考田野考察的笔记，遵照学术专著的经典写作模型，完成了200页。原本，他希望这篇文章是他进入美国学术界的护照，但事实上，它成为他的博士辅助论文（thèse complémentaire），1948年以法语（而非英语）出版。他选择的篇幅对一篇学术文章来说太长，对一篇美国的博士论文来说又太短，因此，并不是最具战略价值的。但那时，列维－斯特劳斯希望对他多年前的民族学考察进行一次总结，他认为这才是最重要的。有几个晚上，结束辛苦工作后，他失去了耐心，曾这样惊呼："我已经在那里经历了这么多，也花了那么长时间进行研究，还用了这么多文字进行讨论,我对这些印第安人感到厌倦。"[1] 当时,他只发表过一篇关于博罗罗部落的文章,他的不耐烦显然更多源于未能尽早完成这项工作的愧疚感。因为离开巴西后的两年里,他一事无成。

就像他的朋友安德烈·马松(André Masson)一样(他曾去这位"现代和尚"[2]在康涅狄格州的家中拜访),列维-斯特劳斯将自己锁在单间公寓里,向亲属关系体系的问题正面宣战。亲属关系体系是他未来巨著的主题。然后,他的单间公寓(studio)变成了真正的工作室(studio):"我的墙上已经挂上了一大张美洲大陆的地图,书架上,我已经开始从社区的各大书店商那里购买了一些书籍[3]。[……]但是目前,我的工作主要是研究这些亲属关系体系。这个过程十分漫长,需要准备大量纸张。我将在这些纸上完成复杂的拼贴工作,绘制无数的网格。只有完成这些,我才能开始整理我的资料。这些步骤都结束后,我打算把这些纸贴上墙壁!"[4] 作为民族学界的杰克逊·波洛克(Jackson Pollock),列维-斯特劳斯开始投入分离亲属关系体系这项漫长而艰巨的工作中。知识经济的性质、需要的材料(纸、剪刀和胶水),以及这个空间的原貌(艺术家的工作室)使科学生产接近于艺术创造。

列维-斯特劳斯给自己买了单簧管,偶尔也会吹一吹。他利用短波广播频道收听"精彩的音乐会录播",还得知了纳粹突袭苏联的消息。1941年6月22日,他写道:"这场战争中发生了太多令人难以置信的事件!"这位博学的美学家想找回"由黑色石头雕刻而成的印度纸镇烟斗":"家里没有称得上精美的东西

---
[1] 1941年7月14日的信,参见《"亲爱的爸妈":致父母的书信集(1931—1942)》。
[2] 1941年10月16日的信,同上。马松被描述为"一位现代和尚,沉迷于研究图像之形而上学"。
[3] 他发现了几册黄绿封面的精装版《美国民族学局年报》(*Annual Reports of the Bureau of American Ethnology*)原版,将它们当作《圣经》一般好生呵护,保存了足足一生。
[4] 1941年6月22日的信,参见《"亲爱的爸妈":致父母的书信集(1931—1942)》。

可以吸引我的眼神或者让我想要伸手触摸，单调得让人难受。"[1] 一周又一周，一月又一月，他调整了工作环境。新的工作环境符合他的口味，满足了他对美的需求。只有被美丽的事物环绕，他才能求真。咖啡桌上的烟灰缸——列维-斯特劳斯在东哈林区买了波多黎各产的黑色烟丝来抽——旁边是两尊雕像，"一具轻木雕刻而成的金眼战士握矛下蹲，准备突袭；另一个是小巧的图腾，顶部有两个瘦长的三角形，代表着某种鸟类展翅之姿"[2]。这种鸟来自加拿大不列颠哥伦比亚省。

沉迷于这项研究工作中的手工活时，列维-斯特劳斯也意识到要想妥善处理大量的文献还需解决很多困难，他带着疑惑在相关学科中寻求解决方案。因此，在拜访数学家安德烈·威尔（André Weil）之前，他向比利时同事巴尔津（Barzin）求助，希望巴尔津"利用数学逻辑的方法对印度土著的亲属关系系统进行处理，他是数学逻辑的专家"[3]。但这种尝试还是失败了。数学解决方案比他自己的经验派做法慢得多，厘清一个亲属关系网络将花费数月的时间。列维-斯特劳斯有些失望，但巴尔津却对此产生了浓厚的兴趣："与野蛮人的这种交集使他兴奋不已，好像在做填字游戏或破解谋杀案之谜一样。"[4] 此外，一位哥伦比亚大学语言学教授（匈牙利人）M. 赫尔佐格（M. Herzog）给他上了"音位学的第一堂课"，这是美国语言学研究的最新领域。经过6个小时，列维-斯特劳斯感觉"受到了一些启发，但完全不知所措"[5]。这些可能微不足道的逸事属于现代学术界"流浪汉小说"的一部分，反映了一种对列维-斯特劳斯有利的局面（其他学科的同事们可以向

---

1 1941年7月20日的信，参见《"亲爱的爸妈"：致父母的书信集（1931—1942）》。
2 克洛丁·赫尔曼（Claudine Herrmann）：《克洛德·列维-斯特劳斯在纽约》（«Claude Lévi-Strauss à New York»），载艾米丽·朱莉亚：《作品背后的克洛德·列维-斯特劳斯》，第20页。
3 1941年7月7日的信，参见《"亲爱的爸妈"：致父母的书信集（1931—1942）》。
4 1941年8月13日的信，同上书。
5 1941年12月9日的信，同上书。

他伸出援手），日后，他也将因此建立更多成果丰硕的合作关系。他后来透露，同一时间、同一地点、同一座建筑物中，数学家和工程师克劳德·E. 香农（Claude E. Shannon）全神贯注地研究信息的编码，并开始创造他的通信的数学理论[1]，这让所有人都大吃一惊。[2] 信息论之父香农是一个想象力丰富、天马行空、不拘一格的人，他激发了雅各布森对语言6种功能的理解。战争期间，在格林威治村林荫的庇护下，解密这一种科学研究的范式巧合地出现于这里的同一个地址。

难民还是移民？

他决定由自己翻译自己的文章，这个决定十分及时，也带来了丰硕的成果和深远的影响。列维-斯特劳斯强迫自己保持高产的状态，这是一次"真正的考验"[3]，但他在那痛苦的"分娩过程"中获得的语言技能被证明是一项成功的长期投资。幸运的是，他可以依靠他的姨妈艾琳（她偶尔做一些翻译），艾琳是他的编辑。他还可以依靠一本"绝妙的出版物"，他刚刚买下了《罗杰词库》（Roget's Thesaurus）的廉价版本。[4] 他独自学习美语的惯用法，但只停留于书面表达。口头上，他几乎没有机会进行认真的讨论，只是享受"电影盛宴"。新学年开始后，他需要在新学院开设一门英语课程，讲授南美洲的社会学研究。他又一次毅然做出决定。他决定直接用英语为他的学生上课，不参考任何笔记。他害怕会在自己的研讨课学生（总共10人）面前盯着笔记，一动也不动。这些学生组成了一个相当国际化的群体，很少在意语言说得是否标准。事实上，美

---

1 《通信的数学理论》（1949）：香农解释，所有的信息，不论其内容是视觉上的、听觉上的或者其他形式的，都可以用0和1来表示。显然，他对通信的研究为今天的信息系统和数字系统奠定了基础。
2 《亦近，亦远》，第46页。
3 1941年8月5日的信，参见《"亲爱的爸妈"：致父母的书信集（1931—1942）》。
4 同上。

国人整体上都不将语言的标准化当作一回事。最后，列维-斯特劳斯和他的学生们在"相当亲切的基础"[1]上"你一言我一语"[2]。一个人与英语这门语言的关系反映了他眼里流亡的意义和状态。流亡可以被理解为暂时的避难，流亡者自己的民族身份依然不变；而法国人的流亡则表现为知识分子身上强烈的优越感。安德烈·布勒东就属于这种情况，他害怕英语会"污染"他的法语，将自己困在堡垒中，完全拒绝学习英语。这种流亡是一种寻求援助的迁移行为，东道国只是充当了一个"援助站"，流亡者等待着好日子的来临[3]；但流亡也可能意味着长期的逗留和更为实质的融合，对移民者的社会、文化、职业和民族身份产生持久且变革性的影响。

二战期间，大多数德国流亡者选择向海外移民，他们中许多人申请归化为美国公民。然而，法国流亡者往往不会忘记自己的家园，成为一个对美国现实缺乏好奇心但紧密团结的群体。就像几个世纪前"反革命"贵族的流亡一样，许多法国流亡者在战争后返回故土。用夏尔·莫里斯·塔列朗的话说，他们什么也没学，什么也没忘。我们可以看到，年轻的列维-斯特劳斯在某种程度上有别于这种法兰西模式。在"流亡的太阳"[4]的照耀下，他迅速成长起来，急于将年轻人的全部热情投入美国学术界，最终也取得了一些成绩。

那个夏天，适应美国文化和通过写作进行高强度的英语学习让他感到疲惫，甚至产生了体力衰竭的感觉，但总体上还是颇有

---

[1] 《自画像》，第21页。
[2] 1941年10月4日的信。
[3] 有关"割裂式移民"（migration de rupture）和"保留式移民"（migration de maintien），参见保罗-安德烈·罗森塔尔（Paul-André Rosental）：《保留与割裂：分析移民现象的新角度》（« Maintien/Rupture: un nouveau couple pour l'analyse des migrations »），《经济、社会与文化年鉴》，1990年7—9月，第1403—1431页。
[4] 参见维克多·雨果："尽管流亡者自己没有意识到，他们靠近某个太阳，因此，也更快成熟起来。"《海洋》（« Océan »），载《全集》，"经典丛书"，巴黎：拉封出版社，1989年，第273页。

成效的。确实，夏末，他已经能够将他 200 页的英语手稿交给罗伯特·路威。后者通读了手稿并发表了一些评论：一些段落即使对人类学家来说，也过于理论化，因此，需要加入更加具体的描述……列维－斯特劳斯想要对其进行调整，使其符合美国博士学位论文的标准。两国学位该如何对等起来？这个棘手的问题被提了出来："身处美国的法国人普遍认为，通过教师资格考试远远胜过拿到美国的博士学位，不应被那些渴望获得其他较低学位的求学者轻视。"[1] 但列维－斯特劳斯的观点则相反："如果考虑在美国闯荡事业，与未来的同事保持一致更加符合策略。"[2] 抵达美国后的最初几个月，阿尔弗雷德·梅特罗是另一个关键人物。列维－斯特劳斯能收到洛克菲勒基金会的正面回应，梅特罗的功劳不小，他很清楚这一点。1941 年夏天，梅特罗放弃了耶鲁大学的教授一职，前往华盛顿的史密森学会。他的新工作是在朱利安·斯图尔德的监督下，主持一项规模庞大的合作项目——整理南美印第安人社会已有研究成果，将其总结为《南美印第安人手册》。《南美印第安人手册》很可能是"未来半个世纪南美人类学研究的最高权威之作"，列维－斯特劳斯这样向父母解释道。[3] 他认为这项工作极为重要，他应当优先处理。我们应该记得，他受邀来到美国的条件之一正是参与这些编撰工作。在整项工作中，列维－斯特劳斯负责的区域"北至亚马孙州边界，瓜波河是西边和西南边的界线，东至欣古地区，南至是库亚巴南部的一条边界线，总之，包括了马托格罗索州的大部分地区"[4]。这个项目让他开展了大量相关工作，使他在国际人类学界崭露头角，他虽"挣得不多，却收获了认可"[5]。几个月后，11 月 27 日，他在华盛顿特区

---

[1] 1941 年 10 月 26 日的信，参见《"亲爱的爸妈"：致父母的书信集（1931—1942）》。
[2] 同上。
[3] 1941 年 6 月 22 日，同上书。
[4] 同上。
[5] 同上。

10 纽约市的法国人：流亡生活中的伟大创造（1941—1944）

待了三天后返回纽约。华盛顿特区像是"非常富有但有些过时的温泉小镇"，让他完全失去了热情，但国会图书馆则让他十分震惊。梅特罗在华盛顿特区有一间办公室。"它的确像是一个知识分子聚集的蜂巢"，每个人都在自己的小房间里劳作，每个房间都一模一样。史密森学会所处的建筑像"宫殿中间的溃疡"（即购物广场中间的溃疡）一样，旧美国的魅力被新建筑——尤其是那些用来安置最近成立的战争机构的建筑——所掩盖。在那里，他遇到了朱利安·斯图尔德，斯图尔德美国特质浓厚的学者风范让他觉得气宇不凡："高个子，胡须修得干干净净，孩子般天真。"[1] 列维-斯特劳斯天真地以为，参加《南美印第安人手册》的编撰工作等同于已经将获得学术界认可的机会握在手里："我将靠一本书来创造历史，我对此感到十分欣慰，这本书的权威性可能持续一个世纪。"在他看来，访问史密森学会使他被接纳为"美国官方科研圣殿的正式成员"[2]。此外，他还应邀在著名的《美国人类学家》（*American Anthropologist*）杂志上发表了部分手稿，但这在很大程度上要归功于梅特罗兄长般的帮助。这也再次表明他在短时间内成功融入了美国学术界。

最初的几个月过去后，尤其是艰苦得几乎像苦修的夏天结束后，克洛德·L.斯特劳斯开始了活跃但不放纵的社交生活。他建立起一个跨越多个社会环境的社交网络，尽管他的社交关系在形成时少不了机会主义的作用：首先是美国人类学世界。他已经渴望成为法国人的滩头堡，这在他要求父母向莫斯（朱尔丹大道95号）转达的话中得到了证明。他"工作很忙，这里的每个人都十分想念他，尤其是博厄斯和路威（Lowie），他们想知道有什么可以帮忙的"[3]。然后是拉丁美洲的学术圈。他

---

[1] 1941年6月22日的信，参见《"亲爱的爸妈"：致父母的书信集（1931—1942）》。
[2] 同上。
[3] 1941年9月17日的信，同上书。

获得机会成为一个拉丁美洲中心的领导人后,与拉美学术圈有了更多的联系,该中心确实日渐成熟,他认为这将立即使他成为华盛顿的专家顾问,他称,在华盛顿,文化领域正是热点。"我的老同事每天都以越来越强势但十分可笑的自尊心面对我。[……]但是,所有这些(为将要成立的研究所向南美洲各地写信)暂时看来是徒劳无用的,也许有一天,它们将形成重要的影响力,并帮助我建立人脉、展示自己的价值。"年轻的学者带有清晰的宿命论。他有时也会参加艾琳姨妈的密友米玛·波特(Mima Porter)举办的晚宴。米玛·波特将他介绍给著名的记者和知识分子沃尔特·利普曼(Walter Lippmann)。除了纽约的这些社交生活,他远离了围绕在亨利·伯恩斯坦(Henry Bernstein)身边的法国流亡文人圈:"这些人都过着奢华的生活,我无法与之为伍。纽约是一个庞然大物,纽约内部不同的社会环境创造了许多独立的城市。这些城市堆叠在一起,却从不融为一体。我要补充一点,出于一千种不同的原因,我与过于喧闹的世界保持距离,我也不知道这样要持续多久。如果我与他们拉近距离,我也不会立马成为他们的一员,甜蜜不会来得那么快,远远不会。"[1] 他与前国民阵线政府航空部部长皮埃尔·科特(Pierre Cot)拥有社会主义者的同袍之谊,当两人共进午餐时,他十分警惕纽约的戴高乐主义者。在书信中,为了避过审查人员的耳目,他还称皮埃尔·科特为"皮埃尔·德·玛耶"(Pierre de Maille)[2]。他与法国学者们也同样保持着谨慎的距离,尤其在开始讨论是否在新学院内建立一所法国与比利时联合学校时。列维-斯特劳斯被问及此事时,起初十分抵触,但最终妥协。之后,他马上后悔做出这一决定,准备"伺机改口"。对他来说,新学院本身更为重要。不仅如此,美国人也认为创建这样

---

[1] 1941年8月5日的信,参见《"亲爱的爸妈":致父母的书信集(1931—1942)》。
[2] 这是克洛德·列维-斯特劳斯为了躲避审查主动采取的措施。

一个机构没有什么前景。"我不喜欢事情的发展方向，这件事与安德烈·L.（André L.）[1]牵扯太深了，不是我的作风。过去的一周里充满了阴谋诡计、秘密交易，以及让我感到十分厌恶的管理手段。我花了一番功夫才得以彻底摆脱它，发誓再也不会参与这类公共活动！此外，除了打电话、准备法规文件和奉承那些可悲的老人——这些老人担心没有学生来念本科学位，一副精神衰弱的样子——之外，我还有更多更有意义的事情要做。[……]我曾经十分享受议会生活，视其为一种荣誉，现在，这样的生活对我不再具有吸引力。除了无忧无虑地继续我的工作，期待工作节奏不被打断，我别无他求。过去的三个月，我一直埋头苦干，然而，我还必须整理一堆资料，发表一堆文章，因此，这种情况可能还会持续一年。"[2]

一开始，列维–斯特劳斯十分亲近美国文化，并未固守法国人的身份，这十分有别于其他流亡者。几年里，他的态度逐步变化。但从最初的几个月开始，他就表现出"穿梭于多个社会环境（其中不乏偏僻的社会环境）的优秀能力"[3]。洛朗·让皮埃尔（Laurent Jeanpierre）指出，他对纽约的回顾性描述表明他敏锐地抓住了流亡带来的机遇，即在大都市中发展（或回避）人际关系的机遇。"就像城市的纹理一样，社会和文化的纹理到处都存在空洞。"[4]城市纹理的开放性为新发现提供了希望，让阿里巴巴的洞穴得以存在，也在互无干系的社会活动之间架起了连接的桥梁。这种社交能力和"多元"[5]身份带来的心理影响被他的姨妈艾琳清清楚楚

---

[1] 安德烈·L.指的是安德烈·拉巴尔特（André Labarthe）。他是自由法国的重要成员，但在伦敦与之彻底决裂。随后，他来到纽约，成为左派中戴高乐的反对者。
[2] 1941年9月26日的信，参见《"亲爱的爸妈"：致父母的书信集（1931—1942）》。
[3] 洛朗·让皮埃尔：《流亡人思想的结构：克洛德·列维–斯特劳斯结构主义的形成》（« Les structures d'une pensée d'exilé. La formation du structuralisme de Claude Lévi-Strauss »），载《法国政治、文化与社会》（French Politics, Culture and Society），第28卷，第1期，2010年春，第63页。
[4] 克洛德·列维–斯特劳斯：《1941年的纽约》，载《遥远的目光》，第63页。
[5] 洛朗·让皮埃尔：《流亡人思想的结构：克洛德·列维–斯特劳斯结构主义的形成》，载《法国政治、文化与社会》，第65页。

地看在眼里，艾琳发现她的外甥"更有人情味、更加仁慈、更加宽容，也更加可亲"[1]。克洛德·列维－斯特劳斯拥有冷面滑稽的功力，也懂得做客之道。在由新学院组织在乡下进行的一日游（新学院资金雄厚的资助者提供了经费）中，他主动"讲述野蛮人的故事"和扮演探险家，让接待方感到颇为愉快。与法国人相处时，他以黑色幽默的口吻评论了法国国内的局势和国际局势："特里斯坦·伯纳德的话被我巧妙地转述，每个人的脸上都露出笑容[……]：我们'布洛克'（意为'冻结'）了账户，但还要计算布洛克轰炸机（Bloch）的数量。"[2] 这是减轻焦虑和内疚的好方法。焦虑和内疚是纽约流亡者幸福生活的阴暗面。

纽约的自由生活

超现实主义者们

1941 年春季末，已经有数百名欧洲艺术家聚集的纽约市正迎来一群几乎完全复刻的超现实主义者。与传说相反，他们的到来并没有引起媒体的广泛关注，远远不如事后的关注来得热切。"我们很难想象 1940 年代初期纽约的气氛，那里聚集了大量的艺术家难民，其中达利是主要人物，然后是俄罗斯芭蕾舞剧的舞台和服装设计师帕维尔·切利乔夫（Pavel Tchelitchev）和尤金·伯曼（Eugène Berman），还有刚从德国回来的包豪斯学校的德裔美国人利奥尼·费宁格（Lyonel Feininger）和乔治·格罗兹（George Grosz）。为了满足不断变化的美国环境，乔治·格罗兹张扬的表现主义风格被磨去了个性。[……] 这群人中，国际名人夏加尔（Chagall）、莱热（Léger）、蒙德里安（Mondrian）和超现实主义者——按照出场的顺序，他们分别是马塔（Matta）、唐吉

---

[1] 1941 年 6 月 12 日的信，参见《"亲爱的爸妈"：致父母的书信集（1931—1942）》。
[2] 1941 年 8 月 20 日的信，同上书。

（Tanguy）、马克斯·恩斯特（Max Ernst）、布勒东和马松——纷纷出现，但并没有马上引起人们的注意。"[1] 艺术史学家和古画专家罗贝尔·勒贝勒（Robert Lebel）后来成为纽约超现实主义者的密友，他曾描述这些大师是如何尴尬地退场、如何被礼貌地送离现场，甚至提到了他们的"准匿名性"。

马克斯·恩斯特刚刚与佩吉·古根海姆（Peggy Guggenheim）结婚，唐吉的妻子凯·萨奇（Kay Sage）则拥有巨额财富，其他人几乎无法维持生计。随着时间的流逝，画家和雕塑家的适应能力（他们善于充分利用自己身处异国的背景，也擅长销售自己创作的艺术作品）显然与布勒东或墨西哥的佩雷特（Péret）那样的诗人有着天大的区别。诗人们陷入了可怕的财务困境。超现实主义者典型的群居性，既是他们生存的本能反应，也是创造活动的必要条件。他们几乎都生活在格林威治村，因此，在两次世界大战期间抱团取暖的特性就更容易得到恢复：唐吉和布勒东生活于11号街，罗伯特·马塔生活于9号街，马塞尔·杜尚也生活在附近。但纽约并没有真正的咖啡馆，因此，在布勒东的热情组织下重新相聚后，团体成员们在彼此的公寓见面。马松和唐吉移居乡下，其他人在周末探访他们。

这段法语名人圈不为人知的历史，年轻的民族学家也有份参与，尽管这些"星辰有些暗淡无光"。除了布勒东之外，他与马克斯·恩斯特相识恨晚，后来，两人的关系变得更加亲密无间；他还与杜尚、唐吉交好。杜尚是亲切的兄长，而唐吉的艺术作品是列维-斯特劳斯十分欣赏的，但他的性格被认为"不够随和"。刚刚成为纽约客的列维-斯特劳斯还在哈德逊西侧安德烈·马松的家中与这位"了不起的人物"会面。不仅如此，离此不远处还

---

1 罗贝尔·勒贝勒，《巴黎—纽约双城，重温马塞尔·杜尚、达达主义与超现实主义》（«Paris-New York et retour avec Marcel Duchamp, Dada et le surréalisme »），载《巴黎—纽约双城展》，第69页。

生活着一个"好奇的人,或者说,猎奇的艺术家。[……]他将铁丝和钢板连接起来,创作了美妙的声音作品。它们具有非常复杂的结构,有些看起来像垂柳,有些像从天花板上悬挂下来的紫藤花或兰花簇,但都维持着纯粹的几何形状,整个装置在微风中摇摆、旋转……"[1]这是亚历山大·考尔德(Alexander Calder)。除了超现实主义团体的核心人物外,列维-斯特劳斯还经人介绍认识了其他成员:罗贝尔·勒贝勒、勒贝勒的妻子尼娜(Nina)、艺术评论家乔治·杜徒伊(Georges Duthuit)(他也是马蒂斯的女婿)、雕塑家伊莎贝尔·沃尔德伯格(Isabelle Waldberg)和她的丈夫帕特里克·沃尔德伯格(Patrick Waldberg)。列维-斯特劳斯这样对他的父母形容帕特里克·沃尔德伯格这位不太真实的人物:"他靠吃利息过活,十分安逸,我不知道他从谁那儿继承了一笔钱,也不知道这笔钱是出于什么名目。这大概是一笔遗产,而银行还须替他精打细算,因为他是一个'急性子'。[……]他十分疯狂,生活杂乱无章,曾经做过一些疯狂至极的事情:或在长椅上睡觉,或过着富裕的生活,但很讨人喜欢。"[2]沃尔德伯格具备艺术史学家的眼光,1930年代,他常常参观人类博物馆,让列维-斯特劳斯对之钦佩不已,而他也从来没有让好奇心旺盛的后者感到失望。除了他的丰富多彩的生活外,沃尔德伯格于1943年加入战略服务办公室(Office of Strategic Services),从而将秘密特工的身份增加到他丰富的职业经历中。沃尔德伯格与这位年轻的学者走得很近,发现列维-斯特劳斯参加了越来越多超现实主义团体的活动。他给了我们一幅列维-斯特劳斯当时的可爱肖像:"在我看来,他被赋予了我所谓的体面的外表:瘦长的身材、窄且轮廓分明的脸庞、深邃且洞察一切的眼睛;他的眼神时而迷惘、忧郁,时而表现出专心凝视的样子,仿佛处于高度警

---

[1] 1941年10月16日的信,参见《"亲爱的爸妈":致父母的书信集(1931—1942)》。
[2] 1941年10月10日,同上书。

10 纽约市的法国人：流亡生活中的伟大创造（1941—1944）

惕的状态，这是他的脸上常常出现的凝重表情；除了凝重的神情，他有时也会露出十分接近奈瓦尔的微笑。所有这一切让我想到了某位西班牙大裁判官对科学做出的判决，他将荣誉点的研究变为至高点的研究。"[1]

列维-斯特劳斯和超现实主义者（尤其是布勒东）身上有着相同的优雅举止，这使他们的对话充满了规规矩矩但已经过时的都市气息，这也透露出两人身上的贵族仪态以及若有若无的丹迪主义，布勒东的身上尤其明显，列维-斯特劳斯也有相似的痕迹。[2] 后者很快就加入了超现实主义团体的游戏和活动，这是他们从两次世界大战之间的巴黎带来的事物：字谜、解读塔罗牌、集体造句游戏，以及"真心话游戏——游戏的规则是说真话，但不能带污言秽语。尽管略有不同，但它有时也让我想起名为'女才子'（Les Précieuses）的文雅游戏和朗布依埃酒店（Hôtel de Rambouillet）的沙龙活动"[3]。

他们一起在城市中漫步，品尝异国情调的餐馆。超现实主义者们游览跳蚤市场的传统行程被淘古玩的活动所取代。克洛德·列维-斯特劳斯经常讲述马克斯·恩斯特是如何在第三大道上发现了一间迷你的德国古玩店，并买下了一件美洲印第安人的手工艺品："马克斯·恩斯特向我们介绍了这家古董商。我们并不富裕，所以，无论我们谁手上有闲置的几美元，都会将那件令人垂涎的物品买下来。恩斯特身无分文时，他会让其他人知道。我们的古董商找到了销路，出售的货物也越来越多。实际上，[……] 它们来自一家大型博物馆，该博物馆正在淘汰藏品中被认为是复制品的那一部分。这种做法就好像博物馆里允许存在复制品一般！当古董商知道他有市场时，便成为我们与博物馆之间的中介。"这

---

[1] 《回忆似水》，第 583 页。
[2] 参见德尼·贝多莱：《克洛德·列维-斯特劳斯》，第 144 页。
[3] 《自画像》，第 21—22 页。

个过程的最后一步是，超现实主义团体的所有人来到位于布朗克斯的美洲印第安人博物馆的仓库，直接挑选采购对象。几日后，这些商品就会神奇地出现在第三大道的古玩店中。这种意外收获重新定义了纽约，并证明了布勒东和列维－斯特劳斯之间的"基本默契"[1]。今天，当艺术和科学之间的默契关系又有了新的发展，我们的想象力仍能继续自由驰骋。[2] 超现实主义组织表现出"高扬的求知欲"[3]，这让流亡生活的愉快氛围更具生命力，也正是在这样的环境下，这段超出世人想象的友情破土而出。的确，两人与19世纪都颇有渊源，他们研究的对象也都是非理性和神话，尽管研究的方式各有不同。超现实主义与民族志之间的这些交流并不是什么新鲜事物，但是在战争年代的纽约，列维－斯特劳斯承认他须表示感谢：他须感谢超现实主义者，尤其是要感谢布勒东的洞察力，这是一种对美的灵敏嗅觉，类似猎犬一般的嗅觉。他对人类学物品的审美判断、洞察力的增长，以及大胆的叠加手法带给他的巨大冲击都要感谢超现实主义者们："超现实主义者们教会我不要害怕马克斯·恩斯特在拼贴画中喜欢运用的毫无征兆、毫无章法的叠加。"[4] 这种拼贴画的美学也是尚处于襁褓中的结构主义所需的养料，该结构主义否定了文化传播论，而主张切割和叠加。

---

1 《回忆似水》，第582页。
2 菲利浦·索莱尔斯（Philippe Sollers）：《知识分子和作家之间不可或缺的联系》（«La nécessaire alliance des intellectuels et des écrivains»），《世界报》2000年2月10日。
3 《亦近，亦远》，第54页。
4 同上。

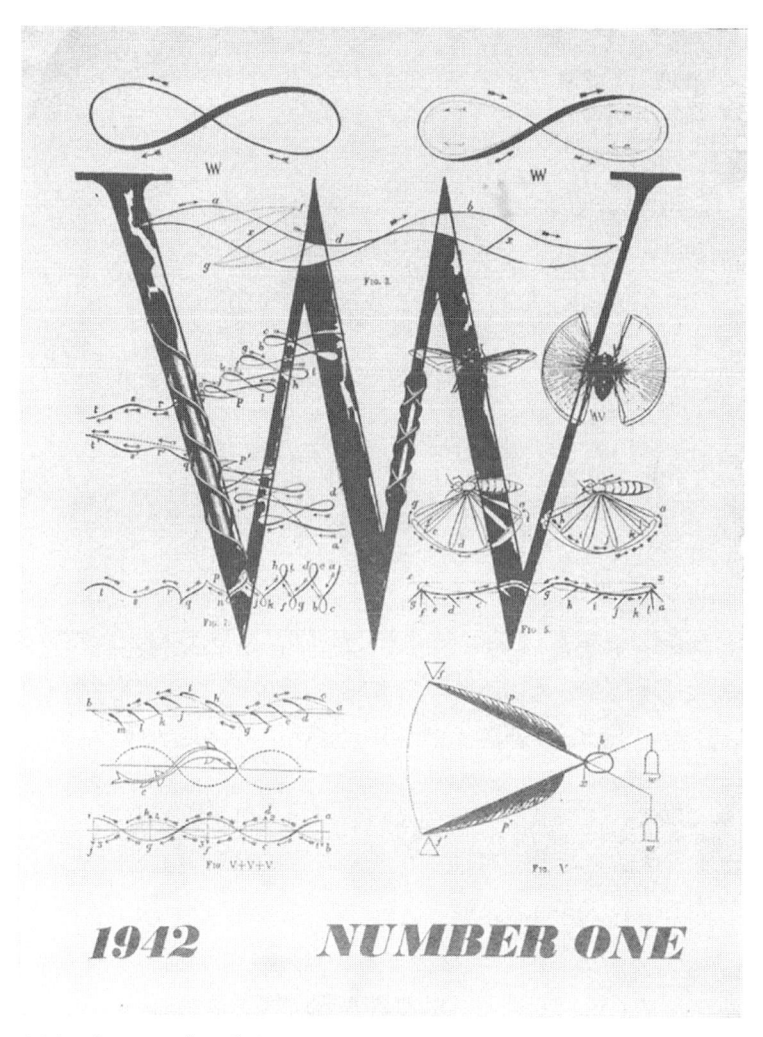

10　纽约市的法国人：流亡生活中的伟大创造（1941—1944）

图为超现实主义刊物《VVV》第一期封面。战争期间，《VVV》在纽约出版发行，克洛德·列维－斯特劳斯曾投稿一篇题为《印第安人的化妆品》的文章。

1946年，安德烈·布勒东在纽约出版了一本书，左图为书的封面。该蒙太奇照片为马塞尔·杜尚的作品。

　　布勒东试图重塑波西米亚式的生活，但事倍功半。身为超现实主义的守护者，布勒东在纽约发行了超现实主义的杂志，但仍未能避免该团体成员同质性的消失。杂志的首期于1942年6月发行，其"编者的话"解释了标题缩写的来龙去脉："VVV，即V + V + V。这里有三个V，V不仅代表誓言（voeu）——我们势必要回到一个可居住、可思考的世界，也代表了胜利（Victoire）。胜利指的是，战胜目前地球上退化与死亡的力量，同时，超越第一个阶段的胜利，因为这个世界不能而且一定不会保持不变。因此，胜利也指，根除造成人与人之间长期奴役的原因。达成第二个阶段的胜利后，我们将迎来第三次胜利——消灭反对思想解放的任何事物。这是人类获得解放的首要条件。"

10 纽约市的法国人：流亡生活中的伟大创造（1941—1944）

这期杂志的专题文章署名列维-斯特劳斯，题为"印第安人的化妆品"。文章里，列维-斯特劳斯重新谈到了卡杜维奥部落的绘画。艾梅·塞泽尔（Aimé Césaire）的诗歌和一组超现实主义图像为文章提供了框架。在此基础上，这篇文章展示了这些花纹的神秘性，但只是向读者提供了印第安人脸部的绘画，没有开展新的分析。仅仅两年后，在同一个主题的另一篇论文《亚洲和美洲艺术中的分裂》[1]中，他给出了表示分裂的图案并进行了详细的解释。列维-斯特劳斯基于卡杜维奥部落、太平洋西北部部落、古代中国和新西兰毛利部落的大量研究，通过对比没有明确定论的文化接触案例，提出了一种解释。他基于首次"形态的结构分析"，批评了文化传播的说法。[2] 与他1936年的直觉判断相反，现在，他认为卡杜维奥部落的绘画不是西班牙人影响的结果，因为西班牙人登陆南美大陆的时间要晚得多。从社会学的角度来看，分裂指的是隐性的阶级在空间上的表现。从心理学的角度来看，"分裂是多重人格在社会学意义上的功能"[3]（生物性与社会性、世俗与神圣，等等）。一个如此广袤的地理区域让他难以提前判断能够接触多少部落，直到他发现夸夸伊特人（Kwakiutl）的变形面具和钦西安人（Tsimshian）的木艺装饰品，他才确定，在这片宽广的土地上，部落之间的装扮风格保持着统一。他在第三大道的一间古玩店里以及在弗朗兹·博厄斯安排的自然历史博物馆的房间里高兴地发现了太平洋西北地区的这些艺术。

---

[1] 论文以《亚洲和美洲艺术中的分裂》为题，发表于高等研究自由学院的期刊中：《复兴》（*Renaissance*），第2、3卷，1944—1945年。《结构人类学》一书也吸收了该篇论文，参见第269—294页。
[2] 同上书，第273页。
[3] 同上书，第285页。

窥镜另一侧的"暗道":纽约的"隐秘出口"

"在纽约有一处神奇的地方,在那里,童年的所有梦想都一一实现,百年老树的树干或歌唱或说话,一件件难以形容的物品等待着游客们出现后做出焦急又呆滞的表情。[⋯⋯]它位于纽约的美国自然历史博物馆,每天上午10点至下午5点开放参观,半明半暗的洞穴和摇摇欲坠的珍宝经过陈旧但十分高效的博物馆学研究方法的洗礼,让这个空间的声望更上一层楼。它指的是博物馆一楼的巨大画廊,画廊展示的主题是西北海岸从阿拉斯加一直延伸到不列颠哥伦比亚省的印第安人。"[1]与太平洋西北海岸的艺术相遇是纽约经历的一大亮点,而当时,仅被当作一件小事。但这不是唯一的亮点:深受超现实主义的影响,列维-斯特劳斯写下《1941年的纽约》一文,文中,他回忆了纽约向他展示的"一千零一个阿里巴巴的洞穴"[2],这座城市收纳了全世界的艺术遗产,允许那些冒险者像爱丽丝一般"穿过镜子抵达另一侧"[3],镜子的另一侧是"仙境":整个仓库塞满了莫奇卡(Mochica)、纳斯卡(Nazca)和奇穆(Chimu)的陶器,镶嵌着红宝石与祖母绿的金箱,十月革命后俄罗斯移民的遗物,一整套喜多川歌麿的木版画真迹(一个陷入困境的年轻男子准备与它们说再见),被一位德国男爵抛售的价值连城的秘鲁文物⋯⋯

纽约绝不是人们印象中百分之百现代的城市,它将不同的时空交织在一起,是一个错综复杂的空间。它从方方面面模仿着1970年代的欧洲城市风貌,例如,铺天盖地的广告和对世俗百态的包容,同时,也折射出七月王朝的法国——这是巴尔扎克在《金眼女郎》开头几页生动描述的法国。布勒东格外钟意这几页文字,

---

[1] 《美国自然历史博物馆中的西北岸艺术》(« The Art of the Northwest Coast at the American Museum of Natural History »)发表于1943年的纽约,参见《美术杂志》(*La Gazette des Beaux-Arts*)。这篇文章后来成为《面具之道》(*La Voie des masques*,1975)的第一篇文章。
[2] 克洛德·列维-斯特劳斯:《1941年的纽约》,第348页。
[3] 同上。

曾发表了甚有远见的分析。他将巴黎社会的各个领域与地狱的圈子进行了比较，有力地描绘了权力舞台的不断变化和社会流动的残酷性。社会流动不仅包括向上攀升，也包括向下跌落，是这一时期法国资本主义的特点和房地产投机活动造成的结果。[1] 巴黎利用同化和排斥的力量，保持着永恒的运动。这是一种有机的观点，也是1941年的纽约带给列维-斯特劳斯的感悟。就像潮起潮落一样，各个社会阶层的回收、重新分类、崩溃和重生也产生了一定数量的"垃圾"，这些垃圾被安置在大城市的角落和缝隙中，一旦失去了几乎全部的价值，就只能默默等待他人发现自己的存在。超现实主义者们尊重对位法规则，已经成为拍卖行常客的民族学家也顺从这一游戏规则——我们必须观察喜恶曲线的变化并且发现曲线的底端，才能定义何为美。这位颇具美学品位的民族学家在这个时代下，成为社会中的"垃圾收集者"[2]。

从一个街区到另一个街区，我们既可以穿越时间，也可以穿越地理空间。列维-斯特劳斯发现了美国大都市的多元文化，这种文化又一次预示了1945年后欧洲的变化，但对巴黎人而言，仍然是全新的事物。矛盾的是，纽约让他调动所有感官功能体验人类学。他在这里发现了中国戏曲，常常观看演出，后来阿尔伯特·加缪也加入了他的队伍。每天午后到午夜，在布鲁克林大桥的第一个拱门下，一个多年前来美的中国戏班坚持表演中国戏曲的经典剧目，将它变成了传统。列维-斯特劳斯还常常光顾纽约的异国餐馆，尤其是中餐馆，对它们了解得越来越仔细。他那时结交的一个年轻朋友回忆道，他经常带她去中国餐馆，"点菜单上没有列出的菜品"[3]。他甚至用唐人街买的香辛料和一只北京

---

[1] 帕特里克·沃尔德伯格用福楼拜《萨朗波》中阿米尔卡的军队来比喻纽约的多元文化和多元民族。参见《回忆似水》，第581页。
[2] 这是瓦尔特·本雅明在《外来人引人注目》（«Un outsider attire l'attention»）中对西格弗里德·克拉考尔（Siegfried Kracauer）的描述。参见《外来人引人注目》，载西格弗里德·克拉考尔：《雇员》（Les Employés），巴黎：美文出版社，2012年，第136页。
[3] 《克洛德·列维-斯特劳斯在纽约》，第24页。

烤鸭为她做了几道自己发明的菜,给这名年轻女子留下了深刻的印象。他们吃了 80 顿饭,吃饭便等于环游世界:"一天,我们前往哈林区吃大麦饭炸鸡;下一次,我们将尝试巴拿马龟蛋、炖鹿肉、叙利亚开菲尔、软壳蟹、牡蛎汤、墨西哥棕榈树蠕虫或眼睛清澈的章鱼。"[1] 列维-斯特劳斯身处纽约,这意味着他身处北美,但他也可以找到中国和欧洲的痕迹,同时,还可以发现过去和将来。与他牵连最少的可能是"当下"。这台机器以难以置信的节奏在时间维度上来回移动,或追溯历史或展望未来,但它也成为足以消去"当下"的橡皮擦。这很可能是它最为致命的魅力之一。

因此,在纽约,一切皆有可能发生。大众文化正有崛起之势,同时,这座世界主义的大都市已无力保护民俗文化——中国戏曲、意第绪戏剧、早期的美国民乐。纽约还是一个"超现实主义"的城市,尽管与之形成矛盾的是,它并没有给布勒东提供任何灵感,布勒东也没有为它留下一字半句。文森·德巴恩(Vincent Debaene)称,它也是一个十分具有结构主义特质的城市:纽约存在复杂的"地层",而纽约内部多重的时间与空间之间还发生着碰撞,这些因素使其成为"以分析多重认知之间的联系为基础的符号理论的实验室"[2]。这给了纽约它应得的正面评价,也高度肯定了列维-斯特劳斯在纽约的经历。他本人认为,这段经历十分深刻。[3] 纽约矩阵也以另一种方式融入了超现实主义美学和结构主义认识论:它的突破、短暂的书信往来,以及"暗道"废除了时间独裁的统治。通过梦想、机会、游戏,以及通过丰富的情感和充实的脑力活动,人们可以摆脱历史的局限性。

---

1 《回忆似水》,第 584 页。
2 《如同镜子另一侧的爱丽丝:克洛德·列维-斯特劳斯在纽约》,第 60 页。
3 1964 年 6 月,列维-斯特劳斯接受了《电影手册》(Cahiers du cinéma)的访谈。他这样解释道:"我在美国住了好几年,过得十分充实,因此,美国电影中所有能让我回忆起美国生活的内容都让我觉得非常亲切。这是影响我对美国电影评价的原因。"参见第 22 页。

这段历史"一步步地堵上了'必然'这面墙壁上的所有缝隙"[1]。纽约市充满了逃逸状态的甜蜜经历，与之相对，沦陷的法国被封锁、被围困，沦为纯粹的镇压对象，无法通过窥镜找到脱身之法。

学问与政治

1942年2月14日，高等研究自由学院在纽约正式成立，3000人参与了成立仪式。战争时期，它的寿命十分短暂，但声誉得以延续。原因有二：第一，它致力于自由法国的事业之中，在学术界树立了威望[2]；第二，它位于第五大街66号的围墙内，克洛德·列维–斯特劳斯和罗曼·雅各布森都在这里教书，两人的世纪相遇给我们留下了神秘的色彩，也让这里成为结构主义的诞生之地。

高等研究自由学院：戴高乐主义和学术政治

建立"自由学院"是纽约戴高乐主义圈子的决定，洛克菲勒基金会并未参与其中。该项目计划创建"法语学术国际组织"，收容大部分讲法语的难民学者。这项具有政治立场的学术倡议的目的既包括展示存活下来的法国文化，也包括将法国文化融入纽约市中心的这所"流亡大学"中。因此，我们不难发现，年轻的社会主义人类学家不会马上就被这个项目吸引。但他将会成为该项目的一分子，并且变得越来越活跃。1944年，该机构面临发展危机，他同意担任其秘书长，之前，他将这个位子让给了亚历山大·科伊雷（Alexandre Koyré）。这所学院有一半像大学，有一半像法兰西公学院，是一所独具特色的机构。它位于学术生活与

---

[1]《忧郁的热带》，第444页。
[2] 戴高乐认为，法国思想是两座"堡垒"之一，另一座是"剑刃"（tronçon d'épée）。法国尽管处于风雨飘摇的状态，但仍然可以依靠这两股力量。这是他重视高等研究自由学院的原因。参见《戴高乐演讲录》（Discours et messages），巴黎：普隆出版社，1970年，第335页。

高阶政治（high politics）、国家与国际之间的十字路口，在关门之前始终充满着流亡地位营造出来的紧张气氛。它是一家常驻机构，还是战争的产物？是一个学术生产基地，还是政治代表的工具？是国际研究中心，还是代表坚持战斗的法国的勇敢旗手？"高等研究自由学院"究竟是什么？

自由法国通过了一项法令，法令于1942年2月7日正式生效。根据这项法令，它的确是一所授予学位的大学，同时，它也迅速在当地众多高等教育机构中找到了自己的位子。1942年2月，它招收了326名学生，开设了40门课程，拥有19名教师。1943年的第一学期，学生人数达到851人，常任或兼职教师共95人，课程达548门。学校受到了法国大学系统的直接影响，分为三大学院（文学、科学和法学）。学校的教职员中有几位声望甚高的学者，他们的公开演讲虽然没有吸引大批听众，也召集了一批社会上的知识分子前来听讲。托马斯主义哲学家雅克·马里坦（Jacques Maritain）和古斯塔夫·科恩（Gustave Cohen）吸引了一百余名听众，把演讲厅塞得满满当当。物理学家让（Jean）和弗朗西斯·佩林（Francis Perrin）、数学家雅克·哈达玛（Jacques Hadamard），以及法学家博内（Bonnet）和米尔金-泽维奇（Mirkine-Guetzevitch）备受瞩目，他们总能获得听众的拥戴，并帮助学校在纽约建立一定的学术声望。像克洛德·列维-斯特劳斯这样年轻、名声尚不响亮的学校职员，其学生数量十分有限。雕塑家伊莎贝尔·沃尔德伯格经常与罗贝尔和尼娜·勒贝勒一起参加他的民族学课程："除了我们之外，最多只会有两名学生，但列维-斯特劳斯像是面对一大群听众一般教授这门课程。"[1]1942年，5名学生注册了克洛德·列维-斯特劳斯的课。[2]

---

[1] 帕特里克·沃尔德伯格、伊莎贝尔·沃尔德伯格：《没头没脑的爱情》，第184页。
[2] 1942年3月2日，克洛德·列维-斯特劳斯给亨利·福西永（Henri Focillon）的信。参见纽约社会研究新学院保存的"高等研究自由学院档案"。

10　纽约市的法国人：流亡生活中的伟大创造（1941—1944）

图为高等研究自由学院的宣传册。几名教师的头像也被载入其中。

高等研究自由学院还是学术研究和知识生产的机构。除了免费的公开讲座外，它还举行了不对外开放的研讨会。研讨会由相关研究中心和研究所主持与协调。学院内成立了三个"研究中心"和四个"研究所"，其中包括由让-贝诺瓦·雷维（Jean-Benoît Lévy）带领的戏剧与电影艺术中心（该中心表现得十分活跃）、由鲍里斯·米尔金-泽维奇（Boris Mirkine-Guetzevitch）坚定不移主持的法学研究所以及社会学研究所。社会学研究所是谢列斯泰·布格雷于1920年创立的社会文献中心的延续，洛克菲勒基金会作为资助方，通过乔治·古维奇（Georges Gurvitch）的渠道，成为社会学研究跨越大西洋的后备力量。乔治·古维奇参与了1917年2月的俄国革命，也曾在斯特拉斯堡大学担任社会学教授，他将充分利用他的美国经验，成为二战后法国社会学的领导人之

335

一。克洛德·列维-斯特劳斯自然是社会学研究所的成员。该研究所有 32 名法国和美国学者,其中包括金斯利·戴维斯(Kingsley Davis)、弗洛里安·兹纳涅茨基(Florian Znaniecki)、皮特林·索罗金(Pitrim Sorokin)、阿尔弗雷德·梅特罗和地理学家简·戈特曼。但更重要的是,列维-斯特劳斯担任了拉丁美洲中心的秘书长,为其拓展了多个地方分部,形成了以纽约为中心的研究机构网络:民族学家雅克·鲁曼(Jacques Roumain)负责海地分部;安德烈·奥姆布雷丹(André Ombredane)及其圣保罗的前同事罗杰·巴斯蒂德、保罗·阿尔布斯-巴斯蒂德和皮埃尔·蒙贝打理巴西分部;罗杰·凯卢瓦代表布宜诺斯艾利斯法国高等研究院,与罗伯特·韦伯-理查德(Robert Weibel-Richard)主持阿根廷分部的工作;随后又增加了一个墨西哥分部,由阿方索·雷耶斯(Alfonso Reyes)领导,奥克塔维·帕斯(Octavio Paz)还参与了分部活动。美国人正在实施"睦邻政策"[1],因此,出于战略需求,对该中心饶有兴趣。法国人也对它有战略上的需求。法语仍然是南美文化精英传统教育中的第二语言,因此,身处纽约的拉美学子是法语授课课程的潜在生源。列维-斯特劳斯多次在纽约的法语媒体上发表文章,巧妙地在法国、美国和南美之间保持平衡。"有人可能会说 [……] 布宜诺斯艾利斯、里约热内卢和巴黎曾经紧密相连,然而每过一天,它们之间的联系就变得更加松垮,同时,华盛顿特区和纽约还促成了新的联系。这些新的联系不仅存在,也一天天紧密起来。我要说,从法国的立场来看,我们不应为此感到困扰。相反,我们应当也必须以各种可能的方式加强

---

[1] 罗斯福政府在第一段任期内推出的"睦邻政策"意在推翻 1823 年提出的门罗主义(doctrine Monroe)。门罗主义主张美国对南美有合法的干涉权。

这种联系。因为法国不该缺席这项泛美洲的伟大事业。"[1]

高等研究自由学院的日常教学活动中存在讲座和研讨会两种教学模式，它们互为补充而非互相竞争。一种更符合法国习惯，另一种则更接近美国的教学传统。一种有可能使法国文化的"启蒙"得以永远延续，并让文化机构扮演政治角色，因为高等研究自由学院是法国事业在美国的前线。另一种源于更加神秘、谦虚同时也不设界限的教学方式，因此，清晰地向知识创新这一目标前行。1942—1943学年，列维-斯特劳斯在哲学和社会学系开设了两门讲座课程以及两门封闭式的研讨课，同时为哲学和社会学系上课的有乔治·古维奇、亚历山大·科伊雷和雷蒙德·德·索绪尔（Raymond de Saussure）：每周四上午8—9点，第一学期，《种族与种族主义》（共5节课）；第二学期，《迈向人的新观念》（共5节课）；以及每学期每周四9—10点，《普通人类学》（每学期15节课）[2]。这说明，知识分子的抵抗带来了两个截然不同但互相联系的概念：延续在法国遭到践踏的传统、批评需要重建的文化和政治遗产。

高等研究自由学院与自由法国建立了"非常牢固的精神联系"，作为位于伦敦的法国流亡政府的教育专员，勒内·卡森（René Cassin）亲口承认上述说法属实。从这个角度来看，修饰"学院"（École）的形容词"自由"（libre）造成了模糊的空间，使其既可以吸引学术自由的支持者（他们总是对国家干预持怀疑态度），又可以吸引坚定的戴高乐主义者。事实上，自由法国组织通过发

---

[1] 克洛德·列维-斯特劳斯：《拉丁美洲需要我们》（«Ce que l'Amérique latine attend de nous»），《为了胜利》（Pour la victoire），1943年7月4日；《法国人与泛美洲主义》（«Les Français et le panaméricanisme»），《为了胜利》1942年1月24日。列维-斯特劳斯以一个意味深长的小故事作为文章开头。这个故事说明，法国的影响已渗透拉美社会：1937年，在戈亚斯州一个偏远的市镇，两名法国人遇见了一位老人。老人发现两人是法国人，以毫无口音的法语叫唤："啊！先生们！法兰西！阿纳托尔，阿纳托尔！"老人远在巴西，对阿纳托尔·法朗士（Anatole France）表达了敬意。
[2] "高等研究自由学院"主题档案：克洛德·列维-斯特劳斯档案库，编号NAF 28150，档案盒编号213。

放一年一度的补助金,为该机构提供了部分资助,这部分补助金还包括了比利时流亡政府捐赠的1万美金。因此,温和的戴高乐主义者雅克·马里坦写信给戴高乐将军,感谢他对高等研究自由学院前任校长亨利·福西永(Henri Focillon)教授的逝世表示哀悼,这样的做法也显得合情合理。马里坦正要接过亨利·福西永教授的职位:"学院将坚定不移地团结参与抵抗的所有知识分子的力量,共同对抗压迫。"[1]虽然高等研究自由学院未能成为勒内·卡森希望的一所流亡中的法国大学,但它至少在某种程度上成为美国戴高乐主义运动中的一股力量。这得益于以下原因:这里的教书先生政治立场十分明确,这里举办的辩论和讲座还被法语媒体和纽约的主流媒体进行了报道,此外,学院的学术成果十分突出。通过参与高等研究自由学院研究机构的工作和发表学术成果,部分法学家、社会学家和经济学家立志成为二战后法国重建工作的专家,克洛德·列维-斯特劳斯也是其中一员。

列维-斯特劳斯与雅各布森:跨学科思潮的逐步形成

因此,正是在那个时候和那个地方,列维-斯特劳斯才与罗曼·雅各布森结识。他们的相遇直接导致了结构主义的诞生,为它提供了最初的灵感。列维-斯特劳斯回忆起这段经历时,将之描述为一次顿悟:"那时,我只是一个天然的结构主义者,我身为结构主义者,对它却毫无认识。雅各布森告诉我在一门学科——语言学——中已经形成了一整套学说,而语言学是我知识的盲区。这对我而言是一个启示。"[2]1976年,温习了雅各布森半个世纪前纽约的讲课后,列维-斯特劳斯"重新体验了34年前的那种

---

[1] 1943年3月20日,戴高乐将军给雅克·马里坦(Jacques Maritain)的电报。法国国家档案馆"卡森资料库"(fonds Cassin),参见382 AP55。
[2] 《亦近,亦远》,第62—63页。

兴奋"[1]。列维-斯特劳斯是经亚历山大·科伊雷的介绍才结识雅各布森的。因为人类学家正在寻求技术帮助，以"在一窍不通的情况下，与一些巴西中部的未知语言作斗争"[2]。得益于两人的相遇，他"发现了结构语言学，因此，[他]能够将思考卢森堡边境某地的野花后得到的所有天马行空的想象变成一丝不漏的观点[……]"[3]。

列维-斯特劳斯之所以能够跨越学科的界限，也因为他与一位年长者建立了持续一生的情谊。这位男性友人年长12岁，成为他成熟的兄长、导师以及学术上的榜样，让他钦佩不已，并且，从来不会令他失望。雅各布森是反法西斯的俄裔犹太人，曾在布拉格居住，是布拉格语言学小组的成员。在到达美国海岸之前，他穿过了饱经战火的欧洲，途经哥本哈根、挪威和瑞典，经历了一次真正的冒险之旅。雅各布森的结构主义深深扎根于1920年代初期革命烽火熊熊燃烧的莫斯科。它是文化融合的结果，其中，俄国形式主义、未来主义、立体派艺术和民俗研究互相融合，创造出一种生活方式、城市空间和知识生产的混合体，这种混合体与1940年代的纽约十分相似。纽约有学者、超现实主义艺术家、大型公共图书馆、丰富的原始艺术馆藏、研究型研讨会和波西米亚式的生活。[4] 整个战争年代，雅各布森一直陪伴他的成长，改变了他作为学者的国家模式。列维-斯特劳斯钦佩他有十分旺盛的体力。与年轻的同事不同，他喜欢喝酒，更喜欢讨论，直到凌晨才会叫停。他的体力也表现在惊人的语言能力，他能流利地说七八种语言。列维-斯特劳斯还钦佩他源源不断的

---

1 克洛德·列维-斯特劳斯：《语言学的启示》（《Les leçons de la linguistique》）。这是列维-斯特劳斯为罗曼·雅各布森写的序。参见罗曼·雅各布森：《关于声音和意义的六堂课》（Six Leçons sur le son et le sens），巴黎：午夜出版社，1976年。《遥远的目光》也收录了这篇文章，参见191页。
2 克洛德·列维-斯特劳斯：《克洛德·列维-斯特劳斯：一段友情的发展》（《Claude Lévi-Strauss: histoire d'une amitié》），《世界报》1971年10月16日。
3 同上。
4 参见《克洛德·列维-斯特劳斯：研究室里的诗人》，第137页。

好奇心，以及数量庞大、影响深远的书面出版物。这些出版物涉及多种语言，在多个国家面世。雅各布森是演说家，也是作家，是一位真正的知识领域的竞技者，其跨国经历使不同学术传统交汇于一处。雅各布森自己就是一个完整的世界。他完美展现了一种成功的学术模式：他不仅学识广博，也极其严谨地进行理论上的突破；他的参考文献包容国际视野；他思考的问题甚至具有一定的普遍性。1942—1945年，列维-斯特劳斯常常见到这个"伟人"。从1942年秋季学期起，两人都去对方的课堂捧场。雅各布森不仅与列维-斯特劳斯分享了他的语言学知识，还向他介绍了其他重要人物：弗朗兹·博厄斯——我们会再次谈到他——以及精神分析领域的成员。首先是同为高等研究自由学院教授的雷蒙德·德·索绪尔（Raymond de Saussure），雅各布森还向雷蒙德·德·索绪尔表示，他的父亲给语言学界留下了一笔丰厚的遗产；其次是流亡中的精神分析家克里斯（Kris）、洛温斯坦（Loewenstein）和斯皮兹（Spitz）。[1] 就这样，一周又一周，在高等研究自由学院封闭式研讨课上，在寥寥无几的观众面前，20世纪的重要思想逐步形成。在此过程中，克洛德·列维-斯特劳斯的学术思想发生了转变，他开始将亲属关系的体系当作一门语言，并且将这个体系中的每个要素理解为缺乏内在意义的音位，每个音位的意义在于它与其他构成要素在结构上的相关性。对不变量与潜意识现象的关注和重视是他新的研究方向，两者似乎分别受语言学和精神分析学的启发而来。

事后，列维-斯特劳斯表示，如果不是因为雅各布森善意的劝说，他不会主动选择更不会坚持将其授课的内容记录成文字。他未来的博士学位论文《亲属关系的基本结构》在很大程度上要感谢高等研究自由学院，感谢它的学术氛围、制度保障、适宜的土壤和教学相长的环境。高等研究自由学院的特点是高度的学科

---

[1] 参见《克洛德·列维-斯特劳斯：一段友情的发展》。

交叉融合。但流亡使这种研究方法变得十分必要：汇集知识和资源是确保知识分子继续生存的一种手段。确实，他们有共同的图书馆，听对方讲课，并成为室友。洛克菲勒基金会大力推动了法国社会科学研究向多学科交叉融合的方向发展，高等研究自由学院的挂牌机构"社会研究新学院"在这一领域进行了实践。这是结构主义诞生的特殊的机构体系，这种环境本身与结构主义所反映的学术创新——将语言学模型引入人类学——是同源的。因为这是列维-斯特劳斯的创新。[1] 这一创新发生于此时、此地，促进了学科之间的交流，瓦解了学科之间的壁垒。正是在这一基础上，高等研究自由学院创造了"醒悟"的条件。它为人类学家提供了一套成熟的研究体系，这套研究体系拥有严谨的理论基础，因此，也可以应用于亲属关系的相关讨论，否则他也无从解释亲属关系之间的逻辑。近期，科学史的研究侧重于科学创新机制的研究，强调了创新与机构之间的辩证关系。克洛德·列维-斯特劳斯则倾向于将结构主义的历史与其诞生的机构背景脱钩，坚持认为这属于自己个人的突破。他始终强调自己与雅各布森美妙的友谊，对为两人创造相遇机会的那个机构绝口不提。

政治人类学家

另一个令人惊讶的地方是，尽管列维-斯特劳斯表现为一名出世的学者，但十分积极地参与高等研究自由学院内部和相关场合中的政治辩论，与这一形象形成一些反差。他认为1940年法国的沦陷打击了自己1930年代的和平主义理想和社会主义信仰，反复提到这样的描述。他的政治生活理当落下了帷幕，从那时起，他将始终做一个好奇而专注的旁观者，一生远离争斗：

---

[1] 弗朗索瓦·多斯（François Dosse）：《结构主义史》（*Histoire du structuralisme*），第1卷，《符号之"场"》（*Le Champ du signe*），巴黎：探索出版社，1991年，第34页："正是从这一点看，克洛德·列维-斯特劳斯实现了严格意义上的创新。"

"栽了这么大一个跟头后，我打心底里不再信任自己的政治判断。"[1]事实上，在纽约逐渐成熟的学者形象只是大致上符合这一描述。根据他的举止、他的学识以及他对政治人类学的贡献，列维-斯特劳斯成为这样一个人：他十分"希望重新在政治与社会学之间建立动态联系，但这种联系将完全不同于青年时代的社会主义运动"[2]。

高等研究自由学院内，列维-斯特劳斯以戴高乐主义者的形象示人，十分亲近亚历山大·科伊雷和考古学家亨利·塞里格（Henry Seyrig）。亨利·塞里格和雅克·苏斯戴尔（Jacques Soustelle）一样，是伦敦驻美国使节之一。因此，他赞成将学校注册为美国的自由法国机构，即使这会损害其严谨的治学之道。这是教职工之中的一种立场。教职工们就二战后学校如何发展发生了争论，争论中出现了两种对立的态度："那些认为自己完全是法国人的教职工只有一个想法，那就是回到法国并恢复他们的职业。在他们眼中，战争结束后，高等研究自由学院就没有理由继续存在，应被解散。其他同事，归化为法国人才不久的外国人或二战前在法国避难的外国人并不清楚他们的命运将会如何。他们想知道法国的情势将会如何发展，保持观望态度。他们希望高等研究自由学院继续运作，因为学院是他们与法国保持联系的纽带，让他们能继续受到美国的庇护。"[3]作为第一批难民营的成员，列维-斯特劳斯继科伊雷之后，成为高等研究自由学院的秘书长。1944年冬，他在巴黎生活了几个月，履行了秘书长的职责。然而，回到纽约后，他却惹怒了一些同事，于是辞职离开。1945年12月，他被任命为自由法国的文化参赞。成为文化参赞后，他提出了新的方案。

---

1 克洛德·列维-斯特劳斯，《我是谁（上）》（«Ce que je suis, I»），《新观察者》1980年6月28日。德尼·贝多莱进行了引用，参见《克洛德·列维-斯特劳斯》，第123页。
2 《如同镜子另一侧的爱丽丝：克洛德·列维-斯特劳斯在纽约》，第53页。
3 《亦近，亦远》，第69页。

我们还应指出，美国之音广播的法语节目中，列维－斯特劳斯也是"声音"之一。美国之音是战争情报办公室（Office of War Information）的主要工具，每周，这个广播电台在世界范围内广播约 350 个节目，纳粹占领的法国也在广播覆盖的范围内。法文板块由皮埃尔·拉扎雷夫（Pierre Lazareff）负责。在此之前，他是 1930 年代的新闻巨头，后来，他成为日报《法国晚报》（France-Soir）的主编。其他不同背景的人物也参与其中。列维－斯特劳斯与德尼·德·鲁日蒙（Denis de Rougemont）、朱利安·格林（Julien Green）、哲学家以及工会领袖保罗·维尼奥（Paul Vignaux）不同，他没有固定的专栏。就像为埃菲尔铁塔广播电台服务时那样，他只是一名播音员，还成为富兰克林·罗斯福演讲指定的法语旁白声，因为他的声音能更好地抵抗声音频率的干扰。他的团队里还包括安德烈·布勒东和乔治·杜图伊。美国之音是曼哈顿 47 号街上的一座巨型巴别塔，它广播的节目使用了 27 种不同的语言（包括斯瓦希里语！），雇用了许多流亡者为其服务。在美国之音工作是聚集美国抗战力量以及维持生计的方式。参与无线电波的战争和"远距离抵抗"[1]是他们为数不多的抵抗方式之一。

列维－斯特劳斯是一名戴高乐主义者：他签署了效忠自由法国军队的协议，并被正式指派了在美国开展法国科学研究的任务。此外，他与许多戴高乐主义者或表现出这一倾向的对象建立了友谊。首先是亨利·塞里格，两人建立了亲密的联系。然而，两份文件清楚地显示，他并不是正统的戴高乐主义者，同时，也显示了他高明的政治手腕。第一份文件是列维－斯特劳斯写给高等研究自由学院校长雅克·马里坦的备忘录，标注的日期为 1942 年 7 月。他不仅分析了法国战败的原因，还提出了解决法国困局的几个方案。

---

1 参见《从巴黎到纽约：法国知识分子和艺术家的流亡（1940—1947）》。

这一页页纸虽未公开发表，却铿锵有力[1]，其革命性的语气和颠覆性的内容胜过了千军万马：他对法国和英国这些民主国家的殖民历史提出了控诉，并指出，他们发起战争的目的与殖民地的利益之间存在矛盾。他认为世界大战实际上是一场国际内战，并进行了一番论述。列维－斯特劳斯先是彻底反驳了戴高乐主义者的观点。他认为，戴高乐主义者主张停战的做法并不合理，认为法国战败只是一时而非最终的结果，他还认为法国在1940年已全面溃败："1940年6月17日，法国也许仍在坚持战斗，但是已经输了这场战争。[……]著名的格言'我们将会取得胜利，因为我们更加强大'之所以显得悲哀，是因为它并不具有魔力，因此，既无法弥补我们力量的不足，也无法带给我们希望渺茫的胜利。同样，毫无保留地重复法国没有被打败的宣言也不会改变这种痛苦的既定事实。"戴高乐主义的信条被无情地否定。

在他看来，战争往两个方向发展。战争确实使民主制度与极权主义对立起来，但同时，在每个阵营内部，革命精神挑战了现有秩序，"新的人文主义的支持者也与传统价值的既得利益者对立起来"。在这场冲突中，民主国家处于极大的劣势，因为它们发现自己与某些原有目标出现了分歧："在这里，极权主义运动的历史性发展可以戏剧的方式加以总结。时间上，它被压缩进不足20年的时间段内；空间上，它被推搡到欧洲这个舞台上。过去一个半世纪以来，欧洲自己作为主角，一直处于世界舞台的中央。欧洲试图将世界带向原材料供应和制成品消费的单一模式。同样地，法西斯主义主张赋予欧洲农业生产地的定位，仅德国一国保留工业生产的模式，尽管工业生产曾是欧洲各国为之疯狂的香饽饽。"指导民主国家开展斗争的社会准则并未实现，因此，

---

[1] 一份长达8页的非手写的备忘录。备忘录没有签名，对话的对象是雅克·马里坦。今天，这份文献位于美国圣母大学雅克·马里坦中心的"雅克·马里坦档案"中，档案盒编号17。1942年7月23日，马里坦给列维－斯特劳斯的一封信中引用了该文本的某些片段，我们可以根据这一点确定作者人选。

它们只有苦苦挣扎才能创造新的社会，这也是能够赢得战争的唯一力量："国家独立、人民解放、种族平等被认为是战利品，实际上，它们是胜利的前提条件。[……] 这不是民主国家的胜利，而是迎接一个新社会的机会，这些民主国家可以在民主制度内接纳并体现新社会的存在（因为这也是它们唯一的机会），甚至必须这样做。军事胜利并未标志着世界转型的开始，而是世界转型的结束。"在世界秩序发生变化的过程中，法国应该成为先驱。作者讽刺道，法国不该"小规模地"重复盟国在军事上的作为，法国可以也必须为这一社会变革提供精神食粮，在战争中发挥重要作用。

列维-斯特劳斯向往这样的社会制度和后殖民秩序，1942年，朱利安·班达（Julien Benda）的《民主制度的巨大考验》（*La Grande Épreuve des démocraties*）于纽约出版，列维-斯特劳斯为其撰写书评时，表达了同样的远见。书评带有高度评判性的口吻，它坚持以文字为媒介，在自由民主制受到威胁的情形下，为自由民主制提供深刻的辩护和生动的描述。"自由民主制走向黄昏，它最生动的形象无疑是一个步入垂暮之年的老人，像他的同胞们一样，老人忍受着寒冷和饥饿，在卡尔卡松（Carcassonne）的一间小旅馆里陷入沉思。"[1] 列维-斯特劳斯认为，19世纪的自由民主制未能成功将群众纳入其制度之中，使这一模式注定失败，并呼吁"建立一个有效、可行的民主制度"[2]。

第三份文件揭示了克洛德·列维-斯特劳斯的政治立场以及他对二战后法国的想象。他曾应邀以政治专家的身份参加1943

---

1 克洛德·列维-斯特劳斯：《朱利安·班达〈民主制度的巨大考验：论民主原则的本质、历史与哲学价值〉评论》（« Compte rendu de Julien Benda, *La Grande Épreuve des démocraties. Essai sur les principes démocratiques. Leur nature, leur histoire, leur valeur philosophique* »），纽约，法国之家出版社（Éditions de la Maison française），1942年；《复兴》，第1卷，1943年10—12月，第4分册，第324—328页。战争期间，朱利安·班达躲了起来（主要躲在卡尔卡松），因此，避开了纳粹对犹太人的迫害。

2 同上。

年2月8日在纽约举行的外交关系委员会和平目的小组第23次会议,有多个美国国务院官员也出席了会议。[1]两位年轻的法国人是新世代的代表。克洛德·列维－斯特劳斯是参与政党活动的左派代表,直到1935年,他都是工人国际法国支部的成员;而保罗·维尼奥也是左翼人士,但从事的是工会运动,他于1937年成立了国民教育总工会(SGEN)。列维－斯特劳斯发表了讲话,谈到了自己对法国和欧洲短期与长期前景的思考,他坚持认为,以二战前的形势为基础想象欧洲社会的未来是没有意义的。在这份文件中,列维－斯特劳斯概述了未来的情形,认为未来的社会将从经济、政治、殖民历史和精神风貌等各个层面与过去完全切割。根据会议记录,列维－斯特劳斯"认为二战后的欧洲由于制度的土崩瓦解将成为一块白板。建立新的制度并不难,因为旧的制度将被摧毁。社会革命将席卷整个欧洲,不管它是否源自俄罗斯,西欧工人自己的能力仍主导革命,他们必须首先建立起自己的制度"[2]。首先,两名法国人都不赞成在短期内由盟国组建临时政府强行接管,他们认为,这样做只会适得其反。列维－斯特劳斯认为应由一个由总理事会和部门理事会组成的机构来确保过渡期内的管理秩序,彼时,法国社会正处于解放后的变革期,国家领导人将自然而然地从该机构中脱颖而出。戴高乐的名字一次也没有被提到。整场访谈中,列维－斯特劳斯展示了对地方政治的详细了解。他认为法国的弱点在于从拿破仑时代继承下来的过度集中的权力。中央集权可能曾是建立国家的必要条件,但是权力过度集中于巴黎已经成为社会问题的根源,并且,其破坏力已持续了

---

[1] 由杜怀特·E.迪(Dwight E. Dee)记录的会议报告《外交关系委员会和平目的小组第23次会议(1943年2月8日)》(« 23rd Meeting of the Peace Aims Group Council of Foreign Relations, February 8, 1943 »),参见克洛德·列维－斯特劳斯档案库,编号NAF 28150,档案盒编号210,属于"政治活动"主题档案的一部分。该文献是"保密资料"。

[2] "他认为,由于国家制度纷纷崩溃,二战后的欧洲将从零开始。由于旧体制将被销毁,因此建立新的体制并不会十分困难。社会革命将席卷整个欧洲,无论是否来自俄罗斯,它取决于西欧工人能否先靠自己的力量建立新制度。"

一段时间。他向地方行政官员和市议会议员致敬，认为社会党的最佳成员是各个市镇的市长。列维-斯特劳斯虽然主张彻底权力下放，仍然服从于第三共和国的议会制，参议院尽管权力较小，却打压了两次大战之间的所有改革之举。关于殖民帝国的后续安排，他认为应该成全所有"准备独立"的殖民地（例如，印度支那以及有所保留的马达加斯加）。至于马格里布国家（阿尔及利亚、突尼斯、摩洛哥等国），所有穆斯林"个体"都应享有充分的公民权利，其地位应与阿尔及利亚犹太人相同："每个人都应享有公民权利，无论其宗教习俗如何"（例如，穆斯林阿拉伯人中的一夫多妻制）。列维-斯特劳斯以文化多元主义和公民权利的普及政策为论点，认为阿拉伯世界将选择留在法国而不是要求独立。

他提出的最后一个主题回顾了"建设性革命"的社会主义纲领：打击民族主义。法国解放后，民族主义很可能在法国社会重新浮出水面（特别是由于法国受到的屈辱），因此，需要寻找依赖国际力量这一传统思路之外可行的手段打击民族主义。列维-斯特劳斯认为国际大国毫无用处，国际联盟（League of Nations）的可悲历史已经证明了这一点。"一方面，国家主权的瓦解必须从内部启动联邦制；另一方面，建立经济机构将破坏国家内部各个团体之间的差异，例如，工人协会或企业协会之间的差异。"

这一毕提斯式的预言并未在解放后的法国应验。除此之外，列维-斯特劳斯的政治生涯只反映在人类学的学术出版物中。这些学术出版物涉及诸如权力、权威、战争、对待来客的态度，以及社会群体之间的关系。上述三篇文章是他在纽约这些年发表的，虽然《忧郁的热带》中也能找到它们的蛛丝马迹，但在随后的系列出版物中绝了踪迹。他的美学著作经常被人引用，以亲属关系为主题的博士论文又还未完成，因此，这三篇文章给人一种政治人类学将要诞生的错觉。[1]

列维-斯特劳斯的论文《原始部落酋长的社会与心理研究：以马托格罗索州西北部南比克瓦拉部落为例》先于1943年以英语出版，后于1947年以法语出版。文中，列维-斯特劳斯展示了研究原始社会如何为当代社会带来全新的启示。在研究南比克瓦拉部落的酋长制时，他建立了一个国家理论，甚至为福利国家提供了人类学案例。研究该团体与其首领之间的互相让步表明，"国家为一种安全机制，这种说法最近因为有关国家保险政策（例如，贝弗里奇计划）的讨论而再次获得广泛认同，但它并不是现代社会的产物，而是社会组织和政治组织基本性质的回归"[2]。在同一篇文章中，列维-斯特劳斯探索权力的起源和功能，为"互惠"概念赋予了重要的作用，使"共识"成为一切权力合法性的基础。因此，人类学不同于精神分析理论。精神分析将酋长解释为象征性的父亲，将国家解释为父权模式的结果，人类学反而为卢梭和启蒙时代的哲学家提出的论述提供了支持。卢梭和启蒙时代的哲学家并不认同其反对者——特别是休谟——的观点，他们认为"契约"和"共识"不是次要的。对列维-斯特劳斯来说，这些是"'文化'的原材料，没有'契约'和'共识'的政治组织或社会组织是不可想象的"[3]。这一结论与马塞尔·莫斯在其著名论文《礼物》中的主张相呼应。几年后，列维-斯特劳斯对两人在这一点上的联系上进行了解释。酋长的权力取决于其交流能力，同样，战争从根本上来说是一种交流，尽管这属于暴力的交流。

---

1 参见洛朗·让皮埃尔：《流亡人思想的结构：克洛德·列维-斯特劳斯结构主义的形成》；文森·德巴恩：《关于〈原始社会的对外政策〉》（« À propos de "La politique étrangère d'une société primitive" »），《民族》（*Ethnies*）第33—34期，2009年冬，第132—138页。
2 克洛德·列维-斯特劳斯：《原始社会的权利理论》（« La théorie du pouvoir dans une société primitive »），载《现代政治原则》（*Les Doctrines politiques modernes*），纽约：布伦塔诺之家出版社（Brentano's），1947年，第51页。参见《忧郁的热带》，第317—318页。
3 同上。

在《南美印第安部落的战争与贸易》(1943)一文中，人类学家认为，战争和贸易这两项活动存在关联，不能分开理解。有时战争也会爆发，但南比克瓦拉各部落之间发生冲突后，一般以交换礼物作为解决方式。因此，当战火蔓延全球，无人能够幸免，列维-斯特劳斯却"从早年的文献中对战争有了截然不同的理解：战争不仅是消极的，也是积极的；战争不一定是群体关系出现裂痕以及群体危机的迹象；相反，是确保机构运转的正常手段。当然，战争使各个部落在心理和肢体上相互对抗。但与此同时，战争在它们之间建立了纽带，让它们能够互相交换货物。交换也许并非自愿，但不可避免，互相扶持对文化的发展至关重要"[1]。在这些政治人类学文献中，列维-斯特劳斯是一名反霍布斯主义者。这是绝望之中的乐观主义吗？在二战中，他展示了"战争和权力关系中互惠互利这一社会关系的合理存在"[2]。

洛朗·让皮埃尔认为，克洛德·列维-斯特劳斯的学术作品中对战争本身的淡化和对交流活动的赞誉也是流亡心理造成的。法国人在美国，他主动成为两种国家文化的摆渡人。他意识到祖国遭受了掠夺和苦难，却并不能亲身体会。在认识和知识之间的遥远距离需要依赖历史想象才能减少几分，尤其是在欧洲犹太人遭受压迫的认识和未被掌握的这段知识之间存在着遥远的距离，然而，人类学家声称自己缺乏历史想象力。因此，如果不是10年后《忧郁的热带》中出版的未曾公开的图片，以及波西(Bosch)式的"心理跟踪"（波西生动地描述了亚洲人口过剩和尸横遍野的景象），我们不能马上认识事发经过并有所体会。[3]

处于当下又远离当下。列维-斯特劳斯已经非常熟悉与"当

---

[1] 克洛德·列维-斯特劳斯：《南美印第安部落的战争与贸易》(« Guerre et commerce chez les Indiens de l'Amérique du Sud »)，《复兴》第1卷，1943年，第1、2分册，第124页。
[2] 洛朗·让皮埃尔：《流亡人思想的结构：克洛德·列维-斯特劳斯结构主义的形成》，第66页。
[3] 维克多·斯托维斯基，《人类学研究作为救赎：列维-斯特劳斯的世界观》，从70页起；《忧郁的热带》，第132—140页。

下"的这种分裂。当他徘徊在被称为塞尔陶（sertão）的荒芜地区，寻找基本的生活形态时，他想到了肖邦。回到法国后，因战争的缘故，他被征召入伍，然而，心却留在了巴西。因此，流亡的状态与他的心理状态关系紧密，他流亡的状态有时被描述为"双重缺席"[1]（他既不在祖国，也不在流亡国）。他在纽约四周飞来飞去，采摘美国花朵——野生花朵和温室花朵（图书馆、大学）——上的花粉，酿制自己的蜂蜜。但是，他在纽约的生活绝非与世隔绝。就像所有流亡者一样，抵达纽约时，他也"悲伤不已"[2]，不断为亲朋好友的命运忧心，他因流亡而痛苦，饱受折磨。1944年6月6日，盟军的支援抵达战场，他又回到了法国，回到了当下："我记得那天。早上，我在格林威治村的单人公寓，如往常一样醒了过来。小收音机已经打开，我正在收听新闻。我听到了一些奇怪的内容，起初，有些摸不着头脑。渐渐地，我明白了过来，并抽泣了起来。"[3]

他应该回法国吗？应该留在美国吗？身处纽约的所有法国流亡者的心中都有了这个疑问。德尼·德·鲁日蒙说："我们应该回去吗？有人告诉我莫里阿克（Mauriac）这样问：'我们应该离开吗？'（他认为法国年轻人会回答不，他们不该回法国）；贝尔纳诺斯（Bernanos）大喊：'离开，地球辽阔！'他们还告诉我，其他人抗议这场辩论是反爱国主义或反共产主义的，我不记得具体是反哪一个。巴黎的来信告诉了我所有这一切，还提醒我，我最好还是回去，否则无法从总体上把握欧洲的真实情况，尤其是法国的真实情况。我可以这样回应：应该是你们走出来，否则无

---

[1] 参见阿布代拉马列克·萨亚德（Abdelmalek Sayad）：《双重缺失：从移出者的幻象到移入者的苦难》（*La Double Absence. Des illusions de l'émigré aux souffrances de l'immigré*），巴黎：瑟伊出版社，1999年。
[2] 《回忆似水》，第581页。"我们惊魂未定，仍然有些不适，但主要是感到震惊。流亡、停战、灾难性的后果和战争造成的无数个悲剧让我们无所适从。我们脸上挂着1940年就有的警惕和不安，我们还为那些被抛在身后的亲友感到担忧，同时，渴望找回失去的幻觉。我们人人都有不幸的往事。"
[3] 《亦近，亦远》，第68页。

法掌握整个世界的真实情况。毕竟,法国人只有4000万,而地球却有约30亿居民。"[1]是否返回故土的疑问发展为更加尖锐的民族认同问题。[2]对列维-斯特劳斯而言,尽管他渴望返回,也不听美国这边的劝告,但这两个选择很快就被第三个选择所取代:1944年冬天,为了决定高等研究自由学院的命运,他回巴黎待了几个月,然后,作为法兰西共和国临时政府任命的文化参赞,再次来到纽约。换句话说,列维-斯特劳斯来往于两地。他承担着摆渡人的责任,具体而言,他是大西洋两岸的摆渡人。在他的流亡岁月及以后的岁月中,他不断地努力来回摆渡。

他向洛克菲勒基金会社会科学处协调员罗杰·F.埃文斯（Roger F. Evans）坦白,他在纽约那些年的经历与流亡中的其他人物（尤其是布勒东）形成鲜明对比。事实证明,他的工作特别富有成效。他不断脱胎换骨,他的学术习惯发生了永久性的改变:他分析问题的视角变得广阔,他的理论和书目范围也发生了变化,更不用说他的外表以及他的穿衣风格。他曾长期穿着纽约风格的衬衫。他彬彬有礼的举止,被认为非常法式,而他的穿衣风格则给他贴上了美式效率、民主精神和简约风格的标签。克洛德·L.斯特劳斯,美国人……他对美国和洛克菲勒基金会这样的机构心存感激:"过去几个月,在法国,我开始意识到我接受的援助具有多么重要的意义。我们能够享受人身安全与精神上的安定,而那些留在欧洲的人则被剥夺了这些权利。更重要的是,这四年来,除了努力维持生计和继续抗争,我还与美国的学者建立了联系,融入了美国的学术生活,成为美国图书馆的常客,最终取得了经

---

1 德尼·德·鲁日蒙:《回程日记》,1946年1月,载《日记（1926—1946）》,第581页。
2 参见伊曼纽艾尔·卢瓦耶:第十章《从纽约到巴黎（纽约）:结束流亡》,载《从巴黎到纽约:法国知识分子和艺术家的流亡（1940—1947）》。

济上和学术上的成果,因此,这是生活充实、成果丰硕的四年。"[1]

1945年,列维-斯特劳斯已发表了几篇文章,此外,他的第一部大作进展顺利。他本人是洛克菲勒基金会"交叉培养"(fertilisation croisée)的最佳成果。正是出于这个原因,他决定以全新设计的"法美文化合作"[2]来偿还他欠美国的人情债。他落脚于第五大街上的一幢大宅子,希望以法国驻美大使馆文化参赞的身份成为这一项目勤勤恳恳的奠基人。

---

[1] 1945年5月29日,克洛德·列维-斯特劳斯给罗杰·F.埃文斯(Roger F. Evans)的信。参见洛克菲勒基金会档案,档案系列编号200,档案盒编号52,档案袋编号610。"我们能够享受人身安全与精神上的安定,而那些留在欧洲的人则被剥夺了这些权利。更重要的是,这四年来,除了努力维持生计和继续抗争,我还与美国的学者建立了联系,融入了美国的学术生活,成为美国图书馆的常客,最终取得了经济上和学术上的成果,因此,这是生活充实、成果丰硕的四年。"

[2] 同上:"我敢肯定,基金会的慷慨捐助不会白费,它已经为法美两国之间长期的文化交流奠定了良好的基础。未来,这一合作关系将会硕果累累。我相信,所有得到洛克菲勒基金会援助的幸运儿必将全力以赴,致力于法美文化交流事业。"

11 结构主义在美国

> 过去三年,从精神上讲,我收获了很多,但我可能要花一辈子才能完成我为自己设计的规划。我所希望的是,生活允许我这样继续前进。
>
> 1944 年 11 月 15 日,克洛德·列维-斯特劳斯给父母的信

为了偿还两笔债务,克洛德·列维-斯特劳斯决定在纽约继续待上 2 年,1945—1947 年秋,他留在了美国。这两笔债务分别是:他欠美国的恩情:战争期间,美国为他提供了庇护,让他能够取得现有的成绩;他欠祖国的恩情:在自由法国和一群学者(包括许多流亡美国的学者)的努力下,他的国家获得了拯救,并浴火重生,这些学者现在负责开展新的文化外交。多亏了三位理想主义火枪手——亨利·洛吉耶、亨利·塞里格和路易·若克斯(Louis Joxe),克洛德·列维-斯特劳斯身为纽约法国大使馆的新任文化参赞,有能力重塑法美文化交流的格局,并加大双方互利互惠的力度。

作为非全职的文化参赞,他过着一种精神分裂的生活。一方面是社交活动和源源不断的组织工作,为了开展新的文化业务,一切都需要从头开始;另一方面,为了完成他博士主要论文的手稿,他需要进行高强度的思考和写作,这需要花上另一番功夫,性质完全不同。尽管他坚持认为,从认识论意义上讲,他的研究具有革命性,我们也必须承认,他应当感谢他的前辈们。这等于将《亲属关系的基本结构》放在特定的学术背景下进行检视。[1] 这

---

[1] 参见弗朗索瓦·埃朗:《亲属关系研究的重要人物》。弗朗索瓦·埃朗发现并分析了马塞尔·葛兰言及其学术作品对列维-斯特劳斯"隐秘"的启示。参见第 10 章《列维-斯特劳斯读葛兰言:隐秘的启示》。

项主要研究于 1947 年 3 月完成，经历了一个漫长的过程。它以 1930 年代人类学的范式为起点，一步步展开了节奏不快但勇往直前的旅行。列维－斯特劳斯的结构人类学既是孤军作战的成果，也是他接触美国文化人类学产生的结果，与这个动荡、具有悲剧色彩但让它诞生的时代保持着复杂而矛盾的关系。

1945 年之后，我们只需要一点微不足道的助力，就能够跨越到另一个世界。在这个世界中，艺术和科学将成为推动新的国际主义落地的杠杆。在被称为二战后的短暂时期，上述计划似乎正在酝酿。在巴黎和纽约，联合国和联合国教科文组织先后成立。它的创造者是痴迷于艺术的学者们，他们也与列维－斯特劳斯建立了职业关系或者社会关系。他们都渴望建立国际关系的新秩序[1]，都是"文艺复兴者"[2]。建立国际研究实验室、组织国家之间大大小小的展览、促进学术交流、追求卓越的学术成就和共享创新成果：这些所有努力试图修复战争造成的破坏，并提出了普遍主义。人类学家近距离或远距离地参与了这些行动。例如，他从美国带回来一本书，其中涉及有关世界的方方面面。这本书立志于重塑人类学这门学科，为人类学提供了新的发展基础。这些新的发展视野既保护了现代性，又可以防止过去那些危险的转变再度发生。因此，列维－斯特劳斯的新生活开始了，他仍然在纽约，但现在搬到了上东区。他放弃了自己在格林威治村波西米亚式的生活，换来了与他的新伴侣——以及不久后便出生的第一个孩子——的家庭生活。

---

[1] 关于这一话题，参见《关于〈原始社会的对外政策〉》，第 132—138 页。
[2] 这是莫尼克·列维－斯特劳斯于 2012 年 6 月 19 日接受作者的访谈时对亨利·洛吉耶的形容。

远观法国解放

欧洲土地上无声的折磨：痛苦、喜悦和颤抖

列维-斯特劳斯以及许多流亡者虽远在美国，但也感受到登陆之日和随后巴黎获得解放的激动情绪。他们感到一丝愧疚，并且，由于朋友和家人长时间杳无音讯，愧疚的程度只增不减。1944年10月，他仍然没有收到任何消息。他知道，塞文山脉内的小镇勒维冈和瓦勒罗盖已于9月1日获得解放。后者是他的父母躲藏的地方（至少他这么认为）。他听说他的朋友热内·库坦（René Courtin）被要求担任一个重要职务，热内·库坦在法国德龙（Drôme）的家宅曾为列维-斯特劳斯提供了庇护，当时，列维-斯特劳斯隐姓埋名[1]，化身为鲁斯-索尼尔（Luce-Saunier）[2]。获得要职是一件好事。他试图让自己放心，不仅努力寻找证据，还自言自语，展开了一种单向的对话模式。但面对"上千个疑问"[3]带给他的折磨，他承认自己已无法承受："发生了什么事？你们离开坎卡布拉了吗？为什么？"[4] 与近亲重新取得联系是一个漫长而艰巨的过程，但在被美国军队解放的地区，这一过程要容易一些。因为美国军队能将信函带到美国。截至10月11日，他仍然一无所获："我一直惦记着你们。"军队的前进敲响了流亡的丧钟。无论如何，他都渴望回到法国（他承认对法国当下的情况几乎一无所知），

---

1 克洛德·列维-斯特劳斯档案库中保存了克洛德父母的假证件，它们可以证明列维-斯特劳斯一家曾隐姓埋名。在伪造假身份的过程中，他们将真实姓名的首字母保留了下来。这也理所应当，因为，他们将过上隐秘的生活，与过去的日子彻底告别，希望身份特征以某种形式继承延续下去的欲望十分强烈。
2 热内·库坦是列维-斯特劳斯在巴西的同事，1940年，两人在蒙彼利埃再次会面。他也是拒绝向维希政府效忠的众多教师中的一人，因此，被撤了职。他参加抵抗运动，是1944年8月20日巴黎抵抗政府（Gouvernement insurrectionnel de Paris）的成员。法国解放后，他参与创立了《世界报》，是其创办人之一。
3 1944年10月2日给父母的信。这一引文以及下面几条引文均来自克洛德·列维-斯特劳斯寄出的信。这些信的日期介于1944年10月2日至1947年8月21日，收件人是他的父母。这部分家书由莫尼克·列维-斯特劳斯个人保管。
4 同上。

并再次意识到自己是位于纽约的外国人。1944年11月15日,他收到了经葡萄牙中转来到美国的信,得知"这么多人失踪,那么多不幸的悲剧",他一言不发,变得"忧心忡忡"。他对历史产生了深刻的理解,恐惧也进一步加深。

11月30日,他终于收到了父母的电报,结束了不确定带来的磨难。然而,他却没有皮埃尔·德雷福斯或罗斯-玛丽·乌尔默(Rose-Marie Ullmo)的消息;马塞尔·莫斯也杳无音讯,10月2日,列维-斯特劳斯给莫斯写了一封冗长的问候信,从信中看,他似乎没有意识到莫斯久病缠身,病痛已经困扰着"他旧时的师长"多年。[1] 利维医生亲自为列维-斯特劳斯送信,信中抒发了自己流亡过程中的情绪:"没有必要分享过去几个月我们所有人都有的感受:这是一种快乐与痛苦、希望与磨难的混合物,但你们身在大洋的另一侧,文字只能苍白地描述你们的亲身感受。"[2] 列维-斯特劳斯传达了他的美国同事对莫斯本人及其工作的喜爱和钦佩之情,也试图形容自己是如何逃脱灾难的:他怀揣救赎的心态勤奋治学,取得了显著的成果,努力赢得了一些思想上的战利品。这封信给人的印象是,他觉得自己有很多需要进步的地方,因为,战争期间,他居住在美国,是世界上"少数幸福的人":"这三年里,为了替自己辩护,我孜孜不倦地工作,希望以绵薄之力,推动欧洲早日实现思想和科学的复兴。因此,我努力工作,我认为,也取得了一些成绩[……]我完成了一本有关南比克瓦拉部落家庭和社会生活的书;我还开始了另一项写书的计划,但研究的视野将更加开阔,内容也将更加丰富,目前该计划进展顺利。"他表示,第二个计划的成果将成为他的博士论文,并且已完成了

---

1 那时,莫斯一直待在巴黎,但已经几乎意识不清。参见《跋:战争岁月与战后岁月》(« Épilogue: les années de guerre et d'après-guerre »),载马塞尔·福尼耶(Marcel Fournier):《马塞尔·莫斯》(*Marcel Mauss*),巴黎:法亚尔出版社,1994年。
2 1944年10月2日的信,参见克洛德·列维-斯特劳斯档案库,编号NAF 28150,档案盒编号181,"书信"主题档案。下面几条引文也出自同一封信。

1/3，该研究"与您的领域有所不同，但对您的想法进行了拓展"。然后，他解释说，他曾试图完成"亲属关系体系的典型化和婚姻制度的系统化"。列维-斯特劳斯在研究人类学中"亲属关系""联盟"这两个经典的研究主题时，以两种方式评估了他的作品提供的附加价值：它所提供的文献资料和参考书目十分丰富（"虽然还不是很详尽"），研究方法具有独创性，他提出了大量经验材料的组织方式。两者在根本上都与他的流亡状况有关：一方面，美国图书馆资料丰富；另一方面，他与1930年代法国人类学知识模型之间保持了距离，法国模型以博物馆、收藏的物件和"师长的建议"为基础。列维-斯特劳斯当然不是这样说的。他表示自己即将访问巴黎，"很高兴能够再次见到[莫斯]，并可以向他寻求建议，在[他]写书的过程中，[他]十分需要莫斯的建议"。然而，在博士论文《亲属关系的基本结构》的诞生过程中，他的认识论之所以能够除旧迎新，"结构主义"这一概念之所以能够形成，也许是因为他摒弃了欧洲的学术框架，接触了其他学科的范式（结构语音学）以及新的研究材料（北美印第安人的文献资料），融入了新的研究环境（社会研究新学院）和社会环境（超现实主义）。列维-斯特劳斯进行总结时，因写下"这样一封以自我为中心"的信而向他致歉，并再次强调，十分期待不久后在巴黎与之相聚。1944年6月起，他取代亚历山大·科伊雷，成为高等研究自由学院的秘书长，他将返回巴黎，解决这所学校的未来发展问题。

1944—1945年冬，巴黎

没有多少流亡者希望在此时机返回法国。但是，列维-斯特劳斯的巴黎之行被认为是具有意义的。战争还未结束，他得到了随同美国海军护卫队一同行动的许可，1944年12月，护卫队将他带到了英格兰，然后"乘坐美国卡车"[1]，途经狄普佩，最终抵达法国巴黎。这趟旅程历时三周。

1944年10月23日，罗斯福承认了法兰西共和国临时政府的合法性，法美关系进入了新的阶段。身处美国的流亡群体在重建法美关系的过程中发挥了重要的作用。亨利·博内（Henri Bonnet）曾是流亡者之一，也曾在高等研究自由学院担任教职，现在，被任命为法国驻美大使。此外，曾流亡于加拿大的亨利·洛吉耶将他所有的精力投入法国海外事务局（Service des oeuvres françaises à l'étranger，SOFE）的变革中。这一机构将被调整为对外文化关系总局（Direction générale des relations culturelles extérieures，DGRC），法国外交部下设的一个具有行政和预算自主权的全新机构。根据法令，1945年4月13日，对外文化关系总局正式成立。[2] 流亡的经历拓宽了他的视野，对洛吉耶来说，法国只能依靠其作家、艺术家和科学家传播影响力的时代已经过去了。同列维-斯特劳斯一样，洛吉耶也曾学习过美国的思考方式，思考问题时具有国际视野，他心里清楚，法国在大国排名中的地位已然下跌。因此，文化外交具有格外重要的意义，它与戴高乐将军对法国流亡群体造成的思想上的影响力具有相同的历史意义。正是在这一背景下，1943年10月30日，在阿尔及尔（Algiers），当戴高乐发表纪念法语联盟60周年的演说时，他向高等研究自由学院表示致敬。[3] 1944年的新法国仍然处于战火之中，文化外交及其高等研究自由学院在文化外交中的作用都是相当重要的。

1944年春，美国司法部强制要求高等研究自由学院遵守《外

---

[1]《亦近，亦远》，第69页。
[2] 参见尚塔尔·莫雷尔（Chantal Morelle）、皮埃尔·雅克布（Pierre Jakob）：《亨利·洛吉耶：超越国界之人》（*Henri Laugier, un esprit sans frontière*），"LGDJ丛书"，布鲁塞尔：布吕朗出版社（Bruylant），1997年。
[3] 戴高乐：《戴高乐演讲录》，第335页："某天，当历史学家远离我们身陷的乱局，认为这些几乎使法国万劫不复的悲剧事件不会重演，他会发现抵抗是国家的希望，为了抵抗，我们要紧紧依靠在两座堡垒上，绝不退让。一是'剑刃'，二是法国思想。"后来，在演讲中，他致敬"纽约的高等研究院，它是绝望风暴最强烈之时法国人完成的伟大作品"。

国代理人注册法》（Foreign Agents Registration Act），理由是，学院中的许多教师都参与了自由法国的政治活动。此后，校园里处处可见激烈的辩论。这项美国法律提出的要求将这所高等学府内部的矛盾揭露了出来。这是高等研究自由学院的性质造成的矛盾：它既是一家知识生产的机构，因此，二战后仍有可能融入美国的学术体系；同时，如我们所知，它也是一个因战争而生、为战争而生的具有党派倾向的政治机构，其宗旨是为戴高乐将军集结力量。

一部分人认为，高等研究自由学院的精神价值和政治价值大于其科研和教学功能，此外，这种政治与学术兼容的机构形式在和平时期也无法继续发展下去。克洛德·列维–斯特劳斯也这样认为。正是出于这个原因，他来到巴黎，希望确定这所学校未来的道路。一些人希望留在这家逐渐美国化的机构中，另一些人认为它的生命已经结束，它的使命已经完成，因此建议解散学校，而列维–斯特劳斯提出了第三条出路。他建议将学校与另一个更大规模的机构合并，但教职人员应有所减少（主要是因为一些老师将返回法国），学校的功能也将有所改变。吸收高等研究自由学院的机构是"美国文化服务中心"（Centre d'action culturelle en Amérique），又名"法国欧美基金会"（French European-American Foundation），它将主导并负责法国、欧洲和美国之间的学术和文化交流。列维–斯特劳斯向洛克菲勒基金会的相关负责人介绍了这个高等研究自由学院问题的进阶版解决方案，他希望得到对方的全面支持，而不仅仅是经费上的支持[1]。列维–斯特劳斯提出，整个机构可以分为四个部门：人类关系（社会科学、公民社会代表、协会、市政机关等）、人与环境（地理学家、地质学家以及应用科学）、社区生活（思想表达、思想传播、电影、

---

[1] 1944年11月13日给约翰·马歇尔的信。参见洛克菲勒基金会档案，档案系列编号200，档案盒编号52，档案袋编号609—610。

广播、新闻、出版等），以及由高等研究自由学院变化而来的法美联合高等教育中心。该中心"不再以一般的学生作为服务对象，而是向广大知识分子以及经过认证的专家开放，向他们展示一种高质量的法语教学'样本'，同时，既不提供实质性的课程，也没有考试要求"[1]。

克洛德·列维-斯特劳斯在巴黎待了几个月，一直停留至1945年5月。像往常一样，他轻描淡写地谈论自己扮演的角色，调侃他在巴黎的斡旋不值一提。在他的记忆中，那年冬天是在"文化关系处（Direction des relations culturelles）的一个小办公室里度过的，文化关系处搬到香榭丽舍大街附近拜伦勋爵街上的一家旅馆中，这家旅馆陈旧得很"[2]。在那里，他负责为希望造访美国的人们提供帮助。除了梅洛-庞蒂（Merleau-Ponty），还有"当时的著名女歌唱家珍妮·米修（Jeanne Micheau），她走进了我的办公室，香水味道浓郁，用绳子牵引着两只大狗"[3]。梅洛-庞蒂还教他什么是存在主义——"存在主义试图打破笛卡尔和康德的传统，重新构建一套伟大的哲学学说"[4]。他将自己描绘成潦倒的法国政府的某个角落中没有姓名的小职员。实际上，他全程参与了新政府的重建，其间，见证了新移民的到来。新移民的到来给了他重新思考、发现以及平衡法国海外文化影响力的契机。从1945年1月起，新文化关系处的负责人亨利·洛吉耶先后任命了14名文化参赞。他们中包括多名高等研究自由学院的老师。在美国，亨利·塞里格自1943年9月以来一直服务于他的岗位。他是一位有些名声的考古学家，专业领域是古代叙利亚。他不仅具有艺术欣赏能力，而且是一名谨慎但坚定的爱国主义者。他是一

---

[1] 《有关高等研究自由学院的报告》(« Rapport sur l'avenir de l'École libre des hautes études »)，未注明时间：克洛德·列维-斯特劳斯档案库，编号 NAF 28150，档案盒编号 213—214。
[2] 《亦近，亦远》，第 69 页。
[3] 同上书，第 70 页。
[4] 同上。

位难得的人物，拥有洛吉耶那般的品格，不仅与艺术家们相交，还结识了科学家、政治家。[1] 他热忱地希望能够继续在黎巴嫩开展研究，因此，辞去了工作，与其挚友列维－斯特劳斯告别。1945 年 12 月，他将其职位交给了列维－斯特劳斯。后来，他在黎巴嫩贝鲁特（Berutt）成立了法国近东考古研究院（到 1967 年，他一直担任院长一职）。两人曾一同出现于 1945 年美国媒体刊登的一张照片中，当时，他们正在纽约参加一场以勒·柯布西耶（Le Corbusier）为主题的展览的开幕式。照片中，两人亲密无间但又互相敬重。[2] 在高等研究自由学院的前途问题上，初具文化参赞风范的列维－斯特劳斯呼吁美国基金会的联系人采纳其建议，像是一名活跃在国内和国际舞台上的学术政策的创意型企业家。1945 年 5 月，当他回到美国时，他还未被正式任命为文化参赞，只是临时接手这份工作。

巴黎的这几个月时间对列维－斯特劳斯而言具有多重意义。他再次见到了家人：他的祖母"非常活泼开朗"[3]，他还见到了他的阿姨们、朋友们以及迪娜。迪娜已经做好了离婚的准备，让他松了一口气。为何要离婚？重返巴黎也让他能够与罗斯－玛丽·乌尔默有了相聚的机会。战争爆发前，他就与罗斯－玛丽发生了婚外情。[4] 后来，他向父母解释称，他无法想象失去了她该如何生活："在战争的四年间，尽管发生过一些迷人的意外插曲，但我逐渐意识到我对罗斯－玛丽的关心远远超出自己的想象。我一直在等待返回法国的机会，好让我确认这些感情的真伪。至少我没有感到一丝失望，反而感到十分满足。现在，我很难忍受没有她

---

[1] 他还是女演员德菲因·塞里格（Delphine Seyrig）的父亲。德菲因·塞里格小时候就和列维－斯特劳斯打过照面。参见《亦近，亦远》，第 71 页。
[2] 1944 年 11 月 15 日，克洛·列维－斯特劳斯给父母的信，信里谈到了塞里格："我很喜欢这位朋友，十分欣赏他。"随信还附上了照片。
[3] 1945 年 1 月 24 日给父母的信，参见克洛德·列维－斯特劳斯档案库，编号 NAF 28150，档案盒编号 179。
[4] 参见本书第 9 章。

的生活。我选择了她,这可能让其他人十分惊讶,但这便是我的决定。我从未厌倦她的陪伴,我开始了解她的勇敢、幽默、温柔和慷慨,这些都是她的优秀品质。她总是开开心心的,容易满足,不仅打心底里乐于助人,也十分有耐心。她不是一个知识分子,而是一个充满纯真和孩子气的人,这让我倍感自在。最后,在我这个年纪,人们已经学会不信任自己的情感,然而,我们的感情以及对彼此的依恋居然经受住了相隔两地的痛苦以及其他考验,在我看来,这就是没有找错对象的明确信号。"[1]

为什么列维-斯特劳斯选择她会如此令人惊讶?首先,列维-斯特劳斯的父母非常熟悉罗斯-玛丽,因为她的姐妹嫁入了德雷福斯家,是皮埃尔·德雷福斯的亲人,并且像他们一样,拥有阿尔萨斯犹太人血统,她还与他们同属一个巴黎的大家族。虽然列维-斯特劳斯在巴黎的亲戚网络十分庞杂,这个家族基本上避免了旁逸斜出。列维-斯特劳斯做出与罗斯-玛丽·乌尔默相伴的决定时,他已远离法国10年,正准备启程返乡。罗斯-玛丽的父亲爱德华·乌尔默(Édouard Ullmo)在1870年后离开了阿尔萨斯。他并没有搬到法国首都,而是选择了与表兄弟,即皮埃尔·德雷福斯的父亲,去萨尔瓦多碰碰运气。他们成立了一家贸易公司,以及一家萨尔瓦多当地的银行(宣教银行)。他们发了大财后回到了巴黎。因此,罗斯-玛丽在大资本家家庭富裕的环境中长大,无忧无虑。但犹太人家庭非常注重礼节、习俗、互助,有时还有代替育儿的传统。作为皮埃尔·德雷福斯童年的伙伴,克洛德·列维-斯特劳斯也常常出现在罗斯-玛丽的面前,于是,三人相伴长大。1940年,幸福的生活告一段落。当时,罗斯-玛丽已经嫁给了让-皮埃尔·卡恩(Jean-Pierre Kahn),当了两个孩子的母亲,但在战争以及战争造成的流浪生活来临之前,她还必须面对家庭变故带来的切肤之痛:她的丈夫将她交给她的一个姐妹后便

---

[1] 1945年12月3日给父母的信。

弃她而去。这给她造成了双重伤害。尽管如此,她的好性格并没有因这些磨难而发生太多变化。1944年春天,她与列维－斯特劳斯团聚。这些年,她与皮埃尔·德雷福斯和他的妻子劳雷特(Laurette)一起,过着躲躲藏藏的日子。劳雷特是自己的姐妹,而她的父亲则躲在蒙特卡洛(Monte-Carlo)的一家旅馆里,余生都未曾离开一步。她仍然是列维－斯特劳斯所描述的——也是她的朋友所认识的——那个迷人、乐观、有点孩子气且无忧无虑的女子。她喜欢出门寻找消遣,希望弥补人生低谷时失去的欢乐时光。她当然算不得知识分子,但列维－斯特劳斯选择与她结合的理由十分简单:她与迪娜·德雷福斯完全不同。这也许就能解释为什么他的密友也无法参透这个决定背后的逻辑。[1]

二战结束后,巴黎的供热不足,食物也不足,克洛德·列维－斯特劳斯只能基于"这里或那里听到的描述"[2],想象人们曾经经历的事情,远远地感到不安。这几个月对他来说是一个关键时刻。他一一细数三年内战争的压迫和人性的丑恶,从精神上快速追踪这些危险时刻,尤其是要追踪他的父母经历过的一桩桩坏事。他去查看了拉瓦锡街22号的公寓,他的父母在战争开始时搬入此处。他发现里面住着一个女人,明知屋子的所有权人仍然在世,她也无意离开。列维－斯特劳斯趁还未离开坎卡布拉,决定提起法律诉讼,驱逐侵权人。当时,权利遭受侵害的许多犹太人都采取了同一手段。又一次,战争及其余波给了他一击,尽管时间上有所延迟。他的父母已一无所有。他们的公寓已被掏空。因此,他请父母起草一份家具清单,以便提出赔偿申请。这份清单让我们可

---

[1] 感谢洛朗·列维－斯特劳斯向我提供这些细节。皮埃尔·德雷福斯的女儿西尔维·德雷福斯－阿瑟欧(Sylvie Dreyfus-Asséo)透露,"(德雷福斯)一家人都认为这不是个好主意",家里人并不看好两人这种亲上加亲的结合:一边,罗斯－玛丽来自乌尔默家族,乌尔默家族与德雷福斯家族建立了姻亲关系;另一边,克洛德·列维－斯特劳斯与皮埃尔·德雷福斯建立了兄弟般的情谊,因此,算是半个德雷福斯家族成员。克洛德·列维－斯特劳斯每次从国外返回巴黎时,他都会去法让德里路(rue de la Faisanderie)找皮埃尔·德雷福斯。2011年10月6日,西尔维·德雷福斯－阿瑟欧接受了作者的访谈。
[2] 1945年1月24日给父母的信。

以一窥资产阶级室内的摆设。其中包括累积下来的家族财富以及中国工艺品（上了漆的托盘）：萨克森的瓷器、一副立体镜、百代留声机与一批唱片、160本硬装或软装书（其中许多是第一版）、两幅卡洛-德尔维耶（Caro-Delvaille）的现代绘画作品、两条印度旧羊绒披肩、一个塞夫勒产的瓷器花瓶、一个悬挂着的铜制凿式烛台、约30幅雷蒙·列维-斯特劳斯的油画和色粉画作品，以及一本邮票集。这些东西一件都没有剩下。列维-斯特劳斯的童年回忆也随之而去。直到1961年，犹太联合社会基金会（Fonds social juif unifié）对德意志联邦共和国采取的法律行动有了回报，已经失去丈夫的爱玛·列维-斯特劳斯收到了20140法郎，作为德国发起战争的补偿金。[1]

巴黎之行的几个月带给他丰富的情感经历和深刻的历史感悟。这与此刻列维-斯特劳斯向往的生活完全不同。相对远离战争的纽约岁月可能是一个转折点，这不仅是因为他的学术思想在此期间逐步形成，还因为在此期间，民族学家走上了学术研究之路，对学术生活产生了更加浓厚的兴趣，并收获了哲学和政治生活都没能给他的满足感："过去三年，从精神上讲，我收获了很多，但我可能要花一辈子才能完成我为自己设计的规划。我所希望的是，生活允许我这样继续前进。我感到非常满足，你可能会发现我已经取得了以前从未有过的某种平衡。"[2]从事民族学研究的坚定信念和学术作品即将完成的坚定信心既不是突然产生的，也不是从塞尔陶灌木丛里的斗争中赢来的，而是在纽约公共图书馆美洲文献阅读室中慢慢积累而成的。他坚持来图书馆学习，日复一

---

[1] 克洛德·列维-斯特劳斯档案库，编号NAF 28150，档案盒编号212：《德国的掠夺和战后的赔偿》（«Spoliations allemandes et indemnités de restitution»）。多家国际犹太人组织与当时的德意志联邦共和国（西德）达成协议，最终形成了1957年7月19日法令，法令勒令西德对1942年起遭受动产损害的受害人进行赔偿。这一赔偿行动被称为"M行动"。有关细节请参考让-马尔·德雷福斯（Jean-Marc Dreyfus）和萨拉·让布格（Sarah Gensburger）：《巴黎的劳动营：奥斯特里茨、利维坦、巴萨诺（1943年7月—1944年8月）》（*Des camps dans Paris. Austerlitz, Levitan, Bassano. Juillet 1943-août 1944*），巴黎：法亚尔出版社，2003年。
[2] 1944年11月15日给父母的信。

日,持续了几年。

改革人类学

他表示要穷尽一生之力完成一个研究项目,这个研究项目到底包括什么内容?在《亲属关系的基本结构》诞生的过程中,一种新的学术范式正在形成。其理论框架野心勃勃,但其政治意图也同样突出。在人类学中诞生的结构主义是跨越大西洋流亡经历的思想产物,其普遍性反映了二战后人们心中的期盼。但这首先是列维-斯特劳斯成功从美国人类学汲取经验的表现。

与美国人类学学科的相遇

1941—1944年,列维-斯特劳斯每天早晨都会去纽约公共图书馆,风雨无阻。一开始,他沉浸在美国数量庞大的北美印第安人文献、丰富的人类学著作、重要的丛书、探险者与传教士的叙述中。他没有选择纽约公共图书馆宽敞的大型阅览室,而选择在今天已不复存在的美洲资料阅览室开展研究。这间阅览室格局较小,摆了十二三张桌子。阅览室的风格类似于19世纪学者的书房,虽然是封闭的空间,但仍能感受到风的流动。尽管哥伦比亚大学和纽约大学的学术型图书馆受到了列维-斯特劳斯同事们的青睐,但他更加偏爱这间阅览室。这间阅览室向所有人开放,因其旧时代的风格而独具魅力,不仅如此,它还为常常造访的读者提供了无穷无尽的宝藏:它为人类学家提供了丰富的文献馆藏,满足了他的好奇心,开放式书架上还有条不紊地排列着这门新兴学科的主要学术出版物,它们的数量仍在不断增加。列维-斯特劳斯被书墙隔绝于外部世界,从当下转移到其他地方。他读书,手不释卷。大约一个世纪前,另一个流亡者——卡尔·马克思也埋头于一家公共图书馆的阅览室中，后者去的是大英图书馆。[1]马克思和列维－斯特劳斯的例子完美地说明，流亡者离不开图书馆，当代理论的诞生少不了沉迷于阅读的流亡者。瓦尔特·本雅明和其他许多人的例子也能说明这一点。

图书馆取代了野外探险。此后，列维－斯特劳斯便与探险彻底绝缘。图书馆与博物馆产生了竞争关系，图书馆是他获取民族学知识（原始社会的运作规则）的场所，他还在图书馆掌握了重要的人类学知识（其中还包括了整个人类生存的法则）。正是由于战争还未结束，而他正流亡美国，列维－斯特劳斯确定了可以用于人类学研究的素材的种类，同时也认识到摆在他面前的任务——"分辨""了解""排序""分类"（这些是描述这门学科研究过程的隐喻）。如果他身处其他地方，这样的共鸣就不会发生。后来，他说道："如果战争没有爆发，我可能会继续下一场田野考察。命运将我带到了美国，在美国，由于缺乏管道，同时，国际形势也不乐观，我没办法开展任何形式的考察活动，但我完全可以研究理论问题。我判断，在理论研究这一方面，前途无量。我还发现，在过去的二三十年中，我已经积累了大量的研究资料。但由于资料杂乱无章，我们不知道如何开始研究或如何利用这些资料。发掘这些文献的意义似乎迫在眉睫。"[2]

与美国人类学学科的相遇不只发生在图书馆这个拥有魔力的空间。它是个人社交的结果，从广义上讲，是列维－斯特劳斯融入美国学术界的成功经历造成的。他迅速、积极地采取了亲近的政策，与人类学界的所有主要人物变得十分亲密。例如，哥伦比亚大学的两位教授露丝·本尼迪克特（Ruth Benedict）和拉尔夫·林顿（Ralph Linton）"曾经分别邀请 [他] 一同就餐，以便批评对手的不是。这成为哥伦比亚大学的一段趣闻。因为他们两人彼此

---

[1] 参见《克洛德·列维－斯特劳斯：研究室里的诗人》，第136页。
[2]《亦近，亦远》，第66页。

憎恶"[1]。我们知道，阿尔弗雷德·克罗伯（Alfred Kroeber）和罗伯特·路威在列维-斯特劳斯的生活中有着举足轻重的作用，两人在加利福尼亚任教，但列维-斯特劳斯会在他们频繁造访纽约时与他们会面，并且一次也不会错过。玛格丽特·米德的情况也是如此。这些人物中的每一位都在指导博士研究生，而这些博士生又生产出促进美国学术发展的文字作品。当时，法国人类学研究的规模已无法与美国相提并论。在美国，该学科的根基已十分稳固，其研究主题十分多元，学科本身已发展出多个分支；众多科研机构和学术期刊也支撑着人类学的发展。乔治·古维奇活跃于社会学研究，列维-斯特劳斯也在学术领域拥有极高的生产力，他在《美国人类学家》、《社会研究》（Social Research）、《纽约科学院年报》（Transactions of New York Academy of Science）上分别发表了文章。[2] 在朱利安·海恩斯·斯图尔德和阿尔弗雷德·梅特罗主编的《南美印第安人手册》中，列维-斯特劳斯也参与了编撰工作。《南美印第安人手册》是《美洲印第安人手册》的南美版本，后者是弗朗兹·博厄斯在1907—1910年编撰完成的。他与阿尔弗雷德·梅特罗建立了牢不可破的友谊。梅特罗是瑞士籍民族学家，年纪稍长他一些，自1930年代后期以来一直定居美国。1939年，在离开巴西的前夕，列维-斯特劳斯在圣多斯与梅特罗相识。与列维-斯特劳斯一样，梅特罗也与超现实主义者十分亲近，但交往的时间要长得多。梅特罗与乔治·巴塔耶自儿时起便成为朋友。他的情绪起伏不定，有一些性格上的障碍，但他是一位出色的野外考察者，成为多个地区的专家。他不仅对大洋洲（复

---

1 《亦近，亦远》，第60页。
2 发表于美国学术期刊的一些论文：《原始部落酋长的社会与心理研究》（« Social and psychological aspects of chieftainship »），《纽约科学院年报》（Transactions of the New York Academy of Science），第7卷，1944年，第16—32页；《互惠与等级制度》（« Reciprocity and Hierarchy »），《美国人类学家》第46期，1944年；《语言学与人类学中的结构分析》（« L'analyse structurale en linguistique et en anthropologie »），《词：纽约语言学圈主办期刊》（Word, Journal of Linguistic Circle of New York），第1卷，第2期，1945年8月，第1—21页。

活节岛)、安第斯山脉、阿根廷的查科十分了解,后来,还通过对伏都教(巫毒教)的深入研究,掌握了海地的融合主义。他的部分经历与列维-斯特劳斯相似:流亡美国、从国际组织(联合国教科文组织)获得了国际视野、维持了三段婚姻关系。然而,年轻人的成就逐渐超过了年长者,年长者未曾在理论层面抱有野心,而年轻的一方却野心勃勃。但列维-斯特劳斯仍常常需要梅特罗百科全书般的知识储备。两人建立了密不可分的联系,直到1963年,梅特罗自杀身亡,切断了两人的联系。列维-斯特劳斯把友人的整个私人生活看作"为自杀而进行的漫长的准备工作"[1]。这种说法令人不解,但当我们阅读梅特罗的日记和探险笔记本时,这一说辞背后的条理便逐渐清晰起来。日记和探险笔记本以最生动的方式告诉我们民族学家的症结所在:他虽访问了一个又一个原始社会,但始终将自己作为一个格格不入的陌生人;他还猛烈地抨击自己所处的现代社会;对他而言,没有任何喘息或和解的希望。[2] 不论是在旅行日记中,还是在纽约与巴黎的社交生活中,焦虑、孤独和沮丧总是徘徊不散。

一位完全有别于两者的人物在美国人类学界独领风骚。他是弗朗兹·博厄斯。弗朗兹·博厄斯游历四方,拥有广泛的影响力。"他是19世纪的学术泰斗之一,后人难以望其项背。"[3] 他深耕民族志研究这一领域,不仅对学术研究抱有浓厚的好奇心,还为自己设立了不止一个研究方向。但它们都以"文化"概念为核心,并否定各种形式的进化论。例如,体质人类学、语言学、民族志、考古学、神话学、民俗学。"对他来说,什么都不陌生。他的研究工作覆盖了人类学的所有领域。他代表了整个美国人类学界的发家史。"[4]

---

[1] 《亦近,亦远》,第56页。
[2] 阿尔弗雷德·梅特罗一部分的笔记被收录于《旅程(一):旅行笔记与旅行日记》,巴黎:帕约出版社,1978年。
[3] 《亦近,亦远》,第56页。
[4] 同上。

博厄斯是德国的阿什肯纳兹犹太人。虽移民美国,却终身操着一口浓浓的德国口音,也不忘对他的祖国保持忠诚,尽管这种忠诚也常常发生动摇。1880年代,他开始对巴芬岛上的因纽特人开展田野考察,之后,转战不列颠哥伦比亚省,还成为不列颠哥伦比亚省人类学研究的杰出专家。列维-斯特劳斯欣赏博厄斯出色的经验研究、渊博的学识和颇有成效的百科全书式的研究方法,这些对他来说似乎是美国人类学所能提供的最好经验。他还赞赏博厄斯在科学研究过程中的民主精神,作为纳粹人类学的反对者,他在1940年发表了反对种族主义理论的严谨论述,痛斥其宣扬德国力量(种族、语言和文化)的做法。在他看来,"文化"形成了一个整体,将一个既定社会中所有的社会现象组织了起来,并且否定了种族的生物学定义。在开展移民人口的研究时,他观察并测量了他们的身体变化,对"种族"进行了彻底的批判。[1] 他的人类学研究方向产生了严格的文化相对论,博厄斯经常通过他的一个夸夸特(Kwakiutl)线人的故事来说明文化相对论的合理性:博厄斯将这名夸夸特人带到纽约,后者以非常奇特的方式对这座城市的手工艺品做出了反应;定期出现在时代广场上的以矮人和大胡子女士为主角的怪异表演让他着迷,但他完全忽视了笼罩着这座城市的摩天大楼、地铁和烟雾。[2] 列维-斯特劳斯曾与雅各布森从纽约市出发,中途经过哈德逊市,来到格兰特伍德,拜访了博厄斯的家。"他的餐厅里摆放着一尊夸夸特部落印第安人的胸部雕塑,这是他自己精雕细琢并且精心绘制的作品。他的其他大部分作品也以夸夸特部落印第安人为主题。我很欣赏这件作品,并唐突地认为,与能够创造出这种杰作的印第安人一同生活一定是一次独特的

---

[1]《移民后代生理形态的变化》(« Changes in the Bodily Form of Descendants of Immigrants »),《美国人类学家》第14卷第3期,1912年7—9月。这些人类学研究的对象是17821名移民后代。
[2] 帕特里克·威肯:《克洛德·列维-斯特劳斯:研究室里的诗人》,第133页。

经历。他冷淡地回答如下：'他们和一般的印第安人没有两样。'我想，他的文化相对论并不意味着他将建立各国人民价值观的等级制度。"[1] 最后，博厄斯的作品中打动列维－斯特劳斯的还包括第三个要素——他对语言的重视。博厄斯会讲几种印第安人语言，1911 年，他优先指出了语言现象的无意识特征，"无意识"说明了语言现象是研究社会现象的重要角度。

克洛德·列维－斯特劳斯是一位自学成才的人类学家，尽管没有任何正式的指导老师，却建立了几段师徒关系：先是与莫斯，后与博厄斯。1942 年，在哥伦比亚大学教师俱乐部，博厄斯突然去世的一幕象征性地说明了列维－斯特劳斯与博厄斯的关系非同一般："正值冬季，天气非常冷。博厄斯戴着一顶旧皮帽来到俱乐部，这顶旧皮帽可以追溯到 60 年前他对爱斯基摩人进行的田野考察。除了他的女儿杨波尔斯基（Yampolski）太太，哥伦比亚的几位同事也在场，这些同事都曾是他的学生。其中包括露丝·本尼迪克特、拉尔夫·林顿。博厄斯情绪高昂。在谈话中，他猛地把自己从桌边推开，向后倒下。我坐在他的旁边，弯下腰将他扶了起来。利维做的第一份工作便是军医，他试图进行救治但徒劳无功。博厄斯死了。"[2] 与互相仇视的师兄妹（本尼迪克特和林顿）和博厄斯的长子（克鲁伯）截然不同的是，列维－斯特劳斯将自己比喻为博厄斯的合法继承人。他为这位大师的丰富藏书寻找落脚处时，也将这种孝顺父母的心态表现得淋漓尽致。遵照博厄斯的遗愿，他以提供资助作为交换，让巴黎的人类博物馆接收了博厄斯的遗物。[3] 作为莫斯和博厄斯的弟子，他兼顾了两个不同的传

---

1 《亦近，亦远》，第 57 页。
2 同上书，第 58 页。
3 参见 1943 年 1 月 4 日给保罗·利维的信：自然历史博物馆中心图书馆保罗·利维资料库"列维－斯特劳斯与利维之间的书信"主题档案（2 AP1C）。克洛德·列维－斯特劳斯告知莫斯，人类博物馆想要买下博厄斯个人的美洲研究文献资料（博厄斯与保罗·利维的交情匪浅），他的孩子们十分在意人类博物馆的请求。于是，克洛德·列维－斯特劳斯开始募集资金（8000 美金），他首先找上《美术杂志》的主编乔治·威尔登斯坦（Georges Wildenstein）。洛吉耶也帮他筹集钱款。但最后，双方并没有成交。

统，跨越了两大洲。他认为，从每段经历中汲取精华并发现新大陆是他的使命。

结构的诞生：新事物如何诞生？

列维－斯特劳斯的笔下，结构一词最先出现于致保罗·利维的一封信中，它的出现也十分突然。写作这一行为成为一段"微历史"，让我们得以"近距离追踪新事物诞生的方式"[1]，发现认识论上的革命。通过文字涂改的痕迹，我们几乎目睹了突破的过程以及犹豫和懊悔的心理活动。作为微历史，它使我们陷入了科学史的经典问题：是什么导致了一项范式的转变？

1943年2月10日，克洛德·列维－斯特劳斯告知他的准博士论文导师保罗·利维，他"突然间产生了灵感"，开始写一本以"乱伦禁忌"为主题的书："这是一个很有深度的研究课题，因为它需要在完成亲属关系体系的分析后才能展开；我担心研究的成果很难发表。不过，我认为，我对一个老问题提出了相当新颖的观点，并给出了新的术语。"[2] 老问题、新观点、新术语：这正是人们对他的这项研究工作的定义。亲属关系体系是人类学的经典研究对象，刘易斯·摩根（Lewis Morgan）、拉德克利夫－布朗（Radcliffe-Brown）、马塞尔·葛兰言等人都进行了相关研究。关于婚姻规则和亲缘规则已有大量数据积累，这些普遍存在的实践活动似乎遵循着一个几乎普遍适用的规则，但没有任何理论对此进行概括综合。因此，这个主题完全不是新鲜事物，相关书籍本身就构成了一个小型图书馆。但是，人类学对亲缘关系的研究将和政治人类学和美学研究的文献——后者较为冷僻——一同成为结构主义假说的主要素材。因为列维－斯特劳

---

[1] 弗朗索瓦·埃朗：《前言》，载《亲属关系研究的重要人物》，第13页。
[2] 1943年2月10日给保罗·利维的信；自然历史博物馆中心图书馆保罗·利维资料库"列维－斯特劳斯与利维之间的书信"主题档案（2 AP1C）。随后多处引文也出自两人的书信。

斯清楚，他可以借鉴从世界各地收集起来的大量文献和信息，其丰富性能够满足他思考问题的需求，也与他想要建立的理论模型十分匹配。

1943年12月6日，列维–斯特劳斯写信给他"亲爱的老师"。1941年，利维离开了法国，前往哥伦比亚，然后去了墨西哥。列维–斯特劳斯向他解释自己的研究计划发生了重大变化。他的辅助论文把重点放在南比克瓦拉部落的社会组织方式上，他的主要论文则被全部推翻："您可能还记得，我最初以马托格罗索的社会学研究作为它的主题。但是后来，我开始投入那本关于乱伦的书的写作中，结果，从精简的短篇变为长篇大论，我认为，这个内容更适合作为博士论文，也更适合法国解放后学术发展的需要。[……]我试图建立一种研究社会现象的有效方法，粗略地讲，我试图将亲属关系的每个体系视为一个部分[结构]，并以相同的方式调整每个体系内部的研究。就像音系学对语言学的作用，我也采用一样的原理进行分析。换句话说，我正尝试形成一套'亲属关系形式的系统分析'。"[1]

结构一词从何而来？[2] 从某些角度看，这个概念曾出现在索绪尔的作品里。《普通语言学课程》（1916）虽然未使用这个术语，但已将语言视为一个系统，并提出，研究语言系统时，应将其视为一种形式而不是一种物质。自1920年代，某些格式塔学派的心理学家已明确提出了该术语，但这主要是受到了布拉格语言学小组的影响。布拉格语言学小组的结构音系学一说始于1928年罗曼·雅各布森、塞尔吉·卡尔斯维斯基（Serge Karcewski）和尼古拉斯·特罗伯茨科伊（Nicolas Troubetzkoï）

---

[1] 1943年12月6日，克洛德·列维–斯特劳斯给保罗·利维的信。
[2] 参见乔治·朗特里–劳拉：《人类知识中的历史与结构》（« Histoire et structure dans la connaissance de l'homme »），《经济、社会与文化年鉴》，第22年，第4期，1967年，第792—828页。

共同撰写的论文[1]：一门语言的不同发音组成了一个结构，只有通过它们的对立和不同而建立相互关系，才能确定它们各自的意义。1940 年代，"结构"的概念仍"悬而未决"，但它仍然是语言学的基础。[2]

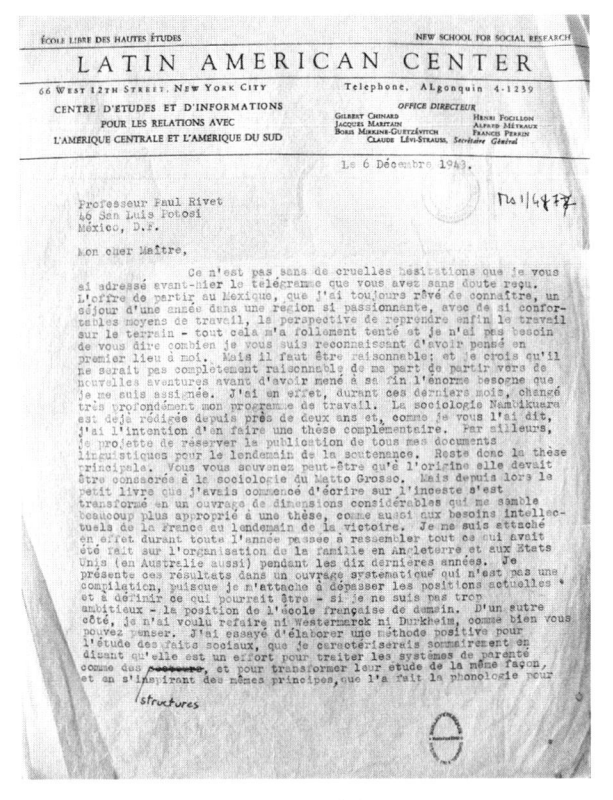

1943 年 12 月 6 日，克洛德·列维－斯特劳斯给保罗·利维写信。删改后出现了"结构"一词

---

[1] 《关于俄语音位演变与其他斯拉夫语系语言的不同》（«Remarques sur l'évolution phonologique du russe comparée à celle des autres langues slaves »），1928 年荷兰奈梅亨国际语言学家大会（Congrès international des linguistes）会议论文，载《布拉格语言学小组研究成果》（Travaux du Cercle linguistique de Prague），布拉格，1929 年。

[2] 克洛德·列维－斯特劳斯后来这样说："令我震惊的是，在战争年代，尽管我们被迫处于某种孤立状态，多位民族学家分别发现了结构这一概念的重要性。这一巧合表明，为了解决前人留下的问题，结构的概念是必不可少的。"参见《结构人类学》，第 359 页。克洛德·列维－斯特劳斯还提到美国耶鲁大学的人类学家乔治·默多克（George Murdock）。默多克于 1949 年出版了《社会结构》（Social Structure）一书，同年，克洛德·列维－斯特劳斯出版了《亲属关系的基本结构》（Les Structures élémentaires de la parenté）。

多亏了结构音系学的主要推动者之一雅各布森，列维-斯特劳斯才了解了它的存在。列维-斯特劳斯在后来发表的一篇文章中证明，在人类学亲属关系研究的主题中引入结构一词和结构音系学模型是合理的。文中指出，音位（语言学）和亲属关系的术语（民族学）十分类似："像音位一样，亲属称呼是意义的要素；像音位一样，只有将它们集成到一个系统中，它们才能获得意义。就像'语音体系'一样，'亲属关系体系'是由大脑在无意识的思想层面构建起来的。最后，在世界偏远的角落和完全不同的社会中，亲属关系的形式、婚姻规则、某些类型的亲戚之间抱有的固有态度以及其他现象反复出现，它们让我们相信，就亲属关系的问题或者语言学而言，我们观察到的现象是由普遍但隐含的法则造成的结果。因此，这个问题可以表述为：亲属关系的现象与语言现象属于同一类型，尽管两者都遵循另一种现实存在的秩序。"[1] 因此，他希望借用一种"形式类似（内容并不类似）的方法"——一种音系学的方法。故而，亲属关系的体系是有待解读的一门语言，只有解读完成之后，我们才能理解婚姻、出生、血缘以及社会生活中的情感要素背后无意识中产生的法则。[2]

回顾起来，我们可以从这种稀松平常但又带来变革的涂改行为中了解很多细节。他通过涂改，用"结构"（structures）一词代替"部分"（secteurs），从而为结构主义的诞生提供了条件。它反映出，列维-斯特劳斯在人类学领域设计了一个具有更高的理论目标的研究项目。其目标是寻求真正的科学性以及——按照列维-斯特劳斯的观点——提出一个能够简化和解释众多令人费

---

[1] 克洛德·列维-斯特劳斯：《语言学与人类学中的结构分析》（« L'analyse structurale en linguistique et en anthropologie »）。《结构人类学》一书收入了该文，参见第 41 页。
[2] 关于这一段的内容，请参见弗雷德里克·凯克（Frédéric Keck）：《克洛德·列维-斯特劳斯入门》（Claude Lévi-Strauss, une introduction），口袋书出版社，2005 年，从第 70 页起。

解的亲属关系的统一原则。[1] 阿尔弗雷德·梅特罗注意到列维-斯特劳斯的这一野心。他在日记中坦承，他曾上门拜访过列维-斯特劳斯，两人就民族学的现状进行了讨论："他希望回归哲学，回归整体概念。"[2] 结构主义将给研究亲属关系的人类学留下一个持久的烙印，将它作为一个神秘的子学科，并将令人印象深刻的数学和图形形式——亲属关系图——作为其基本特征。但结构主义还将超越亲属关系的人类学研究，因此，它将以更广泛的科学性、技术性和有效性为基础，以一种兼顾全局的视角重新建立社会科学，使社会科学更加符合硬科学的规范。

结构主义和战争时期的流亡：人类学创新背后的政治诉求

列维-斯特劳斯的"逻辑论"（traité de logique）是在战争结束时产生，并在此激烈的政治化背景下实现的。利维是自由法国的重要人物之一，那时正准备搬到阿尔及尔。在结构主义意识觉醒之后的多次通信中，列维-斯特劳斯表达了自己的感觉。他发现，他正在为自己和国家创造某种坚固而新颖的东西："我有一种感觉，我正在创作一本'伟大的书'，虽然这种感觉可能只是错觉（但在过程中犯的错误是可以被原谅的）。如果我能把它带回获得解放的法国，它将为年轻的人类学家和社会学家奠定一个全新的学术基础，使他们能够与外国学者们拥有相同的起跑线。他们不仅会发现近年来其他国家的学术发展情况，说不定还会发现其他更多东西。"[3] 这是年轻的研究人员因投入科研创造而产生的傲慢与狂妄吗？透过他对信仰的反复强调，我们应该明白，他的学术研究野心勃勃，并且希望进行学术创新。他"毫不掩饰地

---

1 《真正的科学分析应当实事求是、深入浅出并且言简意赅》（« Une analyse véritablement scientifique doit être réelle, simplificatrice et explicative »），载克洛德·列维-斯特劳斯：《语言学与人类学中的结构分析》，第 43 页。
2 阿尔弗雷德·梅特罗：《旅程（一）：旅行笔记与旅行日记》，1947 年 3 月 13 日，第 171 页。
3 1943 年 12 月 16 日，列维-斯特劳斯给保罗·利维的信。

谈论其理论取向"，还表现出"大胆的哲学思维"[1]。他认为，法国失去了其他竞争力后，应当以科研学术作为其发展方向。列维－斯特劳斯在这一问题上丝毫不抱幻想，战争期间戴高乐主义的倾向渐渐消散，取而代之的是民族自豪感受到威胁时萌生的爱国主义情怀。

因此，结构主义可以被看作是向一场推迟发生的知识战争的献礼。流亡的学者们将后备箱中的行李带回法国，希望能够提高祖国在参考文献、文献储备和认知上的水平，弥补它在战争期间荒废掉的时间，让它迎头赶上。以《亲属关系的基本结构》——以及数学形式化、图表化的趋势和逻辑上的严谨性——为代表的第一代结构主义者虽表现出了激进的科学主义，但这也属于建立一门学科科学性的一种尝试。人类学曾被迫为殖民主义和法西斯主义服务，两者都对体质人类学十分推崇。在两次世界大战期间的和平年代，"种族"这一范式深深融入对人类的研究之中，同时，深深植入人类多样性的阐述文本之中。因此，即便是利维和博厄斯这样的左翼人类学家，也难以打破这个框架。[2] 1930年代后期，利维创立了《种族与种族主义》（*Races et Racisme*）期刊，把它作为逐步普及思想的论坛，并强调体质类型的不稳定性、互相融合的悠久历史和种族范畴的不明确性。博厄斯也曾在这一期刊上发表了文章。但是，"使用与种族主义者一模一样的武器来打击种族主义，他们没有挑战这场辩论背后的概念问题，他们基于相同的阐述框架表达自己的主张，并没有提出打破种族概念框架的全新的概念"[3]。提出完全不同的概念正是结构主义的创新：它不

---

[1] 参见克洛德·列维－斯特劳斯为《亲属关系的基本结构》写的序。1947年3月9日，克洛德·列维－斯特劳斯给保罗·利维写信，将序的手稿也寄给了对方。这些表述反映了他眼中社会学（广义的社会学）未来的发展方向。

[2] 参见卡罗尔·雷诺－帕里戈特（Carole Reynaud-Paligot）：《殖民共和国：种族范式与共和国意识形态》（*La République raciale. Paradigme racial et idéologie républicaine*），巴黎：法国大学出版社，2006年；《1930年代法国的种族、种族主义与反种族主义》（*Races, racisme et antiracisme dans la France des années 1930*），巴黎：法国大学出版社，2007年。

[3] 关于这一段的更多内容，参见克利斯提那·罗利埃尔：《保罗·利维：学术与政治》，第511页。

是利用"文化"来否定"种族",而是利用"结构"来否定"内容",因此,改变了反射的坐标。它将任何地方都能观察到的现象——乱伦的禁忌——定义为普遍的规则,从而重新确立了普遍性的存在。乱伦的禁忌既不是"基础"也不是"起源",而是人类互相交往的普遍规则,这样的普遍规则还包容了人类交往过程中的无限可能性。列维-斯特劳斯一人完成了两件事:一方面,建构了自己的逻辑论;另一方面,明确了民族学自己的政治诉求。这些诉求因战争的爆发变得更加紧迫。

因此,在1943—1944学年第一学期的课程提纲中,他明确了"战后世界中原始民族的地位"这一教学主题,提出了6个问题:"第一,'原始文化'的定义以及'原始或落后民族'的当前分布;第二,'原始民族'的经济、社会和文化权利,以及如何从现代社会学的角度分析自然法的概念;第三,殖民统治的延续对现代文明而言是否必要?殖民主义的各种政治意涵和殖民地经济剥削的不同方式;第四,多层经济体制下'原始社会'和'落后社会'的现状、殖民统治下的国家和非殖民统治下的国家;第五,殖民统治和非殖民统治下的文化接触问题:消失与协作、同化的形式、合作与对抗;第六,多种文化并存的哲学和社会学问题:文化的普遍化还是区域主义?"[1]我们注意到,他对殖民主义严肃质疑,或者,至少认为存在质疑其合法性的必要。当时,抵抗势力中,无论是自由法国的追随者还是法国国内抵抗运动中的活跃者,都没有人如此深刻地讨论这一问题。与政治思想的其他领域一样,纽约知识分子们是对殖民体系进行批判性反思的先锋,他们就殖民体系的生存和保护问题提出了疑问。这一问题就这样突然成为热门话题。[2]

---

[1] "高等研究自由学院"主题档案:克洛德·列维-斯特劳斯档案库,编号NAF 28150,档案盒编号213—214。
[2] 参见《从巴黎到纽约:法国知识分子和艺术家的流亡(1940—1947)》。尤其是第7章《每日要务》,这一章分析了有关流亡的文学作品。

如前所述，结构主义也是这个时代的产物。其间，向西流亡的意义发生了翻天覆地的变化。1941 年，列维－斯特劳斯并不是以民族志学者（人类学家）的身份登上保罗－勒梅赫乐船长号，也没有准备去研究一个正在消亡的民族的意图。当时，他和他的亲友们才是那个将被消灭的部落。同样，在马提尼克岛，白人流亡者根据殖民地秩序的规则得到了友善的对待，而历史的逆转让这些规则也被应用到他们身上。这样的环境使安德烈·布勒东和艾梅·塞泽尔之间建立了友谊，因为他们共同的身份是"贱民"。[1] 雅克·德里达（Jacques Derrida）在谈到结构主义的诞生时强调了灾难这种历史环境的作用："结构是在威胁发生的时刻灵光一闪而产生的，那一刻，危险即将来临，迫使我们将目光聚焦于一块石头上，这块石头将成为某种规则的基石，它承载了其本身的可能性和脆弱性。[……] 这是一段历史发生错位的时期，当我们被驱逐出战争现场时，这种对结构主义萌生的热情发展为对实验的狂热追求和对图解的广泛应用。"[2] 这里的"历史"的错位是指欧洲内战以及欧洲内战对一部分人类及其文化之花的系统性破坏。

当列维－斯特劳斯得知法国抵抗运动分支机构人类博物馆被解散，以及 1942 年 2 月 12 日，在蒙瓦雷里安堡垒（Mont Valérien），鲍里斯·维尔德（Boris Vildé）和阿纳托尔·列维茨基（Anatole Lewitsky）被处决，列维－斯特劳斯深刻了解其代表的重要意义。[3] 几个月后，1942 年 7 月，这则可怕的消息传到了纽约，列维－斯特劳斯立即想到了利维，他以众人的名义向他发送了一封表达安慰的电报。他年迈的老师陷入了身处哥伦比亚带来的孤

---

1 参见安德烈·布勒东、安德烈·马松：《迷人岛马提尼克》。
2 雅克·德里达：《书写与差异》（L'Écriture et la Différence），"点丛书"，巴黎：瑟伊出版社，1967 年，第 13—14 页。洛朗·让皮埃尔又进行了引用：《流亡思想的形成》，第 60 页。
3 伊夫娜·奥东（Yvonne Oddon）与阿尼艾斯·翁贝尔（Agnès Humbert）虽然也被逮捕，但与热梅娜·蒂丽翁（Germaine Tillion）一样免于死刑。三人被送往集中营，然后全部成功逃离了集中营。

单感和无限的历史罪恶感之中，失去了生气。[1] 最终，在1942年8月17日，"心如乱麻"的列维-斯特劳斯试图为利维注入一些力量和勇气。他想将利维从愧疚中拯救出来，向他展望未来："那么多一直做出正确选择的人中，您也是其中之一，我甚至想说您是能够做出正确选择的唯一的人，因为您仍然在我们的身边。那些被关进监狱或集中营的人又将会处于什么状态呢？因此，出于一个无法推脱的理由，亲爱的老师，您必须停止这场您自己制造的可怕的道德危机，停止折磨自己：您不属于自己，您属于我们，您属于明天的法国。即便不是这样，您难道不知道，因为您的这种英雄气度，我们将怎样责备您吗？这种气度让您面临万分惊险的境遇，一种我们的同志曾经历过的危险境遇，然而，这完全不会增加他们生存的机会。[……] 这远不是一个让人愧疚的理由。它怎么可能造成愧疚呢？相反，在我看来，它应该将您从极大的悲痛中脱离出来，让您在面对巨大的灾难性事件时，仍然可以镇定地放手。因为，面对这些事件，人是渺小的。但我在这里说'放手'是不对的，'放手'仅适用于我自己。您也知道，我们的朋友将会发起复仇。"列维-斯特劳斯曾为在纽约举行的法国抵抗运动的展览写过一段话，他也将之添在电报中："在巴黎，有一所了不起的科研机构，从本质上讲，它致力于与种族主义及其谎言作斗争。它是人类博物馆。它的馆长保罗·利维教授不仅是巴黎市议员，还是第一位全心全意献身于反法西斯斗争的法国知识分子。它的副馆长雅克·苏斯戴尔一早就加入了自由法国的军队。

---

[1] 保罗·利维"掩护"人类博物馆部分工作人员开展抵抗活动，但自己并未过多参与。事实上，作为公众人物，他被密切监视，因此，没有什么个人隐私可言。他感到十分忧心，人身安全也受到了威胁，于是，1941年2月，离开了法国。他心如死灰，只能让博物馆和同事们听天由命。一年后，第一批抓捕行动开始。关于这段历史的更多细节，参见克利斯提那·罗利埃尔：《保罗·利维：学术与政治》；朱利安·布朗：《抵抗运动的开始：人类博物馆的抵抗（1940—1941）》，"21世纪文库"，巴黎：瑟伊出版社，2010年；安娜·侯让辉（Anne Hogenhuis）：《抵抗运动中的学者：鲍里斯·维尔德与人类博物馆网络》（Des savants dans la Résistance. Boris Vildé et le réseau du musée de l'Homme），巴黎：法国国家科学研究中心出版社，2009年。

他们的同事们只专注于一项任务：展示人类智慧创造的无数、多样的成果。德国人成功复了仇。德国人将利维的同事们关押了几个月之后，最终将他们一一杀害。因为，他的同事们以他为榜样，无视巴黎被攻占的事实，仍然坚持开放博物馆。他们是鲍里斯·维尔德、阿纳托尔·列维茨基、皮埃尔·瓦尔特（Pierre Walter）、朱尔斯·安德里厄（Jules Andrieu）、雷内·塞纳沙尔（René Sénéchal）、莱昂–莫里斯·诺德曼（Léon-Maurice Nordmann）和乔治·伊希尔（Georges Ithier）。[1] 数以百万计的卑微的人类通过他们的奋斗而被人铭记、受人尊敬，他们将惩罚真正的野蛮人。"[2]

正是这一确切的时刻，这种悲剧的"历史性"，矛盾地构成了人类学结构主义可能成立的条件："实际上，人们可以认为，民族学只有在分权发生的那一刻才能诞生为一门独立的科学。那一刻，欧洲文化发生错位，形而上学及其众多概念的历史也随之发生了错位，它们被迫离开自己的轨道，同时被迫不再将自己视为标准文化。这个时刻是哲学或科学话语的时刻，但这并不是第一位的。这个时刻还是政治、经济和技术话语的时刻。"[3] 因此，结构主义也是学术抗争的一种形式，它相当于面对濒临灭绝的原始社会时如梦如幻的忧郁症。"结构"让原始社会重新成为人类的一部分，让人类重新恢复其整体中包容的多元性。[4] 人类学学科的发展、新视野的发现，以及被纳粹主义驱逐出欧洲并处于流亡状态的西方学术界，都使这一跨大西洋的新事物、思想的结

---

[1] 1942 年 2 月 23 日，两人在蒙瓦雷里安堡垒（Mont Valérien）被杀害。
[2] 1942 年 8 月 17 日给保罗·利维的信。
[3] 雅克·德里达：《书写与差异》，第 414 页。
[4] 结构主义并非要以族群的文化形态来区分经验世界的多元现象，这是人们常常会有的误解，但这其实是形式主义的主张。弗雷德里克·凯克认为，结构主义发现了"不同事物中的不变量，即区分事物不同之处的规则"。参见《克洛德·列维–斯特劳斯入门》，第 41 页。后来，克洛德·列维–斯特劳斯做出了明确解释，与人类学一样，结构人类学的确切研究对象是"不同之处"（les écarts différentiels）：结构人类学不仅要研究具体的社会现象，还要研究不同社会之间的区别与联系。参见第 15 章序，《结构人类学》，第 1 卷，第 358 页。

晶——结构人类学——有了意义。

1943年底，研究的进展十分顺利：他已选出1500篇文献，其中包括论文和书籍，并且已经分析了其中1200篇。列维－斯特劳斯计划再用3个月进行阅读，然后用一年进行论文写作。有关高等研究自由学院前途问题的烦琐工作让他的研究进度受到了阻碍，1944年，他一直忙于处理高等研究自由学院的事务。这就是列维－斯特劳斯于1945年5月以文化参赞的身份返回纽约的原因之一。他一边执行外交任务，一边开展学术工作。

科学研究与管理工作

新生活开始

1945年的夏季和秋季，某种不确定因素产生了。工作上，列维－斯特劳斯履行着文化参赞的职能，却无法享有一间办公室。他的主要任务是装修（花费了6万美金）第五大道上的豪宅，这是法国在战争爆发前不久买下的不动产。洛吉耶雄心勃勃的国际文化政策让他做出一项决定：1945年，这座宅子最终被分配给文化服务处，领事馆则被迁至其他地方。[1] 列维－斯特劳斯聘请了夏洛宫（Palais de Chaillot）的建筑师雅克·卡尔卢（Jacques Carlu），他也流亡到了纽约。雅克·卡尔卢为自己能接到这份设计师和室内装饰师的工作而感到高兴。他的论文手稿——《我已经完成了其中的大部分工作》[2]——和第五大道这座建筑是他生活和工作中的两大焦点。当时的来往书信中，他常常使用建筑的隐喻，这也反映出上述事实确凿无疑。历史上曾有一大批法国

---

[1] 《亦近，亦远》，第71页："战争前夕，法国已经在第五大道买下了一栋漂亮的大宅子，这是由一位美国银行家依照罗马宫殿的格局出资建造的。当时的纽约市长极度厌恶维希政府，不允许法方代表进入这栋房子。当戴高乐成立自由法国政权，他才将房子归还给法方。"这位纽约市长名为菲奥雷洛·亨利·拉瓜迪亚（Fiorello La Guardia）。

[2] 1945年9月8日给父母的信，克洛德·列维－斯特劳斯档案库，编号NAF 28150，档案盒编号179。

建筑师生活在纽约,他们聚集于此,为的是学习美国的新技术,认识新材料。大约在那个时候,列维-斯特劳斯和塞里格一同参加了在纽约举办的勒·柯布西耶的展览。在一张公开发表的照片中,我们看到他手拿香烟,面对陈列的模型,陷入了深思。他也许将自己想象成了社会科学的勒·柯布西耶……[1]

实际上,这份新的工作与他刚刚展露出来的学术上的抱负产生了矛盾,但这是他精打细算做出的抉择。他这样向父母解释:"我犹豫了一阵,然后有了决定。我最大的愿望是,在流亡多年后,仍可以返回法国。这一点你们十分清楚。然而,不是每一个机会都能让我动心。而利维不见得帮得上忙,在重新回到巴黎之前,我可能必须在外省的大学忍耐好几年。因此,纽约的这个职位十分关键,它意味着我可以获得一个分量很重的职业身份。两到三年内,如果表现出色,我还能够轻松换来巴黎的一官半职。"这个机遇将给他带来方便,也让他继续远离家乡,忍受分离之苦。时间长短仍是一个问题,另外,论文手稿还未完成:"最后,我接受了这项工作,只是情绪有些低落,一方面是因为我将延长在美国逗留的时间;另一方面是因为我不得不暂时或至少适当地搁下科研工作,好将时间用来从事行政管理。"[2]他认为,这是他不能错过的机遇。它虽与1934年10月乔治·杜马的来电性质截然不同,但同样对列维-斯特劳斯大有裨益。

1946年1月1日,他在法国大使馆的信笺上写下"文化参赞"的头衔,从此,正式上任。他搬进了一片狼藉的豪宅里,这里将是他未来的居所。1946年春,翻修作业在混乱中结束。"每个施工团队都毁掉了前人的成果。"[3]但最后,他很钟意上东区这个响亮的地址——中央公园对面,第五大道934号:"如果它位于苏

---

[1] 他将照片剪了下来,塞进1945年9月23日的信里。
[2] 1945年12月3日的信。
[3] 1946年2月24日的信。

榭林荫大道（Boulevard de Suchet），那么，第五大道就相当于维利耶尔大道（Avenue de Villiers）。布洛涅森林那一侧非常幽静，非常时髦，非常漂亮，但无趣得很。"[1]

他有了新的住址、新的工作和一位新婚妻子。这段婚姻是他履行新职务所需的标配，也是一段认真并且牢固的感情关系结下的硕果。想要娶一个妻子、一个法国妻子的愿望，也是因为他已经厌倦了唐璜式的生活方式："寄出下一封信时，我很可能成为已婚男士。老实说，我真的十分期待。不久前，我与欧洲最古老、最高贵的贵族人家的女儿有过一段关系，它让我对单身生活感到厌倦和抗拒。"[2] 刚到纽约的罗斯－玛丽·乌尔默与克洛德·列维－斯特劳斯于4月16日迈入婚姻殿堂。此前，两人经过了复杂的交涉，分别与前任了断了关系。婚礼表现为一种"友善的美国风格"，新婚夫妇补充道："仪式肯定花了整整5分钟！"[3] 一个月后，一场盛大的招待宴成功举办。它让人感觉，人类学家的生活水平有了显著的提升：文化参赞的私人公寓还迎来了大约一百位宾客，迎接他们的是小烤箱和女佣。这些法国贵宾中拥有各种各样的身份：法国驻联合国大使兼总领事亚历山大·帕罗迪（Alexandre Parodi）、以夏加尔和雅克·利普希茨（Jacques Lipschitz）为代表的艺术家、美国学者与作家、美国黑人舞蹈家让·卡苏（Jean Cassou）。他们直到凌晨两点才散场离去。[4]

宅子里每间公寓的家具都由列维－斯特劳斯自己一手置办（以低价置办）。纽约的公开拍卖品异常丰富，他十分陶醉其中。这些拍卖品采购自欧洲各地，其原产国和真正的价值都不得而知。结果，"有时，它们以高昂的价格售出，有时几乎分文未取——

---

[1] 1945年12月3日的信。
[2] 1946年3月24日的信。
[3] 1946年4月17日的信。
[4] 1946年5月30日的信。

价格的浮动让人难以理解"[1]。在这种随机的定价机制下,他得以购置"非常漂亮的意大利文艺复兴时期的家具,其暗色调和简朴的设计符合列维－斯特劳斯采购家具的一贯标准":一张大桌子、几张椅子、一个箱子、一个衣橱、一个餐具柜。这些家具都是大尺寸,来自富裕的美国家庭。这些美国人家道中落,处理了家中笨重的家具。还有一张书桌极有可能是西班牙殖民时期传承下来的,桌腿上刻有宗教融合的图案。此外,卡尔德(Calder)还送了他们一个非常精美、优雅的"活动装置",它"悬挂在公寓的天花板上,与原始社会的收藏品和文艺复兴时期的家具很好地融为一体"[2]。这种非常特别的室内风格为他的生活确立了基调,让他围着这三类东西打转:现代艺术(卡尔德)、原始社会的物品和实木家具。它将不朽的历史——旧殖民帝国时期和人文主义运动兴起的文艺复兴时期(16世纪)——与脆弱的当代生活结合起来。列维－斯特劳斯以不同的方式思考这些历史时期,被它们深深影响,但他从中超脱了出来,将它们变得空灵、轻盈。这种动态的平衡也反映在亲属关系的结构中。在博士研究的过程中,他既要求自己专心应付一个对象,又要求绝对的互惠互利,还拼命地想要解除互相矛盾的框架造成的限制,就像是卡尔德发明的活动装置,始终处于不稳定的平衡状态。这就是列维－斯特劳斯的结构主义。

"一具身体,两种生活"

夫妇两人在第五大道934号安定了下来。罗斯－玛丽·乌尔默并不是只身前来纽约,她还有两个孩子,一个8岁、一个10岁。列维－斯特劳斯欣然接纳了他们,让他们"幸福而平静"地成长。公寓十分宽敞,最重要的是,他的办公室位于公寓的楼下,完全

---

[1] 1945年11月14日的信。
[2] 1946年5月30日的信。

独立于公寓。然而，他无意承担他们的经济责任，并要求他的岳父"做点什么，好让两个孩子能够完全独立生活，不为生活所需而犯愁"[1]。这似乎完全不是问题，因为他的岳父岳母颇具经济实力。列维-斯特劳斯现在过上了非常不错的生活，他的开支预算中还包括每月寄给父母的一笔钱。他一再表示，希望父母接受这份补贴，别再为了糊口而出去找活干："无论如何，我都不同意你们去求利维或我的其他朋友介绍工作。我不希望他们以为，我在纽约担任要职，却不照看你们。"[2]

最初的几个月是争分夺秒的竞赛："我忙到焦头烂额，为了应付有关奖学金申请、教师交流或学生交流、系列讲座的安排、书籍寄送、法国人在美国举办展览或者美国人在法国举办展览等琐事，我需要将通知、报告和电报送往巴黎。下午，我还要应付相继来到我的办公室，为了向我咨询这些问题的人。我希望找到一种比目前更为积极和高效的方式来开展业务，但我不仅缺少人手，同时，也不确定 1946 年的预算会不会削减（可能由于货币贬值而收紧）。雪上加霜的是，一些重要的客人来访，占用了我的大量时间：萨特、勒·柯布西耶马上就到，加缪等人也在来的路上。"他一边抽时间写文章[3]和博士论文，一边完成公务要求的烦琐任务。这些任务有时很有趣，但常常让人感到头疼（因为缺少打字员，事情推进得不够快，而打字员是办公室业务中必不可少的人力资本），甚至常常让人打不起兴致。社交活动是他工作

---

1 1945 年 12 月 3 日的信。
2 1945 年 12 月 3 日的信。
3 这里指的是《法国社会学》（«La sociologie française»）。文章收录于：乔治·古维奇（Georges Gurvitch）、威尔伯特·E. 莫尔（Wilbert E. Moore）主编：《社会学研究的全球视角》（*La Sociologie dans le monde*），第 1 册《社会学研究的主要问题》（*Les Grands Problèmes sociologiques*），第 2 册《各国的社会学研究》（*Les Études sociologiques dans différents pays*），"当代哲学文库"，巴黎：法国大学出版社，1947 年。列维-斯特劳斯这篇向莫ँ致敬的论文是第 2 册的第一篇（第 513—545 页）。他在这一时期完成的第二篇论文是对美国生活进行的民族志研究，最后发表于期刊《精神》（*Esprit*）。参见克洛德·列维-斯特劳斯：《幸福的技术》（«La technique du bonheur»），《精神》第 127 期，1946 年 11 月，第 643—652 页。这一期谈论的话题是美国。

内容中的重要组成部分,但他对此感到厌烦和疲惫:"午餐和晚餐一个接着一个,总的来说,无聊得要命。与大人物们的会面真的让人大失所望。即使是与让－保罗·萨特或斯特拉文斯基见面,情况也是一样。我觉得,斯特拉文斯基就像一个吹毛求疵、谨慎小心的俄罗斯老太太。"[1] 斯特拉文斯基曾是他年轻时候的偶像之一……

新上任的文化参赞是一个充满活力的业务主管。作为第一位文化参赞(和平时期的第一位文化参赞),他以自己能够胜任这份工作为荣。因此,尽管他一直抱怨日不暇给,这可能是真情实感,但显然,他也享受着这段短暂的忙碌时光。当他参加约翰·凯奇(John Cage)的音乐会或欣赏特里斯坦(Tristan)的电影作品时,或者当他为一位发明了新的彩色玻璃技术的法国艺术家举办展览时,他对艺术的热爱被再度唤醒。他的日子充满了相遇,相遇有时意味着新的发现,也可能带来失望:"不久后,我将和一家国际古董商见面,它想将它在阿拉斯加买下的整间博物馆卖给人类博物馆;然后,我将旁观一个黑人芭蕾舞团的排练,我正为其张罗法国巡回演出。我还有音乐会、展览和会议等一堆琐事需要解决,谁知道还会不会有其他事情呢?……我经常怀念之前的悠闲和平静,但人总要多经历一些才好。"[2] 这最后一句话就好像在说,潜意识中,他认为必须积累足够丰富的经验和足够激昂的情绪才能了结余生,必须不断体验新鲜事物才能最终迈入学术生活。

渐渐地,他开始将自己的日程安排得妥妥当当,不必整日为文化服务处奔波,因此,为自己的计划腾出了时间。每天早上,他都会下楼去办公室,从早上 9 点到下午 1 点 30 分,一直待在办公室,然后,回家吃午饭;从下午 2 点开始,他在自己的书桌前撰写博士论文,直到下午 5 点 30 分;最后,5 点 30 分之后,

---

[1] 1946 年 2 月 24 日的信。
[2] 1946 年 3 月 10 日的信。

他与秘书通话并签署信件。"一具身体，两种生活"的模式奏效了，这"当然属于一种微妙的平衡"[1]。然而，列维－斯特劳斯的一生都保持着这种工作节奏。他一边投入科学研究和学术写作，一边主持（科研）管理工作。担任文化参赞期间，这种平衡很可能已经明确地倾向于行政管理。1946年春，亨利·洛吉耶被任命为联合国副秘书长，他试图提拔自己的晚辈，但最终没有成功。内心深处，列维－斯特劳斯如释重负。他很难拒绝洛吉耶，如果接受，他可能会获得一份高级国际公务员的工作，一份斯特法纳·黑塞尔（Stéphane Hessel）那样的工作。黑塞尔的妻子维蒂亚（Vitia）是克洛德·列维－斯特劳斯在纽约的密友。

1947年春，两个生命的诞生

1947年3月初，两份沉重的打字机手稿新鲜出炉，摆在文化参赞的书桌上。每份手稿差不多有300—350页，1200条脚注和80张图表。它们的总标题为"亲属关系的基本结构"，上下两册的标题分别为"特殊规则""一般规则"。他写信给利维："我想马上向您宣布两则好消息，我和罗斯－玛丽的孩子从现在起的一周里都可能会出生，只是罗斯－玛丽抗拒生产。我等不及看到孩子的降生，同样，我也等不及向您宣布，两周前，我的书已经完全写完了。"[2] 婴儿迟迟不肯降生，在过去的两年中，《亲属关系的基本结构》的面世也像这样，一再被推迟，就好像每走一步，这本书自己便有了新的进展、新的疑点和新的变化。终于，1947年3月16日，儿子洛朗（Laurent）出生，几天前，写作行为已迎来了尾声。由于孩子的父亲被突然逐出医院的病房，他对现场的情况不甚了解。他什么也没看见，什么也没听见。然后，旁人给他三十秒钟，让他看了眼孩子，便又叫他走开："说到孩子，

---

[1] 1947年1月22日的信。
[2] 1947年3月9日给保罗·利维的信。

今天早上，我觉得他真的难看极了，到了四点钟，变得没那么丑了，但还是不中看。他出生时重 4.1 公斤，居然与我惊人地相似。因为他看起来像我现在的样子，（我觉得）根本没有我出生那时的样子。"[1] 两个星期后，修改论文的第二册时，他向自己的后代讽刺地瞥了一眼："我希望，随着岁月的流逝，他可以获得一个好看的灵魂，但他现在则完全没有。"[2]1947 年 4 月 15 日，洛朗接受了割礼，与他的父亲一样。渐渐地，列维－斯特劳斯变得调皮了起来，他的温柔中仍带着一丝嘲讽："我发现自己比想象中更能接受他了，我好像把他当作了另一种'猴子'，虽然可能不如真正的猴子有趣，但只要意识到这一点，他就会变得更加有趣。我发出的声音引起了他的浓厚兴趣，跟着我的声音，他试着牙牙学语，但是没有成功——这是我们之间的主要互动。"[3] 结构语言学特别关注语言的习得，这是科学研究需要攻克的奥秘和需要应对的挑战……[4] 毫无疑问，列维－斯特劳斯非常认真地聆听儿子最初的胡言乱语，像曾经对待从巴西带回的猴子卢辛达那样，他也宠爱自己的孩子，用奶瓶给他喂奶，还替他更换新的尿布。在他成为父亲的过程中，他从两种模式中获得了启发。每一种模式他都拥有亲身经历，每一种模式都让他表现得更加柔情似水：一边是他自己的父亲，一个严肃但不仰仗威权的人；另一边是南比克瓦拉部落的父亲角色，他指出，他们从肢体上展现了对孩子们的关爱。从这两者（他还在罗斯－玛丽上一段婚姻的孩子们面前扮演着有点距离感但十分亲昵的继父角色）出发，他找到了自己的为父之道。[5]

---

1 1947 年 3 月 17 日的电报。
2 1947 年 4 月 1 日的信。
3 1947 年 5 月 7 日的信。
4 罗曼·雅各布森，《儿童语言与失语症》（Langage enfantin et aphasie），巴黎：午夜出版社，1969 年。这是 1941 年原版 Kindersprache, Aphasie und allgemeine Lautgesetze 的法语译本。
5 1947 年 1 月 22 日，他表示在一个电动工具的帮助下，已经将罗斯－玛丽两个孩子的小船修缮完毕。这个工具有多个钻头和转轴，让未来的修理匠沉迷其中。

法国对美国的新文化政策

我们发现,自由法国内部的知识分子积极推动了法国海外文化政策的调整和改变。亨利·洛吉耶与1946年起继任洛吉耶这一职位的路易·若克斯(Louis Joxe)否定了两次世界大战之间吹捧上流社会的风气,主张专业化和民主化,并投入科研活动、职业活动、学术交流以及奖学金资助等全新的工作中,把这一政策落实为行动。从战争结束到"马歇尔计划"对外宣布(1947年6月)之间的这一时期,时机相当成熟,科学和艺术被看作重建国家间对话机制的主要手段。参议员富布赖特(1946)的奖学金项目在服务于美国国内的同时,为法国在美国实施这些新的文化政策提供了便利。

虽然克洛德·列维-斯特劳斯是一名"兼职"的文化参赞,但他投入了大量的精力,努力提高工作效率,积极落实改革行动,让一项得到他认同的公共政策——这一项公共政策背后的基本理念已经发生了重大转变——能够显得合理、统一。他当然不是一名普通职员。他在任期内留下的种种痕迹表明,他可能是一位伟大的管理者(尽管也许有点缺乏耐心)。开设法语讲座的政策反映了列维-斯特劳斯想要推广的活动的类型。法语联盟的传统模式是邀请一位大作家向一群说法语的美国老太太讲经说道,而他认为,在这一领域,应当打破这一传统模式。塞里格早已指出,法语联盟有些跟不上时代。法语联盟在美国的大多数工作人员仍然是贝当的支持者,因此,对自由法国派来的新面孔并不友好。[1]然而,法语联盟历史悠久,社会根基稳固,还拥有图书馆服务(包

---

[1] 纽约法语联盟的负责人皮埃尔·卡迪尔(Pierre Cartier)是一个坚定的贝当派人士。这解释了为什么列维-斯特劳斯常常不肯出席皮埃尔·卡迪尔主办的活动。而列维-斯特劳斯还因为缺席而被责难。参见1947年4月30日贝努维尔将军(général de Bénouville)给驻美大使博内(Bonnet)的信:外交部档案,文化关系(1945—1970),多项事务(œuvres diverses),文化交流(échanges culturels, 1945—1959),多项事务(œuvres diverses, 1945—1947),美国,档案盒编号55(0.236.2)。信上说,文化参赞"自认为可以拒绝出席我在纽约的演讲活动"。

括各省的图书馆），仍然不容小视。因此，文化服务处考虑创建一个单独的服务部门来负责组织美国的所有法语讲座："我补充一点，法语联盟已经无法继续提供与过去相同的服务。文化交流不再是一群业余爱好者的特权，它还必须向新的圈子开放，尤其是向学术界开放。"[1] 列维－斯特劳斯提议，将法语结盟、永久法国委员会（France Forever committees）[2]、大学的法语系和"法国之家"（Maisons françaises）合并为一个单位，以节省资源和最大程度地扩大影响力。某些时候，他十分坚持自己选择演讲人的标准。他倾向于选择更年轻、更抗压、不急于获得称赞并且能说英语的对象，能说英语尤其重要。他始终十分在意工作效率，因此，建议充分利用每位演讲者的来访（演讲者的差旅费用由法方支付）。他还希望这些讲座不只是扎根于文化交流频繁的东海岸地区，也要渗透到西部和中西部的小镇，同时，强调了这样做的好处。他取得了多项成绩：由法美联合学术委员会主办的阿尔贝·加缪和作家"韦科尔"（Vercors）的讲座座无虚席。他冷漠地见证了存在主义掀起热潮，并不沉迷于此。在他看来，这一成功"证明了我们的选择是正确的，传统的方式已经过时，我们的讲座必须向广大民众开放，并且活用学术资源。昨天，我们宣布启动的系列讲座正是应用这种学术策略的结果"[3]。对结果不甚满意时，他只会如实记录。例如，吉尔伯特夫人的演讲主题"巴黎、巴黎的艺术家、巴黎的地理标志和我"吸引了很多听众前来。

---

[1] 1946年6月18日，由克洛德·列维－斯特劳斯编写的报告《美国讲座的组织》（共3页）：外交部档案，文化关系，多项事务（1945—1947），美国，档案盒编号55。
[2] 永久法国（France Forever）是二战期间为美国成立的一个协会。永久法国的足迹逐步遍及全美，目的在于拥护戴高乐的政策。罗斯福政府下的美国长期对自由法国政权并不友好，因此，永久法国的游说取得了一定成效。参见戴高乐美国纽约代表团总代表拉乌尔·阿格隆（Raoul Aglion）的作品：《戴高乐与罗斯福：美国的自由法国运动》（*De Gaulle et Roosevelt. La France libre aux États-Unis*），巴黎：普隆出版社，1984年；朱利安·G. 赫斯菲尔德（Julian G. Hurtsfield），《美国与法国》（*America and the French Nation*），教堂山：加利福尼亚大学出版社，1986年。
[3] 1946年3月30日的电报，参见外交部档案，文化关系（1945—1970），多项事务，文化交流（1945—1959），多项事务（1945—1947），美国，档案盒编号55（0.236.2）。

列维－斯特劳斯的评论是:"吉尔伯特夫人的才华显然不足。我不得不承认,她的演讲仍然取得了热烈的反响,当我们试着与女性俱乐部(women's club)和省级协会联系时,不能忽略美国的实际情况。"[1]

根据简化程序的思路,这一次,克洛德·列维－斯特劳斯考虑在美国创立"法语书籍中心"(Centre du livre français)。该中心将充分利用美国的图书发行网络,协调和主管法语书籍的销售。他推荐使用一种技术手段——[发送给大学、法国教授和学术团体的]目标邮件列表——寻找此前几乎没有交集的特定目标读者。当时,由于价格过高以及纸张供应不足,法语书籍几乎一本也卖不出去。[2] 好在文化服务处保持了其传统的业务。例如,帮助法兰西喜剧院(Comédie française)在美国组织大型艺术展览和巡回演出。但这项业务的理念和运作方式发生了变化。作为法兰西喜剧院来美演出的交换,列维－斯特劳斯建议将玛莎·葛兰姆(Martha Graham)的舞蹈团带到巴黎。他确实对新的编舞艺术产生了兴趣,这种编舞艺术对他来说似乎"代表了今天美国土地上一种特别活跃、新颖的艺术活动"[3]。

列维－斯特劳斯很喜欢回忆担任文化服务处主管期间的苦涩记忆:"我有一些点子,但一个也没有实现。首先,我想要在巴黎策划一场以早期美国艺术为主题的展览。但是美国国务院不情愿,认为这会有损美国的形象。其次,我想要采购一些太平洋西北地区(Pacific Northwest)原住民的艺术品,卖家希望以马蒂斯和毕加索的几幅画作为交换。但是这一次,法国相关部门,特别是主管博物馆业务的乔治·萨莱(Georges Salles)提出了反对

---

[1] 1947年4月11日的信,参见外交部档案,文化关系(1945—1970),多项事务,文化交流(1945—1959),多项事务(1945—1947),美国,档案盒编号57。
[2] 奇妙的是,50年后(1991年),继承了这一传统的纽约法国书籍办事处(Bureau français du livre)成立,机构的名字也没有产生多大的变动。
[3] 1946年6月3日的信,参见外交部档案,文化关系(1945—1970),多项事务,文化交流(1945—1959),多项事务(1945—1947),美国,档案盒编号58。

意见。"[1]即使这些计划以失败告终，人们也能从中察觉到他在思想上发生了巨大的转变：以法国现代艺术的重要作品换取几乎没有人认可的原住民艺术品。随着响应新文化政策的机构数量不断增加（遍布世界各地的文化参赞的岗位构成了一个网络），这项新文化政策仍在想办法让自己与之前的方法（其本质是语言学的方法——通过法语联盟，让法语教学成为法国文化实力的象征）保持距离。它与借助重大事件来扩大影响力的传统政策更加彻底地划清了界限。

二战后法国文化外交的参与者们——包括主要人物列维-斯特劳斯——已经意识到，他们在战争中溃败的不仅是法国在国外的声望一落千丈，从根本上讲，还包括法国作为文学艺术高地和文化大国这一身份的瓦解。他们也知道，眼下，普遍主义已不合时宜，取而代之的是互惠互利。二战后，担任文化参赞期间，他负责了许多业务。这些业务都以专业上的跨界（学者、医生、建筑师、企业家等）为理想模型，但这是法国人现在必须学习接纳的。除此之外，没有其他出路。另一项干预措施规模不大但意义重大，列维-斯特劳斯希望法国必须放下特权，参与国际社会知识和文化的发展：他要求詹姆斯·海德奖（James Hyde Prize）向外国作者开放。詹姆斯·海德奖表彰的是研究法美两国关系史或19世纪法国历史的著作，但此前，从未表彰过外国作者。

同样，他竭力避免在介绍法国艺术时容易出现的浮夸言辞，否定一切自我满足的口吻。他认为这样的谈吐不仅荒谬、过时，而且适得其反。"我认为，健康的文化交流政策不仅要赢得外国朋友们的赞美和钦佩，还要给予他们发挥的余地。向他们双手奉上那些常常听起来过犹不及的定论，会制造冲突，造成与目标完全相反的效果。[……]主张绘画是一种法国独有的艺术形式，或者断定法国当代文学世界第一，这样并不能获得我们的受众的认

---

[1] 2000年6月2日，克洛德·列维-斯特劳斯向作者叙述了这段过往。

可。"¹ 法兰西共和国曾将对殖民地执行"教化的使命"作为一项正式的殖民政策，对待其他国家——尤其是南美国家——的文化时，也抱有同样的心态。因此，人类学家列维－斯特劳斯最适合站出来挑战这一"教化的使命"²。1940 年，法国战役惨败，终结了法国自诩为救世主的旧时代。

二战后，新一代世界级文豪成长起来。法国文学界恢复了往日的荣光，就好像什么也没发生过。这时，萨特、西蒙娜·德·波伏瓦、加缪、韦科尔和马尔罗（Malraux）取代了乔治·杜哈曼（Georges Duhamel）、莫洛亚（Maurois）和纪德（Gide）。作为文化参赞，克洛德·列维－斯特劳斯在纽约热情地接待来自法国文学界的新星，一丝不敢怠慢。他们和他几乎同龄，在沦陷后的法国成长起来，然后，突然出现在他的面前。因为列维－斯特劳斯对法国沦陷后的情况一无所知。就这样，纽约见证了许多重要人物之间相知相识的过程，这些际遇是 20 世纪知识生活和艺术生活的缩影。1945 年 1 月，布勒东（已经居住在纽约）和萨特在纽约相识，如果两人的相识意味着超现实主义正在衰亡，蒸蒸日上的存在主义将取而代之，那么列维－斯特劳斯和萨特的碰面则预示着存在主义也将衰落，结构主义将成为 1960 年代的主流。当时，列维－斯特劳斯还未出名，萨特已走向事业巅峰。

同时，1947 年余下的时间，列维－斯特劳斯不得不为下一份工作而奔波。现在，他渴望返回法国。他敦促路易·若克斯尽快

1　1947 年 1 月 17 日，克洛德·列维－斯特劳斯的电讯《法国对美国的文化政策》。参见外交部档案，文化关系（1945—1970），多项事务，文化交流（1945—1959），多项事务（1945—1947），美国，档案盒编号 55（0.236.1）。后被洛朗·让皮埃尔引用：《法国对美国的文化政策（1940—1947）》，第 116 页。
2　爱丽丝·康克林（Alice Conklin）：《教化任务：法国和西非的共和主义帝国观念（1895—1930）》（Mission to civilize. The Republican Idea of Empire in France and West Africa, 1895-1930），斯坦福：斯坦福大学出版社，1997 年；以及近期的文献：《人类博物馆里：法国的种族、人类学和帝国问题（1850—1950）》（In the Museum of Man: Race, Anthropology and Empire in France, 1850-1950），纽约：康奈尔大学出版社，2013 年。

找到他的继任者，但寻找人选的过程耗时数月。[1] 他还想为他返回法国一事做一些铺垫，但逐渐意识到最初的计划有点天真。事实证明，要在巴黎"抢占"一个教职比想象中困难得多。列维－斯特劳斯在国外逗留了大约 10 年。他仍然默默无闻，而法国学术界在二战后发生了翻天覆地的变化。他是这段历史的局外人，此外，学术界的意识形态对他来说十分陌生。他获得了讲师一职[2]，因此，将在巴黎大学进行博士论文答辩，尽管如此，他却迟迟未见东风。重返法国已势在必行，就算跋山涉水："好几次，我不得不在返回法国或是留在美国这两个选项中做出选择。但这些选择与我对美国深深的感恩之情没有任何联系。我在美国接受了很多帮助，这几乎拯救了我的性命，几年来，我有过研究和工作经历，那里的学术氛围和工作机会在很大程度上造就了现在的我。但是，我深刻地知道，我属于旧大陆。"[3]

---

[1] 最后，热内·德·梅西埃尔（René de Messières）于 1947 年秋拿下了这个职位，并一直工作至 1952 年。
[2] 1947 年 6 月 25 日给父母的家书里，他向父母宣布此事。
[3] 《忧郁的热带》，第 83 页。

列维－斯特劳斯与鸟

"此鸟应属于寒鸦,它把他的肩膀当作落脚之处……"画家阿尼塔·阿尔贝斯是列维－斯特劳斯的朋友,1979 年,在利涅罗勒为他拍摄了这一幕。

童年

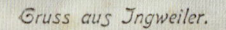

❶ 家族发源地安格维莱(阿尔萨斯)的彩色明信片：明信片上包括安格维莱的天主教教堂、新教教堂和犹太教堂。

❷ 伊萨克·斯特劳斯，克洛德的外曾祖父、音乐家和剧院的舞会总监。除了小提琴，他与妻子、五个女儿和被称为"施瑞博尔伯伯"（oncle Schreiber）的兄长一同生活。照片拍摄于1858年的维希。他是这座温泉之城音乐会的指挥，也是这座城市振兴事业的推动者。

❸ 蕾雅·斯特劳斯的人像照。她是伊萨克·斯特劳斯的五个女儿之一，后嫁给古斯塔夫·列维，成为克洛德的祖母。卒年1932年，时近百岁。

❹ 伊萨克·斯特劳斯，"舞曲音乐的贝朗热"。

❺ 古斯塔夫·列维，弗洛尔·莫西和伊萨克·列维的儿子，雷蒙的父亲，克洛德的祖父。他因股市失利，于1890年，英年早逝。

❻ 雷蒙·列维–斯特劳斯与身着水兵服的儿子克洛德。拍摄于1915年的巴黎。

❼ 克洛德·列维–斯特劳斯，淘气的孩子形象。

❽ 克洛德·列维–斯特劳斯，表情严肃的孩子形象。

❾ 油画《机械木马上的克洛德·列维–斯特劳斯》，由其父创作于1912年。雷蒙·列维–斯特劳斯荒废了生意，只沉迷于艺术。

年轻的列维 – 斯特劳斯

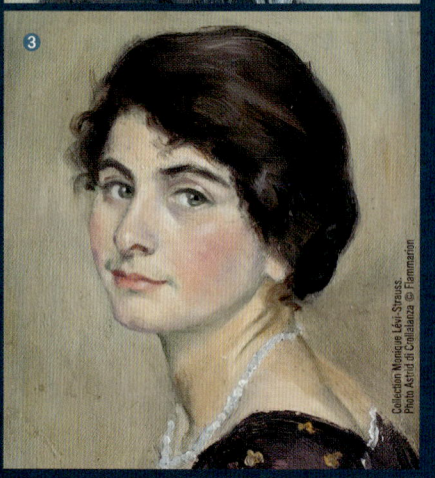

❶ 年轻时期的克洛德·列维 – 斯特劳斯。拍摄于 1920 年代末的普森路。他戴着眼镜，文质彬彬，还散发着社会主义运动人士的气质。
❷ 雷蒙·列维 – 斯特劳斯于 1913 年完成的油画，画中人物为其子克洛德。
❸ 雷蒙·列维 – 斯特劳斯于 1913 年完成的油画，画中人物为妻子爱玛，克洛德的母亲。

❹ 图为步兵一五八团列维-斯特劳斯所在连的合照。拍摄日期为1931年12月。当时，克洛德·列维-斯特劳斯正在斯特拉斯堡的斯蒂恩（Stirn）兵营服兵役。他将同一分队的战友圈了出来，自己则位于最后一排右六。照片第一排摆有"望远镜、37毫米步兵炮、斯托克斯式战壕迫击炮、电话机、无线电广播设备和光学仪器"（照片随信寄给了他的父母，日期为1932年1月7日）。

❺ 这是位于塞文山脉（瓦勒罗盖市镇）坎卡布拉的房子，克洛德的父母自1920年代末起获得了房子的所有权，房子原被用作养蚕场。直到1964年，克洛德每年都会来此度过夏天。

巴西岁月（1935—1939）

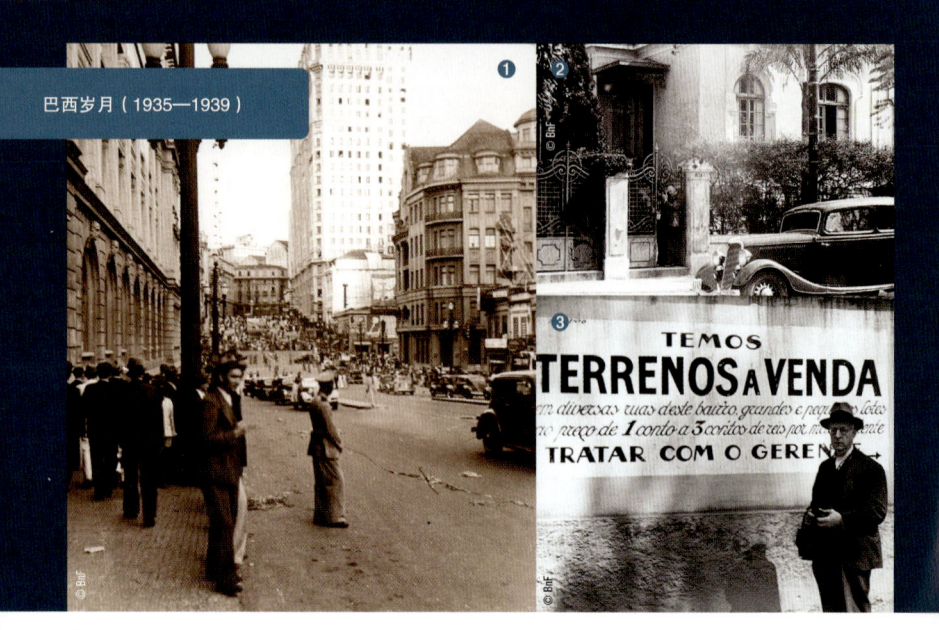

❶ 狂欢节的某日，列维-斯特劳斯拍下了圣约翰大道的一景。照片背景中映出了他遇到的第一幢美式"摩天大楼"马蒂内利大厦（Predio Martinelli）。圣保罗是巴西的芝加哥，是新大陆的一座城市。他热爱这座城市的野性。

❷ 这是列维-斯特劳斯夫妇位于辛西纳托·布拉加路（Cincinato Braga）上的宅子。汽车正停在宅子门口。两位年轻的老师逃离外省高中后，这里成为他们的安乐窝。"远行意味着流浪他乡，失去原有的光环。这有好也有坏。"但这宅子给了他们温暖。

❸ 1935 年，雷蒙·列维-斯特劳斯在圣保罗。

❹ 克洛德与迪娜身处圣保罗，照片中，夫妻两人正与音乐相伴。在巴西，迪娜不仅与民族学为伴，更是克洛德的妻子。1939 年，她与两者彻底诀别。

❺ 这是爱玛·列维-斯特劳斯，克洛德的母亲，她的怀中抱着一只波斯猫。屋子里还养了不少其他动物。

❻ 克洛德·列维-斯特劳斯坐在圣保罗家中的书桌前。

❼ 照片拍摄于里约热内卢国家博物馆的花园。位于照片正中的是博物馆馆长赫洛伊莎·阿尔贝托·托雷斯，她是巴西民族学研究的幕后推动者。列维-斯特劳斯端坐于她的左侧。路易斯·德·卡斯特罗·法利亚在她的最左侧。位于列维-斯特劳斯与路易斯·德·卡斯特罗·法利亚中间的是年轻的美国民族学家露丝·兰德斯（Ruth Landes）。赫洛伊莎右边的是另外三位民族学家：查尔斯·韦格利、雷蒙多·洛佩斯（Raimundo Lopes）和埃德森·卡内罗（Edson Carneiro）。

❽ 在圣保罗，夫妇两人与一只母猴子住在同一屋檐下。他们喂她喝奶，像关爱婴儿一样照顾着她。

森林里的两名骑士

深入热带（探险档案）

❶ 走出圣保罗的第一次考察。列维－斯特劳斯在皮埃尔·蒙贝的陪同下，骑马探索巴拉那州北部的温带大森林。地理学家皮埃尔·蒙贝成为研究这一地区的第一人。

❷❸❹ 第二次民族志考察深入巴西中部，需要沉重的后勤装备：赶骡子的人、牛和一辆卡车。每当蹚水过河，他们就需要停下来，往车上装东西或者从车上卸东西。当他们换乘独木舟后，沿着皮门塔布埃努河顺流而下，卡车就被抛至身后。

❺ 图为帕帕盖欧河（rio Papagaio）的瀑布。帕帕盖欧河的河水清澈，民族学家正是在帕帕盖欧河的河岸遇见了第一批南比克瓦拉人。

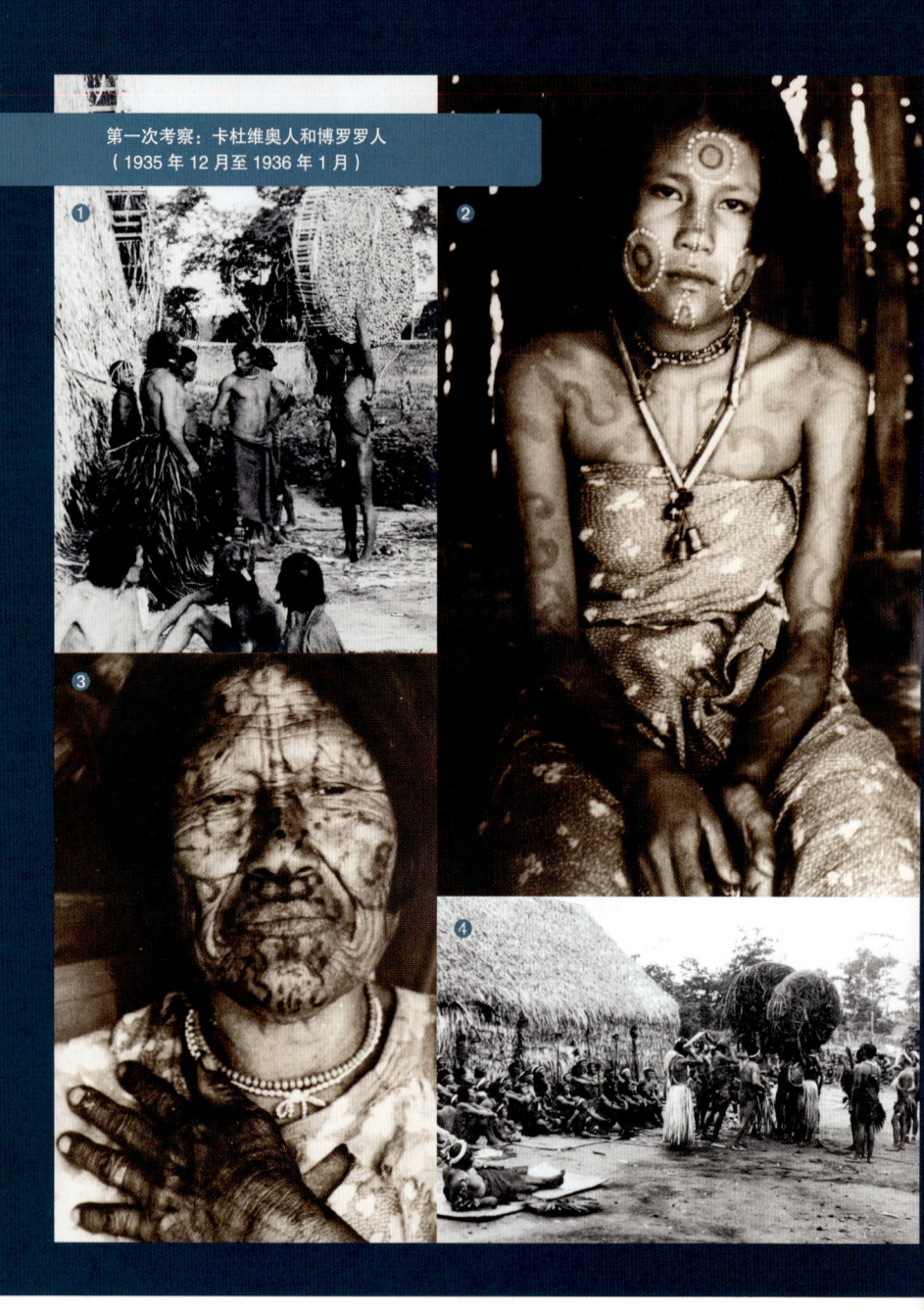

第一次考察：卡杜维奥人和博罗罗人
（1935年12月至1936年1月）

❷❸ 年轻的女子和年长的妇人均属于卡杜维奥部落。她们脸上绘有"花纹，虽不对称，但精致的几何图形不断重复出现"。这些图案是以竹片刀为工具、以美洲格尼帕果（jenipapo）的汁水为墨水绘制完成的。年轻的列维－斯特劳斯正是被以此为代表的未知事物吸引而展开了民族学研究。

❶❹ "五颜六色"指的是，博罗罗社会中存在各种各样的仪式，尤其是殡葬仪式。仪式的丰富性让民族学家大为吃惊。他们还观看了马力朵之舞（Marid'do）的表演。马力朵指的是藤柳编织而成的圆盘，舞者将它像王冠一样戴在头上。克洛德和迪娜将这个仪式拍摄了下来。

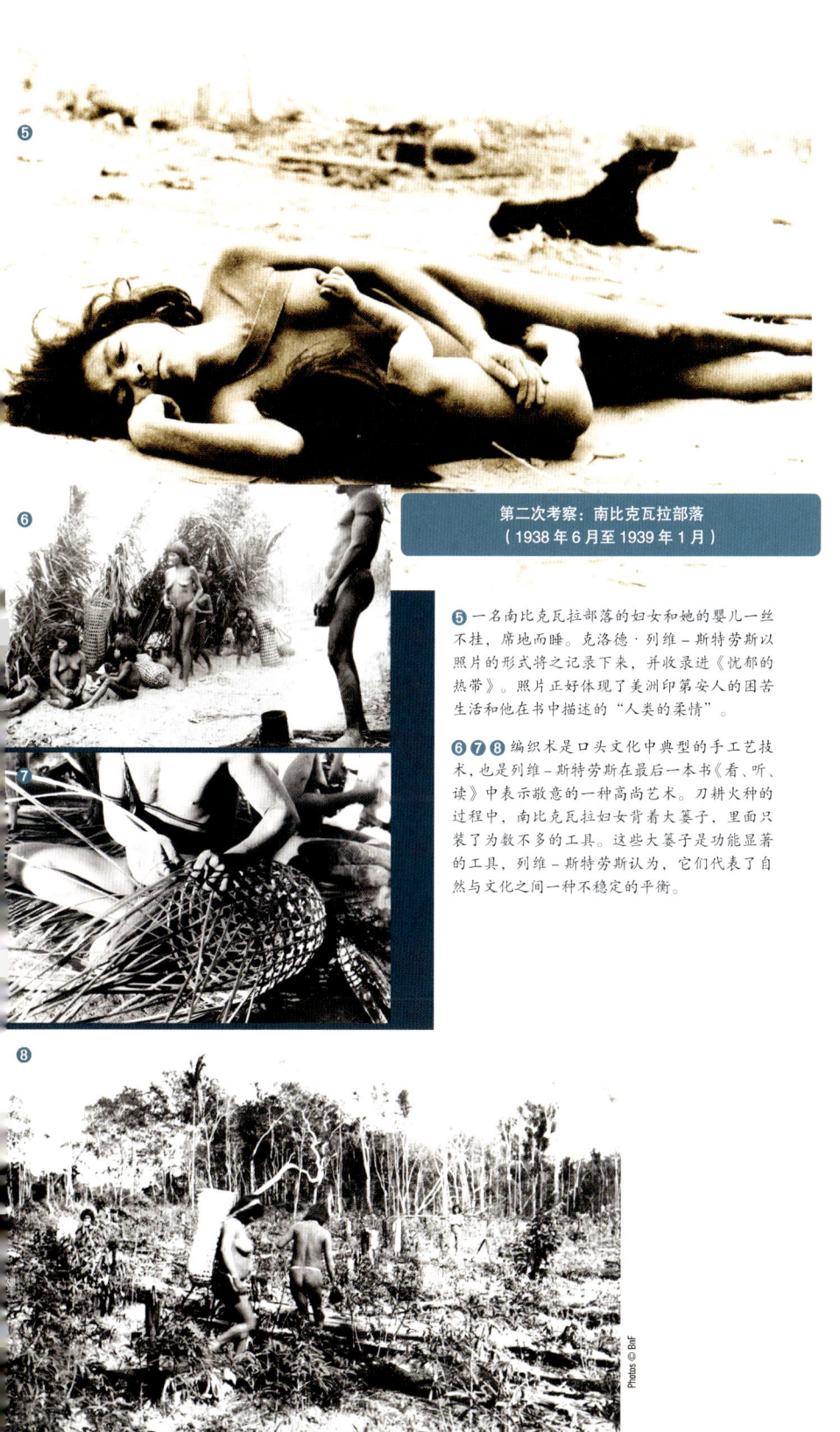

第二次考察：南比克瓦拉部落
（1938年6月至1939年1月）

❺ 一名南比克瓦拉部落的妇女和她的婴儿一丝不挂，席地而睡。克洛德·列维－斯特劳斯以照片的形式将之记录下来，并收录进《忧郁的热带》。照片正好体现了美洲印第安人的困苦生活和他在书中描述的"人类的柔情"。

❻❼❽ 编织术是口头文化中典型的手工艺技术，也是列维－斯特劳斯在最后一本书《看、听、读》中表示敬意的一种高尚艺术。刀耕火种的过程中，南比克瓦拉妇女背着大篓子，里面只装了为数不多的工具。这些大篓子是功能显著的工具，列维－斯特劳斯认为，它们代表了自然与文化之间一种不稳定的平衡。

Photos © BnF

前线工作中的民族志学者

❶ 帕帕盖欧河沿岸,民族学家在乌提利提安营扎寨,与南比克瓦拉人一同生活。

❷ 列维-斯特劳斯的猴子卢辛达正爬上他的肩膀。

❸ 一位南比克瓦拉部落弓箭手正在拉弓。

❹ 民族学家的装备:头盔、皮靴、工作服和挂在肩膀上珍贵的徕卡相机。

❺ 这是列维-斯特劳斯考察笔记本的一部分:乐谱手稿、表达色彩的词汇列表、动物词汇、编织图案的草图、手绳游戏的手绘图、猴子Zog Zog的素描图和词汇卡。这些笔记本虽"保存得很糟糕",但它们不仅是民族志田野调查的精髓,也是民族学家返乡后用来反思的素材,缺一不可。

7 *chœurs*

8 *chœurs*

1 *gamme*

9 *chanté par le 1ᵉʳ*
    femme de Julio

1) kainé keni'açatu sa'ri kainé kekineki i°çu
2) kainé ke vatsaniné ézé kainé..........

danses: direction, en file, de O → E, face N, dos S (conventionnel)

| 2/4 ♩ ♩ | ♩ ♩ | ♩ ♩ | ♩ ♩ | ♩ ♩ | ♩ ♩ |

un pas par temps, g. sur t. fort, d. sur temps faible, avec les danseurs
se croisent, mais qui se borne à amener g. à côté droit, et ce avant.

le bain prend
chaque fois
1 seul élément
de l'armature

---

od dzik' kavali

纽约波西米亚式的生活
（1941—1944）

❶ 1943 年，纽约"去达巴翰舞厅"餐厅的晚宴上聚集了一批流亡中的艺术家朋友。战争期间，列维－斯特劳斯常常与他们相聚。从左到右，站着的分别是伯纳德·莱斯（Bernard Reis）、艾琳·弗朗西斯与埃斯特万·弗朗西斯（Irene et Esteban Frances）、卡拉斯夫人（Madame Calas）、阿希尔·戈尔基（Arshile Gorky）、恩里科·多纳蒂（Enrico Donati）、尼科·卡拉斯（Nico Calas）；坐着的分别是马克斯·恩斯特（Max Ernst）、诺谷诗·戈尔基（Nogouche Gorky）、安德烈·布勒东（André Breton）、基斯勒夫人（Madame Kiesler）、莱斯夫人（Madame Reis）、埃莉萨·布勒东（Elisa Breton）、帕特里西亚·玛塔（Patricia Matta）、弗雷德里克·基斯勒（Frederick Kiesler）、尼娜·勒贝勒（Nina Lebel）、玛塔（Matta）、马塞尔·杜尚（Marcel Duchamp）。

❸ 这个超现实主义团体在画廊主皮尔·马蒂斯（Pierre Matisse）的家中会面。除了常客之外，还有德尼·德·鲁日蒙（后排左数第二位），艾梅·塞泽尔和他的妻子苏珊。

❷❹ 克洛德·列维－斯特劳斯的公寓位于纽约格林威治村，地址为 11 街 51 号。这间家具齐全的公寓事实上是一间自带天窗的大型工作室。列维－斯特劳斯将北美和南美的地图钉在床一侧的墙上，并将文献索引卡置于一张半圆形的桌子上。

列维－斯特劳斯，纽约的文化参赞
（1945—1947）

❶ 克洛德·列维－斯特劳斯与哥伦比亚大学的威廉·F. 拉塞尔（William F. Russell）、费城美术博物馆馆长菲斯克·金博尔（Fiske Kimbal），以及位于他左手边的《美术杂志》（La Gazette des beaux-arts）主编乔治·威尔登斯坦（Georges Wildenstein）交谈。

❷ 罗斯－玛丽·乌尔默，克洛德·列维－斯特劳斯的第二任妻子（1946），以及1947年3月出生于纽约的洛朗·雅克明·列维－斯特劳斯（Laurent Jacquemin Lévi-Strauss）。

❸ 克洛德·列维－斯特劳斯身着浅色西装。1946年，他刚刚成为驻美（纽约）的文化参赞。

拜德雅
Paideia
人文档案

列维 – 斯特劳斯传
我们都是野蛮人（下卷）

［法］伊曼纽艾尔·卢瓦耶（Emmanuelle Loyer） 著

俞 俊 马 莎 译

上海社会科学院出版社
SHANGHAI ACADEMY OF SOCIAL SCIENCES PRESS

第 3 部分

旧世界（1947—1971）

12　马塞尔·莫斯的幽魂们

> 在教室深处，我瞧见了我们的老师马塞尔·莫斯。他神圣的犹太人面孔上挂着一丝神秘的笑容，如佛陀一般永恒。[1]
>
> 阿涅斯·汉波特（Agnès Humbert），
> 《我们的战争》（Notre guerre，1946）

这一章将继续讲述列维-斯特劳斯的人生，但关键词是幽灵、橱柜里的死尸、巫师、个人潜意识与集体潜意识。1947年秋天，民族学家已年近四十，他回到欧洲，结束了浪子的生活。欧洲仍因战争而满目疮痍。同时，他亦回归到法国民族学的道路上来，只是由于德国占领时期的记忆难以消散，法国民族学陷入沉寂，并且直至20世纪后半叶，仍曲折不断。美国"社会科学家"（social scientist）的举止、他的名字和他的事迹，都让他与法国学术界产生了距离，但他仍希望在其中大展身手。他将自己的"华丽文笔"[2]装进行李箱，带了回来。这是他的资本。

1947年，法国社会科学为何物？不错，一些地标建筑是它的代名词，例如，人类博物馆、为民族学服务的民俗和民间艺术博物馆。刚刚起步的法国国家科学研究中心也成立了几个全新的研

---

[1] 阿涅斯·汉波特：《我们的战争：抵抗运动回忆录》（Notre guerre. Souvenirs de Résistance），巴黎：埃米尔-保罗出版社，1946年，第23页："在约定的日子，民俗学会召开了一次会议。卢浮宫学校的小教室里有一番罕见的景象。新来的和……精心装扮的人们，我乞求上帝宽恕我。对我来说，演讲者是个陌生人。他赞扬我们博物馆做出的努力，情感充沛地歌颂祖国，说了很多空话与感性的话。对于科学，不置一词。[……]大多数人的脸上都写着赞同。然而，在教室深处，我瞧见了我们的老师马塞尔·莫斯。他神圣的犹太人面孔上挂着一丝神秘的微笑，如佛陀一般永恒。它同时表达了讽刺的意味、冷静的情绪和自信。这是一位伟大、从容的人物，他游走于万物之上，知晓万物并预知万物。我们的视线交会了片刻。我刚刚看到了我要找寻的东西。我终于放下了心。我知道我没有变。我没有偏离轨道，是别人疯了。"
[2] 这是他的同事罗伯特·路威的原话。路威用它来评价《亲属关系的基本结构》。参见克洛德·列维-斯特劳斯：《第2版序言》，《亲属关系的基本结构》，拉海耶-巴黎：牧东出版社（Mouton），第2版，1967年，第14页。

究中心。但是，法国社会科学没有真正融入大学校园。更重要的是，受人尊敬的大师只有寥寥数人，新兴学科还未完全形成学术传统。战争破坏了这一现状，也改变了这些男性角色的命运（当时的科学界还没有或少有女性登堂入室）：有一些远走他乡，另一些留了下来；总之，有人取得了辉煌的成绩。法国获得解放后，所有人都重新回到法国这片土地之上，这时，法国进入了恢复期，百业待兴，尽管"不为人知的黑暗岁月阴魂不散"[1]。有时，他们共同出演的这场戏像是一出莎士比亚的戏剧作品。

马塞尔·莫斯是一位大师，才气横溢、宽厚待人。他个性乖张，令人敬畏，却反倒因为德国占领法国和反犹太主义而遭受打击，失去了理智。1945—1950年（官方记载的死亡年份），他"神游天外"（présence-absence），化身为李尔王，躲在沉默与无知的盾牌身后。保罗·利维扮演的则是退位之后的国王，他流亡结束后回归故土，无力左右王储人选。两位栋梁垮掉之后，那些在战争中割获领地的小侯爵们各自为政。马克·布洛赫被纳粹杀害之后，历史学家吕西安·费弗尔成为年鉴学派的唯一继承人，虽然身处邻国，但他野心昭昭，想要统一各国，朝气蓬勃的长子费尔南·布罗代尔也追随他，帮助他完成这项事业。最终，乔治·古维奇，社会学的掌门人，扮演了易怒、强势的叔叔，他是巴黎大学的校长[2]，然而，为他加冕的美国流亡者却

---

[1] 达尼埃尔·法布尔：《法国民族学在政治运动的十字路口（1940—1945）》（« L'ethnologie française à la croisée des engagements [1940-1945] »），载让-伊夫·布西尔（Jean-Yves Bourcier）：《抵抗运动和抵抗分子》（Résistances et résistants），巴黎：阿尔玛丹出版社（L'Harmattan），第378页："基于我的观点，我认为，从广义上讲，整整一代的法国人类学家花费大量的精力来否认和消除路线的偏离、欲望甚至是自己的软弱无能，然而，在德国占领期间，这些都是事实。不为人知的黑暗岁月阴魂不散，因此，我建议，选择性地了解一些词汇、事件和方法，因为它们构成了这30年来的人类学发展史，尤其反映了法国人类学的发展史。"

[2] 1948年，乔治·古维奇被聘为巴黎大学的社会学副教授，1950年成为教授。1955年，阿隆被任命为社会学的第二把交椅。在此之前，乔治·古维奇是巴黎大学的独裁者。

没能让他彻底改变。[1]这场胜负未定的博弈，谁会成为主角？一位人物姗姗来迟，突然加入比赛。1947年秋天，克洛德·列维－斯特劳斯结束了世界尽头的漫长旅行。在王国之外度过12年之后，浪子回到了故乡。

对他来说，现在是国家博士论文答辩的时候。1948年6月5日，他完成了最后的学术仪式，因此，可以对外发表《亲属关系的基本结构》。后者于1949年正式出版。这时，他还发表了一些文章，引起了强烈的反响。通过这些文章，他与自己钟意的监护人马塞尔·莫斯建立起学术、学术规划以及认识论上的联系，促成法国社会科学界发生了真正的转折。因此，这些年具有战略意义，也十分充实，结出了丰硕的果实。其间，他也被事业上的打击和精神上的挫败所困扰，直到1950年离开人世前，莫斯处于痴痴傻傻的状态，游离于世界之外，给这些年蒙上了阴影。[2]克洛德·列维－斯特劳斯因目睹莫斯失去神志的样子而受到"沉重的一击"[3]。他去探望大师时，后者竟将他误认为雅克·苏斯戴尔。[4]这是列维－斯特劳斯事后的亲口描述。首先，他未被莫斯认出，然而，这是一个征兆。紧接着，他又因其他原因而失望透顶。我们应当记住，列维－斯特劳斯虽然声名远扬并且荣誉等身，但为了获得同行们的认可，也遭受过许多失败，而同行们的认可是学术生活避不开的话题。

---

1 在这个问题上，参见洛朗·让皮埃尔（Laurent Jeanpierre）：《为结构人类学辩护：列维－斯特劳斯与古维奇的结构性对立——论两位流亡于美国的法国人之间的战争》（« Une opposition structurante pour l'anthropologie structurale: Lévi-Strauss contre Gurvitch. La guerre de deux exilés français aux États-Unis »），载《人文科学史杂志》第11期，2004年2月，第13—44页。
2 《我们的战争：抵抗运动回忆录》，第23页。
3 1月19日给罗曼·雅各布森的信（可能为1945年），克洛德·列维－斯特劳斯档案库，编号NAF 28150，档案盒编号281。其他在此章节中提到的给雅各布森的信件均来自同一档案。
4 1968年4月22日给维克多·卡拉第的信，社会人类学实验室档案，F.LAS.F.S1.03.02.02.035。我想要感谢玛丽昂·阿贝莱斯（Marion Abelès）给我权限浏览这些档案，我还要感谢克利斯提那·罗利埃尔（Christine Laurière）亲切地指导我如何使用这些档案。

列维－斯特劳斯如何定义亲属关系？

巴黎大学的答辩仪式

1948年6月5日，为了进行国家博士学位的答辩，学位申请人来到索邦，这年，他39岁。这是大学学业的终极测试，是法国学术界中高度仪式化的程序。他交上了一本厚厚的打字稿，将它作为主要论文，取名为"亲属关系的基本结构"。他围绕规则和系统展开论述，因为原始社会需要这些规则和系统来建立亲子关系，尤其是建立姻亲关系。辅助论文以"南比克瓦拉人的社会与家庭生活"为题，这是一部真正的民族志专著。10年前，他开展了田野工作，这部专著便是田野工作的直接成果。[1]

他的主要作品打破了博士论文的传统逻辑。根据传统逻辑，结束田野调查的民族志学者将成为某个地域的研究专家，博士研究工作不过是对田野记录进行反思，将之编撰成文。《亲属关系的基本结构》不属于法国民族志的传统表现形式，同时，它与评估研究成果的现行学术制度不相匹配。因此，第一道难题是确定论文答辩委员会的成员。他们必须能够评论世界各个地区的研究，只有这样才算得上是合格的评委。最终，列维－斯特劳斯在由权威学者组成的答辩委员会面前答辩，答辩委员会成员有著名的非洲学学者与辅助论文的评委马塞尔·格里奥尔、专攻中国法的法学家让·埃斯卡拉（Jean Escarra）、研究宗教与道德问题的社会学家阿尔贝·贝耶（Albert Bayet）、与雅各布森关系密切的语言学家和印度专家埃米尔·本维尼斯特（Émile Benveniste）。列维－斯特劳斯将埃米尔·本维尼斯特介绍给乔治·戴维（Georges Davy），戴维已经同意担任这个拼凑起来的答辩委员会的主席。乔治·戴维是涂尔干的弟子中最后的幸存者、研究古代契约形式

---

[1] 1948年由美洲研究学会出版。

的社会学者，另外，他还是巴黎大学的学院院长，"坏脾气"[1]臭名昭著。

我们在前面提到，列维－斯特劳斯最初选择保罗·利维作为论文导师，但是，由于人类博物馆馆长将要退休，这个选项变得不可能实现。他也考虑过莫斯，然而，大师的健康状况不佳，他不得不放弃向莫斯提议的念头。于是，选择戴维是一个务实的解决方案。列维－斯特劳斯并不是出于任何学术上的考虑，相反，一直以来，他都对涂尔干的一部分学术遗产不以为然，戴维正是这些遗产的完美继承人。很久以后，他向英国人罗德尼·尼德汉（Rodney Needham）解释为什么他在《亲属关系的基本结构》中用上了"机械团结"和"有机团结"等涂尔干的不当表达："其实，我还记得为什么当初我有意在书里引用了三四次这些涂尔干的术语。原因大致是，我想让我的博士论文答辩委员会成员们在我的专业词汇里找到一些让他们隐约感到亲切的东西，让他们不会对我的文字感到太陌生。"[2]这种缜密的盘算和纯粹从修辞意义上引用涂尔干的做法令人惊讶。难道列维－斯特劳斯感到双方之间存在遥远的距离，需要以这种方式呈现一点共同语言？他还指出，"一般规则"与涂尔干所说的"有机团结"没有一丁点关系。从两人的标题也可看出端倪。《亲属关系的基本结构》是对涂尔干社会学经典作品《宗教生活的基本形式》（1912）的回应与挑衅。两者都希望形成理论上的高度，都倾向于通过"基本要素"来理解社会问题，都贪求博学。然而，列维－斯特劳斯，像一个被押上断头台的囚犯，他等来的是完全不被理解的结局（除了本维尼斯特，他"无疑是唯一理解我想做什么的人"[3]），仿佛他只是对学者身份抱有过于强烈的意识，而他的学术研究对象

---

1 《亦近，亦远》，第76页。
2 1962年3月14日致R.尼德汉（R. Needham）的信。
3 给罗曼·雅各布森的信，日期为1948年5月6日。

还未被认可。

论文答辩并没有彻底否定他。由于缺少一份针对博士论文而撰写的他述报告，我们只好对玛丽耶尔·让－白吕纳·德拉玛赫（Mariel Jean-Bruhnes Delamarre）[1] 的一封信进行考证。她是研究乡村生活的民族学家和地理学家、人类博物馆圈子的一员，她还是地理学家让·白吕纳（Jean Bruhnes）的女儿。她热爱谈论学术圈的故事，在给民族学家安德烈－乔治·胡德里古尔（André-Georges Haudricourt）冗长而精彩的书信里，她表现出思绪敏捷的样子，这刚好说明她深谙此道。收件人正在河内任职，是一位思想开放的马克思主义者，他通晓语言学并懂得如何将语言学运用在民族学中。根据玛丽耶尔·让－白吕纳·德拉玛赫的信件所述，围绕辅助论文展开的讨论进行得十分顺利，尽管格里奥尔"认为可以对一些土著人的概念（人的基本概念、传统的作用）进行深入分析"。然而，主要论文的讨论变得胶着起来。在候选人将他的研究方法、亲属关系体系与语言之间的缜密关系阐述得清清楚楚之后，评委们对他的抨击变得十分明确：

> 戴维（主要论文的答辩委员会主席）以客套话开头，赞赏了几句后，就从几个方面对列维－斯特劳斯进行了攻击。这属于鸿篇巨制、哲人长思，但为什么要将一些并不确定的假设过度地上升到体系层面？您像笛卡尔一样以事实为基础，但与笛卡尔不同，您提出的事实既不明晰也不

---

[1] 这是一封标注了日期（1948年6月20日）的信件，它被收藏于法国当代出版纪念馆（IMEC）"安德烈－乔治·胡德里古尔（André-Georges Haudricourt）档案"中。我要感谢让－弗朗索瓦·贝尔（Jean-François Bert）将这封信转交给我。信里提到了专门研究新喀里多尼亚的人类学专家皮埃尔·梅泰斯（Pierre Métais）的论文答辩。他也研究"原始社会的婚姻"，但风格与列维－斯特劳斯截然不同。整封信是以逐项对比的方式撰写的（列维－斯特劳斯注重大脑理性并有些拘泥，而梅泰斯注重经验并善于交际）。参见"关于克洛德·列维－斯特劳斯和皮埃尔·梅泰斯的论文答辩。玛丽耶尔·让－白吕纳·德拉玛赫致安德烈－乔治·胡德里古尔的信（1948年6月20日）"，让－弗朗索瓦·贝尔提供，《人文科学史杂志》第27期，2015年6月。

明确。婚姻对您来说是一种交流和互惠的现象，因为它满足了您所说的那些土著人精神生物学上的需求，比如说，对规则的需求本身也是一条规则。出于什么原因您将人类社会（homo socius）原始的知识作为确定的依据？其次，您的研究方法也很稀奇：您首先收集了一定数量的数据，用长篇大论讲述您的研究方法之后才开始讨论三部专著的意义，您好似在说："诶！现在开始，让我们看看我能否在事实中找到我想要的体系？"您是一位专业性很强的代数数学家，您阐述的事实让人以为存在一种逻辑，这是一种着实不可思议的亲属关系的统制主义：女性是交流机制的核心，但她们像物品一样，被人从左边使唤到右边，又从右边使唤到左边。这就是您所认为的婚姻规则的体系，而您甚至还从中发现了一个几何方程，用它来确定女性在社会结构中的位置。但您却完完全全地忘记了阶级的意义，忘记了在交流机制背后还存在一个神秘的元素（在婚姻中，儿童和妇女身上的神秘色彩）。对您来说，婚姻只是一系列符号组合而成的体系，如此而已。

本维尼斯特在他之后表示，相反，他感到"[他的]方式十分亲切"。然后是埃斯卡拉："在您提到的有关中国的例子里，您强调了规则、法典和禁忌，但是您应当注意，这些是贵族们建立的体系，因此，只能通过他们才能观察到这一体系的存在。每次我们说到婚姻的规则，都特指专属于贵族氏族的礼仪。读到这样的法典时，我们可能认为整个中国都根据明文规定来缔结婚姻。然而，我们发现，百姓从未遵从过任何一条规则，绝大部分情况都是这样。"逻辑没有内涵，数学只停留在形式主义——当这些批评结束后，话锋一转，列维–斯特劳斯被指缺乏经验的锻炼，这是对前面的补充。首先，"完全空洞"，然后，第二项批判是"完全错误"。令人意外不已的是,列维-斯特劳斯完成学术生产后不久,就收到了两条严厉的评语。它们将会与他自己的论据一样经久不衰。

讨论持续了 5 个多小时,而贝耶只作了简短的点评。结果为优秀(mention très honorable)。这封信说明,不论是写信人还是答辩委员会,双方都没有真正深入了解列维-斯特劳斯的创新,甚至没有深刻理解他的话语。人们对他的博士论文视而不见,这种状态一直持续下去,没有因为论文的出版而出现变化。与此同时,论文答辩之后,本维尼斯特以书面的形式告知他细节上需要修正的地方、梵文抄写的错误,最后,由于年轻人性情浮躁,还适当地打击了他的傲慢姿态:"我再说一句。从您所选的立场看,您自然拥有评判前人的权利。您的评判是否公正:'马林诺夫斯基,他的标志是轻率……'马林诺夫斯基的作品是否真的表现出轻率的特征?"[1] 列维-斯特劳斯用三封信解释为什么他这样坚定地批评马林诺夫斯基(因此,这样的批评有理有据)。10 天后,大师终于被学生说服:"依我看,我们应当只保留马林诺夫斯基的观察数据。这毕竟是民族学科学严谨的标志。有您出色的作品为证。"[2]

"游戏规则"

如今再来品读,这部"出色的作品"还保留着其非同寻常的特征:它是一本"世界全书"(livre-monde),也是一本"奇书"(livre-monstre),尽管它将自己献给亲属关系的研究,一个被人类学认可的研究领域,但仍然无法被归类为任何已知范畴。"大约在 1942—1943 年,"列维-斯特劳斯写道,"我正启动 [博

---

[1] 1948 年 6 月 5 日,埃米尔·本维尼斯特给克洛德·列维-斯特劳斯的信,克洛德·列维-斯特劳斯档案库,编号 NAF 28150,档案盒编号 183,被归类于"来信"(correspondance reçue)。
[2] 1948 年 6 月 16 日,埃米尔·本维尼斯特给克洛德·列维-斯特劳斯的信。

士研究]，那时，有关亲属关系的系统性研究已有一个世纪的历史，我可以参考这些研究成果。我手上的材料是以一种相对同质化的技术性语言写作和组织起来的，今天，我们说这是一种标准化的语言，得益于此，博士研究发展到下一阶段：比较。"[1] 当时，列维-斯特劳斯的博士论文拥有两部分参考文献，一部分是法国文献（一直到 1930 年代中期），另一部分是美国文献，后者条目特别丰富，对法国读者而言也具有新鲜感。在导言部分，他点明了博士论文的创新之处，而研究素材的新鲜度也是这项"交易"（deal）的一部分，并且义正词严地拒绝重复"已经被弗雷泽（Frazer）、布里佛勒（Briffault）、克洛雷（Crawley）和韦斯特马克（Westermarck）反复讨论的陈旧例子"[2]。此外，他的创新精神、实验性的基调和学科交叉的方法都让博士论文非同凡响。作者承认存在疏漏，那些假设也显得十分冒险，但这又有何妨，论文的精髓在于大胆阐释、促进讨论。路易斯·摩尔根（Lewis Morgan），此书致敬的前辈学者之一，列维-斯特劳斯对他总结如下："它[他的作品]对于那样一个时代来说是伟大的，他认为，严谨的科学研究和准确的观察并不与坦坦荡荡的理论思考或者大胆的哲学品位相容。"[3] 就算我们能从中找到那些连接话语的宏观问题，这也肯定不是一部哲学专著：他提出了有关文化的假设，对乱伦的现象进行了一点理论化的工作，思考了二元论和互惠的知识基础，他还分析了不同类型的婚姻中存在的结构性规则，试图将之上升到理论层面并总结出一般规律——事后，英国的评论家认为这是一种"典型法式"（typically French）的做法。原始人为了在社会中生活和生存，找到了他们的价值观和极度复杂的生存之道。作者为了证明这些价值观和生存之道，必须

---

1 《亦近，亦远》，第 182—183 页。
2 《亲属关系的基本结构》，第 17 页。
3 同上书，第 13 页。

处理海量、芜杂的材料。他骄傲地表示自己翻阅了 7000 篇文献，其中包括论文或书本。这才是一项真正的人类学研究。因此，他的傲慢不仅表现在他对逻辑的追求上，也表现在他对现实的"整理"上。

根据列维-斯特劳斯的观点，乱伦的禁忌没有自然基础，我们可以在几乎所有的经验社会观察到这一点。所以，这是一条属于"文化"范畴的规则，但其普遍性源自自然秩序。"自然（Nature）在哪里终结？文化从哪里起始？"[1]哲学传统（卢梭）和精神分析都竭力想解决这个问题，而问题的答案借助思路逆转传到列维-斯特劳斯这里。他对这种方式习以为常：乱伦禁忌虽是消极的，却使互惠的关系具有了可能。禁忌的应用使不同部落之间由于人为的联姻之举和社会活动而建立起联系，这意味着将女人和女孩"投射"到血缘氏族之外，在其他部落找到丈夫："用高度总结性的话语来说，乱伦的禁忌展现出从血亲关系这一自然事实发展到联姻关系这一文化事实的过程。"[2]因此，它构建出"基本的步骤，并且因为这个步骤、借助这个步骤，特别是伴随这个步骤的发生，完成了从自然到文化的转变"[3]。所以它成为大写的"规则"，是赠礼的最高法则。以结构进行阐释，这种做法将乱伦的禁忌视作亲属关系语言的"零音位"（phonème zéro），它本身并不表达意义（它既没有自然基础也没有道德基础），但它制定了具有实效的规则（与其他氏族的联系）。因此，在建立这些规则和这些联系的过程中，它是主要的操控者。为什么传统社会如此严格遵守异族通婚的规则和禁忌的规则呢？这些社会"对族内婚姻的热情"[4]与严厉

---

[1]《亲属关系的基本结构》，第 4 页。
[2] 同上书，第 35 页。
[3] 同上书，第 29 页。
[4]《亦近，亦远》，第 142 页，克洛德·列维-斯特劳斯也在此时提出异议，称"在同一个屋檐下度过了童年早期的人们缺乏性欲"，并质疑之前常常提出的例子——特别是以色列的基布兹人——并不适用。

的规则势均力敌：一边是乱伦的欲望（自然的召唤），另一边是规则的限制（社会的回应），但规则的出现不是因为对乱伦自然而然地感到恐惧。

这个上升到普遍性的理论主张以特定区域的文化作为思考的素材，素材主要涉及亚洲和东南亚当地的社会，他还加入了美拉尼西亚和非洲，另外，将更难论证的阿拉伯社会作为特例。因此，建构这一理论难于登天。寻找普遍法则时，为了不迷失于无穷无尽的婚姻规则，列维-斯特劳斯花费力气建立了模型，他希望将各种各样的亲属关系化解为一些简单的原则和术语。这些术语自成系统，能够形成一种真正的亲属关系的"语法"、一张系统的表格，表格里的所有选项都不是无限的，都能通过逻辑推演出来。如果从整体上分析，只有这个语法系统，这个基础性的系统拥有意义。具体来说，这种语法将通过建立不同的类型来削减数量。首先，他区分了"亲属关系的基本结构"与"复杂结构"。"亲属关系的基本结构"指定了某一种类型的配偶，而"复杂结构"中，婚姻是个人自由的选择，与我们身处的现代社会情况一样。这里存在程度问题：前者从来都不是一种明确的要求，后者也从来不是完全的自由选择（我们知道一个人在他的圈子中选择配偶，因此，配偶应当具有相同的文化和教育水平，等等）。严格专注于"基本"结构的决定也属于一种策略和研究方法。列维-斯特劳斯喜欢沐浴在宽敞的"经验汤池"[1]之中，欣赏"组织孤岛"[2]，这是他的研究方法。对于那些基本结构，作者对分类活动的热情让他发现了三种可能的解决方案，它们部分模仿了葛兰言的分类方式：二元性、特殊的交流规则、一般的交流规则。其基本理念是，一个"男人只能从另一个男人那里得到一个女人，另一个男

---

1 《亦近，亦远》，第143页。
2 同上。

人将女儿或者姐妹交还给前者"[1]。这样一来，接收女性的一方和赠予女性的一方，他们之间开启了可以持续很长时间的"互惠行为的循环"：第一种情况下，前后两代人之间完成了一个循环（对调）；第二种情况是，每隔几代人才完成一次循环；第三种情况则需要每隔 n 代人。因此，葛兰言将之称为"延期的交换"。人们对此互惠行为表现出信任的态度，因为被接收的女性最终会以赠礼的形式弥补出让女性的一方，只是两种行为之间存在时间上的延迟。在二元社会中，互惠行为十分典型。二元社会的组织方式完美地阐述了互惠行为的原理，然而，这些互惠行为只代表了特殊规则中的某一个例子，其特殊性否定了交流规则的一般化。婚姻处于绝对的互惠（即一般的交流）和绝对的自我封闭（即乱伦）这两个极端之间，在这一交流过程中，女性是合适的中介，她们是"物"而非参与者。

《亲属关系的基本结构》不断地拉长焦距，寻找交流的一般规则，希望成为这一理论的基石。在这一理论中，社会活动被当作一种广泛适用的对话机制。不论借用的素材是什么，例如，亲属关系或者后面出场的神话、仪式和烹饪术，最终的目的都是发现"游戏规则"（the Rules of the Game）。游戏有其规则，这一规则是，在这些被拿来作为研究对象的社会中，交流行为与互惠行为具有普遍性：其一是女性的交换，其二是语言的交流，其三是财富的交流。这三种主要的交流方式同为符号，各自基于一套独有的规则，不断重复其社会语义。"这一理论的'材料'长期以来一直被人们熟知。然而，在它们发生融合的过程中，互惠行为和交流行为也升华为社会运动的'牛顿'法则。这是列维－斯特劳斯的创新。"[2] 列维－斯特劳斯重温《论馈赠》（*L'Essai sur le*

---

1 《语言和亲属关系》，1945 年。参见《结构人类学》，第 46 页。
2 迈耶·福特斯（Meyer Fortes）：《交易和集市》（« Exchange and mart »），载《旁观者》，1969 年 3 月 21 日。传记作者进行了翻译。

don）中莫斯提出的观点，对它进行了补充，同时，再次借用了马塞尔·葛兰言对婚姻交流的分类方式，最后，他凭借与结构语言学的联系，发明了新事物。当然，相较于葛兰言，他向莫斯表达了更多敬意。可以肯定的是，对葛兰言的"遗忘"使列维－斯特劳斯在思考和解释结构人类学时，不是延续传统，而是与之划清界限（这里主要指的是涂尔干的学术传统，因为葛兰言是涂尔干标新立异的继承者之一），也没有与过去的亲戚们牵扯不清，而是（和音位学）建立了新的姻亲关系。[1]

这个世界有其法律、义务、规定和禁令，这些规则杂糅混乱，同时，不断衰落。这正好构成了一个疏离当代社会的亲属关系的体系。由于女权主义、个人主义和新的生育技术等原因，当代社会已从这一体系中脱离出来。[2] 今天的婚姻行为被看作情感游戏的代名词，是私密情感的表达方式和高度个性化的情爱选择。因此，就算拿出图解、亲属关系的图表和数学公式，人类学家关于亲属关系的发言几乎无人倾听。然而，在当代社会，我们依然可以展开天马行空的幻想，让自己陷入书本结尾有关黄金时代将会来临的幻想之中。那是安达曼神话中描述的未来，安达曼神话称，女人将不再是被交换的对象："也就是说，当穿梭到某个未来时刻或者同样遥不可及的过去时刻时，拥有社会属性的人类身上也可以存在原本可望不可即的温情，原因是，人们可以'依靠自己'（entre soi）生活。"[3] 异族通婚铁律却导致了人们幻想在小范围实现某种（依靠自己便能实现的）"同族通婚"……

---

[1] 关于这一主题，除了已经引用过的弗朗索瓦·埃朗（François Héran）的书外，另请参见伊夫·古迪诺（Yves Goudineau）：《列维－斯特劳斯、葛兰言的中国、涂尔干的影子：回到亲属结构分析的根源》（«Lévi-Strauss, la Chine de Granet, l'ombre de Durkheim: retour aux sources de l'analyse structurale de la parenté »），载 M. 伊扎尔主编：《克洛德·列维－斯特劳斯》，"埃尔纳手册丛书"，巴黎：埃尔纳出版社，2004 年，第 151—162 页。
[2] 参见弗朗西斯·齐默尔曼（Francis Zimmermann）：《基本结构》，同上，第 176—177 页。
[3] 《亲属关系的基本结构》，第 570 页。

《亲属关系的基本结构》这座丰碑孤影重重

交流与往来的过程中，女性是物，并且价值连城。交流的过程正好反映了社会属性的本质。与词语或者财产没有什么两样，女人们也是符号（signe）：她们之所以拥有被拿来当作交换物的价值，是因为人们给了她们价值，这样的因果关系不能颠倒。后来，女权主义者们不太愿意接受这种将女性降格为"符号"的做法。列维－斯特劳斯则用他的方式为这种现象辩护，既认真又从容："争论这一点是没有意义的：我们也可以说是女人在交换男人；只需要以符号－替换符号＋，或者以符号＋替换符号－，其系统的结构并不会发生改变。如果要换一种说法，那就是，在近乎所有人类社会中都存在这样的思想和现象。"[1] 事实是，在绝大多数情况下，由男性发起交换，交换的对象是女性，主宾关系就是这样。因此，迪迪埃·埃里蓬的发现让人错愕：西蒙娜·德·波伏瓦，《亲属关系的基本结构》的首批女读者之一，竟然丝毫未被这一现象撼动。

事实上，《亲属关系的基本结构》出版于1949年6月，不久之后，西蒙娜·德·波伏瓦便在《现代》期刊上发表了书评，对之大加赞扬。于是，这部理论巨作成为敲门砖，将他带入了更广泛的知识分子圈中。乔治·巴塔耶在《评论》（Critique）杂志中的书评又扩大了它的影响力。[2] 就这样，列维－斯特劳斯的博士论文先是在这些左岸的知识分子圈中传播，被"进步人士们"传阅。他对这些人并不完全陌生。他有一些管道。这一次，米歇尔·莱里斯发挥了作用。那时，列维－斯特劳斯与米歇尔·莱里斯相识不久，但马上就与后者成为朋友。"我不了解他的作品，兴味盎然地完成了阅读"[3]，米歇尔·莱里斯向西蒙娜·德·波伏瓦这样

---

1 《亦近，亦远》，第148页。
2 西蒙娜·德·波伏瓦的评论发表于1949年11月的《现代》第49期，第943—949页；乔治·巴塔耶：《乱伦与从动物到人的变化》（《L'inceste et le passage de l'animal à l'homme》），载《批评》，1951年1月，第43—61页，该文后又收录于《色情》（L'érotisme），巴黎：午夜出版社，1957年。
3 《亦近，亦远》，第80页。

描述这部巨作。当时，波伏瓦刚刚完成《第二性》。波伏瓦意欲更新手上的人类学资料，她来到列维-斯特劳斯的住处，校阅式地读了《亲属关系的基本结构》。她首先从中找到了对男人与女人之间各种配对关系的实证性描述，也发现了对自然与文化之间的联结的思考。这些是她自己的作品（opus）想要讨论的核心问题。读完后，波伏瓦对列维-斯特劳斯的作品有了十分深入细致的理解。尽管如此，她完全忽略了基本方法论中的某些细节，例如，她完全没有注意到结构语言学相关的内容，她还提出了一些不太恰当的哲学解读。如今，这样的解读令人想入非非："显然，他自己的思想[列维-斯特劳斯]属于人文主义思潮的一种，他也认为，人类的存在有其自身的原因。"她从中发现了马克思主义与胡塞尔的痕迹，还承认自己"因列维-斯特劳斯的某些表达和存在主义的观点存在相同之处而惊讶不已"[1]。

这只是一种对学术观点的绑架？弗雷德里克·凯克（Frederic Keck）在这个文本中发现，"讨论存在的哲学和'结构'——用来研究人类现象的方法之间存在相似之处"[2]，他的说法不无道理。15年后，舆论将萨特和列维-斯特劳斯对立起来，在这场运动中，两人被归类为两种对立的范式，因此，人们也不再认为两种观点之间存在交集。我们发现，在此之前的1949年，《第二性》和《亲属关系的基本结构》这两本书同时出版。两本书累赘冗长，是长期作业的成果；两人对参考书目精心挑选，同时，将概念研究得十分透彻，各自形成了自己的理论框架。我们知道，两人都通过了高中哲学教师资格考试。她马上名声大噪，而他仍然默默无闻，经过一段时间后才走出这种局面。《第二性》掀起了一场全新的

---

[1] 西蒙娜·德·波伏瓦的评论发表于1949年11月的《现代》第49期，第949页。
[2] 弗雷德里克·凯克（Frédéric Keck），《波伏瓦，列维-斯特劳斯的读者：存在主义与结构主义的男女关系》（《Beauvoir, lectrice de Lévi-Strauss. Les relations hommes-femmes entre existentialisme et structuralisme》），《现代》，第647—648号，第63年，2008年1月至3月，第243页。

女权主义运动,成为这场运动的精神力量,为它指明了方向。此外,与《亲属关系的基本结构》相比,《第二性》更多地被人们概括为简单的说法和观点:"女人不是天生的,而是后天形成的。"在《亲属关系的基本结构》中则没有这样的内容。《亲属关系的基本结构》被设定为一部严肃的学术作品,由一家学术出版社对外发表:法国大学出版社(Presses universitaires de France)。

《亲属关系的基本结构》的出版和再版说明了这部作品取得的成果:它树立了不朽的丰碑,但并不为读者所热爱;它成为学科的图腾,让人敬而远之;它的发行量不大,库存量被时间消化;1967年,书的再版点燃了它的第二次生命。1948年2月16日签订的合同显示,最初预计印刷2000册。法国国家科学研究中心将提供一笔出版资助金,法国大学出版社才同意出版此书。10年后,即1958年,2000册被全部售出,然而,出版社拒绝重印,因为这部作品"过于繁冗"[1],并建议作者自行设想其他处置方式——这也是他将要做的。数次失败的交涉之后,人类学家与法国大学出版社的关系彻底冷却了下来。20年后,这本书的影响力日渐增长,它才被翻译成英语。[2] 学术界和知识分

---

[1] 1958年11月4日,法国大学出版社文学部的负责人M.昂古勒凡(Angoulvent)给克洛德·列维-斯特劳斯的信。所有与出版社有关的信息均来自克洛德·列维-斯特劳斯档案库,编号NAF 28150,档案盒编号222。
[2] 其间,莱顿大学的一位荷兰学者读了他的《亲属关系的基本结构》后感到兴奋,在他用英语写作的书里间接地提到了《亲属关系的基本结构》。这里指的是扬·佩特鲁斯·本雅明·德·乔思林·德·琼(Jan Petrus Benjamin de Josselin de Jong)于1952年发表的《列维-斯特劳斯的亲属和婚姻理论》(Levi-Strauss's Theory on Kinship and Marriage)。克洛德·列维-斯特劳斯在1953年5月12日的信中(克洛德·列维-斯特劳斯档案库,编号NAF 28150,档案盒编号193)对此表示衷心感谢:"您如此慷慨地投入我的研究,我还注意到您评价我时十分宽容,我对此深受感动。在发表您的作品时,您首先为我提供了一种实用的服务。因为您忠实而深入的分析将为英美读者提供了解我的论文的机会,他们通常不会费心寻找用难懂的法语写的书。但最重要的是,您自己也在结论中暗示,您如此慷慨地给予我的关注是一种宝贵的鼓励,它使我在经受冷漠的对待时(尤其是在法国)能获得一些安慰。[……]事实上,5年后回头看(手稿于1947年初完成),我的书对我来说就像是一只怪兽。我的借口是:它是在美国完成的,首先,我处于孤独的流亡之中,与同事完全脱离了联系,然后,我加入了外交部门,这也是与科学界隔绝起来的一种方式。这些异常情况在某种程度上造成了错误和缺陷(在撰写本书时,我忽略了凡·乌登 [Van Wouden] 的书,这可能是我最大的疏漏之一——)。"

子们对此书的接受程度并不低：几份书评可为此做证（除了西蒙娜·德·波伏瓦和巴塔耶之外，罗杰·巴斯蒂德也出了一份力）；他受邀来到圣米歇尔广场，参加佩里古丁烤肉店（Rôtisserie périgourdine）的一次午餐会。餐会上，他被授予伯希和青年奖（prix Paul-Pelliot Junior），获得了5万法郎的奖金。1949年11月11日出版的《战斗报》（Combat）刊登了一张照片，这张照片将这一刻记录了下来。[1] 这个奖项历史不长，嘉奖对象是历史学家和院士。它给了列维-斯特劳斯一点荣誉，这样的荣誉与《亲属关系的基本结构》一书有限的影响力完全匹配。总之，《亲属关系的基本结构》并没有为知识界带来大的波澜，事后，几位评论家才后知后觉。也有一些人发现了它将带来长期的影响。本维尼斯特写道："我希望至少告诉您，我想要再次拜读您的两项研究成果，现在，它们有了正式的印刷版。您对南比克瓦拉人的描述非常具有启发性，您的分析十分严谨，但充满了人类的同情心；特别是那本有关亲属关系的书，写得漂亮。我不知道民族学家们会如何看待您的主张，但我相信，结构分析的方法迟早会被人们认可，并且，您开创了这条新的道路，是大功一件。您的作品将鼓励人们积极地讨论各种问题，除了这个问题，人们对许多其他问题的看法也将获得改变。"[2]

埃米尔·本维尼斯特出于善意，预测列维-斯特劳斯的作品将产生深远的学术影响力。他明白这本书将如何主导未来10年，将如何渐渐被评价为"基础读物"，就算在这个过程中，它还将时不时地面对批评的声音。这些批评的声音最早出现在1950年。克洛德·勒弗（Claude Lefort）在《现代》期刊上攻击书中的抽

---

1 "奖项与荣誉"主题档案，克洛德·列维-斯特劳斯档案库，编号NAF 28150，档案盒编号220。
2 1949年8月6日，埃米尔·本维尼斯特给克洛德·列维-斯特劳斯的信。

象性，认为其不该过度删减现实信息来建立模型和范畴。[1] 一年之后，列维-斯特劳斯回复道："社会结构的概念与经验现实无关，但与根据后者建立起来的模型有关。这是基本原则。"[2]《亲属关系的基本结构》甚至自带一种光环，让绝版的状态持续了很多年。伊曼纽埃尔·特瑞（Emmanuel Terray）表示，1957 年，自己不得不向阿兰·巴迪欧借阅《亲属关系的基本结构》第一版，因为当时很难买到一本："我复印了其中的一百多页，将它们保存至今。我复印完这百来页之后，考虑到这一行动的意味，阿兰不得不把他的书送给了我。就这样，我获得了《亲属关系的基本结构》的第一版。当时，我认为，这本书代表了巨大的进步，在它的领域里，进步程度相当于马克思的《资本论》或者弗洛伊德的《梦的解析》。至今，我依然这么想。"[3] 阅读《亲属关系的基本结构》虽然会带来冲击，但是一种美妙的体验。从英语世界对这本法语书的接受情况来看，这种美妙的阅读体验源于一种十分明确的恋物情结："[一些副本] 在图书馆中化为尘埃（制作得很糟糕）或者被偷走，一些得以保留下来的副本被它们的所有人视作至宝，像收集起来的亨利·米勒的书那样爱护之至。"[4] 1958 年，印刷本全部售出；1967 年，新版本面世。其间，《亲属关系的基本结构》仍将存在。在结构主义的热潮中，它就像一座孤傲的丰碑，虽然几乎完全透明，但闪闪发光。

---

[1] 克洛德·勒弗：《人类的交流与斗争》（« L'échange et la lutte des hommes »），《现代》第 64 期，1951 年。后转载于《历史的形式》，巴黎：伽利玛出版社，1978 年，第 15—29 页。
[2] 克洛德·列维-斯特劳斯，《民族学中的结构概念》（« La notion de structure en ethnologie »），1952 年。参见《结构人类学》，第 305 页。
[3] 弗朗索瓦·多斯（François Dosse）引用了伊曼纽埃尔·特瑞（Emmanuel Terray）。参见弗朗索瓦·多斯：《结构主义史》，第 1 卷，《符号之"场"》（Le Champ du signe），1945—1960 年，巴黎：探索出版社，1991 年。
[4] 罗伯特·F. 墨菲（Robert F. Murphy）：《社会曾只有表亲婚姻》，载《星期六评论》，1969 年 5 月 17 日，克洛德·列维-斯特劳斯档案库，编号 NAF 28150，档案盒编号 235。

局外人

让我们回到 10 年前，1947 年秋天。克洛德·列维-斯特劳斯刚刚从美国回到法国，因此，并没有从二战法国解放时职位重新分配的背景中获利。1944 年冬天，他第一次重返巴黎并短暂停留时，就预感到回归法国社会将会是一场战斗。他向雅各布森袒露心声："我们不在的时候，大家都已经各司其职，各安其位了，小角色们牢牢盯着各个机构，他们已经占据了或正在觊觎这些机构的职缺。"[1] 当时，雅各布森还抱有返回欧洲的幻想，然而，最后，还是放弃了这个计划。流亡者的身份自有优势。流亡者收获了经验，累积了美国的人际网络。但流亡者也被困于两个世界的夹缝之中，迟迟不能重新融入法国社会。这种被隔离于法国学术界之外、成为"局外人"的状况无疑告诉我们，未来，他还需要面对更多事业上的挫折。

列维-斯特劳斯接受了博士论文的答辩，于是，敲开了索邦的大门。事实上，这从来不是一个他想要的选项。当时，民族学家还只是法国国家科学研究中心（CNRS）的一名副研究员（maître de recherhces）（1947 年末至 1949 年 3 月），在他面前存在向两所学术机构跳槽的可能性：一所机构他已十分熟悉，这就是人类博物馆，利维走后，人类博物馆还缺少馆长的人选；另一所是法兰西公学院。1948—1950 年，列维-斯特劳斯在两所机构都经历了落选，最后，他在 1951 年进入高等研究实践学院（Ecole pratique des hautes études）。尽管他与第六科系"历史与社会科学"已经建立起学术上的牢固联系，但他加入的却不是活跃的第六科系，而是最为谨慎的第五科系"宗教科学"。

---

[1] 1 月 19 日给罗曼·雅各布森的信（可能为 1945 年），参见克洛德·列维-斯特劳斯档案库，编号 NAF 28150，档案盒编号 193。

眺望人类博物馆

谁将接替 71 岁的保罗·利维，成为人类博物馆馆长？保罗·利维不久之后将要退休。列维－斯特劳斯作为博物馆副馆长，是很有希望的候选人。但与他竞争的还有雅克·苏斯戴尔，深受利维喜爱的学生。从很早开始，雅克·苏斯戴尔就已经是戴高乐将军的追随者，树立了坚定的政治信仰，因此，也获得了一流的政治地位。这让雅克·苏斯戴尔拥有了更多的筹码。

列维－斯特劳斯的新家位于伊劳大道（avenue d'Eylau）13 号，在距特罗卡德罗广场两步之遥的一栋公寓楼内。公寓楼十分豪华。在家中，列维－斯特劳斯能够眺望自己觊觎的宝座，眼神温柔如水。他婉转地向好友罗曼·雅各布森说道："我有一间非常漂亮的公寓，距人类博物馆和它的图书馆 200 米，它有宽阔的视野，能够俯瞰特罗卡德罗广场、夏洛宫和埃菲尔铁塔。只不过，它没有浴室，暖气也是坏的。但这些问题迟早都会得到解决。"[1] 巴黎的冬天特别冷，那时，粮食还是遵照配给制，并不充足。然而，这无可替代的视角已让他心满意足，物质上的挫折算不了什么。不过，列维－斯特劳斯并没有得意忘形。他知道应该追求什么（但也只是了解其中一部分）："在此期间，我可以使用（三个月）人类博物馆的馆长办公室，那里有暖气。利维先是在墨西哥，回国后便在家休养。在接班人确定之前，馆长办公室一直空着。不要轻易下结论：竞选接班人的前期工作疑云重重，令人琢磨不透，但我并不在候选人之列，也不被认为具有参与竞争的可能。我作为博物馆高高在上的选民，反而没人理睬。米洛（Millot）极有可能将被提名为馆长，这是大家预期的结果。在代理事务期间，我获得了使用这间豪华办公室的特权。因为我已是局外人了。"[2]

选择继任人选的过程困难重重，这是制度层面的历史遗留

---

[1] 1944 年 11 月 27 日，克洛德·列维－斯特劳斯给罗曼·雅各布森的信。
[2] 同上。

问题。从保罗·布罗卡（Paul Broca）那里传承下来的传统的体质人类学十分保守，仍在学会与期刊组成的人际网络中拥有广泛的支持者。此外，维希政府又给予了它继续成长的温床。面对这样的体质人类学，20世纪初，一种文化民族学发展起来。涂尔干式的强烈主张促进了文化民族学的成长，在莫斯、利维和吕西安·列维－布留尔的帮助下，文化民族学进入了大学校园，尽管仍不是主流：巴黎大学成立了民族学研究所（Institut d'ethnologie），高等研究实践学院也成立了民族学研究室。人类博物馆则巩固了文化民族学的地位。然而，人类博物馆的主管单位仍是自然历史博物馆，馆长之职必须由博物馆的一名教授担任。[1]不过，自然历史博物馆的主事者十分重视生物学研究的方向和人体测量学的方法——换言之，一种种族学的框架。战争维护了这种种族学框架的正当性，后来，也有声音表达了质疑，但并没有动摇它的地位。这样的人类学与史前学、古植物学等学科建立了亲密的联系。利维是军医出身，是一名体质学家，很晚才转向语言民族学。没能成为医生是他领导人类博物馆时一道难以逾越的障碍。[2]

然而，事情发生了改变。列维－斯特劳斯向雅各布森透露（这话是我们之间绝对的秘密）："利维为了使我接任他的位子，做了极大的努力。但这已经太迟了。如果他一年前就开始干涉，这件事本该大功告成。现在，过去那些不可靠的手段让他名誉扫地，而这些手段也一一失败了。所以，我应该为了不成为候选人而更加努力，而不是为了当选［……］。如今，做什么都无济于事：继任者将会是瓦鲁瓦或苏斯戴尔。"[3]最终的结果出炉，但仍花费了两年时间。1950年1月27日，列维－斯特劳斯向雅各布森宣布，

---

[1] 参见克利斯提那·罗利埃尔：《保罗·利维：学术与政治》，第359页及随后。
[2] 实际上，保罗·利维的继任者亨利·瓦鲁瓦和罗贝尔·盖森（Robert Gessain）都是专业出身的医生。
[3] 1947年12月29日，给罗曼·雅各布森的信。

"瓦鲁瓦毫无困难地击败了苏斯戴尔，成功当选。"人类博物馆将被带向"最狭隘的体质人类学"[1]。几天之后，这个消息就传到大西洋彼岸。列维-斯特劳斯收到了阿尔弗雷德·克罗伯（Alfred Kroeber）的邀请。这名伯克利的同事邀请他回美洲工作。此后，来自大西洋那头的工作邀约相继而来，频繁地出现在他的面前，频繁得就像这些年他在法国求职过程中经历的挫折。

亨利·维克多·瓦鲁瓦（Henri Victor Vallois）博士是三册《法国人口人类学》（Anthropologie de la population française）的作者。他延续了维希政府的政策精神，主张一种民族种族主义（ethnoracisme）。那时，在强势的亚历克西·卡雷尔基金会（Fondation Alexis Carrel）内，种族学这一分支希望以"卫生"（这是温和的主张）或者是彻头彻尾的"优生"（激进的主张）为目标，实现对人口的控制。达尼埃尔·法布尔（Daniel Fabre）注意到，民族学知识直接地为维希政府所利用，也同样成为其他纳粹政权的工具。[2]1943年，纳粹逮捕了第一批抵抗分子，摧毁了人类博物馆的网络，利维也开始了流亡。利维离去之后，瓦鲁瓦成为其实际意义上的继任者。[3]这一点并不是无关紧要的。人类博物馆的网络解散之后，民族学被过度利用，它和维希政府之间形成了合作关系。作为回报，后者同意索邦设立民族学教席。1942年，巴黎大学设立了民族学教席，开创了历史先河。差一点，乔治·蒙丹东（Georges Montandon）便要抢走这一归属于非洲学家马塞尔·格里奥尔的职务。乔治·蒙丹东是法国民族学界的坏天使，具有体质人类学界中最严重的反犹太倾向。瓦鲁瓦接任人类博物馆馆长一职，标志着这段耻辱的历史又变成了现实，它也说明，

---

[1] 1949年3月23日的信。
[2] 参见《法国民族学在政治运动的十字路口（1940—1945）》，同前。
[3] 在此之前，当利维于1928年当选博物馆人类学讲席教授时，他已经击败了对手瓦鲁瓦。参见《保罗·利维：学术与政治》，第367—368页。

利维没有能力指定继任者。[1]

身为犹太人的列维－斯特劳斯从被极右派和共产党人厌恶的美洲回到了法国。然而，他没有经历这段历史，或者说，他以远程的方式经历了一切。二战后标志性的"清算"并不隐秘。比如，乔治－亨利·里维埃（Georges-Henri Rivière）和马塞尔·格里奥尔不得不暂时离开他们的岗位，后来才重新复职。在体制内进行肃清，这样的行为充满暴力，让这一时期阴云密布。暴力行为因马塞尔·莫斯的错乱表现而露出马脚，他的身体仍然完整，而精神处于逃亡状态，对暴力行为提出了指控。它像是心有悔恨一般继续纠缠着法国民族学。肃清的过程将耗时良久。1950年，莫斯去世，同年，瓦鲁瓦当选人类博物馆馆长。

这时，列维－斯特劳斯准备辞去副馆长的职务。[2] 两年多来，他在馆长办公室办公，其间，每天出入夏洛宫，最后，还是与馆长办公室失之交臂。作为法国国家科学研究中心的副研究员，他在巴黎大学的民族学研究所上课，但他把大部分时间都花在自家附近的人类博物馆内。人类博物馆还正式任命了另一位副馆长安德烈·勒胡－古韩（André Leroi-Gourhan）来主持史前学的研究。后者在里昂授课，很少出现在巴黎。"两位副馆长只有在适当的距离下才能和谐相处。"[3] 随着时间推进，两人谨慎相处之道成为法国社会科学界的佳话。他们的研究领域有所相似，都是没有书面语言的辽阔又遥远的社会，勒胡－古韩研究的是史前时代，列维－斯特劳斯研究的是异国的空间。但他们所追求的理论结构正好相反：一方为了追溯社会的组织形式，从物质文化（特别是技术、工具）出发进行研究，将手工艺人作为研究的重点；另一

---

[1] 瓦鲁瓦和利维交恶已有20多年。瓦鲁瓦接管了人类博物馆之后不久，就立刻迫使利维离开他舒适的官邸。利维利用自己的政治手腕将它保留了下来，直到1958年去世为止。
[2] 1949年3月25日至1951年1月1日，列维－斯特劳斯是人类博物馆的副馆长。参见记录列维－斯特劳斯生平的官方文件，克洛德·列维－斯特劳斯档案库，编号NAF 28150，档案盒编号221。
[3] 德尼·贝多莱：《克洛德·列维－斯特劳斯》，第189页。

方为了理解事物（技术、产品、亲属关系、神话、祭祀），从人类自身的象征性活动和艺术品出发进行研究。多年后，两人将把嫉妒心背后的戒备意识转变成理性的合作精神。勒胡－古韩后来回忆这段往事时，用幽默的口吻说道："在互相怀疑之后，我们用友谊互相支持。"[1]

来自法兰西公学院的双重打击

在这几年间，几乎同一时间，列维－斯特劳斯在竞争法兰西公学院的一个诱人职位。法兰西公学院是知识的殿堂，"一个可怕的禁地，学生时期的我不敢贸然进去"[2]。申请进入公学院的念头来自他的良师益友，生理学家亨利·洛吉耶。亨利·洛吉耶联系了他的同事亨利·皮耶弘（Henri Piéron），"著名心理学家、共产党人"[3]，后者是亨利·瓦隆（Henri Wallon）的朋友和合作伙伴。亨利·洛吉耶和亨利·皮耶弘都是公学院的教授。40岁时立志进入这个著名的机构，这种情况并不少见。他刚刚回到法国，这时，他信心充沛，心态平和，开始运转自己这台机器，其中也有一些轻率："我本以为一切都被秘密的力量打点好了，我只要跟着走就行。"[4]这股天真劲儿在几封给皮耶弘的信中有所体现，他还在信里表现出对皮耶弘的尊重和自己的乐观心态。[5]随后，1950年，幻灭的结果一次又一次袭来。这位候选人两次不走运，他将这一结果解读如下："我曾离开法国生活超过13年，我没有想到，我会成为公学院内部保守派

---

[1] 安德烈·勒胡－古韩：《世界的根源：与克洛德－亨利·罗凯的访谈》，巴黎：贝尔丰出版社（Belfond），1982年，第109页。德尼·贝多莱进行了引用，参见《克洛德·列维－斯特劳斯》，第189页。
[2] 《亦近，亦远》，第74页。
[3] 同上。
[4] 同上书，第75页。
[5] 1949年10月30日的信：列维－斯特劳斯进行了走访，他"被告知他的候选人资格有很大机会取得成功"。我要感谢托马·赫尔斯（Thomas Hirsch）告知我这些信件被保管于巴黎第五大学亨利·皮耶弘图书馆（Bibliothèque Henri-Piéron library）的亨利·皮耶弘档案之中，档案盒编号14。

和自由派集团斗争的关键。"[1]然而，他补充道，同一时间（1949年2月），杜梅齐尔（Dumézil）入选公学院。1950年4月，布罗代尔（Braudel）也进了公学院。以上两位，以及本维尼斯特、现代历史学家马塞尔·巴塔雍（Marcel Bataillon）、地理学家皮埃尔·古鲁（Pierre Gourou）都是他最牢靠的盟友，却也是徒然无果。列维－斯特劳斯遭受了双重失败的打击，看透了"所谓的职业生涯"[2]。雅各布森对他的沉默有所抱怨，列维－斯特劳斯这样回应道："公学院的失利让我难以承受，特别是因为我以为这会是我最后一次成为候选人，我曾坚定地决定不再向任何机构或任何人提出求职申请。但这个决定迫使我常常反思，让我不得不改变对许多事物的看法，包括对我自己的看法。"[3]有关双重打击的细节和缘由，都比列维－斯特劳斯简单的概括要复杂不少。两次失败的性质不同，而且，在申请人递交申请之前，教席的实际人选已经确定了下来，这也导致了他的失利：1949年，失败的原因是学科不对口，社会学被艺术史打败；1950年，失败是人的原因，列维－斯特劳斯败了，但是，他的对手历史学家路易·舍瓦里耶（Louis Chevalier）以及他展示的所有论据，都并未真正符合一场古代和现代之间的辩论，矛盾的是，反之亦然[4]。

当亨利·瓦隆从儿童心理学教席之位上退休时，整件事情都明朗了。这个教席是由巴黎市和塞纳省共同设立的一个"基金会教席"（双方也是它的资助者）。它们与法兰西公学院的教师委员会（Assemblée des professeurs）签订了协议，后者十分重视这个岗位的人选。在人选更迭期，出现了对立的两派：一派由两位文学教师——让·坡米耶（Jean Pommier）和埃德蒙·法哈勒

---

1 《亦近，亦远》，第75页。
2 同上书，第76页。
3 1950年1月27日，给罗曼·雅各布森的信。
4 下一段是对法兰西公学院1949—1950年教师委员会的档案（AP IV）进行调查之后的结果。我要感谢保罗－安德烈·罗森塔尔（Paul-André Rosental）对这个主题的思考和评论。

（Edmond Faral）——以及一位地理社会学家安德烈·斯弗里德（André Siegfried）组成，他们想要创立"造型艺术心理学"教席，勒内·于热（René Huyghe）是他们中意的候选人；另一派以皮耶弘为核心人物，他们想要以"比较社会学"的形式延续马塞尔·莫斯的教席，却随着莫里斯·霍布瓦克（Maurice Halbwachs）的出现而以失败告终，列维－斯特劳斯本该是"比较社会学"教席的候选人。皮耶弘这一边的攻势无疑不够充分，而对方阵营则积极得多。这解释了列维－斯特劳斯光荣败北的原因。在 1949 年 11 月 27 日的教师委员会上，造型艺术心理学得到 21 票（绝对多数为 20 票），比较社会学得到 16 票，结果出人意料。理论上讲，事情已经完结。

然而，这个教席十分特殊，为事情的反转创造了条件。第二轮选拔出现了：1950 年 3 月，市议会否定了艺术心理学教席的必要性，因为艺术心理学并不吸引市政官员，他们才是提议创立这个教席的推手。乱局持续发展，最终达成妥协。解决办法如下：在新的社会学教席确立之前，造型艺术的教席将继续存在。[1] 于是，1950 年 11 月 26 日，所有教授为了推选一名候选人而集聚一堂。列维－斯特劳斯被本维尼斯特推作人选。本维尼斯特先是赞颂了一番法国社会学学派，展示了盎格鲁－撒克逊人类学学派的丰硕成果，然后，他认为，列维－斯特劳斯拥有合适的候选资格，因为列维－斯特劳斯既延续了传统，又提出了创新。本维尼斯特指出，列维－斯特劳斯"经过了艰苦的田野工作（field work）的训练"，他认为，其多年的美洲经历在比较研究中具备显著优势。本维尼斯特的论述是把双刃剑……亨利·皮耶弘针对"比较社会学"教席的概念补充发言：其中的比较发生于原始社会和现代社会之间；因此，这是一门货真

---

[1] 埃德蒙·法哈勒（Edmond Faral）在 1950 年 11 月 26 日的会议上先是总结了过去的活动，然后提出必须确定教席的头衔（并匿名选择候选人，这与法兰西公学院的做法相同）。

价实的科学,他接着说道。他的话或许是在向科学家同僚们示威,因为现在,社会学将要踏上田野!

同时,罗杰·迪翁(Roger Dion)提议设立"巴黎市与巴黎大区社会结构和历史"教席。迪翁的讲话与本维尼斯特一样,也充满了野心:这一教席设立后,将延续霍布瓦克的传统与城市社会学的脉络,通过广泛的实证调查来确定社会发展的规则。巴黎市有着丰富的档案材料和还未被利用起来的数据资源。首都巴黎的发展是历史学和城市社会学尚未被充分探索的领域,但这个领域非常重要。迪翁成功地描绘出一个涉及历史学、地理学和社会学范畴的课题,表达了在法兰西公学院内部将这些学科结合起来的可能性。为此,他提出了新的研究方法,特别是吸收了统计学的方法,还考虑与法国国家人口研究院(INED)建立合作关系。法国国家人口研究院是新的研究机构,1945年,在"卡雷尔基金会的废墟"上建立起来。它响应了维希政权现代化口号,继承了人口学学术传统,但这种学术传统隐秘地(或明确地)包含了针对不同民族的种族主义心理。[1] 路易·舍瓦里耶便隶属于该机构。[2] 因此,这并不是严格意义上的"传统派"(Anciens)阵营,生物学家让·罗什(Jean Roche)这样指出。让·罗什从统计学的运用中发现了未来科学进步的方向,他在自己的领域已观察到这一点。他这样总结道:"我们的任务不是帮助那些基础已经夯实的科学[社会学和民族学]继续发展,而是要支持新的学科[城市统计学]成长起来。"两人的发言最后给人留下了这样的印象:列维-斯特劳斯坚定地拥护和继承传统,而舍瓦里耶则勇敢地在未经开发的神秘丛林里开辟道路。会上,安德烈·斯弗里德的信

---

[1] 保罗-安德烈·罗森塔尔、伊莎贝尔·库宗(Isabelle Couzon):《路易·舍瓦里耶的危险巴黎:20世纪中叶的社会历史和公共专业知识》,载伯纳德·勒皮提(Bernard Lepetit)、克里斯蒂安·托帕洛夫(Christian Topalov)编:《科学社会之城》(La ville des sciences humaines),巴黎:贝兰出版社(Belin),2001年,第195页。
[2] 同上。其中提到,路易·舍瓦里耶试图在1942年加入卡雷尔基金会,但并未成功。在这个人口学知识出现的历史时刻,他的人口发展模型为他提供了"生物资料"。

被公开朗读，造成了致命的一击："我认为［……］社会学应该成为法兰西公学院教授的课程，但社会学应该科学地观察现代社会的现象，而不是民族志学或民族社会学，就算这些形式的研究也存在价值。［……］公学院实在不会对这些［人口学的］问题失去兴趣，因为其中涉及一门萌芽状态的先锋科学，这样的态度十分符合公学院的精神。恰巧，当下的法国，一大群研究人员、统计学家和科学家都对这些问题充满热情。"[1] 投票结果如下：37票中，22票选择了巴黎史，13票选择了比较社会学，2票弃权。对于什么也没盼到的列维-斯特劳斯来说，这个判决结果像是给了他一刀。这是反犹太主义暗地里作祟的结果？列维-斯特劳斯这样暗示。第二次落选后，让·坡米耶（他投了弃权票）给亨利·洛吉耶——列维-斯特劳斯的老朋友——写的书信很好地证明了，除了反犹太主义，反美主义也是原因之一："列维-斯特劳斯在外交部的一位教友已经告诉他，如果我们不接受他的申请，美国会给他一个适合的职位。所以，他不会有任何损失。你写信跟我说，他有和我比肩的水平。这是小看他了。他在法兰西公学院的一位教友昨天给我们读了我不知道是哪位外国学者的话。这位外国学者将列维-斯特劳斯有关亲属关系的书比作《物种起源》。因此，大多数人选择抛弃的并不是坡米耶，而是一位达尔文。他们是鬼迷心窍了吗？"[2] 众所周知，埃德蒙·法哈勒，公学院1937—1955年的主事人，也对列维-斯特劳斯带有相同的敌意。这位拉丁语专家十分保守，强烈抵制语言科学，雅各布森的名字让他横眉怒视，因此，他成为列维-斯特劳斯无法和解的敌人。[3] 然而，埃德

---

[1] 1950年3月2日，安德烈·西格弗里德给埃德蒙·法哈勒的信。以上所有引文均摘录自1950年11月26日的"教师委员会"文件。对路易·舍瓦里耶来说，安德烈·西格弗里德是"真正的大师"：参见保罗-安德烈·罗森塔尔、伊莎贝尔·库宗：《路易·舍瓦里耶的危险巴黎：20世纪中叶的社会历史和公共专业知识》，载伯纳德·勒皮提、克里斯蒂安·托帕洛夫编：《科学社会之城》，巴黎：贝兰出版社，2001年，第198页。
[2] 1950年11月27日，让·坡米耶给亨利·洛吉耶的信。洛吉耶将做了标记的信转给列维-斯特劳斯。参见克洛德·列维-斯特劳斯档案库，编号NAF 28150，档案盒编号199。
[3] 《亦近，亦远》，第75页：埃德蒙·法哈勒"曾冷淡地预言我永远也不会进入公学院教书！"

蒙·法哈勒却懂得趋利避害和经营人脉。他战略性地笼络"新兴学科"的代表人物，因为他们有能力通过历史编纂学的研究来推动公共事业的发展，并在第四共和国初期阶段棘手的人口学议题上实现研究和实操应用之间的转换。

两年里，他参与了博物馆和公学院的竞争，遗憾地与它们失之交臂。这场风波之后，他心乱如麻。列维-斯特劳斯等来了最后不幸的消息，但第二天，他便写信给皮耶弘。虽然结果不理想，他仍然感谢后者为他斡旋："打击来得太突然也太残酷，此后几天，随着时间流逝，我将会迷失于回忆之中。但如果不能及时给您写信，我也太忘恩负义了。我确信您能够感受到我的伤痛，就算心痛不已，我仍必须感激您。您构思了这个美好的计划，几年来努力让它成为现实。上周日，您还为我辩护，之后，人们通过书信和电话告诉我，您的语言充满了热情，能让顽石点头。我知道本维尼斯特先生和您自己已经尽了一切的努力。这一刻，诱人的幻想无疾而终，但我必须全心全意地感谢您。"他最后只能写道："如果可能，试着将这段经历深埋在记忆里。"[1]

第五科系的补考

法兰西公学院的两轮选拔中间，即1949—1950年的冬天，这个准备让他落选的机构却在鲁巴基金会（Fondation Loubat）的支持下，邀请他开设一系列以古美洲为主题的讲座。一般来说，这类邀请表明，法兰西公学院认可了他的能力，未来可能聘请他作为老师。对列维-斯特劳斯来说，这是他迈入美洲神话领域的第一步。他对好友和忠实的笔友雅各布森说："因为我也深陷于神话中！我正在为鲁巴基金会开设古美洲讲座，我以北美'贪吃'的现象作为主题，试着对它进行结构分析。实际上，我研究的是其背后的因果关系：（1）人的扩展形态（暴食、举止怪异、猥亵、

---

[1] 1950年11月30日，给亨利·皮耶弘的信。

粗言秽语、吃人、乞讨等）；（2）每一种文化中'贪吃'现象的社会学表现（集体行为、个人志向、仪式中的拟人化、民俗主题、神话主题等）；（3）这两条坐标轴划定的'领土'与社会结构中其他内容之间的关系。分析得出的结果非常惊人，完全出乎意料，让我手足无措。因为我几乎回到了恩格斯的《家庭、私有制和国家的起源》。[……] 亚瑟王传奇也是这项研究的素材，因为我几乎可以肯定，珀西瓦尔（Perceval）这个人物的原型是一种贪吃的形态，我们可以在美洲仪式中发现类似的迹象。"[1] 这些讲座的受众都是一些拥有艺术名声的知识分子，有一次，"麦克斯·恩斯特前来听讲。在描述霍皮人的神明时，我表达了无法用幻灯片投影进行解释的遗憾。第二个星期，麦克斯·恩斯特带来一幅画。画的尺寸相当大，足以张贴在黑板上进行展示。这幅画被我保留至今"[2]。

1948—1950年，列维-斯特劳斯没有放过所有可能的工作机会。大学的大门、人类博物馆的大门以及法兰西公学院的大门都纷纷向他敞开，又都决绝地在他面前关上了。只有高等研究实践学院没有紧闭大门。回到巴黎之后，他与该学院的现代主义阵营建立了学术上的紧密联系。1947年秋，高等研究实践学院第六科系成立。这是学院当时的重大发展计划之一，其目的是重塑法国社会科学的版图。冷战时期，美国慈善组织在找到愿意接受帮助的对象之后，采取了积极的行动。它们就像"企业家"，一心想要宣传自己的学术计划，于是促成了第六科系的成立。这才有了多年后，即1975年，法国社会科学高等研究院（EHESS）的诞生和发展。[3]

---

[1] 1950年1月27日，给罗曼·雅各布森的信。
[2]《亦近，亦远》，第53页。
[3] 参见布里吉特·马宗（Brigitte Mazon）的经典之作《法国社会科学高等研究院的起源：美国赞助人的角色》（Aux origines de l'EHESS. Le rôle du mécénat américain），巴黎：赛尔福出版社，1988年；以及朱利安娜·吉梅利（Giuliana Gemelli）的书，特别是《费尔南·布罗代尔》（1990），巴黎：奥迪尔·雅各布出版社，1995年。

> **COLLÈGE DE FRANCE**
> FONDATION LOUBAT
> **ANTIQUITÉS AMÉRICAINES**
> M. Claude LÉVI-STRAUSS
> fera au Collège de France une série de six conférences sur le sujet suivant :
> **L'EXPRESSION MYTHIQUE DE LA STRUCTURE SOCIALE CHEZ LES POPULATIONS INDIGÈNES DE L'AMÉRIQUE**
> Ces conférences auront lieu les Jeudis, à quatre heures 1/2, dans la salle 5, à partir du 5 janvier 1950.
> L'Administrateur du Collège de France,
> Edmond FARAL.

"鲁巴讲座"的通知：1949年至1950年冬，克洛德·列维-斯特劳斯在法兰西公学院开讲。

第六科系获得了成功，尽管两个不利条件让背后的推动者们无法大展身手。一方面，文学院和法学院瞧不起成立于大学围墙之外的社会科学系。大学一致将一部分社会科学学科拒之门外，常常对这些不受约束的学科充满敌意。在这样的环境下，法国土地上诞生了创立社会科学研究机构的"迂回之法"。1868年，第一个此类机构——高等研究实践学院成立了。另一方面，资助者们对这些新成立的机构寄予厚望。直到1950年代末，资助者实际上都是指洛克菲勒基金会。资助者们抱有怎样的希望？政治层面上，这些来自美国的主事者一开始表现出强烈的自由主义倾向，他们是美国国务院进行意识形态管制的对象。1950年代，意识形态的管制变本加厉。不过，洛克菲勒基金会打算游走于"歇斯底里的麦卡锡主义和约瑟夫·斯大林之间……"[1] 最终，第六科系成

---

[1] 这是洛克菲勒基金会档案（项目和政策，国家安全，1947—1957年，RG 3900）；参见《法国社会科学高等研究院的起源：美国赞助人的角色》，第126页。

立，吕西安·费弗尔扛下领导重任。1956年，费尔南·布罗代尔开始带领第六科系。第六科系成功地将被排挤的学科（人类学、社会学和人口学）聚集起来，（通过强调方法的重要性）推动了真正的科学研究，还聘请了那些与传统学院式生涯相比拥有非典型经历的研究人员。这些资助金额并不算多，却带来了决定性的影响。因为它们几乎自然而然地吸引了来自国民教育部的经费投入。于是，第六科系很快便拥有了人才的拥趸、标志性的建筑与学术刊物，它不仅开拓了团队研究的方法，还累积了学术作品，获得了与大学直接抗衡的声望。事实上，洛克菲勒基金会的资助从未超过第六科系预算的四分之一。然而，在冷战期间，大学阵营两极分化的现象十分严重。第六科系的社会科学家们（social scientists）都被想象为大西洋另一头的帝国主义的仆人。战争期间流亡至美国的法国地理学家简·戈特曼（Jean Gottmann）于1948年回到巴黎的大学教育界，他与基金会关系亲密，被当作"美国蛮子"。根据他的转述，第六科系的成员都被看作"试图控制法国思想的数百万美国人的代表"[1]。

巴黎大学内部主流的马克思主义阵营与共产党的知识分子们之间存在联系，第六科系显然代表"美国"阵营，尽管大多数投身其中的人明确拥有左翼的身份（但非共产党人）。列维-斯特劳斯自己也是左翼的一员。他近距离参与了第六科系的建立，并将一生与之为伴。是吕西安·费弗尔在无边无际的阅读材料中，注意到列维-斯特劳斯于1943年发表的《亚洲和美洲艺术中的分裂》[2]一文。文章发表在纽约的刊物《复兴》上。费弗尔将文章的作者与新生的第六科系的命运捆绑在一起。自1948年11月起，列维-斯特劳斯便被邀请以"助手"（collaborateur）的身份加入

---

[1] 《法国社会科学高等研究院的起源：美国赞助人的角色》，第95页。
[2] 该文刊登于由纽约高级研究自由学院出版的季刊《复兴》（*Rennaissance*）。参见第2卷和第3卷，1944—1945年，第168—186页。文章重新收录于《结构人类学》，第1卷，第269—294页。

第六科系，然而，没有任何官方途径可以证明这一事实。第六科系成立的过程中，剑走偏锋的行政程序将如影随形。第六科系正式运作的第一个季度，他开设了一门课程，讲授"原始的宗教生活"。第二年，即1949—1950年，他教授"世界各个原始民族的地位和未来"[1]。在新组织的内部，是历史学家获得了主导权。这些历史学家是革新者，从《年鉴》的编撰工作中累积了20年的丰富经验，同时，他们属于一个历史悠久、具有学术地位的学科。民族学或者社会学都不具备这样的条件。

尽管列维-斯特劳斯与第六科系的历史学家们十分亲近，但最终还是从第五科系获得了一个职位。第五科系为"宗教科学"：1901—1940年，莫斯担任"未开化民族的宗教"教席教授一职，后来，莫里斯·林哈德（Maurice Leenhardt）继承了这个教席，但他应当退休了。1950年底，经历了法兰西公学院的第二次失败之后，列维-斯特劳斯最终被选中接替林哈德的席位。此事的进展也不顺利。但是，科伊雷和杜梅齐尔两人的合作，再加上布罗代尔和费弗尔的友情劝说，成功地化解了林哈德的敌意。

林哈德曾用福音教化格兰德特雷岛（新喀里多尼亚）的卡纳克人，然而，传教士瘦长和朴素的身影长时间被人遗忘。不久前，他的第二个身份觉醒了：他成为法国民族学的一员，虽然不是主要角色，但研究成果丰硕。然而，从莫斯传承至列维-斯特劳斯的这段重要的民族历史与他无关。[2] 实际上，我们很难想象居然存在两个性格这般不和的学者：林哈德常被看作伟大的田野工作者，1902—1926年，他一直坚守岗位，因此，田野工作有20余年。

---

[1] 作为通识教育的一部分，该课程的标题为"原始文明"，参见高等研究实践学院档案管理处保管的第六科系档案。

[2] 参见詹姆斯·克利福德：《莫里斯·林哈德：新喀里多尼亚的人与神话》（*Maurice Leenhardt. Personne et mythe en Nouvelle-Calédonie*），巴黎：让-米歇尔·普拉斯出版社，1987年；米歇尔·纳佩尔斯（Michel Naepels）、克里斯提那·萨洛蒙（Christine Salomon）主编：《莫里斯·林哈德的田野与命运》（*Terrains et destins de Maurice Leenhardt*），"人类备忘录丛书"，巴黎：社会科学高等研究院出版社，2007年。第二本书将林哈德置于那个时代的殖民科学中，通过历史的批判，正确地看待克利福德的论断。

他的话里融入了一种土著宗教现象学,具有使人信服的力量——人们希望思考卡纳克![1]然而,这种土著宗教现象学完全与理性主义的传统相悖。他带着妻子和众多儿女,在新喀里多尼亚受到爱戴和尊敬,至今,仍然被当作卡纳克运动的始祖和捍卫者。但是这位牧师投入了民族学的怀抱。在复杂的殖民社会里,行政官员、牧师和学者之间紧密结合,因此,他也属于典型人物。莫里斯·林哈德正处在"殖民地改革和土著社会学术研究的十字路口"[2]。他在民族学界创造了辉煌的第二段职业生涯,二战后,他不仅成为莫斯的接班人,也是大洋洲研究学会(Société des océanistes)和人类博物馆海外部的主管。克洛德·列维-斯特劳斯则处于殖民地学者这一身份的对立面。

1951年,第五科系开放选拔,为此,列维-斯特劳斯离开了法国国家科学研究中心,辞去了人类博物馆副馆长一职。从此,他便是高等研究实践学院的研究员(directeur d'étude)和第六科系的"兼职"研究员。也就是说,根据学院的惯例,他将继续在第六科系开课,但并非正式隶属于第六科系。这种情况反映了他在参与职位竞争时遭遇的滑铁卢:克洛德·列维-斯特劳斯没有被选入代表高等研究实践学院学术前沿的第六科系,没有触摸到它跳动的心脏。在他同时代的人看来,列维-斯特劳斯的成功带有瑕疵,这是十分肯定的:"克洛德·列维-斯特劳斯理应进入第六科系。我只会接受第六科系的职位,因为第四和第五科系只有些对科学一窍不通的可怜虫。"[3]安德烈-

---

[1] 因此,米歇尔·莱里斯也来听了林哈德的福音。参见米歇尔·纳佩尔斯参与的达尼埃尔·法布尔、克利斯提那·罗利埃尔和安德烈·马尔提(André Marty)的研讨课"民族学家和殖民事实"(« Les ethnologues et le fait colonial »),社会科学高等研究院,2013年3月28日。
[2] 贝诺瓦·德·莱斯图瓦勒(Benoît de l'Estoile):《一项精神政策:民族学和殖民地的人文主义》(« Une politique de l'âme. Ethnologie et humanisme colonial »),载《莫里斯·林哈德的田野与命运》,第47页。
[3] 安德烈-乔治·胡德里古尔的信,载帕斯卡·迪比(Pascal Dibie):《脚踏实地》(Les Pieds sur terre),巴黎:梅塔耶出版社,1987年,第112页。参见贝诺瓦·德·莱斯图瓦勒对它的引用,《克洛德·列维-斯特劳斯》,第193页。

乔治·胡德里古尔的评价十分尖刻，优点是把话说得明明白白。这些"可怜虫"也包括科伊雷、杜梅齐尔和了不起的阿拉伯学学者路易·马西尼翁（Louis Massignon）。此外，列维－斯特劳斯继承了马塞尔·莫斯的席位。在被任命前几个月，马塞尔·莫斯刚刚去世，于是，列维－斯特劳斯又再一次与非亲近之人建立起幽灵般的亲近关系。

最后一次竞争职位的机会带来了其他后果。可以看到，他开始发生转变。列维－斯特劳斯关心的话题从亲属关系向神话转变，后者是由新教席的头衔和授课计划所共同要求的。"我应当开始在高等研究实践学院上课了"，他在一封给雅各布森的信中坦承，"这将把我带向自己至今甚少研究的宗教民族学问题。我研究死人与活人之间不同类型的联系，这些联系反映了不同的体系同时存在。亲属关系这边，我完全陷入瓶颈，自己也感到非常意外。阻挠我的是那些我丝毫不认为困难的问题。我发现，为了实现从基本结构到复杂结构的升华，应当思考那些包容了两种结构的过渡体系。这样的体系同时建立于结构基础和统计基础之上（人们或是根据规则选择配偶，或是随机选择，只要这类选择不违背规则本身）。然而，我无法从这些体系中总结出理论，因为它们提出的解决方案都过于丰富，我们无法依靠直觉进行研究。几个星期以来，一位数学家为我提供了无偿的帮助。他牺牲业余时间与我共同工作，但是我们难以找到共同的语言。"[1]列维－斯特劳斯的作品连贯性强（特别是方法论上的连贯性和系统性），常常被认为是浑然一体的，然而，我们同样能够从上面的观点出发，通过作品里存在的决裂和转向来领会它的意义。首先，他的博士论文与民族志博士研究的学院派方法决裂。其次，他放弃了亲属关系的人类学，也不再思考神话的"复杂结构"和神话中像连通器一般的"多种方案"（ouverture simultanée）——列维－斯特劳

---

[1] 1951年3月15日，给罗曼·雅各布森的信。

斯虽将后两者列入计划之中，"鲁巴讲座"已经抛出了部分序言，但未坚持下去。

法国社会科学之父与法国社会科学之子

列维-斯特劳斯与历史学家们

克洛德·列维-斯特劳斯与第六科系的历史学家们为友，与他们结盟，同时，也越来越像他们的挑战者。可以肯定的是，他与其中一部分人拥有相同的学术信条（ethos），他为此感到欣喜。他还因此受邀担任一份期刊的负责人。期刊名为"人类"（L'Homme），集结了民族学家、语言学家和地理学家。他将与皮埃尔·古鲁和埃米尔·本维尼斯特共同担任主编。在接下来的几年，这项任务花费了列维-斯特劳斯许多精力。列维-斯特劳斯与本维尼斯特就这项工作交换的众多书信、与感兴趣的出版社（赫尔曼出版社、普隆出版社）长期的协商都是证明。吕西安·费弗尔还派他亲自跟进名为"紧张关系"（Tensions）的调查。这项调查是由联合国教科文组织（Unesco）发起的，第六科系则是合作方。因此，他拥有跨学科实践的意愿，坚持讨论和思考，完全投入了学院的生活中。他定期向布罗代尔提出建议：为什么不与各个学科的代表一个月开一次会？对团队合作的一致认同让他们联合在一起："社会科学的复杂性发展至此，只有团队研究才能带来进步。"[1] 列维-斯特劳斯的历史学同僚们认为，他的优势在于对美国基金会的情况了如指掌（甚至还私下认识某些成员），因为这在很多场合都能派得上用场。[2] 布罗代尔和列维-斯特劳斯想法一致，他们懂得如何与法国国家统计与经济研究所（INSEE）、

---

[1] 1949年6月20日，给费尔南·布罗代尔的信。参见克洛德·列维-斯特劳斯档案库，编号NAF 28150，档案盒编号181。
[2] 例如，列维-斯特劳斯告知布罗代尔，洛克菲勒基金会将捐出1000美元，用以资助一项以维也纳市为对象的社会人口统计学调查。

联合国教科文组织这样的机构培养关系。联合国教科文组织是1950年代社会科学的主要资助者。二人都知道行政工作的诀窍，都设法解决资金问题和完成基础账目。研究工作，特别是团队研究和田野工作，都要涉及资金和账目的问题。

1949年，《道德与形而上学杂志》(Revue de métaphysique et de morale)刊发了克洛德·列维-斯特劳斯的《历史与民族学》一文。文章是列维-斯特劳斯受雷蒙·阿隆之托，在1948年写成的。文章的整个开头为民族志学活动中历史研究的必要性辩护，犀利地批评了马林诺夫斯基的功能主义。列维-斯特劳斯承认不仅被马林诺夫斯基的态度震惊，也被他的信徒们的态度震惊。他的信徒们不想"费眼"[1]准备田野工作，因此，转而阅读他们将要研究的社会的历史。从这篇文章中，人们发现了列维-斯特劳斯的主要观点："我们想要说明，二者（历史和民族学）之间的根本区别，既不在于目的，也不在于方法。二者拥有同一个对象，即社会生活，也拥有同一个目的，即人类更高级的智慧。从方法上看，区别只在于，二者将分别采用各种不同的研究方法，倾向不同。二者主要的不同在于选择补充观点的视角：历史需要的数据来自意识清醒的观点表达，民族学需要的是社会生活中无意识的表现。"[2]列维-斯特劳斯通过马克思的名言说明，二者处于不平等的金字塔："人类创造自己的历史，但他们不知道他们创造了历史。"对于历史，关键词是"有意识"；对于民族学，关键词是"无意识"[3]！奇妙的是，列维-斯特劳斯是在开始阅读吕西安·费弗尔时产生了这个观点。此外，这篇文章里描写的那一类历史编纂学恰好是年鉴学派的历史学家们想要超越的对象。之后，他向迪迪埃·埃里蓬解释说，自己想要推究"极限情况"是否适

---

[1]《亦近，亦远》，第168—169页。
[2]《历史与民族学》，1949年，参见《结构人类学》，第1卷，第25页。
[3] 同上书，第31页。

用。"极限情况"指的是，被布罗代尔及其门生抛弃的最传统的历史——记录君主统治、条约、联盟和战争的历史。整篇文章都"试图说明，二者的对立有害且不符合时代需求，今后，历史学家和民族学家能够肩并肩地紧密合作"[1]。

列维-斯特劳斯根据经验解释了不同学科之间的联系。1949年，这样的行为就像是年轻的民族学家发起的攻击。说到这一时期，列维-斯特劳斯还向迪迪埃·埃里蓬明确指出，除了费弗尔，他同时也在阅读"受他喜爱"的一系列阿尔伯特·富兰克林（Albert Franklin）写的书。这些书记录了13—18世纪法国人的私人生活，属于完全学究型的读物，它们还得到了马萨林图书馆（bibliothèque Mazarine）馆长的精心呵护。对列维-斯特劳斯来说，这些读物不仅创造了阅读的乐趣，还很好地实现了历史的功能：它们记录下来的逸事和细节经过严谨的解读之后，将具有重要的社会意义。这就是几十年之后的历史人类学。1949年的这篇文章大胆、激进，它标志着克洛德·列维-斯特劳斯、历史与历史学家之间展开了一系列激烈讨论，这只是第一阶段。这些讨论诞生于它们之间共同的事业，即第六科系、社会科学和学科交叉融合，源于它们之间的竞争和"误解"（比如，对"极限情况"一词意图不清的应用）。这些讨论也从侧面刻画了列维-斯特劳斯和历史事件（Histoire）的关系，这段关系背后既存在纯粹的偶然性，也受到列维-斯特劳斯主观愿望的影响——他希望改变。

回归莫斯

学术层面上，列维-斯特劳斯重返法国社会学与民族学界时，身上出现了一种"回归莫斯"的症状。两个十分重要的文本构成了姐妹篇，也构成了这种症状本身：一篇文章是献给莫斯的，题为《法国社会学》，它的英文版发表于1945年（法文版发表于

---

[1]《亦近，亦远》，第168—169页。

1947年），但读过的人很少；另一篇是著名的《导论》，也是为莫斯而写的，收录于《大师文集》第一版（1950）中。不论哪一篇文章，目的都是总结、记录历史和理性讨论法国社会科学的前景和希望。为了实现这些目的，列维-斯特劳斯用概括性和批判性的语言进行写作，为它们签上了新的作者之名。"回归莫斯"的做法掀起了不断进行理论创造的当代现象，在这个现象中，出现了更多的"回归"：从拉康回溯到弗洛伊德、从阿尔都塞回溯到马克思……每次"回归"，人们对视作奠基者的先人重新进行了批判，希望提出观点的修正，并且实现超越。这种做法往往需要人们对作者进行特别的界定，例如，"年轻的马克思"或"年迈的莫斯"。莫斯的例子存在特别之处：虽然他受门生、朋友和同事们的爱戴，但他在自己的领域并没有取得像弗洛伊德或马克思在各自领域那般的名望。这门学科的大人物主要指涂尔干和列维-布留尔。特别是列维-布留尔，两次世界大战中间的和平时期，他是最有声望的社会学家和哲学家，也是法国民族学的三位创始人中最出名的一位。[1]

因此，回归莫斯既是列维-斯特劳斯对他的追忆，也是列维-斯特劳斯对他的肯定。因为大师的书面作品很难获取。[2]"为了重新构建理论、实践和方法论的框架，特别是由于一些主张马克思主义、强调社会物质性的民族学家与另一些转向分析艺术形式和

---

[1] 参见托马·赫尔斯近期发表的文章《人类学的"弗拉马利翁"？列维-布留尔、田野调查和民族学》（« Un Flammarion pour l'anthropologie ? Lévy-Bruhl, le terrain, l'ethnologie »），同前。这篇文章基于对众多信件的考察，赐予列维-布留尔"荣光"。列维-布留尔作为法国社会科学界的"大人物"，拥有学术上的权威和科研机构内部的影响力。此外，他还有政治手腕（因为他与社会主义和激进社会主义关系亲密）和独一无二的社会关系。因此，托马·赫尔斯的研究让人们思考1945年以后这个核心人物为何退出了理论舞台和历史舞台。显然，通过这一段落中提到的两篇文章，列维-斯特劳斯加快了莫斯取代列维-布留尔的步伐。
[2] "很少有教导能这般深奥，很少有人像马塞尔·莫斯一般影响深远。"这是克洛德·列维-斯特劳斯观察得出的结果，他将这句话放在马塞尔·莫斯《社会学与人类学》文集的导论部分。

符号体系的民族学家之间时不时发生激烈的对抗"[1],如何传承莫斯的遗产是一个关键问题。当时,辩论的内容不仅在于学科的定义,也在于学科的要求、方法和技巧。列维-斯特劳斯的两篇文章实现了强有力的介入。在他的人生中,它们十分重要。在他刚刚踏上法国大学教师的职业生涯时,是这两篇文章以莫斯为引,将他的名字与重建社会科学的远大学术计划联系在一起。

献给莫斯的《法国社会学》一文是乔治·古维奇请他写的,当时,他们二人都在纽约,仍处于流亡状态。古维奇正在主编一本名为《20世纪的社会学》(La Sociologie au XXe siècle)的合著本,这篇文章将收录其中。这是一个国际合作的大项目,抱有留名青史的野心。[2] 列维-斯特劳斯合理地将该学科的某些民族特点描述如下:从一开始,雄心勃勃追求理论的姿态和缺失具体论据的现实之间形成了落差,缺乏具体论据这一点不断被美国人类学质疑和批评,是一个历史问题;在法国,民族学和社会学没有分家,这与英语国家完全不同,涂尔干以及后来的莫斯都证明了这一点,尽管莫斯明确地转向了原始社会的研究;在法国,社会科学和哲学始终具有批判性,而不是作为知识被"综合"应用。这样的社会学以及它的方法和态度使其有能力帮助其他学科蓬勃发展,更令人惊讶的是,使其能与艺术家们合作:"第二次世界大战爆发的前几年,'社会学学院'(Collège de sociologie)在罗杰·凯卢瓦的领导下,不仅成为社会学家聚会的场所,也迎来了超现实主义诗人和画家。合作带来了成果。社会学与所有以人类和人类

---

[1] 让-弗朗索瓦·贝尔:《马塞尔·莫斯的工作室》(L'atelier de Marcel Mauss),巴黎:法国国家科学研究中心出版社,2012年,第197—198页。洗牌的另一个要素:1947年出版的《民族志手册》(Manuel d'ethnographie)。德尼兹·波尔姆(Denise Paulme)将马塞尔·莫斯一门课程整理为《民族志手册》。虽然他从未进行田野调查的实践,但这门课程的目的是为一项田野调查提供建议。
[2] 他参与了《20世纪的社会学》(La Sociologie au XXe sièa S)第2册的编写。该书由乔治·古维奇与威尔伯特·E.莫尔(Wilbert E. Moore)共同担任主编,致力于开展"不同国家的社会研究"。第1册谈的是"社会学的主要问题",由法国大学出版社于1947年出版,收录于"当代哲学文库"。两册书首次完整面世是以英文书的形式,出版地为美国,《20世纪的社会学》(Twentieth Century Sociology),"哲学文库",纽约,1945年。

研究为对象的趋势或者思潮紧密合作，这是社会学法国学派最突出的特点之一。"[1]

在这篇文章中，克洛德·列维-斯特劳斯施展了全部的才能，深刻地讨论了涂尔干的《宗教生活的基本形式》。他批评了"基本"的概念，认为这个概念混淆了逻辑意义上的"基本"（基本等于简单）和时间顺序意义上的"基本"（基本等于初始），同时，也批评了涂尔干对"符号"的解读。涂尔干认为，符号仅仅是一种"外在"的表现，然而，列维-斯特劳斯认为，它其实是"社会现象内在的属性"。他还将在莫斯作品集的《导论》中特别重述他的观点："社会学无法解释符号思想的起源，它应当把这种思想当作论据。"[2] 突然，社会生活中的一切都有了含义。但假如一切都有所指，这也不代表人类清楚了解这些含义。列维-斯特劳斯提出历史发展的无意识论，质疑涂尔干的"进步主义"。他认为，无意识论恰恰应当是社会科学研究的课题，因为无意识的思想作为中间媒介，让"社会和个人间明确的对立关系消失了"[3]。但是，列维-斯特劳斯认为，在法国社会学发展史中，自涂尔干舅舅之后（他是"旧学派永远的大师。他费力地得出了结论并独断地相信了它们"[4]），外甥莫斯便是新的将领。莫斯同样是哲学家，哲学专业出身，但才华出色得多。"他记忆力出色，不知疲倦的求知欲允许他掌握有关世界和历史的渊博学识"，因此，他拥有"最新、最准确和最丰富的研究材料"："'莫斯什么都知道'[……] 不仅是'什么都知道'，他还有大胆的想象力和对社会现实近乎天才的洞察力，因此，他能够以高度原创的方式运

---

[1] 克洛德·列维-斯特劳斯：《法国社会学》，载乔治·古维奇主编：《20 世纪的社会学》，第 2 册，巴黎：法国大学出版社，1947 年，第 517 页。
[2] 同上书，第 527 页。马塞尔·莫斯作品集的导论部分写道："莫斯仍然相信，当人们必须寻找社会的象征性起源时，发展一种象征主义的社会学理论就仍存在可能。"
[3] 同上。
[4] 同上书，第 535 页。

用他无限的知识。"[1] 在谈话和授课过程中，他常常做出"出人意料的比较"，让他的话变得晦涩难懂。这是因为，"他不断地使用对比、概括性的话和明显的悖论"。"后来，人们认为这是促进思考的强烈直觉造成的，莫斯在几个月的时间里持续拥有这些强烈的直觉。"对莫斯的颂词还没有结束："在这些情况下，我们感到自己已经触及了事物的根本，像他说的那样，'触及了磐石'。"[2] 很明显，博士头衔的获得者不满足于只是根据邀稿规范——总结特征、问题和观点——完成文章的写作。在此过程中，他打算将自己置身于这段正在创造的历史中，超脱于涂尔干发现的悖论之上，完成莫斯的计划[3]：法国社会学的主要优势就是它的主要障碍——大胆的理论设想。[4]

1945年，列维－斯特劳斯试图为这门学科创作一幅"群像"。他用两页文字赞美主编乔治·古维奇，他试图在这两页中评价一部延续了涂尔干式思想的作品。这部作品拥有两种灵感：一种灵感来自柏格森的思想和现象学；另一种灵感来自社会运动和工会斗争的现实。他向我们解释到，这个处于流亡状态的俄罗斯犹太人曾经参与过俄国的十月革命，是一位熟悉马克思的理论家，他在与蒲鲁东（Proudhon）和空想社会主义长期交往的过程中接受了磨砺；他还阅读了丰富的法律材料，对法律、财产和劳动的社会学研究提出了独创的见解。于是，他描绘出一个拥有真实的政治和历史经验的人物肖像，一位思想家的肖像。这位思想家的"本体多元论"建立于一种社会多样性的观点之上。我们发现，这些对他的方法论的肯定和具有哲学高度的评价令古维奇十分高兴，

---

[1] 《法国社会学》，第 535 页。
[2] 同上。
[3] 同上书，第 544 页："当我们有很多事物需要认知和学习，为了帮助自己理解，又有那么多的事情需要实践时，思考普通社会学是没有什么用的。"参见马塞尔·莫斯：《普通社会学和描述社会学大纲的碎片》(« Fragment d'un plan de sociologie générale et descriptive »)，载《社会学年鉴》(Annales sociologiques)第 1 期，1934 年。
[4] 同上书，第 545 页："过去，法国社会学的哲学渊源曾在其中发挥了一些作用；将来，它可能是法国社会学最大的财富。"这一论断为这篇文章画上了句点。

这项充满善意的研究也令他十分感动："我很努力地理解他的观点，他跟我说，这是将他研究得最好的文章。"[1] 这种自我的满足是否能够解释困惑社会学界的谜题，即为什么几年之后，古维奇邀请列维-斯特劳斯为他所主编的由法国大学出版社出版的丛书撰写收录于莫斯文集的导论？[2] 然而，列维-斯特劳斯既不是莫斯的亲友，也不是他的门生，两人只见过三次面。其余的可能人选还有：乔治·戴维（Georges Davy）、莫里斯·林哈德、加布里尔·勒·布哈（Gabriel Le Bras）或者乔治·杜梅齐尔。乔治·古维奇在1940年代末成为法国社会学的掌门人之一，社会学研究中心（Centre d'études sociologiques）[3] 的主任和期刊《社会学国际手册》（Cahiers internationaux de sociologie）的主编，很快又成为索邦的教授以及丛书主编。他自己是一个非正统的涂尔干主义者，因此，倾向于选择一个没有密切接触这个圈子的人？另一个谜团也笼罩在这项出版计划和选编背后的逻辑之上。虽然目的是挑选莫斯的文章，但莫斯的作品分散，集体署名的情况常见，主题多样，形式也多变（评注、论文、讨论、书评），因此，面对莫斯作品的这些特殊之处，选编的动作十分微妙。1968年起，午夜出版社开始出版莫斯（几乎）完整的《全集》，历史学家维克多·卡拉第（Viktor Karady）为它撰写了《导论》。维克多·卡拉第认为，文章的选择是出版人与作序者之间"十分艰难的妥协"[4] 造成的结果，但大部分仍取决于列维-斯特劳斯。入选的文章都

---

1 《亦近，亦远》，第102页。
2 马塞尔·莫斯：《社会学与人类学》，"当代社会学丛书"，巴黎：法国大学出版社，1950年。克洛德·列维-斯特劳斯为它写了《马塞尔·莫斯作品导论》。2012年，列维-斯特劳斯的文章被法国大学出版社收录进"战车丛书"（Quadrige）并独立出版。在后面的内容里，我们将以新版本作为参考。
3 这是首批致力于社会科学研究的学术研究中心之一。1946年，它在法国国家科学研究中心内部成立。其中的"社会科学"指的是现代意义的社会科学。参见弗朗西斯·法鲁吉亚（Francis Farrugia）：《法国社会学的重建（1945—1965）》（La Reconstruction de la sociologie française [1945-1965]），巴黎：阿尔玛丹出版社，2000年。
4 维克多·卡拉第（Viktor Karady）：《版本说明》，载马塞尔·莫斯：《全集》，第1卷，《宗教的社会功能》（« Les fonctions sociales du sacré »），巴黎：午夜出版社，1970年。

是一些马塞尔·莫斯晚期的作品[1]，它们从涂尔干的控制中解放出来，在维克多·卡拉第看来，它们更像是列维-斯特劳斯的选择，而不是古维奇的选择。后来，列维-斯特劳斯为卡拉第解答了这个疑问："其实，我没有参与这本书的准备工作，我仅仅是在出版社寄给我几页校样稿的时候才知道了这项工作。我还被要求在三周内完成一篇导论。"[2]

我们没有必要质疑这一重复过好几次的话，就算事实上，它并不与这篇文章"气质相符"[3]。在社会科学史上，这篇文章成为"结构主义的邀请函"[4]。

结构主义的邀请函

《导论》热情地解读莫斯这个人物、他"闪电划过"[5]的思想风格和他身上开垦新疆域的热忱。这些新疆域包括身体技能和对体态的考古。列维-斯特劳斯认为，阅读莫斯带来了颠覆性的发现："几乎所有人读《论馈赠》（*Essai sur le don*）时都会感受到马勒伯朗士（Malebranche）的那种情绪。马勒伯朗士回想第一次读到笛卡尔的情景时，出色地记录下所有的情绪：跳动的心脏、兴奋的头脑以及脑袋里一个挥之不去的想法——虽然还没办

---

[1] 消除宗教社会学、将交换机制和互惠原则作为社会的基石，这些都是他提出的观点。参见维克多·卡拉第：《版本说明》，载马塞尔·莫斯：《全集》，第1卷，《宗教的社会功能》，巴黎：午夜出版社，1970年，第3—5页。
[2] 佛罗伦萨·韦伯（Florence Weber）也赞同这样的思路。目前，佛罗伦萨·韦伯在法国大学出版社负责主编新的一版马塞尔·莫斯全集（也是更完整的版本），对马塞尔·莫斯的无限量的著作进行了新的修订（甚至更完整！）。2013年2月23日与3月23日，他与本书作者互通了电子邮件。
[3] 1968年4月22日，克洛德·列维-斯特劳斯给维克多·卡拉第的信（FLAS, F.S1.03.02.035.）。在《马塞尔·莫斯作品导论》（第10页）里，克洛德·列维-斯特劳斯谈到"实用性上的考虑"（raisons pratiques）。"实用性上的考虑"是挑选文章的标准，但很快，这一标准就被描述为"随机选择"。
[4] 帕特里斯·玛尼格里耶（Patrice Maniglier）：《从马塞尔·莫斯到克洛德·列维-斯特劳斯：50年后，毛利人的本体论》（« De Mauss à Claude Lévi-Strauss: 50 ans après. Pour une ontologie maori »），载E. 班博奈（E. Bimbenet）、E. 德·圣-欧贝尔（E. de Saint-Aubert）主编：《哲学档案》（梅洛-庞蒂特刊），第69卷，第1册，2006年春季，第37页。
[5] 《马塞尔·莫斯作品导论》，第1页。

法确定，但可以肯定的是，他急迫地想要参与一个科学发展过程中的转折性事件。"[1]

无论我们为之欢喜还是为之惋惜，列维-斯特劳斯重温莫斯的作品时心存仰慕之意，因此，这是一种主动发起的拥有占有欲的解读。字里行间，列维-斯特劳斯表现出浓厚的兴趣、睿智的想象力，加入了其他参考资料。我们注意到，他在页脚的注释里提到了两个人物，米歇尔·莱里斯和雅克·拉康，他刚刚遇见了两人；有关心理学和民族学的讨论以及有关疯癫和萨满教的讨论，这些都是那些年列维-斯特劳斯的研究主题；他对莫斯留下来的重要概念之一——"完整的社会现象"——进行了解释，得出一个结论，使"社会（le social）第一次 [……] 成为一个体系，我们能够发现这个体系的各个部分之间存在关联、对等和互助关系"[2]。在莫斯之后，列维-斯特劳斯也对波利尼西亚当地婚姻习俗中严格的礼物交换规则加以注释。他观察到一个偏离规则的例子，于是，总结道："即便这个例子没有被我们发现，我们也应当能够将它推断出来。"[3]

这篇《导论》事实上是列维-斯特劳斯以一种泛滥的热情持续加工而成的。列维-斯特劳斯从莫斯身上总结出结构方法的初始模型；另外，他注意到《论馈赠》和《音位学的规则》于同一时间发表，认定莫斯对此并不知情[4]；而后他指出，"问题的立场"是正确的，（他自己）最近有关亲属关系的人类学研究证明了这一点；最后，他宣布，语言学与民族学的这一结合将会形成一门"内容丰富的传播学"。所有解读的意图都是掠夺性的；解读意味着

---

1 《马塞尔·莫斯作品导论》，第33页。
2 同上。
3 同上书，第35页。
4 参见卡米尔·塔罗（Camille Tarot）：《从涂尔干到莫斯，象征机制的提出：宗教社会学和宗教科学》（*De Durkheim à Mauss, l'invention du symbolique. Sociologie et science des religions*），巴黎：探索出版社，1999年。卡米尔·塔罗指出，莫斯从未引用过费迪南德·德·索绪尔，也没有读过索绪尔，并且莫斯与印欧语言专家安托万·梅耶（Antoine Meillet）接触了之后才发现，为了分析社会现象，有必要理解社会现象的语言属性。

延伸、批评和超越原文。这正是列维－斯特劳斯做的。他在古维奇瞪大的眼睛下，描绘出一个准结构主义者莫斯。我们还需注意，占有行为还有另一个步骤：克洛德·列维－斯特劳斯自称是其重要的弟子，他认为，自己的使命是"不让他的教诲中最有效的部分丢失或者腐坏"[1]。"莫斯靠近了这些巨大的可能性，却在边缘停了下来，就像摩西领导他的人民寻找应许之地，却永远也欣赏不到它壮丽的景观。"[2]对列维－斯特劳斯来说，运用《圣经》的隐喻是极其罕见的。但他必须借此才能将重新建立起来的结构主义的"家谱"描述为全新的法则！乔治·古维奇在第一版的"前言"里，无不幽默地称之为对莫斯"[这部]作品个人的解读"——也有人说，这是对莫斯遗产的掠夺。列维－斯特劳斯之所以能够这样坚定地进行解读，是因为他已经踏入迦南（Chanaan）的土地：《亲属关系的基本结构》希望能够成为人类学的代表，大胆前进，实现大师的承诺，超越大师的直觉。

莫斯的伟大发现——社会生活中互惠原则具有重要作用——再次获得重视，然而，列维－斯特劳斯在《导论》结尾对"玛那"（mana，波利尼西亚语，美拉尼西亚也使用这个词，它指被命名为前神秘、神圣的陌生"玩意儿"或"东西"）一词进行了全新的分析，并批评了莫斯的观点。列维－斯特劳斯向雅各布森坦言："我提出的关于'玛那'的新理论从音位学获得了很多启发。我把'玛那'当作一种符号价值的零，没有任何自身的象征意义。但它却指出，因为某种场合或者某个范畴中特定的物品，可以出现比'能指'和'所指'这对普通关系更加丰富的意义。总之，就像你提出的'零音位'（phonème zéro），我在文章中进行了翻译和引用。"[3]"零音位""不稳定的能指"：列维－斯特劳斯在

---

1 《马塞尔·莫斯作品导论》，第39页。
2 同上。
3 1950年3月27日，给罗曼·雅各布森的信。

语言学的专业领域中找到了民族志学家在土著生活中发现的那些纯粹的符号。不论"豪"（hau）这种魔力与交换过程中的"玛那"分别指的是什么，它们都涉及两种以"关系"作为的本质——人与人之间的关系（礼物的交换）、人与神之间的关系（魔法）——来进行定义的象征活动，即交换对象的抽象化。这种"符号思想的关系特征"[1]在符号的"所指"——知识——出现以前，迅速为它赋予一个"能指"，让它完全具有了意义。[2]正因为民族学家们的研究对象都是符号（特别是"玛那""豪"及亲属关系……），所以，为莫斯作品服务的《导论》才将人类学研究重新定义为一般符号学。

这篇转折性的文章也因为通过莫斯开启了与梅洛-庞蒂和哲学的对话而具有十分重要的意义。这里描绘的人类学想要寻求反思性的知识，来思考人类学该如何实践，该采取何种方法进行实践。这里也是一样，人们必须触及"磐石"。最终，让列维-斯特劳斯从一张天文图中得到灵感。他引用了马塞尔·莫斯，从理论、认识论和程序三个角度出发，总结出开始被他称为"人类学"[3]的学科，从而终结了同类创作的演变和循环："首先应当整理出一份尽可能丰富的范畴目录，这些范畴必须是为人类所用，同时，我们也要知道它们为人类所用。我们会发现在理性的宇宙中，有许多卫星或是死去，或变得苍白，或变得暗淡无光。"[4]

民族学和精神分析："……我们的宇宙最遥远的边界，思想最秘密的幽境[5]……"

精神分析是列维-斯特劳斯的旧相识。我们提过，他很早便读过弗洛伊德。精神分析对他的理论有着决定性的影响，它

---

1 《马塞尔·莫斯作品导论》，第51页。
2 "在我们了解宇宙的含义之前，它已有定论。"同上书，第53页。
3 "……被我们称为人类学（antropologie）的学科（检索一个术语的旧时意义对于现时的实用性是显而易见的），它指的是一个解释体系，这个体系涉及各种行为，对行为进行物理、生理、心理和社会学分析。"同上书，第23页。
4 同上书，第57页。
5 同上书，第51页。

让这位年轻人牢记,可以通过理性的分析来判断最疯狂或不可思议的表象。[1]之后,他深入超现实主义领域,在纽约与雷蒙德·德·索绪尔频繁来往,让他关注精神分析的理论和实践问题,关注精神分析在美学领域的延伸和它广泛的存在。不过,把1940年代末称为"精神分析的时代"是合理的。当时,刚刚结识雅克·拉康的列−斯特劳斯(1949)同时发表了3篇文章,谈论无意识这个概念。就这样,作为民族学家(ethnologue)的他与精神分析展开对话,作为人类学家的他将无意识定义为"磐石"。磐石指的是异域社会或古代社会的真相,而社会科学可以带领我们发现这些真相。然而,他承认对精神分析的疗法本身和疗效抱有怀疑,从未抛弃这种怀疑论。[2]

我们提到的第一篇文章讨论了历史和民族学之间的分水岭:历史研究的是社会有意识的表达,民族学研究的是社会无意识的表达。[3]第二篇文章《巫师和他的魔法》(Le sorcier et sa magie)发表于《现代》,讲述了几个萨满(chamans)的故事。其中一位萨满名叫戈萨利德(Quesalid),生活在温哥华岛上,是夸夸伊特族的印第安人,他为弗朗兹·博厄斯提供过情报。他几乎无心成为萨满,却名声大噪。他十分清楚如何把握仪式活动的推进程度,同时,对自己能够减轻他人痛苦的能力感到惊讶。[4]因此,他发现了表演的力量和"共识"[5]现象创造的"符号的效力"。"共

---

[1] 参见本书第5章。
[2] 参见帕特里克·威肯:《克洛德·列−斯特劳斯:研究室里的诗人》,第六章《在萨满的沙发上》。后来,吉尔·拉普居(Gilles Lapouge)与克洛德·列−斯特劳斯进行了访谈,文章发表在1962年6月2日的《费加罗报》第3页。列−斯特劳斯指出,民族学和精神分析学这两门学科除了调查,还必须解决一个难题,换言之,必须将一个代码转换为另一个代码。"但我完全不同意精神分析的理论,因为它将学术上的问题变为情感上的问题。我坚信,就我而言,理性只能通过理性进行解释。"
[3] 参见《历史与民族学》,1949年。参见《结构人类学》,第1卷。
[4] 确切地说,戈萨利德(Quesalid)是民族学家博厄斯的主要线人,接受了博厄斯的训练。文森·德巴恩(Vincent Debaene)指出,列−斯特劳斯为了让他拥有"原始人的形象"而无视了这条线索,因此,受到了人们的批评。
[5] 《巫师和他的魔法》(« Le sorcier et sa magie »),《现代》第41期,1949年。《结构人类学》又重新收录了此文,第185页:"魔法是一种共识现象。"

识"来自巫师、病患和特定集体之间的相互信任。

第三篇文章《符号的效力》同样发表于 1949 年，目的是向雷蒙德·德·索绪尔致敬。[1] 文章中，一位萨满在难产的妇女面前举行仪式并施展咒语。这个场景发生于巴拿马共和国的一个村庄里，一名瑞典民族志学家目击之后将它记载下来。这位萨满参与了孩子出生的整个过程，从子宫到阴道，直到生下来为止，还帮助驱赶媒巫（Muu）。媒巫虽帮助胎儿成形但不愿让胎儿降生。全文将萨满的陪同与精神分析的治疗两者对立，构建了一个对比体系。精神分析的治疗指的是，病患在精神分析师的开导下回忆起某些伤心往事，达到解脱；与之相对，萨满以患者的名义进行宣泄，与精神分析师自己保持沉默的情况不同。两种情形中，"无意识"都是根据内在逻辑构成的世界，人们能够将其对外展示。列维–斯特劳斯展示了这些过程的性质。萨满仪式的效力说明了原始社会充满活力，它们也掌握了表演知识。在双重逆转中，列维–斯特劳斯透露出一丝讽刺的语气：做出"异常"行为的萨满可以被比作精神病理学想要治疗的"病患"，然而，在这里，他却与位于对立面的人物，即当代社会的精神分析师进行对比。我们应当注意到，在这两种情形中，被治疗的病患都可能拥有主导治疗行为的能力（精神分析师自己应该也接受过精神分析的治疗，萨满应该承受过退散恶灵的仪式）。最后，列维–斯特劳斯想要证明，精神分析就像当代社会的神话，尤其是在美洲，精神分析是一种对群体进行解释的有效的方法体系。回过头看，二战后这些年，列维–斯特劳斯经常在刊物《现代》上发表文章，这篇有关萨满的文章也发表于《现代》。因此，文章也能被解读为隐秘的讽刺性评论。讽刺的对象是学识渊博的思想领袖，即现代的萨满，《现代》的主编正是他们其中一位。

---

[1] 这篇文章发表于《宗教史杂志》（*Revue de l'histoire des religions*）第 135 卷第 1 期，1949 年，第 5—27 页。《结构人类学》又重新出版了此文，标题不变，参见第 205—226 页。

在之前分析过的那两篇"回归莫斯"的文章中，都出现了一个相同的要求：社会学知识的本质不能停留于人类（甚至是野蛮人）的话或判断。不然，它将溶解于"一种连篇累牍的现象学里"[1]。解释从来不处于意识层面，不在参与者的话语里，而位于无意识的精神世界的边界，位于20世纪社会科学的"应许之地"。他再次使用了《圣经》的隐喻。同样是以这个符号思想作为中间媒介，社会科学的智慧能够完全实现，因为它既不过高（形而上学）也不过低（真实的历史）。社会科学的智慧指的是，社会科学假设人类行为存在一个终极目的、一个统一的终点，然而，人类自己却并不知情。因此，这种无意识的状态同时提供了一个研究对象、一个入口、一份计划纲领和一整个王国。从这个角度来看，显然，民族学和精神分析的方法都拥有共通之处："精神分析的方法让我们重拾最陌生的自我；民族学调查将我们带向最陌生的他人，让我们把最陌生的他人视作另一个自己。两者性质相同。"[2] 两个学科都是媒介："一种情况是主观的'我'和客观的'我'[精神分析]；另一种情况是客观的'我'和作为主体的'他者'[民族学]。"[3] 两个学科都希望将人类理性扩展到黑暗和未知的区域，"到宇宙最遥远的边界、思想最秘密的幽境"[4]。

1949年，在科伊雷组织的晚宴上，列维-斯特劳斯遇到了拉康。这次相遇虽然意义重大，但并不对等。它对克洛德·列维-斯特劳斯来说十分重要。因为拉康，列维-斯特劳斯结识了莫尼克·罗曼，她在几年之后成为他的第三任妻子。拉康和列维-斯特劳斯两家人建立了友谊。西尔维娅·巴塔耶（Sylvia Bataille）和莫尼克·罗曼这两位夫人的亲密关系又加固了两家人

---

1 《马塞尔·莫斯作品导论》，第50页。
2 同上书，第31页。
3 同上。
4 同上书，第57页。

的友谊,其中,艺术扮演了重要角色。拉康的大师风范和天生的魅力让事情水到渠成:"我们和梅洛-庞蒂一起到吉特朗古荷小镇(Guitrancourt)吃午餐,拉康在那儿有套房子。当我太太和我提出想要去乡下度假时,拉康刚刚入手一辆雪铁龙 DS,他想要开车上路。我们四个人出发去探险,相当快活。一定要看看拉康入住一个副省会的破旧旅馆时,如何以他高高在上的神圣威严吩咐服务生给他放洗澡水!我们不怎么谈论精神分析或者哲学,而是谈论艺术和文学。这在我们的谈话中占很大一部分。"[1]列维-斯特劳斯的精神分析知识不是来自拉康,然而,拉康却是通过阅读《亲属关系的基本结构》才惊奇地发现了结构语言学和它的奇妙用处。伊丽莎白·卢迪内斯库(Élisabeth Roudinesco)称之为"弗洛伊德的正统接班人":"随着列维-斯特劳斯的思想的登场,拉康终于找到对弗洛伊德学说进行完整改造的理论方案。在这次改造中,无意识几乎摆脱了弗洛伊德生物遗传论的说法,弗洛伊德笔直地沿着达尔文主义遗产的方向前进,而拉康的目的是将无意识定义为一种语言结构。"[2]在 1953 年发表的几篇重要文章中,这种语言结构得见天日。特别是 9 月 27 日的《罗马演讲》,它拉开了拉康精神分析改革行动的序幕。在未来几年的课堂上,拉康回归弗洛伊德的文章,利用结构语言学和列维-斯特劳斯的人类学进行重新解读,更加意气风发。对拉康来说,和列维-斯特劳斯相识带来了思想上的碰撞,这种碰撞的背后,是他对列维-斯特劳斯从未停止的钦佩之情。对列维-斯特劳斯来说,两人的关系源于情感上的联系。拉康的魅力、社交能力和两人共同的爱好,让这种联系更加紧密,然而,列维-斯特劳斯并没有受到任

---

[1]《亦近,亦远》,第 107 页。
[2] 伊丽莎白·卢迪内斯库:《雅克·拉康》,巴黎:法亚尔出版社,1993 年,第 283 页。

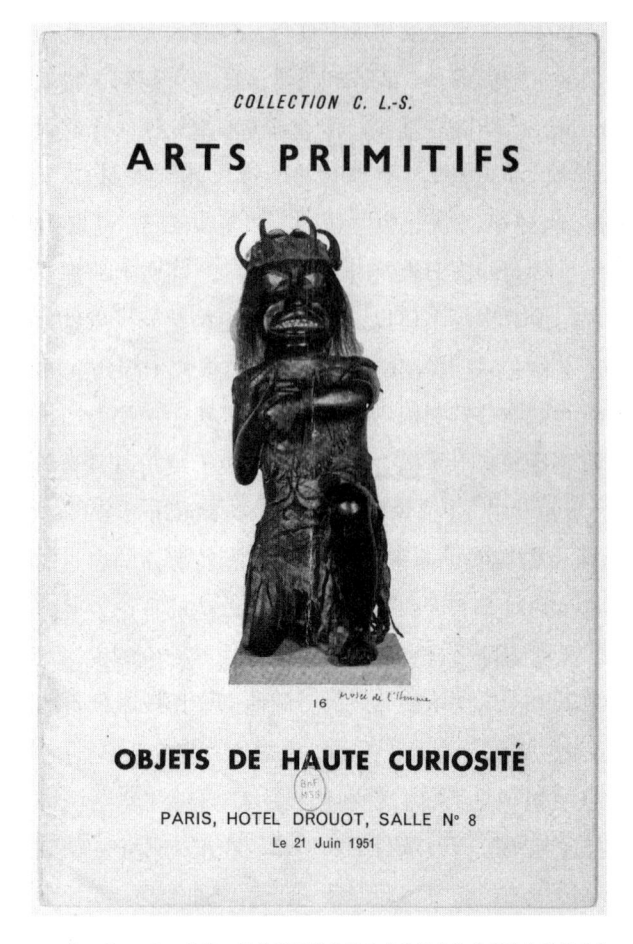

> COLLECTION C. L.-S.
>
> # ARTS PRIMITIFS
>
> **OBJETS DE HAUTE CURIOSITÉ**
>
> PARIS, HOTEL DROUOT, SALLE Nº 8
> Le 21 Juin 1951

1951年6月21日,列维-斯特劳斯的收藏品(希伯来和异域社会的物品)在德鲁奥出售。这是拍卖品清单的封面。

何思想上的影响。[1]他们的友情将持续10年,可学术新星的名望造成了误解,让这段友情在经受蹂躏之后,最终破裂。但在1940年代末,这段友谊说明,列维-斯特劳斯与精神分析建立了亲密

---

[1] 我们知道,迪迪埃·埃里蓬曾问列维-斯特劳斯如何看待拉康的作品。他的回答是:"我们应该理解(comprendre)他的作品。我一直觉得,对他的狂热崇拜者来说,'理解'的含义与我所认为的不同。我可能要上五六节课才能明白它的含义。我和梅洛-庞蒂不时谈到这个问题,但得出的结论是,我们没有时间……"参见《亦近,亦远》,第108页。

关系，并与之维持着十分开放的对话。

1951年6月21日，一系列被归类于"高级古董"的物品在德鲁奥拍卖行出售。在潜在买家的眼前陈列着许多物品，它们的来源地各有不同：来自不列颠哥伦比亚省部落（海达族[Haïda]、蒂姆西亚族[Tshimshian]、特灵吉特族[Tlingit]、夸夸伊特族[Kwakiutl]）的一根图腾柱、一个头盔顶饰、一尊萨满雕塑、一些拼接式的面具和可变换形状的大型面具；来自普韦布洛（霍皮人）印第安人的一些彩色木制小雕像；一些卡奇那（Kachina）玩偶、一张新几内亚的面具、一些古代秘鲁和古代墨西哥的陶器和花瓶；还有一份羊皮纸手稿——18世纪的《以斯帖记》——和"三本使用古老的摩洛哥皮革和烫金工艺制作并以细铁丝装订的希伯来《圣经》，其中两本是艾斯提安家族（les Estienne）出版的《圣经》（16世纪），第三本则用西班牙语书写，名为'祈祷录'（*Orden del Selihoth*），于17世纪在阿姆斯特丹印刷出版"。毋庸置疑，主推的拍卖品便是印在目录封面的那一件："上有古色颜料的木制萨满雕塑。萨满单膝跪地，双臂放在胸前，头稍向左偏。他穿着两件由皮革制成的衣服，衣服边缘被剪成流苏，皮革上带有颜色丰富的面部图纹；他的皮革头饰上装有用熊指甲制作而成的王冠。眼睛以铜片镶嵌而成，牙齿以狗牙制作而成，眉毛和胡须则纹上动物毛。这是蒂姆西亚人。"这件拍卖品以7.5万法郎的价格成交，与153.4万法郎的拍卖总成交额相比，并不是笔了不起的款目。[1]
于是，列维-斯特劳斯收藏的物品四散到各处，分别被人类博物馆、荷兰博物馆（荷兰国家民族学博物馆）和一些个人买家买走。个人买家包括拍卖师本人、已开始创作《沉默之声》（*Voix du silence*）的安德烈·马尔罗（André Malraux）和雅克·拉康。

---

[1] 信息来自"拍卖-收藏系列"资料袋（1951年6月21日）里的商品目录。参见克洛德·列维-斯特劳斯档案库，编号NAF 28150，档案盒编号215。

拉康比他的朋友富有得多。

列维-斯特劳斯和妻子罗斯-玛丽刚刚分手,失去了一切。他没有钱,没有住房,也没有了研究的材料。1951年6月11日,他写信给雅各布森:"此刻,我正处于完完全全的混沌之中:没有住所,工作中断,还不得不因为需要金钱而受雇于联合国教科文组织。但我希望能在夏天前解决最紧急的问题——住房的问题。"在二战后的巴黎,拥有住房十分困难……关于这一次分手,我们知道得不多:像人们所说的那样,罗斯-玛丽·乌尔默是一个快乐、富有、无忧无虑的女人,可同时,她也无法丢却战争的记忆,还因为被姐姐抛弃而受到精神创伤。当夫妇二人的关系变质时,她不知该如何面对一个变得越来越沉默的丈夫——"我活在坟墓里"[1],他向莫尼克·罗曼坦承道。两人相处时,他说得越来越少,而罗斯-玛丽却说得越来越多。特别是,她似乎不理解(或者不愿接受)为什么她丈夫将写作和研究工作放在第一位。在事业上,回到法国后经历的失利,丝毫没有帮助解决问题。列维-斯特劳斯谈起这一次的分手时,将它归因于事业上的失败,像是把分手作为这些失败经历的奖励:"在这次双重失败 [法兰西公学院] 之后,我确信自己永远无法完成所谓的事业。我切断了和过去的联系,重新开始一段个人的生活,还完成了《忧郁的热带》……"[2]

列维-斯特劳斯在他的生活和作品中都做出了了断。他放弃了大学的事业,放弃了罗斯-玛丽的财富可以带给他的阔绰的资本主义生活,还放弃了以科学为绝对领导的写作计划,因此,他也打开了新的视野。而且,1950年代初,人们有一种奇怪的预感:这一切经历都是为了收获10年之后才能成熟的果实。列维-斯

---

[1] 2011年3月4日与莫尼克·列维-斯特劳斯的访谈。当时,克洛德·列维-斯特劳斯正经历生命中的黑暗时刻,他向莫尼克表达了这样的情绪。莫尼克还只是他在人类博物馆的助手。
[2]《亦近,亦远》,第76页。

特劳斯请求布罗代尔改换他在第六科系教授的科目。他希望把"原始文明"改为"结构人类学",这"完全符合我在这个研究岗位上的探索,还能带来额外的好处——将一个近20年来在国外被普遍使用的术语加入法国民族学的专业术语之中"[1]。未来,语义的转换将为这个学科提供庇护,让它在科研院所中蓬勃发展。此外,列维-斯特劳斯的作品将被外界认可,并获得至高的荣誉。让我们想象一下:自1940年代末起,列维-斯特劳斯本该能够入选法兰西公学院,创立他的研究室(他在成为候选人时已有了计划),创办一本重要的人类学期刊,他已经确定了期刊的名字《人类》和其他负责人的人选。因此,他现在只需要重新启动计划。在1960年的就职演说上,他隐晦地回忆起这10年的停滞期。停滞期里,他像是经历了一段长时间的停职。

---

[1] 1951年6月9日,给费尔南·布罗代尔的信。

13　成熟时期

> 事实上，不存在年幼的民族；所有民族都已成年，即便是那些没有记录童年和青少年的民族。
> 克洛德·列维-斯特劳斯，《种族与历史》（Race et histoire）[1]

"博士论文的成功答辩，不仅为我打开了高等教育界的大门，也给了我长大成人的感觉。"[2] 虽然他过早地成为双亲的监护人，特别是经济上的监护人，然而，学术教育流程复杂，历史事件和流亡经历互相交缠，因此，列维-斯特劳斯很晚才来到成熟时期的大门前。1953年，他的父亲去世。

从美国回来后的失败经历告一段落。列维-斯特劳斯已经彻底改变了自己的事业观和感情观。他身上将发生新的故事，安德烈·布勒东称之为"不寻常的庇佑"（secours extraordinaires）[3]。首先，新的伴侣出现，然后，他对法国国内的职业生涯有了新的看法，与此同时，他还制定了建立国际视野的规划。

是时候建立结构主义范式了。它虽是法国制造，但拥有走向国际社会的野心。1952年、1953年和1954年，列维-斯特劳斯在美国以几次理论突袭的方式介绍了结构主义的范式。这不仅对各种不同领域的对象——学术界和政治界——造成了影响，还对二者之间的组织方式造成了影响。列维-斯特劳斯通

---

[1] 《种族与历史》，第32页。
[2] 《文学杂志》（Le Magazine littéraire）第223期，1985年10月，第23页。
[3] 安德烈·布勒东，《秘术17》（Arcane 17），载《作品全集》，第3卷，玛格丽特·博内（Marguerite Bonnet）编："七星文库"，巴黎：伽利玛出版社，1999年。参见第71页："一直以来，我都相信存在这样的一种庇佑：在道德考验当前，虽有减少伤害的方法，但如若不愿轻易移开视线或简单地随波逐流，就必然要承受无边的压力。然而，极致的压力却恰恰是庇佑的本源。我对此深信不疑，也数次证明我是对的。无论面对的是一次不寻常的考验，仿佛一切都要陷入万劫不复之地，还是一场微不足道的考验，我认为要做的是，正面面对，迎难而上。"

过很多方式与刚刚成立的联合国教科文组织，即联合国下属的教育和文化组织，建立了联系。思考人类伟大事业的欲望让民族学家的职业使命短暂地变为对二战后的世界、恶之源、人口问题和"欠发达地区"问题的思考。当时正是去殖民化运动的黄金时期。处于这样的背景下，1952年，他在联合国教科文组织的一个文丛中发表了《种族与历史》。这是一本从人类学视角重新解读人类历史的小册子。当人们选择这样的视角时，"西方不再是一个结果，而是一场意外"[1]，罗杰·凯卢瓦做出了这样中肯的评论。作为《种族与历史》优秀的评论者，罗杰·凯卢瓦在不经意间让它拥有了更多读者。

新　生

1950年代初，列维-斯特劳斯向往新生（Vita nova）。他的新生建立于职业和感情生活的"重新洗牌"之上。"重新洗牌"这个表达来自博弈论，属于列维-斯特劳斯的典型风格。"重新洗牌"指的是，行动余地不大，但一定存在可能性，当然，可能性也受到限制，但从不会归零；"重新洗牌"也包含偶然事件和机遇的盖然性。

换　牌

毋庸置疑，他结识莫尼克·罗曼是因为机遇，也是因为强大的决定因素，即社交能力和共同爱好。莫尼克·罗曼将在1954年成为列维-斯特劳斯第三任妻子，将与他共度未来（也是生命最后的）50多年。列维-斯特劳斯是个风流男人？"有一天，"吉尔·拉普居（Gilles Lapouge）讲述道："他向我坦白，他有许多配偶，但是碍于法国的法律，他没把所有女人同时聚集起来，

---

[1] 罗杰·凯卢瓦：《退步的幻想》（«Illusions à rebours»），载《新法兰西评论》，1954年12月，第1011页。

而是将她们逐年排开，'就像项链上的珍珠一样'。"[1]

我们在项链上的第三颗珍珠这里稍作停留[2]：莫尼克·罗曼于 1926 年在巴黎出生（但她是在上海被怀上的！）。她的母亲鲁斯·爱玛·瑞（Ruth Emma Rie）拥有美国国籍，但属于文化底蕴深厚的维也纳犹太人，因为喜好和必要性而学习掌握了多国语言。[3] 父亲那一方，异国情调并不突出，因为于勒·罗曼（Jules Roman）是比利时人。克洛德·列维-斯特劳斯是生于布鲁塞尔的法国人，莫尼克·罗曼是生于巴黎的比利时人。法国人与比利时人的配对像是回环，将制造一些行政手续上的误会。莫尼克父亲的出身比母亲更加朴实，但成为工程师后，父亲保障了家庭在经济上十分宽裕，让莫尼克和她年幼的弟弟在巴黎十六区度过舒适的童年。她在栗树街（rue des Marronniers）上的大公寓度过童年，几十年后，列维-斯特劳斯一家将回到这里，在这条街上安定下来。

父亲的成功故事以不体面甚至悲剧式的方式收场。父亲对家人惊恐之中的劝告不屑一顾，一心渴望发达，渴望为孩子们创造学习语言的条件。自 1939 年起，他毫不犹豫地为纳粹德国工作，担任顾问工程师，引进了源自美国的金属模板制造技术。他是比利时人，而他的妻子是美国人。他在 1940 年 5 月 10 日被捕。战争期间，父母两人在德国的牢笼里勉强活下去，他们经济困窘，还受到监视。父母的健康每况愈下，而孩子们还在上学，必须自己想办法躲避战火，在被纳粹统治的德国生存下去。50 多年后，莫尼克·列维-斯特劳斯决定在《虎口下的童年》（*Une enfance*

---

1 吉尔·拉普居（Gilles Lapouge）：《巴西的痴情辞典》（*Dictionnaire amoureux du Brésil*），巴黎：普隆出版社，2011 年，第 413 页。
2 接下来的段落基于莫尼克·列维-斯特劳斯在几次采访中向我提供的材料。我们之间的访谈发生于 2011 年万圣节期间。
3 莫尼克·列维-斯特劳斯：《虎口下的童年》（*Une enfance dans la gueule du loup*），"21 世纪文库"，巴黎：瑟伊出版社，2014 年。

dans la gueule du loup）中讲述的，正是这段不可思议的历史。[1]

在巴黎平凡地度过资产阶级的童年之后，战争这首荒诞的插曲利用生存的规则，改变了莫尼克·罗曼的人生轨迹。德国的那些年结束了。经过遣返人员营房的中转，年轻女孩回到了巴黎。她已经完全是个女人了，有能力"应对"充满敌意的环境和抵御绝望。1946—1947年，她去了美国，母亲一边大部分亲戚都居住在美国，并在波士顿的西蒙斯学院取得学位。同期，列维－斯特劳斯还在纽约。1947年，互不相识的两人同时回到了巴黎。莫尼克20岁，有着年轻美国女性的相貌。她苗条又挺拔，在同一代人中属于高个子。大西洋彼岸的环境让她拥有了无忧无虑的状态，对待感情十分坦率，这些特质更是增加了她的魅力。她还有钢铁般的品格，对知识和艺术强烈的求知欲。刚到巴黎，她就透过母亲的一位好友克拉拉·马尔罗（Clara Malraux）结识了若拉斯（Jolas）一家。若拉斯一家收养了她，认她做三女儿。他们家还有两个女儿，贝茜（Betsy），未来的作曲家，以及已经成为民族学家的缇娜（Tina）。缇娜同时还留名法国诗歌史册，因为她是安德烈·杜·布歇(André du Bouchet)的妻子，也是勒内·夏尔（René Char）从未停止喜爱的情人。[2] 欧仁·若拉斯（Engene Jolas）是一位出生于美国的文学评论家和作家，刚刚从美国来到巴黎定居，战争期间，他在美国躲避战火。1930年代，玛丽亚（Maria）和欧仁·若拉斯曾与乔伊斯建立了友情。二战后，两人在克勒贝尔大街（avenue Kléber）上的豪华公寓里接收了欧洲当代艺术最重要的成果。他们的女儿们以20岁少女的热情欣赏着他们的艺术品位。两年间，莫尼克生活在他们身边。这个世界围绕着知识分子和艺术家们打转，与克洛德·列维－斯特劳斯回

---

[1]《虎口下的童年》，2014年。
[2] 参见女儿鲍乐·杜·布歇（Paule du Bouchet）为她写的书《为爱沦陷》（Emportée），巴黎：南方文献出版社（Actes Sud），2011年。

归法国后所处的世界并不太遥远：社交圈不远，地理意义上的距离也不远。她和马松一家很熟，还在他家度过了假期。她也熟悉莱里斯一家人、梅洛-庞蒂一家人以及拉康一家人。我们知道，透过拉康一家人的关系，她将遇到未来的丈夫。她常去听"华幽梦讲座"（Royaumont），旁听一些法兰西公学院的课程。由于她住在马格德堡街（rue de Magdebourg），她还穿行在十六区的部分街巷。这些街巷被夏洛宫和人类博物馆的影子笼罩着。将会结为夫妇的两人沿着相同的道路，追寻着同样的线索，于是擦肩而过。语言和图书馆这两个标志指引着他们。

事实上，除了动人的相貌和始终不变的好脾气，莫尼克·罗曼还有一个杀手锏：她拥有杰出的语言能力。她精通法、英、德三种语言，能很好地理解意大利语。因此，她成为法语世界里单一语言的知识分子们渴望合作的对象。拉康给她安排翻译的工作。也是由于翻译德语的民族学著作，列维-斯特劳斯才会爱上这位年轻的女子。1949—1950年，莫尼克·罗曼每天上午都去人类博物馆，到宽敞的馆长办公室进行翻译。而副馆长列维-斯特劳斯在收拾东西走人之前，暂时拥有这间办公室的使用权。克洛德·列维-斯特劳斯与仍相信法语像在18世纪那般"光芒四射"的平凡的法国知识分子不同，他对语言材料充满兴趣，认同语言能力的价值。列维-斯特劳斯能很好地用英语进行阅读、写作和口头表达（带有不可攻克的法国口音），他能完美地理解葡萄牙语，还能阅读西班牙语。他不是像雅各布森那样的语言天才，但他试着不被局限于本地化的视野，希望能够阅读各国的民族学文献。这也是意识层面的等级变化。一天，他对一位托辞不懂德语而无法深入研究课题的女学生说道："但是小姐，德语是可以学的！"[1]这种与语言亲切、主动的关系复兴了马塞尔·莫斯的实践方式和他令人惊讶的博学之道。莫斯使用的脚注反映了他整理的参考书

---

[1] 2013年2月7日与卡门·贝南（Carmen Bernand）的访谈。

目具有广阔的视野,包容了多种语言。

莫尼克·罗曼以另一种形式成为列维-斯特劳斯的合作者:她帮助他整理图书资料。列维-斯特劳斯从美国带回来近 1.2 万本专业书籍。这个图书资料库是他私人的洞穴,为他曾经完成与未来将要完成的作品提供了主要素材(其中还有索引卡)。这些图书资料十分臃肿,但仍然跟随他去往不同的住所。被整理得当时,它们十分顺从;未被整理得当时,它们变得叛逆且不提供方便。顺从是因为,它们允许列维-斯特劳斯"信手拈来",保障了博学之道没有瑕疵,还借助期刊和众多单行本扮演的特殊角色,提供了最新的知识。叛逆是因为,它们沉重得无法移动。从纽约回来之后,列维-斯特劳斯就抱怨没有时间和精力收拾他的藏书。他请求莫尼克完成这项浩大的整理工作,于是,创造了两人爱情故事的完美剧本……结果证明,这项工作有些徒劳。因为克洛德离开了伊劳大道的公寓并住进了莫尼克面积不大的单间公寓里,两间公寓只隔了几步路的距离。1951 年秋,这对伴侣搬进了新买的公寓。三年之后,一与罗斯-玛丽·乌尔默正式离婚,他们就步入了婚姻的殿堂。

他们新买的住处位于圣拉扎尔街(rue Saint-Lazare)11 号。能够买下新公寓的其中一个原因是,列维-斯特劳斯"带着悲伤但毫不犹豫地"[1]与他收藏的异域物品分手,将它们出售。这是一间 150 平方米的大公寓,5 个居室朝向两个非常安静的庭院,拥有过时但富贵的外表:它有电槽板但是没有中央暖气,除了一间勉强算得上是浴室的房间,它还有瓷砖台面的精致火炉。在圣拉扎尔街上,菜农会到窗下叫卖。列维-斯特劳斯喜欢新的街区,新的街区充满惊喜和奇奇怪怪的店铺,能让人嗅到妓女们过去从事的违法交易,让人展开一种超现实的都市幻想。布勒东住得不远,在封丹街(rue Fontaine)。去德鲁奥街(rue Drouet)也只

---

[1] 2010 年 9 月 15 日与莫尼克·列维-斯特劳斯的访谈。

有两步路远，而且，在这个时期，列维－斯特劳斯几乎每天都从那儿经过。他将周末的时间献给了跳蚤市场。街区和生活方式都发生了了改变：他们比资产阶级更加放荡不羁，与他们之前相比，生活更加宽裕。圣拉扎尔街逐渐变成一个临时露营地。这很大程度上归功于女主人的心灵手巧和烹饪才能。餐桌总是向朋友们开放：从贝鲁特回来的亨利·塞里格、在巴黎中转的雅各布森、阿尔弗雷德·梅特罗（他有专用的餐具，他对蔬菜牛肉浓汤的喜爱家喻户晓）、国立艺术和民间传统博物馆馆长乔治－亨利·里维埃（更加年长的他却非常尊敬列维-斯特劳斯）、莱里斯一家人、皮埃尔·古鲁、民族学家亨利·莱曼（Henri Lehmann）、舍弗纳一家人（les Schaeffner）……列维－斯特劳斯同样十分热情地招待那些能与他拥有共同话题的人。"不过，没有闲谈。"[1]

在同一时间，即 1952—1953 年，他收到了来自美国的真诚且诱人的提议。但他最终拒绝了邀请："我很满意自己不羁的小日子，与去马萨诸塞州的剑桥生活相比，我更喜欢每周六去跳蚤市场。"[2] 正是这种生活方式使他取得了平衡。

陌生人的肖像

列维－斯特劳斯以新上任的教授的形象面对索邦或人类博物馆里的学生们，圣拉扎尔街好客的主人并不与之完全相符。1950年代的前半段，弗朗索瓦丝·埃里捷（Françoise Héritier）与他相遇：他仍有一张饱满的面庞，但头发都白了，并且变得稀疏，这是一种与智慧相衬的秃发。他看起来比实际年龄大，而且，根据这位未来的门生所说，其"象眼"、重重的眼睑和哺乳动物敏锐的目光创造了一种十分引人注目的美，未来，研究非洲的民族学家将学着欣赏这种美。就像人们在非洲发现的那种叶片和枝干会

---

[1] 2011 年 3 月 29 日与莫尼克·列维－斯特劳斯的访谈。
[2] 《亦近，亦远》，第 85 页。

躲避接触的"害羞"树木,他上半身经常靠后,制造出一段他也许并未想强行定义的情感距离,这只是他的整体姿态。[1]

一些学生模糊地听说过列维-斯特劳斯的名字,但实际上听过的人很少。不过,他渐渐建立了一些声誉。米歇尔·图尼埃(Michel Tournier)在一篇向列维-斯特劳斯致敬的文章中讲述了他的回忆:那些哲学系的学徒(apprentis-philosophes)都与他一样,为了获得民族学的证书而常常去人类博物馆听课。有人让这些脱离现实的人接触现实和具体的事物,让他们搬运头骨,并积累一些自然主义的知识。所有这一切使他在一个充满人与物、奇怪又诗意的世界面前创造了有些巴洛克风格的奇景。"但每周二,列维-斯特劳斯上民族学课的那天,一切又不一样了。首先,一位在牛津受过教育的亚述王子的优雅身形与其他民族学家们'粗糙'的外形和马虎的姿态形成鲜明对比。但最主要的是,听他上课时,学生们需要学习一种新的语言。学生们也需要区分'交错从表'和'平行从表'、'父系社会'和'父系血统'、'双边婚姻'和'二元组织'、'不和谐体系'和'一般的交流'。当他讲到巴西中部某个部族时,为了重现它的社会组织方式,黑板上马上就画满了几何特征符号。就像身体可以通过化学公式进行表示,每个社会也有特定的表达公式,但这个公式的形式则完全不同。不过,课上还有别的内容。我们突然得知,列维-斯特劳斯曾在15年前同印第安人一起行进和宿营,当时,他们只有一百来个族人,毋庸置疑的是,后来,他们就完全消失了。在课上,我第一次听说种族文化灭绝(ethnocide)。于是,我们成为这一悖论的一部分:在发展为一门确切的科学之时,民族学就染上了悲剧的色彩。"[2] 杰出、距离、羞怯、矜持:梅特罗觉得他像是"卡

---

[1] 2012 年 4 月 15 日与弗朗索瓦丝·埃里捷的访谈。
[2] 米歇尔·图尼埃(Michel Tournier):《我的老师克洛德·列维-斯特劳斯》(« Claude Lévi-Strauss, mon maître »),《费加罗文学报》(Le Figaro littéraire)第 1410 期,1973 年 5 月 26 日。

比托利欧山"（capitolin）[1]。无论被选中的是哪个词语，他都令人印象深刻。不论他的晚辈、前辈，还是看起来与他没有关联的当代民族学家，没人敢和他以"你"相称。这当然不是真的，但是我们应当记得，他的思想是在远离巴黎的地方成长起来的。突然，他就出现在巴黎，身上带着异域风情，精神上老成持重："我们没有见证他的成长，"弗朗索瓦丝·埃里捷后来说，"他看起来像是戴着头盔的雅典娜。"[2]

《神话学》的锻炉

除了在人类博物馆为民族学研究所（Institut d'ethnologie）开设课程之外，他主要的教学任务是为高等研究实践学院第五科系上课，每周一节，教室在索邦的 E 楼（escalier E）。这节课将同时向第五科系和第六科系开放，视座位的需求程度，教室可以从拉丁区改到瓦雷纳街（rue Varenne）。这门课每周三 14 点上到 16 点，持续了将近 12 年，根据不变的惯例，总有 15 个左右的学生前来听课：第一个小时完全由列维-斯特劳斯主讲，第二个小时以研讨课（séminaire）的形式进行，为此，有受邀者、国外研究人员或者相关学科的研究人员参与课堂。其中当然有雅各布森、本维尼斯特，也有，例如，一个研究狒狒属的生态学专家，他们都被邀请来展示研究成果；除此之外，还有结束了考察任务的民族学家，例如，乔治·巴朗迪埃（Georges Balandier）、路易·杜蒙（Louis Dumont）、乔治·孔多米纳斯（Georges Condominas）或者伊萨克·希瓦（Isac Chiva），他们由列维-斯特劳斯"介绍"（parrainer）——当时，人们用这个词来表达"推荐"——去索洛涅（Sologne）做研究。课上出席的还有他的一些朋友：雅克·拉康、物理学家皮埃尔·俄歇（Pierre Auger）、阿尔弗雷德·梅特

---

[1] 2011 年 3 月 29 日与莫尼克·列维-斯特劳斯的访谈。
[2] 2012 年 4 月 15 日与弗朗索瓦丝·埃里捷的访谈。

罗，还有一些睁大了眼睛的大学生，例如，弗朗索瓦丝·埃里捷和米歇尔·伊扎尔（Michel Izard）。他们正在探索民族学，准备要进入这个领域。1950年代末，他们将在课堂上逐个谈论田野调查的经历。研讨课的规模适中，成为一个重要的场所，还为人们提供了"精神上的乐土"（intellectual enchantment）[1]。研讨课邀请参与者们周密、宏观地思考问题，一方面，关注细节和严谨的实证方法；另一方面，大胆地进行理论思考，并吸收跨学科的视角。很快，研讨课就抛弃了一个过时的名字——"原始民族的宗教"（Religions des peuples primitifs）。这个名字制造了标签，学术野心背后的政治考量被过分解读，产生了明确的反动倾向。"有一天我谈论到一个非洲民族的服装时，一位我不认识的黑人听众站起来对我说：'我来自这个社会，我不赞同您的理解。'又经历了两次或三次这样的意外后，我将教席的名称调整为'没有文字的民族的宗教'（Religions des peuples sans écriture）。"[2]1954年2月9日，根据部委下发的文件，新的名称正式生效。这个名称更加贴切，尽管它以一种否定的方式定义作为研究对象的这些社会。但这个名称表达的是事实，它不属于价值的评价，此外，文字的书写在列维－斯特劳斯那儿并没有受到特别的重视。口语的优势是一种被观察到的现象而不是一种遗憾，但围绕这个现象，出现了许多有关人类学影响的评论。

正是在这节课上列维－斯特劳斯有关神话的想法成形了。这些想法孕育了其作品创作的第二个主要周期。在1960年代，他的作品由四部《神话学》组成[3]：课堂的小结逼真地描绘了"鲜活的思想"[4]，同时，思考者带着论证的力量和冒险的欲望，投入神

---

[1] 2012年4月15日与弗朗索瓦丝·埃里捷的访谈。
[2]《亦近，亦远》，第82页。
[3] 参见克洛德·列维－斯特劳斯：《序言》，载《人类学演讲集》（Paroles données），巴黎：普隆出版社，1984年，第14页。
[4] 同上书，第16页。

话广阔的帝国。从其始终具有实验性的方法来看,这些年的研讨课就是一个锻炉:让列维-斯特劳斯非常近距离地观察"它是如何运作的",让他将收集起来的民族志素材作为这些假设的测试对象。

1951—1952年,列维-斯特劳斯在"探访灵魂"课(la visite des âmes)上,绘制生者与死者之间可能存在的完整的关联图:心怀感恩的死者在死者和唤醒他们的人这两方之间维系某种权宜的妥协(modus vivendi),或者投入一种疯狂的投机行为中,生者以自己的宁静生活为代价唤起死者,死者则要叫生者不得安宁。这让列维-斯特劳斯回顾了他在巴西的岁月。因为博罗罗人丰富的葬礼仪式同时存在着或互补或对立的两种方案,为他提供了一个范例。通过减少符号和重复出现的对象,课程内容不断推进,先后展示了二元、三元,甚至是五元关系的存在。课程的目的在于建立宇宙体系和社会结构之间的相关性:"这些社会里生者与死者之间关系的表达只是以宗教思想或生者之间现实关系为幕布的投影图像。"[1]

1952—1954年,列维-斯特劳斯和他的学生们专注于普韦布洛人的神话,研究不同版本的创世神话,首先是西部和中部的普韦布洛人(霍皮族[Hopi]、祖尼族[Zuni]和阿科马族[Acoma]),然后是东部的普韦布洛人(凯瑞斯族[Keres]、提瓦族[Tiwa]和特瓦族[Tewa])。他们还会从最初的结论开始,进行更加广泛的比较。这三年里,考古学家让-克洛德·加尔丹(Jean-Claude Gardin)和大有前途的年轻哲学家吕西安·塞巴格(Lucien Sebag)协助他确立了他这套研究方法遵循的原则。在过程中,他确认了创新带来的生产力和创造力。他并不是要迷失在神话创造的美丽乐园里,也不是完全追捧比较研究的方法,抑或是幻想用民族学来解释神

---

[1] 克洛德·列维-斯特劳斯:《人类学演讲集》,第248页。

话。为了从神话的"普遍性和必要性"[1]中整理出一套"神话的逻辑",他必须展现耐心,避免过早地下结论。普遍的原则是什么?所有神话都将被"当作一种元语言,构成它的基本单元是主题(thèmes)或序列(séquences)"[2]。这些主题或序列与音位相似,自身并无含义,但所有主题或序列组合在一起后便产生了意义。此外,神话由它全部的版本组成,更早期的或者更丰富的版本并不比其他版本更加重要。神话不存在原型,一种无限延续的生产机制给予神话一种"多层结构"(structure feuilletée)[3]。这种机制就像丁格利(Tinguely)的机械装置,每个零件都与其他零件互相依赖,在神话的生产机制中,所有零件之间都互相联系。这个新的视角让列维-斯特劳斯可以重新思考神话和仪式之间的关系。这是理论民族学的老问题,也是1954—1955学年的课题。研究得出的结论推翻了这门学科里存在的某些观点。持有这些观点的人想要从神话中为仪式的来源寻找完整的解释。列维-斯特劳斯认为,两者之间既不存在先来后到,也没有重复的问题,两者之间存在互补性。两者都表达了同一种社会心理体系,两者的差异表现在,神话的"元语言"与仪式的"超语言"之间互相对立。后来公布的课程小结很好地表现了其方法的实验性,这些表达方式包括:"我们想要探知……""我们认为发现了……""我们将对神话进行……"但是促成这项大型研究项目的是一种坚定的主张:社会生活和神话生活的结构相似,并且都是根据相同的规则建立起来的,我们可以从它们互相的联系里合理发现这些相同的规则。列维-斯特劳斯给乔治·巴朗迪埃的信里这样说:"我觉得,我们可以顺利避开涂尔干的难题:宗教可能是一种幻觉,

---

1 《人类学演讲集》,第254页。
2 同上书,第247页。
3 同上。

但它'从侧面'提供了一种发现现实的方法。"[1]

第一年的研讨课结束之后，列维-斯特劳斯在《现代》发表了一篇文章，进一步讨论了这种"从侧面"进行认知的方式。2013年，这篇文章《被处决的圣诞老人》（Le Père Noël supplicié）被再次出版。[2] 在此文中，列维-斯特劳斯尝试以民族学的方式来描述一则来自他所处的现代社会的社会新闻。他要在40年之后才会重新开始使用这类素材。新闻讲的是1951年12月24日在第戎（第戎曾由费利克斯·基尔担任市长）突发的一场意外：在教养院的孩子们面前，一位圣诞老人被悬吊于天主教大教堂的广场上。这是在新教教会的支持下，天主教教会的掌权者们做出的决定。他们认为，圣诞老人越来越受到欢迎，将圣诞节异教化，为此，希望以这种方式来表达不满。通过共时（与卡奇那玩偶进行比较）和历时（罗马时代的农神节、中世纪利斯修道院的人物）的长篇分析，民族学家对这种解读进行了彻底的批判。他的分析认为，圣诞老人（19世纪）在欧洲的出现发生于近代，是美国传统成功输出的结果，本质上，圣诞老人是一种管理生者与死者之间关系的方式，此外，它不仅仅是一种吸收入教的仪式，因为赠送给孩子的礼物是赠往冥界的礼物，孩子们只是中间媒介。神圣的第戎主教们不无道理：对圣诞老人的信仰孕育了活跃的异教主义。"剩下的问题是，现代人是否也无法享有成为异教徒的权力。"[3]

---

[1] 3月2日致乔治·巴朗迪埃的一封信，年份不详（1950）。参见列维-斯特劳斯档案库，编号 NAF 28150，档案盒编号 181，"书信"主题档案。
[2] 克洛德·列维-斯特劳斯：《被处决的圣诞老人》（« Le Père Noël supplicié »），载《现代》第77期，1952年3月。作者在1989—2000年于意大利《共和报》（La Repubblica）上发表的同样体裁、同样篇幅的文章被汇编成《我们都是食人族》（Nous sommes tous des cannibales），《被处决的圣诞老人》也收录其中，并被作为开篇之首文。参见《我们都是食人族》，"21世纪文库"，巴黎：瑟伊出版社，2013年，第15—47页。本文所引用的页码均来自此版本。
[3] 克洛德·列维-斯特劳斯：《我们都是食人族》，第46页。

度量世界

在教学之余,列维-斯特劳斯也在其他领域、以其他方式开展工作。1950年代初,他在美国备受瞩目。他重新在国际舞台上施展手脚,这显然是因为他在法国遇到了进入机构任职的困难和学术上的障碍。列维-斯特劳斯想要提出一种难度很高的理论,这也是原因之一。此时,他信仰科学,认为科学是认知的通用手段。1953年,他成为联合国教科文组织国际社会科学理事会(Conseil international des sciences sociales)的秘书长,在这一岗位上,人文科学和社会科学、自然和物理科学,一切都是他对话的对象。对话不仅以思考的形式进行,还以实践的方式进行。根据战争和流亡的经历,以及根据他对20世纪下半叶世界发展现状中存在的问题的认知,世界的规模发生了改变。20世纪下半叶,世界是同一、互相连接的,这样的世界期待人口的增长。这时,对列维-斯特劳斯(以及许多其他人)来说,人口增长预示着一场将要来临的灾难。宣传人口学的知识、解释人口问题的重要性(人口问题是一个重大的社会和政治问题),这是他在联合国教科文组织的职责。1950年,同样是以联合国教科文组织的名义,他对巴基斯坦进行了访问,启动了这项宣传工作。

大科学

跨国任务,尤其是1952年的跨国任务,为列维-斯特劳斯提供了机会,让他发起了学术上的进攻,似乎是因为外国人的身份拥有了更多提议和评论的自由空间。列维-斯特劳斯敢想、敢做。如果民族志学者威廉·里弗斯(William Rivers)是民族学界的伽利略,莫斯是民族学界的牛顿,那么,列维-斯特劳斯称得上是国际社会科学界的爱因斯坦。[1]

他留下了蛛丝马迹。比如，1952年7月，"语言学和人类学讲座"（Conference of Anthropologists and Linguists）在印第安纳州的布卢明顿举办。他被安排发表闭幕讲话。列维－斯特劳斯视之为一种荣誉和奖励，并用概括性的语言说话。他占据高地，灵活地应对总结会上各种不同的观点，敏锐地分辨它们背后不同的问题，并将这些问题分门别类。这位法国的教授把自己当作导演，幻想出一份以统一所有科学为内容的剧本以及其中的一个情节，将这个情节变成舞台上的表演。在他看来，语言学是唯一能够严格地与精确科学抗衡的人文科学，唯一一扇向神圣的学者开启的小门："于是，在一个或两个世纪中，社会和人文科学都心甘情愿地将精确科学和自然科学视作它们永远不能进入的天堂。而就是在这两个世界之间，语言学出现了，它开启了一扇小门。"[2] 未来的10年里，文学评论家、精神分析学家和哲学家们挤过了这扇门，而人类学家和语言学家还在浪费他们的时间在"恶魔的回廊"（carrousel diabolique）[3]里互相追逐，一些人研究社会的具体现象，另一些人寻求社会的模型化。列维－斯特劳斯的总结是为了指出，语言的应用（langage）和文化（culture）之间可能存在关联性（correlation），还提出了研究中可能涉及各种不同层次：除了研究一门具体的语言（langue）和一种文化（culture）之间的关系，还要更加宏观地研究语言的应用（langage）和符号

---

[1] 克洛德·列维－斯特劳斯：《存在二元组织这回事吗？》（« Les organisations dualistes existent-elles ? »），载《结构人类学》，第1卷，第179—180页："民族学在W. H. R. 里弗斯（W. H. R. Rivers）身上获得了它的伽利略，而莫斯便是它的牛顿。因此，我们只有心存一个希望，那就是，在这个比一度让B. 巴斯卡尔（B. Pascal）恐惧的死寂无声的无垠宇宙更加麻木不仁的世界上，那些依然活跃的极少数所谓的二元组织——它们可比不上安享庇护的行星——能够在下一轮宣告解体的丧钟响起之前，盼来属于它们的爱因斯坦。"（译按：此处引用了张祖建老师2006年在中国人民大学出版社出版的译本，第171页。）
[2] 英文演讲录音稿后被译成法语，标题为《语言学与人类学》（« Linguistique et anthropologie »），参见《结构人类学》，第1卷，第80页。
[3] 克洛德·列维－斯特劳斯：《结构人类学》，第80页。参见《克洛德·列维－斯特劳斯：研究室里的诗人》，第186页。

的表现方式之间存在怎样的关系。[1]列维-斯特劳斯在规划里提出了一个核心问题：不同的学科如何能够在一个"共同疆域"（terrain commun）相遇？这整篇文章频繁地提到了语言学术语和社会结构、亲属关系、婚姻的规则或者神话之间的"关联性"和变换，形成了一个拥有回声的巨大房间。像惯常的那样，列维-斯特劳斯以戏剧化的口吻提出了一般性的结论，声音十分激动。他想要创立的是一门"十分古老又十分新颖的科学，一种最广义的人类学，即人类的知识。它将整合不同的方法和不同的学科，未来的某一天，它还将向我们揭示人类大脑如何工作。虽然我们在辩论中没有提到，但人类大脑一直在场"[2]。

一个月以前，列维-斯特劳斯在纽约参加了一场由温纳格伦基金会（Wenner-Gren Foundation）组织的大型会议。会上聚集了大约80位学者，包括盎格鲁-撒克逊人类学（英美人类学）的领头人：玛格丽特·米德（Margaret Mead）、阿尔弗雷德·克罗伯（Alfred Kroeber）、罗伯特·路威（Robert Lowie）、朱利安·斯图尔德（Julian Steward）……他借助合适的研究策略，又一次成为领袖人物，并号召整合不同学科。其中，结构思想起到了最大的作用。人类学深入各个文化领域（服饰、艺术、神话）之中，难道它不该像自然历史研究一样，需要区别物种的分支进行研究吗？列维-斯特劳斯增加了隐喻。这位人类学家在某种意义上来说是一位植物学家：他偶然地收割了一些样本放置在自己的植物图鉴里，但是野性社会比田野里的花朵还要脆弱。所以，这些不平等地分散在各个社会之中且十分碎片化的民族志资料与"超前"[3]的理论框架之间产生了错位。这是人类学在这一历史时

---

[1] 例如，如何将易洛魁人（Iroquois）身上的两种独立现象联系起来？（1）女性被赋予了极高的母权；（2）但从语言学角度上说，并不存在女性性别的概念，二元对立是一种规则，需要两方相伴而生。
[2] 克洛德·列维-斯特劳斯：《语言学与人类学》，载《结构人类学》，第91页。
[3] 《民族学中的结构概念》一文原本是以英语发表的讲话。经过翻译和调整后，它收录于1952年出版的《结构人类学》中。英文版于1953年出版。

刻存在的问题。这在科学史上是反常的，因为，更常见的情况是，前者强而后者弱。这位人类学家不仅是植物学家，也是一位拾荒者。他整理历史发展的垃圾箱，并且从其他学科的废料中摄取营养。这些废料就是有形的生活留下的尘埃。他最后的发言和"垃圾"（garbage）一词的使用在大会上引发了骚动，让同行们直竖汗毛。他们不怎么欣赏这种比较。"玛格丽特·米德走向我并对我说：'有些词永远都不该讲。'从这天起，我们建立了友谊，这段友谊一直维持到她去世那天。"[1]列维-斯特劳斯以结构主义理论家的身份说话，还建立了美国人类学的关系网（多年来，他还建立了许多其他关系网）。这张关系网中，克罗伯拥有核心地位，博厄斯的位置矛盾，路威也有关键作用。"模型"（modèle）的概念可能会触发无聊的论战，为此，他对"模型"进行了解释。他强调，所谓"结构"，是指知识构造的本质，因此，在经验性的现实中不可能被观察到。[2]

这两次发言都发生在美国土地上，它们提出了具有程序性价值和认识论高度的观点。当然，列维-斯特劳斯前前后后还作了其他发言。列维-斯特劳斯提出了新概念的定义，还进行了解释，他把这些工作看作奠定真正的国际跨学科研究的基础性文字工作。不论转向语言学还是转向自然科学，他都能发现无处不在的联系：遗传学、博弈论、控制论。他点燃了燎原之火，坚信要在结构主义的大旗下促成"大规模的理论趋同"[3]。他希望在结构主义的带领下，看到科学的旗帜迎风飘扬。于是，他在1951年6月11日给雅各布森的信里写道："准确地来说，近两年来，我

---

[1]《亦近，亦远》，第171页。这里可能存在一种误解：美国的人类学家以为"垃圾"（garbage）一词指代的不是学科内容，而是人。
[2] 克洛德·列维-斯特劳斯：《民族学中的结构概念》，载《结构人类学》，第305—306页："一条根本的原则是，社会结构的概念与经验现实（réalité empirique）并无关系，而是跟在后者基础上建立起来的模型发生联系。两个因次而常被混淆的概念——'社会结构'（structure sociale）与'社会关系'（relations sociales）——于是就显现出区别来了。社会关系是用来建立能够显现社会结构本身的模型的原材料。"
[3]《克洛德·列维-斯特劳斯：研究室里的诗人》，第188—189页。

曾梦想能够在法国创建一个结构主义研究室，在那儿将一种基本方法应用到所有[此处字迹无法辨认]人文科学和社会科学中去。顺序如何并不重要，只要这些学科能够快速地吸收这种方法。我对（造型艺术和音乐的）风格学和比较神话学有非常详细的计划。而且我也找到了三四个准备和我一起研究的年轻人。"[1] 之后，在1952年1月9日的信里，他写道："我越来越想成立一间结构分析的研究室，在那儿同时进行亲属关系、神话和语言学的研究。"[2] 当雅各布森催促他加入哈佛的时候，列维-斯特劳斯回答说，他更想要建立"欧洲分支"，把它作为未来的结构主义研究中心的巴黎总部。

这些关于建立研究室的梦想向我们说明了什么？首先，即使克洛德·列维-斯特劳斯有能力成为欧洲的桥头堡，结构主义攻势也是发生在国际层面。对他来说，与美国学者们联合起来，这是逃离对他保持敌意的法国一方的办法。我们还应当注意到，这个梦想中的结构主义研究室与日后的社会人类学研究所不同，后者不要求成员们接受"结构主义学科"。彼时，沉迷于理论世界的列维-斯特劳斯使他与所有学科建立了联系，特别是与所有可以最大程度地统一社会科学的语言表达方式建立了联系。数学就是其中一例。《亲属关系的基本结构》已经利用数学来形象化地表示亲属关系。同一时期，他还参与了麻省理工学院主办的国际项目。项目由福特基金会资助，由雅各布森发起。雅各布森想要在他主编的文丛中收录即将出版的一本书《社会科学中的数学趋势》（*Mathematical Trends in the Social Sciences*），书的主编是他的朋友克洛德。一节研讨课在巴黎启动，表明了这个项目的野心。数学家乔治·基勒博（Georges Guilbaut）、数学家彭罗斯（Penrose，来自英国）、心理学家让·皮亚杰（Jean Piaget）、社会学家保罗-

---

[1] 1951年6月11日，给罗曼·雅各布森的信。
[2] 1952年1月9日，给罗曼·雅各布森的信。

亨利·雄巴·德·劳维（Paul-Henry Chombart de Lauwe）、物理学家俄歇，以及拉康（将会负责有关"失语症和交流"的章节）聚到一起。时间为 1953 年 3 月起，每周三下午 6 点 30 分开始。"就连本维尼斯特也来了！"计划流产了，书从未被出版，但这个小团体的活动报告以"人类的数学"[1]为题刊登于《社会科学国际通报》（*Bulletin international des sciences sociales*），这是一本由国际社会科学理事会主办的刊物。

列维－斯特劳斯的学术傲骨点燃了与雅各布森书信往来的热情。1949 年，俄国语言学家在哈佛大学安顿了下来，他幻想着建立一支梦之队。队员除了他自己，还有"兄弟"克洛德、开展社会问题语义研究的著名社会学家塔尔科特·帕森斯（Talcott Parsons）以及社会关系系的主任克莱德·克拉克洪（Clyde Kluckhohn）。就在这一背景下，1953 年秋，列维－斯特劳斯透过帕森斯与校方的斡旋，获得哈佛的终身全职教授一职（full professorship with tenure）。也就是说，列维－斯特劳斯走到了美国大学教师分级制度的顶峰。[2] 列维－斯特劳斯在美国学术界的知名度上升，这也起到了正面作用。这是列维－斯特劳斯最新收到的邀请，这个条件是从美国的同事处陆续收到的邀请中最吸引人的。他不被法国礼遇，却在国际上获得了认可。这样的落差不断扩大，让他将美国作为一个选项。[3] 玛格丽特·米德这样表示："人们不明白您，阻碍您得到您应有的待遇。[……] 无论如何，请您记住，我如今的地位已经稳固了，足以为您的事业提供强有

---

[1] 《社会科学国际通报》第 6 卷第 4 期，1954 年。
[2] 类似于法国的大学教席教授（professorat）。
[3] 然而，列维－斯特劳斯并没有得到美国人类学全体同仁的认可，有不少人对他做出了激烈的批评。其中有两位不知名的年轻语言学家在《美国人类学家》（*American Anthropologist*）上对他在同本期刊（1951 年 4—6 月刊，第 53 卷第 2 期）上发表的文章《语言与社会规则的分析》（«Language and the analysis of Social Laws »）大加诋毁。愤怒又受伤的他于 1952 年 3 月 13 日给罗曼·雅各布森写信，询问自己是否忽略了什么"背景"（background）的存在。

力的支撑，只要您希望的话。"¹ 自 1950 年起，库尔特·勒温（Kurt Lewin），以及伯克利的克罗伯都对他表达过相同的意愿。

同时，列维-斯特劳斯在 1948 年成为大不列颠及爱尔兰皇家人类学研究所研究员；1952 年，成为美国自然历史博物馆的通讯研究员（corresponding member）；1955 年，成为大不列颠及爱尔兰皇家人类学研究所荣誉研究员；1956 年，成为"荷兰皇家艺术与科学学院院士（文学类）"。就像帕森斯在推荐信里说的，外国学者们似乎意识到他对人类学研究的贡献具有"高品质和原创性"，他的研究对象"广泛"（breadth）且具有"包容性"（catholicity）²。人们通过这些词给他建立了学者的伟大形象。然而，列维-斯特劳斯还是拒绝了哈佛的邀请。

为什么拒绝？他还是坚定选择法国，尽管他刚刚才遭受到事业上的失败。可以说，美国认可且欢迎列维-斯特劳斯以及其他法国知识分子。尽管如此，虽然他希望走向国际学术界的野心显而易见，但是在人生中，却无可救药地扎根于法国。此外，他之后很少旅行，除了因为特殊爱好和事务性的旅行（去日本和不列颠哥伦比亚省）。还有，他不喜欢美国大学校园生活。不仅社会视野变小，象牙塔般的大学生的生活和美国小城市的平淡与舒适也使他感到不适。这位来自巴黎的步行者在剑桥和康奈尔感到极度厌倦。如果硬要选的话，他对雅各布森说，他比较喜欢英国的大学，牛津和剑桥在他看来"是一个我们喜爱的奇妙的综合体，它将[大西洋]两端综合了起来"³。但不管怎样，他的儿子洛朗、他的双亲和他的新生活都将他与巴黎紧紧相连。他的父亲生病，

---

1 罗曼·雅各布森在 1950 年 1 月 27 日给列维-斯特劳斯的信里，转述了玛格丽特·米德的说法："人们不明白您，阻碍您得到您应有的待遇。[……]无论如何，请您记住，我如今的地位已经稳固了，足以为您的事业提供强有力的支撑，只要您希望的话。"
2 塔尔科特·帕森斯（Talcott Parsons）于 1953 年 11 月 12 日来信："您为学科所做出的贡献，以其卓越品质和原创性获得了我们一致的高度认可，当然也包括您关注的范畴的广度与包容性。"克洛德·列维-斯特劳斯档案库，编号 NAF 28150，档案盒编号 231，"海外旅行"主题档案。
3 1953 年 5 月 10 日，给罗曼·雅各布森的信。

因此，需要照顾，最后，于1953年1月去世。[1]再加上一些政治原因。1952—1953年，歇斯底里的麦卡锡主义是一个有效的减分项。对其吐露心声的克拉克洪向他答道："美国的政治生活里千真万确存在一些您所厌恶的力量"，但他补充道，美国还存在着"强大的反抗力量"[2]，特别是在哈佛，一所比美国主流公共生活更加"自由"的大学。列维－斯特劳斯不想受到思想上的双重禁锢，尽管普遍科学将诞生于这个微观的世界里。他仍然会以左翼人物的身份做出回应，对威斯康星参议员主导的并不友好的美国带着敌意。因此，他并不希望通过美国的大学（甚至也不是通过哈佛）来度量世界，而是以联合国教科文组织来度量世界。该联合国机构自1945年成立以来，他就通过各种方式与之建立了联系。

国际社会科学理事会：人口学的论题

维克多·斯托维斯基（Wiktor Stoczkowski）第一个惊讶地指出，虽然列维－斯特劳斯和联合国教科文组织长期往来，但对他的作品进行评论的人少之又少。与人类博物馆相邻的新的学院（成立于1945年）就设置于克勒贝尔大街的大华酒店（hôtel Majestic），1958年，它才搬入丰特努瓦广场（place Fontenoy）的新楼。1950年代初，巴黎十六区的这一角能够看到整个社会科学家的国际化团队，其中包括人口学家、经济学家和结束考察的民族学家。这是一个由旅行者们组成的文化多元的小圈子，这个圈子的人来自社会科学界和海外流亡网络，他们决意为世界的未来而努力。这是位于巴黎大都会中心的一片"飞地"，这里流通着多种语言。列维－斯特劳斯是这里的一分子，他的好友们：奥托·克兰伯格（Otto Klineberg），1940年代末联合国教科文组织

---

[1] 其父的身体状况不仅需要列维－斯特劳斯前往照料，还额外增加了一笔开销。由于他的父母都没有加入社保（Sécurité sociale），1952年其父住院一事将他的财务状况带入严峻的困境。
[2] 克莱德·克拉克洪1953年11月24日来信。参见列维－斯特劳斯档案库，编号NAF 28150，档案盒编号231，"海外旅行"主题档案。

社会科学部的主管,以及负责种族事务办公室的阿尔弗雷德·梅特罗。他的信仰十分坚定:他完全同意用一个科学研究的国际组织来替代其他被战争摧毁的组织。同时,从这个观点来看,斯托维斯基也指出,1950年代,这位人类学家仍然忠于1930年代的那个年轻的社会主义者。[1]

1949年起,列维-斯特劳斯成为起草第一份《种族宣言》(Déclaration sur la race)的学者团队的一员。继第一份之后,还有第二份。同年,他负责监督管理联合国教科文组织开展的一项有关社会团体之间的压力机制的调查研究,这样的项目共有8项。他负责的最后一项调查在名为内勒-诺曼底(Nesle-Normandie)的村庄进行,原因是,村庄规模小,半农半工。调查工作由心理学家雷诺·布朗卡(René Blancart)和民族学家吕西安·贝尔诺(Lucien Bernot)负责完成。[2] 吕西安·贝尔诺是列维-斯特劳斯的一名学生,后来,列维-斯特劳斯将把他派到巴基斯坦东部名为吉大港的丘陵地带。"新城"[3](村庄的化名)的项目需要投入更多资金开展研究,因此,预计将在1960年代开始启动。此处不仅需要跨学科的视野,也需要使用人类学的方法,将原本在异

---

[1] 维克多·斯托维斯基:《人类学研究作为救赎:列维-斯特劳斯的世界观》(*Anthropologies rédemptrices. Le monde selon Lévi-Strauss*),第192页:"联合国教科文组织创建时所立足的意识形态,在许多方面,都与克洛德·列维-斯特劳斯既有的信念不谋而合。"
[2] 克洛德·列维-斯特劳斯为《新城,一个法国村庄》(*Nouveille, un village français*)1995年在位于巴黎的当代文献出版社(Éditions des archives contemporaines)的再版撰写了题为《为〈新城〉再版而作》的前言。他还在第3页里生动刻画了吕西安·贝尔诺的形象:"贝尔诺才刚刚在东方语言学校取得了高中会考同等级的中文文凭,但和他的谈话当中,我却发现,他这一路走来所收获的独特的文化知识是多么令我着迷。除了掌握汉语以外,他还了解法国本土原生的葡萄品种(从根瘤蚜虫害以来,一度被认为灭绝的品种),他与父亲在铁路的边坡土挖到了幸免于难的几株葡萄苗。其知识面甚至触及了印刷厂最古老的传统技艺,那可是车间里绝不外传的秘术。"随后,贝尔诺出版了一篇关于东南亚的博士论文:《东巴基斯坦地区的阿拉干农民》(«Les Paysans arakanais du Pakistan oriental»),拉海耶-巴黎:牧东出版社(Mouton),1967年,全两卷。
[3] 吕西安·贝尔诺、雷诺·布朗卡:《新城,一个法国村庄》,巴黎:民族学研究所(Institut d'ethnologie),1953年。

域使用的方法应用到欧洲的农村生活。[1] 列维-斯特劳斯将心理学的部分看作联合国教科文组织的"强制要求",对它提不起兴趣。然而,基于实践和理论上的原因,他对民族志调查却兴致勃勃。这是他第一次在离家近的地方进行调查:"项目会不会遇到阻碍,并因此失败?这里的环境和我们熟悉的十分相近,我们以为已经了解了全部情况,这个项目会不会增加我们对它的了解?民族志调查的方法能否在不经过调整的情况下,从那些所谓的原始或者古代的社会转移到一个没有发展起来的法国村庄?"[2]

列维-斯特劳斯加入了一个专家委员会。1951年,专家委员会的成员们集合在一起,在联合国教科文组织的支持下,组成了国际社会科学理事会,理事会由唐纳德·扬(Donald Young)主持。这个结果并不让人意外。1953年,他顺理成章地成为理事会的秘书长。他在美国拥有关系网,与基金会联系紧密;他还对追求理论创新和系统性的科学研究计划充满兴趣。这些因素都促使他参与其中。别忘了,这背后还有不可否认的物质吸引力。这个职务为他提供了额外的收入——每月8万法郎(大概值1500欧元);一位秘书为他服务,他还能订阅主要的国际学术期刊。[3]

这个新的位置同样是权力场。从列维-斯特劳斯用现代学术语言进行交谈的对象来看,他在这里获得了更多的优势。这些对象主要指布罗代尔和第六科系的成员。他还与第六科系保持紧密的联系,为他们提供机会。例如,这个由乔治·巴朗迪埃带领的国际项目:"这项调查将从对200—300份文献(其中包括书籍和论文)的研究出发,研究所谓的'欠发达'国家在接触到现代工农业科技之后如何实现快速的社会转变。"项目得出了哪些结

---

[1] 近年来有不少田野考察选取了同样的对象。例如,贝尔纳·帕雅德(Bernard Paillard)、让-弗朗索瓦·西蒙(Jean-François Simon)、洛朗·勒嘉尔(Laurent Le Gall)主编:《乡土法兰西:1960年代以来的跨学科调查研究》(En France rurale. Les enquêtes interdisciplinaires depuis les années 1960),巴黎:雷恩大学出版社,2010年。
[2] 克洛德·列维-斯特劳斯:《为〈新城〉再版而作》,第2页。
[3] 《人类学研究作为救赎:列维-斯特劳斯的世界观》,第225页。

论？此外，是哪些"方法论的原则和逻辑公设"推动了这些调查？"最终目的是，结合各个相关学科（历史学、地理学、经济学、社会学、心理学、法学、民族学等）在同一个抽象的层面上进行模型研究。"[1] 当然，这项文献综述的工作试图转变为行动上的实际付出，但是并未舍弃重要的思考：都是哪些公设？当我们说到"欠发达"时，我们说的是什么？诸如此类。

克洛德·列维-斯特劳斯将担任国际社会科学理事会领导职位的八年时光记录了下来，时间从1953年一直持续到1961年辞去职务为止。但我们并不一定要把他的话当真。"我试图说服别人，一个没有宗旨和功能的机构也有存在的理由。"[2] 他常常贬低自己的行政工作，然而，这对他日常实际的投入来说并不公平。与之相反，维克多·斯托维斯基指出，"对国际社会科学理事会档案的分析显示，这些年，列维-斯特劳斯一直完成了大量的工作，强度很高。这清楚地反映了他个人的选择，特别是在头几年。"[3] 重新评价他在联合国教科文组织中付出的劳动时，我们发现了列维-斯特劳斯开始执着于人口学的因由。十分清楚的是，新马尔萨斯主义不仅完全不是"怪谈"[4]，20世纪初，还被广泛认同。它被看作20世纪的主要问题之一，被人们在国际组织中宣传，宣传对象不仅有1920年代[5]的国际劳工办事处，还有1950年代的联合国教科文组织。人们对人口问题的担忧不断增加，然而，与之相反的苦恼没有消失。特别是在法国，人口停滞甚至出现老龄化的趋势。两种令人担忧的情况中都包

---

[1] 1953年7月7日，给费尔南·布罗代尔的信。参见列维-斯特劳斯档案库，编号NAF 28150，档案盒编号181。
[2]《亦近，亦远》，第90页。
[3]《人类学研究作为救赎：列维-斯特劳斯的世界观》，第225页。
[4] 同上书，第214页。
[5] 保罗-安德烈·罗森塔尔（Paul-André Rosental）：《地缘政治与福利国家：两次世界大战期间由国际移民构建的世界体系》（«Géo-politique et État-Providence: le système-monde des migrations internationales dans l'entre-deux-guerres »），《历史与社会科学年鉴》第61卷第1期，2006年，第99—134页。

含了对世界地缘政治将发生颠覆的不安预期。不安的原因是另一种"黄祸论"。因为长期以来，亚洲都是这种警示性修辞的指代对象。二战之后，亚洲便制造了第一个令人震惊的消息：印度人口普查的可怕结果对外公布。1951 年，刚刚独立的印度已经拥有了 3.12 亿人口。[1]

作为国际社会科学理事会的秘书长，列维－斯特劳斯负责制定社会科学研究的规划和策略。很快，他就把人口学的问题作为优先选项。他提出的方案"极其激进并且打破传统"[2]。1953 年 2 月 27 日，他向执行委员会成员报告方案。在十几页的备忘录里，他重申，提高对"人类社会的人口结构"[3]的认识十分必要和紧要。然后，他勾勒出了解这些现象的三种途径：第一，思考人口过剩的意识、各个社会对人口密度的承受能力等主观因素，完成人口过剩现象的跨学科的分析；第二，如果美国、苏联、印度或者中国这样的多民族国家的发展带来政治规模的变化，分析其影响，同时，思考现代世界中国家的理想规模。那些超级大国（super-État）是否属于最合适的形式？第三，思考联合国教科文组织开展的扫盲运动拥有哪些社会和文化效应：传统社会被诱发的改变有几分符合原本的目的？维克多·斯托维斯基特别指出，这些干预行为的效果与联合国教科文组织的主要信条相"违逆"[4]。因此，对列维－斯特劳斯来说，形成极权主义和造成种族灭绝的首要原因就在于人口。而根据联合国教科文组织的设立原则，它认为恶归咎于无知和文盲；联合国教科文组织滋养了超国家，为此，列维－斯特劳斯感到困惑，他意识到，由于社会生活的"真实程度"被稀释，互相认知（interconnaissance）的关系面临毁灭的可能。

---

1 这一段以及接下来的几个段落完全基于维克多·斯托维斯基在章节《人口学领域中的列维－斯特劳斯》（«Portrait de Lévi-Strauss en démographe»）中对此问题的分析。参见《人类学研究作为救赎：列维－斯特劳斯的世界观》。
2 同上书，第 229 页。
3 同上书，第 227 页及随后。
4 同上。

最终，通过对扫盲政策大胆地进行分析筛选，他向联合国教科文组织这匹高大的战马发起进攻，这几乎成了他存在的理由。

国际社会科学理事会刚刚成立的几年里，人口问题被当作重要问题，为此，还召开过多场国际研讨会，并开设了多节研讨课。原因在于，它是秘书长最忧虑的问题之一。他将人口问题作为第一大要务，主动进行倡导，成为这个领域活跃的代表人物。他既将人口问题作为研究对象，也把它当作治理对象。人口学论题和常常被他使用、跟随他一生的悲剧性的说话语气都来自1950年。1950年，他受联合国教科文组织派遣，到访巴基斯坦。这段旅程可能是两者形成的决定性的条件。游历经历给他留下了深刻的印象，这个热带地区人口密集，人口过剩给他造成了幽闭恐惧症的噩梦，让他在对待人口"增长"的问题时始终回想起人口过剩带来的阴影。

将巴基斯坦作为证据

阿尔弗雷德·梅特罗派克洛德·列维-斯特劳斯去巴基斯坦，在那里对社会科学的研究与教学情况进行总结。1950年8月3日到10月23日，他在巴基斯坦执行公务。"由于这个时期的巴基斯坦几乎不存在社会科学，这项任务毫不费力。"[1] 记录着旅行笔记的三本记事本[2]确认了这一说法属实。这些旅行笔记的记载与《忧郁的热带》中的内容存在一些不太要紧的出入。这些改动的地方分别是回忆巴西经历之前的第十四、十五和十六章，以及将伊斯兰教和佛教之间永远对立起来的著名的（也备受争议的）结论。出于研究需要，列维-斯特劳斯进行了走访。由于学术与政治之

---

[1] 《人类学研究作为救赎：列维-斯特劳斯的世界观》，第222页。他最终发表的研究报告共7页：《社会科学在巴基斯坦》（«Les sciences sociales au Pakistan»），《社会科学国际通报》第3期，第885—892页。

[2] 这三本罗迪亚（Rhodia）品牌的笔记本被收藏于列维-斯特劳斯档案库，编号NAF 28150，档案盒编号128。引文均来自这些笔记本，但这些文字大体都没有标注日期。

间总是存在模糊地带,他主要会见了一些官员(新上任的内阁要员)和大学教员。事情不是很顺利。在巴基斯坦,联合国教科文组织和他自己都不可避免地被看作美国的仆人。他时常被自己荒谬的任务打击,陷入绝望。最紧要的两个工作显然是推动土地改革和动员资本投入:"说别的事情有什么意义?"[1] 只见他这几个月跑遍了这个新国家发展不平衡的两边,从西到东(卡拉奇—德里—达卡),然后从东到西(达卡—拉合尔—白沙瓦)。他预留了十几天的时间,从 8 月 28 日到 9 月 8 日,去缅甸边境的吉大港丘陵地区,这里是被巴基斯坦包围住的印度教的飞地。整段旅程十分匆忙,在库基部落(Kuki)和马格部落(Mogh)度过的这周是他的光辉时刻,他有机会探索历史上最早出现的佛教庙宇。列维-斯特劳斯在那儿总算松了一口气。他开始对这些使用藏缅语的社会进行比较观察,完成了一次超短时间的田野调查。文森·德巴恩(Vincent Debaene)写道:"这更多的是需要从理论上的某些特殊视角出发,发现重要的差异,而不是对整体进行考量。"[2] 库基人展现了完好保存的村落,这些村落建于山丘顶上,房屋打有桩基;马格人之后才来,他们的村庄更加粗野,建在潮湿的山谷里,然而,他们的宗教生活则比库基人更加丰富。列维-斯特劳斯也借此机会对《亲属关系的基本结构》中有关库基部落体系的结论进行了完善和调整。[3] 比较差异是一种结构主义的研究办法,它是旅行者列维-斯特劳斯学术研究的框架。他自主地运用这种方法,通过持续不断的对比和镜像效应,为他的东方之行赋予了

---

[1] 第 1 册笔记本,"卡拉奇"。
[2] 文森·德巴恩:《说明》,载《忧郁的热带》,第 1688 页。
[3] 列维-斯特劳斯借助这次田野考察完成了两篇论文:《(巴基斯坦)吉大港丘陵地区三个部落的亲属关系系统》(«Kinship systems of three Chittagong Hill Tribes(Pakistan)»),《人类学南方期刊》(Southern Journal of Anthropology)第 8 期,1952 年,第 40—51 页;《吉大港墨族村庄的宗教混合》(«Le syncrétisme religieux d'un village mogh du territoire de Chittagong»),《宗教史杂志》(Revue de l'histoire des religions)141(2)期,1952 年,第 202—237 页。

意义，同时，他也亲身感受到亚洲的冲击。[1]

事实上，在他的记忆中，位于东方的这片"人口密集的热带地区"与美国的"没有人烟的热带地区"是相反的存在。前者促进了他对人口学的思索，肯定了他的政治眼光，是一段真实的田野经历。同样，他将伊斯兰文明与佛教文明对立起来，并不只是因为他对佛教存有好感，精神上认同佛教。对他来说，两者在结构上的对立就像是他不得不接受的一种解释。他从近期（1947）发生的分裂事件出发，只能得出这样的结论。在《忧郁的热带》中，他几乎没有提到历史事件，人们这才有机会义正词严地批判书中去历史化的倾向。实际上，他完全没有忽略印度次大陆上发生的惨痛的独立事件、这些事件造成的大批人口迁徙的现象以及内战造成的饥荒和屠杀。卡拉奇曾经99%的人口是印度教徒。我们需要注意，所有的教授进行田野考察时，都带着他们的藏书和文献资料。他的笔记本告诉我们，每当发现新的现象或者拥有新的感受时，他便犹豫是将这种经验归类为伊斯兰的现象还是"亚洲"的现象。笔记本记录了他的摇摆不定，他认为存在两者之间的矛盾；而在《忧郁的热带》中则有一段文字对伊斯兰进行了严厉的批判和攻击。从笔记本到《忧郁的热带》，这中间发生了变化，就像最初的犹豫消失不见了。这种观点逐渐变得强硬的情况还出现了多次。在孟加拉村庄如水般的温柔中，列维-斯特劳斯突然停下，转而描述黄麻工人的统一营房；几年之后，除了逐字重复之前的描写，他加入了一个段落，将这种现象与他年少时在朗德观察过的鹅的强制填喂做比较。[2]同样，当他到加尔各答（Calcutta）一座供奉迦梨（Kali）的庙去考察时，他把招待朝圣者的客栈描述成了肉铺；但在针对集中营的描述里，时间应是1955年，而

---

[1] 文森·德巴恩：《说明》，载《忧郁的热带》，第1688页。
[2] 《忧郁的热带》，第117页："我第一次获得教职是在朗德（Landes）。某天，人们给我展示当地专门用于填喂肥鹅的农舍……这里的情况几乎一模一样，除了两点差别：我眼前的是男人、女人而不是鹅；且这些人没有被养胖，反而被剥削得更瘦。"

不是 1950 年。[1]

在巴基斯坦,列维－斯特劳斯保持目光敏锐,特别注意细节,将它们精心记录下来:"在大都会酒店[在卡拉奇],人们讲乌尔都语和英语,但卫生间的男士—女士的指示却是用法语写的";"好像在乌尔都语里,'昨天'和'明天'是同一个词。"[2] 他抽本地烟,而且希望尝遍街上所有的食品。他记下在药店里避孕产品十分显眼("阴道啫喱")。他详尽地描述男人和女人的各种服饰,记录下相关的术语,但不许自己拍下他们的照片。然而,他身为一名民族学家,却经常立足于西方人的姿态对东方的人口密度产生强烈的反感。对他来说,东方的人口密度甚至将永久否定"人道关系"(relation humaine)存在的可能,"人道关系"指对人友善、信任他人。他将视线从无以计数的乞丐身上移开,他只能在另一半中看到自己人性的"虚无"。在一个如此严重不平等的社会里,人道关系不再使有权势者和乞讨者平起平坐。这对他来说正是不可容忍的。文森·德巴恩注意到,在这些重要时刻,他奇怪地创造了"虚无化""物化"等萨特式用语,就像独自适应了这种"完全无法承受"的情境[3];"紧张关系"(Tensions)这个项目不过是个可怜的笑话,它让联合国教科文组织在认识论上切实遭受到侮辱:"所有可以被拉伸(tendu)的东西都被破坏了,或者已经产生了裂痕。这已经不是新闻了。"[4]

在他的生命之中,巴基斯坦从道德层面督促他关心这个世界的命运,成为催化剂。因为,如果美洲代表了我们的过去,那么,亚洲就代表了西方世界的未来。同时,亚洲将掀起全球人口过剩的趋势。但列维－斯特劳斯还常常提到另一个危险:在这个新成

---

[1] 《忧郁的热带》,第 116 页:"除了集中营,没有任何一个地方将人与屠夫刀下的肉混同得如此彻底。"
[2] 两条引文均出自第 1 册笔记本。
[3] 文森·德巴恩:《说明》,载《忧郁的热带》,第 1690 页。
[4] 第 1 册笔记本。

立的国家中，宗教受到了专制的（国家的）统治。宗教似乎是新一批精英人士的特权，这些精英人士软弱、被动、暴虐并且不负责任。宗教的矛盾激化，就像法国外省过于虔诚的清教徒们的故事（天主教法国之下的卢尔德或利雪）。政府毫不关心社会科学。一位社会学同仁向他解释道："伊斯兰就是全部！"列维-斯特劳斯的结论是："他们的'工作、家庭、祖国'（Travail. Famille. Partie）代表'统一、信仰、守纪'（Unité. Foi. Discipline）。"[1]他的某些同事，比如，和英国大学联系还很紧密的达卡的同事，会毫不犹豫地表示，英国的管制对大学教员来说要宽松得多。由于列维-斯特劳斯在新兴的去殖民化的国家有了非常糟糕的亲身体验，他之后保持谨慎的态度，同时，在看待宗教派别主义和可笑的专制制度时，总是看到悲观的一面。实际上，飞机旅行带来了神奇的体验，空中的视角满足了对地表的美妙幻想。然而，回到法国后，他满是焦虑。这种负面情绪一直影响着他的批判性观点，有时，还让他对现代社会感到悲观。

西方是一场意外

列维-斯特劳斯事后指出，对他来说，成为人类学家意味着"在一种不同的层面上思考和写作。首先，在地理层面上，把我们的社会作为众多社会中的其中一个。其次，从一条更加漫长的时间线出发"[2]。这正是一篇50多页的短文所表达的观点。短文名为《种族与历史》，收录于联合国教科文组织的某个丛书中，发表时间为1952年。

---

[1] 第1册笔记本。
[2] 《人类学研究作为救赎：列维-斯特劳斯的世界观》，第199页。2004年12月3日，斯托维斯基与作者进行了一次访谈。

《种族与历史》

《种族与历史》比其他任何文章都更符合其创作背景，虽然它也有能力从创作背景中解放自己。它（从作者的角度来看）[1] 是受他人委托的约稿作品，某种程度上，也是为了糊口而完成的工作。然而，多年之后，《种族与历史》却变成了反种族主义的经典之作。[2]

通过之前的章节，我知道，1945 年以后，人们对社会的定义还基于"种族"之上，人类学家们也是如此，反种族主义的声音不多。但从此以后，世界范围内冲突不断，反种族主义借助这些痛苦的教训，获得了政治上的合法性。维克多·斯托维斯基号召建立新的"国际共识"（doxa internationale）。这是战争"在人类思想中"[3] 种下的第一颗思想的种子萌芽后的结果。在伦敦举行的联合国会议上，成立了联合国教科文组织，确立了这所新机构的教育使命。"国际共识"得以实现。于是，1949 年，一场反种族主义运动得已启动。这项计划的一项关键任务就是召集一个由学者组成的评议会，让他们提出"种族"的明确定义，奠定科学、理性的反种族主义，以这种方式把种族主义打回到一种过时的蒙昧主义。评议会于 1949 年 12 月 12—14 日在巴黎召开。列维-斯特劳斯作为人类博物馆的副馆长，也参与了会议。这项工作的目的是共同起草一个可以接受的文本，1950 年 6 月，起草完成的《联合国教科文组织关于种族问题的声明》（Déclaration

---

[1] 这本书的委托酬劳有数百美金之多，这对当时（著书时间为 1951 年）苦于金钱问题的列维-斯特劳斯来说无疑是一笔可观的财富。参见《人类学研究作为救赎：列维-斯特劳斯的世界观》，第 35 页。
[2] 可作例证的事实是，伽利玛出版社以"口袋评论"（Folio-Essais）系列出版了《种族与历史》，仅 1990 年 1 月 1 日至 12 月 31 日就卖出了 16232 本。参见列维-斯特劳斯档案库，编号 NAF 28150，档案盒编号 222，"出版合同"主题档案。
[3] 联合国教科文组织《组织法》："战争起源于人之思想，故务需于人之思想中筑起保卫和平之屏障。"

de l'Unesco sur les questions de race）[1]公开发表。然而，许多知名学者的批评很快便摧毁了文本的权威性，因为这个文本中大部分都是无法验证对错的施为句（discours performatif）：种族主义主要是一个文化问题，人类之间的相似性比他们之间的差异更加重要，外表可以被忽略不计，等等。"所以，《联合国教科文组织关于种族问题的声明》提出了所有我们想让科学研究呈现的结论，但是，没有对与这个问题有关的科学知识进行总结。"[2] 于是，联合国教科文组织的总干事召集了新的专家委员会并起草了新的《声明》。1952 年 5 月 26 日，新的《声明》通过。然而，除了语调变得谦逊一些，第二版与第一版没有本质区别。

正是在《声明》文本艰难诞生的背景下，安德烈·梅特罗于 1950 年 4 月被任命为种族问题研究司的负责人，种族问题研究司位于联合国教科文组织社会科学部内。他委托他人编写了几本宣传册，从教学和严肃的学术研究这两个角度出发，推翻了对种族问题的各种固有看法。1952 年 5 月，联合国教科文组织发布第二份《声明》时，列维-斯特劳斯还正在修改他完成的文本的校样稿。被请来咨询的专家还有民族学家（兼作家）米歇尔·莱里斯、美国动物学家莱斯利·C.杜恩（Leslie C. Dunn）、墨西哥人类学家胡安·郭马斯（Juan Comas）、美国社会学家阿诺德·M.罗斯（Arnold M. Rose）和奥托·克兰伯格（社会科学部部长）。令人震惊的是，除了列维-斯特劳斯的文本以外，其他人的文本全部都无法使用。而列维-斯特劳斯的文本在今天依旧完美地保留下震慑人心的力量。为什么？无疑是那些心理学的原因：1940 年，他嘲笑"我们将会取得胜利，因为我们更加强大"

---

[1] 《种族问题的专家声明》，《社会科学国际通报》第 2 卷第 3 期，1950 年，第 410—413 页。本文写作之难，参见《人类学研究作为救赎：列维-斯特劳斯的世界观》，第 26—28 页；以及柯罗伊·莫海尔（Chloé Maurel）：《联合国教科文组织发展史：最初的三十年》（Histoire de l'Unesco. Les trente premières années），巴黎：阿尔玛丹出版社，2010 年，第 228 页及随后。
[2] 《人类学研究作为救赎：列维-斯特劳斯的世界观》，第 30 页。

这一著名的信条,他对认为法国没有沦陷的戴高乐主义者的信条无动于衷;同样,他也不打算通过将种族主义从生物学领域连根拔起的方式将它拉回文化层面。不过,他以后会让它回归文化领域。这位民族学家反感劝告式的修辞,他正面讨论了人类多样性的问题,完成了一篇50多页的小论文。

他一下子就调整了这项委托的核心任务:"我们以为,只要表面上证明人类的各个伟大民族已经为人类的共同遗产做出了特殊的贡献,就能偷偷地为种族这个概念提供坚硬的内核。投入那么多的人力和精力去证明,在目前的科学发展水平下,一个种族并不比另一个种族高等或者低等,结果将是徒劳的。"[1] 想要建立种族与心理特征,甚至社会与心理特征之间的联系都是反科学的。我们必须斩断能指(身为黑种人、黄种人或者小矮子)和所指(无所事事之人、无忧无虑之人等)之间的联系。事实上,多样性确实存在!如何在否定所有文化等级制度或种族等级制度的同时,让这个观察得出的结论与各个社会发展不平衡的现象互相调和?论证的过程主要借助于被列维-斯特劳斯揭露的"虚假进化论"。"虚假进化论"指,一种自17世纪(维柯、孔多塞)一直延续到19世纪(孔德),并在社会和文化层面上流传的达尔文主义。这种达尔文主义认为每个民族以不同的速度一步步向前发展,因此,建立了阶梯变化的简单模式,定义了人类的发展方式。在这个观点中,原始社会是西方社会的残余痕迹,因为我们注定都要经历这样的攀升过程。文中常用隐喻来说明问题。列维-斯特劳斯提出了与阶梯模式相反的模式:国际象棋中斜向前进的骑士的隐喻。事实上,在他看来,不应该根据一张同质化、单一的发展路径图(当然是民族中心主义的)来设想人类的进化模式,而更应该考虑"通过蹦蹦跳跳,或者像生物学家会说的那样,通过突

---

[1]《种族与历史》,第9页。

变"来实现发展。[1]这突然活跃起来的语言使人想起了蒙田。一边,单线程式的进步模式前途艰难;另一边,人类社会"通过蹦蹦跳跳"向各个方向四散。其中一些重视美学的创造,另一些重视年轻人的融入,还有一些重视机械能量的制造,等等。如果进步(progrès)的现象存在——如何能够否定它的存在?——就应当建立新的类型学,重新思考它的概念。他又借助隐喻继续论述。就像一位运气被几个骰子(轮盘赌的情况也相同)分配的游戏者,通过掷骰子得到许多不同的点数,但"点数相加,形成了有利的组合"[2]。同样,在列维-斯特劳斯看来,不同的社会基于它们各自积累的历史而实现进步。某些历史时刻适合积累——这便是新石器革命和工业革命的情形。在这两种情形中,积累的成果十分明确,甚至影响了整个社会,因此,社会的原貌很快就被抛诸脑后了。因此,这个游戏的隐喻引入了盖然性和策略的概念。文明社会不仅只是与巧合战斗,而且也能构想计划、步步为营,为了最大化它们的成果,甚至能够"以工会的形式进行斗争"。毫无疑问,列维-斯特劳斯认为,西方获得巨大成功(例如,文艺复兴初期和16世纪的大部分时间里)的主要原因是,欧洲拥有最理想的多元化格局,是各种势力相遇的场所(希腊、罗马、日耳曼、盎格鲁-撒克逊,以及阿拉伯和中国),欧洲不仅吸收融合了它们带来的影响,还有能力为这些不同的文化创造蓬勃发展的条件。而大洋彼岸的美洲世界,从某些角度来说,并非不如欧洲发达(想想印加帝国),但它却更加同质化,少一些差异化,同时,也没那么多的积累。欧洲的"联盟"表现得比美洲的"联盟"更富竞争力:这是对哥伦布发现新大陆以前美洲节节败退的一种解释。我们应注意到"联盟"这个概念将这篇文章与联合国教科文组织的理念统一了起来。联合国教科文组织的理念是,以不同角色之间的合

---

[1]《种族与历史》,第38页。
[2] 同上书,第39页。

作作为基础,重建二战后的世界。

联合国教科文组织是另一个交流之地。它推广融合（métissage）的价值,把融合视作历史不断累积的条件。历史的累积依赖于贸易和移民,甚至还依赖于战争。因为战争促进了人口、商品和思想的流动。《种族与历史》发现,"进步"（progrès）的概念本身存在矛盾,于是,提出了转折性的结论。这一转折也造成了一些晕眩。虽然历史通过不断累积,实现了自己最大的价值——多样性,但如果"这一部分应当继续扩大"[1],那么,多样性也变成了不利于累积历史的最大的障碍,因为多样性将不可避免地促成统一。差异的数量在减少,差异化的趋势也在变弱。列维-斯特劳斯指出,我们正在面对这样的问题（60多年后的今天,21世纪初,更是如此）。1952年,他便指出,全球性的文明真实存在,因为所谓的"欠发达"国家不想原地踏步,它们想要"发达"。像联合国教科文组织这样的国际机构都是这些悲怆故事的戏剧舞台:西方虽然呼吁"进步",但又想要保留它们的文化身份;这些社会很快便成立了新国家,它们除了参与全球发展的大型博弈外,别无选择。列维-斯特劳斯在文章末尾解释说,为了重新创造差异化的趋势,要么利用阶级（就像工业革命时期出现的无产阶级）增加社会主体的多样性,要么（通过殖民）聚集外部元素。他将西方社会具有历史必然性的两大现象——资本主义和帝国主义——描述为赢得博弈的办法。付出这些代价之后,今天,也就是1952年,"这种人类文化和人这一物种都赖以生存的失衡状态"[2]才保存了下来。我们很难忽视其中刺耳的嘲讽,因为多样化和同一化这两种相反的趋势之间,最终一定是后者拥有话语权。列维-斯特劳斯总结道:"人类的神圣责任是将二者共同保留于

---

[1]《种族与历史》,第79页。
[2] 同上书,第82页。

精神之中。"[1] 他对联合国教科文组织未来的某些趋势提前做出了评论：联合国教科文组织并不爱惜某些本土文化，也没有传承某些奇怪的习俗；它选择从结构上将多样性作为事实保留下来，而不是保存它或它们背后的历史。结尾的风平浪静——"我们应当聆听小麦破土的声音……"——并不是乐观的表现，它反映了列维-斯特劳斯一直感知于心的道德义务。其观点是，即便面对无法避免的衰落局面，"人类——某些人类——能够短暂地减缓它的发展速度"[2]。这名具有批判意识的知识分子如同《沙岸风云》（1951）中的信号员，能够预测即将来临的结局。哨兵的姿态也许是他所拥有的唯一的英雄姿态。

1952年1月9日，列维-斯特劳斯对雅各布森说，他为联合国教科文组织写了"一篇基于冯·诺伊曼思想和结构主义精神的简要导论，来介绍历史哲学"[3]。这句话同时道出了这篇文章的谦逊（"导论"）和关键问题（"历史哲学"），也将我们引向一个很少被提及的重要问题：结构主义作为一种理论方法和认识论，它和通过"蹦蹦跳跳"实现进步的文化相对主义二者之间存在什么关系？真的是《亲属关系的基本结构》和为《马塞尔·莫斯全集》创作《导论》的作者写下了《种族与历史》吗？或者，《种族与历史》的作者是一个独立的个体，拥有自己独特的政治观？首先，我们能在三篇文章中找到一整套共同的意象，它们主要是游戏的隐喻。借助博弈论，列维-斯特劳斯确立了历史能够不断累积的条件。因此，我们知道，博弈论对结构主义的形成具有核心作用。更加重要的是，人类文明被看作复杂的实体，它们的整体比部分更重要，关系和交流都比这些实体本身更具决定作用。此外，差

---

1 《种族与历史》，第83页。
2 《人类学研究作为救赎：列维-斯特劳斯的世界观》，第210页。
3 1952年1月9日，给罗曼·雅各布森的信。冯·诺伊曼是一位美籍匈牙利数学家和物理学家，其研究课题主要为集合论和量子力学，但他在多个领域均有建树，甚至被誉为"计算机之父"。而列维-斯特劳斯最关注的，是他在博弈论以及经济行为数学模型化的研究。

异化的原则是所有创造活动的动力:"我们[……]想要指出,各地文化的真正贡献不在于创造了多少特殊的事物,而在于形成了存在于它们之间的差异。"[1] 在这两种情况下,理论思想和政治视角发生了重叠。它们拼凑在一起,创造了一种普世性的视角。这个视角让我们可以观察到社会的多样性和普遍的人性,把社会当作复杂、无法估量以及处于极度不平衡状态的整体。就像考尔德的动态装置一样,不平衡的状态该由人来维系。

争论和攻击

最终,这篇文章成了一枚炸弹。难怪这本薄册子会引来某些恶毒的攻击:《种族与历史》绝没有激进的政治意图,但它确实具有深刻的政治意涵。他以一种全新的方式,即通过写作论述来进行写作,仅凭几十页就颠覆了与列维-斯特劳斯同时代的绝大多数人身上根深蒂固的世界观。他触犯了两项规则。

最先亮剑、最恶毒的是罗杰·凯卢瓦。一段时间后,他发表了《退步的幻想》一文。文章在1954年12月和1955年1月的《新法兰西评论》上分两次发表。时间上的延迟正是通过期刊开展学术论战的特点。如今,凯卢瓦差不多被人们遗忘了。他是诺曼底人,拥有高中教师资格。两次世界大战之间的和平年代,他与超现实主义的圈子十分亲近,是巴塔耶的同志和"社会学社团"(Collège de sociologie)的杰出成员。在对法国社会学界进行总结时,列维-斯特劳斯曾说,罗杰·凯卢瓦是一个成功的学者,社会学专业出身的他拥有知识分子的优雅气质。他的经历、背景都与列维-斯特劳斯有些相似。与列维-斯特劳斯一样,战争期间,他也被迫流亡,只是他去了阿根廷。两人都曾移居国外,之后,又都回到法国,还都加入了联合国教科文组织。此外,两人都对神话心怀热忱,都与杜梅齐尔十分亲近。总之,他们虽然像是双生子,但

---

[1]《种族与历史》,第76页。

"兄弟反目"[1]。列维-斯特劳斯自己承认:"凯卢瓦学识渊博,依他所说,对'对角线上'建立起来的出人意料的关系充满好奇。他也曾听过马塞尔·莫斯的课。我们本该相处融洽。"[2] 虽然,如今,权力关系已经颠倒,但凯卢瓦在1950年代的前半段占据着权力的制高点,成为比民族学家更受瞩目的知识分子:他是伽利玛出版社审选委员会(comité de lecture)的成员,并在这个出版社内主编专注于拉丁美洲文学的"南十字座丛书"。此外,他还是联合国教科文组织里的一位部长,职位比列维-斯特劳斯更高。两人同为克勒贝尔大街上这家机构的领导人,却展开了内部竞争,局外人也只有表达无奈。[3] 不过,几年前,凯卢瓦怒气冲冲地重新投入过去与超现实主义的争论之中,放下了一直以来对非理性、宗教和原始社会的执着。

《退步的幻想》虽然精彩,但却是业余且幼稚的。它虽披着猛烈抨击的外衣,但如今,显得十分守旧。它使用了诞生于和平时期的一种文体,这种文体被称为"西方的防御"。其实,除了指责列维-斯特劳斯,在此之前,凯卢瓦还批评了保尔·瓦雷里(Paul Valéry)、达达主义、斯宾格勒(Spengler)等人,他指责他们对自己的文明怀抱怨恨。他控诉带有偏见的学者"还没研究就否定"。在凯卢瓦看来,民族学家们(列维-斯特劳斯和莱里斯都在攻击对象之列)都是些充满恶意的伪君子,还是忘恩负义的人。实际上,凯卢瓦为了证明西方的优势(此外还有宗教和道德的优势)而提出的主要论据是:西方独自发明了科学,其中还包括民族学这门科学。文化相对主义给理性主义和科学精神提供

---

1 米歇尔·巴诺夫(Michel Panoff):《亦兄亦敌:罗杰·凯卢瓦与克洛德·列维-斯特劳斯》(*Les Frères ennemis. Roger Caillois et Claude Lévi-Strauss*),巴黎:帕约出版社,1993年。
2 《亦近,亦远》,第122页。
3 1955年(具体日期不详),亨利·洛吉耶给克洛德·列维-斯特劳斯写了一张卡片。他向其许诺在这场与凯卢瓦的论战中给予他的支持,并告知列维-斯特劳斯,时任联合国教科文组织社会科学部部长主任的米达尔女士(Alva Myrdal)对此事感到十分困扰。参见列维-斯特劳斯档案库,编号NAF 28150,档案盒编号195。

了怎样的位置？除了提出这个重要的问题，凯卢瓦的致命一击充满敌意。它不仅粗暴，其中陈旧的知识还将伤害目标的自尊心。列维-斯特劳斯以一种自己都感到不寻常的愤懑之情和一场有力的笔战回驳凯卢瓦。紧凑的三十几页文字，逻辑严谨，语言有力，内容科学，成功地打垮了凯卢瓦。文章名为《躺着的第欧根尼》[1]，在1955年春发表于《现代》。它在列维-斯特劳斯的作品中地位十分特殊，因为它再也没有被重新出版。它还反映出列维-斯特劳斯拥有卓越的才能，然而，在学术讨论中，他再也没有允许自己表现这种才能。[2] 我们还会再说到这一点。

"第欧根尼可以走路。罗杰·凯卢瓦先生为了不看他走路而躺下了。"[3] 由此揭开了列维-斯特劳斯犀利的回答。在文中，他谴责反对者"做出了一系列动作，以东道主餐桌上的滑稽动作作为开始，然后，在传道者的宣言中继续，最后，终止于忏悔者的哀号"[4]。通过具体的例子，他指出，其中的引文断章取义，文字的删减篡改了意义。凯卢瓦批评民族学家忘恩负义地批评自己的文明，这是一个彻底惹怒列维-斯特劳斯的论点。他就这一点反驳道，照这个样子下去，整个科学都将变成"军队。美国有他们的麦卡锡。我们有我们的麦凯卢瓦"[5]。他话里带着尖刺，并在沙龙中获得了一些成功。随后，他详尽地描述了民族志学家困难的处境：民族志学者必须面对主观性与客观性之间的抉择（这样的结构与他在1954年冬刚刚写完的《忧郁的热带》里的某几章相同）。正是这篇于1955年3月发表的文章首次提到了民族

---

[1] 列维-斯特劳斯使用这个标题不仅是为了与凯卢瓦的观点建立联系，更是为了回归雅典知识分子的犬儒传统，后者的作用就在于煽动读者。此外，"第欧根尼"还是联合国教科文组织在凯卢瓦的领导下出版的一本期刊的标题。
[2] 2012年3月4日与莫尼克·列维-斯特劳斯的访谈。克洛德·列维-斯特劳斯常常向妻子坦承自己后悔写了这篇文章（他也因此禁止此文再版）。让他感到懊悔的是，笔战中，修辞学成了学者间争论的一切依据，所有科学辩论反而被排斥在外。
[3] 《躺着的第欧根尼》，《现代》第110期，1955年3月，第1187页。
[4] 同上书，第1202页。
[5] 同上书，第1214页。

志学家身上拉撒路式（Lazare）的心理，即"一种长期背井离乡的受害者""心理残废"。民族志学家"从死者中间回来"，简而言之，是一个"复活者"[1]。二人的对立能够用游戏中的两个隐喻进行总结：列维－斯特劳斯呈现了掷骰子和轮盘赌的游戏，因为游戏的结果永远不为人所知，凯卢瓦将人类的进化看作拼图游戏，拼图游戏就快要结束了，因为西方将完美地填补最后的空缺。[2] 理性思考的过程中，列维－斯特劳斯坚持"认真地处理一个严肃的主题"，随后，回顾了这些思考的步骤，最终以子之矛，攻子之盾："没有行动的超现实主义者、业余的民族志学家、糊涂的煽动者。"[3] 正是凯卢瓦这位"超现实主义革命"前成员的自画像。列维－斯特劳斯将这种充满恨意的语言解读为逃避责任的愿望，将它转化成学术上的讽刺："他还会去其他地方寻找自己的形象（imago）。"[4]

这篇民族学文章进行了"大胆的回击"。它发表于《现代》，其中还提到了萨特。[5] 是否应该将这场论战归因于文学领域中《新法兰西评论》与《现代》之间的对立？纪德和坡朗（Paulhan）创办的刊物《新法兰西评论》守护着过去，它因战争期间的反犹太主义而停刊，之后又重新出版。而《现代》是萨特创立的刊物，是存在主义和介入文学的旗帜，政治上偏左。换种方式说，这场辩论是不是一场"1950年代的法国文化战争之中保守主义和进步主义之间的经典战斗"[6]？答案显然是否定的。事实上，

---

[1] 《躺着的第欧根尼》，第1217页。关于拉撒路这个意象，参见文森·德巴恩：《化身为拉撒路的民族学家》（«Portrait de l'ethnologue en Lazare »），载《克洛德·列维－斯特劳斯》，"埃尔纳手册丛书"，巴黎：埃尔纳出版社，2004年，第89—96页。
[2] 《躺着的第欧根尼》，第1188页。
[3] 同上书，第1219页。
[4] "让我们祈祷他的自我分析能顺利进行，尽快让他能面对自己的过去吧！不要问，也不要跟他争吵。希望他留我们安心工作，他还会去其他地方寻找自己的形象。"同上书，第1220页。
[5] 同上书，第1216页。列维－斯特劳斯引用了萨特的话，他认为："研究原始人的社会学……研究的是……真正的'能指的整体'（ensembles signifiants）。"《现代》第84—85期，1952年10—11月刊，第729页。
[6] 《克洛德·列维－斯特劳斯：研究室里的诗人》，第192页。

根据文化相对主义的观点，每个文化都有自身的价值，然而，进化论以及西方高人一等的主张（就算不是种族上的优越感，也存在文化、科技甚至道德上的优越感）仍然拥有广泛的信众，相比之下，文化相对主义确实是一个"新观念"。这些观点根本不存在政治和意识形态中左与右、保守与进步的区别。凯卢瓦的主张强硬，其中可能还融入了他个人的意图，尽管如此，他提出的见解在当时平平无奇，属于常识的范畴。进步主义的进化论是"共和左翼"（gauche républicaine）的历史传承，即源自1880年代的"文明使命"。列维－斯特劳斯批评单线程、向一个最终目标前进的进步模式，在批评的过程中，揭露了对时间全新的理解（对进步持有乐观的看法、大力投资未来）。从整体上看，这种对时间全新的理解即西方后革命时代的现代性。当然，这一现代性存在不同的版本，包括城市精英的时代和农村人民的时代，既有被弃置于历史潮流之中的种族，也有追赶文明进程的种族。没有发生改变的，是对未来疯狂的信仰。[1] 共产主义本身就是这种西方现代化的萌芽，与它有着共同的愿望。马克西姆·霍丁森（Maxime Rodinson）在法国共产主义知识分子的刊物《新批评》（*La Nouvelle critique*）中对《种族与历史》进行了十分负面的评价，也刚好印证了这一点。

除了两位主人公，还有其他人加入了论战。于是，论战浮上台面，成为真正的"事件"[2]。《殖民主义论》（*Discours sur le colonialisme*）经过修订和增补，于1955年出版了第二版，艾梅·塞泽尔（Aimé Césaire）还为它加上了意味深长的附录。作为米歇

---

[1] 参见克里斯托弗·查理（Christophe Charle）：《时代的错位：现代性的简史》（*Discordance des temps. Une brève histoire de la modernité*），"思想时刻丛书"（Le temps des idées），巴黎：阿尔芒·科兰出版社（Armand Colin），2011年。
[2] 参见吕克·博尔坦斯基（Luc Boltanski）、伊丽莎白·克拉维依（Élisabeth Claverie）、尼古拉·欧分斯坦德（Nicolas Offenstadt）、斯蒂芳·凡·丹姆（Stéphane Van Damme）：《事件、丑闻、崇高事业：从苏格拉底到皮诺切特》（*Affaires, scandales et grandes causes. De Socrate à Pinochet*），"文论系列"（Les essais），巴黎：斯托克出版社（Stock），2007年。

尔·莱里斯的密友，他向列维 - 斯特劳斯传递了一个异常强烈的声音，但是独立于列维 - 斯特劳斯，并未与之相遇。这位黑人知识分子创作了自己的第一部"后殖民"论调的作品：他指出了欧洲暴力的殖民活动是如何反噬到自己身上，将自己的行动和后果变得"残暴"；从中期来看，这种暴力行为被吸收后，为纳粹主义的出现提供了条件——这是列维 - 斯特劳斯在1942年的一篇备忘录中的猜测[1]；他批评"殖民知识"，而民族学则是其中最主要的部分。塞泽尔认为，这一学科，没有一并沾染其他学科的腐坏气味；至少，莱里斯和列维 - 斯特劳斯这样的民族学家让它从殖民知识的牢笼中脱离了出来。这正是凯卢瓦指责他们的地方："这是对西方民族志学的无情背叛。一段时间以来，民族学的责任感发生了可悲的变质，它还设法让人质疑西方文明与异域文明相比，具有全方位的优越性。"塞泽尔也意气自如，知道如何嘲笑他人、表达愤怒和发泄暴力。他推翻了凯卢瓦的观点，认为这种观点俗不可耐、缺乏修养，同时，他也十分了解，在1954—1955年，这样的观点完全受到拥趸。"原因在哪里？成千上万欧洲人的心态，正是西方小资阶级的心态。原因在哪里？虽然西方极力赞颂人文主义这个词，但它从来没能实现真正的人文主义，一种符合世界需求的人文主义。"[2]

凯卢瓦与列维 - 斯特劳斯的论战"是巴黎文学界的大事件"[3]，梅特罗写道。它发生于《忧郁的热带》之前，像是一场热身运动，将列维 - 斯特劳斯抛入知识界，让他暂时与萨特、与主持辩论的刊物《现代》处于同一阵线。列维 - 斯特劳斯一家被邀请去观看《涅克拉索夫》（Nékrassov）的首演，列维 - 斯特劳

---

[1] 参见本书第10章。
[2] 艾梅·塞泽尔（Aimé Césaire）：《殖民主义论》（Discours sur le colonialisme），修订增补版，《非洲的存在》（Présence africaine）第一季度刊，1955年，第66页。
[3] 阿尔弗雷德·梅特罗给皮埃尔·维尔杰（Pierre Verger）的信，载《马到功成：往来书信集》（Le Pied à l'étrier. Correspondance），巴黎：让 - 米歇尔·普拉斯出版社，1994年，第210页。引自《克洛德·列维 - 斯特劳斯：研究室里的诗人》，第192页。

斯带着讽刺地向多萝莱斯·瓦内蒂（Dolorès Vanetti）这样讲道："我自己眼中，《躺着的第欧根尼》的价值是任何出版物都不可及的。这让人感到有些悲伤。"[1]多萝莱斯·瓦内蒂是萨特在纽约的情人与挚友（也是列维-斯特劳斯的挚友）。

通过这样公开的知识辩论，列维-斯特劳斯摆脱了默默无闻的标签，但他仍无法获得法国大学的认可，法国大学的不认可与日益增长的（也是纷乱的）国际名声形成了反差。他一边在联合国教科文组织任职，一边在美国参与研讨会和研讨课，还产出了影响力卓绝的计划方案和理论文章，因此，在全世界众多学者中名声响亮。在巴黎，他参与联合国教科文组织的事务，因此，获得了存在主义阵线的尊敬。他制定了宣扬人类友爱的反种族主义信条，期望从根上拔除深入心灵的恶。身涉两个世界的米歇尔·莱里斯轻易地在两者之间切换，实现了学术、友情关系和地理空间的适应。莱里斯热爱他称为"远洋轮船"的63路公交车，这路车将他从他家（格兰-奥古斯丁河岸）或者从他在圣日尔曼德佩的社交圈带到人类学博物馆。他在博物馆工作，频繁会见他人。对阿尔弗雷德·梅特罗来说，圣日尔曼德佩的街区异国情调浓烈，足以让他感受到南美的氛围："圣日耳曼之夜十分离奇。绵长的大街使我想起了阿根廷。"[2]比起圣日耳曼，列维-斯特劳斯更加偏好特罗卡德罗，但事实上，最后，他与这两个学术圈都保持了遥遥的距离。

---

[1] 1955年6月22日，克洛德·列维-斯特劳斯给多萝莱斯·瓦内蒂的信。参见列维-斯特劳斯档案库，编号NAF 28150，档案盒编号182，"与多萝莱斯·瓦内蒂的往来书信"主题档案。
[2] 阿尔弗雷德·梅特罗：《马到功成：往来书信集》，第295页。

14 克洛德·列维－斯特劳斯的忏悔录

> 民族志研究的一切原则都存在于书面或不被承认的"忏悔录"中。
>
> 克洛德·列维－斯特劳斯，
> 《让－雅克·卢梭，人文社会科学的奠基人》（1962）

1950年代中期，《忧郁的热带》在列维－斯特劳斯的怒火中诞生，这被看作一场"爆炸"[1]。它是列维－斯特劳斯最重要的作品之一，是他人生的重要组成部分。它让读者们把自己当成一本伟大的《惶然录》。它不仅除魔祛魅，还表达了嘲讽，表现了智慧，成为独特的混合体。同时，道德的共鸣持续不断，传递了内省的紧迫感。这样的作品既引人入胜又令人不安：一种叫人忧虑的诱感。费尔南多·佩索阿用数不清的化名为作品署名，与他相反，《忧郁的热带》的作者是克洛德·列维－斯特劳斯。他是人类学家，46岁。他用几个月的时间放空自我，身为祖国土地上被边缘化的一名大学教员，踟蹰不前。中年危机带来了世界的危机、自我的危机以及思想上的危机。在此之后，一切都将和以前不同。对他和对这本书大量的读者来说，都是如此。战争结束的十年后，这本书把民族学变成了"经历和爱好"[2]，为机缘巧合下成为作家的民族学家赢得了声誉。

人生半路，事业半程。《忧郁的热带》作为列维－斯特劳斯

---

[1] 参见皮埃尔·诺拉（Pierre Nora）为《忧郁的热带》再版所写的《前言》：巴黎：法国图书俱乐部出版社（France-Loisirs），"20世纪文库"（Bibliothèque du XXe siècle），1990年，第15页。克洛德·朗兹曼（Claude Lanzmann）在50年后回忆起自己的阅读感受时用到同一个词："我记得《忧郁的热带》开篇首句给我带来的爆炸性冲击"，《献词》，《现代》第628期，2004年8、9和10月合刊，第1页。
[2] 皮埃尔·诺拉：《前言》，载《忧郁的热带》，第12页。

的代表作之一，重新组织了他周围的时间和他自己的时间。它追忆历史，属于普鲁斯特式的作品，将重新定义的时间线、初出茅庐的热情和对未来的担忧呈现于纸上。拥挤的当下只是向未来顺利过渡的过程。书本畅销之后才证明，列维－斯特劳斯与其时代保持同步。然而，克洛德·列维－斯特劳斯将人生经历与自己的当下彻底脱节："有一个人，他拥有两种存在方式。一直到45岁为止，他都在吸收身边的元素，突然，一切都结束了，他什么也不再吸收。然后，他开始重复之前的存在方式，尽力使接下来的日子拥有与他活跃时期相同的气味和节奏。"[1] 皮埃尔·马克·奥兰（Pierre Mac Orlan）是列维－斯特劳斯年轻时喜爱的作家。作为《忧郁的热带》的写作素材之一，皮埃尔·马克·奥兰的这段预言是否会在作者身上应验？无论如何，这位现代理论家、人文科学精力充沛的革新者拥有十分风雅的语言风格、保守的美学品位。可我们知道，他曾公开宣扬自己对异国文化的喜爱。正是通过这种矛盾的历史记录，我们可以看到他穿越世纪的独一无二的思想历程。

《忧郁的热带》是一段时间旅行

清空行囊

《忧郁的热带》的灵感来自让·马洛里（Jean Malaurie）的北极之旅。1950年代初，让·马洛里作为一个雄心勃勃的年轻人，完成了探险家一般的冒险：他参与了两次由保罗－埃米尔·维克多（Paul-Émile Victor）领导、在格陵兰岛进行的法国极地考察（分别在1948年和1949年）。而后，他潜入了因纽特人中，为三百多名、

---

[1] 皮埃尔·马克·奥兰（Pierre Mac Orlan）：《国际爱神》（La Vénus internationale），1923年。参见《作品全集》，"珍本收藏俱乐部丛书"（Cercle du bibliophile），巴黎—日内瓦：伽利玛出版社，第398页。帕特里克·威肯：《克洛德·列维－斯特劳斯：研究室里的诗人》，第194页。

几代因纽特人绘制了首张谱系图。地形学的学习经历诱惑他开展地图的制图工作，而他的冒险精神让他乘着雪橇，被狗带到图勒（Thulé）。他在那儿发现了美军未与当地人商议就秘密地建立起来的军事基地。这段经历成为第一本书《图勒最后的国王》的主题，并因此创立了"人类观察丛书"。

其实在 1954 年，这位年轻人就向普隆出版社提议出版一套"哲学旅行丛书"。这是个双赢的时机：对出版社来说，有文化修养的公众已经准备好跳脱出文学，走向人文科学。人文科学的严谨性在于拥有哲学论题所缺少的实质性内容。这便是为什么在"人类观察""文明与社会""研究与见闻"丛书之前，同一家出版社已经创建过另外两套丛书。一套创建于 1952 年，由艾历克·德·丹皮埃尔（Éric de Dampierre）负责，名为"人文科学研究"。另一套则创建于一年之后，由历史学家菲利普·阿利埃斯（Philippe Ariès）担任主编，名为"昨天和今天的文明"，是全新的历史编纂学丛书。在 1960 年代人文科学大进击之前，伽利玛出版社的"哲学文库""精神分析学文库"和历史丛书就掀起了非虚构的潮流。然而，时间以另一种方式向马洛里和他的丛书伸出了橄榄枝。从历史层面来看，殖民帝国正在瓦解。它们要么正发展为继续对宗主国效忠的各种独立国家（英国），要么正全面溃败，深陷于提前宣告失败的去殖民化战争中（法国）。全体法国人都经历了 1954 年奠边府战役的创伤。殖民的范式再也不存在了，尽管它带来的各种效应需要很长的时间才能彻底消失。不仅领土逐渐去殖民化，思想上也逐渐去殖民化，因此，游记的性质也发生了显著的改变。在持续将近一个世纪的时间里，游记记录的对象是"黑色大陆"、东方（"中东"或"远东"）、"季风性"的亚洲，描述的是对它们的探索和探索之后的征服。全球各地的地名仍然保留着这些痕迹。[1]征服与它的象征——物质上的占有退出舞台，取而代之的是社会学和民族学形式的研究。为了消除"野蛮行为"的"文明使命"也被学术话语所取代。学术话语确立了民族的多样性，提出保存民族多样性的重要性，建议在刚刚获得解放的个体中寻找合适的对话者。民族志研究的性质发生了改变，同时，旅行的深层意义也有了变化：长期以来，欧洲人民都是通过游记实现"旅行"。这些体系化的游记内容十分生动，足以为他们带来某些甜蜜的幻想。[2]从此以后，以游记取代旅行的做法被历史淘汰。科技的进步（特别是飞行技术的发展）、黄金三十年（Trente Glorieuses）增加的财富使普通民众的出行在理论上具有实现的可能。当然，跨出边界仍需付出昂贵的代价。"虽然欲望变得强烈，但受到了限制。阻碍出行的不是技术上的障碍，而是经济上的障碍，"列维-斯特劳斯写道："被迫留在自己的国家不再是一种实际需要，而是社会不公平待遇，旅行的权力获得了道德上的意义。"[3]对这种没有收录于《人权宣言》的新的权力，地中海俱乐部（Club Méditerranée）给出了自己的回应。与此同时，这些带有反思、立场明确的自传吸收了丰富的民族学、地理学和历史知识，占尽了天时地利人和。"人类观察丛书"的原创之处在于，它拥有"科普和学术"[4]双重定位。这样的特

---

1 参见皮埃尔·辛加拉维卢（Pierre Singaravelou）主编：《地理学家的帝国：地理学、探险与殖民活动》（*L'Empire des géographes. Géographie, exploration et colonisation*），巴黎：贝兰出版社（Belin），2008年。
2 关于该段论述，参见西尔文·韦纳雷（Sylvain Venayre）：《冒险的荣光：现代神秘宗教的诞生（1850—1940）》（*La Gloire de l'aventure. Genèse d'une mystique moderne. 1850-1940*），巴黎：奥彼耶出版社（Aubier），2002年；以及西尔文·韦纳雷：《旅行纵览（1780—1920）》（*Panorama du voyage, 1780-1920*），巴黎：美文出版社，2012年。
3 克洛德·列维-斯特劳斯：《旅行的权力》（«Le droit au voyage»），《快报》（*L'Express*）1956年9月21日刊。
4 此处援引了让·马洛里的表达。参见文森·德巴恩：《永别，旅行！》（*L' Adieu au voyage*），第441页。

性不仅符合时代的需求，也符合列维－斯特劳斯的期望。

皮埃尔·古鲁是地理学家、法兰西公学院的教授，也是列维－斯特劳斯的朋友和支持者。[1] 列维－斯特劳斯是通过皮埃尔·古鲁才结识了让·马洛里。[2] 马洛里曾经为列维－斯特劳斯的辅助论文《南比克瓦拉人的社会与家庭生活》里的照片所震惊，另外，他还将该书评价为"令人厌倦"[3]。不过别担心！照片是这套丛书的核心组成部分，是它的灵魂。1954年春，列维－斯特劳斯接受了这个正中下怀的提议，只是他是因摄影天赋而非民族学家的身份才被挑中的。[4] 他并不是那么渴望休息，想要一次"幕间休息"[5]——后来他对这本书的写作和对这一时期的描述。职业生涯有了起色后，他回顾了其中的重要时刻和"插曲"，"幕间休息"也属于这个起起伏伏的过程。《忧郁的热带》恰恰不是一首插曲。以内疚、愤怒与可怕的虚无作为跳板，文字喷涌而出，创造了《圣经》一般的作品。燃烧血脉和跃入虚空的冲动主宰了本书背后的深刻心理状态。列维－斯特劳斯相信自己的大学教师生涯没有未来，因此，可以"无忧无虑地写作"[6]，享受这种奢侈的生活。1954年左右，他向想要第三次提名他进入法兰西公学院的梅洛－庞蒂坦露："我在写一本书（《忧郁的热带》），如果您和公学院的那些教授读了它，您就不会再试图推选我。"[7]

---

1 参见本书第12章。
2 2011年3月29日，莫尼克·列维－斯特劳斯在接受访谈时称，列维－斯特劳斯在自己的那本《忧郁的热带》上，向马洛里题词致敬："献给让·马洛里，是他让我毫无选择，唯有著下此书。"参见《献给让·马洛里四十年北极研究生涯：102段自白》（*Pour Jean Malaure. 102 témoignages en hommage à 40 ans d'études arctiques*），巴黎：普隆出版社，1990年，第793页。
3 参见《克洛德·列维－斯特劳斯：研究室里的诗人》，第196页。
4 1954年5月14日，克洛德·列维－斯特劳斯与普隆出版社签订了合约：售出一万本，作者从这一万本获得8%的版税；超过一万本后，获得10%的版税；从第两万一千本起，作者获得13%的版税。参见列维－斯特劳斯档案库，编号NAF 28150，档案盒编号223。
5 《亦近，亦远》，第86页。
6 同上。
7 同上书，第89页。

这种解脱之道和叛逆的逻辑中夹杂着"悔恨"。他悔恨没有完成有关亲属关系的复杂结构的第二部,当然,他认为还有继续完成的可能性:"我想,我对科学犯下了一桩罪行。"[1]《忧郁的热带》作为次要的作品,取代了主要的作品(这样也促成了后者的诞生)。它对作者个人还存在许多其他功能。首先,它让列维-斯特劳斯对自己学者的身份进行否定,这种行为被视为一种自残。"我已经感到筋疲力尽,"他说,"我知道,我的教师档案像没有灵魂的机械一样被贴上标签,正好把人变成一个公式。"[2] 他最终实现了曾经令他沮丧的文学创作:"连自己都没有意识到,我居然向曾经未能实现的创作文学梦妥协。"[3] 列维-斯特劳斯将这种时不时出现的渴望变成他书中的对象之一,还有意地通过一些段落来表达自己对文学的向往——日落的华美篇章——并提及了他未完成的小说(某几页)和戏剧剧本(《奥古斯都封神记》的三幕戏)。[4]

书名与文学之间存在秘密的联系,因为他为小说定的名字就是《忧郁的热带》。[5] 文学创作意味着违背科学的神职,但这并不能解释一切。就像列维-斯特劳斯在他生命的这一刻注定要"清空行囊"。这是思想上和物质上的行囊:"我拥有一个行囊,里面装满了许多我想要倒掉的东西……最终,我坚持以高度的热情进行写作,四个月后,马马虎虎地完成了[《忧郁的热带》]。我向书里放入了脑袋里的所有东西,毫无顾忌。"[6] 他不承认自己

---

[1]《亦近,亦远》,第87页。
[2] 克洛德·列维-斯特劳斯与让-约瑟·马尔尚(Jean-José Marchand)的访谈,刊登于1955年12月28日《艺术周报》(Arts)。参见《结构主义史》,第1卷,第168页。
[3] 克洛德·列维-斯特劳斯:《日落:与鲍里斯·魏斯曼的访谈》(« Le coucher de soleil. Entretien avec Boris Wiseman »),《现代》第628期,2004年8、9和10月合刊,第3页。
[4] 德巴恩将该作品的草稿重新收录于"七星文库"版的《〈忧郁的热带〉之外》,第1632—1650页。
[5] 参见本书第9章。
[6] 克洛德·列维-斯特劳斯:《自画像》,《文学杂志》,第24页。

对文学的渴望，同时，他在职业和学术上（涉及亲属关系的复杂结构）遭遇了困境，与危机感相伴的是一种更加广义上的恐慌："当时，世界的变化过于无常以至于无法被思想控制，面对这样的世界，我被一种无力感所支配。"[1] 人生仅此一次，克洛德·列维－斯特劳斯选择了放手。他畅所欲言。[2] 随后，这将不再存在必要。突然，他就讲述了一切，其中有他的梦和他相信的事物。[3]《忧郁的热带》反映了作者的心理危机和政治危机，是一个庞大、叛逆的综合体。它的文字急切、激烈，被当作情感的宣泄，因此，将会缓解这些危机。

"记忆抽屉的深处"[4]

1955年1月31日，列维－斯特劳斯写信给他的朋友多萝莱斯·瓦内蒂："我热烈地投入书本的创作中。为了能在九月出版，这本书绝对要在三月写完。我们不再出门，也不再见任何人。[……] 所以，我们不再去跳蚤市场了，也不再去德鲁奥拍卖行。"[5] 写作从十月底开始，在三月底结束。五个月里，他像着了魔一般写作，完成了将近500页。这种状态说明，心理上，肾上腺素疯狂分泌。原稿上不仅留下了速记的痕迹，也留下了圣拉扎尔街上一家中小型企业的痕迹。这家企业由列维－斯特劳斯和他的妻子莫尼克组成[6]，为了及时交送货物，他们卖力干活："真的要说起来，《忧郁的热带》并没有草稿：列维－斯

---

1 《自画像》，《文学杂志》，第24页。
2 阿尔弗雷德·梅特罗当时的用词被克洛德·列维－斯特劳斯转述。参见《亦近，亦远》，第89页："我过了'畅所欲言'了，梅德罗喜欢这样说我。"
3 《亦近，亦远》，第88页："在你看来，这是您对您过去的总结吗？——是的，这是此时我对我过往经历的总结，其中还包括我过去的信念与梦想。"
4 《忧郁的热带》，第84页。
5 列维－斯特劳斯档案库，编号NAF 28150，档案盒编号182，"与多萝莱斯·瓦内蒂的往来书信"主题档案。
6 1954年4月6日，与罗斯·玛丽·乌尔默离婚后，克洛德·列维－斯特劳斯与莫尼克在同年火速结婚。

特劳斯直接在带着德语键盘的小型手提式打字机上敲写文章。打字机是从圣保罗一家旧货铺买来的，自巴西的旅程以来，他一直用着这台打字机。这份最初的打字稿字迹十分密集：465页的稿子内容连续不断，字号很小；章节的转换没有标记。它的第一个读者是列维－斯特劳斯的妻子。随着写作的推进，列维－斯特劳斯分次给她过目，每次正好给她30页原稿。莫尼克·列维－斯特劳斯并不直接为文本做评注，而是连同几张活页纸一起还给他，纸上是评论和批语。这些评论和批语主要是针对形式上的问题，指出了文中重复、矛盾和表达有些晦涩的地方。列维－斯特劳斯都会从中汲取灵感，之后，用铅笔对最初的打字稿进行大幅修改。"[1]有关这对夫妇的写作团队，我们需要注意两件事。一方面，这类工作中一般的性别等级秩序发生了调换：妻子没有做丈夫的打字员。这两人中间，身为作者的丈夫自己敲写文章，而妻子以编辑的身份进行校阅和修饰。另一方面，莫尼克·列维－斯特劳斯在这个团队中更多地承担了一个传统女性的角色。她不断地向他肯定，他正在创作的文字十分重要。作为热情且细心的读者，在他写作期间，她扮演着决定性的角色。写作期间，他不仅会感到气馁（疲劳加剧了这种情绪的发展），还会怀疑正在进行的写作是否具有价值、时机是否合适。[2]

---

[1] 文森·德巴恩：《说明》，"七星文库"，第1695页。
[2] 与莫尼克·列维－斯特劳斯的访谈。

> 1
>
> I
>
> Je hais les voyages et les explorateurs. Et voici ~~pourtant~~ que je m'apprête
> à raconter mes expéditions. Mais que de temps pour m'y résoudre! Quinze ans
> ont passé depuis que j'ai quitté pour la dernière fois le Brésil et, pendant
> toutes ces années, j'ai souvent formé le dessein d'entreprendre ce livre;
> chaque fois aussi, une sorte de honte et de dégoût m'en ont ~~pressens~~ empêché.
> Eh quoi? Faut-il maintenant narrer par le menu tant de détails insipides,
> d'événements insignifiants? L'aventure n'a pas de place ~~légitime~~ dans la
> profession d'ethnographe; elle en est seulement une servitude, elle pèse sur
> le travail efficace du poids des semaines ou des mois perdus ~~dxxtixdxxxix~~
> ~~terrains~~ en chemin, des heures oisives pendant que l'informateur se dérobe,
> de la faim, de la fatigue, parfois de la maladie; et toujours de ces mille
> corvées qui rongent les jours en pure perte et ~~qui expliquent que~~ la vie
> d'aventure au sein de la forêt vierge ~~ne ressemble à rien tant qu'aux plus~~
> ~~creuses périodes~~ du service militaire... Qu'il faille ~~payer par~~ tant d'efforts
> et de vaines dépenses pour atteindre l'objet de nos études ne confère aucun
> prix à ce qui ~~est seulement~~ l'aspect négatif de notre métier. Les vérités
> que nous allons chercher si loin n'ont de valeur que dépouillées de cette
> gangue. On peut, certes, consacrer six mois de voyage, de privations et d'é-
> coeurante lassitude à la collecte (qui ne prendra elle-même que quelques jours,
> parfois même quelques heures) d'un mythe inédit, d'une règle de mariage nou-
> velle, d'une liste complète de noms claniques, mais ~~soulever la plume pour~~
> ~~noter~~ « à 5h.30 du matin nous entrions en rade de Recife tandis que piail-
> laient les mouettes et qu'une flotille de marchands de fruits exotiques se
> pressait le long de la coque", ~~est-ce que cela même mérite même l'effort~~
> ~~de le transcrire?~~

《忧郁的热带》打字稿（465 页）是直接通过打字机创作完成的。
上图为第一页。稿子在几个月内（从 1954 年 10 月 12 日到 1955 年 3 月 5 日）就完成了。

"这是用来创作《忧郁的热带》的打字机。它配备的是德语键盘,但是在圣保罗临时起意买下它的时候,我并不知道还存在不同的键盘,我只是认为出差很需要配备一台打字机。我完全没有猜到南比克瓦拉部落的生活条件会是那样的,连最基本的生活设施都找不到。这是我二十几年唯一一台打字机。因此,之后,我习惯了使用德语键盘,但为了方便法语的使用,我根据需求对这些德语键盘进行了改造。"

原稿还向我们展示了写作之外的其他细节。他能以这样的速度完成写作,原因在于,他将很少或没有使用的材料通过剪贴的方式进行回收(collage-recyclage)。这些用胶带粘贴起来的碎片、这些不知道摘抄于哪些课堂笔记的段落(比如有关卢梭的段落)以及这些从有关南比克瓦拉人的辅助论文里逐字逐句照搬过来的章节,它们将《忧郁的热带》变成一部让-吕克·戈达尔(Jean-Luc Godard)式的蒙太奇作品。他还从巴西考察和巴基斯坦考察的笔记本中摘抄了部分内容,一字不改地放进了书里。例如,在前往卡拉奇的途中,飞机在开罗转机,起飞不久之后经过了阿拉伯沙漠的上空,列维-斯特劳斯将俯瞰的景象描述为:"首先是从广袤的乳白色沙地上崛起的城堡。然后,坚硬、干燥,像是被可怕的动物踩踏过,这只动物应该是为了奋力榨取汁水而用脚掌狠狠地踩踏。沙子悄无声息地变作薄雾飘走,沙子像是来自天上……[……]不可思议的是这些沙子温柔的颜色。这真的是一片肌肤一般的沙漠，里面有桃色、珍珠色、乳白色、鱼肉原始的颜色。"[1] 在为写作准备的材料里，人们还能够发现[2]：他在纽约那几年为社会研究新学院授课的教学笔记，例如，对采胶工人、起起伏伏的亚马孙橡胶经济的看法；巴西时代留下来的旧报纸的剪报，例如，有关提巴吉（Tibagy）[3]的印第安人的文章。这些拼贴行为使撰写工作几乎只需要关注上下文之间的转折和文末的总结，而且，写作还需要"对语言——'这位我们必须崇拜的神'——高度敏感"。[4]

从现在起，我们能够更好地理解《忧郁的热带》的主旨和目标："回想过去将近 20 年的经历，就像是凝视褪色的照片。至少它能提供纪录片的那种功能，我将记忆抽屉深处的东西交给了市档案馆。"[5] 一方面，"抽屉深处的东西"循环再生，他收获的经验和他的文字将获得新的意义；另一方面，从巴西的田野调查算起，对它的回忆发生于 15 年之后，这中间沧海桑田。人的记忆不仅有忘却或者记录的能力，更加重要的是，还有澄清事实、理解事物和表达意义的能力："这些岁月确实一去不复返了。[……] 一些事件表面上互相没有关联，分别来自不同的地区和时期。它们中的一个滑落到另一个之上，并且，它们突然间成为一座城堡，一动不动。城堡的建筑师拥有比我个人历史更多的智慧。夏多布里昂写过，'每个人身上都承载着一个由他见过、爱过的一切构成的世界，他不断地回到这个世界，就算他正在游历并且像是住在一个陌生的世界。'从此，在两个世界之间通行存在可

---

1 列维－斯特劳斯档案库，编号 NAF 28150，档案盒编号 128，"第 1 册笔记本"。
2 列维－斯特劳斯档案库，编号 NAF 28150，档案盒编号 49，"《忧郁的热带》前期准备文件"主题档案。
3 "在这些文明开化的印第安人身上"可见一种文明与蛮荒的混合结晶，他们不仅保留了远古文明的部分形态，又在与现代文明的接触中借鉴了一些内容。该段论述位于《忧郁的热带》第十七章：《帕拉纳》（Paraná），"七星文库"第五部分，第 143 页。
4 文森·德巴恩：《说明》，载《忧郁的热带》，第 1695 页；这里提到了克洛德·列维－斯特劳斯"个人语库"的一个表达。他在接受的多米尼克－安托万·格里索尼的采访时，总结过自己的"个人语库"。参见《列维－斯特劳斯的 33 个关键词》，《文学杂志》，第 26 页。
5 《忧郁的热带》，第 84 页。

能。时间出乎意料地拓宽了连接生命与自己之间的距离。我必须经历 20 年的漫不经心才能与过往的经验进行亲密对话,我也曾一直寻找过去,但从未理解它的意义或发现它的本质。"[1] 列维－斯特劳斯在他最喜欢的作家之一——让·德·雷瑞身上感受到,记忆拼图这样的构造在人生中自有它的作用。让·德·雷瑞在 22 岁时出游巴西,列维－斯特劳斯在 26 岁时出访巴西。前者等了 18 年才开始撰写《巴西大地上的旅行》,而列维－斯特劳斯在动笔创作《忧郁的热带》之前等了 15 年左右。两件事之间发生了什么?"雷瑞的时代发生了法国宗教战争、里昂的动乱、卢瓦尔河畔拉沙里泰(la Charité-sur-Loire)的动乱、桑塞尔之围(siège de Sancerre),他亲身经历了桑塞尔之围,以这一事件为主题写了一本书。我面对的是第二次世界大战,为了避免遭受迫害,我走上逃亡之路。"[2]

因此,从深层来看,《忧郁的热带》属于普鲁斯特式的叙事文本。失望之余,他发现真诚的心灵和高贵的精神无法触及现实。《忧郁的热带》还回溯了过去,希望与过去建立联系,希望借助回忆带来的启示,超越时间流逝的规则。[3] 人们只有通过记忆才能理解事物。因此,万事皆有可能。冒险有其意义,爱情也有意义,作家的或者民族学家的志愿可以实现。这种记录回忆的写作没有章法,不顾时间或者客观空间的结构,但它忠于自我的各种表现,让作者自由地创作。读者们可以完全感受到作品创造过程的自由。米歇尔·莱里斯从列维－斯特劳斯对时间顺序的抗拒中看到,列

---

1 《忧郁的热带》,第 32—33 页。
2 格里索尼为《巴西大地上的旅行》作序:《关于让·德·雷瑞:与克洛德·列维－斯特劳斯的谈话》(« Sur Jean de Léry. Entretien avec Claude Lévi-Strauss »)。让·德·雷瑞:《巴西大地上的旅行》(Histoire d'un voyage fait en la terre du Brésil),"经典丛书",巴黎:口袋书出版社(Le Livre de Poche),1994 年,第 7 页。
3 此段论述参见德巴恩,《〈忧郁的热带〉:书信之旅与感性之力》(« Tristes tropiques. Quête des correspondances et logique du sensible »),载《永别,旅行!》,主要是在第 320—321 页。

维－斯特劳斯在"普鲁斯特的启示"[1]之下，体验了"对时间流动的掌控"。这些"精神之旅"和整体上流畅的行文令人想起弗吉尼亚·伍尔夫的"意识流"。主线情节包括了叙事者自己的教育经历、民族学的选择（或者说，民族学使命）、圣保罗那几年的经历以及两次到马托格罗索州的考察。他在马托格罗索州遇上了卡杜维奥人、博罗罗人、南比克瓦拉人，很快，又接触到了图皮人和蒙蝶人。书中的论证完成于田野工作之后，对这些社会的描写"就像是写在黑板上一样"[2]，这些描写是《忧郁的热带》的核心。南比克瓦拉人占据特别的地位，代表了书中一段幸福的经历，南比克瓦拉部落像是无忧无虑的绿色天堂，拥有田园风光。紧随其后，他为了确定蒙蝶人的基本结构而精疲力竭，学术上的野心也因此落空。（结构的）真相的出现像是破除迷信的过程，目的是让人对意义和它的反面（意义的缺失）进行思考。书本最后佛家的语气便来源于此。知识遇见了无法确认的"无知识"（non-savoir）。这个故事还具有启蒙意义：除了北美的流亡、巴基斯坦之行中对"拥挤的热带"的思考、田野工作时的消沉情绪以及戏剧剧本的创作，书里还指出，人类向着"单一的菜单"前进，停不下脚步，同时，罪恶的西方现代化贪得无厌，它吞噬整个世界，排出了废物。最终，书的结尾否定了对意义的追寻。结尾的第一句话具有粉碎性和破坏性的力量——"我讨厌旅行和探险者"，他像是化身猫的视角，投来温柔、深邃的眼神。

自己与他人：《追忆录》[3]

《忧郁的热带》也是一本民族学著作。它继承了法国传统，但同时，又颠覆了这个传统。被文森·德巴恩称为的"第二本书"

---

[1] 米歇尔·莱里斯：《从〈忧郁的热带〉谈起》（« À travers Tristes Tropqiues »），《共和手册》（*Les Cahiers de la République*）第 2 期，1956 年 7 月 2 日。
[2] 同上。
[3] 同上。

（deuxième livre）通过文学创作，成为对已经发表的科学研究、学术专著和学术文章的补充。这第二本书——但从时间顺序上，它也可能是第一本书——试图再现作为调查对象的田野、模拟作为寻访对象的社会的氛围。为此，它使用了文学方法，因为文学方法更有助于理解不可理解的事物、捕捉陌生的事物以及充分表达田野经验的诗学特性。所以，它不仅仅是一部民族志作品。在《非洲幽灵》中，莱里斯要恢复"矛盾的人生"[1]；在《复活节岛》中，梅特罗在寻找笼罩神秘雕像的"庄严气质"[2]。

《忧郁的热带》常常被描述为一个令人失望的故事：他记录了一次失败的田野考察，一段民族学家并未成功吸取的经验。这是一次他者的经验，他花了很长时间，以时间的流逝作为代价，以文字作为工具将它重新搭建起来。书中记录了无聊和疲惫、无法预测的游荡以及各种桥段（列维－斯特劳斯迷失在塞尔陶时，有好笑的情节，艾米迪奥的手的意外是一个悲剧，全身性眼部感染则十分戏剧性），然而，我们不能认为它为冒险经历树立了荣耀的形象，也不能说它弘扬了民族学的精神。因为，它令人失望之处正在于此。耐心和严谨的研究没有加深对他者的认识，反而被描述为一条死胡同：要么是因为作为研究对象的他者披着虚假的外壳（印第安人不再是他们从前的样子……），要么是因为印第安人的他性（altérité）十分彻底（例如蒙蝶人的情况），再加上"缺少一位仆人星期五"，他根本无法理解他们。"这次旅行表明，现实无法从经验中得出。"[3]《奥古斯都封神记》表现的正是这场旅行的虚假外表。他从坎普斯诺武斯开始酝酿这出用来宣泄情感的剧本，那时，他十分沮丧。列维－斯特劳斯以高乃依的一出戏为基础进行改编。他对不少拉辛的

---

[1] 德巴恩，《永别，旅行！》，第158页。
[2] 同上书，第166页。
[3] 同上书，第319页。德巴恩借机说明，从这个结论看，《忧郁的热带》和《追忆似水年华》之间存在相似之处。

剧本倒背如流，对这出戏也是如此。剧本讲述了一名旅行者的故事：西拿在世界各处游走之后返回故乡，他虽获得了荣誉，但并不执着于自己真实的经验。这位民族学家借西拿这个角色驱除了自身的魔障：旅行让他感到失落，他从中吸取了教训[1]；他还发现，"观察者和作家所使用的手段并不足以捕捉我们的所见和我们试图描述的事物。"[2]

马林诺夫斯基的《日记》从一位成熟的实践家的视角，以一种严肃的方式展示了田野调查。《日记》虽是一部标志性的作品[3]，但它的发表时间比《忧郁的热带》晚几年。因此，《忧郁的热带》是继米歇尔·莱里斯的《非洲幽灵》之后，较早以民族学家作为描写对象的叙事文本。并且，它与《非洲幽灵》一样，都带有批判性的眼光。它讲述了那些幕后故事，而不仅仅是民族志考察内容，只是叙述者身边的人们都被缩略成了剪影。就是这种反省的急切需求使它"提前实现后现代"[4]，让它拥有创新和矛盾的特性，就算事后，它将成为由克利福德·格尔茨（Clifford Geertz）代表的人类学后现代主义批判的对象。[5] 它还奠定了一种批判、反思的民族志写作模型。我们可以在菲利普·德斯科拉（Philippe Descola）的《暮光之矛》（*Les Lances du crépuscule*）里轻易找到对这种模型热情的回应。《暮光之矛》专注于希瓦罗印第安人（Jivaro），40多年后，也作为"人类观察丛书"的一册出版。[6]

田野调查的僵局和对异国事物抱有的困惑会带来什么样的结

---

[1] 《忧郁的热带》，第408页。
[2] 克洛德·列维-斯特劳斯：《日落：与鲍里斯·魏斯曼的访谈》，第10页。
[3] 布罗尼斯拉夫·马林诺夫斯基：《一本严格意义上的日记》（*A Diary in the Strict Sense of the Word*），纽约：哈考特出版社（Harcourt, Brace & World），1967年；本书于1985年被译为法语。（译按：中文版由卞思梅翻译，于2015年在广西师范大学出版社出版。）
[4] 爱德华多·威维洛思·德·卡斯特罗、马克·基尔斯（Marc Kirsch）：《卡斯特罗眼中的列维-斯特劳斯》（«Claude Lévi-Strauss vu par Eduardo Viveiros de Castro»），《法兰西公学院通讯》（*Lettre du Collège de France*），特辑，2008年第2期，2010年6月查阅。
[5] 克利福德·格尔茨：《这里和那里：人类学家作为作者》。
[6] 菲利普·德斯科拉：《暮光之矛》，"人类观察丛书"，巴黎：普隆出版社，1993年。

果？"这或许就是旅行的意义，旅行是探索我的记忆沙漠，而非探索我周围的沙漠，"[1]叙述者这样问自己。肖邦（练习曲《离别》，作品10之3）的旋律萦绕在他的心头，他甚至并不那么欣赏它。在文字之旅的最后，人们才发现，第一次长途旅行虽然失败，但带来了真正的成果：他获得了看待生命和事物的新视角。于是，"民族志的旅行成为对自我的考古"[2]。通过这本书的结构，即"不受拘束的联想主义"、标尺的转变、异想天开的比较、时间与空间的连续相撞，列维－斯特劳斯试图重现一种"内部的地理"。"内部的地理"不是自我的表达，而是理解和转换"感官逻辑"[3]的场所。几年后，他对"感官逻辑"进行了一番探究。就像《恶心》里的罗根丁，《忧郁的热带》的叙述者用"探寻普通事物的冒险"替换衰退的游记文学的冒险，这种冒险关注的是平庸、日常的事物（一个竹篓、一个手势），它们代表的含义只能通过真正的冒险——精神上的冒险——才能得知。在《恶心》里，历史学家罗根丁从旅行中回来，不再相信他的历史学体系，也不相信知识的积累。他所居住的城市里一切熟悉的事物反而突然变得陌生、荒诞，甚至令人厌恶。弗雷德里克·凯克提出了将《忧郁的热带》与《恶心》（1938）进行比较，给出了新的启发。两本书里都"没有冒险"，"没有冒险"正是《恶心》书腰上的广告词。[4]他总结道，这两本书都诞生于一场相似的哲学和意义的危机，它们以同样的方式，或者至少是相似的方式来解决问题：它们不仅利用现象学意识，还建立了用来掌握逻辑关系的音乐模型，将可见的现象变得明白易懂。两本书都完成了一场凝望之旅（Odyssée du regard）。[5]

---

1 《忧郁的热带》，第404—405页。
2 德巴恩：《永别，旅行！》，第325页。
3 同上书，第325页及其后。
4 德巴恩：《化身为拉撒路的民族学家》，第90页。他认为，列维－斯特劳斯的戏剧人物与萨特笔下的人物别无二致："从本质上，西拿无外乎另一个罗根丁。"
5 参见弗雷德里克·凯克：《萨特与列维－斯特劳斯对日常的探索：〈恶心〉与〈忧郁的热带〉的对比研究》，《现代》第632、633和634期，2005年7—10月。

正是通过重新吸收"观察"的研究主题，民族学才能够变得客观，触及唯一的客观事实。不久前，列维-斯特劳斯在一篇综述（1954）中写过这一点，综述的主题是人类学在社会科学中的位置：年轻的民族学"没有一个属于自己的研究主题，与其他人文社会科学并不存在区别，[……] 它是一种理解世界的特殊方式或者一种处理问题的新颖的方式"[1]。之后，他将盖棺定论：《忧郁的热带》"不仅显示了镜头前的事物，也显示了镜头后的事物。它不是我个人民族志经历的客观观点，而是对拥有这些经历的我自己的检视"[2]。这种尝试偏移了中心：自己看着作为观察者的自己，把自己看作他人。这正是几代人在阅读《忧郁的热带》时感受到的思想上的魅力。列维-斯特劳斯认可和尊敬的榜样是被他看作"人文科学奠基者"的让-雅克·卢梭。

人们在听赛日·甘斯布（Serge Gainsbourg）的歌曲时，常常听得出肖邦的曲调。同样，人们读列维-斯特劳斯时，就等于是温习卢梭的作品，有时甚至对此并无察觉（因为列维-斯特劳斯并不总是明确地引用卢梭）。这不是抄袭，这代表深度地沉溺于其中。卢梭自己也深深地着迷于同时代的民族志文学，受卢梭的影响，列维-斯特劳斯在《忧郁的热带》中坚定地向他的"老师"和"兄弟"，这位萨瓦的牧师致敬。几年之后，在日内瓦，他在哲学家诞辰 250 周年纪念日之际再度致敬。以此为契机，他开始反思民族学和让-雅克的哲学思想之间深刻的联系。因为，在列维-斯特劳斯看来，卢梭生活中的矛盾和作品中的矛盾让他从根本上成为一位民族学家："虽然卢梭也倡导研究最原始的人类，

---

[1] 克洛德·列维-斯特劳斯：《人类学在社会科学中的地位及其教学问题》，1954 年。参见《结构人类学》，第 378 页。
[2] 克洛德·列维-斯特劳斯接受了皮埃尔-安德烈·布当（Pierre-André Boutang）和阿妮·舍瓦莱（Annie Chevallay）的采访，《克洛德·列维-斯特劳斯谈克洛德·列维-斯特劳斯》。参见《克洛德·列维-斯特劳斯：研究室里的诗人》，第 202 页。

但他最醉心于研究那个好像与他最接近的人,也就是他自己。"[1] 民族学家列维-斯特劳斯熟悉这种矛盾。在面对严酷的田野考察时,他远离了自己,去接受田野对他身体上与精神上的考验,因此,代入了卢梭的感受。卢梭的愤世嫉俗是一种民族志的经验:"而我,与他们(同代人)、与一切疏远,我自己是什么?这就是我要寻找的答案。"哪位民族学家从未问过自己这个问题?我是什么?我到野蛮人这儿来做什么?又要寻找什么?对列维-斯特劳斯来说,那就是名副其实的民族志研究的核心任务。只有偏离自我这个中心——他称之为摆脱"理所当然的自我"(évidences du moi)——才能以理性的方式前进一步,才能触碰到他者。正是通过证明自己是陌生人,如同一个"他"(il),民族学家才能把另一个体理解为一个"我"(moi)。精神分析中也存在相同的做法,只是需要反过来[2],因此,人们将田野考察与精神分析的治疗进行了反复的比较。卢梭的另一个重要思想是怜悯,它为民族志知识指明了更加直接的政治前景。在卢梭看来,民族志知识并非反动,而是具有革命性。[3] 列维-斯特劳斯喜爱卢梭身上的一切。他是民族学家、"印第安人的革命预言家",还是快乐的植物学家、音乐家、敏感之人、感性之人、极度脆弱之人、热爱自然之人、政治思想家。卢梭发现了"人文科学真正的原理和唯一可能奠定伦理的基石:两个世纪以来,他还让我们重新点燃了熔炉,让熔炉熊熊燃烧。这鼎熔炉里聚集了各种人物,其中,政治家和哲学家的自尊让我和他者之间、我的社会和别的社会之间、自然和文化之间、感性和理性之间、人类和生命之间持续不断的发生冲突"。[4]

---

[1] 克洛德·列维-斯特劳斯:《让-雅克·卢梭,人文社会科学的奠基者》,载《结构人类学》,第2卷,第47页。
[2] 参见本书第12章。
[3] 列维-斯特劳斯谈到卢梭,称其思想中有一种"颠覆性的力量"(force subversive),卢梭作为一个"伤痕累累却高高在上的存在",像根"杠杆,能撬动一切道德、律法、社会的根基";列维-斯特劳斯也借此机会重新阐明了卢梭对自然状态的观点,消除了误解。《让-雅克·卢梭,人文社会科学的奠基者》,第52—53页;以及本书第18章。
[4] 《让-雅克·卢梭,人文社会科学的奠基者》,第55—56页。

接受:"发现西方意识的时刻"

1955 年 10 月,《忧郁的热带》对外出版。《现代》的读者在几个月前持续关注着列维 – 斯特劳斯与凯卢瓦的笔战:《躺着的第欧根尼》发表于 1955 年 3 月,同年夏天,《忧郁的热带》其中一部分在同一本期刊上提前发表。[1] 这是克洛德·列维 – 斯特劳斯给出的最终答复。这一段被公众接受(réception)的过程使人们对它的解读趋于戏剧化和政治化。今天看来,令人震惊的是,它标志着列维 – 斯特劳斯和萨特重新建立了联盟。我们知道,萨特为《忧郁的热带》"着迷"[2],尽管《忧郁的热带》对存在主义提出了尖锐的抨击,将存在主义戏称为"无知少女的形而上学"(métaphysique pour midinette)[3]。

《忧郁的热带》在历史上、哲学上和政治上的潜力(horizon d'attente)使该书的出版成为一个事件。所有法语国家的新闻媒体都意识到这点。[4]1956 年的媒体专栏可以为此做证。除了法国全国性报纸,还有法国地方性报纸、瑞士和比利时的报纸、各种杂志、数不清的阅读笔记。尽管书还没被翻译为英文,《泰晤士报文学副刊》首页刊登了一篇长文,西蒙娜·德·波伏瓦的《名士风流》(Les Mandarins)和加缪的《堕落》(La Chute)则被放进了内页。[5] 尽管如此,两个月之后,评论才开始出现。也许,

---

1 克洛德·列维 – 斯特劳斯:《印第安人及其民族志学家》,《现代》第 116 期,1955 年 8 月,第 1—50 页。
2 克洛德·朗兹曼:《献词》,第 1 页。作者在文中称,除了萨特和西蒙娜·德·波伏瓦,事实上,我们所有人都产生了"头晕目眩"之感。
3 《忧郁的热带》,第 47 页:"那些后来汇流成存在主义的思想潮流,在我看来都与正当的思考活动背道而驰,原因是这些思潮对主体性的幻想过于放任自流。把个人忧虑提升至哲学思辨的高度,作为教学手段尚可被原谅,却难免有着将哲学沦为一种无知少女的形而上学的风险。哲学的使命,本是认识存在与其自身的关系,而非认识存在与自我的关系;但在个人忧虑的地位被提高的过程中,不仅是这项任务可能被推搪塞至一旁,哲学甚至面临着被日渐强势的科学取而代之的巨大危险。"
4 此段论述参见德巴恩:《说明》,"七星文库",第 1715 页及其后;或《永别,旅行!》,第 400 页及其后。
5 J. 佩里斯提亚尼(J. Peristiany):《社会解剖学》(« Social Anatomy »),《泰晤士文学副刊》1957 年 2 月 22 日。

这标志着这本书被读过了！而列维-斯特劳斯则一直没有摆脱失败综合征。1955 年 11 月 28 日，他写信给多萝莱斯·瓦内蒂，表明自己"由于人们对《忧郁的热带》整体上反映冷淡而十分气馁：日报里刊登了三四篇带有模糊好感的评论，没有其他新闻。两个月间，人们只关注费米娜奖、龚古尔奖和其他奖项"。他接下来谈到一个更加令人兴奋的主题："在纽约公共图书馆的旧烹饪书里，你可以找到一定会引起轰动的催情食谱，它们可以用来做罐头食品……"[1] 他的妻子莫尼克记得，《亲属关系的基本结构》一书平庸的销量让他不抱幻想，他丈夫口中常常念叨："你等着瞧吧，800 册……"[2]

列维-斯特劳斯苦恼万分，还在幻想获得人为创造的愉悦，此时，法国知识界和新闻媒体界的大文豪们开始行动了：乔治·巴塔耶、弗朗索瓦-雷吉·巴斯蒂德（François-Régis Bastide）、热内·艾田伯（René Étiemble）、罗杰·格雷尼尔（Roger Grenier）、莫里斯·布朗肖、米歇尔·莱里斯、让·拉克鲁瓦（Jean Lacroix）、让·卡泽纳夫（Jean Cazeneuve）、加埃唐·皮孔（Gaëtan Picon）、克洛德·罗伊（Claude Roy）。这些人都将称赞《忧郁的热带》，他们还将见证书名头韵造成的震撼。其中一位评论家扮演着特殊的角色。他是第一位（或者几乎是）发声的人，因此，终结了作者坐立难安的状态，让作者知道，世人并非漠不关心。1955 年 12 月 24 日，雷蒙·阿隆在《费加罗文学报》发表了一篇文章，拒绝从政治的角度解读《忧郁的热带》。所有或者几乎所有文章都明确提及战争造成的灾难事件，其中包括奥斯维辛和广岛，这些事件也给科学带来了灾难。布朗肖写的书评以"位于原

---

[1] 1955 年 11 月 28 日给多萝莱斯·瓦内蒂的信。参见列维-斯特劳斯档案库，编号 NAF 28150，档案盒编号 182。
[2] 莫尼克·列维-斯特劳斯在接受访谈时称，克洛德·列维-斯特劳斯在 5 年内卖出了 800 册《亲属关系的基本结构》。

点的人"[1]为题,同样以集中营幸存者作为对象。[2]10 年后,集中营的惊人历史再次进入大众视野,集中营作为笼罩在西方文明上方的阴云,这一次,造成了更大的震撼。因为在《忧郁的热带》中,集中营仅仅是"间接地"出现,属于历史无意识。《广岛之恋》(1959)中,雷乃在 15 年后,以虚构的形式记录忧愁,同样,《忧郁的热带》被看作在战争结束 10 年后,西方以诊断书的形式对自己进行了回顾和批评。[3]

因此,雷蒙·阿隆是第一个坚持彻底抛弃进步主义理想的人。进步主义由奥古斯特·孔德和涂尔干的思想主导,而这样的理想在列维-斯特劳斯的时代已经无效了,因为"终点受到任何一点奥斯维辛的火葬场的牵连"后,"通向主权独立的成功的欧洲文明的道路"就不再适用。[4]但阿隆继续对列维-斯特劳斯的政治进行分析。阿隆通过"《波斯人信札》的考验",也就是说,通过孟德斯鸠,从另一个人的视角进行分析。这样做的过程中,他为自己的观点提供了依据。他认为,解决那些当代的重要问题需要对人类进行新的思考,因此,需要一门研究人类的新的科学(或者对旧的科学进行更新)。他还在其他书评中表达了这一观点。立足于西方文明的哲学因为"狭隘"而被抛弃,与之相比,这些新的人文社会科学将更好地理解错综复杂的当下。根据阿隆所说,列维-斯特劳斯在"所谓的原始社会中[……]"寻找"一种人类社会的理论模型,借助这种模型,我们将成功发现人类目前的本质中普通、人为的东西"。关于

---

1 莫里斯·布朗肖:《位于原点的人》(« L'homme au point zéro »),载《新新法兰西评论》(*La Nouvelle Nouvelle Revue française*)第 40 期,1956 年 4 月。
2 德巴恩:《化身为拉撒路的民族学家》,第 93 页。
3 关于通过电影记录历史这一点,它并不是指在集中营现场拍摄的影像(尽管这些影像确实存在),而是指电影艺术特殊语法结构里"逾期失效"(images forcloses)的影像,这是一种"历史的电影学形态"。参见安托万·德巴克(Antoine de Beacque):《历史-镜头:电影形态的历史》(*L'Histoire-caméra. Les formes cinématographiques de l'histoire*),巴黎:伽利玛出版社,2008 年。
4 雷蒙·阿隆:《介于原始与文明之间的民族学家》(« L'ethnologue entre les primitifs et la civilisation »),《费加罗文学报》1955 年 12 月 24 日。

科技进步，他不希望科技停止发展，但他未忽视科技进步的代价，列维－斯特劳斯"清醒地迎接一个与自身和解的共同体的降临"。由此看来，比起马克思，他更认同卢梭。阿隆察觉到，列维－斯特劳斯在《种族与历史》中提出的相对主义不被很多人接受："任何社会都不是完美的，也不是完全腐坏的，并且，在每个社会中，好坏的比例分配不变。这样的结论更有可能侵犯马克思主义者而不是那些保守主义者。"最终，阿隆赞同列维－斯特劳斯的悲观主义，他也总结认为，我们的世界开始"对居住者来说变得过于拥挤"。

书的结束语很有名：列维－斯特劳斯给衰败的隐喻（熵）赋予了新的活力，在他之前，一些认为西方衰落的思想家（例如，瓦雷里）已经用过这个隐喻。他从诺伯特·维纳（Norbert Wiener）提出的年轻的信息科学中为"熵"（entropie）重新确立了源头。他在《种族与历史》中已经指出，数量过多的交流将把世界变得均等，并不可避免地让世界产生越来越强的惰性，"这种惰性将会在某一天变为最终的现实"[1]。因此，"莱里斯"有关人类学的一语双关更应该用"熵学"（entropologie）来表达：一门"致力于研究解体的最高级形式"[2]的学科，熵的科学。通过重重哀叹声，《忧郁的热带》感伤的内容揭露了西方的罪行：占领、改造和建设波利尼西亚群岛海岸线、把第三世界变为肮脏不堪的郊区。当时，被保护的世界还未被称作第三世界，因为这个词刚刚在1955年被阿尔弗雷德·索维（Alfred Sauvy）发明出来。他用一种不符合时代的华丽辞藻描述了当下的时代，一个心存怀疑却还未发现自己已经染病的时代。尽管如此，这样的呐喊是独一无二的，我们可以将它解读为历史、意识形态和学术环境的产物。

---

1 《忧郁的热带》，第443页。
2 同上书，第444页。

但有时，这样的呐喊也引来了众多争议。列维-斯特劳斯对犹太人大屠杀的解读就是一个很好的例子：他去过东方和西方热带地区，经历了流亡，还曾登陆西印度群岛，这些经历让他常常看到，"当人们开始感到局促"，一部分人类便驱逐其他人类同胞，因此，他将对犹太人的屠杀也看作这样的行为。"过去一个世纪，欧洲的人口翻了一番，20年来，欧洲成为各大历史事件的舞台。然而，从这个角度看，我认为，这些事件不再是一个民族、一个信条或者一群人脱离常规后造成的结果。我更愿意将它们看作世界走向终结的预警信号，南亚在一千年或者两千年前就曾面对这样的危险。除非有人能做出意义重大的决定，否则，我们可能无法避免这种情况的发生。"[1]

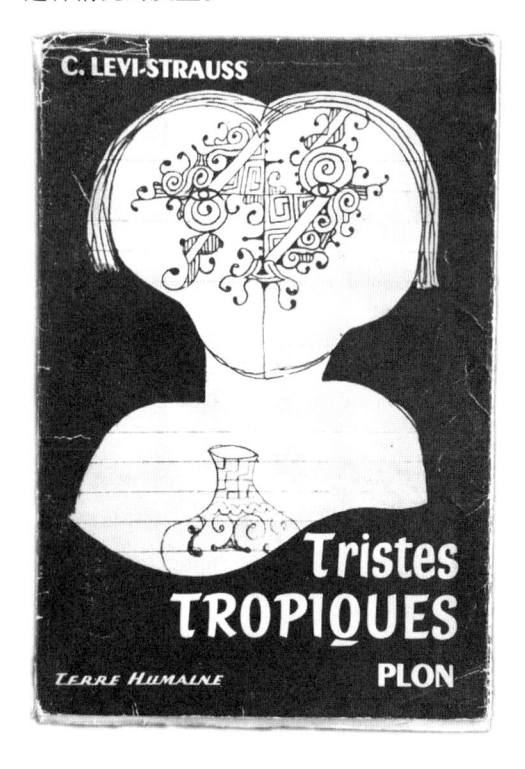

左图为《忧郁的热带》首版的黑白封面。书的出版时间为1956年。
红色腰封上写着："所有龚古尔奖得主都热烈讨论此书。"

---

[1]《忧郁的热带》，第139—140页。

正是这种带有宿命论色彩的悲观主义激怒了某些人。这个时期，乔治·巴朗迪埃与列维－斯特劳斯十分亲近，但他并不愿意接受这样的立场可能带来的政治后果。他认为，民族学家是"某种革命者，但是他的抗议意味着逃离到熟悉的疆界之外"[1]，明显倾向于后退而不是展望未来。他认为列维－斯特劳斯也应该认同"革命者"的观点。然而，列维－斯特劳斯认为"人类原始社会之伟大无法被定义"[2]，因此而感到喜悦，与之相反，巴朗迪埃相信"原始"社会可以进化、发生变化并且创造历史，也有固守陈规和维持不变的能力。至于列维－斯特劳斯的朋友米歇尔·莱里斯，他觉得书本结尾有太多消极的幻想。莱里斯认为，乐观的态度更加符合他当时的心态："事情还没有定论。一切还有转圜的余地。过去错误的决定还可以被重新纠正。"[3]《忧郁的热带》结尾将这种对人类起源的颂扬概括为唯一的救赎方式，还用优秀的摄影作品作为证明。这些照片的忧郁格调为列维－斯特劳斯的历史悲观主义提供了丰富的意义，照片本身也说明，人类学作为末日科学，具有重要的功能。这些记录下印第安人的照片构图精美，它们让《忧郁的热带》和作者列维－斯特劳斯名扬四海。1955年首版的封面并不是戴着唇饰和鼻饰的年轻的南比克瓦拉人的照片，而是以黑色为背景的卡杜维奥人的花纹。这是列维－斯特劳斯亲自选择的封面。我们可以想象列维－斯特劳斯给马洛里写信时，就像是手里拿着画笔的17世纪的荷兰画家："[……]首先，我会特别注意我白色的比例，我要求白色占据较高比重（我认为，多一些白色可以缓和沉重的色调，我担心色调过于沉重）；其次，是'泡沫花边'的效果，

---

1 乔治·巴朗迪埃：《民族学家的伟大与桎梏》（«Grandeurs et servitudes de l'ethnologue»），《南方杂志》（*Cahiers du Sud*）第337期，1956年。
2 《忧郁的热带》，第421页。
3 同上。

我希望在年轻人的领口多一些这样的效果……"[1]

科学与艺术之间的共性

《忧郁的热带》被公众接受时，还产生了另一个理解上的重大问题。我们可以借用阿莱霍·卡彭铁尔（Alejo Carpentier）与《忧郁的热带》同年发表的小说标题，将它称为另一个"水域共享"（partage des eaux）的问题。列维-斯特劳斯是一个学者吗？是一个作家吗？他可以一人同时饰演两个角色吗？还是只可择其一？《忧郁的热带》可以被归入"哲学游记"这一体裁，但它还是将质疑知识之间逐渐分化的现象。整本书都在以自己的方式讨论这个现象。

模糊的体裁

"《忧郁的热带》既不是专项研究，也不是游记，更不是自传。它是这些的综合体或者其他什么体裁？我们没法将这部作品归到任何一种已知的体裁中去，它更不属于那些令人厌恶的体裁。"[2] 新闻媒体将它定义为无法分类的作品，虽然它常常被人与哲学游记的传统（例如，蒙田、孟德斯鸠）联系在一起。它在文学和科学之间徘徊，发生了混合，这样的特质令人吃惊。从这一点来看，这是个绝妙的"观察视角"[3]，它观察，文学和人文科学之间的关系发生了何种变化。这种变化始于19世纪，当时，人们不仅贬低修辞学，还鼓吹科学的"严谨性"，因为长久以来，人们都将科学作为一种理想。[4] 它是一个不协调的作

---

[1] 1955年3月29日给让·马洛里的信。列维-斯特劳斯档案库，编号NAF 28150，档案盒编号196。德巴恩也进行了引用：《说明》，"七星文库"，第1697—1698页。
[2] 1956年10月31日《鸭鸣报》（Le Canard enchaîné）。
[3] 德巴恩：《永别，旅行！》，第402页。
[4] 参见德巴恩：《永别，旅行！》。它的子标题为"科学与文学之间的法国民族学"（« L'ethnologie française entre science et littérature »）；伍尔夫·勒佩尼斯（Wolf Lepenies）：《三种文化：科学、文学以及位于两者之间的社会学》（Les Trois Cultures. Entre science et littérature, l'avènement de la sociologie），1985年德文原版，1990年被译为法语，巴黎：人文科学之家出版社（MSH）。

品，因为，尽管它是一位学者或者职业民族学家的作品，却是以作家的语言写成的，至少人们认为是以这种语言写成的。媒体不停地称赞他的风格，搬出那些伟大的名字。列维－斯特劳斯拥有蒙田那般真诚的凝视、卢梭那般博爱的目光，夏多布里昂是他的孪生兄弟。他以民族学家的身份回来了："列维－斯特劳斯是亲眼见过梅沙瑟贝河（Meschacébé）[1]的夏多布里昂。"[2] 米什莱（Michelet）、克洛岱尔（Claudel）以及博须埃的悼词也被用上了。文森·德巴恩巧妙地称《忧郁的热带》为"杰出人物的对话"：列维－斯特劳斯运用传统的写作风格，不仅将《忧郁的热带》转化成文学，同时，也赋予了它政治力量。皮埃尔·诺拉（Pierre Nora）的分析也表达了同样的观点："《忧郁的热带》采用了源自传统的伟大写作风格，将作品从武断的个人经验中解脱出来，并赋予这位博学的文人荣誉勋位的形象和地位。优雅的言辞让人觉得，西方延续着它高贵的传统，通过他的笔触来发声。"[3]

这种紧张关系有很多种表达的方式，这些方式反映了历史上知识分化的多种方式：在法国，古典时期的"美文"（belles lettres）综合了所有知识，而当代，纯粹的文字工作获得了新的定位，从福楼拜发展到罗兰·巴特，形成了现代的"文学"概念。对《忧郁的热带》的批评中出现了下列几种不同的观点：它或是复苏了过去的美文体系，或是发起了文学的新攻势，有意聚集各家思想于一身，抑或是彻底没收了文学的权利。在第一种情形中，列维－斯特劳斯被拿来与科学时代比较，科学时代的学者拥有了话语权："啊！美好的19世纪，那时，记录与经验同样

---

[1] 密西西比河的旧称。——译者注
[2] 弗朗索瓦－雷吉·巴斯蒂德（François-Régis Bastide）：《另一位夏多布里昂的冒险之旅：永别，旅行！永别，旅行！》，《明日报》（Demain）1955年12月27日。文中提到的梅沙瑟贝河即现今的密西西比河，梅沙瑟贝河是印第安人对其的称呼。
[3] 皮埃尔·诺拉：《前言》，载《忧郁的热带》，第13页。值得注意的是，戴高乐将军回忆录也是由普隆出版社出版的……

重要，文字与旅行同样重要，而写作与科学发现也同样重要；从安培（Ampère）到巴斯德（Pasteur）、从勒南（Renan）到丹纳（Taine），学者们知晓如果用优美的语言揭露真理，这样的语言是一种默契。"[1] 在第二种情形中，我们找到一篇加埃唐·皮孔的文章，文章将维-斯特劳斯定义为一位"行动派的作家"，这样的称呼当然是源自他的散文体，但主要是由于他"与生命的运动始终保持联系"。"首先，是调查与经验之间的联系，是追求真理和追求自我之间强烈的情绪共鸣将这本学术著作升华到文学层面。"[2] 乔治·巴塔耶通过他发表于期刊《批评》（*Critique*）上的书评《人类之书，伟大的书》[3]，完整地提出了这样的观点。书评里，他提出了文学应当全面地理解人类。巴塔耶认为，"文学将成为人文科学的未来"[4]。《忧郁的热带》便是明证。让-克洛德·卡里埃尔（Jean-Claude Carrière）坦率地表达了第三种观点。他没有强调作者的作家身份，他认为，《忧郁的热带》"控诉了现代小说，因为现代小说狭隘地分门别类，没有能力打破文学作品的受众与广大读者之间的障碍"[5]。

在观点相反的阵营里，我们发现了莫里斯·布朗肖。对他来说，列维-斯特劳斯正是科学的代表，因为他认为，文学只存在于伟大的风格之中。罗兰·巴特与他意见一致，但没有发声。文森·德巴恩试图理解罗兰·巴特为什么保持沉默。他从来没有针对《忧郁的热带》写点什么东西，也很少参考《忧郁的热带》。这种谜一样的沉默——不久后，巴特和列维-斯特

---

1 让·马瑟纳（Jean Marcenac）：《一种没有眼泪的民族志学？》（« Vers une ethnographie sans larme ? »），《法国文学》（*Lettres françaises*）1956 年 2 月 16 日。
2 加埃唐·皮孔：《〈忧郁的热带〉或是良心不安》，参见《阅读的作用》（*L'Usage de la lecture*），第 2 卷，巴黎：法兰西信使出版社（Mercure de France），1956 年。
3 乔治·巴塔耶：《人类之书，伟大的书》（« Un livre humain, un grand livre »），《批评》第 105 期，1956 年 2 月。
4 德巴恩：《永别，旅行！》，第 406 页。
5 让-克洛德·卡里埃尔（Jean-Claude Carrière）：《评〈忧郁的热带〉》，圆桌讨论，1956 年 1 月。

劳斯将在结构主义的部落中频繁地被联系在一起——同样意味着巴特和列维－斯特劳斯"不是同一代人"[1]，他们的生日不是判断的标准。在巴特创作《写作的零度》（1953）和支持新小说大胆冒险之时，列维－斯特劳斯与当代文学没有丝毫瓜葛。十几年之后，他将会谴责这个文学流派"无聊得要命"[2]。可以说，整套"人类观察丛书"都以回顾的形式参与了这场论战。让·马洛里毫不掩饰他对现代文学的不屑（与列维－斯特劳斯一样），对现代科学的轻蔑（列维－斯特劳斯所代表的现代科学），他认为二者既"乏味"又"不近人情"。马洛里反对在1950年代受结构主义思潮影响而发展起来的彻底科学化的民族学，同时也反对被他视为过度依赖大脑的文学。马洛里宣称，他的丛书发起了抵抗运动，是自由表达言论的场所，那些他口中的"史诗学者"（savants épiques）或者代表自己说话的土著人都受到丛书欢迎。"人类观察丛书"的主要魅力之一是它收录了民族学著述和一些来自本地人的自传故事，例如，《阳光霍皮族》（Soleil hopi）。列维－斯特劳斯在完成《忧郁的热带》一年后，为《阳光霍皮族》作了序。[3]

虽然语言风格十分传统，《忧郁的热带》还是被记者索尼娅·奥威尔（Sonia Orwell）介绍给了英语国家的读者。索尼娅·奥威尔将它作为1956年法国文坛最重要的三部作品之一，另外两部分别是米歇尔·莱里斯的《杂七杂八》（Fourbis）和

---

[1] 德巴恩：《永别，旅行！》，第412页。
[2] 克洛德·列维－斯特劳斯：《裸人》，第573页。
[3] 董·C. 塔拉耶斯瓦（Don C. Talayesva）：《阳光霍皮族：一位霍皮族印第安人的自传》，雷欧·W. 西蒙（Léo W. Simmons）、克洛德·列维－斯特劳斯作序，巴黎：普隆出版社，"人类观察丛书"，1956年。后来，"人类观察丛书"又出版了一本由"土著人"写的书并大获成功：皮埃尔－雅克兹·埃利亚（Pierre-Jakez Hélias），《烈马》（Le Cheval d'orgueil），1975年。作为社会的一员，作者以见证者的视角（原作以布列塔尼语成文，作者本人将之译为法语），还原了普罗泽韦村庄（Plozévet）的真实面貌，那些外来的学者们花费多年时间对其进行研究，但与他的描述相似。参见安德烈·布吉耶尔（André Burguière）：《普罗泽韦村的布列塔尼人》（Bretons de Plozévet），巴黎：弗拉马利翁出版社，1975年。

玛格丽特·杜拉斯的《广场》（Square）。[1] 这部作品有时还与古巴作家阿莱霍·卡彭铁尔的佳作《水域共享》（Le Partage des eaux）一同作为评论的对象。《忧郁的热带》与《水域共享》之间建立了一些神秘的联系。似乎这位小说家曾试图展现一场回溯过去的伟大运动，《忧郁的热带》曾以它自己的方式完成了这项运动。在这场对《忧郁的热带》属于何种体裁的争论中，最后一个事件又点燃了气氛。在龚古尔奖的评委会午宴的前三天，将要颁奖的评委们向记者们表明了他们的难处：他们本倾向为《忧郁的热带》加冕，但这是不可能的，因为克洛德·列维－斯特劳斯的这本书是评论文（essai）而不是小说：它"超出了他们的评审范围"[2]。最终，1956年11月30日，列维－斯特劳斯突然拒绝了金笔奖的颁奖。金笔奖是普蕾亚音乐厅（salle Pleyel）向探险者颁发的奖项，评委会由几位探险者组成，其中包括保罗－埃米尔·维克多、莫里斯·赫尔佐格（Maurice Herzog）、弗里松－罗什（Frison-Roche）、马克斯－波尔·富歇（Max-Pol Fouchet）。这个奖项还将发放25万法郎的奖金。这位民族学家接到了来电，指出"有几张投出的票不能被他认同"。他虽冲动地提出拒绝，但这一举动却迅速为他赢得了更高的文学声誉。因为这一次，人们将他与一位作家联系在一起，这位作家也曾拒绝过奖项（他拒绝了龚古尔奖对《沙岸风云》的肯定）。"新的朱利安·格拉克"诞生了！

---

1 索尼娅·奥威尔（Sonia Orwell）：《巴黎的文学舞台》（«Literary Scene in Paris»），列维－斯特劳斯档案库，编号 NAF 28150，档案盒编号 234，"《忧郁的热带》媒体资料"主题档案。
2 列维－斯特劳斯档案库，编号 NAF 28150，档案盒编号 234，"《忧郁的热带》媒体资料"主题档案。1955年，最终是罗杰·伊科尔（Roger Ikor）凭借其小说《浑水》（Les Eaux mêlées）获得龚古尔文学奖；1956年，获奖者是罗曼·加里（Romain Gary），获奖作品是《天根》（Les Racines du ciel）。《天根》的主题、写作灵感或者写作方式都强烈地体现了突出的列维－斯特劳斯特色：控诉劫掠自然的行为、歌颂自然与动物界的伟大、在反思人文主义的框架下批判人类的绝对权力。

魔幻艺术之争

1955年夏，在《忧郁的热带》创作结束至出版之前发生了一段意味深长的故事。它围绕"魔幻"（magique）一词，对艺术、科学的定义——特别是它们的边界和它们各自的合法性——进行了讨论，启发了新的思考。安德烈·布勒东收到委托，要创作一本有关"魔幻艺术"的书。该书将与另外四本书组成一套丛书，另外四本书分别讲述宗教艺术、经典艺术、巴洛克艺术和为了艺术的艺术。对布勒东来说，"魔幻艺术"属于正当的艺术门类，但在艺术史中，它遭到了诽谤。他将多种艺术形式（古文明的或是较为近期的艺术形式）都归为魔幻艺术："原始"艺术、西方民间艺术、浪漫主义艺术、疯子的艺术、现代艺术，以及乌切罗（Uccello）、阿尔钦博托（Arcimboldo）、列奥纳多·达·芬奇、丢勒。他将对他来说真正代表"创造的艺术"（与"模仿的艺术"相反）的一切艺术形式都加入其中，这样的"创造的艺术"拥有特殊的神秘光芒，很快就确立了自己的特征。布勒东向60多位亲朋好友发送了一份有关魔幻艺术的问卷。列维-斯特劳斯认为他缺乏灵感[1]，而布勒东自己认为，他想要了解"所有权威的看法"[2]。"面对一件属于魔幻艺术的物品时，您的检验方法或进一步认识的方法是什么？""魔幻的物体有没有融入您个人生活的可能性？"第三个问题提议从特定的对象中对那些像是属于或者不属于魔幻艺术范畴的物品进行分类：（1）一幅埃及画作；（2）一枚高卢钱币；（3）一个海达象形文字（大不列颠哥伦比亚省）；（4）马克萨斯群岛的图纹；（5）哲学家的使者（Le Mercure philosophique）；（6）第十八号塔罗牌里

---

[1] 关于克洛德·列维-斯特劳斯的描述，参见《亦近，亦远》，第52页。
[2] 引文出自布勒东。由复印纸和问卷组成的这份文献属于列维-斯特劳斯与布勒东往来书信的一部分，收录于列维-斯特劳斯档案库，编号NAF 28150，档案盒编号185。其他关于布勒东的引文均出自于此。

的月亮；（7）保罗·乌切罗（Paolo Uccello）的花瓶；（8）汉斯·巴尔东（Hans Baldung）的画《着魔的侍从》；（9）蒙克（Munch）的《呐喊》；（10）德·基里科（De Chirico）的画《幽灵》；（11）一幅康定斯基（Kandinsky）的扉画。收到问卷后，列维－斯特劳斯就默不作声。安德烈·布勒东重新发了一次，列维－斯特劳斯让他7岁的儿子洛朗代替他回答，认为一个孩子的回答能让这位超现实主义者感兴趣。儿子洛朗"果断地做了分类"[1]。布勒东感觉受到了侮辱，他将这种做法视为"责备"，"蔑视的痕迹表露无遗"："恕我冒昧，即便您以更加友好和不那么具备系统破坏性的方式表达反对意见，您也不会有任何损失。在您看来，艺术和魔幻这些词语被我掏空了所有价值，您为什么不还原它们本来的价值呢？这对您来说显然就是孩童的游戏。"信中，他简洁地收尾："很遗憾，我成为您厌烦和嘲笑的对象。"[2]

我们如何理解这次争执？在美学层面上，二人存在许多共同点。列维－斯特劳斯与超现实主义者是同游古董店的伙伴，他欣赏布勒东"毒辣的眼神"（œil infaillible），特别欣赏布勒东将"新发现"（trouvaille）看作感性与目标对象之间的重聚（retrouvaille）。因此，问题不在于艺术的概念或者魔幻艺术的概念，而在于对"魔幻"一词的用法之争。列维－斯特劳斯的不作答设定了科学领域的界限："对我来说，'魔幻'这个词有其特定的定义。它属于民族学词汇。我不喜欢它被用作他途。"[3]最终，对于布勒东，模糊、笼统的"魔幻"一词激怒了列维－斯特劳斯，但"魔幻"将建立新的价值分级体系，是重铸艺术史（特别是西方艺术史）的工具。这位民族学家乐意承认他的想法，但两年之后，他将自己收到的一本《魔幻艺术》转赠给儿子！在一封和解的信里，他承

---

[1]《亦近，亦远》，第52页。
[2] 1955年8月23日的信。
[3]《亦近，亦远》，第52页。

认很欣赏有关居斯塔夫·莫罗（Gustave Moreau）、德·基里科（De Chirico）和亨利·卢梭（Henri Rousseau）的内容，认为这些内容写得很好："但是，老实说，我一直没能理解您有关史前艺术、原始艺术或者野性艺术的观点。顺带一提，我也曾宣称比较倾向于这个术语。至于'魔幻'一词，它是导致我们产生分歧的导火索，很显然，您赋予了它十分不同的含义。不过，总而言之，这只是个普通的称谓，阅读结束之后，我只记住，它集结了一批互相之间存在巨大差异的作品，成功地助你探索超现实主义从造型艺术中发现的新天地。这些集结起来的作品之间存在深刻的共同点，但'我不知道是什么'。您将这种'我不知道是什么'称为魔幻，然而，民族学家们无法认同您的选择，因为这一术语在民族学中拥有特定的意义。我承认，我还有另一件事没有完成。我没能为它找到一个更好的名字。"[1]

双重扭曲：神话的两种魔幻公式

《忧郁的热带》悲戚的控诉引起强烈的共鸣，列维－斯特劳斯的"辩口利辞"和"夸夸其谈"[2]能够触动广大民众。这位民族学家发表在《美国民俗杂志》（The Journal of American Folklore）的一篇文章也有这样的效果。只是它走上了一条相反的路，它从文学出发，走向了数学。这篇紧凑又漂亮的文章反映了理论主义的倾向，为将来的四部《神话学》奠定了基础。在《神话的结构研究》[3]中，列维－斯特劳斯提出了两种方法论上的方案：第一种方案是，神话的句法单元由"神话素"（mythème）组成，它就像音位（phonème）或者词素（morphème），只在

---

[1] 1957年7月6日，克洛德·列维－斯特劳斯从瓦勒罗盖（Valleraugue）给安德烈·布勒东写了一封信。参见雅克·杜塞图书馆（Bibliothèque Jacques-Doucet），安德烈·布勒东档案库。
[2] 皮埃尔·诺拉：《前言》，载《忧郁的热带》，第13页。
[3] 《神话的结构研究》（« The Structural Study of Myth »），《美国民俗杂志》（The Journal of American Folklore）第78卷第270期，1955年10—12月。它被翻译为法语，以《神话的结构》（« La structure des mythes »）为标题，收录于《结构人类学》，第227—255页。

和其他音位或词素单元产生关系时才能表达意义；第二种方案是，用阅读交响乐乐谱的方式阅读神话，兼顾水平和垂直两个维度，也就是说，以历时和共时的方式进行阅读，这种方式将以神话的所有版本作为分析对象，它不只忽视了神话起源的问题，也放弃了孰轻孰重的比较。他拿俄狄浦斯神话的例子（好处是广为人知）进行论证，提出了弗洛伊德式的解读。列维－斯特劳斯把这种解读看作神话的最终版本。因为论证的目的仍然是掌握决定意义的关联性，"最终发现神话的结构规则"。分析俄狄浦斯神话之后，他从中找出了两组术语（每组两个术语），两组术语之间存在双重对立。土著人（人从土地而生）和人诞生于男女结合的事实组成了神话的结构，但这个结构之中存在矛盾。因此，神话的功能在于调解、缓和这一现象。这个确实存在的现象说明了一个惊人的事实：两种情况都属实。这是"某种逻辑工具"，它让植物、动物、人类之间建立了联系，还让生者与死者之间、看似不可协调的一个土著社会与另一个土著社会之间也建立了联系。在看完了围绕普韦布洛（pueblo）的神话故事、对"灰男孩"（ashboy）和"捣蛋鬼"（弄臣、小丑）的大段描写之后，我们发现了这样的观点：由神话所有版本组成的整体中，极端的版本通过一种双重扭曲（double twist）的方式倒置对称，就像从相机镜头里反转的图像。他的论述突然得出了结论，但这个结论存在着偶然的成分："似乎从现在起每一个神话（每一个神话都被视为由所有版本组成的综合体）都可以用标准化的公式进行表示，但这个公式还有待修正和确认：$Fx(a) : Fy(b) = Fx(b) : Fa(y)$。"[1]

这个神秘甚至魔幻的公式似乎是一个坐标，指出某个神秘岛屿上藏有财宝。它具有"不确定的身份"，在德尼·贝多莱

---

[1]《结构人类学》，第252页。

看来，与其说是"科学研究的对象"，更像是"道德对象"[1]。近期，巴西民族学界（玛努拉·卡内罗·达库尼亚 [Manuela Carneiro da Cunha]）赋予了这个公式新的含义，然而，有一些民族学家将其用在学术研究上（皮埃尔·马兰达 [Pierre Maranda] 的研究）[2]，也有数学家们发声认为该公式有效。简单地来说，这个公式希望通过数学公式来进行神话的分析，甚至希望借由这种方式，建立起现代科学那般的严密逻辑。这个著名的"标准公式"，类似现代民族学的符咒（mantra），列维－斯特劳斯不仅在《神话学》第二册中谨慎地提到了这个公式，之后又在《嫉妒的制陶女》（*La Potière jalouse*，1985）和《猞猁的故事》（*Histoire de Lynx*，1991）中提到了它。标准公式的想法出现于1952—1954年的研讨课上。这是一节讨论人文数学的研讨课，由数学家乔治·吉尔博（Georges Guilbaud）与他一同主持。[3] 作者以一种幽默的语气介绍了它的公式，把自己形容成一个"街头小贩"，他想要"向路人们出售小玩意儿，因此，尽可能迅速地就它的功能"[4] 提供解释。

加埃唐·皮孔（Gaëtan Picon）认为，《忧郁的热带》的语言将学术专著提高到文学的水平，同样，列维－斯特劳斯认为，用数学的印漆为神话的分析护航，这无疑将学术专著"提高"到

---

1 德尼·贝多莱：《克洛德·列维－斯特劳斯》。
2 皮埃尔·马朗达（Pierre Maranda）（主编），《双重扭曲：从民族志到形态动力学》（*The Double Twist. From Ethnography to Morphodynamics*），多伦多：多伦多大学出版社，2001年。此外可参见，卢西安·斯库布拉（Lucien Scubla）：《读列维－斯特劳斯》（*Lire Lévi-Strauss*），巴黎：奥迪尔·雅各布出版社（Odile Jacob），1998年；让·佩提托（Jean Petitot）：《神话经典公式的形态动力学研究路径》（« Approche morphodynamique de la formule canonique du mythe »），《人类》（*L'Homme*）1998年，第106—107页；以及美国数学家杰克·摩拉瓦（Jack Morava）的研究。参见卢西安·斯库布拉：《机构、变形与形态的生成：从帕斯卡与普桑的视角看结构主义》（« Structure, transformation et morphogénèse ou le structuralisme illustré par Pascal et Poussin »），该文的附录指出，摩拉瓦完成了"一种对克洛德·列维－斯特劳斯经典公式的数学演绎"，参见《克洛德·列维－斯特劳斯》，埃尔纳出版社，第197—198页。最后，参见莫里斯·戈德利埃（Maurice Godelier）：《列维－斯特劳斯》（*Lévi-Strauss*），巴黎：瑟伊出版社，2013年，第411—436页。
3 参见本书第13章。
4 同上。

最不容置疑、最崇高的思想层面。

一个悖论

我们正在观察理论先锋主义的一大先驱人物——列维-斯特劳斯。他明确表达了想要通过富有硬科学精神的学术模型，对人文社会科学进行现代化改革的意愿。然而，他又表达了对传统审美的偏好，例如，对形象绘画（peinture figurative）和调性音乐（musique tonale）的喜爱；此外，《忧郁的热带》的散文体以其古典主义和同时代的文学所没有的陈年香气震惊了同时代的人。[1] 他对现代艺术提出了批评，也得到了相同的批评。他和他的研究（抽象的概念、枯燥的形式主义、空洞的能指等）都是批评的对象。

结构主义作为一种思想的产物，似乎与现代主义艺术运动在整体上互相依存，特别是在1950年代。因此，这种与时间之间维系的矛盾关系更能引起人们的好奇心。一些作者强调，结构主义与施托克豪森（Stockhausen）、泽纳基斯（Xenakis）、布莱兹（Boulez）、梅西安（Messiaen）作曲的方式存在相似之处，同一时间，这些作曲家都身处巴黎，他们作品的题目——"视角、结构、体系、布局、数量……"（Perspectives, Structures, Syntaxes, Configurations, Quantités…）——充分表达了同一种文化情绪。[2] 他们都重视重复，关心音列，不仅保持了数学的严谨，而且毫不装饰。绘画领域，抽象画架空了作品表现的内容，它学习结构主义实践者第一时间采取的行动，将所指与能指分离开来。与列维-斯特劳斯相反，雅各布森建立了一种由现代艺术驱动的结构主义家族谱系。他认为，结构主义的根源是20世纪初的莫斯科未来主义文学和立体主义画派："也许，

---

[1] 参见德巴恩：《前言》，载《忧郁的热带》，第23页及随后。
[2] 参见《克洛德·列维-斯特劳斯：研究室里的诗人》，第218页。

改变语言和语言学研究方法的最大的动力来自——至少对我来说——20 世纪头几年有声有色的艺术氛围。[……] 我们之中一些人将我们带向语言的研究,他们让我们学会了如何在语言学的领域应用相对性的原则;立体主义称'所有都建立在关系之上',是立体主义的理论和立体主义在造型上的创造不断地将我们推往这个方向。"[1]

列维-斯特劳斯与同时代的先锋派艺术家默契十足。与之矛盾的是,1958 年的广播节目中,列维-斯特劳斯与乔治·沙博尼耶(Georges Charbonnier)进行了《对话》(*Entretiens*),他表示,自己与先锋派艺术保持了距离。他在《对话》中自由地表达他的好恶,并且首次指出,对他而言,现代艺术走进了"死胡同"。他喜爱约瑟夫·韦尔内(Joseph Vernet)那种风格的画。这些港口的风景画是他在国立海洋博物馆看到的,通过这些画,他有机会体验 18 世纪陆地与海洋之间的关系。然而,他与现代艺术的争辩——现代艺术起源于印象主义绘画和福楼拜的文学作品(虽然他十分熟悉波德莱尔的作品)——主要表现在现代艺术与原始艺术之间的对立:原始艺术的意义为一个群体所理解,与这个群体深度融合,并完全属于这个群体;原始艺术不在于表现形式,而在于表达意义;原始艺术与物体联系紧密,并未致力于形式上的创新,因为传统自然而然地出现于其中。比较之下,现代艺术的"死胡同"出现了:现代艺术突出表现形式,而非表达意义,现代艺术的艺术家玩转"言语行为"(在画家们不同"手法"中),创造了空洞的能指。这些能指没有内容,对社会学来说,不能使外界与这个群体进行交流。对于列维-斯特劳斯,

---

[1] 罗曼·雅各布森:《文学中的语言》(*Language in Literature*),剑桥(马萨诸塞州):贝尔纳普出版社(Belknap Press),1987 年,第 3—4 页。道格拉斯·史密斯(Douglas Smith)对其进行了引用:《镜中的结构主义:列维-斯特劳斯与现代主义》(«Le structuralisme au miroir. Lévi-Strauss et le modernisme»),《现代》第 59 卷第 628 期,2004 年 8、9 和 10 月刊,第 116—117 页。

主动实验新形式绝不意味着将会变得多产，它更像是危机的征兆。总之，抽象画"不再只是个符号体系，而是'脱离了语言行为'（hors-langage）"，因为这种符号体系的创作者经常变换体系。[1] 由此，现代绘画艺术作茧自缚、精疲力竭。此外，他毫不犹豫地预测艺术活动将完全消失：艺术活动被创造出来，发展起来，也可能最终消逝。这种"能指的学院主义"（académisme du signifiant），在他看来，困扰着所有现代艺术。[2]

不论昨日还是今日，这些言论似乎是异端邪说，打破了我们身处的当代社会——对"文化"十分贪婪的当代社会——最广泛的共识之一。我们要怎么看待这些言论？现在回想起来，如果从传记的角度看，这个在未来几年间变得更加牢固的立场并不完全属于他。1920年代的那个年轻人热衷于斯特拉文斯基，并向毕加索"表达崇拜之意"。我们也回想起来，他对现代艺术的喜爱与父亲背道而驰。似乎是因为雷蒙·列维-斯特劳斯在1953年去世，儿子列维-斯特劳斯才一步步走向传统的观念，让他关心地位不高的手工艺。因为在艺术和文学中，手工艺都代表了父亲的形象。他似乎能与祖先们对话，从此成为同时身处19世纪和20世纪的人。我们也应当合理看待超现实主义的作用。虽然与布勒东有过争吵，但两人走得亲近，列维-斯特劳斯也从未否定这段经历。纽约那些年的经历有其重要性。重要的是美学上的契合度。列维-斯特劳斯将超现实主义从现代艺术中分离出来，因为不论超现实主义者们还是列维-斯特劳斯，他们都反对现代艺术中的"德谬歌主义"（démiurgisme）。纽约的那几年也让他真正发现了原始

---

[1] 乔治·沙伯尼耶：《与克洛德·列维-斯特劳斯对话》，第84页。
[2] 另外一种颇有意思却略显偏颇的解释为，克洛德·列维-斯特劳斯之所以不喜欢通过明晰的反身性来展示гр操控能指与所指之间关系的现代艺术，是因为现代艺术展示、反映了结构主义典型的巧妙手法，后者便显得"多余"（redondant）。此观点出自道格拉斯·史密斯：《镜中的结构主义：列维-斯特劳斯与现代主义》，第116—117页。但结构主义的重点不在于操纵能指和所指之间的关系，而首先在于对比研究，结构主义的对比研究坚持结构与内容不可分割。

艺术，一种与现代艺术相对的原始艺术。

从此，他身上呈现三足鼎立的局面。它们分别是原始文化（与西方文化相对的原始文化）、古典艺术（与当代艺术相对的古典艺术）和现代科学。三足鼎立为他创造了一个多元化的美学观，在1950年代中期，这样的美学观让他主动地、更加彻底地与时代脱节。所谓脱节，并不是指信息、公民身份或社会职业的脱节，而是指他对自己身上的时间体验的肯定：对原始社会的热爱和对当下时刻越来越强烈的美学上的厌恶。不要忘记，《忧郁的热带》在谴责西方现代性时态度激进："与他[列维-斯特劳斯]相比，弗朗茨·法农（Frantz Fanon）完全是一副和蔼可亲的样子。"[1]因此，在这个背景下，艺术作为了解一个社会的主要工具，理所当然地激起了列维-斯特劳斯强烈的排斥：一个堕落的时代只能滋养伪劣的艺术。列维-斯特劳斯很早就放弃与自己的时代为伍，他以一种独特的方式完成了这种转变，使他的作品在时间的长河里蜿蜒流淌，不仅"可供人取阅"且拥有"持久的'非现时性'"[2]。因此，他的作品始终没有时间属性。

时间上的"同步"和脱节同时存在于《忧郁的热带》，这一点让我们迅速意识到，《忧郁的热带》是"谜一般的经典"[3]。克洛德·罗伊（Claude Roy）强调，书里显示列维-斯特劳斯经验丰富（"遍览世界之后……"），这样的表达制造了一种博学的印象，同时，让《忧郁的热带》具有总结性，然而，与这些特点相反的是，它的创作过程十分迅速，十分洒脱，以拼拼贴贴和偏爱传统为特色。这正是《忧郁的热带》被大众接受时产生的变化：我们知道这本书之后还有作品将会诞生，而在阅读书评时，我们

---

1 克利福德·格尔茨，《这里和那里：人类学家作为作者》。
2 德巴恩：《前言》，载《忧郁的热带》，第33页。
3 这一表述借鉴于保罗-安德烈·罗森塔尔。罗森塔尔认为，路易·舍瓦里耶（Louis Chevalier）1958年出版的《危险阶级与劳工阶级》（*Classes dangereuses et classes laborieuses*）也同属这类作品。

却产生了他的作品已经完结的错误印象。事实上，它既不是他的作品的起点，也不是终点。《忧郁的热带》聚集了万千灯火，因此，闪闪发光。这些光芒来自他过去的文章：《亲属关系的基本结构》《马塞尔·莫斯作品导论》《种族与历史》。而他之后创作的作品，特别是几册《神话学》也将拥有这样的光芒。《忧郁的热带》绝不是科学研究之外的不务正业之举，也不是写作道路上两大高峰中间的喘气时刻——《亲属关系的基本结构》作为第一座高峰，已经是过去时，《神话学》将是第二座高峰。假如我们根据一种用来理解人类行为的范式，把列维-斯特劳斯的作品看作对民族学重大问题——亲属关系、图腾崇拜、神话学——的说明和重新整理，那么我们可以认定，从1947年到1971年，结构主义思想整体上稳定不变。然而，我们知道，这一期间，结构主义思想不断发展。由此看来，《忧郁的热带》属于一个特例。克利福德·格尔茨[1]提出，应当从被看作代表作的《忧郁的热带》出发，审视他的其他作品。《忧郁的热带》位居中心，过去的和即将到来的每本书围绕在它的身边，牵动着一根根丝线，这些丝线的另一头是一匹不断变化的布。这匹布将多部作品连接为一部作品，它们包括政治、严格意义上的民族学、道德和哲学、象征主义。列维-斯特劳斯的象征主义寻找着符号对应的意义，它在骰子落地的一刻，消除了偶然性。

奇怪的是，虽然《忧郁的热带》几乎没有提到结构主义这个词，它仍然凭借它的成功和它的独特之处富有诗意地表达了结构主义的概念。它利用了思想上的工具：感官发生短路时意义的突然出现、静止的思考、结合或分离的效应、对立或倒置的关系、对称的花纹、艺术的魔力和科学研究的成果。这些手段各不相同，

---

[1] 克利福德·格尔茨：《这里和那里：人类学家作为作者》，第41页及其后。

但本质上并不是互相独立的。[1] 这本危机之书事后被视为结构主义的宣言，它创造了自己的神话。神话的主人公是人类学家本人，而他正寻找自己的圣杯。这也解释了为什么《忧郁的热带》这本书在出版之后几年会形成巨大的影响。

作为推广民族学的一面旗帜，《忧郁的热带》吸引了一群年轻的男孩和女孩，促成了他们信仰上的转变，让他们热情地投入学术研究、积极地收获美学体验，同时，他们还必须回溯作者的心路历程，因为这是一位敢于将自己推入危险境地的作者。不少人在不安中完成了阅读，把它当作一本将会改变命运的书。瓦尔特·本雅明将这样的经验准确地描述为："第一次是阿拉贡的《巴黎的农民》（Le Paysan de Paris）。每晚，我躺在床上，最多读两三页，因为我的心脏跳得快，不得不停了下来。"[2] 不论是皮埃尔·克拉斯特（Pierre Clastres）、吕克·德豪胥（Luc de Heusch）、让·普永（Jean Pouillon）、伊曼纽埃尔·特瑞（Emmanuel Terray）、米歇尔·伊扎尔（Michel Izard）、奥利维耶·海伦斯密特（Olivier Herrenschmidt），还是他们之后的其他许多人，都在与《忧郁的热带》相遇后，见证了它带来的变化：它先是对这些读者自身的存在产生了颠覆性影响，后又促成了他们职业生涯的转变。并非每一位读者都成为民族学家，然而，经过岁月的沉淀和多次重新出版，这本书将为人文科学领域赢得数量十分可观的读者，改变了1960年代人文科学的出版市场。

《忧郁的热带》用途广泛，这说明它受众面广。其中最古怪的用法如下：1956年7月，《忧郁的热带》的一段文字被递给在法国广播电台海外省频道实习的学生们，让他们把它作为

---

1 德巴恩：《永别，旅行！》，第343页："列维-斯特劳斯并没有否认艺术与科学之间的差异，但他拒绝认为二者之间存在根本上的区别。"

2 温拿·斯派斯（Werner Spies）引用了瓦尔特·本雅明的话：《列维-斯特劳斯：对他者之爱》（«Lévi-Strauss ou le souci de l'Autre»），《世界报》2003年12月5日。

评论的对象。¹ 不久后，《忧郁的热带》的节选就进入了学校课堂，还成为代表 20 世纪思想的经典作品。1956 年 5 月，巴黎大学城的国际部举办了纪念释迦牟尼 2 500 周年诞辰的纪念仪式——卫塞节。当着泰国大使的面，它的节选被公开朗读！² 它的名声不止于此。《忧郁的热带》代表着法国和西方开始接受佛教文化。

1961 年，名为《衰落中的世界》（*A World on the Wane*）的英文译本在海外出版。译者是约翰·罗素（John Russell），原文（哈钦森出版社）属于删减版。³ 但是在英文版本出版之前，1958 年，巴西人就出版了本书的翻译；1959 年，德国人也出版了（苏尔坎普出版社），德语书名为 "Traurige Tropen"；意大利人在 1959 年也出了译本（蒙达多利出版社）；以色列人在 1960 年推出译本；匈牙利人在 1974 年出版译本，等等。他的国际名声渐渐建立起来，在这个过程中，他早期的作品也被翻译成外语。这些翻译作品又为以克洛德·列维－斯特劳斯为主题的文章提供了养分。通过这样的循环，他的名望不断累积。从今以后，民族学家成为公众人物。1956 年夏，《她》（*Elle*）杂志某一页上的图例将他尊称为 "法国最聪明的男人"。⁴ 人们不仅采访他，也求教于他。他严肃的面孔越来越被人熟悉。这种 "矫揉造作" 的恭维激怒了某些同事，保罗·利维尤其感到不快。列维－斯特劳斯称，突然，利维就对他冷若冰霜，过了很久才与自己和解。但是埃米尔·本维尼斯特的回应十分友好："透过文字，我们可以想象这本书将迎来伟大的命运，因为它解决了那么多问题。" 列维－斯特劳斯应该受到了这段文字的鼓舞，因为从科学意义上说，他得到了赦免。但本

---

1 列维－斯特劳斯档案库，编号 NAF 28150，档案盒编号 234，"《忧郁的热带》媒体资料" 主题档案。
2 《战斗报》（*Combat*）1956 年 5 月 25 日，列维－斯特劳斯档案库，编号 NAF 28150，档案盒编号 234，"《忧郁的热带》媒体资料" 主题档案。
3 此后的英文译本都保留了法语标题 *Tristes Tropiques*。
4 皮埃尔·诺拉：《前言》，载《忧郁的热带》，第 16 页。

维尼斯特在附言中留下了善意的打趣："阅读时，我的眼睛容不下一粒沙子，这是我感染的病症。我希望您这本书的新版中，亲切的南比克瓦拉人将会同意删去'poux'[1]（298页末尾）的最后一个字母，希望您将'放弃'（se départissait）添加的累赘的注解（384页）转移到'我没有注意到'（sans que je m'aperçus）（315页）。第337页英语化的表达方式是为了方便未来的翻译工作吗？请原谅这些琐碎的疑问。"[2]

1956年7月，《现代》上发表了一篇文意清晰、内容深刻的长文。作者让·普永毫不犹豫地将克洛德·列维-斯特劳斯的全部作品称为"克洛德·列维-斯特劳斯作品"（œuvre de Claude Lévi-Strauss），其中不仅包括刚刚出版的《忧郁的热带》，还包括他人的评论（这些评论来自克洛德·勒弗、以马克西姆·霍丁森为代表的马克思主义者们）。而这篇文章打响了他对"克洛德·列维-斯特劳斯作品"研究的第一枪。文章长篇累牍，出于善意，对新的范式进行了细致的分析，因此，分析行为本身就是对这一思想成果的认可。《现代》由萨特和西蒙娜·德·波伏瓦创办，自二战后，在法国声名鹊起，但经历了大起大落。文章发表于《现代》，这一点更加说明，他的思想成果受到了认可。从这个角度来看，《忧郁的热带》获得了成功，帮助列维-斯特劳斯与有过交道的存在主义圈子区别开来，它不仅完成了结构主义的解放，还与存在主义建立了竞争格局。他曾在《现代》上发表了好几篇文章，在这本期刊的拥护下，对抗凯卢瓦。又一次，在这片还未与之为敌的思想阵地上，列维-斯特劳斯被认为是1950年代末期萨特主义的对话者。然而，萨特主义陷入了衰退状态。

1957—1958年，列维-斯特劳斯似乎摆脱了作品诞生后带

---

[1] pou意为"虱子"，poux为其复数形式。——译者注
[2] 1955年12月20日，埃米尔·本维尼斯特的来信。

来的危机。他的私人生活发生了改变。《忧郁的热带》是献给第一个儿子洛朗的。二儿子马修（Matthieu）于1957年出生，他是列维－斯特劳斯与第三任妻子所生。不久之后，他们离开了圣拉扎尔街，搬到了位于栗树街的一套宽敞的家庭公寓房（房子属于莫尼克的父母）。房子位于十分富有的巴黎第十六区，但列维－斯特劳斯并不喜欢这里。放弃了文学创作的尝试之后，他以惯用的自嘲语气对《忧郁的热带》的写作任务进行了总结："我本想创作一本文学幻想作品，可我并没有做到。民族学家们指控我完成了一部业余读物，而公众认为这是一本博学的书。这些评论对我来说都不算什么。一本书完成后，它对我来说就是过去时。可以说，我为自己准备了施咒的仪式，借此，留下个人思想的掠影。"[1]

---

1 裴翠斯·贝克（Beatrix Beck）：《克洛德·列维－斯特劳斯》，《巴黎文学杂志》（*Revue de Paris*）1956年6月，第14页；德尼·贝多莱对其进行了引用：《克洛德·列维－斯特劳斯》，第220页。

15 结构主义的结晶（1958—1962）

> 思维在我们内部自成体系，完整无缺，它像是大自然，或者说，植物王国。天才能将它的轮廓描述出来，但可能天才自己会被视为疯子。
>
> 奥诺雷·德·巴尔扎克，
> 《路易·朗贝尔》（*Louis Lambert*，1832）[1]

"结晶"是一个常常出现的隐喻，但在列维-斯特劳斯的笔下，"结晶"的意义并不是唯一的：它指的是溶液饱和状态下突然的变化，或者相反，矿物沉淀成树枝外衣的缓慢过程，后者出自司汤达的笔下。[2]它的双重意义完全贴合人类学家克洛德·列维-斯特劳斯的人生。事实上，几年后，所有问题突然迎刃而解。一直到此刻，他的职业生涯常常出现阻碍，但从1950年代末起，这种结构的不适应症状彻底消失，这十几年的"延异"（différance）有了回报。

1959年，克洛德·列维-斯特劳斯终于入选法兰西公学院。当选之后，他从1940年代末就开始构想的两个计划便有可能实现。它们分别指建立一个研究所和创建一份重量级的法国人类学期刊。同时，他在四年内出版了三本书：结构思想的宣言（《结构人类学》）、简短的批判性分析（《图腾制度》）以及一本卷帙浩繁的人类学专著（《野性的思维》）。这本人类学专著颠覆了当时的学术版图。他不仅入选法兰西公学院，还频繁地出版作

---

[1] 参见《巴尔扎克全集》（*Œuvres complètes*），"七星文库"，第10卷，巴黎：伽利玛出版社，第396页。克洛德·列维-斯特劳斯将其引用于《野性的思维》。参见《克洛德·列维-斯特劳斯作品》，"七星文库"，第695页。

[2] 克洛德·因贝尔（Claude Imbert）：《一个认识论的时刻》（«Un moment épistémologique»），载菲利普·德斯科拉（Philippe Descola）编：《列维-斯特劳斯：世纪之旅》，第226页。

品。其中的奥秘是他提问的方法、看待世界的角度和理解事物的模型，简而言之，是结构主义的范式。从此以后，结构主义的范式将流通于理论世界。

在列维-斯特劳斯的生命中，这是一段时来运转的时期，而它与法兰西公学院紧密相关。法兰西公学院认可了他在学术上取得的成果，还提供了物质上的保障，因此，长远地改变了民族学家的日常生活，同时，也改变了人类学的境况。人际关系以另一种方式展开：乔治·杜梅齐尔是列维-斯特劳斯在公学院最忠实的支持者之一，他邀请列维-斯特劳斯为他主编的丛书创作一本关于图腾制度的专著。后来，一册专著被拆分为两册书。列维-斯特劳斯位于转向思考魔法的分岔路口，这是他取得的第一项成果。《野性的思维》出版后，列维-斯特劳斯的学术风格受到追捧。他的学术风格融合了严谨的治学之道、大胆的政治理论观点以及他对存在的理解。谈及这本新作的书名时，他说："我故意选取了野性这个词。它表达出一种情绪和一种批评的态度。我认为，我们在看待这些问题时，不应该抛开主观情绪。"[1] 这是一杯令人陶醉的鸡尾酒，一股清新的风气，它反映出年轻的社会科学在法国开始散发更加强大的魅力，挑战着哲学与理论人文主义的权威。列维-斯特劳斯入选法兰西公学院的几年后，公学院先是迎来了罗兰·巴特和米歇尔·福柯，然后，又迎来了皮埃尔·布迪厄。于是，新的法国学术中心诞生了。从此，马塞兰-贝特洛广场（Marcelin-Berthelot）代替了花神咖啡馆。这座广场孕育着提出问题的新方法，而这些方法将包容学者感性的一面。

---

[1] 克洛德·列维-斯特劳斯：《绝不能混淆野性的思维与野人的思维》（« Surtout ne pas confondre "pensée sauvage" et "pensée des sauvages" »）。参见克洛德·列维-斯特劳斯与吉勒·拉普什的访谈，《费加罗文学报》（Le Figaro littéraire）1962年6月2日，第3页。

马塞兰 – 贝特洛广场

它是巴黎的一处地标，位于圣日内维耶山（montagne Sainte-Geneviève）的半山腰，有着学府朴实无华的外表。自 16 世纪起，它便是学术的天堂。人们在那里自由地传授知识，不需要制订授课计划，还摆脱了课程考核的约束。克洛德·列维 – 斯特劳斯最终来到了马塞兰 – 贝特洛广场，此时，听众开始更好地认识这所著名的学府。1950 年代末，造访这里的听众参差不齐，数量也不多。

"超越自己"

1958 年 10 月 26 日，列维 – 斯特劳斯写信给费尔南·布罗代尔，告知他有关那些"新的进展"。这些新的进展"似乎仍然为他增添了许多焦虑，促使他超越自己……"[1] 他决定要再次向法兰西公学院提交申请，这是他的第三次申请。为此，他又捡起了那些繁文缛节：例如，他将自己的出版情况和研究成果寄了出去，还进行了礼节上的拜访。借此机会，他发现自己的博士论文《亲属关系的基本结构》卖得一本不剩，因此，他请求布罗代尔原谅："快速调查了一番后，我确信，巴黎没有库存。我会去外省和二手书店找找。"[2]

1949—1950 年的两次失败经历以来，他的境遇发生了显著的变化。首先是他自身的情况。《忧郁的热带》的成功使这位野心勃勃的年轻学者成为社会上有名的知识分子。公众开始熟悉他严肃的面容，这些受众的数量远远超出他所服务的学术界的范围。他虽开始拥有名望，但在职业活动中仍保留了谦虚的作风，呈现了惊人的反差。他在著名的科系担任研究主任（directeur d'études），

---

[1] 1958 年 10 月 26 日给费尔南·布罗代尔的信，克洛德·列维 – 斯特劳斯档案库，编号 NAF 28150，档案盒编号 181，主题档案"书信"。
[2] 同上，1958 年 11 月 3 日的信件。

历史自然证明了这个科系将获得的辉煌成就，但在当时，它还处于历史的边缘。在这个时期，高等研究实践学院的第六科系只有十几个人，但所有人都培养了强烈的科学实践精神。第六科系被拿来和巨人索邦做比较。索邦拥有众多教职人员与学生，索邦还继承了悠久的学术传统与严谨的学术作风。尽管在他面前存在重重障碍，但列维-斯特劳斯并不抗拒成为第六科系的一名成员。

1955年，与他有着兄弟情谊的哲学家莫里斯·梅洛-庞蒂就向他表态，梅洛-庞蒂愿意为他提供帮助，让他抓住出现在面前的那些机会："您知道，我强烈地感受到一些学者对你的糟糕态度。我想要明明白白地告诉您，我将尽一切的努力，让您的研究成果获得它应有的光辉。您今年年底申请进入巴黎大学（索邦），又或者您要申请进入法兰西公学院，如果在这方面有我能做的，请记住，我已做好了准备。"[1]然而，1956年，索邦的民族学教席教授马塞尔·格里奥尔去世，这时，问题出现了……罗杰·巴斯蒂德（Roger Bastide）成为继任者。反对的声音十分强硬，特别是乔治·古维奇（Georges Gurvitch）。古维奇坚决反对，因此，母校在他面前彻底关上了大门。相反，法兰西公学院经历了教席的消失和创立，十几年来，其政治主张和学术氛围发生了改变。布罗代尔于1950年入选，梅洛-庞蒂则于1952年入选。新一代人赞同古鲁、本维尼斯特和杜梅齐尔的观点，也无条件地支持列维-斯特劳斯，对手"法哈勒营"变成了少数派。此外，从1955年起，支持列维-斯特劳斯的西班牙研究专家马塞尔·巴塔雍（Marcel Bataillon）是公学院的一把手。

只有这些有利条件还不够。梅洛-庞蒂还必须用尽自己"真诚但晚来的"[2]友谊和持续不断的信念，才能让列维-斯特劳斯改

---

1 1955年5月26日梅洛-庞蒂给列维-斯特劳斯的信。参见克洛德·列维-斯特劳斯档案库，编号NAF 28150，档案盒编号196，主题档案"来信"。
2 克洛德·列维-斯特劳斯：《关于几次相遇》（« De quelques rencontres »），《弓》（L'Arc）第46期，1971年，第43页。

变放弃全部"事业"和什么都不请求的决定。[1] 除了抉择之难，同样困扰着列维-斯特劳斯的还有两次失败经历给他的耻辱。两人是严格意义上的同一代人（他们都出生于1908年，但列维-斯特劳斯看起来年长一些），都通过了哲学教师资格考试。他们相识于1930年，在詹森·德萨伊高中共同进行教学实习（与他们一起的还有西蒙娜·德·波伏瓦），1945年，再次碰面。不仅如此，1950年代初，他们都常常出没于拉康、莱里斯和雅各布森的朋友圈。这个团体的成员们经由各自的妻子建立了更加紧密的关系，她们分别是西尔维娅·巴塔耶-拉康、苏珊·梅洛-庞蒂（Suzanne Merleau-Ponty）、路易斯·莱里斯和莫尼克·罗曼。莫尼克·罗曼已经认识了"梅洛"。梅洛-庞蒂是现象学研究的代表人物，主导着二战后的法国哲学。与萨特相反，他对人文科学——心理学与民族学——兴趣越来越浓厚，希望它们能够为他提供新的材料。他想要借此创造一种"看待存在的新方式"[2]。1950年代初，他与萨特关系破裂（与共产主义有关），与列维-斯特劳斯变得亲近，这样的发展证实了他同社会科学"志趣相投"（compagnonnage de route）[3]。弗朗索瓦·多斯（François Dosse）说，梅洛-庞蒂是存在主义哲学和社会科学之间罕见的"跳板"[4]。也是在这种向社会科学敞开胸怀的想法之下，他巧妙地向法兰西公学院进行了有效的游说（lobbying）。在他身后是以加斯东·巴什拉（Gaston Bachelard）和马瑟亚·格鲁勒（Martial Guéroult）（哲学系统的历史和技术教席）为代表的一群学者。这群学者意识到哲学可能成为一门边缘化的学科，准备将机会让给列维-斯特劳斯的结构主义计划。梅洛-庞蒂在他的同事们面前将此计划定义

---

[1] 参见本书第12章。
[2] 克洛德·列维-斯特劳斯：《关于几次相遇》，第43页。
[3] 列维-斯特劳斯用这个词来评价民族学家们在哲学家梅洛-庞蒂身边"扮演的角色"：那些"志趣相投的伙伴"（compagnons de route）。同上书，第45页。
[4] 弗朗索瓦·多斯：《现象学的小径》（« La passerelle phénoménologique »），载《结构主义史》，第1卷，《符号之"场"》，第58—64页。

为从莫斯到列维－斯特劳斯的大冒险，百年一遇，而这样的冒险正在他们面前展开。

1958年11月30日，梅洛－庞蒂在全体教师会议上口述了《关于创建一个社会人类学教席的报告》[1]。他没有一丝懈怠，他的论点展示出一项内容翔实的学术、道德与哲学规划，与某些候选人临时起意、匆忙编造的报告相比，高下立判。首先，尽管社会人类学的称呼听起来仍有异国情调，但他认为，创建一个社会人类学教席，其根源在于法国社会学派的传统，涂尔干、霍布瓦克以及莫斯都是这一传统的代表人物。特别是莫斯，他自己就是公学院的教授。列维－斯特劳斯8年前替莫斯的作品写过《导论》，因此，两人之间存在很深的渊源。梅洛－庞蒂再次抛出社会现象的本质、人与人之间的关联、主体与客体之间的关系这三个永恒的问题，但涂尔干执拗的野心和莫斯的直觉与天赋都没有给出完全令人满意的回答："法国学派缺少对他者的接触，然而他者定义了社会学。如果不将他者代入我们的逻辑之中，也不用将我们的逻辑代入他者之中，我们如何理解他者？"[2] 根据这位哲学家，结构人类学的意义就在于"用互补关系完全替代二律背反"[3]："社会现象既不是事物也不是想法，它们都是结构。"结构的意义在于（1958年，他就发现，结构的意义已经被一种不合时宜的用法破坏了），它成功地走出了客观化思想（即民族学家的客观化思想）和土著思想之间的矛盾关系："它并非指支持原始社会，或者要给原始民族反对我们的理由。"相反，它指的是，找到他们的位置——发现"土著民族的观点、文明社会的观点和双方之间

---
[1] 文本选自《法兰西公学院通讯》（*La Lettre du Collège de France*），特刊，2008年第2期，第49—53页。该文被重新编辑后，收录于梅洛－庞蒂出版的最后一本书：《符号》（*Signes*），巴黎：伽利玛出版社，1960年，第143—157页。具体参见书里的著名章节之一"从莫斯到列维－斯特劳斯"（« De Mauss à Claude Lévi-Strauss »）。文章的最后一句为："通过他的符号，我们发现了他发起的伟大的学术冒险。"
[2] 梅洛－庞蒂：《从莫斯到列维－斯特劳斯》，载《符号》，第144页。
[3] 同上书，第148页。

的误解"[1]。梅洛-庞蒂对结构主义思想体系十分深刻的理解以一团掩人耳目的迷雾收尾,这是演讲这种形式带来的结果(他提出了设立教席的想法,但没有具体说明该由谁来接手这个教席):"对社会人类学的描绘也是对某人的抽象描述。在我们中间,有位学者应当继续这项研究和教学。如果你们如此决定,可以确定的是,这份报告是围绕着一部作品进行的反思,这部作品光芒耀眼,它既体现了作者个人敏感的心理,也反映了他严谨的治学之道。"[2]11月30日,50岁生日的两天后,列维-斯特劳斯迎来了他的"当下"。12月16日,他告知雅各布森:法兰西公学院设立了社会人类学教席。[3]没有任何其他教席的提案与梅洛-庞蒂和在他之后发言的马瑟亚·格鲁勒形成竞争关系。同样地,这个席位完全为列维-斯特劳斯个人定制,没有任何别的候选人。但根据规定,还需要一位替补候选人,为此,让·吉阿荷(Jean Guiart)出面走了走形式。[4]整个过程看起来像一场祝圣仪式(élection-consécration),而不像一场竞选(élection de combat)。

列维-斯特劳斯心理充满焦虑,但盲目地接受。他强制自己遵守所有社交礼仪,并精心准备申请程序的第二步。在教席的主题被确定下来后,剩下的问题是谁来主持这个教席。他要求拜访路易·舍瓦里耶(Louis Chevalier),在前一次竞争中,路易·舍瓦里耶打败了自己。[5]杜梅齐尔认为"没有任何悬念"。事实上,1958—1959年,剧情的发展与10年前完全不同。过程被极度简化,就像列维-斯特劳斯拥有候选资格是理所当然的一样。地理学家

---

[1]《从莫斯到列维-斯特劳斯》,第150页。
[2] 1958年11月30日在法兰西公学院全体教师会议上口头发表的报告。参见克洛德·列维-斯特劳斯档案库,编号NAF 28150,档案盒编号216,主题档案"法兰西公学院"。
[3] 1958年12月26日克洛德·列维-斯特劳斯致罗曼·雅各布森的信。参见克洛德·列维-斯特劳斯档案库,编号NAF 28150,档案盒编号181。
[4] 此后,克洛德·列维-斯特劳斯一直对让·吉阿荷心怀感激。尽管让·吉阿荷在人类博物馆担任馆长期间受到了不少批评,但列维-斯特劳斯也没有对其进行苛责。参见2013年11月28日作者与莫尼克·列维-斯特劳斯的访谈。
[5] 1958年11月5日路易·舍瓦里耶的来信。参见克洛德·列维-斯特劳斯档案库,编号NAF 28150,档案盒编号186,主题档案"来信"。

罗杰·迪翁（Roger Dion）曾经表态支持他的竞争对手，但也不需要列维－斯特劳斯多跑一趟。罗杰·迪翁自认为已经足够了解情况，能够"在充分了解事实的基础上，向他的同事表态，同意列维－斯特劳斯作为社会形态学（这是一处笔误）教授的候选人，因为在他（罗杰·迪翁）看来，在法国没人比他（列维－斯特劳斯）更有资格"[1]。最终，1959年3月15日，梅洛－庞蒂又主动出击。这次，事情尘埃落定："我建议，在向部长提名时，将克洛德·列维－斯特劳斯先生列为第一候选人，我以为，您将发现一份美好、伟大的学术事业。"[2] 在44位投票者中，列维－斯特劳斯以36票的结果当选。[3] 长期的"炼狱煎熬"（purgatoire）[4]结束了，但他没忘记为此付出的代价。他将梅洛－庞蒂的照片一直放在书桌上，每次看到这张照片时，他都会想起这个令人欣慰的结局。列维－斯特劳斯进入公学院的第二年（1961）的5月3日，哲学家梅洛－庞蒂突然死于突发性心脏病，这使他欠梅洛－庞蒂的这笔人情债更加无法估量。

新教席的名称为"社会人类学"，但从许多角度来看，这个名称并不常见，还十分奇怪。这涉及列维－斯特劳斯回到法国后的重要选择。当时，他选择了"人类学"（anthropologie）这个不常见的术语。人类学被刻进法兰西公学院组织文件的大理石上，此时，这个称呼指出，整个民族学学科发生了重要的语义转换。让·雅曼（Jean Jamin）强调，这个术语的应用将此学科迅速融入国际语义之中。同时，它的应用也重新传递了19世纪人类学的

---

[1] 1959年2月19日罗杰·迪翁的来信。参见克洛德·列维－斯特劳斯档案库，编号NAF 28150，档案盒编号187，主题档案"来信"。
[2] 1959年3月15日梅洛－庞蒂向全体教师会议递交的报告。参见克洛德·列维－斯特劳斯档案库，编号NAF 28150，档案盒编号216，主题档案"法兰西公学院"。
[3] 在1959年3月15日的全体教师会议上，列维－斯特劳斯获36票，吉阿荷获1票，7票空白或被标上了×。在同一次会议上，物理学家路易·勒普兰斯－林盖（Louis Leprince-Ringuet）获得总票数44票里的24票，险胜获得20票的对手汉斯·哈尔班（Hans Halban），入选核物理学教席教授。参见法兰西公学院的档案。
[4] 1959年2月1日给费尔南·布罗代尔的信："在地狱般的这几年，你向我传递了牢不可破的友谊，就算如此，我也没有忘记把你视作我的评委之一。"

理论意图——在进化的框架下进行自然与人类的研究，但如我们所知，列维-斯特劳斯与进化论者彻底划清了界限。[1] 对这个术语具有战略意义的应用，使几个学术传统之间进行了交流：围绕着个人与社会之间的关系而展开的涂尔干派的法国社会学传统、以自然和文化之间的辩证关系为中心的美国文化人类学传统（另外，借助博厄斯的权威，吸收了德国的影响）。因此，列维-斯特劳斯对民族学的重建就像是一个解脱的过程——他的生命和思想从民族学的束缚中解脱了出来，同时，通过这个多义词中康德思想的回响，给予他一定的哲学高度。踏上了社会学放浪之路的年轻哲学家皮埃尔·布迪厄见证了这个过程的成功和"这个学科在哲学界获得的非同寻常的声誉，这要归功于列维-斯特劳斯的著作，它以人类学的英文名称替代这一学科的传统称谓，同时，吸收了德语意义上的魅力（福柯在这一时期翻译了康德的《实用人类学》）和盎格鲁-撒克逊意义上的现代性，提升了它的气质"。[2]

"人类学之场"

进入法兰西公学院，列维-斯特劳斯不仅进入了科学创新的未知地，而且无不欢心地进入了一个传统、规则和礼仪的世界。这个世界首先要求一场"就职演说"。1960 年 1 月 5 日下午 2 点 15 分，在科研学者与普通民众组成的密密麻麻的听众面前，列维-斯特劳斯对即将开始的教学内容进行了介绍。

演说者的声音记录遗失不见了，但是，就职演说被法兰西公学院整理为小册子出版。就职演说反映了作者的特点：时不时出现的理论观点、出人意料的参考文献、充满热忱的语调以及若有

---

1 让·雅曼（Jean Jamin）：《人类学与它的演员》（«L'anthropologie et ses acteurs»），载《1950 年代的哲学议题》（Les Enjeux philosophiques des années cinquante），第 112—113 页；马克·布洛赫：《一种基本的人类学》，载菲利普·德斯科拉编：《列维-斯特劳斯：世纪之旅》，第 257—263 页。
2 皮埃尔·布迪厄：《自我分析纲要》（Esquisse pour une auto-analyse），第 57 页。

所思、愁眉不展的突然停顿——停顿的片刻就像是暴风雨后的宁静。与往常一样，这篇文章具有双重或三重意图，以及多层含义。首先，这篇文章反映出，这次选拔将人类学推举为当代学术界的核心领域。[1]

人类学研究主题之丰富、研究范围之广、研究"场域"（champ）之大、包容性和综合力之强[2]让它被定义为20世纪的科学。人类学从一个特殊的视角与其他学科展开对话，对当代的艺术敏感神经不断地磨炼着他的眼睛。列维-斯特劳斯公开地向超现实主义致敬："在研究的过程中，我们发现了热情与正直之心。我们应当感谢超现实主义。"[3]在法兰西公学院之内，列维-斯特劳斯被束缚在严整的西服下，仍秉持大胆创新的精神，以革命性的方式定义他的学科，将人类学作为完全客观性与完全主观性的混合体。米歇尔·莱里斯的《非洲幽灵》[4]已经提过这种观点，它提出，将一种特殊的实证方法——田野调查，一场对自我的考验——与野心勃勃的思辨进程结合起来："人类学完成了完整的观察，观察结束之后，一切都结束了，除非观察者被观察的客体最终吞并，这是其中的风险。"[5]因此，从田野到实验室和从实验室到田野之间，发生着归纳和演绎的交替，个体的存在和系统的确立之间也进行着交替。这些交替通过窥镜相继发生，是民族学家职业活动中固有的行为，它们使其将人类学定义为"唯一将最隐秘的主观性变为客观论证的科学"[6]。这是一门诱人的学科。

一方面，列维-斯特劳斯投入眩晕的理论论证中，以颠覆

---

1 就职演说的文本位于《结构人类学》第2卷的开头。参见《人类学之场》，第11—14页。
2 民族学家顷刻间把他的武器呈现在历史学家面前："若以了解历史的手段不足作为蔑视历史的理由，或不尝试做到粗略了解，便会导致自己满足于一种少见的社会学。在这种社会学中，各种现象就像失去了支撑一样。"同上书，第23页。列维-斯特劳斯幽默地记录道："这种对历史信仰的公然宣扬将会让人大吃一惊。"第24页。
3 同上书，第39页。
4 米歇尔·莱里斯：《非洲幽灵》，第263页：正是通过主观性（极致的情感），我们才得以触及客观性。
5 《人类学之场》，载《结构人类学》，第2卷，第25页。
6 同上。

逻辑的方式比较俄狄浦斯式的神话。在这些神话中，一些是谜语的神话，即只有问题没有答案的神话；另一些是宗教类的神话，即有答案却没有问题的神话。其中某些神话会不会是另一些神话的变形？在探索结构主义内核的这次旅行中，他与俄狄浦斯、佛陀和阿尔冈昆的猫头鹰同行。结论就像铡刀一样下落：帕西瓦里（Perceval）是俄狄浦斯的反面。结构和阐释的主要关键就是将乱伦（俄狄浦斯）与谜语的解决办法联系起来，而没有问题只有答案的神话在语义上反映了贞洁（帕西瓦里）。另一方面，法兰西公学院的入选者将他的理论舰队送回港口："与理论家相反，观察者应当永远持有决定权；而与观察者对立的，是土著民族。"[1] 他以土著人的观点（native's point of view）结束了他的就职演说，土著人教会了他重要的一课。对于这些野蛮人，"我仍欠他们一笔无法清算的人情债，就算到了你为我选定的这个高位。我能够证实他们身上存在温存，这是他们带给我的启发，我对他们表示感激，并将一直保持下去。不论我身处他们之中还是身处现代社会之中，我希望继续成为他们的学生和他们的见证人"[2]。演讲人以"见证人"这个词最强烈的意义来理解它，因为列维－斯特劳斯的人类学变得昏暗、忧郁。在同一时间，西格弗里德·克拉考尔将历史定义为研究"倒数第二件事"[3]的科学，对于列维－斯特劳斯，人类学正是研究最后的人类的科学。[4]

听众中，没人否认自己是历史性一刻的见证者。这场演讲是学科建构过程中的一个重要节点，同时，它为"正在形成的

---

[1] 《人类学之场》，载《结构人类学》，第 2 卷，第 15 页。
[2] 同上书，第 44 页。
[3] 西格弗里德·克拉考尔：《历史：记录倒数第二件事》（*L'Histoire des avant-dernières choses*），巴黎：斯托克出版社，2006 年。雅克·勒韦为其作序：《思想的顺序》（« Un ordre d'idées »）。书名从英文 *History. The Last Things before the Last* 翻译而来。1969 年，即作者死后第三年，这本书在美国出版。
[4] 参见达尼埃尔·法布尔：《论浪漫主义民族学》（« D'une ethnologie romantique »），载达尼埃尔·法布尔、让-玛丽·普里瓦（Jean-Marie Privat）编：《浪漫的学问：民族学的诞生》（*Savoirs romantiques. Une naissance de l'ethnologie*），"民族学批评丛书"，南锡：南锡大学出版社，2010 年。

科学"提供了新的定义，具有里程碑的意义。新的定义拒绝天真的客观主义，拒绝将后者作为年轻的人文科学的精神食粮。为了超越二律背反的现状，结构人类学掀起了第二场运动，在这场运动中讨论主观性的问题和土著人的视角。结构人类学提出了"变形"（transformation）的概念，同时，促成了学科的发展。结构人类学凭借"权威"[1]进入法兰西公学院，这也成为学科发展的动力。列维-斯特劳斯以自己的方式思考人类学发展的所有瞬间，原因也在于此。演讲以围绕数字"8"而展开的漫谈开场，但颇耗费了一些时间。这当然是对迷信思想的致意，但也是回顾历史的一种方法：1858 年，弗朗茨·博厄斯和埃米尔·涂尔干出生；1938 年，乔治·弗雷泽就在利物浦大学为世界上第一个社会人类学教席的成立而进行就职演说，这比法兰西公学院的教授们在巴黎成立教席的决定早了 20 年。列维-斯特劳斯生于 1908 年，虽然我们在文章中找不到日期，但梅洛-庞蒂能够轻易揭露答案。梅洛-庞蒂是列维-斯特劳斯的同龄人，但这一现实反而给他造成了负担！[2]

"美国人列维-斯特劳斯"认为，史册留名首先是指重新找回法国社会学：不仅要确认背后的目的——"创造这个社会人类学教席，你们想要恢复的是莫斯的社会学传统"[3]，也要与"不专一的门生"——涂尔干——恢复联系。涂尔干在法国被人遗忘，甚至算得上"败北"，列维-斯特劳斯为此感到遗憾，他刻意隐藏了在巴西的那些年，自己曾是反涂尔干派的一员。[4] 这位法兰

---

[1] 这是一个隐喻。参见弗朗索瓦·阿赫托戈（François Hartog），《相信历史》（Croire en l'histoire），巴黎：弗拉马利翁出版社，2013 年。弗朗索瓦·阿赫托戈用它来评价某些承前启后的历史学家。对人类学来说，列维-斯特劳斯也发挥了承前启后的作用。
[2] 梅洛-庞蒂与列维-斯特劳斯同岁，但梅洛-庞蒂的虚荣心让他拒绝承认这一事实。克洛德·列维-斯特劳斯：《有关几次相遇》，第 44 页："不止一次，他突然发现他的目光落在我的身上，如同注视着镜子。他不愿承认，镜子里的样子与自己十分相似，或者是自己将来某天的样子。在他看来，我们同一天生日的事实是骗人的。"
[3] 《人类学之场》，载《结构人类学》，第 2 卷，第 13 页。
[4] 德尼·贝多莱：《克洛德·列维-斯特劳斯》，第 248 页："新上任的老师中止了少年叛逆行为。"

西公学院的新教授向涂尔干致敬，后者是法国社会科学界权力游戏的要素。实际上，涂尔干的百年诞辰在几个月之后，1960年6月30日。诞辰活动应当在索邦举办，由乔治·古维奇主持。不过，古维奇拒绝列维-斯特劳斯参加活动。列维-斯特劳斯失去了话语权，于是便借助就职演说的反响问候了这位"德谬哥"（démiurge）：古维奇拥有"有力的逻辑结构"，树立了"丰碑"，但一些"形而上学的幽灵"还在"丰碑"周围纠缠不休，好在他的侄子马塞尔·莫斯及时驱赶了这些幽灵。[1]

这种被剥夺话语权的现象反映出列维-斯特劳斯和古维奇之间存在学术、符号和个人之间的激烈斗争，同时，双方院系互相对立的事实也不言自明。1960年代，人们都知道不该在索邦提起列维-斯特劳斯的名字。列维-斯特劳斯曾对一位盎格鲁-撒克逊友人说起古维奇："他铁定讨厌我。"[2] 我们提过，古维奇对列维-斯特劳斯在1950年为马塞尔·莫斯写的《导论》敬而远之。[3] 1955年，古维奇在一篇文章——《社会结构的概念》[4]——中直接攻击他的同行。文中，他批评列维-斯特劳斯的结构主义呈现出静止、过于断章取义的和抽象化的趋势。列维-斯特劳斯于1956年发表了一篇尖刻的文章，这似乎是此类文章的最后一篇。列维-斯特劳斯从一段刺耳的批评开始："我承认，古维奇先生每读一次我的文章就对它理解得更加糟糕……"[5] 然后，列维-斯特劳斯正面回应了有关结构的一系列问题，并进行了解答。他还特别针对对手拿来恶意攻击的

---

[1]《人类学之场》，载《结构人类学》，第2卷，第13页。列维-斯特劳斯还写了《涂尔干对人类学的贡献》（« Ce que l'ethnologie doit à Durkheim »）（该文被收录于《结构人类学》，第2卷，第57—62页）。他曾经的博士论文导师乔治·戴维将这篇文章与其他致敬的文章整理到一起。
[2]"严格来说，他是恨我的。"
[3] 参见本书第12章。
[4] 乔治·古维奇：《社会结构的概念》（« Le concept de structure sociale »），《国际社会学手册》（Cahiers internationaux de sociologie）第19卷，1955年。
[5] 这是发表于1956年的回应。克洛德·列维-斯特劳斯去世那年，文章收录于《结构人类学》。参见第16章，《第15章的后记》，第353页。

问题进行了反击："以什么权利、以什么名义古维奇先生自诩为我们的审查官?他对具体的社会万象有什么了解?他的哲学沦为对具体事物的偶像崇拜(赞颂它的财富、它的复杂、它的流畅、它无法言语的特征和它自发的创作活动)。他仍充斥着神圣崇敬的感情,从来不敢着手对任何一个具象社会进行分析或者描述。"[1]这是一个高高在上的社会学家,没有任何田野经验,列维–斯特劳斯发现,他很有哲学家的姿态。列维–斯特劳斯代表民族学家,以民族学家与"颤动的现实"的联系作为依据,给他上了结构主义的一课:"事实上,我们的最终目的并非逐一定义我们研究的每一个社会,而是发现它们是以什么方式表达差异。与语言学的情况相似,区别彼此的差异(écarts différentiels)构成了民族学的研究对象。"[2]古维奇是一个不安、摇摆不定的人,他的亲友也认为他狂妄自大。他以教条主义而闻名,被认为是当代社会学的伟大思想家。他在索邦享有专制的权力,一小部分亲近马克思主义但厌恶结构主义的左翼社会学家——让·杜维那(Jean Duvignaud)、吕西安·戈德曼(Lucien Goldmann)、亨利·列斐伏尔(Henri Lefebvre)、罗杰·埃斯塔布莱(Roger Establet)、乔治·巴朗迪埃——忠诚地追随他。尽管如此,他临终前几年却过得十分痛苦。事实上,1957年,雷蒙·阿隆入选巴黎大学,坐上社会学教席的第二把交椅,并且迅速吸引大学生靠近。在圣雅克路(rue Saint-Jacques)的另一侧,1960年,列维–斯特劳斯入选法兰西公学院,对他构成了更加明确的威胁。[3]

法兰西公学院时常为大学外或者身处边缘的学者提供曲折的发展路线,列维–斯特劳斯的职业生涯就是一个完美的例子。列

---

[1]《第15章的后记》,第356页。
[2] 同上书,第358页。
[3] 参见《亦近,亦远》,第102—103页;《结构主义史》,第1卷,第284—285页。

维-斯特劳斯先是在国外任职,然后进入高等研究实践学院,他的任教经历在法国的晋升体系里完全属于例外。在这一点上,列维-斯特劳斯完美诠释了皮埃尔·布迪厄在《学术人》(*Homo Academicus*)中所指的"潜心的异教徒"[1]。1960年代,这些人与索邦有"争执",他们每个人的教学经历、风格、学术伦理观都与法国大学的那些区分了开来。换言之,法兰西公学院的新老师们,列维-斯特劳斯、本维尼斯特、杜梅齐尔以及后来的米歇尔·福柯和罗兰·巴特,都部分地游走于边缘地带。不管怎样,他们都面临着这样的危险。皮埃尔·布迪厄应用了矛盾形容法(oxymore),他强调马塞兰-贝特洛广场的学院同样能够转变成镀金的监狱。法兰西公学院的教授不能收博士生,也不能参与博士论文答辩;公学院既没有大学那般的权力,也没有研究团队。得益于圣保罗和新学院的经验,以及最近在联合国教科文组织担任学者专家的经验,列维-斯特劳斯完美地意识到,学院骨干必不可少,招募后勤人员也十分重要:入选法兰西公学院很好,前提是要从其中解放出来……为此,他要求依托于公学院的教席,创立一个研究实验室,即社会人类学研究所(LAS)。他还酝酿出版一本具有国际视野的期刊——《人类》(*L'Homme*)。这本期刊的野心是,为法国创造一本与大不列颠的《人》(*Man*)和美国的《美国人类学家》齐名的高水平的学术出版物。研究所与出版物是这位新教授的两件利器,它们迅速地落地。因为它们早已存在于设计者的脑海中:1949年,列维-斯特劳斯第一次成为法兰西公学院的候选人时,就已经开始设想这两件事。他已经提前想好了刊物的标题和研究所的名字,人员(刊物将由列维-斯特劳斯自己、皮埃尔·古鲁和埃米尔·本维尼斯特三人组成的团队负责)以及职能分工也是一样。

无疑,公学院要等到一个与"8"有关的年份才能开始部署

---

[1] 皮埃尔·布迪厄:《学术人》,巴黎:午夜出版社,1984年,第142页。

这些，即1958年。"就职演说"最后还点明了与列维-斯特劳斯经历相关的关键潜台词：列维-斯特劳斯提醒他的新同事们"这场他们为之鼓掌的演讲晚了十年"[1]。

范式的结晶

1958—1962年，列维-斯特劳斯推出了三部作品：《结构人类学》(1958)、《图腾制度》(1962)、《野性的思维》(1962)。一本明显提出了程序上和强烈的认识论上的主张，一本是短小的理论批判著述，最后一本属于完整的人类学专论。1960年代初，在《神话学》的深度分析出现之前，第三本书将结构主义当作新范式，提出了结构主义的方法和实践之道。

结构宣言

编一本论文集的计划并不新鲜。这要追溯到1950年代，当时，列维-斯特劳斯将这个主意告知了伽利玛出版社。我们知道他不幸地遭到了拒绝。这也成为这家著名出版社历史上的错误决策之一。这个愚蠢的决定相当于又一次拒绝了马塞尔·普鲁斯特《追忆似水年华》的第一卷：布里斯·巴兰（Brice Parain）接待了他，随后，为其贴上了"民族学的敌人"[2]的标签。对方以思考得不"成熟"[3]为借口，坚决地拒绝了他的出版计划。同一时期，他还遭受了其他出版计划的失利，累积成了对伽利玛出版社的仇怨。[4]但是，1957年，《忧郁的热带》已经获得了成功，列维-

---

1 《亦近，亦远》，第91页。
2 《结构人类学》，第357页。
3 《亦近，亦远》，第100页：在提笔写《忧郁的热带》前，我思考了很久，最终，我带着书——或者说，写书的计划——找到了伽利玛出版社。布里斯·巴兰接待了我，然而，拒绝了这本书的出版计划。他对我说："您的思考并不成熟。"
4 1960年代中期，皮埃尔·诺拉成为伽利玛出版社的人文科学领域的主编，他尝试与克洛德·列维-斯特劳斯合作："进入伽利玛出版社后，我去见了他，想要拉拢他。他对我说，你想要什么都可以，但我无法给伽利玛任何东西。"参见弗朗索瓦·多斯：《历史学家》（Homo historicus），巴黎：佩兰出版社，2011年，第179页。

斯特劳斯能够以更乐观的态度重新考虑出版计划。作者的漂泊经历令制作一本论文集的想法变得合理。他辗转于新世界与旧世界，发表了许多文章，这些文章主要发表于美国，无法分享给法国读者。17 篇文章被集中在一起，又根据不同的主题被分门别类。这些主题是民族学家从 1945 年到 1956 年的研究主题的综合。我们能在其中找到将音位分析和亲属关系结构联系起来的具有奠基意义的文章（《言语行为和亲属关系》），也能找到更加专注于巴西研究和"社会组织"的文章，其中有一篇文章在巴西人类学界引发讨论：《存在二元组织这回事吗？》（«Les organisations dualistes existent-elles?»，1956）。第三部分是对宗教民族学和萨满主义的思考，标题为"魔法和宗教"，文章有《巫师和他的魔法》（1949）。然后是有关"艺术"的文章，其中一些文章可以追溯到纽约那些年的经历（《亚洲和美洲艺术中的分裂》[1945]）。最终，最后一部分点燃了方法论战场上的硝烟。为了回应"结构"这个概念在学术界遭受的批评声，这一部分也收录了一篇相关的文章。

收录这篇名为《第 14 章的后记》的文章来回应批评，给予了整本书一种攻击性的基调。书名"像旗帜一样哗哗作响"[1]，也确定了基调中的攻击性：《结构人类学》为民族学创建了一个学术争鸣的机会，为结构主义奠定了领导地位（leadership）。列维－斯特劳斯在其中给出了定义，对一些术语进行了解释；他绘制族谱，明确了敌人——"马克思主义的进步主义"（《新批评》上的马克西姆·霍丁森）[2] 或者古维奇哲学倾向的社会学。面对这两

---

[1] 《历史学家》，第 179 页。
[2] 马克西姆·霍丁森：《种族主义与文明》（« Racisme et civilisation »），《新批评》第 66 期，1955 年 6 月；《民族志与相对主义》（« Ethnographie et relativisme »），《新批评》第 69 期，1955 年 11 月。

方敌人，他在自卫的同时采取攻势：一方面，他肯定比官方旗手[1]更忠实于马克思主义，并呵斥了法国共产主义自以为是的一面，认为他们对进步的定义"令工人阶级感到绝望"；另一方面，我们提过，他以田野的认识论和耐心的实证调查——实证调查已经成为民族学主流工具——之名，拒绝接受古维奇实际拥有的霸主地位。

1957年，一个本质上存在不同的第三位敌人出现了。让－弗朗索瓦·勒韦（Jean-François Revel）是一名野心勃勃的年轻哲学家，与新闻媒体有一些联系。他刚刚出版了一本小册子，名为"为什么是哲学家？"书中有一章专门针对列维－斯特劳斯的结构主义。[2] 后者仍旧是劝勒韦再读一读马克思和恩格斯，并为他提供了更加全面的民族学参考书目，接着，又批评了他这样的哲学散文式的幻想："我的一位同事刚刚告诉我，我对默宁人（Murngin）或吉利克人（Gilyak）的亲属关系体系的理论分析与他们的观察相矛盾，或许是当我身处印第安人之中时，错误地解读了南比克瓦拉族族长的职权、卡杜维奥社会中艺术的功能 [……] 我会尊重他的观点，倾听他的意见。但是当毫不重视父系社会的亲子关系、双边婚姻、二元组织或者失衡的社会体系的勒韦先生指责我，[……] 说我'压平了社会现实'，因为对他来说，没有事物是立体的。他不能立即将社会现实转化成语言，他在谈论西方文明时可能可以夸夸其谈，但这些语言的创造者们明确否定了语言存在其他功能。这次换我来写：对，确实，哲学家有什么用？"[3]

这些严格意义上的争议将从列维－斯特劳斯的作品中消失。

---

[1] 《结构人类学》，第369页："因为霍丁森先生以马克思主义的名义批评我，尽管我的想法极其接近马克思主义，与他的主张相比，更加接近马克思主义。"列维－斯特劳斯指出，《种族与历史》区分了静止的历史（histoire stationnaire）、流动的历史（histoire fluctuante）与累积性的历史（histoire cumulative），这样的分类背后存在马克思的影子，他也引用了马克思的话。
[2] 让－弗朗索瓦·勒韦：《为什么是哲学家们？》（*Pourquoi des philosophes?*），巴黎：茱莉亚出版社（Julliard），1957年。
[3] 《结构人类学》，第374页。

此后，列维－斯特劳斯并不是没有敌人，而是没有迎战他们的紧迫感。《结构人类学》引起了论战，雅各布森很好地理解了这一点。虽然他没怎么读过这本书，但他对"语言学和人类学目前和将来的发展问题"[1]进行了思考。《结构人类学》由普隆出版社出版，最初与列维－斯特劳斯接洽的联系人之一是在普隆出版社主编"人文科学研究"文集的埃里克·德·丹皮埃尔（Éric de Dampierre）。但是，在《忧郁的热带》出版之后，加斯东·伽利玛想要留用列维－斯特劳斯。勒内·艾田伯（René Étiemble）在1956年5月8日给他的信中写道："您是否知道加斯东·伽利玛殷切地想要认识您、赞扬您，将他出版社一切您感兴趣的文集都交由您主编？"[2]两个人见了面，但列维－斯特劳斯坚定地拒绝与伽利玛进行一切交易。他另类经历的另一个关键之处是：所有法国文学界的知名人士都在这家著名的出版社出版作品，皮埃尔·诺拉入驻后，这家出版社也迎来了人文科学的出版物。列维－斯特劳斯却选择了普隆出版社。他的决心无法被人动摇。虽然在学术出版领域没有那么出名，但普隆出版社将是他唯一的出版社。然而，他已经一早就向对方明确提出了条件："您比任何人都清楚，我的作品一开始交给了另一位出版商，当时是他提出了这个主意。您也知道，现在，当然是带着无限的敬意，我把作品独家委托给您出版，因此，也给自己增添了压力。我自愿承受了这样的压力，但这样一来，作者和出版人的关系就发生了颠倒。"[3]这封在盛夏时节寄给普隆出版社文学出版经理的怒气冲冲的信说明了一切：列维－斯特劳斯无法接受对手稿的任何草率对待，既不能有拖延，也不能沉默。他也要求整个编辑部给他充分修订作品的时间，他像疯子一般地重视修订工作。1957年9月23日，双

---

[1] 1958年7月10日罗曼·雅各布森的来信。参见克洛德·列维－斯特劳斯档案库，编号NAF 28150，档案盒编号181，主题档案"书信"。
[2] 克洛德·列维－斯特劳斯档案库，编号NAF 28150，档案盒编号189。
[3] 1957年8月3日克洛德·列维－斯特劳斯的信。

方签订了合约，因此，他拥有自由协商英文译本著作权的空间。他没有授予普隆出版社之后任何一部作品的优先权。另外，他拒绝《结构人类学》收录进任何丛书中。换言之，这是他信任普隆出版社的关键——他与出版人保持对等的关系。事实上，多年后，他更加坚持自己的规则。这种完全独立的状态在伽利玛出版社肯定是行不通的。因此，他才有意选择了一家更加朴实的出版社，进而可以做自己的主人，而不是做一名塞巴斯蒂安-波顿路（rue Sébastien-Bottin）上编辑团队的客人。

两册书的双生

随着《结构人类学》的出版，结构主义有了它的宣言。许多大学生购买了这本书，第一批次的库存很快告罄。1961年夏天卖出了4500本，英文译本的版权交由基本书局（Basic Books），英文版最终在1963年出版（克莱尔·雅各布森的译本）。于是，对"结构"的引用在人文科学中变得无处不在。它被用来提出问题、寻找提问和解答的方式、提出研究方法、建立研究风格。最后，新一个十年来临时，对它的引用形成了一种逐渐被大家认可的世界观，这种世界观包括了批判的精神。两次跨学科的相遇印证了这个现象。二者都出现在1959年。[1] 第一次是罗杰·巴斯蒂德在索邦组织的研讨会。研讨会同时集结了艾蒂安·沃尔夫（Étienne Wolff）这样的胚胎学专家和埃米尔·本维尼斯特这样的语言学家，以及精神病学与精神分析专家（psychiatre-psychanalyste）丹尼尔·拉加什（Daniel Lagach）、社会学家亨利·列斐伏尔以及雷蒙·阿隆、历史学家皮埃尔·维拉（Pierre Vilar）和列维-斯特劳斯。所有人都受

---

[1] 参见《结构主义史》（*Histoire du structuralisme*），第1卷，第217页及其后。

邀对"结构术语的意义和应用"[1]进行了思考,与此同时,展现出结构在社会科学和自然科学中几乎都存在普遍的适用性。第二次是在瑟里西(Cerisy)进行的著名的"十日会议"。在著名城堡提供的社交环境里,与会者在十天里开展了密集的讨论。比起今天,它更能说明结构主义被广泛引用的现实。事实上,这场研讨会的核心成员吕西安·戈德曼、莫里斯·德·岗迪亚克(Maurice de Gandillac)和让·皮亚杰都不是结构主义者,它的目的在于探索结构主义诞生的过程,更多地从历时性出发讨论历史发展问题、调解事件与发展成果之间的关系。当时,这是最普遍的批评路线之一。戈德曼刚刚出版了《隐藏的上帝》(1957),也是这条路线的追随者。另外,让-皮埃尔·韦尔南(Jean-Pierre Vernant)介绍了赫西俄德(Hésiode)诗作中有关种族的神话。[2]

结构主义的范式继续发展。1962年,被当作一个整体的两册书同时出版。列维-斯特劳斯很快完成了写作,两册书就像是构成了某种二元关系:一本有关亲属关系,另一本有关神话。它们分别是列维-斯特劳斯的两大研究主题。同时,它们也为神话的研究拉开了"序幕"[3]。于是,列维-斯特劳斯重新调整了自己的学术规划。他把这一时期看作"在两项高强度运动之间调整呼吸"[4]的"一次中场休息"[5]。在这个科研活动的生理隐喻中,学者作为运动员,低估了纯粹的偶然性对他的影响。纯粹的偶然性指的是乔治·杜梅齐尔的影响。

因为一开始,他的同伴向他约稿。杜梅齐尔需要一部作品,

---

[1] 罗杰·巴斯蒂德主编:《结构一词的意义和用法》(Sens et usage du terme de structure),巴黎:牧东出版社(Mouton),1962年。此书是1959年1月10日至12日研讨会的成果。
[2] 《关于起源与结构概念的对话录》,巴黎:牧东出版社,1965年。这是1959年7月、8月进行的瑟利西研讨会(Colloque de Cerisy)的成果。
[3] 《亦近,亦远》,第104页。
[4] 克洛德·列维-斯特劳斯:《生食和熟食》,第17—18页。
[5] 同上。

这本书将收录进由法国大学出版社出版、由他主编的"神话与宗教丛书"。这套丛书收录的是面向大众读者的篇幅短小的导读式评论文,这些评论文讨论聚焦某个争议的问题,没有大量的评论。韦尔南写了一部《希腊思想的起源》(1962)。3年前,杜梅齐尔贡献了《日耳曼诸神》。勒胡-古韩(Leroi-Gourhan)也即将为此丛书出书。新丛书的主编要求列维-斯特劳斯讲讲图腾制度,这是民族学家还未接触过的领域,但对于像他这样气质的学者,这个领域具有某种诱惑力。这个主题十分复杂(图腾体系的问题十分复杂,观察者们似乎忽视了这一点,无法揭示图腾的应用和功能)。图腾制度在民族学文献中十分重要,但理解图腾的深层意义是一个高难度的问题。那么多元素组成了一个谜团,激发着学者的好奇心。并且,列维-斯特劳斯觉得欠杜梅齐尔一个人情,因为杜梅齐尔帮助他进入了公学院。为此,他不允许自己拒绝对方的邀约。1960—1961年,他第一次将公学院授课的内容作为思考创作一本著述的素材。接下来的20年,列维-斯特劳斯都延续了这种方法。依据公学院的精神使命,他的教学活动实际上被当作当前思想活动的"试验台"[1],讲台上的发言很快就会变成公开的书籍。这种通过授课活动强制进行书写的做法是十分具有生产力的。两本书的快速创作就是证明:《图腾制度》的写作于1961年春天启动,于当年7月结束,而《野性的思维》的书写(还差题目)于同年7月启动,于11月完成。11月17日,列维-斯特劳斯给雅各布森写信时说道:"我完成了第二本书。"

这"第二本书"是不是第一本的兄弟或者子嗣呢?事实上,似乎跟随着课程的逐渐推进,他的笔下延伸出越来越多的内容。然而,它们似乎无法满足法国大学出版社的这套丛书有限的字数要求。渐渐地,第二本书成为一个独立的存在,拥有自己特有的风格:在理论准备工作之后,首先,他将在教学中对人类学理论

---

[1]《亦近,亦远》,第110页。

进行各种测验,这些是点燃新想法的烟火:他热情又耐心地探究分类的逻辑,对动物们进行学术观察(猫头鹰、海狸、鲑鱼、水獭、松鼠以及其他动物,比如鼬、美洲獾),渴望对孕妇进行研究……"一本薄薄的学术和教学工作的专著孕育了一本巨著。后者既是哲学专著,也是文学专著,它谈论的是心灵、自然和历史之间的联系。"[1] 列维-斯特劳斯将迎来这两本书的诞生,他向杜梅齐尔坦承了这一点。后者告知法国大学出版社:"出版社收到两本书的消息时的震惊反应和预想的一样。"[2] 其实,杜梅齐尔认为,出版社会同意这两本书的出版,但是要有吸引人的书名来建立二者之间的紧密联系,例如《图腾制度》和《图腾制度背后》。他叮嘱杜梅齐尔说:"我特别希望您能找到魔幻的词语。"[3] 我们知道,《野性的思维》将是这个魔幻的表述。但是第二本书完全与第一本书分道扬镳,它由一家综合性的出版社——普隆出版社——出版,面向的是更广范围的读者。读者们已经品尝过学术写作的特殊风格与少不了焦虑情绪的哲学思考。从今天起,这个带有突出个人特征的风格建立了辨识度,它是独一无二的。

一个幻象的终结

从涂尔干到范·根纳普(Van Gennep),从弗雷泽到马林诺夫斯基,整整一代民族学家都对图腾制度中丰富、多样的仪式着迷,特别是澳大利亚南部土著民族(Aborigènes)的各种仪式。斯宾塞(Spencer)和吉伦(Gillen)一丝不苟地对澳大利亚南部

---

[1] 弗雷德里克·凯克,参见克洛德·列维-斯特劳斯:《克洛德·列维-斯特劳斯作品》,"七星文库",巴黎:伽利玛出版社,第1778页。凯克注意到,由法国大学出版社出版的短小的评论作品经过补充后又被拿来第二次出版,萨特和梅洛-庞蒂已给出先例。萨特的《想象力》(*L'Imagination*,法国大学出版社,1936年)又以《想象》(*L'Imaginaire*,伽利玛出版社,1940年)出版;梅洛-庞蒂的《行为的结构》(法国大学出版社,1942年)又以《知觉现象学》(伽利玛出版社,1945年)出版。
[2] 1961年3月21日乔治·杜梅齐尔给克洛德·列维-斯特劳斯的信。参见克洛德·列维-斯特劳斯档案库,编号NAF 28150,档案盒编号188。
[3] 同上。

进行了编年史的写作[1]。图腾是否指代在部落中具有固定功能的动植物（比如他们培育的那些动植物）的符号？它们是否代表更加复杂的意义？即它们是否源于土著民族对繁殖机制的无知和对人与动物之间繁衍机制的幻想？它们难道不更像是某部族或者某家族之间纯粹的信物吗？然而这样的话，图腾依据的是哪种深刻的逻辑呢？1870—1910年，有关图腾制度出现了许多假设。这个问题是民族学家的真正的点金石，在进入两次世界大战之间的和平时期前，激发了惊人的"理论热情"。因此，矛盾的是，1960年，列维－斯特劳斯抓住了一个过时的问题。他为它重建了时间上的秩序，将它重新树立为此学科的中心，然而，最终以美丽的死亡埋葬了它！

事实上，《图腾制度》的主要观点是，应该完全分解我们想要分析的概念，把它当作"幻象"。列维－斯特劳斯花大篇幅解释为什么长久以来对一个制度深深着迷，最后，他认为这是一种错觉。"图腾制度就像是歇斯底里。"[2]这本书的卷首比较了两个出现于19世纪的概念。这两个概念有着同样的目的：通过将所有其他事物——例如，原始宗教和神经症——与西方理性概念对立起来，从而定义西方理性。在《图腾与禁忌》中，弗洛伊德认为原始民族的信仰和神经症患者的信仰属于同一类事物。列维－斯特劳斯的这本书打破并改变了读者的固有观念，它指出，民族学给人造成了视觉上的错觉。书作出版时，作者接受了采访。他直截了当地表示："我直到现在都避免攻击这些蛇窝。但是我们早晚都应当清理民族学的门户，换句话说，将它从图腾

---

1 鲍德温·斯宾塞（Baldwin Spencer）、弗朗西斯·詹姆斯·吉伦（Francis James Gillen）：《澳大利亚中部的北方部族》（*The Northern Tribes of Central Australia*），伦敦：麦克米兰出版社，1904年。埃尔金（Elkin）提供了研究澳大利亚土著人图腾习俗的另一个参考文献：阿多尔菲斯·皮特·埃尔金（Adolphus Peter Elkin）：《澳大利亚土著人》，第3版，悉尼和伦敦：安格斯与罗伯逊出版社（Angus & Robertson），1954年。
2 克洛德·列维－斯特劳斯：《图腾制度》，"七星文库"，第449页。

制度的概念中解放出来。"¹ 实际上，这本书出版之后，人类学对图腾制度概念的讨论都回到了正轨，人们还开始关注分类的逻辑。列维-斯特劳斯正在实现概念上的飞跃：他否认了制度意义上的图腾制度，而是把图腾制度作为逻辑。作为学者，他紧随博厄斯、拉德克利夫-布朗、马塞尔·莫斯和涂尔干提出的观点。尤其是马塞尔·莫斯和涂尔干的《原始分类》（1902）给了他很多灵感²。克洛德·列维-斯特劳斯提出了图腾之谜的解法：图腾既没有实用功能，也不是拿来比较的，它不是一种宗教制度，也没有心理功能。它是一个工具，可以将相似的两类关系结合在一起——一类位于自然界中（自然物种），另一类位于文化中（社会群体、氏族、兄弟姐妹、种姓……）。某种意义上，图腾制度通过自然物种中存在的各种组合（例如，猫/狮子/猞猁等动物之间的差别，或者鹰和美洲獾之间的对立），思考社会生活的多样性、竞争性和统一性。所以，这种或者那种动物的特性并不能解释为何一个氏族把它用作图腾（这是把它们当成了符号），相似、差异和对立——这些关系形成了与社会规则相似的图腾规则，这些规则具有统一性和多样性。原始民族在他们十分熟悉的自然宝库中选中了一些自然物种，原因并非它们"好吃"，而是它们"好想"。

列维-斯特劳斯的读者习惯于他紧凑的逻辑框架，然而，列维-斯特劳斯也提出了某些滑稽的比较。这些比较同样变成了这位民族学家的创作特色：他同时继承了柏格森和达科苏族（Sioux Dakota）老者的哲学，这两种哲学都表达了"对现实全面感知的欲望，哲学家柏格森将现实的两个方面分别命名为连续和非连续"³。柏格森试图将这两个视角结合在一起，他也因此被视为

---

1 克洛德·列维-斯特劳斯与吉勒·拉普什的访谈。参见《费加罗文学报》1962年6月2日。
2 参见弗雷德里克·凯克，"七星文库"，第1780—1781页。
3 《图腾制度》，第542页。

"书桌前的哲学家（philosophe de cabinet），但是从某种角度来看，他像一个野蛮人一样思考"[1]。列维-斯特劳斯称此为"内心的图腾制度"。并且，人人都能通过自己的内心实现这样的图腾制度。正因此，这本书的资助者杜梅齐尔从中认识到了深刻的教训。他在差不多结束阅读时，给列维-斯特劳斯写了一封信。信中说："不论抽象或是具象的事物，它们都武装着人性的光辉。心灵（esprit）获得了它的荣耀：心灵源于同一个大脑，但它建立了相邻的世界。愿受您照料而远离边境的年轻人能够在自己身上发现澳大利亚人——或者维京人。"[2]

零碎的杂物：《野性的思维》

以第一本书的成果作为基础，"第二本书"发起全力冲刺。它想要探究"图腾制度的反面"。就像在一间地毯铺子，民族学理论过于平整后（经过了梳理）使轮廓尚不明确的各种颜色拥有爆炸一般的冲击力。

展开书卷后，读者们环游于由原始民族的民族植物学词汇和民族动物学词汇组成的世界（菲律宾人、南加利福尼亚、加蓬、北罗得西亚……），他们惊叹于准确使用的术语、不差分毫的细节和仔细区分的各种差异。这些特征总结出一套百科全书式的知识，这些知识丰富又严谨，毫不逊色于西方的科学知识。这本书从民族志文献资料的旋涡中精炼出一个具有革命意义的重要论题，并举例进行了说明：菲律宾尼格力陀人（Negrito）辨别出15种蝙蝠；纳瓦霍人（北美洲）的词汇里有几百种蔬菜的名字；西伯利亚人的医学知识包括使用蜘蛛和白色蠕虫来治疗不育症、碾碎蟑螂来治疗疝气问题、浸泡红色蠕虫来治疗风湿病，等等；布

---

[1] 《图腾制度》，第 542 页。
[2] 1962 年 1 月 28 日乔治·杜梅齐尔给克洛德·列维-斯特劳斯的信。参见克洛德·列维-斯特劳斯档案库，编号 NAF 28150，档案盒编号 188，主题档案"来信"。

里亚特人（西伯利亚人种）认为熊肉拥有 7 种治疗功效，熊脑拥有 12 种功效，熊血拥有 5 种功效；印第安黑脚族（Blackfoot）通过检测野牛胎儿的发展状况来判断春天是否临近。这些引人入胜的文字介绍不仅需要超凡的学识，也需要对知识进行严谨的分类。分类是出于学术上的需求，而非出于使用意图："在世界中确立最初的秩序。"[1] 第一章名为"具象的科学"，它如其他章节一样，都叫人赞不绝口。它从民族志的视角出发，介绍了列维-斯特劳斯提出的几个核心概念——手工活（bricolage）或者变形（transformation）。它不仅分析了一幅署名克卢埃（Clouet）的奥地利伊丽莎白肖像画中模糊的领饰，也分析了海达人的狼牙棒。除此之外，我们也找到了货真价实的艺术理论。艺术理论诞生于对这两种物品差异的观察，它处于"科学认识与神话或者魔法思想的中间地带"[2]。这个领饰的作用是什么呢？"一针一线"制作出来的蕾丝衣领牵引出深刻的美学情感，以及"谨慎的视觉陷阱"。从这一点出发，列维-斯特劳斯转向分析简化的模型、结构中的事件以及整体中的各个部分。他捕捉美学的感受，借此思考渴望完全理解宇宙的心理，在他看来，这种渴望正是"野性思维"（pensée sauvage）的标志。[3]

对植物、动物、星座、岩石的研究等同于将它们重组、对立、互相区分，这是一种思考活动。在分类的活动中，图腾制度只是其中一个例子。图腾制度吸收了大自然（Nature）的经验，孕育了庞大的对应关系，使人类社会能够实现"伟大的差异化"（grand jeu de la différenciation）。伟大的差异化指的是，得益于一些工具，例如，图腾或者种族的概念，人类社会在保持统一的情况下趋于差异化。列维-斯特劳斯因此引入手工活的概念来描述野性思维

---

[1] 《野性的思维》，第 568 页。
[2] 同上书，第 582 页。
[3] 同上书，第 583 页及其后。

的某些机制，描述如何利用"片段和碎片"（零碎的杂物），在不可预知的情况下，完成新颖的手工创造。[1] 其意涵是，重新使用简化和琐碎的素材去解决某个症状，将这些素材组合成一个整体，像解答所有谜语一般解决这个症状："作为思辨活动，神话思想就像是手工活的实践。"[2] 我们知道，手工活的主题深刻地烙印在列维－斯特劳斯的生命里。[3] 手工活被视作真正的家族传统（东拼西凑），列维－斯特劳斯的父亲、列维－斯特劳斯自己都是做手工活的匠人，他也将这个爱好传承给儿子马修。人类学家自认为是厉害的手工匠人，他还把这个名词带入了学术领域。他将自己的工作描述为：以分发纸牌的方式分发索引卡片，让心灵在未受主体干预的情况下与物品发生接触。这是一种十分超现实主义的姿态。他从语言学中引进并嫁接了可被人理解的模型，这样的研究使结构主义本身能够被视为创造性的手工活。[4]

另一个观察结果推进了结构的分析，让它不那么呆板。列维－斯特劳斯观察发现，神话元素的含义随着空间的移动、社会的切换而发生变化。在之前的一篇文章中，列维－斯特劳斯已经介绍过变形的概念。《神话学》的几册书对这个概念进行了系统性的阐述，在此之前，《野性的思维》又一次提到了它。变化的理论十分巧妙，其巧妙之处就在于不将结构简化为体系，同时，以永恒不变的关系作为基础，创造了从一种意义体系转变为另一种体系的可能性。列维－斯特劳斯将这种转变称为"变形"[5]。实际上，如果不发生变形，结构也不复存在。只要对变形的现象进行研究，

---

1 《野性的思维》，第 582 页。神话思想就像手工活那样制造拥有结构的完整个体。"不是直接使用其他拥有结构的完整个体"进行制造，"而是使用事件的残余和碎片：英语里的'零碎的杂物'，或者用法语来说就是碎片（bribes）和片断（morceaux）。它们是见证了个人历史或者社会历史的化石"。民族学也是一门残余的科学。
2 《亦近，亦远》，第 155 页。
3 参见本书第 2 章。
4 参见安德烈·玛利（André Mary）：《纪念列维－斯特劳斯（1908—2009）》。
5 参见弗雷德里克·凯克，载《克洛德·列维－斯特劳斯作品》，"七星文库"，第 1788 页："变形这个术语在《野性的思维》一书里拥有核心地位，他在观察数学家、生物学家达尔西·汤普森对形态的分类时发现了这个概念。它说明不同自然物种的形状存在相似。"

我们就能揭示不同体系的相同属性。在这个问题上，列维－斯特劳斯常常引用歌德："所有的形式都十分相似，但又互不相同。因此，和声指出了隐藏的法则。"[1] 我们能够想象，由于本质上这些意义如同万花筒般变化多端，它们的规则也难以捉摸。它们把"野性思维"变成无穷无尽的万花筒，对自然和文化之间的关系进行不断分解和重组。[2]

书名本身就发出了响声。书名表达着各种意义，由于作品本身独特的诗学，至少存在隐含意义。书的内容十分学术化，但书名是一个巧妙的双关语，给译者们带来了世纪难题。野生三色堇（法语为 pensée des champs，又被称为三合一草，法语为 herbe de la Trinité）的花瓣美不胜收，同时，书名充分利用了法语的同音异义词来指代思想活动（penser），因此，封面就足以引人注目。这是一封邀请函，读者们受邀来到作者创造的植物世界，体验作者的心理活动。全文贯彻了一个简单的原则：与这门学科的学术经典作品对话。泰勒的《原始文化》（*Primitive Culture*）、罗威的《原始社会》（*Primitive Society*）带领列维－斯特劳斯走上了民族学的道路，更加重要的是，列维－斯特劳斯反驳了列维－布留尔及其著述《原始思维》（*Mentalité primitive*），严厉地反对列维－布留尔提出的"前逻辑"（prélogique）思维的观点。根据列维－布留尔，社会受"前逻辑"主导，被情感支配。列维－斯特劳斯与之意见相左，不断强调"野性的思维是符合逻辑的，与我们的思维拥有相同的方式和相同的意义"[3]。在去殖民化运动的浪潮下，用"野性"（sauvage）来替代"原始"（primitif）"不合时宜"[4]，但这样的选择反映出列维－斯特劳斯坚决否定进化主义的主张。

---

1 《人类学之场》，载《结构人类学》，第 2 卷，第 28 页。
2 《野性的思维》，第 597 页。列维－斯特劳斯曾表示："这种（神秘的）逻辑就像万花筒一般，它通过片断和碎片组合排列而成，过程中，形成了结构。"
3 同上书，第 847 页。
4 参见弗雷德里克·凯克，载《克洛德·列维－斯特劳斯作品》，"七星文库"，第 1782 页。

"野性"一词弥漫着18世纪游记文学的味道，西方人想象中的保罗与维吉尼亚就是这样。列维-斯特劳斯以作者的姿态解释道："我重新使用野性一词是有原因的。尽管它带有感情色彩和偏见，但我认为，情感的因素不该被排除在外。"[1]在他看来，野性思维（la pensée sauvage）不应该与野蛮人的思维（la pensée du sauvage）混为一谈，因为野性思维具有普遍性。它不以民族和人类的年龄段作为比较的对象，却将人类普遍拥有的心灵（esprit）作为比较的对象。书里的插画并非对文本进行解释，它们常常"意义不明"。因此，这些插画给了读者思考的空间，叫他们展开异国情调的幻想、培养出对新奇事物的爱好。夏尔·勒布伦（Charles Le Brun）的《头部面貌》（Têtes physiognomoniques）和格兰维尔（Grandville）的画作都存在这样的情况。格兰维尔的画笔模糊了动物世界与人类世界之间的界限，令今天的读者露出"尴尬的笑容"[2]。

这些大胆的冒险令《野性的思维》被推上舆论的风口浪尖，变成了"结构主义装置中的重要部件"[3]。在阅读的过程中，读者会渐渐发现《野性的思维》具有颠覆的潜力，这样的潜力足以改变读者的世界观。这正是大部分读者的深刻感受。实际上，这本人类学书籍还谈到了西方人自己。它意在表达一个观点："原始民族的思维和我们的思维之间没有沟壑。"[4]迷信的思想、奇怪的信仰以及实践活动（手工活、艺术、诗歌、大众知识）构成了西方社会理解事物的框架，但这个框架与另一些思维体系共存，并未与之对立。因此，首个引起争议的观点是：普通西方人的思想是野蛮的（l'Occidental moyen pense sauvage）。这一次历险带来

---

1 克洛德·列维-斯特劳斯与吉勒·拉普什的访谈。参见1962年6月2日《费加罗文学报》。
2 参见弗雷德里克·凯克，载《克洛德·列维-斯特劳斯作品》，"七星文库"，第1789页：他强调了动物世界和人类世界之间存在前后的连续性（面貌发生了畸变），然而西方社会整体上则否认了这种观点。
3 《结构主义史》，第1卷，第290页。
4 《亦近，亦远》，第154页。

了认识论和哲学意义上更加突出的影响：自笛卡尔提出"我思"（Cogito）的概念以来，感性（虚假、虚构）和理性（真实、现实）之间的对立便持续存在，而列维－斯特劳斯想要超越两者之间的对立。否定了两者之间的对立后，传统科学史的史观也被他一并推翻。因为传统科学史建立于感性和理性之间的对立关系之上，感性被认为是"次要品质"，理性被认为是"主要品质"。列维－斯特劳斯作为一名深思熟虑的学者，对其科学合理性表示怀疑，因此，提出了大胆的假设。这个猜想与今天的科学史观不谋而合：科学知识的现代性根本不是靠与旧知识彻底划清界限才建立起来的，相反，它对旧知识进行重新思考、二次使用以及调整，让传统思想与观点缓慢地褪去历史的色彩。[1]列维－斯特劳斯的例子更为典型。他总结认为，野性思维和科学思维这两条道路异途同归：原始民族已经认识到某些现象具有重要意义，并给出了解释（虽然这些解释与现实存在出入），近期的发现——远距离通信、显微镜和计算器——难道没有为这些解释注入新的活力吗？

列维－斯特劳斯认为当代科学和野性思维目的一致，两者最终组成了人类知识发展的完整模式，为此，人类迎来了身体与心灵之间的和解。但这种观点并非有目共睹的事实。事实上，这种观点破坏了人们对科学的传统印象，受到了某些读者的赏识。他的一些亲友也在其中，例如，伟大的核物理学家皮埃尔·俄歇（Pierre Auger）。俄歇是列维－斯特劳斯在美国结交的旧相识："您的书赢得了来之不易的胜利，它采取的策略几乎没有为反对者留有余地。不过，也许您会猜想，我区别对待思想活动的两条不同道路——我冒昧地说，这两条道路就是人的决定和行为的两个源

---

[1] 参见，例如，西蒙·沙弗（Simon Schaffer）、史蒂文·沙宾（Steven Shapin）：《利维坦和空气泵：霍布斯、波义耳和〈实验生活〉》（*Leviathan and the Air-pump: Hobbes, Boyle and The Experimental Life*），普林斯顿：普林斯顿大学出版社，1985年；最近的文献有：洛兰·达斯顿（Lorraine Daston）、彼得·加里森（Peter Galison）：《客观性》，纽约：区域图书出版社（Zone Books），2007年。后者的法语译本为：《客观性》（*Objectivité*），巴黎：现实出版社（Presses du réel），2012年。

头!——以这种方式来'定位'两者,因此,与书里的结论有所冲突。您提到'异途同归'(se rejoindre)和'交集'(croisement),似乎暗指两者的终点相同,或者两者至少在某一点上存在共同的方向。我无法认同这个说法。如果在温驯的道路上的某个转角,我们突然发现——多亏有您——一大段野性的道路,原因在于海拔高了之后视野开阔,反之并不可行。"[1] 他接下来又说,他担心这本书被误解成对非理性的一种歌颂和护卫之举……

这本书出版于1962年5月,几乎同时出版的《图腾制度》(同年3月)为它累积了一些热度。它被法国新闻媒体看作一个重要的事件,原因主要是第十一章"历史与辩证法",即书里的最后一章。这一章爆炸式地攻击了萨特的存在主义,在公众的心目中,这等于是一出学术界后浪翻滚的剧本。在检验这场哲学争论的得失之前,我们需要衡量《野性的思维》带来了哪些直接影响。作为一本阅读门槛很高的作品,《野性的思维》跟随《忧郁的热带》的步伐,获得了一批意料之外的读者,因此,它走出了人类学的学术圈,为结构主义的旗帜增添了更多光芒。从此,结构主义被认为是20世纪思想史上伟大的思潮之一。[2] 克洛德·罗伊(Claude Roy)在《解放报》上提到了"一部文明巨著",将其作者与《日常生活的精神病理学》的作者进行了比较:"弗洛伊德巧妙地指出我们的不理智有其原因,这是意识无法控制的。而克洛德·列维-斯特劳斯给出了深刻且新颖的论证。他指出,神话和原始民族的仪式虽然表面上无法捉摸,但实际上,它们遵循某项秩序和

---

[1] 1962年8月14日皮埃尔·俄歇给列维-斯特劳斯的信。参见克洛德·列维-斯特劳斯档案库,编号NAF 28150,档案盒编号183。
[2] 此外,此书被《法国晚报》(France-Soir)评选为年度最重要的十本书籍之一。其他入选的书籍以文学居多:弗朗索瓦·莫里亚克(François Mauriac)的《我所相信的》(Ce que je crois)、伊夫·贝尔热(Yves Berger)的《南方》(Le Sud)、阿莱霍·卡彭铁尔(Alejo Carpentier)的《光明世纪》(Le Siècle des Lumières)、亨利·米修(Henri Michaux)的《风与尘》(Vents et poussières)、玛格丽特·杜拉斯的《安德马斯先生的下午》(L'Après-midi de M. Andesmas)、雷蒙德·阿贝里奥(Raymond Abellio)的《巴别塔的深渊》(La Fosse de Babel)。

某些原则，此前，这些秩序和原则都是不可见的。"[1] 克洛德·莫里亚克（Claude Mauriac）在《费加罗报》上、罗伯特·康特（Robert Kanters）在《费加罗文学报》上、让－弗朗索瓦·勒韦——这位往日对头缴械投降——在《快报》上分别都向其原创性、娴熟的技巧和丰富的内容致意。在《世界报》上发文的是让·拉克鲁瓦（Jean Lacroix）。他是里昂的哲学教授，也是左翼基督教徒，他还与伊曼纽埃尔·穆尼埃（Emmanuel Mounier）共同创办了期刊《精神》（*Esprit*）。他为该书写了书评（他也在这份报纸上为列维－斯特劳斯后来出版的作品创作书评）："如同盎格鲁－撒克逊人所说，他的人类学著作也是哲学事件"[2]，他接着指出，这是因为，在法国，自涂尔干以来，哲学和社会科学之间存在深刻的联系。讲述清楚两本书里的几个重要观点，拉克鲁瓦写道："不论视角与方法有哪些差异，列维－斯特劳斯的主张高度呼应了福柯有关疯癫与梦的见解。"[3] 不过，拉克鲁瓦这篇文章的主要目的是明确（他比列维－斯特劳斯自己还要更进一步）这样的人类学拥有哪些哲学意义："以列维－斯特劳斯的某些表达为例。这些表达方式常常存在争议，它们似乎可以被归于一类事物，我们有时称这一类东西为'庸俗唯物主义'[4]，我们不禁感到一丝忧虑。"列维－斯特劳斯在书里表达了以下想法：野性思维以原始的联想逻辑作为特征，这种逻辑是"心灵的直接表现，在心灵背后，无疑，它是大脑的直接反映"。拉克鲁瓦此处参考的正是这个观点。不管怎样，"列维－斯特劳斯取得了伟大的成就，在国内外广受欢迎，还对多个学科的年轻学子造成了深刻的影响。其原因在于，他严谨地完成了严肃的学术作品，在这个过程中，对内容和方法

---

[1] 克洛德·罗伊：《文明巨著：〈野性的思维〉》（« Un grand livre civilisé, *La Pensée sauvage* »），《解放报》1962 年 6 月 19 日。
[2] 让·拉克鲁瓦（Jean Lacroix）：《野性的思维》，《世界报》1962 年 11 月 17 日。
[3] 同上。
[4] 同上。

进行了反思和探索。从更加深刻的角度来看，他没有从作品中提出哲学的观点，而是在研究的过程中，被某种十分自然地出现于其中的哲学所引导。[……] 因此，总体来看，没有攻击和挑衅。但通过他的研究，克洛德·列维-斯特劳斯也许正在创造这个时代下完全贯彻无神论精神的哲学。"[1]

结构主义的时代

1960 年代初，列维-斯特劳斯的结构主义已经扎根于一大批读者的精神世界，并拥有了一批代表作。它令人着迷、令人激愤，甚至令人惶恐。它拥有一种特殊的诱惑力，当时的历史环境和社会学背景有利于它的诞生。它立场坚定，通过哲学观点的大型"决斗"（duels）[2]立足在法国学术舞台上。此后，结构主义的范式——它的方法、世界观、提出的问题和看待事物的方式——被其他新兴学科的思想家们吸收：罗兰·巴特、米歇尔·福柯以及雅克·拉康。但毋庸置疑，列维-斯特劳斯是结构主义的核心人物。

迷恋：另一种救世主降临说？

突然，在几年里，这些对南美洲孤立的小部落进行的复杂分析开始启发一些读者，他们开始响应这项使命的号召。原因是什么？为什么对体系、原则、规则的解读取代了有关主体、意识的论说呢？贝尔纳·潘戈（Bernard Pingaud）后来写道，我们不再说"人创造意义，而是意义来到人的身上"[3]。让我们倾听那些皈依的人。但是他们皈依的对象是什么？这里，我们要区分，响应民族学以及更加广泛的新兴社会科学的号召是一回事，提出结构主义并利用结构主义思考问题又是另一回事。不是所有民族学

---

[1] 让·拉克鲁瓦：《野性的思维》，《世界报》1962 年 11 月 17 日。
[2] 《结构主义史》，第 1 卷。参见第 25 章的标题。
[3] 贝尔纳·潘戈（Bernard Pingaud）：《弓》。参见《结构主义史》，第 1 卷，第 396 页。

家都是结构主义者,许多民族学家仍是马克思主义者。尽管如此,可以肯定的是,由列维-斯特劳斯提出的结构主义让民族学的地位一路攀升。

结构主义人类学受人青睐,吸引人的是它所拥有的各种互相矛盾的迷人之处:它们既是认识论意义上,也是美学意义上,最终还是政治意义上的魅力。对一些人来说,专著的研究工作将他们隔绝起来,而列维-斯特劳斯的一剂药将他们带到碧空万里的天空下。研究非洲的民族学者吕克·德豪胥(Luc de Heusch)在写给列维-斯特劳斯的信中说道:"20年前,我从迷茫的田野考察回来。阅读了《亲属关系的基本结构》《忧郁的热带》之后,我发现了新的世界,我们终于能够呼吸,在这片开阔的天地,我们能够放开步子行走。在这里,我总是感觉比在别处更加舒坦。"[1] 列维-斯特劳斯的人类学研究创造了一片广阔的天地,在这片景象面前,许多人都因其学术主张而感到如痴如醉。除此之外,它还有美妙的文字(一些人认为这些文字过于完美)和考究的结构分析论证——对称关系、图式的镜像、倒转的逻辑。在大师笔下,倒转的逻辑"不证自明,我们发现了倒转之后出现的各种关系,为这样的发现而感到快乐。同时,我们也在这里重新找到了《种族与历史》中的政治观念。这是一种实现'依靠自己生活'(vivre entre soi)的合理方式,也是一种创造理论乐土的方式"[2]。卡特琳娜·克莱蒙(Catherine Clément)是一位年轻哲学家,她很早就拜服于列维-斯特劳斯的人类学研究,将成为列

---

[1] 1977年1月7日德豪胥给列维-斯特劳斯的信。参见克洛德·列维-斯特劳斯档案库,编号NAF 28150,档案盒编号187。
[2] 1972年2月3日卡特琳娜·巴凯-克莱蒙(Catherine Backès-Clément)给克洛德·列维-斯特劳斯的信。参见克洛德·列维-斯特劳斯档案库,编号NAF 28150,档案盒编号186,主题档案"来信"。

维-斯特劳斯虔诚的诠释者和警醒的宣传人员。[1]

年轻的社会科学与哲学对抗,坐拥天时。因为它们以相同的方式实现了理论的乐趣、科学的严谨和政治的颠覆。非洲研究学者马克·奥热(Marc Augé)证实:"不论他们之间存在怎样的区别、如何对立,我这一代的民族学家——马克思主义者或者曾经的马克思主义者——都发现,他们关心时事并投入研究工作,借此,得以参与完成一项更加庞大的现实任务。这项任务既属于严格的学术范畴,因为它采用、接受或者否定了马克思主义的理论;它也是一项实践,因为它为经济发展的现状发声,认为应当保护正在消失的社会。在这层意义上,我们全体都参与了这项政治任务。它形式多变,有时,不同的形式之间还存在对立。尽管存在矛盾,但这些不同形式的政治任务在当时的学术环境中证明了其必要性。在这个学术环境下,社会科学被认为与自然科学无异,与自然科学一样追求客观性。"[2] 原始人或者说野蛮人可以替代无产阶级,异化之后,拥有新的形象。这样的想法出现在雷吉斯·德布雷(Régis Debray)动人的信中。德布雷有哲学教师资格,参与过拉丁美洲游击队。他在出狱不久后的1969年12月25日,便写信给克洛德·列维-斯特劳斯,感谢他干预玻利维亚总统的做法:"因为《忧郁的热带》以及其他某些书籍的缘故(大部分

---

[1] 卡特琳娜·克莱蒙以人类学家的作品为对象,完成了一本开创性的书籍《列维-斯特劳斯:结构与厄运》(*Lévi-Strauss ou la Structure et le malheur*),巴黎:西格尔出版社(Seghers),1970年。该书后来又重新出版:口袋书出版社(Le Livre de poche),"随笔丛书"(Biblio essais),1985年。卡特琳娜曾在不同的新闻媒体任职,例如,《晨报》《文学杂志》,在这些媒体上出版过一系列专题来讨论列维-斯特劳斯、他的书籍、他的日本之行。这些专题常常包括长篇访谈和精心挑选的肖像。参见卡特琳娜·克莱蒙:《记忆》(*Mémoire*),巴黎:斯托克出版社,2009年,第70页:1962年,作为一名年轻的高中哲学教师考试的应试者,已经读过了列维-斯特劳斯的书。口试时,她谈到了列维-斯特劳斯,让尚不熟悉这位人类学家作品的评委们十分错愕。她一针见血地指出:"我谈论的作品是《野性的思维》,一个崭新的列维-斯特劳斯。评委会主席乔治·康吉莱姆并不轻易让他人窥见他的想法。他边向我道谢边咕哝,黑色浓眉下的眼睛闪闪发光。"结果,卡特琳娜·巴凯(她当时的名字)夺得第一名的宝座。9月,列维-斯特劳斯听说了这件事。他打听到这位大胆的年轻女子名叫什么,想见见她。
[2] 马克·奥热:《人类学家与整个世界》(*L'Anthropologue et le monde global*),巴黎:阿尔芒·科兰出版社(Armand Colin),2013年,第12—13页。

是小说或者童话故事），我离开了学院，踏上了美洲的土地。那时是 1960 年代初，我在美洲没有遇上原始人，而是遇上了革命。虽然没有遇上原始人，但这样的经历依旧不平凡，也同样具有颠覆意义。作为哲学班的学生，我用从前学习《谈谈方法》的方式研究《结构人类学》，以此学习如何思考问题。我学习所有教师在学年末的做法，试着向前迈进一步，对《野性的思维》进行了思考。有限的条件和我有限的学术水平没能让我继续拜读您有关美洲神话世界的学术研究。成百上千的年轻人能够向您讲述同样的故事，我没有权力继续浪费您半小时的工作时间，您还有其他读者，他们身处法国或者海外。"[1] 选择革命或者选择原始人类？年轻的克洛德·列维-斯特劳斯也曾面临相似的选择，当时，他做出的抉择是为了紧密接触世界的现实。但是此时，革命版图移动到欧洲以外的土地上，它近距离地接触到被历史（Histoire）遗忘的这些人民。一边是古巴革命的大胡子（barbudos）游击队，另一边是民族学家的"田野"。二者之间存在一些不太牢固的联系，即都能够表达对世界秩序的否定。

此外，结构主义的成就也常常被放进意识形态大规模退潮的历史背景之中。1950 年代末，斯大林主义灭亡、苏联共产党召开第二十次代表大会、苏联坦克抵达布达佩斯，这三个事件动摇着众多共产主义者，人们开始期待变化的来临。这正是弗朗索瓦·弗雷（François Furet）撰写的某篇尖锐文章的主旨。文章在 1967 年发表于杂志《证据》（*Preuves*），延续了雷蒙·阿隆十年前提出的观点。[2] 这位历史学家进行了紧凑的分析，他最终认为，结构主义的流行是因为法国知识分子对意识形态成瘾，他们将结

---

[1] 1969 年 12 月 25 日雷吉斯·德布雷（Régis Debray）给克洛德·列维-斯特劳斯的信。参见克洛德·列维-斯特劳斯档案库，编号 NAF 28150，档案盒编号 187，主题档案"来信"。
[2] 弗朗索瓦·弗雷：《法国知识分子与结构主义》（« Les intellectuels français et le structuralisme », 1967）。文章收录于《历史的工作坊》（*L'Atelier de l'histoire*），巴黎：弗拉马利翁出版社，1982 年，第 37—52 页；雷蒙·阿隆：《知识分子的鸦片》（*L'Opium des intellectuels*），巴黎：卡尔芒-列维出版社（Calmann-Lévy），1955 年。

构主义当成了新"鸦片",结构主义的麦角酸二乙酰胺(LSD)代替了马克思主义的可卡因……[1] 弗雷巧妙地描绘了被历史事件(Histoire)腐蚀、蒙骗的法国左翼知识分子的形象,"情人[……]在出轨之前长久地实行专制"[2]。历史事件藐视了他们面前的一切希望,其中包括有关一些国家独立的希望——从 1956 年起,在阿尔及利亚,本·贝拉(Ben Bella)和布迈丁开始打击那些最坚定的反殖民者。除了这个令人失望的消息,法国的情况也不容乐观。夏尔·戴高乐的演讲铿锵有力,但也改变不了法国被削弱的事实。戴高乐明白,法国已经不属于世界强国的行列。"被历史驱逐之后,法国更加愿意驱逐历史"[3],弗雷这样说道。马克思主义意识形态的光辉褪去之后,结构主义填补了这个空缺。二战后,人道主义的指令被抛诸脑后。米歇尔·福柯后来指出,知识分子不是"必须期望某些事情"[4]。"预言人类'解体'的先知被分析这一现象的专家们取代。"[5] 有时,人还是这些人,他们直接从马克思主义过渡到结构主义,"这是好奇心使然,同时,(我认为)是只存在于法国的一种感染症状"[6]。弗雷带着讽刺意味的语气指出,许多前马克思主义者对列维-斯特劳斯的迷恋既不是源自政治上的友爱,也不是来自哲学观点的相似性,而是"一种能让马克思主义的怀乡病得到寄托的倒转关系。用简单又准确的话说:人类变成客体后,对人类展开的结构描述取代了历史上人神合一的基督(l'homme-dieu)的降临"[7]。以对立的关系作为工具后(结构与过程的对立、自然科学的模型与历史模型的对立),我们发现,两方同样都存在决定论的观念、真相的概念——真相被认为

---

[1] 皮埃尔·诺拉在谈论结构主义的魅力造成了哪些影响时,也提到了这个概念。参见《序》《忧郁的热带》。
[2] 弗朗索瓦·弗雷:《法国知识分子与结构主义》,第 42 页。
[3] 同上。
[4] 弗朗索瓦·多斯引用了米歇尔·福柯的话:《结构主义史》,第 1 卷,第 202 页。
[5] 弗朗索瓦·弗雷:《法国知识分子与结构主义》,第 47 页。
[6] 同上。
[7] 同上书,第 50 页。

超越了表象意义，甚至超越了意识意义——以及"包罗万象的旧梦"（vieux rêve totalisant）[1]。因此，它们之间并非真正的对立关系，它们之间实乃替代关系。结构主义的成功以及一些年轻的共产主义知识分子脱离党派后加入民族学队伍、投入结构主义旗下的举动都证明了这一点。他们中有阿尔弗雷德·阿德勒（Alfred Adler）、米歇尔·卡特里（Michel Cartry）、皮埃尔·克拉斯特（Pierre Clastres）和吕西安·塞巴格（Lucien Sebag）。

冲突一：萨特

1960 年代初，萨特与人类学者之间发生了冲突。二战后，萨特的权威并未受损伤，而扮演挑战者角色的人类学家提出了结构的论点。吕希安·塞巴格也是这场学术冲突的主角之一。与萨特一样（也与列维－斯特劳斯一样），塞巴格通过了哲学教师资格考试。与人类学家一样（但与哲学家相反），他也不是师范生。聪慧、优雅、帅气和沉默，这是一个悲剧命运缠身的塞法迪犹太人。他一人就能代表 1960 年代各种矛盾观点共存的情况。[2] 他疯狂地爱恋着拉康的女儿朱迪特（Judith），同时，接受着父亲拉康的精神分析治疗。1965 年 1 月，他自杀身亡，时年 31 岁。他是穿过列维－斯特劳斯的人类学世界的真正的彗星，具备一切胆识，并且似乎备受老师列维－斯特劳斯喜爱。他为法国共产党哀悼，但他并未放弃与结构分析——他参与了对普韦布洛神话的集体学习，是结构分析最早的实践者之一——和马克思主义的对话[3]。克

---

[1] 《法国知识分子与结构主义》，第 52 页。
[2] 参见布鲁诺·卡桑提（Bruno Karsenti）写的漂亮文章。文中，他再次提到了这个重要但有些被历史遗忘的人物：《结构的经验》（《L'expérience structurale》），《格拉迪瓦》（Gradhiva）第 2 期，2005 年，第 89—107 页。布鲁诺·卡桑提将文章进行了修改。参见《结构经验与超越马克思主义之举》（«Expérience structurale et dépassement du marxisme »），载《从一种哲学到另一种：社会科学与现代人的政治》（D'une philosophie à l'autre. Les sciences sociales et la politique des modernes），巴黎：伽利玛出版社，2013 年。
[3] 这是《马克思主义和结构主义》一书的研究对象。参见《马克思主义和结构主义》，巴黎：帕约出版社（Payot），1965 年。

洛德·列维-斯特劳斯选择了他和另一个"传承者"（homme-passerelle）让·普永，让他们主持高等研究实践学院的研讨课。这堂课利用整整 3 个月的时间，让学生们一起阅读萨特的《辩证理性批判》，这是萨特在 1960 年出版的书。《辩证理性批判》是对梅洛-庞蒂的论战的回应，它试图使存在主义和马克思主义和解，并成为一个和谐的整体，是这位哲学家继《存在与虚无》（1943）之后的又一理论力作（也是最新力作）。萨特给列维-斯特劳斯寄去了一本，还写下了表达友情的题词："赠克洛德·列维-斯特劳斯，作为友谊长存的见证。他会发现，书里的主要观点，其灵感来自他的作品，以及来自他提出观点的方法。谨献上我诚挚的敬意。"这本《辩证理性批判》还引用了几次列维-斯特劳斯，对他都是颂扬。[1]

我们发现，这场学术论战采取了独特的形式：一门研讨课变成讨论会，但列维-斯特劳斯强调这属于严肃的讨论，严肃代表着尊重。[2] 人们不再带着敌意进行学术论战。这门研讨课是讨论新的观念的场所，这在法国学术生活中尚属首例。这门课到底讲了些什么呢？《野性的思维》的最后一章是否忠实反映了这门课上的思考？雅各布森表达了怀疑，他认为，以与萨特的笔战作为一本人类学著作的结尾不那么恰当。列维-斯特劳斯激动地回答道："有关萨特的那一章可能显得奇怪和'不协调'（out of tune），但是，为了评价萨特，我们应当将他放到法国的背景下。萨特在他书中提出的主张反映了一整套学说，这背后牵涉更多基础性的观点。不，这一章并不'简短'[3]，因为它将这门历时几个月的课

---

[1] 在自己手上的那本《辩证理性批判》的第 8 页上，列维-斯特劳斯在空白处写道："他进行了论证，但这样的论证在我看来只是核实。辩证关系指的是，分析理性必须察觉到辩证理性的存在、它的扩张、它的公理的转变，而不是辩证理性自己和分析理性。书本的现实对象：法国大革命的神话需要哪些条件？"

[2] 《野性的思维》，第 556 页："尽管分歧避无可避，但我希望萨特能够通过讨论发现，对我们所有人而言，这样的讨论间接地表达了喜爱和尊敬，而促成讨论的是大量的准备工作。"

[3] "简约"（sketchy）在此处意味简略、浅显，一种速写的状态。"不协调"（out of tune）：不合时宜，通俗地说，就是指漫不经心。

程的内容进行了总结，所以，影射的内容不太恰当。最后，我请您注意，这一章不是要解决辩证的问题，除非您以否定的眼光进行批评。这一章真正的目的是指出历史知识——开化的白人的某种特权——不在野性思维之上和之外，相反，它实际上是野性思维的一部分。"[1]

列维 – 斯特劳斯对"分析理性"（raison analytique）和"辩证理性"（raison dialectique）进行了分析，对"实践"（praxis）和"结构"进行了必不可少的描述，因此，这一章将本书卷入了时代的辩论之中。这是全书其他部分做不到的。它反映的是1960年代初读者的期待（horizon d'attente），因此，"今天的读者阅读起来是最困难的"[2]。在写给雅各布森的信中，列维 – 斯特劳斯以自己惯用的简明扼要的方式总结了要点：为"共通的"野性思维辩护、反对辩证的西方理性；对抗主体、"人的身份认同的陷阱"和"理所当然的自我"（évidences du moi）——这主要是指否定历史哲学的优越感，而非否定历史的重要性，并且，抗议将历史性作为实现理性的唯一方式。列维 – 斯特劳斯致力于将主体和主体与时间的关系进行合并（englobement）与重合（recouvrement），他想要证明，萨特和其他人提出的普遍原则言之凿凿，但过犹不及，当它们尤其表现出民族中心主义时，它们是片面的、有限的。萨特的哲学（和所有哲学）受限于人类历史发展的单一视角，而人类学旨在让它们放眼全局。列维 – 斯特劳斯巧妙地揭示了萨特在论证时例子的主题性——公交车的排队队伍、咖啡馆的服务生、罢工、拳击比赛：萨特的语言特征（provincialisme）愈发突出，列维 – 斯特劳斯离胜利的奖杯又靠近了一步，最后，在获得全面胜利时，列维 – 斯特劳斯将废黜哲学的地位，将它变成西方现代

---

[1] 1962年6月27日克洛德·列维 – 斯特劳斯给罗曼·雅各布森的信。参见克洛德·列维 – 斯特劳斯档案库，编号 NAF 28150，档案盒编号 281，主题档案"来信"。
[2] 参见弗雷德里克·凯克，载《克洛德·列维 – 斯特劳斯作品》，"七星文库"，第1791页。

性中一份简单而纯粹的档案。萨特试图把民族学与精神分析变成哲学的"辅助学科"（sciences auxiliaires）？列维-斯特劳斯将两者颠倒之后，进行了回应：萨特的哲学"相当于（就像所有其他哲学）民族志研究的第一手文献，如果我们想要理解这个时代的神话学，研究这些文献是必不可少的环节"[1]！这个时代的神话学以历史作为支撑的工具，而历史"在萨特的体系里 [……] 就等于是神话"[2]。

回头看，这样的交火具有深远的意义。弗雷德里克·沃尔姆斯（Frédéric Worms）从中看到了 20 世纪历史上具有哲学意义的崭新时刻。这一时刻见证了"完整的翻转"（basculement d'ensemble）[3]：存在的时代结束了，结构的时代到来了。事实上，这场争论不是为了比较如何用两种解决办法解决同一个问题，而是为了重新提出问题。很显然，其目的是抗议主观的视角，这样的视角聚焦于自由和创作行为（概括地说，即萨特的哲学）。列维-斯特劳斯的客观视角建立在人文科学之上，其目的"不是建构人类，而是使其解体"[4]；使其解体指的是化学意义上的解体，也就是说，不需要令其消失，而是将其分解成能够带来更多认知可能的更加基础的元素。[5] 事实上，这里出现了另一个要点：理解（comprendre）文字想要表达的内容是什么。论战记录下意义模型的转变：列维-斯特劳斯认为，意义（sens）既不依附于主体，也不依附于阐释，然而，意义是一个文化现象，属于一个符号体系。这个符号体系与结构语言学发现的符号体系相同："语言自有其理（raisons），人的理性（raison）难以知晓。"[6]

---

1 《野性的思维》，第 827 页。
2 同上书，第 832 页。
3 弗雷德里克·沃尔姆斯：《20 世纪的法国哲学：那些时刻》（*La Philosophie en France au XXe siècle. Moments*），巴黎：伽利玛出版社，2009 年，第 472 页。
4 《野性的思维》，第 824 页。
5 参见弗雷德里克·凯克，"七星文库"，第 1843 页。
6 《野性的思维》，第 334 页，弗雷德里克·沃尔姆斯：《20 世纪的法国哲学：那些时刻》，第 472 页。

萨特没有回答。他始终保持沉默。[1] 从这个意义看，尽管萨特把责任推给了皮埃尔·菲尔斯特列登（Pierre Verstraeten），但论战仍存在不对等的关系。皮埃尔·菲尔斯特列登在1963年7月的《现代》杂志上发表了文章《克洛德·列维－斯特劳斯，又名虚无的诱惑》[2]。无论如何，列维－斯特劳斯是这场对弈的胜者。在这个时间点，没什么能够阻止代际接替的趋势，但两个人相差三岁，实属同一代人。媒体紧紧咬着这个现象不放。人们能在《日内瓦论坛报》（La Tribune de Genève）上读到《从萨特的〈恶心〉到克洛德·列维－斯特劳斯的〈野性的思维〉》[3] 这样的文章。事实上，如果用人类学视角来检视学术世界，两者之间完全形成了断裂，这是风格、形象、模型和空间场所的断裂：从烟雾缭绕的左岸咖啡馆到法兰西公学院的研究所，从无所不知的知识分子到严肃的学者，从在书海和乌尔姆路的内院里成长起来的亲密"同志"到巴黎十六区的审美家与新大陆的探索者。学术世界的更替也意味着学科的更替。很显然，对萨特权威的质疑也是对哲学权威的攻击。1960年代，预言家一般的学者（intellectuel-prophète）似乎被时代淘汰了。因此，与萨特的论战意味着，学术世界也发生了结构性的变化：社会科学研究的术语和规则将把法国哲学——它仍然体现了德国的广泛影响——的形象"变得平庸"，于是，法国哲学似乎逐渐变得不合时宜。

一年之后，在某次讨论中，列维－斯特劳斯与另一位哲学家相遇（相对而言，并没有正面交锋）。当时，这次讨论的细节并未被外人知晓，但它标志着列维－斯特劳斯与哲学之间完成了一

---

[1] 但萨特在《弓》第30期上发表了言论，这期的主题与列维－斯特劳斯有关。参见《结构主义史》，第397页：萨特分析到，社会科学的涌现和结构主义的成功是美国意识形态的变形——美国技术社会的意识形态适应了法国的土地，其特征是戴高乐主义。
[2] 皮埃尔·菲尔斯特列登：《克洛德·列维－斯特劳斯，又名虚无的诱惑》，《现代》第206期，1963年7月。
[3] P. 塞科坦（P. Secrétan）：《从萨特的〈恶心〉到克洛德·列维－斯特劳斯的〈野性的思维〉》，载《日内瓦论坛报》1964年1月14日。

次更加温和的对话。

冲突二：利科

1963年11月，可敬的杂志《精神》出现了一期结构主义专刊。身为基督徒的哲学家们承认结构主义是一种"原创、丰富"[1]的方法，但结构主义似乎发展成为一套"广泛、严密的人类心灵的体系"[2]，这便"造成了问题"[3]。列维-斯特劳斯在研讨课上讨论过萨特的论点，同样，这期专刊的出版花费一年时间进行了大量的准备工作。列维-斯特劳斯被邀请参与最后的圆桌讨论。他的姿态谦逊，没有锋芒："在我看来，书本都是早产儿，与我本想要展现的创作相比，书本令我感到有些厌恶，向别人展示它时，我并不是十分自豪。"[4] 这场讨论——特别是和保罗·利科的对话——围绕着三点进行：结构主义"过度一般化"——这是利科的观点——的正当性、一种新的意义模型以及列维-斯特劳斯的哲学家身份。

利科的文章《结构与阐释学》（Structure et herméneutique）质疑，结构分析被逐步应用于广阔的知识领域时是否具有广泛适用性，因为列维-斯特劳斯主张结构分析可以被应用于人类一切知识领域、一切社会科学领域，甚至一切科学领域。"一开始，"利科写道，"结构主义并未试图定义完整的思维，也没有考虑定义野性的思维。结构主义只是要限定一个明确的群体，通俗地说，这个群体与结构主义的观点有着紧密联系。"[5] 结构主义难道不是只能运用于亚马孙部落等事先具有结构的研究对象吗？列维-斯

---

[1] "编者的话"，《〈野性的思维〉和结构主义》，《精神》第322期，1963年11月，第31页。
[2] 同上。
[3] 同上。
[4] 同上。
[5] 保罗·利科：《结构与阐释学》（« Structure et herméneutique »），载《解释的冲突》（Le Conflit des interprétations），巴黎：瑟伊出版社，1969年，第34页。

特劳斯不认为野性思维被限制于一个或两个地理地域之内，相反，他认为野性思维是在"他们"和"我们"之间的一种"共同点"[1]。熟知圣经思想和犹太传统的保罗·利科试图反对这些思想模式，他认为，从历时的角度出发，再利用阐释学的方法进行分析，这比仅仅使用结构分析更有效率。

这段最后的言论与提出结构主义思想的新的意义模型产生了分歧。结构主义认为，除非通过与另一事物建立关联或形成对立，否则，意义并不存在。利科作为阐释学的主张者和基督徒，他认为确实存在一个"意义的意义"；对于列维－斯特劳斯，意义从来不是第一位的，并且，寻觅意义没有任何意义……讨论临近尾声时，利科表达了一种担忧："对您而言，不存在'寓意'（message）[……]；您处于意义的绝望深渊之中；但是您通过思想拯救了自己：您认为，如果人们没什么好说的，至少，他们说得足够好，我们能够将他们的语篇进行结构主义的分析。您发现了意义，但却是无意义（non-sens）的意义。对某个什么也没说的语篇的句法进行整理属于无意义（non-sens）之举。我发现，您正位于一种对句法的超智能解读与不可知论的交叉口。这就是为什么您既吸引人又令人担忧。"[2]

相反，利科认为结构主义哲学没有主体，是一种"没有先验主体的康德主义"。列维－斯特劳斯给予他完全的赞同。他认为自己的研究与康德主义的研究有些相似，因为他自己的研究也关注人类心灵运转所需的条件和受到的限制。总之，列维－斯特劳斯毫不掩饰地表明，并不关心自己哲学观点的特征。他喜欢保留意识上的模糊。《野性的思维》不是一本哲学专著，而是代表我在某个时刻的感受。那时，"我能够欣赏周围的风景，这片风景

---

[1] 围绕克洛德·列维－斯特劳斯的圆桌会议，《对几个问题的回答》（« Réponse à quelques questions »），《精神》第322期，1963年11月，第634页。
[2] 同上书，第653页。

位于我肯定不会抵达、不能抵达，也不想抵达的某处：我虽然观察到这片位于远方的哲学风景，但选择将它留在模糊的意识中，因为它不在我的路线上"[1]。我们难道不像是处于卡斯帕·大卫·弗里德里希（Caspar David Friedrich）的一幅画中吗？作为一名浪漫主义的旅行者，民族学家避开拥有"唯一意义"[2]的哲学道路而选择了其他道路。

废黜哲学

他是通俗的康德主义者、马克思主义者，还是不可救药的唯物主义者，或是病态的超逻辑者（hyperlogicien pathologique）？列维-斯特劳斯的作品的哲学基础是什么？这个问题在他周围打转。他以从容、雄辩的姿态面对哲学，不断将这个问题抛诸脑后。两年后，在《生食和熟食》的《序言》中，他把《野性的思维》第9章的哲学历程比喻为"小型偷猎"，因为它些微偏离了道路。他的道路明确要求"不要在过于哲学的猎场上冒险"[3]。对他来说不走运的是，自1990年代起，他在法国常被看作一位哲学家。这恰恰是他不愿见到的。几年之后，新刊物《分析手册》（*Cahiers pour l'analyse*）为他出版专刊。这是一份由一群曾经就读师范学校的哲学家们——他们还与拉康、阿尔都塞关系密切——主办的刊物。借助发行专刊的机会，他的不悦在给雅克-阿兰·米勒的回

---

[1]《精神》第322期，1963年11月，第630页。
[2] 瓦尔特·本雅明：《唯一的意义》（*Sens unique*），"袖珍丛书"（Petite Bibliothèque），巴黎：帕约出版社，2013年。
[3]《生食和熟食》，第17—18页。

答中传递出来[1]:"我要告诉您,您最近出版的一期对我抱有兴趣,这让我十分感动和高兴。然而,我不希望这会成为一种烦扰,因为,以一种阅读斯宾诺莎、笛卡尔或者康德的方式研究我的文章,这难道不是哲学的笑话吗?说实话,我不认为我写的东西值得这么多关注,特别是《忧郁的热带》,我没想过展示真理,而仅仅是想要展示一位民族学者在田野上的幻想。我将是最后一个了解它的严谨之处的人。[……]总之,我惊讶于你们如此敏锐的精神,我想,如果你们想要对我提问,你们不该啧啧称奇,而是应该疑惑我为什么以一种放肆的方式驱使哲学。事实上,我没对它表现出任何尊敬之意,并且,我允许自己从一本书跳到另一本书、从同一本书的一句话跳到另一句话,像一位摇摆不定的画家或者音乐家那样在理想主义、唯物主义、现实主义之间切换……我的目的不是列出一个体系,而是尝试一切可行的办法、依靠任何属于公开哲学传统的道路,只要它们能够帮助我实现自己深层的意图,引导与我同一代的人们发现一种信仰或一种机制拥有独一无二的风味。哲学思想只是我为了展现更珍贵的物品而用来踩踏的基座。"[2]这封信的草稿保存在他的个人档案之中,与其他常见的情况一样,列维-斯特劳斯利用他人来信的反面作为信纸,以一气呵成的方式完成写作。信里写得很清楚:列维-斯特劳斯表明自己是文本的"猎食者",只是将它们作为纯粹的工具使用,没想要写一部哲学作品。他的语调是反传统的,与蒙田相似。蒙

---

[1]《18世纪的列维-斯特劳斯》(« Lévi-Strauss dans le XVIIIe siècle »),《分析手册》(Cahiers pour l'analyse)第4期,1966年9、10月。该文由巴黎高等师范学校的认识论小组写作,除了雅克-阿兰·米勒,编辑委员会还有让-克洛德·米尔纳(Jean-Claude Milner)、雅克·布弗雷斯(Jacques Bouveresse)、阿兰·格罗斯理查(Alain Grosrichard)、弗朗索瓦·勒尼奥(François Regnault)、米歇尔·托尔(Michel Tort)和阿兰·巴迪欧(Alain Badiou)。在这一期中还收录了德里达的一篇文章《自然、文化与写作:文字的暴力(从列维-斯特劳斯到卢梭)》(« Nature, culture, écriture. La violence de la lettre, de Lévi-Strauss à Rousseau »)。该文又被收录进《论文字学》(De la grammatologie),我们还会谈到这篇文章。
[2] 克洛德·列维-斯特劳斯:《关于〈18世纪的列维-斯特劳斯〉》(« À propos de "Lévi-Strauss dans le XVIIIe siècle" »),《分析手册》第8期,1969年,第89—90页。

田承认自己的哲学存在"波动"[1]，因此，不具有统一性。列维－斯特劳斯公开表明了自己的"变化无常"（lunatisme），被师范学校的青年学生们视为挑衅。

事实上，这种有点高傲、冷淡的态度隐藏了一个现实：哲学作为一门主要学科，制定了强势、严厉的教学规则。他发表的就职演说与《野性的思维》的结局，都明确阐述了列维－斯特劳斯的帝国主义计划。他的计划将把哲学融入人类学的研究视角中，学习所有理性的活动，他把现代西方世界推理行为的理性（哲学）作为其中的一个部分，但它既不是最广阔的那个部分，也不是最基本的那个部分。《野性的思维》便是献给梅洛－庞蒂的，他是否会在这一点上赞成他的朋友？当然不会。梅洛－庞蒂让整整一代年轻哲学家重视社会科学与社会科学带来的挑战（因此，甚至促使某些专业未来职业方向的调整），然而，对于哲学的领导地位和他身为指挥者的职责，他没有让步。很显然，列维－斯特劳斯丝毫不需要一位哲学家来思考他的知识计划具有什么意义、使用了什么方法。梅洛－庞蒂在1961年骤然离世，因此，制止了这场一触即发的争论。而献词使两人模糊不清的同盟关系延续下去，它见证了一段迟到的友谊和永恒不灭的感激之情。

无疑，列维－斯特劳斯与哲学之间的复杂关系不仅源于他与哲学在学科上的对抗，还源于更加个人的因素：他不是师范生，也不想成为先知一般的知识分子，而他的前妻迪娜·德雷福斯——她有点像是责罚叛徒的指挥官——的声音足以代表整个哲学事业。1963年2月，迪娜在法兰西信使出版社匆匆发表了一篇十几

---

[1] 卢西安·斯库布拉（Lucien Scubla）：《机构、变形与形态的生成：从帕斯卡与普桑的视角看结构主义》（«Structure, transformation et morphogénèse ou le structuralisme illustré par Pascal et Poussin»），第189页。

页的文章,题目是《从前逻辑思维到超逻辑思维》[1]。文章除了表明自己对《野性的思维》进行了细腻的解读,还拒绝接受该书在结论中提出的一切观点,并且反对列维-斯特劳斯和列维-布留尔的主张。对迪娜·德雷福斯来说,认为科学思维与野性思维之间存在相同之处的观点无法令人接受,因为这违背了支配现实、真实存在的等级制度:"野性思维的分类法对形式的幻想没有建立一种'感性、具体的科学',反而放弃了对现实的观察。"[2] 在文章更后面,她补充道:"强迫症患者终其一生整理他们的橱柜和抽屉,他们盘点其中的内容并且发明越来越巧妙、有条理的分类方法。他们是不是把对分类的狂热和某些思辨的力量搞混了?拥有逻辑推理能力的心灵依赖于其自身,只要不被判断左右,都能达到超逻辑性。但超逻辑性比起前逻辑的'参与法则'更加荒诞。列维-布留尔将所有原始人的思维都简化为前逻辑的'参与法则'。列维-布留尔把原始人看作还沉浸在情感当中、长不大的孩子。而列维-斯特劳斯将原始人的思维简化为处于良好状态的机器。"[3] 她不仅控诉结构主义犯了形式主义的错误,还批评调查者是主观主义者:"另外,他有时难以觉察野性思维对分类的狂热来自社会学家描述的客体还是社会学家自己。"她对将人类作为客体、将"完全形式化的空想"视为有罪的人文科学提起了诉讼。最后,文章写出了核心意图:"实话说,该民族学家什么也没有尝试,仅仅是建立出新的科学等级制度,并把刚刚兴起的民族学放在最上层。数学为自然科学服务,而民族学也将为人文科学寻找一项能够普遍使用的工具。民族学将以信息和通信的概念为媒介,换言之,就是语言学和控制论,继续扩张它的意图,直到民族学成

---

[1] 迪娜·德雷福斯:《从前逻辑思维到超逻辑思维》(« De la pensée pré-logique à la pensée hyper-logique »),《法兰西信使》(Mercure de France) 1963 年 2 月,第 309—322 页。
[2] 同上书,第 316 页。
[3] 同上。

为科学中的科学,将哲学也囊括其中。"[1] 迪娜·德雷福斯发现这本书献给了梅洛-庞蒂,惊讶不已。然而,这篇文章没有引起什么反响……

我们知道,列维-斯特劳斯给梅洛-庞蒂的献词源自对他的感激、人类的友情和比无效的友爱精神更加真实的敬仰。梅洛-庞蒂死后不久,列维-斯特劳斯向雅各布森倾诉:"现在,他必须被人取代,我这才更加强烈地感受到失去他的不舍。因为我与他的哲学之间距离很远,然而,挑选'哲学'教席的人选时,我想不到其他人选。只有在谈论他时,我们才能够用上'思考'一词。他走了,我们只剩下历史学家或者评注家。当然,我们必须调整这个教席……"[2] 一周之后,列维-斯特劳斯告知费尔南·布罗代尔,他负责的调查得出了惊人的结果:"花费一番功夫后,我总算打听到了——间接地打听到了——由萨特担任这一教席的风声。他似乎被完全排除在外,不管以何种形式,他都不会成为候选人。我对此感到很遗憾,然而我认为,坚持己见是没有用的。在我看来,只有他能够配得上名为'哲学'的教席。不论发生什么,我们还可以考虑其他计划。"[3] 因此,哲学退场![4]

"一位我们时代的英雄"

《野性的思维》的英文版由西比尔·沃弗拉姆(Sybil Wolfram)执笔翻译,一位由英国民族学家罗德尼·尼德汉(Rodney

---

[1] 《法兰西信使》1963年2月,第318页。
[2] 1961年7月10日克洛德·列维-斯特劳斯给罗曼·雅各布森的信。参见克洛德·列维-斯特劳斯档案库,编号NAF 28150,档案盒编号181。
[3] 1961年7月17日克洛德·列维-斯特劳斯给费尔南·布罗代尔的信。参见克洛德·列维-斯特劳斯档案库,编号NAF 28150,档案盒编号181。应该是让·普永促成了他和萨特的和解。
[4] 事实上,1962年,公学院设立了一个知识哲学的教席,直到1990年,朱勒·维叶明(Jules Vuillemin)一直担任教席教授。而1962年,马瑟亚·格鲁勒(Martial Guéroult)的席位也出现了空缺,因此,被调整为哲学思想史的教席,教席教授为让·伊波利特,时间从1963年持续到1968年。1970年,福柯以"思想体系史"的主题接替了这个席位。

Needham）推荐的牛津大学的哲学家。[1] 几个月的时间里，这位哲学家和克洛德·列维－斯特劳斯之间的交流越来越激烈。一方抱怨他的译者理解能力不佳，另一方则是控诉作者不精通英语。很快，两人的论战进入公众视野："《野性的思维》的翻译正在变成国际忧虑的话题。"[2] 最终，西比尔·沃弗拉姆退出。译稿由厄内斯特·盖尔纳（Ernest Gellner）带领的译者团队校阅，盖尔纳是来自伦敦政治经济学院的人类学家与历史学家，推荐人是朱利安·皮特－瑞凡（Julian Pitt-Rivers）。从语言的角度来看，译文常常被评价为具有戏剧张力。题目的选择是翻译遇到的最大难题：《野生三色堇》（The Wild Pansy）？《原始的思考》（Untamed Thinking）？列维－斯特劳斯建议用《荒野中的思维》（Mind in the Wild）。经过4年的周折，译本最终在1966年出版，书名为《野性的心灵》（The Savage Mind）。

这艰难的过程无疑是"不同的文化传统造成的具有民族学意义的误解"[3]。人类学和哲学定位不同，两者之间关系独特，经过交流，两者又重新建立起联系。法国和大不列颠的情况都是如此。矛盾的是，西比尔·沃弗拉姆指责列维－斯特劳斯语言晦涩，称他的风格与"欧陆哲学"接近，因为他曾赞扬欧陆哲学具有思辨的雾气。事实上，在大不列颠，人类学较早地进入大学，以绝对的经验论至上。正是这样的环境才让列维－斯特劳斯的这部作品成为英国学术界激烈讨论的对象。同时，有人指责列维－斯特劳斯使用了诗情画意的散文，融入了哲学思想，这些怀疑从来没有完全消散。1960年代中期，几乎所有列维－斯特劳斯的作品都被翻译成英文：1964年的 A World on the Wane（《忧郁的热

---

[1] 弗雷德里克·凯克借助档案研究，恢复了《野性的思维》的翻译过程的细节。参见弗雷德里克·凯克，"七星文库"，第1798页及其后。作者在这里简要地提到了几个插曲。
[2] 朱利安·皮特－瑞凡：《人》（Man），1968年。弗雷德里克·凯克进行了引用，参见《克洛德·列维－斯特劳斯作品》，第1801页。
[3] 参见弗雷德里克·凯克，"七星文库"，第1799页。

带》)、1966 年的 *The Savage Mind*（《野性的思维》）和 1967 年的 *Elementary Structures of Kinship*（《亲属关系的基本结构》）。盎格鲁–撒克逊的人类学学科已十分国际化，而他正在彻底重塑这一学科，因此，他收到了来自学科内部的争议。与法国的接受情况不同，有时，这些争论涉及的是技术问题，需要丰富的民族志知识。

然而，民族志科学中少数幸运儿（happy few）的争吵声穿越了英国学院和美国大学校园的围墙。列维–斯特劳斯被大型媒体看作纯粹法国出口的产物，有时也带有毫无讽刺的意味：一张宣传牌上附着一张这位民族学家的照片，称其为一个"在'野蛮人'的道路上思想高度文明化的高卢人"，照片上的他身着威尔士亲王的装束，眼前放着一本打开的书，表情隐约有些惊讶。[1] 身为人类学家的马歇尔·萨林斯（Marshall Sahlins）这样介绍这位来自法兰西公学院的男士："克洛德·列维–斯特劳斯是一位法国人类学家。更重要的是，他是一位很有文化素养的人，观察力敏锐，他还偏爱理性（Raison）。换言之，与人类学家的身份相比，列维–斯特劳斯有可能更加具有法国人的特征，也许还是法国国宝：一位哲学家。"[2] 这篇发表在《科学美国人》（*Scientific American*）的十分犀利的文章在开头将列维–斯特劳斯在史密森尼学会成立 300 周年活动上（1965 年 9 月）作为头面人物的亮相与同年另一位"法国"名人——法国借给大都会博物馆的蒙娜丽莎画像（当时的文化部部长马尔罗批准）——进行了比较。蒙娜丽莎是意大利人，与列维–斯特劳斯一样，她的笑容充满神秘感。

几年前，列维–斯特劳斯经由一位熟悉法国知识界的敏锐

---

[1] 克洛德·列维–斯特劳斯档案库，编号 NAF 28150，档案盒编号 235，主题档案"美国学者"，1966 年 6 月。
[2] 马歇尔·萨林斯（Marshall Sahlins）：《谈克洛德·列维–斯特劳斯隐晦的写作》(« On the Delphic writings of Claude Lévi-Strauss »)，《科学美国人》1966 年 6 月。

的女性观察者介绍，走进了纽约的学术界，于是，也走进了美国学术界。她是小说家、评论家、政治活动分子、激进人士和女性主义者，她是西蒙娜·德·波伏瓦的门生苏珊·桑塔格（Susan Sontag）。1950年代中期，她在巴黎待了好多年，那时，她常常光顾左岸。1963年11月，她通过著名的刊物《纽约书评》[1]，激动地把列维－斯特劳斯介绍为法国本土造就的最后一位伟大学者。在她看来，与人人反对的萨特不同，列维－斯特劳斯继承了国家传统——宣扬"对几何精神和对冷漠的崇拜"[2]。她将他与新小说和文学现代主义联系起来，然而我们知道，列维－斯特劳斯对它们不感兴趣。这是一个有趣但错误的联想。她为列维－斯特劳斯的成长经历添油加醋，将这位人类学家成功的理由总结为其政治主张和道德观念。"为了区分真的古代与冒名的古代，他在阴影中抗争。他是复杂、勤奋和勇敢的现代的悲观主义演员。"[3] 同一时期，在《泰晤士报文学副刊》上，乔治·斯坦纳（George Steiner）以"冷漠"替换修饰列维－斯特劳斯事业的"崇高"一词，将其打造为17世纪的"道德家"。这便是难以为盎格鲁－撒克逊的读者进行翻译的原因。[4]

于是，1960年代初，在经历婚约被长期延后之后，列维－斯特劳斯成了一位"（他的）时代的英雄"。尽管在写作上有困难，但年轻的女大学生还是为他的思维模式和他的誓言倾倒。后来，米歇尔·福柯在《词与物》的题词中说："结构主义不是新的方法：它是觉醒的意识，它为现代思想感到焦虑。"焦虑导致的战栗、"人类学的疑虑"：列维－斯特劳斯在就职演说中谈到了它们，是它们让我们承认这门学科拥有存在的价值。

---

[1] 苏珊·桑塔格：《我们时代的一位英雄》（« A Hero of our time »），《纽约书评》1963年11月28日。
[2] 同上。
[3] 同上。
[4] 乔治·斯坦纳（亲笔签名）：《奥菲斯与他的神话》（« Orpheus with his myths »），《泰晤士报文学副刊》1965年4月29日。

米歇尔·福柯作为拥有哲学教育背景的哲学家，是 1960 年代人文科学发展的核心人物，他对自己的学科没有抱有疑问；列维 – 斯特劳斯学习涂尔干和围绕在《社会学年鉴》——这间"著名的工作室为当代民族学打造了一些武器"[1]——周围的学生团体，将大量的精力投入引导年轻（和稍年长的）学子、组织集体研究的工作中去。

---

[1] 《结构人类学》的题词："这本书出版于 1958 年，涂尔干的百年诞辰之际，一名涂尔干不忠诚的门徒用这本书对《社会学年鉴》的创刊人致敬。这间著名的工作室为当代民族学打造了一些武器，而我们却默默地抛弃了它，与其说是因为忘恩负义，不如说是因为我们悲哀的想法——我们的力量不足以应付今天的事业。"

16 科学工厂

> 科学不是个人的产品。
> 1970年4月10日克洛德·列维-斯特劳斯
> 给霍华德·加德纳（Howard Gardner）的信

20年里，每天早晨，从八点到正午，克洛德·列维-斯特劳斯的身影都会出现在社会人类学研究所（LAS）。这间研究所是1960年他与伊萨克·希瓦（Isac Chiva）一同创立的，那时，他刚刚进入法兰西公学院，受众人拥簇。社会人类学研究所一开始位于耶拿大街（avenue d'Iéna），后来搬进了马塞兰·贝特洛广场的夏尔格兰楼。作为法兰西公学院的首个社会科学研究所，社会人类学研究所主办了一份刊物《人类》（1961）。20世纪六七十年代，它成为法国人类学的地标，首字母缩写LAS很快就被人们熟知。

研究所逐渐壮大，除了民族学家、语言学家和历史学家，人们还可以在那里遇见研究项目负责人、图书与文献管理人、受邀而来的外国学者、秘书、"临时雇员"。他们中有年轻人，也有年长一些的人，有男人，也有许多女人。在这个小圈子里，社会科学正走向专业化。一位50多岁、身形修长的男士，他不仅是结构主义的学术领袖，也是复兴法国民族学之人。在这一章，我们将走进这座科学工厂，观察一所研究所和一门学科。研究所是科学工厂的象征，也是它的实体，而学科是研究所实践的对象。我们把民族学看作思想的摇篮：它由一个特殊的部落组成，研究人员是它的成员，它有自己的管理人员、自己的仪式、自己的斗争、自己的价值和自己的信仰。[1] 换言之，民族学是民族学家们的民族学……

为了让他这门学科获得认可，列维-斯特劳斯投入了战斗，但在这个过程中，他始终与人类的统治地位和制度保持距离，他要做的是，将科学定义为知识不断累积与分享的过程。这也是列维-斯特劳斯运营这些集体场所——期刊、研究所、研讨课——的原则。时常出入这些场所的人都记得列维-斯特劳斯身上难以形容的气质（Lévi-Strauss touch），儒雅、刻薄、严厉和绅士都可以被用来称呼列维-斯特劳斯。因此，在列维-斯特劳斯身上存在着矛盾：在科学研究、手工艺创作和艺术实践中，他是孤独的，然而，他又创造了新的学术秩序。他只有利用合理的时间安排来解决这个显而易见的矛盾，他有过类似的经验：早晨的时间与他人共享，因此，人在研究所；下午的时间留给自己，因此，他在家独处。

一门学科脱胎换骨

美国的经历让克洛德·列维-斯特劳斯意识到，集合在"学科"下的研究主题和具体问题错综复杂，同时，受到了历史发展的限制。什么是学科[2]？学科是知识的集合，它受国家学术传统与研究机构影响而发生变化。一个跨学科范式（结构主义）突然闯了进来，呼吁建立新的学术合作关系，因此，学科本身便可能发生动摇。经历了漫长的专业分化之后，由学科组成的体系建立起来，现代科学就建立于这样的体系之上。因此，在真理的大理石上，

---

1 在这一点上，我们认同的是布鲁诺·拉图尔（Bruno Latour）和史蒂夫·伍尔加（Steeve Woolgar）的观点。参见《实验室生活：科学事实的建构过程》（*La Vie de laboratoire. La Production des faits scientifiques*）。该书早在30多年前就主张，民族学分析应"回归文明社会"（à domicile），认为民族学分析不仅可以应用在我们外部的社会，也可以应用在我们社会内部，特别是应用在科学研究领域。
2 参见让·布提耶（Jean Boutier）、让-克洛德·帕斯隆（Jean-Claude Passeron）、雅克·勒维尔（Jacques Revel）编：《什么是学科？》（*Qu'est-ce qu'une discpline？*），巴黎：法国社会科学高等研究院出版社，2006年。

没有什么是永久不变的。一门学科诞生，一门学科消亡。

1960年代，列维－斯特劳斯的意志遇上了脱胎换骨的第五共和国的国家意志。第五共和国经过了现代化的洗礼，希望以行动支持新的社会科学学科——社会学、经济学、人口学，人们期待着政府做出一个合理的决定。此时，人们坚定不移地认为，科研人员能够参与制定野心勃勃的政策，为其指明方向。然而，这段蜜月期也需要冷冰冰的硬币。

认 同

当拥有学术声誉的列维－斯特劳斯决定重建法国人类学时，他不仅对机构设置和教学问题进行了长时间的思考，也对这门学科的海外发展情况有了完整的观察。他小心翼翼地为"成长中的科学"（science en devenir）[1] 划出边界（让它与哲学、社会学有所区分），当然，他还明确了同盟（语言学、地理学、历史学和心理学）的存在。列维－斯特劳斯利用学术研究与语言论述的工具，并坚持调查研究与方法论的原则，就这样明确地划出了一片幅员广阔的领地（对人类的普遍认识）。列维－斯特劳斯自如地完成了"登记"（immatriculation）[2]，他的这一学术行为具有决定性的历史意义。此后，尽管民族学（ethnologie）与人类学（anthropologie）之间还存在着语义上的模糊地带，但两者共存于法国当时的学术版图内。当然，这块学术版图内也有与之对抗的强大对手。[3]

1954年，列维－斯特劳斯在一篇受联合国教科文组织邀约而创作的文章中就"人类学在社会科学中的定位和人类学教学中的

---

[1] 克洛德·列维－斯特劳斯：《人类学在社会科学中的定位和人类学教学中的问题》（« Place de l'anthropologie dans les sciences sociales et problèmes posés par son enseignement »），载于《结构人类学》，第379页。
[2] 《导言》，载《什么是学科？》，第8页。
[3] 参见 G. 兰克卢德（G. Lenclud）：《人类学与人类学学科》（« L'anthropologie et sa discipline »），载《什么是学科？》，第8页。

问题"¹明确提出了自己的观点。在他看来，人类学不是由一个特殊客体——残酷的战争、一夫多妻制、食人现象，或者笼统地说，原始社会——来定义的，而是由"某种世界观或者某种提出问题的独特方式"²来定义的。事实上，某些人类学家抓住了所谓的"文明"社会现象不放，相反，之前提过的人造物（artefact）也可以被史前史学者拿来作为研究客体。自20世纪初起，这门学科就认为，走近研究对象身边，从长期、细致且具有挑战性的田野考察中获得经验是民族学方法论的罗塞塔石碑，而这块罗塞塔石碑正是民族学知识的核心。

尽管田野调查工作的实证调查变得不可或缺，但它只是第一阶段。列维-斯特劳斯建议将之称为"民族志"（ethnographie）。这个阶段的工作包括收集口头或文字资料以及收集实物，这些实物经过分类之后通常会被送到博物馆展示。第二阶段是"民族学"，这是代表了综述的第一步。在这一阶段，民族学家要将某种习俗或制度单独拿出来，试着解释它的特殊意义，并对地理、历史背景进行总结或者完成系统性的总结。第三阶段是人类学。这一阶段的目的是，继续完成综述的工作，最终得出对整个人类社会都适用的结论。在法国，"综述（synthèse）的工作被交给其他学科：社会学（法国语境下的社会学）、人文地理学、历史学，有时甚至还有哲学"³，他继续说道。在1960年1月法兰西公学院的就职演说上，列维-斯特劳斯就给出了回应：在人类学学科中增加综述这一环节，不借他人（学科）之手进行概括与总结。从学术层面上说，这位成功的人类学家是近视患者，然而，他也是老花眼患者：民族学家戴上眼镜之后，

---

1 《人类学在社会科学中的定位和人类学教学中的问题》，第377—418页。我们还可以参考性质相同的另一篇文章。这篇文章也发表于联合国教科文组织的刊物上：《民族学全观，1950—1952》（«Panorama de l'ethnologie, 1950-1952»），《第欧根尼》（*Diogène*）第2期，1953年，第96—123页。
2 《人类学在社会科学中的定位和人类学教学中的问题》，第378页。
3 同上书，第388页。

他登高望远，而后躲进理论的作坊（研究所），他生产出普遍适用的框架，用它来记录观察到的现象。

上一个十年里，列维－斯特劳斯不断调整人类学研究的几大步骤、人类学的研究方法和人类学带来的启发，同时，不断给出明确的答案（有时存在一些偏差）。但现在，人类学有了明确的定义，尽管他的表达引发了争议："民族学的反对者们犯的错误[……]是，他们认为，本学科的目的是获得我们研究的那些社会的全部知识。[……]发现我们如此急切地用图式来替代我们无法理解的现象时，他们变得更加忧虑。事实上，我们的最终目的并非逐一定义我们研究的每一个社会，而是发现它们是以什么方式表达差异。与语言学的情况相似，区别彼此的差异构成了民族学的研究对象。"[1]

专业化

列维－斯特劳斯在几位刚刚结束田野调查的同事面前惊呼："在这儿，我们不会培养民族学家，而是发掘民族学家！"[2]虽然民族学提出了自己的问题，也有自己的研究对象、研究方法，但作为最近才进入学科行列中的一门科学，在很长一段时间里，它都只能自学成才，好在这种自学的经历大抵是平坦的。乔治－亨利·里维埃（Georges-Henri Rivière）在酒馆的经历不比在博物馆接受的培训少，阿尔弗雷德·梅特罗则是法国国立文献学院（l'École des chartes）的学生。1945年以前的法国民族学家们组成了一个多元化的团体："既有还俗的神父或者牧师、爱做手工活的哲学家与不得志的作家，也有误入歧途的行政人员与心存悔意的冒险家：他们不是专业的民族学家，最多算是宗教修会的成

---

[1] 克洛德·列维－斯特劳斯：《第十五章后记》，载《结构人类学》，第358页。
[2] 克洛德·塔第（Claude Tardits）：《伟大的道路》（« Un grand parcours »），《人类》（L'Homme）第143期，1997年7—9月，第50页。

员，如果我们认为使命的召唤比教育经历更加重要。"[1] 列维－斯特劳斯自己就是这种模式的范例：他通过了高中哲学教师资格考试（像雅克·苏斯戴尔一样），并且从未出入民族学课堂，尽管民族学课堂只有为数不多的几个。是巴西那片土地引导他成为民族学家。

然而，1960年，用教育取代使命的要求被列入议程。什么样的教学安排最合适？回顾了全球各地民族学的教学形式后，列维－斯特劳斯对设立一个独立的人类学系——这是盎格鲁－撒克逊国家通常的做法——的想法相当反感。从表面上看，这个方案十分理想，但一个把理科与文科明确区分开来的学术传统让落实这个方案变得十分困难（人类学系属于哪个学院？）。法国就存在这种情况。在法国，文学院、理学院和法学院均能授予民族学的证书。然而，他在1954年也说过："一位人类学家，不论专业方向是什么，都必须学习体质人类学的基础知识。"[2] 虽然没有明确表态，但这位民族学家更偏向于学校或研究所这样的组织形式，对这门学科"跨学院的理念"念念不忘，因为这门学科的昌盛与其他学科紧密相关。[3] 事实上，自巴黎大学成立民族学研究所以来（1925），这种"走私方案"[4] 就主导着民族学研究所。最小程度的院系变化当然导致民族学教育获得了最低程度的认可，但这个方案最能满足民族学对多个学科知识的渴求。

于是，参考民族学系的例子，列维－斯特劳斯将提出院系设置的方案、教学方案和政治主张。他的目的是设计合理的教学课程、建立学科发展的平台。1957年5月，在一封近乎是遗书的信里，病榻上的利维（与他指导过的博士研究生冰释前嫌）将一件家族遗物转交给他（此时，学科冒险中的另外两位主角，莫斯和列维－

---

[1] 让·雅曼（Jean Jamin）：《人类学与它的演员》（« L'anthropologie et ses acteurs »），第104页。
[2] 《人类学在社会科学中的定位和人类学教学中的问题》，第312页。
[3] 同上书，第383页。
[4] 同上书，第384页。

布留尔,已经离世):"我将民族学研究所交给您:有您和我妹妹在,我对它的未来十分放心。如果我走了,我认为您应当与秘书处的勒胡-古韩(Leroi-Gourhan)联系,虽然他有些缺点,但他是巴黎大学的教授,此外,民族学研究所是人类博物馆和巴黎大学之间的纽带。"[1] 1958年利维去世后,列维-斯特劳斯完成了他的嘱托。

自1960年起,两位负责人主导着民族学研究所的命运,民族学研究所变成了"调车场",服务于巴黎各个机构的民族学课程。1970年代以前,不存在民族学的本科专业。别的本科专业(社会学、哲学、历史学……或者"自由专业"[licence libre])提供了不同的课程内容,颁发相应的证书。在巴黎大学,这些课程都由安德烈·勒胡-古韩和罗杰·巴斯蒂德负责。民族学研究所的课程手册上介绍了所有的教学课程,这些课程被分为基础课程和针对博士阶段的专业课程。1958年,第三阶段的课程(第三阶段的专业博士学位课程)刚刚出现。[2]

这片土地虽然有些缺乏管理,但也有受到保护的封地。列维-斯特劳斯提出了改革的想法,并在一篇短文中将这种想法对外公开。他谴责影响着民族学研究所的"殖民统治",主张该研究所从大学的管理制度中独立出来,第三阶段的课程更应该如此。此

---

[1] 1957年5月5日利维给列维-斯特劳斯的信。参见克洛德·列维-斯特劳斯档案库,编号NAF 28150,档案盒编号300,主题档案"书信"。在整个学术生涯中,利维一直接受着两位姐妹的帮助。民族学家们将她们称为"利维小姐们"。因此,我们必须参考仍然在世的其中一位。参见玛丽安·勒迈尔(Marianne Lemaire):《民族学家自己的房间:两次世界大战间人类学界的女性写作》(« La chambre à soi de l'ethnologue. Une écriture féminine en anthropologie dans l'entre-deux-guerres »),载《人类》第200期,2011年,第83—112页。
[2] 1960年民族学研究所的教师名单:法兰西公学院(克洛德·列维-斯特劳斯、乔治·杜梅齐尔、埃米尔·本维尼斯特、雅克·伯克、皮埃尔·古鲁);巴黎大学文学院(安德烈·勒胡-古韩、罗杰·巴斯蒂德)、高等研究实践学院第四科系(语言学)和第五科系(宗教科学)、克洛德·塔顿:非洲;第六科系(经济学和社会科学);克洛迪·马塞尔-杜布瓦(Claudie Marcel-Dubois):民族音乐学;乔迈·狄泰伦、乔治·巴朗迪埃、埃里克·德·丹皮埃尔、德尼兹·波尔姆:非洲;乔治·孔多米纳斯:越南;路易·杜蒙:印度;让·吉阿荷:大洋洲;热梅娜·蒂丽翁:马格里布;马克西姆·霍丁森:中东;亨利·莱曼:前哥伦布时期的美洲文明。

外，他提议改变教学课程分散的现状，为此，需要创建教师代表大会（1958年有22名成员），通过代表大会来商讨这个问题。老师们同意这样操作，巴黎学区的学区长也通过了这个方案。接下来的十几年里，该研究所一直由教师代表大会掌权，大会则成为推动民族学科研政策决策的新平台。在这些事件中，列维－斯特劳斯热情地登高呐喊，为学科发展提供了动力。他既是民族学研究所的主管之一，也是法国国家科学研究中心（CNRS）"人类学、民族志和史前史"委员会的成员。他积极地建立了学科在学术机构中的影响力，是其中的主要角色：他不仅需要应付学科内部的问题，也要与行政机关打交道。

面对行政机关，有时，列维－斯特劳斯任由无声的怒火爆发，以对抗他认为吹毛求疵、拘泥于细节的行政程序。例如，它阻止某研究所接受非直接主管单位给予的资金。这是民族学研究所的真实案例。为了资助研究所的研究成果，国民教育部合作处的主管斯特法纳·黑塞尔（Stéphane Hessel）给了一笔补助资金，然而，这笔拨款未能获得批准。列维－斯特劳斯十分愤怒。[1] 他建议绕过难缠的财务审批，将补助资金转给马克·布洛克协会。他在给朋友黑塞尔的信中指出，这个协会是第六科系的"非官方账户"，其"存在由于显而易见的原因而不为公众所知"。[2] 列维－斯特劳斯擅长与行政机关谈判，他在美国学习了筹款（fundraising）文化，因此，他也是一位拥有学术头脑的企业家。只要是出于适当的理由，他也会制造一点谎言，对此并不反感。与梵蒂冈相似，高等研究实践学院有了自己的小金库……不过，这里还是法国。1960年代初，社会科学，特别是民族学，仍然可以申请获得国家财政的支持。此时，法国政府

---

[1] 1961年4月21日克洛德·列维－斯特劳斯致巴黎学区区长的信。参见社会人类学研究所档案室（编号B.S5），主题档案"与民族学研究所的通信"。
[2] 1961年10月30日克洛德·列维－斯特劳斯给斯特法纳·黑塞尔的信。参见社会人类学研究所档案室（编号B.S5），主题档案"与民族学研究所的通信"。

正准备制定史无前例的科研政策。

社会化

在巴黎解放之后，一些个人行为推动了法国社会科学的发展。这些个人行为十分分散，并且，从研究层面看，它们游离于大学以外。[1] 人们止不住地悲叹社会科学的"悲惨"，联合国教科文组织虽然提供了资助，组织了调查活动，但也无济于事。左翼的马克思主义仇视这些"美式"科学，认为它们的目的是对社会进行资本主义改造。法国急切地希望获得解放并且脱胎换骨，法国社会科学界的学者们面对这样的立场，显得孤立无援。然而，很快，政府的工作重心就变为应对殖民问题和冷战。戴高乐主义到来后，风向迅速发生了变化。这些发生在 1960 年代初的变化也反映了法国历史：知识由国家主导，具有官僚与集权的特征。而造成这一现象的是 17 世纪法国君主制的专制主义。[2] 这种求知的意愿以一种不同于以往的气魄迎来了黄金三十年的曙光，而黄金三十年是法国历史上的鼎盛时期。这种意愿建立在一种乐观的信仰之上，这种信仰认为，人文科学可以捕捉社会中的现实问题，它们还能陪伴法国一同快速发生变化——有些变化在意料之外，有些变化则在意料之中（或者表面上像是这样）。在这个经济发展、社会加速变化的时期，"现代化"是法国的口号。大学向中产阶级的

---

1 这一段内容可以参见阿兰·德鲁阿（Alain Drouard）：《思考时间轴：法国 1945 年至 1960 年代末的社会科学发展》（« Réflexions sur une chronologie. Le développement des sciences sociales en France de 1945 à la fin des années soixante »），《法国社会学期刊》（La Revue française de sociologie）第 23（1）期，1982 年，第 55—85 页；参见阿兰·沙特里欧（Alain Chatriot）、文森·杜克莱尔（Vincent Duclerc）编：《政府的研究事业：从皮埃尔·孟戴斯-弗朗斯到戴高乐将军的政治转变（1953—1969）》（Le Gouvernement de la recherche. Le Gouvernement de la recherche. Histoire d'un engagement politique de Pierre Mendès France au général de Gaulle[1953-1969]），巴黎：探索出版社，2006 年。

2 参见安德烈·布尔基耶：《从启蒙时代到第五共和国：历史悠久的集体调查》（« Du siècle des Lumières à la Ve République. La longue histoire des enquêtes collectives »），载贝尔纳·帕雅德（Bernard Paillard）、让-弗朗索瓦·西蒙（Jean-François Simon）、洛朗·勒嘉尔（Laurent Le Gall）：《乡土法兰西：1960 年代以来的跨学科调查研究》（En France rurale. Les enquêtes interdisciplinaires depuis les années 1960），巴黎：雷恩大学出版社，2010 年，第 21—38 页。

孩子们敞开大门，一批新的大学生进入校园，于是，大学里出现了一批新的岗位，大学课程也变得更加多样化。

资金流动了起来，教学岗位也有所增长。法国国家科学研究中心或者高等研究实践学院与大学相比，增幅更大。因为大学对新学科的设立始终犹豫不决。1956年，第六科系有48位研究主任（directeur d'étude）；1962年，研究主任的数量达到80位。第六科系设立了社会学本科和经济学本科。第六科系有钱充实研究室的装备，标准达到了硬科学的水平，因此，研究室的成员不断增加，人才结构变得多元：研究助理、计算机技术人员、文献管理的技术人员和一大群临时雇员——从今往后，临时雇员组成的大军便驻扎在人文社会科学界。在冲刺现代化的背景下，毕业之后的就业不是问题，因为社会和国家为了解决工业社会出现的新问题或者寻求这些问题的答案，都有求于这些新兴专业：人口学者、经济学者、社会学者、社会心理学者……以及民族学者。但民族学者并不为现代化事业所器重。法国科学技术研究评议会（Délégation générale à la recherche scientifique et technique，DGRST）在1963年成立。这是一个跨越了多个国家政府部门的机构，其募集资金的模式也是前所未有的：签订多年制合同，例如，著名的"协同行动"（Actions concertées）。在这些"协同行动"中，某一项行动已经载入集体调查活动的史册，甚至有时候被称为协同行动的黑暗传说，因为它虽令人感到欢欣鼓舞，但也使人失望透顶。它就是对普洛泽韦（Plozévet）的调查。普洛泽韦是位于比古登地区（Pays bigouden）的一个村庄，人们相信那里存在一个"隔离群"，能够用来探究"法国乡村和农业地区对现代生活条件的适应情况"，因此选择将此地作为考察对象。法国国家科学研究中心启动了"项目合作研究"（Recherches coopératives sur programme），为在奥布拉克（Aubrac）、沙蒂永内（Châtillonnais）、巴罗尼（Baronnies）、马尔热里德

（Margeride）、科西嘉（Corse）进行的重要跨学科研究提供支持。于是，1960—1970年代，"法国空无一人"（France vidée）的壮观景象出现了：民族学家将法国作为乡村世界的观察站，他们认为乡村世界已经濒临消亡；社会学家和经济学家将其看作一场不可避免的现代化实验。不论资助单位是大学、法国国家科学研究中心还是法国科学技术研究评议会，这种受到国家鼓励的行动使科学实践开始向集体研究的方向发展，并且，如果可能的话，也需要形成跨学科的团队（就像在普洛泽韦，自然科学和社会科学联合开展研究）。

人类学和它的领导者该如何应对这个新世界的变化？在严格的个人层面，显然，列维－斯特劳斯害怕由研究者组成的特遣队（去普洛泽韦的就有一百多人），因为他们将在一个村庄待上几个月或几年时间。作为独奏者，他给出的直接反应考虑的是美学因素："它们[那些调查]能够得到好的结果。我个人不会采取这种形式的研究。在我看来，民族学与艺术创作相近。那是一个人同一个社会的密语。此外，最纯粹的原始社会是一个十分脆弱的物品，让它们受惊是十分危险的，如果铺展太过庞大的研究设备，它们可能会遭受灭顶之灾。相反，如果对象是一个繁荣、强韧的社会，我会采用这样的研究方式。但我要强调的是，那并不是我的兴趣所在。"[1] 不过，作为学科主导者和负责人的列维－斯特劳斯战略性地参与到这类型的行动中去，这些行动不仅资金充足，也提供了职位的空缺。他派非洲研究的民族学家米歇尔·伊扎尔（Michel Izard）参与普洛泽韦的研究，因此，他自己的研究所也能够参与其中。[2] 同样，社会人类学研究所的研究员也参加了

---

[1] 克洛德·列维－斯特劳斯与吉勒·拉普什的访谈，《费加罗文学报》1962年6月2日。
[2] 法国科学技术研究评议会、法兰西公学院和社会人类学研究所签订了一份合同。该研究的目的是，通过社会人类学研究，对家谱资料进行机械工具的分析（由米歇尔·伊扎尔负责），费用为62248新法郎。作为研究所的第一批项目之一，该项目的资金金额相对来说比较可观。

1967 年启动的沙蒂永内的项目合作研究（RCP）。¹ 四位民族学家——弗朗索瓦兹·佐纳邦（Françoise Zonabend）、玛丽–克洛德·潘戈（Marie-Claude Pingaud）、伊冯娜·威尔迪埃（Yvonne Verdier）、缇娜·若拉斯（Tina Jolas）——即社会人类学研究所的所有成员都被派到米诺（Minot），沙蒂永内东南部一个拥有 370 名住户的市镇。一开始，他们的任务是完成一部法国村庄研究的专著，与吕西安·贝尔诺（Lucien Bernot）在"新城"（Nouville）² 的研究一脉相承。这几位"米诺的女士"³ 到达田野之后，变成了"巴黎的女士"。她们要对亲属关系的结构、婚姻策略、亲属关系的术语展开调查，同时，随着在当地逗留的时间越来越久，她们一步步调查了过去的习俗和保留下来的传统、各种职业、烹饪文化和其他内容，此外，她们开始对现代农村社会进行真正的人类学研究，注意"细节的完整性"⁴。这次调查的方式与普洛泽韦不同。在普洛泽韦，血液学家与人口学家一同作业，植物学家同民族学家讨论问题，社会学家走在经济学家之后；在米诺，四位民族学家每月进行多天的调查，最终于 1967—1975 年写成四本个人的专著。四人分别从四个角度展开调查，在田野考察期间，她们当然将考察所得互相分享，但是各自写作，每个人也有自己的深入思考。⁵ 她们创作了四本书，而不是上千页无法发表、了无生

---

1 参见弗朗索瓦兹·佐纳邦：《米诺：从田野到文本》（« Minot : du terrain aux textes »），载贝尔纳·帕雅德、让–弗朗索瓦·西蒙、洛朗·勒嘉尔：《乡土法兰西：1960 年代以来的跨学科调查研究》，第 301—313 页。
2 吕西安·贝尔诺、雷诺·布朗卡，《"新城"，一个法国村庄》，同前。
3 弗朗索瓦兹·佐纳邦，《米诺：从田野到文本》，第 302 页。
4 同上书，第 307 页。
5 玛丽–克洛德·潘戈（Marie-Claude Pingaud）：《勃艮第的农民：米诺人》（*Paysans de Bourgogne. Les gens de Minot*），巴黎：弗拉马利翁出版社，1978 年；伊冯娜·威尔迪埃：《说话的方式、行动的方式：女洗衣工、女裁缝、女厨师》（*Façons de dire, façons de faire. La laveuse, la couturière, la cuisinière*），巴黎：伽利玛出版社，1979 年；弗朗索瓦兹·佐纳邦：《遥远的记忆：乡村时间与乡村故事》（*La Mémoire longue. Temps et histoires au village*），巴黎：法国大学出版社，1980 年；缇娜·若拉斯、玛丽–克洛德·潘戈、伊冯娜·威尔迪埃、弗朗索瓦兹·佐纳邦：《附近的乡村：勃艮第村庄米诺》（*Une campagne voisine. Minot un village bourguignon*），巴黎：人文科学之家出版社（MSH），1990 年。

气的研究成果。与普洛泽韦的情况一样,米诺当地人难以接受这些民族学专著的内容。社会民族学把他们作为研究对象,对他们进行了客观化的描述,然而,这一举动没有征求他们的同意。不仅如此,他们也不喜欢被丑化成"勃艮第的印第安人"或者布列塔尼的印第安人。[1]

我们发现,列维-斯特劳斯是学科发展的关键人物。他十分关注科研政策,他清楚地认识每一个与之相关的关键人物,并全力推动科研政策的发展。然而,矛盾的是,人类科学"实用性"的难题依旧摆在他的面前。不久前,人文科学被要求"(在自然科学之后)证明自身的实用性",他这样写道。列维-斯特劳斯认为,这种全方位的动员是一种危险现象。他在1964年肯定道,人文科学还"处于它们的史前阶段。就算它们有一天能够被用于解决实际问题,目前,它们什么都不能实现,或者几乎什么都不能实现。真正令它们存在的办法,是给它们提供很多东西,但最重要的是,别向它们索取任何东西"[2]!我们必须区分他发表的战略性言论(这是为了获得资助)与他个人的信仰。他自己对人文科学的期待反而趋于理性,但他还是认为,人文科学在学术的交响乐演出中能够扮演特殊的角色。在他看来,人文科学给出的解释常常十分模糊或者只是接近真相,它们犯错是家常便饭,它们的预见也存在偶然因素。"但是,它们只懂得四分之一或者一半,在两次或四次中只能准确预测一次。然而,这些不完美的方案之间就存在着亲密的联系。因此,人文科学能够把智慧带给实践者,让它成为纯粹的知识与其功效之间的桥梁。这种形式的智慧让他们能更加深入地理解事物,并且更加灵活地采取行动。尽管如此,

---

[1] 弗朗索瓦兹·佐纳邦了解这次痛苦的经历。参见《附近的乡村:勃艮第村庄米诺》,第312—313页。
[2] 克洛德·列维-斯特劳斯:《联合国社会科学报告》(« Rapport de l'Unesco sur les sciences sociales »),1964年1月1日,克洛德·列维-斯特劳斯档案库,编号 NAF 28150,档案盒编号 214。

他们还是不知道应该从哪一个视角出发看待问题。因为智慧是一种模糊的概念，它既来自知识又源于行动，同时，与两者完全不同。"[1] 列维－斯特劳斯是根据它们与其社会的"亲密程度"刻度来对它们进行分类的："社会科学"（经济学、法学、政治学、社会心理学和社会学的某些分支）是在作为它们研究对象的具体社会环境中发展起来的，而"人文科学"（史前史、考古学、历史学、人类学、语言学、哲学、逻辑学、心理学）则是从每个特定社会的外部发展起来的。因此，两者被他区分开来。只有人文科学才能够拥有基础科学那般"不妥协"的精神，它们将会推翻世界上所有的科学猜想与想象。[2]

列维－斯特劳斯是一名行动者，他建立了学术机构。这些机构注定要以与效率相斥的研究为使命（它们还让其他人投身于这项使命）。在他看来，我们距离社会工程的梦想——依靠工程师给出切实可行的解决方案——还很遥远。1968 年，左翼阵营的学生们激烈地抗议把人文科学和社会科学用来辅助决策的做法，他们中有数量不少的社会学家。列维－斯特劳斯自己也抵触这种矮化人文科学和社会科学、模糊其意义的做法，一点也不为这些批评而感到不快。因为他从未认同过这种观念。

一间神秘的研究所：社会人类学研究所

为什么成立一间人类学研究所？列维－斯特劳斯为学科带来了认识论上的转折点，而这家新的机构就是这一成果的标志。民族学不用描述某个特定的社会（描述其物质特征和符号），而应当对它提出一些问题。从此以后，民族学的目标是构建理论（模型），而不是收集、展示有形的人造物（artefact）。因此，在这

---

[1] 克洛德·列维－斯特劳斯：《联合国社会科学报告》，1964 年 1 月 1 日，克洛德·列维－斯特劳斯档案库，编号 NAF 28150，档案盒编号 214。
[2] 同上。

门学科的发展过程中,由克洛德·列维-斯特劳斯在1960年成立的社会人类学研究所就像人类博物馆一般,成为学科发展的中心。1930年代,人类博物馆曾是民族学的代表。同一时期,其他研究小组也破壳而出,例如,雷蒙·阿隆成立的欧洲社会学研究中心(Centre européen de sociologie)。但是,欧洲社会学研究中心已经不复存在,与之不同,社会人类学研究所一直巍然挺立。它成为拥有50多年历史的标志性机构,也成为学科的"共同财产"。当代许多法国民族学家和外国民族学家都在这儿有过学习或者工作经历。[1]

伟大的起点……

成立初期,列维-斯特劳斯越过了高山峡谷。一开始,社会人类学研究所缺乏物质上的保障,但这一现实反而为它的伟大探险提供了力量。为了回应质疑的声音和克服阻碍,创造的力量周而复始地发挥作用。这实际上是社会人类学研究所的一大特点。故事同文献索引卡与浴室的管道有关,但这要从1960年说起。

一开始,列维-斯特劳斯发起了"攻击"。他在联合国教科文组织的职务让他成功地说服了联合国教科文组织的负责人们(特别是加斯顿·伯杰[Gaston Berger])。他认为,是时候为欧洲制作一份《人类关系区域档案》(*Human Relations Area Files*)——由耶鲁大学发表的《人类关系区域档案》只有25份。[2]列维-斯特劳斯还说服他们让他负责处理纸质文献。这些文献

---

[1] 2011年,弗朗索瓦兹·佐纳邦为社会人类学研究所成立50周年编写了一本精美的手册《社会人类学研究所,从1960年至2010年的五十年历史》(*Le Laboratoire d'anthropologie sociale, 50 ans d'histoire, 1960-2010*),巴黎:法兰西公学院,2010年12月。

[2] 这个强大的文献工具诞生于1937年。它是在乔治·P. 默多克的推动下,由纽黑文一家独立机构创造设计的。这家机构是耶鲁大学的附属机构。参见伊萨克·希瓦:《孤独者的共同体:社会人类学研究所》(« Une communauté de solitaires : le Laboratoire d'anthropologie sociale »),载《列维-斯特劳斯》,"埃尔纳手册丛书",巴黎:埃尔纳出版社,2004年,第66页。

大约包括200万份索引卡（1961），这些索引卡又分散于380个金属材质的抽屉里。其总重达7.5吨，体积有18立方米。[1]这些索引卡都按照预先设定好的栏目妥当填写，因此，如果想要寻找民族学问题的历史资料，只要根据这些索引卡，我们很快就能发现一个基础版的文献档案库。他幻想对知识进行系统性的整理，初级形态的计算机则满足了他的欲望。在当时，计算机技术大大提高了文献整理工作的效率，增加了整个学科科学研究的合理性。这个"比较民族学文献中心"是研究所的基础和科研能力的证明，它还为研究所提供了驱动力。然而，它原来的功能只是保管《人类关系区域档案》。索引卡被塞进抽屉，把抽屉塞得满满当当，抽屉里的纸质隔板又对索引卡进行了分类。今天，这些层层抽屉仍位于社会人类学研究所内。从1982年起，它一直待在同一个地方，像记忆一般，永恒地记录着自己的标志性作用。

对列维-斯特劳斯而言，"这是一件人文科学的科研工具，但它足以与自然科学领域中的望远镜或者电子显微镜一较高低。[这些文献档案]包括与289个民族有关的3000份文献，其中涵盖书籍和论文。这件科研工具仅有25份，其中23份位于美国，一份位于日本，另一份（我们的那份）位于欧洲。订阅方与制造商签订合约后，这件工具收录的卡片数量稳步增长。1960年6月至1962年2月，新增了与47个民族有关的23.2万张索引卡。增长速度为每年15万张索引卡。"[2]克洛德·列维-斯特劳斯在这里玩起了数字的游戏。他也毫不犹豫地提起《人类关系区域档案》的读者，其中包括那些最具威望的人物。于是，雷蒙·阿隆为了研究"原始社会的战争"而来查阅过文献，加布里埃尔·勒·布

---

1 高等研究实践学院第六科系与人文科学之家同样资助了《人类关系区域档案》项目。
2 克洛德·列维-斯特劳斯：《1962年3月29日报告》（«Rapport du 29 mars 1962»），社会人类学研究所档案室（编号BS2.01）。

哈（Gabriel Le Bras）为了研究"口头文化中声望的标志"也来查阅文献，雅克·拉康在那里学习"世界各地表达赞同和否认的手势"[1]。而皮埃尔·布迪厄作为欧洲社会学研究中心的副主任，仍在民族学（在阿尔及利亚和法国的贝阿恩 [Béarn] 进行调查）和社会学（文化现象的研究）之间犹豫不决。他"请求能否对印欧文明和非洲文明中最早出现的火、技术与女性的神话进行研究"，因为他"目前正在研究印欧文明中的神话与祭祀的关系"[2]。这种不允许拒绝的语气和信息查询范围之广让列维-斯特劳斯惊讶不已，但他乐于发现其他学科对《人类关系区域档案》的浓厚兴趣。

一年又一年，《人类关系区域档案》像是怪兽一般，长胖又长重。然而，它所拥有的空间没有变化，它还位于所谓的"吉美先生的浴室"（salle de bains de M. Guimet）。最初，社会人类学研究所另类有余。它没有研究所该有的样子，此外，灵巧不足。而已经成名的列维-斯特劳斯教授就端庄地坐在那里。学者光环与新成立的研究所微薄的收入并不匹配。来访者将这些全部看在眼里，显然，苏珊·桑塔格那样的访客是个例外。桑塔格把它描述成"资金充裕的研究中心"[3]。事实上，研究所的奠基人指出，"我们最初位于吉美博物馆的小楼，那是耶拿大街上埃米尔·吉美（Émile Guimet）[4] 从前的宅邸。除了我，还有三四个伙伴。我用的房间曾是浴室：管道的某些部分仍旧从贴着瓷砖的墙上露出痕迹，我的脚下就是过去浴缸使用的排水沟。我们几乎无法在这个拥挤的小房间内走动。我通常在楼梯转角的平台会客，我们在

---

[1] 克洛德·列维-斯特劳斯：《1962年3月29日报告》，社会人类学研究所档案室（编号 BS2.01）。
[2] 1966年3月7日皮埃尔·布迪厄的来信。参见社会人类学研究所档案室（编号 BS1.01），主题档案"与高等研究实践学院的通信（1961—1971）"。
[3] 参见《孤独者的共同体：社会人类学研究所》，第61页。
[4] 事实上，喜爱东方艺术与文明的实业家埃米尔-吉美是吉美博物馆的创始人，但他从未在这座私人宅邸居住过。1955年，法国国民教育部买下了它的产权。参见弗朗索瓦兹·佐纳邦编：《社会人类学研究所，从1960年至2010年的五十年历史》，第6页，注释9。

那里放了两把旧的花园椅"[1]。

除此之外，人们会看到什么呢？办公桌、衣柜、金属文件柜、（便携式）文件夹、微缩胶卷收藏柜、一架梯子、一个衣帽架、两张秘书办公桌、十把扶手椅，以及若干数据处理机器和科研装置：一台蜡纸速印机、两台复印机（品牌分别是 Arcor 和 Polymicro）、一台静态影像投影仪、两台微缩胶卷阅读器、一台电子计算器、一台立体声电唱机、一台相机、三台磁带录音机、若干电动打字机（欧力威特牌打字机、艾凡瑞斯特牌"大型手提式"打字机、奥林匹亚牌打字机、皇家牌打字机等）、一个地球仪。[2] 这些用来复印、观察和聆听的仪器都是服务于田野调查，是研究所的财产，它们收集到的成果被收录于报告、论文或者书本。社会科学研究还在不断进步，其物质条件渐渐有所改善。

除了列维-斯特劳斯，使用社会人类学研究所的不足十人：研究所副主任伊萨克·希瓦、一同服务于期刊《农村研究》的弗朗索瓦兹·弗里斯（佐纳邦）（Françoise Flis）、负责《人类关系区域档案》的妮可·贝尔蒙（Nicole Belmont）、负责协调研究工作的索朗日·潘东（Solange Pinton）、期刊《人类》的秘书长让·普永（Jean Pouillon）、负责协调研究工作的米歇尔·伊扎尔、神话研究的技术指导吕西安·塞巴格（Lucien Sebag）、非洲问题研究的民族学家罗贝尔·若兰（Robert Jaulin）。虽然研究所资金短缺，但很快，它又吸引了一些人聚集于此。因为许多年轻人都想加入这场探险：安妮·查普曼（Anne Chapman）、阿赫莱特·弗里古（Arlette Frigout）、奥利弗·艾伦施密德（Olivier Herrenschmidt）……但是，这家"中小型企业"

---

[1]《亦近，亦远》，第93页。
[2] 克洛德·列维-斯特劳斯：《1962年3月29日报告》，社会人类学研究所档案室（编号BS2.01）。

的场地十分局促：研究所设立了图书室，保存着《人类关系区域档案》，此外，它是期刊的办事处，也要为秘书处和主任办公室提供空间，因此，耶拿大街上这 90 平方米已经超载运行。希瓦经常向克雷蒙·艾乐（Clemens Heller）抱怨，后者是高等研究实践学院第六科系后勤工作的关键人物："我的情况是，我与研究所主任克洛德·列维-斯特劳斯、《人类》编委会的秘书让·普永和我的合作伙伴弗朗索瓦兹·弗里斯女士共享一间办公室，在办公室里拥有半张办公桌。负责会计、收发信件、文献整理、档案归档和电话接线的共计五人，他们都在研究所的秘书处，与其他同事挤在一块。三台打字机同时发出噼里啪啦的响声，声音回荡在我们仅有的一条电话线上，制造出一个令人无法专心工作的拥挤又嘈杂的空间。"[1] 这个临时办公点持续运作了好几年，直到 1965—1966 年，社会人类学研究所才搬进了新的场地，获得新生。

浴室里的三个人

为研究所找一个理想的办公场所耗时良久，而选择主要的工作伙伴时，人选很快就确定了下来。人们无一不为两者之间的差距而感到惊讶。列维-斯特劳斯邀请伊萨克·希瓦和让·普永到自己身边，为他正在建设的高楼铺下了两块坚固的基石。两人长期与列维-斯特劳斯"捆绑在一起""合伙""同舟共济"，这些隐喻都能够形容他们之间 20 多年的合作关系。这样长远的合作关系说明，团队领导人具有敏锐的眼光。两人风格迥异，他们和列维-斯特劳斯一起，组成了出人意料、无法想象但不可分割的三人组。从一开始，三人组就赋予了社会人类学研究所现代性的一面与高效率（尽管也存在困难）的特点，让它魅力无穷。三

---

[1] 1964 年 2 月 27 日伊萨克·希瓦给克雷蒙·艾乐（Clemens Heller）的信，社会人类学研究所档案室（编号 BS1.01）。

个认真的人却创造了一个双关语：他们是一种智慧至上的三位一体。他们对自己承担的责任一丝不苟，但是，并不要求自己恪守成规，反而给自己留下了自由发挥的空间和保持沉默的时间。这是列维-斯特劳斯的生态系统创造的氛围。

伊萨克·希瓦是1941年6月22日雅西屠杀的幸存者。雅西屠杀是二战最早发生的迫害行为之一。[1] 战后，他决定躲避罗马尼亚的反犹太主义，逃离罗马尼亚共产主义沉闷的统治。1947年11月，他以步行的方式从布加勒斯特出发。他穿越了整个欧洲，途经布达佩斯和维也纳，最终于1948年1月20日抵达巴黎。他22岁，身边还有两位同伴：保罗·策兰（Paul Celan）和塞奇·莫斯科维奇（Serge Moscovici）。三人都决定不再说罗马尼亚语。童年时期，伊萨克·希瓦讲意第绪语，然后学习了罗马尼亚语，希瓦的语言学习能力是一种为了应付不同语言环境的生存技巧。他开始在法国生活，选择了民族学，以较近距离的田野作为研究对象。他先是专注于研究索洛涅（Sologne），随后是都兰（Touraine），最后是科西嘉。他在列维-斯特劳斯的鼓励下，成为一名先锋人物：他与原子能中心（Centre pour l'énergie atomique）合作，研究核电站对塞兹河畔巴尼奥勒（Bagnols-sur-Cèze）和马尔库勒（Marcoule）带来的社会经济影响。这是一种以高科技为对象的人类学研究。在民间艺术与民间传统博物馆（Arts et Traditions populaires），伊萨克·希瓦担任研究员（chargé de recherche），除了乔治-亨利·里维埃，他还与马塞尔·马杰（Marcel Maget）、克洛德·列维-斯特劳斯关系亲近。马塞尔·马杰是他的博士论文导师，而1950年代初，克洛德·列维-斯特劳斯则成为他进入法国国家科学研究中心的"担保人"。

---

[1] 本段内容参考了希瓦的亲身经历。参见克里斯蒂安·布劳恩贝格（Christian Braunberger）与希瓦的谈话：《民族学的遗产》（«L'ethnologie en héritage»），DVD存放于社会人类学研究所档案室。另外，也请参见《现代》（*Les Temps modernes*）。2003年的一期专门讨论了罗马尼亚与反犹太主义运动。

希瓦和列维－斯特劳斯从不（或是很少）谈论他们的犹太人身份，希瓦也不再继续少年时代的历险行为。然而，1955年，为了帮助希瓦获得法国国籍，列维－斯特劳斯不得不动员雅克·苏斯戴尔，但后者长期住在阿尔及利亚。为了联系雅克·苏斯戴尔，列维－斯特劳斯做了一切力所能及的努力和工作。1959年，希瓦离开法国国家科学研究中心，进入高等研究实践学院第六科系。费尔南·布罗代尔委托他创立刊物《农村研究》（Études rurales），年轻的中世纪历史学家乔治·杜比（Georges Duby）与他共同管理这份刊物。同一时期，列维－斯特劳斯叫他一同参与社会人类学研究所的冒险，一年之后，研究所便成立了。他同时接受了两份工作，希望"让两台机器协同工作"[1]。

从此，希瓦开始展现身为社会人类学研究所外交官和首相的才华。他利用自己在学术界和法国政府部门的人脉，为年轻的社会人类学研究所服务。在必要的时候，他担任联络官，此外，他还参与磋商。因此，在机构运作、财务谈判、"人力资源"管理（当时还没有出现这种叫法）的环节上，他都表现出非凡的智慧。他就像是"传送带"，为研究所的研究员、民族学家服务，而列维－斯特劳斯作为他们主要的交流对象，也扮演了这样的角色。有时，希瓦也会收到带有敌意的回应。但他懂得如何应对每种情况，展现出父亲代理人的形象。1960年代末，列维－斯特劳斯的亲儿子洛朗成为研究所的一员，希瓦对他也是如此。希瓦给予他建议，帮助他进步。他同洛朗十分亲近，将他视为自己的养子，策兰的儿子也得到了他同样的爱护。他还与皮埃尔·布迪厄十分要好。1962年，皮埃尔·布迪厄在《农村研究》上发表了第一篇文章：《贝阿恩的独身情况与农民条件》（«Célibat et condition paysanne en Béarn»）。

希瓦将一部分精力分散于科研的行政管理，但他所有的学术

---

[1] 伊萨克·希瓦，同上页注释。

活动都围绕欧洲农村社区展开。在他这样一位东欧的年轻犹太人面前，农村世界曾大门紧闭。希瓦对这个曾经将他拒之门外的事物十分着迷。但在生命的最后时刻，他发现自己是"不受欢迎的外来者"[1]。奇迹般幸存的罗马尼亚犹太人与出身于没落的资产阶级家庭的法国犹太人相处融洽，几乎没有矛盾。这背后体现了一段恩情。列维-斯特劳斯曾多次提到这段恩情，特别是当希瓦经历困难、健康的变故或者道德的伤害时。"我不认为研究所对我个人的研究工作有所帮助，"1976年给希瓦的信中，列维-斯特劳斯写道，"但是，如果您没有替我卸下行政工作的重担，我永远无法成功完成个人的研究。这是事实，您也无法否认。我虽然没有常常挂在嘴上，但我真诚地感谢您，希望在未来的几年里，您能够多为自己而活，不用忍受那么艰苦的工作条件，这些年来，您一直处于水深火热的环境里。就算这对研究所而言是一大损失。"[2] 希瓦自责没有做好，列维-斯特劳斯宽慰他；希瓦生病时，列维-斯特劳斯心存负罪感。2003年，列维-斯特劳斯以颤抖的字迹写下了这些能够安慰人心的文字："我永远不会忘记20年之前，下一个20年正在来的路上——用您的方式来说——您出现在我身边绝不是象征性的。因为如果我得知您不准备与我并肩作战，我将不会投身于研究所的冒险。"[3]

让·普永是另一种意义上的"外来者"。从专业层面看，他来自别处，从政治背景与意识形态上看，他也来自别处。普永接受过哲学系的教育，1945年，他成为法国国民议会的辩论秘书（secrétaire des débats）。国民议会是一个绝佳的观察站，

---

[1] 妮科尔·拉皮埃尔（Nicole Lapierre）：《列维-斯特劳斯：来自伊萨克·希瓦的近距离观察》（« Lévi-Strauss : le regard rapproché d'Isac Chiva »），Médiapart 网站，2009年11月5日；妮科尔·拉皮埃尔：《出行》（« Déplacements »），载《思想栖于他处》（*Pensons ailleurs*），巴黎：斯托克出版社，2004年，第67—69页。
[2] 1976年某个周末（25日）克洛德·列维-斯特劳斯给伊萨克·希瓦的信。莫尼克·列维-斯特劳斯保存了这些信件的副本，感谢她向我提供这些资料。
[3] 2003年1月2日克洛德·列维-斯特劳斯给伊萨克·希瓦的信。

允许他近距离对法国政治进行分析，这个职位还给了他自由的时间（和收入）。普永准备创作一本以时间为主题的书，后来，列维－斯特劳斯指出，书中存在结构的分析。[1] 同时，写书也是为了参与到战后的学术生活与文学生活中去。普永是萨特和西蒙娜·德·波伏瓦的友人，也是《现代》的骨干之一。人们不太知道的是：他与"后形而上学"（pataphysique）的圈子建立了亲密的关系，还同乔治·佩雷克（Georges Perec）有着长年交往的默契。[2] 1956年，他在《现代》上发表了一篇长文，题为"克洛德·列维－斯特劳斯的作品"。在文中，他用简洁、准确的语言表达了自己对结构主义的深刻理解。1958年，他42岁。这一年，他到非洲乍得中部的群山中进行了第一次民族学田野调查。过程中，他尝试解读哈贾拉人（Hadjeraï）开展政治宗教活动的逻辑。

1960年，列维－斯特劳斯建议普永担任《人类》的主编，他想要在1961年正式出版这份期刊。普永被看作"提手提箱者"，因为他向民族解放阵线提供了直接援助；而且，他还是《121人宣言》（Manifeste des 121）最积极的签署人之一。《121人宣言》主张，法国军队不该征召士兵参与阿尔及利亚战争。他与莫里斯·布朗肖、迪奥尼斯·马斯科罗（Dyonis Mascolo）、让－保罗·萨特和莫里斯·纳多（Maurice Nadeau）五人是签署该宣言后最先被控告的那批人。正是在这个时候，列维－斯特劳斯邀请普永加入研究所的团队。但他自己则毅然决定与政治生活划清界限，并拒绝签署《121人宣言》。这一点说明了什么？这说明，两人分

---

[1] 列维－斯特劳斯：《为〈人类〉服务的人类》（«L'homme de L'Homme »），《人类》第143期，1997年7—9月，第13—15页。普永的第一本书是《时间与小说》（Temps et Roman），巴黎：伽利玛出版社，1946年。书里谈到了一众作家，例如，巴尔扎克、司汤达、陀思妥耶夫斯基、普鲁斯特、乔伊斯、多斯·帕索斯（Dos Passos）、卡夫卡、福克纳、海明威。

[2] 吉尔伯特·胡杰（Gilbert Rouget）：《提手提箱者与没有行李的旅行者》（« Porteur de valise et voyageur sans bagage »），《人类》第143期，1997年7—9月，第37页。普永和胡杰一样，也与罗比约（Robillot）交好。佩雷克在《消失》一书中提到了一段发生于非洲的故事，据胡杰说，这个故事完全来自普永。

别选择了对方。因为事实上，当时，列维-斯特劳斯不太可能会邀请普永加入，普永也不太可能接受他的邀请。我们不应该忘记，"提手提箱者"案——让松（Jeanson）案——正在进行，形势十分严峻，意见的碰撞也十分激烈。[1]

1960年代，普永将时间分别分配给《现代》和《人类》两份期刊，游走于存在主义和结构主义之间。他试图让两者实现不可能的和解，最后，决心接受它们之间的矛盾。他自己称之为"外斜视"（strabisme divergent）。[2] 他成为一位"警觉、和气、审慎又坚定"[3] 的编辑，他负责编辑的期刊一开始横跨了三个学科（人类学、语言学、地理学），后来，与预想的结果一致，成为民族学的左膀右臂。而安德烈·勒胡-古韩、乔治-亨利·里维埃和安德烈-乔治·胡德里古尔的加入刚好证实了这一点。1960年代中期，《人类》凭借其气势、严肃的文章内容和列维-斯特劳斯的名声，成功打入了社科期刊的国际阵营。它与结构主义的范式存在联系，但没有盲目的理论倾向。它像主办单位社会人类学研究所一样，是一个综合平台，其服务对象是一门正在蓬勃发展的学科。而为这门学科发展提供动力的是高等研究实践学院冉冉升起的第六科系。

---

[1] 哲学家弗朗西斯·让松（Francis Jeanson）是此次事件的领导者。2月，他建立起来的网络被解散，诉讼案于1960年9月5日开庭。
[2] 2011年7月6日，让·雅曼与传记作者的访谈。两个"阵营"之间的最后一次对话在期刊《弓》（*L'Arc*）第26期上：《萨特与列维-斯特劳斯：辩证与分析两者间关系的分析与辩证》（« Sartre et Lévi-Strauss. Analyse/Dialectique d'une relation dialectique/analytique »），第55—60页。
[3] 吕克·德·豪胥（Luc de Heusch）：《致敬让·普永》（« Pour Jean Pouillon »），《人类》第143期，1997年7—9月，第57页。

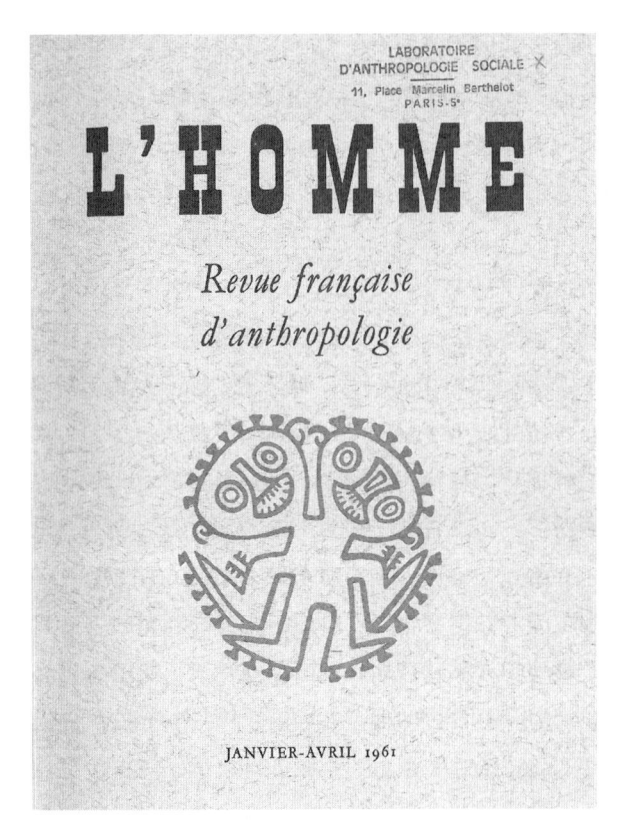

《人类》创刊号封面。1961年起，这份期刊由社会人类学研究所出版。它致力于让法国在民族学研究的国际舞台占据一席之地。

35年里，普永变成了"为《人类》服务的人类"[1]。创刊号发行时，在一条不显眼的标注中，他恳请感兴趣的作者通过各种方式与他联系。成为结构主义思潮的重要人物后，他将对列维－斯特劳斯个人作品的认同转变成集体研究的热情。他吸引了众多研究者，他们不仅把《人类》当作知音，也把它作为刊登研究成果的权威期刊。这位身材魁梧但有些驼背的先生才华横溢、才思敏捷，他还戴着一副眼镜。在学术生活中，他欣赏友情的价值，

---

[1]《为〈人类〉服务的人类》，第13—15页。

喜欢集体合作开展研究。十年后，他将被好友让-贝特朗·彭塔利（Jean-Bertrand Pontalis）的魅力征服，并同意加入1970年创办的刊物《精神分析新刊》（*Nouvelle Revue de psychanalyse*）。作为期刊界的专业人士，他既是摆渡人，也是过客。米歇尔·伊扎尔回忆道："普永掌握着解决人类学问题的不可复制的方法，像摆渡人一般"[1]；弗朗索瓦丝·埃里捷（Françoise Héritier）提到了他那些"民族学的双关语"[2]，其他人则提到了"认识论的玩笑"[3]，这些都是向普永表达自己对"不去理解的愉悦"的认同之方式。在奇怪的民族学问题里到处都是误解："不去理解的愉悦促使人们以理解为目标而努力尝试，有时，人们能够成功，但为了获得成功，人们应当尽可能生动地记住最初感受到的惊讶。"[4]

普永和希瓦几乎算不上是学者。[5] 他们拥有多重身份，这些身份让他们免受一切宗派主义的束缚，并且为梦想和游戏保留着一片天地。与列维-斯特劳斯一样，他们鲜活地保留着发现世界的童心，在男女比例持平的研究所内组成了一个人数不多的男人帮。这样的一个团体踏上了科学研究的征途，但在此之前，他们必须先确定新的办公地点、寻找新的资金来源。

1966年，一个（两个）新的起点

社会人类学研究所建立后的最初几年，围绕着办公场地的严肃问题，抱怨声、叫嚷声不绝于耳，精打细算与辩解的场景频频

---

[1] 米歇尔·伊扎尔：《如同摆渡人》（«Comme en passant»），《人类》第143期，1997年7—9月，第35页。
[2] 弗朗索瓦丝·埃里捷：《碎片与多面》（«Éclat et facettes»），《人类》第143期，1997年7—9月，第20页。
[3] 克洛德·塔第：《伟大的道路》，第47页。
[4] 让·普永：《不去理解的愉悦》（«Le plaisir de ne pas comprendre»），载《所信与所知》（*Le Cru et le Su*），"二十世纪文集"，巴黎：瑟伊出版社，1993年。米歇尔·伊扎尔引用了其中的内容，参见《如同摆渡人》，第36页。
[5] 希瓦告诉我们，列维-斯特劳斯突然燃起了对饲养一对非洲鹦鹉的渴望，为了满足他，希瓦向农业部兽医处提交了一份奇异的证明。因为鹦鹉病的缘故，鹦鹉的进口遭到了禁止。参见妮科尔·拉皮埃尔：《列维-斯特劳斯：来自伊萨克·希瓦的近距离观察》。

出现。最终,列维-斯特劳斯成功将研究所搬到了法兰西公学院的所在地——马塞兰·贝特洛广场。他和希瓦年复一年地争取,这是他们坚定意志带来的成果。这背后还有其他原因:公学院想要进行改革,同时,法国新的经济发展计划表达了发展科学事业的想法。

1962年,列维-斯特劳斯要求公学院院长马塞尔·巴塔雍(Marcel Bataillon)为他的研究所安排500平方米的空间。他需要这些空间放置《人类关系区域档案》,同时,安置1间与《人类关系区域档案》毗邻的阅览室、供文献管理员使用的2间办公室和1间摄影工作室。剩下的空间将用来安置15张办公桌、1间阅览室和1间会议室。[1] 我们发现,这个新的空间说明学术研究向前发展:因为列维-斯特劳斯的缘故,人文科学和社会科学认可了团队研究的方式,而团队研究以文献资料作为后盾,以出版活动作为基础。这种想法满足了法兰西公学院对自己这块"招牌"的考量。它的"招牌"还很醒目,但有些陈旧。马塞尔·巴塔雍以及公学院下一任院长艾蒂安·沃尔夫(Étienne Wolff)都希望能够促进科研院所的转变,叫它们认清,科研不只包括技术活,必须"谨防眼光狭隘"[2]。法国政府也支持这样的变化。这是法国繁荣发展的时期,"第五个三年计划"的资金(2800万新法郎)就是为了实现这个目标而设立的。因此,列维-斯特劳斯完全有权要求教师委员会投票批准社会人类学席位可以拥有"研究场地"(chaire à laboratoire),他的要求获得批准后,他能拥有更大的空间。1966年,52个席位中,38个席位没有任何研究场地。[3] 人文科学的教师一般申请150—200平方米的场地,本维尼斯特、布罗代

---

[1] 1962年3月29日的报告。参见社会人类学研究所档案室(编号BS2.01),主题档案"涉及法兰西公学院的通信"。
[2] 1963年3月28日教师代表大会的报告。参见社会人类学研究所档案室(编号BS2.01)。
[3] 1966年6月13日艾蒂安·沃尔夫(Étienne Wolff)的报告。参见社会人类学研究所档案室(编号BS2.01)。

尔、雅克·伯克（Jaques Berque）就属于这种情况。而教授印度语言文学的让·菲约扎（Jean Filliozat）和教授亚述学的勒内·拉巴（René Labat）要求了1000平方米。教授"社会问题和经济问题研究"的弗朗索瓦·佩鲁（François Perroux）申请了950平方米。列维-斯特劳斯申请了2000平方米的空间，眉头皱都不皱。他还从旁提醒希瓦："一寸也不能少！"[1]这门新兴学科以进攻姿势收获了自己热情培育、热切期待的果实，为了摘得果实，它还小心翼翼地证明，自己的需求合情合理。1965年10月，办公空间就腾出来供社会人类学研究所使用。但装修工程（由第六科系资助）的工程量大，装修活也很琐碎，一直持续到1967年。1970年，墙面的粉刷才最终完工。

一开始，每个房间都破旧且昏暗。但这里位于拉丁区的核心地带，一个反映科学发展史的地方，因此，硬件情况无法横向比较。列维-斯特劳斯反而为此欢欣鼓舞。古老而奢华的装饰满足了他对学者生活的幻想。他将带着现代主义者的雄心壮志和科学研究的先锋主义精神，住进一间波德莱尔的古董屋里："我记得在1959年，我作为候选人参观公学院时，接待我的是地质学教席的负责人。他的研究所位于一栋建筑物侧楼的顶层，这栋建筑物是夏尔格兰（Chalgrin）在18世纪末建造起来的。除了教师办公室和仓库，研究所主要由两间华丽的房间组成。平时，为数不多的几人在橡木长桌上埋头工作。墙面相接的转角线上贴着壁柱，转角处还摆放着齐肘高的桃花心木家具，这些家具风格朴实但是画风宜人、比例匀称。在王朝复辟时期，这些摆设必须分毫不差地充当我们今天的办公设施。我得知它们是存放路易十八国王矿物收藏的容器。[……]我心生爱意。我想，我喜欢在这个宽敞、安静和神秘的地方安顿下来，再也没有任何别的地方能够胜过它。

---

[1] 1966年6月13日艾蒂安·沃尔夫的报告。参见社会人类学研究所档案室（编号BS2.01）。

这儿还保留着原来的样子，我们可以想象19世纪集体工作的场景。对我而言，我渴望进入的法兰西公学院就该是这样：克洛德·贝尔纳（Claude Bernard）、欧内斯特·勒南（Ernest Renan）的房子。"[1] 列维－斯特劳斯在那儿安顿下来后，决定将这些宽敞的房间分隔为不同的空间。除了矿物收藏被转交给索城（Seaux），他原封不动地保留了地质学教授的办公室，以及"教授用过的封闭式的传统书柜、仿橡木的木制家具——这些艺术家级别的装修工作让预算有些吃紧"[2]。新的办公场地还带来另一种改变：社会人类学研究所彻底远离了人类博物馆（本来，两者在空间上相距很近），并且，研究所作为一家新的人类学研究机构，拥有其独立性。研究所反而与法兰西公学院唇齿相依。列维－斯特劳斯的席位被看作研究所学术工作不可分割的一部分，反之亦然。社会人类学研究所搬进马塞兰·贝特洛广场，这意味着它切断了与博物馆的紧密联系。

社会人类学研究所本就是列维－斯特劳斯任教的两所机构——法兰西公学院和高等研究实践学院（第五科系和第六科系）——一同设立的。由于他与布罗代尔紧密合作，两者进行了主要角色的分配：高等研究实践学院支付大部分的酬劳、运营经费和出版经费，而公学院确保场地和相关费用（小型设备的采购费用等）。自1966年1月1日起，社会人类学研究所成为法国国家科学研究中心的联合研究所。列维－斯特劳斯同法国国家科学研究中心副主任、地理学家皮埃尔·蒙贝（Pierre Monbeig）在圣保罗就建立了友谊，这一点可能为双方的合作提供了方便。此后，这家国家级学术机构为研究所贡献了大部分的资金，同时，参与研究工作和科研人员的招聘。如果说研究所是第六科系的成果（两方有共同的研究主题），那么，法国国家科学研究中心成

---

1 《亦近，亦远》，第110页。
2 同上书，第111页。

为研究所的主管单位（第51号协议）、研究所搬进新的场地后，研究所进入了科研机构的成熟期。它有了更加充足的资金和重要的场地，教席的教学工作还为它带来了社会上的声誉。社会人类学研究所是法兰西公学院的首个社会科学研究所。

在行政层面，三家主管单位的情况（高等研究实践学院、法兰西公学院、法国国家科学研究中心）前所未有。这样的安排虽然复杂，但资金供给充足。收支和人员的数量不断增长：1962年，研究所预算达174292新法郎，其中9000新法郎来自法兰西公学院；1966年，公学院出资108891新法郎，而法国国家科学研究中心出资10万新法郎（55000新法郎用于机构运转和设备开销、11000新法郎作为临时雇员的工资、34200新法郎用于调查活动），第六科系也继续提供资助，但数目不明。[1] 社会人类学研究所渐渐变成一台庞大的机器：1967年，研究所有15位博士研究生在读，订阅了80本期刊，还邀请大量的法国和国外研究者作为固定研究人员或访问学者——这是因为不久前研究所已经将顶楼的保姆房改装成办公室。1960年，研究所只有7位固定成员；1982年，研究所变成了59人的团队，研究员有33名。

列维-斯特劳斯和希瓦为研究所快速发展的步伐付出了极大的代价。额外的资金带来了更加繁重的行政工作。从1966年起，文书工作越来越多：除了业务报告、调查报告、数据、各家主管机关的高层会议，还有预算评估、提案、账目管理、中期目标和计划的制订。社会人类学研究所的行政档案允许我们一窥历史上的科研体系。这些档案涉及金钱、设备和人员。每间研究所都是一家小型企业，因此，每一笔投资的合理性都需要得到证明。而研究所使用的是公共财政。这就是列维-斯特劳斯在此事上态度十分严肃的原因。他特别重视"告知义务（faire-savoir）"，认为

---

[1] 社会人类学研究所档案室（1966—1970，编号BS4.02），主题档案"与法国国家科学研究中心的通信"。

必须公开公共财政支持的科研机构的各项活动，同时，在公开时细节与形式并重"[1]。年度业务报告由他亲自编写，或至少由他完整地进行校阅。这些报告继承了他清晰明快的风格，但以今天的标准来看，它们的语言也有简明扼要的特点，因为每份报告都只有二十几页，绝不再多。

法国国家科学研究中心带来了新的公共财务制度，此外，社会人类学研究所保留了早期的募资文化。第六科系和布罗代尔也一直鼓励这种文化的发展。其实，在法国，美国的慈善机构更愿意资助研究所或者研究中心，而不是资金运转和效率都更加不确定的公立大学。[2] 为了接待福特基金会或洛克菲勒基金会的特派员，莫尼克·列维－斯特劳斯被动员起来，在两人栗树街的家里组织了许多次聚餐。这些特派员来自列维－斯特劳斯纽约的人际关系网，他知道如何以严肃又不压抑的活动吸引他们的注意力。莫尼克厨艺高明，又说着流利的英语，因此，是一位出色的助手。莫尼克认识到这些活动的战略意义，自愿负责接待。[3] 一年又一年，一家家基金会为社会人类学研究所的发展做出了贡献。不过，其中有一家基金会——温纳·格林人类学研究基金会（Wenner-Gren Foundation for Anthropological Research），推动国际人类学研究的重要角色——对研究所的发展起了决定性的作用。它在起步阶段就鼓励研究所发展，并且始终如一地提供支持。列维－斯特劳斯同基金会主席保罗·费霍斯（Paul Fejos）建立了信任关系，在他死后，又与他的妻子莉塔·比恩·费霍斯（Lita Binns Fejos）结交。[4]1960 年，向高等研究实践学院第五科系转账 2000 美金的正是这家基金会，这

---

[1] 《孤独者的共同体：社会人类学研究所》，第 63—64 页。
[2] 参见路德维克·图尔涅斯（Ludovic Tournès）：《人文科学与政治：20 世纪法国的美国慈善基金会》（*Sciences de l'homme et politique. Les fondations philanthropiques américaines en France au XXe siècle*），巴黎：佳尼埃经典丛书出版社（Classiques Garnier），2011 年。
[3] 2012 年 10 月 5 日与莫尼克·列维－斯特劳斯的访谈。
[4] 参见社会人类学研究所档案室（编号 F.S.4.07）：与温纳·格林人类学研究基金会往来的信件。

笔钱交给了社会人类学研究所，让研究所支付一整年的房租。当时，研究所借用了吉美博物馆的小楼。研究所年复一年地接受这笔资助，直到 1965 年。后来，温纳·格林人类学研究基金会也为研究所提供外出调查的资助，但作为交换，列维－斯特劳斯为基金会提供咨询、评审和专家解释的服务。

研究所自成立以来累积了 50 多年的历史，我们发现，列维－斯特劳斯以谨小慎微的心态决定建立难以实现的多方共同管理的格局：研究所背靠三家不同的机构，其管理工作也被分割成几个部分。多个主管单位可能会造成管理工作上的障碍，但保障了研究所以完整的形态持续生存下去。研究所既受到了公共财政的保护，也接受私人资金的资助，因此，是多方庇佑的对象，它还孕育了集体开展科学研究的观念。"这个复杂的组织能够诞生，很大程度上要感谢他先前游历世界的经历，他不仅是研究者、老师，也是 1970 年代的文化外交官。"[1] 研究所就像一个宝匣，承载着列维－斯特劳斯传记的一部分，但这个宝匣完全归他所有。

研究所的生活

从 1960 年研究所成立以来到 1982 年从法兰西公学院退休为止，克洛德·列维－斯特劳斯全心全意地投入社会人类学研究所的生活中。与希瓦的通信见证了这项新的任务——让"研究所这台机器"运转起来。不论身处巴黎还是乡下、法国还是海外，他与研究所的联系从未切断过。他注视着研究所的成长。在这一过程中，研究所经历了满足或焦躁的情绪，体验了欢乐与怒火。因为研究所的生活并非度假。他不仅要外出考察，还要应付个人生活中的大小事、日常的管理工作。他也要照顾一个特殊团队的情绪与政治观点。社会人类学研究所组成了一个生态系统，但它

---

1 《孤独者的共同体：社会人类学研究所》，第 63 页。

与同期成立的其他大型社科研究所有所不同。这些研究所包括乔治·巴朗迪耶（George Balandier）的非洲研究中心（1957）、雷蒙·阿隆的欧洲社会学研究中心（1960）。

一群"时隐时现的人"

弗朗索瓦兹·佐纳邦于1964年正式加入社会人类学研究所。她曾神秘地说道："我们是时隐时现的人。"[1] 民族学家们离开后又归来，焕然一新。因此，田野——英语里的 fieldwork——是社会人类学研究所位于远处的心脏，而《人类关系区域档案》是研究所象征性的中心。

我们惊讶地看到，列维－斯特劳斯总是向他的学生们强调田野经验不可替代，有其必要性。他对一切都很宽容，但要求学生必须完成一次真正的田野调查。如果可能，他希望学生们深入完全未被文明侵犯的民族进行田野调查。所有人都对他的态度印象深刻。1960年代初，皮埃尔·克拉斯特（Pierre Clastres）加入社会人类学研究所，他在列维－斯特劳斯的指导下攻读第三阶段的博士学位。他的研究成果是《游牧部落的社会生活：巴拉圭的瓜亚基印第安人》（La vie sociale d'une tribu nomade: les Indiens Guayaki du Paraguay）。在巴拉圭之后，他又去了巴西。在巴西，他对接下来的道路仍然感到迷茫。"谈到您的研究计划，我知道您不想研究博罗罗人，但我认为，您应当花几个月去研究一个仍然实际存在、没有被外部文明侵入的民族。否则，您将永运缺少这些经验。"[2] 几个月后，列维－斯特劳斯进一步明确了他的建议："我坚定地认为，如果您未曾在一个保留着传统生活的部落待上几个月，那么，您的民族学教育将是不完整的。人们可能会一直

---

[1] 2012年3月14日弗朗索瓦兹·佐纳邦与作者的访谈。
[2] 1965年12月1日克洛德·列维－斯特劳斯给皮埃尔·克拉斯特的信。参见社会人类学研究所档案室（编号 D.01），主题档案"研究人员档案"。列维－斯特劳斯与克拉斯特来往信件均出自这个档案，因此，引文也来自这个档案。

指责您，说您缺少对学术和道德有益的经历。我认为，这种经历极其重要，它就像精神分析中的'教学'（didactique）。"[1]事实上，从1950年代初起，他就表达过对田野调查的高度重视，光是田野调查就能让民族学教育"挺起胸膛"。在他看来，民族学家只有先累积高强度的个人经历，才能深入理解人际关系，因为高强度的个人经历是一场"让他真正脱胎换骨的内部革命"[2]。田野调查是"学业的转折点，在此之前，他能够获得零碎的知识，但这些零碎的知识永远不能形成完整的整体，只有在完成田野调查之后，它们才能'形成'一个整体"[3]。他借助精神分析的隐喻来定义博士生导师的使命：确保学生"在'监督'下完成田野调查"[4]。他与深入田野的研究人员的书信告诉我们，他像一位长者，与民族学学生保持紧密联系。双方共同经历着内心的转变，他虽身在远方，却感同身受。

于是，那些还未完成学业的研究者们向田野出发。田野是这项职业诱人的部分。但这些分散于世界各个角落的考察任务需要资金和统一的组织，因为这些任务常常十分棘手，有时还伴随着生命危险。除了文献整理、学术教育和学术出版工作之外，资助和组织考察任务也是研究所的使命之一。列维-斯特劳斯以各种语气向主管单位和同事们重复着这一点：社会人类学研究所必须"不断地吸收研究人员从田野调查带回的'新鲜'的文献来保持发展之势"[5]。于是，研究所申请经费，并定期公布业务的进展情况。安妮·查普曼（Anne Chapman）于1963—1964年在火地群岛进行考察。她在那里发现了"最后一位奥纳人，她95岁，还能说自己的语言，并且了解传统歌谣与服饰。她的歌声被这位女

---

[1] 1966年4月18日克洛德·列维-斯特劳斯给皮埃尔·克拉斯特的信。
[2]《人类学在社会科学中的定位和人类学教学中的问题》，第410页。
[3] 同上书，第409页。
[4] 同上书，第411页。
[5] 1963年2月8日给克雷蒙·艾乐的信。参见社会人类学研究所档案室（编号BS1.01），主题档案"与高等研究实践学院的通信"。

民族学家记录在磁带中。年事已高的萝拉去世后，这个历史上著名的民族彻底消亡，因此，磁带成为对这个民族文化最后——也是最生动——的见证"[1]。这一时期，有十几位研究人员外出考察或结束考察：阿瑞娜·德鲁兹（Ariane Deluz）在科特迪瓦（Côte d'Ivoire）考察，吕西安·塞巴格和皮埃尔·克拉斯特在巴拉圭考察，贝尔纳·萨拉丁·德·安格吕（Bernard Saladin d'Anglure）在哈德森湾的因纽特人居住地考察，阿赫莱特·弗里古（Arlette Frigout）在亚利桑那州的普韦布洛人部落考察，罗贝尔·若兰（Robert Jaulin）结束了哥伦比亚（巴里族）的考察，莫里斯·戈德里耶（Maurice Godelier）去了新几内亚。

　　成员们因考察活动而离开或回到研究所，让研究所看起来像调车场。在站台上，人们聊着行程中的小意外，讲述逸闻，并进行总结。两位主管希瓦和列维－斯特劳斯在巴黎管理着金钱问题、意外事件和道德危机，有时，这些后勤工作如同杂技一般惊险刺激。他们采购胶卷用以记录，保障学术猜想继续发展下去，并且还要消除低迷不振的士气。例如，皮埃尔·克拉斯特因为小屋着火而失去了所有身外之物。他的不幸遭遇还不只这些。他沿着老师曾走过的路，在圣保罗考察。然而，行政工作的混乱局面使他陷入身无分文、护照过期的局面。他等着法国国家科学研究中心给他寄汇票。这种情况持续了几个月，列维－斯特劳斯为此神经紧绷。为了解决问题，他还召开了名副其实的"作战会议"：普永甚至向萨特求助，萨特找到几位富有的巴西朋友，让他们送钱给克拉斯特！在另一地，倾盆大雨造成莫里斯·戈德里耶所乘的车辆车轮打滑，车辆还翻了车，因此，戈德里耶被送进莫尔斯比港的医院，医院诊断出他出现了严重的股骨断裂。列维－斯特劳

---

[1] 克洛德·列维－斯特劳斯：《社会人类学研究所业务报告（1965—1966）》。参见社会人类学研究所档案室（1966年，编号B52.01.03）。

斯感到气恼和绝望:"我们的考察任务真不走运!"[1]

尽管如此,日子一天天过去,他与希瓦关心孩子们的命运,变成了两位温柔善良的乳母。书信像是脐带,具有决定性的作用:克拉斯特称呼列维-斯特劳斯"先生";后者则叫前者"亲爱的朋友"。克拉斯特向老师坦承,田野调查与预想不同,令他失望。另外,他重新读起《忧郁的热带》。"我向您保证,同瓜亚基人相比,南比克瓦拉人的社会是高度发展的。而这正是我关心的问题:瓜亚基文化(经济生活、社会生活、宗教生活以及艺术、酋长制、神话等)似乎太过贫乏,不足以被称为原始文化。"[2]克拉斯特来到一个列维-斯特劳斯也会感到好奇的社会,但他仍心存抗拒,说起自己想要写一篇政治人类学的博士论文(thèse d'État)。列维-斯特劳斯开明地向他回复道:"可以。政治人类学领域几乎是片处女地,您能为它带来许多养分。"[3]几年过后,1971年,他同雅克·利佐(Jacques Lizot)到了委内瑞拉的亚诺马米人部落(Yanomami)。他被困在卡拉卡斯(Caracas),差点因致命的疟疾"丢掉了性命",但嘴上表示对自己的任务十分满意。他请希瓦将这一点告知列维-斯特劳斯,特别是将自己感兴趣的研究内容告知列维-斯特劳斯:"政治权利,以及社会与酋长制之间的关系"。这是他将来的博士论文的主题。最终,隔了几年,克拉斯特接受了博士论文导师的建议,同时,继续推进自己的研究。他访问的都是些几乎未经文明污染的部落,在这些部落,他获得了"刻骨铭心的体验"。比他早两年,在卡拉卡斯,让·莫诺(Jean Monod)找回了大学生游行时遗失的武器。他两个月中未曾移动。他给巴黎的两位老板写信时,语调并不相同:他对希瓦表现得更加热情和亲昵,他给列维-斯特劳斯写信时,

---

[1] 克洛德·列维-斯特劳斯给伊萨克·希瓦的信(8月18日,但无明确年份)。
[2] 1963年10月6日皮埃尔·克拉斯特给克洛德·列维-斯特劳斯的信。
[3] 1965年12月13日克洛德·列维-斯特劳斯给皮埃尔·克拉斯特的信。

语气更加严肃和深沉。但是，希瓦和列维－斯特劳斯一起阅读"被监护人"的来信，或是哀叹，或是欢喜。两人还有共同的幽默感："莫诺的信是优美的文学作品。我将替他留着信，填补他下一本书里的空位！"[1]

考察活动迫切需要经费，列维－斯特劳斯和希瓦尝试了所有办法，有时，还采用危险的手段。因此，让·莫诺受列维－斯特劳斯的"气度"[2]和学术魅力吸引而来到社会人类学研究所，"改投"[3]美洲研究的怀抱。1967—1968年，他去委内瑞拉进行一次奇怪的考察任务。他跟随一家国际研究团队的法国团队进行考察。这个团队由医生组成，其主要目的似乎是遗传学研究。法方负责指挥的是原子能委员会。一个由约15人组成的阵容强大的美国特遣队被派往拿破仑·查冈（Napoleon Chagnon）与一名研究原子能污染的遗传学专家身边。沙尼翁是研究亚诺马米人的专家。亚诺马米人是现有人类社会最主要的隔离种群之一，他们居于巴西边境上，委内瑞拉的深山中。列维－斯特劳斯成功让两位年轻的民族学者——让·莫诺和雅克·利佐——进入团队。两人在这次目的不明的任务中心慌意乱，他们强烈地意识到，这项任务设立了各种毫不相干的目的，并且意味不明（基于有关一场核战的猜想），因此，他们自己成为"民族学不在场的证明"[4]。

社会人类学研究所拥有多副面孔，它的生活随着季节发生变化：外国同僚成群到来（六月）是夏天到来的标志。只要列

---

[1] 克洛德·列维－斯特劳斯给伊萨克·希瓦的信（1968年夏天，无具体日期）。
[2] 2013年2月26日让·莫诺与传记作者的访谈。
[3] 同上。
[4] 同上。针对1964—1993年拿破仑·查冈在亚诺马米人部落的作为，美国有人提出了抗议。控诉人是派翠克·蒂尔尼（Patrick Tierney）。参见派翠克·蒂尔尼：《黄金国的黑暗》（*Darkness in Eldorado*, 2000）。法文版为《以文明之名：人类学家和记者如何蹂躏亚马孙》（*Au nom de la civilisation. Comment anthropologues et journalistes ont ravagé l'Amazonie*），巴黎：格拉塞出版社，2002年。但美国人类学界对此并不认同，但也指出，他的行为是有些不合理之处。有关这个事件的更多细节，请参见罗伯特·布罗罗夫斯基（Robert Brorofsky）：《亚诺马米人：激烈的争论及它带给我们的教训》（*Yanomami : The Fierce Controversy and what we can learn about it*），伯克利：加利福尼亚大学出版社，2005年。

维-斯特劳斯不刻意避开，他乐意与他们见面。但年龄渐长的他也渐渐开始缺席这些活动。但他的时隐时现属于另一种性质，这在研究所中并不少见：精神上的时隐时现、身体上的时隐时现。民族学家的职业是否促成了这些缺席的现象呢？实际上，社会人类学研究所中满是幽灵、自杀行为、精神崩溃、"不符合天主教教义的死亡"[1]。梅特罗阴魂不散，他在1963年结束了自己的生命。比梅特罗更有悲剧色彩的是，1965年，年纪更小、前程可期的吕西安·塞巴格自杀身亡。他也是列维-斯特劳斯的学生："在塞巴格面前，他发现自己获得了百分之百的认同。"[2] 为了向这位与他亲近的死者致意，也为了不让死者的研究付诸流水，列维-斯特劳斯向一位来询问他意见的阿根廷学生提出了奇怪的请求：他提议卡门·贝尔南（Carmen Bernand）（她的闺名叫姆诺[Munoz]）将塞巴格的田野笔记"整理成形"，以博士研究的形式再现塞巴格死后的腹语。他建议将之作为博士论文的主题，而她接受了建议。《查科省北部的阿约雷人：对吕西安·塞巴格笔记的研究》（*Les Ayoré du Chaco septentrional. Études critiques à partir des notes de Lucien Sebag*，1977）一书给死者最后一次说话的机会。[3]

最后，阿赫莱特·弗里古的故事不仅具有夸张的情节，而且还具有悲剧色彩。阿赫莱特·弗里古是一位研究普韦布洛族和霍皮族[4]的民族学家，她认为自己得到了列维-斯特劳斯的青睐（还有戴高乐的青睐），有一天，带着一把手枪空降至列维-斯特劳斯的办公室。列维-斯特劳斯脸色苍白，但保持镇定，成功地劝住了这位年轻的女士。一回到家，他便倒了下去。弗里古被要求

---

1 2013年1月15日玛丽昂·阿贝莱（Marion Abelès）与传记作者的访谈。
2 2013年2月5日妮可·贝尔蒙与传记作者的访谈。
3 2013年1月11日卡门·贝尔南与传记作者的访谈。
4 阿赫莱特·弗里古：《对亚利桑那州霍皮印第安人的考察》，《人类》第5卷第1期，1965年，第113—118页。

离开社会人类学研究所，几年后，自杀身亡。[1]她对老师的痴迷显然源自个人脆弱的情感控制能力，在特别严酷的田野调查期间，她身上就显露出蛛丝马迹。[2]但她的例子也说明，在一间研究所里，学术热情和情感上的热爱都能制造火花。

研究所的女士们

成立初期，社会人类学研究所有许多女性成员。她们惯常担任秘书、文献管理之职，也从事民族学研究。这说明，民族学这门学科还未真正融入体制。教育有多条路线，我们可以通过许多不同的方式研究民族学。弗朗索瓦丝·埃里捷进行地理研究并成为"研究主管"，妮可·贝尔蒙自称是"书香门第的年轻女孩"。贝尔蒙在民间艺术与民间传统博物馆做临时雇员，乔治-亨利·里维埃将贝尔蒙"借给了"朋友列维-斯特劳斯，她负责列维-斯特劳斯的个人文献管理。后来，列维-斯特劳斯提议她将"被胎膜包裹着出生的婴儿"[3]作为博士论文研究的主题。艾德娜·乐美（Edna Lemay）也是她们中的一员。她是列维-斯特劳斯在国际社会科学理事会的秘书，跟随他来到社会人类学研究所，后来成为费尔南·布罗代尔的秘书。后来，简妮·科沃妮安（Janine Kevonian）和伊芙琳·格德杰（Evelyne Guedj）担任他的个人秘书。一年年累积下来的集体照片显示，这些女人都十分漂亮，且个性鲜明。列维-斯特劳斯和希瓦在招聘时表现出二人鲜明的风格：在思量之前，他们先打量候选人，完全不说一句话。[4]玛丽昂·阿贝莱（Marion Abelès）记得自己也经历了这样的测试。莉莉安·坡

---

[1] 2013年3月9日莫尼克·列维-斯特劳斯与传记作者的访谈。
[2] 1962年6月18日列维-斯特劳斯在他出发去亚利桑那州后写信给他："您要有所准备，抵达田野后的头几周总是存在烦人的问题，但是事情最终都会得到解决。"
[3] 2013年2月5日妮可·贝尔蒙与传记作者的访谈。在博士论文研究期间，妮可·贝尔蒙以出生为主题，收集了宗教信仰、仪式和叙事文本。她特别关注那些特殊情况，例如，有孩子从娘胎里出来时就被完整的胎膜或部分胎膜包裹。她就这样把"出生"作为人类学的研究对象。
[4] 伊萨克·希瓦称赞道："社会人类学研究所拥有法国人文科学研究所中最美的一群女性"。参见2013年2月5日妮可·贝尔蒙与传记作者的访谈。

艾特（Liliane Poëtte）将离开研究所，她才来应聘图书管理员的岗位。[1]她迎来了男性视线的观察，但这种视线始终严守礼节。列维－斯特劳斯以名字称呼女性候选人，以姓氏称呼男性候选人。她们带着敬意与敬畏之心称他"先生"。1968年以后，妮可－克劳德·马修和其他几个人的加入使社会人类学研究所建立了名副其实的女权文化。女权文化改变了女性与研究所里男同事之间的关系，但并不影响女性与研究所领导人的关系。1960年代，女性多穿着裙装。"没人会想要穿着长裤子去研究所。职场女性应当显露风姿。"[2]职场女性在研究所内部的地位只不过是研究所外部世界的反映。克洛德·列维－斯特劳斯显然没有制定严格的着装规范，但他自己总是精心打扮。在那个时期，他不再打领带而是系腰带，这种光滑的皮革制腰带改变了一些他的模样。对衣着的态度也表现出列维－斯特劳斯和希瓦的礼仪观念，告诉我们两人十分尊重他人。

研究所里并不是没有斗争：职业上的竞争、尽人皆知的怨恨或是日常的小摩擦仍然存在。"研究所里，这些女士似乎又开始拌嘴。某人抱怨持续受到冒犯。在未提前告知任何人的情况下，她找来了一位短期合作者，这让其他人惊讶不已。我们本来能为她提供别的选择。然而，每个人都会犯一些错误。我尽自己所能给机器上油，同时，等着这些事情在假期到来时无疾而终。"[3]关系紧张时，他营造出一种"后宫氛围"[4]，所有事情都不公开处理。然而，考察任务按等级区分的做法和职业分工的现状遭到多次反对，这些矛盾能点燃怒火。首先，职业分工存在高度的流动性，这是这类先锋性质的机构的特点。在这些机构里，职位问题不那么重要，并且"技术员"和"研究员"之间并没有严格的

---

[1] 2013年1月15日玛丽昂·阿贝莱与传记作者的访谈。
[2] 2013年2月5日妮可·贝尔蒙与传记作者的访谈。
[3] 克洛德·列维－斯特劳斯给伊萨克·希瓦的信（6月23日，但无具体年份）。
[4] 2011年4月弗朗索瓦丝·埃里捷与传记作者的访谈。

区分。人们可以从文献管理开始，最终成为法国国家科学研究中心的民族学家。这在今天是不可能实现的。此外，这是个男女混合的小群体，在他们中间似乎存在着感情关系和深厚的友谊。"那里的男人和女人们充满魅力、头脑聪明，有些人长得特别标致。"[1] 事实上，与大学和研究机构一样，社会人类学研究所的民族学家们也没有摆脱牢固的内婚制：许多伴侣结合，分手，又再度结合。这是一场真正的感情游戏。职业选择总是和个人决定联系在一起，外出考察的时候更是如此。弗朗索瓦丝·埃里捷先同米歇尔·伊扎尔结婚，后来又嫁给了马克·奥热（Marc Augé）。马克·奥热也是研究非洲的民族学家，但是与巴朗迪耶走得更近。米歇尔·伊扎尔找了玛丽·莫泽（Marie Mauzé）当新的伴侣。莫泽也是民族学家，她是研究所的成员，研究的是不列颠哥伦比亚省的印第安人。伊萨克·希瓦同非洲学学者阿瑞娜·德鲁兹结婚。研究所还有其他夫妇：皮埃尔·马兰达（Pierre Maranda）是一位与列维-斯特劳斯十分亲近的同事，他的妻子是民族学家艾丽·孔伽（Elli Kögäs），以及皮埃尔·克拉斯特与伊莲娜·克拉斯特夫妇。研究所的成员在离婚后也依然一同工作。但夫妇两人一同生活有时就像绑架了伊莲娜。罗贝尔·若兰是非洲研究的民族学家（《萨拉之死》，1967），后来又研究起美洲。他性格活泼，头脑也灵活。1960 年代末，他首次提出了"民族大屠杀"（ethnocide）的研究主题，以加入左派为契机，修正了人类学考察任务的方式。他带着研究所的文献管理员索朗日·潘东（Solange Pinton）一起去了哥伦比亚。这完全是一次浪漫的旅行。他们在委内瑞拉边境的巴里印第安人部落度过了几个月的时光。研究所另一位头牌人物是莫尼克·列维-斯特劳斯的朋友，她负责《人类关系区域档案》的管理工作：缇娜·若拉斯（Tina Jolas）。她知书达理、意气风发，还能说两种语言。若拉斯翻译了英语世界

---

[1] 2013 年 1 月 15 日玛丽昂·阿贝莱与传记作者的访谈。

的人类学专著，其中包括马林诺夫斯基著名的《日记》。[1] 但是，她生命中最重要的东西是爱情。她曾同诗人安德烈·杜·布歇（André du Bouchet）结婚，婚内又爱上了勒内·夏尔，与其建立了热烈、不顾一切的情感关系。这段长期的关系一直延续到她生命的终点。[2] 她是在米诺做田野调查的四位调查人员之一。"每天早晨，她都去查收夏尔的来信。"[3]

一家属于列维-斯特劳斯的机构

令人震惊的是，社会人类学研究所没有正统的理论脉络。雷蒙·阿隆身为1960年代法国社会学的权威，确实没有可以教授给学生的范式，然而，列维-斯特劳斯作为人类学的"家主"，倒是有一个范式，研究所理应可以成为他传授范式的基地。事实却并非如此。这可能是个人秉性的问题：列维-斯特劳斯既不想当思想大家，更没有成为生活大师的志向。伊萨克·希瓦将社会人类学研究所定义为"孤独者的共同体"，研究所就像希瓦所说，从来都不是涂尔干学派的"集体知识分子"，也不是像欧洲社会学研究中心那样亲密无间的团队。布迪厄在1968年接管的欧洲社会学研究中心组成了一个大家庭，其成员都通过了选拔[4]：所有人都拥护布迪厄社会学的世界观和原则。而列维-斯特劳斯则说："在社会人类学研究所，一位结构主义者都没有！"[5]

成立社会人类学研究所并不是为了将它作为一个理论作坊。研究所是为了保障研究者们能以各种方式开展研究。研究人员可

---

1 布罗尼斯拉夫·马林诺夫斯基：《民族志学者的日志》（*Journal d'ethnographe*）。缇娜·若拉斯将它翻译成英语。瓦莱塔·马里诺夫斯卡（Valetta Malinowska）为之作序，勒莫·基迪里（Remo Guidieri）为之撰写导言。参见《民族志学者的日志》，巴黎：瑟伊出版社，1985年。
2 参见女儿献给她的书。鲍乐·杜·布歇（Paule du Bouchet），《为爱沦陷》（*Emportée*），同前。
3 2012年3月14日弗朗索瓦兹·佐纳邦与传记作者的访谈。
4 参见马克·乔利（Marc Joly）：《成为诺伯特·艾利亚斯：科学认可过程的交叉史——法国的接受》（*Devenir Norbert Elias. Histoire croisée d'un processus de reconnaissance scientifique : la réception française*），"思想史"，巴黎：法亚尔出版社，2012年，第226页。
5 2013年2月5日妮可·贝尔蒙与传记作者的访谈。

以自由地选择研究主题和工作方式。换言之,研究所虽是一个集体,但它视研究工作的本质为个体个人的活动,同法国国家科学研究中心鼓励的做法背道而驰。法国国家科学研究中心鼓励以团队的方式进行思考,这样的研究活动更加整齐划一。从这点来看,列维-斯特劳斯想象中的研究所并不是一间实验室,而是一间手工工作室。不过,以社会人类学研究所之名出现的研究场地和研讨课都是为知识服务的集体场所,人们在这些地方相遇、交流思想、比较来自全世界的经验和研究成果。

多元化的理论方法导致讨论有时"浮于表面"[1],但促成研究所往多个方向发展。这成为研究所新的特点:尽管研究所的研究领域并没有覆盖世界上每一个角落(特别是远东,在法国东方研究的传统中,远东研究由其他机构负责),但研究所有美洲、非洲和大洋洲研究的民族学家。另一个影响深远的决定是,异域社会和欧洲社会之间并不存在显著的区分。依靠伊萨克·希瓦和《农村研究》,研究所吸引了欧洲乡村研究的专家,1968年后的地方主义复兴运动将为这个团队输入新成员。因此,对近处的民族学研究最终超越了民俗研究这一主题。在研究所,弗朗索瓦兹·佐纳邦、玛丽-克洛德·潘戈(Marie-Claude Pingaud)、伊冯娜·威尔迪埃(Yvonne Verdier)、妮可·贝尔蒙和其他人都是欧洲研究的学者,他们从人类学视角出发,与中世纪历史或近代历史进行积极的对话。克洛德·列维-斯特劳斯对此也很感兴趣,但他从未进行实践。他认为,这类民族学研究也是合理的,因为它与以远方为研究对象的民族学研究在方法上有相似之处。一开始,列维-斯特劳斯并没有期望非洲研究的学者加入研究所,因为列维-斯特劳斯是美洲研究的专家(人们忘了这一点),而且有其他专注于非洲研究的研究所存在,特别是乔治·巴朗迪耶的研究所。不期待非洲研究人员的根本原因是,非洲研究的民族学家以有过

---

[1]《社会人类学研究所,从1960年至2010年的五十年历史》,第13页。

殖民现象的社会为研究对象,这些社会因为国家独立而正在经历历史上的重大转变,它们与结构主义的论述并无关联,因为结构主义是以其他经验为基础建立起来的。它们选择了马克思主义的路线或者相似的路线。不过,1960年代中期,列维-斯特劳斯为研究所设定的总体方向取得了一定的成果。研究所变得更加富有了,它的领导人是一位享誉国际的人类学家。这位领导人还是一本期刊的主编,但期刊和它的主办单位一样,也没有确立任何官方的路线。一些杰出的年轻研究者已经在研究所安家。因此,一些第五科系或者第六科系的研究主任也顺理成章地加入了社会人类学研究所,其中包括非洲研究的研究主任。克洛德·塔第(Claude Tardits)、朱利安·皮特-瑞凡(Julian Pitt-Rivers)或汉斯·迪奇(Hans Dietschy)就属于这种情况。尽管在法国民族学界中,非洲研究的学者一直是数量最多的一群人,但在研究所成立后的最初几年里,他们并没有占主要位置。1980年代,研究所里的非洲研究专家人数将会增加。

我们将发现这背后的原因:研究所和期刊《人类》都确立了包容一切地域的发展方向,但根据列维-斯特劳斯的想象,研究所只有一个初始任务,那便是重振法国的美洲研究:"可能您已经知道,我们的研究所努力为法国在美洲文化领域的研究赋予新生,这类研究在利维博士去世后便被搁置了下来。"[1] 当然,利维的存在对美洲研究产生了影响。在列维-斯特劳斯年轻时,这个研究领域就已经"有点陈旧",但它还是吸引了这位民族学家,并且影响了他的选择。[2] 然而,1960年代初,他想要改变这种匮乏的状态(经验上的匮乏和知识层面的匮乏),为其带来活力。他鼓励年轻研究员深入还未开发的土地,到那

---

[1] 1965年1月7日克洛德·列维-斯特劳斯给艾米力奥·戈迪博物馆(贝伦)人类学部的信。参见社会人类学研究所档案室(编号 F.S5.01.01.003)。
[2] 参见安娜-克利斯提那·泰勒:《美洲的堂吉诃德:克洛德·列维-斯特劳斯与美洲人类学研究》,第83页。

些地方开展田野调查。面对法国国家科学研究中心的主管，他用自己惯用的本领为这种观点辩护："目前，美洲研究在法国经受着严重的人员不足的危机。我认为我们必须付出努力，重新建立这个领域的研究团队，因为法国在这个领域一直走在前沿。"[1]1960 年代，列维-斯特劳斯能够（直接或间接地）令一些民族学家到美洲开展田野工作：阿赫莱特·弗里古（亚利桑那州）、皮埃尔·克拉斯特和吕西安·塞巴格（巴拉圭）、罗贝尔·若兰（哥伦比亚）、雅克·利佐（哥伦比亚/委内瑞拉）、让·莫诺（委内瑞拉）、西蒙·德雷福斯-伽梅隆（Simon Dreyfus-Gamelon）（巴西的亚马孙地区）、卡门·贝尔南和玛丽娜·勒·克莱齐奥（Marina Le Clézio）（墨西哥）。

但是，法国的美洲研究像中了诅咒。死亡、疏远或者冲突相继出现，完全挫败了本该继承利维和梅特罗的一代人。梅特罗死于 1963 年，吕西安·塞巴格死于 1965 年，皮埃尔·克拉斯特将在十年后的一场车祸中丧生，但当时，克拉斯特已经喧闹着离开了研究所。皮埃尔·克拉斯特像罗贝尔·若兰、让·诺德那样，在 1968 年前后因不同的意识形态而离开了研究所。阿赫莱特·弗里古也是这场冒险的遇难者。后来，虽然晚了整整一代人，法国美洲研究的孙辈们在菲利普·德斯科拉（Philippe Descola）的领导下，实现了列维-斯特劳斯振兴法国土地上美洲研究实力的愿望。在这个二级学科的发展过程中，1960 年代的社会人类学研究所组成了其中的一环，但矛盾的是，这一环节并没有发挥作用。

社会人类学研究所的战略是巩固学科研究的基础，而不是促成研究主题的统一：这既不是一个"专家"卖弄技能的场所，也不是理论帮派，而是一个多元化的工作室。它想要成为学科在快速发展过程中最好的窗口，不断开展充满魅力的冒险、严谨的科

---

[1] 1961 年 4 月 7 日克洛德·列维-斯特劳斯给法国国家科学研究中心主管的信。

学研究，累积诱人的文字。列维－斯特劳斯对电脑的纯真热爱让我们清清楚楚地看到科学研究的严谨程度。列维－斯特劳斯信任这些工具，预见了它们的重要性，努力将它们送进研究所。事实上，一些问题——例如，亲属关系的人类学的一些问题——可以通过计算机的处理得到解决，特别是弗朗索瓦丝·埃里捷－伊扎尔（Françoise Héritier-Izard）关于婚姻关系的问题。弗朗索瓦丝·埃里捷－伊扎尔在20世纪六七十年代利用计算机解决了这些问题，而列维－斯特劳斯曾因为缺少特定的计算工具和数学工具而不得不放弃对婚姻关系的研究。他同样对法兰西公学院的同事弗朗西斯·佩林（Francis Perrin）在1967年向他提出的想法很感兴趣。弗朗西斯·佩林刚刚为原子物理研究所取得一台SDS 9300型号的电脑，并打算将其开放给其他研究所使用，其中包括属于社会科学的社会人类学研究所。几年前开始，列维－斯特劳斯就与法国国家科学研究中心马赛分部的文献自动化部门以及其他城市的另一些机构保持着联系，但是"事情毫无进展，因为一切都以信件的方式进行，像在下象棋"[1]。实际上，他向佩林明确表示，问题主要在于，既学民族学又学计算机的人十分难找。然而，1967年，列维－斯特劳斯和希瓦认为终于找到了那个万里挑一的人：乔治·库图疆（Georges Kutukdjian），一位会说五六种外语并接受过学术教育的黎巴嫩青年。可惜的是，乔治·库图疆并没有让他们完全满意。几年后，玛丽昂·赛尔兹（Marion Selz）取代了他。她将制作出处理谱系数据的一般程序。[2]

使用信息化工具是社会人类学研究所的文化特征，但渐渐地，

---

[1] 1967年1月26日克洛德·列维－斯特劳斯给弗朗西斯·佩林的信。参见社会人类学研究所档案室（1968—1969年，编号BS2.01.05），主题档案"与法兰西公学院的通信"。
[2] 参见《社会人类学研究所，从1960年至2010年的五十年历史》，第37页。

所有社会科学研究所都将采购最有效的工具。[1] 搬进法兰西公学院后，研究所与硬科学为邻，这一点起到了杠杆的作用。研究所必须达到原子物理学同等的学术标准。

热爱技术也是列维－斯特劳斯的独特风格，但他的这一面很少被人注意到。[2] 他喜爱技术，喜爱技术生产出来的新事物，喜爱技术可能带给他的便捷。但更重要的是，技术满足了他对"发明创造"孩童般强烈的好奇心，有时，技术还让他有了美的感受。他同样为"计算器"着迷，他用"计算器"称呼这些连接在一起的大型柜子。当时，它们都十分臃肿，在分析数据时，还会发出巨大的噪声。"有段时间，电脑占据了人文科学之家（Maison des Sciences de l'Homme）地下室的整个空间！"[3]

保持距离的艺术[4]

自 1966 年起，社会人类学研究所不仅受到法兰西公学院的庇佑，还依靠这所著名学府的场地发展。领导人以自己的道德权威管理研究所，他还常常保持沉默，小心谨慎地履行管理者的职责。有时，他也表现出自己对管理工作的厌倦："他是个尽责的人。他完成了所有教学、研究和行政任务，但是担任研究所主任一职令他感到厌烦！"[5]

早晨，来到研究所后，列维－斯特劳斯头一个小时用来听希

---

[1] 在《野性的思维》中，列维－斯特劳斯坦率地讲述了作为技术爱好者的这些梦："我们的知识越多，组织关系的图式就变得越加晦涩。这是因为，维度更加丰富，同时，超越某个门槛后，参考文献变得更加多元，让依赖于直觉的方法失去了作用：如果一个系统形成了一个超越三维或者四维的连续体，那么，人们再也无法想象它是如何存在的。但是人们还是可以幻想有一天能够在打满孔洞的地图上展示有关澳大利亚社会的所有可用文献，并且能够借助电脑揭示它们的社会、宗教和技术经济结构就像是一系列庞大的转变。"《野性的思维》，第 653 页。
[2] 参见 2014 年 9 月 24 日同马修·列维－斯特劳斯的访谈。
[3] 弗朗索瓦丝·埃里捷 2013 年 11 月 23 日的信。
[4] 米歇尔·佩林：《纪念克洛德·列维－斯特劳斯》，《拉康杂志》（*La Revue lacanienne*）2010 年 11 月，第 113—120 页："他全身心地实践他所说的'适当的距离'，并心照不宣地将这种距离应用在周围的人身上。"
[5] 弗朗索瓦丝·埃里捷与传记作者的访谈。

瓦汇报（debriefing）正在进行的工作。他被动地接收来信，也以寄件人的身份发出信件。午时，他离开研究所，来到巴黎的另一处，进入家中的另一种生活状态："我们发现，在离开或抵达研究所时，他悄悄地经过走廊，从不与他人四目相对，也不让他的出现妨碍别人。他欠着身子走路，身影有点像格鲁乔·马克思（Groucho Marx）……"[1] 他所有的学生和合作伙伴都指出，他非常愿意接待来客，总能腾出时间：只要敲门就行。但是，分配给每人的时间十分有限。来客需要选用简洁的语言解释来意，不说废话。列维-斯特劳斯没有瑕疵、拿捏得当的礼节以及办公室严肃的氛围最终将谈话变成一场令人局促的考验："列维-斯特劳斯拥有一间办公室（我在他之后接手了）……一间正方形的办公室，它虽然很有历史价值，但不幸的是，它原来的样子已经不见了，"弗朗索瓦丝·埃里捷解释道，"[……] 办公室的一部分曾是会议室，放着两张庞大的俱乐部沙发，沙发是由触感较软的皮革材质制成的。这间办公室有左右对开的两扇门，一扇门上包裹着软垫。他会在两扇门的中间迎接您，然后握着您的手（这是他个人的风格），将您带到沙发处……然后他等着来客开口说话。所以，显然，这会令人感到拘束。当然，他丝毫没有要使对方感到不安的想法，但房间的布置和大小让人感到惶恐。出于礼貌，他等着我们表明我们来此的目的。[……] 会面的时间总是十分短暂，但短暂的会面也非常宝贵。他总能简明扼要地表达自己。"[2] 一般来说，会面都能顺利结束。但是，列维-斯特劳斯从不主动接话，与他对话的一方陷入那张著名的沙发，经常因老师的沉默而不知所措，特别是那些女性来客，他们只有努力从嘴里挤出三个词。不过，每次会面，他都认真留意着人们对他说的话，仔细聆听对方的发言。

---

[1] 与弗朗索瓦丝·埃里捷的访谈：《政治理性》（*Raisons politiques*），《新系列》第 20 期，2005 年 11 月，第 121 页。
[2] 同上。

这样认真的倾听者并不多见。

克洛德·列维-斯特劳斯是一位固执的博士研究生导师，但从某些角度上看，十分反传统。他不是一位传统的官员，他指导的在读博士研究生的数量就说明了他的威望。但他反而竭力限制博士生的数量。作为一位开明的导师，他不为博士生指派研究主题，也不强行推广其方法论。他信任每一个人，认为每一个人都能找到自己的学术道路。"研究生导师的概念没什么意义，我们认为，一名研究者最重要的品质就是懂得引导自己，我们要做的只是就他们感到困扰的具体问题给出一些建议"[1]，他这样写道。不过，他非常关心学生是否遇到了经济上的问题，并不遗余力地为之周旋。当卡门·姆诺（Carmen Munoz）为了听他的课从阿根廷来到巴黎，他马上打听到这件事，并发现她手头拮据，因此向阿兰·都兰纳（Alain Touraine）求助。后者为她在新成立的楠泰尔大学找到了一个助教职位。让·莫诺也受到了他的关怀。他建议已经育有子女的让·莫诺进行一项有关异常行为的调查，而《她》（*Elle*）杂志的主管伊莲娜·戈登-拉扎雷夫（Hélène Gordon-Lazareff）非常乐意资助这项研究。莫诺在两年里埋头调查"身着黑色皮夹克的阿飞"（blousons noirs），完成了一项独具原创性的城市民族学研究。当该成果准备以"非常人"（*Les Barjots*）之名出版时，列维-斯特劳斯建议莫诺要求出版人克里斯蒂安·布若瓦（Christian Bourgois）提前支付他一年的收入，让他能安心写作。[2] 得益于他在美洲的人际网络，他经常能为学生争取到大西洋彼岸的基金会或大学提供的奖学金。他喜爱思想独立、拥有不寻常经历的学生，对他们更是关爱有加。在法国国家科学研究中

---

[1] 1967 年 12 月 14 日克洛德·列维-斯特劳斯给艾利瑟欧·维隆（Eliseo Veron）的信。社会人类学研究所档案（编号 BSO2.O12）。
[2] 让·莫诺：《非常人：以年轻一代为研究对象的民族学随笔》（*Les Barjots. Essai d'ethnologie des bandes de jeunes*），巴黎：朱利亚出版社（Julliard），1968 年。2007 年，阿歇特出版社（Hachette）再版了这本书，丛书名为"复数"（Pluriel）。

心内部，为了争取资助名额和研究岗位，他全面点燃战火。他撰写燃情似火的推荐信，表现得就像是，只有在这个辅助研究的岗位上他才能发挥自己最大的作用。

除了在指导博士研究生时表现出难缠的一面，在指导同事、有经验的研究人员时，他也表现出执拗。他认为，国家博士论文（thèse d'État）仍然要求有人进行学术指导的做法十分荒谬。他担任博士论文答辩委员会的成员时，例如，他参与了民族学家让·吉阿荷（Jean Guiart）——吉阿荷从事大洋洲研究，研究的是新赫布里底群岛（Nouvelles-Hébrides）——的答辩，调侃起大学这类机构，还强调了它的滑稽之处："我们在高等研究实践学院里亲如兄弟地并排而坐，我希望我能这么说，一晃经历了那么多个年头。我对这个矛盾的场面震惊不已。今天，我们被一个障碍物分隔两边，我是考核官，而您是候选人。我们之间友爱的关系因为它发生了改变。如果您愿意，我们可以观察民族学家身上发生的颠倒阴阳的一刻，便能从中认识到亲属关系的怪现象不是异域社会独有的。如今，大学这个大家庭中主流的规则想要让亲属关系颠倒，它们最后歪曲了先人与后代的关系。相信我，这也让我啼笑皆非，我感到气恼，如果我有权利气恼。我被迫在这里扮演博士论文答辩委员会的一员，这是瑞典的大学惯常的做法。但这是一个丑角，其滑稽的发言就是为了提醒包括答辩委员会的成员和候选人在内的所有参与者，永远不要认真对待人文学科的机构。"[1] 这位一本正经说笑的大

---

[1] 克洛德·列维－斯特劳斯参加了 1964 年 3 月 7 日让·吉阿荷的博士论文答辩。参见"博士论文或研究生论文的阅读笔记与答辩笔记"，法国国家图书馆克洛德·列维－斯特劳斯档案库，编号 NAF 28150，档案盒编号 217。他还说道："在这个社会里，您是无人匹敌的专家，我指的是新赫布里底群岛的原始社会。它拥有一个严格的等级制度，包括了大约 15 个等级。每个重要人物从一个等级升上另一个等级，他的新同伴们在他的小屋前竖立一些经过造型和上色的树蕨来为他庆祝，这些装饰品的复杂性和丰富性与等级相对应。为了追逐大学里的等级，我们把授予奖励的方向颠倒过来。是求取功名者要在新同伴的门前摆放东西。但不幸的是，这些东西不是蕨类，而是铺好的纸砖。纸砖越接近立方体的形状，页面上的字符越小时，它的声望就越高。毫无疑问，根据这些标准，您应该得到卡马特（Khamat）的等级。您告诉我们，这个等级在马勒库拉（Malekula）拥有至高无上的地位。"

学教员，身为"评委小丑"，却写了满满 15 页的评论，表现出这个角色在思想上严谨至极、细致至极的一面……在编撰报告、写信或者写文章时，他追求完美，重视形式，他不仅对共事的伙伴提出这些要求，对自己也是如此。他在这点上没有丝毫松懈。如果列维-斯特劳斯没什么研究工作要指导，那么他会阅读、评注大家交上来的东西。他在很短的时间内完成这些工作，令那些清楚他精力有限的人十分不解。

研究所的管理模式借鉴了一种开明的君主制度，需要一位拥有威信的领导人。"研究所有一位老师，他的学生们尽自己所能攀登高处。"[1] 莫里斯·戈德里耶用仰慕之心和与"老板"的距离来解释这种管理方式。在研究所里，一切合理的行为不需要明文规定作为依据。例如，列维-斯特劳斯坚持让研究人员一有机会就为自己争取办公室，他也为此而努力。一位研究人员出发去田野考察后，他的办公室便立刻被他人占据。供研究人员使用的三楼没有门锁。这条对共和国的场地最大化使用的法则对他自己也同样适用：下午，其他人可以使用他的办公室。

一些重要决定都在列维-斯特劳斯和希瓦两人之间产生。危机处理是他们唯一一项能够分别行使的特权。例如，列维-斯特劳斯独自决定让罗贝尔·若兰离开，后来，他也独自决定了克拉斯特的去留。不过，他以一种非正式但直接的民主机制来管理其他事务。社会人类学研究所定期组织全体会议，人人都有权投票，即便是家政人员。[2] 用今天的标准来看，研究所的运转仍十分顺畅。我们需要注意，列维-斯特劳斯虽然尽职尽责，但也只在研究所待上半日。他当然严格地进行时间管理，最大程度使日常的办公活动得到合理的安排，避开所有形式主义。因此，他试图防止一切可能在小集体中发生的争执。这样的小集体像其他学术界中的

---

[1] 2013 年 11 月 21 日莫里斯·戈德里耶与传记作者的访谈。
[2] 2012 年 3 月 14 日弗朗索瓦兹·佐纳邦与传记作者的访谈。

集体一样，其自我的情绪容易被激化。在全体会议上讨论金钱的分配（资助外出考察或者资助一些出版物），不会引发任何抗议，只要列维－斯特劳斯不偏不倚地将资源分配给每个人。他拥有道德权威，让人有些敬畏，保护他不受争议。如果存在争议声，那么，这些争议大多是冲着伊萨克·希瓦去的。

在1968年以前，总的来说，"社会人类学研究所的所有人都属于左翼人士"[1]，但这一点没有或者几乎没有成为公开讨论的话题。政治观点不同造成的不和与严肃的讨论都被老师身为学者的威望和某种君子协定（gentleman's agreement）挡了下来，但却无法抵御深处的逆流，例如若兰、克拉斯特和莫诺的情况。"列维－斯特劳斯不想挑起笔战。他寻求安宁。"[2]我们将会看到，1968年，他参加完一两个会议之后，便没有继续讨论一个他不喜欢的运动。他心满意足地从他的阿文提诺山上退下，离开研究所，回到自己家中，同时，他继续观察。这个鲜少受到非议的知名教授通过这种变节的举动，提出了无声的抗议。这个办公场地是他们长时间向往拥有的，他反对拿好不容易争取来的工作资源冒险。在这间人文科学和社会科学的研究所，人人都承认，列维－斯特劳斯不需要依靠研究所推进个人的研究，但在这几年里，研究所却成为法国人类学界和海外人类学学科的顶尖机构。

人类学的优势

皮埃尔·布迪厄不仅记录下期刊《人类》的地位，还注意到人类学在1960年代的影响力："它对一部分刚入学的新生有着巨大吸引力（其中包括我自己）。"[3]像我们分析过的那样，这是结构主义范式的吸引力？总之，1960年代中期，民族学在学科前

---

[1] 2012年3月14日弗朗索瓦兹·佐纳邦与传记作者的访谈。
[2] 同上。
[3] 皮埃尔·布迪厄：《自我分析纲要》，第51页。

沿取得了突破性的进展。社会学在这个时期还处于边缘（布迪厄说它是"被排挤的学科"），与之不同，人类学借助列维-斯特劳斯开展的斗争，获得了认可，成为一门完整的科学。

克洛德·列维-斯特劳斯的研讨课

解放后，即1950年代，萨特在咖啡馆这个象征性的地方——人们有时讽刺地把它说成是"双叟咖啡讲坛"（chaire des Deux Magots）——宣扬着思想的权威。1960年代和1970年代，知识界的主人公们也与母校（Alma mater）撇清了干系。他们换了另一个场地：列维-斯特劳斯、巴特、福柯和拉康都有自己的"研讨课"（séminaire）。这个词首先含有神职人员的意思，但它主要指一种与基础课同时存在的教学模式。研讨课出现在大学之外的机构，高等研究实践学院或者法兰西公学院都开设了研讨课。这不是传授已有知识的场所，而是知识寻找自我的场所。

这就是为什么研讨课与高等研究实践学院这类边缘化的著名学府产生了联系，令人向往。高等研究实践学院首先引进了德国的模式，后来，引进了列维-斯特劳斯已经尝试过的美国模式。自1950年起，他被选入高等研究实践学院的第五科系之后，这位人类学家就有了自己的研讨课。研讨课的场地在瓦雷纳街（rue Varenne）的高等研究实践学院和巴黎大学之间切换，但这一点没有阻碍其名声的增长。研讨课首先是对学科的磨炼，然后到了1960年代，它便是展示学术魅力的场所：人们渴望通过研讨课理解这位老师，将它作为媒介，于是，在人们眼里，"那里发生着一切"。因此，列维-斯特劳斯反对申请人数的上涨。他想要保护这个专业人员组成的小型团体，不让它发生变化：1968年12月，他把注册数量控制在40人，并审核、筛选新人。他在回绝一位候选者时解释到，他以民族学教育经历为标准筛选学生，拒绝那些被"某些从文学和哲学角度提出的结构主义观点所吸引的人。我的研讨课原则上是为那些民族学专业人员开设的，学生们将以特别技术性的方式展示田野考察的成果，从听众的角度看，这些成果将会加深他们对本学科的理解"[1]。

列维－斯特劳斯具体在研讨课做什么呢？他重视对考察任务的总结，渴望我们为他带来新颖的材料，他还对可靠的经验、民族志的方方面面感到好奇。课上讨论的地理范围十分广阔，研究对象也十分广泛，有狒狒、罪犯和印第安人。这是这堂课的特点。同样，我们发现，在展示研究资料时，结构主义术语并没有

---

[1] 1968年11月18日给亨利·阿格里斯蒂（Henri Agresti）的信。社会人类学研究所档案室（编号CS1），主题档案"克洛德·列维－斯特劳斯在高等研究实践学院的研讨课"。1969—1970年，旁听克洛德·列维－斯特劳斯开设的研讨课的有：妮可·贝尔蒙、卡门·贝特朗、克佐奇托·康博洛尔－朗达（Xochitl Camblor-Landa）、玛努拉·卡内罗·达库尼亚（Manuela Carneiro da Cunha）、弗朗斯－玛丽·卡塞维茨－勒纳尔（France-Marie Casevitz-Renard）、乌祖拉·科多维科（Urzula Chodowiec）、伊莲娜·克拉斯特（Hélène Clastres）、皮埃尔·克拉斯特、卡特琳娜·克莱蒙（Catherine Clément）、罗贝尔·凯斯维尔（Robert Creswell）、日内维耶·德布雷热－罗黑尼（Geneviève Debregeas-Laurénie）、汉斯·迪奇（Hans Dietschy）、雅克琳·杜威内（Jacqueline Duvernay）、阿赫莱特·弗里古、尔格·加什（Jürg Gasche）、艾伦·戈伊德（Ellen Goyder）、罗伯特·哈马庸（Roberte Hamayon）、玛丽－伊丽莎白·汉德曼（Marie-Élisabeth Handman）、缇娜·若拉斯、米歇尔·朱恩（Michel Jouin）、沃德·基勒（Ward Keeler）、乔治·库图迪安（Georges Kutukdjan）、弗朗索瓦·拉蒂格（François Lartigue）、让－保罗·拉图什（Jean-Paul Latouche）、艾利·马兰达（Elli Maranda）、皮埃尔·马兰达（Pierre Maranda）、何塞·麦琪尔（José Merquior）、罗伯特·米格雷兹（Roberto Miguelez）、欧罗尔·莫诺（Aurore Monod）、阿尔扬德罗·奥提兹－乐斯卡尼耶（Alejandro Ortiz-Rescanière）、玛丽－克洛德·潘戈（Marie-Claude Pingaud）、让·普永、伊涅斯·蕾切尔·多尔马托夫（Ines Reichel Dolmatoff）、弗洛伦斯·罗翰·以·加尔维兹（Florence Rohen y Galvez）、马歇尔·萨林、贝尔纳·萨拉丁·德·安格吕（Bernard Saladin d'Anglure）、玛丽亚·多萝莱斯·桑ьес（Maria Dolores Sanchez）、伊凡·西蒙尼斯（Yvan Simonis）、皮埃尔·史密斯（Pierre Smith）、瓦勒里欧·瓦勒里（Valerio Valeri）、伊冯娜·威尔迪埃（Yvonne Verdier）、雅克琳·威勒（Jacqueline Weller）、弗朗索瓦兹·佐纳邦。参见社会人类学研究所档案室（编号BS1.01.03），主题档案"与高等研究实践学院的通信"。

存在感。[1]1969—1970 学年，研讨课除了展示民族志的案例，还加入了理论讨论的环节：围绕着"对结构主义人类学观点的评论"[2]的三次课由丹·司培博（Dan Sperber）负责；美国民族学家马歇尔·萨林（Marshall Sahlins）于 1968—1969 学年出入研究所，他重新审视了莫斯。莫斯以一篇关于毛利人的文章作为基础，建立了相互性理论中的一大块。而马歇尔·萨林解释莫斯是如何曲解了原文的话语。在保留下来的笔记上，列维-斯特劳斯感叹道："这完全是错的！"萨林继续介绍道："列维-斯特劳斯把'完全供给'（prestation totale）展现为庞大的婚姻交换体系，但许多英美人类学家并没有立即承认这个观点，他们无法认同'把女人当作商品'的观点。婚姻交换体系是莫斯的'应许之地'，他引导民众走向'应许之地'，但他自己也没有机会欣赏那些光辉。"列维-斯特劳斯写下评注："人们并不是把女人当作商品，而是发现商品有'女性'的特征。"[3]因此，研讨课也可以是强硬的理论之争的回响。它也是阅读、批评文章的场所：萨特的那本《辩证理性批判》便在课上被分析过；1962 年，列维-斯特劳斯也花了几节课的时间讨论英国人类学家罗德尼·尼德汉姆（Rodney Needham）的《结构与情感》一书。事实上，像弗朗索瓦丝·埃

---

[1] 1966 年，参加人员的名单和他们的研究主题如下：罗贝尔·若兰研究哥伦比亚的巴里印第安人，安妮·查普曼（Anne Chapman）研究伦卡印第安人和中美洲的吉卡克印第安人，妮可·贝尔蒙研究出生和怀孕的习俗，雅克琳·博伦斯（Jacqueline Bollens）研究塔卡纳印第安人，米歇尔·伊扎尔研究上沃尔塔的莫西人（Mossi de Haute-Volta），丹尼尔·德·科佩（Daniel de Coppet）研究萨洛蒙群岛的阿热族（Are），欧洲社会学研究中心的让·居森涅（Jean Cuisenier）和安德烈·米凯尔（André Miquel）研究土耳其和阿拉伯半岛的亲属关系体系，阿赫莱特·弗里古研究霍皮族印第安人，弗朗索瓦丝·伊扎尔-埃里捷（Françoise Izard-Héritier）研究上沃尔塔的萨摩人（Samo de Haute-Volta），阿瑞娜·德鲁兹（Ariane Deluz）研究科特迪瓦的丹族（Dan）、皮特·沃肖尔（Peter Warshall）研究狒狒和猕猴的社会生活，雨果·曾普（Hugo Zemp）研究非洲音乐，让·莫诺研究少年罪犯，卡门·姆诺研究玻利维亚的阿育热人（Ayoreo）。
[2] 丹·司培博在课上介绍了他在 1968 年出版的书《人类学中的结构主义》（Le Structuralisme en anthropologie），巴黎：瑟伊出版社，1968/1973 年。1970 年代，由于《象征主义总论》（Le Symbolisme en général, 1974）和《人类学家的知识》（Le Savoir des anthropologues, 1982）的出版，他成为结构主义的评论家。
[3] 社会人类学研究所档案室保存着研讨课的课程安排和每一堂课的介绍。参见社会人类学研究所档案室（1965—1971 年，编号 CS1），主题档案"克洛德·列维-斯特劳斯的研讨课"。

里捷总结的那样，列维－斯特劳斯的研讨课像是他的作品本身，握持着链条的"两端"：一边是民族志学，另一边是人类学；一边是广泛累积的经验，另一边是模型的构建；一边是对各种社会现实的细心描述，另一边是集体生活在形式上的准确表现。渐渐地，在没有任何结构主义学科介入的情况下，某些事物结合在一起，成为研讨课集体创造的作品。这是一种利用主题多元性和地域研究对象的丰富性来解决问题的方法。蛋黄酱并不只是各个成分单一加总的结果，同样，在研究课上，每个人都能为自己的研究发声。民族学在此增加了它的词汇，训练了它的笔调，创造了它的色彩，实现了它对差异的包容。

列维－斯特劳斯欣赏研讨课上的展示，因为它们提供了各种各样新颖的资料，准确、生动地还原了长期的调查。例如，贝纳尔·萨拉丁·德·安格鲁（Bernard Saladin d'Anglure）在研讨课上介绍了爱斯基摩人，他曾对爱斯基摩人进行了深入的研究。在展示结束后，列维－斯特劳斯将话语权交给学生们。大家一个个地踊跃发言，那些最勇敢的学生们交换着想法，他们还进行比较，因此，延长了讨论的时间。最后，老师习惯性地为留下的几分钟，以几句总结性的话结束课程。人们都说那几句话"发人深省"。人们知无不言。[1] 但是很快，厌烦的情绪就出现了，不耐心的表现亦如约而至："您让我们受难"，他在社会人类学研究所每周的研讨课的最后，对授意上台的研究人员这么说。要么是主题令他厌倦，要么是内容的准备太粗糙，为此，他只觉得浪费了时间。在对方讲解的过程中，他全身上下都表现出厌烦。这是一个循序渐进的过程："首先，他偷偷地吸鼻烟[2]，然后花上一段时间特别认真地清理眼镜；终于，在

---

[1] 列维－斯特劳斯上研讨课的画面在雅尼克·贝隆（Yannick Bellon）的电影（虚构电影）《某处某人》（*Quelque part quelqu'un*，1972）里出现了几分钟。在 1971 年 6 月 20 日播出的电视节目《周日会客厅》里，我们也能看到研讨课的画面。
[2] 列维－斯特劳斯喜欢吸鼻烟。

最后一阶段，靠着椅背把头向后转，把眼镜握在手里。发现这些迹象的人便同情起发言者。"[1]点评的语言会变得粗暴，这就是他让人畏惧的原因。对他年轻的合作伙伴而言，"在研讨课"发言是一种荣誉，是必需品，也是考验。弗朗索瓦兹·佐纳邦在课上介绍了她有关米诺的工作，但由于命令口吻的"不要令人失望"[2]，佐纳邦焦虑到行动困难。那节课之后，她被叫到老师的办公室："这很好，将会比新喀里多尼亚更好"[3]，他对她说。米歇尔·佩林（Michel Perrin）讲述他如何应用结构主义的方法调查瓜毗罗印第安人（Guapiro）对死亡的认识。他通过了"考核"。课间休息时，列维-斯特劳斯转向他说："社会人类学研究所的大门为您敞开。但您应当再去委内瑞拉考察。"[4]研讨课结束后，讨论可以转移到某个咖啡馆继续进行，但少了列维-斯特劳斯的身影。他不像巴特或者拉康，从不参与年轻同事的这些社交活动，就算这些活动能够缔结友谊。

事实上，伊丽莎白·卢迪内斯库（Élisabeth Roudinesco）指出，拉康的研讨课就像"集体情感发泄的场所"[5]，它有一种"苏格拉底宴会的氛围"[6]，至少在一开始是这样的。对巴特而言，研讨课的形式是一种教学工作的乌托邦，他将爱意投射在研讨课中，这种文本集合于一体的形式甚至完全实现了巴特否定一切权威的理想。[7]列维-斯特劳斯的研讨课是研究的实验室，它虽然"轻微引起抑郁"[8]，但见证了一门学科的发展，肯定了这门学科的发展成果。通过研讨课，这门原本边缘化的学科成为一批与之相关的人

---

[1] 米歇尔·佩林：《纪念克洛德·列维-斯特劳斯》，第2页。
[2] 2012年3月14日弗朗索瓦兹·佐纳邦与传记作者的访谈。
[3] 同上。
[4] 米歇尔·佩林与传记作者的访谈。
[5] 《雅克·拉康》。参见第5章"结构，父亲之名"。
[6] 同上。
[7] 罗兰·巴特：《研讨课上》。参见《罗兰·巴特全集》，第4卷《1972—1976年》，巴黎：瑟伊出版社，第502—511页。原文发表于1974年的《弓》。
[8] 妮可·贝尔蒙与传记作者的访谈。

文科学和社会科学的中心学科。

新的学科版图

一门新学科夺下了人文科学的王位，引发了其他学科的骚动。历史学作为法国人文科学领域的女王，受到了人类学的挑战。人类学还将影响年鉴学派，同时，改变历史编纂学的发展格局。人类学对历史学的影响促成了1960年代起真正的"人类学转向"。

安德烈·布尔基耶（André Burguière）在他写的年鉴学派史中指出，布罗代尔有关"长时段"（longue durée）的文章拥有战略意义，在1958年的背景下，它旨在"应对汹涌而来的列维-斯特劳斯的结构主义，保护历史的权利不受侵犯"[1]。布罗代尔将短时段与周期性的时间区别开来，短时段对应的是事件，周期性的时间反映的是局势。他试图"指出，克洛德·列维-斯特劳斯提出的结构，与现实的其他属性一样，没有摆脱时间的框架"[2]。这种认为时间是静止、不流动的观点属于主流观点，但它不是刚刚才出现的：从1947年起，布罗代尔不就坚持认为地中海的时间不曾变化吗？从1950年代末起，我们便可以谈论真正的"历史人类学"。

历史人类学开出了美丽的花朵，其中最美的是让-皮埃尔·韦尔南（Jean-Pierre Vernant）的作品和马塞尔·德蒂安（Marcel Détienne）的作品。让-皮埃尔·韦尔南是一位新潮的古希腊学者，他从心理历史学的视角进行古希腊研究。杜梅齐尔和列维-斯特劳斯的研究对他产生了深刻影响。[3] 他对"精神上的希腊人"（homme intérieur grec）兴趣浓厚，也想要研究符号体系，因为

---

[1] 安德烈·布尔基耶（André Burguière）：《年鉴学派：一段思想史》（*L'École des Annales. Une histoire intellectuelle*），巴黎：奥迪尔·雅各布出版社，2006年，第228页。
[2] 同上。
[3] 关于这一段涉及的内容，请参考《年鉴学派：一段思想史》第278页至后文，以及《结构主义史》，第1卷，第229页。

这些符号体系特征突出，对其所属社会具有特殊意义。在分析赫西俄德的诗《工作与时日》时，他用克洛德·列维－斯特劳斯的方法进行研究，还从杜梅齐尔对印欧文明的开创性结论出发，强调诗歌具有三重功能。神话数量丰富，但缺乏连续性，因此，古希腊研究的专家们被结构人类学的框架"抓住了眼球"。此后，让－皮埃尔·韦尔南与皮埃尔·维达尔－纳凯（Pierre Vidal-Naquet）顺利地将结构主义应用于神话的分析。他们肯定了列维－斯特劳斯提出的结构人类学，在此基础上开展跨文化视角下广泛的比较研究（古希腊神话、美索不达米亚神话、中国神话、印度神话或前哥伦布时期的美洲神话）。

人类学影响历史书写和历史学者思想的另一个例子是伊曼纽埃尔·勒·鲁瓦·拉迪里（Emmanuel Le Roy Ladurie）的作品。除了博士论文《朗格多克的农民》（Les paysans du Languedoc）和他在法兰西公学院的就职演讲《不动的历史》（L'histoire immobile，1973）外，他还写了一本书，名为《奥克村庄蒙塔尤》（Montaillou, village occitan，1975）。这本书成为1970年代的历史畅销书。在书中，他用结构人类学的工具分析乡村文化和农民文化。几年后，在《罗马人的狂欢节》（Le Carnaval de Romans）一书里，他以同样的视角审视城市文化，实现了对"狂欢节场景的结构主义分析"[1]。乔治·杜比（Georges Duby）是另一位历史学家的例子。乔治·杜比在《三个等级：封建制度的想象物》（Les Trois ordres ou l'Imaginaire du féodalisme）中利用社会理论对中世纪的意识形态进行了分析，他吸收了杜梅齐尔的观点，因此，在分析工具中融入了结构的启示。一条被弗朗索瓦·多斯称为"向结构靠近的历史学家道路"建立起来。1980年代，这条道路的终点是合作出版。典型的例子是《家庭的历史》（Histoire de la famille）。《家庭的历史》由两位历史学家（安德烈·布尔基

---

[1] 安德烈·布尔基耶：《年鉴学派：一段思想史》，第179页。

耶［André Burguière］、克里斯蒂安娜·克拉皮氏 – 于贝［Christiane Klapisch-Zuber］）和两位人类学家（玛蒂娜·塞加伦［Martine Segalen］、弗朗索瓦兹·佐纳邦）共同主编。克洛德·列维 – 斯特劳斯和乔治·杜比为以"遥远的世界"为主题的第一册作序。[1]《家庭的历史》从宏观层面对家庭制度和家庭活动进行了总结，这份概述从史前一直延续到当代，为两个学科搭建起对话的机会，使两个学科展开了富有成效的对话。

列维 – 斯特劳斯与一些帮助他入选法兰西公学院的历史学家（勒·鲁瓦·拉迪里、杜比）建立起友谊。不过，他保留着这样的观点："历史能告诉我们一切，但前提是不被历史所困"[2]：历史是理解事物的一种工具，但它不能代表最终结果。事实上，自1970年代起，局势就彻底不同了：民族学研究的方法变得强势，把历史学家变成研究历史的人类学家。[3]

在国际上引发争议的一门科学

1960年代，列维 – 斯特劳斯的国际影响力有所增长，他的作品被翻译成多种语言。英美两国的人类学界对结构主义的批判性接受、列维 – 斯特劳斯引来的质疑声、学术交流网络的建立、友情关系和荣誉共同让法国人类学与法国研究者们登上了国际舞台。这种"去地方化"（déprovincialisation）的现象是该学科成为头号玩家的关键原因之一。

列维 – 斯特劳斯结识了盎格鲁 – 撒克逊人类学界的一些学者。他不只是欣赏这些学者，还在巴黎迎接他们的到来。在他们中，有人是他的前辈，有人是他的后辈。著名教授伊凡 – 普理查

---

1 安德烈·布尔基耶、克里斯蒂安娜·克拉皮氏 – 于贝、玛蒂娜·塞加伦、弗朗索瓦兹·佐纳邦编：《家庭的历史》，上下册，巴黎：阿尔芒·科兰出版社，1986年。
2 克洛德·列维 – 斯特劳斯：《野性的思维》，第841页。
3 马克·乔利：《成为诺伯特·艾利亚斯：科学认可过程的交叉史——法国的接受》，第289页。马克·乔利明确指出，诺伯特·艾利亚斯被看作先驱，被媒体大肆宣扬。过去的社会，例如，17世纪和18世纪的欧洲文明社会，也被当作南比克瓦拉人社会一般的异域社会。

爵士（Sir Evans-Pritchard）也被列维－斯特劳斯夫妇的魅力所征服。1964 年 6 月 6 日，他在牛津盛情接待夫妻二人。列维－斯特劳斯将被授予名誉学位（Honorary degree），因此，完成了下列仪式：与训导长（chancelier）共进午餐、与大学生会面、学习着装要求——"穿一套黑色西装，但不要求系白色领带"[1]、接受了用拉丁语完成的公开亮相……作为回报，列维－斯特劳斯为爱德华·伊凡－普理查申请（针对外国人的）法国荣誉军团勋章的提名。1971 年，这件事尘埃落定。伊凡－普理查情绪激动，他写信告诉列维－斯特劳斯，自己为此热泪盈眶！1970 年，列维－斯特劳斯受邀去牛津大学的弗雷泽讲座（Frazer Lectures）发言。他与雷蒙德·弗思（Raymond Firth）（伦敦政治经济学院的教授）、梅耶·福特斯（Meyer Fortes）（剑桥大学）、埃德蒙·利奇（Edmund Leach）（剑桥大学）来往，多年来一直保持通信。埃德蒙·利奇是列维－斯特劳斯的忠实粉丝，但他将《亲属关系的基本结构》看作"华丽的败笔"[2]。埃德蒙·利奇在一封信中补充道："您的观点清晰至极，让我对您羡慕不已。"[3] 最终，罗德尼·尼德汉姆完成了《结构与情感》（1962），通过它向列维－斯特劳斯的作品致敬。罗德尼·尼德汉姆还主持了《亲属关系的基本结构》的英文翻译工作，最后，该书英文版于 1969 年出版。

1965 年，当维京基金会（Viking Fund）根据整个人类学界的投票结果向列维－斯特劳斯颁奖时，列维－斯特劳斯在国际科学界确立了自己的顶尖地位。1961 年，他曾设法令阿尔弗雷德·梅

---

[1] 伊凡－普理查给克洛德·列维－斯特劳斯的信（1964 年，但无具体日期）。参见克洛德·列维－斯特劳斯档案库，编号 NAF 28150，档案盒编号 189，主题档案"书信"："穿一套黑色西装，但不要求系白色领带。"
[2] 埃德蒙·利奇：《人类学家和哲学家克洛德·列维－斯特劳斯》，《新左翼评论》第 34 期，1965 年，第 20 页："华丽的败笔。"但是，1970 年，他出版了一本书，将它献给列维－斯特劳斯：《列维－斯特劳斯》（维京出版社）。此书被翻译成 6 种语言，因此，是列维－斯特劳斯的结构人类学在国际学术空间传播的重要媒介。
[3] 1961 年 3 月 20 日埃德蒙·利奇给克洛德·列维－斯特劳斯的信："您的观点清晰至极，让我对您羡慕不已。"参见克洛德·列维－斯特劳斯档案库，编号 NAF 28150，档案盒编号 194，主题档案"书信"。

特罗获得这一荣誉,但未能成功。4年之后(这个有名的奖项并没有设立固定的举办周期),人们将奖颁给了他。1966年4月,他在芝加哥接受了颁奖。名誉上的奖励和金钱上的奖励令他成为人类学的国际代表人物。[1] 10年间,他备受国际上的认可,被一系列欧美大学授予了名誉博士(doctor honoris causa):1962年的布鲁塞尔大学、1964年的耶鲁大学、1965年的芝加哥大学和1971年的哥伦比亚大学。这些认可都成为他与美国恢复联系的契机。他曾与罗伯特·路威、阿尔弗雷德·克罗伯、弗朗兹·博厄斯关系紧密。1960年,阿尔弗雷德·克罗伯应列维-斯特劳斯邀请,将与之共进晚餐,但就在约定时间的几个小时前,他在巴黎突然去世。哥伦比亚大学的资深学者弗朗兹·博厄斯也走了,他就死在列维-斯特劳斯的怀中。

批评的焰火点燃了学术论战,但论战也对他的名声有所贡献。主导这些论战的正是他那些英语世界的同僚。列维-斯特劳斯笔下生辉,不仅如此,"这位巴黎学者学识渊博"[2],他还将问题上升到宏观层面,因此,这些同僚被置于尴尬的境地。[3] 例如,利奇谈到了《亲属关系的基本结构》,拿其中的例子进行反驳。在他看来,这些例子仅能说明部分情况,还不足以上升为一般性的理论。他基于自己对克钦邦人(缅甸)的认识,对列维-斯特劳斯出色的理论架构提出疑问。利奇和尼德汉姆批评列维-斯特劳斯提出的"优先婚"(mariage préférentiel)和"指定婚"(mariage prescrit),认为这样的说法会造成混淆。他们展开了技术层面的

---

1 获得维京基金会资助的幸运儿除了得到专业上的广泛认可外,还将获得几万美元。莫尼克和克洛德·列维-斯特劳斯刚刚在利涅罗勒(Lignerolles)买下了一处不动产,这些钱主要被用来重建一座500米的石墙。参见下一章。
2 米歇尔·萨林:《论克洛德·列维-斯特劳斯的德尔菲式写作》(«On the Delphic Writings of Claude Lévi-Strauss »),载《科学美国人》(Scientific American)1966年6月。
3 参见莫里斯·布洛克:《思考克洛德·列维-斯特劳斯的两部作品的接受》;克洛德·列维-斯特劳斯在美洲的接受情况,请参考 M. E. 哈金(M. E. Harkin):《列维-斯特劳斯在美洲:结构主义的"本土化"》(« Lévi-Strauss en Amérique. L'"indigénisation" du structuralisme »),载《列维-斯特劳斯》,"埃尔纳手册丛书"第82册,巴黎:埃尔纳出版社,2004年,第396—405页。

讨论，然而，法国的用法并不完全与之对应。但亲属关系是盎格鲁-撒克逊人类学中经典的研究对象，已经得到了广泛的研究。而我们知道，列维-斯特劳斯的例子主要来自澳大利亚和亚洲，那些"专家"能轻易地从民族志材料中找出反论。《神话学》系列的英文版发行后，批评声缓和下来。这一次，列维-斯特劳斯研究的是他擅长的美洲，因此，更加得心应手。

受到攻击后，他首先在1965年的赫胥黎纪念讲座（Huxley Memorial Lecture）上进行回应，他的听众是一群英国人类学专家。然后，1967年，法文版第二版《亲属关系的基本结构》出版，他在《前言》中重申了演讲要旨。文章引起了一些负面的反响，因为他点名反驳了译者尼德汉姆。后者有些生气，认为这样的补充是"不必要的"。1969年，译著完成后，尼德汉姆就与列维-斯特劳斯斩断了一切联系。[1]

他明确了自己与其他一些人类学家在观点上的不同。例如，他认为，在亲属关系体系中，姻亲关系（alliance）优于亲子关系（filiation）。一些批评声还直接影响了他思想上的转变——他在利奇做出评论后修改了研究克钦邦体系的章节。他也将某些体系列为新的研究项目。例如，他展开了对"克洛-奥马哈"（crow-omaha）群体的研究。他将这些体系称为"半复杂体系"（semi-complexes），认为这样的体系属于基本结构和复杂结构之间的过渡阶段，在这种情况下，许多婚姻活动被禁止发生，但这些被禁止的婚姻活动都不属于指定婚。[2] 为了更加深入地进行分析，他试图通过认识论的思考来解释这样的现象：民族志学的观察不总是能够发现范畴的存在，"指定婚的实证现象只有依据土著民族自

---

[1] 然而，1989年1月12日，尼德汉姆读完迪迪埃·埃里蓬与克洛德·列维-斯特劳斯的访谈之后，写信告诉迪迪埃·埃里蓬："阅读您的书让我有幸感受克洛德·列维-斯特劳斯的性格和学术风格，令我回想起了他身上的魅力和他的攻击性。多年以前，他的魅力和攻击性让年迈的埃德蒙·利奇爵士与我都振奋不已。"克洛德·列维-斯特劳斯档案库，编号NAF 28150，档案盒编号197，主题档案"书信"。
[2] 参见莫里斯·戈德里耶：《列维-斯特劳斯》，巴黎：瑟伊出版社，2013年，第4章。

己建立的理论模型——而非民族学家建立的理论模型——才能说明问题"[1]。对列维-斯特劳斯而言，现实是一个方面，但最重要的是规范：人类学的启示是，人类认为自己应该做的比他们实际做的更加重要（就算他们没有完全落实想法，或者完全没有落实想法）。

对列维-斯特劳斯来说，学术上的争议常常被总结为词汇的问题，特别是在国际语境下，潜在的混乱因翻译的问题而变得更加复杂。但他表现出乐观的态度。他相信学术语言能够相对准确地传达意义。为此，"确定专业术语"、罗列国际通用的人类学词汇仍十分必要。他曾多次强调这项任务的紧迫性，借此机会，他又一次明确了完成这项任务的必要性。未来，一切都将水到渠成，到时，人们将能以科学的通用语言进行交流。[2]

在民族学学科的神话中，列维-斯特劳斯并不是真正的"奠基人"（Founding Father），因为在20世纪里，他姗姗来迟。但是社会人类学研究所标志着一个新的开始。得益于领导人的作为，研究所汇集了大量资金，创造了大量岗位，同时，也生发了一些问题。但是，增加公共财政投资的时候到了。列维-斯特劳斯领导的机构变革奏效了，甚至比预期取得了更好的效果。20世纪初的涂尔干和社会学就曾经面临相同的变化。尽管民族学在大学里仍属于边缘学科，但是它从此成为人文社会科学的一支，因此，

---

[1] 参见法文版第二版《序》，载《亲属关系的基本结构》，第19页。
[2] 他并不看好学术界里思想的交流："如果那些人主动去了解他们想要驳斥的作者实际上就相关主题写过什么，那么，思想的交流肯定会带来许多成果，就算它本质是一场论战。"参见给麦金利博士的信（1981年，但没有具体日期），社会人类学研究所档案室（编号FS4.06.02.035）。

也能够被称为科学。[1]

克洛德·列维-斯特劳斯的研讨课。

---

[1] 然而，我们必须意识到，大学继续积极打压民族学和结构主义。列维-斯特劳斯作为冉冉升起的新星，惹恼了索邦的官员们。这使1963年秋克洛德·列维-斯特劳斯在伦理和政治科学院（Académie des sciences morales et politiques）碰了钉子。有人急切地盼望他申请进入伦理和政治科学院，然而，伦理和政治科学院是那些官员的据点。他始终记得这一次打击。1987年，他向伦理和政治科学院的副院长莫里斯·勒·拉努（Maurice Le Lannou）解释拒绝参加他们的会议的原因："我不想详述那些早就过去的事情，这样只会令你厌烦（但这些往事有助于表达我的想法），我认为，25年前，伦理和政治科学院对我做了不公正的事。后来，我当选为文学院（Académie française）院士后，伦理和政治科学院邀请我做一次讲座。我高兴地接受了，哪怕只是为了显示自己宽宏大度。但这种单方面的礼貌之举一旦结束，便不可能重复……"参见1987年3月22日的信，克洛德·列维-斯特劳斯档案库，编号NAF 28150，档案盒编号195，主题档案"书信"。

克洛德·列维－斯特劳斯在法兰西公学院的最后一节课结束后，研究所成为社交活动的现场（1982）。

社会人类学研究所是民族学发展的核心。从外部看，它是一个走在前沿的研究所，它资金充裕，学术产出的数量惊人，因此，前途光明。研究所领导人又为它戴上了独特的光环。从内部看，口角不可避免，但占主导的还是集体归属感，因为这是他们共同的选择：他们因研究所的社交氛围、同事之间不朽的友情、一种共同生活和共同工作的方式以及"对犹太人遭受迫害的历史铭感不忘的情怀"[1]而集合在一起。加入社会人类学研究所代表了一种荣誉，每个成员都有身处其中的自豪感。团队的集体照记录下一年又一年[2]；列维－斯特劳斯将《结构人类学（二）》（*Anthropologie structurale 2*，1973）的题词献给"社会人类学研究所的成员们"；1971年6月20日，皮埃尔·杜梅耶（Pierre

---

[1] 2013年12月26日弗朗索瓦兹·佐纳邦与传记作者的访谈。社会人类学研究所的许多研究人员是犹太人，但他们都不是专门研究犹太文化的民族学家。这种现象也发生在列维－斯特劳斯本人身上。但事实上，这是一种普遍现象：社会科学界里有大量犹太人学者。因此，这不是社会人类学研究所独有的现象。
[2] 参见文件夹里的照片，其中有弗雷德里克·朱德（Frédéric Jude）在1988年制作的合成摄影作品（photomontage）。他通过超现实主义的创作方法，延续了拍摄集体照的传统。

Dumayet）的电视节目《周日会客厅》（L'invité du dimanche）[1]拍摄了研究所的各个空间、庆祝活动和纪念活动，描绘出一个热闹、团结的集体，这个集体的成员们以一人为核心，随着时间的流逝，这个核心人物成为研究所的守护者，他的巨大影子一直保护着研究所，直到今天也没有消散。

民族学和社会人类学研究所的显著地位部分来自学科的发展。然而，学科的发展基于对学科交叉融合的推广和实践（从《人类》这份期刊的内容可见一斑）。但学科交叉融合是现代社会科学的标志。1960 年代，列维-斯特劳斯自己将在 10 年内献上关于神话人类学的 4 册大作，它们是对民族学的偏门主题进行思索并创作出来的一部作品，具有典型意义，因此，受众人仰慕，累积了声望。仰慕与声望也是两者占据显著地位的原因之一。列维-斯特劳斯不再属于学术团体，终于显露出我们熟悉的一面——作为一个伟大的学者，他独自一人穿越令人眩晕的美洲印第安神话学的海洋。这是列维-斯特劳斯的第二副面孔。

---

[1] 参见《今天，克洛德·列维-斯特劳斯》（«Aujourd'hui, Claude Lévi-Strauss»），1 小时 32 分钟，法国国家视听研究院档案。社会人类学研究所的一些成员参与了拍摄。列维-斯特劳斯身边有莫里斯·戈德里耶、米歇尔·伊扎尔、让·普永、克洛德·塔第和弗朗索瓦兹·佐纳邦。影片中间插入的片段将研讨课上的皮埃尔·克拉斯特和弗朗索瓦丝·埃里捷、田野调查中的雅克·利佐（Jacques Lizot）也记录了下来。

17　学术生活

> 布封喜欢睡觉。为了不让睡意影响编撰《自然历史》的宝贵时间，他需要遵从严格的规则。他命令侍从约瑟夫在黎明时叫醒他，必要时用点蛮力。学者每天都向侍从致谢，还因为侍从每日忍受起床气而送上金钱作为补偿。
> 安妮·克利诺，《科学作品与生活之间：缺失的链环》[1]

布封让自己忍受痛苦的早晨，而科学史学家安妮·克利诺正是通过这一段回忆，引导我们思考传记的二元关系——作品与生活之间的二元关系——以及工作的作用。她将工作称为"缺失的链环"。怎样将个人生活融入人类学的学术实践中，并且不将科学家的角色（persona）矮化为以作品为代表的成果？[2]

实际上，自19世纪起，科学（或者艺术）和生活水火不容的说法就已经根深蒂固：学者、艺术家、诗人要想创造作品，就应当走出生活。就像文学生活和科学生活超越了社会的存在。然而，学者、艺术家和其他人都应当好好生活和工作，就算一边是摇篮，另一边是墓地！我们不想将他的个人生活和家庭生活理解为抽象的概念，也不想以抽象的方式看待一部作品背后的时间与空间问题，我们在这一章想要讨论的问题是：这位学者过着怎样的生活？他怎样规划时间？他为这个珍贵的资源指定了巧妙至极的使用策略吗？我们怎样评价科学研究？他是出于热爱还是碍于使命？他受到了启蒙和启示？他提升了能力，

---

[1]《批评》（Critique）第781—782期，2012年6月，第576页。
[2] 安妮·克利诺：《科学作品与生活之间：缺失的链环》（«Entre vie et œuvre scientifique: le chaînon manquant»），第581页："作品诞生之后，生命不息，它被献给了其他人，产生了广泛的影响。但是，对作者来说，它是在每天的劳动中逐渐丰满起来的现实。我建议把这种现实称为'作品–工作'（l'œuvre-travail）。"

累积了学识并且掀起了革命？人们是怎样看待科学家这一圣职所带来的成就？

对于 1960 年代的列维 - 斯特劳斯，我们确实可以说它是"科学的圣职"（sacerdoce scientifique）。这 10 年的特殊之处在于，它不仅属于生产时间，也属于收获盛誉的时间。突然获得的名声试图扰乱严格的作息时间表。他不接受人们授予他的结构主义火枪手的角色，但还是不得不接受这样的角色，同时，与它保持距离。1964—1971 年，列维 - 斯特劳斯完成了 2000 多页的《神话学》，这是他名声的源头。他的文字分为四个部分：《生食与熟食》（1964）、《从蜂蜜到烟灰》（1966）、《餐桌礼仪的起源》（1968）、《裸人》（1971）。《神话学》是一部巨作。晦涩的观点、一词多义的现象、不吝啬题外话的风格、可塑的内容和统一的方法都让它们构成了传统意义上的一部作品。通过 20 年的研究成果和近 10 年的写作，他创造了属于他的"四部曲"、《追忆似水年华》或《人间喜剧》。这种马拉松式的学术探险是一种美妙、孤独的经历，它包罗万象。探险就是想要展现思考的过程："总之，这部书的特性在于没有任何主体。"[1]

城市里的列维 - 斯特劳斯与田野上的列维 - 斯特劳斯

学者们在哪些地方工作？他们是怎样居住于这些空间里的？几个场景即刻闪现在我们脑海里：哲学家伦勃朗坐在他的小屋里，陷入沉思；康德正在散步（他总是在散步）；卢梭采集植物标本；当代学者列维 - 斯特劳斯在他的研究所里学习巫术。但是从炼金术士的小屋到现代研究所的道路不是笔直的。[2] 列维 - 斯特劳

---

[1]《生食与熟食》，第 12 页。
[2] 参见克里斯蒂安·雅各布（Christian Jacob）编著：《知识的场所》（*Les Lieux de savoir*），巴黎：阿尔宾·米歇尔出版社，2007 年出版，2011 年再版。这里特别参考了第 1 卷《空间和共同体》（*Espaces et communautés*）中索菲·巫达尔（Sophie Houdart）：《自我的世界或思想的私人空间》（«Un monde à soi ou les espaces privés de la pensée»），第 363—370 页。

斯就是例子。他是埋头于书海的学者，是教席教授，更是热爱在乡下房子附近的大自然中游荡的闲人。他参与了科学研究的多种机制，拥有多种时间经验。当他从社会人类学研究所走到位于巴黎十六区栗树街的书房时，他并不像是在贯穿巴黎（从中心到西边），而更像是在追溯时间：如果社会人类学研究所的称号就象征着——研究所——科学的现代化，那么，如同我们在引言中所言，克洛德·列维-斯特劳斯度过生命中一大部分、进行写作的书房相当于文艺复兴时期的工作坊（studiolo）。他身处其中，与"自我"亲密相处，"二者肩并肩读了无数文字"[1]，于是，萌生了创作一本新作的想法。

书　房

1957 年，马修出生。此后，列维-斯特劳斯夫妇决定离开圣拉扎尔街。列维-斯特劳斯喜爱这个街区，然而，这个街区附近没有公园或花园，因此，不利于每日带着孩子散步。1958 年，他们有机会收回巴黎十六区栗树街二号的公寓。这套公寓属于莫尼克的父母，莫尼克就是在这里长大。这是一套宽敞的资产阶级公寓，它位于五楼，可以借助电梯上上下下。公寓楼坐落在 20 世纪初修建的建筑群中，稍稍避开了街上的喧嚣，墙面是用砖垒砌起来的。这些建筑让人想起诺曼底那边的旅店。公寓楼的环境十分舒适：门房有自己的房间，门厅十分宽敞，公寓还配有停车位。公寓楼藏匿在这条街的尽头，远离了附近建筑的奢华之气，同时，不如一些老建筑拥有魅力（巴尔扎克的房子就在附近）。那些年里，法国广播电台大楼（Maison de la Radio）正在建造过程中，尽管工地的巨荫笼罩四周，但公寓所处的位置还算安静。[2] 搬到栗

---

[1] 克洛德·列维-斯特劳斯：《我有时是画家，有时是修补匠》（« Il y a en moi un peintre et un bricoleur qui se relaient »），《世界报》（Le Monde）1974 年 6 月 21 日。
[2] "圆屋"（Maison ronde）于 1958 年开工建设，于 1963 年投入使用。

树街生活后，克洛德·列维-斯特劳斯遵守着一条经典规则，一条他研究过的许多部族都必须遵守的规则：他是入赘女婿。或者，我们可以说，他回到了童年的生活环境。普桑街的生活是自由的，以大众化为特点。但是，在靠近帕西（Passy）的这个街区，生活十分不同。一直到离开我们时，他始终没有喜欢上帕西的这一面，并且经常絮叨："这些街道都无聊透顶！"[1]

这间公寓的一个好处是，它有一间朝西的大房间，房间敞亮得很。进门之后，房间的左边就是双层落地窗。列维-斯特劳斯把这里当作书房。这是一个封闭的空间，一道厚厚的房门和贴着墙面的书架将它与公寓的其他部分隔开。它更像是精神分析室或是普鲁斯特的房间，墙上的软木隔板还为书写活动提供了保障。房子里只定下了一条规矩："不要吵闹！"[2] 他的儿子们都必须严格遵守这条规矩。大儿子来访时，和列维-斯特劳斯一起生活的小儿子险些违反这条规矩。他并没有学习维克多·雨果与女儿之间的相处方式，而是禁止他们突然进入他的办公室并向他讲述最近的趣闻……[3] 这位人类学家像一位文艺复兴的人道主义者，他全神贯注地停留在完全属于自己的那个空间中，在那里，只有从现代社会抽离才能认识事物。当马基耶弗利（Machiavel）沉浸在自己的小屋中时，他脱下了自己成天穿在身上的旧衣服："我将我的全部交给古人。"[4] 想象一下，列维-斯特劳斯坐在他的书房里，将自己全部献给原始人……

这种几乎属于精神性质上的避世需要两种促进思考和工作的兴奋剂：音乐和烟草。它们是一种精神食粮。外人不怎么清楚，

---

[1] 2012年2月7日作者与莫尼克·列维-斯特劳斯的访谈。
[2] 2012年9月24日作者与马修·列维-斯特劳斯的访谈。
[3] 维克多·雨果："她从儿时起便有了这种怪癖／每天早晨，她都来我的房间待一会儿；／我像等待一束光那样等待她的到来；／她进来，并说：'早安，我亲爱的父亲'；／她拿起我的笔，打开我的书，坐了下来／她坐在我的床上，打乱了我的案头工作，脸上挂着笑容，／然后，她突然像飞鸟一样离开。"
[4] 克里斯托夫·S.策兰泽（Christopher S. Celenza）：《文艺复兴时期的工作坊》（«Le studiolo à la Renaissance »），收录于《知识的场所》，第1卷，第371页。

一直到 1960 年代中期，列维-斯特劳斯都是个大烟鬼。每天就算抽不了三包烟，他也得抽上两包。烟味渗透进装饰窗口的棉质窗帘和门口的基里姆地毯。他和学术圈里大部分抽烟的男性不同，他先是抽香烟，后来，吸起了鼻烟。[1] 他的朋友多萝莱斯·瓦内蒂（Dolorès Vanetti）给他送来了世界各地的烟草，他马上就向朋友详细描述起抽烟的乐趣："我打开一个又一个盒子，它们太不可思议了，这些烟草像种类丰富的水果，各自有着独特的香味。也许我对黑烟的喜爱是源自带着哥本哈根的棕叶，它让人想起海港和牵着柏油绳的帆船。薄荷味的红顶（Red Top）也很有意思。还有，桃子（Peach）烟真的有桃子味。今天，不抽烟的人们错过了多少乐趣！"[2] 但众所周知，列维-斯特劳斯喜爱音乐。音乐对他的舒适生活很重要，不仅如此，音乐陪伴着他，像是将他同周遭世界分隔开来的保护屏障和兴奋剂。他对音乐广播中谈闲话的做法感到愤怒，真正的原因便在于此。这里特别指的是法国音乐台（France-Musique）和古典音乐广播台（Radio-Classique）。他不听唱片。唱片播完就结束了，结束后还要更换，显然，这一点阻碍了他的喜爱。因此，他大体上都听广播。解释原因时，他毫不犹豫地把工作时听音乐的消遣比作画家练习画裸体："即便是惯于让模特摆造型、对此完全麻木的画家，也无法在看到美好的身体的一刻不显露出一些情欲的冲动。这种轻微的冲动刺激着他的感官，让他的感觉变得敏锐；因此，他画得更出色了。这位艺术家有意识或无意识地找寻着恩赐。我跟音乐的关系也是这样的。听音乐的时候，我的思路更加畅通。"[3]

我们提过，克洛德·列维-斯特劳斯数量庞大的学术藏书网

---

[1] 列维-斯特劳斯曾经尝试戒烟，徒然耗费了精力：没有每天定量的尼古丁，他就无法写作。他定期去巴黎皇宫殿（Palais-Royal）那边的烟草商店补给烟草，商店的名字叫 à la Civette。2012 年 3 月 31 日作者与莫尼克·列维-斯特劳斯的访谈。
[2] 1964 年 12 月 23 日列维-斯特劳斯写给多萝莱斯·瓦内蒂的信。克洛德·列维-斯特劳斯档案库，编号 NAF 28150，档案盒编号 182，主题档案"同 D. 瓦内蒂的通信"。
[3]《亦近，亦远》，第 246 页。

罗了天下的知识。在期刊和文献旁[1]、最靠近这位学者的地方，摆放着大量的字典。这些字典涉及各种语言：除了《哈拉卜斯》（Harraps）（英语）、《沙-维氏》（Sachs-Villatte）（德语），也有法语字典——《罗贝尔大词典》（Grand Robert）、《贝耶词典》（dictionnaire Bailly）、《利特雷词典》（Littré）、《贝尔词典》（dictionnaire Bayle）和古法语和拉丁语词典《特雷伍》（Trévoux）。《特雷伍》帮助他解读古代民族志的文字。狄德罗和达朗贝尔的《百科全书》也是这场旅行的一站。他长期查看藏书："看看我的藏书。这是过去多年里一直陪伴着我的成千上万本著作。时常，我连书名都不必刻意去看……仅仅看到书册的封底、封面，我就知道它是哪本书了。"[2] 这种与书本亲近的关系源自悠久的文人传统：引用、参考、核对。人们要写书，就应当被书所包围。[3] 为了写《神话学》，列维-斯特劳斯活在一堆书海里，例如，植物学和天文学的书、《百科全书》、布雷姆（Brehm）的《动物学》、古代博学者老普林尼（Pline l'Ancien），以学习古代的知识（这些书大致代表了18世纪的全部知识）。他需要根据这些材料整理自己研究的神话的民族志背景。[4] 因此，列维-斯特劳斯虽是现代科学的楷模，却也继承了美文时代古老的学术传统。对知识的热爱不分科学和文学。列维-斯特劳斯身为现代世界的布封，像一位沉思的文学学者，愉快地生活在他那烟雾缭绕的岩洞中。他在文具盒和书架间往返，一天又一天，为这些"产生在笔尖和图

---

[1] 在克洛德·列维-斯特劳斯的档案中，这些文件约有30箱。克洛德·列维-斯特劳斯档案库，编号NAF 28150，档案盒编号135—164。里面有语言学习的材料、几部作品的写作素材、法兰西公学院的授课材料、一份有关日本的资料。
[2] 《我有时是画家，有时是修补匠》。
[3] 参见威廉·马克思（William Marx）：《文人的生活》（Vie du lettré），巴黎：午夜出版社，2009年。
[4] 《亦近，亦远》，第157页："我把俗称'小牛头'的天体仪放在办公室里，留作纪念。[……]这是一个被天文学家抛弃的仪器，但我在研究神话提到的星座时，借助它帮我找到星座的位置，它给了我很大的帮助。我需要掌握的科学知识早在一两个世纪前就出现了！"

书馆大量的静电之间细微的联系和回路"[1]而振奋。

教席教授

如果列维-斯特劳斯既不在社会人类学研究所，也不在书房，他一定是在上课。自 1960 年 1 月起，每周二 14 时 30 分和周三 10 时（后来，这第二节课改成了周一的研讨课），人们能在法兰西公学院 6 号教室找到他。"但上课是多么艰难啊！我完全不习惯！"[2]他向好友雅各布森这般感叹道。事实上，法兰西公学院虽然不在大学体系之内，但表面上，还是坚持法国大学传统的讲座授课。列维-斯特劳斯要上的是讲座课程（ex cathedra），与学生讨论为主的研究课不同。多年前，他曾在蒙德马桑（Mont-de-Marsan）教修辞班的那些年轻人哲学，此后，就再也没有接触过讲台。

受众当然不再一样，要求也不同。欧内斯特·勒南（Ernest Renan）曾说，真正的法兰西公学院教授从不备课。勒南自己倒是坚持备课。实际上，每年，法兰西公学院只要求"创造"，别无他求，我们提到过这一点。课程的设计改变了重复的授课方式，或者，干脆摆脱了重复。重复既可以令人宽慰，也可以让人害怕。列维-斯特劳斯身上"新石器时代"的精神完全符合这种创造的需求。他的"准备工作"可能只是一些笔记。但这些笔记代表了向稿件转变的中间过程，它们源于列维-斯特劳斯大量的阅读积累。笔记一般在 1—3 年后出版。其实，法兰西公学院就是对一项学术研究的"测试"。《神话学》的创作经历了十几个春秋，从 1960 年一直延续到 1971 年。1971 年，最后一册——也就是第

---

[1] 朱利安·格拉克：《朱利安·格拉克，一个遥远的人》（«Julien Gracq, un homme à distance»），载《世界报》2002 年 2 月 5 日。感谢让-路易·迪西尔（Jean-Louis Tissier）慷慨地告诉我卢瓦尔作家说过的这句话。
[2] 1960 年 3 月 7 日克洛德·列维-斯特劳斯寄给罗曼·雅各布森的信。参见克洛德·列维-斯特劳斯档案库，编号 NAF 28150，档案盒编号 181，主题档案"来信"。

四册——发行。1961—1962 学年，他刚刚完成《图腾制度》和《野性思维》，又马不停蹄地开始研究烹饪神话。这项研究让他足以创作《生食与熟食》（于 1964 年出版）。1962—1963 学年，他分析了另一个主题，为《从蜂蜜到烟灰》提供了内容（于 1966 年年末出版）。1963—1964 学年和 1966—1967 学年，他在课上讲授神话的分析，这些分析被收录《餐桌礼仪的起源》（出版于 1968 年 6 月）。1965—1966 学年以及 1967—1970 年的 3 年里，他收集了大量文献，这些文献服务于最后一册《裸人》。《裸人》出版于 1971 年。[1] 列维－斯特劳斯认为，上课不应当只是教授已知的知识，而应当以"研讨课"的形式进行。研讨课是半生不熟的产品，保持着实验的一面。因此，他拒绝将研讨课录制下来。他在研讨课上只是大胆地提出了一些假设，他不愿意将这些内容一字一句地记录下来。每节课后，让·普永交给他一份速记笔记，对未来的手稿来说，这些笔记便是基础。这种授课的观念十分危险，因为他上课前并不做准备工作。[2] 因此，每节课前，他都感到一丝焦虑。在公学院整个教课期间，他也一直心存忧虑。每学年，这样的状态从 12 月持续到 6 月。

列维－斯特劳斯陷入了焦虑之中，但作为回馈，他非凡的演说技巧得到了马塞兰·贝特洛广场所有听课学生的见证。公学院的礼节还为演说增加了戏剧性。助手会通报"教授先生"的入场。因为没有录音或录像，我们只能依赖于公众的反馈。列维－斯特劳斯的讲话似乎有着两个看似互相矛盾的特点：一方面，他摆弄高级的修辞技巧，从嘴里吐出世界各地的数据；另一方面，他用普鲁斯特式长句进行分析，令所有人心急如焚，每个人都渴望知

---

[1] 参见莫里斯·戈德里耶做的一览表：《列维－斯特劳斯》（*Lévi-Strauss*），巴黎：瑟伊出版社，2013 年，第 340 页。1964—1965 年，课程的主题是"一个美洲动物寓言集的概论"，与《神话学》的写作没有直接关联。
[2] 此外，他认为很难向行政部门提供他们要求的概要，他解释说，1962—1963 年的这门课程"是长期作战的开始，明年，我还将继续"。参见日期为 1962 年 5 月 24 日的报告：社会人类学研究所档案室，编号 BS2.01，主题档案"涉及法兰西公学院的通信"。

晓他将如何着陆。但他总是落回自己脚下！这常常发生在长时间论证之后得出结论的时刻，有时，这甚至发生在课堂尾声这样的完美时刻（timing）。列维－斯特劳斯拥有阿拉伯花纹的诱人魔力，这种魔力既体现在口头上，也体现于文字上。它同样是一种超现实思维自由结合的结果，一种玩转中断、碰撞和前进的"即兴爵士的精神"[1]。然而，句子虽然令人晕眩，但其意义从不因此而受到损害，他的话语依旧意义清晰。从这个角度来看，我们也发现，"他说话的方式就像在写作"[2]。他解说时，左手插袋，有时，用右手写一写板书。但论述时的发言清楚、沉稳。没有轰轰声，没有打嗝声，也没有夸张或轻率的自我表达。如果他确认自己成功吸引了听众，甚至吸引了听众中最专业的民族学家们，他也不会像拉康在众人面前摆出老师的姿态。或者，他是说话清晰明了的精神导师，而拉康则是晦涩的精神导师。列维－斯特劳斯不那么喜欢书写活动，但是上课这项任务强迫他这么做。他也不喜欢说话，至少，他不喜欢面对面与人说话，但是课堂要求他面对个人，也面向所有人公开讲话，好在这对他来说比面对面说话轻松一些。[3]不要忘记，20岁的他曾是优秀的政治界演讲者。共和国政治家的口才（他能说漂亮的获奖感言）登上了法兰西公学院的讲台。这段成功的经历令他成为伟大的教师。

教师从拉丁区来到了帕西。他是一位真正的巴黎人，总是为都城之美着迷。然而，再也没什么能比隐遁于乡间的别墅更加让他感受到幸福，因为乡间的别墅让他远离课堂和人群。

---

1 《克洛德·列维－斯特劳斯：研究室里的诗人》，第184页。
2 2013年2月7日作者与卡门·贝尔南（Carmen Bernand）的访谈。德斯科拉（Descola）运用了同样的表述。参见《克洛德·列维－斯特劳斯：研究室里的诗人》，第184页。
3 在专门为他拍摄的纪录片中，他向前来采访他的让－克洛德·布林吉耶（Jean-Claude Bringuier）承认了自己的尴尬，其中有一句话堪称典范："对我来说，同对话者说话是很困难的，因为对话者是某个人。"《克洛德·列维－斯特劳斯的方法》，1974年，DVD光盘2：《列维－斯特劳斯的世纪》，蒙帕纳斯出版社（Éditions Montparnasse），由让－克洛德·布林吉耶和马塞洛·弗达勒萨·弗洛勒斯（Marcelo Fortaleza Flores）制作。

克洛德·列维-斯特劳斯的隐居地

"别墅中的美好时光出现在我们渴望它时。之后,厌烦的情绪便开始作祟了!"[1]伊萨克·希瓦担心诺曼底乡下的新别墅会出现屋瓦坍塌、水管破裂的情况,克洛德·列维-斯特劳斯希望以这种方式让他安心。

1964年,列维-斯特劳斯夫妇获得了长久以来一直向往拥有的乡间别墅。两人第一次参观这套别墅是在1954年,当时,莫尼克认为它太过小资。之后,两人看过几十套别墅。10年过去了,那套"利涅罗勒城堡"再次出售……"这一次,我认为它是完美的选择。我应当是在这段时间里资产阶级化了!"[2]塞文山脉被夏季喧嚣的旅行者和车流占据,列维-斯特劳斯受够了这一切。1950年代,塞文山脉的这种现状破坏了民族学家喜爱的孤独感。[3]他将目光扫向勃艮第,准确来说,是扫向沙蒂永内。他在纽约时就发现了这个地方,它是法国人口密度最低的地区之一。罗贝尔·德拉维尼特(Robert Delavignette)给列维-斯特劳斯写了信,但信里的内容刺激到他的神经,让他神色有异。这位老勃艮第人曾经还是海外省法兰西学院(前殖民学院)的负责人,他对自己熟悉的地区"铺网":"我担心,我会让您对沙蒂永内的原始面貌感到失望,您可能把它想象得太过美好了。这些位处高原地区的荒蛮、颓废的小镇从托内鲁瓦延续至原本属于勃艮第辖区的市镇'拉蒙塔涅'(la Montagne),但它们并不是那么安宁!广播、卡车、农用拖拉机都嘎吱作响,并且越来越响。"[4]

---

[1] 列维-斯特劳斯写给伊萨克·希瓦的信(写作地点是利涅罗勒,时间是某年的9月28日)。
[2] 2011年10月28日作者与莫尼克·列维-斯特劳斯的访谈。
[3] 1955年9月1日列维-斯特劳斯给多萝麻丝·瓦内蒂写了信:"没有鳌虾,没有菌类,有大量水果,这几天,又一群渔夫、家庭和野餐者像挤进下水管一样涌入我们的河流[……]。是时候离开塞文山脉了。我们在勃艮第已经走访过35栋房子,我们还将再看一栋房子,在回程的路上,有人告诉了我这栋房子的存在。"
[4] 1964年11月18日罗贝尔·德拉维尼特(Robert Delavignette)写给克洛德·列维-斯特劳斯的信。参见克洛德·列维-斯特劳斯档案库,编号NAF 28150,档案盒编号187,主题档案"来信"。

尽管如此，列维-斯特劳斯还是选中了这个失落之地。这是一个由广阔的石灰岩高原和典型的单面山构成的边境地区，它与科多尔省（la Côte-d'Or）和奥布省（l'Aube）相邻。树木丛生的谷地潜伏其中。这不是都兰地区呈现出欢欣景象的乡村，也不是诺曼底富饶的土地，而是满是森林和旧冶金工厂的地方。随着时间的流逝，这个地方被人遗忘。"在那里，人们能感觉到脚下是分水道，而森林又是如此广阔，以至于人们以为能够这样一直走到瑞士，不用走出树林，也不会遇上任何生灵。"[1] 深厚的历史沉淀冲淡了格拉克小说里才有的丰富的地理风貌——"沙蒂永内的树木都有高卢-罗马的味道"[2]。这里靠近那些伟大、亲切的地标：蒙巴尔（Montbard）和布封（Buffon）位于西边 60 千米处，但有意思的是，拉马尔热勒（la Margelle）位于南边 50 千米处。拉马尔热勒是亲爱的让·德雷里（Jean de Léry）的出生地。[3] 于是，列维-斯特劳斯在精神上向这些人物的足迹靠近，同时，确定将利涅罗勒作为最终选择。

在勃艮第公国北部靠近奥布山谷的地方，有一个名为利涅罗勒的小村庄，村庄地处河谷。临近"利涅罗勒城堡"矗立的地方实际上是第二帝国（1864—1868）的猎人小屋。小屋面积适中，结构合理，位于一处公园内。公园有树林景观，被名为奥布特的河流穿过，面积达 12 万平方米。冬季，河水可能出现泛滥成灾的情况。听觉上，这里的景观符合山区的特点，是流动的水和被风吹动的树叶创造了这些声音。打开房子大门，可见其壮观的台阶。台阶将我们带往铺着绿布地毯的宽敞客厅，巨大的玻璃窗将叶簇摇曳的身影映入屋内。客厅里有座位较深的旧扶手椅和雷

---

[1] 杰罗姆·加辛（Jérôme Garcin）：《克洛德·列维-斯特劳斯在利涅罗勒》（« Claude Lévi-Strauss à Lignerolles »）。参见《流浪文学的主角们（1985—1995）》（*Littérature vagabonde. Portraits 1985-1995*），巴黎：弗拉马利翁出版社，1995 年，第 37 页。

[2] 同上。

[3] 参见本书第 5 章。

蒙·列维-斯特劳斯的画。这些画里有一大幅蕾雅(Léa)的肖像画。画里是祖母和她两岁的孙子克洛德。他们身边的椭圆画框里是家族的几位旧人：艾丽·莫西(Élie Moch)、艾斯特·雷维(Esther Lévy)和"我的妻子迪娜"[1]。迪娜的画框尺寸最小，画里的她正在准备教师资格考试，展现出埋头苦干的知识分子形象……列维-斯特劳斯的书房位于底层的角落里，从书房望出去是公园的景色。我们在这间书房里发现了有些英式的起居风格。里面摆着一张芝加哥公证所的办公桌和一个从巴西带回来的双抽屉的红木柜子。书架覆盖了整面墙。书架上有侦探小说，例如，他儿时的偶像厄尔·斯坦利·加德纳(Erle Stanley Gardner)的英文版小说，也有康拉德的全集（坎特伯雷版全集），还有一堆精心挑选的书目：其中不仅有蒙田、帕斯卡、红衣主教、拉辛，也有《德拉克罗瓦日记》、缪塞、戈宾诺(Gobineau)、欧仁·苏、班达(Benda)等。重要的是，这里面还有植物志、动物志、勃艮第博物志[2]、地图册、旅行指南……列维-斯特劳斯用照片、画和他从新大陆带回来的家具把利涅罗勒的房子变成了一个紧凑的珠宝匣。他希望家族传统聚集于此，还希望遗产（他父亲的画）和谐地融入他的生活。他的家族本已随着第二帝国一同没落，是他重新点燃了家族兴盛的希望。

从1964年起，每年，列维-斯特劳斯都会在夏天的几个月迁居利涅罗勒，完成这项或那项工作。时间从7月延续至9月。每次学校假期，他都会回到那里，圣诞节里的冬日严寒也不能让他放弃。这样的习惯一直延续到他生命的尽头。这是幽闭恐惧症患者得以喘息的关键时刻。乡村的分分秒秒不是用于创作，而是

---

[1] 家里人这样称呼迪娜·德雷福斯，为了将她同蒂娜(Dinah)区分开来。蒂娜是列维-斯特劳斯父母的一位朋友，名字叫蒂娜·卡昂(Dinah Cahen)。
[2] 洛雷(Lorey)和杜勒(Duret)：《科多尔的植物》(Flore de la Côte d'Or)，1831年，共两卷；古斯塔夫·拉佩鲁斯(Gustave Lapérouse)：《沙蒂永的历史》(Histoire de Châtillon)，1837年；皮埃尔·莫贝热(Pierre Maubeuge)：《勃艮第北部的坚固房屋》(Les Maisons fortes en Bourgogne du Nord)，共两卷（皮埃尔用打字机写下了巴黎东部盆地的地质特征）。

从阅读和漂泊中解放自己。"我读书和做手工。"[1] 当然，他读完了阅读清单上的许多书目和一年里累积起来的各类手稿。"然而，最终，我也没能将自己从中解放出来。"[2] 他还是在那里重新读了一遍费尔南·布罗代尔的《地中海史》。作者给他寄了装帧豪华的新版："我提前嗅到了穿过勃艮第森林上空的强劲海风，将它带到了利涅罗勒。当然，我在书里重温了大量引人深思的主题，它们让我受益匪浅。我还发现了许多新的主题。18年前的我还不足以赏析这些主题。"[3] 乡下也创造了阅读考卷的"良机"。更糟的是，他要阅读自己的作品的译本，这里主要指英语译本。他以专家的标准细心核实，还求助于妻子的英语和德语能力。[4] 但是，这些都不重要，重要的是，他根据天气预报与自己对菌类时高时低的热情来生活。"这里十分炎热并且特别干燥，对菌类来说，简直是灾难。"[5] "我渴望太阳的光芒照耀我。这里三天没见到太阳了。上一次还是8月15日左右。但是，这里有很多菌！除了造成死亡的鸡油菌，甚至还有牛肝菌。不知名的菌类不胜枚举。我忙于采摘、批改试卷、制作索引，利用这些活动度日。"[6] 1958年起，列维-斯特劳斯同瓦松夫妇（Wasson）有联系。瓦松是一位独立作家，出版过名为《蘑菇、俄罗斯与历史》（1957年出版于纽约）的上下两册书。列维-斯特劳斯努力去学习书里的内容，不介意书的作者是业余人士，也不在乎书的内容是否有点"夸夸其谈"。"尽管如此，它们仍然创造了民族真菌学（ethnomycologie），甚至成为这门学科的基石。我想要帮助他们，不仅因为我是一位'菌类爱好者'（根据他们的分类），也是因为那是一个前途光

---

1 1979年7月29日克洛德·列维-斯特劳斯写给伊萨克·希瓦的信。
2 同上。
3 1967年3月21日克洛德·列维-斯特劳斯写给费尔南·布罗代尔的信。参见克洛德·列维-斯特劳斯档案库，编号NAF 28150，档案盒编号181。
4 8月7日克洛德·列维-斯特劳斯写给伊萨克·希瓦的信："我在七月完成了校对《餐桌礼仪的起源》英译本的工作。"
5 同上。
6 1966年8月22日克洛德·列维-斯特劳斯写给伊萨克·希瓦的信。

明的研究领域，年轻的法国研究者们能够有所建树，这一点十分重要。"[1] 他在给伊萨克·希瓦的信中这样写道。

他每天都在附近的大自然中散步，因此，有机会进行地质知识的学习。他沉浸在辨识菌种、鸟类和植物的乐趣中，毫无顾忌。他的妻子回忆道："他生活在博尼埃中"[2]，在加斯东·博尼埃（Gaston Bonnier）的《法国、瑞士和比利时植物全图鉴》中。这本图鉴是他书架上的重要藏书之一。这个地区生活的珍奇动物吸引了他的注意：让－勒－布朗短趾雕、翠鸟、黑鹳……小山猫也吸引了他的注意力。他竭力救助，甚至是喂养过小山猫。他散步时遇到的陷入危境的所有动物——鸟、蟾蜍、蝙蝠——都是他温柔照料的对象，也是他观察的对象。这种乐于同动物亲近的姿态在列维－斯特劳斯与门房饲养的母狗"法妮"玩耍的一张照片中表现无遗，但这张照片出现得较晚。这张照片是列维－斯特劳斯童年时期的资料，也是认识克洛德·列维－斯特劳斯主张的"温和人文主义"的关键证据。克洛德·列维－斯特劳斯是最早宣扬"温和人文主义"（humanisme réconcilié）的几人之一。1980年代到来后，莫尼克成为养蜂者。五个蜂箱每年产100公斤蜂蜜。列维－斯特劳斯鼓励这项活动，还腾出时间观察他的夫人。莫尼克穿着他在亚马孙穿过的连体服，借助挂在一根杆上的大口袋捕捉椴木上嗡嗡飞的成群蜜蜂。这项活动最大的困难之处在于"捕捉"蜂群，而捕捉蜂群的要点在于如何抓住蜂后。抓住蜂群之后，她要将五万只蜜蜂倒在布巾上，布巾是引它们入巢的工具。

列维－斯特劳斯穿着长筒皮靴和轻夹克，总是那么帅气（smart）。他在乡间晃悠，在树林里行走，观看自然景色。他做手工活，不仅要伐木，还要除去树上的藤蔓。但是身为勃艮第的绅士农夫（gentleman farmer），他很少拜访爱好骑马的当地乡绅

---

[1] 1958年3月23日克洛德·列维－斯特劳斯写给伊萨克·希瓦的信。
[2] 2011年10月28日作者与莫尼克·列维－斯特劳斯的访谈。

小集团。克洛德·列维-斯特劳斯是城堡的主人，却待在村庄里，那里的人们称呼他为"教授"。只要市长邀请他参与某些仪式，他从不拒绝。

走进利涅罗勒树林

在列维-斯特劳斯的人生里，利涅罗勒又一次让他感受到自然的强大之处。这无疑给了他一个重要的动机。与忙碌的巴黎生活相比，利涅罗勒相当于"减震垫"。但利涅罗勒并不只是"减震垫"。他能做梦，能呼吸，能感受到人迹罕至的幸福，因此，他在自己身上找到了"存在"（Être）的入口，而"存在"并没有被当代主体充分认识。列维-斯特劳斯的菌类就像纳博科夫的蝴蝶，是知识的离合器（两位都很博学），也是对旧时光的想象。旧时光当然包括了个人的童年，但从本质上说，旧时光指的是人类的"童年"。

如果列维-斯特劳斯仔细闻，他能嗅到藏在灌木丛中的菌类。此时，他与新石器时代的人重新建立了联系，恢复了他们敏锐的嗅觉，嗅觉是通过捕捉痕迹来认识事物的一种工具。[1] 列维-斯特劳斯身处森林，进入了野性思维的模式。这片存在文明痕迹的森林位于勃艮第东部边界处，是以亚马孙为起点的森林环线的终点。森林环线也是他生命的路线。童年时代，他在海边度过；少年时代，他深入探索塞文山脉灌木丛生的石灰质山地，尤其热爱攀登高地。成长给了他惊喜，随着岁月增长，他发现自然环境愈发优美："现在，是森林吸引着我。我发现，除了山地，森林也散发魅力，但森林给人一种更加亲切、平和的印象。"[2] 在对抗现代化、阻止非

---

[1] 参见卡尔洛·金兹伯格（Carlo Ginzburg）：《符号、踪迹、线索：作为范式的形迹源自何处》（« Signes, traces, pistes. Racines d'un paradigme de l'indice »）[1979年]，《辩论》（*Le Débat*）1980年6月。文章收录于《神话、象征、痕迹：形态学与历史》（*Mythes, emblèmes, traces. Morphologie et histoire*），巴黎：弗拉马利翁出版社，1989年；韦迪尔出版社（Verdier）于2011年重新出版了该书。
[2] 《忧郁的热带》，第358页。

城市空间消亡的运动中，森林是意料之外的障碍物，它创造了令人幸福的停滞状态。列维－斯特劳斯在利涅罗勒有了这样的幸福感受："远离了人类的花草树木殷勤地擦去他走过的痕迹。森林常常让人举步维艰。山地阻碍人的行走，而森林以更加意想不到的方式设立障碍物，为难闯进它领地的人。森林不像大型山脉那么连绵不绝，它很快就将人的视野锁定在一个有限的范围。和那些荒凉的小径一样，这个有限的世界完全与世隔绝。花草、菌类和昆虫在森林里自由地生活，远离喧嚣。我们必须拿出耐心和谦逊的态度才能被这个世界接纳。走进森林几十米后，外部世界就消失了，一个世界被另一个世界取代。这个世界对视觉不那么友好，但它让听觉和味觉——更贴近灵魂的感官功能——发挥了它们的作用。我们以为失去的财富——安静、鲜活与和平——又回到了我们身边。"[1] 森林里的一切都吸引着这位鲁滨孙。森林不仅远离人类世界、与之对立，而且慷慨地创造了一个独立的小型世界。这个小型世界构成了一小片自然栖息地。从很早开始，对列维－斯特劳斯来说，它就奠定了一种经过修正、具有革命性质的人文主义。让我们回想起他为保罗·尼赞的《阿拉伯亚丁》（*Aden Arabie*）写的书评里几句总结性的话。文章写于 1931 年："和自然的接触是唯一永恒的人类经验，唯一我们能确信其真实性的经验。为了获得我们未来需要的那些绝对价值，这是我们今天能够依赖的唯一绝对价值。"[2]

知识的生理学：一种自律的生活

我们继续研究列维－斯特劳斯和他的研究。但我们不再关心他的工作场所，而是研究他组织时间的方式、他的习惯，他付出

---

[1]《忧郁的热带》，第 358 页。
[2] 克洛德·列维－斯特劳斯：《保罗·尼赞：阿拉伯亚丁》（«Paul Nizan, Aden Arabie»），《社会主义大学生》（*L'Étudiant socialiste*）第 8 期，1931 年 5 月。参见本书第 3 章。

的努力、他坚守的价值、他向身边的人分享这些价值（传播这些价值）时采用的方式。

学者列维－斯特劳斯和他的亲友

学术生活是一种一分为二的生活。[1]列维－斯特劳斯有幸遇见了莫尼克·罗曼这样一位可爱的女人。他以手上的写作和研究为优先事项，而莫尼克很快就理解了工作狂必须严格遵守的作息规律……"这是说定的（deal）！"[2]她以一种肯定的口吻说道。这一契约从未有过争议。莫尼克是不可缺少的第一名读者，她读过他写的所有东西（包括信件），旁听他在公学院的讲课（但只是研讨课）。最重要的是，她在他身边搭建了防护网，帮他免去家庭聚会之类的社交活动。她解决了物质生活上的问题，尽力使她的丈夫获得最大程度的精神自由。她在嫁给克洛德的同时，也嫁给了他学者和知识分子的志向。

他们是旧体制下的夫妇？互惠关系既是列维－斯特劳斯作品的核心概念，也是两人长期夫妻生活的核心概念："克洛德给我充分的信任。我遇到他的时候，他总是询问我的想法、倾听我的意见，让我明白我有健全的头脑；我们无所不谈，在交换意见之后一起做决定。'我们试试吧'，他总是这么说。这是一种尊重，对一个女人来说，这已经足够了。这是绽放在水中的小巧的日本皱纹纸花！"[3]列维－斯特劳斯树立了威严的学者形象，令妻子印象深刻，不仅如此，他身上散发的个人魅力从未停止将她与这个渐渐成为学术之星、世纪人物的男人紧紧相连。首先，他的观点绝对独立："不论在研讨课的课堂上还是在家，我们永远也不能

---

[1] 这里产生的信息来自2013年9月24日我与莫尼克·列维－斯特劳斯、马修·列维－斯特劳斯进行的几次访谈。
[2] 2012年2月7日作者与莫尼克·列维－斯特劳斯的访谈。
[3] 同上。

预知他到底会说些什么！"[1]这种不可预知性是对抗无趣、重复的日常生活的一大精神食粮。他知道如何利用亲密爱人间的关心点缀日常生活。列维-斯特劳斯是巴黎的游荡者，他有在城市里闲逛的习惯。经常，回到家时，他的口袋里满是从德鲁奥或是古董店淘来的零碎物件，他漫不经心地把它们送到妻子脚边，算是送给她的小礼物。他不仅是沉迷于学术的学者，还是超现实主义的伙伴。他的另一重身份让他注意观察客观偶然、"奇观"（merveille）、巧合以及事物涌现的维度。他常用"奇观"这个词。这样的幻想创造了美丽的瞬间，为二人世界增色不少。后来，二人世界变成三人世界。

其实，在第一个儿子洛朗出生后，列维-斯特劳斯并未特别希望再要一个孩子。但是，这也是"说定的"。莫尼克和克洛德的儿子马修（Matthieu）出生于1957年，此后，列维-斯特劳斯再次对幼年、语言习得、人生最初几年的魔力着迷。显然，作为父亲，他以不同的方式对待洛朗和马修。比如，在学校，他好像对洛朗更加强硬，甚至也会发起威吓，他对马修则更加宽容，甚至放任不管，不过分看重学校的成绩，还帮这个儿子写作文，并且很能理解考试前夜突如其来的病痛。男孩们的性情各有不同。一个孩子因为父母离异而饱尝罪恶感，他对父姓感到不适，在踏入社会时碰到了困难。另一个孩子简直就是巴黎十六区的哈利贝克·芬（Huckleberry Finn）。他像自己的父亲从前一般，在充满冒险活动的青少年时期，早早地便到远方探险。16岁，他就骑摩托车到西西里岛和挪威、背包穿越比利牛斯山脉。15岁，他阅读了《忧郁的热带》，在父母面前这样总结道："很有趣！"父母则惊讶不已。[2]年少的他沉迷于少年人的爱好，年纪大了之后，他醉心于医学和生物学的学习。他知道如何在父亲身上寻找兴趣爱

---

[1] 2012年2月7日作者与莫尼克·列维-斯特劳斯的访谈。
[2] 同上。

好的蛛丝马迹，但不会盲目跟随父亲。生活中的点点滴滴也证明，以下经典情境确实存在：1960年代，马修童年的生活环境比洛朗更加舒适。此外，由于洛朗同母亲一起居住，列维-斯特劳斯陪伴马修的时间要多一些。作为父亲，列维-斯特劳斯没那么多要求："随他去吧！"他常常向妻子重复这句话。他对餐桌礼仪十分上心，《神话学》的第三册就是献给儿子马修的。但他一点也不为餐桌礼仪操心，甚至不遵守礼貌和卫生规则。在这一点上，他不怎么像"教育者"。没完没了的周日家庭午餐成为他年少时代糟糕的回忆，因此，他特别能理解孩童的腻烦心理。事实上，这是一位十分想让自己获得安宁的父亲，他不反对让孩子玩一些智力游戏。回想一下，他曾叫洛朗回答布勒东寄来的有关魔法艺术的问卷。他让马修完成联觉测试，把马修列出的清单寄给雅各布森。"对马修的联觉反应印象深刻，结果非常神秘"[1]，这位美国语言学家这样回应他。

马修·列维-斯特劳斯记得，在他童年时，父亲看起来已经上了年纪，并且健康状况不佳，被迷走神经方面的许多疾病和常常来袭的小毛病困扰。实际上，马修出生时，他的父亲只有49岁。奇怪的是，他竟能如此长寿。1960年代，列维-斯特劳斯的身体还不需要忍受精神上的脆弱性，然而，之后的岁月让他有了苦行僧一般的面色。可他不是苦行僧。他既不忌食，也不忌讳其他事物。他不是个大食客，却总乐于饱尝美味，这是他生活中的一大乐趣。他的第一任、第二任妻子注意到，莫尼克让他有所改变，一天天过去，当他品尝到令他满意的食物时，列维-斯特劳斯"因美食而感动"。他为发现美食而感动落泪！每次进餐都是他的一次短暂、安静的仪式（直到品尝完奶酪之后），他不希望有人打断这个仪式。"你们可以向他提任何要求，但是要等他吃完奶

---

[1] 1974年12月4日罗曼·雅各布森给克洛德·列维-斯特劳斯的信。这封信是对很早以前收集的联觉测试的回应。

酪"，莫尼克这样要求那些共同进餐的人，更是对儿子马修和继子洛朗三令五申。

1968年，在妻子的建议下，他尝试无糖节食，很快就有了成效。痉挛都停止了。但是，几周后，列维-斯特劳斯的体重轻了15公斤左右。这是一场身体的革命，符合时代的特征……周围所有人都认为他得了重病。在剩下的四十几年里，他的身体都显得十分清瘦，甚至显得枯萎。这是西方文化（基于神职人员的形象而创造出来的）知识分子该有的身形，因为脆弱的皮囊证明他思想成熟。

蒙巴尔的13个露台

蒙巴尔有布封的府邸。布封的家宅与书房之间隔着13个露台，这是连接工作室和家庭生活的通道。每天，布封必须完成两个来回。学者勤以修身，仔细安排作息和利用空间。他必须对职业社交和个人社交有所取舍。于是，他的生活完全被脑力劳动所占据。不同的时机和不同的个体创造了"攀登蒙巴尔的13个露台的不同方式"[1]。

在栗树街的家中，他严格遵守教士一般的作息规律，为漫长的白天安排上一项项任务：早晨六七点起床、早餐、淋浴和剃须，然后出发去研究所。他若在家，便拿清晨的时间处理信件。信件在九点送达。中午，列维-斯特劳斯几乎总是在家吃午饭，且越来越少地去城里：巴黎嘈杂、拥挤的餐馆不合这位准幽闭恐惧症患者的口味。另外，一顿美餐正等着他……下午，不用授课的时候，他便在书房工作。下午5点半左右，他下楼买报纸和烟，并去探望他的母亲。母亲住在附近的一楼。如果母亲家亮着一盏灯，那么，迪娜·德雷福斯一定正在看望她的前任婆婆。她坚持看望老人，双方都乐此不疲。这时，列维-斯特劳斯继续向前走。不

---
[1] 安妮·克利诺，《科学作品与生活之间：缺失的链环》，第583页。

然，他会在母亲家停留十几分钟，与母亲说说话，为她关上百叶窗。这种家庭生活里的例行活动让有时陪同父亲出行的马修很是欢欣。每天探望爱玛·列维-斯特劳斯是儿子在三十几年里一直履行的义务，直到1984年为止。那一年，他的母亲去世。晚上，他阅读两份报纸和若干周报，然后进晚餐。他睡得早，大约晚上11点上床。他的一天十分充实，也十分规律，一点时间也没有浪费。电视很晚才出现在列维-斯特劳斯的生活中。1974年，马塞尔·朱利安（Marcel Jullian）被任命负责法国电视二台，提议他成为其中的一位管理人员。为了履行他的新职责，列维-斯特劳斯要求自己有一台电视机。

1960年代，美国大学常常邀请列维-斯特劳斯参与研讨会或者邀请他讲课，而他不止一次拒绝了美国大学的邀请。最糟糕的情况是，对方让他以自己的人类学研究为主题开设讲座。他用尽一切办法拒绝这样的邀请。他因美国学术圈的社交要求和其特殊的组织方式而受到惊吓："实话说，在芝加哥的一个酒店聚集那么多人的想法让我焦虑不已。除非大会能够在一个小型又舒适的大学城举办，远离城市和周遭的乡村，否则很可能没有其他解决办法。"[1] 他拒绝到哈佛进行一学期的教学，因为"一想到要长时间与家人分离两地，他便高兴不起来"[2]。他喜欢待在家里，既是因为喜好也是因为义务。但他总给人推卸责任的印象，很少进行职业社交，或者很少在人类学圈子走动（他再也不需要像从前那样频繁进行此类人际交往）。他倒是很快回应向他咨询问题的年轻男女。这些陌生人就一次课堂报告、参考书目的方向，或是某个更私人的问题向他提问。例如，一位女高中生因为哲学课的缘故告诉他自己要完成一个关于他的课堂报告——确切来说，是关

---

[1] 1972年6月19日克洛德·列维-斯特劳斯写给哈利·乐文（Harry Levin）教授的信。档案位于社会人类学研究所档案室，编号FS404。
[2] 同上。

于《忧郁的热带》的一次报告，请求他接受一个小小的采访。他立马就同意了！第二天，他就这样对她做出回应："我很高兴能认识您。由于我不清楚您的空闲时间，而我的时间安排比较紧凑，您是否愿意致电研究所确定对我们都合适的会见时间？"[1] 一位高等商学院（École supérieure de commerce）的大学生以同学们的名义给他写信，反对《忧郁的热带》中的一处引用。这本书是他们的学习对象之一。在此顺便提一下，很快，1960 年代，《忧郁的热带》被编入中小学和大学的教材中。这等同于将列维-斯特劳斯标榜为当代经典。民族学家很快回复道："经过努力，我似乎发现，欧洲'身为女性'的机遇展现了基督教精神里的温柔动人之处。如果伊斯兰教没有介入基督教和佛教之间，也没有激起基督教对东欧产生带有敌意的征服欲（十字军东征就是这种征服欲的表现），佛教中类似的精神能够进一步激励这样的基督教精神。"[2] 另外，当提问的动机并不单纯时，他不情愿地回复，但还是给出了回复："我讨厌人们叫我大师（我身边的人都不可能这样称呼我）。您要来与我见面，只需致电研究所约定一次约会时间。但我在此提醒您：您将会感到失望。我活在完全孤立的世界中，我不见任何人，我也不出门。而且我跟您说的'文学领域'没有一丁点儿联系。我每天工作十个小时，包括周六和周日。这就是我的生活……"[3]

有限的闲余时间让他珍惜用来沉思的一分一秒。他对此小心翼翼，憎恶令他浪费时间的人，这是他应对个人工作和寻找乐趣的最佳方式。"他没有空闲去面对那些令他焦虑和让他厌烦的事情。"[4] 面对令人厌烦的讲座、社交聚餐或是塞车，列维-斯特劳

---

[1] 1966 年 2 月 8 日的信。参见社会人类学研究所档案室，编号 D.09.02，主题档案"师生关系"。
[2] 1967 年 2 月 2 日的信。参见社会人类学研究所档案室，编号 D.09.02，主题档案"师生关系"。
[3] 1968 年 3 月 5 日克洛德·列维-斯特劳斯写给伊凡·穆歇尔（Yvan Mouchel）教授的信。参见社会人类学研究所档案室，编号 D.09.02，主题档案"师生关系"。
[4] 2012 年 3 月 31 日作者与莫尼克·列维-斯特劳斯的访谈。

斯一点耐心也没有。塞车还会让他发狂。他总是担心自己会迟到，因此，在约会时间之前到达，以至于陪同他的人都感到有点不知所措。结果总是一样的。他不想因为提前到达而烦扰约见的对象。他绕着房子走，心里已是急不可耐……

1960年代，他忙得焦头烂额。小儿子却觉得，他是一个清闲的父亲。因为他不断光顾德鲁奥，在乡下度过每个假期，还以各类手工活为乐。[1]

写字、说话、闭嘴

列维-斯特劳斯因沉默不语的形象出名。在家里，他虽少和妻子讲话，却有着"不寻常的倾听他人的本领"[2]。他也是妻子带回的"小道消息"的忠实听众。他对市民生活的场景十分好奇，有些滑稽事能令他笑中带泪。为了打动它们的听众，这些故事必须经过精挑细选，简短精悍，与速写一致，它们就像是《纽约客》里的卡通（cartoons）。他在美洲时常常阅读《纽约客》。接待来客时，他是一位礼仪周到的主人。但他不想引人注目。在冗长的闲话中，他能够完全陷入自己的沉默之中，除非闲话的对象是他敬仰的学者朋友，情况才会有所不同，例如，雅各布森。他可以和雅各布森聊上一整晚，直到时间不再允许他们继续。雅各布森几乎是唯一能从列维-斯特劳斯那里得到这样待遇的人。时不时，莫尼克会向米歇尔·莱里斯求援，她料想丈夫不会在晚餐时间开口说话："他什么也不说，这让全场气氛降到冰点！"有时，厌倦如排山倒海般袭来，他毫不掩饰这一点，并且，丝毫不愿倾听他人的自白。在他家，妻子制定了有效的规则来阻挡名望渐增后社会上对他提出的越发贪婪的要求。在研究所，是他的秘书负责过滤访客。他讨厌电话，严格限制了电话谈话的时间长短。30

---

[1] 2013年9月24日作者与莫尼克·列维-斯特劳斯的访谈。
[2] 2012年3月31日作者与莫尼克·列维-斯特劳斯的访谈。

秒后，一旦来电者说明白通话的诉求，他就含糊不清地表达感谢并挂断电话。这是令人心痛的经历……但这种经历较为全面地体现了我们的社会中存在的滥用话语的现象。列维－斯特劳斯不认同这样的现象，反而赞颂起珍贵的原始社会的节约精神："我们的文明以这样的方式对待语言，放任人们无节制地讲话：我们对什么都有话要说，借助一切托词发言、提问、评论……这种滥用语言的方式不是全世界共通的；它甚至并不常见。大部分被我们定义为'原始'的文化十分精练地使用语言：那里的人们不会不论何时都要讲话，不会对不论什么话题都要发言。言语的表达在其中常常只发生在某些特定情况下，除此之外，人们惜字如金（on ménage les mots）。"[1] 在惜字如金这一点上，列维－斯特劳斯丢弃了当代的衣钵，与人类另一种说话方式和生存方式建立了联系。

不论是打电话还是面对面谈话，他都不喜欢说太多话。他优先处理信件，这是他每天要做的第一件事。学术生活是一种以书信为本的生活。书信是团队工作的支柱，也是社会运转、学习专业知识、辩论和信息流动的条件。知识时常发生变化，这些信反映着知识的脉动。它们也展露出情绪的变化，或者表现虚情假意和焦虑不安。由于列维－斯特劳斯没有在一份参考书目中引用印度研究专家路易·杜蒙（Louis Dumont），后者十分谨慎地表达了他的失望。更糟的是，路易·杜蒙认为这代表自己的存在遭到抹杀："您的沉默很难让我免受难堪。何况您是在无意识中将我当作没有生命的物体。"[2] 列维－斯特劳斯的参考书目为国际科学界定下基调。不在其中，意味着不再存在："您是一位公众人物，甚至是一种制度，您的重要性使所有人与您所做和不做的事情产生了联系。如果一位法国作家声称自己是结构主义，而您却

---

[1] 克洛德·列维－斯特劳斯：《语言学和人类学》（« Linguistique et anthropologie »），1952年，《结构人类学》，第78页。这是作者发现的细节。
[2] 1962年12月15日路易·杜蒙给克洛德·列维－斯特劳斯的信。参见克洛德·列维－斯特劳斯档案库，编号NAF 28150，档案盒编号188，主题档案"来信"。

没有提到他，这对他来说是一个缺点。"[1]在这些因素下，人们很容易就能明白，列维-斯特劳斯名字的缩写的关键作用就是排查状况、最大限度地驱散他所说的"误解"、处理感情上的波动、为可能扩大的伤口提供粗浅或深切的抚慰。1966年，乔治·巴朗迪耶热情地回复了一封列维-斯特劳斯的信，即便从理论上说，他们变成了对立的双方，甚至是敌人："您无法想象您真诚的来信让我多么感动。我对您为我的'刚果'（Kongo）所做的评价和抱有的兴趣而感激涕零。您的意见对我来说十分重要。它超越了其他人给我的所有回应。"[2]列维-斯特劳斯总是控诉人们拜托他看书，有时，他明确表示自己只能在第二年夏天阅读。为此，他得再写一封信。他的通信对象都发现他坚持这类礼节，坚持认真回信。列维-斯特劳斯明白，一般的大学和学术圈子受符号支配，渴望被承认的欲望是难以填补的。最优秀的人才会受到外界的质疑。这位民族学家用安慰的技巧换取一点他灵魂需要的安宁。这种安慰以简短的词语、信、致辞和切题的亲笔题词表达出来。他同样敬重友谊，选择以谨慎又有力、殷切又柔和的方式表达友谊。民族学家乔治·德韦鲁（Georges Devereux）是一位老朋友，列维-斯特劳斯帮助他在1960年代回到法国，并为他在高等研究实践学院寻得一个职位。他感谢列维-斯特劳斯出现在自己的退休欢送会上："尽管感动未曾打断我的话语，但我依然无法向您表达我万分感激的心情——我说这些不仅是因为您那热情、迷人的致辞。"[3]

---

[1] 1962年12月20日路易·杜蒙给克洛德·列维-斯特劳斯的信。参见克洛德·列维-斯特劳斯档案库，编号NAF 28150，档案盒编号188，主题档案"来信"。
[2] 1966年1月5日乔治·巴朗迪耶给克洛德·列维-斯特劳斯的信。克洛德·列维-斯特劳斯档案库，编号NAF 28150，档案盒编号184，主题档案"来信"。这里指的是《16—18世纪刚果王国的日常生活》（La Vie quotidienne au royaume de Kongo du XVI e au XVIII e siècle），1965年，此书由阿歇特出版社出版。
[3] 1980年3月3日乔治·德韦鲁（Georges Devereux）给克洛德·列维-斯特劳斯的信。克洛德·列维-斯特劳斯档案库，编号NAF 28150，档案盒编号186，主题档案"来信"。

"为何我呕心沥血地工作？"[1]所有创造家的生活都必须远离俗世。在《贝蒂表妹》中，巴尔扎克向我们解释到，波兰雕塑家温塞斯拉斯——即斯坦伯克伯爵——只有在老女人的束缚下才能到达艺术的巅峰。在情人的怀中，他只是一个荒淫、无法创作的空想家。这种职业道德在科学研究的世界里更加常见。科学研究需要不挠不屈、吃苦耐劳的精神，这与热情、灵感和天赋同样重要。另外，围绕在埃米尔·涂尔干身边的社会学家们深信，研究所的生活应该严肃、刻苦。涂尔干的侄子马塞尔·莫斯倒不认同这种观点。莫斯幻想放任自流，拒绝现有科学发展的节奏（tempo），同时把后者放在社会学层面解析。他这样告诉他的朋友和队友亨利·于贝尔（Henri Hubert）："其实，我的叔叔和你，你们还保留着高中和师范学校的理想。你们的生活，你们全部的生活都围绕那些与思想相关的事物，你们的目的只是遁世或者特别高尚的乐趣。你们没有中间路线。我亲爱的朋友，你有着学校教育以十分暴力的方式强加给你的习惯。[……] 正是同样的原因，在我看来，你们十分不幸，我这样对涂尔干讲，我也想对你说，没什么理由。亲爱的兄长，遁世确实是必需的。但我很早就知道，同时，比其他人更加清楚地意识到，什么是我该拒绝索求的，什么又是我应该索求的。"[2]

我们知道，克洛德·列维-斯特劳斯不只是法兰西共和国学校体制的"产物"。学校的教育在其他人身上留下了印记，然而，却没有在他身上留下印记。他以遁世和牺牲定义自己创作《神话学》的时期："那段时间，我每天早晨五六点就起床，从未懈怠过一个周末。我真的努力工作了……"[3] "这部书调动了我的精神、

---

[1] 《亦近，亦远》，第136页。
[2] 马塞尔·莫斯给亨利·于贝尔的信（无日期）。让-弗朗索瓦·贝尔（Jean-François Bert）的《马塞尔·莫斯的工作室》对其进行了引用，参见第147—148页。
[3] 《亦近，亦远》，第129页。

时间以及二十多年的能量。[……] 我像个僧侣。"¹ 他必须几乎记住上千份神话文本，这还没有算上神话的不同变体。他也必须弄清楚神话的民族志背景。因此，他必须处理数量庞大的材料，掌握它们需要一定的时间："在突然绽现火花之前，我们得花几天、几周，甚至几个月来孵化某个神话……"² 学术工作远远无法让身体停下来休息，它是对身体真正的考验。《生食与熟食》的《序章》写道，科学知识"在质疑和辩论的鞭子下蹒跚地前行"³。这种苦行的现象经常出现在列维-斯特劳斯谢绝邀请的回信中，出现在他重复使用的一些隐喻中。他不知该如何推掉温纳-格林人类学研究基金会（Fondation Wenner-Gren）在伯格-华登斯坦（Burg-Wartenstein）举办的大会，他写道："我的同事们应当明白，我陷入了一项无比艰难的任务中。我要将超过七百个神话收集在一起。我感到自己很像一个驾驶着七百匹马的车夫，害怕自己将目光转向别处时撂下了缰绳。"⁴ 他化身为恶魔般的车夫，或者，用更加经典的形象来形容，他是康拉德小说里未知土地的探索者："《神话学》阐明，如何以日复一日的方式证实一项科学发现。我进入一片处女地，对我来说，这是未知的世界。我艰难地在其中开辟出一条道路，穿过难以深入的密林和高地。"⁵ 在这两种隐喻里，前者更加戏剧性。但两者都说明，埋头于《神话学》这个长期计划需要高强度的智力劳动，这样的智力劳动相当于对身体施加暴力。

　　1971 年，他刚从那片处女地中走出，便对雷蒙·阿隆谈到了人们在抵达旅途终点后无法不考虑的重要公式——平衡一部作品的创造和它的"生产成本"："如果你让我计算一部作品的价

1　《自画像》，第 24 页。
2　《亦近，亦远》，第 186 页。
3　《生食与熟食》，第 15 页。
4　1968 年 3 月 12 日写给丽塔·比娜·菲乔（Lita Binne Fejos）的信。参见社会人类学研究所档案室，编号 FS4.07.01，主题档案"与温纳-格林人类学研究基金会的通信"。作者对其进行了翻译。
5　《亦近，亦远》，第 133 页。

值,假设它将广为流传。首先,我会估计——不无忧伤地,相信这点——它的内部价值与我所付出的代价之间存在多少落差。但我敬重您,因为您能够产出一部受到广泛认可的作品,不用为它牺牲那么多社会关系,而我在处理这两件事情时感到疲惫无力。您以不断充实的智慧为武器,时刻准备行动。您游刃有余,这样的姿态令人觉得不可思议,是它让您凌驾于所有问题之上。而我对大多数事物都是排斥的,这不是深思熟虑后的决定,这是因为脆弱的心力迫使我节约精力。"[1]作为学者,列维-斯特劳斯意识到自己精力有限,贯彻由他推广至世界各地的原则:必须节约资源。而雷蒙·阿隆像是与他相反的双胞胎兄弟。他屡次强调阿隆头脑灵活,拥有一种完美无缺的思考模式,接受过师范学校良好的训练。这些都是所有他自认没有的优点。

这样苦役犯般的生命是否获得了补偿?礼遇、荣誉……来得稍晚。它们能够成为慰问品,但无法弥补缺憾。结束《神话学》的写作之后,他是否心满意足?"我不能说自己是用愉悦的心情写作。更贴切的是,我感到焦虑,甚至感到恶心。开始动笔前,我花了几个小时面对一张白纸而不知如何下笔写下第一句。书的出版意味着什么?——意味着死亡、终结,它变成了一具陌生的尸体。书从我身上穿过,我是孕育它的场所。几个月或几年间,一些东西诞生了,一些事情发生了,然后它们就离开了我,像是完成了一次排泄。"[2]列维-斯特劳斯表示他不想"展示人们是如何思考神话,而是展示神话怎样在人类不知道的情况下通过他们进行思考",认为"神话以某种方式在他们身上(entre eux)进行思考",这样的观点骇人听闻。[3]那时,这种去主体化的视角是重大主题之一,在阿尔都塞、福柯和巴特扬起的结构

---

[1] 1971年6月7日克洛德·列维-斯特劳斯写给雷蒙·阿隆的信。参见法国国家图书馆手稿收藏部雷蒙·阿隆档案库,编号NAF 28060,档案盒编号207,主题档案"来信"。
[2] 《亦近,亦远》,第129页。
[3] 《生食与熟食》,第20页。这是列维-斯特劳斯自己的观点。

主义大旗下,"作者之死"只不过是主体之死的一种主张。列维-斯特劳斯简单地总结如下:他不等同于他写的书。"这些不是我的孩子。"[1]

此外,文学作品可能会营造出作品永恒存在的幻觉,而学术写作不会。科学与文学相对,它只能够断言那些一时的真相。它们牺牲生命,让自己在当下创造价值。面对这一现状,列维-斯特劳斯看起来像杜梅齐尔一样从容。后者曾说:"二十年、三十年后,这可能完全过时了。"[2] 他让一位女性谈话对象没有约束地评论:"学者们有点像蛇;他们发表的文章和书籍有点像是一层蜕下的皮,在被书写下来之后,变成一种没有生命的东西,并失去了意义。于是,别人能够将它们拾起来,撕成碎片。因此,我要毫不犹豫地摧毁我的文字,这是让科学进步的正确方法。"[3]

那么,为何要呕心沥血地工作?"当我工作时,我会焦虑,但是,当我不工作时,我感到沉闷无聊,我的意识让我备受折磨。工作不比别的活动愉快,但是至少,我们不会感觉时间经过。"[4] 无聊和罪恶感是列维-斯特劳斯生活中的两大动机,与它们斗争已经为他创造了价值。事实上,人们也不必认为,抛弃社会生活对列维-斯特劳斯意味着了不起的牺牲,同样,有利于学习的退隐、僧侣一般的生活也是科学祭台上被人认同的牺牲。最终,工作让他能以最少的代价(他认识到的代价)融入许多他喜欢做的事情:他爱听音乐,也爱辨识植物、菌、动物和星象,还爱做手工活……从近距离观察他的活动如何展开、发生于何处之后,我们发现,列维-斯特劳斯拥有把个人的兴趣爱好转变为研究素材

---

[1] 《亦近,亦远》,第130页。
[2] 同上书,第136页。
[3] 1965年2月17日克洛德·列维-斯特劳斯写给科尔曼女士(Miss Coleman)的信。档案位于社会人类学研究所档案室,编号FS404。这里作者自己进行了翻译。
[4] 《亦近,亦远》,第136页。

和研究对象的才能（想想手工活的例子）。就像在资产阶级的厨房里，什么都能被利用起来。这是生活美满的秘密……20 年间，他花费一部分时间同神话亲密接触，"就像走进了童话里"[1]。怎么说呢？从当前的世界抽身、与神话展开长期对话，这既满足了他对美的热爱，也让他重新找回了游戏和童年的乐趣。

1960 年代，在列维-斯特劳斯的洞穴中，那些古怪的碎纸片阻挡了参观者的眼睛。他想要说明，神话结构呈螺旋上升状，于是，用它们代表神话的三维构造和解释变形（transformation）的深刻原理。他既是出于真心，也可能只是想要赌一把。因为花费力气去解读脱离常识的故事，这样的行为可以被当作一个玩笑吧？虽然过程是痛苦的，但最后，他写完了 4 本书。能够为其证明的也是这些脆弱的作品。1964—1971 年，他每两年或每三年出版一本。1960 年代，等待这些专著出版的人越来越多，他们都被结构人类学的魅力折服。

列维-斯特劳斯的"四部曲"

米歇尔·福柯和罗兰·巴特炮轰作者的概念，并从历史学角度（historicisant）[2]将作品去神化。奇妙的是，这时，列维-斯特劳斯正带着 1955 年出版的《忧郁的热带》进入文学竞技场。透过对时代的思考，列维-斯特劳斯确立了核心影响力，这样的影响力所向披靡。"四部曲"一一出版之后，他的影响力又得到了巩固。他是否从一开始就预见了这样一部巨著的诞生？人们很少注意到，他的《神话学》用维吉尔的口吻讲话。[3]它就像是自己主

---

1 《亦近，亦远》，第 185 页。
2 1960 年代有两篇著名文章：一篇是罗兰·巴特的文章《作者之死》（« La mort de l'auteur »，1968）；另一篇是米歇尔·福柯的讲座文稿《何谓作者？》（« Qu'est-ce qu'un auteur? »），后者原是福柯于 1969 年 2 月在法国哲学学会（la Société française de philosophie）的发言。
3 因为书名无法翻译为英文，所以盎格鲁-撒克逊世界的译文给这四卷书起了一个总的名称：《神话科学导论》（Introduction to a Science of Mythology），但这样做是违背列维-斯特劳斯的意愿的。列维-斯特劳斯认为，这门"科学"处于太过初级的阶段，不敢奢求以此命名。

动降生。作者自己都承认，创作的过程几乎摆脱了自己的控制，却奇迹般地完成了创作。

未知的巨响从时代的深处出现[1]。什么是神话？针对这个问题，列维-斯特劳斯的回答是（以印第安人为据），神话是"人类和动物还未割裂开来的时代的故事"[2]，他认为，两者的分离代表着人类的原始缺陷。因此，神话学展示的是拟人化的原始时代：母猴和长着美洲豹模样的男人共存；秃鹫扯下它们羽毛做的上衣，穿成人的样子；女人与蛇同寝，她们同样也与月亮交配；雌性的棕熊和灰熊变成了年轻的小姐。这些变形说明人类和动物之间的支配关系并不稳定。此外，神话里还存在许多可能会吃人的邪恶生灵，一些讲述性交、通奸、乱伦的故事。这些故事满是粗言秽语，完全符合弗洛伊德的说辞：肛门与嘴巴相对，身体的分泌物和代谢物常常出现，呕吐、月经、射精、排便、吐痰等行为也少不了。当然，这些神话与其他口述传统的产物（例如，童话和传奇）不同，不过，它们之间没有绝对的区分标准。神话的特性在于，神话憧憬"对现象整体的解释"[3]，拒绝以笛卡尔的方式分割问题。但一个神话处理一堆归属于不同层面的问题。这些问题包括宇宙问题、物理问题、社会问题、司法问题，神话希望将它们全部解决掉。列维-斯特劳斯在《野性的思维》中已经指出，神话曾被定义为"精神建筑，[……]简化了世界的智慧"[4]。神话讲述了起源的故事：火、天水、太阳和月亮（le Soleil et la Lune）、烟草、死亡……神话即是理想世界（imagines mundi）的载体，它们解释了"为什么，虽然起点不同，事物却成了它们描绘的样子；为什么它们

---

1 《裸人》，第572页："这无名之声十分响亮，它讲了一席话，这是穿越岁月、发自内心深处的话。"参见七星文库版《嫉妒的制陶女》的最后一句话，第1231页："她（神话思维）从岁月深处浮现，是不容挑战的导师，她交给我们一面放大镜，放大镜以庞大、具体的图像向我们展示了思想活动背后的机制。"
2 《亦近，亦远》，第193页。
3 同上书，第194页。
4 《野性的思维》，第842页。

不能是别的样子。因为，如果它们在一个特定的领域里发生变化，那么，考虑到所有不同领域之间的相似性，世界的秩序将会被彻底颠覆"[1]。

神话从何而来？一个神话是否存在作者？对于列维－斯特劳斯，一个神话总是通过不同的变体运转，没有哪一个变体比其他变体更加真实。他从同一个角度出发进行思考：就算我们有理由假设在某个遥远的过去存在信息发送者，但这个问题还是不提为好："这有点像那些菌，我们总看不见它们的生长！"[2] 有关神话起源的疑问被搁置下来，它就像那不存在答案的问题，因为神话是"一条严格说起来没有源头的信息"[3]。神话的意义只有在它被一个集体接受时才会出现，而不是在一个将神话传播开来的个体身上，因为，我们不可能认识个体的情况。

因此，通过人类学来进一步理解神话学，人们可以取得许多成果："我们应当参与其中：神话不对我们就世界秩序、真实的自然、人类起源或人类命运的起源进行任何说教。人们不能期待其中有任何形而上学的意味：它们并不会拯救疲惫不堪的意识。相反，神话告诉我们创造了它们的社会拥有怎样的面貌，展示了这些社会运转的内在动力，明确信仰、服饰和制度存在的原因——尽管这些原因乍看起来无法被人理解。更重要的是，神话让人类创造的某些运作机制脱离了控制。这些机制经过了多少个世纪，从未发生变化，它们广泛地分散在世界各地，我们可以把它们当作基本机制。"[4] 他拒绝把神话解释为神秘的学说，同样，也否定神话学在当代政治活动中的应用（这样的做法令人作呕）。列维－斯特劳斯指出，神话思想的研究有两个主要作用。神话的一个作用是让我们认识民族志和地方社会（以便更好地理解某个社会或

---

[1]《亦近，亦远》，第 195 页。
[2] 同上书，第 196 页。
[3]《生食与熟食》，第 26 页。
[4]《裸人》，第 571 页。

社群），另一个作用的影响范围更大：保障人类精神世界的运转，服务于原始的机制。这些谜一般的故事没头没尾，常常荒诞无比，它们矛盾地展示了原始的机制如何运作。

玫瑰图案和螺旋

我们已经发现，1960年代初，列维-斯特劳斯还未涉足神话的世界，但他已经累积了十几节研讨课的经验。两篇重要的文章是他的立足点：《神话研究的结构》（The Structural Study of Myth，1955）；《阿迪斯瓦勒的行为》（La geste d'Adiswaal，1958—1959）。他无视了吕西安·塞巴格和让-克洛德·加尔丹（Jean-Claude Gardin）有关普韦布洛神话学的实验。当列维-斯特劳斯决定进攻"一个更宽广的作战领域"[1]时，对神话进行结构分析的工具箱已经出现，工具箱里几乎一应俱全。他学到了哪些重要经验？

他发现，在一个特定的世界观里，神话探索事物、生物、行为之间相对和相关的辩证关系，从这些辩证关系中寻找线索，从而思考晦暗不明的真实。情节揭示了神话的表面意义，这背后，神话还存在着未表达的隐含意义。神话更加深刻的含义只能通过结构分析来挖掘。那么，结构分析具体该如何做？首先，要将故事切分为叙事序列，这些序列绘制出神话的框架，因为神话的实体既不存在于叙述风格也不存在于叙述模式中，而是存在于情节中。在这个框架下，结构分析还有其他范畴——密码（情感密码、天文密码、饮食密码、性的密码……）、轴线、神话素（mythèmes）、图式。这些范畴在奔走的终点研究着对称、非对称、倒置或者同源的关系，它们能够显现神话不为人知的引申意义的入口。因为一个神话永远不会只有表象。我们知道，神话素的概念参考了源自结构语言学的"音位"的概念。这种神话素，就像在《神话学》

---

[1]《亦近，亦远》，第177页。

第三卷中的独木舟旅行，本身没有任何意义。在这个例子中，月亮和太阳乘着独木舟，沿着河流前行。不结实的轻舟的船头和船尾代表"适当距离"，是一个隐喻，因为船头和船尾离得不太近也不太远，既在一起又分开。这个隐喻帮助他思考一个概念打破与另一个概念之间的平衡、令二者的平衡陷入危机的所有情况。例如，太过亲近的婚姻（冒着乱伦的危险）、太过遥远的距离（女人与蛇）、离太阳太近（冒着燃烧的危险）或者太远（冒着腐坏的危险）。独木舟的隐喻令逻辑术语能够联结空间——析取的概念（太远）和合取的概念（太近）——和时间。顺流而下需要一定的时间，这段时间转化为空间：从起点到终点，独木舟走完了全程。神话总是传递逻辑关系，但只有对神话的不同变体进行研究，了解重复和差异化的变形方式，才能揭示神话深刻的层级结构。这里指的是，不忽略任何一种变体，但每一种变体都不比另一种更加真实。因为，我们正是在一个螺旋状的变化模型中感知神话深层的结构。在航行的终点，我们得到了形状不一的大型环形结构，它们用一个变化的整体包容了神话的一系列变体。这些变化自身便反映了神话故事不断循环发展的现象：最终，它们变成了唯一的神话。这就是列维－斯特劳斯在神话的多维空间完成星际旅行后得出的矛盾结论。

于是，他选择了博罗罗神话——"掏鸟窝者"（M1）——作为第一个研究对象，就像是信手拈来，并开始研究相似神话之间的"语义蔓延"（contagions sémantiques）[1]。在这些神话中，有些元素互相对应，有些动机重复出现，有些内容互相矛盾，但这些现象发生于不同层面。他利用自己制图的天分发现了"玫瑰线的杠杆作用"，用这种方法进行分析："不论哪个神话位于中心地位，它的变体都以它为中心，向四周发散出去，形成一个越来越庞大、越来越复杂的玫瑰图案。不论我们选择位于边缘的哪

---

[1]《亦近，亦远》，第178页。

一个变体作为新的中心，同样的现象将继续发生，制造出第二个玫瑰图案。第二个玫瑰图案将打乱第一个图案，把它掩盖起来，以此类推。但这个过程不是无限发展的。这些向内弯曲的线条回到出发点时，这个过程便结束了。这样的结果使一开始混乱不清、没有特点的空间里出现了一张由线条组成的严密的网，这张网强而有力。"[1]

四卷《神话学》贯彻了这种制图精神。它们谈论了813个神话和这些神话的上千个变体，而这些神话和神话的变体都是由民族志学者、旅行者、传教士在美洲大陆收集起来的；另外，它们都被翻译成了一门欧洲语言。原来，民族学基本上对神话不感兴趣，很少研究这些原始材料。但列维-斯特劳斯解释到，这些神话文本遗漏了许多重要的美洲神话。纳瓦霍人（navajos）、霍皮人（hopi）和普韦布洛人（pueblo）的神话都不在其中，源自印加帝国、阿兹台克帝国或玛雅王朝等美洲伟大文明的神话也没有考虑进去。简而言之，被排除在外的神话诞生于更加复杂的社会，这些社会拥有更加丰富的社会结构。列维-斯特劳斯将这些漏网之鱼定义为"神学神话"（这些神话很可能是由学识丰富的人编写出来的，其目的是维护某个政权的统治或者某个宗教信仰），认为它们不适合拿来进行结构分析。[2] 隐藏的猜想是，整个美洲属于同一个人种，他们是在公元前5万年到公元前15000年穿越白令海峡移民到达这里的。[3] 历史原因让这些神话故事具有统一性。统一性为比较提供"法理"，统一性还告诉我们，民族学真正的目的是鼓励"多样性"。

如果真像列维-斯特劳斯所说的那样，"神话学的土地是圆的"[4]，那么，四卷《神话学》完全符合这种球体该有的特征。《神

---

[1]《亦近，亦远》，第179页。
[2] 参见《列维-斯特劳斯》，第348—349页。
[3] 现在，我们将这个时期限定在公元前3万年至公元前2500年。
[4]《亦近，亦远》，第188页。

话学》除了进行逻辑论述，还实现了空间上的移动，于是，堆积起2000页纸。《神话学》以巴西中部作为起点，延伸至整个南美洲。第三卷还借助中美洲地峡登上北美洲，并充分分析了北美洲的神话。在北美，更加丰富的社会生活和经济生活使神话的内容发生了变化。列维－斯特劳斯发现了南美神话的影子，他就是从南美神话开始研究的，但北美神话有所颠覆。第一卷见证了生食与熟食的对立，之后，烹饪神话学的主题变成了蜂蜜与烟草的对立。换言之，蜂蜜等不那么生的事物与烟草等超越了熟食的事物对立起来。进餐结束后，与炊事相关的事物、这些事物的物理性质（生食/熟食、新鲜/变质、潮湿/焦烤……）和形态（空的/满的、内容物/容器……）成为主角。第三卷《餐桌礼仪的起源》(*L'Origine des manières de table*）则介绍了一种真正的家庭伦理。分析完食物和相关事物之后，第三卷提出了一种具有周期特征的神话学。这种神话学将"连续"（continu）和"不连续"（discontinu）、"结合"（conjonction）和"分离"（disjonction）对立起来。第四卷《裸人》继续进行这种抽象的思考。在第四卷里，因深化主题、回归本体的双重动机，列维－斯特劳斯离开了厨房的世界，来到了着装礼仪的世界。因为在文化层面，"裸"对应的是"生食"。此外，列维－斯特劳斯的思考轨迹与神话的运动轨迹是一致的。神话在运动过程中，每个变体都能重复出现在其他变体中。这种将神话统一起来的运动被学者列维－斯特劳斯总结为螺旋运动。[1]他的航行以"生食"为起点，最后停留于"裸人"。名为"唯一的神话"的最终章是其终点。作为研究对象的上千个神话最终只是"同一个主题的变体"。这个主题是——从自然到文化的演变。然而，演变完成之后，神话与这个所有生灵之间都能够自由沟通的神话世界彻底决裂，就像是自己按下了删除键。

---

[1]《生食与熟食》，第12页："如果调查按照我们的意愿继续进行，它不会以线性的方向发展，而是以螺旋的方式发展。"

博学者的头衔

与列维-斯特劳斯其他所有作品一样，四卷《神话学》也是一整套高水平的专著。我们知道，它们分析了813个神话和它们的上千个变体，这些神话大部分来自美洲。然而，我们也发现，有50多个神话来自中国、日本和波利尼西亚，有几个来自古希腊、古罗马，还有几个神话反映的是由基督教支配的动荡的欧洲乡村。四卷书里提到了大约350个部落，列维-斯特劳斯列出了每个部落的制度、仪式、宗教信仰和社会组织形式。[1] 这还不是全部：列维-斯特劳斯付出巨大的心血去盘点和辨识不同种类的动物、植物、技术和天文知识。这种做法似乎反映了人类学家的职业意识：如果想要正确地解读印第安人的神话，就应当学习印第安人懂得的知识。除了几十张图表、插图、动物寓言和详尽的索引，一份列着几百条文献的参考书目列表让这座宏伟的建筑更加完整。这是一部完完全全的"巨著"（hénaurme），一部真正讨论原始时代的"人间喜剧"。

从这个角度来看，《神话学》提供的素材是这个过程的关键。在发表了《野性的思维》和具有奠基意义的文章之后，列维-斯特劳斯应当以民族志文献为依据，拿出一些"证据"，来证明神话的结构分析是有效的。整部专著被认为是两千页的案例研究。当然，博学使列维-斯特劳斯的文学品位得到满足，让他深深地沉迷于古董商店的世界之中。但是，博学也有另一个作用。它是结构方法的主要齿轮，没有它的话，"分析将转向空洞"[2]。莫里斯·戈德里耶（Maurice Godelier）认为结构研究分三步：民族志知识背景是先决条件，缺少这样的背景将造成严重的后果。列维-

---

1 参见《列维-斯特劳斯》，一览表"部落和民族的方位"（« Localisation des tribus et des ethnies »）。
2 莫里斯·戈德里耶引用了《猞猁的故事》（Histoire de Lynx）。参见《列维-斯特劳斯》，第479页。

斯特劳斯常常这样说到，没有足够确切的民族志数据，我们不可能实现认真、明确的分析，因此，无法通过分析发现更加深刻的语义。这正是阻止他征服圣经神话的原因。这也是令他坚决与文学结构主义者对立起来的原因。在他看来，他们对传奇和童话进行评论时并没有建立足够的文献基础。因此，民族志的博学成为他的武器，帮助他批评弗拉基米尔·普罗普（Vladimir Propp）开创性的作品。最终是博学将结构主义同简单的形式主义区分开，因为简单的形式主义是基于纯粹的形式逻辑，放弃了一切内容。相反，结构主义想要扎根于具体的材料，当然，这些材料是经过一套模型筛选出来的。结构主义将其生命力与形态学研究无视民族志背景、只顾重复的做法对立起来。[1]这是列维-斯特劳斯提出的主要论点。奇怪的是，他经常被人指责犯了理论至上的错误。他画下的抽象图表虽然脆弱，却载满沉重的货物：这不是一只小帆船，这是一艘货轮。

列维-斯特劳斯式的分析建立了对"细节"的认识论，以这种方式向博学的传统模式致以深厚的敬意。"神话最微小的细节都有含义和作用"[2]，他在《裸人》中这样写道。列维-斯特劳斯不断通过文字和研讨课所锻造的，正是结构分析的道德法则。这种"关注细节的显著倾向"符合卡尔洛·金兹伯格（Carlo Ginzburg）建立起来的模型，这个模型通过痕迹进行认知。卡尔洛·金兹伯格在20世纪初的心理分析、悬疑调查或艺术史编纂学中发现了它。在这三个领域，细节（症状、肖像碎片）可以发现、否定或者改变一种解释，可以将研究引向新的方向。正是在这个框架下，细节被认为是民族学结构分析的"洞察力"。

他与学术研究的传统模式重新建立联系，恢复了这些传统。因此，他对研究要求严格，并且不惜耗费时间。与学术有

---

[1] 参见下文。
[2]《裸人》，第503页。

关的书信档案可以为此提供证据。我们捕捉到这位人类学家的身影，他向世界各地的专家提出了非常尖锐的成百上千个问题。例如，他向一位亚利桑那大学的民族学家贝纳尔·丰塔纳（Bernard Fontana）请教有关哥伦布发现新大陆前的蜂蜜生产的情况。贝纳尔·丰塔纳出版于1938年的文献具体描写了两种蜜蜂（Trigonæ、Melliponæ）。虽然在亚利桑那州，采集蜂蜜的历史似乎不足一个世纪，但他仍然想要确定（或者否定）印第安人在殖民者到来前是否采集蜂蜜。他的猜想是，采集蜂蜜是一种当地活动，但曾经销声匿迹，欧洲人到来后，带来了其他种类的蜜蜂，于是，采集蜂蜜的活动再次流行起来。[1] 许多书信证明，他为了准确辨识出现在美洲印第安神话中的动植物的种类而付出努力。因此，自然历史博物馆的教授雅克·柏辽兹（Jacques Berlioz）在1963年2月13日回复他："被称为花脸硬尾鸭（Nomonyx dominicus）的鸟类是一种硬尾潜水鸭（鸭科硬尾鸭属）。这是一种喙短且厚的淡水鸭，有青色光泽。它的羽毛虽然是红褐色的，但肚子上是白色的，脸上是黑色的。尾巴上的毛又硬又厚，在游泳的时候能够自如地直立。像所有潜水鸭一样，它能轻易潜水寻找食物（主要是素食）。它广泛生活于美洲的热带地区。"[2] 在博物馆时，他也向植物民族志专家克劳迪娜·伯特–弗里德伯格（Claudine Berthe-Friedberg）请教。随后，他发表了学术论文，这些论文或是有关木棉科和锦葵科（乔木）的分类，或是有关"吉贝树"（Ceibo）与众不同的繁殖周期。1966年开始，他与皮埃尔·马兰达（Pierre Maranda）围绕豪猪的话题展开书信往来，建立了深厚的友谊。马兰达还去哈佛图书馆和皮博迪自然史博物馆查阅资料。3年后，两人讨论的主题变成了某些蚂蚁——"臭

---

[1] 1963年12月11日克洛德·列维–斯特劳斯写给贝纳尔·丰塔纳（Bernard Fontana）的信。参见克洛德·列维–斯特劳斯档案库，编号NAF 28150，档案盒编号190。
[2] 1963年2月13日雅克·柏辽兹（Jacques Berlioz）给克洛德·列维–斯特劳斯的信。参见克洛德·列维–斯特劳斯档案库，编号NAF 28150，档案盒编号184，主题档"来信"。

蚁"（odorous ants）——散发出的气味。马兰达向温哥华的同事进行了民族志和昆虫学的调查。1969 年 12 月 2 日，列维－斯特劳斯与西雅图的教授梅尔维尔·雅各布（Melville Jacobs）交谈，得知了"尿蚁"（pissing ants）的存在。它们遭到踩踏时能够分泌出气味浓烈的尿液，因此得名。孜孜不倦的人类学家又提出了另一个要求，获得了马兰达的敬意。他的同事迈克·库（Michael Kew）不久后给他写信，"给出了有关鲑鱼的各种繁殖条件的语义分析"[1]。列维－斯特劳斯向法兰西公学院研究天体物理学的同事让－克洛德·佩克（Jean-Claude Pecker）询问南美上空的星座运动的问题。佩克查询了《法国经度管理局年鉴》（高迪耶－维拉尔出版社），这份年鉴是所有天体力学和球面三角学进行相关计算的基础。

1966 年 1 月 31 日，佩克回应道："我迅速地测算了昂星团、白羊座、猎户座、南十字座在阿根廷查科（南纬 25 度）和厄瓜多尔（靠近圭亚那）升起、到达顶点和落下的时间。[……] 昂星－猎户座的运动和白羊座－昂星的运动是可以拿来比较的，但是就算把查科的纸叠放在厄瓜多尔的纸上，以此对比两组观察结果，我们也不能解释降雨区为何出现。您在手稿的 78 页提到了从圭亚那到查科的变化，然而，这两个地区雨季的不同并不能解释这样的变化。"[2]

列维－斯特劳斯的结构主义不放过研究活动的细枝末节。它正是以这种方式确定了博学的必要性。博学不是为了支撑站不住脚的学术生产活动，博学是思想活动的核心。不论对于科学思考还是神话思考，博学都是核心。

---

[1] 皮埃尔·马兰达给克洛德·列维－斯特劳斯的信。参见克洛德·列维－斯特劳斯档案库，编号 NAF 28150，档案盒编号 196，主题档案"来信"。
[2] 1966 年 1 月 31 日让－克洛德·佩克（Jean-Claude Pecker）给克洛德·列维－斯特劳斯的信。参见克洛德·列维－斯特劳斯档案库，编号 NAF 28150，档案盒编号 198，主题档案"来信"。

神话和音乐

将一部关于南美洲印第安人的神话的专著"献给音乐",这种情况并不常见。在《序章》中,他围绕音乐语言的话题进行了冗长且热烈的讨论,还严词批评当代音乐形式的规则。这种做法也不常见。列维-斯特劳斯在《忧郁的热带》的优美章节中向肖邦和第10号练习曲致敬,表现出敏感的音乐神经。此外,《生食与熟食》让当时的音乐先锋派颇为讶异。这是因为,他不仅大力反对"不知意义为何"[1]的具体音乐(musique concrète),更加出人意料的是,他还反对十二音体系,认为其复杂的结构不能防止音乐再次陷入迷失状态。

1955年,列维-斯特劳斯已经把神话视为交响乐的乐谱。但是在四卷《神话学》中,音乐的隐喻变得无处不在。"赋格""短交响乐""大合唱"或者"变奏"让列维-斯特劳斯的论述(螺旋和玫瑰线)带有巴洛克的特点。它们被加入长短不一的章节中,人们永远也猜不到它们何时结束。"还没结束",他时常补充道。在每个阶段的最后,他都会提出暂时性的结论。但这些结论立刻被提问者的新问题掩盖,因为他将踏上另一段求知之路,好像寻找答案的过程是无穷无尽的。学术道路是多么曲折哟!"这些看上去迂回的道路都将是捷径"[2],他以肯定的口吻指出。跟随这位神话学家的脚步,就像任凭四周的空气指引道路。他之所以能够将音乐的结构转换为作品的形式,是因为神话系统和音乐系统之间存在"同构性"[3]:二者都是整体艺术,特别是歌剧。歌剧像神话那样,根据不同的密码(音乐、声音、舞台、文字)解答所有问题,并在几个小时内聚集"如世界舞台那样丰富多彩的"[4]经验。

---

1 《生食与熟食》,第31页。
2 同上书,第292页。
3 同上书,第34页。
4 《看、听、读》(*Regarder Écouter Lire*),第116—117页。

列维－斯特劳斯和米歇尔·莱里斯都是从童年开始接触歌剧的。前者特别欣赏瓦格纳的剧作，而后者则更喜欢威尔第。[1] 瓦格纳的伟大作品直接影响着列维－斯特劳斯自己的作品。虽然他在《生食与熟食》的开头说理查德·瓦格纳是"不容置疑的神话结构分析之父"[2]，但在《裸人》的"终章"中，他说自己同样不是根据声音——而是根据意义——来创作四部曲的。

在列维－斯特劳斯看来，这高度类似的关系反映了音乐和神话共同的特点："作为语言，音乐和神话都以自己的方式超越了清晰的文字，同时，它们与文字一样，获得了一段时间的持续，借助时间的长度展示自己。绘画则没有这样的时间属性。但这种与时间的关系的性质十分特殊。音乐和神话利用时间似乎只是为了揭露时间的谎言。实际上，两者都是忘却时间的机器。"[3] 其实，将两者进行类比是有历史原因的：宏伟的音乐风格诞生于17世纪，那时，神话这种形式在欧洲消失了，这就如同一方延续了另一方的功能。[4] 列维－斯特劳斯坦白地告诉我们，在欧洲现代社会，宏伟风格已经死去，但人们依然可以在他的四部曲中看到（或者听到）音乐的传承和延续：通过人类学，音乐恢复了自己与神话诸神的亲密关系，重新踏上旅程。几个世纪以来，音乐和神话一直保持着如此亲密的距离。

列维－斯特劳斯认为神话学和音乐之间存在高度的相似之处，众多音乐学家也讨论过这个问题，但有人曾提出否定意见。[5] 不论两者之间是否存在联系，我们只需知道，在音乐成为他的喜

---

1 参见让·雅曼（Jean Jamin）：《莱里斯、列维－斯特劳斯和歌剧》，《批评》第620—621期，1999年1—2月，第26—41页。
2 《生食与熟食》，第23页。
3 同上书，第23—24页。
4 《裸人》，第583页："因此，神话可能以原本的面貌消失不见了，它的形式如同灵魂离开身体一般脱离了出来，向音乐寻求转生的办法。"
5 参见让－雅克·纳提耶（Jean-Jacques Nattiez）：《音乐家列维－斯特劳斯：论相同事物的诱惑》（*Lévi-Strauss musicien. Essai sur la tentation homologique*），阿尔勒：南方文献出版社，2008年。作者进行了友善的分析。

好、转化成美学符号之前，它是结构人类学的认知模型。它的作用比《亲属关系的基本结构》中的数学和《野性的思维》中的绘画更加重要。不少评论家注意到，在列维－斯特劳斯的最后几篇文章中，有一篇是有关拉莫（Rameau）的。[1] 他的作品以音乐结尾，而音乐自 1964 年便被加冕为"人文科学的至高谜语"[2]，因为音乐的语言虽然能够被人感知，但无法进行翻译。音乐将不断启发列维－斯特劳斯，向他提出问题并且令他喜出望外。他将神话的语言化繁为简，发现了一部分神话背后的形式。

列维－斯特劳斯的革命

与他在《亲属关系的基本结构》或者《图腾制度》的做法不同，列维－斯特劳斯在他的《神话学》中没有进行批判性的清场工作。不过，他需要一种与分析"图腾"相同的方式来分析"神话"的概念。列维－斯特劳斯认为，既然存在"图腾的幻象"，那么，也应当存在"神话的幻象"。他戴着面具前进，在《裸人》的《终章》中，他允许自己用很艰涩的辞藻描写前人，但既不指名道姓，也不深入探讨问题。与他一贯的态度相反，他的进攻姿态不需要清楚定义敌对者的身份。亲属关系和图腾是全世界人类学的经典研究对象，因此，他不得不在展示自己的理论之前，检视不同的理论。就神话而言，情况有所不同：神话常常被业余或者专业的民族志学家收集起来，然而，对神话的研究更多地发生在人类学学科之外，例如，哲学、精神分析、语文学、比较神话学。19 世纪，这些学科作为知识新的载体而成长起来。

在让－皮埃尔·韦尔南看来，对于过去的观点，列维－斯特劳斯的分析是"一种延续、断裂和新的开始"[3]。当时还年轻的研

---

1 克洛德·列维－斯特劳斯：《聆听拉莫》（«En écoutant Rameau»）。参见《看、听、读》。
2 《生食与熟食》，第 26 页。
3 莫里斯·戈德里耶引用了让－皮埃尔·韦尔南的观点。参见《列维－斯特劳斯》，第 510 页。

究者们，例如，吉尔达·沙勒蒙（Gildas Salmon）特别指出列维－斯特劳斯是如何与传统一刀两断的。切割传统之后，列维－斯特劳斯让民族学重新将神话视为研究对象。[1]事实上，从柏拉图到利科，哲学家们从理性角度思考图腾，因此，以同一种方式研究神话：二者（神话和图腾）都反映了哲学理性的局限性，因此，"逻各斯"（logos）与"米陀斯"（mythos）对立起来。神话通过排斥哲学的行为保卫了自己的统一性。[2]列维－斯特劳斯反对将神话视为工具，他小心划分神话大陆的边界，让神话与童话、传说之间保留了模糊的空间。他拒绝把神话定义为脱离理性的表现。除了哲学，语文学（philologie）也提出了一种发生学方法（génétique）。语文学寻找神话最初的版本，认为神话的变形只不过是真实的最早版本的变质。我们观察到，列维－斯特劳斯颠倒了视角：我们说过，对他而言，初始版本是一种空想，它不具任何启发意义。只有对不同变体进行分析才能发现丰富的内涵，这些不同的变体记录着人类思想，通过图示分析它们如何重新组合，我们将会发现变形的规则，这就像是在转动万花筒。[3]虽然比较神话学在19世纪发展起来，被视为一个专业的学术领域，但列维－斯特劳斯仍然对其进行了抨击，言语犀利。不过，这发生在他与迪迪埃·埃里蓬（Didier Éribon）的谈话里，时间上要晚一些。比较神话学代表了一种想要改变的迫切想法，而吉尔达·沙勒蒙认为，列维－斯特劳斯最重要的贡献之一也在于此：他提出了一种比较研究的新视角，发明了"进行比较的新办法"[4]。

实际上，人们用各种比较研究的方法对付神话学。列维－

---

[1] 吉尔达·沙勒蒙：《精神的结构：列维－斯特劳斯和神话》（*Les Structures de l'esprit. Lévi-Strauss et les mythes*），巴黎：法国大学出版社，2013年。
[2] 同上书，第29页。
[3] 吉尔达·沙勒蒙在《精神的结构：列维－斯特劳斯和神话》中进行了这种对"语文学批评的批评"。参见第2章。
[4] 同上书，第4页。

斯特劳斯用"癫狂的比较"[1]来形容这些方法。它们广泛地联系其他学科，为了创造伟大的概念，还进行了模糊的类比。例如，荣格的集体无意识以及一种被认为具有普遍性的神话学。但分析者的这种做法又使这样的神话学带有明显的偏见："对印欧、美洲、非洲等地的神话进行比较研究是合理的。而具有普遍性意图的神话学研究则不是。[……] 人人都在神话中发现所求，这恰恰证明了神话并非人人所求那般。"[2] 比较的视野扩大之后，神话之间的相似之处则逐渐沦为浮于表面的假象，因此，比较的精髓不是相似之处，而是那些差异，准确来说，是这些差异之间的关系。这种文化差异至上的观点颠覆了社会科学知识的等级秩序：首先，聚焦某个小问题，发表一部专著，然后，与其他社会进行比较，最后，进行观点的综合论述（synthèse）。实际上，我们需要找到一个合适的层面，在这一层面进行比较，因此，我们需要从综合论述开始："至于比较的方法，我说过多次，它不是简单地比较而后提出综合论述。是综合论述为分析打下基础并令其可行，但这与人们认为正确的观点相反。"[3] 从这个角度来看，《神话学》系列引入了一种新的比较方式，与《亲属关系的基本结构》中功能比较的研究方法不同。埃米尔·本维尼斯特收到第一卷后，在1964年11月26日的信中写道："我们应该快速或是不间断地读完这本书，但我没能做到这一点。或者，我们应该一点点地读，边读边想。这是我的做法，毫不谦虚地说，我完全理解您的解释。您带领我们发现的创造性和严谨让我叹为观止。然后，您要对那些体系之间的联系、神话能指的元素进行解释。[……] 这是一本有着独特价值的作品，它创作了大量呼应和回响。抛开它们的音乐框架，这些呼应和

---

1 《亦近，亦远》，第182页。
2 《猞猁的故事》，第1428页。
3 《亦近，亦远》，第179页。

回响让我不停地想到梅西安的作曲。我不知道我的联想是对是错。总而言之，您将神话研究推进到崭新的阶段，您还宣告自己转变了分析方法。"[1]那些呼应和回响、音乐作品的结构和背后的努力，在理解事物的过程中扮演着不同角色。本维尼斯特似乎发现，《神话学》提出了另一种结构主义。

在新的结构主义下，吉尔达·沙勒蒙利用"凝缩"（condensation）和"情感转移"（déplacement）的概念，重新审视了精神分析对神话分析的贡献。列维－斯特劳斯对精神分析的重视为他的人生输送养分，直到《嫉妒的制陶女》（1985）出版后，打断了这一常态。他通过《嫉妒的制陶女》提出了猛烈批评。然而，为了让神话脱下荒诞无比的外衣，弗洛伊德的精神分析对这位人类学家来说是至关重要的。弗洛伊德运用语文学模型解释梦的作用，就像对经过篡改的文本进行解释，恢复它原本的面貌。自此，梦变成了密码和暗语。梦会发生变化，它向醒来的人呈现或是深刻或是浅显易懂的内容。这些内容可能涉及一件无关紧要的小事，但常常都是违背理性的。弗洛伊德分辨两种不同类型的梦分别以什么方式运转，而列维－斯特劳斯将这些运转方式作为神话变形的方法，加以利用。除了整理图像、符号的具象画，他还利用"凝缩"和"情感转移"。"凝缩"是将构成梦的各种想法结合为一个节点，而"情感转移"是将次要因素上升至第一位（这是为了绕过审查）。没有经历改变的过程，梦就不会存在，同样，没有变形的过程，神话就不会存在。吉尔达·沙勒蒙认为，发现梦的机制与神话的机制相似、认为一切变化都有意义、坚信细节具有决定性的作用、忠实且完整地收集故事（梦的故事或者神话的故事）都是前提条件，在这些条件下，精神分析成为结构分析的源泉。如果说理查德·瓦

---

[1] 1964年11月26日埃米尔·本维尼斯特给克洛德·列维－斯特劳斯的信。参见克洛德·列维－斯特劳斯档案库，编号NAF 28150，档案盒编号184，主题档案"来信"。

格纳是"不容置疑"（irrécusable）的父亲，那么，弗洛伊德则建立了一种令人不悦的父亲身份。因此，弗洛伊德没有被列维－斯特劳斯完全认可。但弗洛伊德也给了他思考的素材，让他完成了同样活跃的学术生产活动。

聆听神话

1964年，《生食与熟食》出版。当时，法国报业正处于戒备状态，一些可靠的文章表明，另一个属于法国的神话开始广泛传播并获得了深刻的认同。它就是法国的"民众有教养"。在《世界报》上，让·拉克鲁瓦（Jean Lacroix）把第一卷书介绍为"方法的专论或者更加像是正在实践之中的方法"[1]。除了一点点结构方法的教学，他先是讲述了掏鸟窝人的故事，然后，从这个故事出发，讨论了一些以烹饪为主题的神话。"不论读者性子有多么急，只要他们想知道这些神话唯一的含义，想知道自己刚刚读过的那些神话说了什么，他们便不会跳着读。然而，神话却没有具体含义。这个事实很快便会令人感到失望。因为我们总以为它们是谜语，而作者本该给我们解答的钥匙"[2]，拉克鲁瓦这样提醒那些不耐心的读者。列维－斯特劳斯将有关含义的讨论暂时搁置，这令人失望的调查使人气愤吗？搁置有关含义的讨论是为了发现一个重要的事实："如果这些含义（signification）各有不同，那么，我们应该坚持不懈地探索这些能指对应的所指吗？我们应当这样回答：神话的所指是它们的创造者，创造者们以他们自己所处的世界为蓝本创造出神话。"[3]在拉克鲁瓦看来，"列维－斯特劳斯的影响之所以广泛且无声无息，原因是他采取了一种类似于'倾听'的态度。他甚至不告诉我们真相，而是任由真相自己出现"[4]。他总结

---

[1] 让·拉克鲁瓦：《生食与熟食》，《世界报》1965年1月2日。
[2] 同上。
[3] 同上。
[4] 同上。

道:"这位学者教会我们服从、接受、忍受,这是精彩的一课。"[1]《费加罗报》的名笔克洛德·莫里亚克(Claude Mauriac)描绘了一位面对过度解读的责骂时态度骄傲的列维-斯特劳斯。他还答道:"管他呢!如果人类学的最终目的是更好地认识客观思想及其机制,那么,不论这本书讲述的是南美土著人的思想在我的思想活动中成形,还是我的思想在他们的思想活动中成形,结果都是一样的。"[2]《战斗报》为该书贡献出一整页的版面,把话语权交给布莱恩·德·玛蒂努尔(Brian de Martinoir),剑桥大学的人类学教授。后者注意到"这个20世纪的观念历史的重大事件——一个新学科的出现,确切来说是新的科学态度的出现,它正在从根本上颠覆人文科学的方法和概念"[3]。同时,他指出列维-斯特劳斯属于"巴黎的文学生活",强调这个特征如果出现在一位盎格鲁-撒克逊的民族学家身上显然是不合适的:一本如此专业、技术性强、复杂难懂的书,它不仅是首都巴黎的学术沙龙或期刊的谈资,也被日报拿来仔细分析。

《费加罗文学报》发表了特雷斯·德·圣-法勒(Thérèse de Saint-Phalle)对列维-斯特劳斯的采访稿,像是为了证明他的观点:"我想要为一门人类哲学奠定基础,这门人类哲学将与当代科学思想进行对话。我不认为哲学应该奋起对抗科学(在我看来,这是年轻哲学家身上一种极度危险的倾向)。"[4] 他信心十足地希望"我们有一天能够找到比较神话的统一理论,就像爱因斯坦提出的宇宙理论"[5]。但是,列维-斯特劳斯不吝啬批评的话:"神

---

[1] 让·拉克鲁瓦:《生食与熟食》,《世界报》1965年1月2日。
[2] 克洛德·莫里亚克:《列维-斯特劳斯和神话科学》,《费加罗报》1964年10月14日。参见《生食与熟食》,第20页。
[3] 参见《战斗报》1964年11月18日。
[4] 特雷斯·德·圣-法勒:《克洛德·列维-斯特劳斯聆听神话的神秘音乐》(« Claude Lévi-Strauss écoute la mystérieuse musique des mythes »),《费加罗文学报》1964年9月17—23日。
[5] 同上。

话像水晶一样坚硬。给它一个道德意义是一个糊涂的行为。"[1] 对于荣格的方法，他认为把它"对梦进行解释"的那一种做法十分荒谬。《生食与熟食》在 1968 年被译成英语，书名是 *The Raw and the Cooked*；1971 年被译成德语，书名是 *Das Rohe und das Gekochte*。1978 年，一间陶艺工作坊"生与熟"在巴黎的拉塞佩德街开张……列维-斯特劳斯作为"商标"，出口海外，这个品牌并不排斥衍生产品。

1966 年年底，他出版了《从蜂蜜到烟灰》，报刊上相关话题的数量还在增长。想要了解那时媒体上与列维-斯特劳斯有关的消息，除了常见的评论文章（比如，《快报》中，让-弗朗索瓦·勒韦 [Jean-François Revel] 的那篇文章），我们还可以附上《现代》在同年 11 月刊发的《结构主义的问题》专题。那些大篇幅的深入访谈标志着，第二卷被广泛阅读和评论。除此之外，媒体上也常常出现评论。例如，让-弗朗索瓦·勒韦常常给《快报》投稿。让-弗朗索瓦·勒韦不是唯一心存困惑的人："列维-斯特劳斯先生利用对立与和谐、分割与互补、相斥与趋同的概念来构建原始社会特别复杂又微妙的结构体系，我们既认为这些特点确有必要，但也发现它们毫无根据。它们是严密的推论还是武断的组合？"[2] 让·拉克鲁瓦照例将他的文章寄给《世界报》，他向列维-斯特劳斯的每份出版物致敬。同时，他带着极其友善的政治态度和道德意识，从哲学的角度对他的所有作品提出问题，他认同列维-斯特劳斯的人文主义，也认同将列维-斯特劳斯与其他结构主义思想者区分开来的了不起的"道德敏感度"[3]。一段好几页的长篇访谈在《法国文学》(*Les lettres françaises*) 上发

---

[1] 特雷斯·德·圣-法勒：《克洛德·列维-斯特劳斯聆听神话的神秘音乐》，《费加罗文学报》1964 年 9 月 17—23 日。
[2] 让-弗朗索瓦·勒韦（Jean-François Revel）：《蜂蜜和烟草》(« Le miel et le tabac »)，《快报》1967 年 2 月 13—19 日。
[3] 让·拉克鲁瓦：《蜂蜜和烟草》，《世界报》1967 年 3 月 4 日。

表。人们也许会感到不解。这份共产主义学术刊物的一员为何大方地迎接一位从未效忠于共产主义、每年还向马克思主义思想发起思想挑战的思想者？事实上，1960年代对拥护法国共产党的知识分子来说是友好的十年[1]。由阿拉贡主编的这份周刊有能力成为那个时代的艺术中心和学术思辨的中心。然而，它却矛盾地拥抱了电影的新浪潮和文学的新小说[2]。雷蒙·贝鲁尔（Raymond Bellour）就神话的来源向列维-斯特劳斯提问，因为那些常常篇幅冗长的神话是由当地的信息人员收集的，他们还帮助几代民族志学家翻译这些神话。雷蒙·贝鲁尔对他的工作方法提问："因此，我们应当在不遗漏信息的同时进行概括。我不得不进行这种智力锻炼：这是一项十分困难的智力练习，但是有用，因为正是在这样的工作中我们成功分辨了什么重要而什么不重要。书中神话编撰的部分比我以自己的名义讲述观点的部分更加耗费工夫。"[3] 尽管解释神话的工作是艰苦的，但快乐的时光总会到来："我兴高采烈地阅读那些神话。像弗雷泽（Frazer）或列维-布留尔（Lévy-Bruhl）这样伟大的前人们将同神话文本的亲密接触看作工作中最令人厌倦的环节，我觉得，民族学发生了彻底的改变。我认为，超现实主义有一部分功劳。"[4] 他承认自己思想上的变化，特别是对自然与文化两者对立的主张发生了变化。《亲属关系的基本结构》更倾向于认为这种对立客观存在，而今天，因为动物心理学、生物遗传信息和物理博弈理论的影响，他认为，这种对立是"人类精神层面的矛盾"[5]。它与哲学的联系并不紧密，列维-斯特劳斯时刻准备着回应左翼知识分子的攻击："把我们

---

[1] 参见弗雷德里克·马通蒂（Frédérique Matonti）：《共产主义知识分子：政治服从的社会学，新批判（1967—1980）》（*Intellectuels communistes. Une sociologie de l'obéissance politique. La Nouvelle critique [1967-1980]*），巴黎：探索出版社，2005年。
[2] 1965年9月，阿拉贡在《法国文学》上写过一篇连续三页的精彩"头版文章"：《什么是艺术，让-吕克·戈达尔？》（«Qu'est-ce que l'art, Jean-Luc Godard?»）
[3] 雷蒙·贝鲁尔和克洛德·列维-斯特劳斯的访谈。参见《法国文学》1967年1月12—18日。
[4] 同上。
[5] 同上。

认为对的观点传递给所有人并且永远传递下去，这在我看来是无法办到的，这是一种蒙昧主义。哲学史上，不乏有神学家摆出这样的姿态。[……] 我们能感受到某些哲学家想要巩固哲学对某些研究趋势的主导地位，因为实证主义正在崛起。[……] 这正是我与某些挑战我的哲学家们之间造成误会的原因：我拒绝在我的领域研究他们提出的问题，他们却以为我试图将我研究的问题延伸至他们的领域，因为他们不认为我们能够根据现实情况的不同层面来改变观察的视角。"[1]

《新观察者》（Le Nouvel Observateur）周刊是《法国文学》的竞争对手，属于反斯大林和反帝国主义的"现代"左派。它也设计了"列维-斯特劳斯专题"。专题里有照片、附页"什么是结构主义？"、挑选的引文和一小段传记"怎样成为人类学家？"内容丰富。整体上，专题以赞颂的口吻描述："列维-斯特劳斯，58岁，是法兰西公学院的人类学教授，是最受知识青年憧憬的人物之一。"[2] 杰出的戏剧批评家居伊·都米尔（Guy Dumur）在采访列维-斯特劳斯时，想要知道人类学家与当代思想之间建立了怎样的关系。他强调，列维-斯特劳斯提出的结构主义虽然有现代的用法，但列维-斯特劳斯也维护历史，因此，两种立场之间存在矛盾。列维-斯特劳斯的政治学也是一种记忆的政治学。它怀念过去，那个时代被一个更加明确的平衡关系支配，所谓平衡，不仅发生于不同的文化间，也发生于人类和自然之间。人类不"为了使这种多样性永存"而战斗，"目的却是让它的记忆保存下来"[3]。怎么做？"直言不讳地说，几百年以来，甚至几千年以来，所谓的'原始的'思维都是哲学思想的下人。人们曾认为那存在于'蛮族'的思想（相对于古希腊人和中

---

[1] 雷蒙·贝鲁尔和克洛德·列维-斯特劳斯的访谈。参见《法国文学》1967年1月12—18日。
[2] 居伊·都米尔（Guy Dumur）收集的话，《新观察者》1967年1月25—31日。
[3] 同上。

国人的思想），或者'野蛮人'思想（近期，我们这样称呼它）只有在能帮助我们理解西方文明在意识上的进步时才有意义。我做的与之完全相反。[……] 我认为，哲学思想能够让与我同一个时代的人以一种他们能理解的语言明白其他事物，它只是一种方法。"[1] 哲学是一种财富，一种对野性思维进行美学欣赏的方法……从此，哲学的工具化变成列维－斯特劳斯的论述中的常量。哲学家弗朗索瓦·夏特莱（François Châtelet）在《文学半月谈》（La Quinzaine littéraire）发表的一篇文章和与吉尔·拉普热（Gilles Lapouge）在《费加罗文学报》的一则访谈补充了不详尽的报刊评论。约翰·惠特曼（John Weightman）和多林·惠特曼（Doreen Weightman）翻译的《蜂蜜与烟灰》（From Honey to Ashes）于1973年在纽约出版。出版社和第一卷一样，也是哈珀与罗出版社（Harper and Row）。[2]

《餐桌礼仪的起源》出版于1968年6月。这个时间点注定令这本特别受到列维－斯特劳斯重视的书无法制造舆论火花。雷蒙·贝鲁尔（Raymond Bellour）在《法国文学》发表了一篇有趣的文章，另外，让·拉克鲁瓦在《世界报》上刊登了书评，这也在意料之中。除此之外，一位亲友——让·普永在《文学半月谈》上解释了列维－斯特劳斯在作品第三卷里提出的"礼仪课"。他解释到，就像结构主义本身的作用一样，确切地说，神话也是一种"中介"，它既分离又聚合，掌握着适当的距离。"因此，不论从何种意义上说，印第安神话都给我们上了一堂礼仪课，用列维－斯特劳斯特别选择的题铭来说，这一堂课将我们从'对女性、对我们与女性关系的错误认识中拯救出来'（托尔斯泰），它提

---

[1] 居伊·都米尔收集的话，《新观察者》1967年1月25—31日。
[2] 第三卷的英语翻译将在1978年出版，《神话科学导论：卷三，餐桌礼仪的起源》（Introduction to a Science of Mythology 3. The Origin of Table Manners），纽约：哈珀与罗出版社。第四卷《神话科学导论：卷四，裸人》（Introduction to a Science of Mythology 4. The Naked Man），约翰·惠特曼、多林·惠特曼翻译，伦敦：乔纳森·开普出版社（Jonathan Cape），1981年。这比法语原版出版的时间晚了10年。

醒我们，'没有交换，任何社会都无法存在；没有共同的规则，任何交换都不可能发生；没有平等的地位，任何共同的规则都不能建立'（卢梭）。"[1]

禅意的人类学？

作为《神话学》的第四卷和最后一卷，《裸人》的地位是十分特殊的。因为它稍稍拉开了距离，对整个体系进行了思考。另外，这本书由比《序章》更加艰涩的《终章》结束。《终章》是忧郁、伤感、紧张、激烈的。作者的细声耳语中还夹杂着某些个人愿望。媒体认为，这整部作品似乎不只是一项科学成果或者理论革新，还创造了一种"人性、过分反映人性"的内容。此外，它借助音乐来塑造其文体，极具原创性。这些评价将它作为落幕的决定性标志，当然，也让它有了令人恐惧的一面。但它也不缺"智慧"，智慧可以弥补时而出现的空洞的文字。

《新观察者》求助于米歇尔·伊扎尔（Michel Izard），社会人类学研究所的非洲研究民族学家。原因似乎在于，最后一卷更加难懂，也更庞大，需要导读，甚至可能需要翻译。《裸人》的出版令人们能够"评估一个现在已经出现的体系"[2]：20年的研究和8年的编辑成就了这部被人们称为"四部曲"的巨著。它们的教诲出现了：神话永恒地实现自我生产的过程，同时，神话中存在一个"元神话"（métamythe），"元神话"根据倒置、平行、对立的简单逻辑进行变化，这些变化的逻辑都是列维－斯特劳斯堆积起来的大量神话素材的内在逻辑。从第三卷开始，一种伦理观和一种经济视角突然出现，带来了神话主题上的变化和转变。

---

[1] 让·普永：《一堂礼仪课》（« Une leçon de maintien »），《文学半月谈》第55期，1968年8月30日。除了普永的文章，报上还有一篇卡特琳娜·巴凯－克莱蒙（Catherine Backès-Clément）的文章。这篇文章是伊凡·西蒙尼斯（Yvan Simonis）讲结构主义的书的书评。《列维－斯特劳斯与研究通奸的热情》，巴黎：欧比耶出版社（Aubier），1968年。

[2] 米歇尔·伊扎尔（Michel Izard）：《聆听神话》（« À l'écoute des mythes »），《新观察者》第366期。

而《裸人》第二部分则通过讲述俄勒冈（Oregon）的神话，完成了对神话主题的整理，因为民族学家在俄勒冈的神话里找到了在前几卷中讲过的所有主题，只是它们在形式上是倒置的。"着装"对应"烹饪"，"裸"对应"生食"。这至少确保了他对神话的研究实现了形式上的闭环，但神话自身的内容是无穷无尽的。

《终章》使人好奇，也使人局促不安。这五十几页发散出一种佛教的腔调，这种语气的目的是逐步展示列维－斯特劳斯的方法和立场：一方面，他拒绝作者的身份，因此，也拒绝成为"主体"；另一方面，为神话寻找含义的过程十分复杂，但在书的最后，却得出了神话"无意义"的结论。[1]矛盾的是，当列维－斯特劳斯完成了一部不朽的著作，成为伟大作者后，他用尽全力拒绝这些强加在他身上的荣誉。在他看来，这不仅是表达谦虚，也是表达方法论的原则。民族学家想要消除自我，将他从自己的基本规则中抽离出来。他的苦行是让民族学研究获得成功的关键。但更加深刻的是，他说，沉浸在神话中使他能够强烈地认识到自我的不可靠。整个西方哲学把主体变为"被宠坏的小孩"，与之相反，他像是一个"非物质性场所，让没有姓名的思想能够在其中自由发展"[2]。在神话文本变形的大型机器中，他并非自己写下的那些书的作者，他对它们来说只是一个外来的操作者、一个传声筒："从头至尾，自我都被排除在外。如果自我能够重现，那就是在作品完成时（'自我'并非作者本人，在他写作期间，作品成为一个操作者的创造者，而操作者只有依靠作品、在作品内部才能存在。这和人们的常识相反），那时，自我能够全面观察，也应当全面观察。"[3]

组成"禅意的人类学"[4]框架的第二个元素：理解列维－

---

[1] 克洛德·列维－斯特劳斯对迪迪埃·埃里蓬承认，《终章》的衰微语调受到了戈比诺（Gobineau）《论种族不平等》（*Essai sur l'inégalité des races*）的启发。迪迪埃·埃里蓬则惊讶地发现，竟没有一个人注意到这一点。参见《亦近，亦远》，第 222 页。
[2] 《裸人》，第 559 页。
[3] 同上书，第 563 页。
[4] 《克洛德·列维－斯特劳斯：研究室里的诗人》，第 276 页。

斯特劳斯为神话寻找含义的过程和他得出的结论。"意谓"（signifier）意味着什么？墨西哥大使奥克塔维奥·帕斯（Octavio Paz）（当时被派驻印度）写了一本与他有关的书[1]，民族学家收到书后，在一封回信中解释道："针对我提出的问题，我提问的对象要么给我一个重言式的话术，要么停留在另一个恶性循环，没有给我真正的定义。这是一个值得好好思考的主题，即语言的所有词语意味着某些东西，除了这件事本身。"为什么呢？列维-斯特劳斯接着说："因为意谓，就是把一个密码转换成另一个，而'赋予含义'是要找出源密码和目标密码之间的同源性；但是，由于目标密码可以成为第三个密码的源密码，我们能够永远地继续循环，而意义的意义问题自身就没有了意义。"[2] 人类没有外部含义，除非我们选择相信上帝：保罗·利科和阐释学已经给出了这个答案。"这项工作必然是有意义的……"[3]，他经常在有关《神话学》的书信中这样写道。他寻找伟大的意义，但承认可能会碰见的空洞的意义，一直在两者之间摇摆。空洞的意义像是一阵晕眩，让知识失去了确定性。实际上，他将寻找伟大意义的任务交给了其他对象。这个伟大意义短暂地出现在一种二律背反的关系中，这些二律背反总结了其他所有事物的规则：存在和非存在，预言中主体的消失和人类的消失（他将此形容成无法逃避的命运和一种解脱：西方哲学的空想被埋葬后，出现了黎明样貌的黄昏）。

这是因为，被这位学者否定的"我"迷失于神话文本的"我们"之中。论者以态度强硬的几页文字重新明确自己的主张。用米

---

[1] 奥克塔维奥·帕斯将这本书献给列维-斯特劳斯和马塞尔·杜尚。奥克塔维奥·帕斯：《两个透明人》（*Deux transparents*），巴黎：伽利玛出版社，1970年。
[2] 1967年5月21日克洛德·列维-斯特劳斯写给奥克塔维奥·帕斯的信。参见克洛德·列维-斯特劳斯档案库，编号NAF 28150，档案盒编号198。
[3] 例如，在4月4日写给罗杰·巴斯蒂德的信中，他写道："这项工作必然是有意义的（有时，我也怀疑，它是否真的存在意义），但结果很有可能是，我将无法摆脱它对我的束缚。"参见克洛德·列维-斯特劳斯档案库，编号NAF 28150，档案盒编号181。

歇尔·伊扎尔的话说,这是一种真正的"带发头皮舞"(danse du scalp),因为这个回应是一个没有禅意的"回击"。他回应了对他方法论的批评,"有些批评看起来如此脆弱,以至于他在引用时感觉有些不快"[1]。这些批评涉及民族学家使用的神话文本的性质、神话的摘要、对"对照表"的评注、民族中心主义的原罪。所谓民族中心主义的原罪,指的是将西方数学套用于西方文化之外的人类社会[2]。这一次,他仍然对哲学家的主张最愤怒。他对哲学家们的"蒙昧主义"、人文主义神学、潜在的神秘主义、思想上的惰性发出嘘声。哲学家们还对他与神话之间的对话"有所怨恨"[3],但事实上,这场对话"不需要他们参与,他们也没有做出任何贡献"[4]。存在主义是"一种自我欣赏的机制,它轻易说服当代人同自己进行面对面的对话,在自我面前心醉神迷"[5],它变成了"意识形态交易的咖啡馆",沉迷于"当地利益问题","辩证的烟雾挡住了他们的视线"[6]。这类激烈的抨击在报刊中纷纷出现,比如,《费加罗报》上著名的文章《哲学家,别去碰神话》。[7]文章里收录了《终章》中被指责的那几页,还贴出了列维-斯特劳斯一张表情严肃的照片。他稳重的气质让他攻击性的语言也变得合情合理。

　　他对"哲学家的陈词滥调"[8]不敢苟同,不过,他仍然接受了一些批评性的意见。这些意见主要来自语言学家。例如,神话的语言的问题:从翻译出发进行研究而不是从原文出发进行研究是否制造了偏差?其他批评来自民族学家们,但出现得晚一些,一直延续到今天。它们涉及几个观念的问题[9]:神话与仪式之间是怎

---

1 《裸人》,第 560 页。
2 这是《终章》里给出的批评意见。参见《裸人》,第 564—570 页。
3 同上书,第 572 页。
4 同上。
5 同上。
6 同上。
7 参见《费加罗报》1971 年 9 月 24 日。
8 《裸人》,第 572 页。
9 参见《列维-斯特劳斯》,第 436 页起。

样的关系？列维－斯特劳斯经常（但不总是）把仪式的观念理解得较为浅薄：一种"通过生命中的束缚来亵渎思想的行为"[1]；神话的历史变形的问题和他不断整合自己的阅读框架的能力；不同类型的关系将神话与创造、接受它的社会结合在一起，而列维－斯特劳斯发现，神话对技术经济基础存在某种"附着力"[2]，但没有明显地"反映"社会组织。最终，莫里斯·戈德里耶（Maurice Godelier）注意到，列维－斯特劳斯从未思考神话中的信仰现象，他似乎没有意识到这个问题的存在。

批评、争议、犀利且具有攻击性的"终章"表明，作品在接受时产生了旋涡。虽然媒体普遍对他进行赞扬，但并不是所有人都同意他的观点：以前不会，以后也不会；对《神话学》是这样，对其他作品也是如此。外界对他的批评和他引起的尖刻的讨论终于为他建构了一整个文献库。1977 年，1384 篇文献（书或者文章）是关于列维－斯特劳斯的！[3] 作为作者的列维－斯特劳斯面对批评时的态度是十分复杂的："当[文章]是有敌意的，这会让我生气，因为我自认为应当指正那些错误，消除误解。作者想要我停下工作回应他时，怒气冲冲，然而，我对他的言辞没有那么多怨气。然后，气头一过，我平静下来，因为我知道我根本无法说服他。"[4] 他在工作的过程中以这种方式求同存异。事实上，列维－斯特劳斯鼓励将批评作为科学生产的唯一手段。于是，他并不是最后一个拍桌子的人。不过，这种战斗的姿态渐渐被普遍的认可和学者沉着、明智的自我形象所掩盖。1970 年代初，他名声鼎盛，形象开始在电视上传播。

---

1 《裸人》，第 603 页。
2 参见《列维－斯特劳斯》，第 453 页起。
3 参见 F. 拉波因特（F. Lapointe）、克莱尔·C. 拉波因特（Claire C. Lapointe）:《克洛德·列维－斯特劳斯和他的批评者：批评视角下的国际文献资料库（1950—1976）》（*Claude Lévi-Strauss and his Critics: an International Bibliography of Criticism [1950-1976]*），纽约：加兰德出版社（Garland），1977 年。
4 《亦近，亦远》，第 102 页。

结构主义之星

从知名到著名

对思想家而言，名望是一条模糊的水平线，外界对他的评价并不一致。[1] 被同事认可与被公众认可之间存在巨大的区别，而树立几乎具有代表性的当代名声，则是一个更加远大的目标。自1960年代起，电视（如今则是网络）影响着学术和社会生活的发展，它将"著名人士"转变为人们认得出面貌的人。学院的光辉以其他传统渠道传播：对他人研究成果的引用——而不是作者的视觉形象——确保着知识散发魅力。在法兰西公学院，福柯接受录音但是拒绝照相。列维-斯特劳斯，我们记得，拒绝录音也拒绝照相。然而，每次发表新书时，媒体上都会出现他的照片。另外，他并不拒绝出席电台和电视节目，因此他很快就被推上了新的实验台，在这个实验台上被普通人们"围观"自己的长相。这样的情况不仅发生在法国国内，也发生在法国国外。[2]

这个阶段的第一步是获得标准意义上的认可。当然，国内建立名望的标准比较传统：被收录到《插图版小拉鲁斯词典》中。除了列维-斯特劳斯，他的同辈西蒙娜·德·波伏瓦同时入选。皮埃尔·布列兹（Pierre Boulez）、莫里斯·哈布瓦赫（Maurice Halbwachs）和他的对手乔治·古维奇也被词典收录其中。那是1965年版的《插图版小拉鲁斯词典》，他的条目在《摩西五经》的第三本——《利未记》——和列维-米赫普瓦公爵（Lévis-Mirepoix）

---

[1] 安托万·利尔特（Antoine Lilti）认为，"名人的历史扎根于18世纪，与批判性的公共空间的出现有关，名人是这个公共空间的黑暗面，与之不可分割。让-雅克·卢梭便是其范式：他有当代名人的风光外表，造成了所谓的负面影响，不仅如此，不利言论也与之相随。"参见安托万·利尔特：《公共人物：名人的出现（1750—1850）》（*Figures publiques. L'Invention de la célébrité, 1750-1850*），巴黎：法亚尔出版社，2013年。

[2] 参见纳塔莉·海因里希（Nathalie Heinich）：《论可见性：媒体机制的卓越性和独特性》（*De la visibilité. Excellence et singularité en régime médiatique*），巴黎：伽利玛出版社，2012年，第164页起。参见雷吉斯·德布雷（Régis Debray）：《法国知识分子的能力》（*Le Pouvoir intellectuel en France*），巴黎：拉姆齐出版社（Ramsay），1979年。感谢玛蒂尔德·马若雷尔（Mathilde Majorel）帮忙在拉鲁斯档案（les archives Larousse）中进行检索。

之间。但 1981 年版才增加了他的照片。然而，我们清楚地发现，这种从知名到著名的转变发生在 1968 年 1 月。1 月 11 日，列维-斯特劳斯由时任教育部部长阿兰·佩赫菲特（Alain Peyrefitte）授予法国国家科学研究中心黄金奖章。这一仪式相当于他在海外获得的数个名誉博士学位，确实意义重大。这是因为，这枚奖章第一次奖励给社会科学研究。这项奖励的知名度仅限于公学院内部，但媒体对此仍有所回应。这是 1968 年 1 月 13 日《世界报》的一篇文章。同一天，在最抵触精英主义的《法兰西晚报》上，人们得知了列维-斯特劳斯的名字，这个名字"与越来越吸引毕业班高中生、高等学校和专业学校大学生的结构主义一同出现"。几天后，1 月 21 日，这位强势的思想指导者参加了以他为主题的电视节目《一种视角》（Un certain regard）[1]。这不是他第一次上电视节目。1959 年，他就上了一期皮埃尔·杜马耶（Pierre Dumayet）的节目《大众阅读》（Lectures pour tous），讲述《阳光霍皮族》（Soleil hopi），一部经"人类观察丛书"出版的土著人自传，他为之撰写前言。[2]1964 年，列维-斯特劳斯再一次与杜马耶谈话，但主题是《生食与熟食》。记者总结认为，这本书"不是为所有人准备的"。民族学家则好意回应说："啊，我对这话真是没得说！"[3]他突然变成了容易沟通的对话者。在电台和电视上，列维-斯特劳斯树立着语言通俗易懂的大教育家形象，而在写作时，他始终将复杂的文字交给读者。他允许自己发表某些反人文主义的言论或者进行大胆的比较："应当研究人类，把人类当作蜗牛"。但他丝毫未舍弃他的严肃态度。严肃促成了他的成功。对同样越过了电台高墙的雅各布森，他坦

---

[1] 参见 1968 年 1 月 21 日《一种视角》节目。在"米歇尔·特雷吉耶读随笔"环节里，米歇尔·特雷吉耶（Michel Tréguier）对克洛德·列维-斯特劳斯进行了采访。节目时长为 65 分钟，播出时间为 22 点 30 分，收录于法国国家视听研究所（Institut national de l'audiovisuel）档案。1968 年的这期节目播出后，妻子莫尼克写信给她的一位女性朋友说："那是戈达尔！"

[2] 参见 1959 年 4 月 15 日的节目《大众阅读》。皮埃尔·杜马耶同克洛德·列维-斯特劳斯进行了对谈，马克斯-波尔·富歇也一同参与了节目。节目视频收录于法国国家视听研究所档案。

[3] 1964 年 10 月 14 日，《大众阅读》节目。节目视频参见法国国家视听研究所档案。

承道:"另一个节目(那个您一人主持的节目)预计在三月开播,我可能在三月前就能看见它,但是现在还没准备好。我的节目上周日播出了。就像您看到的那样,我们使用巴黎的场景[……]。结构主义变成了正式的学说;人们很快就会对此不满……"[1]这是他在1968年1月说的话,内容就像是预言。动荡的五月到来之前,1960年代末的小荧幕影响力广泛。那时起,几乎所有的法国家庭都有电视机,因此,列维－斯特劳斯成为一名公众人物。一年一年过去了,学习应用这种视听媒体工具的他最终成为大师,但他对自己的样子有些反感。头脑清楚、谦逊有礼、仪表堂堂、眼界广阔:他有一种沉稳的伟人姿态,花花公子的气质烘托着学者的外形。每次出现在电视上,于是,这种"伟大"的印象深入人心。今天依然如此。如果我们观看这些节目,我们将看到学术界和媒体界之间存在某种联系,而在我们身后,可阅读的文字和可视的影像之间将建立更加和谐的平衡。

  他成为著名人物,而知名度孵化了一门新的病理学:我们仍然能够认出他是谁。名人有他的追捧者。一位美国女性受到吸引从米兰来到巴黎,她希望靠近这位伟人。她说着一口简约、富有魅力的法语,向让·瑟巴格(Jean Seberg)讲述自己的生活,表示自己可以提供打字或者翻译的服务,但她也承认自己完全是个新手。大师列维－斯特劳斯友好地回应她,他说,自己这一年没有离开过法国,这中间有些误会:"我很受您友好的信件打动,你如果哪天想要来一趟研究所,我们能够讨论您的计划,但在目前的大学环境下我无法向你允诺任何事情。"[2]他也允许自己以戏谑的和冷面滑稽的口吻回复最近在美国《花花公子》杂志刊登的谈论《生食与熟食》英文译本的文章:"您对我的《生食与熟食》

---

[1] 1968年1月23日克洛德·列维－斯特劳斯写给罗曼·雅各布森的信。参见克洛德·列维－斯特劳斯档案库,编号 NAF 28150,档案盒编号 181。
[2] 1968年9月26日 B. 赫斯泰特(B. Hustedt)的信。参见社会人类学研究所档案室,编号 FS4.03.05.050。

一书的评论，发表于1969年9月，页码从30页到32页，但它与我的论点擦肩而过。与低估'人类与环境以及与其他人类建立的关系'相去甚远，我认为，唯一真正理解他们的办法是认识到他们的框架，比如说，语言、亲属关系的体系、神话和仪式。[……]换言之，研究某个有生命的个体的行为时，我们必须先了解它的解剖结构，不论研究的对象是什么生物。解剖学是前提，《花花公子》的读者并不该因这一点而感到吃惊。"[1]

结构主义思潮的形成意味着更高的名望，还带动了书的销量：法国国家足球队教练难道不是根据"结构主义原则"[2]重新组织球队吗？形容词"结构的"使销售量比预期多了一千册。[3]事实上，1960年代的后五年和整个1970年代都见证了人文社会科学在书店的成功，在此之前，人文社会科学只是一小群人的乐趣。在结构主义生产活动、新学科（特别是精神分析、民族学、语言学）以及"新批评"的引领下，销售数目喜人。这是今天的出版人梦想实现的：拉康的《文集》出版于1966年，这部900页的神秘散文（essai）卖出了3.6万册。更具象征性的还有米歇尔·福柯的著作《词与物》，1966年，它由伽利玛出版社发行，销售量为2万册。这块出版业的乐土被称作"结构主义"，显然，它还包括列维－斯特劳斯的出版物。《亲属关系的基本结构》的再版实现了几千册的销售量，《忧郁的热带》有了新版，它成为口袋书系列的经典：1963年底，共售出36818册。列维－斯特劳斯对迟到的成功有着十分特别的反应。面对这些市场基础牢固的普及类书本和阅读的新载体，他感到越来越不安。他这样对他在普隆出版社的联系人蒂埃里·德·克莱蒙－通纳尔（Thierry de Clermont-Tonnerre）解释道："《忧郁的热带》在10/18丛书中的销售量，像您告诉我

---

[1] 1969年10月13日克洛德·列维－斯特劳斯写给《花花公子》书评编辑的信。参见社会人类学研究所档案室，编号 FS4.03.05.050。
[2] 《结构主义史》，第1卷，第385页。
[3] 同上。

的那样,是过得去的,但不是什么了不起的成绩。我的结论是,我的书印刷量不大,但在连续几年里,会定期加印,从一开始,我便赞同出版社的这种说法。此外,利用口袋书扩大发行量的做法与出版人和作者的利益相悖,口袋书不利于原版的销售,同时,也不能带来多大的好处。所以我决定不要重蹈覆辙,而我衷心希望您能向伽利玛出版社转达我拒绝在他们的'思想丛书'(Idées)中出版《野性的思维》的意见。"[1] 1969 年,基于作者著作权的新提案,伽利玛出版社再次做出尝试,但同样被他拒绝了。

列维－斯特劳斯对资金问题不是特别在意,但是他坚持要原原本本地了解他的书经历了怎样的命运,了解著作权对应的版税(口袋书出版商并不会老老实实地支付他版税),特别是督促对方严格遵守合约。他拒绝任何出版商删减文本,对肖像的再版也十分小心。1965 年,10/18 丛书发行的五万册《忧郁的热带》全部售罄。然而,列维－斯特劳斯坚持并效仿一种被看作精英主义的态度,这在他看来,等同于争取自己努力获得的报酬,因为口袋书的出版不大有利于作者。同时,这样的态度也反映着他个人的主张:与一名小说作家相反,他不是为大众写作。因此,他禁止《野性的思维》和《图腾制度》以口袋书的形式在法国出版。但他不能控制国外的出版情况。

成功带来的误解

"我从不读评论。如果他们与我不一致,我会感到生气,但如果他们是同意我的,他们一定对我有什么误会!"[2] 列维－斯特劳斯的核心观点总是被他人引用,包括像这样的俏皮话。1967 年

---

[1] 1964 年 7 月 3 日克洛德·列维－斯特劳斯写给蒂埃里·德·克莱蒙－通纳尔的信。参见克洛德·列维－斯特劳斯档案库,编号 NAF 28150,档案盒编号 222。
[2] 让－雅克·纳提耶(Jean-Jacques Nattiez)引用了这句话。参见《音乐家列维－斯特劳斯:论相同事物的诱惑》,第 28 页。这是克洛德·列维－斯特劳斯在加拿大广播电台(Radio Canada)上说的话。

7月，他的名望制造了误会。1967年6月1日，莫里斯·亨利（Maurice Henry）在《文学半月谈》发表了名为《结构主义的盛宴》的讽刺画。我们看到画中有四个年长的男人，他们是西方人，戴着眼镜，穿着简单的缠腰布，聚集在一场学者们之间不可能实现的帕瓦节（pow-wow）上：米歇尔·福柯在说话；雅克·拉康看起来疑心重重，正谋划着什么；克洛德·列维-斯特劳斯捧着一张纸阅读；罗兰·巴特是个倦怠的梦想者。四个1960年代的代表人物体现出"结构"这一概念制造出日益扩大的涟漪：列维-斯特劳斯的亲属和神话、巴特的文学叙述、拉康的无意识、福柯的科学知识；除此之外，我们还可以加上阿尔都塞的整体社会、克里斯蒂安·梅兹（Christian Metz）的电影、葛雷玛斯（Greimas）的语义学……罗兰·巴特曾试着理论化"结构主义活动"（1963），同时，一位与列维-斯特劳斯亲近的哲学家让-玛丽·贝努瓦以救世主一般、不友好的口吻描述"结构主义的革命"[1]。1968年，社会学家雷蒙·布东（Raymond Boudon）问道："结构的概念有什么用？"[2]

面对结构主义的思潮、对结构主义一词的滥用和媒体上的热度，列维-斯特劳斯采取了多种措施。首先，他很快与那些寄给他的大量信件中的偶像崇拜的行为保持距离。其次，更重要的是，他通过整合和划分界限的办法明确了结构主义的轮廓，将之与意识形态区别开来。我们应当注意，他不是学科的守门员，因为我们知道，他从未想让民族学和结构的观点混为一谈。最后，他采用一种谦逊的姿态，表明自己只想对某些特定领域的临时性"真相"进行讨论，并注意到结构主义已经有过几次变化。一位哲学系教师请他明确表达自己的方法和目标，他回答道："我不想就

---

1 让-马里·贝努瓦（Jean-Marie Benoist）：《结构的革命》（*La Révolution structurale*），巴黎：格拉塞出版社（Grasset），1975年。
2 雷蒙·布东：《结构的概念有什么用？论人文科学中结构概念的意义》（*À quoi sert la notion de structure? Essai sur la signification de la notion de structure dans les sciences humaines*），巴黎：伽利玛出版社，1968年。

《结构主义的盛宴》,莫里斯·亨利创作的讽刺画。参见1967年6月1日的《文学半月谈》。

人类思想的本质提出猜想或者假设。我自己更加专注于解决那些民族学问题,聚焦于十分有限的领域中。[……]很明显,像一切其他解释问题的体系一样,这也会发生在结构主义身上。结果就是,我并不在意自己的民族学研究背后是否存在什么哲学意义。对其哲学意义的讨论创造了一个短暂的好机会,让结构主义进行反思,此外,这些哲学意义正逐步发生改变。事实上,它们已经经历过好几次变形。"[1] 列维-斯特劳斯本不是思想大师。也正是通过回绝法国学术界的"邀约",他才挖掘了自己独特的位置。

在这种划分界限的策略中,列维-斯特劳斯灵活运用那些他认同和不认同的参考文献。我们知道,时间一年又一年过去,他与拉康在学术上的关系变淡了。他向福柯的写作质量致敬,多亏了福柯,他才重拾对哲学的信任。但他表示,自己对福柯的分析的历史真实性和恰当性持保留态度。[2] 适时,他违背了杜梅齐尔的要求[3],没有在法兰西公学院的甄选中给福柯投出同意票。然而,他讽刺罗兰·巴

---

[1] 1968年2月23日给J.梅西耶(J. Mercier)的信。参见社会人类学研究所档案室,编号FS1.03.02。
[2] 《亦近,亦远》,第105—106页。
[3] 1969年11月19日乔治·杜梅齐尔给克洛德·列维-斯特劳斯的信:"您可以想象到我和福柯在哲学、政治上的不同。但是,如果我还充满活力,我本会为他挺身而出。作为有投票权的人,我在面对几位候选者时,态度始终是一样的:我不评价候选人的观点或者方法,而是观察他们的体态和能力。这一位神情激昂。"参见克洛德·列维-斯特劳斯档案库,编号NAF 28150,档案盒编号188,主题档案"来信"。

特的"文学结构主义",甚至以残酷的方式对待后者。[1]

列维-斯特劳斯几次入侵文学批评和文学分析的领域。最著名的是分析波德莱尔的《猫》文章。文章发表于1962年,是他与雅各布森共同署名的作品。这是一次纪念两人20年友谊的团队研究。一开始,列维-斯特劳斯像做游戏似的,试着分析波德莱尔的十四行诗的语音、句法和形态。而后,雅各布森也参与进来,两人在巴黎花了一整天进行思考。这篇文章不仅发表在《人类》上,也被收录进雅各布森在美国出版的专著《语法的诗和诗的语法》（*Poetry of Grammar and Grammar of Poetry*）中。它表达了文学文本的合理性,证实了这种项目潜在的多产性。不过,两年后,即1960年,列维-斯特劳斯在人类学、符号学和叙述分析的十字路口完成了另一篇重要文章。文章涉及一本在法国还未获得大量读者的书,对它进行了翔实的评论。这本书是弗拉基米尔·普罗普（Vladimir Propp）在1928年发表的《故事形态学》（*Morphologie du conte*）。此书在1958年才被译为英语,在1965年被译为法语。列维-斯特劳斯对普罗普的直觉致敬,从很多方面看,普罗普都预见了自己的神话分析。严格来说,普罗普认为,故事只有一个,这与列维-斯特劳斯的观点十分形似——神话只有一个,其他神话都该被当作它的一系列变体。但是,这篇文章对他来说更是把结构思想与困住普罗普的形式主义区分开来的一个机会。在列维-斯特劳斯看来,这些故事是在完全没有考虑民族志背景的情况下产生的。自此,解释的说辞不得不变得苍白,"被简化为不再意指任何具体事物的抽象概念,这样的抽象化没有任何神秘的价值"[2]。这是没有内容的形式。"对

---

[1] 关于阿尔都塞,他在1969年2月13日写给雷蒙·阿隆的感谢信中承认了这一点。那时,他已经收到了《从一个神圣的家庭到另一个》（*D'une sainte famille à l'autre*）。"我是否该向您坦承在《从一个神圣的家庭到另一个》之前,我从未读过阿尔都塞的哪怕一句话？ [……] 多亏了您,我才充分认识这位作者,而后,我本能地发生了改变。"参见法国国家图书馆手稿收藏部雷蒙·阿隆档案库,编号NAF 28060,档案盒编号207。
[2] 克洛德·列维-斯特劳斯:《结构和形式:对弗拉基米尔·普罗普作品的思考》,《结构人类学》,第2卷,第159页。

结构主义来说，这种对立不存在。结构主义不存在一方是抽象，另一方是具象的情况。形式和内容是同源的，它们都可以接受同样的分析。"[1]他与普罗普不同，因为他与普罗普通过这部作品所建立的整个文学符号学区别开来。

1960年代初，罗兰·巴特为了关于形态符号学的论文寻求他人指导，他拜访了列维-斯特劳斯，可后者拒绝了他，同时引导他阅读普罗普。[2]几年后，即1965年，列维-斯特劳斯回答了在文学批评中应用结构主义的问题。他基于同样的论据，以冷酷的词语回应，仅仅因为这是给一份意大利杂志的供稿："这种评论如同幻觉和咒语一般不切实际，它可能是具有结构特征的，因为它将不同的素材无序地堆积在一起，以此提出新的观点。但是这么做，它为结构分析提供一种未经雕琢的内容，而不是一种分析的结果。它就像一种现代神话学，被拿来进行分析，但是以同样的名义和方法，我们能够以结构的方法阐释塔罗牌、咖啡渣或者手纹：只要幻想它们背后存在逻辑。"[3]他指责这种文学的结构分析：在分析对象与分析结果之间建立了重言式的循环，"自言自语"。如同对待萨特的《辩证理性批判》那样，列维-斯特劳斯将这种文风转为民族志的资源，为法国学术界和它们的病态思想提供文献……

当他看到这些不友善的言论重新回到法国学术圈时，他面露难色。这里正在发生古代人与现代人的争论。雷蒙德·皮卡尔（Raymond Picard），索邦大学的教授及研究拉辛的专家，发表了专著《新批评还是新的诈骗？》（1965）。该书暴力地反驳了罗兰·巴特的《论拉辛》（1963）。基于结构的"新批评"

---

1 克洛德·列维-斯特劳斯：《结构和形式：对弗拉基米尔·普罗普作品的思考》，载《结构人类学》，第2卷，第158页。
2 有关巴特和列维-斯特劳斯之间的关系，参见玛丽·吉尔（Marie Gil）：《罗兰·巴特：替换生活》（Roland Barthes. Au lieu de la vie），巴黎：瑟伊出版社，"虚构公司丛书"（Fiction & Cie），2015年，第353—362页。
3 此文发表于1965年4月刊的意大利期刊《比较》（Paragone），第125—128页。

和大学校园里传承下来的旧批评之间互相对抗。毫不夸张地说，这种对抗上升为"法国文学的德雷福斯事件"，双方各自找到了绝佳的观察视角。列维-斯特劳斯作为法国结构主义行列的长官"停靠"到防守位。他这样做不仅仅是为了与备受争议的巴特保持距离。[1]

两个事件标志着结构主义边界的交叉移位进行到最后一步。一边，阿尔吉达·于连·葛雷玛斯（Algirdas Julien Greimas），高等研究实践学院第六科系的研究主任，加入了社会人类学研究所；另一边，克里斯蒂安·梅兹在1966年新学年开始之际成立了新的符号语言学系。[2] 然而，列维-斯特劳斯明确指出，后者只是一种简单的挂靠行为。一个办公空间已经为他们腾了出来，但是他们保留了预算和科学研究的独立性。四年中，葛雷玛斯连同围绕在期刊《交流》（Communication）周边的耀眼集体——罗兰·巴特、翁贝托·埃科（Umberto Eco）、维奥莱特·莫林（Violette Morin）、茨维坦·托多洛夫（Tzetvan Todorov）、杰拉尔·热内特（Gérard Genette），还有一位新人，茱莉亚·克莉斯蒂瓦（Julia Kristeva）——进入了结构人类学的学术轨道和空间轨道上。1970年，这种"共栖行为"突然终止了。故事结构和神话结构最终难以找到共同的语言。这一时期，罗兰·巴特刚刚出版《S/Z》。列维-斯特劳斯不喜欢这部作品，结构主义的修辞在他看来典型地像是

---

1 参见《罗兰·巴特：替换生活》，第285—293页。克里斯托弗·普洛沙松（Christophe Prochasson）在《罗兰·巴特论战雷蒙·皮卡尔：五月风暴的前奏》(« Roland Barthes contre Raymond Picard: un prélude à Mai 68 »)中再次对这场论战进行了分析。本文收录于《千九百》（Mil neuf cent）第25期，2007年1月。此期主题为"人们如何争吵：争论的形象"（Comment on se dispute. Figures de la controverse）。蒂费娜·萨莫瓦约（Tiphaine Samoyault）在传记《罗兰·巴特》中提到了一封内容严肃的信，参见第358—359页。这封信是1966年3月18日克洛德·列维-斯特劳斯在收到《批判和真理》（Critique et Vérité）之后写给巴特的，而《批判和真理》是巴特对皮卡尔的回应。克洛德·列维-斯特劳斯这样说："诚恳地说，我完全不能确定自己是否毫无保留地同意您的观点。首先，因为您捍卫了'新批评'，并庇护了许多我认为没有价值的事物。其次，您采纳了一种折衷主义的路线，过多地向主体、情感和一种文学神秘主义靠拢。"

2 参见《结构主义史》，第1卷，第389—390页。

一幅讽刺画:"巴特的评论看起来太像里贝吕尔(Libellule)教授在《以拉辛的方法》(À la manière de Racine)中的评论,也像米勒(Muller)和雷布(Reboux)。"[1] 针对讽刺画,列维-斯特劳斯复制了巴特的分析,送给巴特一种"幻象"一般的感谢词。实际上,巴特信以为真。[2] 列维-斯特劳斯复制巴特的行为,而巴特天真地接受了列维-斯特劳斯的感谢词。在这背后起到关键作

---

[1] 《亦近,亦远》,第 106 页。
[2] 参见《罗兰·巴特:替换生活》,第 343—344 页。雷蒙·贝鲁尔、卡特琳娜·克莱蒙主编:《克洛德·列维-斯特劳斯的文章和与他有关的文本》(Textes de et sur Claude Lévi-Strauss),巴黎:伽利玛出版社,1979 年。书里提到了此文:"1970 年 3 月 31 日,利涅罗勒。亲爱的朋友,我在乡下时读完了您那妙不可言的《S/Z》,它让我产生了一些幻想。为了回以敬意,我同您分享我的想法。在法语中,'萨拉森'(sarrasin)这个词指的是皮肤黝黑、凶残、破坏力强的阿拉伯人(您会增加一点:他们也是有阉割情结的阿拉伯人)。然而,从标题上看,这个男性的所指与一个女性的能指'萨拉辛'(Sarrasine)匹配。这个女性的能指实际上也可以成为一个男性的所指,欧内斯特·让·萨拉辛(Ernest Jean Sarrasine)。这个男性的所指又能与一个女性能指'赞比内拉'(la Zambinella)配成一对。对读者来说,'赞比内拉'(la Zambinella)与一个以年老的男性形象出现的男性所指产生了联系,与年老的男性对应的女性能指是'年轻的女人'。'年轻的女人'不是一个所指。叙事文本小心地将'年轻的女人'从具体的身份背景中抽离出来,再一步步地将她融入三个与年老的男性有关的人物中:一个陌生人、德·罗氏菲德夫人(Madame de Rochefide)、玛丽亚尼娜(Marianina)。
"文本重视母系的背景,因此,便捷的方案是,赞比内拉是德·朗蒂夫人(Mme de Lanty)的母亲的兄弟。'德·朗蒂夫人的兄弟'并不存在;相反,有一位'德·朗蒂夫人的丈夫',它的价值完全是消极的,只不过是为了填补兄弟角色(积极的价值)的空缺。我之后再讨论这一点。我们将会注意到萨拉辛的三层结构。他有一位父亲和祖父,而布夏尔东(Bouchardon)在萨拉辛面前也扮演角色。与德·朗蒂先生在自己孩子面前的角色相比,布夏尔东扮演的是其对应角色和相反角色。
"现在我们考虑那些专有名词,玛丽亚尼娜属于'第三层',是玛丽亚娜(Mariana)的昵称,玛丽亚娜是玛丽亚(Maria)的昵称。赞比内拉也是一个昵称,就像萨拉森(以 a 结尾的萨拉森娜)对于玛丽亚尼娜和赞比内拉一样。只有一个名字没有发生衍生:菲利珀(Philippo)。在第一层与第三层、男性与女性的双重关系下,菲利珀与玛丽亚尼娜因词尾(o/a)而鲜明对立。
"阉割的事实遭到泄露后,婚姻便不可能实现:赞比内拉不会变成萨拉辛的情人,同样,德·罗氏菲德夫人也不会成为叙事者的情人。德·朗蒂夫人结婚只是为了'遵命',她的丈夫只不过是缺失的兄弟的反面。因此,我们可以预见到,玛丽亚尼娜将不会结婚。她占据着老赞比内拉的配偶的位置(德·罗氏菲德夫人意外地注意到 [138] 因为她本应该在此之前计算出所有的情况,除非她只向我们说过了一些必须知道的事。然而,菲利珀占据的是第一代的男性角色,第三代则以老人的形象示人。恩底弥翁 [Endymion] 是第二代,安蒂诺斯 [Antinoüs] 是第三代,但后者成为老人,他瘦弱的大腿像是两根骨头 [75-76]。第二代属于青少年时期,以纤弱的体形为特征 [22])。我从中总结认为,菲利珀和玛丽亚尼娜的名字表现了体系允许的最大程度的区别,他们一定会成为一对乱伦的夫妻 [注释:她的母亲和一位并非兄弟的对象缔结婚姻已经形成了消极的印象。德·朗蒂夫人和她的女儿相反(20-21),她有丈夫,但没有兄弟;因此,这名拥有兄弟的女儿将因此不会有丈夫。菲利珀与玛丽亚尼娜夫妇将是赞比内拉的对偶属性的正面反映和综合反映:菲利珀是男性,是老人的年轻阶段,老人因为被阉割而拥有高音调,玛丽亚尼娜作为女性也有高音调(20);嫡亲的乱伦是一种颠倒的阉割行为。此致,克洛德·列维-斯特劳斯。"

用的，主要是巴特对列维-斯特劳斯的敬佩和推崇。在他的信件里，巴特总是恭敬地表达友情。列维-斯特劳斯从策略上拒绝为"文学结构主义"辩解，也不想成为"文学结构主义"的一员，他认为，"文学结构主义"是一种形式主义，对"真正的"结构主义而言，这是一种危险的行为，因为民族志、历史和语言学的内容从不与形式分离。对列维-斯特劳斯来说，《S/Z》只是没有内容的形式。因此，列维-斯特劳斯能如此轻易地复制其逻辑。年轻时，列维-斯特劳斯善于把公交车之于地铁的优越性的推论分为三个部分。巴特展示出结构主义修辞的危险，在列维-斯特劳斯看来，巴特后来的作品和"方法"上的转变印证了其空洞的一面："我从未感到与他亲近，而我从他之后的转变中确定了这一点。巴特最后的观点完全推翻了自己过去的观点，我坚信，他过去的观点不能反映他真正的想法。"[1] 列维-斯特劳斯把结构主义视为生命的一部分，与他相反，对于巴特，结构主义是他会说的语言（马克思主义、社会主义、布莱希特、萨特、布朗肖）中的一种。尽管如此，他的出现为结构主义的时刻带来了更多光芒：二元论、空洞的形象。他作为研究"写作"（écriture）的跳板，扮演着一个矛盾的角色。因此，巴特后来承认，他的结构主义观点中承载的"科学性的安乐的梦"最终不是"它的真相"[2]。但这一点没有妨碍列维-斯特劳斯在1976年支持他成为法兰西公学院的候选人。因此，列维-斯特劳斯和文学结构主义的关系就像不受人们承认、不想

---

1 《亦近，亦远》，第107页。
2 罗兰·巴特：《回答》(1971)，载《全集》，第3卷，第1032页。玛丽·吉尔在《罗兰·巴特：替换生活》里引用了此文。参见第233页："我充满热情地相信自己能够走入符号科学：我穿过一个科学性（《流行体系》[Système de la mode]和《符号学原理》[Éléments de sémiologie]只是科学性的残余）的梦（欢乐的梦）：书写的工作并不重要，我还有时间；此外，就像您注意到的，我写过许多文章，这些能练笔（书写的欲望）；至少直到现在，结果已经表明我的'真理'曾是次要的假定，而不是首要的目的，但作为'符号学家'，我还是需要经常追求真理，有时，我被人肯定；有时，我被人质疑。"

要的亲属关系那样，最后，他并不一定要否认这种关系。[1]

面对这些"假结构主义者"和私生子，列维－斯特劳斯沉着地找到被他认定的亲人和他中意的参考文献。对于一位充满学习热情、渴望完成阅读的年轻人，列维－斯特劳斯首先会推荐索绪尔的《普通语言学教程》——"我们的圣经"。我们猜测他这是想要测试他的热忱是否属实。"而后，如果好奇心没有消散，那就阅读杜梅齐尔的《早期罗马宗教》（*La Religion romaine archaïque*）（帕约出版社）、雅各布森的《普通语言学论》（*Essai de linguistique générale*）（午夜出版社）、本维尼斯特的《普通语言学的问题》（伽利玛出版社）。最后，我自己的书……"[2]在法国作家中，他最常援引杜梅齐尔、本维尼斯特和韦尔南。结构主义的弟子们见证了杜梅齐尔与结构主义之间小小的不和，因为杜梅齐尔对被矮化为列维－斯特劳斯体系中的附属品而感到不满。杜梅齐尔突然采用"亲爱的先生"代替常用的"亲爱的朋友"，他在给列维－斯特劳斯的信中写道："最近让我心绪波动的是别的事。我不喜欢您的追随者或是将我附着于您，或是将我同您对立，把我的'希腊罗马神话'称作'神话和史诗'。我受不了在万塞讷（Vincennes）的某个人把'杜梅齐尔的结构主义和列维－斯特劳斯的结构主义'当作主题。您的弟子中有人将您的视角运用到古典世界，例如，德蒂恩（Détienne），他的《俄尔菲》（我对他的评价并不是一刀切！）像一份差劲的学校作业一样激怒了我。这一切都不重要 [……] 因为我认为您比我更加痛苦地感受到这么多年轻或没那么年轻的作家过犹不及的行为，他们实践着浅

---

1 参见帕特里斯·玛尼格里耶（Patrice Maniglier）作的序《作为结果的生活》（« La vie comme effet »）。参见胡安·帕布罗·卢切利（Juan Pablo Luchellli）：《有或者没有列维－斯特劳斯的拉康》（*Lacan avec et sans Lévi-Strauss*），新版，南特：塞西尔·德伯出版社（C. Defaut），2013年，第11页。
2 1968年1月29日克洛德·列维－斯特劳斯的信。参见社会人类学研究所档案室，编号 D.09.02。

薄的结构主义。"[1]

与往常一样，这一次，列维-斯特劳斯匆忙地写了一封诚挚的信宽慰他的前辈，让杜梅齐尔不要担忧。后者在空闲的时刻，思考什么是科学研究的集体工作，什么是两本专著之间交错的"施肥"，他还回想起1968年秋天在普林斯顿度过的几个月。那时，他刚刚退休，向他的这位后辈致以最美好的敬意："很难说是X欠Y还是Y欠X，您欠我还是我欠您什么。我认为，重要的是激励，是让某些文字再次点燃的火焰，而不是别的什么，可能是因为我们秘密的道路就在那里而不是在别处。您的每本书都给我以指引，一次又一次将我从对冒险的担忧中解脱出来，它们覆盖了那些被过于仓促地填补、能够引向更深远处的裂缝。但是我老了，没时间了。我现在唯一的担忧便是如何让这具亡躯入土为安。"[2]

"到达我生涯的夜晚……"

"到达我生涯的夜晚……"[3]：《裸人》的《终章》也是列维-斯特劳斯的作者生涯落下的帷幕。他63岁了。8年间，他写了满满2000页，他告诉自己"累了"。"我写到了尽头"，他在《纽约时报书评》中如此坦承道。[4] 精神集中的20多年使他一旦思想放松，就会感到极度疲惫，不仅如此，他还因为完成了作品而感到安心。他超越了索绪尔症候群！"在整个研究过程中，《尼伯龙根》（Nibelungen）给索绪尔造成的那种阴影也笼罩着我。索绪尔研究《尼伯龙根》多年，他为此奉献了几十本笔记。我们在

---

[1] 1974年6月24日乔治·杜梅齐尔给克洛德·列维-斯特劳斯的信。参见克洛德·列维-斯特劳斯档案库，编号NAF 28150，档案盒编号188。
[2] 1968年10月29日乔治·杜梅齐尔给克洛德·列维-斯特劳斯的信。参见克洛德·列维-斯特劳斯档案库，编号NAF 28150，档案盒编号188。
[3] 《裸人》，第620页。
[4] 约翰·赫斯（John Hess）：《神话般的列维-斯特劳斯》（« The mythical Lévi-Strauss »）。参见1972年2月20日的《纽约时报书评》。他简明扼要的特点是不可能翻译成英文的："写了那么多字，我已筋疲力尽。"（Je suis exténué d'avoir tant écrit.）

阅读这些笔记时清醒地发现，随着他激情洋溢的研究向前推进，他被压得喘不过气，被他自己的研究素材淹没，再也无法从中理出线索。这是我在编写《神话学》的整个过程中遇到的最大难题。我以坚不可摧的信念告诉自己，我不应当屈服于此，无论如何，即便是要考验读者，我也要坚持到底。"[1] 与时间赛跑、征服掩藏的危机、预感自己将要完成所有作品，这些因素让他更加安然地迎接即将到来的衰老："对于所有从事科学研究或者向往这种生活的人，他们的生命中总有那么一刻，他们感到自己已经完成了自己的作品，已经把想要说的说出了口。"[2] 因此，他不需要继续了。在接下来的几十年，列维-斯特劳斯仍发表了一些重要的书籍和文章，但他总是把它们看作附录，因为他的作品已经完结。

一年前，即 1970 年，他 60 岁。他收到了一册致辞（但已经迟到了两年），这是学院友谊和学术传承的标志性仪式。他的同行、学生、同事和朋友都通过不同内容和不同篇幅的文章见证了他们和这位大师的羁绊。[3] 马克斯·恩斯特（Max Ernst）送出一幅难解的画。帕特里克·沃德伯格（Patrick Waldberg）讲述了他们在纽约的那些年。摘要是列维-斯特劳斯人际关系网和生平的浓缩：整个民族学界都被介绍了一遍，还有某些历史学家（但没有布罗代尔）和语言学家。仪式在法兰西公学院社会人类学研究所举办。女导演雅尼克·贝隆（Yannick Bellon）录制了这段过程，但成片从未发布。[4] 我们能在片中看到并肩站立的长发青年和橙色西服上装，以及那些严肃却带着顽皮表情的老先生：雷蒙·阿隆、米歇尔·莱里斯、让·普永和列维-斯特劳斯自己。他们拿结构主义

---

1 克洛德·列维-斯特劳斯与雷蒙·贝鲁尔的访谈。参见《世界报》1971 年 11 月 5 日。
2 卡特琳娜·巴凯-克莱蒙：《克洛德·列维-斯特劳斯，结构与厄运》（*Claude Lévi-Strauss ou la Structure et le malheur*），巴黎：塞格斯出版社（Seghers），1970 年，第 212 页。
3 让·普永、皮埃尔·马兰达主编：《交换和交流：克洛德·列维-斯特劳斯六十岁生日的纪念文集》（*Échanges et communications. Mélanges offerts à Claude Lévi-Strauss à l'occasion de son soixantième anniversaire*），海牙：牧东出版社（Mouton），1970 年。
4 莫尼克·列维-斯特劳斯慷慨地给我看了 1970 年的 VHS 录影带，在此表示感谢。

芭蕾舞剧的想法说笑，他们之间的亲属关系将由舞者的动作轨迹呈现。台上有八间小屋和八个小节的群舞，数学家们给编舞下命令。这是一场由马克·森内特（Mack Sennett）或巴斯特·基顿（Buster Keaton）出演的剧，斯特拉文斯基的音乐被拿来作为伴奏……

列维-斯特劳斯确实喜欢卓别林、基顿、马克思兄弟，喜欢这群伟大的美国喜剧演员，他欣赏他们近乎天才一般的表情控制力。他喜欢喜剧电影，也喜欢家族文化（和这一代人的背景）中的双关语、第二帝国时期的幽默感和奥芬巴赫的风趣。不久后，他将爱上美剧《黑道家族》（Sopranos）独有的幽默风格，任何情况下都不会错过它的电视转播。虽然列维-斯特劳斯表现出似乎与他不可分离的严肃形象，人们也常常在他身上发现冷嘲热讽的能力，但他享受笑声，把笑声和音乐看作人类找到幸福的一种方法。《终章》中有趣的一段文字对列维-斯特劳斯的欢笑进行了评价。欢笑是喜剧的插曲、是语言的乐趣、是滑稽的谜语，简短是它的特征，因此，欢笑与苦难的生活轨迹绝然不同。有那么一刻，欢笑被提拔到与音乐同样的高度，音乐被视为另一种叫人泪眼婆娑的精神食粮[1]：人们为什么笑？是不同"操作领域"[2]之间的相遇创造了欢笑。欢笑是有益处的，它对立于焦虑状态，并且以武力（manu militari）驱除生理障碍，那些生理障碍时常让我们感到麻木不仁。而它的存在是新的转机，也是最后的转机。列维-斯特劳斯允许自己玩耍，体验笑与泪。根据他在20年前甚至无法想象的成功经验，他写道："音乐在相对短促的时间缝隙中成功降落，这是生命本身永远无法达到的[……]：音乐成功之余，还带来了一项计划。在音乐的范式下，

---

1 《裸人》，第586页："我们猜测，这个现象与笑类似。因为，不论哪一种情况下，只要人受到某种外来的刺激（语言的刺激、行动的刺激或者声音的刺激），心理和生理反应机制都会启动应对措施，人就会提前进入紧张状态。但反应机制应对的是什么？当我们笑着哭泣或者喜极而泣，我们身上究竟发生了什么？"
2 同上书，第587页。

感官秩序和理性思维互相结合，简短地模拟这种完整的成就感，而那些专业成就、社会成绩或者感情上的成功则需要更长时间才能实现这一点。它们需要完全激活存在的力量。音乐的成功则令其突然解除绷紧的状态，引起令人幸福又矛盾的失落，失落与由失败引起的那些紧绷状态不同，失落也会催生泪水，但这些泪水是喜悦的。"[1]

---

[1]《裸人》，第587页。

18　审慎之心

> 试图转变世界的手有那么多只，欣赏世界的目光却寥寥无几！
> 朱利安·格拉克，《首字母》[1]

许多左翼和极左倾向的读者都因《忧郁的热带》的强烈指控而澎湃不已。1960年代，一群愤世嫉俗的青年被这位严肃的法兰西公学院学者吸引，他们因为学者颠覆性的观点而聚集于他的身边。他可以包容所有人，挑拨离间者除外。几年前，他带着敬意评价唐·C. 塔拉耶斯瓦（Don C. Talayesva）。我们可以用他自己的话来评价他。唐·C. 塔拉耶斯瓦是一位霍皮族印第安酋长，致力于向长久以来受到美国文化影响的普韦布洛领地传播部落传统，被他称为"睿智的保守派""有条有理、专心致志的反对派"[2]……这样看来，他与拉康一样，心里产生了两种十分矛盾的情绪。一方面，他有"托克维尔式"的情结，他怀疑革命的根本性，想要保卫长期（longue durée）延续下来的制度；另一方面，他掀起的学术思潮摆出了鲜明的政治态度。[3] 列维–斯特劳斯、拉康和巴特打乱了20世纪的时间线，政治先锋派、理论先锋派、艺术先锋派同时出现。

列维–斯特劳斯曾信誓旦旦地与年轻时的社会主义运动告别，还义无反顾地离开了政治斗争的舞台。或许，我们不该将他的话当真。这一章，我们基于直觉大胆猜想：列维–斯特劳

---

[1] 朱利安·格拉克（Julien Gracq）：《全集》，"七星文库"，第2卷，巴黎：伽利玛出版社，1995年，第210页。
[2] 唐·C. 塔拉耶斯瓦：《阳光霍皮族：一位霍皮族印第安人的自传》，巴黎：普隆出版社，"人类观察丛书"，1959年，第9页。本书由雷欧·W. 西蒙（Léo W. Simmons）编撰、克洛德·列维–斯特劳斯作序。
[3] 《拉康》，第270页。

斯并非退出政治舞台，他只是以另一种方式重新构建政治空间。当然，他不是一个"干预政治"（engagé）的知识分子，他拒绝成为这样的知识分子。这样的主张与当时的主流做法判若鸿沟。一个世纪以来，新的人文科学给政治思想带来了震荡，同时，改变了政治和学术之间的关系，在他看来，这样的主张是一种思考政治和学术之间的关系的方式，一种新的方式。[1] 某种"克制力"（pudeur）也同样令他远离了知识分子提出请求和预言未来的姿态；他不解释自己的观点，不说明这些观点的影响，让谜题的意义不被揭开，让这些话语蒙上面纱。[2] 面对由一群自诩为少数派（那些知识分子）的一方来代表大多数人发表意见的模式（这种模式实际上是一种贵族模式），列维－斯特劳斯建议知识分子们建立一个更加民主、更多信赖的城邦，希望他们相信城邦的成员有能力发表观点。人们经常向他请教问题，他小心翼翼地回应，不替任何人说话。

作为坚持"不干预政治"的知识分子，民族学家"参与"政治。但他不喜欢以在声明书底部签名的方式参与政治，而是通过民族志调查抛出弹药。他将虚假的人文主义（humanisme satisfait）作为主要的攻击对象，民族志调查为他点燃了弹药。《种族与历史》激烈地批判了历史进步论，而《野性的思维》以及后来的几卷《神话学》打破了我们最隐秘的信仰，另辟蹊径。这条道路以一种修正后有作为的人文主义（humanisme concret et réconcilié）为终点，明确了列维－斯特劳斯的主张。

---

[1] 布鲁诺·卡桑提（Bruno Karsenti）：《从一种哲学到另一种哲学：社会科学与现代人的政治》（*D'une philosophie à l'autre. Les sciences sociales et la politique des modernes*），巴黎：伽利玛出版社，2013年。
[2] 莫里斯·布洛克（Maurice Bloch）：《基础人类学》（« Une anthropologie fondamentale »），载菲利普·德斯科拉（Philippe Descola）编：《列维－斯特劳斯：世纪之旅》，第250页。

沉思的社会学家

近期，一名哲学家为一种过时的美德平反，把这种美德——"审慎"——视为获得幸福的途径，哲学家的名字是皮埃尔·扎乌伊(Pierre Zaoui)[1]。但他主要分析的是矛盾的政治意义，或者说，微政治意义。因为审慎的姿态与张牙舞爪的当代政治格格不入。采取审慎的态度不是为了拯救谁：既不是为了拯救自我，也不是为了拯救他人，更不是为了拯救世界。这种道德和政治立场（当然，还有心理学意义上的立场）与克洛德·列维-斯特劳斯在自己身处的政治空间中采取的特殊立场十分雷同。他认为，自己并不是必不可少的，也认为，自己不必对同一代人的命运肩负责任，他伸手迎接未来的一切，就算他自己做出的接受或者拒绝的选择将使未来变得无法预料。他排斥干预政治的知识分子预言式的口吻，表现出一种不具人格的学者的自我，这样的自我丧失了直接采取行动的能力：面对历史事件（Histoire），每个公民都一样，都是平起平坐的。

反对知识分子干预政治

20世纪六七十年代，结构主义主宰理论舞台，到了1980年代初，结构主义退潮，同时，哲学以较为传统的形式顺理成章地回归大众视野。1988年，迪迪埃·埃里蓬就这一现象向列维-斯特劳斯提问。他惊讶地发现，人类学家并未感到特别伤感："迪迪埃·埃里蓬：您应当为哲学的回归而感到遗憾……——列维-斯特劳斯：为什么我应当为此感到遗憾？——迪迪埃·埃里蓬：因为您的工作建立在反对传统哲学的立场之上。——列维-斯特劳斯：确实如此，但是我不认为我自己对当代人的救赎肩负

---

[1] 皮埃尔·扎乌伊：《审慎：消失的艺术》(*La Discrétion. Ou l'art de disparaître*)，"关键词丛书"（Les grands mots），巴黎：别样出版社（Autrement），2013年。

责任。"¹ 这是一次糟糕的"变节",但这也反映出列维-斯特劳斯的个性:他本能地拒绝以任何人的名义发声。显然,他明确否定了 19 世纪末构建起来的知识分子的身份。知识分子被视为历史事件(l' Histoire)结局的调停者,公正与善良的拥护者,后来,知识分子又被推选出来,为被压迫者发声。列维-斯特劳斯一抬手便抛弃了伏尔泰、左拉、萨特等所有英雄故事,这些故事大多带有法国印记:"如果人们认可我,我认为,我的学术威信建立于庞大的工作量、一丝不苟的严谨态度之上,因此,在有限的领域里,我也许拥有受人聆听的权利。如果我因上述权利而对我不知道或者不那么熟悉的问题发表观点,我就是滥用他人的信任了。"² 事实上,他对伏尔泰或者维克多·雨果的某些斗争带有好感,心里敬仰着他们。他们冒着很大的风险,常常付出惨重的代价。后者在 20 岁时被流放到根西岛。但是他厌烦现当代思想大师的形象:"这是个注定要欺骗信徒的角色,除了做个圣人,又能改变什么呢!"³ 对列维-斯特劳斯来说,这是一种不能忍受的欺诈行为。

不过,大师之间仍然存在区别。第一批德雷福斯派人士准备着提出一次又一次请愿,然而事实上,他们中的绝大多数并非无所不知的学者、哲学家或者小说家。⁴ 许多人都来自社会科学领域,例如,莫斯、涂尔干,因为德雷福斯派的主张与社会主义运动的存在意义十分契合。民族学或者社会学对自身所在社会进行批判,于是,唤起了他们对社会主义的渴望,接着掀

---

1 《亦近,亦远》,第 131 页。
2 同上书,第 219 页。
3 同上书,第 221 页。
4 参见克里斯托弗·查理(Christophe Charle):《"知识分子"的诞生(1880—1900)》(Naissance des « intellectuels »[1880-1900]),巴黎:午夜出版社,1990 年;帕斯卡·欧利(Pascal Ory)、让-弗朗索瓦·西里内利(Jean-François Sirinelli):《从德雷福斯事件至今的法国知识分子》(Les Intellectuels français de l'affaire Dreyfus à nos jours),巴黎:阿尔芒·科林出版社(Armand Colin),1986 年;让-弗朗索瓦·西里内利:《知识分子和法国人的热情:20 世纪的抗议和请愿》(Intellectuels et passions françaises. Manifestes et pétitions au XX e siècle),巴黎:法亚尔出版社,1990 年。

起了以正义为名的斗争。对德雷福斯派来说，以正义为名的斗争指的是保护无辜的受害者。莫斯以学术方法分析每天的政治新闻。[1] 他的学术研究和他的社会运动之间没有任何断裂。事实上，知识分子干预政治的做法包括两种历史表现形式：德雷福斯派学者的模式以及后来出现的萨特模式。列维－斯特劳斯不想要第二种模式，也不愿意接受第一种模式。他发现，政治和学术之间的隔阂越来越深，科学家和社会运动人士之间的违和感越来越强烈。如果忽略这两种人类活动之间的断裂，迎接我们的将是一条死路："萨特天资聪颖，我就不会这么形容阿隆。萨特是个才子，有着极高的文学天赋，并且能够以各种各样的文学体裁进行表达。话虽如此，他的例子清清楚楚地告诉我们，聪明人如果想要预言历史，那么，便会作茧自缚，如果他还要在这历史中扮演某个角色，那么，结果只会更加糟糕。天才只能像阿隆那样，试着在事后理解事物。那些创造历史的人，他们的品质完全不在我们的讨论范围。"[2]

如果我们质疑思想大师的角色，更何况在"数量太过庞大的变量"[3] 的推动下，"这世界变得太过复杂"[4]，那么，我们只剩下两个解决办法：第一，是阿隆采用的办法，即将政治作为学术研究的对象，累积专业素养，通过专业素养来生产有价值的观点。然而，这是要全身心投入的一件事情！第二种解决办法更加彻底：我们应该决心成为一位普通公民，普通公民的观点与其他各种观点拥有同样的价值："[他的那些立场]或许不会摆脱感性，也不会前后一致，除非这位学者像在做为他赢得学术声誉的学问一样，为每一份政治文件的研究都付出同样的心血和时间，展现同等的能力（但是，他何时才能找得到时间做学问呢？），但我不

---

[1] 参见让－弗朗索瓦·贝尔（Jean-François Bert）：《马塞尔·莫斯的工作室》，第 48 页。
[2] 《亦近，亦远》，第 117 页。
[3] 同上书，第 219 页。
[4] 同上。

认为他能够以学术声誉作为借口而提出自己的政治主张。"[1] 他的变节之举背离了当时的主流话语。他否定知识分子干预政治的做法（法国共产党的重要人物弗雷德里克·约里奥–居里 [Frédéric Joliot-Curie] 就是干预政治的知识分子），他只能做一个学者，甚至是一个沮丧的学者，被社会包围。但他仍是社会的一员，不管他愿不愿意。

社会学家和普通公民

作为社会的一员，列维–斯特劳斯首先是一位消息灵通的公民和全国性媒体的热心读者。他一直订阅两份日报，《世界报》和《费加罗报》，并且每天购买《法兰西晚报》，只要这份报纸还能买得到；他也在读几份周刊：《快报》、《观察者》（后来成为《新观察者》）、《费加罗杂志》。他对政治舞台感兴趣，他带着热忱了解它，但与之保持距离。

20 世纪初，新的社会科学开始提倡真正的民主观念。从某种角度看，他的立场与这些民主主张一致："其实，这些作为批判科学的新的社会科学说了什么呢？它们明确指出，社会学意义上具有知识储备的个体有能力在政治哲学不允许的情况下，通过高水平的思想活动，在他们身处的社会中思考自己的处境，除了进一步理解社会的运动方式，他们还能发现未来采取行动的可能性。"[2] 他与他的当代人建立了关系：人们太想让他扮演思想大师一角，而他则坚决拒绝扮演这个角色。列维–斯特劳斯向往一个实现民主制度的社会，在这个社会中，每个人都能获得适当的信息，能够提出独立的见解。他从不口头传达或者书面公布一种现成的解决办法。有时，也有人会向他提出要求，希望他给出一

---

[1] 克洛德·列维–斯特劳斯：《人文科学的最终目的是将思想带入生活》(« Le problème ultime des sciences de l'homme consistera un jour à ramener la pensée à la vie »)，《文学杂志》(Le Magazine littéraire) 第 58 期，1971 年 11 月，第 26 页。
[2] 布鲁诺·卡桑提：《从一种哲学到另一种哲学：社会科学与现代人的政治》，第 20 页。

些思考的素材，但是他让对方自己去寻找答案。布鲁诺·卡桑提（Bruno Karsenti）告诉我们，他渴望批判性观点的诞生，从本质上说，发现批判性观点意味着发现社会科学。

公民列维－斯特劳斯不太适应法国本土的政治舞台：年轻时，他是社会主义积极分子；纽约那几年，他是非正统的戴高乐主义者，直到1960年代，他变成了真正的戴高乐主义者；他几乎拒绝签署左派知识分子发起的所有请愿书，他在普隆出版社出书，但这家出版社被列为右翼阵营；他有很多超现实主义运动的朋友；重要的是，他是一位民族学家，在1950年代，民族学家的身份意味着，他几乎被外界自动归类为左翼阵营成员。1967年8月，刚刚从古巴回来的米歇尔·莱里斯心怀满腔热情，邀请列维－斯特劳斯陪他去菲德尔·卡斯特罗统治下的国家，拜访那些"普通人，那里有很多进步的官僚，他们虽然不是官僚，但他们却真正地掀起了一场革命中的革命"！[1] 莱里斯完全没有发现，这个时机并不合适。

他的主张不可预测，在政治上是这样，在其他领域也是一样。这是因为，他的观点完全独立，并且，只有在外人向他明确提出要求时，他才会表达自己的观点。举个例子：安德烈·布勒东的一位朋友在1953年请求他签署一份与斐纳里事件（affaire Finaly）有关的请愿书。几年来，这个事件被法国媒体和国际社会广泛关注，当事人是两个犹太儿童的抚养问题。他们分别于1941年和1942年出生，出生地为格勒诺布尔，战争期间，他们的父母被押送到集中营，后被杀害。父母将两个孩子托付给一个天主教机构，由一位女性看护。这位女性曾是抵抗组织成员，并且严格信奉天主教。战后，她以孩子们都受过洗礼为由，拒绝将他们送回亲戚（两位姑母）身边。一段长期诉讼拉开帷幕，同

---

[1] 1967年8月21日米歇尔·莱里斯给克洛德·列维－斯特劳斯的信。参见克洛德·列维－斯特劳斯档案库，档案编号NAF 28150，档案盒编号195，主题档案"来信"。

时，在一部分天主教神职人员的帮助下，对被非法拘禁的孩子的搜寻工作也启动了。它们为这段令人感伤但具有标志意义的故事增加了一些插曲。最终，事件在 1953 年落幕：孩子们被移交给他们的姑母。同时，故事发展成了真正的"事件"。犹太教牧会（Consistoire juif）和天主教总主教府（archevêché）等宗教机构，以及政治势力被牵扯进来。所有反教权的左翼媒体和进步主义基督徒都积极参与其中，由于孩子们还被带到佛朗哥政权下的西班牙，一件国内事件变成了国际事件，反对的声音变得更加响亮。列维－斯特劳斯怎么看呢？他先是解释了拒绝签署一切请愿书这一举动背后的原则问题，然后，他主动做出更加深入的解释，但是，形式上，这只属于私下的谈话："我是一名热爱沉思的社会学家，斐纳里事件点燃了我的热情，我想让社会知晓这些陈旧的思想，它们的观点和想法。您揭露的教会只不过是其中的一部分，而不是唯一的。在您新雅各宾主义的做派面前，我已经发现自己难以前行；您又主张母系亲属拥有绝对权利，虽然您未通过文字清楚地阐述这一观点，但您也没有放弃这一主张。20 多年前，我就开始教授自然与文化间的矛盾，而我认为，一个在法国长大的中国人完全是一个法国人……人们不该因为法律谴责那些绑架他的人，就否定那不可否认的事实。但我再强调一次，请把今天的对话当作一次朋友间私密的对话吧。"[1]

在反教权的斗争中，列维－斯特劳斯从人类学家的立场出发，思考孩子的人生和他的成长环境。他曾在多个社会中观察发现，领养家庭胜过了被权利青睐的原生家庭。他在给出回应时"犹豫了一会儿"，因为他意识到，这是一个进退两难的选择，同时，法律判决也不允许出现这样的结果。他提出了一个具有挑战性的观点，一个矛盾的观点，但这也说明，列维－斯特劳斯完全抛弃

---

[1] 1953 年 3 月 23 日克洛德·列维－斯特劳斯写给 X 的信。参见贝尼舒档案集（fonds Bénichou），雅克－都塞图书馆。感谢格里高利·辛加尔（Grégory Cingal）向我提供了这份信件。

了偏见。这样的回应完全符合民族学家的风格。虽然他是通过书信和私下的对话表达了这个看法，但至少，他说出了心声。在这个例子中，他觉得自己有能力提供一些想法作为参考，但不希望替其他人做出决定，他坚决不表态支持起诉的一方。让我们研究一下这位公民作为"沉思的社会学家"，与他所面对的当代历史事件之间发生了哪些碰撞。

面对历史事件：阿尔及利亚战争、殖民主义、落后状态

1955 年 11 月 21 日，克洛德·列维－斯特劳斯给雅克·苏斯戴尔写信。雅克·苏斯戴尔还未被学科流放，仍是一位杰出的民族学家，但他再次陷入政治的旋涡。这位阿尔及利亚的总督慌张地发现，在一份支持组建阿尔及利亚和平行动委员会的信上出现了同事的签名。1955 年 11 月 7 日的《快报》刊登了这封信。[1] 列维－斯特劳斯回复苏斯戴尔。他先是安慰苏斯戴尔，表示自己完全相信他有能力"把法国政治带往一个更加健全的方向，但最终，政治就是政治。就算是完全远离政治的人（就像我十年以来只签署过两份文件：一份是大学教员反对欧洲防务共同体的请愿书，另外就是这一份）也不得不在道德上选择自己的立场。我还想要说的是，我想过，这份文件可能给您带来麻烦。但我真诚地相信，它只会推动您与政府的对话，让对话往一个我从未质疑过的方向发展。但这也证明了一点：当我们与'公共事务'保持距离时，我们最好不要这样坚持下去"[2]。《快报》的这份请愿书收集了许多具有代表性的知识分子的签

---

[1] 那些请愿人都严肃地参与请愿，"以他们打心底里认为好的方式采取行动，并且在一切可以行动的领域采取行动，目的是结束北非的一场战争。这场战争对共和国来说构成了威胁，同时，它也是反人类的罪行"。他们要求停止镇压，进行直接的谈判，终止阿尔及利亚的紧急状态，解放部队，他们也要求，不论在海外省还是法国本土，不能容忍种族歧视。《快报》强调，这些签署人意见一致，作为一个整体，他们回应了弗朗索瓦·莫里亚克时代的"记录"。
[2] 1955 年 11 月 21 日克洛德·列维－斯特劳斯写给雅克·苏斯戴尔的信。参见克洛德·列维－斯特劳斯档案库，档案编号 NAF 28150，档案盒编号 202。

名。这些知识分子有迪奥尼斯·马斯克罗（Dyonis Mascolo）、罗贝尔·安特勒姆（Robert Antelme）、埃德加·莫兰（Edgar Morin）等与玛格丽特·杜拉斯有联系的圣贝诺瓦街（rue Saint-Benoît）的前共产党员们，也有被打上共产党人烙印的弗雷德里克·约里奥，还有弗朗索瓦·莫里亚克（François Mauriac）、罗杰·马丁·杜·加尔（Roger Martin du Gard），以及乔治·古维奇、乔治·康吉莱姆、让·瓦尔（Jean Wahl）等几位大学老师。除此之外，神父皮埃尔和吕松的主教卡佐的名字也在纸上。在阿尔及利亚"事件"期间的众多声明中，其中许多名字还将再次出现，闪耀于这些声明的下方。但是，列维-斯特劳斯的名字没有再次出现。著名的《121人宣言》中也没有出现他的名字，为此，外界对他颇有批评。《121人宣言》就是在1960年9月6日公布的《阿尔及利亚战争中有权不服从军队征召的宣言》。他以这种方式重新表达了他对苏斯戴尔的信任。

一年后，苏斯戴尔将自己创作完成的有关阿尔及利亚的书赠送给列维-斯特劳斯。然而，列维-斯特劳斯有一些不满，并拒绝评论这本书。之后，苏斯戴尔转投秘密军事组织（Organisation armée secrète）的怀抱，并且，他还经历了10年的逃亡（他在意大利的蒂罗尔），因此，他们的关系变得疏远。1968年10月，苏斯戴尔才回到法国。他未被审判，未被关押，也未被赦免。国家安全法庭对他被卷入佩蒂特-克拉玛特刺杀事件（attentat du Petit-Clamart）一案做出不予起诉的决定。这段时期，列维-斯特劳斯从未阻断友谊的桥梁。他时不时写信，总是为苏斯戴尔辩护，他希望让苏斯戴尔重新加入高等研究实践学院第六科系的教学团队。1969年，他的心愿实现了。

让我们回到1955—1956年。这一年，列维-斯特劳斯知道，"灾难"将要降临于阿尔及利亚。"灾难"是由新的政策造成的：一项浮躁冒进、令人抵触、愚昧无知的政策。他在1956年的《快报》中写道:"我们本该学习英国处理印度问题的方法,在越南和北非结出善果,因为一个足够庞大的民族学研究团队从 50 年前就开始潜心研究。英国能够成功解决问题,正是因为(至少部分因为)它进行了长达一个世纪的科学研究:也许黑人非洲和马达加斯加还有机会。"[1] 对于阿尔及利亚,殖民者只能可悲地合上行李箱,这是避免战争的唯一办法。1950 年代中期,列维-斯特劳斯清楚地表达了这个观点。

法国民族学从战争的炮火中发展起来,但它还未完全脱离自己右翼历史的影响,为此,更加拼命表明自己的左翼倾向,支持联合国教科文组织开展的反种族主义运动。每个民族学家以自己的方式参与其中,以消除民族学研究和西方意识中长期存在的偏见为目的。[2] 写于 1950 年代初的那些短文,其使命正是消除这些偏见。在联合国教科文组织创办的文集中,有两篇文章值得一提:列维-斯特劳斯的《种族与历史》、米歇尔·莱里斯的《种族与文明》(Race et civilisation)。[3] 然而,从殖民主义的背景看,民族学家这个职业并没有一个明确的角色定位,而它自己却对学科和殖民活动之间剪不断的命运过于执着。保罗·利维自愿告发民族学滥用殖民主义的行为,但他并未考虑让民族学立马从中解放出来。[4] 如此看来,他们采用了英国"间接统治"(Indirect Rule)的解决方案。在民族学研究提供的一些帮助下,"间接统治"的策略让殖民关系逐渐退出舞台。然而,1950 年代,米歇尔·莱里斯等人抛弃了这种方案。1950 年,召开了一次以"面对殖民主

---

[1] 克洛德·列维-斯特劳斯:《旅行的权利》(« Le droit au voyage »),《快报》1956 年 9 月 21 日。
[2] 参见雅克·雅曼:《人类学和它的参与者》(« L'anthropologie et ses acteurs »),第 109 页以及后文。
[3] 参见本书第 13 章。
[4] 克利斯提那·罗利埃尔(Christine Laurière):《保罗·利维:学术与政治》(Paul Rivet. Le savant et le politique)。

义的民族志学者"¹ 为主题的会议。会议上，莱里斯提出了民族学家的新职责：民族学家再也不是殖民者和土著人的中间人，而是被殖民者的"公设辩护人"。此后，莱里斯和乔治·巴朗迪耶身边的新一代民族学家让民族学与历史之间的关系明朗起来。反殖民主义立场变得清晰后，实现了这样的结果。

在学科中，列维－斯特劳斯仍然与他人不同。因《种族与历史》，他打破了"教化"的逻辑，颠覆了殖民主义的思想基础。这种方式比签署请愿书更具冲击性。他不为旧殖民者说话，他也不信任殖民地独立之后出现的新政体，因为后者热情地拥抱被他批判的进步观念，并且可能比外人更加仇视"落后"的自己人。出于这个原因，在这一整个阶段，他虽然被看作积极参与去殖民化斗争的作家，却不支持他人，也不公开表态："此处存在误解。我维护那些社会，或者说，我努力成为它们的见证者，然而，它们受到了'第三世界论'的威胁，第三世界论比曾经的殖民行为危害更大。这些国家赢得了独立的政府一点也不爱护仍然存在于他们土地上的所谓的落后的文化。[……]殖民主义是欧洲犯下的滔天大罪。不过，从文化的活力和多样性看，我不认为，殖民主义的消失意味着我们往前迈了一大步。"²

在今天看来，这种与自己的阵营不同的立场并没有那么多矛盾，同时，有一些当代的意义。它与 1990 年代出现的"后殖民研究"³ 不谋而合。他批判了殖民研究模型，质疑殖民地在独立的进程中复制西方模式后得到的那些范畴，例如，"进步"、民族国家、政教分离、经济发展，等等。几年后，在 1961 年，列维－斯特劳斯再次提出对"欠发达"的激烈批判。那时，"欠发

---

1 米歇尔·莱里斯：《面对殖民主义的民族志学家》(« L'ethnographe devant le colonialisme »)，《现代》第 58 期，1950 年，第 357—374 页。
2 《亦近，亦远》，第 213 页。
3 参见玛丽－克洛德·斯穆特（Marie-Claude Smouts）编：《后殖民情境：法国舆论中的后殖民研究》(La Situation postcoloniale. Les Post-Colonial Studies dans le débat français)，巴黎：巴黎政治学院出版社（Presses de Sciences Po），2007 年。乔治·巴朗迪耶为之作序。

达"已经成为国际组织不可逆转的范式，联合国便是拥护这种范式的第一大组织："今天被我们称为'欠发达'的那些社会从它们内部看并非如此，把它们看作西方发展的局外人或者无关者是错误的。而真相是，从16世纪一直到19世纪，这些社会直接或间接地遭到了破坏，因此，为西方世界的发展提供了机遇[……]。发展本身和它的贪婪要求，把这些社会变成了今天的样子。"[1] 今天的历史学家根据马克思理论，指出以奴隶为劳动力的种植经济（甘蔗）如何在18世纪的安的列斯群岛实现了欧洲工业革命需要的资本的累积。因此，资本主义、殖民化、奴隶制本质上都与一段暴力的历史有关，三者互有关联，都是造成血腥历史的元凶。列维-斯特劳斯参与了1961年联合国教科文组织举办的一次圆桌讨论，发表了一篇气势逼人的文章，并借助文章内容预见了我们今天所说的"联结的历史"[2]（histoire connectée）。在文章里，他发现了这些相隔遥远的社会如何建立早期的联系，而正是这些联系将它们的未来与全球化进程紧紧相依，将它们拖入西方世界建立的轨道上。文章是应联合国社会科学国际理事会的邀请而写的。他的分析高度批判了联合国和联合国教科文组织开展的行动——让所谓的"欠发达"社会进入工业化阶段和对所谓的"落后"人口进行识字教育。列维-斯特劳斯让他的读者们自己推导结论。他向他们的美好计划泼了一盆冷水，希望这样做能够动摇高高在上的领导者们。他们虽是出于好心，但并没有摆脱殖民行为的逻辑。

---

1 克洛德·列维-斯特劳斯：《文化的不连续性和社会经济发展》（« Les discontinuités culturelles et le développement économique et social »），圆桌讨论会上的报告，1961年9月，《结构人类学》，第2卷，第368页。报告内容围绕"工业化的社会条件"展开。
2 桑杰·苏布拉曼杨（Sanjay Subramanyam），《从塔古斯河到恒河：探索联结的历史》（From the Tagus to the Ganges : Explorations in Connected History），牛津大学出版社，2004年。

面对历史事件：1967 年，以色列和法国的犹太人

列维－斯特劳斯对外保持缄默，但在个人书信中，他放任自己的嘴巴，毫不掩饰这一点。作为现代世界史上戏剧性的一刻，六日战争（和其结果）证明，他比戴高乐自己还要符合戴高乐主义者的身份。他并不同意一年后雷蒙·阿隆在《戴高乐，以色列和犹太人》（1968）中输出的观点。皮埃尔·伯恩鲍姆（Pierre Birnbaum）最早发现，在 1967 年的冲突事件中，二人之间的交流具有重要意义。阿隆承认放弃了他一直坚持的客观立场。几天里，以色列的命运受到好战的阿拉伯国家威胁[1]，他认识到自己"犹太人意识的爆发"[2]。10 年之前，他曾斥责 1956 年英法以共同出征苏伊士运河，当时，纳赛尔已经占领了苏伊士运河。1982 年，他又谴责以色列入侵黎巴嫩、屠杀巴勒斯坦人的行径。据我们所知，冲突发生后的几个月后，即 1967 年 11 月 27 日，爱丽舍宫举办了那场著名的记者会。戴高乐在记者会上发表了以犹太复国运动史为主题的演说，由此掀起了应对中东地区阿拉伯新政策的开端。他还无意间说出——是经过筹划还是因为笨拙？——记入史册的一句话：犹太人的国家近期的占领行为令国土翻了三倍，他说到犹太人时，指的是流散于世界各地的犹太人或位于以色列的犹太人，他说犹太人像是"自信并且热爱征服的精英民族"。阿隆无法原谅戴高乐说的这句话。在他看来，这反映了一种法国的反犹主义，而总统的发言将这种反犹主义变得合理化。

列维－斯特劳斯评论阿隆刚给他寄的书，他承认自己欣赏阿隆的语气和高尚的道德，但他完全不同意阿隆的观点："其实，我们从一开始就见证了在这个国家，公共舆论如何被有组织地操

---

[1] 皮埃尔·伯恩鲍姆：《希望的地理学：流放、启示和去同化》（*Géographie de l'espoir. L'Exil, les Lumières et la désassimilation*），巴黎：伽利玛出版社，2004 年，第 179—182 页。
[2] 雷蒙·阿隆：《回忆录》（*Mémoires*），第 500 页。

控。请回想《法兰西晚报》首页的大标题《埃及人发动攻击》。六日战争后,这样的标题并没有消失。犹太裔法国人或者非犹太裔法国人都应该对这些事件拥有不同于政府的观点,并且公开地为自己的观点辩护,没什么比这还合理的了。然而,他们利用自己在媒体界的地位推动立场的宣传(在媒体上,他们理应慎之又慎,并且思想严谨),并试图改变局势,我闻到了阴谋的味道,我敢说,还有背叛的味道。作为犹太人,我对此感到不齿。我也对那些身居高位的犹太人在光天化日之下以所有人的名义讲话的行为感到不齿……这种厚颜无耻的做法不应当继续下去,我猜,他们也猖狂不了太久。我感到难过的是,他们采用这种形式操控舆论,我承认,至少这一次的定语符合事实:某些法国的犹太人利用他们对纸媒或者广播电视媒体的掌控,利用他们自己的话语权,擅自代表他人说话,确实'自信并且热爱征服'。"[1] 阿隆承认,对这一回复的激烈语气感到意外,但他不认为存在操纵意识形态的现象,就算广播电视都是由国家掌控的,这也不能说明问题。他总结到,对这个问题的认知无法避免主观情绪的影响。列维 – 斯特劳斯完全同意这个结论。

  事实上,这里包含两个要点:一方面,最近的历史事件证明,列维 – 斯特劳斯的回应在一定程度上是合理的。埃及、约旦和叙利亚军队正被以色列的战车、火箭筒和隐形轰炸机(法国出售的军备)击溃。另一方面,抛开阴谋论不提,正在这时,新的修辞和真实的媒体宣传(例如,大卫与歌利亚的战斗、以色列人可能遭受大屠杀的危机)撼动了一大批法国群众,其中包括犹太裔法国人,也包括非犹太裔法国人。在法国,"犹太人群体"的意识开始萌生。以此为开端,一小部分犹太人从法国移民至以色列,同时,随着年轻一代法国犹太人踏上寻根之旅,法国犹太人开始

---

[1] 1968 年 4 月 9 日克洛德·列维 – 斯特劳斯给雷蒙·阿隆的信。参见法国国家图书馆手稿收藏部雷蒙·阿隆档案库,档案编号 NAF 28060,档案盒编号 207。

进入犹太复兴的漫长过程。[1]另一种法国犹太裔公民身份逐步出现,它试图与同时存在的多种身份进行和解,其中,以色列身份也占据一席之地。这正好解释了这二人之间意见相左的原因。阿隆反思自己在1940—1944年为自由法国工作时对犹太人屠杀保持沉默的行为,开展自我批评,他已经准备好迎接法国犹太裔新的身份。而列维-斯特劳斯则相反,他本能地拒绝接受这种身份。

他通过自己的家族历史、流亡的经历、一些心理上被他接受的典型的犹太人特征——例如,"警惕的敏感性"——来了解犹太人。然而,他对自己同时拥有法国人身份和犹太人身份这一事实绝不让步:"虽然我很想了解家族渊源、它遥远的过去、丰富的文化与历史,但我认为自己完完全全、彻头彻尾是法国人。"[2]这段过去不属于他,从巴勒斯坦流亡至阿尔萨斯期间的历史更是成为一个秘密。18世纪,"祖先被证实"在阿尔萨斯安定下来。"安定下来之前发生了什么呢?"[3]历史的断章令与巴勒斯坦在情感上的所有联系变得虚无缥缈。实际上,虽心存犹豫,但他最终于1984年访问以色列。他没有任何一刻感到"实实在在地触摸到根基"[4]:"我对以色列有惊人的兴趣,不是因为我在那里找到一群表亲(我没有发现到家的感觉),而是因为它是西方连接东方的桥头堡,因为第九次十字军东征。"[5]

最后一个类比十分关键。它出现在给雷蒙·阿隆的另一封信中。在该段落里,人类学家由衷地吐露心声,解释内心对以色列没有归属感的原因:"您说得非常对:如果没有个人和集体通过各种方式观察状况和事件,就不存在客观历史真相。眼下这个例子更加符合这种情况。因为我对以色列局势的感知还

---

[1] 参见多米尼克·施纳佩(Dominique Schnapper):《犹太人和以色列人》(*Juifs et Israélites*),巴黎:伽利玛出版社,1980年。
[2] 克洛德·列维-斯特劳斯:《我是谁》(«Ce que je suis»),《新观察者》1980年7月5日。
[3] 《亦近,亦远》,第217页。
[4] 同上。
[5] 同上书,第218页。

是受到另一个事件的限制。我敏锐地关注另一个事件：它发生于几个世纪以前，发生在世界另一端，一个被迫害和受压迫的民族来到这片土地上定居，匆忙地把几千年来在此地居住、比他们柔弱的民族赶了出去。我当然不能像肋骨刚刚受伤一般感受红皮肤民族（Peaux-Rouges）遭受毁灭的痛苦，不能在巴勒斯坦的阿拉伯人都受到怀疑时做出相反的反应，尽管我和阿拉伯世界的简单接触让我对他们产生了无法根除的憎恶（这是现在的情况）。"[1] 这一次，列维-斯特劳斯又停顿了：这次，以色列的殖民帝国主义与征服了新大陆的欧洲人（新教教徒、犹太人和被排挤的边缘者）的理由（受害者心理）别无二致。未来几年，反犹太复国主义将要崛起，列维-斯特劳斯作为由左翼和极右翼组成的反犹太复国主义者之一，高举巴勒斯坦人形象的旗帜。巴勒斯坦人被视为新的剥削对象。

面对历史事件：1968 年

那时，他 60 岁。尽管上了年纪，列维-斯特劳斯本可以成为五月风暴的参与者：人类学研究深度讨论当代问题，他认同文化相对主义，不仅如此，他持续且激烈地对西方进行批判。因此，他创建了一处开放的知识空间，以缓解"六八"运动的混乱、安抚其躁动。他的文字是一块敲门砖，其作用是发起对西方文明模式、对其组织形式和柔性压迫的大声抗议。并且，事实上，一些参与五月风暴的年轻人是结构主义者无疑。[2] 然而，不论对其学术影响力还是对个人生平的发展来说，五月风暴都不是正面的。列维-斯特劳斯自己也认为，五月风暴基本上将结构主义送进了坟墓。这一矛盾又引发其他矛盾，使列维-斯特劳斯在当时的意

---

1 1968 年 4 月 10 日克洛德·列维-斯特劳斯的信。参见法国国家图书馆手稿收藏部雷蒙·阿隆档案库，档案编号 NAF 28060，档案盒编号 207。
2 例如，伊丽莎白·卢迪内斯库曾以结构主义者的身份参与五月风暴。参见作者与她的访谈

识形态格局中难以被归类为某一类人。总之，就算有一些潦草的迹象，他也不可能被说成是"想要拯救索邦的迷茫的大学教授"。他既不是演员，也不是观众，他偷偷离场了。

列维－斯特劳斯在法兰西公学院的研究所工作，在拉丁区的中心度过了美好的五月。一位观众被舞台上声势浩大的演出弄得神情紧张，他未曾主动要求进入剧场观看演出，于是，很快便起身离开，在巴黎的另一端找了一处清静的地方。这个别处不过是他在巴黎十六区的家。

一开始，他"带着民族志学者的眼光"[1]，在索邦散步。那些"年轻人"成为1960年代法国社会的新的一类人，他们的行为举止比别的事物更加有趣。更重要的是，他们的行为举止也比别的事物更具异国情调。几场会议相继召开。5月14日，杜梅齐尔感谢他参与会议："您愿意参加这次圆桌会议，与我们讨论老索邦的阶梯教室中正在上演的冲突，我非常感动。我完全不明白事情为什么会发展到这一步。雅克·勒高夫（Jacques Le Goff）主持会议，我希望您能代替我发言！"[2]然而，他没有米歇尔·德·塞托（Michel de Certeau）的闲情逸致[3]，因此，没有把获得解放的话语作为神秘话语的替代品；他也没有学习罗兰·巴特的解密之道，因此，没有以符号学的方式对城市满是涂鸦的新景象进行批评。[4]列维－斯特劳斯很快就感到厌烦，然后离场。"一旦最初的好奇心消失了，或者笑话听够了，五月风暴便令我作呕。——为什么？——因为我不赞同人们砍伐树木去做路障（树木是生命，生命值得我们尊敬）；不赞同人们把

---

[1] 《亦近，亦远》，第115页。
[2] 1968年5月14日乔治·杜梅齐尔给克洛德·列维－斯特拉斯的信。参见克洛德·列维－斯特劳斯档案库，档案编号NAF 28150，档案盒编号188，主题档案"来信"。
[3] 米歇尔·德·塞托：《掌握话语权：建立一种新的文化》（*La Prise de parole. Pour une nouvelle culture*），巴黎：德斯克雷·德·布洛尔出版社（Desclée de Brower），1968年。
[4] 罗兰·巴特：《事件写作》（«L'écriture de l'événement»），《传播》（*Communications*）1968年11月。

公共场所变成垃圾桶,因为公共场所是所有人的财产,每个人都有责任爱护它们;不赞同人们在大学教学楼或者其他建筑上随意涂鸦。我也不赞同学术研究和公共机关的运作因为连篇的空话而停摆。"[1] 五月风暴的闹剧被米歇尔·德·塞托称为"发表言论"（prise de parole）,米歇尔·德·塞托还指出其背后存在的解放意义。沉默寡言的民族学家则将之视为完全空洞的连篇废话、用来表达自我的自恋主义者的舞台。埃德加·莫兰用"缺口"[2]来形容这个被撕开的口子,这个口子既指时间意义上的断裂,也指一个社会正常运作的中断,因此,它是完完全全的"瘫痪状态",没有留下任何实际成果。

列维-斯特劳斯害怕看到自己为了构建一所人文科学研究所而付出的耐心和努力被毁于一旦,因此,忧心忡忡。他对生态问题的关心和对公共空间的尊重也能说明他为何对五月风暴感到恐怖。一方面,民族学家的身份让他重视连续,而不是断裂。因此,他对那些突发事件并未嘴上留情,他总是担心它们会叫人自食苦果。他不再是那个年轻的社会主义运动分子了,早就与"夜未央"（Grand Soir）的革命神话彻底告别。但五月风暴中的左派人士（他们常常有反共主义情绪）又开始崇拜起这个神话。另一方面,他把科学定义为维护世界秩序的方式,科学研究对抗的就是现实生活中的混乱秩序。他觉得,五月风暴只是一场混乱的闹剧,并没有什么意义,但以这场闹剧为开端,话语被随心所欲地拿来使用。他认为,滥用话语正是我们这个社会的特征。他有许多同事们都遭到了攻击。我们不该忘记五月哄闹的阶梯教室中,他们突然被剥夺了公开讲课的权利,受到了精神创伤。而列维-斯特劳斯不同,他几乎没有什么负

---

[1] 罗兰·巴特:《事件写作》,《传播》1968年11月。
[2] 让-马克·库德雷（Jean-Marc Coudray）、克洛德·勒弗、埃德加·莫兰:《五月风暴:缺口——对事件的最初反思》（*Mai 68 : la brèche. Premières réflexions sur les événements*）,巴黎:法亚尔出版社,1968年。

面争议。在法兰西公学院和和气气的教师代表大会上，几乎没有人挑战他，在研究所里，质疑的声音就更少了。因六八事件，研究所少了一位成员，安妮·查普曼（Anne Chapman）。她对伊萨克·希瓦（Isac Chiva）做出的某些决定提出质疑。五月风暴没有对他造成更多影响。

列维-斯特劳斯不由自主地抗拒废话连篇的大会发言，他不禁在五月风暴中看到一种症状，但这种症状并非刚刚开始，而是即将消失。在接下来的几个月里，他提出了独特的人类学观点，这样的观点与右翼的阴谋论或者右翼从社会学视角出发提出的文明危机的话题有所不同。事实上，列维-斯特劳斯并不认为这是一场青年人自己的危机，他认为，这反映了社会的根本问题，因为年轻人们没有融入我们的社会；更糟糕的是，青年人成为一个独立的群体，还向这个社会提出抗议。1969年，美国报纸宣传权力中心从萨特变为列维-斯特劳斯，然而，列维-斯特劳斯认为，近期发生的事件使年轻人的立场向萨特靠近。他向《纽约时报》的记者透露了他的几点分析，不过，我们发现，他没有在法国媒体上就这个话题发表意见（他过了很久之后才通过法媒发表意见）："我们发现，我们没有任何促进青年融入社会的机制，人类学家研究的那些社会也碰到了这个问题，但它们常常能够建立准确的应对机制。"[1] 在西方社会中，从幼儿园到大学，年轻人融入社会的过程耗费时间，进程缓慢。在原始社会中，孩子享受毫无约束的自由，突然，"从天而降的启蒙仪式将他们与赋予他们存在意义的世界彻底分开了"[2]。列维-斯特劳斯认为，今天，大众媒体鼓励人们打破权力的框架，形成属于青年的亚文化，但这种文化当然是出于经济利益的考虑：年轻人的消费活动将会创

---

[1] 《迈入七旬的法国人类学家痛惜20世纪》（« French Anthropologist at Onset of 70's deplores 20th Century »），《纽约时报》1969年12月31日。
[2] 同上。

造市场。这种失败的融合"意味着这些世代不再确定自己的价值为何"[1]，同样，它们也不确定自己是否想要传承这些价值："自它们（那些社会）意识到自己无法传承任何东西、不知道该传承什么并且寄望于将来世代的那一刻起，它们就病了。"[2]这是我们必须知道的。这种观点源于一种深层的情绪，一种认为政治衰败、文化式微、学界凋零的负面情绪："在高中时，我就认为，我的这个世代无法拿来与同一个世纪的柏格森、普鲁斯特、涂尔干进行比较，我自己也不例外。我认为，五月风暴并没有摧毁大学，是大学的自我瓦解导致五月风暴爆发。"[3]这是一种十分符合列维-斯特劳斯作风的因果倒置。同时，作为一个一丝不苟的人，他不仅对自己所处的社会进行批评，还一直开展自我批评。因果倒置和自我批评将这种伤感的情绪变得与众不同。他不是医生，他是这具病体的一部分。

1968年秋，国民教育部部长将要通过新的基本法。这时，克洛德·列维-斯特劳斯展开了行动。为了保留法兰西公学院这个"专家团体"在法国学术机构中的特殊性，他在法兰西公学院中进行游说。1968年10月1日，他向法兰西公学院所有教师写了一封信。信中，他这样解释道："今年春天，我们完成了会议讨论，未来，我们还要继续讨论。我认为，我有必要清楚地告诉你们，对于这个大家庭的未来，我是如何设想的，或许有人与我有同样的想法。"[4]他希望由公学院的教席主导行政工作，将法国国家科学研究中心联合研究所的同事排除于管理岗位之外。这是他写这封信的主要意图。在教学方面，他认为公学院应当是一个允许伟大的思想进行自由对话的特殊场所，

---

1 《亦近，亦远》，第221页。
2 同上。
3 同上书，第116页。
4 1968年10月1日克洛德·列维-斯特劳斯的信。参见克洛德·列维-斯特劳斯档案库，档案编号NAF 28150，档案盒编号216，主题档案"法兰西公学院"。

这些伟大的思想"在广大的科学领域拥有话语权：精确科学、自然科学和人文科学；他们以保护这种合作关系的创造性价值、促进这种价值的增长为己任"[1]。在他看来，学术创新很大程度上建立于这种古老但特色鲜明的机构组织形式上，因此，他主张要保护后者，不能让它被卷入一时的旋涡之中。根据他的政治立场，他坚定地想要把法兰西公学院从以共同管理为特征的新的民主制度中独立出来。他害怕散乱的民主主义，也讨厌耗费时间的一个个会议。我们本可以合理地给这种立场贴上保守派的标签，但最后一段话却替他表明了另一种立场，为他能够继续留在左翼阵营提供了一些证据："这些文字的作者是一间小型研究所的负责人，这间研究所长久以来一直采用直接民主管理制，不区分等级或职位，但作者认为，当每一家研究所、机构或团队都由其所有成员共同承担管理责任时，我们才能够更好地证明，公学院作为一家独立的机构，由其成员共同承担责任，并且，应当由其成员共同承担责任。"[2]

他批评1968年11月12日投票通过的《高等教育基本法》，谴责它对各种民主决策机制的无视。1968年11月20日，他写信给雷蒙·阿隆："我身处一个矛盾的境遇之中：从四年前开始，我的研究所——有30多位成员——实行了不区分等级或职位的直接民主制。效果十分显著。然而，似乎只在很小型的组织里才可能存在真正的民主（卢梭和孔德这样认为），在小型的组织里，人与人之间的关系限制了意识形态的多样性。共同管理制想要获得成果，就必须采取入学选拔制，选拔制叫学生珍惜入学机会，而不是挥霍就学的权利；然后，共同管理制应该应用在基层，应用在小型的教学团队和研究团队中，只有这样，

---

[1] 1968年10月1日克洛德·列维-斯特劳斯的信。参见克洛德·列维-斯特劳斯档案库，档案编号 NAF 28150，档案盒编号 216，主题档案"法兰西公学院"。
[2] 同上。

共同管理制才有最终获得普及的可能性。与此不同的是,大学里不可避免地形成了两股势力:一边是幼稚的学生群体,另一边是守旧的助教。"[1]

结论:让我们拥抱各间研究所里彻底的民主制度、法兰西公学院里的学术贵族制度。每一级都有属于自己的政治制度。

人类学家和城邦

克洛德·列维-斯特劳斯的个人档案中留下了政府规划师和这位民族学家之间超现实主义对话的痕迹。这样的对话具有超现实主义的特征,并且,在今天看来,难以想象:两方风格不同,擅长的领域也不同。公务员们还引用了卢梭和蒙田的话。他们以"教授先生"的称呼明确地表示尊敬,因为,一方面,列维-斯特劳斯是个有分量的人物;另一方面,在1960年代的法国,"技术官僚主义"(technocratie)和"学者"之间存在一定的联系。前者倾听后者的意见,向后者学习。[2]

这位人类学家将眼光投向远处孤立、摇摇欲坠的小规模社会,但他也属于当下社会,特征显著。他虽然不同意将人文科学作为实用工具,但决策者向他请教时,他也乐于与之对话。这是1963年法国国家规划的关键时期。法国政府认为自己有能力预测未来(特别是预测城市的增长),认为有必要合理布局人口、资源、交通、空间活动,使之符合人文价值。当时的问题:如何让民族学数据服务于规划文件的预测板块?这是可行的吗?这么做有必要吗?显然,列维-斯特劳斯高度赞扬规划机构付出的努力,当然,他也质疑这种做法的实际效果。总之,他把规划行为看作"一

---

1 克洛德·列维-斯特劳斯给雷蒙·阿隆的信。参见法国国家图书馆手稿收藏部雷蒙·阿隆档案库,档案编号 NAF 28060,档案盒编号 207。
2 《设备和生产力计划总署会议报告》(« Compte rendu de réunion du Commissariat général du Plan d'équipement et de la productivité »),1963 年 5 月。参见克洛德·列维-斯特劳斯档案库,档案编号 NAF 28150,档案盒编号 214。

个社会在思想上已经成熟"[1]的标志。事实上,"那些没有文字的社会经过了整体规划,且想要被规划"[2]。当代的规划师因为它们的文明发生着不可掌控的快速变化而感到不安,在"变化的价值"和"持续的价值"之间寻求合适的平衡点,与之不同的是,古代社会希望远离变化、远离历史性的未来。

列维-斯特劳斯拿当时的一些广告语——"奥妙在此,污渍退散!"——和一些吠陀文学的形式框架进行比较,以说明摆脱疾病、对抗敌人、克服恐惧等保卫行为的表达方式一直传承了下来。但他这样做是为了清楚地指出,要想实现完整的规划,不仅要考虑最显而易见的经济数据,也要考虑未被意识到的神话学因素。比如,近期,政府想要引导消费者多挑选价格便宜的牛肉部位。这位民族学家让人们注意到,神话的潜意识仍然存在,并且把炖肉与烤肉对立起来,已知的心理上的对立情况包括:"烤肉代表雄性,炖肉代表雌性。烤肉代表营地,炖肉代表城镇。烤肉代表新鲜肉,烹煮代表腐肉;炖肉代表家庭,烤肉代表社会。"[3]

列维-斯特劳斯的最终目的是宣扬社会科学的民主使命,上文已经提过这一点。根据这一使命,一种特殊且不必要分享出去的知识(博学、技术词汇、理论工具等)被人掌握后,应当以这样或那样的方式返还给原来的社会。这些社会为研究创造了条件,同时,渴望理解自己真实的运作方式[4]。对民族学家来说,或者,对异域社会的专家来说,虽然这样的"回馈"在时间上要晚一些,并且,需要以媒体作为中介(就像此处),但依然有序地进行。然而,这个过程阻碍重重。其他例子告诉我们,列维-斯特劳斯

---

[1]《设备和生产力计划总署会议报告》,1963年5月。参见克洛德·列维-斯特劳斯档案库,档案编号NAF 28150,档案盒编号214。
[2] 同上。
[3] 同上。
[4]《从一种哲学到另一种哲学:社会科学与现代人的政治》,第25页。

绝不接受"专家"的头衔，但当他认为能够为争论提供学术贡献和公民个人的贡献时，他认为自己有义务回应这类请求。于是，他回答了一个有关"城市文明和心理健康"[1]的问卷调查，此时还是1963年。我们能在问卷上发现他的一些"乡村信念"：他认为，真正的危险不是城市生活，而是郊区文明的扩张，郊区文明通过"在自然环境中形成人口集聚规模"。因此，在列维－斯特劳斯看来，由安德烈·马尔罗（André Malraux）在新成立的文化部火热推出的重大项目"文化馆"并不是一个一劳永逸的解决方案："文化不是全部"，"文化馆"如果对此缺乏认识，可能变成单纯的"不在场证明"，被用来赞颂一种与艺术、与创作活动之间完全虚假的关系。这一论点在对马尔罗的文化政策进行批评的左派人士中形成了巨大反响。[2] 在这些左派人士看来，"文化"阻碍了对革命的思考；在列维－斯特劳斯看来，"文化"不够谦逊，也不够尊重，并且，抛弃了与历史、自然的具体联系，而人类应当有能力扎根于这种具体联系之中。因此，他最终的提议是，在自然保护地上建立"小型考古学研究站和生物学观察站"，他认为，这样做能有效地弥补城市文化馆的不足。

列维－斯特劳斯对欠发达、规划行为和文化政策的姿态都是一致的，并且，他的主张也与他对知识分子公民责任和民主价值的理解保持一致：他提出一些素材供人讨论，罗列事实和想法，但他不进行解释，也不采取政治行动。每个人都能自己得出结论……

---

[1] 《城市文明和心理健康》：这是1963年3月18日，他对生命研究院（Institut de la vie）的问卷的答卷。参见《结构人类学》，第2卷，第333—336页。后面的引文都来自这篇文章。
[2] 参见伊曼纽艾尔·卢瓦耶：《文化避难和政治救世说之间的文化馆》（« Les maisons de la culture entre sanctuarisation culturelle et messianisme politique »），载菲利普·阿尔蒂埃尔（Philippe Artières）、米歇尔·赞卡里尼－夫奈尔（Michelle Zancarini-Fournel）：《六八年：一段集体历史（1962—1981）》（68. Une histoire collective, 1962-1981），"口袋/评论丛书"，巴黎：发现出版社，2015年，第144—151页。

"所有科学都具有政治意图"

列维-斯特劳斯在学术生活和政治生活之间建立了新的关系。尽管如此,列维-斯特劳斯既不想参与政治活动,也不想创作具有政治意义的作品。雅各布森和拉康也是一样的。然而,1960年代,这些所谓的结构主义理论却被视为极端政治主张的标志。在弗雷德里克·马通蒂(Frédérique Matonti)看来,这种政治化的理解是一种"重新定性"(requalification),通过"重新定性",那些社会活动人士将一般情况下不会延伸至学术圈以外的理论作为对象,赋予它们政治价值和意义。[1] 一些外部因素造成了这种矛盾:在人文科学领域有了庞大的大学生读者群体;创造了学术空间的新期刊(《批评》[Critique]、《原样》[Tel Quel]、《新文学》[Lettres nouvelles]、《弓》[L'Arc]……)密集出现,这些期刊鼓励预言式论述的出现;此外,弗朗索瓦·傅勒(François Furet)指出,去殖民化的结束和去斯大林化标志着政治秩序失去平衡,在这位历史学家看来,意识形态的真空状态把人们对马克思主义的信仰转变为对结构主义的信仰。[2]

这种政治化对列维-斯特劳斯来说是真实存在的:民族学的视角经过理论化的包装,被认为本身就具有革命意识,承载着经过革新的人文主义;在《神话学》中建立起来的结构认识论与西方16世纪以来的人文主义这一根本批判思想产生了不那么清晰的联系,但是,两者的联系仍然是紧密的。换言之,列维-斯特劳斯的人类学被赋予政治意图,其中一个原因是(尽管这不是唯一原因)民族学结构主义显然有政治性。列维-斯特劳斯曾谈到保罗·利维,他完全意识到这些模糊地带背后的人为因素:"所

---

[1] 弗雷德里克·马通蒂:《结构主义的政治化:理论的危机》(« La politisation du structuralisme. Une crise dans la théorie »),《政治理性》(Raisons politiques)第18期,2005年5月,第49—71页。
[2] 《法国知识分子和结构主义》。

有科学都具有政治意图……"[1]

民族志的革命和一般化的人文主义

民族学与政治的相遇发生在战后,避无可避的人文主义问题为两者创造了相遇的机会。人文主义问题并非顺理成章地出现,萨特、梅洛-庞蒂、加缪等人不得不处理这个问题。福柯曾说,自己就是出于同样的原因远离了这个问题。至于列维-斯特劳斯,他的学科为他提供了新的批评工具,因此,他能够面对这个问题:"与我的同一代人一样,我也面对[……]我虽然面对人文主义的假设,但民族志学经历告诉我它存在局限性,于是,我踏上了寻寻觅觅的旅程,我首先要为革新的人文主义寻找诞生的条件。"[2]

其实,民族学超出了所有具体的学科领域,因此,才能够成为一门真正的"去往他乡的技艺"[3]。基于上述逻辑,民族学将自我去中心化,以此姿态回应着一切文化的根本需求,即向往另一个文化,这另一个文化要么在时间上与之距离遥远,要么在空间上与之距离遥远。1956年,周刊《明日》发表了一篇反响巨大的文章。文中,列维-斯特劳斯将这种民族学的动机和人文主义的活力等同起来:"民族学既不是一门独立的科学,也不是一门崭

---

[1] 在为保罗·利维的一本书写评论时,列维-斯特劳斯指出,保罗·利维"生动地说明,所有科学都具有政治意图"。洛朗·让皮埃尔引用了该文,参见《为结构人类学辩护:列维-斯特劳斯与古维奇的结构性对立——论两位流亡于美国的法国人之间的战争》。
[2] "剑桥指南丛书"(Cambridge Companion)的《列维-斯特劳斯》(Lévi-Strauss)出版之际,2006年1月12日,克洛德·列维-斯特劳斯给德尼·坎布克内(Denis Kambouchner)写了信。《列维-斯特劳斯》由 B. 魏斯曼(B. Wiseman)主编,收录了多位作者的文章。其中,德尼·坎布克内的文章题为《列维-斯特劳斯和人文主义问题》。参见克洛德·列维-斯特劳斯档案库,档案编号 NAF 28150,档案盒编号 193。他在信里继续写道:"我从各个角度尝试寻找它所需要的条件,在寻找的过程中,我发现它们之间显然存在矛盾。我认识到,这些条件互相碰撞之后逐渐消失,而且,这种对人文主义的批评(康德意义上的批评)正渐渐掏空人文主义的实质。"有关这个主题,他的想法发生了许多改变:"自1952年起,我认为还能同联合国教科文组织继续就这个问题进行沟通,到了1971年,我认为帮助这个机构的最好办法就是让它直面这些矛盾。"
[3] 克洛德·列维-斯特劳斯:《三种人文主义》(1956),载《结构人类学》,第2卷,第320页。

新的科学：它是被我们称为人文主义的最古老、最一般性的形式。"[1] 文章的标题中提到的"三种人文主义"反映了主动去往他乡后具有比较视野的三个时刻：文艺复兴时期的古典人文主义是因为人们重新审视古代文化中的古希腊语文本和拉丁语文本而发展起来的，神职人员是古典人文主义的第一批受益人，也是唯一一批受益人。随后，在18世纪和19世纪，世界版图因地理探索而扩大，新空间（印度、中国、日本等国家）为启蒙时代的"异域"人文主义赋予了新的价值。孟德斯鸠和伏尔泰的文字中提到的有关波斯人和休伦人的记载被拿来作为审视自身社会的道德和习俗，形成了一种批判性的新的视角。最后，20世纪出现了民主人文主义，替代了资产阶级的人文主义，一方面是因为地理范围继续扩大，另一方面是因为感知的事物也有所增长。民族学研究原始社会，需要（在时间和空间上）回到原始社会，向所有人提供审视我们自己所属的世界的犀利目光。这种民主人文主义制造了一个一般化的人文主义。这是列维－斯特劳斯在1956年编织的希望。然而，蛀虫进入了果实。人类（从自然中）独立出来，建立了一个拥有主权的领地，这样的说法制造了最严重的弊端。然而，革新的希望还没有完全消失。

1962年，当列维－斯特劳斯向卢梭表达敬意时，他以一种更加警世的语气谈论了世界局势："对人类来说，这个世界可能变得比以往任何时候都更加残酷。这里出现了各种灭绝、屠杀和折磨生命的行径。我们从未否认这些暴行的存在，这是真的，但是，我们一厢情愿地认为这些暴行并不要紧，因为我们施暴的对象是远方的民族……现在，人口密度变大之后，世界变小了，任何人都可以成为极端的暴力的侵害对象，因此，作为社会成员，

---

[1] 克洛德·列维－斯特劳斯：《三种人文主义》（1956），载《结构人类学》，第2卷，第319页。周刊《明日》（*Demain*）从1955年至1957年正常出版。

我们每个人都感到焦虑……"[1] 人类从自然的环境中独立出来，作为主体，将要成为真相的最终宿主。这是历史上一种扭曲的人文主义形成的原因，这种扭曲的人文主义在人类和其他生命（动植物王国）之间划出分界线，开启了"恶性循环"。"这条分界线不断后退，把一些人与其他人分隔开来"。人类被赋予了特权，因此，如果少数人声称自己比其他人更加具有人性，并将其他人贬低为动物，这也并不奇怪。历史上并不缺乏例子，有屠杀事件的 20 世纪更是典型。但是，16 世纪还不是起点。民族学家伊曼纽埃尔·特瑞有理有据地指出，在这个进程中，那些主要的一神论宗教是影响因素之一，因为它们认为，人类有权优先与唯一的神明对话。[2]

渐渐地，列维-斯特劳斯受到多个因素的共同影响，向怀疑悲观主义靠拢。这些因素包括：他对"人口灾难"越来越执着，在他看来，"人口灾难"否定了人文主义的作用；他还意识到，那种人文主义内部存在内在矛盾，让它失去了全部的意义。最终，只有人类学，"这种没有约束和限制的人文主义"[3]，能够面对那些难题。维克托·斯托克科沃斯基（Wiktor Stoczkowski）提醒我们，列维-斯特劳斯的社会主义热情在 1950 年代渐渐消失。马克思主义的词汇，例如，不平等、阶级，都消失了。取代它们的是西方、殖民主义者、帝国主义者：换言之，罪魁祸首。土著部落被摧毁，他们面临彻底消失的危险，为此，保护政策才有了用武之地。保护的对象还包括对消失的民族多样性的记忆。在这次转变中，列维-斯特劳斯的特别之处在于将道德法则以同心圆环的形式向外延展，他不仅考虑整个人类，还扩大到所有生命体。这便是他所

---

1 《让-雅克·卢梭，人文科学的奠基者》，第 53 页。后面的引文都来自这篇文章。
2 伊曼纽埃尔·特瑞：《克洛德·列维-斯特劳斯的世界观》（《La vision du monde de Claude Lévi-Strauss》），《人类》第 193 期，2010 年 1—3 月，第 32 页。
3 参见维克托·斯托克科沃斯基：《人类学研究作为救赎：列维-斯特劳斯的世界观》（Anthropologies rédemptrices. Le monde selon Lévi-Strauss），第 270 页。

说的"一般化的人文主义"：融入自然、忘我和秉持怜悯之心。这些美德超越了传统人文主义的价值，因此，他总是被他的同一代人称为"反人文主义者"。

宇宙以人类为中心，这是历史上人文主义腐败的内核。然而，这种人类中心论的观点遭到了美洲印第安神话的道德观的谴责。美洲印第安神话的道德观即审慎的道德观。审慎这个词也是《餐桌礼仪的起源》的最后一个词："我们从小便常常害怕来自外界的不纯。当他们宣称'地狱是我们自己'，野蛮人为我们上了谦逊的一课，而我们希望仍旧能理解它的内容。在这个世纪，人类消灭了许多社会，然而，这些社会的财富和它们的多样性从遥远的时代开始就一直永久属于珍贵的人类遗产，此后，人类依然热衷于摧毁不计其数的生命。就像神话一样，我们可能再也不需要对外挑明：合理的人文主义不是将自己放在首位，而是把世界放在生命之前，把生命放在人类之前，尊重其他存在而非自我利益优先；因为所有种族，包括我们人类在内，都不能因为在地球上生存了一百万年或者两百万年，就以之为借口把世界据为己有，把它当作一件东西，不克制、不审慎地采取行动。更何况，未来，人类的存在将会迎来终结。"[1]这个以伟大世纪的语气写成的"判决"在当时产生了强烈的回响，今天，它的回响则更加强烈。因为"尊敬世界"为我们的实践提供了更少的指导，所以，列维－斯特劳斯的警告拥有重要的政治意义，这也许就是民族学家能够比许多颠覆性的哲学家显得更加坚决的原因。皮埃尔·扎乌伊接着说道，"总之，他更加彻底，他的观点走得更远"[2]。

---

[1] 《餐桌礼仪的起源》，巴黎：普隆出版社，再版，2009 年，第 422 页。
[2] 《审慎：消失的艺术》，第 50 页。

结构主义的谋略

结构人类学提出了对人文主义的激烈批判，比民族学本身更加彻底。当然，我们知道，列维－斯特劳斯常常指出，"监狱"是人类用一块又一块石头为自己堆积起来的建筑，而囚禁自己的刑罚是"阻碍哲学思想进步的最大障碍"[1]之一。1960年代及之后，列维－斯特劳斯的发言越来越不合时宜，他不仅是为了用笔战来反抗一种狂妄和愚蠢的人文主义，这些发言也反映出"列维－斯特劳斯在他严谨的学术工作中运用的方法趋于极端化"[2]。事实上，根据哲学家帕特里斯·玛尼格里耶（Patrice Maniglier），《亲属关系的基本结构》是一项人文主义人类学研究，它建立在各种文化中普遍存在的现象（乱伦的禁止）和自然与文化的对立之上，这项研究视人类为独立的存在，然而，与之不同，《神话学》则没有这个意图：这种"人类学研究[……]不是由人类以何为标准的问题主导"[3]。这第二种结构主义不再纠缠于自然和文化之间的变换，也不再把自然和文化视为不可互相渗透的两大范畴。武断的开头之后，终点却不见踪影；神话文本没有固定形体；神话变体的变体是分析的对象。在这些条件下，神话的结构分析变成碾碎所有神话的内容、否定神话表面意义的机器。它实现了把一个神话翻译为另一个神话的无限的镜像游戏，而这项游戏的最终结果是，认可人类学专著本身是神话的一种变体。[4] "这意味着列维－斯特劳斯的文章不直接展现神话的本质，也不直接呈现神话思想的一般结构。"[5] 换言之，人类学的目标不是找出一个统一的固定模式，一种可以定义人类的隐藏的神性。相反，它的研究对象是

---

1 克洛德·列维－斯特劳斯：《从一场回顾展谈起》（«À propos d'une rétrospective »），1966年，载《结构人类学》，第2卷，第330页。
2 帕特里斯·玛尼格里耶：《克洛德·列维－斯特劳斯无止境的人文主义》（« L'humanisme interminable de Claude Lévi-Strauss »），《现代》第609期，2000年6、7、8月，第231页。
3 同上书，第233页。
4 《生食与熟食》，第14页："因此，这本关于神话的书，它自己就是一个神话。"
5 同上书，第237页。

神话运作的思想机制,这种思想机制必须是动态变化的,它是一种赋予人类思维活力的"传播行为"[1],但它从不以明确的方式定义什么是人类,不以排除法定义什么不是人类。经过修正、一般化的人文主义与将人类客观化的社会科学并不兼容。这就是由《神话学》构建起来的第二版结构人类学能够成为新的人文主义载体的原因。科学和政治在此携手同行。这种观点通过神话的结构分析,发现了思考当代社会的真正的政治框架,因此,它反映了对结构主义的深层理解。列维-斯特劳斯发表的最后几篇文章看起来证实了这种说法。我们将在稍后讲到这些文章,特别是文选集《我们都是食人族》。在这部选集中,民族学家思考了为人父母的新形式。

"选择新石器时代"

列维-斯特劳斯热爱历史但几乎不相信历史。在他看来,历史只是部分可被理解,没有人能预见它的变化,更不能预见它的终结。在《野性的思维》里,他以17世纪法国投石党的贵族阶级起义为例,指出社会政治权力关系的复杂性和这项运动自身的不确定性。然而,同一时期的不同政党都完全投入战斗,直到死去。因此,真实的人类活在历史之中,而"他的智慧在于观察自己如何经历历史,同时,明白(但是以另一种语调)他经历的一切生动的经历,在下一个世纪的人看来,就是神话"[2]。不同层面的情感之间存在区别,这些区别是政治觉醒的催化剂,渐渐地,催化剂让列维-斯特劳斯远离现代的某些情感(pathos),从而随心所欲、毫无歉意地拒绝"进步":"在我们所称的进步中,90%的努力都是为了纠正那剩下的10%谋

---

1 《生食与熟食》,第13页。
2 《野性的思维》,第833页。

得的利益所造成的不便。"¹

原始社会为了抵抗变化付出了巨大努力，现代人会感到震惊不已。列维-斯特劳斯遥远的目光让他摆脱了当代人的历史观念：与他们相反，他不重视变化，但他惧怕失去，渴望保护。在他看来，社会节奏加快、时间加速意味着巨大的危机。这是一个不可分割的个人与不幸命运的完全融合后造成的后果。这种提出（和调整）问题的方式正是符合政治特征的，尽管（因为）它颠覆了传统政治的那些范畴："进步""左翼""右翼""反抗""改革""革命"……在宣扬"回归"时，列维-斯特劳斯是个反动者。此外，他是个极端反动者：他并不想要回归旧君主专制制度，如果可能的话，他想要回归……新石器时代。他对雷蒙·阿隆坦承，后者想来应该十分惊讶："人类的救赎指的是，拒绝成为[变化、变形过程中的]主体或者中介。也就是说，选择新石器时代，如果您能允许我这样简单地总结。"² 新石器时代的激进主义要求热爱沉思的普通公民秉持信念，作为无比自由的公民，在后五月风暴时期，他可以坦率地公开这个观点。这位老教授则为那些麻烦制造者制造麻烦。他向往明天，向往新世界，向往身体的解放，向往阶级关系和性别关系的解放，为此，他提出了自己的政治神话：尊重世界、尊重习俗和互相尊重、保持适当的距离、采取审慎姿态、延续制度的悠久历史、重视时间延续的价值、融入自然。与其高喊"没有约束的享乐"，他选择在沉默中享受快乐，在森林中散步时享受孤独。

---

1 克洛德·列维-斯特劳斯：《〈快报〉带你走近克洛德·列维-斯特劳斯》（« *L'Express* va plus loin avec Claude Lévi-Strauss »），《快报》。
2 1955 年 12 月 25 日克洛德·列维-斯特劳斯写给雷蒙·阿隆的信。

第 4 部分

新世界（1971—2009）

19 不朽之人

> 要在未来站得住脚，在某些时刻，得学会甘于过时。
> 　　　　　　　　　　欧内斯特·勒南（Ernest Renan），
> 《何谓民族？》（*Qu'est-ce qu'une nation?*，1882）[1]

从此，列维-斯特劳斯的生命陷入了由重复（répétition）和差异（écart）组成的辩证关系之中。他向自己的过去求助，希望透过新视角来检验一些有待解决的问题。因此，在出版于1975年的《面具之道》中，他回顾了身处纽约的那些年。那时，与超现实主义为友的他对不列颠哥伦比亚省的面具"天真、充满激情的"[2]表情啧啧称奇，成了内行的面具收藏者。30年后，他拓展了结构分析的应用领域，首次对造型艺术进行了结构分析。艺术之谜成了他探寻的圣杯。

1976—1982年是他在法兰西公学院的最后几年。其间，他将精力集中于一个新的研究对象：家屋社会（les sociétés à maison）。被他冷落许久的亲属关系的人类学又被他捡了起来。他想要探索一个空白的领域，寻找一条未被发现、昏暗不清的海岸线。他的目的是"整理自己的思绪，而不是执行一项未来的计划"[3]。1973—1975年，他几次到加拿大旅行。在加拿大西北岸旅行期间，他与旧事物重逢，并没有发现新事物。他的目的是与自己对话，而不是进行考察。最终，不列颠哥伦比亚省的面具、在温哥华和渥太华的旅行经历以及对"家屋"的探寻使这十年间的

---

[1] 1974年6月27日克洛德·列维-斯特劳斯在法兰西学院就职演讲中引用了这句话。
[2] 《面具之道》，第878页。
[3] 埃里克·史威默（Éric Schwimmer）：《克洛德·列维-斯特劳斯和加拿大野兔》（« Claude Lévi-Strauss et le lièvre canadien »），载《列维-斯特劳斯》，"埃尔纳手册丛书"，巴黎：埃尔纳出版社，2004年，第203页。

人类学结构主义重心向加拿大偏移。

他不断重复着回顾过往的行为。突然，1973年5月，入选法兰西学院的事件打断了他。人类学家在此刻成为不朽之人。然而，这正是结构人类学最脆弱的时候。它受到了来自四面八方的攻击，被激烈或者温和地批判。这一时刻标志着思想界和社会科学界出现了转折。列维-斯特劳斯以敏锐的历史嗅觉，利用自身不可动摇的毅力以及对时间延续的信仰（这也包括法兰西学院和它那些过时的仪式）来对抗正在上演的范式的转变。所谓范式的转变，指社会主体替代了结构，策略替代了规则，多元、去中心化的叙事替代了单一的宏大叙事，自由替代了限制，等等。他快速意识到，人类学结构主义已经在变为"历史"。这位不服输、独立、反传统的民族学家甘愿成为魔鬼的代言人，他披上了院士服，以这种方式嘲笑自己献身左翼阵营的青春年华。但他也因此体验到伪装成伟大印第安酋长的愉悦感觉。

结构主义被淘汰

1970年，即60岁生日的两年后，列维-斯特劳斯收到了向他致敬的文集。让·普永和皮埃尔·马兰达是文集的主编。整个社会人类学研究所的团队、许多同事和朋友围绕在两位主编身旁。他以这样的话回应了让·普永和皮埃尔·马兰达先后完成的致辞："研究者的生活也像社会生活一样，有三种状态：第一种是我们未达成的，在此状态下，我们尽力做到最好，这是一种最积极的状态；第二种是我们获得了常常建立在误解上的某些名望，这是形而上的状态；第三种是我现在感到自己如此坚牢地身处其中，人们把你撕成碎片，这是同类相食的状态；我希望并且相信还有第四种状态，它既不与孔德、维克有关，也不与黑格尔有关，那时，我们所处的地方离这三方有着同等的距离，我们不再被外界熟知，几乎陷入一种半冷漠状态,处于这种状态的我们将与外界永远隔绝开来。这本文集出现在我面前时,我处于第二种状态,它的出现预示着我将陷入第三种状态。"[1]

这篇孔德式的小寓言也许是讽刺的一瞥,讽刺的对象是来自研究所朋友圈之外的年轻听众(和不那么年轻的听众)。年轻人围绕在他身边,准备好与结构主义进行斗争。因为结构主义独掌大权十年,害怕自己被人从理论的讲台上踢下来。而且,他们已经开始行动了。发表于1968年的《什么是结构主义?》根据学科分类收录了学生完成的一系列论文。作为专著的主编和策划人,弗朗索瓦·瓦尔(François Wahl)否认这本书的目的是进行批判,认为这项集体活动是为了展示"第二代人的疑问"[2]——这里当然是指第二代结构主义者。然而,将他们集合起来的意义并未成立。在国际层面上,在学科内部,那些被压低的反对声和更加显然的敌意从未减轻,最终结果是,许多人组成了不同的部落。纽约的社会学家丹尼尔·贝尔(Daniel Bell)诙谐又生动地描写了这个大张挞伐的"评议会":那些"相对主义社会学家"放弃了人类存在共同性的想法;那些"文化人类学专家"(克利福德·格尔茨)认为结构分析缺少应当建立在民族学田野调查之上的"深刻描述"(thick description)[3]。结构主义到底是某种理论还是科学之间通用的方法?这是争论的焦点。

在国家层面,批评的波纹根据不同领域、不同时间段和不同的论据延伸开来。1968年的事件也是原因之一(但占据多大比重?)。对人类学学科的激烈批判来自民族学的内部,有时,也来自社会人类学研究所的内部。美洲文化研究者罗贝尔·若

---

[1] 参见雅尼克·贝隆(Yannick Bellon)的电影。
[2] 丹·司培博(Dan Sperber):《什么是结构主义?》(Qu'est-ce que le structuralisme?),第3卷。参见《人类学中的结构主义》(Le Structuralisme en anthropologie),"观点丛书",1968年,1973年再版,巴黎:瑟伊出版社,第9页。弗朗索瓦·瓦尔为之作序。
[3] 丹尼尔·贝尔:《列维-斯特劳斯和理性主义的回归》(«Lévi-Strauss and the Return to Rationalism»),《纽约时报书评》1976年3月14日。

兰、皮埃尔·克拉斯特、让·莫诺、雅克·利佐认为人类学是殖民主义的帮凶，若兰把殖民主义定义为"种族文化灭绝行为"（L'ethnocide）；列维-斯特劳斯身边的某些民族学家——比如莫里斯·戈德里耶——对历史提出新问题，这种受马克思主义启发的民族学点燃了争论的导火线。结构主义的范式扩大其波纹至整个社会科学范围，皮埃尔·布迪厄的批判社会学对它进行了思考和改造。皮埃尔·布迪厄思想的突然出现代表着新的转向，标志着社会学拥有了前所未有的自主性。最终，我们回到了理论哲学层面。我们应当指出，所谓的"后结构主义"（德里达—德勒兹—利奥塔，另一个是巴特……）如同通过"重复"和"断裂"远离了结构主义。总之，"后结构主义"将结构主义撕得粉碎。媒体报道认为，这是划时代的变化。列维-斯特劳斯并没有给出任何评论，他只是默默地回到了研究所。虽被视为过时之人，但他乐意做个过时之人。结构主义大师潜入知识的地下墓穴，一待就是二三十年。

民族学有罪

列维-斯特劳斯的同事和朋友们为他庆祝生日那年，研究非洲的民族学家罗贝尔·若兰发表了自己的宣言——《白色和平：种族文化灭绝导论》（La Paix blanche. Introduction à l'ethnocide）。他曾以清晰的结构主义思维出版过被外界肯定的《萨拉之死》（1967）。后来，他转而研究美洲，考察仍未被外界侵入的部落巴里（Bari）。巴里在委内瑞拉和哥伦比亚边境上。让·莫诺被罗贝尔·若兰的感染力吸引，雅克·利佐也加入了他在委内瑞拉的行程，最后，皮埃尔·克拉斯特组织了一个优秀年轻人汇集的团体。这个团体里也有稍年长的人：1970年，若兰42岁，克拉斯特36岁。他们都与列维-斯特劳斯走得近。1960年代末，他们都变得激进。

尽管如此，在圣-米歇尔大街上地板砖横飞的时候，他们几乎都身处美洲印第安部落的偏远地区，因此错过了五月风暴。

这些民族学家把民族学看作殖民统治的附属科学，更重要的是，把民族学看作原始民族毁灭的因素。他们以最具冲击性的方式质疑他们的田野调查，质疑学科本身，还质疑学科的科学主张。克洛德·列维-斯特劳斯宣称科学和政治之间是绝缘的，这样的说法被证明是不成立的。对于若兰，政治完全左右了科学活动，只要民族学描述的背景是种族文化灭绝，政治就是认识论的核心。

如果说这次反抗的头号行动是《白色和平》的出版，那么，第二号行动便发生在《现代》（1971年6—7月号）上。《现代》回应并延续了美国期刊《当今人类学》（Current Anthropology）发起的有关"民族学和帝国主义"的国际讨论。人们能读到《航行的高潮》[1]，皮埃尔·克拉斯特的短篇小说。皮埃尔·克拉斯特以一种令人心酸的克尼亚王朝式滑稽模仿的手法描写了突然来到原始人家里的一群游客：他们的猥琐行径暴露无遗，合作（历史意义上的合作）发生在民族学家和"满怀好意的小个子白人"游客之间，但游客掉进了自己的陷阱，没有摆脱自己的偏见。同一期期刊里，奥利维耶·莫诺尼（Olivier Manonni）继续反思"考察活动的田野"："当格里奥尔在并不知晓的情况下，用一种对墨索里尼有利的方式描述阿比西尼亚人（les Abyssins）。"[2] 事实上，民族学被批判是一门殖民科学，除此之外，把人视为物的客观化视角被定义为殖民的暴力。此后，罗多尔佛·斯塔文哈根（Rodolfo Stavenhagen）提出问题，"如何让应用社会科学去殖

---

[1] 皮埃尔·克拉斯特：《航行的高潮》（« Le clou de la croisière »），《现代》第299—300期，第2345—2349页。
[2] 奥利维耶·莫诺尼：《考察活动的"田野"？》（« « Terrains » de mission ? »），《现代》第299—300期，1971年6—7月，第2352页。

民化？"[1] 让·莫诺发到同一期期刊的信少了那些文章冷静的口吻，他以另一种语气表达了自己无法言语的失望之情。这封《给一位老妇人的悼词：给几位民族学家的信》[2] 令人震惊：莫诺在信中为民族学举办了葬礼，毁灭性（毁灭自己）的熊熊怒火难以掩饰："令人动情的老妇人在临终前深信自己风韵犹存，以为自己还处于忧郁的热带。"[3] 如果说若兰攻击的是列维-斯特劳斯的那些"手腕"，那么莫诺攻击的是他的追随者，但莫诺总是用戏谑、"煞有介事"的语调说话。

一位列维-斯特劳斯的狂热仰慕者——也是他在法兰西公学院的助手——写了这篇怒气冲冲的文章，来反对大师和他的科学信仰。他在丛林中读了《从蜂蜜到烟灰》，感到十分震惊。他承认结构分析的学术方法完全具有经验层面的恰当性，和他在皮亚罗阿斯（Piaroas）的经历完全相符。但是随着时间的发展，他脱离了列维-斯特劳斯"巫术般的"民族学。他不愿收集一个注定要毁灭的文化的最后的痕迹，而是想帮助印第安人生存下去。[4] 他们是研究客体还是政治主体？印第安人的形象是这场民族学政治批判的对象，因为在马克思主义无产阶级面前，它变成了一种受到压榨的他者形象。然而，美洲印第安部落的左翼民族学家们和列维-斯特劳斯一样，并未在变革的舞台中把自己看作马克思主义的民族学家，马克思主义民族学家大多研究非洲。他们同样拒绝将进步作为社会必须接受的发展历程，因此，他们站在了路障的同一侧。又是敬仰又是否定的情绪使谋杀父亲的场面出现了。于是，莫诺和列维-斯特劳斯之间的君子协定被打破了。

---

1 罗多尔佛·斯塔文哈根，同上，第 2362 页。
2 让·莫诺：《给一位老妇人的悼词：给几位民族学家的信》（« Oraison funèbre pour une vieille dame. Lettre à quelques ethno-loques »），《现代》第 299—300 期，1971 年 6—7 月，第 2393—2400 页。
3 同上书，第 2393 页。
4 2013 年 2 月 26 日让·莫诺与作者的谈话。

若兰已经离开了研究所。1970年，他在坐落于于修（Jussieu）的一所新的大学里建立了民族学系。几年内，该系邀请民族学家以及"美洲印第安运动"的代表人物加入，建立了另一个民族学研究中心。它的目的是发展去殖民化的民族学，这样的民族学不是以准确描述事物为目的，而是要将这些知识应用于当地人的斗争中。于修的课程与学究聚集的社会人类学研究所不同：大学生们做的实践作业和理论作业一样多。在若兰的带领下，他们学习编织或是建造草房、制作陶器等。作为挑衅者，若兰在1974年表达了想要入选法兰西公学院的愿望。列维–斯特劳斯斥责他，说他"需要一面墙将他的球弹回去"[1]。然而，他给若兰寄去一封安慰的信，若兰以同样的语调回复了他。在这些美洲研究的"儿子们"面前，列维–斯特劳斯沉默了。后来，他才总结到，人们当然能融入一个部落中，就像雅克·利佐，他最终参加了一次永恒的"田野调查"，但是首先，"知识来自另一侧"[2]。

若兰和莫诺因此离开了，利佐也是，但离开的方式不同。克拉斯特留了下来。因为克拉斯特，民族学成为五月风暴结束后政治论战的中心。伊夫·科恩（Yves Cohen）虽然身为历史学家，但他读民族学家的文字，自己还加入了极左的运动。他告诉我们："1968年，人类学在很大程度上建立在对酋长和酋长身份研究的基础之上，它还提出了另外一种视角，挑战了20世纪的人类学观点——人类一定存在阶级。新的观点并不否认酋长一直存在的事实，事实上，阶级一直存在，这样的社会关系是围绕酋长们的权威建立起来的，因为人人都要依附于权威。"[3] 我们已经了解，

---

[1] 1971年1月2日克洛德·列维–斯特劳斯给罗贝尔·若兰的信。参见列维–斯特劳斯档案库，编号NAF 28150，档案盒编号192。
[2] 《亦近，亦远》，第214页。
[3] 伊夫·科恩：《酋长的世纪：权威和统治的跨民族历史》（Le Siècle des chefs. Une histoire transnationale du commandement et de l'autorité），巴黎：阿姆斯特丹出版社，2013年，第13页。

皮埃尔·克拉斯特是列维-斯特劳斯的学生，他心怀老师的憧憬，渴望走老师走过的路，于是，去美洲进行田野考察。后来，他踏入了人类学结构主义很少讨论的领域——政治人类学。[1]

1974年，他恰好发表了一本文集。今天，这部专著重获新生，因为它于近期重新出版，同时，也因为它在另一个（alter）领域获得关注。[2]《社会对抗国家》（*La Société contre l'État*）指出，在古代社会中，权力与酋长的慷慨无关，也不是来自列维-斯特劳斯在南比克瓦拉酋长制的例子中提出的"同意"（consentement）——南比克瓦拉酋长制被认为是稳定的社会生活中广泛互惠的结果。相反，克拉斯特将权力的范围设定在群体外部，认为印第安人只是把权力当作一种必须得到管制的负面力量。他指出，这些印第安社会为阻止一切阶级的形成，或者说，为了使一项制度得以永存，付出了极大的努力。最终，对于克拉斯特，国家的出现——即便只是雏形阶段的国家——并不意味着走向政治现代化，它代表的是阶级分化的"溃烂"（découragement）与这一有效模式的失败。我们可以想象，这个主张在当时的背景下是多么吸引眼球。颠覆"亚政治"（infra-politique）和"政治"的范畴、基于严肃的田野调查进行热情的论证、为这些在西方贪婪胃口边缘挣扎的社会赐予光明：这些举动让皮埃尔·克拉斯特享有赞誉。在他身上，我们看到了1970年代的极端自由主义思想。然而，这本书出版的3年后，这位民族学家在前往塞文山脉的路上发生了车祸，不幸离世。不管这次脱轨是否属于意外，在人类学的历史上，它都是一出悲剧。紧接着，许多未来可期的美洲文化研究者也突然

---

[1] 从列维-斯特劳斯发表的几篇文章看，他在纽约时谈过这个问题。《忧郁的热带》收录了其中几篇文章。

[2] 皮埃尔·克拉斯特：《社会对抗国家：政治人类学研究》（*La Société contre l'État. Recherches d'anthropologie politique*），"再版丛书"（Reprises），巴黎：午夜出版社，1974年；2011年（再版）。

死亡。但是，意外发生时，他们已经与列维-斯特劳斯分道扬镳。克拉斯特代表研究所给一位同僚写了一封内容不当、情绪过于饱满的信，信还写在了有研究所抬头的信纸上。他被重视文体的上司列维-斯特劳斯叫去谈话，但马上祈求离开。列维-斯特劳斯培养了美洲研究的一代民族学家，然而，他们开始对这位民族学家的家长形象有所怨怼，于是，带着（许多）遗憾和（一些）议论声，离开了十几年前登陆的结构主义海岸。

面对马克思的结构人类学

频繁的阅读令他对马克思有着深刻的认识，可以说，马克思陪伴他成长，他总是重读几页《路易·波拿巴的雾月十八日》才开始写作。尽管如此，列维-斯特劳斯与马克思主义学者常年争吵。自《忧郁的热带》起，马克西姆·霍丁森指责他处处破坏无产者的精神[1]。主要原因是，他彻底反对进化论视角的历史观，因此，有违法国大革命遗留下来的一般规则。1973年，一对民族学家夫妇——拉乌尔·玛卡琉斯（Raoul Makarius）和萝拉·玛卡琉斯（Laura Makarius）——的专著《结构主义或民族学：深刻批判列维-斯特劳斯的人类学》（*Structuralisme ou ethnologie. Pour une critique radicale de l'anthropologie de Lévi-Strauss*），从美式英语被译为法语。该书批判结构主义的反进化主义立场，还引用了萨特的话，萨特把这位民族学家看作"资产阶级对抗马克思的最后一道屏障"[2]；抽象的图表、对具象的拒绝、形式主义：它们都具有装饰的功能，装饰的对象是结构主义这种机械的理论。同时，这种理论怀念"洛威和门生们不顾结果的失败主义观点"[3]。意识形态的冷战在1970年代延续了下来，虽然有些陈旧。

---

1 参见本书第15章。
2 让-保罗·萨特：《萨特回答》（«Sartre répond»），《弓》（*L'Arc*）第30期，1966年。
3 参见克里斯蒂安·德拉康巴涅（Christian Delacampagne）：《从公学院到科学院》（«Du Collège à l'Académie»），《世界报》1973年10月25日。

除了正统文化之外，马克思主义以一种更明确的方式深刻影响着民族学。从事非洲研究的民族学家更是深受影响。自 1950 年代起，乔治·巴朗迪耶这位人物和围绕他的研究者团队形成了批评和交流的中心。

巴朗迪耶和列维-斯特劳斯虽是亲近的同事，但由于"意见分歧"，渐行渐远。我们还记得后者帮助前者进入联合国教科文组织的社会科学国际理事会，并且支持他在高等研究实践学院第六科系获得一个工作岗位。两人渐行渐远，可能是因为个人事务，但也因为理论问题。巴朗迪耶在 2010 年说道："我对非洲世界和其他所谓的落后的世界十分关注。自 1950 年代，列维-斯特劳斯的结构主义就是对历史缺乏正统思考的人类学程序。[……]对我而言，结构主义在今天属于文化研究（cultural studies），它分析的是形式、关系、图式、语言等，因此，这样的分析无视环境，将人与他们真实的生活环境割裂开来，将社会和文化从它们的历史背景中脱离出来。这些都是造成意见分歧的原因。渐渐地，我们互相疏离了。首先，我把我定义的有活力、能批判的人类学与结构人类学区别开来，这样的人类学关注的是变化，不会理所当然地接受文字描述。之后，我开创了动力论人类学，叫它与结构人类学并驾齐驱。"[1] 为了替代对手或者与之竞争，巴朗迪耶的人类学非常想要扎根于社会的变化中。在他看来，这与下面两段经历有关：他曾作为年轻的游击队员与强制劳工局（service du travail obligatoire，STO）抗争；二战后（正值反殖民的斗争时期），他又认识到非洲的现状。显然，田野调查的空间不同，作为研究对象的社会也不同，这些因素很好地促成了双方的对立，但这并不是双方对立的全部原因。1970 年代初，这

---

[1] 乔治·史丹梅茨（George Steinmetz）和吉赛尔·萨皮罗（Gisèle Sapiro）同乔治·巴朗迪耶进行的访谈：《一切科学进程都包含自传的时刻》，《社会科学研究论文集》（Actes de la Recherche en sciences sociales）第 185 期，第 48 页。

种政治人类学和历史人类学着眼于矛盾、动乱、冲突，赢得了新一代研究者的喜爱。如今，巴朗迪耶就是因为他对"殖民状况"[1]的早期分析，被看作后殖民研究之父。同样，他也令许多选择该职业的年轻人，比如，伊曼纽艾尔·特瑞，同时获得了民族学使命感和马克思主义战斗性。[2] 他指出了列维-斯特劳斯反历史主义的做法，这些做法导致的那些误解（有意或无意的误解）仍被不停地拿来作为讨论的对象。例如，1975 年，列维-斯特劳斯准备好和莫里斯·戈德里耶——身为研究大洋洲的民族学家、社会人类学研究所的成员，他也是列维-斯特劳斯身边的一个自由的灵魂——进行讨论，后来，这次讨论的文字稿发表在期刊《人类》上。戈德里耶是经济人类学方面的专家，他尝试在马克思主义思想中找到能够为结构主义所用的动力，并且试图根据他的术语发展"结构变形理论"。[3]

在这次由马克·欧热全程主持的谈话过程中，列维-斯特劳斯被戈德里耶和其他人这种"善意的争论"[4]冒犯，甚至被激怒，因为"善意的争论"提到了历史、马克思主义以及因果关系的重要地位。列维-斯特劳斯明确地给出了回应。对他而言，历史是不可征服的偶然性。他举了个例子：印第安人的精神装备和同时代的古希腊人没有差异。因此，美洲印第安人应当也能够从神话学过渡到哲学，并且从哲学再到科学。然而，事情并不是这样。"唯一的差异，是东地中海在某个时期发生了某些事情，某些我们可以试着描述、理解的事情，但是我们没有任何办法确认

---

1 《殖民情境：理论方法》（« La situation coloniale. Approche théorique »），载《社会学国际手册》（*Cahiers internationaux de sociologie*），第 11 册，1951 年，第 44—79 页。
2 伊曼纽艾尔·特瑞：《人类学和马克思主义（1950—1970 年代）》（« Anthropologie et marxisme, années 1950-70 »），载《非洲，当代的镜子》（*L'Afrique, miroir du contemporain*），当代人类学跨学科研究院的研讨日（IIAC UMR8177 CNRS/EHESS），法国社会科学高等研究院（EHESS），巴黎，2007 年 6 月 19 日 [oai :hal.archives-ouvertes.fr :halshs-00207614]。
3 克洛德·列维-斯特劳斯、莫里斯·戈德里耶、马克·欧热：《人类学、历史、意识形态》（« Anthropologie, histoire, idéologie »），《人类》第 15 期，1975 年 7—12 月，第 181 页。
4 同上书，第 180 页。

那种转折是必须发生的。"[1]事件具有独特性，同时，（从政治上看），印第安人不是希腊"奇迹"之后无关紧要的存在。因此，从历史变迁中找到某种一般法则是完全不可能的。列维－斯特劳斯继续强调："人们不能够回避历史。总之，历史存在，而我们必须在它面前屈膝。"[2]一方面，我们在戈德里耶和那些或多或少属于结构马克思主义的民族学家那里看到了那些引导社会结构从 A 阶段向 B 阶段变化的法则是出于什么意图；另一方面，列维－斯特劳斯承认，目前的世代无疑会促成更大规模的变化，并且找到更多数据之间的关联性，我们还可以思考在结构主义领域仍旧处于盲点的经济人类学（生产关系）和政治人类学（统治关系）。列维－斯特劳斯补充道：我们在事后发现，古希腊哲学的诞生源于政治或法律的进步，然而，我们不可能发现"一条'只要条件相同，同样的事件就可以发生'的定律，换句话说，没有一条定律能够这样信誓旦旦地向我们保证"[3]。列维－斯特劳斯眼里的历史正是一种不可能的事物，他认为，这种不可能的事物是动乱的煽动者，是理性解释行为（intelligibilité）最大的枷锁，是这种理性活动失败的标志，甚至也可能是它毫无意义的象征。戈德里耶发现，"他在历史的对立面向历史致敬"[4]，戈德里耶的说法也有几分道理。

"实际意义"对抗"野性思维"

在为列维－斯特劳斯 60 岁生日准备的《文集》中，我们惊奇地发现了皮埃尔·布迪厄的一篇旧文：《卡比利亚的家庭：

---

[1]《人类》第 15 期，1975 年 7—12 月，第 181 页。
[2] 同上。作者将这一点指了出来。
[3] 同上书，第 184 页。
[4] 同上书，第 180 页。

被颠覆的世界》[1]（1963）。如今再次阅读这篇文章，我们发现了一位民族学家的身影，这是第一个惊喜；此外，文章标题将文章意图表达得十分清晰。这项研究把家屋看作微型宇宙，而在这个微型宇宙里，空间发生了对立，对称的事物存在颠倒的现象，家庭空间的多极性与其价值存在因果联系。它提醒我们，在社会科学史上，布迪厄曾从列维-斯特劳斯身上获得很多启发。然而，作者重申，这篇文章是他"作为幸运的结构主义者的最后一项工作"[2]。我们并没有主动将皮埃尔·布迪厄与结构人类学的庞大体系联系在一起，但他自己承认从中得到了恩惠。这是因为他袒露心声（coming out）的时间太晚了。他主要透过《实践感》（1980）引言部分的几页文字承认了这种说法。布迪厄梳理了原因和过程，也展露了这一刻让他热情澎湃的事业——他正在对阿尔及利亚进行调查。但他承认，自己从未想要对结构主义做出"评注"[3]。因此，像那些陷入爱情故事中的人们一样，布迪厄远离列维-斯特劳斯之时，他最受列维-斯特劳斯启发，同时，最热衷于探讨列维-斯特劳斯为他早期的学术生涯带来的巨大改变。之后，尽管有争执与分歧，他始终对列维-斯特劳斯、对他的学术的品德怀有敬意。他的信完全证实了这一点。[4]虽然阿隆也是他的精神导师之一，但他没有如此崇拜阿隆。1968年，他还和阿隆彻底决裂。

布迪厄认同结构主义的"关系论思维模式"（mode de pensée

---

[1] 皮埃尔·布迪厄：《卡比利亚的家庭：被颠覆的世界》（« La maison kabyle ou le monde renversé »）。文章收录于让·普永和皮埃尔·马兰达主编：《交换和交流：克洛德·列维-斯特劳斯六十岁生日的纪念文集》（*Échanges et communications. Mélanges offerts à Claude Lévi-Strauss à l'occasion de son soixantième anniversaire*），第739—758页。
[2] 皮埃尔·布迪厄：《前言》，载《实践感》（*Le Sens pratique*），巴黎：午夜出版社，1980年，第22页。
[3] 同上书，第11页。
[4] 列维-斯特劳斯档案库中保存着十几封1980年代的信。它们都是列维-斯特劳斯对接收（以及阅读）自己寄出的书的感谢。他在表达感情时总是保持谦虚的语气，在这些信中表现出"热情的敬仰"。参见列维-斯特劳斯档案库，编号NAF 28150，档案盒编号184。

relationnel）¹，将之与实体论思维模式区分开来。绘制"再生产"的图式、发现无意识体系中存在强制贯彻的规则、建立某种泛理论（panlogisme）：这些都是布迪厄向结构主义学习后取得的成果。² 他还继承了列维－斯特劳斯的认识论。他认为，科学应当揭露隐藏在社会运作机制背后的基本规则。这也是一代结构主义者的共识。他们拒绝因"亲身经历"而心满意足。皮埃尔·布迪厄将《区隔》（La Distinction，1979）描述为将结构主义模型搬运到复杂社会的举动："[在这本书中]有着典型的结构主义的意图：意义指的是差异（différence），是区分彼此的差异（écart différentiel）。以符号的方式存在就是指形成差异。这是列维－斯特劳斯的观点。"³ 但是，它们的组成材料与原始社会是完全不同的，他继续说道。人类学结构主义被应用在那些与我们差异巨大的社会。所谓差异巨大，不仅体现在符号意义上，也体现在实践中、行为中、社会意义上以及经济意义上。于是，人类学结构主义"制造出不同的效应"⁴。《区隔》用图表和图式表现出结构主义的一些特征，但丰富的统计学方法令其更靠近社会学。与列维－斯特劳斯从前对择偶行为的分析类似，布迪厄也把对社会因素的否定——基于个人喜好的判断——作为核心，从而解释了主体是如何屈服于他们的社会命运的。⁵

1975 年，学术期刊《社会科学研究论文集》（Les Actes de recherche en sciences sociales）创刊。此后，布迪厄改变了最初的结构主义道路的方向，猛烈地攻击阿尔都塞派。同时，他以社会学为核心，建立起人文科学的统一策略。布迪厄就像是 1960 年代

---

1 皮埃尔·布迪厄：《实践感》，第 11 页。
2 《结构主义史》，第 2 卷，《天鹅之歌》，第 6 章，《涂尔干们的第二口气》，第 95 页及后一页。
3 皮埃尔·布迪厄参加了迪迪埃·埃里蓬和菲利普·科林的电视节目《大洋》之《思考》，时长为 23 时 53 分，法国国家视听研究院档案。
4 同上。
5 《结构主义史》，第 2 卷，《天鹅之歌》，第 379 页及后文。

初的列维-斯特劳斯。1970年代中期,他提出了一个同时覆盖学术研究和机构发展的计划。计划立足于一个新的范式——"实践感",以及"习性"(habitus)、"策略"、"场域",一本杂志和一个研究中心。[1]在学术界和公共舆论环境中,新范式、新期刊和新的研究中心扮演着中转站的角色。

是什么促成了他在《实践感》中提出的结构主义批判?"我想要重新阅读列维-斯特劳斯和那些结构主义者,特别是阿尔都塞,他们曾试图通过将某些因素变为结构的简单附属品,从而将其消除。我是说因素而不是主体。动作不仅是对一条规则的简单执行,也是对一条规则的服从。对古代社会和我们的社会来说,社会因素不像时钟一样可以根据某些机械法则自动调节,它们避开了这些法则。在最复杂的游戏中,比如,夫妻的交换或者习俗的实践,社会因素贯彻着因某种习性而产生的大原则。[……]我们在法语中这样形容'游戏的意义'(sens du jeu):它能够顺应无穷无尽的环境投出无穷无尽的'一掷',但无论多么复杂的规则都无法预见无穷无尽的结果。因此,我以夫妻策略代替亲属关系的规则。"[2]我们在这里能清楚地看到是什么原因将布迪厄的认识论和结构主义的区分开,但他还是在无意识中保留了结构主义的痕迹:游戏的隐喻在列维-斯特劳斯那里反复出现。此外,野性思维难道没有把习性定义为一种体系?没有把"分类原则"[3]和"行为的组织原则"[4]作为习性的内涵?野性思维既是一种实践思维,也是一种理论思维。它能指导分类,管理效率(列维-斯

---

[1] 这里指的是1968年成立的欧洲社会学研究中心(Centre de sociologie européenne)。
[2] 皮埃尔·布迪厄:《说出的话,"哲学中的田野"》(*Choses dites*, « Fieldwork in Philosophy »),巴黎:午夜出版社,1987年,第19页。
[3] 同上书,第24页。
[4] 同上。

特劳斯曾多次强调土著医学的实践价值）。[1]

在那一刻，对于布迪厄，从列维－斯特劳斯那里解放出来意味着抛弃了民族学家、社会学家高高在上的客观主义立场，抛弃了这种"从上帝吾父出发的视角"[2]。他无法接受这样的视角。某种意义上，他与若兰和莫诺一样。但他不希望丢弃客观化的必要步骤。布迪厄想要倒转观察者的认识论观念，将观察者作为客观化的对象。[3] 他向实践、因素、策略靠拢，其中一个深层原因是他的经历：他在阿尔及利亚战争时期进行的民族志调查给他留下了创伤和压抑的记忆。事后，他对"显然偏离轨道的求知欲（libido sciendi）"[4]进行探索。对曾经被"人类学疑问"[5]困扰的列维－斯特劳斯来说，这种忧虑的情绪并不陌生。列维－斯特劳斯很快以不指名道姓的方式有力反驳了布迪厄，指责他走上了"时髦的自发主义和主观主义"[6]的老路。然而，人类学家不认为有必要在社会学家于1982年提名法兰西公学院时投上反对的一票。

---

[1] 参见弗雷德里克·凯克：《实践的逻辑是否是一种野性思维？从布迪厄出发，重读列维－斯特劳斯》（« La logique de la pratique est-elle une pensée sauvage ? À partir de Bourdieu, relire Lévi-Strauss »）；这是为 P. 马谢里（P. Macherey）在里尔第三大学开设的研讨课"广义哲学"（2000年11月8日）而写的文章。
[2] 同上。
[3] 皮埃尔·布迪厄：《实践感》，第24页："我从没妄想过能够，像今天这样顺理成章地，从对实现客观化的社会条件和技术条件进行批评、对这些条件创造的成果的有效性进行批评，转向对所有客观化的努力行为进行'根本'批评，甚至对科学本身进行'根本'批评：社会科学可能被视作精神状态的投射，但它需要以客观化为目标的行动，正因为有了结构主义者的客观主义倾向以及经验累积，社会科学才能实现它所渴望的超越。"
[4] 同上书，第11页。可参见皮埃尔·布迪厄：《阿尔及利亚素描》（Esquisses algériennes），"存书所"（Liber），巴黎：瑟伊出版社，2008年，由塔萨迪·雅辛（Tassadit Yacine）编撰；丹尼尔·法布尔：《皮埃尔·布迪厄与阿尔及利亚战争》，载克利斯提那·罗利埃尔（Christine Laurière）、丹尼尔·法布尔、安德烈·马力主编：《殖民情境下的民族学家》（Les Ethnologues en situation coloniale），巴黎：法国国家科学研究中心出版社，2015年。
[5] 《人类学领域》，载《结构人类学》，第37页。
[6] 《历史与民族学》，《经济、社会与文化年鉴》第6期，1983年，第1230页："受到时下流行的主观主义和自发主义的启发，这类批评到处都是。我们应该放弃追求人类社会的生活中的几大组织原则吗？我们的眼里应该只关注个人创作行为创造的大乱象、在这种持续不断的混乱环境下实现创造性吗？"他总结道："不要被今天十分常见的天真想法欺骗，有人天真地以为，维护秩序和吹捧个人的创造力是互相排斥的。当然，战略分析和个人选择为我们的学科开放了广阔的研究领域，其中，至此，这些学科还不敢深入冒险探索。"这是他在1983年6月6日"马克·布洛克讲座"上的演讲。

离开结构主义:德里达和后结构主义

布迪厄暧昧地离开了人类学结构主义领域,宣告在社会科学领域正在发生变化:更受关注的社会因素、自由和约束之间的较量、微历史的出现、身体的核心意义,等等。同样,"后结构主义"——这是我们后来给它取的名字——诞生,并且孕育了一个新的哲学流派。这个新的哲学流派重新与人文科学展开亲密对话,并且改变了自己结构主义道路的方向,令所谓的结构主义道路发生剧变,最后,发生断裂。[1]

1966年,雅克·德里达注意到,列维-斯特劳斯完成了大规模的"中心偏移":"由于超验的所指并不存在,意义的场域和游戏无限延伸。"[2]《神话学》的出现表明意义(sens)遵循一种新的逻辑,即意义就像是差异(神话的变体)之间不停弹射的过程。德里达的哲学计划最初想要发现结构主义可能造成的所有形而上的后果:"意义的结构理论实际上禁止我们超脱于符号,禁止我们在符号的运动之外寻找意义存在所需的基础。"[3]德里达、德勒兹、巴特以每个人自己的方式建立理论,提出了差异(différence)、欲望(désir)、碎片(fragment)、游牧(nomade)、书写(écriture)等概念。这些理论与从此被看作逻各斯中心主义的结构对立起来。结构是封闭的、笨重的,它甚至还拥抱极权制和父权统治,始终摆脱不了对原始部落的幻想。

这种对结构主义的"解构"实际上完全属于"当代"——"后"不是指时间顺序上的"后",而是逻辑上的"后"。1967年,《论

---

[1] 弗朗索瓦·多斯:《结构主义史》,第2卷,《天鹅之歌》。参见第2章和第3章:《德里达,又称超结构主义》《德里达式的历史化和涂改行为》;弗雷德里克·凯克:《克洛德·列维-斯特劳斯导论》(Claude Lévi-Strauss. Une introduction),载《雅克·德里达:结构主义和解构》,第214—227页。
[2] 《人文科学话语中的结构、符号和游戏》(« La structure, le signe et le jeu dans le discours des sciences humaines »),载雅克·德里达:《书写与差异》,巴黎:瑟伊出版社,"原样丛书"(Tel quel),再版,"观点评论丛书"(Points Essai),第411页。
[3] F. 沃尔姆斯(F. Worms):《20世纪的法国哲学:抓住瞬间》,第484页。

文字学》《书写与差异》同时出版，德里达在这时就准备好了第一批武器。第一本书的一章对《忧郁的热带》一段内容进行了评论。这段评论十分有名："书写课"[1]。列维-斯特劳斯在这一段讲述了一位南比克瓦拉酋长为了加强他在部落成员面前的权威如何迅速地把书写行为作为一种工具。很快，列维-斯特劳斯以自己的视角重新建立了人类社会中书写活动的历史轨迹：书写与人类的征服行为和剥削行为紧密相关。德里达指出，列维-斯特劳斯"压制"书写行为，并且太过轻易地屈服于一种卢梭式神话。所谓卢梭式神话，指的是将一种理想化的野性话语与以奴役为目的的西方书写行为对立起来。德里达有自己的历史观和理论。他淡化了写作，以突出声音（la phoné）的意义，将他作为一种历史现象。德里达在列维-斯特劳斯身上看到了西方逻各斯中心主义的典型。于是，这位哲学家研究了这种人类学思想的学术主张，发现了"它与它想要决裂的一切形而上的传统之间藕断丝连"[2]。民族学家身陷"明确的卢梭主义"[3]之中，他的眼中一直出现善良的野人、原本十分美好且完整的社会，因此，在书写时犯了错误。另外，我们需要注意，这类通过书写现象进行的"解构"反而推动了书写活动。接下来几年，书写将变成这门学科的认识论核心问题。事实上，民族学家笔下写的都是那些没有书写习惯的社会。这一发现本身并不出奇，但此后，我们需要研究民族学记录（transcription ethnologique）的作用和它的机制。[4]

通过《书写与差异》，雅克·德里达提出了新的概念——"延

---

1 克洛德·列维-斯特劳斯：《忧郁的热带》，第 28 章。
2 弗雷德里克·凯克：《克洛德·列维-斯特劳斯导论》，第 215 页。
3 雅克·德里达：《论文字学》，巴黎：午夜出版社，1967 年，第 8 页。
4 弗雷德里克·凯克：《克洛德·列维-斯特劳斯导论》，第 214 页："德里达读过列维-斯特劳斯之后，书写的问题便成了重要的人类学问题，这很大程度上要感谢德里达。"参见杰克·古迪（Jack Goody）：《图表理性：野性思维的驯化》（La Raison graphique. La Domestication de la pensée sauvage），巴黎：午夜出版社，1979 年；詹姆斯·克里福德（James Clifford）、乔治·马库斯（George Marcus）编：《书写民族志的文化、诗学和政治》（Writing Culture, Poetics and Politics of Ethnography），伯克利：加利福尼亚大学出版社，1986 年。

异"（différance），在其非正统的拼写法中表达法语词的能指的双重潜在性，能指既是差异的存在又是构成差异、延迟的事件。"延异"赋予结构新的生命，要求它不断重复出现、变得"无止境"（in-terminable）。"无止境"是列维-斯特劳斯曾用过的词。于是，"延异"成为解构的重要概念，颠覆了所有伪装成其他事物的形而上学。然而，列维-斯特劳斯却是这项行动的第一个目标。这项行动希望可以"撼动""颠覆"结构主义，赋予结构历史的深度：所谓唯一的宏大叙事被那些多元的、不完整的、脱节的历史叙事替代。而这些历史叙事是由丰富且多变、不稳定且不固定的集体身份和个人身份制造出来的。在从结构到差异的道路上，米歇尔·福柯、雅克·德里达、吉尔·德勒兹、让-弗朗索瓦·利奥塔和其他人（比如巴特）与结构主义决裂的同时，延伸了其内部的张力[1]：他们从中解脱了，还实现了超越。与他们相比，结构人类学的结构主义是"无情的"，甚至是"暴力的"，它强硬地提出了一种专制的解释体系。这样的印象也被完完整整地引进美国，但因为翻译这道工序，文意反被曲解。1966年，当德里达在约翰·霍普金斯大学发表了他著名的《人文科学话语中的结构、符号和游戏》（Structure, Sign and Play in the Discourse of the Human Science）演讲时，列维-斯特劳斯只有几本书被翻译成英语[2]——《忧郁的热带》（删减版）、《结构人类学》和《图腾制度》。因此，我们应当注意到，1960年代列维-斯特劳斯主义的精神——《神话学》表达的理念——是通过后结构主义的分析才"传入"美国学界的。

---

[1] 我们联想到，在列维-斯特劳斯看来，社会人类学的"研究对象"，正是得以区分彼此的差异，只有这些差异才能让我们发现结构。
[2] F. 库塞（F. Cusset）：《法国理论》；文森·德巴恩：《今天的克洛德·列维-斯特劳斯》，《欧洲》，9/1005-1006，2013年1—2月。

《结构人类学（二）》（1973）：结构主义的入殓

论文集《结构人类学（二）》出版于 1973 年，诞生于一个矛盾的局面之中：一方面，万森纳等大学成立了新的科系，这些科系的学生把结构主义看作精神食粮，源源不断地阅读、评论、继续创造；另一方面，它也是批评的对象，在社会科学内部或者哲学领域的内部，被撕成碎片。撕碎它的是它的孩子们，他们以一种或多或少激烈的方式与高高在上、冷血无情并且时常沉默的父亲渐行渐远。除此之外，1973 年 5 月，克洛德·列维-斯特劳斯被选入法兰西学院，终于消除了外界对整个列维-斯特劳斯结构主义的质疑——理论上和政治上的质疑。结构主义的创立者变得不朽，这时，结构人类学通过 1973 年秋天的报纸，拿到自己的死亡证明。

克里斯蒂安·德拉康巴涅（Christian Delacampagne）在《世界报》上指出，这两件事居然是同时发生的："人们可以认为原因是结构主义需要官方的认可。但令人震惊的是，它是在越来越受各方质疑的时候获得了官方的认可。列维-斯特劳斯却似乎没有注意到这一点，他似乎从未如此抗拒对他那些基础原理的讨论。"[1] 这位记者没有被这位人类学家的标准答案说服。当克里斯蒂安·德拉康巴涅发现存在对话空间时，他与吕克·德豪胥（Luc de Heusch）和梅伯尔-刘易斯（Maybury-Lewis）展开讨论，而当讨论的内容里出现了更加赤裸裸的抨击和"意识形态"的攻击时，他便拒绝将话题继续下去："然而，如今，这个问题还未解决：结构人类学属于科学吗？还是说，对一门在发展初期就遭到批判的学科来说，它只不过是一种（结构主义）哲学观点和政治观点的输出？"[2] 文章在结尾又赏了列维-斯特劳斯两个耳光：他不仅总结了在批判的浪潮中出现的反结构主义的观点（玛卡琉

---
[1] 《从公学院到科学院》。
[2] 同上。

斯、德里达、让·莫诺……），还以一种讽刺的口吻对"就像是这册书里描写的那样，坐在篝火旁聆听一个伟人的心声，听他亲切地谈论毕加索、电影、东方的露天市场……"的美妙滋味进行了大肆渲染。列维-斯特劳斯就这样变成了亲切的老人家，篝火旁说故事的人（fireside chatter）。但他马上就到了退休的年纪，并开始书写自己的回忆录……在《新观察者》上，让-保罗·恩托芬（Jean-Paul Enthoven）以一种更加伤感的语气描述道：虽然《结构人类学（二）》出版，"但我们无法像《神话学》的巨幅画卷出现时那样参与创造世界的过程，不过也许这样更好"[1]。"列维-斯特劳斯为了发现不同的世界而离开欧洲，但当他回来时，与他相伴的唯有幻想破灭的失落。显然，他完成了某些任务：他准备借机开始一段旅程，这代表开始，但孤独的人类学家只剩梦想，这是他旅行的结果。旅行这个词也许是克洛德·列维-斯特劳斯民族学的目的，他通过民族学，漫无目的地寻找我们失去的世界。"[2] 列维-斯特劳斯远离了学术生活的狂热和噪声，他"总是能够激发出读者的敬意和神圣的敬畏，而读者的敬意和敬畏叫人或多或少联想到汉娜·阿伦特提出的'极权思想'（pensée totalitaire）"[3]。

因此，对《结构人类学（二）》的接受存在欺骗的性质。当然，第一册令人们发现了许多第一次发表的法语文章，不同于第一册，第二册似乎没有给人任何惊喜，那些文章都为人所熟知。因为列维-斯特劳斯已经大名远扬，他的作品自1958年起就广为传播。但是令人感到惊讶的是，虽然一些记者想要树立"另一个列维-斯特劳斯"的形象，把跨越了科学边界的他想象成道德至上、愤世嫉俗、垂头丧气之人，但那些关于新人文主义的主张

---

[1] 让-保罗·恩托芬（Jean-Paul Enthoven）：《一位孤独的民族学家的梦想》（«Les rêveries d'un ethnologue solitaire»），《新观察者》1973年12月10日。
[2] 同上。
[3] 同上。

却从未被人评论。[1] 列维－斯特劳斯新人文主义的主张淹没在这些批判声中，完全无法被人察觉。我们也可以注意到，列维－斯特劳斯不需要"种族文化灭绝"（ethnocide）这个词来实现对人类学学科的自我批评。他在法兰西公学院的第一课（1958年）——也是该册第一篇文章——就证明了这一点。但当时，好几位记者都认为，流亡的决定似乎能够总结克洛德·列维－斯特劳斯的生活：他曾流亡于巴西印第安人的领地；二战时，曾流亡于纽约；而现在，又流亡于法兰西学院……以流亡的目的地来说，亚马孙是合适的。而法兰西学院就像是亚马孙，是一片常青的森林。它总是郁郁葱葱的！

一身荣誉

与法兰西学院的民族学家一样优秀

列维－斯特劳斯心里何时萌生了成为法兰西学院院士的想法？他一想到法兰西学院院士的头衔，就主动浮现其他人的身影，他还表示自己从未幻想成为院士。[2] 似乎是奥尔梅松家族（famille d'Ormesson）的"暗箱操作"为他创造了机遇。自1960年代起，弗拉基米尔叔父（Wladimir）便着手计划，直到1972年，他的侄子终于完成了这项计划。这一年，常务秘书莫里斯·德吕翁（Maurice Druon）试探了法兰西学院院士们的口风，并向列维－斯特劳斯保证，一定让他脱颖而出。事实上，列维－斯特劳斯不想冒失败的风险，一丁点也不行，他只想以胜券在握的姿态参加院士竞争。对列维－斯特劳斯来说，这是一种重复出现的心理状态。他还借机表达了这一心理活动："我天生就容易焦虑，所有与人竞争的

---

[1] 参见本书第18章。
[2] 在《回应阿兰·佩尔菲特的就职演讲》（« Réponse au discours de réception d'Alain Peyrefitte »）一文中，对于一早就认为他不会加入这个团队的人，克洛德·列维－斯特劳斯嗤之以鼻。"但我脑中从未闪过想要加入它的想法。"

环境都会叫我生病。"[1] 让我们再次回忆上文。上文提到，他的职业生涯屡屡受挫。1950年以后，他都是通过他人的邀请才成功加入一个新的机构。1958年入选法兰西公学院和1973年进入法兰西学院的情况都是如此。我们在列维-斯特劳斯的精神世界中找不到一条认同竞争可能带来生产力的论据，找不到对通过竞争激励自我的正面机制。因此，当他唯一的对手查尔斯·德德扬（Charles Dédéyan）——巴黎大学的文学教授——宣布退出时，他显然松了一口气。

然而，他遵守法兰西学院的所有礼仪，给每一位法兰西学院院士寄一封候选人申请信。那时候，收到他的信的有：马赛尔·阿卡德（Marcel Achard）、马赛尔·阿尔兰（Marcel Arland）、罗杰·凯卢瓦、安德烈·查姆森（André Chamson）、热内·克莱尔（René Clair）、让·得雷（Jean Delay）、莫里斯·德吕翁、皮埃尔·伊曼纽埃尔（Pierre Emmanuel）、安德烈·弗朗索瓦-彭赛（André François-Poncet）、让-雅克·戈提耶（Jean-Jacques Gautier）、皮埃尔·加索特（Pierre Gaxotte）、莫里斯·吉恩沃瓦（Maurice Genevoix）、艾蒂安·吉尔森（Étienne Gilson）、朱利安·格林（Julien Green）、让·吉顿（Jean Guitton）、勒内·于热（René Huyghe）、欧仁·尤内斯库（Eugène Ionesco）、乔治·伊扎尔（Georges Izard）、约瑟夫·凯瑟尔（Joseph Kessel）、让·德·拉克雷泰尔（Jean de Lacretelle）、路易·勒普林斯-林格（Louis Leprince-Ringuet）、列维-米赫普瓦公爵（duc de Lévis-Mirepoix）、蒂埃里·莫尼耶（Thierry Maulnier）、让·米斯勒（Jean Mistler）、保罗·莫朗（Paul Morand）、弗拉基米尔·德·奥尔梅松（Wladimir d'Ormesson）、马赛尔·帕涅尔（Marcel Pagnol）、让·罗斯坦德（Jean Rostand）、雅克·鲁夫（Jacques Rueff）、亨利·特洛亚特（Henri

---

[1]《竞争的恐怖之处：与克洛德·列维-斯特劳斯的访谈》(« L'horreur de la compétition. Entretien avec Claude Lévi-Strauss »)，《费加罗报》1973年5月25日。

Troyat)、艾蒂安·沃尔夫。还有四位不朽者不久前刚刚离世：朱尔·罗曼（Jules Romains）、皮埃尔-亨利·西蒙（Pierre-Henri Simon）、亨利·德·蒙泰朗（Henry de Montherlant）、枢机主教达涅路（le cardinal Daniélou）。他的提名和参选由莫里斯·德吕翁安排："依我判断，目前，您的事情进行得很顺利。'So far so good'（到目前为止，一切安好）。"[1] 同时，德吕翁同意接替雅克·杜哈默（Jacques Duhamel），继任文化部（ministère des Affaires culturelles）部长一职（在1973年4月）。也在这时，德吕翁发表了不合时宜的发言，点燃了战火。他发言威胁那些被认为具有危害性的剧院院长："那些一手拿着破碗、一手拿着燃烧弹来敲文化部大门的人应当做出选择。"[2] 这位民族学家准备要加入的法兰西学院面对"五月风暴"运动结束后的一片狼藉，维护文学秩序和政治秩序的立场绝不退让。"五月风暴"运动之后，戴高乐主义者和前维希政府支持者之间的历史仇恨已经消融于毫不动摇的保守主义立场中。

最后，在1973年5月24日的投票仪式上，列维-斯特劳斯险胜。他成功入选，将接替亨利·德·蒙泰朗的席位。在场的投票人共计27位，滞留图卢兹的保罗·莫朗没能投票。其中，16票赞成，1票作废，还有10张票上画着叉。"叉号代表否决，代表投票人对参选人资格的反对"[3]，"一个自德军占领法国的黑暗时期起就应当被废除的选项"[4]，《费加罗报》的那位记者这样评价道。显然，反犹太主义也在作祟。但最反犹太的保罗·莫朗没有投票。此外，一些院士不太满意只有列维-斯特劳斯一人参加竞选。还有一些院士不愿意支持结构主义的奠基人、结构人

---

[1] 1973年3月7日莫里斯·德吕翁（Maurice Druon）的信。参见列维-斯特劳斯档案库，编号NAF 28150，档案盒编号187。
[2] 1973年5月23日莫里斯·德吕翁在国民议会上的宣言。
[3] 《竞争的恐怖之处：与克洛德·列维-斯特劳斯的访谈》。
[4] 同上。

类学的理论家，他们对这一身份嗤之以鼻，因《忧郁的热带》作者的"作家"身份而投了赞同票的人也是如此。无论如何，《结构人类学（二）》都被作为夏季读物送给了他们！尽管德吕翁为列维－斯特劳斯作保，法兰西学院还是"给了学生克洛德·列维－斯特劳斯职业生涯中最低的分数"[1]。他"差点就不及格了"[2]。这是法兰西学院对"新生"的戏弄。这次竞选的氛围（以及面对叉号的施暴行为时列维－斯特劳斯的惊讶表情）也许能够说明为何他在就职演讲中话中有话。他虽然当选了，却没有得到热情的迎接。对他来说，他想要加入的是这个机构本身，他并不想与法兰西学院的院士们为友。列维－斯特劳斯觉得，虽然他们中的某些人庸庸碌碌，还有意识形态的问题，但这一点也不会损坏整个机构的代表性。[3]

他的妻子和儿子们支持他竞选院士，他的朋友们、同事们以及社会人类学研究所的年轻学者们则是一脸惊愕："他们觉得我背叛了他们。他们把法兰西学院看作一个神话观念。他们觉得我将弃他们而去，去往另一个世界。"[4]事实上，这个时期的几封信反映了他不舍的心理。一方面，他感到为难；另一方面，他也感到困惑不解。左右为难的列维－斯特劳斯会怎么做呢？米歇尔·莱里斯小心翼翼地提出了问题，不过，把意图表达得清清楚楚。他拒绝为这位新院士购买佩剑出一份力："除了加斯通·帕莱斯基（Gaston Palewski），还有克洛德·塔迪（Claude Tardits），他们把我推入这个与您有关、但让我十分不舒适的困境。我宣布不参与投票，因此，我的弃权显得略有争议性，我本希望能够事前沟通并且形成默契。虽然，我持中立态度，难

---

1 《竞争的恐怖之处：与克洛德·列维－斯特劳斯的访谈》。
2 同上。
3 一个玩笑概括了列维－斯特劳斯和科学院的复杂关系。但这是一个玩笑。他说："他们认为选中了一个犹太人，其实他们选中了两个。"2012年3月12日丹尼尔·法布尔与作者的访谈。
4 《亦近，亦远》，第119页。

掩稍显不满的神情,但我的基本立场是这样的:我仰慕您,甚至觉得,如果您成为法兰西学院的一员,那是法兰西学院无上的荣光!"[1] 让·丹尼尔在《新观察者》上的回应也拿出了同样的态度:"法兰西学院殷切盼望您参加竞选,除此之外别无他求。因为您一旦成为这 40 个席位中的一人,只会为他们锦上添花,丝毫不能增添您自己的光彩。"[2] 狂热的卡特琳娜·巴凯-克莱蒙(Catherine Backès-Clément)是一名共产党成员,她坦率直言:"请您理解我,因为问题不是出在这个机构身上。没有一个马克思主义者会这么说。这是现在的环境造成的,而近期的文化倾向又为现在的环境添了一把火;您不得不与他们共事,但他们似乎完全无法与您相提并论。我对您说,我的同一代人受到了威胁;院士们的口中透露出危机感,这种危机感越来越强烈。您当然必须改变他们的看法,为此,您就得成为他们中的一员。但是这个场所有什么现实的用处?您出现在这个场所中会有什么现实的意义?我提出问题时并未迟疑,但忧心忡忡。这是个要紧的问题:我认为,我无法给出答案,未来,它仍然是一个需要解决的问题。"[3]

为什么是他?为什么是她?

列维-斯特劳斯的当选意味着法兰西学院想要彻底改变。它优雅地为一位大作家选出了继任者。《死去的皇后》(*La Reine morte*)和《少女们》(*Jeunes Filles*)的作者虽然现在几乎变得默默无闻,但他曾是战前法国文学界的巅峰,是一名拥有强烈艺术风格的艺术家。与之齐名的保罗·莫朗与列维-斯特劳斯成为同事。

---

[1] 1974 年 3 月 18 日米歇尔·莱里斯的信。参见列维-斯特劳斯档案库,编号 NAF 28150,档案盒编号 195。
[2] 让·丹尼尔(Jean Daniel)给克洛德·列维-斯特劳斯的信(无日期)。参见列维-斯特劳斯档案库,编号 NAF 28150,档案盒编号 186。
[3] 1973 年 6 月 5 日卡特琳娜·克莱蒙的信。参见列维-斯特劳斯档案库。列维-斯特劳斯对这封信做出回应:"这么说,苏联没有院士?"

保罗·莫朗虽然继承了伟大传统，但政治名声不佳。对难以更新换代的法兰西学院来说，这意味着人文科学进入了这家机构。列维-斯特劳斯就职演讲的第一句话就告诉我们，他是这个团体中的第一个民族学家。我们发现，孔蒂河岸在低潮时期因一位伟大学者的到来而蓬荜生辉，这位学者不走寻常路，与39位老先生仔细讨论词语的定义和意义，并不认为这样做有什么可笑之处或不妥之处。德吕翁曾直率地用这样的话来形容列维-斯特劳斯。[1] 那是1970年代初，与他不分高低的学者们甚至完全没有考虑过这种做法，只会把它当作玩笑话。

列维-斯特劳斯从未幻想过能够成为法兰西学院的一员。受邀进入法兰西学院让他感觉时机（kairos）到了："我感到是时候了。"[2] 在他的就职演讲中，他提到，学术机构的"历史底蕴"[3] 对他构成了诱惑，但对一位民族学家而言，这一点是理所当然的。学术机构有悠长的历史，是社会的骨架。这架延续几个世纪的梯子，透过法兰西学院这个载体，成为当代历史和现代历史的不变量。当布罗代尔在1985年入选法兰西学院，列维-斯特劳斯说，加入有三个世纪历史的为数不多的一家法国学术机构代表，他响应了"长时段的召唤"[4]。这也是一次稀松平常但严阵以待的公民参与。列维-斯特劳斯在最近一次——几个月前——到不列颠哥伦比亚省旅行时，就记录了一次这样的经历。旅行过程中，他参加了一个晚上的接纳入教仪式："这个印第安部落的夜晚应该足够让我理解和接受一个事实：虽然社会内部存在不同的个体，但

---

[1] 2011年11月28日，作者与莫尼克·列维-斯特劳斯的访谈。
[2] 《自画像》，第24页。
[3] 1974年6月27日，克洛德·列维-斯特劳斯在法兰西学院发表就职演讲："然而，先生们，难道有民族学家能够抵御你们这家机构的诱惑吗？这里集合了历史长河留下的不可替代的特征，失去了历史，任何社会都无法长期存在，甚至无法建立起来，因为它被剥夺了主心骨。"
[4] 《克洛德·列维-斯特劳斯先生的演讲》，收录于《费尔南·布罗代尔先生的就职演讲和莫里斯·德吕翁先生的回应》（*Discours de réception de M. Fernand Braudel et réponse de M. Maurice Druon*），巴黎：阿尔多出版社（Arthaud），1986年，第99页："根据国家传统或者根据外人的认识，法兰西学院被这些象征渗透。在您的理论作品中，您也对长时间段的号召做出了回应。"

有 40 个人想要忘却个体之间的不同，来组成一个集体，这个集体的成员希望自己保留一些十分简单的价值：热爱母语、尊重自己的文化、尊重流传了多个世纪的古老习俗。先生们，我来到你们面前，我就像是我所认识的这些老印第安人。他们决心要见证孕育了他们的文化，直到生命最后一刻，就算这样的文化已被颠覆，就算有些人想说，这样的文化已注定消逝。"[1] 列维－斯特劳斯热爱那些仪式和消失不见的理想，他一边演讲一边继续散播线索：作为院士，他逃过了退休带来的社会性死亡，在死前（ante mortem）就获得了"不朽"（而不是在死后获得"不朽"，因为死后的不朽从未实现过）。他坚持每周一次约会（每周四的授课），以这种方式迎接法兰西公学院之后的生活，我们知道，列维－斯特劳斯将这一习惯坚持到人生最后一刻。这位民族学家表情严肃地说，他显然对个人身份缺乏认同感，并且说了不止一次。[2] 实际上，在横向，法兰西学院为他带来的是"坚持不懈的毅力"[3]，而在纵向，法兰西学院为他带来的则是"传承的需求"[4]。院士个人的身份被分解为两个部分：一是院士的头衔，二是院士席位的谱系关系（他是第 29 席）。院士这个个体只存在于这两条轴线相交之时。一旦占有这个位子的人死去，其他人就要来占据他的位子。这既是融入法兰西学院的手段，也是从沉重的个人身份中解脱出来的办法。在这位民族学家看来，法兰西学院"将一个平面变为立方体。它拉近了距离，以出人意料的方式拉近个体与精神家庭（familles d'esprits）之间的距离"[5]。毋庸置疑的是，他想逃离，想要去往与学术界、民族学、社会科学和左翼知识分子圈完全相反的方向，但学术界、民族学、社会科学和左翼知识分子

---

1 1974 年 6 月 27 日克洛德·列维－斯特劳斯的就职演讲。
2 《自画像》，第 24 页："由于我没有个人身份的意识，对我而言，唯一能够构建身份的办法就是外部的痕迹。"
3 1974 年 6 月 27 日，《克洛德·列维－斯特劳斯的就职演讲》。
4 同上。
5 同上。

圈就是他的社交生活圈。他曾提到蒙泰朗"有时通过反对自己的阵营而获得特别的快感"[1]。回忆这位作家不就是在吐露他自己的心声吗？进入法兰西学院正是列维－斯特劳斯采取的做法。

法兰西学院最重要的特征是热爱语言，这也是它最突出的特征。通过描写蒙泰朗传统主义的语言风格、"有力量的语言"、炉火纯青的文字功底，列维－斯特劳斯总结道："我们有义务尝试让语言停留在它的顶峰。"[2] 许久之后，他才以讽刺的口吻尝试向一位美国记者解释这次氛围奇怪的会议有何意义——它象征着民族文学的最高威望，它唯一的职能是管理词汇、保持语言的纯洁："字典仅仅是法兰西学院对外职能的一部分。但它有象征性的意义。作为'院士组成的集体'（荣誉院士组成的集体），法兰西学院是法兰西民族热爱其语言文字的证明。我们通过别的角度也能发现这一点。看看人们为了改变一个词的写法而闹出的笑话（all the fuss they make here about changing）。你们在其他国家很少能见到这样的事情，例如，美国。美国人滥用他们的语言，还用上了像'thru traffic'（过境通行）这样的词。我认为美国人并不尊重他们的语言。对他们而言，语言只不过是他们不得不使用的工具，并且完全随心所欲地使用语言。这样做不好吗？不，不一定是坏事。就是因为这样才有了美式英语的味道。美语里总是出现新的词语，美语不可思议地创造着新的词语和新的表达。他们对语言的态度和我们完全相反。"[3]

最终，这些显而易见或者不为人知的原因引导列维－斯特劳斯愉悦地幻想，他想到自己即将加入这群不朽的老人，成为他们中的一员。这群不朽的老人像是组成了一个英国俱乐部，弥漫着虚情假意的客套话。这让民族学家怀念起博罗罗人部落里"男性

---

[1] 1974 年 6 月 27 日，《克洛德·列维－斯特劳斯的就职演讲》。
[2] 同上。
[3] 《史密森尼》第 20 卷第 10 期，1990 年 1 月。参见列维－斯特劳斯档案库，编号 NAF 28150，档案盒编号 218。作者自己进行了翻译。

住处"(maison des hommes)的平静生活[1]。

"列维-斯特劳斯将改变法兰西学院"[2]

就职仪式在 1974 年 6 月 27 日举行。去年夏天，列维-斯特劳斯读了蒙泰朗的所有作品。"他值得一读"[3]，他对希瓦说。在穹顶下欢迎他的是他过去的敌人罗杰·凯卢瓦。凯卢瓦在写于 1954 年的一篇尖刻的文章中攻击《种族与历史》。[4]"我得知他支持我成为院士。这令我十分感动；成功入选后，我就立马请他来迎接我，我对他说，我唯一能向您道谢的方式就是将说话机会留给您。他礼貌地推脱一番，然后接受了我的邀请。"[5]法兰西学院的文明仪式万年不变，但一场语出惊人的演讲将打乱它的秩序，虽然时间只持续几分钟。凯卢瓦根据约定俗成的流程提前把演讲稿给列维-斯特劳斯，让他过目。文章有着极高的文学性，得到了列维-斯特劳斯的肯定："这篇文章的语言绝妙无比，我还在其中发现了诗歌的痕迹、语言的魔力和欢乐的情绪，对这样一个枯燥的主题，它的语言起了很大的作用。"[6]在文学性之外，文章提出了刺耳的批评（一部分内容和近 20 年前的说法一样，因此，有些多余），批判的对象是他本该赞扬的东西。这使此次欢迎仪式的尴尬气氛和出人意料的程度完全胜过了其他时候。

在此之前，克洛德·列维-斯特劳斯到马勒塞尔布大道

---

1 朱利安·格拉克（Julien Gracq）也有资格成为院士。1967 年，他在孔蒂河岸边写道："法兰西学院没有任何用处。它的字典并不权威，它也从未出版语法书。此外，它实际上也不对任何人起作用。为什么要怪罪这个旧事物呢？它是我们保留下来的最英式、最古怪的一件珍宝。这些或多或少有文学背景的人佩着剑，打着鼓，我们没理由反对，我们只需要在外部观望。我们不用想着加入马匹护卫队，就算不加入，我们也可以欣赏白金汉宫前的禁卫军交接典礼。"参见《首字母》（*Lettrines*），第 184 页。
2 《鸭鸣报》（*Le Canard enchaîné*）1973 年 5 月 30 日。
3 1973 年 7 月 19 日克洛德·列维-斯特劳斯给伊萨克·希瓦的信。
4 参见本书第 13 章。
5 《亦近，亦远》，第 122 页。
6 克洛德·列维-斯特劳斯给罗杰·凯卢瓦的信（无具体日期）[1974 年 5 月]。参见列维-斯特劳斯档案库，编号 NAF 28150，档案盒编号 186。

（boulevard Malesherbes）的莫罗裁缝铺试穿他的院士服[1]。他接受了让-克洛德·布兰迪耶（Jean-Claude Bringuier）的拍摄和采访，人们看到他陷入了对仪式和习俗的热恋之中。但浮华的表象掩盖不了严谨、细致的内心。他的妻子有些怀疑，担心地问道："我们的臂膀没有得到足够的锻炼吗？"[2] 刺绣的图案是传统的卷叶形状。斗篷带着双角帽，重达三千克。整套服装至少有四千克重……他在镜子中欣赏自己的衣装，嘴角露出微笑："我认为我们应当穿得更加活泼些。但在我们的社会里，允许男人穿得像女人一样的场合是十分少有的，这就是其中之一。"[3]

于是，1974 年 6 月 24 日，他穿得跟套上装备的马匹一样，出现在典礼上。孔蒂河岸除了固定的观众，还迎来了将军、走下政治舞台的政治人物、作家、来自世界各地的女性代表以及社会人类学研究所的成员。研究所的一些成员们将用于葬礼的黑色臂章戴在引人注目的位置！克洛德·列维-斯特劳斯的就职演说首先向研究所的成员们致意，然后才向院士们致意："我向他们说明"[4] 为何院士的聘任仪式与民族学家研究的原始社会中常见的接纳仪式没什么两样。"被接纳的对象都披着厚重的带帽长袍，从头包裹到脚，他们像是重新学习走路一般，害怕地上冒出像避雷针一样尖锐的长矛，小心翼翼地迈出第二个人生的第一步。我现在也穿着特殊的服装，盛装之外还戴着护甲，手里则握着武器。它们都可以保卫主人，对抗起源于社会的巫术或者超自然的巫术。暴露在这些巫术面前的是改变社会身份的人。两位仪式主持人关切地包围着我，就像是印第安人部落

---

1 皮革工匠贝尔纳·洛森布拉（Bernard Rosenblum）根据列维-斯特劳斯手绘的图纸制作了剑鞘。
2 《克洛德·列维-斯特劳斯的世纪》，DVD 光盘（两张）。
3 同上。
4 《自画像》，第 24 页。"在我的就职演讲中，一开始，我用很长时间将科学院和宗教接纳仪式进行比较。阿隆还友好地责备我，告诉我人们对这类发言有心理准备，但我应该加快一点节奏。我这么做的原因是，我把听众当作我的学生和同事，而不是科学院的成员。我向他们解释……"

里的引导者。而我则好奇地探索这种习俗的现代衍生形式。今天，他们被称作保姆（baby-sitters），被要求看管孩子一般的新人。我身处典礼仪式的礼堂，等待着鼓声即将响起。但我所处的典礼现场是矩形的，而不是圆形的。两种场合的鼓声也有不同，但它们都鼓舞着新人放声歌唱：今天，歌唱被称作演讲，演讲还要以歌颂为目的。根据你们的传统，名声显赫的前任院士不该在我身边扮演精神导师的角色，给我启示吗？"[1]

这一长段文字拿院士们和野蛮的部落进行比较，把刚刚诞生的院士比作重获新生的青少年，把新院士的引路人比作"保姆"。人们期待从他的口中听到这样的话，十分有趣的话。他以一种调皮的语气冒犯了那些身披荣誉、对自己的才能有些过度自信的老先生。列维-斯特劳斯以游戏者的心态，为这段令人大吃一惊的开场白加了一点不合规矩的调味料："在某些情况下，学术机构的价值不及其成员的价值。"这是法兰西学院的万幸！由于多位成员存在明显的通敌行为，在维希政府之后，法兰西学院被认定为非法机构。[2] 这是一堂社会学课，同时，这一判定结果对就职仪式的发展现状来说也有警示作用：列维-斯特劳斯不打算与1974年的那些院士为伍，他想要为这家机构的长久发展付出心血，在推动机构累积历史深度的同时，在棋盘上找到他这颗棋子的合适位置。

接下来的演讲对蒙泰朗进行了赞颂。只要我们多加留心，就能在其中发现他完成了另一幅自画像。或许列维-斯特劳斯打算在那位作家身上发现自己所不具备的品质，然后，赞颂具备这些品质的蒙泰朗。总之，列维-斯特劳斯口中的蒙泰朗是伟大风格的"伟大复辟者"。伟大风格指的是博须埃（Bossuet）、圣-西蒙、

---

[1] 1974年6月27日，《克洛德·列维-斯特劳斯的就职演讲》。
[2] 吉赛尔·萨皮罗：《作家的战争（1940—1953）》（*La Guerre des écrivains, 1940-1953*），巴黎：法亚尔出版社，1999年，第4章。

卢梭、夏多布里昂（Chateaubriand）。蒙泰朗的出现说明，我们还能够写出最美妙的法语，作家让民族学家有了认同感，因为两人都与自己的时间线发生了错位：列维－斯特劳斯坚定地认为自己属于 19 世纪；蒙泰朗也想要回到以前的时代，甚至希望同时活在两个时代："他不仅拥抱古典时代，还从古典时代出发，重新发现了 17 世纪。"这种追忆"历史渊源"的文学与列维－斯特劳斯的堂吉诃德主义不谋而合。蒙泰朗的意外性、他的矛盾心理、他的变化无常都让列维－斯特劳斯觉得充满魅力。列维－斯特劳斯将这些特征称为蒙泰朗的"双生主义"（dioscurisme），并不想把这种缺乏主见的行为作为原因之一，拿来解释他在第二次世界大战期间采取"随和的"政治立场的做法。列维－斯特劳斯没有提到上述立场，也绝口不提他的同性恋身份。蒙泰朗的伦理观包括"对生命的慈爱 [……] 和对人类的憎恶"，蒙泰朗还提出了高标准的道德要求——"人们不该随便赋予生命意义，但应当要求自己发现生命的意义——一项严峻但无法逃避的任务"。这些观点都在列维－斯特劳斯心里产生了强烈的回响。他认为，蒙泰朗的品格表现在，蒙泰朗一直明白如何"自我管理"。他把这种品格带入了法兰西学院，把它作为一种典范，而法兰西学院并未准备好迎接这种典范的到来。法兰西学院既没有准备好迎接黑色的臂章，也没有准备好迎接在 1960 年代接受过结构主义熏陶的年轻一代。

列维－斯特劳斯在结论中说到了蒙泰朗的前任：欧内斯特·勒南（Ernest Renan），一位拥有过第 29 席院士之位的历史人物。他的思想特别符合这一阶段法国整体的学术生活和列维－斯特劳斯的学术生活："要在未来站得住脚，在某些时刻，得学会甘于过时。"[1] 在风雨飘摇的 10 年里，这种形式陈旧的骄傲说辞给了

---

[1] 欧内斯特·勒南：《何谓民族？》（« Qu'est-ce qu'une nation ? »），1882 年。这是文章的最后一句话。

列维-斯特劳斯巨大的力量。虽然进入孔蒂河岸后,他在学术界和政治界中不可避免地向右翼靠拢,但是他并没有真正进入流亡的状态。在这一个十年里,雷蒙·阿隆失去了他在法国社会学领域获得的高位,与雷蒙·阿隆不同,列维-斯特劳斯即便受到攻击,仍旧是法国民族学界和国际民族学界的掌门人。虽然结构主义没落了,但他牢牢地坐在法兰西公学院社会人类学研究所的位子上。研究所的民族学家们没有一人算得上是他的弟子,甚至没有人当过他的弟子。他既没有改变社会人类学研究所,也没有改变法兰西学院。《鸭鸣报》的一位记者在他当选院士时就发表了这段预言。从此,他的"双生主义"指的是他所属的两个机构,法兰西公学院和法兰西学院。从历史角度说,两家机构之间存在交集,但它们分别代表了法国文化中两个不同的发展目标和两条不同的发展道路,它们曾经互相敌对。

结构主义不再流行。故事该告一段落。受到大家公认的结构主义的领导人入选了代表法国正统的敌方阵营,引发了骚动。同时,令人震惊的转变发生了。这位激昂(又严肃)的结构主义理论家变成了一位爱幻想、忧郁度日的学者,热爱习俗和服饰。虽然他是超然物外的老人和学者,但在1980年代,他也是学术界的领袖人物。此外,罗杰·凯卢瓦的演讲清楚地告诉我们,法兰西学院想要的是发生转变后的列维-斯特劳斯,而不是发生转变前的列维-斯特劳斯。

列维-斯特劳斯往来于学院路(rue des Écoles)和孔蒂河岸之间。他虽然长期沉迷于学术生活,但也允许自己四处走走,看看这个广阔的世界。他喜爱的地理坐标又增加了一个:不列颠哥伦比亚省和加拿大整个国家。1973—1975年,他去了几次加拿大。再度造访加拿大后,他发现了一个新的国家、一片新的风景以及一种新的神话学。它们成为《神话学》最后一卷中的重要元素。然而,它们不是这本书的研究对象。这本书里,人类学家想要知道，太平洋西北岸发现的几个面具具有怎样的神秘意义。通过这些面具，他开始把结构分析的目标和理念作为美学问题来探讨。

艺术之路

不列颠哥伦比亚省是一片沿海地区，夹在太平洋和群山之间。群山托起了一片广袤的高原，一直从哥伦比亚河延伸到落基山脉。这是一个很早就有人类居住痕迹的地区。许多考古学的发现都证明了这一点：这里有上百个小部落，从北到南分别有特灵吉特人（Tlingit）、钦西安人（Tsimshian）、海达人（Haida）、夸夸伊特人（Kwakiutl）[1]、贝拉库拉人（les Bella Coola）、努特卡人（Nootka）、萨利什人（Salish）……它们都曾在这里居住，因此，这里出现了多种语言、多样的社会组织和丰富的文化。这些部落为了生生不息地存在下去，创造了它们的生存之道、艺术品和宗教物品。博厄斯和他的学生们在20世纪初发现了这片土地。这里是民族学家的梦想！实际上，不列颠哥伦比亚省从此便成为一个美洲人类学研究所。除此之外，不列颠哥伦比亚省也是承载着他重要回忆的地方。

神话之路

"那些几千年来居住在此地 [在太平洋西北岸] 的民族，他们的社会制度和他们的艺术都对我的理论思考起到了至关重要的作用，我要感谢它们给了我深刻的美学感受。"[2] 列维-斯特劳斯在2000年6月发出了这一番感言，用一句话总结了他的想法。

---

[1] 自1980年代，人们用民族名"Kwakwaka'wakw"来称呼后面几行里提到的"夸夸伊特人"。列维-斯特劳斯在《面具之道》用的就是"夸夸伊特"（kwakiutl）这个词。

[2] 克洛德·列维-斯特劳斯：《有关西北岸民族学的思考》（«Reflections on Northwest Coast Ethnology»），载玛丽·莫泽、迈克尔·哈金和瑟杰伊·坎（Sergei Kan）编：《来到岸上：西北岸民族学、它的传统和视角》（*Coming to Shore. Northwest Coast Ethnology, Traditions and Visions*），林肯：内布拉斯加大学出版社，2004年，第1页。

他认为，加拿大的经历成为这位民族学家人生之中另一段重要的经历，也成为构成他作品的要素之一[1]：结构人类学的理论想要在加拿大找到合适的资料，完成与亚马孙的资料之间有意义的比较；人们曾批评神话的结构分析缺乏实证精神，而这两份材料将会为神话的结构分析提供实证基础。然而，在这颗以理论为目的的好奇心中萌生了不可分割的艺术情感。于是，问题出现了。艺术情感是如何影响科学发现过程中的理论诉求的？美学问题变成了此次旅行——翻山越岭的同时进行思考——的核心问题。从纽约的那些年开始，不列颠哥伦比亚省的艺术便一直伴随着列维-斯特劳斯的人生，还被他收录进最后一本书《看、听、读》（1993）里。《看、听、读》以一篇关于美洲印第安艺术家的文章结束。玛丽·莫泽准确地指出，列维-斯特劳斯重复利用了一篇1943年完成的文章的一段，"加强了[人生的]循环效应"[2]，那篇文章的主题是西北岸艺术。

在现实中，他在1973—1975年来到不列颠哥伦比亚省。但早在这之前，他就来过不列颠哥伦比亚省，获得了情感上的强烈刺激。情感上的强烈刺激是一种能保证热情长期不消散的"启示"。

事情要从1939年说起。列维-斯特劳斯从巴西回到法国后，在安德烈·勒·维埃尔（André Le Véel）艺廊买下了一根梯形页岩制成的海达烟斗。这东西身上画有神话图案，吸引了他的目光。几年后，他已经身处纽约。当他拜访美国自然历史博物馆的中央展厅（博厄斯布置的展厅）时，他又一次对不列颠哥伦比亚省的

---

[1] 关于这一整段，参见玛丽·莫泽十分详尽的文章：《克洛德·列维-斯特劳斯在西北岸的经历》（«Parcours de Claude Lévi-Strauss sur la côte du Nord-Ouest»），载菲利普·德斯克拉：《克洛德·列维-斯特劳斯：世纪之旅》，第33—60页；玛丽·莫泽：《美学和结构：在克洛德·列维-斯特劳斯的作品中遇见太平洋西北岸的艺术》（«Esthétique et structure. La rencontre de l'art de la côte nord-ouest du Pacifique dans l'œuvre de Claude Lévi-Strauss»），《欧洲》91/1005-1006，2013年1—2月，第196—209页。
[2] 同上书，注释34，第46页。

物品、其艺术形式、其图案装饰进行了如痴如醉的比较。列维 – 斯特劳斯自己用文字叙述了一个深深着迷的场景,这个故事一直没有发表,后来被收录为《面具之道》的序章:"我在1943年时写到,我身处纽约,一处神奇的地方。在那里,童年的所有梦想都一一实现,百年老树的树干或歌唱或说话,一件件难以形容的物品等待着游客们出现后做出焦急又呆滞的表情,无比友善的动物们像双手合十那样合起它们的小爪子,祈祷被选中的那只海狸能够获得建造海狸宫殿的特权,祈祷能够成为海豹王国的向导,祈祷用一个神秘的吻来传递青蛙或者翠鸟的语言。"[1] 接下来,文章对那些物品进行了物理特征的比较,比较的对象主要是面具。面具能够引起害怕或者恐惧的情绪,这说明它们同超自然现象之间存在紧密的联系。"这种原始的信息动摇了日常生活的平静,它总是如此充满威力,即便在今天,以橱窗进行分隔的措施也无法提前应对它要传递的消息。"[2] 对列维 – 斯特劳斯而言,自然历史博物馆与馆里的西北岸展厅展示了真正的原始社会。而博厄斯不同,他研究这类艺术,但是并没有萌生热爱的感情。"他们和一般的印第安人没有两样!"他有一天这样说道。他并不主张把土著文化分为三六九等。列维 – 斯特劳斯则不同,他对这些部落产生了真正的美学意义上的爱意。有些物品对他来说是人生的伙伴。比如,钦西安人的蜻蜓面具(1951年被售卖的物品之一,现位于卢浮宫长期展厅)、一顶特灵吉特人的尖顶头盔(在纽约时从马克斯·恩斯特那里购买,恩斯特与佩吉·古根海姆分开后,曾经资金短缺)、一张用于仪式的奇尔卡特(chilkat)毛毯和放在他书架上的海达狼牙棒。[3]

列维 – 斯特劳斯两次来到温哥华。准确来说,他旅行的目

---

[1] 《面具之道》,第875页。
[2] 同上书,第877页。
[3] 2014年5月7日玛丽·莫泽与作者的访谈。

的既不是田野考察，也不是简单的学术活动。逗留期间，他与"拥有生命力的支柱"（即图腾柱）、吃人的乌鸦、捕食鲑鱼的渔夫、食人魔"德佐诺克瓦"（Dzonokwa）再次相遇。1973年2月，法国人类学家受不列颠哥伦比亚省大学的温哥华研究院邀请开设为期一周的研讨课。一段影片记录了他拿着面具进行评论的样子，大学生和老师们则聚集在他面前。[1]1974年7月，他和妻子带着孩子再次来到温哥华。这一次，他们停留了十天。他们乘着容得下三个人的"露营车"旅行，每天行驶几百千米。道路将列维-斯特劳斯一家一直带到温哥华岛的北部，然后到了小岛科莫兰特上的警报湾（夸夸伊特文化的圣地之一）。他们接着乘船来到鲁伯特王子港，最后通过斯基纳（Skeena）和弗雷泽（Fraser）山谷再一次南下，到达他们远行的终点，让他们发现阿什迪瓦尔（Asdiwal）神话故事里的风景。阿什迪瓦尔是年轻的钦西安人酋长，是猎捕鲑鱼的渔夫，是四个不同神话版本的主角。这些神话是由博厄斯收集起来的，后来成为列维-斯特劳斯研究的对象。1956年的文章谈的就是阿什迪瓦尔，还成为结构分析的方法教学。因此，我们可以认为，这次在神话之路上"朝圣"的旅行具有特殊的意义。事实上，更早的时候，他就已经发现并确认了神话之路的方向，还进行了讨论。[2]另外，他向伊萨克·希瓦讲述这次旅行经历时用的就是朝圣一词："我们穿越不列颠哥伦比亚省的游历过程十分愉快：夸夸伊特人、钦西安人（我沿着阿什迪瓦尔的路线走）、汤普森人（Thompson）和利鲁艾特人（Lilloet）那里的景色美不胜收，朝圣的经历令人情绪激动。我从那里回来时是晕眩的、充实的，几乎精疲力竭，因为，尽管我们可以随心所欲地行驶，但超过2200千米的'露

---

1 电影《面具背后》（*Behind the Mask*），发行于1974年。
2 参见埃里克·史威默：《克洛德·列维-斯特劳斯和加拿大野兔》，第203页；以列维-斯特劳斯的语言来说，1973年和1974年之行的目标是"建立里程碑，最终完成他在《神话学》中探讨、分析过的个人的神话道路"。

营车'之旅十分考验体力：这是一辆 3.5 吨的小卡车，抬高的驾驶位阻挡了后视镜的视野。"[1]

列维-斯特劳斯在精神上真正感受到斯基纳山谷、纳斯河或者弗雷泽山谷之美，面对美景，旅行者喜不胜收。当地媒体迫切地想要给这位来自巴黎的绅士、学者一个神圣的身份，冒失地称他为"银河"[2]旅行者。实际上，这次旅行带他来到了（神话）窥镜的另一边。它确保列维-斯特劳斯与没有留下任何遗言的美洲印第安社会建立起"近乎身体上的联系"[3]，并且让这种联系持续下去。

"我们夸夸伊特人"：加拿大这个转折点

列维-斯特劳斯在准备到西北岸旅行时一定没有预计到，他会发现加拿大印第安人的居住地和他们的艺术。加拿大印第安人拥有无法预估的生命力。于是，列维-斯特劳斯来到了今天的不列颠哥伦比亚省。

早在 1973 年，他就得到了罕见的特权：他在温哥华郊区观看源于萨利什文化的慕斯奎姆人（Salish musqueam）跳"守护精灵舞"（guardian spirit dance）。这些印第安人每天都与大城市往来，穿着西式服装，几乎无法代表任何一种纯粹、完整的文化。然而，列维-斯特劳斯"向一个混合文化致以深切的敬意"[4]，这样的文化虽然融合了现代性的碎片，却也保留了传统的精神。第二年，他遇到了多位印第安酋长。其中一位酋长的女儿葛罗莉亚是温哥华人类学博物馆的馆长助理，她给他寄了几个罐头，里面是太平洋细齿鲑（"特利纳"）的鱼油、鱼干（需要浸泡内部）、浆果

---

[1] 1974 年 8 月 4 日克洛德·列维-斯特劳斯给伊萨克·希瓦的信。
[2] 《同列维-斯特劳斯一起穿越雨林》，《温哥华太阳报》（*The Vancouver Sun*）1974 年 7 月 16 日。
[3] 《面具之道》，第 879 页。
[4] 《美学和结构：在克洛德·列维-斯特劳斯的作品中遇见太平洋西北岸的艺术》，第 36 页。

和一种特别的鲑鱼（"尼姆基什河红鱼"），她带着习惯性的骄傲口吻补充道："我们夸夸伊特人觉得，它[这种鲑鱼]是最鲜美的鱼类。"她用上了第一人称复数，打乱了列维－斯特劳斯思想体系中最不可动摇的几个坐标。他惊奇地发现，"那些'野性'文化虽然因西方殖民活动的扩张而遭到破坏，但并未消逝殆尽，颠覆了他对热带的忧郁印象。更值得庆幸的是，它们获得了重生，给新形式的当代艺术带来了很大的启发"[1]。卡特琳娜·克莱蒙后来也指出了这一点。

列维－斯特劳斯说道："我不仅走遍了那些地方，还拜访了各个印第安人族群，正因如此，我才发现，一门艺术的神奇复兴对当地人来说是一件习以为常的事情。我不能说艺术已经完全消失了，然而，从1920年到1960年，艺术确实受到了传教士和加拿大官方的严厉限制。加拿大政府禁止他们举行仪式，还没收了面具、盒子、精雕细琢的铜器等各种家庭财产。这些家庭财产是贵族家庭里祖先留下来的财富。"[2]其实，自1951年以来，加拿大不再禁止印第安人庆祝交换礼物的节日。1960年代，美洲土著艺术开始复兴。标志性的时间点是1965年。那年，艺术史学家、民族学家比尔·霍尔姆（Bill Holm）完成了一部具有奠基意义的专著《西北海岸印第安艺术》[3]（*Northwestern Coast Indian Art*）。书里定义了土著艺术的两个维度：一是"轮廓线"，又称曲线；二是官方认可。这本书成为印第安艺术家的圣经。列维－斯特劳斯和比尔·里德（Bill Reid）的相遇意义重大，因为后者是最能证明当代土著艺术蓬勃发展的一个例子。

---

1 卡特琳娜·克莱蒙：《再见旅行！再见原始部落！》（« Adieu voyages ! Adieu sauvages ! »），《费加罗报》1990年1月13日。
2 克洛德·列维－斯特劳斯：《符号和它们的双重性》，巴黎：普隆出版社，1989年，第259页；玛丽·莫泽引用了相关内容，参见《美学和结构：在克洛德·列维－斯特劳斯的作品中遇见太平洋西北岸的艺术》，第35页。
3 比尔·霍尔姆：《西北岸印第安艺术：对形式的分析》（*Northern Coast Indian Art. An Analysis of Form*），西雅图和伦敦：华盛顿大学出版社，1965年。

比尔·里德（1920—1998）生于加拿大，母亲是海达人，父亲有苏格兰和德国血统。但比尔·里德是以"印第安人"的身份死去的。因为1982年出台的修正案规定，母亲是土著人、父亲是欧洲裔加拿大人的孩子将获得印第安人的身份。[1]复杂的出生背景反映在他完成的艺术作品中：他完全采用了欧洲技术——金银器制造工艺和珠宝工艺——进行创作；但是，图案的灵感来源于印第安文化，有时，材料也来自印第安部落（他用来制作匣子的雪松木）。列维-斯特劳斯迷上了这样的才华："我们要感谢独一无二的艺术家比尔·里德，他保护了即将熄灭的火苗，让它旺盛地燃烧起来。他的功劳不止这些。比尔·里德作为典范，还为其他人提供了经验。于是，艺术创作开始百花齐放。今天，不列颠哥伦比亚省的印第安画家、雕塑家和金银匠人共同组成了一个让观众目不转睛的艺术界。[……]比尔·里德拥有与先辈们——一些人大名鼎鼎，一些人则默默无闻——同样多的才能。这些才能覆盖了先辈们的各个领域：有宏伟的木雕，有珍贵的金银珠宝，也有墙壁装饰艺术。他用黑色和红色颜料完成的版画生动地继承了墙壁装饰艺术的精神，但也并非全面继承。"[2]比尔·里德有很多才能，这些才能吸引了列维-斯特劳斯的目光。比尔·里德的艺术家身份就是这场艺术复兴的代名词。对人类学家而言，艺术复兴不仅关系到这些群体的命运，也关系到整个当代艺术的命运。列维-斯特劳斯很快就在他身上发现了艺术活力涌现的重要迹象。此外，他很希望他的院士佩剑能够由比尔·里德打造。只是时间太仓促了。不过，列维-斯特劳斯还是请他制作了领结形状的项坠。这位加拿大艺术家常常阅读民族学的书籍，复制书上记录的

---

1 玛丽·莫泽：《比尔·里德（1920—1998）》（« Bill Reid. 1920-1998 »），《人类》第151期，1999年，第7页。
2 克洛德·列维-斯特劳斯：《比尔·里德》，载《比尔·里德：一次回顾展》（*Bill Reid : A Retrospective Exhibition*），温哥华：温哥华美术馆，1974年，《符号和它们的双重性》又提到了相关内容，第255—256页。

那些消失不见的古老图案，赋予它们新的生命。在同一时期，外界指控民族学犯了"种族文化灭绝"罪，而他则在民族学探索和艺术创作之间建立起一座桥梁，以这种方式给出了完美的回应。比尔·里德认为，在印第安艺术家融入艺术生活的过程中，民族学家和博物馆向他们订购作品、资助他们进行"驻馆"创作，扮演着重要的角色。不仅如此，后者还与当地的部落一同完成了双方的共同遗产。这一段历史虽然常常出现暴力，但是由双方共同书写。列维-斯特劳斯认同博物馆具有这种历史角色和政治的角色。1975年11月，他接受了为渥太华人类博物馆新展厅揭幕的邀请，该馆将陈列来自太平洋西北岸印第安部落的物品，展览主题为《乌鸦之子》。而《乌鸦之子》是一个描述海达文化诞生的神话。

在加拿大，列维-斯特劳斯迎来了意外的惊喜。他通过艺术的光辉找到了一种前所未有的热情。因为艺术从某种角度上说高于其他一切，艺术还证明，世界可以变得更加宜居。列维-斯特劳斯的悲伤语气被一个开关（暂时地）关掉了。与民族学相伴的唉声叹气曾是民族学存在的借口。现在，这样的借口也不再被人需要。民族学是一门科学，但它研究的不是那些"原始人"，也不是那些"仅剩的"人，而是一批重新开始的原始人。西方民族学和这位印第安艺术家（他的身份是后天建立起来的）的相遇让列维-斯特劳斯进入了一个存在活动空间的新的研究领域中。列维-斯特劳斯十分关注1970年代加拿大发生的变化：维系现代国家和土著民族关系的新模式出现了。他开始坚定不移地支持夸夸伊特第一民族（Kwakwaka'wakw First Nations）的发展，直到他死去。在"加拿大这个转折点"，列维-斯特劳斯放弃了残垣断壁带给他的浪漫主义的美学，他反而乐观起来，并且发现了清晨的曙光。但是，谁又能知道未来会怎样呢？

面具之道

1975年，列维-斯特劳斯出版了分为上下两册的《面具之道》，将它献给这隅他热爱的土地。书名告诉我们，书里研究的是不列颠哥伦比亚省的几张面具。三十几年来，这些面具持续不断地吸引着他。之后，他提出了"小型神话学"三部曲的说法，这本书就是三部曲的第一本。其余两本分别是1985年出版的《嫉妒的制陶女》、1991年出版的《猞猁的故事》。三本书均被2008年出版的"七星文库"收录，因此，它们不起眼的篇幅和不出彩的语言无法继续掩盖它们的意义和价值。这些文字在列维-斯特劳斯的作品中占据多大的比重？应该怎样评价它们？许多读者和学者都认为，它们不只是导论（尽管它们发挥了导论的作用），更不是废话的简单拼贴。如今，它们之所以重要，是因为它们提出了新的写作形式，反映了列维-斯特劳斯学术生产活动的基本路线。弗雷德里克·凯克谈及图像意义上的"遗憾"[1]。对列维-斯特劳斯来说，它们并不是结束。爱德华多·威维洛思·德·卡斯特罗注意到如下修辞手法的反复出现："这并不是全部。"[2]对神话无止境的分析似乎完全主导了他的写作行为。因此，"那四册书[《神话学》]的完结并不代表结束"[3]。四本书的高歌之后，一本侦探小说（detective-novel）带着它的谜题、几条线索以及解决问题的折中方案出现了。它的问题是：为什么北美洲的面具一会儿凸起、一会儿又凹陷下去？作者在他熟悉的田野上开展调查，随后，分享了他在美学意义上的新认识。就这样，他走出了西方艺术的范畴。

---

[1] 弗雷德里克·凯克：《克洛德·列维-斯特劳斯集》，第1854页。
[2] 爱德华多·威维洛思·德·卡斯特罗：《爱德华多·威维洛思·德·卡斯特罗眼中的克洛德·列维-斯特劳斯》（《Claude Lévi Strauss vu par Eduardo Viveiros de Castro》），《法兰西公学院通讯》（*La Lettre du Collège de France*），特刊第2期，2008年，第34—35页。
[3] 同上书，第1854—1855页。

图为《面具之道》的封面。1979 年，《面具之道》由普隆出版社重新出版。

该书收录了 1971—1972 年他在法兰西公学院为期一年的课程内容。课上，让列维－斯特劳斯感兴趣的是不列颠哥伦比亚省神秘的小部落。他研究了几张面具，还研究了他们如何生产和交换铜器，从而思考它们的同质性。在西北岸的美洲印第安社会，铜器的生产和交换创造了威望和财富。一个列维－斯特劳斯欣赏的人向他提出了出版的建议：加埃唐·皮孔（Gaëtan Picon）。他是大学老师，也是一名多产的评论家。他与安德烈·马尔罗（André Malraux）交好，曾为马尔罗写过一本书。后来，1960—1966 年，他当上了文化事务部（ministère des Affaires culturelles）文学艺术司司长（directeur général des arts et des lettres）。[1] 他有许多诗人朋友和画家朋友。因为他在瑞士斯基拉（Skira）出版社主编"创作之路丛书"（Les sentiers de la

---

[1] 阿涅斯·卡鲁（Agnès Callu）：《加埃唐·皮孔（1915—1976）：美学和文化》（*Gaëtan Picon, 1915-1976. Esthétique et culture*），巴黎：奥诺雷·尚皮永出版社（Honoré Champion），2011 年。

création），他需要向这些朋友求助。这套丛书的书本装帧都很考究，翻印、排版都得到了仔细的安排，所有图片都得到了精心的处理。列维-斯特劳斯没犹豫多久，就决定在这套交口称赞的丛书中出版新书。因为他被它深深吸引："小路（sentier）一词让我联想到面具（voie）。"[1]于是，《面具之道》诞生了。那时，他深深迷上了土著艺术。那时，土著艺术（arts indigènes）还未被人们称为"原始艺术"（arts premiers）。

不过，《面具之道》不只有精美的装帧。为了证明结构分析的有效性，博学又仔细的人类学家开始把它应用在造型艺术上。他就像研究神话一样研究面具。如果对每一张面具单独进行研究，那么这些面具的意义便不会出现。它们只有（和其他面具）建立联系，组成一个变化体系后才能获得意义。而这个变化体系需要立足于当地民族志的背景。因此，为了解释为什么在所有面具里，萨利什文化中眼睛夸张地凸起、舌头垂悬的斯瓦伊（swaiwhé）面具是如此独一无二，他拿这些面具与另外两类特色鲜明的面具进行了比较。夸夸伊特的德佐诺科瓦（dzonokwa）面具看起来与上述面具完全相反：深陷的眼窝、内收的嘴唇、黑色的外观、拿来装饰的毛发。但克希威克希威（xwéxwé）面具也有斯瓦伊面具的外观特征，但是它们归夸夸伊特人所有，因此在造型上，与德佐诺科瓦面具不同。该书对美学形式（formes esthétiques）与经济、神话一同进行讨论，认为形式具有一定的独立性。但形式并非完全独立。在列维-斯特劳斯看来，美总是与产生美的社会有关。然而，这种关联性的本质不是马克思主张的"反映"（reflet），而是扭曲、颠倒、隐藏。甸尼（déné）神话里的女性金属人颠倒了铜器流通的真实条件，同理，"一张面具不是为了展示什么事物，而是为了

---

[1] 2014年4月30日，与玛丽·莫泽的访谈。玛丽·莫泽在《面具之道》提到了相关内容。参见《说明》，载《面具之道》，第1858页。

实现变化（transformer），换句话说，放弃了呈现事物的功能。与神话一样，面具既否定又肯定"[1]。这就是《面具之道》想说的话。因此，《面具之道》被看作"结构方法的说明文"[2]。不过，列维-斯特劳斯巧妙的理论话语并未把艺术的强大魅力定义为一种威胁。结构分析虽然认为艺术创作活动有其合理性，但没有对艺术的意义进行解释，反而还进一步模糊了它的意义。换言之，艺术的意义在于一整个与之有关的社会。它的意义绝不在于简单地比较或者复制。艺术发展，悄无声息地发展。

提出美学总论

无疑，有上下册的这部经典之作为人类学家赢得了新的读者。该书毫不遮掩地展示了美学的乐趣，同时，对结构分析理论进行了论证。它尽量保持内容严谨，也不希望文字过于枯燥乏味。乔治·杜梅齐尔总结道，"这一切是一场盛宴"[3]。他在纽约时期结交的朋友帕特里克·沃德伯格（Patrick Waldberg）能够证明他高度还原了细节，对细节是一丝不苟的："我长时间观察可爱的海獭，它的小眼睛让我沦为了囚徒。"[4] 米歇尔·莱里斯感谢列维-斯特劳斯向我们展示了那些"让他浮想联翩的事物，他鼓励我们多一些幻想，而不是叫我们停止幻想"[5]。他通过想象来理解事物，又通过事物来进行想象。这种做法被读者发现，并成为广泛传播的书本内容之一。

大量媒体报道记录了《面具之道》在法国的日报、杂志和周

---

1 《面具之道》，第 978 页。
2 让-玛丽·贝努瓦：《两个面具之间的克洛德·列维-斯特劳斯》（« Claude Lévi-Strauss entre deux masques »），《费加罗文学报》1975 年 11 月 22 日。
3 玛丽·莫泽在《面具之道》引用了相关内容。参见《说明》，载《面具之道》，第 1864 页。
4 同上书，第 1863 页。
5 1975 年 11 月 13 日米歇尔·莱里斯给克洛德·列维-斯特劳斯的信。参见列维-斯特劳斯档案库，编号 NAF 28150，档案盒编号 195。

刊上多么受读者欢迎。[1] 该书也因圣诞节之机而收获了一批读者。许多记者都发现,他成为"民族志界的夏洛克·福尔摩斯"[2],写作的形式发生了转变。他们特别注意到,在他最新出版的作品里,美学问题占据核心地位:艺术如何成为解决结构分析的某些问题的工具?艺术如何以各种不同的形式提出鲜少讨论的问题,例如,结构的时间性?《面具之道》是不是建构美学论的额外步骤?在 1959 年的广播节目《与乔治·夏博尼耶对话》中,他第一次明确提出了建构美学论的想法。[3] 艺术总是与这位民族学家的工作相伴。例如,以卡杜维奥女性面容为主题的画、博罗罗人的羽毛艺术。但这一次,列维-斯特劳斯的文章得出的人类学结论和其中的一些话似乎是以西方美学为对象而说的。我们知道,民族学家长期以来一直认为西方美学陷入了绝境。在《巴黎日报》中,艺术评论家皮埃尔·戴克斯(Pierre Daix),一位前共产党员,明确地表示:"克洛德·列维-斯特劳斯以迂回的方式为现代美学做出了重大贡献。"[4]

其实,不列颠哥伦比亚省的艺术和所有原始艺术一样,也是一种表达意义的艺术(art de la signification),而非象征性的艺术(art de la représentation)。那些印第安人感兴趣的是与超自然之间的联系,这种联系无法通过象征手段进行展现,不过,表意层面却是可以实现的。对于列维-斯特劳斯,这种艺术的伟

---

[1] 多米尼克·费尔南德斯(Dominique Fernandez)在《快报》上发表了文章,克洛德·博纳富瓦(Claude Bonnefoy)在《文学消息》(Nouvelles littéraires)上发表了文章,皮埃尔·戴克斯(Pierre Daix)在《巴黎日报》(Le Quotidien de Paris)上发表了文章,罗杰·珀尔·德鲁瓦在《世界报》上发表了文章,马克斯-波尔·富歇在《观点》上发表了文章,让-玛丽·贝努瓦在《费加罗文学报》上发表了文章。除此之外,还有一些大型访谈,比如,1976 年,围绕《面具之道》和他的人类学中的美学问题,列维-斯特劳斯在比利时法语电台与莫里斯·欧朗德尔进行了谈话:《感性和理性》,列维-斯特劳斯与莫里斯·欧朗德尔进行的访谈。莫里斯·欧朗德尔档案,法国当代出版纪念馆(Imec),《游戏规则》(La Règle du jeu)第 44 期,2010 年,"法国当代出版纪念馆未发表作品"。
[2] 何塞·皮埃尔(José Pierre),《文学半月谈》第 224 期,1976 年 1—15 日。
[3] G. 夏博尼耶(G. Charbonnier)与克洛德·列维-斯特劳斯的访谈。
[4] 皮埃尔·戴克斯:《印第安艺术和结构主义》(« Art indien et structuralisme »),《巴黎日报》1975 年 12 月 16 日。

大之处在于，通过表达意义的创作，建立了图案和媒介之间的辩证关系，将原本不能具象化的事物（超自然现象）具象化。辩证关系成立后，以熊的图案作为装饰的木盒子成为这头熊的化身。意义（signification）就诞生于（图像化的）装饰和（材料的）结构之间生动的辩证关系：箱子是"会说话的盒子"。它成为家屋里的熊。原始艺术是表意的……因此，"如何认知"[1]（leçon d'intelligibilité）是十分重要的。列维-斯特劳斯完全不像20世纪初的西方艺术家那样对待土著艺术：那些艺术家把这些古老的艺术形式作为获得新灵感、现代灵感的工具。这些物品、它们的装饰和它们的形式，对创作了它们的社会来说，有特殊的意义，这与毕加索、德兰或者马蒂斯的意义完全不同……列维-斯特劳斯要的是一个切题的解释，他先是通过结构分析发现了该如何进行解释，然后把这一重要发现转达给现代艺术界：表意有其必要性，此外，传统的制作方法和技巧、已知的解决方法都限制了表意的方法。抱有浪漫主义美学观的艺术家因灵感而进行创作，他们是孤独的。列维-斯特劳斯坚定地认为："如果艺术家认同应当自发地进行创作、创造原创作品，那么，他推翻了所有创作者——过去或现在、真实或虚拟的创作者。不论我们承认与否，我们在创作的路上始终不会是孤身一人。"[2] 这一句话具有颠覆性的力量，与浪漫主义信仰拥有同样的高度。但是对于现代艺术和当代艺术，浪漫主义十分常见，天马行空的"天才创作者"也把浪漫主义作为一种信条。

我们说过，丛书主编加埃唐·皮孔是马尔罗的亲友。马尔罗的美学观在几本获得广泛影响力的书里得到了充分的展示：《幻想博物馆》（Le Musée imaginaire，1947）、《绝对的货币》（La Monnaie de l'absolu，1949）、《沉默的声音》（Les Voix du

---

[1] 皮埃尔·戴克斯：《印第安艺术和结构主义》，《巴黎日报》1975年12月16日。
[2] 《面具之道》，第981页。

silence，1951）。这些作品毫无疑问是促进结构美学思想成形的主要素材。马尔罗和列维-斯特劳斯两人都急于推广非西方艺术的价值，并认为它们与西方的伟大艺术作品具有同样的价值。两者之间的差异在于，美的功能不同。在安德烈·马尔罗看来，文化的要素是美学的享受，文化带来了情感上的冲击，但给不了学术知识。他将这种想法应用到文化馆的项目中，并且小心翼翼地与大众教育（Éducation populaire）的要求、与国民教育（Éducation nationale）的要求有所区分[1]。列维-斯特劳斯则持相反意见。他认为，两者并无冲突，美学享受的同时也要追寻意义，在这个过程中，知识是必需品，还是追寻意义的工具。因为艺术观念的不同，创作行为体现了两人之间的区别：对于马尔罗，至高无上的灵感和创作主体无限的创作能力是关键所在，其他东西并不重要；列维-斯特劳斯不同意现代艺术家（18世纪左右起的艺术家）大言不惭的言论。对列维-斯特劳斯而言，以手工艺人形象出现的艺术家（artiste-artisan）从文化、宗教、神话、物质环境、经济情况出发，与他们所处的外部世界进行比较，寻找相似之处或者不同之处，这是他们的创作方法。美的程度取决于表意行为的力度。艺术源于世界。因此，外部世界与创作者的亲密关系决定了表意行为拥有多大的力度。艺术只是从外部世界抽离了出来，最后，它将以一种更加美好的姿态回到这个世界。

4年后，《面具之道》重新出版，但更加方便阅读。书里增加了3篇附录，用"远足"来称呼它们。附录对《面具之道》进行了最后的补充，但这一举动也说明，完整记录一项研究成果是不可能的。其中两篇记录了列维-斯特劳斯之后的冒险。列维-斯特劳斯发现了一个新的研究对象——一个普遍存在的"家屋社

---

[1] 参见菲利普·乌尔法利诺（Philippe Urfalino）：《文化政策的诞生》（*L'Invention de la politique culturelle*），巴黎：法国文献出版社（Documentation française），1996年。

会"。他在夸夸伊特人那里发现"家屋社会"就像中世纪那样发挥作用。他还研究了神话结构是如何随着时间而发生变化的——研究"时段"（la durée）如何改变神话结构的轨迹。舆论声不仅表达了意外，还讽刺了起来：永恒的结构主义，它的印第安之神来到了掌管历史的克里奥（Clio）身边？事实上，1970年代中期，历史学家们与这位人类学家彻底达成了共识……

民族学和历史：我爱你，但我不爱你

20世纪七八十年代，列维-斯特劳斯在课上与历史跳起了双人舞。从这时起，他迈入了一个新时期。他的第一个动作是发表文章《民族学和历史》，发生于1949年。最后一个动作是在马克·布洛克讲座上以"历史和民族学"为题进行演讲，完成于1983年。历史与民族学的前后顺序被他颠来倒去。这时，历史学和社会科学之间的争论持续了整个世纪，而历史学和民族学之间的唇枪舌剑差不多已有半个世纪。[1]1976—1982年，克洛德·列维-斯特劳斯在法兰西公学院的课上研究和思考问题，与历史学家展开了新的对话。他专心致志地对神话进行了20多年的研究，现在，他又重新开始研究亲属关系和社会组织形式。

"家屋"的概念

1979年《面具之道》再版时，列维-斯特劳斯在第二篇附文的开头指出"家屋"是新的社会组织形式，并且整理了自己的思考轨迹。不列颠哥伦比亚省的夸夸伊特人是其中一个节点。博厄斯早就发现了夸夸伊特人的复杂性。他的文字给列维-斯特劳斯提供了文献基础。列维-斯特劳斯察觉到他的前辈感到"犹豫""懊恼"。这是因为，传统的民族学词汇难以描述一个

---

[1] 参见弗朗索瓦·哈托格：《遥远的目光：列维-斯特劳斯和历史》（« Le regard éloigné. Lévi-Strauss et l'histoire »），载《列维-斯特劳斯》，巴黎：埃尔纳出版社，第282—288页。

既存在父系特征又存在母系特征的社会体系。这个社会体系有入赘习俗（夫妇住在女方的家里），但又不强制要求入赘。此外，莫斯和涂尔干提出了各自的解释，与博厄斯不同的解释，加深了民族学"无所适从"的感觉。最终，博厄斯只能用土著人的名词 numayn 来形容他眼前的事物。[1] 列维-斯特劳斯在他们的基础上继续研究，并且形成了一种在他身上常常可以见到的写作模式：一个有待解决的谜题出现在他面前，但其特征并不突出，这个谜题属于一个边缘化的研究课题，被他人抛在一旁，但被列维-斯特劳斯捡了起来。

接下来，1976—1982 年，他在法兰西公学院研究了世界上 40 多个与夸夸伊特社会特征相似的社会。它们既不构成"家系"，也不是"部落""氏族""村庄"……因此，它们难以被归为某一类组织形式。1977—1978 年的课上，印度尼西亚是他的研究对象。1978—1979 年的课上，美拉尼西亚是他的研究对象。1979—1980 年的研究对象是波利尼西亚，1980—1981 年的研究对象是密克罗尼西亚和马达加斯加。1981—1982 年是他在法兰西公学院最后一次授课，他将非洲作为终点站。然而，为了称呼和理解这种还没有名字的新问题，他将认识论视角从地理比较转移到其他地方："为重新认识家屋，民族学家应该向历史求助。欧洲中世纪的历史当然是必需的，日本平安时期的历史也是必需的，还有古希腊的历史以及其他很多历史阶段。"[2] 这句话用的是虚拟式未完成过去时。它偷偷告诉我们，民族学家和历史学家可以展开对话。

家屋的概念包含着什么？贵族有家屋，中世纪欧洲的农民有家屋，日本平安时期（10—11 世纪）的贵族家庭有家屋，酋长制的斐济或者曾经的马达加斯加王国也有家屋。家屋是"掌管一

---

[1] 参见玛丽·莫泽、迈克尔·哈金、瑟杰伊·坎编：《来到岸上》，第 63—65 页。
[2] 克洛德·列维-斯特劳斯：《夸夸伊特的社会组织形式》（«L'organisation sociale des Kwakiutl»），载《三次远行：面具之道》（*Trois Excursions. La Voie des masques*），"七星文库"，巴黎：伽利玛出版社，第 999—1000 页。

个区域的法律主体,它的名字、它的财产、它授予的头衔通过真实或者虚构的家谱关系传承下去,因此,它也能够一直存活下去。只要亲属关系或者姻亲关系的话语实现延续(常常是两者同时都希望延续),这样的家谱关系就具备合法性"[1]。这些家屋社会通过子孙繁衍和虚构的亲属关系来定义亲属关系。虚构的亲属关系指的是建立姻亲或者是收养孩子。在没有男性继承者时,头衔的传承可以通过女儿或者姐妹完成。列维-斯特劳斯兴高采烈地用一种形象化的中世纪说法"桥与板"(le pont et la planche)[2]来描述他的新发现。两条传承路线(一种通过姓名,另一种通过头衔)常常同时存在,夸夸伊特人就是这种情况。因此,在这些松散的家屋社会可能出现紧张的关系,偶尔,也会出现争斗。但它们允许族外婚(exogamie)和族内婚(endogamie)这两种对立的婚嫁原则同时存在,还同时提供延续子嗣(filiation)和居住(résidence)两种不同功能。在列维-斯特劳斯看来,这些社会的"家屋"属性使它们进入了历史长河。莫里斯·戈德里耶以批判性的口吻解释道,在亲属关系的华丽外表下,家屋社会扭曲了所有社会政治手腕的意义。[3]列维-斯特劳斯更加明确地表述了他对这种社会结构的猜想:它属于"结构的一种状态,在这种状态下,政治利益和经济利益想要扩张至社会领域,但它们还没有形成明确的话语,并且因为它们只能通过亲属关系这唯一的话语进行表达,所以必须颠覆亲属关系"[4]。为了缔结大胆的婚姻关系、建立大胆的家族战略,"古老的血缘关系"发生了改变。在中世纪的欧洲,家屋的概念在上层社会里十分常见(贵族家庭、"波旁王室"),在底层社会也十分常见(农民家族主要

---

[1] 克洛德·列维-斯特劳斯:《家屋的基本概念(1976—1977)》(« La notion de maison [année 1976-1977] »),载《说过的话》(*Paroles données*),第 190 页。
[2] 同上。
[3] 莫里斯·戈德里耶:《家屋的概念》(« Le concept de maison »),载《列维-斯特劳斯》,第 5 章,第 197—225 页。
[4] 《家屋的基本概念》,第 190 页。

在法国南部山区）。原因很可能在于，这些家族是最排斥巨大变化的。[1]

弗朗索瓦·哈托格（François Hartog）认为，"家屋社会"所呈现的这种冷社会和热社会之间的"界限"表明，历史学家和民族学家之间存在合作的空间。[2] 亲属关系的人类学将越来越频繁地拥抱历史，并以之为养料。从夸夸伊特人到路易十四的宫廷、从奥克族的"奥斯托"（oustau）到加利福尼亚的"尤罗克"（Yurok），历史学与民族学之间存在许多"边缘地带"。[3] 因此，列维－斯特劳斯在法兰西公学院的最后一课上严肃地指出，这两门学科之间存在交叉领域。他还强调，我们应当调整顺序：我们不该为了解释某些复杂社会的样貌才去研究那些简单社会，我们应该倒转前后的顺序。一年之后，这位民族学家在马克·布洛克讲座上又一次完成了颠覆："时代变了。我们不再几乎机械式地研究民族学，不再以解释古代或者近代习俗难以理解的意义为目的，不再把这些习俗当作野蛮民族社会形态的蛛丝马迹。我们认识到这种'原始主义'已经过时，并且更好地认识到，我们的社会生活形态和我们的组织形式已经得到了研究证实，能够用来研究那些原始社会。由于缺少文献记载，同时，观察的时间段又太短，因此，面对那些社会，我们发现，它们的社会生活形态和组织形式没有清晰的线索，并且乱作一团。与我们以为的不同，所谓'复杂社会'和错误地被称为'原始社会'或者'古代社会'的社会之间并没有多大距离。为了跨越这段距离，我们只需要通过前者来研究高高在上的后者，而不是通过高高在上的后者来认识前者。"[4]

---

1 《家屋的基本概念：克洛德·列维－斯特劳斯与皮埃尔·拉买森的访谈》（« La notion de maison. Entretien entre Claude Lévi-Strauss et Pierre Lamaison »），《田野》第 9 期，1987 年 10 月。
2 弗朗索瓦·哈托格：《遥远的目光：列维－斯特劳斯和历史》，第 286 页。
3 克洛德·列维－斯特劳斯：《有关非洲的思考（1981—1982）》（« Considérations sur l'Afrique [année 1981-1982] »），载《说过的话》，第 241 页。
4 同上书，第 240—241 页。

"仙子的死亡之吻"

迪迪埃·埃里蓬在1988年策划的一个电视节目清楚地说明了这位民族学家和一些历史学家之间的互相影响。五位嘉宾中有两位是历史学家,让－皮埃尔·韦尔南和雅克·勒高夫（Jacques Le Goff）。他们受邀讲述结构人类学如何影响他们的学术活动,而列维－斯特劳斯将以评论的形式回应两人。[1] 在这种思想交流的友好氛围下,勒高夫首先讲述了维达尔－纳格与他自己是如何用结构分析来分析克雷蒂安·德·特鲁瓦（Chrétien de Troyes）的文章《伊凡或狮子骑士》（«Yvain ou le Chevalier au lion»）,然后,进行了出人意料的告白:"我在阅读列维－斯特劳斯时,感受到仙子的死亡之吻。"这位历史学家似乎察觉到结构人类学的诱惑力将吞噬历史学,威胁它的存在。但列维－斯特劳斯强调:"如今,我们已经走到这一步:我们感觉,我们都在做同样的事情。"社会科学虽然各有各的研究对象,民族学家研究的是空间,历史学家研究的是时间。然而,历史学和民族学有了相同的感觉。

历史学基于人类意识,而民族学需要无意识。[2] 然而,两方之间再也没有一边倒的条约（1949）。列维－斯特劳斯也不再进行强烈的反击。他曾写文章谈论布罗代尔的"长时段"（1958）。1971年的《历史与社会科学年鉴》特刊曾宣称:"历史和结构主义之间的战争不会打响。"[3] 弗朗索瓦·哈托格以打趣的口吻指出,事实上,双方早已开战![4] 而学科间的界限早已变得十分模糊:历

---

[1] 1988年10月31日,迪迪埃·埃里蓬和菲利普·科林为电视节目《大洋》组织了一期节目录制,节目环节名称为《思考》,法国国家视听研究院档案库。其他参加者还有:人类学家吕克·德·厄齐（Luc de Heutsch）、社会学家皮埃尔·布迪厄、哲学家安德烈·孔德-斯彭威尔（André Comte-Sponville）。
[2] 克洛德·列维－斯特劳斯在1949年的文章里提出了比较:《民族学与历史》。文章收录于《结构人类学》。
[3] 安德烈·布尔基耶（André Burguière）:《历史与结构》,《年报》第34期,1971年6—7月,第1页。
[4] 《遥远的目光:列维－斯特劳斯和历史》,第286页。

史人类学一边试图捕捉社会的"精神面貌",一边也关注社会的无意识根据。历史学家一直不由自主地认为时间是线性的,并通过进步、变化来划分这种线性的时间。他们向列维-斯特劳斯学习,从而摆脱这种观念。他们结合了不同的社会时间、各种历史性(historicités),以它们为材料寻找历史研究的客体。于是,热情的安德烈·布尔基耶以一种迎接永久和平的口吻总结了这一期《历史与社会科学年鉴》:"结构主义曾一度偏离历史正轨但许多结构主义者又绕了回来。"[1]

整个1970年代,历史论述被赋予了强烈的人类学色彩。1978年,雅克·勒高夫正式将它命名为"新历史"。"新历史"关注饮食习惯、身体、住宅、家庭结构、技术、信仰、政治文化等。新历史的历史学家们越来越受到公众的肯定,同时,结构主义的退潮也越来越明显。因此,他们毫不遮掩地利用这项海纳百川、但侵略性十足的民族学工具进行研究。他们中的大多数人是在民族学中寻找研究的客体,而不是以正统的结构分析作为方法。[2] 历史学家成功让民族学研究为自己所用,也让学科的统治地位发生了颠覆。尽管如此,列维-斯特劳斯依然作为推荐人,帮助历史学家进入法兰西公学院和法兰西学院。

他帮助乔治·杜比、伊曼纽埃尔·勒·鲁瓦·拉迪里(Emmanuel Le Roy Ladurie)、让-皮埃尔·韦尔南分别于1970年、1973年、1975年进入学院街。他亲自向他的同事们介绍了韦尔南。依据法兰西学院的传统,历史学家不像民族学家那样人丁稀少。1984年和1987年,他相继鼓励费尔南·布罗代尔和乔治·杜比参与院士人选的竞争。他与乔治·杜比建立了友谊。他特别喜爱这位历史学家的文学素养、他的优雅气质、他的幽默、他的学识:"您

---

[1] 《历史与结构》,第7页。
[2] 理查德·马林(Richard Marin):《新历史和列维-斯特劳斯》(« La nouvelle histoire et Lévi-Strauss »),《快帆:巴西、葡萄牙和西班牙世界研究笔记》(*Caravelle. Cahiers du monde hispanique et luso-brésilien*)第96期,2011年6月,第165—178页。

拥有这样别具一格的天赋，令历史变得生动又亲切。没有您，历史将永远消失在时间的暗夜里。"[1] 列维-斯特劳斯反复称赞杜比的多产和对事物的广泛好奇心。我们可以从这一点看出，列维-斯特劳斯认为历史学具有以下特点：历史学是一门需要书写的学科，它要对一种肉眼不可见的世界产生共情，通过努力恢复它的面貌。这种历史观非常具有米什莱的色彩。他喜爱的是杜比的作家气质。杜比的书里总能带来"文学享受和社会学乐趣"[2]，他也这样写信告诉杜比。

列维-斯特劳斯与布罗代尔相识已有半个世纪。他欣赏布罗代尔的观察能力、"猎人的嗅觉"[3]、对原始资料的吸收能力。与人们猜想的相反，他喜爱所有历史事件：大型事件、小型事件、普通事件。"您的态度告诉我们，历史虽然有各种形态，但我们不需要做出选择"[4]，当列维-斯特劳斯在 1985 年 3 月 19 日将院士佩剑递给布罗代尔时，这样对他说。两位老先生放下了武器，停下了学科之间的斗争："所有人文科学都可以轮番互相帮助。"[5] 当布罗代尔出版《法国的身份》(*L'Identité de la France*)时，列维-斯特劳斯快要 80 岁。列维-斯特劳斯很关心仪式和机构能够延续下去，因为它们的长时段遭到了社会的威胁。这时，两人之间形成了很深厚的默契。一直以来，列维-斯特劳斯与历史学之间的关系都错综复杂，于是，他放任自己以玩笑话结束他的发言："在你们的盛名之下，我们应该如何对费尔南·布罗代尔进入法兰西学院这个毋庸置疑的历史事件进行解释？"[6] 这当然是一个真实的

---

1 1981 年 3 月 29 日克洛德·列维-斯特劳斯给乔治·杜比的信。参见法国当代出版纪念馆乔治·杜比档案。
2 同上。
3 克洛德·列维-斯特劳斯：《费尔南·布罗代尔授剑仪式上的演讲》(« Discours de remise d'épée à Fernand Braudel »)，1985 年 3 月 19 日，《克洛德·列维-斯特劳斯先生的演讲》(« Discours de M. Claude Lévi-Strauss »)，载《费尔南·布罗代尔先生的就职演讲和莫里斯·德吕翁先生的回应》，第 96 页。
4 同上书，第 94 页。
5 同上书，第 97 页。
6 同上书，第 97—98 页。

历史事件：席位还有空缺，但布罗代尔犹豫不决。这也是历史大环境下的一环：法兰西学院开启了一系列更加宏观的社会科学史。最后，这是法兰西学院悠久历史的一部分。布罗代尔无法忽视法国的这个结构性特征和根本特征。

列维-斯特劳斯给了自己让历史学家们不悦的新角色。他化身为约昂（Jéhan），提醒历史学家们不要忘记这个事件的重要性。约昂是朱尔·罗曼（Jules Romains）笔下的人物，来自《好心人》的一系列故事。民族学家喜爱引用朱尔·罗曼："我们抵抗过去的历史学家，他们关心国王们的婚姻、宠臣们的任性、大臣们的竞争，我在想，我们是不是走得太远了。[……]重要的是那些人类的重大运动、大众的命运、遵循世俗发展规律的文明……这一切都很美好。[……]如果我们以天狼星（Sirius）的视角看历史，或者以 10 世纪为一个阶段来看历史，我们的现代观念能够是恰当的[……]但是，如果问题是，在此刻，尼古拉沙皇会不会建议塞尔维亚国王对抗奥地利，那就是另一回事了。"[1] 以一次盛大的仪式为标志，列维-斯特劳斯开始担任民族学和历史学之间的这个角色。这是马克·布洛克讲座的第五次讲座。法国社会科学高等研究院（EHESS）为了纪念那些社会科学界的伟大人物（法国人或者外国人）而举办的讲座。讲座日期是 1983 年 6 月 2 日。法国社会科学高等研究院建在哈斯拜耶大道，1975 年，院长是弗朗索瓦·傅勒（François Furet）。列维-斯特劳斯即将退休，于是，法国社会科学高等研究院想要借机举行隆重的欢送会。自第六科系于 1947 年建立以来，人类学家一直与它保持着联系，并且用自己的光芒为它提供庇荫。在马克·布洛克讲座上讲话是一项难度很高的工作，因为社会科学高等研究院成为"新历史"的神殿。列维-斯特劳斯讲话时，面前的听众大多是历史学家。他还得接受索邦大阶梯教室里皮维·德·夏凡纳（Puvis de Chavannes）寓

---

[1]《费尔南·布罗代尔先生的就职演讲和莫里斯·德吕翁先生的回应》，第 93 页。

意画的注视。这样的排场并未令他打退堂鼓。他承认,结构人类学和历史研究之间的距离变近了,它们往往可以"相辅相成"。但他又以一个挑衅的语气结束:"现在是民族学解决乱局的时候了,民族学不需要忏悔,相反,民族学要继续探索秩序的等级,并且加大探索的力度。它总是以此为己任。为了达到这个目的,民族学重新转向历史:但民族学需要的不是所谓的'新'历史,虽然民族学可能促成了它的诞生;民族学需要的是最遵循传统的历史、有时被我们认为已经过时的历史。这样的历史学充满王朝历史、家族谱系的记载、回忆录以及其他有关大家族历史的文本……[……]因为以事件为主体的大事记记录的是大人物的行为,而新历史关注人口、经济或者意识形态在本质上如何缓慢变化,因为人口、经济和意识形态都深深扎根于社会。如果人们拿卡斯蒂利亚的布兰卡(Blanche de Castille)提出的联姻计划和一直延续到 19 世纪的农民家庭的婚嫁制度进行比较,那么两者之间的距离看起来就没那么不可逾越。"[1]这个结论显然对在座的历史学家发挥了作用。列维-斯特劳斯把王朝历史吹嘘为新民族学的素材,让历史学家们如芒刺背……

矛盾的是,1980 年代初,"新历史"其实正在改变它的范式。它不再以事件为核心,回到了叙事层面,以传记为核心。雅克·勒高夫很快就把圣路易的生活作为研究对象。然而,这是创作《记忆的场所》(Lieux de mémoire)的时刻。1980 年代初,这项集体写作任务启动。基于结构的新历史走入了死胡同,而它通过一种辩证法从中逃离了出来:它用一种刚刚获得认可的微历史方法,将结构应用在事件上,将历史的不变属性应用到机构、日期和边缘领域上。因此,当组织者皮埃尔·诺拉以调侃的口气记录下克洛德·列维-斯特劳斯和历史学跨越半个世纪的悲欢离合,我们

---

[1] 1983 年 6 月 6 日,克洛德·列维-斯特劳斯在马克·布洛克讲座上讲话,题为《历史与民族学》,参见《经济、社会与文化年鉴》第 6 期,1983 年,第 1231 页。

完全不会觉得意外。皮埃尔·诺拉提前读了列维-斯特劳斯打算发表的讲座文章，然后写信给他："以这种方式回应《结构人类学》的著名文章[发表于1949年]，并最终回避了与您同时代的历史，这种做法令人动容。总之，您将从对经典历史的批判跳跃到对未来的宣告。未来将重新使用[无法辨读]的'小型事件'，以不凡的优雅姿态超越所谓的'新'历史。干得漂亮。"[1]法兰西学院很快将被《记忆的场所》第二册《记忆的场所：民族》收录。列维-斯特劳斯把这册书描述为"大开眼界之书"（livre-musée），他在其中看到了"一种书写历史的崭新、独特的方法"[2]。另外，列维-斯特劳斯还帮助皮埃尔·诺拉于2001年进入法兰西学院，替代弗朗索瓦·傅勒。弗朗索瓦·傅勒在1997年成为院士，但几个月之后便去世了，成为缺少存在感的一名院士。在这一事件里，他也完成了一个闭环。

克洛德·列维-斯特劳斯和那些女人：从玛格丽特·尤瑟纳尔到弗朗索瓦丝·埃里捷

在那些家屋体系中，列维-斯特劳斯把女人描述成"权力的操控者"[3]。日本平安时期的藤原氏通过战略联姻，确保了家族对公共事务的控制。这些战略联姻的对象有时位于远方，有时就在眼前。在列维-斯特劳斯的人生里，政治算计与女性角色的参与同时出现的情况有两次，它们都具有绝对的当代色彩。其中一件让人类学家有了厌恶女性和反动的坏名声。1980年，玛格丽特·尤

---

1 1983年5月17日皮埃尔·诺拉写的信，参见列维-斯特劳斯档案库，编号NAF 28150，档案盒编号197。
2 马克·富马罗里（Marc Fumaroli）：《法兰西学院》（« La Coupole »），载《民族：记忆的场所》（*La Nation. Les Lieux de mémoire*）第3卷，"插图版历史文库"，巴黎：伽利玛出版社，1986年；2014年10月9日作者与皮埃尔·诺拉的访谈；克洛德·列维-斯特劳斯：《论共和国和国家》（« À propos de la République et de la Nation »），《费加罗报》1986年："读《民族：记忆的场所》给了我很奇妙的感受。它以艺术表现和历史神话学作为分析对象，从整体视角出发，向我们展示它们如何形成，它们在历史上不同的形成过程，我认为，这种方法是一种书写历史的全新的、独特的方式。"
3 《面具之道》，第1009页。

瑟纳尔成为入选法兰西学院的第一位女性，第二年，弗朗索瓦丝·埃里捷成为法兰西公学院的第二位人类学教授。面对竞选院士的玛格丽特·尤瑟纳尔，列维－斯特劳斯加入了反对女性进入法兰西学院的阵营；至于弗朗索瓦丝·埃里捷，他选择让这位女性非洲研究者成为法兰西公学院的教席教授，为她扫除一切潜在的男性竞争对手。不论当时的女权主义者如何进行解释，他给出这两种相反的立场的原因并不是某种跟风出现的男权主义。原因在于，他对两家机构的认识不同。对列维－斯特劳斯来说，法兰西公学院永远都是不断前行的知识殿堂。因此，他只需要以科研能力作为标准来挑选成员。相反，虽然法兰西学院比法兰西公学院历史更短，但对列维－斯特劳斯来说，法兰西学院能够减缓"热社会"中时间流淌的速度。它的威望和它的牢固地位归功于它对传统的严格保护。

玛格丽特·尤瑟纳尔的提名在法兰西学院掀起了一场风暴[1]。不过，院士们已经十分熟悉女作家的名字，也很赏识她。因为在 1970 年代，她已经斩获孔蒂河岸颁发的多个奖项。问题在于她的性别。没有任何条款将女性排除在法兰西学会（Institut de France）的大门之外。每个学院在这个问题上都有自主权，有些学院已经跨出了这一步。让·德·奥尔梅松（Jean d'Ormesson）等人已经开始在报纸上和巴黎的沙龙里高调地宣传自己参加院士竞选。这时，院士们分成了两派。这两派之间并不是根据传统意义上意识形态的对立进行区分，而是以代际作为区分。[2] 那些"现代人"（刚入选的院士）获得了大多数报纸的支持，《费加罗报》也支持他们。他们想要创造伟大的历史事件，想要让他们的机构

---

1 参见戴尔芬·诺迪耶（Delphine Naudier）：《玛格丽特·尤瑟纳尔终于入选法兰西学院》（« L'irrésistible élection de Marguerite Yourcenar à l'Académie française »），《性别研究手册》（Cahiers du genre）第 36 期，2004 年 1 月。
2 例如，与"人民阵线"关系密切的进步派作家安德烈·查姆森（André Chamson）和极右派皮埃尔·加索特（Pierre Gaxotte），他们都反对一名女性的参选。报纸上并没有相关报道。

迎合社会生活的巨大变化，即 1945 年以来，大批女性受到教育，进入精英社会和政治圈界。致力于现代化的吉斯卡尔主义七年来一直推动女性获得内阁大权（西蒙娜·韦伊、弗朗索瓦兹·吉鲁），社会舆论对他们是有利的。奇怪的是，这些"现代人"用了一种非常不现代的语气。他们强调，玛格丽特·尤瑟纳尔的文学才能不存在性别问题，甚至幻想她的创作拥有男性气质。总之，他们担保她与女权主义没有任何联系。他们还提出了一个论点：玛格丽特·尤瑟纳尔远在巴黎的千里之外，她肯定很少出现！另一方面，藐视者们谨慎得多。因为在 1970 年代末，这样的立场不能对外张扬。"年轻的"克洛德·列维－斯特劳斯加入了那些老院士，他们主张尊重惯例和团队精神，让法兰西学院里完全只有男性成员。根据阿兰·德科（Alain Decaux），克洛德·列维－斯特劳斯拿出了印第安部落的例子："如果这些部落改变它们的组织形式中某件根本性的东西，这些部落便会消失。对法兰西学院来说也是一样，我们就像一个部落，如果我们中间出现了一位女性成员，我们可能要承受部落消失的威胁。"[1] 一边是机会主义的"女权主义者"，另一边是位于巴黎的英国俱乐部。由于专制行为的出现，两个阵营将一决高低。瓦莱里·吉斯卡尔·德斯坦（Valéry Giscard d'Estaing）将于次年参加总统选举，他十分重视这次象征性的选举，将全力支持玛格丽特·尤瑟纳尔。[2]

院士们在遥远的大西洋彼岸寻找一个可以改变法兰西学院传统的女人，而克洛德·列维－斯特劳斯就在身边寻找接替他管理社会人类学研究所的人。1981 年，弗朗索瓦丝·埃里捷被视为列维－斯特劳斯为数不多的弟子之一。她接替他继续进行亲属关系

---

[1] D. 佩拉斯（D. Peras）引用了相关文字。参见主题策划"1980 年：玛格丽特·尤瑟纳尔在法兰西学院"（« 1980 : Yourcenar à l'Académie »），《读》（Lire）2005 年 11 月 1 日。
[2] 玛格丽特·尤瑟纳尔十分优雅地在她的就职演讲中回应了那些诽谤者，戳穿了他们的论点："我非常敬重传统，传统仍然很有活力，充满力量，不仅如此，我认为传统也有敏感的一面。虽然所谓的时代精神引导人们创新，但依然有人抵抗创新。我向他们承认，常常这时代的精神只是时代的流行。"参见1981 年 1 月 22 日，她在法兰西学院的演讲。

的人类学研究，完成了一些列维－斯特劳斯因为缺少计算机能力而放弃的研究。她丰硕的研究成果和卓越的民族学研究水平让她占据上风。[1]但这还不够。这个岗位还需要有管理一个学术团队的必要能力。克洛德·列维－斯特劳斯判断，与其他人相比，特别是与莫里斯·戈德里耶或者米歇尔·伊扎尔相比，弗朗索瓦丝·埃里捷是应对这项艰难任务——接替他的工作——的最佳人选。他的权威性令他能够用他挑选的人选压制那些落选者咬牙切齿的声音。弗朗索瓦丝·埃里捷作为女性，在拥有大量女性且女权主义立场鲜明的研究所扮演了重要角色。弗朗索瓦丝·埃里捷是一位严谨又严格的女性，但她十分热情，对集体有责任感，在理论上并不排他——尽管她是结构主义的信徒。由于社会人类学研究所挂靠于法兰西公学院的教席之下，因此，为了让弗朗索瓦丝·埃里捷能够领导社会人类学研究所，她必须成为这个机构的教授。成为法兰西公学院的教授并不比成为法兰西学院院士容易多少，但我们对细节的了解较少。[2]那时，法兰西公学院只有一位女教授，她是古希腊学者杰奎琳·德·罗米利（Jacqueline de Romilly）。1981年11月29日，列维－斯特劳斯安排了一场"非洲社会比较研究"新席位的人选投票。这正是弗朗索瓦丝·埃里捷申请的席位。列维－斯特劳斯根据惯例并未提起她的名字，而是描述、称赞了那些以亲属关系的半复杂结构为对象的研究。民族学家想要向非洲研究学派致意，同时，也要向非洲致意。他的求知欲让他放弃了非洲，他也从未踏入非洲。但他表示，非洲是"博物馆、研究所和观察台"：它收藏了十分丰富的宇宙起源体系和形而上学体系；它研究的是殖民地杂糅的各种文化；它是观察现今世界变化

---

[1] 弗朗索瓦丝·埃里捷的书的出版见证了这一点。弗朗索瓦丝·埃里捷：《亲属关系的练习》（*L'Exercice de la parenté*），巴黎：伽利玛出版社，1981年。
[2] 2015年，44个席位中，仅有5位女性教授，法兰西学院里，女性的比例与之类似……

方向的观察台。[1] 一种"前沿的非洲主义"取代了结构人类学。两者既相同，也不同。很快，弗朗索瓦丝·埃里捷不再继续研究亲属关系人类学，而开始发展以身体为对象的符号人类学。这是她未来20年的事业。

列维-斯特劳斯是社会人类学研究所的创立者。为了让他的创造物能够存活下去，他耗费心力。于是，虽然列维-斯特劳斯去世了，但是社会人类学研究所还存在。其他大人物在他们身后留下一片焦土，不敢想象，艺术科学或者机构缺少了他们之后该如何发展下去。而这位著名的人类学家慷慨地交出了接力棒。法兰西公学院在投票通过弗朗索瓦丝·埃里捷的会议之后，他把教师盥洗室的钥匙给她，并轻声对她说："现在，应该叫我克洛德。"[2]

---

[1] 克洛德·列维-斯特劳斯：《在法兰西公学院创建非洲研究席位的研究报告》（« Rapport pour la création d'une chaire d'études africanistes au Collège de France »），1981年11月29日（打字稿），列维-斯特劳斯档案库，编号 NAF 28150，档案盒编号 216。
[2] 2012年4月18日弗朗索瓦丝·埃里捷与作者的访谈。

20 变形

> 发生地震时,请远离雕塑。
> 东京根津美术馆的游客提示牌

> 雅克·勒高夫——您喜欢的颜色是什么?克洛德·列维-斯特劳斯——我觉得是绿色,而勒高夫比我更清楚原因是什么,因为那是流浪骑士的颜色。
> 电视节目《大洋》(Océaniques)、《思考》,1988年10月31日

如果说加拿大吸引了《神话学》出版后的列维-斯特劳斯和他的人类学研究,那么在1980年代,日本构成了他生活的焦点和写作的对象。德·斯黛尔夫人认为旅行是"生命中最愁人的趣事,不论人们怎么说"[1],他一直对此感同身受,并在1977—1988年有过5次日本之旅。他刚刚迈入暮年,最后一次旅行时,年纪有八十。对他而言,日本是一个被重新魔化的乌托邦。就像意大利之于司汤达,列维-斯特劳斯的日本为他人生的最后阶段喷洒着希望和快乐的香氛,以至于他此后表现得像是法国知识界智慧的佛教徒。然而,在浮于表面的严肃表情下,他也有幽默的时候。

实际上,因1980—1985年几位"大师和思想家们"去世,学术界人才凋零,列维-斯特劳斯变成了既无处不在又无所不包的形象,第三类型的思想者、清醒的做梦人、预示政治现代性和思想现代性即将结束的警钟。1981年,他就被誉为"最具影响力的法国学者"[2],1991年,他出版了最后的"短篇神话学"

---

[1] 《亦近,亦远》,第126页。节选自德·斯黛尔夫人的小说《科琳娜》(Corinne)。
[2] 《读》第68期,1981年4月。

《猞猁的故事》。这期间，他高频率地发表作品，因此，频繁地出现在媒体上：1981—1991年，他至少出版了6本书！[1] 放缓了学术的节奏并于1982年终止了教学工作的列维－斯特劳斯无拘无束，他愿意公开发表意见，不再以结构主义首领的身份——另外，他从未想过做什么首领——出现，而是散发出他所说的某种"智慧"。这种"智慧"是上述的人文社会科学唯一能够不掺杂谎言便实现的承诺。那些多多少少与这位院士决裂的年轻大学生能够向他提问，他们在1968年之后问他："您以何种立场说话？"他可能会回答：以"遥远的目光"。这位年老的人类学家投出了遥远的目光，但目光落在了他自己所属的社会。因此，列维－斯特劳斯处在一个矛盾的状态。作为最后一个莫希干人，他被要求去维持一个历史悠久的国家机构的运转——一个知识分子先知的机构。然而，他否定它存在的现实以及它的规则。它是由历史与意识形态组成的生态系统的产物（为了尽快实现进步的伟大蓝图），并被他严厉批判。

他在媒体上的过度曝光与自我的解体并不冲突，列维－斯特劳斯似乎融入了他的神话文本，直到生命消逝。此刻，这是人类学家的生命中的另一个悖论。其实，神话的变化就像是一个越来越宽的大螺旋：日本之旅（1977—1986）唤醒了这位人类学家童年时期的收藏爱好；以色列之旅（1985）让他重新思考自己身上的犹太人血脉；重游巴西（1985）让他与这个在他的作品中频繁出现的国家重逢，只不过重逢的意义似乎发生了变化。此外，《嫉妒的制陶女》结束了半个世纪以来同精神分析断断续续的对话，而《猞猁的故事》追溯到16世纪，那时，旧大陆和新大陆第一次在南美的海岸发生碰撞，创造了西方现代性开始的那一刻。列维－斯特劳斯的变形包括：孩童列维－斯特劳斯、伊萨克·斯特

---

[1]《遥远的目光》（1983）、《说过的话》（1984）、《嫉妒的制陶女》（1986）、《亦近，亦远》（1988）、《符号和它们的双重性》（1989）、《猞猁的故事》（1991）。

劳斯的重孙列维－斯特劳斯、留着大胡子的"巴西人"列维－斯特劳斯、变成让·德·雷瑞的列维－斯特劳斯、融入山峦的列维－斯特劳斯。

法国知识界禅的智慧

1980 年代末期,皮埃尔·布迪厄很准确地发现了克洛德·列维－斯特劳斯建立学术权威的方式:萨特累积了作家与哲学家的声望,与萨特相同,这位人类学家通过法兰西公学院的职位获得了学者的地位,通过法兰西学院获得了文学荣誉,又通过已经为人熟知的人生篇章——他的家庭背景、他在纽约的放纵生活、他与马克斯·恩斯特的友谊——在艺术领域采集精华[1]。他因学术服务获得了政府荣誉:在 1985 年获得荣誉军团大军官勋位勋章(grand officier);在 1991 年则被授予大十字勋章(grand croix)。他还有年轻的反叛精神,因此,很快就被左派媒体新一代的记者们盯上了。这些记者包括《新观察者》的迪迪埃·埃里蓬、《解放报》的安托万·德·高德玛(Antoine de Gaudemar)。

1981 年,一项以艺术、科学和文学界 600 位人士为对象的问卷调查将他选为最具影响力的学者,排在雷蒙·阿隆和米歇尔·福柯之前。[2] 是否就像这位获奖人挂在嘴上的那样,这是因为他比这两位著名的学者提出了更多的共识?这个将持续 30 年的长寿奖项,是否在 1980—1985 年组织了一场标记着整个世纪对法国伟大学者的百牲祭?数年间,虽然左派获得权力不久,但是,让－保罗·萨特(1980)、罗兰·巴特(1980)、雅克·拉康(1981)、雷蒙·阿隆(1983)、米歇尔·福柯(1984)就将一个个逝去,

---

[1] 皮埃尔·布迪厄:《学术人》,第 280 页及后一页。
[2] 《读》第 68 期,1981 年 4 月。这项调查提出了以下问题:"您认为,法语世界仍然在世的学者中,哪三位的文字深刻地影响着思想、文学、艺术、科学等领域的发展?"

更不用说路易·阿尔都塞那具有标志性意义的去世。几代人重新成为孤儿。

在法国知识界传奇故事中如此重要的"思想大师"的头衔——民间认可的"思想大师",也是真正意义上的"思想大师"——与具有这些头衔的人一同入土为安。1980年,新杂志《辩论》(*Le Débat*)的主编皮埃尔·诺拉在创刊号中,以小结和大纲的形式发表社论并问道:"知识分子能做什么?"[1]那段时期出现了大量以知识分子为对象的"回忆录"[2],诺拉并不是记录历史的唯一人。她发现,能够提出主张的博学的知识分子形象可能永远离我们远去了。这些知识分子主动投身于20世纪的伟大事业,并坚持完成这些事业。最后,他们以一种法国人的方式——因为这种方式符合法国大革命后的氛围——成功将"神圣性"带到文学与艺术领域:"知识分子作为圣人的时代过去了。"[3]诺拉接着指出,学者从此不再拥有神圣的权力,学者虽然变得更加博学,但不再具有特殊的权威,不过,他们仍有很大的影响力。1980年代初,知识分子的世界发生了变化,其间,列维-斯特劳斯既是其表现,又是其因素。我们还记得他很早就拒绝了人们给他的知识分子形象,并且谨慎地发明了一种颠覆这一模型的替代品。他孤身一人就为人文科学创造了伟大的时刻,完全改变了学术话语权的源头:他将其源头从花神咖啡馆转移到法兰西公学院的竞技场。从此以后,在学术界,有关人类社会的知识和理论产生了悠远的回声。

克洛德·列维-斯特劳斯远离了政治运动,没有把工人阶级运动当作不可忘却的使命,并且,他的风格和他的姿态将他

---

[1] 皮埃尔·诺拉:《知识分子能做什么?》(«Que peuvent les intellectuels?»),《辩论》第1期,第3—19页。
[2] 让-弗朗索瓦·利奥塔:《知识分子的坟墓和其他文章》(*Tombeau de l'intellectuel et autres papiers*),巴黎:伽利略出版社,1984年。
[3]《知识分子能做什么?》,第7页。

同参与政治的"先知"区分了开来。奇怪的是，他还是再次接受了这种由国家历史创造的"伟大知识分子"的形象，不过，他依然希望能够很大程度上改变这种形象：全方位的干涉主义对他而言是陌生的，但他不拒绝就现状表达观点。他总是站在遥远的立场说话，这是他的选择。《遥远的目光》也是1983年发表的文集的标题。显然，这是民族学家一贯的视角。他的年纪越来越大，进入了高龄。尽管如此，他依然与时代产生了错位。

轨道上的知识分子：媒体如何打造伟大的知识分子形象

这些年，克洛德·列维－斯特劳斯被人们称为隐士。不过，这个谨慎的隐士还是接待了许多记者。他一般在自己家里或者在法兰西公学院接受采访。几个有名的电视节目可为此做证：贝尔纳·皮沃（Bernard Pivot）的节目《省文撒》（Apostrophe）影响力很大，他在1984年5月4日专门为克洛德·列维－斯特劳斯做了一期节目。弗朗索瓦兹·吉鲁在《快报》上点明了其特殊的性质："有人主动上门见贝尔纳·皮沃，这属于大多数情况。贝尔纳·皮沃也会上门，去受访者家里拜访，那些人是他发现的珍宝。"[1] 1991年10月4日，贝尔纳·哈普（Bernard Rapp）的节目《文字》（Caractères）同样也为他制作了一整期节目，并且，拍摄地是人类博物馆。列维－斯特劳斯在一堆被他介绍、也讲述着他的故事的物品中间：19世纪的萨满雕塑、16世纪的一位图皮南巴（tupinamba）首领的羽毛大衣或者卡拉雅印第安人（Indien Karaja）的旅行帽。登在报纸上的许多长篇采访增加了他在媒体上的曝光度，采访的原因常常是，他刚刚出版了一本

---

1 弗朗索瓦兹·吉鲁：《记事》（《Bloc-notes》），《快报》1984年5月10日。

书。[1] 这十年里出版的书籍有：1983 年的《遥远的目光》、1984 年的《说过的话》（他在法兰西公学院的课程的总结）、1985 年的《嫉妒的制陶女》、1988 年的《亦近，亦远》（这是他与迪迪埃·埃里蓬的对话）；1989 年的《符号和它们的双重性》（*Des symboles et leurs doubles*）（一本精美的选集）、1991 年的《猞猁的故事》。此外，1989 年，为了让人们了解列维-斯特劳斯，人类博物馆为他举办了一个展览。为此，他在媒体上总是占有版面。媒体还会去拜访大师，就这个或那个问题询问他的意见。临近 1990 年时，媒体还会为了了解他的近况并接受他的启蒙而继续拜访。圣贤非远，但他打开了怀旧的模式，不再以先知的形象进行启蒙。每次，他的诱惑力都难以抗拒。列维-斯特劳斯擅长把强迫性的新闻服务变成一场难忘的相遇（至少对记者而言）。他非常礼貌地接待记者，表现出谦虚的姿态、稳定的情绪，他用清晰的声音讲话，并且将自己塑造成一个历史人物。他说出的话带有挑衅性、教育性、幽默性，是具有至高言论自由的爆炸性混合物，使对话者眼花缭乱。最后，他似乎在提炼一种"智慧"，长久以来，他都认为这种智慧是人文科学可能带来的价值。

记者们和观众们在听列维-斯特劳斯讲话时似乎都惊奇地发现，他们竟然听懂了！话语简明易懂，"语言表达简单至极"[2]。皮埃尔·诺拉在那篇有关《省文撒》节目的文章中指出，我们喜爱列维-斯特劳斯的原因在于，他熟练掌握语言的用法，并且，懂得如何讲故事。因此，吉尔·马丁-舍菲（Gilles Martin-Chauffier）在《巴黎竞赛报》上惊呼："太令人震惊了：人们都明白了。既没有图示，也没有语言符号、意群链、范式的集合。

---

[1] 日报有 20 多种：《巴黎早报》《巴黎日报》《费加罗报》《解放报》《十字架报》；周报或者周刊有《新观察者》《观点》《快报》《周四大事件》；最后还有杂志：《文学杂志》、《诺亚》（*Arche*）、《文学半月谈》（*La Quinzaine littéraire*）。
[2] 1984 年 5 月皮埃尔·诺拉给克洛德·列维-斯特劳斯的信。参见列维-斯特劳斯档案库，编号 NAF 28150，档案盒编号 197，主题档案"来信"。

列维－斯特劳斯没有使用常见的学术语言。"[1]结构主义的表达不见踪影，让人惊讶，也让人松了一口气。抛开人文科学的特殊表达方式而使用传统语言，这样做让他的光环更加耀眼。列维－斯特劳斯这位讲述者美化了他的语言，像禅宗大师一样讲寓言故事。他的优点在于，他不评论，不需要滥用词语，而是吸引他的听众去思考："这会儿讲一则很短的日本寓言故事，过会儿讲一则苏族的古老传说，简短的评语将两则故事联系在一起，仅此而已。"[2]这位《巴黎竞赛报》的记者继续写道。几个在电视采访中着重强调的句子，第二天也会被媒体拿来评论。他在贝尔纳·皮沃身边，为他在研究亲属关系和神话的过程中研究过的复杂的人类进行辩护："那些人不可能一生都在胡言乱语。"此外，他毫不犹豫地总结道："我们成为自己的被殖民者。"

在严肃的学者的面具下，眼皮周围的鱼尾纹掩盖不了他的冷面幽默。他的冷面幽默是他在媒体上获得成功的一个原因。因此，当他在《费加罗报》的一名记者面前把人类和软体动物做比较时，他说："我首先为我将做的粗鲁的比较抱歉，但是请稍微为那些软体动物考虑一下：这都是些柔软的造物，它们有点令人反感，藏身的壳都是非常美丽的奇妙创作，并且是数学法则的具象化。而人类在我看来有点像这类东西。"[3]这些失礼的话令他欢乐，同时，令他的对话者们瞪大了双眼："我们的最强脑力明星喜欢打趣。"[4]讨论到他童年时期夭折的艺术热忱和那未完成的艺术事业，他开心地总结道："错过？我们大家都或多或少有这样的经历！"[5]他将弗洛伊德同拉比什联系到一起，打乱艺术尊严的

---

[1] 吉尔·马丁－舍费尔（Gilles Martin-Chauffier）：《克洛德·列维－斯特劳斯：自狄德罗以来，从未有过那么逗人发笑的学者》，《巴黎竞赛报》1985 年 11 月。
[2] 同上。
[3] 《克洛德·列维－斯特劳斯：法国思想界的又一位伟人》，《费加罗报》1993 年 7 月 26 日。这是皮埃尔·布洛瓦做的采访。
[4] 吉尔·马丁－舍费尔：《克洛德·列维－斯特劳斯：自狄德罗以来，从未有过那么逗人发笑的学者》。
[5] 列维－斯特劳斯：《失败者？我们都是》。

形格，并且开发出一种十分特殊的、因为年纪表现出来的"安静的挑衅"的语气。这位年轻的社会主义者承认他变成了"忠于马克思的……右派过时的无政府主义者"[1]。更加冒险的是，他喜欢引用戈比诺（Gobineau），一位被看作现代种族主义理论家之一的作家和负面人物。相反，列维-斯特劳斯欣赏他，并且毫不犹豫地表达这种欣赏："戈比诺说什么？——我们正在走向极端的同质化，带着一种同样极端的低级化趋势。"[2]由于他的学术权威，特别是他与时代的关联，列维-斯特劳斯允许自己对当代世界做出极具挑衅的批判，但他以一种不作为其中一分子或者不身处其中的语气表达出来。他在1971年探讨联合国教科文组织的反种族主义文件时就是如此。后来，在讨论自1983年开始的"法国反种族歧视运动"（SOS Racisme）时，他也是如此。在这两个例子中，他都让自己陷入危险境地，因为崛起的极右主义可能将他控制起来。人们把他和让-玛丽·勒庞相比："我不能说我认同勒庞先生的某些言论，但是我认为，因为我指出了我们之间的不同，他的工作轻松了不少。"[3]

这位人类学家的智慧成为他晚年的贡献，我们可以从屏幕上看到他。他带来了"大地震"。弗朗索瓦兹·吉鲁指出，他带着"老年人的纯真"[4]说话。这位知识分子变成了国家遗产，确立了一种与1960年代的结构主义和反人文主义的精神领袖完全不同的名声。这位消极的老僧人的话语似乎躲过了时间的皱褶，而他精神上的生命力似乎与保守的1980年代格格不入。[5]

---

[1] 菲利普·西蒙诺（Philippe Simmonot）：《右派的无政府主义者：〈快报〉带你走近克洛德·列维-斯特劳斯》，《快报》1986年10月17—23日，第109—110页。
[2] 同上书，第124页。
[3] 同上书，第120页。
[4] 弗朗索瓦兹·吉鲁：《记事》。
[5] 参见弗朗索瓦·库塞：《十年：1980年代最大的噩梦》（*La Décennie. Le Grand Cauchemar des années 1980*），巴黎：发现出版社，2006年。

一个自由的现代人

在那个时期，当人们询问他同卢梭的联系时，列维－斯特劳斯认为自己是长着卢梭和夏多布里昂这样两副互相对立的面孔的雅努斯，并不止一次这样说。《世界报》在1979年以这位人类学家的作品为主题策划了一期专题，并发表了他与哲学家让－玛丽·贝努瓦的大篇幅对谈[1]："我想追加一个愿望，我与卢梭维持着一种亲密关系，而我在面对夏多布里昂时亦有同感。他是卢梭的反面，但也与卢梭是一回事。因此，我觉得，我像的并不是卢梭或者夏多布里昂，而是一种神化后的物种，由卢梭—夏多布里昂的二元对立所构成的雅努斯，为我提供了同一个人的两副面孔，尽管他们做出的选择是截然相反的。"[2]

他的说法与法国大革命思想带来的理性民主道路存在矛盾，这让他与被安托万·孔帕尼翁（Antoine Compagnon）称为法国文学的"反现代派"有些类似：这都是些"与现代关系微妙的现代人"[3]；"违心地做现代人，被分裂的现代人或者不合时宜的现代人"[4]。在阿尔贝·蒂博代（Albert Thibaudet）之后，安托万·孔帕尼翁掌握和采取了与保守派或者反动派不同的分类办法，所有人都毫无掩饰地对他们的时代感到失望。他们当中最典型的是波德莱尔，他理论化了一种现代生活的诗歌艺术，同时，抗拒这种诗歌艺术。在波德莱尔写给他的画家朋友爱德华·马奈的信里，有一句话列维－斯特劳斯喜欢引用，但它想要表达的意思并不清晰："您不过是您

---

1 这里指的是由雷蒙·贝鲁尔和卡特琳娜·克莱蒙主编的书《克洛德·列维－斯特劳斯》（1979）。
2 《马克思主义、共产主义和集权的意识形态只不过是历史的陷阱》，《世界报》1979年7月21—22日。克洛德·列维－斯特劳斯与让－玛丽·贝努瓦的访谈。
3 安托万·孔帕尼翁：《反现代者：从约瑟夫·德·迈斯特尔到罗兰·巴特》（Les Antimodernes. De Joseph de Maistre à Roland Barthes），"思想文库"，巴黎：伽利玛出版社，2005年，第7页。我借用了安托万·孔帕尼翁给引言取的标题《自由的现代人》。
4 同上。

的艺术的衰退中的第一个。"[1]在列维－斯特劳斯的生平和美学的定位中，我们应记住他年轻时热爱现代艺术，而且他一直对技术保持着强烈的热忱；他与不断流动的现在有着十分亲密的关系，成为老人后，他总是有着活跃的好奇心——嗜读新闻就是一种证明。他未将民族学带进棺材，并且认为这是符合逻辑的，比如，这位民族学家对电子计算器感兴趣，因为该学科总是将自己置于时代的前沿。[2]

这一切都无法阻止一种越来越强烈的分裂感，但这是源于一种乡愁和矛盾的情感，而不是简单的抗拒。安托万·孔帕尼翁在他的评论里尖锐地指出反现代作家给我们的诱惑力：波德莱尔、巴尔贝·德·奥尔维利、莱昂·布卢瓦、夏多布里昂、普鲁斯特、福楼拜、佩吉和许多其他作家……"反现代"表现在19世纪的文学领域中，它很难出现在学术世界。学术世界相信科学的力量可以累积知识，并传播这种积极的方法论。我们知道，自1952年起，他在《种族与历史》中深刻批判进步主义风气，而进步主义就建立在启蒙时期的人文主义之上，是一种以解放为目的进化论。1935年，年轻的教师列维－斯特劳斯在圣保罗进行的第一次公开讲座名为"进步的危机"，讲座回应了第一次世界大战之后，被历史性的危机感所渗透并被19世纪的乐观主义所激励的一整代人[3]。关于科学，列维－斯特劳斯总是强调，在他看来，科学进步无可非议。然而，尽管如此，科学的进步也不是没有矛盾的："因为为了取得某些进步，人们接受了另一个领域的退步。

---

[1] 1865年5月11日夏尔·波德莱尔给马奈的信。参见《反现代者：从约瑟夫·德·迈斯特尔到罗兰·巴特》，第8页。
[2] 克洛德·列维－斯特劳斯：《两个世界评论》(*La Revue des Deux Mondes*)，1984年6月。
[3] 参见乔治·福里德曼（Georges Friedmann）：《进步的危机：一段思想史（1895—1935）》(*La Crise du progrès. Esquisse d'une histoire des idées[1895-1935]*)，"问题和文献丛书"（Problèmes et documents），巴黎：伽利玛出版社，1936年；有关这个主题，参见托马·赫尔斯（Thomas Hirsch）：《社会时间：社会意义上的时间概念，以及法国人文科学中的历史观念（1901—1945）》(« Le Temps social. Conceptions sociologiques du temps et représentations de l'histoire dans les sciences de l'homme en France, 1901-1945 »)，法国社会科学高等研究院博士论文，弗朗索瓦·哈托格指导，2014年。

但有一个进步是毋庸置疑的。那就是科学知识,我坚信这是绝对的进步。相反,科学进步的四分之三都在于抵消剩下的四分之一所造成的不便。"[1]

列维-斯特劳斯是20世纪的反现代者,他毫不掩饰地展示自己同犹太-基督教传统、文艺复兴、在他看来将人类变成主人和支配者的启蒙运动,以及当代的灾难所铸造的人文主义之间建立的十分受争议的关系:"我觉得我们经历过的所有悲剧,首先是由于殖民主义,而后是法西斯主义,最后是集中营,这些并不与我们几个世纪以来实践的人文主义相对立或者矛盾,要我说,它们是这种人文主义自然的延续。"[2]虽然他过早地批判了他所谓的"下流的人文主义",但列维-斯特劳斯不那么赞同1980年代后现代主义发起的对现代的清算。后现代主义建立于对纳粹大屠杀的去历史化解读和革命宏大叙事的解体之上。列维-斯特劳斯的批判立场与第二普遍主义到来之前的第一普遍主义不同,他以生物世界的普遍主义与两者对抗。他认为纳粹大屠杀在历史上属于一次特殊的大规模杀戮事件,为此,对普遍主义表现得越来越不屑一顾。从这个角度看,20世纪的另一种普遍主义,一种在历史上与西方的自由民主相对的普遍主义,在他看来并不是现代性的替代方案:"我认为,马克思主义、共产主义和集权主义的意识形态只不过是近期才出现的为了推动欧洲之外的人口加速西方化的历史的诡计。"[3]谁会反驳这句话?今天去过中国的人并不会……奇怪的是,历史学家克里斯托弗·查理总结到,直到20世纪末,在西方,很少有人能脱离这历史运作机制的控制。所谓历史运作机制,包括物质进步和富裕的意识形态,以及对科学的信仰:"科学、艺术或者技术的创造力,这种力量能够改变男人、

---

[1] 克洛德·列维-斯特劳斯,《读》1986年10月。
[2] 《马克思主义、共产主义和集权的意识形态只不过是历史的陷阱》,克洛德·列维-斯特劳斯与让-玛丽·贝努瓦的访谈。
[3] 同上。

女人和生活，这是一种普惠的教育事业。"[1]列维－斯特劳斯是这个小方阵中的一员。

最终，当这位院士赞美仪式的美德，保护个体所必需的身体媒介和信仰、习俗与服饰的价值时，他与这些不合时宜的反现代者一同对语言表达了最高的敬仰之意——语言就是第一位受害者，而受害范围将继续扩大——和对传统的强烈需求。如果说列维－斯特劳斯是个反现代者，那是因为他将传统从保守派的因循守旧中抽离出来，就像瓦尔特·本雅明设想的那样，"点燃已经爆炸的引信"[2]。他是个不从众的传统主义者和反保守主义者。

《遥远的目光》

出版于1983年的第三本文集与1958年和1973年出版的那两本遵循同样的原则，但是最后这本书名为《遥远的目光》，而不是《结构人类学（三）》。标题与封面上让人想起过去的动物版画互相配合：封面上呈现了出自阿尼塔·阿尔贝斯（Anita Albus）之手的微型画，列维－斯特劳斯是在几年前遇到的这位德国女画家。他欣赏她匠人的和博识的诗意，她还有来自启蒙时代的伟大植物学家的自然主义灵感。结构主义不再是焦点。第一本文集的《宣言》和第二本的《坚持和标记》都不再出现。此后，这种距离感成为作者知识分子身份和无法归类的政治活力的标记。在左派当权和密特朗执政的时代，"进步主义"的报纸把他看作一位矛盾的保守派。并且这些新闻并不有利于他，比如在《世界报》上发表好坏参半的文章的雅克·莫尼耶（Jacques

---

1 克里斯托弗·查理：《暂时的结论：现代性长时间延续》（« Conclusion provisoire. La modernité dure longtemps »），载《时代的错位：现代性的简史》（Discordance des temps. Une brève histoire de la modernité），巴黎：阿尔芒·科兰出版社（Armand Colin），2011年，第387页。
2 瓦尔特·本雅明：《巴黎，19世纪的首都》（Paris, capitale du XIX e siècle），巴黎：赛尔福出版社（Le Cerf），1989年，第409页："过去给人的形象决定了它将以何种方式从未来获得印记。这种深刻的辩证，这种让过去的关联性显现的能力，是检验当下行为的试金石。这意味着它点燃了隐藏于过去的导火线。"

Meunier）被他那些"说教的和保守的言论"[1]震惊，他在《人道报》上提出的尖刻批评——"投机和蒙昧主义的连篇空话，因为被掩藏而更加危险"[2]，而《解放报》连一篇评论也没有。事实上，在这些文章中，某一部分针对的是参与政治"干预"或公民"干预"的人，列维－斯特劳斯从两方面批评左派：他首先批判了老旧的社会主义和共产主义左派的进步主义，因为它是完全反进化主义的，它否定历史和进步的哲学，它还提出了清晰的生态理念和反工业主张。但是，当时，他攻击了左派对自发性的理解、他们在五月风暴后的文化活力论，因为左派又一次对"创造力"进行赞美。因为雅克·朗（Jack Lang），这位瓦卢瓦街新上任的社会党部长的魅力，"创造力"作为老左派的遗产，不仅被回收利用，其影响力还不断扩大。不管是在学校里还是在创作中，列维－斯特劳斯都反对自由创作、随性创造；相反，他赞扬思考（教育上的思考）、界限（距离）、约束的必要性，主张通过约束促进教育、艺术、政治等各个方面的繁荣。因此，这一本文集与前两本不一样，前两本更加重视理论，而它深入地根植于当前，并以极端批判的、独创的方式提出问题，超越了所有已知的意识形态。20世纪末的西方世界的价值、信仰都被严厉地检验：自由？创造性？艺术？宽容？他者？

文集最精彩的部分是开篇的《种族与文化》，一篇写于1971年的文章，大部分读者却在12年后才发现它的存在。列维－斯特劳斯在《前言》中解释到，这是联合国教科文组织为了召开国际反种族主义斗争年的重要座谈会而约的稿。在组织者看来，这次会议本该在20年前就同那篇已经发表的文章《种族与历史》

---

[1] 雅克·莫尼耶：《再也无法回避的作品：克洛德·列维－斯特劳斯的耐心和成功》（« Une œuvre désormais incontournable. Les réussites et les patiences de Claude Lévi-Strauss »），《世界报》1983年5月27日。

[2] 帕特里克·福格罗拉（Patrick Fougeyrollas）：《人道报》1983年11月3日。同一页，丹尼尔·布莱特拉克（Danièle Bleitrach）也表达了同样的否定意见："热带人不再拥有他们曾经的样子。下棋者呆滞不动。"

（1952）一起出现。这位民族学家因"好意的周期性展示"[1]而受了伤，对联合国教科文组织的没有成果的反种族主义事业感到气馁，他决定开诚布公地发言。"这是个挺大的丑闻。"[2]勒内·马厄（René Maheu）这么说。这位负责人试图通过简短的发言消除隐患，这不仅是为了"提前驱除那些冒犯的话"[3]，也是为了"打乱预设的时间表"，以便减少这位反常规的讲演者的发言时间。不可预期的列维-斯特劳斯……这位在科学机构备受敬意的绅士毫不犹豫地激烈反抗联合国的自以为是。

这个座谈会的第一宗罪：这位民族学家"引狼[遗传学]入室[人文科学]"[4]，并断言二者之间有建立新对话的必要性。他将生物学和文化结合，但是颠倒了其中那些与陈旧的体质人类学相关的限定性术语：不是种族决定文化，而是文化因素有时能够指引自然选择的过程。列维-斯特劳斯总是这么说：科学中不该有禁忌的主题……

但是，实质内容在最后那几页。这位人类学家对某些联合国教科文组织内部公认的信条提出异议。联合国教科文组织认为，传播知识并促进人类之间的交流有利于促进人类互相理解和对话。相反，他总结到，由于人口增长而增加的交流，只会消除文化多样性或者实现欺骗性的通婚。更加令人震惊的是，他认为，就算带有种族主义倾向，对他人抱有敌意是一种正当的权利，"每个文化都有权漠视甚至反对另一个文化的价值"。这位民族学家认同"老旧的地方主义"，认为为了创造最佳的多样性，就必须缺乏一定的交流。

《种族与文化》（1971）这篇文章本该收录在《结构人类学（二）》（1973）中。列维-斯特劳斯决定不浪费精华，并且也

---

[1]《亦近，亦远》，第206页。
[2]《遥远的目光》，第14页。
[3] 同上。
[4] 同上书，第15页。

如此克制着。于是，这篇文章在1983年才发表。丑闻并未销声匿迹，反而更加突出。一位民族阵线的成员在德勒当选市长，让法国的左派人士震惊不已。所有人都抱着疑问。他的学生们都感到忧虑。"媒体保持沉默。全国各地的人们都听说这位市长简直不能更反动了，他甚至为种族主义言论辩护；人们悄悄讨论这件事，却没人敢真正发声。"[1] 在卡特琳娜·克莱蒙看来，人们错了，并且从中看到一位"生态道德主义者"[2] 的"深度保守的，但也是深度革新的思考"[3]。伊曼纽埃尔·特瑞记得自己曾经质疑过这个观点。[4] 这也是一种受新的政治背景所激化的效应，因为极右派有地方上的新种族主义为其撑腰。人们不断地重提《种族与历史》时期的列维-斯特劳斯，如同这两篇文章是互相矛盾的，一篇赞扬了通婚的好处，另一篇则通过减少交流来促进伟大的创造。事实上，很少争论到这种程度的列维-斯特劳斯大声惊呼："这是同一现实的两面。"[5] 在他看来，现今最可能的危险是全球同质化，"加上我们为它准备的教义上的道德。你们何以希望所有人会爱所有人？"[6] 种族主义不是仇外，而仇外也不是对他者的冷漠。由于"种族主义"这个词在使用时的混淆越来越常见，列维-斯特劳斯从词汇学的卫生要求出发，做出了回应。在他看来，"卫生"是十分紧要的。伊曼纽埃尔·特瑞今天总结道："《种族与历史》并未主张文化的封闭。我们那时候都错了。"[7]

他在位于奥德翁的阿尔萨斯学校百年庆典之际，完成了以《关于儿童创造力的迟到的话》为题的演讲。演讲也吸引了记者们的

---

[1] 卡特琳娜·克莱蒙：《适当的距离》，《文学杂志》1983年7—8月。
[2] 同上。
[3] 同上。
[4] 2014年4月15日作者与伊曼纽埃尔·特瑞的访谈。
[5] 克洛德·列维-斯特劳斯的访谈：《为什么所有人得爱所有人？》（《Pourquoi faudrait-il que tout le monde aime tout le monde ?»），《年轻的非洲》（Jeune Afrique）第1171期，1983年6月。文字由让-皮埃尔·萨尔伽（Jean-Pierre Salgas）整理。
[6] 同上。
[7] 2014年4月15日作者与伊曼纽埃尔·特瑞的访谈。

注意。通过题目进行讽刺是必不可少的。就像卡特琳娜·克莱蒙说的那样，"当中有着能令所有法国左派人士呼嚎的东西"[1]。列维-斯特劳斯在开头指出，甚至连提出这个问题的举动都侧面反映出我们无法进行创造："因为我们自己变成了无节制的消费者，我们向自己展示出越来越少的创造力。因为我们自己无能为力，我们才希望孩子们拥有创造力。"[2] 他无情地批判了无中生有进行创造的虚幻理想，并且以在成年期泰然到来时为了在我们的社会中生存所必需的自由的"边界"的名义，驳斥了"创造力"的概念："未受教育的也未受压抑的创造的自由能够制作的东西，我们在家里、在花园住宅或是山中别墅都能看到它，比起人们自己在乡下制作的，一个比一个更加丑陋。"[3] 学校的束缚不该被总结为不压抑孩子的自主性，因为学校的束缚指的是学校给学生带来的现实。这种对创作自由的领悟和论证展现了结构主义的力量：列维-斯特劳斯利用它指出，就连洛特雷阿蒙的著名句子，那最自由的句子——"就像一台缝纫机和一把雨伞在解剖台上的偶然相遇一般美丽"——依然遵守了组合的逻辑，而创造的自由永远都跑不出预先存在的框架。[4]

在对"教学的必要性"[5]进行辩护和说明之后，这个教学与美学小册子通过《对自由的反思》一文收尾，文中，他进行了政治思考。这是列维-斯特劳斯在1976年受国民议会主席埃德加·富尔（Edgar Faure）之邀在国民议会的自由特殊委员会前所做的发言。他最终决定将它公开。文章提出了重要的观点，因为列维-斯特劳斯用寥寥几页改写了政治哲学的原则。他完成了新的权利

---

[1]《适当的距离》。
[2] 克洛德·列维-斯特劳斯：《关于儿童创造力的迟到的话》（« Propos retardataires sur l'enfant créateur »），载《遥远的目光》，第369页。
[3] 同上书，第365页。
[4] 克洛德·列维-斯特劳斯：《一幅沉思的画像》（« Une peinture meditative »），载《遥远的目光》，第328—329页。
[5] 同上书，第369页。

宣言，但权利并不是以人类的本质为基础，而是以生物的逻辑为基础。为什么？这位民族学家游刃有余地展现出，自由的观念随不同的社会而发生变化，它是相对的，是随着历史而变化的。事实上，基于人权的自由反映了西方观念下的人类本质，而这种人类是以民族为中心的。因此，这种自由追求真正的普遍性，这种普遍性包含了那些被称为"欠发达"国家的男人和女人，还有那些东方和远东的人。东方和远东的佛教已发展出一种能够与西方视角或存活下来的原始部落的视角并存的世界观。他试图将人定义为有生命的存在，而不是道德生物，人持有与一切动植物相同的物种的权利。这篇简短的文章相当具有野心，在哲学家帕特里斯·玛尼格里耶（Patrice Maniglier）看来，原因在于它寻求价值的基础。列维-斯特劳斯触及了本质："人的价值并不在于某个事物与其理想的一致——因此，人的价值不在于其道德品质——而在于这个价值的真实性，也就是说价值既独特又短暂，因而珍贵。一件事物有多么不可替代，就应当多么受到尊敬，甚至因其有限而无限地珍贵。"[1]

这种更加具象和更加普遍的观念的好处是，人类未被放在中心，因此能够重建真正的因果链条。所以，"尽管要承认这点是十分扰人的，但在人们幻想为了人类而守护自然之前，自然应该是被保护起来对抗人类的。而在一份最近的宣言中，法国司法部部长先生声明'正义不能对因差异而遭受攻击的人无动于衷'，他也颠倒了问题的论据：人不受差异的攻击，他们是这些差异的原因。人们经常谈论的环境的权利，是有关人的环境的权利，而不是有关环境的人的权利"[2]。列维-斯特劳斯将以艺术作品为对象的保守的拜物教（为接收它们而建的博物馆等）与面对自然创

---

1 帕特里斯·玛尼格里耶：《符号的条件》（« La condition symbolique »），《哲学》（*Philosophie*）第 98 期，2008 年 2 月，第 49 页。
2 克洛德·列维-斯特劳斯：《对自由的反思》，载《遥远的目光》，第 375 页。

造物的完全的不负责态度对立起来，因为对自然的摧毁所造成的丢失是不可补救的。我们应注意到，陷入危机的马克思主义让位给一种在政治上基于对苏维埃集权制进行批判的、混乱的"人权的观念"的意识形态之时，这种假设被看作真正的挑衅。

只要逆流而上（或者继续向前），列维－斯特劳斯就能贯彻到底。他几乎执拗地拒绝签署请愿书或者参加集会，但他在1982年2月写信给巴西的内政部部长，对可能为土地和南比克瓦拉人的生活带来损害的砍伐森林的那些决定进行抗议[1]。他同样对"狐狸和其他狐鼬朋友"[2]提供支持。他十分关心遗迹的保护，并且毫不吝啬地参与对拉内拉各剧院（théâtre du Ranelagh）的拯救，保存沃邦（Vauban）在巴黎的建筑规划[3]或者重修马尔维尔（多姆山省）的东正教修道院的谷仓。[4]最后，他愉快地成为被邀请的17位教授之一，于1980年2月24日，在索邦，并且在共和国总统的见证下，颁奖给法国最优秀的工人。克洛德·列维－斯特劳斯选择将"服饰装配"类型的奖颁给玛丽－保尔·博约（Marie-Paule Boyer）小姐。

1980年代，列维－斯特劳斯确立了独一无二的地位：作为院士的他也关注着人类学领域；他在1960年代被看作反人文主义者，此后他被看作受过深度改进的道德主义者，并且由于达到一定年纪而被神圣化，他的作品也变成经典，同时又与经典背道而驰。皮埃尔·布迪厄并不乐于献殷勤，在他给列维－斯特劳斯写信的时候委婉地表达了他的欣赏："我非常喜爱您所说的您对种

---

[1] 1982年2月17日克洛德·列维－斯特劳斯给巴西内政部部长的信："作为学者，我在40多年前就认识了南比克瓦拉人，还体验了他们的生活。我认为，自己有权关注和关心他们的命运，我友善地敦促巴西当局遵守他们在1981年12月2日官方通告上公布的决定，第22页，编号807-814。"克洛德·列维－斯特劳斯与民族学家大卫·普利斯保持联系，后者给他写了一封信，提醒他保持警惕。列维－斯特劳斯档案库，编号 NAF 28150，档案盒编号 199，主题档案"来信"。
[2] 社会人类学研究所档案室，编号 F. S1.05.02.025，1976年3月。
[3] 1986年4月4日的《世界报》："雷奥塔先生的第一次介入。模型应该留在巴黎。"
[4] 社会人类学研究所档案室，编号 F. S1.06.01.021。

族主义的'好意的周期性展示'的'厌烦'和您不屑参与流于形式的伟大事业的态度；您还指出某些政治活动'滥用信任'。这种我们能称为伦理上的不妥协无疑是最令我触动的……"[1] 他取得的学术权威有长寿的原因，也要感谢他的性情：他足够年长到可以享受老年人的特权，但还不足以让他变得圆滑。皮埃尔·勒帕普（Pierre Lepape）在《电视博览》（Télérama）中写道，所有人都被他的干劲吓到了："自从他披上绿色外套（法兰西学院院士服），人们就以为他退休了，满足于管理他的知识帝国。[……]这本书否认了那些悲观的预测：列维-斯特劳斯永远是个年轻人。战士、牙尖嘴利、对一切好奇、为争论而激动、喜爱悖论……最后的大师之一。"[2]

退 休

退休指结束工作进入另一个人生阶段，改变社会习惯。然而，退休（包括军人的退休）不是溃败。列维-斯特劳斯的退休指，向着更轻松的生活的缓慢的过渡阶段，这种生活的日程跟往常一样，只是没有了授课和行政任务。1982年，他的执教生涯正好满半个世纪，然而，这位法兰西公学院的教授却不想上最后一课，也不想隆重庆祝他的离开。从某种意义上看，马克·布洛克在1983年5月的讲座将代而为之。他继续作为普通成员一周两个下午去研究所；此外，他周四也去法兰西学院。列维-斯特劳斯重整了生活的艺术，与他过去的学术生活的严肃刻苦告别。他从授课的焦虑中脱离，身体依旧康健，看上去是个十分快活的退休者，一边悠缓地继续书写一部作品，一边到访那些乐意迎接他的场所，显得神清气爽。就像皮埃尔·马兰达用一种老派魁北克法语所说

---

[1] 皮埃尔·布迪厄收到《亦近，亦远》后，给克洛德·列维-斯特劳斯写了一封信（无日期）[1988]。参见列维-斯特劳斯档案库，编号 NAF 28150，档案盒编号 184。
[2] 皮埃尔·勒帕普（Pierre Lepape），《电视博览》1983年10月8—14日。

的那样,列维-斯特劳斯在74岁时重新找到了他的"轻腱"[1]。虽然并不那么执着,但他知道如何将黄昏转变为黎明。

学科的图腾:"为了祖国、科学和荣誉"

从1982年开始,每周二和周五下午,克洛德·列维-斯特劳斯准时到达由弗朗索瓦丝·埃里捷-欧热接管的社会人类学研究所。自1985年起,他的脚步不再将他引向学校街(rue des Écoles),而是带他前往勒莫万枢街(rue du Cardinal-Lemoine)。他将进入赋予他第三生命的社会人类学研究所的新营地。

事实上,自1970年代起,这间研究所,就像所有繁荣的机构一样,开始遭遇发展的危机:《档案》材料过于沉重,办公室数量不足,学生和科研人员数量众多,但位子总是不够。于是,列维-斯特劳斯最后的任务便是向法兰西公学院的行政部门提出"研究所的持续发展"[2]问题。巴黎综合理工学院在1976年搬迁到帕莱索,让圣日内维耶山上空出了许多地方:"那时,另外一个奇迹发生了。1977年,共和国的总统将一部分过去巴黎综合理工学院的建筑分配给了公学院。[……]公学院决定在那里汇集几个人文科学的研究所,也包括我们的。我们得到比原来大一倍的面积。为了获取资金和进行装修,我们花了7年的时间,不过我仍能够在1982年退休以前,监督这个有着历史声望的场所的布置,同时担心着将变成我们的图书馆的、将被我们的办公室包围的古老的阿拉戈阶梯教室的装潢和金属结构是否会被保存下来。"[3]

这个阶梯教室是19世纪的科学遗址,在1879—1883年为了巴黎综合理工学院的物理系而建成。如果说研究所原有的橡木桌

---

[1] 1982年10月17日皮埃尔·马兰达给克洛德·列维-斯特劳斯的信。参见列维-斯特劳斯档案库,编号NAF 28150,档案盒编号196,主题档案"来信"。
[2] 克洛德·列维-斯特劳斯给伊萨克·希瓦的信(无日期)。
[3]《亦近,亦远》,第112页。

子和桃花心木柜子让这位民族学家对旧制度下的自然科学展开想象,那么阿拉戈阶梯教室的钢筋和玻璃建筑则将他送到了19世纪的世博会和那些车站。理工学院那证明着科学权威的孔德式座右铭现在还留在社会人类学研究所的墙上:"为了祖国、科学和荣誉。"

有些讽刺意味的是,我们并不能确定这则高傲的座右铭是否被完整地保留了下来。教室的阶梯座位都被撤走,黑板被升高到三楼楼座的高度。第二走廊的夹层变成了这位研究所旧主的办公室,其视野延伸至图书馆。因为装饰着玻璃窗洞,阶梯教室小巧但亮堂。通过27级的螺旋楼梯之后,人们便进入了列维-斯特劳斯像是浮在空中的办公室。[1]他的办公室俯视一切,是唯一能够看到人们来来往往的观察点。克洛德·列维-斯特劳斯就像巴洛克画作中正面端坐的上帝,从他的苍穹便能对祖国、科学和荣誉进行思索……在他的办公室的下方,研究人员和新主管本人都亲切地称他为"督长"[2][监督队长]。弗朗索瓦丝·埃里捷还记得那在高处的剪影所证明的他的存在:"我很喜欢看到他的身影清晰地映在玻璃窗上。"[3]

研究所的领导人渐渐有了既亲近又疏远的形象。他放下年龄赋予的权力,通过帮助年轻世代、尊重他人、建立细心的友谊、给予宽容与忍耐,保障主权不受损害。列维-斯特劳斯总是对社会人类学研究所忠心耿耿,那么多年后,成为那里的某种守护神:一位守护天使。由于他增长的名声,许多认识或不认识的人来完成对"列维-斯特劳斯的探访"。据图书管理员玛丽昂·阿贝莱斯(Marion Abélès)说,"这是一场队列游行"——19世纪"大

---

[1] 参见让·雅曼拍摄于2009年11月4日的照片。克洛德·列维-斯特劳斯去世的几天后,他拍下了办公室的照片和从办公室探出去的照片。这些照片作为一个空间和一种视角的档案,收录于《朝向〈档案〉的窗户》(«Fenêtre sur Files»)一文里。参见《人类》第193期,2010年,第9—16页。
[2] 2012年4月18日作者与弗朗索瓦丝·埃里捷的访谈。
[3] 同上。

文学家"的探访行为的当代版本[1]。这项仪式的实践者主要是由那些过来探测法国的科学和智慧的温度的外国同僚,他们顺便过来探查列维-斯特劳斯的消息。这种既如鬼魅般又具有威严的在场,当然对研究所的命运有一定影响,但要说是在哪个意义上的影响,还为时尚早。

列维-斯特劳斯接见许多人,读很多东西,与大家保持联络。在柜子里的小纸条证明着他关注参考书目、评论或是赞美。他将《人类》杂志的领导权交给他人后,仍以发表文章和书评的形式继续参与创作。每逢带"8"的年头,他就像祖先一样受人尊敬:1988年,他的80岁生日是在社会人类学研究所庆祝的,到场的有所有年轻的同事和朋友。研究所的一位成员玛丽-海伦娜·汉德曼(Marie-Hélène Handmann)邀请了一个四重奏乐队,还准备了一个以三色堇点缀的生日蛋糕。直接从大不列颠哥伦比亚省带来的鲑鱼和蜡烛鱼油,令美食的庆典完整。在那张不朽的照片中的一小群人里,有这位人类学家的两个儿子:小儿子马修,31岁;大儿子洛朗,41岁。洛朗在1970年代初经常出入研究所,而他那时在准备农村社会学的博士论文。[2]

对一个跟列维-斯特劳斯同世代的人而言,继续某些活动的条件之一就是有一位秘书。他校订的超常数量让外部的帮助不可或缺。然而,在他退休的时候,他感到自己不再拥有这种帮助,这一点对所有教师来说都是如此。在一次他的专场节目中,他意外地向贝尔纳·皮沃倾诉。整个法国为之动容!在列维-斯特劳斯收到的信件中,至少有十几封来自他不认识的女士们,慷慨地

---

[1] 参见奥利维耶·诺拉:《拜访大作家》(« La visite au grand écrivain »),《记忆的场所》(Lieux de mémoire),第3卷,《民族》(La Nation),"历史文库",巴黎:伽利玛出版社,1986年,第567—583页。
[2] 1973年,洛朗在巴黎第十大学通过了博士论文答辩,《拉维涅和科尔塞勒莱阿尔社会:法国乡村经济变化和社会变化机制研究》(« La Vigne et la société à Corcelles-les-Arts. Une étude des mécanismes des changements économiques et sociaux dans les campagnes françaises »),导师为亨利·蒙德拉斯(Henri Mendras)。

为贫穷的科学提供帮助（以志愿者的名义）。在她们中，至少有一位值得被完整地介绍。她见证了这位人类学家的光环和名声："我在今天下午看了贝纳尔·皮沃先生的节目《省文撒》的重播，我感到十分震惊，听到您说主要由于缺乏资金，而无法雇用一位秘书。我想，大概就像所有电视观众那样，我有了写信给您、向您提议给予志愿'服务'的超现实的想法。超现实是因为我没有任何令您感兴趣的地方。我既不是民族学系的学生，也没有通过哲学会考，更不是您的读者，因为今天下午，我本想要获得一本《忧郁的热带》，但我常去的书店却关门了。更糟糕的是：我的职业是模特，但我正要签署一份独家经营权协议，这将令我在一年中有 9 个月的空闲时间并且'不愁衣食'。因此，我认为应该将我的时间奉献在那些有趣的事情上，因为我没有什么物质上的顾虑。您因此可以理解我的背景毫无亮点，除了我的驾照、我的善良、我的好意。"[1] 署名：伊内斯·德·拉·法桑琪（Inès de La Fressange）。这封信还特意附上一些时装照，无疑是为了借助这些照片完善她的建议……列维-斯特劳斯回复了她："女士，您的名气连我也有所知晓，您的建议让我非常感动。然而，我主要想要引起大家对那些老科学家的关注，他们比我个人还缺少资助。如果您来同我工作，我将把时间用来欣赏您的美貌，而旁的无从下手。"[2]

最终，仍然还是一位美丽和智慧的女人担任了克洛德·列维-斯特劳斯的秘书。和伊内斯·德·拉·法桑琪一样，她并不擅长打字，但是她年轻、直率，并且对这位老先生非常坦诚，她向他诉说自己的猫的故事、她的不幸遭遇、她的坎坷生活。伊娃·凯宾斯基，根据所有认识她的人所说，同克洛德·列维-

---

[1] 1984 年 5 月 7 日伊内斯·德·拉·法桑琪给克洛德·列维-斯特劳斯的信。参见列维-斯特劳斯档案库，编号 NAF 28150，档案盒编号 194，主题档案"来信"。
[2] 克洛德·列维-斯特劳斯给伊内斯·德·拉·法桑琪的信（无日期）。感谢伊内斯·德·拉·法桑琪让我有幸阅读这封信。

斯特劳斯建立了独一无二的关系，由于对职业的超我的放弃，而与同事的关系变得沉重。在办公室下方，人们看到他们打趣，甚至偶尔大笑。在高处，玛丽·莫泽在走廊上相邻的办公室里工作，她能听到他们闲谈。他是一位淘气的父亲，被顽皮的女儿逗笑，他天马行空地幻想，也喜爱分享自己的幻想。

孔蒂河岸的安静日子

人们对法兰西学院的事情知之甚少。这个机构虽然过时，但依然十分活跃，它保持着神秘并乐于如此。路易-贝纳尔·罗比蒂耶（Louis-Bernard Robitaille），一位加拿大记者，产生了兴趣并创作了专栏文章。他发现，一旦人们穿过主庭的那些门、内部的两个庭院，那些荒芜的前厅看起来就像《去年在马伦巴》……[1] 这是"学院"罕见的一面，毫无疑问，是列维-斯特劳斯这样有幽闭恐惧的人欣赏的：就空间而言，他可以把车停在青草茂盛的庭院里；他有一些不起眼的特权和一份每年都会提升的津贴，在1977年，每个月增长582法郎。[2] 在一个以百万计的时代，"他们40人注重的是质，而非量，再不济也要看看人品"[3]。

每个周四下午的周会由院长主持。以席位的次序，院士们进入他们的专属大厅并讨论那些记录在字典中的词语，提出自己建议的定义。从来没有外人参加过这些会议，这为他们的计划增添了神秘感。与其他老人家相反，列维-斯特劳斯每周四都去参加，除非有特殊情况。他在生命的最后两年——2007年10月以后——才违背这条规则。在这崇高的集会中，他扮演"伟人"的角色。

---

1 路易-贝纳尔·罗比蒂耶：《不朽者的沙龙：非常法式的科学院》（*Le Salon des Immortels. Une académie très française*），巴黎：德诺埃尔出版社（Denoël），2002年。
2 列维-斯特劳斯档案库，编号 NAF 28150，档案盒编号 218，主题档案"法兰西学院"。
3 阿兰·雷（Alain Rey）：《序言》，载《不朽者的沙龙：非常法式的科学院》，第9页。

他是学院少有的"智者"之一，人们每次都"带着崇敬"[1]听他讲话，他的发言很少。他的发言一般都是为了介绍有关民族学词语，比如"母系氏族制"或者那些专有名词[2]。他的几个同事表现出不满。因此，阿兰·佩雷菲特（Alain Peyrefitte）提问，是否真的要设定那些太过复杂的词语，甚至还有专有名词；是否应当不要"紧抓不放那最近有幸重提的、做一本没有任何百科全书野心的'实用的字典'的意图？"[3]列维－斯特劳斯再次向他寄去关于因纽特人的完整材料，这些材料就是造成异议的原因。此举获得了他同事的信任。同样，这位民族学家十分小心地规避容易变成民族中心主义的定义，比如形容词"哈喇的"（rance），西方味觉索引中低廉的味道，但是在原始饮食文化中完全不是这样的。[4]那些因为他才出现在字典里的词和定义，或者已经被字典收录、即便出现也说服力不足的词和定义，为了让它们存在，列维－斯特劳斯在法兰西学院的出现确实有政治上的重要性。他的伙伴们人人都很优秀，这种思想上的不同不需要通过提高说话的音量就能表现出来。不过，虽然人人都尊敬他，他的身边依然出现了不一样的观点。1991 年，贝特朗·波洛特－德尔佩奇（Bertrand Poirot-Delpech），一位着绿衫的同事，见证道："我敬重您的研究和您对词语细心的处理，另外，我五年前就开始敬重您每周四提出的意见和其中带有讽刺意味的睿智，您的说辞井井有

---

1 路易－贝纳尔·罗比蒂耶引用了阿兰·德廓（Alain Decaux）的话：《不朽者的沙龙：非常法式的科学院》，第 176 页。
2 《院士的见证人们：由阿兰·伯夫－梅里整理》（«Témoignages sur l'académicien. Propos recueillis par Alain Beuve-Méry »），《世界报》2009 年 11 月 5 日。
3 阿兰·佩雷菲特给克洛德·列维－斯特劳斯的信。参见列维－斯特劳斯档案库，编号 NAF 28150，档案盒编号 198，主题档案"来信"。
4 《院士的见证人们：由阿兰·伯夫－梅里整理》。弗洛朗斯·德雷（Florence Delay）在 2000 年当选院士："我对他知之甚少。但我记得一次关于字母'R'的词典编纂全体会议。我在不久前才当选。焦点是'哈喇的'这个词。词典编委会给出了一个完全贬义的定义。克洛德·列维－斯特劳斯并不满意。他放下矜持，告诉听众，对这世界上一半的人来说，哈喇味是一种美妙的气味。因此，这个定义是错误的，并且它反映了一种狭义的欧洲中心主义。"

条，而我们则是说得战战兢兢。"[1]1991年，《法兰西学院辞典》第九版第一卷出版，而全版的工作早就潦潦草草地开始……1935年，莫里斯·德吕翁得以加速开展常务秘书的工作。

除了每周例行的辞典会议，学院经历过一些棘手的时刻：玛格丽特·尤瑟纳尔当选时的情况，我们前面已经描述过；1991年则是莫里斯·德吕翁。他发起的正字法改革，在一片睡莲池中引起了暴风，但改革没有成功。两次事件之间，法兰西学院还有另一次"升温"，它发生在1984年。社会党人伊薇特·鲁迪（Yvette Roudy）担任女权部部长，她召开了一次与女性活动有关的词汇的术语委员会会议，会议由"女作家"（écrivaine）贝诺特·格罗特（Benoîte Groult）主持。[2]法兰西学院，因失去其特权感到懊悔，却还是对问题的根本做出了反应。然而，众所周知——他自己也这样说——列维-斯特劳斯"手持羽毛笔"[3][4]。在1984年6月14日的会议上发表的宣言，基于一种无视女部长的女性主义的专断政治的语言学推论："我们有理由担心这个委员会指定的任务基于对语法性别的概念的误解，并且它的提议通向与语言的精神相反的方向。[……] 其实只需要记得法语和其他语言一样，任何对等的关系都不存在于语法性别和自然性别之间。法语有两性，传统上称为'阳性'和'阴性'。这些从古语法继承的词都是不恰当的。唯一能够让法语根据真实的功能来定义性别的办法是，将语法上的性别严格地区分为'有标记'和'无标记'。无标记的性别是引申的性别（genre extensif），比如：'所有人都会死'（Tous les hommes sont mortels）或者'这个城市有两万名住户'，此处不区分男人和女人。标记的性别是一

---

1 1991年7月16日贝特朗·波洛特-德尔佩奇致克洛德·列维-斯特劳斯的信。
2 1984年3月3日的《政府公报》（*Journal officiel*）。
3 宣言的打字稿被保存于列维-斯特劳斯的档案中。参见列维-斯特劳斯档案库，编号NAF 28150，档案盒编号218，主题档案"法兰西学院"。《亦近，亦远》，第124页。
4 此处意味"书写"，即准备好以文字回应议论。——译者注

种强调差异的性别（genre intensif），它只能用于严格区分性别的生命体身上。结论：'为了重制职业术语并让男人和女人从根本上完全平等，我们提出，在一切不以用途为首的情况下，称为阴性的性别用语——在法语中，它首先是一种性别歧视——不该被使用；并且，只要开放选择的机会，法语都将职业名称定为无标记性别'。"[1] 证明完毕。矛盾的是，宣言虽要守护语言的纯粹性，却并未完全遵循本意："用法是最重要的规则，而这样的用法并没有错。人们认为女性缺少专用的职业名称，因此，蹩脚地进行创造，它们低下的效率（由于无标记的用法已经包含那些给出标记的情况）很快就为它们打上了贬义的印记：女老板、女医生、女诗人等。"这份宣言的最后强调，所谓的阴性并不是主要用来表达生物性别，口吻十分谨慎，因为"一个领域中的刻意改变，可能会造成其他领域意想不到的反应。[……] 有可能造成从用法中生出的微妙平衡的混乱和紊乱，似乎应该在使用时小心地修改"[2]。我们能从中发现十分列维－斯特劳斯式的建议：语言和社会或者自然一样，是人类应该偶尔试着改变的古老和精妙的构造，但是需要十分精巧地处理并且不去"强迫"。这种主张被看作一种新的反动思想和以列维－斯特劳斯为首的院士们的大男子主义主张。这种立场遭到菲利普·圣－罗贝尔（Philippe Saint-Robert）的训斥。作为法语保护委员会委员长（commissaire général à la Langue française），他隶属于总理办公室。但他并未正面回应，只是暗示自己想要批判术语委员会与法语保护委员会存在的意义。至于贝诺特·格罗特，她在 7 月 17 日的《世界报》中为了揭露"词语的恐怖主义"而发声，谴责这种"大男子主义的表现"。一年以前的 1983 年 9 月，本身也是院士的乔治·杜梅齐尔，在《新观察者》中解释称：语言不是一座"能够使用割

---

1 《亦近，亦远》，第 124 页。
2 1984 年 6 月 14 日，他在法兰西学院的一次会议上的宣言。参见列维－斯特劳斯档案库，编号 NAF 28150，档案盒编号 218，主题档案"法兰西学院"。

草机和支架的花园,因为它是一片森林"[1]。列维-斯特劳斯深深认同这种看事物的观点,并且经常让记者们去读读这篇文章,在他看来,该文为一切问题画上了句号。

除去这些好战的冲动,这位院士过着平静的生活,但平静并非指偃旗息鼓。列维-斯特劳斯积极投入法兰西学院的生活。他积极招募知名人士,并且总是以最高的效率开展这类事务:杜梅齐尔在1979年入选,布罗代尔在1984年入选,杜比在1987年入选,之后是皮埃尔·诺拉。可怕的是,他坚定地支持法国民族学的"祸害"——1983年穿上绿色院士服的雅克·苏斯戴尔。列维-斯特劳斯在1987年莫里斯·杜弗格(Maurice Duverger)的事件出现时,正担任法兰西学院主席。而这位法学家是候选人。在安德烈·格拉克斯曼(André Glucksmann)的组织下,一场媒体战开始了。安德烈·格拉克斯曼将这位法学家写于1941年的文章公之于众,而文章完全认同维希政府制定的仇视犹太人的法律。我们没有任何线索可以证实列维-斯特劳斯的反应,但是杜弗格没有当选。一大堆想要当选的候选人与那些幸运的院士展开耗时的书信往来,而后者要给那些以"颤抖的胆量"——这是信里的原话——成为候选人的人回信。列维-斯特劳斯属于那些不"接待"学术访客的人,这是符合规定的,但还是要写一封信对此做出解释。他还要安排院士就职演讲,然后感谢亲爱的同事们给他寄来的书。他们总是非常多产,并且不放过这位名人——身为同事的克洛德——的一切风吹草动。最终,除了这些琐事,他还要参加每周四的例会。例会虽然吵吵闹闹,但也能给他安宁;虽然无趣得紧,但也有新鲜事。开会时,列维-斯特劳斯知道如何捡起中学生的散漫传统来打击他最可怕的敌人,同时培养高尚的精神。他在作家让·杜图德(Jean Dutourd)那里如愿以偿地找到了诙谐的长凳上的伙伴。二人互相交换简短而讽刺的四行诗,别

---

[1] 乔治·杜梅齐尔,《新观察者》1983年9月7—13日。

样地描述着孔蒂河岸的日常生活——他们写下了黑暗的情节:"在这双重的选举中 / 我察觉出一个恶作剧 / 为了给我们的队伍增加 / 那在别处叫作猪的东西";昏昏欲睡的漫长下午:"献给我邻座的克洛德先生 / 正为时薪一百元而烦恼 / 我,晦涩的《优质黄油》的作者 / 我曾想要这首小四行诗。"另一人回答:"《爱的恐怖》(Horreurs de l'amour)的作者 / 知道它们的痛苦更短暂 / 比起一个半小时的恐怖 / 我们在法兰西学院里忍耐着。"两个词之间画着一只小狗,"用无端狂吠的小狗充实列维-斯特劳斯先生的动物园"。这位民族学家以猫的画作为应答。许多的猫在两位老人之间"娇媚地"打招呼。列维-斯特劳斯在1991年被授予荣誉十字勋章:"这首诗,我将它刻下 / 为了祝贺克洛德先生的 / 十分有价值的胸膛 / 被饰以勋章饰带。"克洛德先生的回复:"这些荣誉,亲爱的让·杜图德 / 进入高龄 / 随后逝去,转三小圈 / 会诉说教师的苦命。"2001年10月4日,会议明显特别漫长:"这种争辩的无聊 / 让我惋惜呐 / 商业站老旧的好咖啡馆 / 那么那么地困扰我们。"还是同一次会议:"显然太过漫长了 / 我的真诚,转变成失望 / 伊莲娜[1]完全不像马德隆 / 她不给我们提供饮料。"列维-斯特劳斯的个人文件上保存着数十首这样的诗。

作为院士私密的档案,这些微不足道的文字以它们的方式证明了与制造无趣会议的机构的矛盾联系。这种无趣是仪式的一部分,是进入持续的时间的肌理所需的时间。这个始终陪伴着列维-斯特劳斯生命最后阶段的奇特机构将他带到过去的纯文学的现代性的时光中。孔蒂河岸,就像德吕翁说的,难道不是"君主制下的第一个民主机构和共和国的最后一个君主制的机构"[2]?他被带往幸福的人生阶段,像英国一样,没有革命带

---

[1] 历史学家伊莲娜·卡里耶尔·德·恩克斯(Hélène Carrère d'Encausse)于1990年成为法兰西学院的院士。她从1999年起担任法兰西学院的常任秘书。
[2]《不朽者的沙龙:非常法式的科学院》,第261页。

来的时间上的中断。列维-斯特劳斯不相信白板理论，在集体或个人层面都不相信。

生活的艺术

1984年，爱玛·列维-斯特劳斯以98岁的年纪去世。因此，他的儿子克洛德在76岁时变成了孤儿。然而，我们不也终将如此吗？莫里斯·德吕翁以此为主题写了一封优美的吊唁信："您的母亲的寿命就快满百年。这对儿子克洛德而言绝不普通，因为童年融入了命运的每个阶段。就算我们对每天都可能到来的死亡做好万全准备，我们仍旧几乎习惯于认为母亲是不朽的。总之，死亡都是突如其来的。双亲的死亡总是在某个时间、以某种方式突然发生。我谨以友谊之名，就这残忍的意外之事、童年记忆的撕扯、对道德根源的打击，向您表达我深切的同情。"[1] 爱玛入了土，被葬在蒙马特墓园，丈夫的旁边。但是克洛德不同意在同一墓地为自己留个位子。他向来对双亲尽其义务，认定最终的分离也意味着肉体上的分离。至于他自己，则选择葬在乡下。[2] 爱玛不仅仅是克洛德的母亲，她具有非常可爱的性格，活着的时候，持续探望她的两位前儿媳，她们在同她的儿子离婚之后仍忠诚于这位母亲。这位儿子于是产生了这样的想法：在爱玛死后，送给她们每人一件纪念爱玛的珠宝。这件事情交由莫尼克完成，以此为契机，她最后一次见到了迪娜·德雷福斯和罗斯-玛丽·乌尔默。

链条上一节的消失，令家庭的每个人都向上移动。列维-斯特劳斯期待一位后人的降生——他不像父亲一样热切期盼孩子的降生——能够抵消先辈消逝造成的空缺。1989年，他发现

---

[1] 1984年9月11日莫里斯·德吕翁给克洛德·列维-斯特劳斯的信。参见列维-斯特劳斯档案库，编号NAF 28150，档案盒编号187，主题档案"来信"。
[2] 2011年10月28日作者与莫尼克·列维-斯特劳斯的访谈。

他的两个儿子"似乎因为单身变得冷酷无情，这令他很忧伤"[1]。他还对"始终留在心底的"[2]纽约的老朋友多萝莱斯·瓦内蒂坦承，变化不止这些。在列维-斯特劳斯夫妇间，换位的时间到了。如果说这位丈夫放慢了他的行动，那么这位妻子则改变了生活节奏，并投入越来越忙碌的职业生活中：她在几年前就开始对19世纪的纺织业开展历史研究，其研究对象主要是羊绒织品工厂，她的研究结果《开司米：19世纪法国披肩的艺术和历史》[3]出版于1987年。"现在，变成了作家（有关羊绒披肩）和文集的主编（有关纺织的书籍）[4]的莫尼克比我以前做这些事情的时候忙多了。"[5]几年后，1989年，列维-斯特劳斯确认，年龄差是他们之间角色发生两极化转换的一个原因。他80岁时，她63岁："我们家的生活改变了：莫尼克忙得可怕：她不仅是作家、演讲人、披肩零售业的专家，还在她的出版商亚当·比罗（Adam Biro）那里担任丛书主编[6]。而我下定决心不再写作；然后，我感到太过苦恼。于是，我开始写一本书，但进度缓慢。这是岁数造成的。我写的是《嫉妒的制陶女》的姐妹篇，研究的是北美的神话，如果我活得够久，这件事能让我忙个两三年。除此之外，我几乎不见任何人；再也不在城里吃午餐或者晚餐。有人时不时来探访我，我在家或者在研究所接待访客。我在研究所还有一间办公室和一位女秘书。"[7]

---

[1] 1989年6月16日克洛德·列维-斯特劳斯给多萝莱斯·瓦内蒂的信。
[2] 同上。
[3] 莫尼克·列维-斯特劳斯：《开司米：19世纪法国披肩的艺术和历史》（*Cachemires. L' Art et l'histoire des châles en France au XIX e siècle*），巴黎：亚当·比罗出版社（Adam Biro），1987年；拉马丁尼耶出版社（La Martinière），2012年再版。
[4] 莫尼克·列维-斯特劳斯在亚当·比罗出版社负责的丛书名为"纹理"（Textures）。
[5] 1982年1月4日克洛德·列维-斯特劳斯给多萝莱斯·瓦内蒂的信。参见列维-斯特劳斯档案库，编号NAF 28150，档案盒编号182。
[6] 几次展览相继举办：先是在1982年，地点是巴黎的时装与服装博物馆；接着在1983年，地点是里昂的纺织历史博物馆。莫尼克·列维-斯特劳斯一直担任委员会负责人，并且负责画册的编辑和出版。
[7] 1989年6月16日克洛德·列维-斯特劳斯给多萝莱斯·瓦内蒂的信。

列维－斯特劳斯夸张地描述了他的禁闭期。他见了许多人，并接待了许多记者。随着时间流淌的速度慢下来，他也放慢写作的速度。他表示，这种放慢速度的战略使他能够对抗无聊的日子。这段时期，他的生活节奏放慢，陷入忧伤和宿命论之中。就像1994年他在镜头前对贝纳尔·拉普解释的那样："我写得越来越慢，遇到的困难越来越多，折磨我的病痛也越来越可怕。只是，如果人们退休后什么也不做，那就无聊透顶了。那么，不如费点劲，给自己造成日子不会结束的印象，然而，事实与之相反。这些日子过得飞快，我们却少有产出。"[1] 工作还能继续帮助他度过未来几年。衰老掌控着时间流逝的节奏，但列维－斯特劳斯也有过几次灵感降临的情况：尽管他的年龄已经超过 80 岁，但他在 1985—1991 年依然出版了三本书，它们证明，思想与作品的传播总有发生的可能。

他处于梦幻般的半退休状态，他仍非常珍惜自己的时间和空间，并且始终严格守时。雅克·尚塞尔（Jacques Chancel）就对他严苛的时间观念有过亲身体验。一次约会时，雅克·尚塞尔迟到了，这位记者发现人去楼空，道歉之后，他在 1991 年 10 月 16 日收到这封信："您对'短短几分钟'毫不在乎！您要求我 11 点 50 分到，所以我认为，我们达成的共识是录制将在 12 点整开始。您却没到。在 12 点时，人们跟我说您就来；12 点 05 分，还需要再等。我最终离开您的楼层时将近 12 点 10 分。我知道，您有重要的事情。我也有我的要事（外加我的岁数也值得受到敬重，我认为）。[……] 这些都没什么，忘掉这件事吧。我们还有机会见面，或许甚至能说上话。"[2] 同时，民族学家把他的节目拉入黑名单。借此做法，他教那些新的主宰者——那些媒体人（media

---

[1] 1991 年 10 月 14 日，贝纳尔·拉普的电视节目《文字》，第 2 频道，午夜放送。
[2] 1991 年 10 月 16 日克洛德·列维－斯特劳斯给雅克·尚塞尔的信。参见列维－斯特劳斯档案库，编号 NAF 28150，档案盒编号 186。

people）——该遵守怎样的行为准则。他在当时已经成熟的中产阶级政治中仍有话语权，这并不常见。

老人有着 1960 年代末的脆弱身体，但矛盾地获得了年轻人的状态。虽然他的身体虚弱了很多，但依然算得上健康。其实，衰老默默地在他身上留下了一个特征：列维-斯特劳斯有重度幽闭恐惧，并且特别敏感，他开始因无关紧要的事而晕厥。如果他看到流血，或者所在的地方太热，他会经常性地晕厥。在社交场合尤其如此，在丰盛的晚宴中，人群和无聊氛围令他晕头转向："比如有一天，他受阿兰·佩雷菲特邀请前去司法部晚宴，然后，从桌边倒下。这当然引发了恐慌。所有人都以为那样苍白的他已经死去了。我没有给抢救队打电话，因为我知道一旦坐上回家的车，他就会好起来并恢复意识！"[1] 这种有点戏剧性的告别方式一直伴随着他，当他的精神上的谨慎意志强加给他令人厌烦的任务时，身体便发出背叛的信号。但是不管怎样，他的身体仍旧英勇地支撑着，就算他出现了手抖和牙齿的严重问题。牙齿的严重问题可以从他和牙医让-克洛德·阿尔巴雷（Jean-Claude Albaret）频繁的通信和见面看出端倪。[2]

列维-斯特劳斯承认没有移动的欲望，但他的旅行次数却比前几十年更多了。到了告别的时候了——1989 年他对多萝莱斯·瓦内蒂说，想要"再见一次"美国；他在 1985 年回过巴西。然而，他还踏上了新的土地：对日本的探索在他生命的这一时期扮演了重要的角色，其重要性与以色列不相上下。稍晚些，在 1990 年代，他就只在记忆中旅行了。

---

[1] 作者与莫尼克·列维-斯特劳斯的访谈。
[2] 列维-斯特劳斯档案库，编号 NAF 28150，档案盒编号 183。

神话的变形（1）：传记的制作

我们知道，在 1980 年代，列维－斯特劳斯写过的文章和上过的电视节目为他创造了很多经历，只是这些经历被他掩盖了起来。通过迪迪埃·埃里蓬与他的对话，这些经历以实体书的形式对外公开。书的质量获得了一致的好评，迪迪埃·埃里蓬的组织让两人之间的对话获得了一致的肯定。《亦近，亦远》出版于 1988 年，被看作是回忆录。民族学家很喜欢回忆录，但自己并不会写。阅读本书时，许多人发现，他会小心翼翼地讽刺，他有趣又亲切，他有不寻常的才能，他作为精致的美学家，也有娱乐精神，他虽然十分害羞，但充满热忱。列维－斯特劳斯的形象在公众心中继续变化着：这再也不是那位结构主义者，而是感动和吸引人的"高尚的思想"[1]。[2] 这种印象从何而来？丹尼尔·法布尔（Daniel Fabre）从中发现，列维－斯特劳斯重新展示了说话的意愿，他希望再一次讲述起源的故事。此时的他已经在法兰西学院与凯卢瓦发生了碰撞，我们应该还记得，他曾在那一个插曲中表现得特别恶毒。[3]

他的"堂吉诃德主义"也是他想记录人生的原因，但在时间上，"堂吉诃德主义"的影响要晚一些。我们讲过，他把这种主义定义成"想要在现在重新找回过去的执拗愿望"[4]。如果我们运用列维－斯特劳斯十分熟悉的地质学隐喻，那么，过去在十几年后变得清晰可见，在传记的地层发生隆起或者断层时，我们可以挖掘传记结构的深层构造："随着高龄人生的到来，过去的片段上升到表面，或者换种说法，那些环扣上了。《神话学》将我引向瓦

---

[1] 这是卡特琳娜·克莱蒙的话。参见《文学杂志》第 257 期，1988 年 9 月，第 92 页。
[2] 《电视博览》上刊登了一篇与访谈集和 1988 年 10 月 26 日播出的节目《大洋》有关的文章。文章标题是《结构主义逐渐褪去颜色》（« Le structuralisme se porte légèrement délavé »）。
[3] 参见《从伊萨克·斯特劳斯到克洛德·列维－斯特劳斯：犹太教这种文化》，第 287—288 页以及本书第 19 章。
[4] 《亦近，亦远》，第 134 页。

格纳。我在迷恋瓦格纳的过程中成长起来,而青少年时期,我就以为我摆脱了对他的崇拜。《嫉妒的制陶女》令我重拾儿时的读物[拉比什]。如果我有时间,我也许能够找回十岁时热爱的堂吉诃德。"[1]

日本:找回的时间

身后出版的文集《月亮的另一面》(*L' Autre Face de la lune*)[2]记录了列维-斯特劳斯的日本经历。1977—1988 年,他曾五次到这太阳升起的国家旅行。自 1950 年代起,这位民族学家便不大愿意离开家,因此,这种对日本毫无掩饰的喜爱值得我们注意。不过,我们不应该误解:虽然他对日本社会现在和过去的历史及其艺术有深入的认识,但日本对他来说不是研究的田野,它甚至不是一个确切的研究客体。有人在这之前刚刚批判他对日本的相异性的看法属于刻板印象,为此,他重新阅读起远东的文献。[3]尽管这些评论并没有错,但他在那时的确误解了日本的特殊用途。因为这无疑涉及许多旁的事情:日本能让时间发生短路,能让他回到童年,同时也能打开未来可能的图景——日本在旧与新之间驰骋,能提供独特的解决办法,他把这叫作"双重标准"。当然,列维-斯特劳斯对他的日本有点过于狂热。因

---

[1]《亦近,亦远》。
[2] 克洛德·列维-斯特劳斯:《月亮的另一面:人类学家写日本》(*L' Autre face de la lune. Écrits sur le Japon*),"21 世纪文库",巴黎:瑟伊出版社,2011 年。
[3] 米歇尔·费里耶:《珊瑚作家:日本文化的接受可能制造了一种新的脉络》(« Les écrivains du corail. Ou d'une nouvelle arborescence - possible et souhaitable - dans la réception de la culture japonaise »)。这是米歇尔·费里耶在"巴黎—东京—巴黎:1945 年以来法国对日本文化的接受"研讨会上的发言。研讨会举办时间为 2013 年 9 月 6—7 日,地点为东京日法文化馆(Maison franco-japonaise de Tokyo)。另外,参见米歇尔·费里耶:《法国的诱惑、日本的诱惑:交错的视角》(*La Tentation de la France. La tentation du Japon. Regards croisés*),阿尔勒:皮齐耶出版社(Picquier),2003 年;米歇尔·费里耶 2014 年东京人类学家国际论坛上的发言《列维-斯特劳斯和日本:看、听、读、爱的身体碎片》(« Lévi-Strauss et le Japon : regarder, écouter, lire, fragments d'un corps amoureux »),论坛由川田顺造和弗朗索瓦·拉普朗蒂纳(François Laplantine)组织,主题为"寻找非霸权的人类学:文化三分"(« À la recherche d'une anthropologie non hégémonique. La triangulation des cultures »),日法文化馆/神奈川大学,2013 年 5 月 16—18 日。

为这个他以"赞叹"和"近乎孩童般的"[1]眼光看待的国家对他来说有着无限的吸引力。

我们来说说这五次旅行[2]。第一次最长：为时六周，从1977年10月17日到11月26日，克洛德和莫尼克·列维－斯特劳斯都是受日本国立基金会邀请的，这个由国家经费资助的机构隆重接待了他们：指派了司机和一名女翻译Watanabe Yasu，这对难以理解的日本的曲折探索来说，也算奢侈了。准备做得十分周全，日程也安排好了；发生意外的可能性全无，他们还不忘给东道主带上礼物，小珠宝、丝巾和其他可能受人喜爱的欧洲传统物件。作为交换：做讲座，这些讲座于日后成为他的"日文书写"。他也是被迫无奈才写下这些文本，并非完全出自本意。这是旅行者赚取收入的方法。它们谈到了人类学，也谈到了工业现代化和日本。列维－斯特劳斯承认对这个国度有着强烈的兴趣，但是没有任何专业上的认识，[3]就像他写给三得利基金会（Suntory Foundation）的那样。该集团邀请他在1980年3月第二次到日本旅行，因为邀请的意图太过明显，于是在给出肯定回复之前，他表明："如果我在讨论中说得很少，那么，至少我能学到很多东西。"[4]

1970年代末，学者们纷纷踏上东京之旅，他们人数众多，因此，这次邀请实属特殊。1977年秋天，在列维－斯特劳斯到达后，保罗·利科在那里做了几场讲座，米歇尔·福柯接受了四次电视访问——人们把这些都告知了这位民族学家……法国知识界来到

---

[1] 奥德·朗瑟林（Aude Lancelin）:《列维－斯特劳斯在日本》（«Lévi-Strauss au Japon»），《新观察者》2011年3月24—30日，第136页。
[2] 与日本之旅有关的记录被保存于列维－斯特劳斯档案库，编号NAF 28150，档案盒编号231。列维－斯特劳斯收集了许多文献，这些文献让我们跟随他的脚步踏上旅程。我们可以说，它们让我们"品尝""细嗅"这些旅行：邀请函和菜单都被系统地保留了下来。除了特别指出的例外，记录的信息包括物资和日本之旅的内容。
[3] 参见1979年9月9日克洛德·列维－斯特劳斯给三得利基金会会长佐治敬三的信："我一点儿也不算是日本文化和社会的专家，我怕我无法胜任这个任务。"
[4] "我对讨论的贡献很少，但至少，我学会了很多"，同上。

日本,其中,结构主义学者人数众多。这一次来访并非对前途光明的社会主义国家的意识形态之游。他们在找什么?或许,日本学家伊曼纽埃尔·罗泽兰(Emmanuel Lozerand)说得有理。他以此次旅行十年前的巴特为例,认为这代表了意义的停摆和主体的消解。[1] 列维-斯特劳斯总是和其他人——巴特、福柯……——不一样。邀请民族学家的是日方,法国驻日大使馆的文化处从未邀请过他。而文化处只会陪游。由于他已经在第一次旅行中明确发现自己对日本的喜爱,很快,他被认为正在累积对日本真正的热情。他完全不是以结构主义的传道者身份去的。在这个时期,他的作品得益于几位人类学家的介绍,已经被翻译为日语。1977年,在《忧郁的热带》的初译本出版20年后,川田顺造提议重新翻译。结构主义的旅行没有他的身影,同样,人们也在没有他的情况下评论结构主义!他想要报答他的日本东道主,但也只能完成有限的演讲。因此,列维-斯特劳斯是空手来(或者几乎是)向日本学习的。

1977年秋天的那6周,列维-斯特劳斯夫妇全面游览了位于日本列岛中心的本州。为了推进社会人类学研究所有关"工作"的概念的研究项目,列维-斯特劳斯在这个国家最隐秘的各个角落与手工艺者们相遇:京都的点心师(点心店"鹤屋吉信")、日本酒的酿造师("大仓酒造")、奈良的铸剑师、金泽的和服染匠和织布工("加贺友禅")、五崮山和高山市的"日本阿尔卑斯山"中的木工和车工、京都的渔夫和怀石料理的厨师、造纸者、传统乐师。在他的女翻译看来,与轮岛的漆匠的相遇算得上是最重要的一段经历:制作一个漆碗需要众多工种的手工匠人依照众多步骤才能完成,这一点让列维-斯特劳斯感到

---

[1] 伊曼纽埃尔·罗泽兰:《1970年代初法国知识分子看日本人主体的消解》(«La dilution du sujet japonais chez les intellectuels français au tournant des années 1970»),"巴黎—东京—巴黎:1945年以来法国对日本文化的接受"研讨会上的发言。

震惊不已，他也许还记得童年时期在家里上过漆。于是，他坚持招待整个漆工团队吃晚饭，与他们好好道别。"这些手艺人都十分感激列维－斯特劳斯关心他们的手艺活。他们知道这是一位伟大的智者……"[1] 他也遇到了一些获得"人间国宝"头衔的地方手艺人。比如这位著名的制陶师是"乐烧"的第 16 代传人，他就在京都周边。

据女翻译回忆，这种分类令列维－斯特劳斯愉悦，他向来认为手工艺知识事实上应当拥有举国家之力传承下去的重要性。他在一篇与日本相关的文章里对比了日本与法国，日本还保留着传统的手工艺人，而在法国，这种传统已经没落。比较的主题不是传统技艺存活的现状，而是传统家庭结构的传承，因为法国完全失去了传统家庭结构。[2] 当然，他游览了京都的禅寺、品尝了中国式的禅料理、参加了茶道仪式——但是这一次，西方人缺乏耐心的缺点重新占据了高地：他中途离场了！并且他也不想参与有艺伎表演的晚会……女翻译成了这对夫妇的朋友，她还有机会陪同他们。列维－斯特劳斯让她称呼自己"克洛德"，但是她拒绝了这种亲近的称呼。她得到他的同意，称他为"先生"——他很喜欢这个词，因为这是日语的"教师先生"，这位民族学家甚至没有对这个称谓的尊敬之意表示质疑。日本尽情款待来访者，被热情感染的客人们却并没有读懂这种争先恐后的慷慨之情。最后，日本因它带来的疏离感而获得了喜爱。因为菌类爱好者的热情——列维－斯特劳斯在京都附近组织了一次小型的松茸采摘活动，这是一种生长在秋季的菌类——和天皇夫妇向列维－斯特劳斯夫妇发起的去赤坂参与园游会的邀请，第一次旅行是令人眼花缭乱的。

1980 年 3 月的大阪之旅是一次为期一周的有些匆忙的旅行，

---

[1] 2013 年 10 月 16 日作者与女翻译 Watanabe Yasu 的访谈。
[2] 克洛德·列维－斯特劳斯：《月亮隐藏的另一面》，收录于《月亮的另一面》，第 61 页。

邀请方是三得利基金会[1]，这是自1899年成立的制作和贩售酒精饮料的大公司，包括威士忌、啤酒、葡萄酒……尽管列维-斯特劳斯不是一个嗜酒的人（"Being not much of a drinker"），但他接受并且利用他的旅行去完成几次"鲶鱼画采购"。事实上，大阪和京都有几个专门贩售19世纪的日本流行文化版画的摊子，画上展现着日常生活以及某些大事件，比如地震——这些列维-斯特劳斯小时候曾去小场街的"宝塔"寻找的版画，是他在热爱日本的这个时期的私人小宝库。

第三次旅行发生于1983年5月9日到21日。"日本生产性本部"的成立给了他契机，该机构是日本工业发展的智库。1986年4月，进行第四次旅行时，列维-斯特劳斯参加了第八届石坂读书会（Ishizaka Lectures），这是由石坂基金会资助的公开讲座，是日本慈善事业的另一种表现形式。每次，列维-斯特劳斯的发言都是以企业创新为主题的头脑风暴的焦点。许多社会科学家（social scientists）都被邀请来向作为听众的企业管理层（leaders）传达他们的观点，让管理者们思考世界的变化。[2]

在发表这些讲话之余，列维-斯特劳斯每次都会到他感兴趣的地方进行或长或短的游历。1983年，在第三次旅行时，在吉田教授的陪同下，他去了位于日本西南部的奄美群岛，奄美群岛位于九州和冲绳之间。由六十几个岛组成的冲绳群岛，在中国台湾和日本南部之间绘成弯弓。这些土地曾是琉球国，琉球国持续了几个世纪，形成了鲜明的民族特点。然而，朝鲜战争期间，在此扎营的美国军队颠覆了这一现状。不过，它们仍保留下神社和祖先的宗教信仰，列维-斯特劳斯看到日本民族学家们在这片重

---

[1] 为了参加"日本的主张"（Japan Speaks）研讨会。
[2] 在1984年的"石坂讲座"活动上，列维-斯特劳斯分三次完成了一个主题讲座。近期，讲座内容以《人类学与现代社会中的问题》为题出版。讲座的主题：第一次是《西方霸权的终结》，第二次是《当代三大问题：性行为、经济发展和神话思维》，第三次是《日本文明给我们的启示》。

克洛德·列维-斯特劳斯（左二）在讲台上，照片取自"日本的主张1980"的纪念相册。

要的田野上开展工作。吉田敦彦是研究附身仪式的民族学家和前海军官员，他记忆中的列维-斯特劳斯十分专注、好奇，总是在做比较，但是他一点也不想参与："我不知道该问什么问题。只是看看！"列维-斯特劳斯观察渔村，听日本民族学家述说自己的调查方法，看他们都提出了哪些问题。行程中满是惊喜，但身体受累。他很难在榻榻米上入睡，他还要在席间跪坐。列维-斯特劳斯是西方人，另外，他年事已高，因此，感到有点吃力……不过，食物远不成问题，而且肯定是一种享受。列维-斯特劳斯无论如何都想要品尝人们推荐给他的、他所下榻的小旅店的传统餐食。

1986年，他第四次访日。对方邀请他开设三场讲座，并支付高额报酬。他接受了，并决定就以此抵消这次去日本的花销。于是，他将去九州待上9天，与他为伴的当然还有他的妻子和为他指派的女翻译，后者为他精心规划了"充实的旅游路线，而不是休憩的假期"。从4月17日到26日,鹿儿岛、雾岛、鹈户、宫崎、阿苏山(火山口、神社)、熊本、云仙岳、长崎、福冈……九州岛是日本神话起源的地方:天岩户、天照大神、宇土神社,宇土神社与捕猎者两兄弟与人鱼之间的传说有关。"啊,是美露辛!"这位民族学家大喊道。据女翻译说,列维-斯特劳斯游览这些地方时惊叹不止,表现出旺盛的比较欲。这位四处窥探的民族学家不停地做对照,任他结构化的知识储备在自然和世界的范围内自由冲撞。因为日本的东方元素是美洲和欧洲所没有的。

同样,在1986年旅行期间,他在非洲研究领域的人类学家川田顺造的陪同下,顺着隅田川而上。这条上游穿过东京的河(乘着传统的小船)是某些照片的背景:我们能在其中看到穿着暖和的莫尼克和克洛德·列维-斯特劳斯,围绕他们的是日本东道主年轻的面孔。所有人都喜笑颜开!就连列维-斯特劳斯也是!尽管周围带有攻击性的城市环境(高大的建筑和港口工业区)与他从儿时起就刻在脑中的江户的平和景象丝毫不符。虽然很"震惊",但他讲道,"现代东京在我看来并不丑"[1],还有佃岛的渔夫老街激起了他少有的抒情诗的灵感。[2]

对变成老人的克洛德·列维-斯特劳斯来说日本代表着什么呢?它是一台回转时间的机器,但是,日本也指出了一条更加令人向往的未来之路,一种被概括在"双重标准"(double standard)[3]这一概念中的有可能实现的新模式。日本保留了一切,

---

[1] 克洛德·列维-斯特劳斯:《陌生的东京》(«Un Tokyô inconnu»),载《月亮的另一面》,第152页。
[2] 第五次日本之行于1988年3月动身,目的地主要是京都及周边地区。
[3] 在日本史上,有两个明显与这个模型相关的阶段,列维-斯特劳斯经常提起这段历史。第一个阶段是明治时代(1868年起)。在这个阶段,借助天皇复辟,日本进入了工业时代,它不是像法国,法国的革命切断了与过去的纽带。法国大革命结束快200年,这时,对这一历史的研究异常活跃,出现了对立的观点。民族学家对革命事件有着十分独特的见解,他将其看作历史的悲剧,由于过度宣扬革命主张,革命造成了与历史的完全断裂。而历史学家们则强调,新社会里有传统和旧社会的影子。总之,对于列维-斯特劳斯,日本在保存传统、习俗的同时,还操纵着现代性。第二个阶段是德川时代。日本在历史上做出了无与伦比的决定,这个决定令日本自17世纪初期起开始闭关锁国。日本在三个世纪之后的明治时代才重新对外开放。

包容着过去和未来，它满足了列维-斯特劳斯对连续性的渴求。他将日本作为一种认识论方法："月亮的隐藏面"是为了更好地抓住它可见的一面的思想上的工具，日本代表的东方在与西方形成对比时，成为西方的另一面。然而，日本的东方并不只有两面，而是三面的。日本一会儿是一个"颠倒的世界"，一会儿是欧洲和美洲之间的跳板。

"我去日本想要找寻的也许是并不真实的异国情调，但这种异国情调并非空间上的，而是时间上的。"[1] 他这样概括道。出于同样的理由，他一直犹豫是否该进行这次旅行：通过与真实突然的对比，他难道没有将童年时版画所激发的想象置于危险境地吗？对列维-斯特劳斯而言，日本具有的"孩童之爱的绿色天堂"[2]的那一面，这是不可否认的。他用普鲁斯特的文字来自发地回忆烤海苔包饭，"这种海带的味道能让我想起日本，就像玛德莱娜之于普鲁斯特"[3]！

与梦想的日本相遇也可能给他带来创伤，那是因为自然也对日本造成了严重的打击，为此，对于日本，现代性不算是一种灾难。当然，列维-斯特劳斯也对古代日本感兴趣，但是他喜欢东京，他时常主动去逛秋叶原的电器街，他在这个产业的成功之道里发现，日本传统手工艺的优点（细心、精致等）延续了下来。"双重标准"对这位人类学家而言是理解日本的一把钥匙：这是一整套精心协调着过去和未来的独特解决办法，让一个多种信仰的活跃的世界得以存在，同时发展复杂的技术和科学语言："在过去的真实和科学与技术推动的变化之间，日本一直能够找到平衡，今天依然是这样，所有国家中或许只有日本做到了这一点。"[4] 他如此写道。列维-斯特劳斯很高兴

---

1 《月亮的另一面》，第 62 页。
2 川田顺造：《序言》，载《月亮的另一面》，第 9 页。
3 《月亮的另一面》，第 169 页。
4 《陌生的东京》，第 155 页。

看到这种传统和现代、闭锁和开放之间的理想的交替,这让他引入一种新的隐喻:日本的运行像是"一张网,或者,像提取更稀少和更纯净的石油的蒸馏器"[1]。在这种宏观的视角下,列维-斯特劳斯低估,甚至忽视了,他所说的"意识形态的诱惑"[2]对20世纪初的日本的控制。他认为这种专制的失控是次要的,并不愿意正视它,他和川田教授在一次对话时创造的误会正好说明了这一点。列维-斯特劳斯对日本人的道德卫生、他们的无微不至、他们在所有服务中显而易见的职业意识感到生气,他莽撞地把这些同日语的"是"的直爽联系到一起:"我们说'oui'(是),你们说'hai'(是)。我总是觉得[……]'hai'包含的东西比'oui'多得多。'oui'是一种被动的接受,而'hai'则是热情地冲向对话者……——川田:[……]对见识过1945年以前的日本的极端军国主义的我们这一代人而言,'hai'令人想起对至高权力的无条件服从的精神[……]。克洛德·列维-斯特劳斯:我们还是说回日本的自然之美吧……"[3]

将日本理解为"双重颠倒"或者西方的"镜子"的理论并不新颖。但是列维-斯特劳斯以自己的智慧和博学改变了这种固有印象。[4]陆续地,主体的理论、语言、身体的人类学都将发生变化:向心主体不同于离心主体,就如日本手艺人将刨子(或者针)拉向自己,而西方手艺人是将其往前推。[5]这类对立的游戏[6]非常有趣,所有的参观者都体验了一把。例如,21世纪前10年,这位法国人看到日本人在酒吧里抽烟觉得很有趣,因为某些街道是禁

---

1 《月亮的另一面》,第31页。
2 克洛德·列维-斯特劳斯:《日本文化在全世界的位置》(« Place de la culture japonaise dans le monde »),载《月亮的另一面》,第53页。
3 克洛德·列维-斯特劳斯:《与川田顺造对话》,载《月亮的另一面》,第165页。
4 米歇尔·费里耶:《珊瑚作家:日本文化的接受可能制造了一种新的脉络》。
5 克洛德·列维-斯特劳斯:《仙崖义梵:适应世界的艺术》(« Sengaï: l'art de s'accommoder du monde »),载《月亮的另一面》,第124页。
6 艾雷娜·琼维耶(Elena Janvier)不失幽默地在《在日本,相爱的人不说我爱你》这本小册子里进行了评论。《在日本,相爱的人不说我爱你》,巴黎:阿雷阿出版社(Arléa),2011年。

烟的……但是"颠倒的世界"并未竭尽"月亮的另一面"的含义，启发性的工具与结构主义的动力相符，即并不在于捕捉对立，而是捕捉相似性内部的差异。对于列维-斯特劳斯，日本最大的魅力是，它吸引他进行比较——有时稍稍触及普遍的神话学——并且揭示了区分差异的游戏规则："我乐于辨别一系列变化的极端状态"[1]，他这样肯定道。例如，人们向他讲述哑巴王子重新获得说话能力的日本传说："这个故事令我震惊。因为我的记忆发生短路，我想起了克罗伊斯生命中的一个片段，讲述故事的是希罗多德。"[2]这种关系不是两面而是三面的：日本神话不仅被拿来与古代进行比较，也被拿来与美洲进行比较。《因藩国的白兔》，《古事记》（日本最古老的神话和传奇的编年记，推定成书日期为公元8世纪）开篇的一章，与南美洲一个非常相似的神话故事的变形很接近，凶恶的岳父和过路者的形象都出现在这两则"相像又不同"[3]的神话中。

列维-斯特劳斯从中得到的结论是什么？"一切迹象都表明，神话体系也许源于亚洲大陆，并且，我们应当首先在日本寻找那些过去的线索，然后才是美洲。"[4]在列维-斯特劳斯的想象中，日本绝对起到了桥梁和媒介的作用，日本将他的童年和老年、传统和现代、旧世界和新世界连接了起来。

因为他热爱日本，所以日本在这位人类学家眼里拥有无可匹敌的魅力光环。它们也说明，日本文化的某些形象和他的个人特质在客观上存在对等。根据他的习惯，品尝食物是他要做的第一件事，川田顺造讲述道："当他在日本时，我有几次和他共同进餐的机会，我带着崇敬去观察他欣赏另一个文化的味道的能力。

---

1 《亦近，亦远》，第127页。
2 克洛德·列维-斯特劳斯：《希罗多德在中国海》（« Hérodote en mer de Chine »），载《月亮的另一面》，第104页。
3 克洛德·列维-斯特劳斯：《因藩国的白兔》（« Le lièvre blanc d'Inaba »），载《月亮的另一面》，第88页。
4 同上书，第89页。

例如，泥鳅火锅，锅里煮一些完整的泥鳅的炖菜；或者还有鲤鱼刺身，切成薄片的生鲤鱼肉，盛在冰块上装盘，吃的时候伴以橙醋和味噌酱；海鼠肠，由三种海鲜的内脏生腌制成，是日本人特别喜爱的下酒菜；等等。"[1]在日本餐桌上，列维－斯特劳斯的味觉好奇似乎完全没有界限——除了对马肉强烈反感，马肉"是他的烹饪文化相对主义的唯一降调"[2]。与更加油腻和更加综合的中国美食不同，日本美食建立在"分裂主义"[3]之上，在列维－斯特劳斯看来，这也是宗教和语言的特性：日本为了使"应当分离开来的事物保持分离的状态"而付出的努力是日本吸引他的关键。他把这称为自己的"感觉笛卡尔主义"[4]：分辨真实的不同样貌并记录这些不同样貌的极端手法——就像在一道菜中分辨植物或者动物的不同的实体，这不仅是为了更好地享受每种味道，也是为了在纯粹的元素间建立每次都更新的关系。

日语书写体系在他看来加入了同样的思想。在《嫉妒的制陶女》中，对表达意义的过程的最后的思考便是基于日语的例子[5]：一方面，两种音节书写（平假名和片假名）完美地决定了发音，然而，许多同音异义字的存在使得意义并不明确；另一方面，来源于中文的表意文字（日本汉字）制定了一种意义，但是读法能够根据背景而变化。因此，所有日语阅读者因此都应当协同地使用两种规范。意义通过它们互相的和逐渐的调整得到显现。就像梦或者神话的意义，日语文字不直接给出真正的所指。与西方制造意义的模型不同，这种将意义的解释往后搁置的方式，与列维－斯特劳斯的方式一致。列维－斯特劳斯在品味意义的脆弱性和自由度、欣赏尊重真实的态度、排斥形而上学时，采取的是

---

[1] 在《月亮的另一面》的发布会上，川田顺造参与了辩论。辩论由莫里斯·欧朗德尔（Maurice Olender）组织，地点是巴黎的拉丁美洲文化馆，时间为2011年5月17日。
[2] 同上。
[3] 《日本文化在全世界的位置》，第40页。
[4] 同上书，第39页。
[5] 《嫉妒的制陶女》，第1223页。

同样的方式。从这个角度来看，巴特的《符号帝国》也处于同一波长上。[1]

当列维-斯特劳斯热情地描述绳文时代的制陶艺术时，我们不禁想到他自己存在的风格和认知的风格。执行的坚定态度和速度、对技术的掌握、沉思的时间和"日语特有的精练的天赋"[2]同样也适用于他。当他欣赏禅宗画家仙崖义梵的"不完美的艺术"时，这位葛饰北斋的同代人，他的精细、他的严密、他的朴实和他的雅致，这些完全都是列维-斯特劳斯式的价值。为此，我们可以毫不惊讶地发现：他从童年起就与日本艺术相遇，日本艺术给他带来了美和启示，同时，也为他创造了重新思考西方美学的契机。16世纪的日本茶道大师们对不完美的碗和粗糙材质的偏好，以及瓷器和漆器极致的精美，在他看来就是美的顶点，这种不做作的精致技艺反映了如此具有日本风格的侘寂。因此，我们应当把列维-斯特劳斯想象成一位制陶、书法或者禅宗大师，他从意义的独裁中彻底解放出来，走在发现"真如"的道上。他将维持事物本真，超越主体与客体、善与恶、一切判断。弗朗索瓦丝·埃里捷非常恰当地指出，这位禅宗大师也分享了"尽管简略却明确的思考方法"[3]，表达了对逸事、滑稽的事、双关语、具象的例子的爱好，在所有这样的"间接教育"[4]中，任何问题都不会得到最终的答案。公案（在禅宗传统里，基于荒诞的格言激励思考，风格为"一个巴掌拍得出什么声响？"）还有俳句（经常装饰着水墨画的短诗）引起了他的注意：一边是意义的碎片化，一边是它的衰竭。不是列维-斯特劳斯不向他的学生传授公案，他也不像那

---

1 参见莫里斯·潘杰（Maurice Pinguet）：《日本文本（巴特和日本）》（« Le texte Japon[Barthes et le Japon] »），载《日本文本：遗失和首次公开的资料》（*Le Texte-Japon. Introuvables et inédits*），巴黎：瑟伊出版社，2009年。该书由米歇尔·费里耶整理和负责介绍。
2 《仙崖义梵：适应世界的艺术》，第111页。
3 弗朗索瓦丝·埃里捷：《日本的三堂课》（« Trois leçons japonaises »），《克洛德·列维-斯特劳斯》专题，《欧洲》第1005—1006期，2013年1—2月，第67页。
4 同上书，第116页。

些禅宗大师一样敲打他们！避世的神秘感、对话语精打细算的运用、冷静的姿态以及设计理论时始终不忘的游戏心理都说明了列维－斯特劳斯式拥有平静的"禅心"。而随着年龄增长，这种禅心也越来越成熟。

最终，日本之行成为一段愉快的经历，让他发现了相对的相异性，并且在结束后，让他变得更像日本人了。这个微型世界——整座岛——是驶向未来的推进器，因为在那时，日本囊括了那些能够被他接受的情感和价值。这是一个世界的微观模型，人类学家列维－斯特劳斯能够在这里继续生存下去。

以色列，犹太民族：回溯原初？

列维－斯特劳斯向多位日本人说："差不多一年以前，1985年，我第一次去以色列和那些圣地；然而，1986年，我来到了九州岛，你们最古老的神话的发源地。我的文化、我的根本应该让我对前者比对后者更加敏感。事实却相反。琼琼杵尊从天而降的雾岛山、天岩户神社面对的天照大日霎尊——天照大神——困住自己的山洞，相比于大卫神庙的遗址、伯利恒的山洞、圣墓或者拉撒路坟，都激起了我更加深切的情感。"[1] 从结构主义的发展历程看，他到以色列旅行的意义只能在他去日本，特别是在九州的经验完成后才能体会（这里的"只能"是一种负面的情感）。同样，根据《忧郁的热带》，他在童年时接触的犹太教文化是平淡如水的，无法与博罗罗人丰饶的符号世界相提并论，他无法与神圣的圣经产生共鸣。首先是因为2000多年前的古犹太巴勒斯坦和18世纪在阿尔萨斯生活的他的家族之间已经断了联系[2]；其次是因为，在他看来，日本人自然地活在神话氛围中，与之相反，西方人分辨得很清楚，什么来自神话，而什么属于历史。自此，他再也不

---

[1]《日本文化在全世界的位置》，第19—20页。
[2] 参见《亦近，亦远》，第217页，以及本书第18章。

培养任何明确的归属感。[1] 不管他对以色列有多大的兴趣，也不管他多么喜爱某些地方，例如，死海附近、马萨达或是约旦河，感性的弦都没有震动。

不过，可以确定的是，整个1980年代，克洛德·列维－斯特劳斯以另一种方式回答了有关犹太人的问题。1988年，在与迪迪埃·埃里蓬的对谈中，在荧幕上讲述"起源的故事"的同时，他写了一篇有趣的文章，内容完全出人意料：《〈出埃及记〉的出埃及记》的标题就给出了博学的文字游戏："出埃及记"在此处是歌舞节目的意思，这是一种17世纪罕见的用法。这是一篇"故弄玄虚"的文章，一种"幻想曲"[2]，为了刺激读者的好奇心，故意地使用小调，为此，它在一定程度上决定着结构主义的理论取舍。列维－斯特劳斯将犹太人依照《圣经》记载执行的割礼与博罗罗人的阳具套进行对比："取代切除包皮（包皮是阴茎天然的组成部分），博罗罗人为其加上鞘，手工品因而变成了文化的一部分。于是，套上具有文化意义的阴茎鞘或者取下自然赋予的阴茎鞘，这两个行为拥有同一个性质：通过附加或者夺取，给阴茎加上文化符号。结果是，一种行为将龟头展现出来，另一种行为将其藏匿起来。[……] 切除包皮和戴上阴茎鞘，它们互为相反的操作，共同组成了一个图式，这个图式拥有众多变体，其统一性只在更深的层次出现。"[3] 而这就是它们可比的原因。

列维－斯特劳斯把这篇文章递给让·普永。丹尼尔·法布尔清楚记得，担任《人类》主编的让·普永有多么震惊。[4] 其实，列维－斯特劳斯一直都断言："人们无法开展以古犹太民族为对象的人类学研究。"其原因是缺乏民族志背景——而文章部

---

1 参见《犹太文化在全世界的位置》，载《月亮的另一面》，第20页。
2 克洛德·列维－斯特劳斯：《〈出埃及记〉的出埃及记》，《人类》第106—107期，1988年4—9月，第21页。
3 同上书，第14—15页。
4 《从伊萨克·斯特劳斯到克洛德·列维－斯特劳斯：犹太教这种文化》，第290页。

分否定了这种说法。这篇文章展现出另一种变形：它似乎以《忧郁的热带》中提到的对立作为基础，但是这一次，古犹太民族不再被贬低，因为对于戴上阴茎鞘，割除包皮相当于倒转后的对称行为。它们都对身体进行了标记，实现了完全对等的作用。最终，他认为以下两种物品的收藏之间存在潜在的相似性，克洛德·列维－斯特劳斯回归自我而重新出现的模糊又复杂的犹太主义将它们作为定位器在它们之间来回摇摆：一方面，1937年，人类学者在完成巴西探险之后首次对外展示从博罗罗人处获得的收藏品，其中包括许多阴茎鞘；另一方面，在1980年代初，借克吕尼博物馆的收藏品重组之际，从曾祖父伊萨克·斯特劳斯处传承下来的犹太礼拜仪式的物品——割礼仪式的刀具——重新浮现于其重孙的生命中。

我们还记得这些第一次被拿来收藏的宗教艺术物品，被纳坦尼尔·德·罗斯切尔德（Nathaniel de Rothschild）男爵夫人收购，并且几乎全部送给了克吕尼博物馆，她将在1890年为该博物馆西翼的落成揭幕。之后，克吕尼博物馆还会有其他捐赠者，比如卡蒙多（Camondo）。这一切见证了古代和中世纪时期的欧洲和法国的犹太社群的历史。[1]1980年，阿兰·艾兰德－布朗登伯格（Alain Erlande-Brandenburg），克吕尼博物馆保管部门的负责人，请求维克多·克拉斯巴尔德（Victor Klagsbald），耶路撒冷的以色列博物馆犹太（Judaïca）部门的顾问，到克吕尼博物馆清点收藏。1986年，这些物品和它们的清单将成为位于圣殿路的圣－艾尼昂旅馆中新建立的犹太艺术与历史博物馆的永久收藏。

---

1 阿兰·艾兰德－布朗登伯格：《克吕尼博物馆犹太教物品收藏系列》（« Les collections d'objets de culte juif du musée de Cluny »），载《克吕尼博物馆犹太收藏品目录》，巴黎：国家博物馆联合会（Réunion des musées nationaux），1981年。

克洛德·列维-斯特劳斯在耶路撒冷,旁边是希蒙·裴瑞斯(Shimon Pérès),后者在1984年12月30日至1985年1月5日的行程中陪同他(《平安居所报》[Mishkenot Sha'ananim Newsletter],1986年第2期)。

对于丹尼尔·法布尔这位第一个注意到这一点的人,"一切都基于与物品突然的面对面"[1]。这些物品受他喜爱,是他在童年时期接触过的东西。它们就像是过去的回忆一般,不知不觉地又

---

1 《从伊萨克·斯特劳斯到克洛德·列维-斯特劳斯:犹太教这种文化》,第292页。

回到了他的面前。

列维－斯特劳斯借此机会在《克吕尼博物馆犹太收藏品目录》中加入《前言》："当我在他去世的 20 年后出生时，伊萨克·斯特劳斯已经成为家族传奇的过去。但是我的父亲，出生于 1881 年，他总是回想起自己孩童时期在绍塞·昂坦（Chaussée D'antin）的经历，有一次，安布鲁瓦兹·托马（Ambroise Thomas）[1]也在，安布鲁瓦兹·托马还把父亲抱在腿上。但大多传奇来自我祖母的描述，即伊萨克·斯特劳斯五个女儿中最小的那位（他禁止她做裁缝和刺绣，为的是不耽误音乐的学习），通过她的话我才稍稍了解这持续将近半个世纪的神秘光环。这期间，一个普通的阿尔萨斯家族同名人们来往。这些名人要么具有音乐天赋或者文学天赋，要么在法国当代历史或者外国当代历史上占据重要的地位。"[2] 文章用普鲁斯特式的诗学特征和鲜明的个人特征，展现出一部内容丰富的家族神话：家庭之神、罗西尼（抱过他的祖母）、柏辽兹、家族英雄伊萨克·斯特劳斯、外号。家族有神圣的历史，也有丑闻。但讲述的语调像极了拉比什（斯特劳斯的其中一位女儿被猜测同帝国的某位显贵私通）。就像在神话与历史未被区分的九州，他个人的历史紧密地嵌入悠久的家族神话之中。他认为这些家族神话是完全属于自己的。它们令他获得了一种归属感，让他觉得，位于阿尔萨斯的这个（犹太）家族、它的起起伏伏与自己这个脱离家族的个体之间存在着幸福的联系。

所有物品，尤其是伊萨克留下来的物品，都从情感层面证明，传统的断裂又自然而然地接上了："因为德国的掠夺，伊萨克的收藏品已经几乎一件不剩了。我在斯特劳斯家族两位依然活着的女性长辈的家里、在别人家的长辈家里看到了几幅画、几件家具、

---

[1] 安布鲁瓦兹·托马（Ambroise Thomas，1811—1896）是一位因歌剧作品而驰名的作曲家，伊萨克·斯特劳斯应该在巴黎音乐学院与他相识。
[2] 克洛德·列维－斯特劳斯：《前言》，载《克吕尼博物馆犹太收藏品目录》，第 7 页。

几个旧东西。这些东西就像是它们的残影。在这些老公寓里，我培养了对音乐的兴趣，上了艺术史的第一课，同时，我对旧东西的看法发生了变化。伊萨克不仅是作曲家和乐团指挥，也是热情的收藏家。换言之，我与这位祖先存在双重联系，与他走得更近了。然而，不受人待见的'宝物'和旧货商需要邦斯舅舅[1]的一个眼神才能重新获得尊重。"[2]不过，这些故事只是其中一小部分。这些出人意料地被归为"古物"（antiquaille）的东西打开了通往过去的捷径，希望就身份归属的问题给这个世界一个交待："对我来说，伊萨克·斯特劳斯的记念物将链子上的链节重新串了起来。我认识这些东西，它们也认识他。不知道为什么，它们的发源地侥幸躲过了死亡。它们让我觉得，自己属于另一个世纪。因为可疑的基因遗传让我产生了与他相同的兴趣？并非如此。真正的原因是，我自童年起就与音乐、造型艺术和装饰艺术等感性事物建立起了紧密的联系。而这些东西中的一部分因为展览又一次聚集在一起。有人曾带我到克吕尼博物馆的一个展厅，让我见到了它们。克吕尼博物馆在这个展厅永久地收藏着它们，展厅的门楣上写着伊萨克·斯特劳斯的名字。这个名字让我陷入了一种感觉：因为这些藏品最早的历史渊源、因为它们与我的家族的渊源，它们有点像是我的一部分，或者说，在某种意义上，我是它们的一部分。"[3]这篇优美的文章也表达了他的观点。文章认为，他的犹太人身份认同与纳粹大屠杀并无关联，更与以色列的建立无关，而与伊萨克·斯特劳斯的世界有关。可以发现，这种身份认同是无比空洞的，因为"古物"一词始终不能在古希伯来找到其真正的名字，并且"犹太"（juif）这个词不止出现一次——要么是为了形容在阿尔萨斯扎根的家族，要么是为了描述目录列

---

[1] 巴尔扎克的小说里的人物。——译者注
[2] 克洛德·列维-斯特劳斯：《前言》，载《克吕尼博物馆犹太收藏品目录》，第7—8页。
[3] 同上书，第8页。

出的物品。我们看到许多物品中，一盏"哈努卡灯"、一本《以斯帖记》和它的外壳、一些装饰丰富的结婚戒指、一把圣弓、一顶"皇冠"……在梳理列维－斯特劳斯的传记时，我们要面对令人震撼的沉寂。

巴西，未能返回的旧地

巴西是"另一个国家，另一笔债"。列维－斯特劳斯总是这样描述他与巴西建立的联系。爱德华多·威维洛思·德·卡斯特罗用互相的矛盾心理来形容这种联系。根据这位巴西人类学家的观点，这种矛盾心理产生于巴西和巴西的土著民族之间。克洛德·列维－斯特劳斯的作品将巴西的土著人推上了 20 世纪思想的舞台。[1] 列维－斯特劳斯用这个描述来表达一个遗憾：观察者与被观察者之间没有该有的相遇。这个遗憾就像一片巨大的阴云，笼罩在《忧郁的热带》的上空。为此，《忧郁的热带》就像是一部后现代作品。克洛德·列维－斯特劳斯有过几次回巴西的计划，但所有计划都泡了汤（我们提过 1941 年的糟糕环境）。最终，他在 1985 年 10 月再次踏上巴西的土地。这是两次日本之旅的空档期。同一年，他还去了以色列。

此次巴西之旅属于总统弗朗索瓦·密特朗的礼节性访问，法国政府的部分官员与总统同行。1930 年，他乘坐的是"人货两运"的货船，这次，他乘坐协和式飞机回到巴西。圣保罗大学的巴西人类学教授玛努拉·卡内罗·达库尼亚，列维－斯特劳斯的亲友，讲述了一次旅途中的经历："《圣保罗州报》的那些资本家——创办大学的那些家族——想带列维－斯特劳斯到博罗罗人的居住地转转，他五十年前曾去过那里。在克洛德·列维－斯特劳斯远行中陪同的，是他当时的妻子莫尼克，而不再是迪娜，还有一位

---

[1] 爱德华多·威维洛思·德·卡斯特罗：《错过的约会》（«Rendez-vous manqués»），《克洛德·列维－斯特劳斯》专题，《欧洲》第 1005—1006 期，2013 年 1—2 月。

完全不会说法语的《圣保罗州报》的记者、一位摄影师、来自坎皮纳斯州立大学的某个人,以及我。我们乘的是一架小型双引擎飞机,首先去了位于马托格罗索州的龙多诺波利斯。我们到那儿后,没人知道本该来接我们的村里的印第安人在哪里。去博罗罗人那边要花一个小时。我们到达印第安的哨所,哨所离村庄百来米距离。哨所的长官感到惊愕。他告诉我们一场盛宴已经为我们准备好了——但是在别处。他用无线电联系相关人员,而列维-斯特劳斯非常礼貌地转身退了出去。两个小时以后,我们又回到龙多诺波利斯。我们带着一位当地导游,登上了另一架飞机。飞机油料似乎不是很足。我们从一个无人期待我们到临的印第安村庄上空飞过。后来被证实飞行跑道不是 800 米,而是刚好 500 米。一场暴风雨正在酝酿。于是,我们没看到那些印第安人就折返了,因为密特朗总统将在巴西利亚招待巴西总统,我们必须在晚宴开始前赶回去。暴风雨突然来临,油箱指针毫无预兆地迅速下滑。所有人都受到惊吓,只有列维-斯特劳斯保持冷静。我们意识到还有备用油箱,最后降落到巴西利亚,那里有一堆记者等着采访列维-斯特劳斯,他只是回答道:'我没什么可说的,总之,这是这个国家(Estado)的特性'。"[1] 玛努拉·卡内罗·达库尼亚补充道,对于列维-斯特劳斯,亲近马托格罗索州的天空和自然已是足够的享受……[2]

对于爱德华多·威维洛思·德·卡斯特罗,这次令他失望的故地重游是他与巴西失之交臂的约会,不可回转的最后一次。然而,这次受挫的旅行"确实是一次更新,换言之,是博罗罗神话'掏鸟窝者'的另一个版本"[3]:受困于天与地之间的主角和可怖的暴风雨,都是这个神话的重要元素,就此展开了《神话学》这

---

[1] 马修·蓝东(Mathieu Lindon)引用了玛努拉·卡内罗·达库尼亚的话:《〈忧郁的热带〉的任务》(« Mission Tristes Tropiques »),《解放报》1988 年 9 月 1 日。
[2] 2011 年 8 月作者与玛努拉·卡内罗·达库尼亚的访谈。
[3] 《错过的约会》,第 88 页。

一组作品。自此，这次"丁丁在南美洲"的段落，包括他在最后时刻逃脱生天的办法，在现实中就像"最大的成功，令他[列维－斯特劳斯]能够活在自己贡献漫长生命中的大部分时间的神话里，将自己转化为历史。有这般机遇的人，很少"[1]。

神话的变形（2）：短篇神话学

就像我们在谈到《面具之道》时说过的，被列维－斯特劳斯称为他的"短篇神话学"的三篇文章，试验着一种新的形式，更加谦虚、自愿地接受更加活跃的叙事特性，作者的目标是更加广大的读者群，然而，无论作品的理论原则，还是经常被报纸描述为"令人眩晕的"博学，都没有实现这一初衷。1985年，《嫉妒的制陶女》出版，1991年，《猞猁的故事》出版。这最后两本专著，"每本都以来自美洲印第安大陆的遥远的目光，对法国知识界进行了一次干预"[2]。列维－斯特劳斯讲到一个遥远的、不再存在的国家（神话的国度），为的是绕道后再次与同时代的人对话，并且大声传播那些骇人听闻的故事。在《嫉妒的制陶女》的结尾——在将索福克勒斯与拉比什做比较的精彩选段之前，他结束了与精神分析之间的长篇对话（始于1949年），颠覆了精神分析的某些公设，还把弗洛伊德"希瓦罗化"（jivaroïsant）。

《猞猁的故事》是一代研究亚马孙文化的人类学家的枕边书。书中，他乐意称欧洲对美洲进行的是"侵占"[3]——而不是"发现"，而欧洲在1992年时正准备奢华地举办"现代史诗"第五百年的生日典礼。列维－斯特劳斯要求停止此举，并且劝告人们必须承认对新大陆的文化和居民的摧毁，以完成"忏悔和敬神的行为"[4]。在《猞猁的故事》里，他从蒙田的思想和美洲印第安人的思想出发，

---

1 《错过的约会》，第89页。
2 弗雷德里克·凯克，"七星文库"，第1848页。
3 《猞猁的故事》，第1270页。
4 同上。

对两个世界初次碰撞的场景进行分析。1936年，当列维-斯特劳斯在靠近里约的海湾时，他沉迷于阅读让·德·雷瑞。他从未忘却旧大陆和新大陆首次碰撞时的画面。作为最后一本书，《猞猁的故事》也是他学术之旅与人生之旅的最后一站。他企图通过它来回溯时间。他回顾的不仅是他的生命和20世纪，也是西方的现代性。

《嫉妒的制陶女》："希瓦罗人的弗洛伊德"[1]

《嫉妒的制陶女》始于法兰西公学院有关"美洲野兽的概论"[2]（1964—1965学年）的课程，列维-斯特劳斯在该课中检验了一组希瓦罗神话。希瓦罗人的部落居住在玻利维亚和圭亚那的边界。这些神话呈现出，由代表宇宙力量的树懒和一类"没有肛门的当地侏儒"[3]之间的一系列对立。一些动物保留着肛门（树懒），另一些动物则出现失禁（嚎叫的猴子），而失禁本身就有别于夜鹰的口舌之欲。我们在课上发现了许多《嫉妒的制陶女》中的角色，他用上了粗俗的语言和精神分析的专用词汇。但这并不令人惊讶，因为书里复用了授课的内容，并且，提出了一个新的图式。即不用再去征服烹饪之火，而是将这火一分为二，或者更像是与烹饪之火的"和谐的共鸣"：获得陶器，也就是说，对孕育着食材的土地进行焙烧。这种制作陶器的闲情逸致促成了生理上的循环（吸收、消化、排出）和技术上的循环（黏土的采掘、制作模型、焙烧）。

这位民族学家首先在陶器和印第安美洲众多神话的嫉妒主题中建立联系，他寻找着其他联系，就像在调整拼图的组件：陶器有女性特征（而农业则是一种男性活动），夜鹰的神话展现着夫

---

[1] 同迪迪埃·埃里蓬的访谈：《希瓦罗人的弗洛伊德》（« Freud chez les Jivaro »），《新观察者》1985年9月27日至10月3日。
[2] 参见《说过的话》，第109—111页。
[3] 关于这一整段话，参见玛丽·莫泽：《说明》，"七星文库"，第1866—1873页。

妇的不和，并且根据天文的规则，展示着星辰间的斗争。在夜鹰—陶器—嫉妒这个三角关系中还出现了第四种元素，灶鸟（另一种鸟），其神话是一种与夜鹰的神话相反的变形。他的经典句式在30年前第一次出现，而在此处，他这样说："从功能上看，夜鹰'嫉妒'相当于女人'制陶'，而女人'嫉妒'相当于制陶女的'颠倒之后的夜鹰'。"[1] 另外，这本书的出版开启了一系列学习和研究，重新赋予了列维－斯特劳斯的文本中似乎正在消失的典型句式的正当性。[2]

通过许多神话主题的混合——星辰的斗争、变成流星的粪便、砍掉的头和残废的身体——克洛德·列维－斯特劳斯又一次探索着自然与文化之间的关系，而陶器正是这种关系的深刻表现。嫉妒，在人类学层面，被用在分离的威胁出现时，以保持两个元素之间的联结。他也重新提到，通过一些有趣的逸事，神话的创造总是基于对确切的植物、动物、天文的认识。因此，嚎叫的猴子的肛门失禁也是一种现实，就像在巴西的远征期间，他遇到的一种加里巴猴子给他的体验那样："如果 [……] 我的随从或者我试图靠近它，它瞬间就排出大量的粪便，它把它们团成球拿在手里，通过发射粪球轰炸我们。"[3]

"肛门失禁""口舌之欲"：《嫉妒的制陶女》运用了某些精神分析推广过的范畴，在列维－斯特劳斯看来，神话早在西格蒙德·弗洛伊德之前就思考过这些范畴了。这位人类学家的每本书都岔开话题，聊到了哲学和形而上学，或者回到西方文明，对崇拜西方思想的行为进行批评。在《野性的思维》中，他谈的是

---

[1]《嫉妒的制陶女》，第1102页。
[2] 让·佩提托（Jean Petitot）、吕西安·思酷比亚（Lucien Scubia）、皮埃尔·马兰达的文字之前已经引用过了。除此之外，还有莫罗·W. 巴博萨·德·阿美达（Mauro W. Barbosa de Almeida）的文章：《神话的经典模式》(《La formule canonique du mythe »)，载鲁本·C. 德·格罗斯（Ruben C. de Queiros）、F. 热纳德·诺布尔（F. Renarde Nobre）：《列维－斯特劳斯》，巴西读物，美景市：米纳斯吉拉斯联邦大学出版社，2008年，第147—182页。
[3]《嫉妒的制陶女》，第1159页。

萨特和辩证的理性；在《裸人》中，他谈的是西方人文主义；在《面具之道》中，他谈的是现代美学。这里，列维-斯特劳斯进行着一项微妙的任务，利落、彻底且不无幽默地反对弗洛伊德和精神分析。皮埃尔·诺拉恰当地在一封给作者的信中指出了隐藏的暴力："您优雅地把与精神分析的对话看作清算的办法，而您知道如何清算。自《亲属关系的基本结构》的结尾，我们就在等待这一刻，这是决定性的。"[1]

这涉及什么？列维-斯特劳斯提醒我们，弗洛伊德为《图腾与禁忌》外加了一个副标题："关于野蛮人心理活动与神经症患者心理生活的某些对应关系。"列维-斯特劳斯在1949年发表了有关萨满教的文章，完成了亵渎的举动，为此，颠倒了格局："我比较倾向于表明，在野蛮人和精神分析学家的生活间存在着一种对应。"[2] 在他看来，精神分析以自身的语言，重新发现了神话思想已经捕捉到的心理生活的元素。甚至说：列维-斯特劳斯认为《图腾与禁忌》只是希瓦罗神话的一种变形："弗洛伊德只不过——从未完成过其他事情——创造了神话的当前版本……"[3] 这没什么令人惊讶的，因为弗洛伊德拥有"以神话的方式思考"[4]的天赋——列维-斯特劳斯尖锐地补充道：那就是他的"伟大之处"[5]。他用最后一个讽刺的表达来说明神话思想（此处说的是希瓦罗神话）和精神分析之间的反传统的关系："让我们感谢丰富的美洲语言，他们将精神分析学家们命名为猎取敌人头颅并干缩保存者（head-shrinkers），主动地将他们视为希瓦罗人！"[6] 因此，精神分析不能肆无忌惮地谈论神话的思想和内容。神话通过多种多样的代码

---

[1] 1985年10月8日皮埃尔·诺拉给克洛德·列维-斯特劳斯的信。参见列维-斯特劳斯档案库，编号NAF 28150，档案盒编号197，主题档案"来信"。玛丽·莫泽引用相关内容，参见《说明》，第1872页。
[2] 《嫉妒的制陶女》，第1213页。
[3] 同上书，第1217页。
[4] 同上。
[5] 同上。
[6] 同上书，第1214页。

（天文、植物、动物、性心理……）表达意义，它想传递的"信息"是，所有代码之间可以转换。与之相比，精神分析使用的是一种贫瘠的语言，因为它只有一个性心理的代码，性心理也是精神分析最终的所指。

这是他攻击精神分析的主要论点。他进一步对性心理展开了分析。然而，在一次"结构分析的小练习"中，列维－斯特劳斯将索福克勒斯的《俄狄浦斯》和拉比什的《意大利的稻草帽》逐字进行比较，他想要说明，这两部作品回答着相似的问题，但是以不同的代码进行回答。在戏谑的面具下，他为"模具比内容更重要"[1]的观点辩护。神话揭示的正是这种模具，而精神分析认为，必须以内容填满这个模具唯一的维度：性现实。完成对精神分析的抨击后，他接着反思表达意义的过程：何谓意味？神话总是将一种代码翻译成另一种代码，就像字典用一个词解释另一个词，在词语之间建立关联，日语文字就是如此。

克洛德·列维－斯特劳斯将枯燥的结构分析变得有趣。所有报刊都向克洛德·列维－斯特劳斯的新"消遣"[2]、轻蔑和稚气挑衅的语调（准确来说，以弗洛伊德的脑袋为代价）致意。1985 年 10 月，卡特琳娜·克莱蒙主编的一期《文学杂志》（*Magazine littéraire*）为人类学家做了一期专刊。杂志于同一年的发行让《嫉妒的制陶女》的读者数量继续增长。媒体评论数量丰富：一次长篇采访刊登于两期《新观察者》[3]，一篇罗伯特·马乔里（Robert Maggiori）的文章发表于《解放报》，雅克·穆尼耶的文章发表于《世界报》，让－保罗·莫雷尔（Jean-Paul Morel）的文章发表于《晨报》（*Le Matin*），皮埃尔·戴克斯（Pierre Daix）的文章发表于《巴黎日报》（*Le Quotidien de Paris*），

---

1 《嫉妒的制陶女》，第 1229 页。
2 雅克·穆尼耶：《克洛德·列维－斯特劳斯的一个爱好》（«Un divertissement de Claude Lévi-Strauss»），《世界报》1985 年 10 月 11 日。
3 同迪迪埃·埃里蓬的访谈：《希瓦罗人的弗洛伊德》。

让 – 莫里斯·德·蒙特雷米（Jean-Maurice de Montremy）的文章发表于《十字架报》，等等。这本书的吸引力是全方位的：它的教育作用和叙事维度备受称赞；放下理论和学术分析的负担之后，它的风格也受人喜爱。马乔里写道："列维 – 斯特劳斯拿走了脚手架。"[1] 阅读这样的"结构分析片段"[2]令人愉快，它的类型使它在法国中是独一无二的。从此，它"摆脱了理论战"[3]，这些争斗只会限制意义的表达。《嫉妒的制陶女》作为"镜宫"或者"理论的魔方"，就像加拿大人类学家皮埃尔·马兰达写的那样，既是一场"结构盛宴"，又是有趣的（粗俗的）论述，它有时也带着挑衅的口吻。它受到媒体的热情欢迎，但学术界对它的关注似乎很少：伊曼纽埃尔·德斯沃（Emmanuel Desveaux）和夏尔 – 亨利·普拉德勒·德·拉图尔（Charles-Henry Pradelles de Latour）在《人类》杂志上发表了两篇《关于》（«À propos»）[4]。唯一的负面评价来自一位人类学家让·巴赞（Jean Bazin），他在《巴黎早报》承认自己"不知所措"："人们也可以认为，为了将其视野放逐到这种对他而言如此熟悉、让他展开比结构分析更加自由的联想的神话集中，列维 – 斯特劳斯的身份是创作者，而不是实证主义学者。"[5] 1988 年出版英译本时，《纽约时报书评》（5 月 22 日）发表了温迪·多尼戈·奥弗拉赫缇（Wendy Doniger O'Flaherty）这位宗教历史学家的一篇评论："列维 – 斯特劳斯不仅对弗洛伊德进行斩首，对希瓦罗人也如此。[……] 他不像希瓦罗人——神话的创造者——那样思考和行动，而像是希瓦罗神话中的一个人物，——一个斩首

---

1 罗贝尔·马乔里：《克洛德·列维 – 斯特劳斯、制陶女、嫉妒和悲伤的鸟》（« Claude Lévi-Strauss, la potière, les jaloux et l'oiseau triste »），《解放报》1985 年 10 月 17 日。
2 同上。
3 同上。
4 玛丽·莫泽引用的话，参见《说明》，第 1872 页。
5 让·巴赞（Jean Bazin）：《神话的关键问题》，《晨报》1985 年 10 月 8 日。

者[……]。"¹ 3 年前，皮埃尔·恩克尔（Pierre Enckel）在《周四大事件》（*L'Événement du jeudi*）周刊中已经诊断过这位结构分析的作者的"神话变形"："成为院士并不是克洛德·列维－斯特劳斯想要的，于是，他踏上了成神的道路。那是这位民族学家最后的化身……"²

《猞猁的故事》：在蒙田的面具下

《猞猁的故事》于 1991 年由普隆出版社出版，是这位民族学家的最后一本书，而他也是如此宣称的。事实上，虽然没有成为"最后的书"，虽然它也不是"最后一本书"，但它也将成为他活着时最后出版的一本人类学书籍。它完全属于人类学领域的作品，同时，它还提出了政治宣言。通过政治宣言，他展开了天马行空的思考，为此，《猞猁的故事》比其他专著更能展示作者的"世界观"。他在这部最后的作品里展示了自己的底牌，于是，公众和学界对它的兴趣和批评（有时有争议）空前高涨。³

又一次，列维－斯特劳斯讲述了一个复杂的故事，一段"迎着酷热穿越两个美洲的神话的迷宫之旅"⁴。我们一步步前进，经历了那些天气现象，穿过了雾和风，遇到了标题中的猞猁和它的孪生兄弟郊狼，见到了那些根茎、偷牙齿的贼、被猫头鹰逗乐的孩子、如同装饰一般的身体上的伤口、鲑鱼、熊、狼、月亮和睾丸……情节有时十分紧张，像在加斯通·勒胡（Gaston Leroux）的《黄色房间的秘密》里那样。⁵ 一切迹象都表明，美

---

1 玛丽·莫泽引用的话，参见《说明》，第 1872 页。
2 皮埃尔·恩克尔：《受到赞扬的列维－斯特劳斯》（«Loué soit Lévi-Strauss»），《周四大事件》1985 年 10 月 10—16 日。
3 列维－斯特劳斯档案库，编号 NAF 28150，第 236 号档案盒里保存的大量媒体资料证实了这一点。它是 1991 年 9 月 30 日《费加罗报》列出的《人们谈论的十篇评论文》之首，排在乔治·杜比的《历史继续向前》（*L'Histoire continue*）和马克·福马洛里（Marc Fumaroli）的《文化国》（*L'État culturel*）之前。
4 玛丽·莫泽，参见《说明》，第 1875 页。
5 继上一本之后，作者同样把这本书定义为"童话和侦探小说的中间形态"，《猞猁的故事》，第 1268 页。

洲印第安思想的创立原则是一个由两个部分组成的意识形态。它通过不可能的双胎妊娠的想象被人领会。[1]事实上，双生儿在所有神话中经常出现，不过，美洲神话中的双生儿与身份无关——比如，两个欧洲的例子：卡斯托尔和波鲁克斯，或者罗穆卢斯和瑞摩斯——而指的是绝对的差异。猞猁与郊狼就是不同的双生儿。这种美洲印第安的双胎妊娠表达出基于"不稳定均衡"建立的二分模型，在"永恒摇摆的游戏中"[2]动摇宇宙机器，我们可以在社会组织或者艺术中发现它的踪迹——我们记得，年轻的列维-斯特劳斯在纽约时发表的一篇文章就是关于"分裂"的图像。在许多原始社会（卡杜维奥、毛利、古代中国……）[3]的艺术作品中，都出现了一分为二的图案。在书本的最后，人类学家指出，美洲存在一个动态的二分逻辑，为此，呼应了他的同事和朋友杜梅齐尔。杜梅齐尔正是因为揭露印欧世界三分天下的意识形态才获得名望的。

　　这本书获得了强烈的政治反响，自此，美洲印第安人的"两党制"便能以批判的方式回顾新大陆和旧大陆在16世纪相遇的场景，并且理解为什么此次相遇是如此灾难性的。实际上，如何解释2000个印加人面对165个西班牙人时居然无力抵抗？很长时间以来，这个问题都是历史编纂学史上的一个谜，并获得了很多可能的解释。在1992年所谓的"大发现"的500周年庆时，克洛德·列维-斯特劳斯给出了自己的答案。因为根据他的概念，一切统一体都隐藏着二元性，这种"哲学的原子偏斜运动"为他者腾出了一个"凹陷"[4]的位置。列维-斯特劳斯进一步解释到，这便是为什么在白人还未出现在美洲海岸之前，他们就已经出现在

---

[1] 这一点反映在细节里。因此，美洲印第安思想认为，就算乳房也不会是完全相同的。在巴西的一些神话中，双胞胎中的其中一人因太过渴望吮吸母乳而使母亲的胸部发生变形。
[2] 玛丽·莫泽：《说明》，第1875页。
[3] 参见第十章，第19页；《"亚洲和美洲艺术中的分裂"：文艺复兴》，第2、3卷，1944—1945年，第168—186页。《结构人类学》将之收录，参见第269—294页。
[4] 《猞猁的故事》，第1455页。

美洲印第安的思想中。于是出现了惊愕的迎接场景：阿兹台克人（Aztèques）把殖民者科尔特斯（Cortès）和他的同伴们看作魁札尔科亚特尔（Quetzacoatl）的化身。他们正在等待他们的回归。蒙特苏玛（Moctezuma）于是派大使带着祭神的供品迎接他们。这次向他者的开放，在这样的历史情境下，决定了美洲印第安世界的命运。但是，如果我们仔细阅读列维－斯特劳斯，那么，我们会发现，向他者开放大门也是这些文明的伟大之处（安第斯山脉的文明没有与亚马孙低地文明区别开来），欧洲人则与之相反。欧洲人发现自己只不过构成了人类伟大图像的半壁，便急忙将他者视作噩梦并抹去……

在列维－斯特劳斯看来，从人类与现代性的第一次相遇开始，蒙田是唯一发觉了其关键特征的人。与人们想的相反，美洲并未给文艺复兴时期的人带来震撼，因为文艺复兴后，"古代"的意义被重新发现，美洲变成了工具，或者说，人们对美洲的冲击感到习以为常了。当代人主要通过对"野蛮人"的研究去确认那些"古代"作者是如何形容他们的。[1] 因此，列维－斯特劳斯抛开了他的哲学头脑。这一刻虽然来得迟了些，但对于他的生命和他的作品，有关键的作用。

其实，年老的列维－斯特劳斯在很长一段时间里都有卢梭的名声，之后，他戴上了蒙田的面具。对比蒙田的文化相对性之后，他发现了两件事：认知的怀疑主义和实践的智慧。在《猞猁的故事》第18章，他回顾《蒙田随笔》，特别是《为雷蒙·塞蓬德辩护》（«Apologie de Raimond Sebond»）这一篇，他坚持从一个颠覆性的角度进行理解。列维－斯特劳斯的蒙田，是一位认知虚无主义

---

[1] 参见弗朗索瓦·哈托格：《古代人、现代人、野蛮人》（Anciens, modernes, sauvages），巴黎：加拉德出版社（Glaade），2005年。

者[1]：他拒绝将所有力量奉献给现代性的至高无上的理性。列维－斯特劳斯将这篇文章看作"对知识的否认的、了不起的举动"[2]，"将一切理性认知简化为虚无的[……]破坏性批判"[3]。蒙田不是写下了"我们与存在毫无交流"[4]？列维－斯特劳斯认为这是他最伟大的贡献。《猞猁的故事》的结尾便光荣地让这求知欲（libido sciendi）走下舞台。《忧郁的热带》见证着这位人类学家在1960年代为后人孕育出一个所向披靡的唯科学主义，当然，这个唯科学主义从不缺乏批判的自反性。然而，风向却发生了改变。[5]如果一切认知的尝试由于"知识越增长，就越能体会它没有终点"[6]而失去了意义。该如何是好？如何做一名从容的西方人？"[……]想要接受存在，我们必须认识到，虽然我们有求知欲，不辞辛苦地寻求知识，但是，若是从远处看，或者从一个更加深刻的角度看，这些努力最后都是徒劳的。我们活在矛盾中。应当从中做出抉择。"[7] 经常阅读蒙田便是一份"清醒地处理他的精神分裂"[8]的邀请。智慧，在这种情况下，被简化为"假装生命具有意义，以这种方式生活，就算思想诚实地揭露生命的无意义"[9]。于是，像蒙田那样，为了不让生命太过难以承受，需要在"得体的真相"

---

[1] 从这个角度看，他与马塞尔·孔奇（Marcel Conche）——蒙田的大专家——的解读不同。他们之间的往来书信证实了这一点。列维－斯特劳斯档案库，编号 NAF 28150，档案盒编号186。
[2] 《猞猁的故事》，第1451页。
[3] 同上书，第1450页。
[4] 克洛德·列维－斯特劳斯引用了蒙田的话。参见《猞猁的故事》，第1450页："我们与存在毫无交流。"（Nous n'avons aucune communication à l'estre）（译按：这里"存在"使用的是"estre"一词，系"être"的旧式拼写。）
[5] 参见弗雷德里克·凯克，"七星文库"，第1877—1878页。
[6] 《与克洛德·列维－斯特劳斯的一次访谈》，经罗杰－珀尔·德鲁瓦整理。参见《世界报》1991年10月8日。
[7] 同上。
[8] 《猞猁的故事》，第1452页："智者通过这种精神分裂的清醒管理获得精神和思想上的洁净。"
[9] 同上书，第1451页。

和"内在使用的真相"之间进行区分。[1]

在列维－斯特劳斯做总结时,一幅抽象的自画像出现了:"这种相对主义通过让步的方式才得以成形,从本质上看,它具有破坏性,但它呈现出来的是保守主义色彩。"[2] 也正是如此,这类有关蒙田的思索受到普遍赞誉和大量报道,似乎其中"凝聚了他自己的哲学的焦点"[3],迪迪埃·埃里蓬在《新观察者》中是这么写的。媒体资料数目庞大,因为在《猞猁的故事》出版的同一时间,电视节目加以报道,对结构主义的研究也一同出版:1991年10月14日,贝尔纳·拉普专门做了一期列维－斯特劳斯专题节目;弗朗索瓦·多斯的研究成果《结构主义史》[4] 也出版了。这类与这位人类学家的名字连在一起的活动表现出来的"历史的重量",助其葬入思想的墓地,并且促进了正在媒体中发生的解放——就像列维－斯特劳斯和过时的太过艰涩、太过冷淡、太过复杂的结构主义毫无关联一般。再见吧,体系!再见吧,理论!1984年,让－保罗·阿隆(Jean-Paul Aron)在《现代》杂志上引领反结构主义运动。矛盾的是,列维－斯特劳斯并没有否定结构主义,反而加深了对结构主义的信仰,为此,他并没有因为他人的贬低而遭受损失。他在避开强烈谴责的同时,收到了它带来的财富。

这本书的政治影响不只有蒙田。它同样指出,这位人类学家对历史拥有了(并且是对最痛苦的那些)新的感悟。这说明,在他身上,没有什么是顽固不变的。罗杰－珀尔·德鲁瓦(Roger-Pol Droit)在《世界报》中发表的文字足以表现他的震惊,我们可以发现,每个"短篇神话学"都承担了风险:"通过干扰建筑

---

[1] 参见克洛德·列维－斯特劳斯和维克多·斯托维斯基之间的书信。列维－斯特劳斯档案库,编号 NAF 28150,档案盒编号 202。列维－斯特劳斯坚定地拥护内心的"智慧",拒绝以基督教色彩过浓的解释来理解"救赎"一词。
[2]《猞猁的故事》,第1452页。
[3] 迪迪埃·埃里蓬:《为新大陆辩护》(« Plaidoyer pour le nouveau monde »),《新观察者》1991年9月5—11日。
[4]《结构主义史》。

结构而延长它的生命，改变手法甚至是战略，与自己展开新的赌博。"[1] 这种"生命的细致规划过的变形"[2] 证明了"这位人类学家的结构主义从未如此开放"[3]。而且罗杰－珀尔·德鲁瓦庄重地总结道："在高龄的门槛上，智者的皱纹消失了。"[4] 马克·欧热（Marc Augé）在《世界报书评》（*Le Monde des livres*）中，将这本书归入摄影的"对焦"行为："对于这位民族学家，他要调整这个强大工具空间上的距离，规划好放置的时间点，这工具有可能太过强大而无法构建结构分析。"[5] 他感激列维－斯特劳斯对文化边疆——美洲印第安人世界——的担忧，感谢他对神话的普世性说不。

《为新大陆辩护》引起了风波，此书也激怒了反对派，这一次，他们清楚地表达了坚定的反对意见。他虽然获得了赞誉，然而，基于基督教思想的批判意见重新在列维－斯特劳斯式的思想上划出一些令人气愤的、不可接受的刀口。《基督教家庭》（*Famille chrétienne*）杂志的一位作者这样遗憾地写道："这［表演的才干］不该掩盖某种渴望着成为人文主义思想的本质，实际上，它在人文科学的庇护下，主张的是相对主义，否定了人类的本质，拒绝了一神论以及基于一神论的整个基督教救世主降临说。他在书里提出的怀疑论是向蒙田致敬，他还说了一些虚无主义的言论：'人类活着能够获得情感上的满足，以为生命存在意义，但思想真诚地告诉我们，事实并非如此。真诚，也许是，但是真相是，人文科学在本质上不能够代替哲学或者信仰'。"[6] 我们应当注意到，列维－斯特劳斯在不久前接受过《费加罗文学报》的一次采访。

---

1 罗杰－珀尔·德鲁瓦：《克洛德·列维－斯特劳斯的辩词》（« Apologie de Claude Lévi-Strauss »），《世界报书评》（*Le Monde des livres*）1991 年 9 月 6 日。
2 同上。
3 同上。
4 同上。
5 马克·欧热：《列维－斯特劳斯，理解事物的意愿》（« Lévi-Strauss ou la volonté de comprendre »），《世界报书评》1991 年 9 月 6 日。
6 《基督教家庭》1991 年 10 月 11 日。

他冷静地断言道:"对人类而言,没有比一神论宗教更危险的东西了。"[1] 他接着说,犹太教与基督教教义也许是理性主义和科学出现的重要条件,但是代价十分惨重:"排斥异己、帝国主义、唯一的真理",就像《费加罗文学报》的标题那样……

我们能在《当前价值》(Valeurs actuelles)杂志中找到极右翼对此发表的唯一文章,文章显然是为了否定列维-斯特劳斯。该文完全拒绝了列维-斯特劳斯的人类学的内容和方法,认为那是"令人费解的点彩画派,难以阅读和理解",并且由"动物为了欺骗人类而变形、元素变成生物、女人和野兽交尾的故事所堆砌,整体上由于数学符号公式和一些精神分析阐释而变得复杂"[2]。

除了这两个嘴上不饶人的反对阵营,他还有其他敌人。1980年代,"新哲学"出现,想要对所谓的"68思想"进行批判性的清算。一部分哲学家完全反对列维-斯特劳斯的人类学相对主义。阿兰·芬基尔克罗(Alain Finkielkraut),《思想的失败》(La Défaite de la pensée)的作者,于1987年在哲学上获得成功。在哲学与人文科学的新斗争中,他作为前线的斗士,指出:他认真读了列维-斯特劳斯,批判人类学不该否定西方哲学、科学与艺术的优越性。为了与大众文化进行对抗,他相信哲学、科学与艺术高于一切。他认为,列维-斯特劳斯也反对大众文化,因为列维-斯特劳斯是一个"浪漫又绝望的思想家,面对趋于统一的现代社会,感到难以忍受,才找到自己的使命"[3]。对于芬基尔克罗,激进地将哲学简化为古希腊的遗产,这是他无法接受的。

---

[1] 克洛德·列维-斯特劳斯:《一神教的代价:排斥异己、帝国主义、唯一的真理》(« Le prix à payer du monothéisme : l'intolérance, l'impérialisme, la vérité unique »),《费加罗文学报》1991年9月16日。
[2] 布鲁诺·拉乔奇(Bruno Raccouchot):《原始人的镜子》(« Le miroir des primitifs »),《现在的价值》(Valeurs actuelles)1991年11月12日。
[3] 阿兰·芬基尔克罗:《一位人类学家的焦虑》(« Les angoisses d'un anthropologue »),《费加罗文学报》1988年9月20日。

他距列维-斯特劳斯的思想几光年远。他表达反对意见的方式说明，他的思想具有颠覆性的力量，比敬仰和毫无疑义的赞扬高明得多。大众文化来临后，他与之正面抗争。他赞颂自由主体和学术知识无法估量的价值，他认为，人类学，不管是结构人类学还是其他的人类学，都只是隐秘的敌人。因为人类学通过破坏对抗的术语，带来了质疑和模糊空间："因为人类学不认为艺术、文学和哲学作品比其他文化活动更具优越性，并且人类学不允许个人拥有自由，所以，人类学并不一定能够帮助我们抵抗这种恐怖的平均化。"[1] "因此，文化相对主义培养了西方文明的不良意识，渐渐成为他空洞的托词"[2]，芬基尔克罗在一篇题为《一个人类学家的焦虑》的文章中如此写道。

克洛德·列维-斯特劳斯的化身

1989 年秋天，出版《猞猁的故事》的两年前，让·吉阿荷和贝尔纳·杜柏涅（Bernard Dupaigne）策划了一场展览。展览展示的是列维-斯特劳斯从马托格罗索州到大不列颠哥伦比亚省的足迹[3]："克洛德·列维-斯特劳斯的美洲"展览在人类博物馆举行，我们说过，该馆因在 1937 年仍在修建，未能举办这位年轻的人类学家从巴西回来的第一次展览。展品包括南比克瓦拉人的营地、卡杜维奥的茅屋、博罗罗人的丧葬饰物、阴茎鞘、刻纹物件、弓和箭，还有面具、纹章的柱子、动物的模型。在人类博物馆的大厅里，放着用 700 岁的红雪松树干雕刻成的 15 米左右的宏伟独木舟"食浪者"（Lootas），它是加拿大艺术家比尔·里德（Bill Reid）的作品。18 位海达的划桨手，从大不列颠哥伦比亚省而来，

---

[1] 阿兰·芬基尔克罗：《一位人类学家的焦虑》，《费加罗文学报》1988 年 9 月 20 日。
[2] 同上。
[3] 同一时间，《符号和它们的双重性》（普隆出版社，1989 年）出版。这是一本合集，收录了人类学家发表的一些重要文章，范围从《忧郁的热带》一直扩展到《嫉妒的制陶女》。在这部文集中，探讨艺术的内容占据了很大篇幅，并广受关注。

他们驾驭此舟溯流塞纳河，用了 6 天时间，从鲁昂到巴黎，在那里与列维－斯特劳斯会合。比尔·里德和他的妻子一起，包裹着红色仪式用的遮布，将桨手们从夏洛宫带到巴黎市政厅，在那里，他们受到巴黎市长雅克·希拉克的接待。[1] 电视节目拍摄了这最后一个环节。半路上，独木舟经过法兰西学会（Institut de France）前的艺术桥，列维－斯特劳斯在桥上安静地向他的另一个部族的成员致意。我们可以想象现场的情况。部分媒体注意到这件事[2]：6 天里，划桨发出的规律的啪啦声，诺曼底的风景和法兰西岛的风景先后在这些印第安人的面前闪过；在岸上，头戴彩色羽毛的法国小孩叫喊着"印第安人来啦！印第安人来啦！"；他们最终抵达氛围不相称的、20 世纪末的西方城市。列维－斯特劳斯大大方方地接受了这次演出的政治性，不顾嘲弄，珍视这一过程带来的对过去的缓慢追溯，象征性地颠倒了发现的主宾关系：因为这一次，是印第安人来见白人。

列维－斯特劳斯变成了一个印第安人？作为人类学家，他研究神话那无止境的变化逻辑，试图通过自己的四部曲为神话创造一个新的变体。同样，他的生命似乎被一种变形的思维渗透，他的人生似乎就存在一切可能的变体：列维－斯特劳斯像创世者一般，穿梭于人类的法则之中。他多次承认，自己希望穿着印第安人的服饰，身处那些划桨手中间，用野蛮人的方式思考。他将自己献给了历史。他成为神话中的一个人物，那个掏鸟窝者，或者，如同温迪·多尼戈所预见的结果那样，成为希瓦罗神话中的一个人物。

---

1 他们在巴黎市政厅得到了雅克·希拉克的接见。
2 1989 年 10 月 22 日，《圣保罗页报》（*Folha do S. Paulo*）跟踪报道了此次航行。地方报纸对此事件也很关注：《印第安人乘着独木舟在塞纳河上驰骋》（« Des Indiens en pirogue sur la Seine »），《勒阿弗尔自由报》（*Le Havre libre*）1989 年 9 月 28 日；《海达印第安人在塞纳河上：向列维－斯特劳斯致敬》（« Des Indiens Haida sur la Seine. Un hommage à Lévi-Strauss »），《索恩卢瓦尔邮报》（*Le Courrier de Saône-et-Loire*）1989 年 10 月 3 日。《解放报》上也有一篇相关报道，瑟利姆·内希伯（Selim Nessib）：《海达人驶入塞纳河》（« Les Haida entrent en Seine »），《解放报》1989 年 10 月 2 日。

"他的一生就是结构的衰竭",哲学家帕特里斯·玛尼格里耶这样写道。[1]1980年代,列维-斯特劳斯的不同身份有着很高的媒体曝光度,然而,它们却没有集结成一个威严的作家的统一形象。列维-斯特劳斯加入创造神话的过程中。他的各种变化带来了自己的神话,就像堂吉诃德和他的复刻版,他那不可能的双胞胎兄弟:"这位形象忧伤的骑士想要从那些书中理解这个世界。他自己变成了一本小说,即语言(langage)",作为记者和作家的菲利普·朗松(Philippe Lançon)在1991年这样写道。[2]80多岁的列维-斯特劳斯以消瘦的脸庞、脆弱的身形化身为身披盔甲的堂吉诃德,这副盔甲经历了几个世纪,折射出白色的光芒。同时,他勇于参与论战,自由地发表观点,显露出对当代问题的浓厚兴趣。他又回到了当下。[3]

---

1 《序言》,载 J. P. 卢切利(J. P. Luchelli),《有或者没有列维-斯特劳斯的拉康》,第 15 页。
2 菲利普·朗松:《爸爸,告诉我,什么是结构主义?》(« Dis papa, c'est quoi le structuralisme ? »),《周四大事件》1991 年 9 月 5—11 日。
3 弗雷德里克·凯克在"七星文库"的说明中(第 1856 页)这么说:"列维-斯特劳斯回到了他的时代。[……] 与这些'短篇神话学'的矛盾相比,下面这个矛盾就十分突出:当列维-斯特劳斯像从坟墓里活过来的拉扎尔那样从神话的世界回来时,他与同他的同代人之间似乎距离最为遥远,然而,实际上,这时,他是最具有时代气息的人。因此,这些书在它的读者群中广获好评,因为它的读者们不只是看到 1960 年代结构主义散发的最后光芒。"

21 克洛德·列维-斯特劳斯,我们的同代人

> 生命短暂:这是需要点耐心的事情。
> 克洛德·列维-斯特劳斯,《猞猁的故事》[1]

《野性的思维》不断再版。2005 年,普隆出版社的编辑奥利维耶·奥本(Olivier Orban)向克洛德·列维-斯特劳斯展示了《野性的思维》的新封面。唉,三色堇(Viola tricolor)被普通的天竺葵代替了!这位年老的人类学家用尽一切力气抗议这一"大蠢事"[2],认为这不仅玷污了科学,也破坏了艺术。魔鬼隐匿于细节中。一个不起眼的插曲就折射出一个压抑的世界(出版业)。列维-斯特劳斯不愿踏入其中,但他继续以旁观者的身份观察,并且反思它的规则。

长寿的生命让人有些精神恍惚,于是创造了 21 世纪初的悖论:他死了吗?他还活着吗?他是国家的丰碑和世界的丰碑,在学界看来,他是不朽的,他因生前留下的那册书——2008 年出版的"七星文库"——而不朽。而且他也是一个象征:2000 年,比利时将他的肖像印在邮票上,除他之外,另外 79 个"创造"了 20 世纪的人物也得到了同样的待遇。所有这些与死亡对抗的力量都无法阻止他在 101 岁时——2009 年 10 月 30 日——离开我们。不过,虽然他已经离开人世,但人们继续阅读他的作品,并且高度重视他留下的遗产,将这些遗产永久地保护起来:"埃尔纳手册丛书"于 2004 年为其出版了一册内容丰富的专题,此外,许多杂志特刊和学者重新将结构主义作为话题,在他死后堆积起

---

[1]《猞猁的故事》,第 1452 页。
[2] 2005 年 9 月 20 日克洛德·列维-斯特劳斯给奥利维耶·奥本的信。参见列维-斯特劳斯档案库,编号 NAF 28150,档案盒编号 222,主题档案"出版"。

图为2013年11月28日谷歌搜索的起始页。这是为了纪念列维-斯特劳斯诞辰105周年。

大量人类学和哲学文献。

2009年之后，他的遗作相继出版，"日本的"文章以及一本作品集《我们都是食人族》（*Nous sommes tous des cannibales*），继续执行这种"收编文集"的动作。[1]《忧郁的热带》被翻译成多种语言：1999年，它有了土耳其语译本，2001年，它有了阿拉伯语译本。1990年代，《种族与历史》相继有了立陶宛语、斯洛文尼亚语和加泰罗尼亚语译本。于是，列维-斯特劳斯的作品变成了一种经典，回到了我们的21世纪，一个被科技革命、经济混乱、政治惰性和巨大的空虚感所困的21世纪。这是一位十分年迈的先生、一位世界公民，他有时还是会发声，用一种属于过去的精练语言说话，说出那些不适宜，甚至具有颠覆性的话——关于无性繁殖、人工生育、批评总结的自由，或者评说某些当代艺术毫无价值的自由……

---

[1] 克洛德·列维-斯特劳斯：《人类学与现代社会中的问题》，"21世纪文库"，巴黎：瑟伊出版社，2011年；《我们都是食人族》，"21世纪文库"，巴黎：瑟伊出版社，2013年。

美的谜题

列维-斯特劳斯经常这么说：艺术和难以捉摸的美不只是学术研究的对象和个人私密的爱好，它们在他的生活和思想中一直扮演着重要的角色。在《面具之道》出版后，他在 1976 年的一次访谈中——为了美学在人文科学中的崇高地位，这次访谈的内容在近期得以出版——向莫里斯·欧朗德尔（Maurice Olender）吐露心声："实际上，只有美学的问题对人文科学而言是重要的问题，因为十分有趣的是，当我们对美表现出深刻的感情时——不论是在聆听音乐作品，还是在观赏画作或者雕塑——我们都没有能力解释这种感情。"[1]《看、听、读》是他活着时出版的最后一本书，他已经给出了规划。[2] 他将重返他儿时的普桑街（la rue Poussin），并且详细地介绍美的经验。所谓美的经验，指理论激情因人类学家极度敏感的视觉和听觉而具象了起来，让他构想出一种与时间的法规分离的美学，哲学家马丁·鲁夫（Martin Rueff）称之为"野性的美学"[3]。马丁·鲁夫强调，《看、听、读》应当是列维-斯特劳斯人类学作品的一部分。列维-斯特劳斯了解美的一切形态，为此，参与了一次骚动的争论。这场争论造成了 1990 年代中期法国民族学界的分裂：他坚定地支持成立所谓"原始艺术"的新博物馆的计划，布朗利河岸（Quai Branly）博物馆是该馆后来的名字，博物馆最终在 2006 年开幕。

遗失的手艺

我们还记得，列维-斯特劳斯在童年时对艺术充满好奇，他的父亲在卢浮宫的展厅中对他循循善诱，他还在歌剧院里陶醉地欣赏瓦格纳；在青少年期，他感受到现代主义带来的震撼，随后

---

[1] 1976 年 1 月，他同莫里斯·欧朗德尔在比利时电台上进行了对话。标题为"可感知的和可理解的"，发表于《游戏规则》（*La Règle du jeu*）第 44 期，2010 年 10 月。
[2]《看、听、读》。
[3] 马丁·鲁夫：《说明》，"七星文库"，第 1930 页。

发现了德彪西、斯特拉文斯基、立体主义和摄影[1]；他还喜爱探索世界和各种玩意儿：它们在野蛮社会中是如此微不足道，因此，它们需要得到尊重。在西方社会，物品的崇拜对列维－斯特劳斯而言是泛灵论幸存的痕迹。[2] 作为一个有品位的人、一位美学家，这位民族学家在纽约同布勒东和马克斯·恩斯特一起成为满腔热忱的收藏家，寻找着每日的"奇迹"，通过在视网膜上留下非凡的冲击，注意观察眼前呈现的"欲望的沉淀"。列维－斯特劳斯沉浸在神话的宇宙中，像普桑那样工作[3]，他运用三维模型阐释他对神话变体的认识。1960 年代末，他快要完成他的大作。这时，他正在为勒内·莱博维茨（René Leibowitz）即将上演的歌剧《西班牙时光》（拉威尔作曲）设计舞台。那就是他作为"艺术研究者"[4] 鲜为人知的新的生活片段。

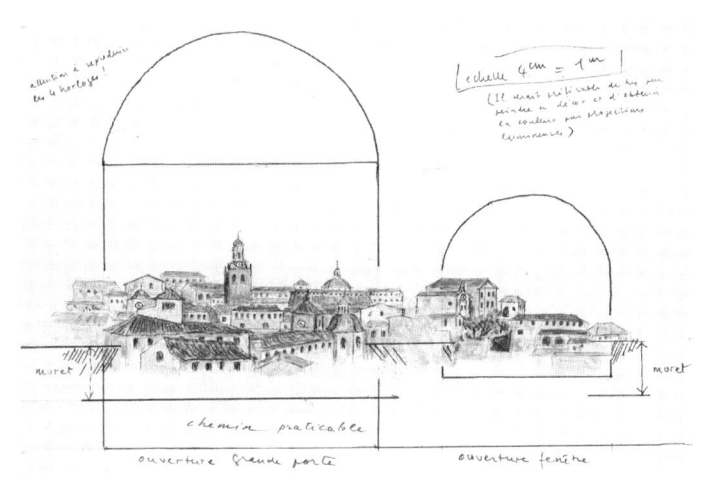

克洛德·列维－斯特劳斯手绘的筹备素描：《西班牙时光》的装饰。这是莫里斯·拉威尔的歌剧。1970 年 1 月，勒内·莱博维茨在格勒诺布尔的舞台上指挥了这出歌剧。

1　参见本书第 2 章。
2　"对物的崇拜（我从小就喜爱小玩意儿）使现代社会中出现了一种泛灵论。"参见 A. 马力（A. Mary）的引文，《纪念列维－斯特劳斯（1908—2009）》，第 11 页。
3　普桑先是制作出人物蜡像，然后才将它们的形象画进画中。参见《看、听、读》，第 1498—1499 页。
4　参见迪迪埃·埃里蓬同列维－斯特劳斯的访谈：《艺术研究者列维－斯特劳斯》，《新观察者》1993 年 4 月 29 日至 5 月 5 日。

作为交响乐指挥和音乐家而闻名,莱博维茨是梅西安的学生,他曾演奏勋伯格和维也纳乐派的音乐。1969 年的一个晚上,莱博维茨到与他亲近的列维－斯特劳斯的家里吃晚饭,他坦承,排这部歌剧遇到的一个难题是舞台空间的设计。几天之后,列维－斯特劳斯交给他一份图表,提出了一个解决办法。同一时间,这位民族学家完成了《裸人》,其中最后几页对拉威尔的《波莱罗舞曲》(Boléro) 进行了结构分析,为这部既著名又神秘的作品增加了新的光彩。莱博维茨甚至建议列维－斯特劳斯完整地绘制出歌剧的舞台布景。《西班牙时光》于 1970 年 1 月在格勒诺布尔的文化馆上演,布景(还有服装)正是出自克洛德·列维－斯特劳斯之手——尽管他似乎对制作不大满意。一切以简化模型所呈现的都更具美感。这是列维－斯特劳斯的美学原则之一。总之,这次经验令他感到满足,并且这位民族学家认为自己已经准备好更换职业!他再次受到勒内·莱博维茨的征召,为他新写的歌剧设计舞台,该剧有可能登上米兰的斯卡拉剧院,导演是路吉·罗涅尼(Luigi Rognoni)。但是这位作曲家在同年去世,即 1972 年,列维－斯特劳斯似乎没有继续跟进。[1]《西班牙时光》的设计草图在纽约的林肯中心所举办的一次拉威尔展览上被展出。一位美国记者震惊于这已经拉满的职业之弓上新续的箭,并且他的才华显露无遗……这幅图,连同其他水彩草图,将于 1975 年在一次法国国家图书馆举办的拉威尔展上再次向公众展出。

对艺术的热爱衍生出一种思考方式,《看、听、读》将它的重要性呈现了出来。但是在这些年,这种热爱也让列维-斯特劳斯卷入一些由于他特立独行的美学立场引发的争论中。20 世纪八九十年代,一些策展人和评论家对他进行了批评,例如让·克

---

[1] 有关这一段落,参见列维－斯特劳斯档案库,编号 NAF 28150,档案盒编号 194,主题档案"来信",其中包括了他与勒内·莱博维茨(René Leibowitz)的通信。

莱尔（Jean Clair）[1]。

他与乔治·夏博尼耶的《对话录》在1961年出版。事实上，从此以后，公众就惊讶地发现了一位在绘画上反现代主义的列维-斯特劳斯。这一点完全背离了他悸动不安的青少年时期，甚至与他学术生涯所创造的现代性完全对立。[2]这让人觉得不可思议：我们以为这位结构主义人类学家拥有"相似的"品位，例如，现代派绘画、新小说、十二音体系音乐。事实却完全不是这样！他在1966年对被人视为灯塔的现代性（以及他自己那献给了毕加索的青春年代）说出了亵渎的言论："这类作品在并未传递足够独创的信息的同时，只不过沉湎于捣碎画作的规则。这仅仅是一种第二手的阐释；它不是谈论世界，而是对绘画语言表达崇拜之意。"[3]尽管他个人仍旧欣赏毕加索，但批判的意图已尽在其中：现代艺术拒绝具象的东西，它分解了客体，记录下与世界无可避免的脱轨，这种脱轨预示着由于社会不再理解现代艺术的意义，现代艺术与社会之间的交流将变得越来越有限。于是，列维-斯特劳斯再度回溯19世纪末和回顾印象派，他认为，从那时起，现代艺术就掉入了一个没有出路的艺术语言的陷阱之中。因此，20世纪的艺术潮流不断创造空虚和过时的东西，带着运动的激情、对新事物的热情，探索浮夸的先锋艺术形式。而大众准备好排队观看一场又一场展览，他们无所畏惧，愉快地看完了一场又一场展览，

---

1 我们能在1983年出版的专著中找到让·克莱尔相似的观点，《对美术现状的思考》（*Considérations sur l'état des beaux-arts*），巴黎：伽利玛出版社。让·克莱尔还通过其他有关艺术地位和博物馆艺术政策的发言，表达了类似的观点。参见《文化之冬》（*L'Hiver de la culture*），"伏尔泰咖啡丛书"（*Café Voltaire*），巴黎：弗拉马利翁出版社，2011年。
2 参见马塞尔·海纳夫（M. Héna）,《克洛德·列维-斯特劳斯，意义的传递者》（*Claude Lévi-Strauss, le passeur de sens*），第3章"艺术作品的思想：意义问题和形象化的危机"。参见本书第14章。
3 克洛德·列维-斯特劳斯：《从一场回顾展谈起》，《艺术》第60期，1966年11月16—22日。文章后被《结构人类学》收录。参见第2卷，第326页。文章是克洛德·列维-斯特劳斯与安德烈·帕力诺（André Parinaud）在毕加索纪念展开幕活动上的访谈。1966年11月至1967年2月，展览在大皇宫和小皇宫举办。

对艺术的病毒完全免疫。[1]

这一切都已经被他说过，也被他写过。但列维-斯特劳斯直到 1980 年代初才通过在《辩论》（Le Débat）杂志上发表的题为"遗失的手艺"[2]一文表达了自己真正的美学观。他的文字引起了轰动。一是因为他对形象艺术的喜爱：文艺复兴运动、15 世纪的弗拉芒画派、日本艺术（截至 19 世纪），以及被视为少数派的著名画家约瑟夫·韦尔内和他的"海景"画；二是因为他展示了自己的反现代美学观以及它的两个原则：第一，物或者自然凌驾于画家主体性之上；第二，艺术是一种知识，就像是一种认知的过程。

从第一原则出发，列维-斯特劳斯认为我们必须"服从于事物的不可触犯的秩序"[3]，并且反对现代艺术中的"信仰关系"（doxa）所催生的极端主观主义："人对自己的知觉的纵容，与在无限丰富的世界面前的恭敬态度（如果不是谦卑的话）背道而驰。"[4]因此，他立足于古典美学，在自然的复制品中看到了一种二次创造所得的作品，人类最野心勃勃的作品。为了重新创造"事物的生理学"[5]，重新构造真实从而向其揭示它本身，展现它最深刻的规律——那就是艺术所提供的知识——艺术家必须经历一个漫长的学习过程，而曾有人糟糕地认为，可以用浪漫主义者主张的创作的自发性取代这一学习的过程：于是，主体被逐渐抛弃，取而代之的是我们如今口中审慎称呼的画家的"作品"（travail）；"我们并未大胆地称之为'手艺'（métier）。然而，

---

[1]《看、听、读》，第 1522 页。克洛德·列维-斯特劳斯引用了艺术史学家艾德加·文德（Edgar Wind）的话。艾德加·文德也使用了病毒的比喻："当与众不同的艺术家们的大型展览受到那么多人关注，被那么多人喜爱，很显然，参观展览的人都获得了很强的免疫力。艺术失去了它的尖锐外表，因此，被大众如此广泛地接受。大众的兴致不断增长，只有感官器官的逐渐萎缩才能满足这种需求。"
[2] 克洛德·列维-斯特劳斯：《遗失的手艺》，《辩论》第 13 期，1981 年 5—6 月，第 5—9 页。
[3] 同上书，第 9 页。
[4] 同上书，第 6 页。
[5] 同上。

只有当我们坚持在绘画中找到一种认知的方法，即认识处于艺术家的'作品'外部的内容，我们才能从老师傅们那里继承的手工知识中重新认识其重要性，并且一直将它作为研究对象和思考对象。"[1]

此后，列维-斯特劳斯渴望淡化手工艺者和艺术家之间的分界线，因为在他看来，这种历史性的分离也是问题的一部分。"手艺""手工艺者""工序""程式""手工练习"：这位民族学家竭尽所能地刺激他的同代人、艺术家和批评家，让他们怒气冲冲。他对现代美学和现代艺术的评价引发了暴风雨般的反响，由于他那篇出现在《辩论》杂志上的文章，这些反响变得更加强烈。同一期杂志上还收录了皮埃尔·瓦伊思（Pierre Vaïsse）对19世纪"学院"（pompier）艺术的新看法，以及布鲁诺·福卡尔（Bruno Foucart）关于宗教艺术的文章。整期杂志——标题为"我们与19世纪的绘画"——确实可以被视为反对艺术现代化的宣言。引言里出现最具代表性的一句宣言，它出自一位现代艺术的代表人物——也是列维-斯特劳斯非常喜欢的人物——波德莱尔之口。波德莱尔尊马奈为"您不过是您的艺术的衰退中的第一个"。该杂志的编辑将列维-斯特劳斯的文章介绍为"直言不讳的评价，其重要性和破坏性使我们认为值得与我们的读者分享，肯定会引起不少读者的思考和反响"[2]。

当代艺术的著名人物之一皮埃尔·苏拉热（Pierre Soulages）在杂志的下一期用一篇名为《所谓的遗失的手艺》的文章愤怒反驳。[3] 让·坡朗（Jean Paulhan）还为这本反抗妄图任意支配艺术的意识形态者的小册子加上一页："画家们令哲学家说谎"[4]——

---

1 克洛德·列维-斯特劳斯：《遗失的手艺》，《辩论》第13期，1981年5—6月，第8页。
2 《我们与19世纪的绘画》，第4页。
3 皮埃尔·苏拉热：《遗失的手艺》，《辩论》第14期，1981年7—8月，第77—82页。
4 让·坡朗：《非正式艺术》（*L'Art informel*），参见《全集》，巴黎：伽利玛出版社，第5卷，第244—245页。

比起艺术家本身，苏拉热首先斥责列维－斯特劳斯的论点侵害了绘画自由和绘画行为。他以激烈而又约定俗成的语调向自发性和创作致意，并且胡乱贬斥这"可悲的手艺"、学术分析、机构和学院。接下来的一期设立了《关于现代绘画的辩论》的栏目，波尔·布利（Pol Bury）、皮埃尔·戴克斯、雅克·埃卢尔（Jacques Ellul）也给出了他们的回应。[1] 列维－斯特劳斯被比作苏维埃共产党要员！这话出自一位前斯大林主义者之口，因此，我们可以相信它的真实性。[2]

实际上，这篇引发论战的报纸文章只是列维－斯特劳斯一年前为阿尼塔·阿尔贝斯的展览目录所写的文章的第一部分，他在1978年认识了这位年轻的德国画家。在五月风暴结束后的艺术环境中，阿尔贝斯被边缘化。当时，她在慕尼黑的巴伐利亚州立图书馆工作，重拾古老的绘画技术，并创作了微型尺寸的绘画，她最常以这种格式绘制植物和动物的图案。她读了列维－斯特劳斯的一些作品，在读完他与乔治·夏博尼耶的访谈之后，她将自己的一本书寄给了他。她奇迹般地得到了这位大师极为赞许的回应。1978年，她决定去巴黎向他展示她的原作。这次相遇演变成了一种令人钦佩的友谊：列维－斯特劳斯认为阿尔贝斯的技艺非常精湛，将她比作画水彩画的丢勒——包括她的外貌也与德国文艺复兴时期的女性相近，称赞她"将自然内化的独特天赋"[3]，"通过您的作品，我们仿佛参与完成了二次创造，通过二次创作，我们才大开眼界，才发现原作是多么完美无瑕：那在堕落之前，创造曾应赠予伊甸园的东西"[4]。他被她那些"灵动的翠鸟"[5]和"丰

---

1 《辩论》第15期，1981年9—10月。
2 皮埃尔·戴克斯：《论现代绘画》，第87页："早有人认为抛弃了文艺复兴规则的绘画艺术已经衰败。50年来，它一直是社会主义现实主义立法者们的聚宝盆，社会主义现实主义者们认为，自库尔贝之后的绘画是一种堕落的'资本主义艺术'。"
3 1979年1月9日克洛德·列维－斯特劳斯给阿尼塔·阿尔贝斯的信。这封信被收藏于莫尼克·列维－斯特劳斯家中。
4 同上。
5 1978年11月5日克洛德·列维－斯特劳斯给阿尼塔·阿尔贝斯的信。

满的绿色毛毛虫"[1]所感动，他喜爱她的画作中严格的自然主义和古老摇篮曲的气氛，以及那些"微型神话"[2]。这一切伴随着对尼古拉·德·库斯、凡·艾克、潘诺夫斯基、福西永的讨论，还涉及美柔汀版画和日本古代书籍的技术，特别是喜多川歌麿。他们经常在乡下聚会，几年后，阿尼塔·阿尔贝斯在利涅罗勒附近买了一所房子。她就是在这里拍下了这张民族学家的著名照片，他肩上站着一只寒鸦。她将他描述为一个极度沉默的人："我们对这种沉默习以为常。"[3]同时，列维-斯特劳斯鼓励她举办一个展览，并提出如果举办这样的展览，将写一篇介绍性的文章，"[他]将阐述[他]关于艺术的想法，特别是关于您的艺术的想法"[4]。展览于1981年在慕尼黑举办，目录以他承诺下来的文章开头："献给一位年轻的画家。"[5]

她的作品赞美祖先留下的手艺，热爱缩小的模型和视觉陷阱，热爱自然，有丢勒的影子：她与列维-斯特劳斯拥有完美的默契，仿佛阿尼塔·阿尔贝斯的艺术恰好体现了列维-斯特劳斯美学的另一种可能。他说她的主题"几乎奇迹般地与两面性的传统重逢"[6]，两面性的传统指现实主义的弗拉芒画派和波希式的幻想。他将她的绘画与他所热爱的一切联系在一起，当然有弗拉芒的传统，但也包括中世纪的彩画、喜多川歌麿的艺术。因为阿尼塔·阿尔贝斯的方法和独创性在于，从文章（《辩论》上发表的那篇）的第一部分所概述的情况中得出结果，而后"折返"，"将事情带回它们的起点"[7]，并重新执行任务。这个"反动"方案——如果我们取反动这个词的第一层意义——在艺术上是可能实现的，

---
[1] 1978年11月5日克洛德·列维-斯特劳斯给阿尼塔·阿尔贝斯的信。
[2] 同上。
[3] 2011年2月4日，作者与阿尼塔·阿尔贝斯的访谈。
[4] 1979年1月9日的信。
[5] 《遥远的目光》收录了此文。参见第19章，第333—334页。
[6] 克洛德·列维-斯特劳斯：《致一位年轻画家》，载《看、听、读》，第337页。
[7] 同上书，第344页。

但在政治上,甚至技术上,是不可能实现的。这就是为什么克洛德·列维-斯特劳斯用一种背叛者的语气描述自己的美学观,这种语气略带救世主色彩,也不是他习惯使用的。他真的很想为他所呼吁的这次艺术的重要转向做出贡献。在他看来,阿尼塔·阿尔贝斯是那时最好的倡导者。[1]

《看、听、读》:一种野性的美学?

《看、听、读》于1993年出版,它的作者称之为最后的作品,这本书一下子就承载着几乎是遗嘱的重量。它在理论上和论战中揭示着这位人类学家与他所珍视的艺术之间几十年来亲密而苛刻的关系。在"七星文库"卷里介绍性的《说明》中,马丁·鲁夫强调,从一开始,对这本书的接受就曲解了它的重要性,且加深了这种"曲解"。[2]这位哲学家认为,《看、听、读》是结构主义建筑的核心部分。这一评价与年轻一代在"七星文库"卷中对"短篇神话学"的全新评价是一致的。的确,1993年夏天,当这本书出版时,日报和周报都任性地将它与一种西方文化重新联系起来,并沉溺于"任性"[3]的乐趣。然而,如果他谈的不是自己所处的西方文化,那么这位民族学家也不会进行如此猛烈的

---

[1] 1980年10月26日,他给芭芭拉·穆勒(Barbara Müller)写了一封信,因为芭芭拉·穆勒刚刚给他寄送了一份在自己画廊设展的现代艺术家的画册。这封信可以证明,他尽全力保护她。信里,他借机反对和特别严肃地重申(由于当代艺术的傲慢引起的神经紧张)他在这件事上的坚定立场:"说一幅画'容易创作',这绝非如您所想的那样。毕竟,作为民族学家,我每天都在接触那些与我们自己的艺术形式相距最远的艺术形式,我的职责就是努力理解它们并让人们理解它们的美。懵懂时期,我是立体派画家的狂热崇拜者——在当时,画家的工作被评价为'技术活';后来,我和超现实主义者们走在一起,我是马塞尔·杜尚、安德烈·马松、马克斯·恩斯特的朋友,在那时,人们认为他们这些画家也是有技术的……我与两次世界大战间隔期出现的所谓的先锋绘画艺术有长期的亲密接触,这让我和法国的许多其他人一样,特别是和年轻一代的画家一样,认为您的画册所展示的研究完全过时了。您不屑一顾地把阿尼塔·阿尔贝斯归入'手艺人'(artisans)之列,而不是'艺术家'(artistes)之列。但我们要做的正是消除这种分类。中世纪末和文艺复兴早期的大师们认为自己是手艺人:这是他们的伟大之处。只有当我们进入学校重新学习绘画后,才有资格寻找新的表达模式。"列维-斯特劳斯档案库,编号NAF 28150,档案盒编号196。
[2] 马丁·鲁夫:《说明》,"七星文库",第1917页。
[3] 克洛德·列维-斯特劳斯在与迪迪埃·埃里蓬的访谈中这样表达。参见《新观察者》1993年4月29日至5月5日。

批评。"闪光的漫步"[1] "在创造的奥秘中断断续续而又巧妙地游走"[2] "探险者的叙事曲"[3] "一个散步者的思考",这些关于艺术的反思将勾勒出理论的优雅曲折、大时代的幻想、浪子的回归。任性的原因是什么?克洛德·列维-斯特劳斯在《新观察者》中对迪迪埃·埃里蓬说过:"我受够了神话,需要通过观察完全不同的事物来洗涤我的心灵。"[4] 他补充说,这是他"清空抽屉"的一种方式,因为他在过去的 40 年里积累了很多关于这个主题的东西。

这一段经历的重要性并没有被媒体所忽视:要追溯的记忆包括两部分——一部分当然是童年,另一部分是他与纽约超现实主义圈子的友谊,这是不为大众所知的。1941 年 3 月,布雷顿和列维-斯特劳斯乘上了船,远离身陷战火的法国,船上,两人分别阅读对方的文章,而这本书收录了其中两篇,因此,将这段友谊记录下来。[5] 我们说过,他们在其中讨论了艺术品的特殊性和地位,以及被 1920 年代初超现实主义者提出的自动性原则(自动书写)所打乱的艺术家的意图。一些记者,如《解放报》的安托万·德·高德玛,打破了轻描淡写的骑士语调(部分由作者替换),坚持列维-斯特劳斯所说的艺术的双重性质——形而上学和启发性。[6] 艺术首先是形而上学的,这是因为"人只有通过他们的作品才有区别,甚至只有通过作品才存在"[7];只有它们带来了证据,证明历经年月"真的发生了什么"[8]。接下来,他

---

[1] 约翰·杰克逊(John Jackson):《列维-斯特劳斯的秘密花园》(« Le jardin secret de Lévi-Strauss »),《日内瓦报》(*Le Journal de Genève*)1993 年 8 月 14 日。
[2] 皮埃尔·梅约尔(Pierre Mayol):《精神》1994 年 2 月。
[3] 沙维尔·拉卡瓦勒里(Xavier Lacavalerie):《探险者的叙事曲》(« La ballade d'un explorateur »),《电视博览》1993 年 7 月 14 日。
[4] 迪迪埃·埃里蓬:《艺术研究者列维-斯特劳斯》,第 106 页。
[5] 第一篇文章是列维-斯特劳斯写的:《有关艺术作品和文献之间关系的说明(此文于 1941 年 3 月在保罗-勒梅洛赫尔家船长号上创作完成,后交给安德烈·布勒东)》;另一篇是《安德烈·布勒东的回应》。这两篇组成了《看、听、读》的第 20 章,第 1580—1587 页。
[6] 安托万·德·高德玛:《他的博物馆》(« Son musée »),《解放报》特刊,1994 年 3 月。
[7] 《看、听、读》,第 1606 页。
[8] 同上。

所说的艺术是启发性的，因为艺术不仅通过将"某物"与"无物"对立起来，去缓和克洛德·列维－斯特劳斯那根本的悲观主义，艺术对他来说，正如我们看到的那样，也是知识的源泉，是一种正在运作的思想，常常超前于人文或自然科学的假说。列维－斯特劳斯在德拉克罗瓦的《日记》中发现了一些公式，它们提前发现了伯努瓦·曼德布罗特（Benoît Mandelbrot）在1975年正式提出的分形理论。[1]虽然当时的读者注意到，这最后一本书与结构主义诞生之前的结构主义艺术家或美学家拉莫、普桑、夏巴农[2]等人建立了联系，但他们主要关注的是这场高龄宴会给他们的乐趣，以及这座精心装饰的"法式花园"的美，仿佛从旁经过便收获了一些应用结构主义的经验。我们发现克洛德·列维－斯特劳斯真的老了许多……

在出版15年后，人们对《看、听、读》的看法完全不同：它是一个实验室，而不是结构主义理论的应用。马丁·鲁夫在2008年写道：这"并不是最杰出的美学家的书"，"是美学让结构主义的某些实践和某些论题得以实现，比如，重新整理对象征主义的理解，以及解决结构人类学的一些重大谜团"[3]。哲学家马丁·鲁夫就这样导演了这最后一本书的立场的反转。该书不是最后的书，也不是在某种意义上边缘化的书（就像在布列塔尼度过一天时间后的美丽黄昏），它是一本具有核心意义的书，甚至是具有奠基意义的书："人们将很乐意把这最后一本书作为列维－斯特劳斯体系的豪华入口"[4]，鲁夫继续说，这是与美学在康德哲学中所占据的地位相对应的。

这本书的题目听起来很奇怪：三个动词，像是一条直角边，

---

1 《看、听、读》，第1545页。
2 米歇尔·保尔·居伊·德·夏巴农（Michel Paul Guy de Chabanon, 1730—1792），法国作家、音乐家。克洛德·列维－斯特劳斯重新发现了这位几乎被遗忘的作家和音乐家。
3 马丁·鲁夫：《说明》，载《看、听、读》，第1918页。
4 同上书，第1919页。

意在抓住的不是作者或艺术家本身，而是并不能简化为创作过程的美学活动。第一章是关于画家尼古拉·普桑，第二章是关于作曲家拉莫，第三章是关于哲学家和艺术评论家德尼·狄德罗——列维－斯特劳斯对他没什么好感。列维－斯特劳斯完成了对作品变体（绘画、音乐）的结构分析，也完成了对材料（声音和色彩）的分析，最后，他用一章文字对原始社会传统物品进行了分析，并结束了他的探索。他探索的是感性的可感知的结构，在其中发现了形式、物质和意义。书中的六个瞬间由文字和段落串联起来，使它像一个回音室一样产生了共鸣。这本书的结构本身就说明了它的结论之一：人们觉得有趣的是，感知形式关系形成的秩序。列维－斯特劳斯善于发掘不为人知的人物，如夏巴农或卡斯特尔神父，后者是18世纪末视觉大键琴的发明者。他喜欢把他们与视觉神经学家联系起来，并试图揭开兰波的诗《元音》（*Les voyelles*）的神秘面纱，聆听色彩的声音。列维－斯特劳斯刻意打乱了年代顺序，他的美学对艺术史，甚至对美术体系完全无动于衷。他没有将贵族艺术与通俗艺术、艺术与手工艺分门别类，马丁·鲁夫认为，列维－斯特劳斯提出了真正的"野性的美学"：这种美学具有革命性的特点，即它不是"感性主体的胜利，因为它不是主观的"[1]。这是一种没有主体的美学，因为在列维－斯特劳斯看来，感性本身是按照预设的程序进行的。它并不反对"自然美"和"艺术美"，因为后者渴望通过不同的手段重塑自然的姿态。

列维－斯特劳斯分析了拉莫的歌剧《卡斯托尔与波鲁克斯》（*Castor et Pollux*）中著名的唱段 fa、la、mi（1754年），将斯巴达人的合唱（"让所有的人都呻吟吧"）与特拉伊尔（Télaïre）的独白（"悲哀的底色，苍白的火焰"）联系了起来。他对这种音调变化的不同凡响的冲击感到意外，这种音调变化在启蒙时代

---

[1]《看、听、读》，第1932页。

的沙龙中极富争议性。是因为听众比我们更懂音乐吗？毋庸置疑。沙龙中的很多人不仅仅是音乐爱好者，他们本身就是音乐人。大众的音乐能力和乐手的技术水平之间的差距没今天那么大。相较而言，今天，我们欣赏音乐的水平低得多。"就像人们热爱一门艺术却并不需要研究它，或者至少没有对其进行过比较，我们喜欢各种音乐，我们肆无忌惮地从亚当的乐曲过渡到 A 调交响乐的行板。"早在 19 世纪时，安格尔最喜欢的学生阿莫里－杜瓦尔（Amaury-Duval）就已经这样表达自己的观点了，列维－斯特劳斯引用了他的话并接着说道："似乎一般挤进音乐厅和巴士底歌剧院的人，大约都处于那种水平。"[1] 对他来说，很明显，艺术是由有限的人为有限的观众创造的。这个数目有限的观众是促进交流的条件，否则艺术就会沦为被动消费。于是，感知的可能性也就消失不见了。

在这里，我们发现一种对少数人、对小众的赞美。这种赞美是社会意义上和政治意义上的赞美。民族学家研究的社会由 40—200 人组成，于是，他发现了创造真正的社会生活和名副其实的民主政治的最佳人口规模。因此，他在客观上采取了一种精英主义的立场，这使他对诸如雅克·朗领导的文化部所推行的民主化政策进行了严厉的批判。在接受《巴黎竞赛报》的采访时，他被要求对瓦卢瓦街（Rue de Valois）关于摇滚、烹饪、漫画或时尚的倡议做出反应："如果我忽视或者否定人们所称的'大众文化'，那么我就是个名不副实的民族学家。恕我直言，我只是认为，只有当流行的文化仍然具有野性、未被驯服时，才可以说它是有价值的。因此，公共机构在这些领域的任何干预在我看来都是不当的。"[2] 同时，他没有追随阿兰·芬基尔克罗的脚步。

---

[1]《看、听、读》，第 1522 页。
[2] 帕特里斯·博隆（Patrice Bollon）：《与克洛德·列维－斯特劳斯的访谈》，《巴黎竞赛报》1993 年 5 月 20 日。

他拒绝既定的文化等级制度，写下了令人难忘的关于编织业的几页，并画出了一条真实的艺术的地平线，就像他在野蛮社会中经历过的一样，在那里，人们毫不犹豫地杀死那些被认为没有天赋的艺术家。艺术是有关生与死的问题，它是通往超自然、世外桃源（out of this world）[1]的介质，按照列维－斯特劳斯的说法，在那片土地上，我们甚至不再有进入的野心。

从一个博物馆到另一个：从人类博物馆到布朗利河岸博物馆

1941年3月，这位年轻的民族学家与超现实主义之父之间展开了跨越大西洋的讨论：一份文献与一件艺术品的区别是什么？处于激烈争论的中心、伴随这场讨论展开的是原始艺术博物馆耗时近10年的修建，博物馆的命名亦经过多次更改。对希拉克总统任期内的其他宏大项目来说，它不仅仅是另一间博物馆，它也是对民族学科学研究的一次全面重组。在这个项目诞生的每一个阶段，都有列维－斯特劳斯的影子。负责该项目的团队总是把列维－斯特劳斯牵扯进项目前期的技术官僚政治中。事实上，在一个特别有争议的环境中，在一个既棘手又混乱的得失情况下，需要一个权威性的知识分子来证明其必要性，因为关于这些被认为是从其他文明掠夺来的东西，西方宣称要对

---

[1] "对于那些我们认为没有天赋的艺术家，我们不会因为他们没有使我们超越自我而对他们处以身体上的死刑（也许是经济和社会层面的死刑）。[那]从前，人们谈论'神圣的'拉斐尔，而且英语的美学词汇里还有'out of this world'这样的表达。"参见《看、听、读》，第1603—1604页。

其进行保护、分析和展出。[1]

这也事关未来博物馆在人类学研究中的定位。克洛德·列维-斯特劳斯在一定程度上属于保罗·利维领导下的人类博物馆的一代人，他在战后曾担任其临时副馆长，但他在1960年创立了社会人类学研究所，致力于将博物馆的人类学生产地迁移到研究所。然而，他仍然是博物馆的终身伴侣，其中当然包括夏洛宫的博物馆，但也包括纽约的美国自然历史博物馆。在纽约的那些年，他曾对该博物馆表现出强烈的崇敬之情。后来，他成为乔治-亨利·利维耶尔的——他是儿子马修的教父——好友并将与他一起进行有关博物馆学的思考，为的是建立艺术和民间传统博物馆（le musée des Arts et Traditions populaires）。该博物馆于1972年在布洛涅森林公园（bois de Boulogne）的驯化园中开幕，博物馆是其中的一幢现代建筑。其文化展厅的灵感主要来自这位结构人类学大师。让·库斯尼尔（Jean Cuisenier）接替乔治-亨利·利维耶尔之后，人们经常看到列维-斯特劳斯为展览奔波，并在电视上解释这类机构的作用和目的。同时，在1970年代，他经常光顾加拿大的各大博物馆，发现了博物馆学出现的苗头：博物馆正与印第安人共同发展博物馆学。

支持新项目的是一个眼光敏锐的人、一个博物馆爱好者。他支持新项目。而许多民族学家、同事和朋友不仅对这项博物馆事

---

[1] 有关这个主题——布朗利河岸博物馆、它反映的问题和它带来的变化——已经有大量参考文献：萨利·普利斯（Sally Price）：《原始的巴黎：雅克·希拉克在布朗利河岸建造博物馆》（*Paris Primitive. Jacques Chirac's Museum on the Quai Branly*），芝加哥：芝加哥大学出版社，2006年；贝details瓦·德·莱斯图瓦勒：《他者的诱惑：从殖民展到原始艺术》（*Le Goût des autres. De l'exposition coloniale aux arts premiers*）；布鲁诺·拉图尔主编：《文化之间的对话：布朗利河岸博物馆开幕会议纪要（2006年6月21日）》（*Le Dialogue des cultures. Actes des Rencontres inaugurales du Quai Branly [21 juin 2006]*），巴黎：南方文献出版社，2007年；专题《布朗利河岸时刻》（«Le moment du Quai Branly»），《辩论》第147期，2007年11—12月；赫曼·乐博威克（Herman Lebovics）：《布朗利河岸博物馆：艺术？人造物？奇观！》（«The Musée du Quai Branly. Art? Artefact? Spectacle!»），《法国政治、社会和文化》（*French Politics, Culture and Society*）第24卷第3期，2006年冬季，第96—110页。

业怀有敌意，还将他的行为视为背叛。[1] 为了理解他的决定，我们必须打破对人类博物馆长期以来所经历的危机的"善意的沉默"[2]。最终，它的光辉在 1937 年成立后只持续闪耀了几年，它因为一些成员对纳粹占领者的英勇抵抗而得到赞颂。1950 年后，由于列维－斯特劳斯未能接替保罗·利维，人类博物馆被体质人类学和自然历史博物馆接管。之后，人类博物馆与大学系统脱节，因为它不能颁发文凭，而只能为其他机构开展的民族学教育提供补充性教学。最后，1971 年，人类博物馆在行政上分裂为三个研究所。这对管理部门来说是大灾难，因为权利被"争执的三头政治"[3] 瓜分。小团体之间争吵不断，负责人之间毫无掩饰敌意。1990 年代初，人类博物馆成为夏洛宫的睡美人。它有珍贵的馆藏，但它们总被藏在仓库里，不为人知；它空有辉煌的历史和响亮的名字。现在的它不见天日：由于缺乏领导人和资金，那里的学术活动缓慢开展；但它仍然是一个有纪念意义的地方，并且能唤起老一代人对关于那衣衫褴褛的法国民族学的摇篮的热情依恋。[4]

他发现，人类博物馆绝不可能翻新，他还发现，大众对他者的认知发生了变化。为此，克洛德·列维－斯特劳斯决定支持新博物馆项目。他在 1996 年 8 月 16 日从利涅罗勒给共和国总统雅克·希拉克写了一封亲笔信。他在信中正式表示："请您谅解这封信是手写的。我在乡下的那台老式打字机显然是坏

---

[1] 例如，1996 年 10 月 25 日，路易·杜蒙在《世界报》上发表了题为《对原始艺术博物馆说不》(« Non au musée des Arts premiers »)的文章："最著名的民族学家、委员会尊敬的主席为这个计划叫好，从他在《世界报》上发表的信的片段来看，他轻而易举地埋葬了民族学，他不仅颠覆了物品展览和保存的意义，也破坏了所有的研究活动和传播活动的目的。"民族音乐学家吉尔伯特·胡杰（Gilbert Rouget）的态度也是如此。列维－斯特劳斯自称无法说服这位朋友。
[2] 菲利普·德斯科拉：《证人之言》(« Passages de témoins »)，《布朗利河岸时刻》，第 137 页。
[3] 贝尔纳·杜柏涅（Bernard Dupaigne），《一座不存在的博物馆：人类博物馆（1880—200？）》(« Un musée qui n'existe pas. Le musée de l'Homme [1880-200 ?] »)，《自由论坛：法国博物馆和公共收藏杂志》(Tribune libre. Revue des musées et collections publiques de France) 第 218 期，1998 年 3 月，第 3 页。
[4] 人类博物馆本身的预算是 550 万法郎，还有 50 万法郎补助（国家教育部）。1985 年，人类博物馆的参观人次为 35 万人；1995 年，参观人次为 1.75 亿人。

了。[……]委员会起草的简要提案似乎是合理的。它考虑了自人类博物馆创建以来的世界的演变。一个民族志学的博物馆已经不能像当时那样提供与我们自己的社会生活最不同的真实画面。除了少数亦不会持续很久的例外,这些社会正逐渐融入世界政治和经济。当我回顾1935—1938年在田野中收集的物品时——其他收藏品也是——我知道,它们的价值要么是文献性的,要么是美学性的。从第一种角度来看,它们是研究所和研究馆的一部分;从第二种角度来看,它们是法国的博物馆成为艺术和文明的大型博物馆所需要的。在保留体质人类学和史前史研究所的同时,委员会还是表现出对人类博物馆精神的尊重,因为人类博物馆象征着思想史上的一个伟大时刻,而且那些得以举办的临时展览将使其得以延续并享有盛誉。[……]最后,我认为,现在,欧洲是世界关注的焦点,更适合欧洲民族志学的,是艺术和民间传统博物馆。"[1]

一间新博物馆成立,对其他机构及其收藏品产生了多米诺骨牌效应:在等待布朗利河岸博物馆开幕的同时,卢浮宫的会议厅展区将展出一些壮观的异国艺术作品,方便引导公众的眼睛从艺术史的角度来思考它们。人类博物馆的藏品本应包括非洲和大洋洲艺术博物馆(万森纳门殖民展览馆的前身)的那些,有人还建议将国立艺术和民间传统博物馆的藏品转移至布朗利河岸博物馆。至于人类博物馆的两个研究所(不涉及民族学研究),它们应该会继续留在人类博物馆,并在翻新后的夏洛宫繁荣发展。1997年,负责筹备工作的热尔曼·维亚特(Germain Viatte),请求列维-斯特劳斯同意与克洛德-弗朗索瓦·鲍德兹(Claude-François Baudez)、乔治·迪迪-于贝尔曼(Georges Didi-Huberman)、让·雅曼、雅克·勒高夫(Jacques Le Go)、米歇尔·拉科洛特(Michel Laclotte)、莫里斯·戈德

---

[1] 列维-斯特劳斯档案库,编号NAF 28150,档案盒编号219。

里耶、皮埃尔·罗森伯格（Pierre Rosenberg）、亨利·德·卢姆利（Henry de Lumley）（自然历史博物馆馆长）、雅克·科尔查什（Jacques Kerchache）——一位原始艺术品商人和项目发起人雅克·希拉克的私人朋友——一起组成科学顾问团。几个月后，列维-斯特劳斯承认，当他读到热尔曼·维亚特发给他的进展报告时，发现它"抹去了最初的想法"，他对此有些失望。但他仍无奈地总结道："事情到了这个地步，我们只能希望得到一个能令所有人满意的结果。如果不是这样，当初的宏伟事业就会失去很多吸引力。"[1] 1999年，公共机构"艺术与文明博物馆"（musée des arts et civilisations）的主席斯蒂芬·马丁（Stéphane Martin）持续向他通报卢浮宫非西方艺术品展厅装修工作的进展情况。2000年4月15日，当列维-斯特劳斯参观"会议厅"时，并不为所动。他自己潦草地记下了一些他不愿公开的印象——"空架子"的印象："并不是像人们所说的那样，为了接受这些物品而对卢浮宫进行了改造。而是这些物品，因为我们的选择和展示，被调整成卢浮宫能接纳的样子。[……]人们通过效仿，装饰出'卢浮宫风格'，这种隐含的指代意味着，在这些高高的天花板之下，在这一不朽的建筑之中，这些我们认为荣耀的物件的回响，是空洞的。"[2] "根据列维-斯特劳斯的说法，在2002年开放的卢浮宫分部本不应该继续运营下去。2000年上半年，事情便加快了进展，先是让·努维尔（Jean Nouvel）建造的大楼落成，然后人类博物馆和东方艺术博物馆（MAO）的展厅对公众关闭，而要转移的藏品则被打包。2005年，艺术和民间传统博物馆永久性闭馆，其馆藏被转移到新的"欧洲和地中海文明博物馆"（MuCEM）。

---

1 1997年10月2日克洛德·列维-斯特劳斯给热尔曼·维亚特（Germain Viatte）的信（密信）。
2 手写笔记，列维-斯特劳斯档案库，编号NAF 28150，档案盒编号197，主题档案"原始艺术"。

该博物馆于 2013 年在马赛开馆。

列维-斯特劳斯如何看待这一切乱象？公开说话时，他只是重申他的立场。事实上，像让·雅曼透露的那样，"列维-斯特劳斯允许自己被用作工具，并清楚这一点"[1]，他认为承接一个项目，无论如何，这都是一个不容错过的机会，他可以借此机会恢复民族学的活力：为它带来公共效应、资金和象征意义。此外，他对横跨布朗利河岸博物馆之旅的互相冲突的两条主线也毫无顾忌。首先是艺术作品与民族学对象之间的对立——布朗利对异域对象进行了一种去背景化和后现代的"审美化"操作，这令民族学家们极为愤怒。第二种是围绕着后殖民主义的政治利害关系展开的，这些利害关系与在殖民背景下获得的物品的地位有关。

社会学家也把这种"审美化"称为"人工化"的过程：它指的是物品从被放置在博物馆的那一刻起就已经知道（或经历）的蜕变。菲利普·德斯科拉表明，这个问题比较笼统，既适用于"自我文化"，也适用于他者文化。事实上，在卢浮宫也是如此，西方绘画的杰作理论上需要对普通观众进行解释，观众已经失去了解读大部分基督教绘画所需的密码。[2] 而在这种情况下，那些在教堂中为仪式或演讲服务的绘画或物品，到了博物馆后，就会发生这种美学上的转变。实际上，德斯科拉继续说明，自此，我们有好几种方法来给无声的物品赋予背景和意义，一个博物馆里常常同时存在着这些不同的方法。在这一系列策略中，科学的呈现和美学的呈现不应该是对立的。从这个角度来看，布朗利河岸博物馆参与了这种多样化，并且，根据他的说法，提供了相当法式的变化，"在其世界文化的普遍主义和

---

[1] 2011 年 7 月 6 日让·雅曼与作者的访谈。
[2] 《证人之言》，第 138 页。

百科全书式的视野中，有着法国传统的特点"[1]。与此同时，正如列维－斯特劳斯在《看、听、读》的最后几页中所展示的那样，艺术家的形象、纯粹美学的美德和品位的判断力，在原始社会中是存在的，即使它们与西方不一样。列维－斯特劳斯将这一论点为己所用，例如，他在2006年，这间博物馆落成的一年前，对采访他的记者们再次说道："我们是否可以认为，一个从它的仪式和民族的背景中割裂出来的物品还保留着它的意义？——一张具有祭祀功能的面具，也是一件艺术品。美学观点一点也不困扰我。卢浮宫首先是一个美术博物馆。所以它有一种精神，一种唯美化的功能。这从来没有妨碍艺术史或艺术社会学的发展，也没有妨碍这个博物馆的策展人成为非常优秀的学者。通过美的物品来激发公众的感情和兴趣这件事一点也不令我担忧。美学是发现这些文明的途径之一，而正是这些文明生产出美学。因此，有些人将成为历史学家、观察者、学者，他们将为这些文明奉献力量。"[2]这位人类学家在这里表达了这样一种想法，根据这种想法，古代仪式物品的世俗化将令其成为未来的艺术作品，这将是恢复这些物品所见证的事物的可能的方式之一——此外，这一想法难道不与他的曾祖父，那位犹太教礼拜仪式物品的收藏者，伊萨克·斯特劳斯的行动相呼应吗[3]？

如果这些物品的美学价值不是一个难题，那么它们的殖民起源呢？在这件事上，布朗利的奠基人们表明了想要打破1930年代法国民族学的殖民风格的愿望，殖民风格也就是人类博物馆所代表的风格。但是，根据贝诺瓦·德·莱斯图瓦勒（Benoît de

---

[1] 《证人之言》，第144页。
[2] 克洛德·列维－斯特劳斯与维罗妮可·蒙泰尼（Véronique Mortaigne）的访谈，《世界报》2005年2月22日。
[3] 参见本书第1章，丹尼尔·法布尔：《从伊萨克·斯特劳斯到克洛德·列维－斯特劳斯：犹太教这种文化》。

l'Estoile）的合理分析，事实上，从这个角度来看，什么也没被打破：正是人类博物馆和东方艺术博物馆的许多来自法国殖民地的收藏，丰富了布朗利河岸博物馆的永久性馆藏。殖民关系在布朗利河岸博物馆这里更加突出。因为殖民关系没有被展示出来，而是被藏了起来。这让布朗利河岸博物馆无法完成所有民族学收藏在殖民地和大都市之间的交流史的书写。与一些英国博物馆不同的是，布朗利河岸博物馆选择的后殖民博物馆道路不包括继承它的暴力遗产——也许只有它的命名接受了暴力。[1] 这也许是因为它只是部分接收了人类博物馆的收藏，也许还因为民族学家列维-斯特劳斯是在非殖民背景下将这些收藏带回巴黎，对布朗利河岸博物馆来说，接受它和夏洛宫的博物馆之间存在的这种尴尬的联系并不困难。同样，与艺术市场的联系也常常被人质疑。雅克·科尔查就是艺术市场买家的代表。对于否认特罗卡德罗的民族志学博物馆和后来的人类博物馆为学者和商人之间搭建起买卖关系的人来说，布朗利河岸博物馆与艺术市场的关系只能更加令他们觉得不敢置信。

在这些因素的作用下，毫无疑问，列维-斯特劳斯和他的同事们一样[2]，对布朗利河岸展厅那在昏暗中闪现的、那些自命不凡的小词句感到恼火，但他并不排斥博物馆密集使用他的名字：由卡特琳娜·克莱蒙负责的博物馆开放大学（Université populaire）举办讲座的大礼堂被称为"克洛德·列维-斯特劳斯剧场"。不管怎样，这个地方已经成为一个新的、极具列维-斯特劳斯风格的场所。

---

[1] 例如，大英帝国和英联邦博物馆（位于布里斯托）通过它的名字承认了其殖民历史。参见《他者的诱惑：从殖民展到原始艺术》，第 398 页。
[2] 参见卡门·贝尔南：《喜爱布朗利？》（《 Aimer Branly ? »），载《布朗利河岸时刻》，第 165—168 页。

城邦中的人类学家

列维－斯特劳斯指出，"由于事情有趣的转变"，最近民族学家和他所研究的民族之间的关系偶尔会发生逆转，后者要求前者在法庭上协助他们，维护对某一特定领土或祖传习俗的权利。[1]同样，在他自己的国家，民族学家也是有用的。克洛德·列维－斯特劳斯一生都在保持沉默的诱惑和坚决反对应用科学之间摇摆不定，同时，在他的克制和言语中逐渐体现出另一种与政治的关系。他要坚定地使用"遥远的目光"，为此，他要积极地运用专业层面（民族学家的）和个人层面（列维－斯特劳斯的）与当代世界的距离，使自己处于当今最尖锐、最紧迫的问题的中心。

这个明显的悖论作用于一套其身后以法文出版的"干预文本"：其中包含 1989—2000 年列维－斯特劳斯给意大利的大型日报《共和国报》的一组文章，并汇集成以其中一篇文章的标题为名的册子《我们都是食人族》，于 2013 年出版。[2]除此以外，还有为在东京举办的石坂读书会开设的三场讲座，讲座最后以"人类学与现代社会中的问题"（L'Anthropologie face aux problèmes du monde moderne）[3]为标题，于 2011 年以法文的形式出版。在此强调这些关于突出时事的、"迎合潮流"的文章——

---

1 或者就像菲利普·德斯科拉所说，这只是为了找回丢失的传统。参见菲利普·德斯科拉：《世界的组成：与皮埃尔·夏波尼耶的对话》（*La Composition des mondes. Entretiens avec Pierre Charbonnier*），巴黎：弗拉马利翁出版社，2014 年，第 333 页：他的博士论文《驯化的自然》被翻译成西班牙语，因此，那些说西班牙语的年轻的阿楚尔人（希瓦罗族）也读了他的博士论文。他们想要学习知识或者技术来帮助他们完成在附近旅游区的导游工作。他们能够从中获得特许使用费。令人震惊的是，德斯科拉与列维－斯特劳斯使用了同样的表达："有些矛盾的事物又出现了。它告诉我们，在民族学家和他们所描述的群体之间，知识是如何传播的。而知识传播的这个过程是共通的。"

2 《我们都是食人族》，参见前注。事实上，在 2013 年的文章中，有三篇文章法国读者已经读过，因为它们被收录于 2004 年出版的一册"埃尔纳手册丛书"中，而这一册书是以克洛德·列维－斯特劳斯为专题的。三篇文章分别为《我们都是食人族》（1993）、《叔父的归来》（«Le retour de l'oncle maternel»，1997）和《神话思维与科学思维》（«Pensée mythique et pensée scientifique»，1993）。

3 此书由同一家出版社出版，被收录进莫里斯·欧朗德尔主编的文丛里。

人工生育、新的双亲关系和血缘关系、流行病、与动物的关系等——并不是没用的。它们在国外已经是阅读材料或演讲的主题,仿佛这类"出国"保证了更自由的言论。因此,10 年后,有时是 20 年后,法国的普通民众,也包括那些接近这位人类学家的人,才发现他那些生动的分析:克洛德·列维－斯特劳斯表现出非凡的早熟和大胆,"对法律、社会和其他解决方案的态度非常开放,"根据莫里斯·戈德里耶所说,"当时他的一些学生还没有接受这种态度"[1]。

我们可以这么说,在一个高度冲突性的背景下(2013 年 5 月 17 日托比拉法 [la loi Taubira] 将同性婚姻合法化),列维－斯特劳斯让我们听到了一段既舒缓又激进的话。这段话里令人气愤的相对主义,不会有第二个人敢言。

科学、政治、专业能力

1997 年,戴安娜王妃逝世,她的弟弟斯宾塞伯爵在王妃的葬礼上发表了批判性的言论,列维－斯特劳斯以此为例给亲属关系人类学上了一节简短的课,但在 1990 年代的背景下,这节课意义深远:"建立家庭的不是血缘关系。"[2] 亲属关系由血缘关系(兄弟／姐妹)组成,但也由婚姻(丈夫／妻子)和亲子关系(父母／子女)组成。在他为家庭概念中明朗的相对主义辩护的同时,列维－斯特劳斯也为自己作为"城邦"中的人类学家的立场进行了界定:它并不在于赋予过去的"遗迹"以意义,而是在于分辨出当下可能具有的古代特性,在这种情况下,亲属关系的一种古老的形式根据现状得到改变。"远的能照亮近的,但近的也能照亮远的。"[3] 这种对当下的本原(arkhè)的捕捉,决定了克洛德·列

---

[1]《列维－斯特劳斯》,第 26 页。
[2] 克洛德·列维－斯特劳斯,《叔父的归来》,载《我们都是食人族》,第 237 页。
[3] 同上书,第 242 页。

维－斯特劳斯作为当代人存在的方式。

事实上，民族学家是唯一在生物科学创造的人工生育的新现实面前，没有完全卸下武装的人。为什么？列维－斯特劳斯回答说，因为民族学家研究的人群最常把生物的亲属关系和社会的亲属关系分开，他们以极大的创造性来修整自己对亲属关系的安排；最后，生育和亲子关系是不同的，这些社会中的许多人并不寻求任何关于生育的真理，不像我们的社会那样沉迷其中。[1]

他一贯的相对主义使他陷入了看似大胆的言论中。于是，他评论了民族学家在反对非洲移民对女儿执行割礼的诉讼中所发挥的作用。他断然否定割除阴蒂将剥夺女性的性快感的论点，因为"我们的社会制定了一项新的人权条款"[2]。他回答说，无论如何，我们对此一无所知……另一方面，在他看来，阴蒂的切除与包皮的切除的性质并无不同。在这两种情况中，这都是对儿童身体完整性的损伤，给孩子留下文化上的标记，其目的是消除女性身上的男性特征（阴蒂）和男性的女性特征（包皮）的所有痕迹。如果说西方社会反感其中一个而不反感另一个，那么照列维－斯特劳斯所说，那就是因为欧洲的犹太－基督教教义抹杀了对割礼的惊讶反应。事实上，"没有一个共同的尺度来评判信仰体系，更没有一个共同的尺度来谴责这个或那个，除了声称——但依据什么？——它们当中只有一个（当然是我们的那个）是普世价值的承载者，并且必须所有人承认"[3]。文化的不可通约性并不妨碍采纳实用的道德戒律。如果这位被传唤的民族学家能接受相对主义的意义和这些习俗的意义，即使这些习俗在我们看来是野蛮的，法官有其他的考虑也是合理的：

---

[1] 参见弗朗索瓦丝·埃里捷：《朱庇特的大腿：思考新的生殖方式》（« La cuisse de Jupiter. Réexions sur les nouveaux modes de procréation »），《人类》第94期，1985年4—6月，第5—22页。
[2] 《女人的秘密》[1989年11月14日]，《社会问题：割除包皮和辅助生育》（« Problèmes de société : excision et procréation assistée »），载《我们都是食人族》，第86页。
[3] 同上书，第89—90页。

"一个涉及东道国文化的伦理选择，只能在双方之间做出：要么宣布任何可以援引为习俗的东西在任何地方都是被允许的；要么将那些打算忠于他们的习俗的人送回他们原本的国家——并且这是他们的权利，无论出于什么原因，这些人忠于这些习俗，哪怕它们严重伤害了其东道主的情绪。"[1]

然而，这种选择并不是由这位学者来做的："社会的选择权不属于这位学者本身，而是属于——他自己也是其中之一的——公民。"[2] 克洛德·列维-斯特劳斯在一本名为《超越民事互助契约》(Au-delà du Pacs)的集体著作的开头表明了他的立场。该书致力于对1990年代关于民事互助契约（Pacte civil de solidarité）的辩论中所调动的知识进行批判性分析，并且对现在无所不能的专家形象提出疑问，这类人声称基于理性和真理引导公民的选择，事实上，这些选择反映的是政治与社会因素。列维-斯特劳斯一直在防范这些语调的混乱，沉默也是一种办法。然而，社会学家埃里克·法辛（Éric Fassin）提醒我们，人们听到过当时的法国司法部部长与社会党人伊丽莎白·吉古（Élisabeth Guigou）引用列维-斯特劳斯的话和他的《亲属关系的基本结构》，也同样听到过雷诺·杜特里耶（Renaud Dutreil），一位敌视新法案的右派国民议员，引用他的话和作品。[3] 咨询过的"专家们"——如社会学家伊蕾娜·特里（Irène Théry），一份报告的编者[4]——也大量使用一种应用人类学的方法，应用人类学本该为我们迷失方向的社会提供一种"象征性的秩序"，一种将社会与家庭、家庭与性别差异联系起来的远

---

[1] 《我们都是食人族》，第90页。
[2] 参见克洛德·列维-斯特劳斯给埃里克·法辛的信：克里斯蒂娜·费雷拉（Cristina Ferreira）、丹尼尔·博利罗（Daniel Borillo）、埃里克·法辛、马塞拉·拉科布（Marcella Iacub）编著：《超越民事互助契约：同性恋家庭认定的问题》(Au-delà du Pacs. L'Expertise familiale à l'épreuve de l'homosexualité)，巴黎：法国大学出版社，1999年，第110页。
[3] 埃里克·法辛：《民主辩论中专家的声音和科学的沉默》，第96页。
[4] 伊蕾娜·特里（Irène Théry）：《婚姻契约的问题：圣-西蒙基金会报告》(Le Contrat d'union sociale en question. Rapport pour la Fondation Saint-Simon)，1997年10月。

古的真理。对埃里克·法辛来说,在这些十年之后几乎原样重现的、与民事互助契约有关的辩论中,使用人类学参考资料的原因和成功之处在于,反同性恋仍然是公共言论中的一个禁忌。没有人会冒这个险,没有人能免受媒体和政治的强烈谴责。于是,出现了反同性恋冲动的变形:由于无法表达反同性恋冲动,人们把它看作不可能被思考的,继而认为它是不可能的:"任何社会都不承认同性恋的亲属关系。"[1] 正如我们能在1998年一家大型天主教报纸的头版读到的那样。

克洛德·列维-斯特劳斯既不是思想大师,也不是专家,他拒绝社会科学的程式化使用——甚至冒着"科学之沉默"[2] 的危险。其实,这位学者并不是默不作声,只是他并不是有问必答,特别是这个领域在他的印象中布满雷区,他的解释必然会被误解。因此,是他自己选择时机和场合。例如,在他于《共和国报》上发表的文章中,或者在颁发荣誉和奖项的典礼上,它们往往是进行深刻政治讲话的场合。1973年,在荷兰,他在一众身披荣誉的人面前获得伊拉斯谟奖,他试图让人们意识到,生活环境正在恶化,对生活环境的过度剥削可能"加剧"生活环境的危机。后来,除其他许多荣誉外,他还于2003年在德国大使馆获得埃克哈特大师奖,2005年获得加泰罗尼亚自治区政府颁发的第十七届加泰罗尼亚奖。每一次,他都不加修饰地表达自己的观点,并带有某种隐喻性的暴力,但他从来没有采用新千年之初流行的末世语调。我们能从中听出一种心理上的幽闭恐惧症,但这不是伴随着他的成熟时期的唉声叹气,而是一种充满活力的教育口吻。最后的列维-斯特劳斯与其说是令人感伤的,不如说是令人振奋的。

---

[1] 在1998年11月发表于《十字架报》的文章中,弗朗索瓦丝·埃里捷与其他人一起表达了对民事互助契约的反对意见。此外,人类学家还在另一篇请愿文上署名:《不能把批评民事互助契约的任务交给右派!》,《世界报》1999年1月27日。

[2] 这是埃里克·法辛的说法,参见《民主辩论中专家的声音和科学的沉默》。

人人都是食人者！

1990—2000 年的法国社会正处于动荡时期，这有利于民族学家的介入，这不仅是因为我们正在见证古代遗迹的"崛起"，还是因为存在着界限，在此界限上交汇着比我们想象中更多的古代社会和超技术型社会。"边界似乎没有我们乐于想象的那么清晰"[1]，列维－斯特劳斯解释说。在这种情况下，《共和国报》文章集的标题《我们都是食人族》表明了列维－斯特劳斯式政治的深远行动：现在的问题不是"他们"和"我们"之间的简单对比，而是对我们今天的真正的野性的重述，不是揭露它的野蛮——这是传统左派会做的事——而是从那些曾经面对同样问题的古老或异域社会中获得启发，并提供"值得思考"的解决方案。列维－斯特劳斯举了几个非常贴近我们当代日常生活的例子。他就这样给我们上了一课。这堂课有关自由主义和谨慎行为（特别是针对那些立法者，他呼吁他们约束自己），脱去现代人盲目崇拜的事物（科学、进步）的神秘外衣，并敞开现代性的橱柜（我们的屠宰业和农商行的野蛮）。这种将我们自身的野蛮普遍化的举动——而不是将它作为下等阶层排除在外——带有一个与布鲁诺·拉图尔的方案部分相似的方案：再次成为我们从来都是的非现代人。[2] 对于列维－斯特劳斯，就像拉图尔，这样的警句旨在消除建立现代性的两大对立：他们和我们、自然和社会。

1993 年，热门的话题是一种被称作克雅氏病（Creutzfeld-Jacob）的新疾病，这种疾病是在向患者注射从人类脑垂体或硬脑膜移植物（一种包裹人类大脑的膜）中提取的激素后出现的。1996 年，"疯牛病"成了人们的谈资：据悉，这种病与克雅氏

---

1 克洛德·列维－斯特劳斯：《我们都是食人族》，载《我们都是食人族》，第 169 页。
2 布鲁诺·拉图尔：《我们从未现代过：现代人类学论集》（*Nous n'avons jamais été modernes. Essai d'anthropologie moderne*），巴黎：发现出版社，1991 年。

病属于同一家族，感染了欧洲多个国家的乳牛，通过人们用来喂食这些牲口的牛的肉骨粉传播。列维－斯特劳斯认为，这两件人工制品处于"扩大的食人主义"[1]的标记下：在一种情况下，注射的医疗行为，等同于古代人的食人肉。在另一种情况下，牛已经被人类变成了同类相食的动物，通过这种恐怖的观察，可以看出扩大的食人主义和肉食之间保持着无法根绝的联系。除了挑衅的一面（这在列维－斯特劳斯身上是存在的），这种对事物的看法是从对当代社会现象的独特视角出发的："让我们扭转趋势"[2]，他说道。这里的重点不是要驱逐或谴责食人主义，而是相反，要把食人主义平庸化、普遍化。首先，因为食人主义基本上属于民族中心主义的范畴，"只存在于驱逐食人主义的社会眼中"[3]。对其他人来说，只是有各种形式食外部人主义（exocannibalisme）（吃自己的敌人）或食内部人主义（endo-cannibalisme）（吃自己家庭的成员），规模有大有小，有食鲜的、食腐的或者食尸的、食生肉的、食熟肉或者食焦肉的。食人主义可以是饮食的（按口味）、政治的（惩罚、报复）或魔法的、仪式上的、以治疗为目的的。列维－斯特劳斯还继续说道，最后这项功能让人类更有机会实现器官移植。我们应该注意，来自这位伟大学者的这一分析具有反传统的一面，这一面使一种被视为野蛮的习俗更接近于一种基于科学知识的做法。"总是自愿地将来自他人的身体部分或物质引入人类的身体。这样一来，吃人的概念就会从此显得相当平庸。让－雅克·卢梭在推动我们自己与他人视为同一的认知中，发现了社会生活的起源。毕竟，将他人与自己同一的最简单的办法，还是吃掉他。"[4]

---

[1] 《学习疯牛的智慧》（« La leçon de sagesse des vaches folles »），载《我们都是食人族》，第 220 页。文章发表于《共和国报》1996 年 11 月 24 日。
[2] 《我们都是食人族》，载《我们都是食人族》，第 173 页。文章发表于《共和国报》1993 年 10 月 10 日。
[3] 同上书，第 172 页。
[4] 同上书，第 173 页。

扩大的食人主义让列维-斯特劳斯把我们的食肉行为描述为野蛮的疯狂,他因强烈的敏感神经而引起了厌恶,并提醒我们,肉铺货架上血淋淋的肉块是多么恐怖:"因为我们会想到,过去的人为了养活自己而饲养和宰杀活物,并得意扬扬地把它们切成块陈列在橱窗里,无疑会引起与16世纪或17世纪的旅行者对美洲、大洋洲或非洲野蛮人的食人餐一样的反感。"[1]那么,列维-斯特劳斯是否邀请我们都成为素食主义者呢?可以肯定的是,对他来说,肉食是一种无论是动物还是人类都很快会消费不起的奢侈品。然而,这位民族学家在平时并没有放弃肉食。作为一个美食家,他喜欢各种酱料制作的肉食,尽管吃得总是很少。[2]与人们想象的相反,他并没有要求放弃肉食。在他的笔下罕见地出现了预言性的表达方式,他提出,在未来,将降临一种人类,对他们来说,吃肉将是一种少见的、昂贵的,几乎是危险的实践。"肉类将只在特殊情况下出现于菜单上。人们将带着古代旅行者所描述的复杂心情——他们在经历某些民族的食人餐时焦虑、虔诚和崇敬的复杂心情——来吃肉。在这两种情况下,这既要求与祖先一致,也要求把将成为敌人的或者已经成为敌人的生灵的危险的物质,掺入他们所冒的风险和祸难中。"[3]吃活物的肉,没错,但要敬重它们……这就是疯牛病带来的睿智的最终教训。

在《共和国报》上发表的文章的第二大主题,是因人工生育和科技而实现的新的亲属关系和血缘关系,这些技术增加了法律和道德都不知道如何处理的怪诞状况。1989年,列维-斯特劳斯在一篇题为《女人的秘密》(«Il segreto delle donne»)的文章中提出了这样一个问题:"如果子宫出借者生下了一个畸形儿,

---

[1] 《学习疯牛的智慧》,第221页。
[2] 2014年10月26日作者与莫尼克·列维-斯特劳斯的访谈。
[3] 《学习疯牛的智慧》,第229页。

而雇佣她的夫妇拒绝接受这个孩子，法院应该如何裁决？"[1]这正是2014年夏天出现的情况，雇佣代孕为其产子的澳大利亚夫妻拒绝取回泰国代孕妈妈生下的一个患有三体症的婴孩。[2]这篇文章的主题已经出现在1986年他在日本进行的第二次讲座上，其中部分内容明确涉及人工生育问题：人工授精、卵子捐献、子宫出借或租赁、胚胎冷冻、用丈夫或其他男子的精子和妻子或其他妇女的卵子进行体外受精。"因此，根据不同的情况，以这种方式生出的孩子可能会像正常状态那样有一个父亲和一个母亲，或者，有一个母亲和两个父亲、两个母亲和一个父亲、两个母亲和两个父亲、三个母亲和一个父亲，甚至当生父与父亲不是同一个男人时，会有三个母亲和两个父亲，这时还涉及三个女性：提供卵子的女性，借出子宫的女性和将成为孩子合法母亲的女性。"[3]在这些情况下，没有任何事物可以迷惑民族学家的双眼。在所有这些问题上，他都有很多话要说，因为他研究的社会虽然没有掌握人工生育的技术，但却产生了"隐喻的等价物"[4]来处理同样的问题，特别是不育问题。

布吉纳法索的萨莫人（Samo）发明了相当于捐精的方法，正如弗朗索瓦丝·埃里捷的研究显示的那样：每一个许了配偶的、达到生育年龄的少女，都必须事先与情人发生性关系，由情人使其受孕。然后，她把她所生的孩子带到丈夫那里，这个孩子将被视为合法婚姻的第一胎。在其他非洲人口中，被一位或多位妻子抛弃的丈夫，将保留对妻子未来的孩子的亲子权。

---

[1] 克洛德·列维-斯特劳斯：《社会问题：割除包皮和辅助生育》，载《我们都是食人族》，第93页。
[2] 这对澳大利亚夫妇只想要双胞胎里健康的那个。国际媒体和国内媒体都进行了报道。参见《唐氏综合征婴儿被丢给代孕母亲，孩子的命运令澳大利亚为之感叹》，《世界报》2014年8月3日。
[3] 克洛德·列维-斯特劳斯：《当代三大问题：性行为、经济发展和神话思维》，《人类学与现代社会中的问题》，第64页。
[4] 克洛德·列维-斯特劳斯：《社会问题：割除包皮和辅助生育》，载《人类学与现代社会中的问题》，第94页。

"他只需要在她们成为母亲时,与她们进行产后的第一次性交,这种关系决定了谁是下一个孩子的法定父亲。因此,与不育妇女结婚的男子可以,无偿或有偿地,从有生育能力的妇女那里得到她对他的挑选。"[1] 其他出自非洲的例子:"苏丹的努尔人(Nuer)把不孕的妇女等同于男人。因此,她作为'父舅',在她的侄女结婚时可以收到代表支付给未婚妻的彩礼的牲畜,她用这些牲畜能够买一位妻子,并通过一个男人(通常是外族人)的有偿服务来给她生孩子。在尼日利亚的约鲁巴人(Yoruba)中,有钱的妇女也可以娶妻,并迫使娶来的妻子同某个男人生活。当孩子出生后,作为'合法丈夫'的女性就会要求收回孩子,而实际的生育者如果想留住孩子,就必须给她一笔丰厚的报酬。"[2] 除了民族学家经常引用的这些非洲模式外,列维-斯特劳斯还补充了在古希伯来人中流行的娶寡嫂模式,这种模式允许——有时还规定——弟弟以其死去的哥哥的名义生育。这里存在一种"死后受精的等同物"[3]。

我们在社会中能够奇特地观察到,随着生物生殖与社会亲子关系之间的分离越来越明显,生物亲子关系的象征性支配越来越多,这种象征性支配体现在法律中。在法国,1972年,一项新的法律允许寻找生物亲子关系的行动,而自《拿破仑法典》以来,法国法律认为,母亲的丈夫是孩子的父亲。我们的社会是否应该以外来的例子为蓝本?我们能让所有的欲望都得到满足吗?列维-斯特劳斯没有提出一个又一个解决方案,在这一阶段,他仅仅指出可能的解决方案。而在我们的社会里,捐精或者借子宫都不奇怪,但正如他嘲弄地说的那样,"这种服务以前是免费的,

---

[1] 《人类学与现代社会中的问题》,第95页。
[2] 《当代三大问题:性行为、经济发展和神话思维》,第71页。
[3] 《社会问题:割除包皮和辅助生育》,载《人类学与现代社会中的问题》,第96页。

如果人们要够得上'家人'这个指称"[1]。换句话说，虽然他不认为"一切"都是可能的——因为社会组合体的可能性并不是一个无限的集合，但这位人类学家对所有的"合成"都是非常开放的，在我们之前，其他人已经试验过这些"合成"，而社会似乎并没有出任何差错。他因此总结道："明智的做法无疑是信任每个社会体制及其价值体系的内在逻辑，以创造表现出可行性的家庭结构，消除那些会产生矛盾的家庭结构。只有时间能证明，集体意识最终会接受或拒绝什么。"[2]

立法上的不耐心和道德上的喋喋不休被视为不恰当的。因此，列维-斯特劳斯在民事互助契约辩论时，明确地与被让娜·法夫雷特-萨达（Jeanne Favret-Saada）称为"保守左派"[3]的那部分学科划清界限，也就是说，一部分精英、社会学家、专家、法学家、记者或学者议员，他们制作出了一个"拉康版本"的列维-斯特劳斯思想。这一类思想意在说明，异性恋符号秩序必然构成任何社会的基础，而这种基础不可避免地会被民事互助契约摧毁。列维-斯特劳斯从来没有赞同过这种纲领。早在1956年，他就在一篇题为"家庭"[4]的文章中审慎地指出，他从来没有停止过警告针对某一客体的"教条主义精神"，家庭，在人们认为自己得到它的同时，便溜走了。他还说道："我们必须相信，夫妻家庭并不是出自一种普遍的必然性，我们至少可以想象，一个社会没有它也能存在。"[5]在1980年代和1990年代，正如我们刚才所看到的那样，他同样自由地进行评论，但是这些评论在法国并未完全公开。证明着这一立场的这些文

---

[1]《人类学与现代社会中的问题》，第98页。
[2] 同上书，第99页。
[3]《列维-斯特劳斯的思想》，《人类学家杂志》（*Journal des anthropologues*）第82—83期，2000年，2010年10月28日 [2014年9月26日]，http://jda.revues.org/3278。
[4]《家庭》，收录于《遥远的目光》，第65—92页。该文发表于《人类、文化和社会》（*Man, Culture and Society*），原文为英语。参见哈利·L. 沙皮罗（Harry L. Shapiro）编：《人类、文化和社会》，纽约：牛津大学出版社，1956年，第261—285页。
[5]《遥远的目光》，第71页。

章——当时他被要求表明立场，未果——只有在他死后才为人所知。历史的讽刺在于，这种迟来的回应让列维－斯特劳斯的言论再次成为焦点，因为在过去的 20 多年里，历史在这个问题上一直是吞吞吐吐的。

民族学家在"城邦"（意大利）的这些文章，以新鲜的语调和冷静的异说引人注目。当列维－斯特劳斯提出这样一个问题时，异说又出现了：为什么原始社会抗拒"发展"[1]？因为他们喜欢整体统一，而不是内部矛盾；因为他们拒绝竞争的精神，所以大多数人的选择都是一致的，对卷入历史的变化反感——这并不意味着它们不会改变。"发展只有一种类型吗？"他在 1990 年 10 月的《共和国报》上如此问道。而且他还告知读者关于农业诞生的史前史知识刚刚完成修订。农业没能让更多的人吃上饭，似乎是人口压力促使动植物的驯化。在此之前，没有农业的人们过着不那么悲惨的生活，只要一定程度的人口控制令具有紧密凝聚力的小族群能够维持下去，狩猎和采集就能满足饮食需求。因此，农业不是合乎愿望的，更加不是必要的。如果要在一定的时间和空间内提供更多的食物，就会因需要更多的劳动而大大增加工作时间。列维－斯特劳斯总结道："从其他角度来看，农业代表了一种倒退。"[2]

贾德·戴蒙（Jared Diamond）在 2012 年提出"传统社会教给我们什么？"[3] 在这 20 年前，列维－斯特劳斯就否定了当代的"经济人假设"（homo economicus），于是，打响了这场辩论。经济人类学表明，人类的一切活动都不属于生产领域，经济活动

---

[1]《当代三大问题：性行为、经济发展和神话思维》，第 75 页及后文。
[2]《世上只有一种发展模式吗？》（« N'existe-t-il qu'un type de développement ? »），载《我们都是食人族》，第 77 页。
[3] 贾德·戴蒙：《昨日之前的世界：传统社会教会我们什么？》（Le Monde jusqu'à hier. Ce que nous apprennent les sociétés traditionnelles），《新法兰西杂志》，巴黎：伽利玛出版社，2012 年。英文版为 The World until Yesterday. What can We Learn from Traditional Societies ?，纽约：维京出版社，2012 年。

本身不能归结为理性的计算。克洛德·列维－斯特劳斯语调平和地完全消解了现代经济科学普遍隐含的偏见——他说，现代经济科学不是一门科学，因为如果它是的话，将能够在市场企业中进行预测和行动，而事实显然不是这样！在"所谓理性的幕布"[1]背后，经济科学是一种在自己的模式中有效的假想，但它没有任何能够被普及的权威："为了避免经济学家们忘了这件事，人类学家提醒经济学家：人类不是纯粹为了生产更多。"[2]

一种结构政治？

我们正在探索的这本列维-斯特劳斯的遗著，解开了我们现代性的一些最激烈的问题，揭示出人类学在真实的结构政治的基础上"必需的知识伦理"[3]。

政治家列维-斯特劳斯？面对几十年来对他的思想和生活的去政治化解读，这一论断令人震惊。从克洛德·勒弗到皮埃尔·克拉斯特或皮埃尔·布迪厄，他们一直指责他继承了马塞尔·莫斯的做法，将社会生活设想为一个忽视了统治和暴力的符号语法和互惠体系。哲学家帕特里斯·玛尼格里耶，以及与他一起重走1960年代道路和结构主义历史的整整一代人[4]，最近对这一概念提出了异议，这个概念首先是建立在对符号系统所涉及的真正问题的忽视之上的。[5]长期以来，我们一直认为列维-斯特劳斯是一个真正的悲观主义者，而没有看到"无意义的发现并不取消契约"[6]，也不使对意义的探索无效。列维-斯特劳斯在《裸人》的最后重复了这一点，这种对自己本身的有限的

---

[1]《人类学与现代社会中的问题》，第77页。
[2] 同上书，第95页。
[3] 帕特里斯·玛尼格里耶：《符号的条件》，《哲学》（*Philosophie*）第98期，2008年2月，第38页。
[4] 参见帕特里斯·玛尼格里耶编：《法国1960年代的哲学时刻》（*Le Moment philosophique des années 1960 en France*），巴黎：巴黎大学出版社，2011年。
[5] 这是帕特里斯·玛尼格里耶提出的。参见文章《符号的条件》。
[6] 同上书，第48页。

肯定并不妨碍"人有责任去生活和奋斗、去思考和相信,最重要的是保持勇气"[1]。

认识意义的虚无并不是要我们停止理解的行为,认识条件的有限性也不是要让我们对行动感到泄气。因为,两种情况都对道德和政治进行了更新,而道德和政治建立在世界的美和这种美的无效性之上。列维－斯特劳斯的著作中处处都有这些概念。帕特里斯·玛尼格里耶理所应当地支持这位人类学家在1976年撰写的文章,该文旨在促进国民议会法律委员会的反思。[2] 我们可以从中读出这种更新的脉络:通过将一切事物的价值建立在其"不可替代性"之上——无论是涉及植物、动物物种,还是涉及人类个体、一座遗迹、一处景观、一件事物……——他断言:"价值不在于是否符合理想,而在于事物本身,在于它们发展其不可重复的独特性的能力,也就是斯宾诺莎所说的它们的'力量'。"[3] 正是在这一观点之下,结构政治与野性美学相结合,在对主体感知或运用之外的事物本身的赞美中,在道德与美学、人与自然的和解中。列维－斯特劳斯邀请我们"在这个世界的美中〔……〕而不是在我们对它的观念中,找到要求主体承担责任的唯一原因——因此,对人的尊重只是对所有必然消逝的事物的尊重的一种特殊情况"[4]。这种与现实的一致,或者说,与现实的结合(composition)——而不是对现实的谴责或批评——是结构人类学的遗产之一,其目的在于摆脱21世纪初的当代思想的混乱,这种思想暴露出总是更加沉重的矛盾、那些不可能的选择,以及掩盖着社会的时间节奏的病态加速的基本惯性。

---

1 《裸人》,第621页。《符号的条件》引用了相关内容,参见第48页。
2 参见本书第20章。
3 《符号的条件》,第50页。
4 同上。

衰老、死亡、重生

破碎的全息图像

对克洛德·列维-斯特劳斯来说，由于进入高龄（1998年他90岁），然后是更高龄（2008年他100岁），他必须正视将降临的死亡，为其做准备，就像蒙田教导他的那样；同时，他不需要想太多，而要把死亡看成一个终点而不是生命的目标："我希望 [……] 死亡找上我时，我正在种植我的卷心菜。"[1] 除此之外，这位人类学家继续做着他的季节性工作，把他的事务安排得井井有条，整理他的文件，并在妻子莫尼克的压力下，决定把他从巴西考察中获得的3000张底片印出来。她认为那些照片应该附上说明文字，而只有她的丈夫才有资格做这个。在表示反感之后，他最终还是执行了妻子的要求。[2] 莫尼克·列维-斯特劳斯自己则负责在他们的儿子马修同他们一起居住时安置在公寓里的小实验室中印制这些底片。应该注意的是，这些底片在二战初期也由美国特务机关印制过，当时美国即将进入战争，并试图收集战略图片资料。事实上，当时的列维-斯特劳斯认为这些照片非常重要，因此他在1941年将这些底片带到了纽约，尽管它们很沉而且很占地方。之后，他会说他对摄影不再感兴趣，但是，他绝不会把拍摄巴西的底片交给任何人。这就是为什么是他的妻子和儿子投入《忧郁的巴西》（*Saudades do Brasil*）的工作中。[3]

1994年秋天，在克洛德·列维-斯特劳斯从巴西归来55

---

[1] 蒙田：《随笔》，"口袋文库"，法文书店出版社，2001年，第1卷，19，第135页。安托万·孔帕尼翁提到蒙田。参见《有蒙田陪伴的夏天》（*Un été avec Montaigne*），"平行丛书"，巴黎：赤道出版社，2013年，第128页。
[2] 最近，莫尼克·列维-斯特劳斯在一档广播节目中说，她的丈夫曾十分反感这项任务。她发现他必须完成这项工作，于是，在背后进行监督："没有说明文字，就没有饭吃！"我 [作者] 讲述这个小故事，一是为了补充，二是为了举例说明历史学家以什么作为文献……
[3] 2015年3月9日作者与马修·列维-斯特劳斯的访谈。

年后，普隆出版社出版了一本"美丽的书"：《忧郁的巴西》。书中收录着从3000张照片中精心挑选出的大约200张。它类似于1930年代的探险的照片小说，重新为这些经常被提及的博罗罗人、卡杜维奥人和南比克瓦人赋予了身体和味道。这些印第安人已经被人类学记录了下来，因此，变得不朽。我们在该书中还可以看到圣保罗的城市建设工地、巴西内陆几个沉睡的小镇。虽然列维-斯特劳斯在年轻时对摄影非常着迷，但他承认，后来，他认为这门艺术相当二流，因此，与它之间保留着一定的疏离感。即使是它的记录效用似乎也没有打动他：这已是老生常谈，列维-斯特劳斯说他更喜欢绘画或素描所需要的长时间专注。然而，整个评论界都在称赞这部"照片呈现的忧郁的热带"[1]。这位人类学家已经从一开始的忧郁转向了一种怀旧，而这种怀旧的普鲁斯特式特质被图像唤醒，而变得更加感伤。这个出现在营地边缘的留着大胡子的年轻人，就是"巴西塞尔陶的列维-斯特劳斯"，如同普鲁斯特的"巴尔贝克的阿尔贝蒂娜"。因此，对当时的美洲文化民族学家、列维-斯特劳斯的学生伊曼纽埃尔·德斯沃来说，《忧郁的巴西》也是这位老人对他已不再是的那位1930年代新晋民族学家的礼赞：文艺复兴时期流行的"诗墓"式的"相片墓"[2]。他准备以自己的方式"安然地迎接下一次顿挫"[3]。如果说坟墓又一次通过图像而回归源头，结束了美洲研究的循环，那这本书则抛出了一些围绕一张照片勾勒出的细小桥段：我们可以看到，在圣保罗的房子前的列维-斯特劳斯父亲的身影，他是儿子的摄影艺术的启蒙者；正是马修，克洛德·列维-斯特劳斯的一个儿子，挑选并

---

[1] 伊曼纽埃尔·德斯沃：《摄影的坟墓》，《批评》第581期，1995年10月。文章后被收录于伊曼纽埃尔·德斯沃的《结构主义之外：对克洛德·列维-斯特劳斯的六点思考》（*Au-delà du structuralisme. Six méditations sur Claude Lévi-Strauss*），布鲁塞尔：孔普莱克斯出版社，2008年，第63页。
[2] 同上书，第70页。
[3] 同上。

印制了这本书中的 200 多张照片。在他的父亲和他的儿子之间，胶片的线条通过巴西将列维－斯特劳斯家的三代人联系在一起。

1994 年，然后在 1995 年，马修和凯瑟琳·列维－斯特劳斯的两个孩子出生：托马斯和朱莉。他们在爷爷的生命中姗姗来迟，而爷爷却能在他们身上投射出对生活的渴望，而这种渴望一天天变得越来越不定。这回又是一张照片将几代人的时间用图像嵌套起来：列维－斯特劳斯在利涅罗勒，坐在他的扶手椅上，专注于他的两个几岁大的孙辈，他的孙女坐在他的腿上，他的孙子和莫尼克在一起，这个场景被放在一幅（由他父亲画的）画上方，画中还是孩子的列维－斯特劳斯坐在祖母的膝上。

等待死亡的时候，先是宁静，然后是有些不耐烦，至少是丢了灵魂。就如归于尘土。同时，必须好好地活着，或者继续活着。对列维－斯特劳斯来说，到了一定年龄之后，整个生命都像缓刑期那样漫长。从 1994 年《忧郁的巴西》出版，到 2009 年去世，中间不少于 15 年。这些时间见证了他的老去。进入新千年后，他的演讲很少。然而，每一次演讲，他都强调，这过于漫长的生命并不舒适，甚至认为它是一种欺骗："岁月的积累让我每天都觉得自己在窃取我剩下的生命，什么也不能让我在这片土地上占据正当的位置了。"[1] 经历过 1990 年代，他跨入了新千年，他给伊萨克·希瓦写信说："由于十分乏味的原因（年龄是其中第一个），我也不会想到自己会活过 2000 年。事实上，我并没有给它附加任何含义，肯定是因为在我还很小的时候仍有对 19 世纪的体验；这些数字毫无意义……"[2] 他拒绝成为 21 世纪的人，但毕竟，他早已培养了对他的现在的某种脱离。然而，他仍然是一个热衷于读报的人，他是一个杂食性的读者，随性地阅读了许

---

[1] 克洛德·列维－斯特劳斯获得加泰罗尼亚国际奖后的获奖感言：《面对民族身份的民族学家》（«L'ethnologue devant les identités nationales»），2005 年 5 月 13 日。参见列维－斯特劳斯档案库，编号 NAF 28150，档案盒编号 220。
[2] 1999 年 12 月 31 日克洛德·列维－斯特劳斯给伊萨克·希瓦的信。

多偶然收到的书籍，但对其中的一些书，尤其是米歇尔·韦勒贝克的书，他是很欣赏的。他很少去电影院，从埃里克·侯麦创作初期就跟着去看电影。列维－斯特劳斯甚至想让侯麦进入法兰西学院，但在与几位同事试探后，他意识到这将会失败，于是放弃了。[1] 他过去的很多兴趣爱好依然鲜明。他的时间是有限的，但他又从来没有过这么多的时间：他沉浸在重新阅读的罪恶的快感中——他将《新艾洛伊斯》（La Nouvelle Héloïse）"从头到尾"[2] 又读了一遍，并且忠实于巴尔扎克，那些伟大的回忆录作者。人们总是来找他，向他求助；他要求说："同情同情老人吧！"[3] 新千年后，他虽然依然收信，但又开始一个漫长的只读不回的时期：那些典礼都是折磨。一些访问也是。共和国总统尼古拉·萨科齐为纪念他的百岁诞辰，不请自来，到他家中进行了快速和强制的访问。这年的生日也于 2008 年 11 月在布朗利河岸博物馆庆祝。[4] 2007 年 10 月，他摔了一跤，造成股骨骨折。此后，他大部分时间都待在自己的公寓里，被束缚在一张轮椅上，不愿意让人看到他这种悲惨的状态。

他进入了人生的新阶段，本希望能免于自我衰弱。1999 年 1 月 25 日在法兰西学院，由马克·欧热主编的一期《批评》特刊发行，这期特刊是献给他的。他在这个场合出色地描述了衰老的过程。[5] 在同事和朋友面前发言时，他就不加解释地再次对蒙田表达敬意："蒙田说，衰老使我们每天不断衰弱，它之所以消耗我们，是因为当死亡到来时，它只需要带走四分之一个人或半

---

[1] 2014 年 11 月 26 日作者与莫尼克·列维－斯特劳斯的访谈。
[2] 1997 年 1 月 2 日给伊萨克·希瓦的信。
[3] 1996 年 10 月 10 日给翁贝托·艾科的信。参见列维－斯特劳斯档案库，编号 NAF 28150，档案盒编号 189。艾科在自己的信里请他接受博洛尼亚大学的荣誉博士头衔。
[4] 列维－斯特劳斯收到了多次邀请，但谢绝了所有总统访问的提议，因为他从未收到过总统本人的请求，提出请求的都是议员。最终，尼古拉·萨科齐通知他自己要来拜访。萨科齐短暂来访，还没使整个街区被封锁起来。2014 年 11 月 26 日作者同莫尼克·列维－斯特劳斯的访谈。
[5] 《克洛德·列维－斯特劳斯》，《批评》第 620—621 期，1999 年 1—2 月。

克洛德·列维-斯特劳斯的徕卡相机，他远征巴西时带的珍贵物品。

个人。蒙田在 59 岁时去世，他肯定不可能知道我今天体验的极度衰老是什么样的。在这个我从未想过自己会到达的高龄阶段，而这也是我的存在最奇特的惊喜之一，我觉得自己就像一幅破碎的全息图像。这张全息图像不再拥有其完整的整体，然而，就像任何全息图像一样，每一个剩余的部分都保留着整体的一个形象和一段描述。所以，对今天的我来说，有一个真实的我，现在只剩下四分之一或一半的人，还有一个虚拟的我，保留着一个生动的整体观念。虚拟的我制订了一个写书计划，开始整理其中的章节，并对现实中的我说：'要由你来继续。'而真实的我再也不能对虚拟的我说：'这是你的事情，只有你才能看到整体。'我的生活现在就在这种非常奇怪的对话中展开。"[1]

这次对话于 2009 年 10 月 30 日展开。"我还活着"[2]，他习惯性地带着某种黑色幽默说道。他比自己、更比别人活得久，现在，他终于缓慢地死去，意识清晰。他本该在一个月后年满 101 岁。

安葬在乡村

他于 10 月 30 日星期五去世，这是一个被紧守的秘密。他的妻子莫尼克要求每天来的护士保密，如果被问起，会说他住院了；殡仪馆的殡仪员和市政厅的民事登记员也同意成为沉默的合谋者，在下个周一才登记死者的名字，且等到 11 月 4 日星期二才发布消息，也就是《世界报》和《费加罗报》刊登讣告的那一天。门房接到通知，有一辆没有标记的车（不是灵车）到来，将棺材送到殡仪馆，然后再送到利涅罗勒，那里有他乡下的别墅。因此，在媒体得到通知的那个周二，他在上午刚被下葬。这个消息在法国和国外迅速传播。

根据人类学家在大量文件上写下的愿望，他将以非正式的方式下葬，下葬的墓地是利涅罗勒公墓，但整个过程严格对外保密。[3] 周二上午，克洛德·列维 – 斯特劳斯的遗体在他的妻子、两个儿子和两个儿媳妇、孙子孙女，以及镇长和镇长妻子的见证下下葬。考虑到列维 – 斯特劳斯的名声，这是为了避免不便而采取的谨慎态度。就算这样做可能会激怒那些还不适合参加完全不公开的家庭葬礼的亲友。这位民族学家曾想让自己被葬在奥贝特

---

[1] 参见 1999 年 1 月 29 日《世界报》新书栏目的文章。罗杰 – 珀尔·德鲁瓦参加了仪式，将之整理成文。这位记者告诉我们："既没有摄像机，也没有麦克风。没有人将这些话速记下来。"
[2] 雅克·雅曼：《朝向〈档案〉的窗户》，第 9 页。他向他的秘书艾娃·凯宾斯基（Eva Kempinski）坦诚地说道："我还活着。"
[3] 2015 年 3 月 9 日，马修·列维 – 斯特劳斯："他告诉我说他希望那天会下雨，我们穿着雨靴（也就是说尽可能穿着不那么正式……）他烦透了他参加的每一个葬礼，他不得不参加这些葬礼，但他不想强迫任何人参加。这就是他的观点。"

山谷（la vallée de l'Aubette）的一片偏僻的荆棘丛中，甚至还得到了那地省长的同意，最终，他害怕妻子被可能出现的各种问题吓坏，还是选择了妻子满意的墓地。同样，他也不想举行瞻仰遗容的仪式，并且希望包着一块简单的裹尸布溜进地里，但这遭到了妻子的反对，妻子怕引起纠纷。在利涅罗勒下葬之前，没有任何宗教仪式。

克洛德·列维-斯特劳斯的墓在墓地的高处，靠近森林的一侧。出了利罗尔城堡公园，往左边，一条小路沿墙而行，绕过村庄；经过一座桥，右边，是一座漂亮的、修复过的勃艮第洗衣池。墓地地势略微升高，沿着坡，延伸至森林的边缘。这是一个约有 50 座坟墓的四方形小墓园，一个可以俯瞰山谷的乡村墓地，回荡着河水的淙淙声。在狩猎季节，这声音被频繁的步枪声所干扰。因为该地区有非常多的猎人。墓地底处整齐排列着四座英国皇家空军飞行员的坟墓，他们的飞机于 1944 年在从德国执行轰炸任务返回时，在沙蒂永内（Châtillonnais）坠毁。他们英年早逝：四人的年龄加起来都没有达到列维-斯特劳斯的年龄。这位民族学家的墓地表面上表现出与他相似的朴素：没有墓碑，只是土地微微隆起，上面嵌有一块"打孔石"（该地区森林中随处可见），这种喀斯特式的结构使坟墓呈现出一种穴居人的样子。坟墓与大地融为一体，淡化了自我，仅留下社会归属和从属机构的信息："法兰西学院的克洛德·列维-斯特劳斯（1908—2009）。""自我不单单是可恨的：在我们和虚无之间没有它的位置"[1]，他在《忧郁的热带》中曾这样写道。

与乔治·杜比在列维-斯特劳斯喜爱的一本书中所详细描述的[2]吉约姆·勒·马黑伽勒（Guillaume le Maréchal）公开的、

---

[1]《忧郁的热带》，第 444 页。
[2] 乔治·杜比：《吉约姆·勒·马黑伽勒：世上最英勇的骑士》（*Guillaume le Maréchal ou le Meilleur Chevalier du monde*），第 1 章，巴黎：法亚尔出版社，1984 年。

被人包围的、奉行仪式的死亡相反，这位民族学家偷偷地离开了舞台。这种自己希望的不公开的死亡与他所成为的丰碑形象是对立的。这使他得以逃避在荣军院举行的国家葬礼，在那种情形下，人们不得不给予他大十字勋章的待遇，这同样使他得以逃避伟大知识分子——一个他从未认同过的形象——该有的遗体保存仪式。他曾经活过，如今，他死了。在随后的日子里，报刊上，列维-斯特劳斯的悼词成了法国文化的悼词。人们用"列维-斯特劳斯的世纪"[1]"永垂不朽之人"[2]的名称纪念他。在国外，人们也相继向他致意。

菲利普二世的死亡标志着一段历史的结束（以及布罗代尔的论文的结束），但那段历史并没有完结。同样，因为结构的动力在其支配者死后延续了下来，并勾勒出作为该书主题的"地中海"[3]，列维-斯特劳斯的消失并没有打消人们探索他在新千年进行的研究的念头。这位民族学家的身体让位于一部作品具体但具有象征意义的文本。它具体表现为两座纸质纪念碑：2007年起存放在法国国家图书馆的个人档案和2008年出版的"七星文库"卷。这就是这位民族学家早年实践过的宗教民族学的"双重葬礼的精神"[4]。

纸质纪念碑（1）：自我存档

面对即将到来的死亡，列维-斯特劳斯不想让其他人来决定他把什么留给他的亲戚、他的同代人、他的继承人。"至于我的文稿，我无法下定决心，正在与毁灭一切的诱惑作斗争。"他这

---

1 《解放报》头条，2009年11月4日。
2 《费加罗报》社论，2009年11月4日。
3 费尔南·布罗代尔：《菲利普二世在位时的地中海和地中海地区》（*La Méditerrannée et le monde méditerranéen à l'époque de Philippe II*），第3卷，1999年再版，"口袋书丛书"，巴黎：阿尔芒·科林出版社，第417页："在地中海舞台上发生的那些事件中，我们遗漏了一个海内外广为知晓的事件，但我们应该提到这个轰动的事件：1598年9月13日，菲利普二世在埃斯科力亚尔修道院突然死亡，结束了在他的敌人看来没有终点的长期统治。这是个疏忽？"
4 A. 马力：《纪念列维-斯特劳斯（1908—2009）》，第9页。

样给伊萨克·希瓦写信说道。[1] 最后，是时任法国国家图书馆馆长的让－诺埃尔·让内伊（Jean-Noël Jeanneney）第一个向列维－斯特劳斯建议，让他把自己的档案存放在法国国家图书馆的手稿部，这是法国文学的圣地。他的个人文稿对不同机构来说，都构成了学术和遗产的利害关系：国家档案馆（les Archives nationales）、位于阿德纳修道院的法国当代出版纪念馆（Imec）、法兰西公学院或法兰西学院的档案室。为什么不呢？对列维－斯特劳斯来说，最重要的是安排好档案的遗赠，好让他的继承人从这种行政、财政和生存的"负担"中解脱出来。他打算卖掉他的档案，以支付栗树街（rue des Marronniers）的公寓和利涅罗勒的房子的遗产税，其余的则作为捐赠。这也是为什么2007年，列维－斯特劳斯的遗赠分三次加入国家图书馆的收藏：第一次是收购，第二次是支付财产转移税，第三次是捐赠。这是一个比较经典的方案，混合着捐赠和购买，虽然需要财政部的同意，但不需要调动最近为防止居伊·德波的档案或米歇尔·福柯的文稿被送往国外而花费的资金。2007—2015年，社会科学和哲学的档案进入了类似于文艺界那样的投机市场。

列维－斯特劳斯深知档案的利用价值和交换价值。在《野性的思维》鲜有人提及的一段中，他分析了珠灵卡（churinga）的功能，这是澳大利亚中部土著人的圣物，由石头或木头制成，呈椭圆形，尖头或圆头常刻有符号，代表着祖先的肉身。它们是过去在现在的物质化。珠灵卡分发给被认为是祖先转世的活人，被堆积在天然的庇护所里，定期被拿出来打磨和加咒。"因此，从它们的作用和受到的待遇来看，它们与我们放入保险柜深处，或委托公证人秘密保管的档案文件具有惊人的相似性，而且，因为它们是圣物，我们会不时地小心检查它们。"[2] 事实上，

---

[1] 7月10日克洛德·列维－斯特劳斯给伊萨克·希瓦的信 [年份似乎是2006年]。
[2] 《野性的思维》，第817页。感谢杨·伯丁（Yann Potin）提醒我关注这一段文字。

根据列维-斯特劳斯的说法，像珠灵卡这样的档案（档案写作 archive，arca＝箱子）既有神圣性又有证据的价值。档案之所以神圣，是因为档案具有"只有它们才有的历时性意义的功能"[1]；档案之所以具有证据的作用，是因为档案能够通过文档的形式证明曾经发生的事。因此，珠灵卡是一面反映我们自身实际行动的扭曲的镜子，它颂扬着我们的历史神话。自从儒勒·米什莱（Jules Michelet）发明了它对于历史学家的用处，它成为了国家生活的文献保障和情感保障。[2]

这种被要求承载历史的实物，出现在"列维-斯特劳斯"的档案体中：261个箱子存放在法国国家图书馆，它们证明了列维-斯特劳斯的冒险已经发生，列维-斯特劳斯的世纪，经过时间的流逝，已经成为历史的奥秘。古代法国手抄文化，连同那些木制书架、天鹅绒长穗、唱诗台、博学的参询、宗教的沉默、调阅泛黄纸张的小心翼翼，将这位人类学家保存在令他愉悦的知识氛围中。他没有迈入数字化时代，档案还有新生的悸动。列维-斯特劳斯在其中一些文件上埋下的精美的笔迹证明了这一点。他在这些文件上做注释，以说明家族历史的这个或那个细节，或者某本远行笔记的保存情况（或丢失）。很显然，这些遗赠都经过了挑选、二次阅读，并提供给历史学家使用，这本传记就是其派生物之一。

由于他的档案在其死后进入了手稿部，与伟大作家们的档案相邻，我们可以认为，遗赠给国家图书馆是列维-斯特劳斯作品"文学化"进程的一部分。而这一进程将在2008年通过"七星文库"卷的出版彻底完成。我们甚至可以怀疑，列维-斯特劳斯是在积极地幻想着与马塞尔·普鲁斯特一起进入法国文学的巅峰。实际

---

[1]《野性的思维》，第819页。
[2] 杨·伯丁：《历史学家的档案》，载克里斯托夫·格兰杰（Christophe Granger）编：《历史学家在想什么？书写21世纪的历史》（*À quoi pensent les historiens？Faire de l'histoire au XXIe siècle*），巴黎：别样出版社，2013年，第101—117页。

上，法国并没有专门接收社科档案的地方。在布朗利河岸博物馆有一间列维－斯特劳斯私人图书室，它保留了一些学术资料，仅此而已。因此，南比克瓦拉人和亲属关系的图式到达保管手稿的圣地，这或许比起伟大作家的传世更能说明文学本身的一种新的蜕变，因为文学与当代的知识进行了新的对话。

纸质纪念碑（2）："七星文库"卷出版

2004年9月22日，安托万·伽利玛（Antoine Gallimard）写信给克洛德·列维－斯特劳斯说，他希望"广泛地开放"七星文库图书馆的藏书，并且他很乐意在这些条件下"选取[他的]一些作品组成一册，这些作品完全可以属于文学"[1]。这封简短的信结束了这位人类学家与伽利玛出版社之间长达半个世纪的历史纠纷。我们还记得，在1950年代初被布里斯·帕兰（Brice Parain）拒绝后，他从未在那里出版过什么书，在法兰西学院（佩雷夫特、杜梅齐尔）就职仪式上的讲话是一个例外。几个月后，列维－斯特劳斯向"七星文库"文学总编辑递上了一张经过选择的作品清单，让后者可以浏览他发表过的作品名称。他已经了解了作品集编辑程序的要求和受众的情况，以及单卷不超过2000页的要求。《忧郁的热带》（1955）是他的成名之作，然后是包括《图腾制度》（1961）和《野性的思维》（1962）在内的作品集，最后是三部"短篇神话学"——《面具之道》（1975）、《嫉妒的制陶女》（1986）、《猞猁的故事》（1991）——列维－斯特劳斯认为这些作品可以是神话结构分析的入门之作；该卷的结尾是将艺术和美学置于一个重要的——也是最后的——位置上的《看、听、读》。令某些热心的同事感到愤慨的是，其学术著作的两大基石未被收录：《亲属关系的基本结构》（1949）和四卷

---

[1] 2004年9月22日安托万·伽利玛给克洛德·列维－斯特劳斯的信。参见列维－斯特劳斯档案库，编号NAF 28150，档案盒编号191，主题档案"来信"。

本《神话学》(1964—1971)。《神话学》的技术性和学术性太强，不适合民族学学科以外的读者。同样，《结构人类学》的三本文集的方法论内容也被排除在外。列维-斯特劳斯也没有将在联合国教科文组织框架内撰写的两篇文章——《种族与历史》(1951)和《种族与文化》(1971)——纳入其中，因为这两篇文章已由阿尔宾·米歇尔重新出版，并由米歇尔·伊扎尔于2001年结集成册，米歇尔·伊扎尔还为其撰写了内容丰富的导言。[1] 由于它是由作者用过去的作品重新制作、重新组合而成的，所以"七星文库"卷是克洛德·列维-斯特劳斯的最后一部作品，这是一份请他以另一种方式回忆创作之路的邀请。[2]

事实上，许多人还没有等到他百年诞辰和"七星文库"的到来，就重新投入对人类学结构主义的研究。在经历了20年的寒冬之后，人类学的结构主义被完整地挖掘出来，巴西民族学家爱德华多·威维洛思·德·卡斯特罗将它表述为"列维-斯特劳斯文学的第二春"[3]。2010年代，列维-斯特劳斯被源源不断地重新拿来阅读，与之有关的参考文献逐年增厚。他的作品的文化地位发生了改变——他的作品变成了我们这个时代的"经典"。许多期刊都用整期的篇幅介绍这位人类学家——这种做法在1960年代末本已停止：《批评》(1999)、《哲学档案》(2003)、《现代》(2004)、《精神》(2004)、《哲学》(2008)。2004年出版了一套令人印象深刻的"埃尔纳手册丛书"，阿尼塔·阿尔贝斯拍摄了著名的封面照片——列维-斯特劳斯与寒鸦；2009年，出版了由鲍里斯·怀斯曼（Boris Wiseman）

---

1 克洛德·列维-斯特劳斯：《种族与历史》，"思想文库"，巴黎：阿尔宾·米歇尔/联合国教科文组织，2001年。米歇尔·伊扎尔作序，此外，书里还附上了《种族与文化》一文。
2 参见玛丽·莫泽：《七星文库的列维-斯特劳斯时刻》，《法兰西公学院通讯》2008年11月；专题《非虚构，思想的现状》，《一部通过历史走向新千年的巨著》，同文森·德巴恩和弗雷德里克·凯克的访谈，2008年5月5日和12日。文字由伊曼纽尔艾尔·卢瓦耶和让·克洛德-莫诺收集整理。
3 爱德华多·威维洛思·德·卡斯特罗：《评论性笔记》，《格拉迪瓦》(Gradhiva)第8期，2008年，第131页。

主编的《剑桥指南：列维－斯特劳斯》（*Cambridge Companion to Lévi-Strauss*）[1]。死亡并没有阻止这种流动，以至于贝尔纳·梅萨德利（Bernard Mezzadri）在2013年出版的《欧洲》杂志的一期导言中，质问这种形式的纪念是否成了一种殡葬的宗教仪式，一种驱除久久不散的死者灵魂的仪式。[2]

2008年"七星文库"卷投入百年诞辰纪念活动[3]的规模，让一些人担心这"巨大的纸质纪念碑"[4]可能将作品僵化，将它去政治化（不放进《种族与历史》）、去科学化（不收录《亲属关系的基本结构》与《神话学》），结果只会让一个喜爱美文的读者获得纯粹的快乐。伊曼纽埃尔·德斯沃在《人类》杂志上发表的一篇报告进行了双重批评：他指出，这样可能造成内容的僵化，并对"社会人类学研究所的创始人赞同这种显然属于回归文学和哲学的做法"[5]表示遗憾。编辑团队作为批评的主体，其人员包括：一位文学大师文森·德巴恩、两位哲学家弗雷德里克·凯克和马丁·鲁夫，以及孤零零的一位人类学家玛丽·莫泽。他对此感到惊讶。最后一点却相当能够说明问题：2010年代，列维－斯特劳斯的作品在法国的复兴主要不是来自人类学领域。这让伊曼纽埃尔·德斯沃感到愤慨，他看到，"人类学作为一门学科，其重要性大大降低了"[6]。

在活着时进入享有盛名的"七星文库"文集是少数作家的

---

1 参见文森·德巴恩：《今天的克洛德·列维－斯特劳斯》，《欧洲》第1005—1006期，2013年1—2月，第11—36页。鲍里斯·怀斯曼主编：《剑桥指南：列维－斯特劳斯》，剑桥：剑桥大学出版社，2009年。
2 贝尔纳·梅萨德利（Bernard Mezzadri）：《克洛德·列维－斯特劳斯还有话要说》（« Claude Lévi-Strauss a encore son mot à dire »），《克洛德·列维－斯特劳斯》专题，《欧洲》第1005—1006期，2013年1—2月，第3页。
3 2008年11月28日，在法兰西公学院举办了一场研讨会，会议论文在几年后出版。参见菲利普·德斯科拉编：《列维－斯特劳斯：世纪之旅》（*Lévi-Strauss, un parcours dans le siècle*），巴黎：奥迪尔·雅各布出版社（Odile Jacob），2012年。
4 贝尔纳·梅萨德利：《克洛德·列维－斯特劳斯还有话要说》，第3页。
5 伊曼纽埃尔·德斯沃：《克洛德·列维－斯特劳斯，他的作品》（« Claude Lévi-Strauss, œuvres »），《人类》第190期，2009年，第200页。
6 同上。

特权，如安德烈·纪德、保罗·克洛岱尔、圣-乔·佩斯、玛格丽特·尤瑟纳尔和朱利安·克拉克。他们是（几乎是）他的同代人。亨利·德·蒙泰朗也属于这一行列，他于1973年被选中接替其在法兰西学院的位置。在这些国家文学殿堂的伟大人物中，列维-斯特劳斯这个名字可能会让人感到意外。然而，"七星文库"不只收录已经逐渐被我们的文学观念定义的作家。卢梭、狄德罗、萨特、加缪也都在那里，还有安德烈·布勒东，他的《全集》的第三卷专注艺术，于2008年与列维-斯特劳斯的卷本同时出版，这是21世纪最后一次超现实主义的相遇。其他人类学家（但他们恰好是巴西人）并没有把它看作一种防腐和掺假的祝圣（可以说是"去学科化"[dé-disciplinarisante]），而是对事物有不同的看法。因此，爱德华多·威维洛思·德·卡斯特罗对这一至高无上的荣誉表示敬意："我们来自世界各地的人类学家，可以因我们这门学科最杰出的实践者获得这一荣誉而感到自豪和感激……"[1]对威维洛思·德·卡斯特罗来说，决定出版文选而不是全集似乎相当重要：它远没有将作品冻结和固定在一个明确的浮雕中，反而证明了结构分析的一个特点：结构分析永远不是完整的，因为列维-斯特劳斯可以用一个"短句"[2]不断重启论证的过程，让论证过程无法结束："这不是全部。"神话的结构分析研究的是一个长期失衡的体系的特殊状态，"七星文库"的这卷书也呈现了列维-斯特劳斯思想的转变体系的现状。威维洛思·德·卡斯特罗也很高兴在"七星文库"中看到，与亚马孙流域文化紧密相关、相当晚期的文本（大多数是1975年以后的）再次将图皮南巴人（Tupinamba）带入了"七星文库"。第一次刻画他们的是蒙田，第二次是超越时间、自认为是蒙田的对话者，甚至是其学生的列维-斯特劳斯。最后，

---

[1]《评论性笔记》，第130页。
[2] 同上。

威维洛思·德·卡斯特罗总结道，这个系列，由创始人雅克·席夫林（Jacques Schiffrin）在 1931 年使用"七星诗社"（Pléiade）一称命名，以非常具有列维－斯特劳斯特征的方式产生着共鸣："我们该记得，在美洲印第安人的思想中，同名星座是连续性的显著标志。"[1] 总而言之，逝者蜕变为全皮封面的书卷是有意义的，加入一个文集——系列是连续的，而每件人工制品是不连续的——承载着总结人类知识和艺术的、非常法国特点的野心。根据他的解释，印第安人的箱子代表的是动物的身体，因为动物的图案被雕刻在了木头上，同样，现在，他也融入了这个谨慎、得体、令人向往的实物之中。这个实物既是书籍，也是物。

该书初版发行 1.5 万册，但 5 年内售出约 3 万册。考虑到制作这 2000 页内容的难度，它的成功显得出乎意料。这说明，一部拥有生命力的非现时的作品重新找到了它的现时性。列维－斯特劳斯已经成为经典，我们可以用巴特的话来定义它。巴特是这样将 17 世纪的醒世作家（moraliste）的作品定义为经典的："这些作家中有些人被认为是严肃的，也就是无聊的，但他们也会创作高级喜剧艺术，一个知识社会中以礼节为乐的人可能沉迷其中。"[2] 美洲印第安人的神话包含着矛盾，它们是复杂的，有时也是模糊的，总之，它们是永无止境的。这部作品也是永无止境的。它不断被人阅读或二次阅读，在这个过程中，它拥抱所有的可能性，可以接受所有可能的变化。[3]

未来的克洛德·列维－斯特劳斯

关于列维－斯特劳斯还剩下什么？这个问题甚至在他没有真

---

1 《评论性笔记》，第 130 页。
2 罗兰·巴特：《经典的乐趣》（«Plaisir aux classiques»），收录于《全集》，第 1 卷，第 59—61 页；由文森·德巴恩在写作时引用了巴特的话，他充分分析了"经典"的概念，用它来形容列维－斯特劳斯，参见第 32—38 页。
3 同上，文森·德巴恩讲到"无视历史的自由处理"（disponibilité indiérente à l'histoire），《序言》，"七星文库"，第 33 页。

正去世之前就被人提过，因为结构主义在国际学术界中消失了。某种意义上，我们看到，列维-斯特劳斯轻松地迎接了这种退潮。他已经知道，他的研究将在有一天不可避免地被人淘汰，这就像是认知积累的过程中一个寻常的步骤。不过，他很高兴看到自己的作品变得著名、有纪念意义，像思想的作品那样被赋予荣誉（有一部分经久不衰），尤其是被新世代的人们重新思考、重新阅读，他们能从中汲取令人振作的特殊空气，并且重新让整个结构主义获得已经失去的生产力。正是列维-斯特劳斯在某些年轻哲学家和一部分法国、英国与巴西人类学家那里的"重现"，构成了1990—2000年从天而降的惊喜。[1]

没有遗书的遗产

列维-斯特劳斯的学徒们没有组建学派，尽管如此，他的遗产和继承人几乎分布在世界各处。但是，这位法国学者的人类学在大不列颠的接受仍有着明显的两极分化。在英国，自1960年代起，人们就以极为批判的方式阅读着他的书，也许是因为他的作品的理论性模糊了它坚实的学术基础，才让人不断提出疑问。总之，就像莫里斯·布洛克说的，为了将这部无法归类的作品置入它真正的位子上，敬仰总是伴随着某种"不安"。"不安"鲜明地出现在英国人类学家帕特里克·威肯以常常出现的讽刺意味创作完成的传记性随笔《研究室里的诗人》中。实际上，威肯以一种同情和怀疑的眼光看待列维-斯特劳斯的创作，有点像是在观察一个巫师的学徒怎样发明出新的巫术。文森·德巴恩强调，在美国，40年的后结构主义、后现代和后殖民批判过度地贬低结构主义，将其归入思想市场过时的"潮流"

---

[1] 我[作者]借用了克劳斯·汉伯格（Klaus Hamberger）的话。他提到了"未来的哲学"，而我将之改成"未来的克洛德·列维-斯特劳斯"。参见《客观化的思想》，载《列维-斯特劳斯》，"埃尔纳手册丛书"，第339—346页。

的行列，却又构建出一个令人惊叹的本地化的结构主义。这个美国本土版本在美国学者的学术想象中总是十分鲜活的，它相当于"一门成体系的科学的专制暴力。[……] 他被看作逻各斯中心主义的西方科学最终的化身"[1]。

在法国，亲属关系人类学的遗产是庞大的，但也有冲突存在。亲属关系的人类学几乎被国外抛弃，而在法国，弗朗索瓦丝·埃里捷（实体的移交、性别关系的构建）将它发扬光大。弗朗索瓦丝·埃里捷是列维-斯特劳斯在法兰西公学院和社会人类学研究所的继承人。关于亲属关系和神话这两个高度技术性的领域，列维-斯特劳斯留下的两部巨著——他的论文和四卷本《神话学》——总是准备好接受激烈的争论："评委会仍在审议中。"[2]

在《人类》献给亲属关系问题的厚厚的一期中，我们能看到克洛德·列维-斯特劳斯一篇特别尖刻的《后记》。他在2000年时仍随时准备好捍卫自己的立场：他重新回到交换的复杂现实，比如婚姻关系和亲属关系的模型，重申他一直认为婚姻关系优先于亲子关系——这与人们想要他说的正好相反；他还提醒我们，一个自然家庭只有融入先于其存在的社会才能存在。最后，他重拾50年来令他不愉快的案卷——女性的交换："我还要重复多少次，不管是男人交换女人还是相反，对理论来说都无关紧要？[……] 我没有说过男人是施动者而女人是交换的主体。民族学的那些数据只不过教会我，在绝大多数社会中，男人这样干事情或者想事情：由于差异的普遍性，它成为了某种基础特征。"[3]

争论的重头戏出现在他最后的某几篇文章中，《回到过去》

---

[1]《今天的克洛德·列维-斯特劳斯》，第20页。
[2] 同上书，第15页。
[3] 克洛德·列维-斯特劳斯：《后记》，《亲属关系的问题》，《人类》第154—155期，2000年4—9月，第717页。

（Retours en arrière，1998）[1]一文反驳了他过去他与萨特的笔战，他认为那是不恰当的表达；《女性性征和社会的起源》（La sexualité féminine et l'origine de la société，1995）一文旨在反对从极端生理学出发的美国女性主义理论，他把它描述为"生殖器的荒岛求生"[2]……最后，当人们指责他轻视了社会生活的暴力时，他用他的交流理论（创造社会的条件和框架）提出了一种促使和解的视角。他以《阿米巴的寓言》（Apologue des amibes，2000）[3]一文作答：这些单细胞生物通常独居，但是如果缺少食物（细菌）的话，它们能够聚集成为由不计其数的个体构成的社会。列维－斯特劳斯观察到，阿米巴虫排出的化学物质让它们聚集起来，这种化学物质同它们食用的细菌的分泌物是一样的。由此可以看出，他很轻松地找到了从交流到交际再到吞食——吞食是社会的极限——的循序渐进视角的推论。他在提到食人主义时已经定义过这种次序。列维－斯特劳斯提到了暴力，但是，暴力总是连续的，它由梯度和界限组成。暴力不是根本的，但是它与一切社会生活紧密相连。

在法国，即便对于那些自称为人类学结构主义的继承者，遗产也是多重的，有时是分裂的。一门学科的遗产——像所有其他学科那样——趋于多样化并且分裂。除非有回顾学科史的需求，否则，结构主义的范式被人淘汰。例如，围绕阿尔邦·本萨（Alban Bensa）创造了"行动人类学"，这种人类学主要做的是解释历史、与参与者互动，它将自己看作当代世界的社会科学，开放地批判

---

1 克洛德·列维－斯特劳斯：《回到过去》，《现代》1998年3—4月，第66—77页。
2 克洛德·列维－斯特劳斯：《浓烈的女士香水味》（« Quell intenso profumo di donna »），《共和国报》1995年11月3日。法语版参见《现代》1998年3—4月，第78—84页。法语版后来收录于《我们都是食人族》中，参见第211页。
3 克洛德·列维－斯特劳斯：《阿米巴的寓言》，载《内容：给弗朗索瓦丝·埃里捷的文章》(En substances. Textes pour Françoise Héritier)，巴黎：法亚尔出版社，2000年，第493—496页。

结构人类学的"高度概念化"[1]。他们中的许多人，在南太平洋——特别是新卡利多尼亚——或者非洲做田野调查，在人类学知识广泛的历史化中互相结识，这种历史化旨在重新融合被结构人类学打上括号的政治领域。[2]

列维－斯特劳斯在哲学的"惊人回归"

21世纪初的列维－斯特劳斯研究有惊人的活力，但这种活力不属于民族学。矛盾的是，根据列维－斯特劳斯笔下常出现的表达"事物的突然回归"，这种活力属于哲学。但这种哲学不是这位民族学家在1930年代逃离的"长青哲学"，一种确定范畴、进行完全自主的思辨、忽视社会科学或者自然科学发现的哲学。发起这场运动的是新生代哲学家们，他们理解了20世纪的教训，并且注意到作为一门学科的哲学失去了它至高无上的地位。"面对现代科学的进步，[哲学论说的]情况不可能是不变的"[3]，布鲁诺·卡桑提（Bruno Karsenti）这样承认道，这是一位在哲学和社会科学之间建立新对话的匠人。

我们可以在哲学领域的许多非专业性杂志或者更加专业性的杂志上见到上述观点：《哲学档案》（*Archives de philosophie*，2003）[4]、《精神》（*Esprit*，2004）[5]、《哲学》（*Philosophie*，

---

1 阿尔邦·本萨主要希望将人文科学"低概念化"（conceptualisation basse）。他在《列维－斯特劳斯之后：符合人类价值的人类学——与贝特朗·理查德对话》（*Après Lévi-Strauss. Pour une anthropologie à taille humaine. Entretiens avec Bertrand Richard*）中完成了他对结构人类学的批判性界定。《列维－斯特劳斯之后：符合人类价值的人类学——与贝特朗·理查德对话》，巴黎：文本出版社（Textuel），2010年。
2 米歇尔·纳佩尔斯（Michel Naepels）就符合这种情况。参见《结束战争：胡阿伊库的暴力和权力》（*Conjurer la guerre. Violence et pouvoir à Houaïkou*），巴黎：法国社会科学高等研究院出版社，2013年；《民族志学、实用主义、历史》（*Ethnographie, pragmatique, histoire*），"路线丛书"，巴黎：索邦大学出版社，2011年。
3 布鲁诺·卡桑提：《从一种哲学到另一种：社会科学与现代人的政治》，第16页。
4 《结构人类学和哲学：列维－斯特劳斯》（« Anthropologie structurale et philosophie : Lévi-Strauss »），《哲学档案》（*Archives de philosophie*）第66卷，2003年1月。
5 《克洛德·列维－斯特劳斯："适合思考"的人类学》（« Claude Lévi-Strauss. Une anthropologie "bonne à penser" »），《精神》第301期，2004年1月。

2008）¹。马塞尔·海纳夫（Marcel Hénaff）同克洛德·安伯特（Claude Imbert）都是将结构主义思想再次哲学化的骨干。他们在 2003 年曾提醒过列维–斯特劳斯："新一代的哲学家们天赋异禀，他们对您的作品提出新的问题，并且给予您的思想应有的概念上的关注。"² 乔斯林·贝诺瓦斯特（Jocelyn Benoist）、迈克尔·福塞尔（Michaël Foessel）、弗雷德里克·凯克、帕特里斯·玛尼格里耶、让·克洛德·莫诺、吉尔达·萨洛蒙（Gildas Salmon）都对研究结构人类学对哲学的影响做出不同的贡献，他们通过同一项活动，创造出对结构主义新的阐释，一个更加开放的阐释。它们专注于象征主义的问题（特别是通过列维–斯特劳斯和利科之间的对话），在有利的学术氛围下，对 1980 年代具有主流地位的意识哲学进行严厉批判。当时，反结构主义运动正在风口浪尖上，反结构主义者们虽然没有穿上唯科学主义的衣钵，但依然不顾一切地追求真相。事实上，结构主义没有在后现代的暴行前屈服，它将自己流放到炼狱。这也是它在今天重新获得高度评价的原因之一。³

近期对列维–斯特劳斯的解读强调的是结构主义的活力，这种活力最能通过《神话学》表现出来。在《亲属关系的基本结构》中，列维–斯特劳斯仍然认为，乱伦的禁忌具有普遍性，是人类独有的特征，它帮助人类由自然向文化转变：他的人类学将人类区分开来。然而，在《神话学》中，他与自然和文化的二分法保持距离。他分析的方法是，通过变形，从一个神话通向另一个神话。这种方法本身就表达了本书的目的：通过拒绝一切外部的所指，捕捉正在进行的思想活动。《神话学》的最终和根本的结果是：

---

1 《克洛德·列维–斯特劳斯：言语、符号、符号体系、自然》（« Claude Lévi-Strauss. Langage, signes, symbolisme, nature »），《哲学》第 98 期，2008 年 2 月。
2 2003 年 8 月 24 日马塞尔·海纳夫给克洛德·列维–斯特劳斯的信。参见列维–斯特劳斯档案库，编号 NAF 28150，档案盒编号 192，主题档案"来信"。
3 2014 年 12 月 17 日作者与帕特里斯·玛尼格里耶的访谈。

将这位人类学家的这部学术之作放进一个变形的循环过程中去，把它本身作为一种神话结构的变体和可能的翻译。[1] 同样，关于社会生活的运行，列维－斯特劳斯颠倒了莫斯的遗产：通过社会的符号起源（代替了符号功能的社会起源），列维－斯特劳斯认为没有必要对任何规则、任何契约、任何联姻赋予意义，它们自身就具有意义，并且它们通过互惠性建立社会关系。因此，在某个由符号专制地统治的体系中，我们总是能以一种准则代替另一种："结构主义的颠覆性特征在于形式化（即清空一切合法内容）主导地位的结构。[……] 如果结构固定了统领的位置，那么它也将其设置为一个可替换的位置。"[2] 平等性以及关系的互换性、准则的概然本质，在乔斯林·贝努瓦斯特看来，缔造了"结构主义的进步的前景"[3]。于是，在 21 世纪初，哲学界的读者认为，列维－斯特劳斯的结构主义与一切符号秩序的实体论概念对立，不论这些符号的中心是家庭、异性恋夫妇或者上帝……决定着亲属关系规则和统治规则的符号一会儿成形，一会儿消散，它们就像是人们转动的万花筒。我们无从得知某物是否比另一物更好——如果不是因为时间或者用法。列维－斯特劳斯无拘无束地回答生物伦理学提出的一些问题。

"回归哲学"因此可以用几种方式解读：一方面，列维－斯特劳斯总是声称未想过创作哲学作品，虽然他不禁止自己在自己的地盘"偷猎"，但他选择性地遗弃了这种受争议的立场，并且在最后几年承认自己是"隐性的哲学家"[4]、向科学学习经验的"译员"[5]。为此，他建立了一种基于相对主义的谦逊的哲学："从此，

---

1 参见《克洛德·列维－斯特劳斯无止境的人文主义》，以及《从马塞尔·莫斯到克洛德·列维－斯特劳斯：五十年后》。
2 《从符号到感觉：列维－斯特劳斯与利科之争的题外话》，《克洛德·列维－斯特劳斯："适合思考"的人类学》，《精神》2004 年 1 月，第 204 页。
3 乔斯林·贝努瓦斯特：《结构、原因和理性：结构的因果观》（« Structures, causes et raisons. Sur le pouvoir causal de la structure »），《哲学档案》第 66 卷，2003 年 1 月，第 86 页。
4 《33 个词形容列维－斯特劳斯》，前引文章。
5 《哲学家的角色》，第 59 页。

比起任何哲学,科学拥有效率高得多的形而上学的功用:它不仅扩大了我们的认知范围,而且在认知不断扩大范围的过程中,让我们理解到我们的认知是有界限的。"[1] 另一方面,革命性的、区域化的、相对化的哲学学科本身(或者它其中的一部分)重新转向成一种准备好承认其他学科的知识的结构人类学。在完成《神话学》的30年后,列维-斯特劳斯从他的庞大体系中得到一个教训,并且提出对回归哲学的第三次阐释:"不论人们是为此高兴或者为此担忧,哲学确实重新占领了人类学舞台的前线。但这种哲学不再是我们的哲学,不是我那一代人请求异邦人帮助自己摆脱的哲学,而是他们的哲学。"[2] 在巴西民族学家爱德华多·威维洛思·德·卡斯特罗看来,结构人类学将要并且继续作为一台战争机器,在破坏"西方殖民主义的形而上学的基础"之后,能够"颠覆西方形而上学的殖民主义基础"[3]。西方哲学和土著人的形而上学将通过结构人类学相遇,它们相遇的条件是,受到列维-斯特劳斯启发的美洲文化研究以及亚马孙文化研究——主要是后者——的民族学重获新生。

沿亚马孙河逆流而上

研究美洲的人类学,尤其是对亚马孙低地的研究,长期以来被看作有点过时的地区民族学,处在该学科理论热潮的边缘。然而,在1990年代,研究美洲的人类学重新回到台前。于是,列维-斯特劳斯在安娜-克里斯蒂娜·泰勒(Anne-Christine Taylor)和菲利普·德斯科拉共同主编的一期《人类》杂志上留下了记录。这期杂志的主题是震动美洲研究田野的新的民族志研究、考古研

---

1 《哲学家的角色》,第59页。
2 克洛德·列维-斯特劳斯:《后记》,载《亲属关系的问题》。
3 《评论性笔记》,第130页。

究和档案学研究。¹ 这是一次真正的"虔诚和热情的爆发"², 学者们不仅更新了对亚马孙河流域的社会的理解, 也做出了强有力的理论效应。威维洛思·德·卡斯特罗和他的学生开展了美洲印第安宇宙论的研究; 马努埃拉·卡内罗·达·库纳 (Manuela Carneiro da Cunha) 对亚马孙森林进行研究: 这两项研究质疑了血缘和婚姻之间的对立, 即质疑自然和文化之间的对立。因为亚马孙印第安土著人的文化可以应用一种泛灵论的图式, 动物和植物都被赋予了灵魂, 因此, 可与人类进行对话。³ 巴西的田野因此孕育了许多新的思考: 一方面围绕着菲利普·德斯科拉所说的在《超越自然和文化》⁴ (*Par-delà nature et culture*) 中形式化的自然人类学; 另一方面围绕着威维洛思·德·卡斯特罗和他的巴西团队更新的"透视法学说"⁵。

在第一时间, 这些民族学家都发现, 在处理亚马孙数据时, 结构主义效果拔群: 列维-斯特劳斯注意到, 结构主义在亚马孙河畅行无阻! 好像那些印第安人都是天生的结构主义者……这便是列维-斯特劳斯的学术想象变得十分"印第安化"⁶的原因, 安娜-克里斯蒂娜·泰勒首先提出了这种说法: 根据他的

---

1 菲利普·德斯科拉和安娜-克里斯蒂娜·泰勒:《引言》, 载《沿亚马孙河逆流而上》,《人类》第 282 卷, 1993 年, 第 126—128 期, 第 13—24 页。
2 克洛德·列维-斯特劳斯:《另一种视角》, 第 7 页。
3 参见爱德华多·威维洛思·德·卡斯特罗:《食人族的形而上学: 迈向后结构人类学》(*Métaphysiques cannibales. Lignes d'anthropologie post-structurale*),"形而上学丛书", 巴黎: 巴黎大学出版社, 2009 年; 马努埃拉·卡内罗·达·库纳、莫罗·阿尔梅达 (Mauro Almeida):《森林百科全书: 汝拉山脉族群的认知和实践》(*A Enciclopedia da Floresta : o Alto Jurua. Praticas e Conhecimentos das Populaçoes*), 圣保罗: 巴西文学出版社 (Companhia das Letras), 2002 年。
4 菲利普·德斯科拉:《超越自然和文化》,"人文科学文库", 巴黎: 伽利玛出版社, 2005 年;《世界的组成: 与皮埃尔·夏波尼耶的对话》(*La Composition des mondes. Entretiens avec Pierre Charbonnier*), 巴黎: 弗拉马利翁出版社, 2014 年; 与马塞尔·海纳夫的对话:《论列维-斯特劳斯、结构主义和自然人类学》(« Sur Lévi-Strauss, le structuralisme et l'anthropologie de la nature »),《哲学》第 98 期, 2008 年, 第 8—36 页。
5 列维-斯特劳斯当然对这些研究工作有所耳闻, 它们令他欢欣鼓舞。他在一次访谈中告诉迪迪埃·埃里蓬:"一种传统的民族学似乎传承了下来, 其中还诞生了十分有趣的新事物, 这也属于深刻的理论思考。"《拜访列维-斯特劳斯》,《新观察者》2002 年 10 月 10—16 日。
6 参见安娜-克里斯蒂娜·泰勒:《美洲的堂吉诃德》。

联姻理论，姻亲关系的重要性大于一个社会体系中的亲属关系，这种观点很有美洲印第安人的特征。他虽然扩大了结构主义的普遍意义，但是，结构主义与它诞生的田野紧紧相连。我们应当注意到，当保罗·利科在1963年与他的对话中表现出将他的思想"区域化"的倾向时，列维-斯特劳斯并未说不。[1] 他的重心回到了"区域"上，然后，通过最后的"短篇神话学"——《猞猁的故事》——回顾了结构主义的概念。《猞猁的故事》在这一过程中发挥了关键的作用：事实上，开始拥抱相异性、认为"不相似"比"相似"更加重要、发现不对称的二元性，这些动作让他重新理解关系，以"违逆"（à rebrousse-poil）[2] 的方式反思结构主义，这一次，他的核心概念是变形。变形与他曾亲密接触的意识形态上的普遍性形成对立。

更新后的亚马孙研究视野使得结构主义人类学家和美洲印第安人以同样的方式思考，并且拥有同样的活力。换言之，人类学"在它研究的思想形态面前没有任何优越性"[3]。列维-斯特劳斯把自己的分析总结为神话的变体，他想表达的就是这个结论。爱德华多·威维洛思·德·卡斯特罗指出，说人类学知识是"土著人实践（praxis）的结构意义上的变体"[4]，这种说法绝对具有革命意义。"这就是烈性炸药！"[5] 列维-斯特劳斯通过溯流亚马孙河点燃了导火索。粗暴地总结我们对异域的相异性的认识，这样只会物化它的观察对象，将其简化成亲属关系的图解和图表，与之不同的是，新的结构主义认为，人类学只是把西方思想在面对印第安形而上学时遭受的冲击进行了翻译。因此，回归哲学，指的不是我们的哲学（欧洲哲学），而是他们的哲学（美洲印第

---

[1] 克洛德·列维-斯特劳斯：《回应几个问题》（« Réponses à quelques questions »），《精神》1963年11月，第631—632页。
[2] 《食人族的形而上学》，第109页。
[3] 《今天的克洛德·列维-斯特劳斯》，第29页。
[4] 《评论性笔记》，第131页。
[5] 1914年5月2日作者与安娜-克里斯蒂娜·泰勒的访谈。

安的哲学）。我们的哲学是他们的哲学的某种变形。或者相反，但这并不重要。

列维 – 斯特劳斯，我们的同代人

话剧导演彼得·布鲁克（Peter Brook）给扬·科特（Jan Kott）的书《莎士比亚，我们的同代人》写了引言，并在引言里解释称，一个1950年代的波兰人因其处境很容易全身心地浸入那些莎士比亚的历史剧[1]：阴谋和仇恨、清晨的政治暗杀、害怕、恐怖……他都十分了解。相反，在维多利亚时期变得平和的英国人不再理解伊丽莎白时代的热情、暴力和癫狂。年代和地理的差距有时会带来这种时机（kaïros），创造名副其实的同代人。尽管说法不同，但哲学家吉奥乔·阿甘本如此定义"同代"（contemporain）[2]：具有持续的非现时性、自愿接受时间差、与当下的关系十分复杂。阿甘本告诉我们，真正的同代人不会附着于他所处的时代，不会接受这个时代的价值与期望。此外，"只有那些不任由世纪的光芒蒙蔽双眼，并且能够从这些光中发现阴影部分的（它们昏暗的内部）人，才可称得上是同代人。"[3] 阿甘本在当下一刻的黑暗中发现了一道想要照耀我们的光，只是，光终究没有洒在我们身上，因此，我们必须拿出勇气：那就得"准时参加我们不可错过的约会"。最后，同代人的第三个和最后一个特征是：他察觉到在"最现代和最近的事物中的那些古代的痕迹或者署名"[4]。我们难道没有发现，时间的错位让列维 – 斯特劳斯与时间的关系具有堂吉诃德式的悲观特征？时间的错位让克洛德·列维 – 斯特劳斯的生命成为一本书，这本书向20世纪敞开

---

[1] 参见扬·科特：《莎士比亚，我们的同代人》（1962），巴黎：帕约与河岸出版社（Payot et Rivages），2006年。
[2] 吉奥乔·阿甘本：《何谓同代人》（2008），"袖珍丛书"（Petite bibliothèque），巴黎：河岸袖珍本（Rivages poche），2008年。
[3] 同上书，第21页。
[4] 同上书，第33页。

书页，同时，也提到了很多其他时间：西方的现代性、上古、史前或者今天。

他的存在不只是停留在当下。我们可以通过人类学结构主义和神话的时空——一种基于相对主义、关系论和变化规则而呈现的时空——发现这一点。而这样的时空，与量子物理或者天体物理学发现的不断扩大的宇宙没有很大的区别。在20世纪下半叶，由于普遍的城市化和密集的互联，地球变成了一个世界。[1]去中心化的第一个视角是由1957年发射的卫星提供的。从此，"月亮的上升"或者"地表的沉落"都教育我们，应当认识到世界的有限性。

这一生，克洛德·列维-斯特劳斯始终想要一台能够回到过去、能够开拓空间的时空机器，这台机器拥有那普鲁斯特的能力，可以让他在艺术与科学中找到通向真实生活的唯一途径。去世前几年，他写下了演讲稿《庆祝联合国教科文组织成立60周年》，这是他最后完成的几篇文章之一。他向我们传递了他那十分有限的乐观精神，再次令我们动容。他吸收了18世纪的哲学家詹巴蒂斯塔·维柯（Giambattista Vico）的理论[2]：人类社会的历史永恒地重复着那些同样的问题，但是每个时期都以不同的方式重建道路，实现"往复"（coris）和"循环"（ricorsi）[3]。列维-斯特劳斯毫不犹豫地把"往复"（coris）和"循环"（ricorsi）的机制应用到所有生命体身上。他喜欢这种螺旋的理论。因为

---

1 参见米歇尔·卢索（Michel Lussault）：《世界的降临：论人类在地球上的栖息情况》（*L'Avènement du monde. Essai sur l'habitation humaine de la terre*），巴黎：瑟伊出版社，2014。
2 参见詹巴蒂斯塔·维柯：《以民族共同性为基础的新科学及其准则》（*Principes d'une science nouvelle relative à la nature commune des nations*）[1744]，巴黎：法亚尔出版社，2001年；阿兰·邦斯（Alain Pons）：《民族的生与死：阅读詹巴蒂斯塔·维柯的新科学》（*Vie et mort des nations. Lecture de la Science nouvelle de Giambattista Vico*），巴黎：伽利玛出版社，2015年。
3 在认识层面上，列维-斯特劳斯越来越被此说服。在1997年10月2日给伊萨克·希瓦的一封信中，他写道："如果我们不厌其烦地深化我们对伟大先辈的认识，我们不用继续写字。因为我们只不过发现了他们在我们之前就说过的话。"

它包容了西方和东方的时间哲学，它既肯定了时间的历时性，也强调了时间的周期性。克洛德·列维－斯特劳斯饶有兴趣地讲述历史小寓言，他是想告诉我们：世界是有限的，并且终将解体；我们可以预见世界将变得统一；不过，有时，世界也会挣脱束缚。让我们回顾14世纪最后25年至15世纪前半叶这段时期：交流变得频繁，收藏家与商人建立起了贸易网络，于是，整个欧洲都流行起一种国际化、特征突出的哥特风格（人类身体的畸形、装饰的堆叠、病态的爱好）。这种"无差异的状态并未蔓延，在这种状态下，出现了不同的画派，即弗拉芒画派和意大利画派，这些画派之间依然保持着联系。这是西方艺术中最显著的多元化形态"[1]。我们永远也不能确定全球化是好是坏。从单调的统一性中亦能出现新的差异。我们还是请列维－斯特劳斯给出结论："人们说：'两者择一。'结果是，第三者出现了。"[2]

---

[1] 克洛德·列维－斯特劳斯：《庆祝联合国教科文组织成立60周年》，《第欧根尼》(*Diogène*) 第215期，2006年3月，第6页。
[2] 《亦近，亦远》，第176页。

列维-斯特劳斯法语作品列表

考虑到使用和阅读的便捷性，我拿"七星文库"版本的《列维-斯特劳斯集》以及其中收录的作品作为参考。《列维-斯特劳斯集》于 2008 年出版，是最新的文集。至于《马塞尔·莫斯导论》（*Introduction à l'œuvre de Marcel Mauss*），我用的是法国大学出版社 2012 年的最新版本。至于《亲属关系的基本结构》的初版早就无处可寻，因此，我参考的是 1967 年的增补版。最后，关于《种族与历史》《亦近，亦远》，我分别用了"Folio-essais 丛书"和瑟伊出版社袖珍版的"观点丛书"。

至于其他书，我基本上以普隆出版社出版的第一版作为参考，但也有例外。瑟伊出版社在列维-斯特劳斯去世后通过"21 世纪文库丛书"为他出版。需要注意的是，我在与巴西相关的章节里引用了《忧郁的圣保罗》，但它还没有被译为法语。

伊曼纽艾尔·卢瓦耶

《人类学与现代社会中的问题》（*Anthropologie face aux problèmes du monde moderne [L']*, Paris, Seuil, « La Librairie du XXIe siècle », 2011.）

《结构人类学》（*Anthropologie structurale* [1958, 1973], Paris, Plon, rééd. 2010.）

《月亮的另一面》（*Autre Face de la lune. Écrits sur le Japon [L']*, Paris, Seuil, « La Librairie du XXIe siècle », 2011.）

《"亲爱的爸妈":致父母的书信集(1931—1942)》(« Chers tous deux ». Lettres à ses parents, 1931-1942, préface de Monique Lévi-Strauss, Paris, Seuil, « La Librairie du XXIe siècle », 2015.)

《亦近,亦远》,该书再版时增加了一篇未曾对外发表的谈话记录《两年之后》(De près et de loin [avec Didier Éribon, 1988], suivi d'un entretien inédit, « Deux ans après », Paris, Seuil, « Points », rééd. 1991.)

《符号和它们的双重性》(Des symboles et leurs doubles, Paris, Plon, 1989.)

《与克洛德·列维-斯特劳斯对话》(Entretiens avec Claude Lévi-Strauss [1961, Paris, Plon, avec Georges Charbonnier], Paris, Les Belles Lettres, « Le goût des idées », rééd. 2010.)

《猞猁的故事》(Histoire de Lynx, Paris, Plon, 1991.)

《马塞尔·莫斯导论》(Introduction à l'œuvre de Marcel Mauss [Paris, PUF, 1950], PUF, « Quadrige », rééd. 2012.)

《神话学(第一卷):生食与熟食》(Mythologiques 1. Le Cru et le Cuit [1964], Paris, Plon, rééd. 2009.)

《神话学(第二卷):从蜂蜜到烟灰》(Mythologiques 2. Du miel aux cendres [1966], Paris, Plon, rééd. 2009.)

《神话学(第三卷):餐桌礼仪的起源》(Mythologiques 3. L'Origine des manières de table [1968], Paris, Plon, rééd. 2009.)

《神话学(第四卷):裸人》(Mythologiques 4. L'Homme nu [1971], Paris, Plon, rééd. 2009.)

《我们都是食人族》(Nous sommes tous des cannibales, Paris, Seuil, « La Librairie du XXIe siècle », 2013.)

《列维-斯特劳斯集》,文集包含了《忧郁的热带》《图腾制度》《野性的思维》《面具之道》《嫉妒的制陶女》《猞狸的故事》和《看、听、读》（*Œuvres*, préface par Vincent Debaene, Paris, Gallimard, « Bibliothèque de la Pléiade », 2008 [ce volume comprend *Tristes Tropiques, Le Totémisme aujourd'hui, La Pensée sauvage, La Voie des masques, La Potière jalouse, Histoire de Lynx, Regarder Écouter Lire*].）

《人类学演讲集》（*Paroles données*, Paris, Plon, 1984.）

《野性的思维》（*Pensée sauvage [La]*, Paris, Plon, 1962.）

《嫉妒的制陶女》（*Potière jalouse [La]*, Paris, Plon, 1986.）

《种族与历史》。1952年，原文发表于联合国教科文组织的刊物上；再版新增了让·普永的文章《列维－斯特劳斯的作品》（*Race et histoire* [Unesco, 1952], suivi de « L'œuvre de Claude Lévi-Strauss » par Jean Pouillon, Paris, Gallimard, « Folio Essais », rééd. 1987.）

《遥远的目光》（*Regard éloigné [Le]* [1983], Paris, Plon, rééd. 2001.）

《看、听、读》（*Regarder Écouter Lire*, Paris, Plon, 1993.）

《忧郁的巴西》（*Saudades do Brasil* [1994], Paris, Plon, rééd. 2009）

《亲属关系的基本结构（第二版）》（*Structures élémentaires de la parenté [Les]* [Paris, PUF, 1949], 2e éd. avec préface inédite, La Haye/Paris, Mouton, 1967.）

《图腾制度》（*Totémisme aujourd'hui [Le]*, Paris, PUF, « Mythes et religion », 1962.）

《忧郁的热带》（*Tristes Tropiques*, Paris, Plon, « Terre humaine », 1955.）

《面具之道》（*Voie des masques [La]*, Genève, Skira, 1975, 2 vols.）

档案资料

作者查阅了法国国家图书馆手稿收藏部收藏的"克洛德·列维-斯特劳斯档案库"（编号 NAF 28150）和法兰西公学院社会人类学研究所珍藏的档案，她主要依靠的就是这些档案资料（引用情况参见脚注）。

但她还查阅了其他机构保管的档案：

位于巴西的档案

1. 艺术和科研考察活动监督委员会（Conselho de Fiscalizaçao das Expediçoes artisticas e scientificas no Brasil）的档案：档案由里约热内卢的天文与科学技术博物馆（MAST）保管，博物馆由巴西科学技术部主管。

2. 圣保罗大学人类学图像与音像实验室（Laboratorio de Imagem e Som em Antropologia）的档案。

3. 马里奥·德·安德拉德档案，圣保罗大学的巴西研究所（Instituto de Estudos Brasileiros）。

4. 赫洛伊莎·阿尔贝托·托雷斯之家（Casa Heloisa Alberto Torres），里约热内卢州的伊塔博拉伊。

位于美国的档案

1. 洛克菲勒基金会档案（Archives de la Fondation Rockefeller）：参见主题档案"避难的知识分子"（为每人建立了档案），

1940—1945 年，档案系列 200（编号 R.G.1.1.）。

2. 纽约的社会研究新学院档案。

3. 美国圣母大学（Notre Dame University）雅克·马里坦中心"雅克·马里坦档案"（Jacques Maritain Papers），印第安纳州南本德市。

4. 哥伦比亚大学巴特勒珍本与手稿图书馆（Butler Rare Books and Manuscripts Library）"瓦里安·弗里档案"（Varian Fry Papers），纽约。

位于法国的档案

1. 法国国家视听研究院档案（电视档案），巴黎。

2. 法国外交部外交档案，文化关系（1945—1970），海外事务局（驻美）。

3. 法兰西公学院档案，参见教师代表大会会议纪要（1949—1950）（AP IV）。

4. 克洛德·列维-斯特劳斯科学图书馆（Bibliothèque scientifique de Claude Lévi-Strauss），布朗利河岸博物馆（musée du Quai Branly），巴黎。

5. 安德烈·布勒东档案库（Fonds André-Breton），雅克·杜塞图书馆（bibliothèque Jacques-Doucet），巴黎。

6. 雷蒙·阿隆档案库（Fonds Raymond-Aron），参见法国国家图书馆手稿收藏部档案，档案编号 NAF 28 143。

7. 莫里斯·戴克松档案库（Fonds Maurice-Deixonne），参见"社会主义学术研究办事处"（Office universitaire de recherche socialiste）档案。

8. 保罗·利维档案库（Fonds Paul-Rivet），参见自然历史博物馆的中心图书馆（bibliothèque centrale du Museum d'histoire

naturelle）。图书馆位于巴黎。

9. 亨利·皮耶弘档案库（Fonds Henri-Piéron），参见巴黎第五大学亨利·皮耶弘图书馆。

图书在版编目（CIP）数据

列维-斯特劳斯传:我们都是野蛮人/（法）伊曼纽艾尔·卢瓦耶著；俞俊，马莎译.—上海：上海社会科学院出版社，2024
 ISBN 978-7-5520-4370-9

Ⅰ.①列… Ⅱ.①伊…②俞…③马… Ⅲ.①莱维-斯特劳斯(Levi-Strauss, Claude 1908-?)—传记 Ⅳ.①B565.59

中国国家版本馆CIP数据核字（2024）第077323号

上海市版权局著作权合同登记号：09-2024-0334

拜德雅·人文档案

列维-斯特劳斯传：我们都是野蛮人
Lévi-Strauss

著　　者：［法］伊曼纽艾尔·卢瓦耶（Emmanuelle Loyer）
译　　者：俞　俊　马　莎
责任编辑：熊　艳
封面设计：左　旋
版式设计：张　晗
出版发行：上海社会科学院出版社
　　　　　上海顺昌路622号　邮编：200025
　　　　　电话总机：021-63315947　销售热线：021-53063735
　　　　　https://cbs.sass.org.cn　E-mail：sassp@sassp.cn
照　　排：重庆樾诚文化传媒有限公司
印　　刷：上海盛通时代印刷有限公司
开　　本：1194毫米×915毫米　1/32
印　　张：31.75
字　　数：794千
版　　次：2024年6月第1版　2024年6月第1次印刷

ISBN 978-7-5520-4370-9/B·349　　　定价：168.00元（全两卷）

版权所有　翻印必究

Lévi-Strauss, by Emmanuelle Loyer, ISBN: 9782081257528

Copyright © Éditions Flammarion, Paris, 2015.

Simplified Chinese translation copyright © 2022 by Chongqing Yuanyang Culture & Press Ltd.
All rights reserved

版贸核渝字（2016）第238号

克洛德·列维-斯特劳斯身穿一件珍珠刺绣背心。背心出自平原印第安人（Indiens des Plaines）之手，是纽约的老朋友多萝莱斯·瓦内蒂为了庆祝他80岁生日而送他的礼物。

面具

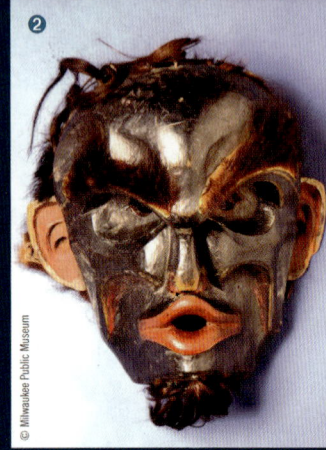

不列颠哥伦比亚省的面具一早就让列维-斯特劳斯目不转睛。他在纽约时，就通过自然历史博物馆发现了它们的存在，还和超现实主义的朋友们一同收集面具。30 年后，他再次观察这些面具，在《面具之道》（由斯基拉出版社于 1975 年出版）里，对它们进行了结构分析。

❶❷ 夸夸伊特的德佐诺科瓦（dzonokwa）面具表现的是狰狞的面部形象。除了红棕色的毛发，它们眼窝深陷，嘴巴大张。

❸ 萨利什文化中的斯瓦伊（swaihé）面具与前者不同，它们是白色的，眼睛夸张地凸起，而舌头外垂。

❹ 卡沁人文化（Cowichan）中的斯瓦伊面具也有向外凸起的眼睛，但鼻子和嘴巴有鸟的特征。列维-斯特劳斯基于丰富的民族志和神话学材料，发现了造型上的颠倒关系。这种颠倒关系反映的是面具之间的关系。

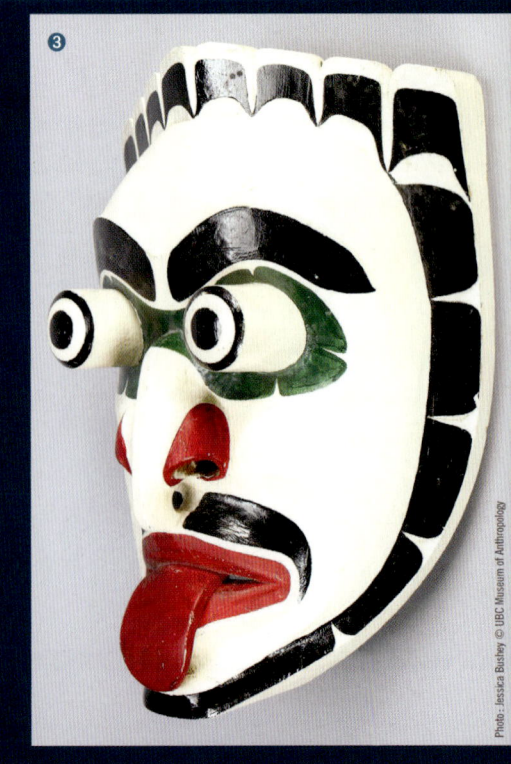

4

法兰西公学院

❶ 杰出的公学院成员——1966—1967年法兰西公学院的教授们。

❷ 1974年,"人类观察丛书"出版快20周年,克洛德·列维-斯特劳斯与让·马洛里进行了谈话。民族学家的《忧郁的热带》出版于1955年。

❸ 照片记录的是 1976—1977 年法兰西公学院的教授们。第一排坐着唯一的女性杰奎琳·德·罗米利。因此，男女比例失衡。列维－斯特劳斯与安德烈·勒胡－古韩代表民族学，雷蒙·阿隆代表社会学。历史学家人数众多：让·德吕莫、乔治·杜比、伊曼纽埃尔·勒·鲁瓦·拉迪里、让－皮埃尔·韦尔南、保罗·韦纳。

❹ 1972 年，罗曼·雅各布森在法兰西公学院上课。坐在第一排的是思想大师——雅各布森的"兄长克洛德"与乔治·杜梅齐尔，他们身后是求知若渴的"学生"。

❺ 照片拍摄于 1964 年，列维－斯特劳斯坐在办公桌前，身着千鸟格子西装。他面前是他的宝贝（镇纸、墨水瓶、书签……）。

❻ 1982 年 2 月，列维－斯特劳斯上了法兰西公学院的最后一堂课。他将左手插进口袋里，右手在一张几乎画满图式的黑板前摆动。

社会人类学研究所：一间神话研究所

❶ "家庭人类学：熵的未来"（Anthropologie familiale ou l'avenir d'une entropie）是弗雷德雷克·朱德为了庆祝列维－斯特劳斯80岁大寿，于1988年创作的蒙太奇照片。照片记录了研究所工作的一个场景，技术人员、管理人员、研究人员和短暂来访的国外同事都在其中。照片具有超现实主义者的特点，反映了这个学术团队的友好氛围与性格。

❷ 克洛德·列维－斯特劳斯在法兰西公学院的最后一间办公室。照片拍摄于1988年9月。办公室的墙上有加拿大艺术家比尔·雷德制作的丝网版画，画中的图案是雷鸟；还有莫里斯·梅洛－庞蒂的照片。梅洛－庞蒂于1961年去世，此后，列维－斯特劳斯一直将他的照片留在身边。

❸ 克洛德·列维－斯特劳斯身处保管《人类关系区域档案》的档案室。《人类关系区域档案》记录了大量民族学资料，并且可以不断更新。在欧洲，它的存在是独一无二的。作为社会人类学研究所的财产，它充分证明，在那个历史阶段，研究所拥有高科技的科研工具。

④ 克洛德·列维－斯特劳斯在法兰西公学院的办公室里，手指指着亚马孙。照片拍摄于1970年。列维－斯特劳斯将地理地图作为研究工具，被它们包围。美洲地图的作用尤其重要。
⑤ 民族学家的头顶上方是综合理工学院（École polytechnique）的校训"为了祖国、科学和荣誉"。1982年，社会人类学研究所搬进了综合理工学院的旧阶梯教室，因为综合理工学院已经搬迁至萨克雷高地（plateau de Saclay）。
⑥ 列维－斯特劳斯上完法兰西公学院的最后一堂课（1982）后，被社会人类学研究所的成员们拥簇。第一排（从右至左）包括：妮可·克洛德·马修（Nicole-Claude Mathieu）靠在书桌上，她后面站着艾娃·凯宾斯基、伊芙琳·格德杰（Evelyne Guedj）、玛丽－克洛德·伯热加尔（Marie-Claude Beauregard）、玛丽昂·阿热莱斯（Marion Abelès）、弗朗索瓦丝·埃里捷、米歇尔·伊扎尔 [他就在列维－斯特劳斯的身后]、伊萨克·希瓦、玛丽－伊丽莎白·汉德曼（Marie-Elisabeth Handman）、Yasmina Hamzaoui、妮可·贝尔蒙（Nicole Belmont）、丹尼尔·达欧（Daniel Daho）、弗朗索瓦丝·佐纳邦。第二排（从右至左）包括：马克·阿贝莱斯、杰拉尔·兰克卢德（Gérard Lenclud）、雅克琳·杜威内（Jacqueline Duvernay）、帕特里斯·比杜（Patrice Bidou）、莫尼克·列维－斯特劳斯、让－玛丽·贝努瓦、玛丽昂·赛尔兹（Marion Selz）、让·普永、克洛德·塔第、西德尼·曼兹（Sidney Mintz）、弗洛朗斯·德科达维（Florence Decaudaveine）、莫里斯·戈德里耶。

法兰西学院院士列维－斯特劳斯

❶ 院士列维-斯特劳斯戴上了勋章。1991年，他获得了荣誉军团大十字勋章。刺绣的图案是一种传统的卷叶形状。列维-斯特劳斯说："允许男人穿得像女人一样的场合是十分少有的，这就是其中之一。"

❷ 1974年6月27日，法兰西学院举办了就职仪式。他与妻子从法兰西学院的建筑中走了出来，周围是共和国卫队。

❸ 法兰西学院的就职仪式。克洛德·列维-斯特劳斯的一边是妻子，另一边是母亲。

❹ 法兰西学院的工作会议。照片拍摄于1985年。

❺ 克洛德·列维-斯特劳斯的新部落。照片拍摄于1985年。

❶ 1973年2月，列维-斯特劳斯站在温哥华维多利亚博物馆前的图腾柱下，拍下了此照。
❷ 1973年2月，列维-斯特劳斯登上了温哥华岛的一艘渡轮。学生和记者与他相伴。
❸ 1964年6月6日，列维-斯特劳斯穿着长袍参加牛津的荣誉博士授予仪式。
❹ 1965年9月，克洛德·列维-斯特劳斯在华盛顿的史密森学会。他在流亡美国期间结识了一批美国同僚。他们很早就发现了法国人类学家的实力，因此，一直十分尊敬他。

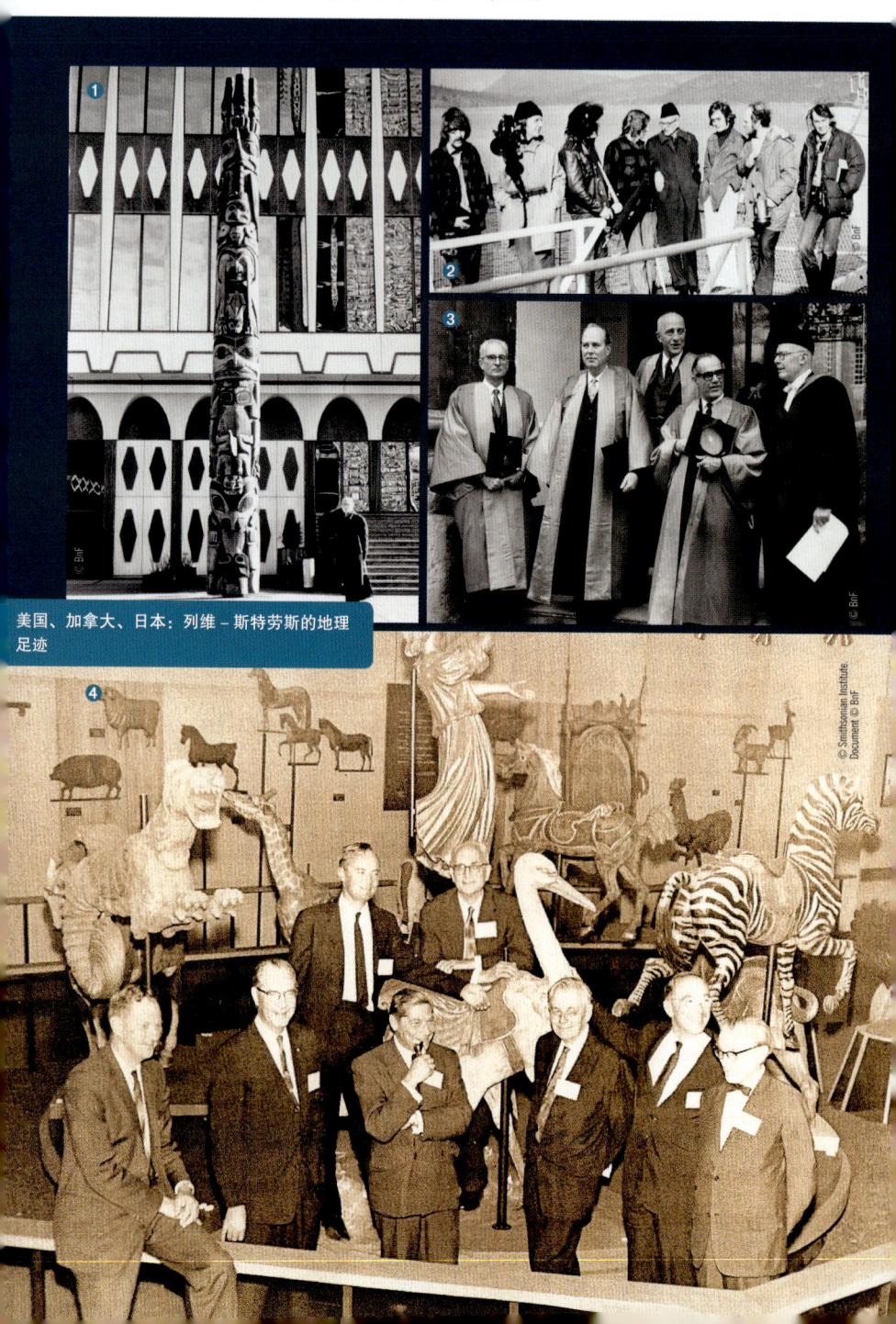

美国、加拿大、日本：列维-斯特劳斯的地理足迹

❺❻❼ 克洛德·列维－斯特劳斯与莫尼克·列维－斯特劳斯在日本民族学家 Atsuhiko Yoshida[1] 的陪同下游历隐岐诸岛（île d'Oki）。1977 年 11 月，两人第一次去日本。截至 1988 年底，他们还将去日本五趟。在这个阶段，日本构成了"月亮不为人知的另一面"（face cachée de la lune），还将列维－斯特劳斯禅意的晚年与喜爱日本工艺品的童年统一起来。

1 可能是吉田敦彦。——译者注

父母的肖像照

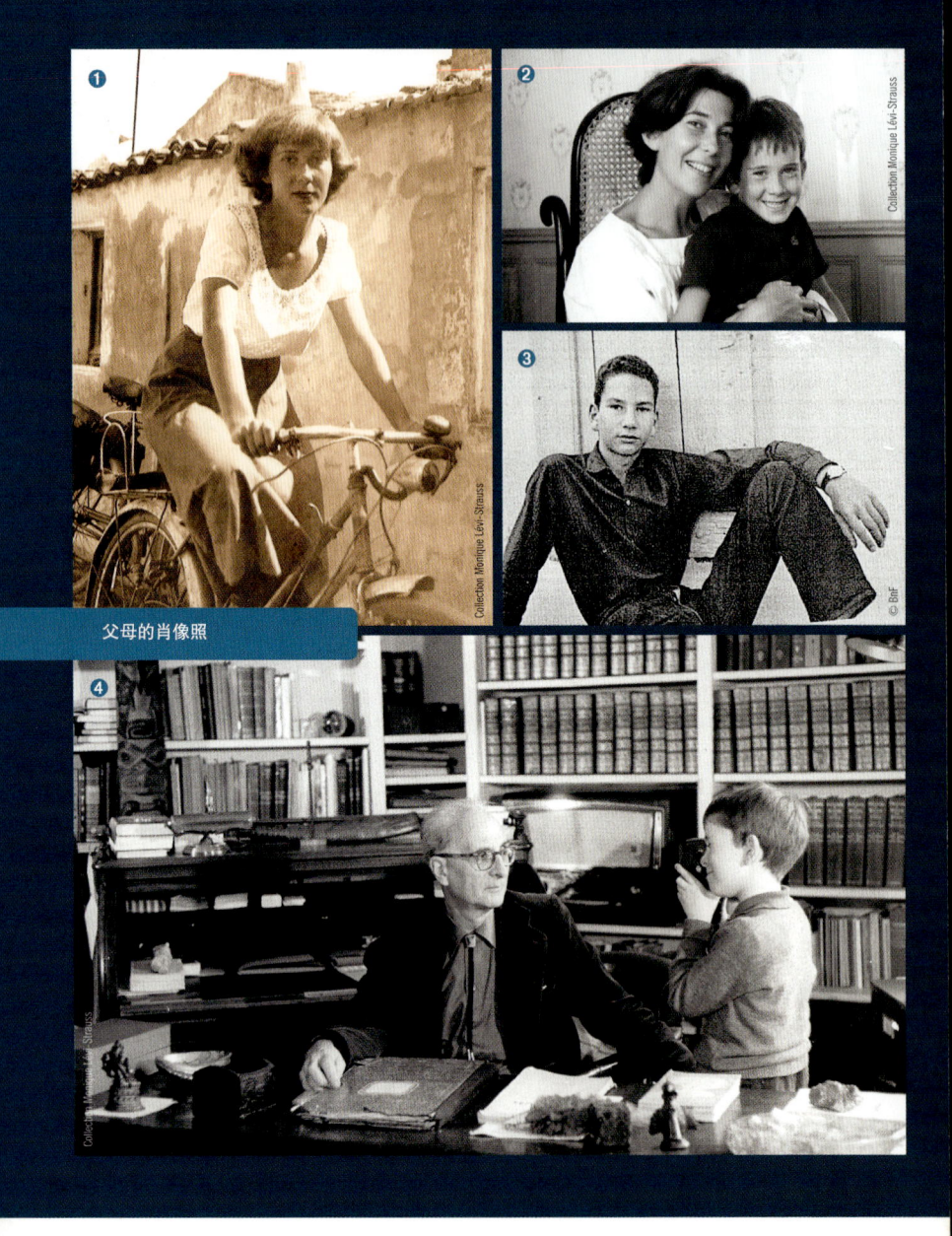

❶ 照片为 1947 年夏的莫尼可·罗曼，她在圣特罗佩（Saint-Tropez）。她刚刚在美国度过两个寒暑。
❷ 莫尼克·列维 – 斯特劳斯与儿子马修。马修出生于 1957 年，是她和克洛德·列维 – 斯特劳斯爱情的结晶。
❸ 洛朗·列维 – 斯特劳斯出生于 1947 年的坎卡布拉。他是克洛德·列维 – 斯特劳斯和萝斯 – 玛丽·乌尔默生的儿子。
❹ 克洛德·列维 – 斯特劳斯在栗树街的书房，摄影的是小儿子马修。照片拍摄于 1960 年代。父子两人都热爱摄影。后来，马修从《忧郁的巴西》（1994）中挑选了一些照片，将它们重新冲洗出来。

❺ 在利涅罗勒（勃艮第）出现了"爷孙同堂"的场面。祖父克洛德·列维－斯特劳斯有孙女朱莉（Julie）在一侧相伴，莫尼克与孙子托马（Thomas）则在他们身后。照片背景里还出现了一幅由雷蒙·列维－斯特劳斯完成的画。画里是克洛德·列维－斯特劳斯的祖母蕾雅·斯特劳斯，克洛德坐在她的腿上。

❻ 利涅罗勒的篮子。克洛德·列维－斯特劳斯与莫尼克·列维－斯特劳斯在厨房，身边是儿媳卡特琳娜（Catherine）以及他们的孙子孙女。他们正在挑选采来的蘑菇。

❼ 利涅罗勒的绅士农夫。他穿着牛仔裤和其乐（clarks）的靴子。莫尼克穿着皮革的长筒靴，坐在他的身边。他们的狗"法妮"也在一旁。

克洛德·列维－斯特劳斯的肖像照

❶ 克洛德·列维－斯特劳斯在乡下。背景里的房子是利涅罗勒的城堡，位于勃艮第北部，是他和妻子在 1964 年买下的。

❷ 克洛德·列维－斯特劳斯在圣拉扎尔街 11 号的家中。照片拍摄于 1950 年代。圣拉扎尔街虽然位于一个贫民街区，但自由的氛围让他心醉神迷。

❸ 民族学家在栗树街家中的书房。他身后是一幅偌大的多罗菩萨画像，颜色是绿色的。多罗菩萨是印度文化中的神，没有性别，能带来"安详"。

❹ "法兰西学院院士"克洛德·列维－斯特劳斯的墓（1908—2009）。墓地位于利涅罗勒。墓碑是一块带孔的石头，在附近的森林里十分常见。

❺ 克洛德·列维－斯特劳斯神色紧张。照片拍摄于 1985 年。

❻ 阿尼塔·阿尔贝斯的画《一对翠鸟》（Eisvogelpaar，1979—1980）。

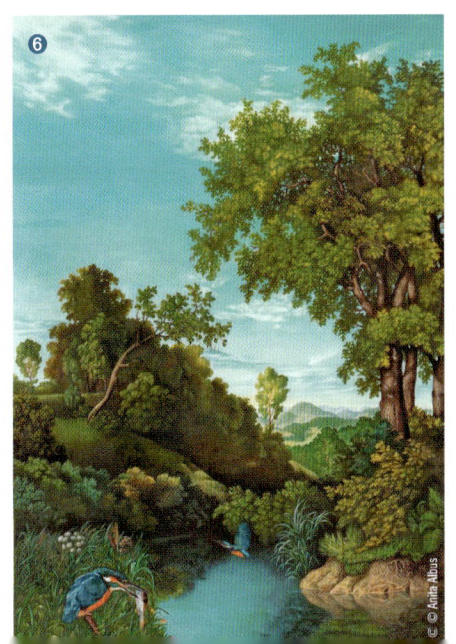

印第安人列维－斯特劳斯

Création Studio Flammarion

Collection Monique Lévi-Strauss

克洛德·列维－斯特劳斯披着印第安人仪式用的披风，坐在塞纳河的船上。1989年秋，人类博物馆举办了以《克洛德·列维－斯特劳斯的美洲》为主题的展览。民族学家则借举办展览之名，登上了一艘独木舟。这艘独木舟是庞然大物，是加拿大艺术家比尔·里德用红色雪松木建造的。划桨手超过15名，来自不列颠哥伦比亚。他们驱动独木舟在塞纳河逆流而上，从鲁昂来到巴黎。巴黎市长雅克·希拉克在航线的终点迎接他们。